AF831436

Migration nach SAP S/4HANA®

SAP PRESS

SAP PRESS ist eine gemeinschaftliche Initiative von SAP SE und der Rheinwerk Verlag GmbH. Unser Ziel ist es, Ihnen als Anwendern qualifiziertes SAP-Wissen zur Verfügung zu stellen. SAP PRESS vereint das Know-how der SAP und die verlegerische Kompetenz von Rheinwerk. Die Bücher bieten Ihnen Expertenwissen zu technischen wie auch zu betriebswirtschaftlichen SAP-Themen.

Damit Sie nach weiteren Titeln Ihres Interessengebiets nicht lange suchen müssen, haben wir eine kleine Auswahl zusammengestellt.

Lukas Breit, Jürgen Remmert
Cut-over-Management in SAP-Projekten
2., aktualisierte und erweiterte Auflage 2025, 294 Seiten, geb.
ISBN 978-3-367-10509-0
www.sap-press.de/6009

Finkbohner et al.
Datenmigration in SAP-Systeme
1. Auflage 2023, 607 Seiten, geb.
ISBN 978-3-8362-9296-2
www.sap-press.de/5632

Andres et al.
SAP-Lizenzmanagement
1. Auflage 2025, 603 Seiten, geb.
ISBN 978-3-367-10213-6
www.sap-press.de/5910

Holger Seubert
SAP Business Technology Platform
3., aktualisierte und erweiterte Auflage 2024, 550 Seiten, geb.
ISBN 978-3-367-10055-2
www.sap-press.de/5860

Frank Densborn, Frank Finkbohner, Martina Höft,
Petra Klöß, Kim Mathäß, Boris Rubarth

Migration nach SAP S/4HANA®

Rheinwerk
Publishing

Liebe Leserin, lieber Leser,

SAP-Landschaften sind komplex, und wir alle wissen, wie schnell sich Technologien und Anforderungen in der IT-Welt ändern. Genau da setzt SAP PRESS an: mit Büchern, die nicht nur Theorie vermitteln, sondern konkret im Alltag helfen.

In diesem Buch finden Sie direkt umsetzbare Ratschläge, praktische Beispiele und Lösungen für drängende Herausforderungen. Unsere Autor*innen sind Profis, die wissen, wo der Schuh drückt – und wie man Probleme effizient löst. Mit ihrer Erfahrung an Ihrer Seite können Sie Ihre SAP-Projekte gezielter angehen, fundiertere Entscheidungen treffen und die vielen Facetten von SAP besser meistern.

Ob Sie gerade erst beginnen oder schon lange im SAP-Umfeld tätig sind: Wir sind davon überzeugt, dass dieses Buch Ihnen hilfreiche Anleitungen und Tipps an die Hand gibt, um Ihre täglichen Aufgaben und Projekte erfolgreich zu meistern.

Wir freuen uns stets über Lob, aber auch über kritische Anmerkungen, die uns helfen, unsere Bücher zu verbessern. Zögern Sie also nicht, sich bei mir zu melden; Ihr Feedback ist jederzeit willkommen.

Wir wünschen Ihnen viele Aha-Momente und eine erfolgreiche Umsetzung mit diesem Buch!

Ihre Nicole Gürgens
Lektorat Rheinwerk Computing

nicole.guergens@rheinwerk-verlag.de
www.rheinwerk-verlag.de
Rheinwerk Verlag • Rheinwerkallee 4 • 53227 Bonn

Auf einen Blick

TEIL I SAP S/4HANA – die Grundlagen

TEIL II Vorbereitung auf den Umstieg auf SAP S/4HANA

TEIL III Migration durch Systemkonvertierung nach dem Brownfield-Ansatz

TEIL IV Neuimplementierung und Datenmigration nach dem Greenfield-Ansatz

Wir hoffen, dass Sie Freude an diesem Buch haben und sich Ihre Erwartungen erfüllen. Falls Sie Anregungen, Wünsche und Kommentare haben, lassen Sie es uns wissen: **service@rheinwerk-verlag.de**.

Informationen zu unserem Verlag und Kontaktmöglichkeiten finden Sie auf unserer Verlagswebsite **www.rheinwerk-verlag.de**. Dort können Sie sich auch umfassend über unser aktuelles Programm informieren und unsere Bücher und E-Books bestellen.

Autor*innen Frank Densborn, Frank Finkbohner, Martina Höft, Petra Klöß, Kim Mathäß, Boris Rubarth
Lektorat Nicole Gürgens
Copy-Editing Claudia Lötschert, Neuss
Typografie & Layout Vera Brauner
Satz SatzPro, Krefeld
Herstellung Denis Schaal
Covergestaltung Silke Braun
Coverbild Shutterstock: 2447563203 © IvaFoto
Druck Beltz Grafische Betriebe, Bad Langensalza

Dieses Buch wurde mit mineralölfreien Farben auf FSC-zertifiziertem Papier aus nachhaltiger Waldwirtschaft gedruckt. Hergestellt in Deutschland.

Das vorliegende Werk ist in all seinen Teilen urheberrechtlich geschützt. Alle Rechte vorbehalten, insbesondere das Recht der Übersetzung, des Vortrags, der Reproduktion, der Vervielfältigung auf fotomechanischen oder anderen Wegen und der Speicherung in elektronischen Medien.

Ungeachtet der Sorgfalt, die auf die Erstellung von Text, Abbildungen und Programmen verwendet wurde, können weder Verlag noch Autor*innen, Herausgeber*innen oder Übersetzer*innen für mögliche Fehler und deren Folgen eine juristische Verantwortung oder irgendeine Haftung übernehmen.

Die in diesem Werk wiedergegebenen Gebrauchsnamen, Handelsnamen, Warenbezeichnungen usw. können auch ohne besondere Kennzeichnung Marken sein und als solche den gesetzlichen Bestimmungen unterliegen.

Sämtliche in diesem Werk abgedruckten Bildschirmabzüge unterliegen dem Urheberrecht © der SAP SE, Dietmar-Hopp-Allee 16, 69190 Walldorf.

SAP, ABAP, ASAP, Concur Hipmunk, Duet, Duet Enterprise, Expenselt, SAP ActiveAttention, SAP Adaptive Server Enterprise, SAP Advantage Database Server, SAP ArchiveLink, SAP Ariba, SAP Business ByDesign, SAP Business Explorer (SAP BEx), SAP BusinessObjects, SAP BusinessObjects Explorer, SAP BusinessObjects Web Intelligence, SAP Business One, SAP Business Workflow, SAP BW/4HANA, SAP C/4HANA, SAP Concur, SAP Crystal Reports, SAP EarlyWatch, SAP Fieldglass, SAP Fiori, SAP Global Trade Services (SAP GTS), SAP Going-Live, SAP HANA, SAP Jam, SAP Leonardo, SAP Lumira, SAP MaxDB, SAP NetWeaver, SAP PartnerEdge, SAPPHIRE NOW, SAP PowerBuilder, SAP PowerDesigner, SAP R/2, SAP R/3, SAP Replication Server, SAP Roambi, SAP S/4HANA, SAP S/4HANA Cloud, SAP SQL Anywhere, SAP Strategic Enterprise Management (SAP SEM), SAP SuccessFactors, SAP Vora, Triplt, Qualtrics sind Marken oder einge-tragene Marken der SAP SE, Walldorf.

Die automatisierte Analyse des Werkes, um daraus Informationen insbesondere über Muster, Trends und Korrelationen gemäß § 44b UrhG (»Text und Data Mining«) zu gewinnen, ist untersagt.

Bibliografische Information der Deutschen Nationalbibliothek:
Die Deutsche Nationalbibliothek verzeichnet diese Publikation in der Deutschen Nationalbibliografie; detaillierte bibliografische Daten sind im Internet über *http://dnb.dnb.de* abrufbar.

ISBN 978-3-367-10578-6

5., aktualisierte und erweiterte Auflage 2025
© Rheinwerk Verlag, Bonn 2025

Rheinwerk Verlag GmbH • Rheinwerkallee 4 • 53227 Bonn
service@rheinwerk-verlag.de

Inhalt

TEIL II Vorbereitung auf den Umstieg auf SAP S/4HANA

TEIL III Migration durch Systemkonvertierung nach dem Brownfield-Ansatz

TEIL IV Neuimplementierung und Datenmigration nach dem Greenfield-Ansatz

Vorwort

Liebe Leserinnen und Leser,

die IT-Welt und die SAP-Landschaft befinden sich in einem stetigen Wandel. Mit dem rasanten technologischen Fortschritt, den steigenden Anforderungen an nachhaltiges Wirtschaften und insbesondere mit Blick auf das bevorstehende Ende der Wartung für SAP ERP im Jahr 2027 gewinnt das Thema »Migration nach SAP S/4HANA« zunehmend an Bedeutung. Die Dringlichkeit des Wechsels sollte daher nicht unterschätzt werden.

Ein wichtiges Konzept ist *RISE with SAP*, das Unternehmen dabei unterstützt, ihre Digitalisierungsstrategien zu beschleunigen und gleichzeitig die Integration von SAP S/4HANA zu vereinfachen. Mit maßgeschneiderten Lösungen und Services können Unternehmen ihre Geschäftsprozesse optimieren und die Komplexität der Migration reduzieren. Ergänzend dazu bietet *GROW with SAP* kleinen und mittelständischen Unternehmen die Möglichkeit, von den Vorteilen einer Migration in die Public-Cloud-Lösung von SAP S/4HANA zu profitieren.

Beide Initiativen stellen sicher, dass alle Unternehmen Zugang zu den modernsten Technologien und Lösungen haben, um ihr Wachstumspotenzial voll auszuschöpfen.

SAP S/4HANA bietet darüber hinaus auch unzählige Möglichkeiten, um Prozesse effizienter und umweltfreundlicher zu gestalten, denn Unternehmen müssen nicht nur wirtschaftlich erfolgreich sein, sondern auch nachhaltig agieren. Die Integration nachhaltiger Lösungen in die Unternehmensstrategie ist mittlerweile ein entscheidender Erfolgsfaktor.

Wir erwarten, dass bis Ende 2025 weltweit mehr als 70.000 Unternehmen auf SAP S/4HANA migriert sein werden. Diese beeindruckende Zahl zeigt, wie wichtig es ist, sich jetzt mit den Herausforderungen und Chancen einer Migration auseinanderzusetzen.

Dieses Buch bietet einen umfassenden Leitfaden für Unternehmen, die einen Umstieg auf SAP S/4HANA planen. Es stellt verschiedene Betriebsmodelle, Übergangsszenarien und neueste Technologien vor und erläutert, wie Unternehmen die Transformation am effizientesten gestalten und maximale Wettbewerbsvorteile erzielen können. Dabei werden individuelle Anforderungen berücksichtigt, um Unternehmen bei der Auswahl der für sie am besten geeigneten Optionen zu unterstützen.

Wir wünschen Ihnen viel Erfolg bei der Migration nach SAP S/4HANA und hoffen, dass Ihnen dieses Buch als wertvoller Leitfaden dient, um die Herausforderungen der digitalen Transformation erfolgreich zu meistern.

Jan Gilg
Chief Revenue Officer Americas & Global Business Suite und
Mitglied des erweiterten Vorstands, im Februar 2025

Einleitung

Unabhängig davon, woher Sie kommen – wenn es Ihr Ziel ist, SAP S/4HANA einzusetzen, möchten wir Ihnen mit diesem Buch einen Leitfaden für den Umstieg auf SAP S/4HANA an die Hand geben. Wir werden Sie mit allen wichtigen Bereichen des neuen SAP-S/4HANA-Systems vertraut machen und Ihnen dabei zugleich zeigen, wie Sie mithilfe der einzelnen Migrationsszenarien auf SAP S/4HANA umsteigen können.

On-premise oder Cloud?

Dazu möchten wir Ihnen nicht nur die grundsätzlichen Möglichkeiten der Werkzeuge vorstellen, die SAP für diesen Zweck bereitstellt, sondern Sie auch bei der Durchführung der Migration begleiten, indem wir typische Einsatzbeispiele erläutern. Es ist unser Ziel, Sie optimal dabei zu unterstützen, den für Sie besten Weg nach SAP S/4HANA unabhängig von Ihrem aktuellen ERP-System zu finden – egal, ob Sie SAP S/4HANA in der Public Cloud, Private Cloud oder on-premise nutzen möchten. Lernen Sie auf den folgenden Seiten die verschiedenen Betriebsmodelle für SAP S/4HANA kennen und erfahren Sie, wie sich die Migration bei den verschiedenen Modellen unterscheidet.

Szenarien

Wir zeigen Ihnen sowohl, wie Sie ein bestehendes SAP-System nach SAP S/4HANA konvertieren, als auch, wie Sie ein neues SAP-S/4HANA-System implementieren sowie Ihre Daten in dieses System übertragen und wie Sie eine bestehende Landschaft in eine SAP-S/4HANA-Landschaft transformieren können. SAP hat drei Wege nach SAP S/4HANA definiert:

- Neuimplementierung von SAP S/4HANA
- Systemkonvertierung nach SAP S/4HANA
- selektive Datenübernahme nach SAP S/4HANA

Ein wichtiger Ansatz dieses Buchs ist es, Ihnen die Abläufe vorzustellen und im Detail zu erklären. Nach einem grundlegenden Überblick über SAP S/4HANA stellen wir Ihnen alle Aspekte der Übergangsszenarien und der Migration für SAP S/4HANA Cloud und die On-Premise-Version vor. Sie erfahren Schritt für Schritt, wie Sie bei den verschiedenen Migrationsszenarien am besten vorgehen. Wir vergleichen unterschiedliche Anforderungen und ihre Umsetzung anhand von praxisnahen Beispielen. Wir liefern Ihnen in diesem Buch also die Entscheidungskriterien und das nötige Know-how. Am Ende entscheiden Sie selbst, welche Methode die geeignete für Ihren Umstieg auf SAP S/4HANA ist.

An wen richtet sich dieses Buch?

Da dieses Buch einen kompletten Überblick über die Migration nach SAP S/4HANA gibt, ist es durchaus für zahlreiche Lesergruppen geeignet. Zur Entscheidungsfindung und für die Wahl des passenden Szenarios für den Umstieg richtet es sich gleichermaßen an *IT-Manager* und *Administratoren*, die SAP S/4HANA (demnächst) einführen. Es geht jedoch noch weiter ins Detail und spricht dadurch sowohl *SAP-Berater* an, die mit der Realisierung der SAP-S/4HANA-Migration bei Kunden oder innerhalb der eigenen Organisation betraut werden, als auch *Projektleiter*, die sich einen Überblick über die einzelnen Methoden und Werkzeuge verschaffen möchten. Sie alle können sich an den Anleitungen orientieren, um Ihre eigenen Migrationsprojekte umzusetzen.

Vorkenntnisse

Da es sich bei SAP S/4HANA um eine eigene Business Suite handelt, haben wir das Buch so aufgebaut, dass keine SAP-ERP-Vorkenntnisse für die Lektüre notwendig sind. Wenn Sie die einzelnen Migrationsszenarien anhand des Buchs nachvollziehen wollen, ist ein gewisses Grundverständnis für SAP NetWeaver jedoch hilfreich. Weitergehende Informationen zu SAP NetWeaver, zu SAP HANA, zur Datenmigration in SAP oder einen detaillierteren betriebswirtschaftlichen Überblick über SAP S/4HANA finden Sie natürlich auch in spezialisierten Büchern der Reihe SAP PRESS des Rheinwerk Verlags.

[»]

SAP S/4HANA versus SAP S/4HANA Cloud

Mit »SAP S/4HANA Cloud« beziehen wir uns nachfolgend auf das Produkt SAP S/4HANA Cloud Public Edition. »SAP S/4HANA« bezieht sich auf die On-Premise-Version von SAP S/4HANA und SAP S/4HANA Cloud Private Edition. Falls eine Unterscheidung zwischen Cloud Private Edition und On-Premise notwendig sein sollte, wird explizit darauf hingewiesen.

Releasestand

Dieses Buch beschreibt alle Vorgehensweisen und Verfahren für die zur Drucklegung aktuellen Releases *SAP S/4HANA 2023* und *SAP S/4HANA Cloud 2502*. Bei höheren Releases kann es an einigen Stellen zu Abweichungen und anderen Bildschirmansichten im Vergleich zu den Screenshots kommen, die wir in diesem Buch zeigen. Wir gehen jedoch davon aus, dass die generellen Schritte zur Durchführung der Migration nach SAP S/4HANA und SAP S/4HANA Cloud auch in höheren Releases die gleichen bleiben.

[«]

Hinweis zum Sprachgebrauch

Der Begriff *SAP-S/4HANA-Migration* steht in diesem Buch als Oberbegriff für die unterschiedlichen Szenarien für den Übergang hin zu SAP S/4HANA. Damit steht der Begriff nicht nur für die Datenmigration und Datenübernahme von IT-Altsystemen oder produktiv genutzten SAP-Systemen, sondern auch für die Systemkonvertierung eines Einzelsystems oder die Transformation einer Systemlandschaft.

Der Aufbau dieses Buchs

Dieses Buch ist in vier Teile gegliedert, deren Inhalt wir im Folgenden zur besseren Orientierung kurz vorstellen.

Teil I: SAP S/4HANA – die Grundlagen

Im ersten einführenden Teil des Buchs vermitteln wir das Grundlagenwissen, das erforderlich ist, um sich für ein Installations- oder Migrationsszenario entscheiden zu können. Dieser Teil ist auch für IT-Manager und IT-Mitarbeiter in Unternehmen interessant, die noch kein konkretes Migrationsprojekt geplant haben und sich erst einmal über die verschiedenen Möglichkeiten informieren möchten. Wir erläutern Ihnen die unterschiedlichen Bereitstellungsoptionen für SAP S/4HANA in der Public Cloud, Private Cloud und on-premise und als hybrides Modell. Schließlich erfahren Sie, wie Sie den Übergang nach SAP S/4HANA vorbereiten können und wie Sie dabei von einer neuen Implementierungsmethodik unterstützt werden.

Anforderungen und Leistungen

In **Kapitel 1**, »SAP S/4HANA – Anforderungen und Leistungen«, vermitteln wir Ihnen einen grundlegenden Überblick über SAP S/4HANA und zeigen Ihnen den Mehrwert dieser neuen Lösung auf. Wir gehen in diesem Kontext auch auf die Veränderung der traditionellen Geschäftsmodelle ein, die ein Ergebnis des digitalen Wandels ist, und wir zeigen auf, mit welchen Herausforderungen der Digitalisierung Unternehmen heute und in Zukunft konfrontiert sind.

Unterschied zur klassischen SAP Business Suite

In **Kapitel 2**, »Was unterscheidet SAP S/4HANA von der klassischen SAP Business Suite?«, stellen wir Ihnen die grundsätzlichen Unterschiede zwischen SAP S/4HANA und der SAP-ERP-basierten SAP Business Suite vor und ordnen die SAP-S/4HANA-Lösung in das SAP-Produktangebot ein. Wir erklären den Sinn und Zweck dieser Unterschiede und gehen darauf ein, welche Chancen sich dadurch für die IT-Abteilungen und für Ihre Geschäftsprozesse ergeben und welche Bedeutung diese Änderungen für Ihre Planung des Umstiegs auf SAP S/4HANA haben.

Cloud, on-premise und hybrid

SAP S/4HANA ist in verschiedenen Betriebsmodellen verfügbar. Die Möglichkeiten umfassen die Implementierung in der Private oder Public Cloud, vor Ort in Ihrem Rechenzentrum sowie einen hybriden Ansatz. In **Kapitel 3**, »Cloud, on-premise und hybride Szenarien«, vermitteln wir Ihnen ein grundsätzliches Verständnis dieser Betriebsmodelle und erklären, welche Bereitstellungsoptionen und kommerziellen Modelle im Rahmen der SAP-S/4HANA-Produktfamilie existieren. Wir zeigen die Unterschiede zwischen den einzelnen Möglichkeiten auf, sodass eine faktenbasierte Entscheidung für das beste Bereitstellungsmodell getroffen werden kann. Da bei der Planung des Umstiegs auf SAP S/4HANA die Anpassbarkeit auf die eigenen betrieblichen Besonderheiten berücksichtigt werden muss, zeigen wir Ihnen die verfügbaren Anpassungs- und Erweiterungsmöglichkeiten mittels SAP Business Technology Platform (SAP BTP) auf und geben in diesem Kapitel außerdem eine Einführung in die SAP BTP und einen Gesamtüberblick der Funktionalitäten inklusive künstlicher Intelligenz (KI).

Teil II: Vorbereitung auf den Umstieg auf SAP S/4HANA

Im zweiten Teil des Buchs erläutern wir Ihnen Schritt für Schritt die verschiedenen Migrationsszenarien für SAP S/4HANA. Wir stellen die Vor- und Nachteile der einzelnen Szenarien dar und helfen Ihnen bei der Entscheidungsfindung.

Umstieg vorbereiten

Nachdem das Grundverständnis für SAP S/4HANA geschaffen worden ist, stellen wir in **Kapitel 4**, »Welche Umstiegsoptionen gibt es?«, die Vorgehensweisen für den Umstieg auf SAP S/4HANA vor und erläutern, welche konkreten Schritte bei der Projektplanung berücksichtigt werden sollten. Dazu gehen wir auf die Details der unterschiedlichen Szenarien unter verschiedenen Voraussetzungen ein.

Auswahl des Übergangsszenarios

Die richtige Strategie für den Wechsel hin zu SAP S/4HANA hängt von Ihrer Ausgangssituation ab. Wir geben Ihnen dafür Entscheidungskriterien an die Hand und führen Beispiele für die einzelnen Übergangsszenarien an. **Kapitel 5**, »Auswahl Ihres Übergangsszenarios«, beschreibt dazu die Vor- und Nachteile der einzelnen Migrationsszenarien, fasst sie zusammen und stellt sie einander gegenüber. Wir erörtern die Kernentscheidung zwischen einer kompletten Neuimplementierung oder einer Systemkonvertierung. Die selektive Datenübernahme nimmt insofern eine Sonderrolle ein, als sie mit den beiden anderen Szenarien kombiniert werden kann. In jedem Fall sollte die Entscheidung für ein Szenario die für das Unternehmen wirtschaftlich sinnvollste sein und von betriebswirtschaftlichen Fragestellungen geleitet werden.

Trial-Systeme

Kapitel 6, »Trial-Systeme und Content zum Ausprobieren«, schließt den zweiten Teil des Buchs ab. Es behandelt die verfügbaren Trial-Systeme für SAP S/4HANA und SAP BTP. Das SAP-S/4HANA-Trial-System ist ein vorkonfiguriertes System, das Customizing (wie etwa vordefinierte Buchungskreise und Organisationsstrukturen) sowie Beispieldaten beinhaltet. Das Trial-System unterstützt Sie dabei, die Anforderungen und Voraussetzungen für die Migration zu identifizieren. Außerdem können mit dem SAP-BTP-Testsystem (Free Tier) und kostenlosem Content aus dem SAP Discovery Center Side-by-Side-Erweiterungen für SAP S/4HANA und KI-Use-Cases realisiert werden (Keep the Core Clean).

Teil III: Migration durch Systemkonvertierung nach dem Brownfield-Ansatz

On-premise oder Private Cloud

Im dritten Teil dieses Buchs geht es um die Konvertierung eines existierenden SAP-Systems, ein Ansatz, der als *Brownfield* bezeichnet wird und der nicht für das Produkt SAP S/4HANA Cloud verfügbar ist. Die On-Premise-Version von SAP S/4HANA kann entweder in Ihrem Daten-Center oder auch gehostet in einer Private Cloud betrieben werden, z. B. als Infrastructure as a Service (IaaS). Die Systemkonvertierung als Migrationsszenario ist ein möglicher Weg zur SAP-S/4HANA-On-Premise-Version und wird in diesem Teil des Buchs vorgestellt.

Systemkonvertierung

In **Kapitel 7**, »Vorbereitung der Systemkonvertierung«, und **Kapitel 8**, »Ausführung der Systemkonvertierung«, stellen wir Ihnen das erste Szenario für den Umstieg auf die On-Premise-Version von SAP S/4HANA vor: die Systemkonvertierung. Die Konvertierung eines bestehenden SAP-ERP-Systems ermöglicht es, zu SAP S/4HANA zu wechseln, ohne ein neues System aufzusetzen. Wir beschreiben, wie der grundsätzliche Ablauf von der Planung bis zur Ausführung der Systemkonvertierung aussieht, welche Einzelschritte erforderlich sind und welche technischen Werkzeuge Sie dafür benötigen. Besondere Betrachtung erfährt dabei die Systemkonvertierung zu SAP S/4HANA Cloud Private Edition im Rahmen von RISE with SAP.

Teil IV: Neuimplementierung und Datenmigration nach dem Greenfield-Ansatz

Greenfield-Ansatz

Im letzten Teil des Buchs erörtern wir die Implementierungsmethodik SAP Activate und gehen detailliert auf die verschiedenen Migrationswerkzeuge für eine Neuimplementierung (Greenfield-Ansatz) eines SAP-S/4HANA-Systems (Cloud- und On-Premise-Version) ein. Wir stellen Ihnen die Werkzeuge SAP S/4HANA Migration Cockpit, SAP S/4HANA Migration Object Modeler und SAP Data Services mit dem SAP-Best-Practices-Content der Lösung Rapid Data Migration anhand von Anwendungsbeispielen vor.

Implementierungsmethodik

SAP Activate ist die Methodik, mit der Sie SAP S/4HANA oder SAP S/4HANA Cloud effektiv und effizient einführen. Sie unterstützt Sie in allen Bereichen des Implementierungsprojekts mit Schritt-für-Schritt-Anleitungen und Beschleunigern. In **Kapitel 9**, »SAP Activate«, stellen wir Ihnen das Framework mit seinen Strukturen vor und wie Sie es nutzen können.

Installation manuell und mit der SAP Cloud Appliance Library

Beim Umstieg auf die On-Premise-Version von SAP S/4HANA wird entweder ein neues SAP-S/4HANA-System aufgesetzt oder ein bestehendes SAP-System transformiert. In **Kapitel 10**, »Installation von SAP S/4HANA in der On-Premise-Version oder in der Private Cloud«, erläutern wir die notwendigen Schritte für die Installation des Backend- und Frontend-Servers.

Einrichtung und Konfiguration von SAP S/4HANA Cloud

In **Kapitel 11**, »Einrichtung und Konfiguration von SAP S/4HANA Cloud«, zeigen wir Ihnen, wie Sie mit SAP Central Business Configuration Ihre Geschäftsprozesse einführen können. Wir stellen Ihnen unter anderem die Kernkomponenten von SAP Central Business Configuration vor und wie Sie sie möglichst effektiv einsetzen können, um SAP S/4HANA Cloud iterativ entlang einer Implementierungs-Roadmap national oder international einzuführen.

Planung der Migration

Wir zeigen Ihnen in **Kapitel 12**, »Planen der Datenmigration«, wie Sie Ihre Datenmigrationsprojekte und Datenmigrationsaufgaben effektiv planen können. Dazu stellen wir Ihnen die Datenmigration in SAP Activate und die »SEAMAP«-Methodik zur effektiven Aufteilung Ihrer Aufgaben auf die Datenmigrationsphasen vor.

SAP S/4HANA Migration Cockpit

Das Datenmigrationswerkzeug SAP S/4HANA Migration Cockpit und dessen verschiedene Migrationsansätze, die es für die Datenmigration nach SAP S/4HANA gibt, sind Teil von **Kapitel 13**, »SAP S/4HANA Migration Cockpit«. Wir erläutern hier u. a., wie eine Migration für die verschiedenen Ansätze Schritt für Schritt durchgeführt werden kann.

Migrationsunterstützende Anwendungen

Weitere Anwendungen, die Sie bei der Datenmigration unterstützen, stellen wir Ihnen in **Kapitel 14**, »Unterstützende Anwendungen«, vor. Dazu gehören die Anwendungen zum Festlegen des Migrationsstichtages für den Finanzbereich, die App **Datenmigrationsstatus**, der Note Analyzer Report und eine weitere neue Anwendung, auf die einige Benutzer schon lange gewartet haben.

SAP S/4HANA Migration Object Modeler

In **Kapitel 15**, »SAP S/4HANA Migration Object Modeler«, stellen wir Ihnen die Modellierungsumgebung des SAP S/4HANA Migration Cockpits, das Werkzeug SAP S/4HANA Migration Object Modeler vor. Wir erläutern anhand von Anwendungsbeispielen, wie Sie mithilfe des SAP S/4HANA Migration Object Modelers den ausgelieferten Content an kundenspezifische Anforderungen anpassen und eigene Migrationsobjekte erstellen können.

Rapid Data Migration

In **Kapitel 16**, »Rapid Data Migration«, stellen wir Ihnen das Werkzeug SAP Data Services mit dem SAP-Best-Practices-Content der Lösung Rapid Data Migration anhand von Anwendungsbeispielen vor. Hierbei wird vor allem Wert auf die Datenqualität (Data Cleansing) sowie die Standardisierung und Datenvalidierung gelegt.

Werkzeugvergleich

Im letzten **Kapitel 17**, »Vergleich der Datenmigration und Modellierungswerkzeuge«, vergleichen wir die verschiedenen SAP-Migrationswerkzeuge miteinander.

Informationskästen

In hervorgehobenen Informationskästen finden Sie in diesem Buch Inhalte, die wissenswert und hilfreich sind, aber etwas außerhalb der eigentlichen Erläuterung stehen. Damit Sie die Informationen in den Kästen sofort einordnen können, haben wir die Kästen mit Symbolen gekennzeichnet:

- In Kästen, die mit diesem Symbol gekennzeichnet sind, finden Sie Informationen zu *weiterführenden Themen* oder wichtigen Inhalten, die Sie sich merken sollten.
- Dieses Symbol weist Sie auf *Besonderheiten* hin, die Sie beachten sollten. Es *warnt Sie* außerdem vor häufig gemachten Fehlern oder Problemen, die auftreten können.
- *Beispiele*, durch dieses Symbol kenntlich gemacht, weisen auf Szenarien aus der Praxis hin und veranschaulichen die dargestellten Funktionen.
- Mit diesem Symbol markierte Textstellen fassen wichtige thematische Zusammenhänge für Sie noch einmal *auf einen Blick* zusammen.

Dieses Buch soll Ihnen als Leitfaden für den Übergang zu SAP S/4HANA dienen und Ihnen dabei helfen, die für Ihr Unternehmen passenden Szenarien zu identifizieren. Wir wünschen Ihnen viel Erfolg bei der Migration zu SAP S/4HANA und hoffen, dass dieses Buch Ihnen dabei helfen wird, Ihre Ziele zu erreichen.

Frank Densborn, Frank Finkbohner, Martina Höft, Petra Klöß, Kim Mathäß, Boris Rubarth

TEIL I

SAP S/4HANA – die Grundlagen

Kapitel 1
SAP S/4HANA – Anforderungen und Leistungen

Durch die zunehmende Digitalisierung und Vernetzung der Wirtschaft verändert sich nicht nur die industrielle Produktion. In diesem Kapitel erfahren Sie, wie SAP mit SAP S/4HANA auf die Anforderungen dieses digitalen Wandels reagiert.

Unternehmen mussten sich schon immer mit technologischen Veränderungen und Innovationen auseinandersetzen. In den 1970er-Jahren (mit der sogenannten dritten industriellen Revolution) hielt die Automation erstmalig Einzug in die Produktion. Seit dem Einzug von Computern und dem Einsatz von Elektronik und Informationstechnologie in der Fertigung werden ehemals manuelle Arbeitsschritte durch Maschinen übernommen.

Die vierte industrielle Revolution – Industrie 4.0

Durch die Vernetzung von Produkten, Prozessen und Infrastrukturen in Echtzeit erfolgt eine weitere umfassende Veränderung der industriellen Produktion, die eine vierte Stufe der industriellen Revolution einleitet. Alle Teile der Wertschöpfungskette – wie Zulieferung, Produktion, Auslieferung, Kundenservice und Instandhaltung – werden durch das Internet miteinander verknüpft, und die Informationen über die einzelnen Schritte sind in Echtzeit verfügbar. Durch das Internet der Dinge (*Internet of Things*, IoT) sowie durch Daten und Dienste findet eine vollumfängliche Digitalisierung der klassischen Industrien statt, was unter dem Begriff *Industrie 4.0* zusammengefasst wird.

Wie Sie in Abbildung 1.1 sehen, konnten sich die Menschen und die Unternehmen in der Vergangenheit jeweils rund 100 Jahre für die Umstellung auf die nächste Industrialisierungsstufe Zeit nehmen. Nach Industrialisierung, Massenproduktion und Automatisierung kommen nun mit Industrie 4.0 weltweite und weitreichende Umwälzungen auf die Produktionsprozesse, Geschäftsmodelle, Technologien, die Arbeitswelt und den Alltag der Menschen zu.

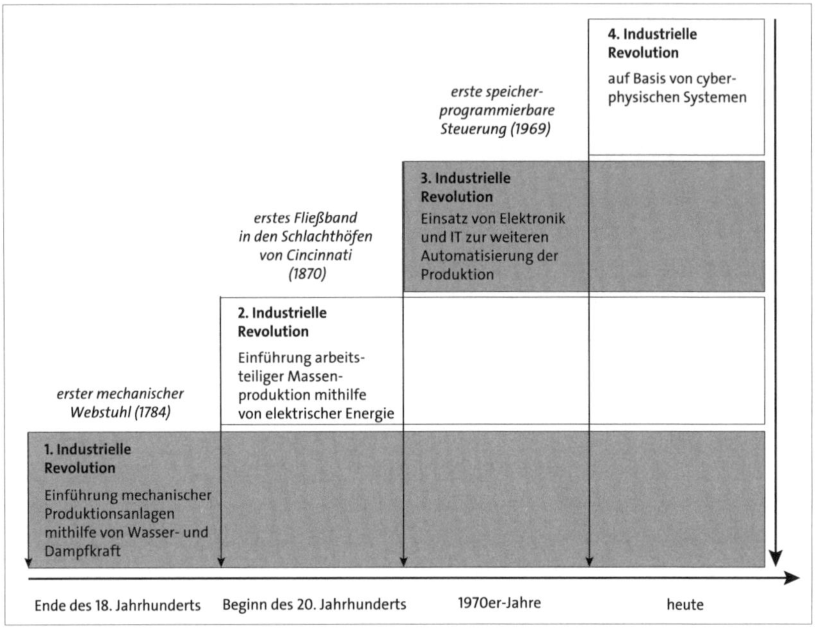

Abbildung 1.1 Die Stufen der industriellen Revolution

Chancen und Risiken

Dieser als *digitaler Wandel* bezeichnete Paradigmenwechsel bietet Chancen und Risiken für neue Geschäftsmodelle und bestehende Wertschöpfungsketten. Für etablierte Unternehmen und ihre Geschäftsmodelle besteht die Chance auf Effizienzsteigerung oder auch auf die Entwicklung neuer Geschäftsmodelle. Andererseits laufen Unternehmen, die sich diesem Wandel verschließen, Gefahr, dass traditionelle Geschäftsprozesse nicht fortgesetzt werden können und sie durch innovativere Unternehmen aus dem Markt gedrängt werden.

In diesem Kapitel schauen wir uns zunächst diese Chancen und Risiken genauer an (siehe Abschnitt 1.1, »Herausforderungen an die Unternehmenswelt der Zukunft«). In Abschnitt 1.2, »Das Versprechen von SAP S/4HANA«, zeigen wir Ihnen dann, welche Lösungsversprechen SAP S/4HANA dafür bereithält.

1.1 Herausforderungen an die Unternehmenswelt der Zukunft

Auch in den 2000er-Jahren gab es Veränderungen, an die Unternehmen ihre Geschäftsmodelle angepasst haben. Speziell und neu im Vergleich zu den früheren industriellen Revolutionen sind die Radikalität und das Tempo des digitalen Wandels. Während früher Änderungen von Geschäftsmodellen häufig dazu geführt haben, dass die großen die kleinen Unternehmen übernahmen, übernehmen heute in der digitalen Ökonomie die schnell agierenden Unternehmen die langsamen, abwartenden Unternehmen. Bisher unbekannte Produktanbieter können innerhalb kürzester Zeit zu Marktführern werden und damit etablierte Branchen komplett verändern.

Die COVID-19-Pandemie hat einen weiteren großen Schub in Richtung digitale Geschäftsmodelle gegeben. Die aus der Krise gesammelten Erfahrungen werden Unternehmen dazu bringen, ihre Produktion stärker zu automatisieren und ihre Dienstleistungen in digitale Services umzuwandeln.

1.1.1 Digitalisierung von Geschäftsprozessen

Beispiele für den digitalen Wandel

Geschäftsprozesse in der heutigen Welt werden von der steigenden Durchdringung durch die Informationstechnologie beeinflusst. Dadurch werden Unternehmen mit traditionellen Geschäftsprozessen dazu gedrängt, ihre Geschäftsprozesse zu überdenken und an den digitalen Wandel anzupassen. Meist findet diese Anpassung im Zuge einer Geschäftsprozessoptimierung statt.

Digitalisierungsgrad

Wie weit dieser Druck zur Veränderung der traditionellen Geschäftsprozesse geht, hängt von dem Bereich ab, in dem ein Unternehmen tätig ist. In der Veröffentlichung »Monitoring-Report Wirtschaft DIGITAL 2018« des Bundesministeriums für Wirtschaft und Klimaschutz (BMWi, siehe *www.bmwi.de*) werden die Branchen in Deutschland gemäß ihrem Grad der Digitalisierung und ihrem Digitalisierungstempo eingeteilt. Tabelle 1.1 zeigt die Einteilung der Branchen in die folgenden drei Gruppen:

- **Hoch digitalisierte Unternehmen**

  Unternehmen in Branchen mit hoch digitalisierungsfreundlichen Rahmenbedingungen, bezogen auf Prozesse, Wertschöpfungsketten, Investitionen in Digitalisierung sowie ihre Einbindung in die Unternehmensstrategie
- **Durchschnittlich digitalisierte Unternehmen**

  Unternehmen in Branchen mit durchschnittlich digitalisierungsfreundlichen Rahmenbedingungen
- **Gering digitalisierte Unternehmen**

  Unternehmen in Branchen, in denen digitale Geschäftsprozesse nur eine untergeordnete Rolle spielen

Hoch digitalisiert	Durchschnittlich digitalisiert	Gering digitalisiert
▪ Unternehmen in der Informations- und Kommunikationstechnologiebranche (IKT) ▪ wissensintensive Dienstleister	▪ Finanz- und Versicherungswirtschaft ▪ Handel ▪ Chemie/Pharma ▪ Maschinenbau ▪ Energie- und Wasserversorgung ▪ Verkehr und Logistik	▪ sonstiges verarbeitendes Gewerbe ▪ Gesundheitswesen ▪ Kommunen

Tabelle 1.1 Bewertung von Branchen anhand ihres Digitalisierungsgrads

Unternehmen, die sich nicht auf die Veränderungen einstellen, die der digitale Wandel mit sich bringt, werden massive Einbußen bei traditionellen Geschäftsprozessen erleiden. In der heutigen Zeit möchten Kunden Produkte kaufen, wann und wo sie wollen. Unternehmen, deren Prozesse nicht in dieser Weise ausgerichtet sind, werden vom Markt verschwinden, wenn sie ihre Prozesse nicht an diese Marktgegebenheiten anpassen.

Arten des Wandels

Grundsätzlich ergeben sich durch den fortschreitenden digitalen Wandel drei Arten von Änderungen an den Geschäftsmodellen:

- Bestehende traditionelle Geschäftsmodelle werden durch den digitalen Wandel ergänzt.
- Bestehende traditionelle Geschäftsmodelle werden durch den digitalen Wandel verdrängt und durch digitale Geschäftsprozesse abgelöst.
- Durch den digitalen Wandel werden Geschäftsmodelle möglich, die ohne den digitalen Wandel nicht oder so nicht vorstellbar waren.

Ergänzung von Geschäftsprozessen

Wenn das bestehende traditionelle Geschäftsmodell durch die Digitalisierung ergänzt wird, sind es zumeist die bestehenden Unternehmen, die ihre Marktposition auf diese Art erhalten oder vielleicht sogar ausbauen können. Ein Beispiel ist die Optimierung der Instandhaltungsprozesse bei Werkzeugmaschinen und Produktionsanlagen. So ist es durch die Verbilligung der Sensortechnologie möglich, den Instandhaltungsbedarf einer Produktionsmaschine zu messen und die Instandhaltung erst bei Bedarf durchzuführen. Hier sichert und unterstützt der digitale Wandel bestehende traditionelle Geschäftsmodelle. Das bestehende Produkt- und Serviceportfolio wird erweitert, um zukünftiges Umsatzwachstum zu gewährleisten.

In manchen Bereichen mag es dazu kommen, dass traditionelle Geschäftsmodelle durch den digitalen Wandel verdrängt und durch digitale Geschäftsprozesse abgelöst werden. Durch die Digitalisierung werden die Regeln des Markts an dieser Stelle radikal verändert. Man spricht dann von *disruptivem Wandel* oder *disruptiver Innovation*.

Verdrängung von Geschäftsprozessen

Mit der radikalen Änderung drängen auch neue Unternehmen auf traditionelle Absatzmärkte. Wer hätte gedacht, dass ein Hersteller von WLAN-Routern sein Produktangebot um Heizkörperthermostate und schaltbare Outdoor-Steckdosen erweitert? Mithilfe des korrespondierenden Onlineangebots des Router-Herstellers kann der Kunde dann über das Internet Einfluss auf die Temperatur in seiner Wohnung nehmen oder die Bewässerungsanlage im Garten steuern. Klassische Anbieter von Heizkörperthermostaten reagieren auf diesen digitalen Wandel sowie auf die neu in den Markt drängende Konkurrenz und bieten ebenso internetbasierte Smarthome-Produkte an. Einige Anbieter gehen noch einen Schritt weiter und binden, basierend auf der vernetzten Heiztechnik, auch den Wartungstechniker ein und errechnen proaktiv Wartungstermine.

Neue Geschäftsprozesse

Als Beispiel für ein Geschäftsmodell, das erst durch den digitalen Wandel möglich geworden ist, kann das *Crowdsourcing* oder *Crowdfunding* genannt werden. Beim Crowdsourcing werden Projektaufgaben über Internetplattformen an Internetnutzer verteilt. Beim Crowdfunding werden Investoren gesucht, die eine (Teil-)Finanzierung von Projekten übernehmen wollen. Erst durch das Internet wird hier die Interaktion der Akteure möglich – und so kostengünstig und effizient, dass es die notwendige Grundlage für diese Geschäftsmodelle darstellt.

Damit eröffnet der digitale Wandel eine Fülle von Möglichkeiten für kreatives unternehmerisches Handeln. In den Vordergrund rücken Aspekte wie etwa die Kundennähe und die Qualität der Infrastruktur. Das vom Endverbraucher und seinem Nutzen ausgehende Denken wird immer mehr zum Schlüsselelement des Erfolgs.

1.1.2 Trends der digitalen Transformation

Betriebswirtschaftliche und technische Trends

Im Rahmen des digitalen Wandels spielen die in Abbildung 1.2 dargestellten betriebswirtschaftlichen und technischen Trends eine wichtige Rolle. Auf diese Trends gehen wir in den folgenden Abschnitten kurz ein.

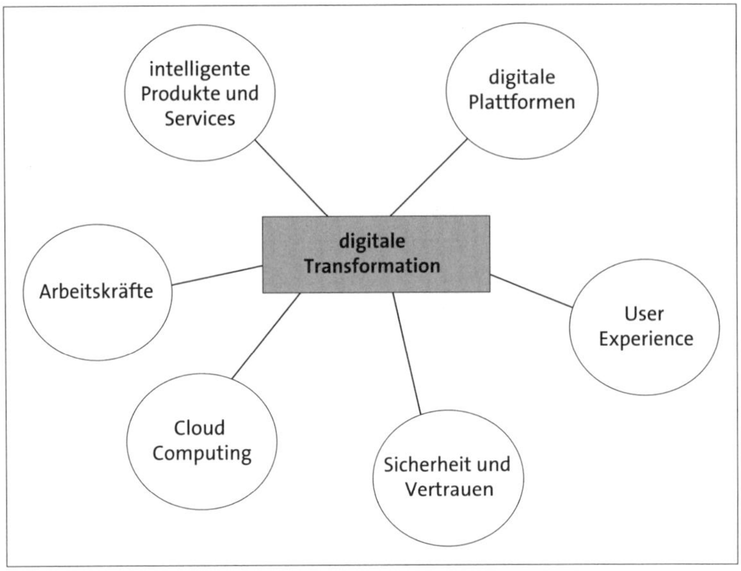

Abbildung 1.2 Trends bei der digitalen Transformation

Intelligente Produkte und Services

Internet der Dinge

Die zunehmende Vernetzung und die rasanten Entwicklungen im Rahmen der Sensortechnik führen dazu, dass jedes Gerät und jede Maschine zu einem Informationsknotenpunkt werden kann. Dieser Aspekt, auch als *Internet der Dinge* (Internet of Things, IoT) bezeichnet, wird bisher etablierte Wertschöpfungsketten und die industrielle Produktion verändern. Standen bisher Qualität, Preis und Lieferzeiten von Produkten im Vordergrund der Geschäftsmodelle, treten in der digitalen Welt personalisierte Produkte und Dienstleistungen mit Zusatznutzen (*Smart Products* und *Smart Services*) in den Vordergrund.

Intelligente Produkte und Services

An drei Beispielen wollen wir verdeutlichen, wie der digitale Wandel etablierte Wertschöpfungsketten und Produktionsprozesse verändern kann:

- **Intelligente Instandhaltung**

  Im Rahmen von intelligenten Serviceprozessen werden Sensordaten genutzt, um den Wartungszustand von Maschinen vorherzusagen. Ziel ist es, Instandhaltungsprozesse zu optimieren, indem Wartungsmaßnahmen nur dann ausgeführt werden, wenn der Zustand der Maschine dies auch erfordert. Durch die Unterstützung der Informationstechnologie kann nicht nur der aktuelle Zustand der Maschine gemessen werden, sondern auch eine Vorhersage auf Basis historischer Daten (Stichwort *Predictive Analytics*) erstellt werden, wann ein Ausfall der Maschine zu erwarten ist.

Um intelligente Automation handelt es sich dann, wenn der Sensor der Maschine oder die Vorhersage zeitnah die Ersatzteilbeschaffung im ERP-System anstößt. Diese Erweiterung von klassischen Geschäftsmodellen zeigt auch, wie zukünftig Produktionssteuerungsanlagen und das ERP-System des Unternehmens stärker zusammenwachsen werden. Für die Kunden bedeuten diese intelligenten Instandhaltungsprozesse einen hohen Mehrwert, weil die Maschinen dadurch eine wesentlich höhere Verfügbarkeit besitzen.

- **Digital Farming**

  Auch in ganz traditionellen Industriebereichen wie der Landwirtschaft sind digitale Produktionsprozesse längst angekommen. Der Traktor wird zu einem Knotenpunkt von Daten, der, mit entsprechenden Sensoren ausgestattet, z. B. bestimmen kann, wie viel Dünger oder wie viel Saatgut welches Feld braucht. So werden die Erntemaschinen Sammler von Daten, die von den Landmaschinenherstellern genutzt werden, um die traditionellen Geschäftsmodelle um zusätzliche Services zu ergänzen. Umgekehrt können die mobilen Erntemaschinen auch in die beschriebenen intelligenten Instandhaltungsprozesse integriert werden. Die Landmaschinen werden zentral überwacht, und es werden intelligente Wartungsintervalle errechnet, sodass die Ernte störungsfrei eingefahren werden kann.

- **Losgröße eins**

  Die Verkaufszahlen der E-Gitarrenbauer sind in den letzten zehn Jahren rückläufig. Eine Gegenmaßnahme der großen amerikanischen Gitarrenhersteller ist es, verstärkt kundenindividuelle Gitarren anzubieten. Bei ausgewählten hochpreisigen Gitarren hat der Kunde die Möglichkeit, seine Gitarre individuell zusammenzustellen (Auswahl der verwendeten Holzarten, Form des Gitarrenhalses, verbaute Tonabnehmer, individuelle gewollte künstliche Alterung der Gitarre usw.). Das Anbieten dieser Einzelstücke verlangt eine hochflexible Ausgestaltung der Produktionsprozesse bei der Auftragsabwicklung. Im Rahmen der Digitalisierung spricht man auch von der Fertigung individualisierter Produkte bis hin zur Losgröße eins (*Unit of One*).

  Ein interessanter Aspekt ist, dass bei diesen hochemotionalen Produkten auch der Bezug zum Gitarrenbauer hergestellt wird. Auf den Internetseiten eines großen amerikanischen Gitarrenherstellers werden sogar die Gitarrenbauer vorgestellt, die diesen individuellen Fertigungsprozess gestalten. Möglich geworden sind solche individuellen Prozesse vor allem durch die leichtere Kundenkommunikation über das Internet. Allgemein gesprochen sind sinkende Losgrößen bei immer stärker wechselnden

Aufträgen und dadurch steigende Rüstzeiten der Produktionsmaschinen ein Trend der Digitalisierung. Darauf müssen sich die Unternehmen heute einstellen.

Diese Beispiele sollen zeigen, wie Vernetzung dazu führt, dass automatisierte softwaregestützte Wertschöpfungen zunehmen und traditionelle Geschäftsprozesse durch ein sinnvoll korrespondierendes Servicegeschäft ergänzt und unterstützt werden. Zukünftig wird man auch stärker unternehmensübergreifend Wertschöpfungselemente miteinander vernetzen. Die einzelnen Schritte innerhalb eines End-to-End-Geschäftsprozesses werden in zunehmendem Maße in Echtzeit (*Realtime*) miteinander kommunizieren. Entsprechend wird auch der Bedarf an Standards im Rahmen von Industrie 4.0 zunehmen. Letzteres fand etwa in der Veröffentlichung der DIN SPEC 91345 als Standard für das »Referenzarchitekturmodell Industrie 4.0 (RAMI4.0)« im April 2016 seinen Ausdruck.

Plattformen

Beispiele für digitale Plattformen

Im Vergleich zu den neuen und geänderten Wertschöpfungsketten stellen digitale Plattformen ein grundsätzlich anderes Geschäftsmodell dar. Einige Beispiele für solche digitalen Plattformen sind:

- der App Store basierend auf dem iTunes Store von Apple, auf dem eigenständige Anbieter Apps für iPhone und iPad anbieten
- Amazon Marketplace, auf dem neben dem Produktangebot von Amazon selbstständige Händler integriert sind und ihre Produkte anbieten
- MyHammer, eine Plattform zur Ausschreibung und Vergabe von privaten und gewerblichen Handwerks- und Dienstleistungsaufträgen
- Picnic, ein Onlinesupermarkt ohne Geschäfte
- HelloFresh, die online sogenannte Kochboxen anbieten
- Uber als Onlinevermittlungsdienst für Fahrdienstleistungen
- branchenspezifische Plattformen, wie z. B. Airbnb, eine Plattform, die private Reiseunterkünfte vermittelt

Kennzeichen digitaler Plattformen

Digitale Plattformen sind untrennbar mit dem Internet und der Cloud verbunden. Such- und Kaufvorgänge erfolgen online; der Kunde kann Produkte zu jedem Zeitpunkt über jedes mobile Endgerät bestellen. Digitale Plattformen erlauben es externen Anbietern, auch ohne eigene spezifische Technologieinfrastruktur an der Wertschöpfungskette teilzuhaben. Der Betrieb und die Wartung der Infrastruktur werden von dem Plattformbetreiber übernommen, der im Gegenzug die Regeln und die Gebühren für die Nutzung der Plattform bestimmt.

Services im Zentrum

Digitale Plattformen verfolgen einen radikal anderen Ansatz, verglichen mit klassischen Wertschöpfungsketten. Während in der traditionellen Wirtschaft das Produkt im Vordergrund steht, ist es hier die Plattform mit ihren Infrastrukturservices. So besteht die Leistung von Airbnb und Uber (nur) darin, die Nutzer und Anbieter privater Übernachtungen bzw. Taxifahrten miteinander zu verbinden. Digitale Plattformen ermöglichen den Anbietern der Serviceleistungen einen vereinfachten Einstieg in den digitalen Echtzeitmarkt und in Cloud-Technologien. Das führt dazu, dass die Plattformanbieter eine strategisch herausragende Bedeutung gegenüber den eigentlichen Serviceanbietern haben. Auf der anderen Seite könnten viele Serviceanbieter ihre Leistungen ohne dieses Plattformangebot überhaupt nicht oder nur ungleich schwieriger anbieten.

Arbeitskräfte

Flexible Mitarbeiter sind gefragt

Der Umstieg auf digitale Geschäftsprozesse erfordert entsprechend gut ausgebildete Arbeitskräfte. Wenn man hochflexible und kundenindividuelle Fertigungsprozesse unterstützen will, braucht man entsprechend hochflexible Arbeitskräfte, die jeweils durch geeignete Informationen und Daten unterstützt werden müssen. Menschliche Arbeit und die mit dem Menschen und seinen spezifischen Fähigkeiten verbundene Flexibilität wird zu einem Schlüsselelement des digitalen Wandels. Die Unternehmen sind entsprechend gefordert, ihre Mitarbeiter bei diesem flexibleren Arbeiten, auch von zu Hause aus, mit entsprechender Infrastruktur und flexiblen Arbeitszeitkonten zu unterstützen.

E-Learning

Die steigenden Anforderungen an die Flexibilität und an komplexere Geschäftsmodelle erfordern darüber hinaus zusätzliche Qualifikationen von den Mitarbeitern. Um eine sinnvolle berufsbegleitende Weiterbildung zu ermöglichen, müssen die Unternehmen im digitalen Wandel auch moderne, auf digitaler Technologie basierende Qualifizierungsansätze einbinden. So vermitteln z. B. spezielle E-Learning-Kurse (sogenannte *Massive Open Online Courses*, MOOCs) Wissen über Videos und Foren, in denen Lehrende und Lernende miteinander kommunizieren und Gemeinschaften bilden können. Die Bedeutung der Mitarbeiterqualifizierung muss auch vor dem Hintergrund des Fachkräftemangels gesehen werden, den viele Großunternehmen in Deutschland als Hemmschuh für die Digitalisierung ansehen.

Benutzererfahrung (User Experience)

Die flächendeckende Verbreitung von Smartphones, Tablets, Smart-TV und die Nutzung von Internet, Messenger-Diensten und E-Mails beeinflussen grundsätzlich die Erwartungen von Kunden an Benutzeroberflächen. Ein

Kunde, der heute Produkte und Services im Internet bestellt, hat an die Benutzeroberflächen die gleichen Erwartungen wie an die Oberflächen seiner privat genutzten Anwendungen.

User Experience im Zentrum des Geschäftsmodells

Mit der Vermittlung von Taxifahrten über Smartphone-Apps ist ein neues Geschäftsmodell entstanden, das klassische Taxi-Unternehmen mit ihrer Vermittlung über eine Funkzentrale immer mehr verdrängt. In beiden Fällen bestellt der Kunde ein Taxi. Aber was macht dieses (zugegeben häufig zitierte) Beispiel der Digitalisierung von Geschäftsmodellen so erfolgreich und interessant? Es ist vor allem die herausragende Benutzererfahrung, die der Kunde auf seinem Smartphone mit der Taxi-App hat. Kernaspekt dieser Erfahrung ist es, dass man den attraktiven Bestellprozess (über einen interaktiven Stadtplan, der Taxis in der Nähe anzeigt) auch mit einem attraktiven Bezahlprozess verbindet. Dieser ist so simpel, dass man nach der Taxifahrt einfach aussteigen kann und nichts mehr machen muss, weil die Taxirechnung über die hinterlegte Kreditkarte beglichen wird. Dieses Beispiel soll zeigen, dass sich digitale Geschäftsprozesse eben auch über die User Experience (UX) differenzieren – sie werden nur dann erfolgreich sein, wenn sie auch eine herausragende User Experience bieten.

Konsumenten im Fokus

Bei der digitalen Transformation eines Unternehmens muss daher der Konsument und Nutzer im Vordergrund stehen. Nicht die Technologie ist entscheidend, sondern der Mehrwert, den der Kunde durch den digitalen Geschäftsprozess hat. Hier spielt die angebotene Benutzeroberfläche eine entscheidende Rolle bei der Akzeptanz oder Ablehnung eines Geschäftsprozesses.

Cloud Computing

Flexible IT und Kostenaspekte

Ein weiterer Trend im Rahmen der Digitalisierung ist die Verlagerung von IT-Dienstleistungen und Geschäftsprozessen in die Cloud. Mit zunehmender Anzahl von Cloud-Angeboten besteht die Möglichkeit, Aufgaben der unternehmenseigenen IT-Abteilungen neu zu überdenken. So können bestimmte Services und Dienste an Cloud-Dienstleister ausgelagert werden, die mit der unternehmenseigenen IT nicht in gleichem Maße wirtschaftlich abgedeckt werden können. Auch auf Auslastungsschwankungen, die eine flexible Anpassung von Rechnerleistung und Speicherkapazitäten verlangen, kann das Rechenzentrum eines Cloud-Anbieters im Regelfall effizienter und flexibler reagieren. In jedem Fall sind die Kosten dieser flexiblen Anpassungen an Schwankungen besser zu kalkulieren. Auch die im Abschnitt »Arbeitskräfte« angesprochenen, durch den digitalen Wandel erforderlichen neuen Kompetenzen der Mitarbeiter müssen beim Einbinden von externen Cloud-Anbietern nicht unbedingt unternehmensintern aufgebaut werden.

Auswirkungen auf die Geschäftsprozesse

Bei den Auswirkungen von Cloud Computing auf die Geschäftsprozesse spielen Geschwindigkeit und Flexibilität eine Rolle. So kann ein Unternehmen mit der Verlagerung der neuen Geschäftsprozesse in die Cloud, verbunden mit kürzeren Implementierungszeiten, schnell und flexibel auf geänderte Marktbedingungen reagieren. Während der COVID-19-Pandemie erwies sich dies als Vorteil. Unternehmen sind mithilfe von Cloud Computing schnell in der Lage gewesen, ihre Pläne anzupassen, da die Cloud-Technologie eine direkte Kommunikation von überall aus ermöglicht.

Cloud Computing bietet den Unternehmen aber auch die Möglichkeit, Geschäftsprozesse neu zu definieren. Mit dem wachsenden Angebot in der Cloud können Geschäftsprozesse, bei denen man sich nicht von der Konkurrenz differenzieren muss, standardisiert und in die Cloud verlagert werden. Der Onlineshop eines Unternehmens muss vielleicht nicht unbedingt selbst betrieben werden, und man kann sich hier unter Umständen an den üblichen Standards des Internethandels orientieren. Im Gegensatz dazu können sich Kerngeschäftsprozesse herauskristallisieren, bei denen man sich von seinen Marktkonkurrenten unterscheiden will und muss. Hier will ein Unternehmen dann vielleicht hochspezialisierte und individuelle Geschäftsprozesse implementieren, die mit den standardisierten Prozessen in der Cloud nicht vereinbar sind. Diese Geschäftsprozesse will man in der Regel lieber selbst und unternehmensintern betreiben.

Sicherheit und Vertrauen

Die zunehmende Vernetzung der Wertschöpfungsketten und das Sammeln von riesigen Datenmengen über immer billiger werdende Sensoren ermöglichen auf der einen Seite ergänzende und neue Geschäftsmodelle. Auf der anderen Seite bergen diese Entwicklungen auch Sicherheitsrisiken, auf die Wirtschaftsunternehmen eine Antwort finden müssen.

Sicherheit in der Cloud

Eines der größten Hemmnisse bei der Nutzung von Cloud-Lösungen ist das Thema *Sicherheit*. Der Sicherheitsaspekt muss bereits beim Design der Anwendungen berücksichtigt werden. War das Monitoring von Produktionsanlagen bis dato eher ein unternehmensinternes Thema, öffnen sich diese Systeme im Rahmen intelligenter Wartungsprozesse dem Netzzugriff. Dieser Prozess muss mit korrespondierenden Sicherheitsmaßnahmen einhergehen.

Die digitalen Geschäftsprozesse stellen auch strengere Anforderungen an die Sicherheit und Vertraulichkeit der erhobenen Daten. Es muss gewährleistet werden, dass in den jeweiligen Geschäftsprozessen nur mit autorisierten und authentifizierten Partnern kommuniziert wird. Moderne IT-Sicherheits- und Verschlüsselungssysteme können diese Kommunikationssicherheit sicherstellen, müssen aber auch vorgesehen werden.

Mitarbeiterqualifikation

Auch beim Thema *Datensicherheit* spielt der Aspekt der Mitarbeiterqualifikation wieder eine wichtige Rolle. Um die Innovations- und Wettbewerbsfähigkeit eines Unternehmens zu gewährleisten, müssen die Mitarbeiter im Bereich Cybersicherheit auch entsprechend qualifiziert werden. Bei allen Mitarbeitern muss die digitale Kompetenz im Umgang mit Daten und bei der Weitergabe von Daten gestärkt werden. Was nützt das modernste Konzept zur Cybersicherheit, wenn Mitarbeiter für alle Systeme das gleiche, unsichere Passwort verwenden?

Höhere Sicherheitsstandards

Die Verlagerung von Geschäftsprozessen in die Cloud kann für Unternehmen in diesem Rahmen eine Überlegung wert sein, da seriöse Cloud-Anbieter in der Regel höhere Sicherheitsstandards haben, als die unternehmensinterne IT in vielen Unternehmen gewährleisten kann. Auch bezogen auf Backup- und Recovery-Prozesse können zentral administrierte Cloud-Umgebungen Vorteile haben.

Vertrauen der Anwender

Der Erfolg eines Unternehmens im digitalen Wandel hängt auch vom Vertrauen der Anwender ab. Kunden werden sich von Unternehmen abwenden, wenn diese den Schutz ihrer personenbezogenen Daten nicht gewährleisten können. Dies muss sich nicht nur auf die Datensicherheit beziehen, denn mancher Kunde lässt auch ethische Aspekte in seine Bewertung eines Geschäftsmodells einfließen. So gibt es sicherlich Kunden, die einer Taxi-App den Vorzug geben, bei der sie wissen, dass die Taxifahrer gerecht behandelt werden und dass vom Fahrtentgelt überdies noch genug Geld in die Wartung des Autos einfließt.

1.2 Das Versprechen von SAP S/4HANA

SAP S/4HANA ist eine Echtzeit-ERP-Suite, die den *digitalen Kern* eines Unternehmens bildet. SAP S/4HANA basiert vollständig auf der In-Memory-Plattform SAP HANA und bietet mit SAP Fiori eine einfach zu bedienende, rollenbasierte Benutzeroberfläche, die nach modernsten Designprinzipien gestaltet ist. SAP S/4HANA wird in drei Bereitstellungsoptionen angeboten: einmal in der On-Premise-Version für die Installation vor Ort und zwei weiteren Optionen für den Einsatz in der Cloud; die auf der On-Premise-Version basierende Private Cloud und als Public-Cloud-Version. Es besteht aber auch die Möglichkeit, SAP S/4HANA in Form eines hybriden Betriebsmodells (Teile on-premise und Teile in der Cloud) zu nutzen.

Unterstützung im digitalen Wandel

In diesem Abschnitt fassen wir zusammen, inwieweit das Grunddesign von SAP S/4HANA auf die Anforderungen der digitalen Transformation zugeschnitten ist. Das Ziel von SAP S/4HANA ist es, Unternehmen bei der Bewältigung der Herausforderungen zu unterstützen, die durch den digitalen Wandel entstehen. Der Kunde soll in die Lage versetzt werden, neben traditionellen Geschäftsmodellen auch neue digitale Geschäftsmodelle mit SAP S/4HANA abbilden zu können. Mit SAP S/4HANA reagiert SAP auf die gestiegene Komplexität in der digitalen Welt. SAP S/4HANA bietet Vereinfachungen der Funktionalität, der Datenstruktur, der User Experience und der Analysen, um den Anforderungen gerecht zu werden, die sich durch Themen wie Vernetzung, IoT oder Big Data ergeben. Zudem integriert SAP S/4HANA Aspekte der Nachhaltigkeit und des Klimaschutzes, um Unternehmen dabei zu unterstützen, gesetzliche Anforderungen zu erfüllen und ihre Geschäftsprozesse nachhaltiger zu gestalten.

1.2.1 Vereinfachung der Funktionalität

Ein Charakteristikum von ERP-Software ist es, dass deren Funktionalität über die Jahre hinweg immer reichhaltiger wird. Neue betriebswirtschaftliche Trends finden Eingang in die jeweils neueste Version der ERP-Software. Die initial bereitgestellten Abbildungen der betriebswirtschaftlichen Anforderungen werden ergänzt und erweitert, und es werden neue Anwendungen bereitgestellt.

Dieses natürliche und sinnvolle Wachstum der Software führt in der Praxis jedoch häufig dazu, dass es in einer Software mehrere Abbildungen für gleiche bzw. gleichartige Anforderungen gibt. Auch technologische Trends und unterschiedliche Programmiersprachen finden über die Jahre hinweg ihren Weg in die Versionen der ERP-Software.

Diese betriebswirtschaftliche und technische Vielfalt führt aber auch zu Komplexität. So stellen unterschiedliche Technologien unterschiedliche Anforderungen an die jeweiligen Wartungsprozesse. Mehrfach redundant abgebildete betriebswirtschaftliche Anforderungen erschweren das Bereitstellen von Innovationen. Gibt es analoge Funktionen an mehreren Stellen, muss ein betriebswirtschaftlich neuer Trend dann auch an mehreren Stellen eingebaut werden. Letztlich ist diese funktionale Redundanz für die Gesamtheit aller Kunden der Software nicht hilfreich, weil die Entwicklungsressourcen beim Softwareanbieter damit auch an mehreren Stellen gebunden werden, was die Innovationsgeschwindigkeit der bereitgestellten Funktion sicher nicht erhöht.

Mit SAP S/4HANA hat sich SAP dem *Principle of One* verschrieben. Dies bedeutet, dass es in SAP S/4HANA nur eine Zielarchitektur zur Abbildung einer betriebswirtschaftlichen Anforderung gibt.

Eine Abbildung pro Anforderung

Ein Beispiel für die Umsetzung des Principle of One in SAP S/4HANA ist die Funktion des Kreditmanagements. In SAP ERP haben sich über die Jahre zwei Arten des Kreditmanagements entwickelt: Zum einen gibt es das Kreditmanagement/Risikomanagement (SD-BF-CM), daneben aber auch eine modernere Variante, SAP Credit Management (FIN-FSCM-CR), das in SAP ERP später hinzugekommen ist. Das funktional reichhaltigere und modernere SAP Credit Management bietet z. B. die Möglichkeit, externe Anbieter von Kreditinformationen anzubinden. Da SAP Credit Management für SAP die Zielarchitektur der Wahl für das Thema *Kreditmanagement* darstellt, wurde auch nur SAP Credit Management als Funktion in SAP S/4HANA übernommen. Zukünftige Innovationen fließen nur in diese Funktion ein.

Vereinfachung der Systemlandschaft

Ein zweites Beispiel für das Principle of One ist die Vereinfachung der existierenden Systemlandschaften. In den 2000er-Jahren war *Best of Breed* ein Trend der Softwareentwicklung. Es sollte also für jeden Anwendungsbereich eine dezidierte, jeweils bestmögliche Lösung bereitgestellt werden. Dieser Trend hat dazu geführt, dass bestimmte Anwendungsbereiche in separate Lösungen gewandert sind und in separaten Systemen betrieben wurden, die dann mit dem ERP-System des Unternehmens integriert werden mussten. Auch SAP hat diesem Trend mit separaten Planungs-, Verkaufs- und Einkaufssystemen Rechnung getragen. Nicht alle Funktionen, die in diesen separaten Lösungen bereitstehen, sind in SAP ERP verfügbar.

In SAP S/4HANA werden Teile dieser ehemals ausgelagerten Anwendungsbereiche verfügbar gemacht. Damit bietet der Übergang nach SAP S/4HANA die Möglichkeit, die damit verbundenen Geschäftsprozesse wieder in einem System zu konsolidieren und damit die Systemlandschaft zu vereinfachen und IT-Kosten einzusparen.

Beim Übergang nach SAP S/4HANA sollten Sie also entsprechend überprüfen, welche Möglichkeiten der Vereinfachung der Systemlandschaft für Sie bestehen. So eine Landschaftsoptimierung kann auch nach dem Umstieg auf SAP S/4HANA erfolgen, da im Regelfall die bestehenden Integrationsszenarien mit anderen On-Premise-Lösungen zunächst unverändert fortbestehen können.

Die beschriebenen Vorteile durch die Vereinfachung der Funktionalität und das Principle of One haben aber auch Auswirkungen, über die sich der Kunde beim Wechsel zu SAP S/4HANA im Klaren sein sollte. Ein Kunde, der z. B. das Kreditmanagement/Risikomanagement (SD-BF-CM) nutzt, muss sich etwa der Tatsache bewusst sein, dass diese Funktion in SAP S/4HANA nicht vorhanden ist und dass ein Übergang zu der neuen Funktion SAP Credit Management (FIN-FSCM-CR) eingeplant werden muss.

Verfügbarkeit von Lösungen prüfen

Prüfen Sie vor dem Umstieg auf SAP S/4HANA, ob alle von Ihnen genutzten Lösungen in SAP S/4HANA weiter angeboten werden oder ob gegebenenfalls ein Umstieg auf neuere Lösungen erforderlich ist.

Mehr Details zur Anpassung von Funktionen im Rahmen des Übergangs nach SAP S/4HANA und dazu, wie Sie hierbei unterstützt werden, finden Sie in Kapitel 8, »Ausführung der Systemkonvertierung«.

1.2.2 Vereinfachung der Datenstruktur

Mit der SAP-HANA-Datenbank hat SAP im Jahr 2011 eine neue In-Memory-Datenbank eingeführt, die die technischen Rahmenbedingungen von klassischen Datenbanken erweitert. Wurden früher Daten aufgrund der eingeschränkten Verfügbarkeit von Arbeitsspeicher primär auf der Festplatte gespeichert, kann nach dem Wegfall dieser Limitierung eine Anwendung, die auf einer In-Memory-Datenbank agiert, anders programmiert werden. Mit SAP S/4HANA werden diese neuen Möglichkeiten genutzt und die betriebswirtschaftlichen Anwendungen so optimiert, dass das Potenzial der SAP-HANA-Datenbank voll ausgenutzt wird. So wird u. a. die Tabellenstruktur zur Ablage von Daten optimiert.

Durch die gestiegene Zugriffsgeschwindigkeit bei einer In-Memory-Datenbank kann auf die redundante Datenablage verzichtet werden, die früher aus Performancegründen notwendig war. Weitere technische Details dazu, wie die SAP-HANA-Datenbank diese Optimierungen der Datenmodelle ermöglicht, finden Sie in Abschnitt 2.4, »Das Datenmodell und die Datenbank SAP HANA«.

An dieser Stelle mag man sich die Frage stellen, welchen Nutzen dem Kunden die Vereinfachung einer (technischen) Datenstruktur bringt. Dies wollen wir anhand je eines Beispiels aus der Bestandsführung verdeutlichen.

Vereinfachungen in der Bestandsführung

Die Ermittlung des aktuellen Bestands eines Materials ist betriebswirtschaftlich und in der Folge auch technisch ein nicht ganz einfaches Thema. Neben dem physischen Bestand müssen dabei auch die zum aktuellen Zeitpunkt geplanten Zu- und Abgänge beachtet werden. Dies hat bei der Softwarearchitektur in SAP ERP, die auf klassischen Datenbanken beruht, dazu geführt, dass in den Tabellen der Bestandsführung Aggregate gehalten werden, um die Performance bei der Ermittlung des aktuellen Materialbestands zu optimieren. Um Datenschiefstände zu vermeiden, muss jeweils bei der Verbuchung eines neuen Zu- oder Abgangs der Materialbestand exklusiv gesperrt werden. Parallel erfolgende Zu- und Abgänge müssen warten, bis der jeweils andere Vorgang abgeschlossen ist. Mit der In-Memory-Datenbank SAP HANA können in der SAP-S/4HANA-Bestandsführung die Zu- und Abgänge eines Materials direkt, ohne zusätzliche Aggregatsbildung in eine große Materialbestandstabelle (Tabelle `MATDOC` – Material Documents) geschrieben werden. Da Zu- und Abgänge nun jeweils ein reines Update der Bestandsinformationen sind, wird auch der Zeitverlust minimiert, der sich durch die notwendigen Sperren ergibt. Entsprechend unterstützt die Vereinfachung der Datenstruktur in der Bestandsführung einen erhöhten Datendurchsatz.

Hier soll nicht unerwähnt bleiben, dass die beschriebenen Vorteile der Vereinfachung der Datenstruktur auch Auswirkungen haben, derer Sie sich beim Wechsel zu SAP S/4HANA bewusst sein sollten. Kunden, die ihr SAP-ERP-System nach SAP S/4HANA konvertieren, müssen ihren vorhandenen kundenspezifischen Programmcode überprüfen. Wird in kundeneigenem Code auf Datenstrukturen und SAP-Entitäten verwiesen, die sich in SAP S/4HANA ändern, kann es beim Übergang notwendig sein, Anpassungen vorzunehmen. Im Regelfall wurden sogenannte *Kompatibilitäts-Views* bereitgestellt, mit denen Lesezugriffe auf alte SAP-ERP-Datenstrukturen unverändert beibehalten werden können. Wird aber z. B. schreibend auf Datenstrukturen zugegriffen, die es in SAP S/4HANA so nicht mehr gibt, müssen Anpassungen vorgenommen werden.

Verweise auf SAP-ERP-Datenstrukturen prüfen

Prüfen Sie vor dem Umstieg auf SAP S/4HANA, ob sich Ihre kundeneigenen Entwicklungen auf SAP-ERP-Datenstrukturen beziehen, die für SAP S/4HANA geändert wurden.

1.2.3 Vereinfachte Benutzeroberflächen

Mit der Neugestaltung der User Experience durch SAP Fiori erfüllt SAP die Anforderungen, die der digitale Wandel an moderne Benutzeroberflächen stellt. SAP Fiori bietet eine einfach zu bedienende Benutzeroberfläche, die nach modernsten Designprinzipien entwickelt wurde. Sie steht auf allen Endgeräten (mobile Geräte, Desktop, Tablet) zur Verfügung und ermöglicht eine rollenbasierte, mit Consumer-Apps vergleichbare Benutzererfahrung.

Auf diese technischen Unterschiede zum SAP GUI und das Bedienkonzept der neuen Oberflächen gehen wir in Abschnitt 2.5, »Die SAP-Fiori-Benutzeroberflächen«, ein.

Referenzbibliothek für SAP-Fiori-Apps

Eine Liste der verfügbaren SAP-Fiori-Apps können Sie in der Referenzbibliothek für SAP-Fiori-Apps (*SAP Fiori Apps Reference Library*) einsehen. Über die Auswahl **All apps for SAP S/4HANA (Private Cloud and On-Premise)** oder **All apps for SAP S/4HANA Public Cloud** können Sie sich die für SAP S/4HANA angebotenen SAP-Fiori-Apps anzeigen lassen.

Eigene SAP-Fiori-Apps

Über die offiziell ausgelieferten SAP-Fiori-Apps hinaus ist es für ein Unternehmen oder einen SAP-Partner möglich, eigene SAP-Fiori-Apps, die auf SAPUI5 basieren, im *SAP Business Application Studio* zu entwickeln. Diese Entwicklungsumgebung ist auf der SAP Business Technology Platform (SAP BTP) verfügbar.

[«]

Weitere Informationen

Weitere Informationen zur Neugestaltung der User Experience mit SAP Fiori finden Sie unter *http://s-prs.de/v10578000*.

Weitere Details zu SAP Fiori finden Sie in der SAP Community unter *http://s-prs.de/v10578001*.

Auf die SAP Fiori Apps Reference Library können Sie über folgenden Link zugreifen: *http://s-prs.de/v10578002*.

1.2.4 Vereinfachung von Analysen

Bedeutung und Nutzerkreis analytischer Daten

In einer immer komplexer werdenden Welt benötigt man in immer stärkerem Maße detaillierte Informationen als Grundlage für die alltäglichen Entscheidungen. Gute analytische Daten waren auch in der Vergangenheit schon immer eine Anforderung, die in den letzten Jahren noch einmal an Bedeutung gewonnen hat. Darüber hinaus ändert sich auch der Nutzerkreis von analytischen Daten. Waren es früher strategische Abteilungen, stehen heute auch immer mehr operative Abteilungen in der Pflicht, ihre Entscheidungen auf der Basis von analytischen Daten begründen zu müssen.

Art der Bereitstellung analytischer Daten

Damit steigt die Anzahl der Nutzer analytischer Daten, was wiederum Auswirkungen auf die Art und Weise der Beschaffung und Bereitstellung dieser Daten hat. Traditionell war das Beschaffen von Daten eine Frage, die an die IT-Abteilung des Unternehmens gerichtet wurde. Meist wurden die Daten dann mithilfe selbst geschriebener Reports bereitgestellt. Waren solche Reports nicht vorhanden, wurden sie auf Anfrage erstellt. Hier bot gerade die SAP Business Suite mit den ABAP-basierten Reports gute Möglichkeiten.

Besonders schnell, in besonderem Maße benutzerfreundlich und allen Benutzergruppen zugänglich sind diese Reports jedoch zugegebenermaßen nicht. Um den steigenden Anforderungen gerecht zu werden, müssen moderne analytische Tools die Erstellung neuer Auswertungen auch Endanwendern ermöglichen, die über keine spezifischen IT-Vorkenntnisse verfügen. Es muss eine visuell herausragende Darstellung geboten werden, die komplexe Daten und Datenstrukturen in einem einfachen und verständlichen Format aufbereitet.

Verteilung der Daten

Ein weiterer Aspekt ist die Verteilung der zu analysierenden Daten über mehrere Quellen hinweg. Heute beruhen Berichte häufig auf Daten, die in ABAP-Reports, Excel-Dateien oder einem Embedded Business Warehouse verteilt vorliegen. Dies macht die Erstellung von Analysen zeitaufwendig und eine einheitliche Visualisierung der Ergebnisse schwierig.

SAP S/4HANA Embedded Analytics

Die analytische Funktionalität, die im Rahmen von SAP S/4HANA bereitsteht, wird unter dem Begriff *SAP S/4HANA Embedded Analytics* zusammengefasst. Mehr Details dazu finden Sie in Abschnitt 2.7, »SAP S/4HANA Embedded Analytics«.

Kapitel 2
Was unterscheidet SAP S/4HANA von der klassischen SAP Business Suite?

In welchem Verhältnis steht SAP S/4HANA zu SAP ERP? Was bedeutet es, wenn SAP von einem »Intelligent Enterprise« spricht? Solche und ähnliche Fragen haben Sie sich vermutlich bereits gestellt. In diesem Kapitel erläutern wir, wie SAP S/4HANA innerhalb des Produktangebots von SAP einzuordnen ist.

SAP hat bisher unterschiedliche ERP-Produkte (Enterprise Resource Planning) angeboten. Beispiele aus der Vergangenheit sind SAP ERP mit den SAP ERP Enhancement Packages (EHPs) und die SAP Business Suite auf SAP HANA. Das aktuelle ERP ist SAP S/4HANA. Dieses Kapitel beleuchtet, wo die Ähnlichkeiten und die Unterschiede zwischen den »klassischen« und den aktuellen Produkten liegen. Dazu gehen wir zunächst auf die jeweiligen Schwerpunkte und Zielsetzungen der Produkte ein und erläutern im Anschluss wichtige Konzepte der neuen Lösung: das Konzept der Simplifizierung, das neue Datenmodell und die zugrunde liegende Datenbank SAP HANA sowie die Benutzeroberfläche SAP Fiori. Schließlich gehen wir auf die Integration von SAP S/4HANA und SAP S/4HANA Cloud in die Systemlandschaft ein und auf die Änderungen, die sich dabei im Bereich der Schnittstellen ergeben. Mithilfe dieser Informationen können Sie die Umstellung auf SAP S/4HANA Cloud oder SAP S/4HANA differenziert bewerten und planen.

2.1 Die Schwerpunkte und Zielsetzungen der Lösungen im Vergleich: SAP S/4HANA und der digitale Kern

Die klassische Business Suite bestand aus der Kernkomponente SAP ERP für betriebliche Kernprozesse und weiteren eigenständigen Lösungen, wie SAP Customer Relationship Management (SAP CRM) oder SAP Supplier Relationship Management (SAP SRM). Diese Architektur ermöglichte weitreichendere Ende-zu-Ende-Geschäftsprozesse und das Automatisieren industrieller Prozesse, was besonders interessant für große Unternehmen war.

Die Kernkomponente war aber auch in einem kleineren Rahmen verfügbar, denn auch sie konnte die lokalen und industriespezifischen Anforderungen aus vielen Bereichen abdecken. Jedoch gab es eine Reihe von Überlappungen in den Komponenten, da diese Komponenten auch separat positioniert waren.

Mit der Einführung der *In-Memory-Datenbank SAP HANA* erfolgte ein erneuter technischer Durchbruch für SAP. Wo bei der vorherigen SAP Business Suite die Softwarelösungen die Zugriffszeiten physischer Speicher kompensierten, konnten nun große Datenmengen direkt in der Kernkomponente SAP S/4HANA verarbeitet werden. Dies ermöglichte neue, weitere Ende-zu-Ende-Prozesse mit Echtzeit-Informationen.

Unternehmen konnten Prozesse digitalisieren und damit auf eine ganz neue Art optimieren. Die Verwendung von großen Datenmengen erlaubt eine wesentlich tiefere Analyse und ein wesentlich genaueres und weitreichenderes Vorhersagen. Neue Netzwerke konnten entstehen, Vertriebswege konnten verschmelzen. SAP S/4HANA war der digitale Kern dieser neuen Prozesse.

Die derzeitigen Herausforderungen gehen über die Digitalisierung und die Verwendung großer Datenmengen hinaus.

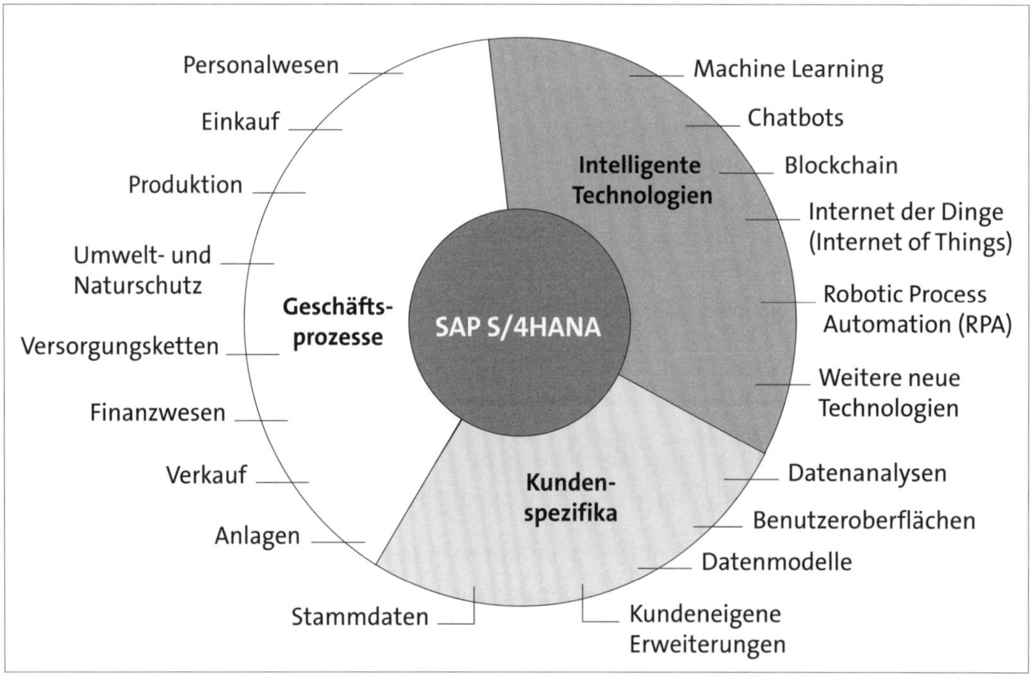

Abbildung 2.1 Intelligentes Enterprise mit SAP S/4HANA

Seit 2000 sind 53 % der Fortune-500-Firmen geschlossen worden. Zwischen 1955 und 2011 brauchte eine typische Fortune-500-Firma 20 Jahre, um auf 1 Milliarde Dollar Marktwert zu wachsen. Momentan sind es vier Jahre. Innovation mit intelligenter Technologie ist kein Alleinstellungsmerkmal mehr, es ist für das Überleben des Unternehmens notwendig. Mehr als 60 % der Unternehmen nutzen bereits intelligente Technologien. Sie sind der neue Standard.

Ein sich ständig ändernder Markt verlangt von Firmen maximale Agilität in ihren Prozessen und Netzwerken. Globale und lokale Ereignisse können den Markt einschneidend ändern. So sind Rohstoffe, die gestern noch schnell lieferbar waren, vielleicht heute nicht mehr verfügbar. Kunden, die noch vor Kurzem lokal in einem Geschäft einkaufen waren, erwarten heute am Mobiltelefon eine attraktive Verkaufspräsenz und Waren mit kurzen Lieferzeiten und minimalen Lieferkosten. Sie nutzen KI-unterstützte Chatbots, um Waren zu finden, Details zu erfragen, Feedback zu geben. In vielen Bereichen ersetzen sie Fernsehen oder Printmedien. Dies und viele andere Situationen adressiert SAP mit dem intelligenten Enterprise. Die weiterentwickelten Prozesse des *digitalen Kerns* sind zusätzlich mit *künstlicher Intelligenz* verbunden. In Abbildung 2.1 sehen Sie einen Überblick. Die Geschäftsprozesse wie Finanzwesen, Verkauf, Produktion, Einkauf sind mit intelligenten Technologien wie Machine Learning, Chatbots, Robotic Process Automation und mehr verbunden. Intelligente Prozesse in SAP S/4HANA und SAP S/4HANA Cloud sind z. B. Vorhersagen über das Kaufverhalten von Kunden, die Analyse und Vorhersage von Lieferzeiten, automatisches Abgleichen von Wareneingängen und Zahlungen von Lieferanten. Dies sind aber nur einige wenige Beispiele. Mit künstlicher Intelligenz können Sie mit SAP S/4HANA und SAP S/4HANA Cloud Prozesse nach führender Ethik und Datenschutzstandards ausführen. Sie können Prozesse nach allen Aspekten optimieren. Sie finden das SAP-Angebot unter *http://s-prs.de/v10578003*.

Wie Sie sehen, bringt der Wechsel von einem älteren ERP zu SAP S/4HANA nicht nur die in den nächsten Abschnitten beschriebenen technischen Änderungen mit sich. Es gilt also neben der Planung, welche Betriebsvariante eingeführt wird, auch zu bestimmen, wie sich das Unternehmen in Zukunft aufstellen möchte. Die Einführung von intelligenten Technologien in Ihre Geschäftsprozesse kann schrittweise erfolgen, eine Roadmap ist hier zu empfehlen. Sie finden Vorschläge in SAP Activate.

Im Folgenden stellen wir Ihnen die technischen Unterschiede zwischen den verschiedenen Betriebsmodellen vor. Die hier beschriebenen Änderungen treffen auf alle Mitglieder der SAP-S/4HANA-Produktfamilie zu.

2.2 Vereinfachungen

Erwartungshaltung der Digital Natives

Es ist eine Tatsache, dass der Anteil der sogenannten *Digital Natives* – also der Generation, die mit den modernen digitalen Technologien aufgewachsen ist – unter den Arbeitnehmern wächst. Damit verändert sich der Umgang mit betriebswirtschaftlichen IT-Systemen grundlegend: Immer größere Teile der Beschäftigten im Unternehmen bringen eine veränderte Erwartungshaltung in Bezug auf die IT-Systeme mit. Sie erwarten, dass der Zugang jederzeit stattfinden kann (*anytime*), unabhängig vom Ort, an dem sie sich gerade befinden (*anywhere*), und unabhängig vom verwendeten Gerät (*any device*). Zusätzlich soll die Anwendung intuitiv bedienbar sein und den Benutzer – wenn möglich mit eigener künstlicher Intelligenz – führen, damit er sich auf die Lösung seiner inhaltlichen Fragestellungen konzentrieren kann.

Neues SAP-Fiori-UI-Konzept

SAP S/4HANA erfüllt diese Erwartungen durch eine im Vergleich zu den klassischen Lösungen modernisierte Architektur der Benutzerschnittstelle (*User Interface*, UI) und durch angepasste Entwicklungsrichtlinien für diese UI: Der Standardzugriff erfolgt über browserbasierte Apps auf einem Frontend-Server. SAP nennt dieses UI-Konzept *SAP Fiori*. Wir betrachten es in Abschnitt 2.5, »Die SAP-Fiori-Benutzeroberflächen«, genauer.

Diese neu gestalteten Benutzeroberflächen sind allerdings nur ein Teilaspekt der *Vereinfachungen*, die SAP mit SAP S/4HANA umsetzen will, wenngleich auch auf den ersten Blick sichtbarer. Die Vereinfachungen geht in SAP S/4HANA aber noch tiefer. Das Fundament bilden Vereinfachungen und Optimierungen in den Datenmodellen. SAP S/4HANA ist für SAP HANA optimiert. Auf dieser Basis wird der Zugriff auf diese Daten gegenüber der klassischen Suite verbessert. Insbesondere finden sich verstärkt eingebettete Datenanalysemöglichkeiten. Auf diesen technischen Vereinfachungen bauen dann die betriebswirtschaftlichen Anwendungen auf. SAP hat für diese Anwendungen Funktionalität aus verschiedenen Bereichen der klassischen SAP Business Suite in SAP S/4HANA zusammengetragen.

Durch die Nutzung intelligenter Anwendungen wird auch eine Vereinfachung für den Benutzer erreicht, der in seiner Arbeit unterstützt und entlastet werden soll. Intelligente Technologien geben den Anwendern zusätzliche Informationen wie Voraussagen oder eine schnelle Analyse der Ausnahmen. Sie können auch Prozesse automatisieren, sodass sich Mitarbeitende auf Sonderfälle konzentrieren können.

Reduktion alternativer Implementierungen

Während im Laufe der Zeit alternative Lösungsimplementierungen für ähnliche betriebswirtschaftliche Prozesse entstanden sind, konzentriert sich SAP heute auf die Anwendungen, die die höchste Akzeptanz beim Kunden erfahren haben. Manche Anwendungen der klassischen SAP Business Suite wurden oder werden daher durch andere abgelöst.

Im Falle von SAP S/4HANA sind Kernprozesse erweitert worden, sodass in vielen Fällen die Einführung einer weiteren Lösung nicht mehr notwendig ist. Dies vereinfacht die Landschaft und minimiert notwendige Integrationen.

SAP S/4HANA ist auf funktionaler Ebene für SAP HANA optimiert und vereinfacht worden. SAP stellt eine vollständige Liste dieser Vereinfachungen im *Vereinfachungselement-Katalog für SAP S/4HANA* zur Verfügung (siehe *https://me.sap.com/sic*). Diese Liste sollten Sie bei Ihrer individuellen Planung des Umstiegs auf SAP S/4HANA auf jeden Fall berücksichtigen. Weitere Details zu diesen Vereinfachungen finden Sie im nächsten Abschnitt, der sich auf SAP HANA und das vereinfachte Datenmodell bezieht.

War der Wechsel von älteren ERP-Lösungen auf neuere ein Upgrade eines bestehenden Produkts, ist dieser Wechsel zu SAP S/4HANA die Einführung eines neuen Produkts. Es ist in der Planungsphase wichtig, zu prüfen, wie und wo man Nacharbeiten durch Vereinfachungen einplanen muss. Sie finden alle notwendige Schritte auch in SAP Activate in der jeweiligen Roadmap.

Wechsel der Produktfamilie

Für die Einführung von SAP S/4HANA gibt es neben der Neueinführung auch die Möglichkeit, ein bestehendes SAP-ERP-System in ein SAP-S/4HANA-System zu konvertieren. Wir grenzen die verschiedenen technischen Wege zur neuen Produktfamilie in Kapitel 4, »Welche Umstiegsoptionen gibt es?«, genauer ab.

[«]

Vereinfachungen

Detaillierte Anweisungen zur Vereinfachung finden Sie in den SAP-Activate-Roadmaps. Benötigte Vorlagen und Arbeitsbeschreibungen können im Roadmap Viewer im SAP-for-Me-Portal verwendet werden (siehe *https://me.sap.com/roadmapviewer*). Die Inhalte sind auch in SAP Cloud ALM nutzbar.

2.3 Die Clean-Core-Strategie

Mit SAP S/4HANA Cloud sollen auch Upgrades und Updates einfacher werden. Ebenso benötigen Anwendungen mit künstlicher Intelligenz eine hohe Daten- und Prozessqualität. Beides wird in einem *Clean Core*, einem sauberen Kern, berücksichtigt. SAP Activate hat dazu die fünf goldenen Regeln und die Clean-Core-Strategie in die Roadmaps mitintegriert. Clean Core ist auch ein Serviceangebot. Nähere Informationen finden Sie in der SAP-Activate-Roadmap.

Die fünf Regeln für eine erfolgreiche Clean-Core-Implementierung lauten wie folgt:

1. **Cloud-Mentalität annehmen**

   Denken Sie bei der Implementierung auch an Aktualisierungen und an Erweiterungen mit intelligenter Technologie. Manchmal ist es besser, die Unternehmensprozesse zu ändern und Standardsoftware zu verwenden, als Unternehmensspezifika in Modifikationen oder Erweiterungen umzusetzen. Langfristig ist es zudem besser, in der Bewertungsphase einen Fit-to-Standard-Workshop durchzuführen, in dem Sie beurteilen, welche Standardprozesse für das Unternehmen von Vorteil sind, als eine Fit-Gap-Analyse durchzuführen, in der Sie die Software mit Erweiterungen an die Unternehmensprozesse anpassen.

2. **Vorkonfiguration nutzen**

   Die Vorkonfiguration erleichtert den Einsatz von Standardprozessen. Unternehmen können in Testsystemen den Standard live im System sehen. Sie reduzieren Implementierungskosten und -zeiten bei On-Premise- und Cloud-Implementierungen.

3. **Wertvolle Integrationen**

   Ein Umstieg von einem älteren ERP auf SAP S/4HANA betrifft auch Integrationen mit anderen SAP- und Nicht-SAP-Systemen. Integrationen sollten bei einer Implementierung immer auf ihren wirtschaftlichen Beitrag für das Unternehmen geprüft werden, und es sollten die aktuellen Technologien zum Einsatz kommen. Auch Prozesse, die schon immer so gelaufen sind, sollten auf den Prüfstand gestellt werden. Es sollten nur Integrationen vorgenommen werden, die einen Mehrwert generieren.

4. **Wertvolle Erweiterungen**

   SAP S/4HANA Cloud kann auf drei Arten erweitert werden:

   - Key-User-Erweiterbarkeit
   - Side-by-Side-Erweiterbarkeit mit SAP BTP
   - Developer-Erweiterbarkeit

   Alle drei Methoden sind im Rahmen der Clean-Core-Strategie, aber auch hier muss der Mehrwert für das Unternehmen im Vordergrund stehen. Felder aus älteren Systemen sollten auf ihren Beitrag zum Erreichen des Unternehmensziels hin überprüft werden. Ein einzelnes Feld, das aus persönlichen Gründen übernommen wurde, kann das Unternehmen in

Upgrades oder Updates viel Geld kosten, obwohl der Kollege das Unternehmen bereits verlassen hat. Erweiterungen sind Business-Entscheidungen, die in einer Fit-to-Standard-Analyse validiert werden sollten. Für Innovationen in diesem Bereich bietet SAP auch die Services des *SAP AppHaus* an. Informationen zum Angebot des SAP AppHaus finden Sie hier: *https://apphaus.sap.com/offering*.

5. **Transparenz durch Dokumentation**

   Implementierungsprojekte und Umfangserweiterungen erstrecken sich in der Regel über mehrere Monate und können auch mit einem Partnerwechsel einhergehen. Erweiterungen von Geschäftsprozessen werden oft nach einem Jahr oder mehr angegangen. Daher ist es wichtig, dass getroffene Entscheidungen und auch Ausnahmen dokumentiert werden. Dies mag auf den ersten Blick wie unnötige Administration erscheinen, die Erfahrung zeigt jedoch, dass nur so langfristig viele Diskussionen und Folgeentscheidungen vereinfacht oder sogar vermieden werden können. Nutzen Sie SAP Activate und die darin angebotenen Beschleuniger als Vorlagen in allen Schritten, der Planung, der Genehmigung und dem Abschluss, um die notwenige Transparenz zu schaffen, um im Projekt agil und effizient zu sein.

[«]

Weiterführende Informationen

Detaillierte Anleitungen zu SAP Activate und mehr finden Sie im englischsprachigen SAP-PRESS-Buch zu diesem Thema: »SAP Activate« von Sven Denecken et al. unter *www.sap-press.com/sap-activate_5966*.

2.4 Das Datenmodell und die Datenbank SAP HANA

Klassische Datenbanken beruhen auf Designs, die bereits vor Jahrzehnten entwickelt wurden. Damals unterschieden sich sowohl die technischen Rahmenbedingungen als auch die Nutzungsanforderungen teilweise grundsätzlich von der heutigen Erwartungshaltung. Diese klassischen Datenbanken wurden zwar weiterentwickelt, aus Kompatibilitätsgründen kann ihre Anpassung an die aktuellen Herausforderungen jedoch nur in begrenztem Maße erfolgen.

Grenzen klassischer Datenbanken

Aus der Sicht der betriebswirtschaftlichen Anwendungssoftware erzeugen die klassischen Datenbanken aktuell grundsätzliche Limitierungen. Sie erschweren oder verhindern sowohl die Vereinfachung als auch die Beschleunigung und Integration von Geschäftsprozessen. Folgende Eigenschaften klassischer Datenbanken können z. B. bei der Erneuerung Ihrer Geschäftsprozesse hinderlich sein:

- **Online Transaction Processing (OLTP) versus Online Analytical Processing (OLAP)**

  Derzeit muss man als Nutzer einer Datenbanklösung zuerst entscheiden, ob man Daten analysieren (OLAP) oder verbuchen (OLTP) möchte. In vielen Situationen ist aber eine Kombination beider Sichtweisen sinnvoll, z. B. um Prognosen oder Simulationen durchzuführen oder um Verbuchungsentscheidungen auf Basis einer Datenanalyse zu treffen.

- **Technische Einschränkungen**

  Klassische betriebswirtschaftliche Anwendungen kämpfen mit verschiedenen Restriktionen, die die Arbeit für den Anwender erschweren. Beispiele sind Sperren, die die Arbeit verlangsamen. Ein anderer Faktor ist die durch die interne Datenaufbereitung verursachte Zeitverzögerung. Von anderen Anwendern und sogar vom Anwender selbst vorgenommene Verbuchungen werden teilweise erst mit Zeitverzögerung in allen relevanten Tabellen des Systems festgeschrieben.

- **Integration**

  Im klassischen Design werden die Rohdaten üblicherweise zunächst intern aufbereitet und konsolidiert. Dies geschieht in sogenannten *Aggregaten*. Diese Aggregate gehorchen der individuellen Logik der einzelnen Anwendung. Eine Nutzung der Daten durch andere Anwendungen unterliegt damit einerseits, wie bereits angesprochen, einer Verzögerung, andererseits ist dazu semantisches Wissen über das jeweilige Anwendungsaggregat nötig. Eine Nutzung durch andere Anwendungen erfordert damit zunächst eine »Übersetzung« in das Datenmodell der anderen Anwendung. Dies erfordert die Verfügbarkeit oder Entwicklung von Schnittstellen.

  Eine Integration auf Basis einer solchen Architektur hat daher Nachteile, sowohl in Bezug auf die Kosten (Entwicklung und Wartung der Schnittstellen) als auch in Bezug auf den fehlenden Echtzeitzugriff.

In-Memory-Datenbank

Im Jahr 2010 wurden grundlegend neue Datenbankarchitekturen entwickelt, insbesondere sogenannte *In-Memory-Datenbanken*. SAP S/4HANA verfügt über eine solche Datenbank, nämlich SAP HANA. Was SAP HANA auszeichnet und warum derzeit keine andere In-Memory-Datenbank mit SAP S/4HANA kompatibel ist, erklären wir im Folgenden.

2.4.1 SAP HANA

Betrachtet man die Entwicklung der Hardware, beobachtet man, dass etwa um die Jahrtausendwende zwei wesentliche Änderungen aufkamen: Einerseits entstanden Multi-Core-Prozessorarchitekturen, mit denen eine erhebliche Parallelisierung möglich wurde. Andererseits entwickelte sich der Arbeitsspeicher von einem teuren und stark begrenzten Medium hin zu einem umfassend verfügbaren Medium.

Daten permanent im Hauptspeicher

Die ursprünglichen Einschränkungen in Bezug auf die Verfügbarkeit (d. h. den Preis und die Adressierbarkeit) des Arbeitsspeichers führten dazu, dass die Daten in Softwarearchitekturen primär auf der Festplatte gespeichert und lediglich Teile der Daten im Arbeitsspeicher vorgehalten wurden. Klassische Datenbanken sind durch eben diese Festplattenzugriffe grundsätzlich in ihrer Verarbeitungsgeschwindigkeit limitiert. In einer In-Memory-Datenbank wird die Festplatte lediglich für die Sicherung, Archivierung und Wiederherstellung der Daten benötigt. Die Daten selbst befinden sich aber permanent im Hauptspeicher.

Optimierung für Unternehmenssoftware

Im Unterschied zu anderen In-Memory-Datenbanken verfügt SAP HANA allerdings noch über weitere Alleinstellungsmerkmale: SAP HANA ist nicht nur als generische In-Memory-Datenbank geeignet, sondern konnte dank der Erfahrung von SAP mit betriebswirtschaftlichen Anwendungen auch gleichzeitig für diese Art Anwendungen optimiert werden.

Spaltenorientierte Datenbank

Als wesentliche Konsequenz daraus liegen in SAP HANA die Daten in einem spaltenorientierten Format vor, während in anderen Datenbanken die Daten zeilenorientiert abgelegt werden (siehe Abbildung 2.2). Wieso ist dies relevant?

Zeilenorientierung

Lieferanten-Nr.	Name	Adresse	Stadt
002736	ABC	Gasse 3	Nordstadt
001313	HG H	Südstr. 1	Kleindorf
019011	Ag XZ	Hohlweg	Flecken
018281	DF GmbH	Gewerbestr. 2	Großstadt

Spaltenorientierung

Lieferanten-Nr.	Name	Adresse	Stadt
002736	ABC	Gasse 3	Nordstadt
001313	HG H	Südstr. 1	Kleindorf
019011	Ag XZ	Hohlweg	Flecken
018281	DF GmbH	Gewerbestr. 2	Großstadt

Abbildung 2.2 Gegenüberstellung von zeilen- und spaltenorientierter Datenablage

Im Rahmen von betriebswirtschaftlichen Anwendungen erfolgt die überwiegende Mehrzahl der Zugriffe auf die Daten spaltenorientiert: In der Regel werden die Werte eines Felds oder einer Auswahl von Feldern selektiert und bearbeitet. Es ist höchst selten, dass das komplette Zeilen-Tupel benötigt wird. Erfolgen die `SELECT`-Anweisungen nun unter Ausnutzung der Spaltenindizes, müssen nur deutlich kleinere Datenmengen verarbeitet werden. Darüber hinaus können – insbesondere unter den Rahmenbedingungen für betriebswirtschaftliche Anwendungen – die Werte in den Spalten in der Regel sehr gut komprimiert werden.

Parallelisierung

Ein weiterer Vorteil der SAP-HANA-Datenbank ist ihre Optimierung der überwiegend vorkommenden betriebswirtschaftlichen Datenoperationen, damit diese performant durchgeführt werden können. Dazu nutzt SAP HANA die Möglichkeiten, die die Multi-Core-CPUs (Central Processing Units) für die Parallelisierung bieten. Außerdem sind die Algorithmen auf der Basis von Annahmen darüber optimiert, welche Art von Aktualisierungs-, Einfüge- und Löschoperationen besonders häufig durchgeführt werden müssen und daher besonders performant sein sollten.

2.4.2 Das Datenmodell

Optimierung der Datenmodelle für die Datenbank

SAP S/4HANA ist so konzipiert, dass die im vorangegangenen Abschnitt beschriebenen Vorteile von SAP HANA möglichst gut ausgenutzt werden. Aus dieser Fokussierung auf SAP HANA ergeben sich für die Datenmodelle in SAP S/4HANA die folgenden wesentlichen Konsequenzen:

- Verzicht auf Aggregate
- Überarbeitung bestehender ABAP-Dictionary-Tabellen
- Code-Pushdown

Auf diese Maßnahmen gehen wir in den folgenden Abschnitten ein.

Verzicht auf Aggregate

Nachteile von Aggregaten

Um das Geschwindigkeitsdefizit klassischer Datenbanken zu kompensieren, konsolidierte man die Daten vorab in *Aggregatstabellen*. Die Anwendungen griffen dann auf diese Aggregatstabellen zu, um die Daten aus ihnen zu lesen. Mit diesen Aggregaten gingen jedoch auch Nachteile einher: Durch die Konsolidierungsoperationen »hinken« die Einträge in den Aggregatstabellen den Originaltabellen immer ein wenig hinterher. Dies wird umso gewichtiger, je umfangreicher die Datenmengen werden, die pro Zeiteinheit verarbeitet werden müssen.

Ein weiterer Nachteil ist, dass die Aggregation definierte Annahmen für die Konsolidierung voraussetzt. Es ist daher nicht ohne Weiteres möglich, diese Daten unter einem geänderten Blickwinkel zu verarbeiten. Dafür muss man auf die Originaldaten zugreifen, was wiederum Nachteile in Bezug auf die Geschwindigkeit mit sich bringt.

Abbildung 2.3 veranschaulicht als Beispiel die Zielarchitektur für die Vereinfachung des Datenmodells für Vertriebsbelege beim Übergang von SAP ERP nach SAP S/4HANA.

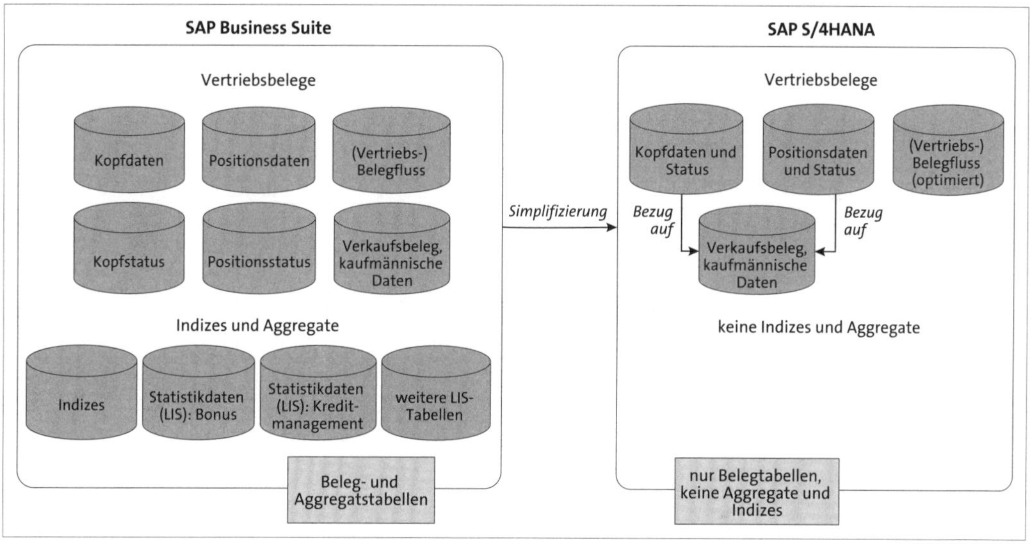

Abbildung 2.3 Vereinfachung des Datenmodells für Vertriebsbelege (Zielarchitektur)

Die klassischen Aggregattabellen wurden hier gestrichen. Alle neuen, SAP-HANA-optimierten Anwendungen greifen direkt auf die Originaldaten zu.

Datenbank-Views

Wichtig zu wissen, ist allerdings, dass die Aggregate auch im neuen Datenmodell noch »versteckt« weiterexistieren: Die Aggregatstabellen können in Echtzeit von der Datenbank emuliert werden. Zu diesem Zweck gibt es in SAP S/4HANA vordefinierte *Datenbank-Views*. Mit diesen Views werden die Aggregate in Echtzeit simuliert, sodass bestehende Anwendungen, die noch nicht für SAP HANA optimiert wurden, weiter fehlerfrei arbeiten können.

Zugriff auf das klassische Datenmodell

In SAP S/4HANA sind kompatible Datenbank-Views eingebaut, die den Zugriff auf das Datenmodell der klassischen SAP Business Suite ermöglichen.

Insbesondere bedeutet dies, dass Lesezugriffe aus gegebenenfalls existierenden kundeneigenen Erweiterungen (wie z. B. Reports) in der Regel auch ohne eine Anpassung an das neue Datenmodell nutzbar bleiben. Wie Sie eigenes Coding auf seine Kompatibilität mit SAP S/4HANA hin überprüfen, beschreiben wir in Abschnitt 7.2.6, »Analyse von Eigenentwicklungen«.

Überarbeitung bestehender ABAP-Dictionary-Tabellen

Optimierung der Datenarchitektur

Neben dem Verzicht auf Aggregate erkennt man in dem Beispiel aus Abbildung 2.3 auch, dass die Architektur der Originaldatenablage teilweise ebenfalls optimiert wird. Dazu muss man beachten, dass sich die Datenmodelle in SAP ERP über Jahrzehnte entwickelt haben. Dabei mussten diese Datenmodelle einerseits kompatibel mit beliebigen Datenbanken sein und bleiben, andererseits hätten rigide Änderungen zu Problemen z. B. mit den versprochenen und von den Kunden erwarteten einfachen Upgrades mithilfe der SAP ERP EHPs geführt.

Durch die Fokussierung auf die SAP-HANA-Datenbank und die klare Abgrenzung von den Bestandsprodukten ist es mit SAP S/4HANA nun auch möglich, die Datenarchitektur umfassend zu überarbeiten. Hierbei wird die Datenablage weiter auf SAP HANA optimiert, um z. B. die Komprimierungsrate weiter zu verbessern oder die allgemeine Performance zu optimieren.

Code-Pushdown

Eine weitere Neuerung in SAP S/4HANA ist, dass Prozeduren direkt in die Datenbank verlagert werden. In der klassischen SAP Business Suite entkoppelte der ABAP-Kernel die Anwendung von der Datenbank, um eine Kompatibilität zu beliebigen Datenbanken zu erhalten. In der Folge mussten die Rohdaten zunächst aus der Datenbank geladen und dann in der Anwendung verkettet werden, um komplexe, datenintensive Selektionen und Berechnungen durchzuführen.

Anwendungs-Coding optimieren

In SAP S/4HANA werden nun Teile der Verarbeitung der Daten in die Datenbank selbst verlagert, wo sie schneller prozessiert werden können. Dies bezeichnet man als *Code-Pushdown*. Der Code-Pushdown kann wahlweise in ABAP mit Open SQL oder über SAP-HANA-Content erfolgen, der in SAP HANA Studio erstellt wird.

Welche Auswirkungen ergeben sich daraus für bestehende eigene Codeerweiterungen? Da bestehende Open-SQL-Datenzugriffe weiterhin funktionieren, können existierende Erweiterungen auch weiterhin benutzt werden. Sie müssen nur in Ausnahmefällen angepasst werden. Allerdings nutzen diese

Codestrecken dann nicht das volle Potenzial von SAP S/4HANA aus. Bei der Planung eines Umstiegs sollte daher untersucht werden, für welches kundeneigene Coding eine Überarbeitung und Optimierung sinnvoll sein könnte. Da diese Anpassungen auch erst in einem zweiten Schritt nach dem Umstieg auf SAP S/4HANA erfolgen können, ergibt sich eine große Flexibilität in der Planung.

[«]

Neues Datenmodell und Sidecar-Szenarien

Beachten Sie, dass aufgrund der Umstellungen in den Datenmodellen bestehende Sidecar-Szenarien mit hoher Wahrscheinlichkeit überarbeitet werden müssen: In diesen Szenarien werden Daten von (mehreren) separaten Systemen in ein zentrales System repliziert. Diese Replizierung schreibt in der Regel direkt in die Datenbanktabellen. Da sich Letztere in SAP S/4HANA geändert haben, müssen die Replizierungsregeln entsprechend angepasst und neue Mappings erstellt werden.

2.4.3 Umgang mit Bestandsdaten

Datenumsetzung in die neuen Datenmodelle

Was bedeuten diese Änderungen des Datenmodells für die Planung des Umstiegs? Die gute Nachricht ist, dass Sie die wenigsten dieser Änderungen an den Datenmodellen aktiv berücksichtigen müssen, zumal SAP S/4HANA ja dank der mitgelieferten Views bereits die erforderliche Kompatibilität mitbringt (siehe Abschnitt »Verzicht auf Aggregate« in Abschnitt 2.4.2). Sie sollten allerdings bei der Planung Ihres Projekts beachten, dass ein Teil der existierenden Daten in die neuen Datenmodelle übertragen werden muss. Je nachdem, welches technische Umzugsszenario Sie wählen (die einzelnen Szenarien stellen wir in Teil II, »Vorbereitung auf den Umstieg auf SAP S/4HANA«, vor), werden für diese *Datenumsetzung* unterschiedliche technische Verfahren benutzt. In der Regel sind dies die Verfahren *Execution of Program After Import* (XPRA) oder *Execution of Class After Import* (XCLA). Das XCLA-Verfahren wurde mit SAP S/4HANA 1709 eingeführt, um Datenumsetzungen in SAP S/4HANA zu optimieren und Downtimes zu minimieren. Beide Verfahren finden nach der Anpassung des Datenbankschemas statt. In besonderen Situationen finden in Einzelfällen bestimmte Umstellungen in speziellen Phasen des *SAP Software Update Managers* (SUM) statt. Allen gemeinsam ist, dass für die technische Datenumsetzung eine gewisse Laufzeit einkalkuliert werden muss.

Diese Laufzeit hängt primär von der Menge der umzusetzenden Daten ab. Aus diesem Grund raten wir dazu, vor dem Umstieg auf SAP S/4HANA zu überprüfen, welcher Anteil der Bestandsdaten archiviert werden kann. Dies führt zu einer Reduktion der aktiv umzusetzenden Daten und damit zu einer Minimierung der Laufzeit für die Umsetzung. Im Kompatibilitätsmodus von SAP S/4HANA enthalten die Anwendungen Lesebausteine, mit denen diese archivierten Daten weiterhin gelesen werden können.

2.4.4 Sizing

Sizing: von der Datenbankgröße abhängig

Wenn Sie planen, ein neues SAP-S/4HANA-System aufzusetzen oder ein bestehendes SAP-ERP-System in SAP S/4HANA zu konvertieren, müssen Sie Folgendes beachten:

- **Bei der Abschätzung der Hardwareanforderungen gelten für SAP-S/4HANA-Systeme andere Regeln als für SAP-ERP-Systeme.**

  Bei der Planung der Hardwareanforderungen (*Sizing*) gelten andere Rahmenbedingungen und Regeln als für Systeme, die auf klassischen Datenbanken basieren. Der Hauptgrund dafür ist, dass bei SAP HANA die Daten im Hauptspeicher (Random Access Memory, RAM) gehalten werden. Damit ist einerseits ein anderes RAM-Sizing erforderlich. Andererseits führen die geänderten Datenarchitekturen und die eingebauten Datenkomprimierungsalgorithmen von SAP HANA zu einer Komprimierung der Daten um einen Faktor von durchschnittlich 3 bis 5.

- **Hauptspeicher = doppelter Wert des komprimierten Datenvolumens**

  Als Faustregel empfiehlt SAP, den doppelten Wert des komprimierten Datenvolumens als Volumen für den Hauptspeicher zu veranschlagen. Da das Sizing stark von den individuellen Gegebenheiten (wie z. B. der erreichbaren Komprimierung) abhängt, empfiehlt SAP, einen Sizing-Report in den bestehenden SAP-ERP-Systemen laufen zu lassen. Detaillierte Informationen zum Thema *Sizing* bietet SAP unter dem Link *https://service.sap.com/sizing*.

Zusammengefasst lässt sich sagen, dass die SAP-eigene Datenbank SAP HANA mit der Implementierung der Anwendungsfunktionen sehr viel stärker verschränkt ist, als dies früher der Fall war. Nur auf diese Weise können die Anwendungen in ausreichendem Umfang von den Vorteilen der Datenbank profitieren. Diese Verschränkung dürfte auch der Grund sein, warum SAP S/4HANA derzeit ausschließlich für SAP HANA verfügbar ist. In-Memory-Datenbanken von Drittanbietern folgen teilweise anderen Konzepten und erfordern daher alternative Implementierungen.

2.5 Die SAP-Fiori-Benutzeroberflächen

Die klassischen Business-Suite-Anwendungen entwickelte SAP weitgehend auf Basis der Annahme, dass der Anwender über einen ihm zugeordneten Frontend-PC auf das ERP-System zugreift. Die für den Zugriff verwendete Frontend-Komponente ist das *SAP GUI*. Es musste in der Regel aufwendig auf allen Arbeitsplätzen im Unternehmen eingerichtet werden, da die Anwendungen nur mit einer geeigneten und aktuellen SAP-GUI-Version auf dem eigenen PC genutzt werden konnten.

Rollenbasierte Portale

Im Verlauf der 2000er-Jahre entstand der Wunsch, den Anwendern einen rollenbasierten Zugriff auf die komplexer werdenden Geschäftsprozesse zu ermöglichen. Zu diesem Zweck wurden erfolgreich zentrale Portale implementiert, auf die die Nutzer über den Browser zugreifen konnten. Die Verbindung zu einem SAP-ERP-System erfolgte dabei über speziell zu diesem Zweck gebaute Frontend-Anwendungen, die auf dem zentralen Portal angeboten wurden.

Neues UI-Konzept

Trotz dieser Fortschritte erscheint die Bedienung der SAP-ERP-Systeme – besonders im Vergleich zu den allgegenwärtigen Oberflächen auf Smartphones, Tablet-Computern und modernen PCs – heute oft nicht mehr zeitgemäß. SAP S/4HANA setzt daher voll auf ein neues UI-Konzept namens *SAP Fiori*. Es kombiniert technologische Änderungen mit neu gestalteten Bedienkonzepten.

SAP Fiori umfasst drei verschiedene Typen von Apps, die sich durch ihren Fokus und die Anforderungen an die Infrastruktur voneinander unterscheiden:

- **Transaktionale Apps**

  Mithilfe dieser Apps können transaktionale Aufgaben ausgeführt werden, z. B. das Anlegen eines Abwesenheitsantrags für einen Mitarbeiter. Transaktionale Apps stellen fokussierte Sichten auf Geschäftsprozesse und Lösungen dar und interagieren mit diesen.
- **Infoblätter (Fact Sheets)**

  Mithilfe von Infoblättern werden Kontextinformationen und die wichtigsten Aspekte zentraler Objekte angezeigt. Ausgehend von einem Infoblatt, kann ein Drilldown zu den Detailinformationen zu diesem Objekt erfolgen.
- **Analytische Apps**

  Mithilfe von analytischen Apps können relevante Kennzahlen in Echtzeit überwacht werden. Sie bilden damit eine Grundlage für die Entscheidungen der Anwender.

Referenzbibliothek für SAP-Fiori-Apps

Eine Liste der verfügbaren SAP-Fiori-Apps können Sie in der Referenzbibliothek für SAP-Fiori-Apps (*SAP Fiori Apps Reference Library*) einsehen. Über die Auswahl **Fiori apps for SAP S/4HANA** können Sie sich die für SAP S/4HANA angebotenen SAP-Fiori-Apps anzeigen lassen.

Beim Umstieg auf SAP S/4HANA sollte daher die Implementierung von SAP Fiori mit eingeplant werden. Um diesen Umstieg zu erleichtern, hat SAP das neue Produkt kompatibel gestaltet: Ein Zugriff über das SAP GUI ist weiterhin möglich. Allerdings können Anwender damit nur auf klassische SAP-ERP-Anwendungen zugreifen, nicht aber auf die neu entwickelten SAP-S/4HANA-Funktionen. Diese Nutzung des SAP GUI ist allerdings nicht bei der Public-Cloud-Variante von SAP S/4HANA möglich, da das SAP GUI nicht für die Cloud-Nutzung geeignet ist.

Flexibler Benutzerzugriff

SAP S/4HANA als On-Premise- oder Private-Cloud-Implementierung lässt für die klassischen Transaktionen auch den Zugriff über das SAP GUI zu.

Durch diese Kompatibilität ist also ein phasenweiser Umstieg vorstellbar: In Kapitel 4, »Welche Umstiegsoptionen gibt es?«, werden wir diesen Aspekt noch einmal aufgreifen.

2.5.1 Technologische Änderungen

Die grundlegendste Änderung, die mit SAP Fiori einhergeht, ist der Verzicht auf eine lokal installierte GUI-Komponente. Der Zugriff auf das SAP-S/4HANA-System erfolgt über einen Webbrowser. Damit entfällt die aufwendige Einrichtung der lokalen SAP-GUI-Installationen.

Geräte-unabhängiger Zugriff

In der Folge kann der Anwender prinzipiell mit jedem internetfähigen Gerät auf die SAP-Anwendung zugreifen. Er ist also nicht an seinen Arbeitsplatz gebunden, sondern kann z. B. per Smartphone oder Tablet auf das SAP-System zugreifen. Um dies zu ermöglichen, werden die SAP-S/4HANA-Anwendungsinstanzen durch einen zentralen *Frontend-Server* ergänzt, wie in Abbildung 2.4 dargestellt.

Die Verbindung zu diesem Frontend-Server wird vom *SAP Web Dispatcher* übernommen. Auf dem Frontend-Server selbst befinden sich das SAP Fiori Launchpad und die SAP-Fiori-Anwendungen. Ergänzt werden diese Hauptbestandteile des Frontend-Servers durch eine eingebaute Suchfunktionalität sowie *SAP GUI for HTML*, das aus Kompatibilitätsgründen verfügbar bleibt. Nur in diesen Ausnahmefällen greift der Frontend-Server direkt auf das Backend-System zu.

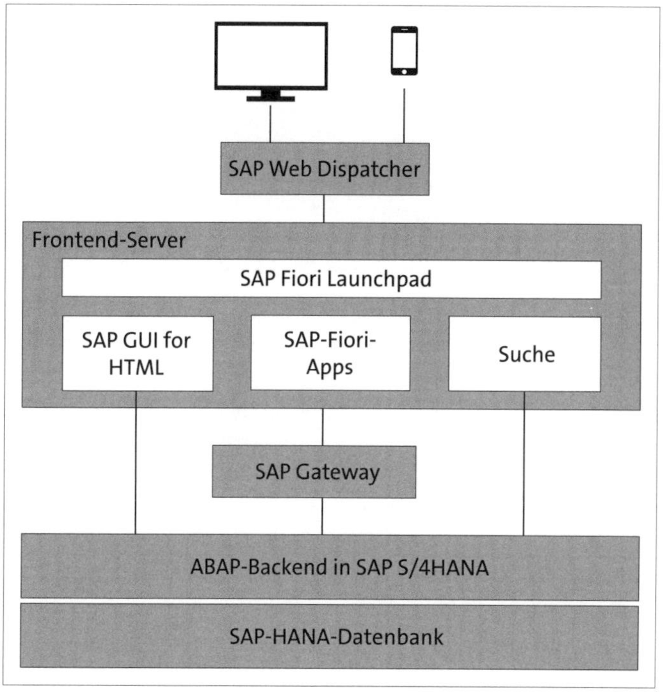

Abbildung 2.4 Architektur von SAP S/4HANA

Um die Verteilung der Browseranfragen des Frontend-Servers an die unterschiedlichen im Unternehmen vorhandenen Anwendungssysteme (Backend-Systeme) kümmert sich das *SAP-Gateway-System*. SAP Gateway kann separat oder als Teil des Frontend-Servers implementiert werden.

Obwohl der Frontend-Server auf der zentralen Instanz installiert werden kann (*embedded*), kann in ausgewählten Fällen eine separate Installation als zentraler Frontend-Hub interessant sein. Auf diese Weise können mehrere SAP-S/4HANA-Systeme über den gleichen Frontend-Server angesprochen werden. Beachten Sie dabei aber SAP-Hinweis 2590653: Die Version des Backends und die Version des Frontend-Servers müssen aufeinander abgestimmt sein. In Abbildung 2.5 ist die grundsätzliche Verteilung der erforderlichen Systeminstanzen dargestellt.

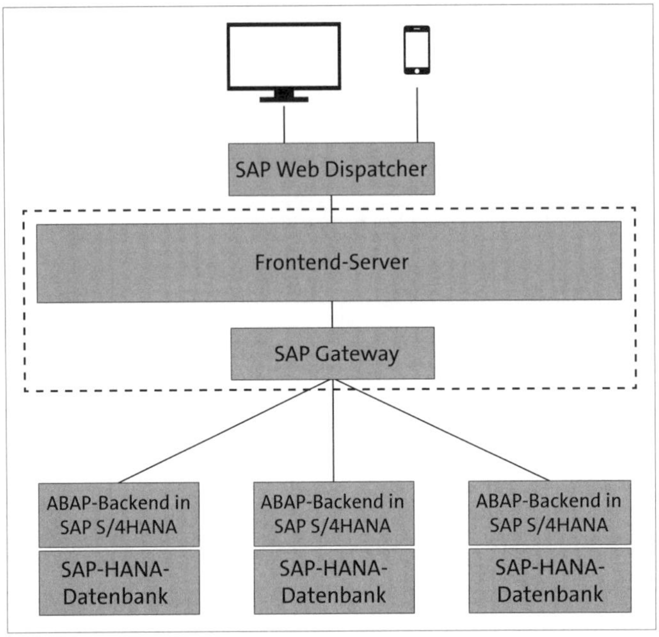

Abbildung 2.5 Anschluss eines SAP-Fiori-Frontend-Servers an eine SAP-Systemlandschaft

2.5.2 Bedienkonzept

Das Bedienkonzept von SAP Fiori lässt sich in einem Wort zusammenfassen: Einfachheit. SAP will den Nutzern seiner Anwendung in allen Bereichen einen deutlich vereinfachten Zugang ermöglichen. Ein Element dieses vereinfachten Zugangs haben Sie bereits kennengelernt: den Zugang von beliebigen Endgeräten aus.

SAP Fiori Launchpad

Darüber hinaus werden die Anwendungen einfacher strukturiert: An die Stelle des SAP-Easy-Access-Menüs der klassischen SAP Business Suite tritt das *SAP Fiori Launchpad* (siehe Abbildung 2.7). Hier finden die Anwender Kacheln, über die sie die für sie verfügbaren Anwendungen aufrufen können.

Live-Kacheln mit relevanten KPIs

Teilweise handelt es sich dabei um sogenannte *Live-Kacheln*, die bereits relevante Informationen aus den dahinterliegenden Anwendungen, wie z. B. aggregierte Key Performance Indicators (KPIs), anzeigen. Die Anwender können also bereits im Launchpad sehen, bei welchen Anwendungen ein Eingreifen dringlich ist und wo nicht. Das Aussehen der Benutzeroberfläche kann einem kundenindividuellen *Theming* unterworfen werden, um das eigene Corporate Design auch im Bild zum Ausdruck zu bringen. Beispiele hierzu sehen Sie in Abbildung 2.6 und Abbildung 2.7.

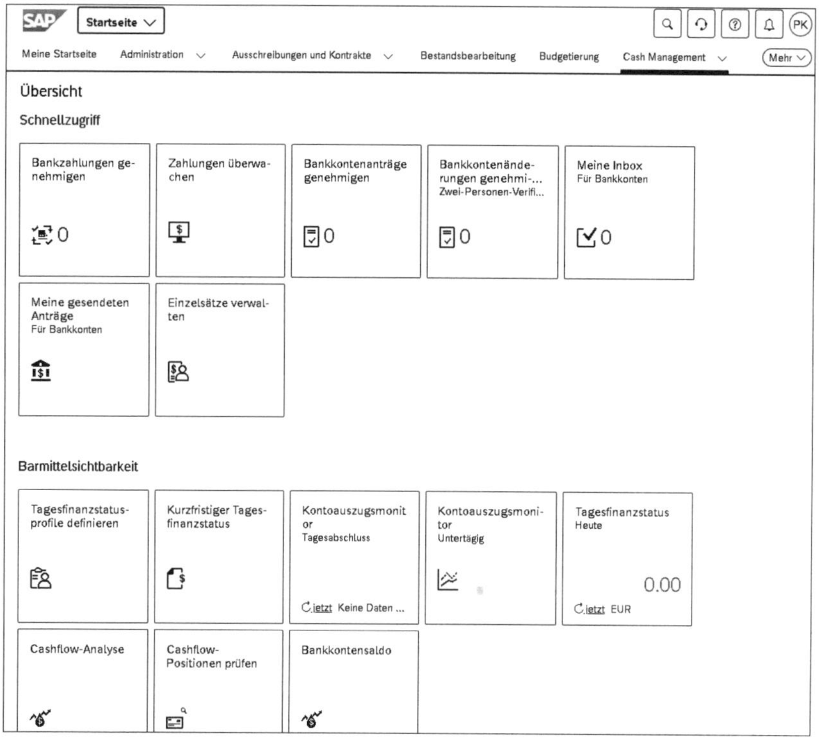

Abbildung 2.6 Beispiel für ein SAP Fiori Launchpad: Quarz hoher Kontrast

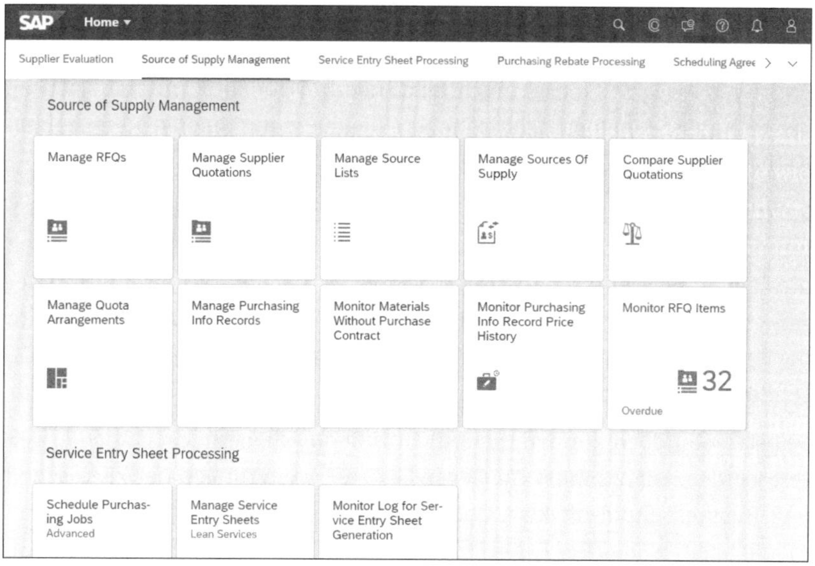

Abbildung 2.7 Beispiel für ein SAP Fiori Launchpad in Quarz Light

Die Kacheln sind in sogenannte *Launchpad-Gruppen* eingeteilt. Damit werden die Kacheln einerseits strukturiert angeordnet, andererseits kann der Anwender auf eine solche Gruppe auch direkt zugreifen. Dieser Direktzugriff erfolgt über ein Drop-down-Menü mit dem Symbol im rechten oberen Bereich des Bilds.

SAP-Fiori- Anwendungsrollen steuern den Zugriff

Welche Kacheln auf dem SAP Fiori Launchpad verfügbar sind, hängt von den Rollen ab, die dem Anwender zentral zugeordnet wurden. Dabei handelt es sich um spezielle *SAP-Fiori-Rollen*, die nicht mit den Rollen des Berechtigungskonzepts der klassischen SAP Business Suite verwechselt werden dürfen. Beim Umstieg auf SAP S/4HANA sollte also daher ausreichend Zeit für die Planung bzw. Anpassung des betriebseigenen Rollenmodells mit einkalkuliert werden. Die Anwendungen selbst orientieren sich stärker als in der Vergangenheit am tatsächlichen Arbeitsprozess und führen den Anwender aktiv durch diesen Ablauf. Die vorgeschlagene Gestaltung kann in erheblichem Umfang personalisiert werden. Dies findet auch dynamisch statt: Einstellungen, wie z. B. Filter, haben in Echtzeit Auswirkungen auf die dargestellten Ergebnisse und die verfügbaren Prozessoptionen.

Umfangreiche Suchfunktion

Neben der modernen Gestaltung der Anwendungen mit einer vollständig überarbeiteten Anordnung und Abfolge der Bildelemente wurde als weiterer elementarer Bestandteil eine Suchfunktion implementiert. Hier kann der Anwender nach beliebigen Schlagwörtern suchen. Dies können Langtexte, Fragmente von Schlüsselnummern, Namen und vieles mehr sein. Die Suche bringt als Ergebnis alle Treffer, die Bezug zu der Vorgabe haben. Sie erfolgt über unterschiedliche Business-Objekte und sogar über Systemgrenzen hinweg. Mit dieser mächtigen Suchfunktionalität wird ein Nachteil der früheren SAP-Oberfläche behoben, die meist nur Suchen zu einzelnen Feldwerten über die [F4]-Hilfe zuließ.

Hilfefunktion

Sollten beim Anwender trotzdem noch Fragen zum Umgang mit den Anwendungen offen bleiben, ermöglicht eine neu gestaltete Dokumentation die Selbsthilfe: Beim sogenannten *X-Ray-Dokumentationsansatz* kann der Anwender nach dem Aufruf der Hilfefunktion direkt in der Anwendung auf die Bereiche klicken, zu denen er Fragen hat. Anschließend wird er zur passenden Dokumentation weitergeleitet.

Erweiterungen

Selbstverständlich können die SAP-Fiori-Benutzeroberflächen auch erweitert werden. Hierzu muss im Gegensatz zu Erweiterungen der klassischen SAP Business Suite oft kein Code geschrieben werden: Dank der beiden Möglichkeiten *End User Extensibility* und *Key User Extensibility* können Anwender selbst z. B. Kundenfelder hinzufügen, Objekte ein- oder ausblenden, die Anordnung ändern oder Ergänzungen zur Berechnungslogik vornehmen. Erst für Erweiterungen, die über diese Ansätze nicht realisiert werden können, sind Codeentwicklungen erforderlich. Wir gehen in Abschnitt 3.6, »Erweiterbarkeit von SAP S/4HANA«, noch ausführlicher auf die Erweiterbarkeit ein.

Über die offiziell ausgelieferten SAP-Fiori-Apps hinaus ist es für ein Unternehmen oder einen SAP-Partner möglich, eigene SAP-Fiori-Anwendungen zu entwickeln. Für die Entwicklung solcher auf SAPUI5 basierenden Apps stellt SAP die *SAP Web IDE* zur Verfügung. Das browserbasierte Toolkit ist in SAP BTP verfügbar und beinhaltet eine integrierte Entwicklungsumgebung. Diese Möglichkeit, eigene Benutzeroberflächen erstellen zu können, ist für SAP-Kunden besonders wichtig. In der heutigen SAP Business Suite sind rund 50 % der Oberflächen, die von SAP-Kunden genutzt werden, Eigenentwicklungen.

[«]

Weitere Informationen

- Weitere Informationen zur Neugestaltung der User Experience (UX) mit SAP Fiori finden Sie unter *http://s-prs.de/v10578001*.
- Weitere Details zu SAP Fiori 3.0 finden Sie hier: *https://www.sap.com/products/fiori.html* oder *http://s-prs.de/v10578004*.
- SAP-Hinweis 2590653 (Fiori Frontend Server Deployment)
- Ein Video zum Design finden Sie unter *https://youtu.be/PLVSM6_92Fo*.
- Auf die SAP Fiori Apps Reference Library können Sie über folgenden Link zugreifen: *http://s-prs.de/v10578002*.
- Weitere Informationen zum Thema *SAP Web IDE* können Sie hier finden: *http://s-prs.de/v10578005*.

Zugriff auf klassische Transaktionen

Zu beachten ist, dass all die genannten Elemente nur bei den neu überarbeiteten Funktionen von SAP S/4HANA und bei dem Produkt SAP S/4HANA Cloud ausgeprägt sind. Der Zugriff auf klassische SAP-ERP-Anwendungen in SAP S/4HANA, On-Premise-Version und SAP S/4HANA Cloud Private Edition folgt weiter der gewohnten Philosophie. Die klassischen Transaktionen können dem Anwender jedoch ebenfalls im SAP Fiori Launchpad angeboten werden. Dazu kann das SAP-Easy-Access-Menü in das SAP Fiori Launchpad eingebunden werden.

Schrittweise Einführung

Zusammengefasst kann man für SAP S/4HANA, On-Premise-Version und SAP S/4HANA Cloud Private Edition sagen: SAP S/4HANA kann bei einem Umstieg von einem SAP-ERP-System eingeführt werden, ohne SAP Fiori sofort flächendeckend mit einzuführen. Allerdings kann man in diesem Fall nicht von den erheblichen Vereinfachungen in den Anwendungen profitieren, sondern kann nur die klassischen SAP-Business-Suite-Anwendungen nutzen. Aus diesem Grund sollte ein SAP-S/4HANA-Einführungsprojekt mindestens eine schrittweise Einführung des SAP-Fiori-UI-Konzepts mit einplanen. Da SAP Fiori rollenbasiert arbeitet, können sehr leicht einzelne Unternehmensbereiche und Mitarbeitergruppen für die Umstellung ausgewählt werden. Aufgrund der genannten Vorteile von SAP Fiori hat sich SAP entschieden, in SAP S/4HANA Cloud Public Edition ausschließlich SAP Fiori als Benutzeroberfläche anzubieten.

Schrittweise Einführung

Das neue SAP-Fiori-UI-Konzept wird über neue Rollenzuordnungen kontrolliert und kann daher schrittweise eingeführt werden.

2.6 Schnittstellen

Bisher haben wir uns in diesem Kapitel auf die Neuerungen durch SAP S/4HANA konzentriert, die das einzelne System betreffen. Steigt man von einem existierenden SAP-ERP-System auf SAP S/4HANA um, ist dieses ERP-System jedoch üblicherweise in eine Systemlandschaft eingebettet oder wurde durch eigene oder von Drittanbietern bereitgestellte Anwendungen erweitert. Was sollte in einer solchen Situation beachtet werden?

Bestandsaufnahme

In einem ersten Schritt sollte festgestellt werden, wie die Einbettung bzw. Erweiterung realisiert wurde:

- **Integration über SAP Process Integration (PI) bzw. SAP Process Orchestration (PO)**

  Vorhandene Integrationsflüsse über die Middleware von SAP PI/PO können weiterhin bestehen bleiben. SAP S/4HANA ist mit SAP PI/PO kompatibel. Um neue bzw. signifikant geänderte SAP-S/4HANA-Anwendungen zu integrieren, kann es erforderlich sein, zusätzlichen Integrations-Content zu implementieren.

- **SAP Integration Suite**

  SAP bietet mit der SAP Integration Suite eine iPaaS-Lösung (Integration Platform as a Service) an. Diese Plattform bietet vorkonfigurierte Integrationen, harmonisierten Zugriff und KI-unterstützte Entwicklung. Details zu dieser Lösung finden Sie hier: *http://s-prs.de/v10578006*.

- **Integration über freigegebene Schnittstellen**

  Freigegebene Schnittstellen wie Business Application Programming Interfaces (BAPIs) können weiterhin verwendet werden. In SAP S/4HANA wurden die Implementierungen der Schnittstellen an das neue Datenmodell angepasst, falls erforderlich. Auch hier gilt, dass sich diese Kompatibilität auf die klassischen Anwendungsszenarien bezieht.

- **Proprietäre Integration**

  Wurden eigene Zugriffe oder Schnittstellen implementiert, muss individuell analysiert werden, ob diese in SAP S/4HANA weiterhin verwendet werden können. Zwar hat SAP bei der Implementierung des neuen Datenmodells auf Kompatibilität geachtet, jedoch kann nicht ausgeschlossen werden, dass einzelne Anpassungen notwendig sind. Wir beschreiben in Kapitel 4, »Welche Umstiegsoptionen gibt es?«, wie eine solche Analyse erfolgen kann.

- **Drittanbieter-Anwendungen**

  Falls Sie Drittanbieter-Anwendungen nutzen, sollten Sie sich beim Anbieter der Software erkundigen, inwieweit diese für SAP S/4HANA freigegeben sind.

Abhängig vom Ergebnis dieser Analyse ergeben sich Folgeaktivitäten, die bei der Planung des Umstiegsprojekts berücksichtigt werden sollten. Zusammengefasst kann man festhalten, dass sich umso weniger Folgeaktivitäten ergeben, je stärker die Implementierung die Empfehlungen von SAP berücksichtigt hat und modifikationsfreie Erweiterungen bzw. die Integration über Standardschnittstellen nutzt.

2.7 SAP S/4HANA Embedded Analytics

Die im Rahmen von SAP S/4HANA bereitgestellte analytische Funktionalität wird unter dem Begriff *SAP S/4HANA Embedded Analytics* zusammengefasst. Damit können Anwender (und hier sind nicht nur Fachexperten für analytische Datenauswertungen gemeint, sondern alle Anwender) Echtzeitanalysen auf Basis der SAP-S/4HANA-Anwendungsdaten eigenständig erstellen und ausführen. Standard-Reports und analytische SAP-Fiori-Apps werden zusätzlich mit SAP S/4HANA ausgeliefert und können genutzt werden. Die Darstellung der analytischen Daten erfolgt mithilfe der SAP-Fiori-Technologie über das neue SAP Fiori Launchpad.

CDS Views

Technisch basieren die Funktionen von SAP S/4HANA Embedded Analytics auf den sogenannten CDS Views (Core Data Services) der ABAP-Schicht in SAP S/4HANA. Diese CDS Views sind Datenbanksichten, die strukturiert in einem virtuellen Datenmodell (*Virtual Data Model*, VDM) verwaltet werden. Auf Basis dieser CDS Views führen die Anwender Abfragen in Echtzeit auf die transaktionalen Daten aus. Dies kann mit vorhandenen, vorausgelieferten Views erfolgen, oder Anwender können vorhandene Views erweitern oder neue Views auf Basis der jeweiligen Anwendungstabellen erstellen.

Neben den technischen Funktionen zur schnellen und individuellen Gestaltung von analytischen Abfragen unterstützen vor allem auch die vereinfachten Datenstrukturen von SAP S/4HANA das Erstellen solcher Abfragen in Echtzeit. Dadurch, dass auf Aggregate und damit Datenredundanz verzichtet werden kann, müssen die Anwender diese Aggregatslogik nicht mehr kennen und können ihre Abfragen auf den Daten der nativen Tabellen basieren lassen.

Analytische Daten in SAP Fiori

Die Darstellung von analytischen Daten erfolgt grundsätzlich auf der Basis von SAP-Fiori-Oberflächen. Für die unterschiedlichen Nutzergruppen (Endanwender, Key-User und Entwickler) und Anwendungsfälle werden jeweils passende Benutzeroberflächen bereitgestellt. Wie in Abbildung 2.8 dargestellt, gibt es für die Endanwender jeweils auf die Rolle und den Use Case angepasste analytische Auswertungen, aber auch Tools und Funktionen für die Analytics-Key-User, um eigene Abfragen zu erstellen.

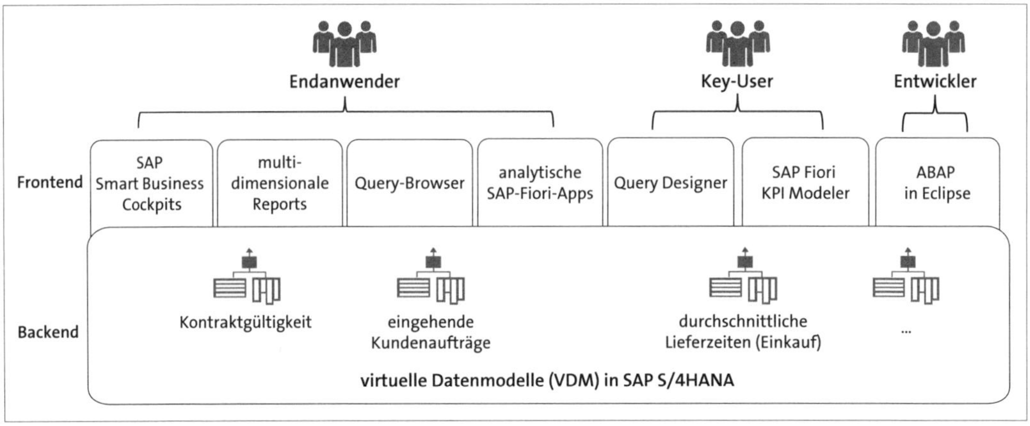

Abbildung 2.8 SAP Embedded Analytics – unterschiedliche Benutzerrollen

Beispiel: kritische Kundenaufträge

Am Beispiel der Benutzerrolle eines internen Vertriebssachbearbeiters wollen wir Ihnen zeigen, wie die Integration von analytischen Daten die Bearbeitung kritischer Kundenaufträge unterstützt. Mit der SAP-Fiori-App zur Kundenauftragserfüllung steht dem Sachbearbeiter eine Anwendung zur Verfügung, mit deren Hilfe er Sondersituationen bei der Abwicklung von Kundenaufträgen bearbeiten und lösen kann. Kritische Aufträge (z. B. Aufträge, bei denen sich das versprochene Auslieferungsdatum verzögert) werden hier auf einer Überblicksseite dargestellt (siehe Abbildung 2.9). Von hier aus kann der Endanwender zu den verschiedenen Detaildarstellungen navigieren und die Ursachen von Verzögerungen für jeden kritischen Auftrag analysieren.

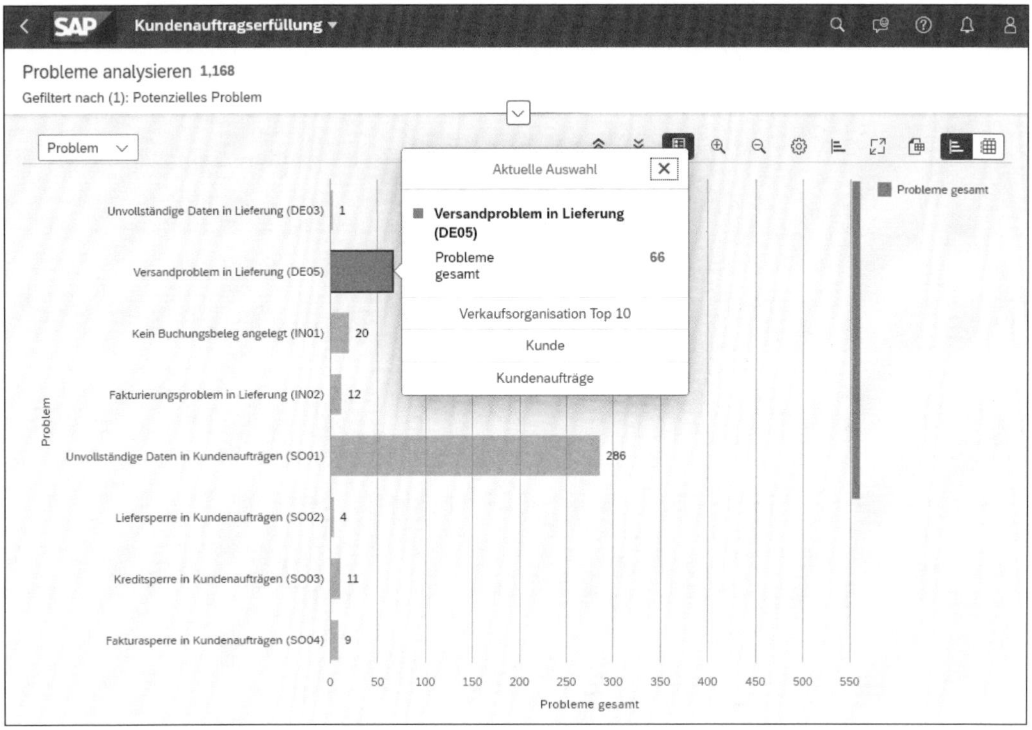

Abbildung 2.9 Übersichtsseite für kritische Kundenaufträge

> **Weitere Informationen**
>
> Weitere Informationen und Beispiele zu den verfügbaren Anwendungen finden Sie in der SAP Fiori Apps Reference Library unter *http://s-prs.de/v10578002.*

Kapitel 3
Cloud, on-premise und hybride Szenarien

SAP S/4HANA kann in verschiedenen Cloud- und On-Premise-Editionen genutzt werden. Aber wo liegen die Unterschiede zwischen den Betriebsmodellen? Und worin unterscheiden sich die einzelnen SAP-S/4HANA-Editionen?

Beim Umstieg auf SAP S/4HANA sind eine Reihe grundsätzlicher Entscheidungen zu treffen. Zum einen müssen Sie die Art der Systemlandschaft wählen und zum anderen entscheiden, welche Funktionen von SAP S/4HANA eingesetzt werden und wie diese genutzt werden sollen (siehe Abbildung 3.1). Sie müssen sich zunächst entscheiden, ob SAP S/4HANA *on-premise* (d. h., die Software wird mit selbst bereitgestellter Hardware genutzt), in der *Cloud* (d. h., die Software wird gemietet und durch einen Anbieter betrieben) oder als *hybrides Szenario* (d. h., Teile der Geschäftsszenarien werden in die Cloud verlagert, andere Teile verbleiben on-premise) betrieben werden soll. Des Weiteren müssen Sie entscheiden, ob der Übergang nach SAP S/4HANA genutzt werden soll, um Geschäftsprozesse grundsätzlich neu zu gestalten (*Greenfield-Ansatz*) oder ob bestehende Geschäftsprozesse fortgesetzt und übernommen werden sollen (*Brownfield-Ansatz*).

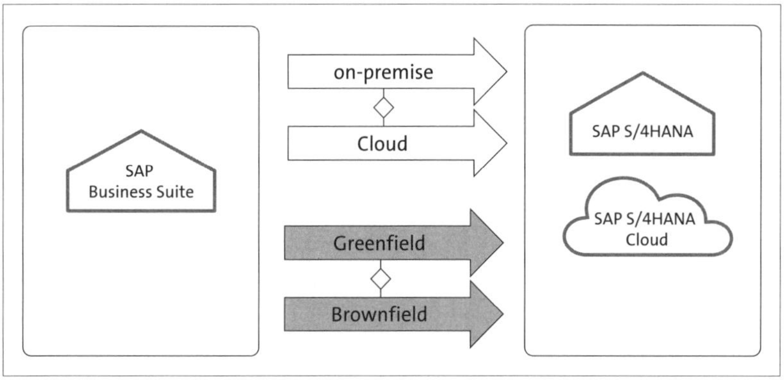

Abbildung 3.1 Strategische Entscheidungen beim Umstieg auf SAP S/4HANA

Mit den grundsätzlichen Möglichkeiten und Unterschieden der verschiedenen Betriebsmodelle beschäftigen wir uns in diesem Kapitel. Es soll Ihnen das für eine Entscheidung notwendige Grundlagenwissen vermitteln. Zunächst geben wir Ihnen einen Überblick über die Betriebsmodelle und definieren in diesem Zusammenhang wichtige Begriffe. Im Anschluss stellen wir die einzelnen Editionen der SAP-S/4HANA-Produktfamilie vor und vergleichen diese Editionen miteinander.

Im Regelfall haben Unternehmen das Bedürfnis, ihre Geschäftsprozesse zu individualisieren. Das beinhaltet, Unternehmensspezifika abzudecken, aber auch lokale Anforderungen umzusetzen. Neben den Einstellungen im Rahmen der betriebswirtschaftlichen Konfiguration ist die Nutzung individueller Erweiterungsmöglichkeiten ein notwendiges Mittel zur Differenzierung eines Unternehmens. Firmen müssen aber auch immer agiler sein. Es ist daher wichtig, ein standardisiertes Erweiterungskonzept zu nutzen, das auch Aktualisierungen und Erweiterung der Prozesse z. B. mit intelligenten Technologien erleichtert. In den letzten Abschnitten dieses Kapitels gehen wir daher ausführlich auf die Standarderweiterungskonzepte von SAP für SAP S/4HANA und SAP S/4HANA Cloud ein. Dabei wird die SAP Business Technology Platform (SAP BTP) eine wichtige Rolle spielen, um SAP S/4HANA einfach warten zu können (*Keep the Core Clean*).

3.1 Betriebsmodelle im Überblick

Damit Sie sich für ein SAP-S/4HANA-Betriebsmodell entscheiden können, stellen wir im Folgenden zunächst die grundsätzlichen Charakteristika der einzelnen Betriebsmodelle vor. In Abschnitt 3.3, »Betriebsmodelle im Vergleich«, werden dann die verschiedenen Betriebsmodelle miteinander verglichen.

3.1.1 Das On-Premise-Betriebsmodell

Vollständige Kontrolle über Hard- und Software

Unter dem On-Premise-Betriebsmodell versteht man im Regelfall die Nutzung von Software, die auf entsprechender Hardware selbst betrieben und administriert wird. Damit haben Sie die volle Kontrolle über eingesetzte Hard- und Software, alle Anwendungsdaten und die Zeitpunkte der Softwarewartung. Die Zeitpunkte der Aktualisierung können dabei frei gewählt werden. In der *Product Availability Matrix* erfahren Sie, wann die Wartung oder der Cloud-Service *SAP S/4HANA Cloud Safekeeper* von SAP für dieses Produkt endet. Auch bezogen auf individuelle Erweiterungen und die Möglichkeit der Integration mit anderen Systemen (eigenen In-House-Lösungen oder externen Systemen) haben Sie die maximale Flexibilität. Je nach Produkt kann dies Modifikationen beinhalten, wobei auch hier die vollständige Verantwortung bei Ihnen liegt. Haben Sie sich für eine Modifikation entschieden, liegt es auch in Ihrer Verantwortung, die Funktionalität zu warten oder bei Aktualisierungen notwendige Anpassungen einzuplanen. Sie haben zudem die volle Verantwortung für die Verfügbarkeit der Software sowie für die Zugriffs- und Ausfallsicherheit. Bei leistungsstarken und dann häufig auch komplexen ERP-Systemen kommen damit zu den Kosten für Hard- und Software auch Kosten für entsprechendes IT-Fachpersonal zur Einführung, zum Betrieb und zur Wartung der Software hinzu.

[«]

Weitere Informationen

Weitere Informationen zum Cloud-Service SAP S/4HANA Cloud Safekeeper finden Sie hier: *http://s-prs.de/v10578007*.

3.1.2 Das Cloud-Betriebsmodell

Mieten von Software und Services

Von einem Cloud-Betriebsmodell spricht man, wenn die genutzte Software nicht eigenständig betrieben und administriert, sondern als Serviceleistung eines Dienstleisters in Anspruch genommen wird. Im Cloud-Betriebsmodell werden die Software und korrespondierende Serviceleistungen auf Zeit gemietet. Eigene Hardware und Betriebssystemsoftware werden für die Cloud-Software nicht benötigt. Das eigene IT-Personal kann sich damit auf andere Aufgaben konzentrieren.

Für den Zugang benötigen Sie im Regelfall nur einen Internetzugang. Damit können Sie auf die Cloud-Software, unabhängig vom Standort – und bei den meisten Anbietern auch mit mobilen Endgeräten – zugreifen. Die damit verbundene Kostentransparenz ist sicherlich einer der Hauptvorteile des Cloud-Betriebsmodells. Bei der Nutzung von Cloud-Software teilen Sie sich die Softwareinfrastruktur i. d. R. mit vielen anderen Unternehmen.

Begrenzte Eingriffsmöglichkeiten

Je nach Ausprägung können Sie jedoch nur in eingeschränktem Maße auf die Wartungszyklen und Zeitpläne Einfluss nehmen. Im Regelfall muss davon ausgegangen werden, dass die Möglichkeiten zur individuellen Anpassung im Cloud-Betriebsmodell begrenzter sind als beim On-Premise-Betriebsmodell. Ein individuell zu bewertendes Thema bleibt sicherlich weiterhin das Thema Datensicherheit (*Cloud Security*). Bei seriösen Cloud-Anbietern werden die Standards und Prozesse zur Datensicherheit – verglichen mit den Sicherheitsinfrastrukturen eines durchschnittlichen Unternehmens – i. d. R. höher bzw. umfangreicher sein.

Service- und Bereitstellungsmodelle

Die Bewertung dieser Aspekte des Cloud-Betriebsmodells hängt allerdings auch entscheidend von den jeweils genutzten Service- und Bereitstellungsmodellen ab. Im Überblick sind diese in Abbildung 3.2 dargestellt. Sie orientieren sich an den Definitionen der US-amerikanischen Standardisierungsbehörde *National Institute of Standards and Technology* (NIST, *https://www.nist.gov*).

Servicemodelle

Bei den Servicemodellen unterscheidet man folgende drei Kategorien:

- **Software as a Service (SaaS)**

  Beim Modell Software as a Service (SaaS) nutzen Sie Anwendungen eines Anbieters (Providers), die auf einer Cloud-Infrastruktur ausgeführt werden. Typischerweise greifen Sie über das Internet mit einem Webbrowser auf diese Anwendungen zu. Im SaaS-Modell ist der Provider für die Verwaltung und Kontrolle der Cloud-Infrastruktur verantwortlich. Sie haben keine über benutzerspezifische Konfigurationseinstellungen hinausgehenden Verwaltungs- oder Kontrollmöglichkeiten.

  In diese Kategorie fallen neben SAP S/4HANA Cloud auch folgende SAP-Lösungen: SAP SuccessFactors, SAP Cloud for Customer, SAP Ariba, SAP Concur und SAP Fieldglass.

- **Platform as a Service (PaaS)**

  Bei dem Modell Platform as a Service (PaaS) werden Anwendungsentwicklern Programmiersprachen und Tools als Service zur Verfügung gestellt. Auch in diesem Modell liegen die Kontrolle und Verwaltung der zugrunde liegenden Cloud-Infrastruktur in den Händen des Providers. Sie verwalten selbst Ihre Anwendungen, die Sie auf Basis der bereitgestellten Entwicklungsumgebung erstellt haben. Ein Vertreter dieses Modells ist SAP Business Technology Platform (ehemals SAP Cloud Platform). In diesem Modell hat der Kunde die Kontrolle über Zeitplan und Wartung der eigenen Anwendung, allerdings nicht der von dieser Anwendung genutzten Tools und Services.

- **Infrastructure as a Service (IaaS)**

  Infrastructure as a Service (IaaS) bezeichnet einen Service, bei dem Anwender Zugriff auf Rechenleistung, Datenspeicher und Netzwerkkapazitäten erhalten. In diesem Modell haben Sie die Kontrolle über die genutzten Anwendungen und Betriebssysteme, die Sie im Regelfall auch selbst installieren. Die Kontrolle und Verwaltung der Cloud-Infrastruktur verbleiben auch hier beim Provider.

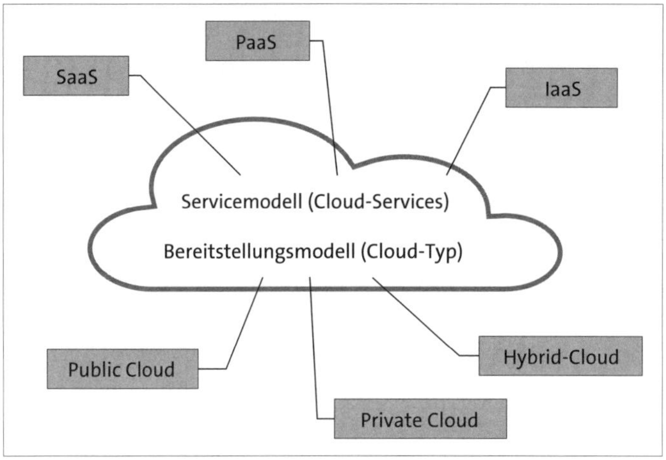

Abbildung 3.2 Service- und Bereitstellungsmodelle in der Cloud

Bereitstellungsmodelle

Bei den *Cloud-Bereitstellungsmodellen* unterscheidet man ebenfalls wieder zwischen drei Typen:

- **Public Cloud**

  Von einer Public Cloud spricht man, wenn die angebotenen Services und Anwendungen frei zugänglich sind und grundsätzlich von jedermann genutzt werden können. Bei Public-Cloud-Lösungen teilen Sie sich im Regelfall die Ressourcen der Cloud-Infrastruktur, die vom Anbieter bereitgestellt werden. SAP S/4HANA Cloud Public Edition fällt in diese Kategorie.

- **Private Cloud**

  In einer Private Cloud teilen Sie sich die Cloud-Infrastruktur nicht. Das Bereitstellen der Cloud-Infrastruktur und der Betrieb einer Private Cloud können unternehmensintern oder durch externe Anbieter erfolgen. Der Übergang zu dem On-Premise-Betriebsmodell bei einem unternehmensinternen Betrieb ist fließend und hängt davon ab, wie flexibel skalierbar die IT-Infrastruktur sein soll, wie der Zugriff auf die betriebenen Anwendungen über das Internet erfolgen soll oder in welchem Rhythmus automatische Programm-Updates geschehen sollen. SAP S/4HANA Cloud Private Edition befindet sich in dieser Kategorie.

- **Hybrid-Cloud**

  Eine Kombination aus Public und Private Cloud wird als Hybrid-Cloud bezeichnet. Hier betreiben Sie einen Teil der IT-Infrastruktur unternehmensintern und damit selbst, und andere Services werden von einem externen Public-Cloud-Provider zur Verfügung gestellt.

3.1.3 Das hybride Betriebsmodell

Von dem hybriden Betriebsmodell spricht man, wenn Teile eines Geschäftsszenarios on-premise und andere in der Cloud betrieben werden. Beachten Sie, dass das Hybrid-Cloud-Modell aus dem vorherigen Abschnitt zwei verschiedene Cloud-Modelle (Public und Private Cloud) beinhaltet, wir betrachten hier jedoch ein Modell mit Cloud- und On-Premise-Betrieb. Hybride Betriebsmodelle bieten Ihnen die Möglichkeit, die Charakteristika des On-Premise- und des Cloud-Betriebsmodells miteinander zu kombinieren. So können Sie Kernbereiche des Unternehmens, bei denen die größtmögliche Kontrolle und Flexibilität gewünscht wird, on-premise betreiben, während in anderen Unternehmensbereichen vielleicht die Industriestandards ausreichend sind und Sie diese in der Cloud konsumieren.

[zB]

Hybride Strukturen im Personalwesen

Ein Unternehmensbereich, in dem die Auslagerung von Geschäftsprozessen in die Cloud im Markt bereits weit vorangeschritten ist, ist das Personalwesen. SAP sieht die Zielarchitektur der Geschäftsprozesse im Personalwesen in der Cloud. Mit dem Lösungsportfolio von SAP SuccessFactors bietet SAP Personalabteilungen (HR, Human Resources) die Möglichkeit, Funktionen wie Personaladministration, Bewerberverwaltung, Leistungsmanagement oder Talentmanagement in die Cloud auszulagern.

SAP PRESS bietet eine Reihe von Büchern zu *SAP SuccessFactors*, die Sie bei einem Umstieg unterstützen können: *https://www.rheinwerk-verlag.de/sap/personalwirtschaft-hr/*.

Hybride Szenarien können auch aufgrund der Organisationsstruktur eines Unternehmens vorteilhaft sein. So mag man die globalen Geschäftsprozesse im Unternehmenshauptsitz on-premise betreiben wollen, während in den jeweiligen Länderniederlassungen die regionalen Geschäftsprozesse in die Cloud verlagert und standardisiert werden können.

Integrationsanforderungen

Technisch und inhaltlich stellt ein Mix aus On-Premise- und Cloud-Prozessteilen Anforderungen an die Integration der eingesetzten Lösungen. Dies ist in Abbildung 3.3 angedeutet.

Daher sollten die konkreten Anforderungen der Stammdaten- und Prozessintegration mit in die Entscheidung über das Betriebsmodell einfließen.

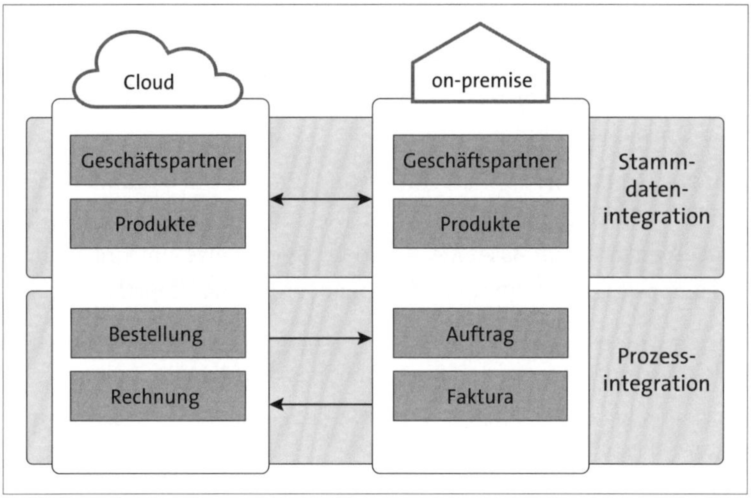

Abbildung 3.3 Integrationsaspekt bei hybriden Szenarien

3.2 SAP-S/4HANA-Produktfamilie

Mit SAP HANA und den damit verbundenen neuen Möglichkeiten in Geschäftsprozessen und den Möglichkeiten, das Datenmodel signifikant zu vereinfachen, brachte SAP am 3. Februar 2015 SAP S/4HANA als neues Produkt auf den Markt. Es war der Beginn einer neuen Produktfamilie. Im darauffolgenden Jahr 2016 brachte SAP das Cloud-Betriebsmodell SAP S/4HANA Cloud auf den Markt.

SAP S/4HANA gibt es in drei Betriebsmodellen: on-premise, Public Cloud und Private Cloud mit jeweils unterschiedlichem Lösungsumfang.

Bei der Migration ist die Entscheidung zu einem der Betriebsmodelle von SAP S/4HANA nicht nur eine technische (Cloud oder On-Premise-Version), sondern auch eine danach, welcher Funktionsumfang benötigt wird. Wie in Abschnitt 1.1, »Herausforderungen an die Unternehmenswelt der Zukunft«, beschrieben ermöglicht SAP S/4HANA, On-Premise-Version auch Erweiterungsmethoden, die in SAP S/4HANA Cloud nicht angeboten werden.

In diesem Abschnitt werden wir zunächst die Betriebsmodelle im Detail vorstellen. Einen umfassenden Vergleich finden Sie in Abschnitt 3.3, »Betriebsmodelle im Vergleich«.

3.2.1 On-Premise-Edition von SAP S/4HANA

In der On-Premise-Edition von SAP S/4HANA haben Sie die weitreichsten Möglichkeiten, Geschäftsprozesse zu realisieren, sind aber selber für Landschaft und Umsetzung verantwortlich.

SAP S/4HANA, On-Premise-Version unterstützt Prozesse in 64 Ländern oder Regionen in 39 Sprachen in 31 Industrien. Die Bereiche von SAP S/4HANA, On-Premise-Version sind: Asset Management, Personalwesen, Einkauf, Lieferkette, Finanzwesen, Produktion, F&E/Engineering und Dienstleistung.

[»]

Weitere Informationen zu den Bereichen in SAP S/4HANA

Details zu den Bereichen von SAP S/4HANA finden Sie im SAP Help Portal unter SAP S/4HANA:

http://s-prs.de/v10578008

Und in einer Reihe von Fachbüchern aus dem Rheinwerk Verlag, z. B.:

- Einstieg in SAP S/4HANA, siehe *www.sap-press.de/5284*
- Finanzwesen in SAP S/4HANA, siehe *www.sap-press.de/5560*
- Controlling in SAP S/4HANA, siehe *www.sap-press.de/5050*
- Zahlungsverkehr mit SAP S/4HANA, siehe *www.sap-press.de/5664*
- Materialwirtschaft mit SAP S/4HANA, siehe *www.sap-press-de/5209*

Betrieb und Wartung

Sie sind eigenständig verantwortlich für den Kauf der Hardware, für die Installation und Administration der Software. In SAP S/4HANA, On-Premise-Version können Sie die Landschaft für die Implementierung selbst definieren. Der klassische Ansatz ist hier ein Entwicklungssystem mit einem Mandanten für verschiedene Erweiterungen, ein Qualitätssicherungssystem und ein Produktivsystem. Sie können ein Testsystem (auch *Trial* genannt) schnell mithilfe der *SAP Cloud Application Library* einrichten. Die Definition und Anlage der Mandanten liegen in Kundenverantwortung, SAP Activate bietet hier eine detaillierte Implementierungsmethodik für die Neuimplementierung oder die Systemkonvertierung und die Migration mit selektiven Daten.

Zu den Instandhaltungsaufgaben gehört auch das Einspielen von Korrekturen und Aktualisierungen (Upgrades). Kunden können hier selbst entscheiden, wann und ob sie diese überhaupt verwenden sollen. Sie finden die Laufzeit der SAP-Wartungen in der Product Availability Matrix, beachten Sie auch SAP-Hinweis 1648480. So ist das Enhancement Pack 1 für SAP ERP 6.0 nur noch bis Ende 2025 in Mainstream Maintenance. Danach wird

Mainstream Maintenance nur noch für die letzten drei Enhancement Packages angeboten. Beachten Sie, dass danach alle Korrekturen ebenfalls in der Kundenverantwortung liegen.

Upgrades

Systemaktualisierungen (Upgrades) werden alle zwei Jahre von SAP zur Verfügung gestellt. Sie finden die jeweils neue Version als neuen Eintrag in der Product Availability Matrix.

Neue Wartungsstrategie für SAP S/4HANA

Die derzeitige Wartungsstrategie als Pressrelease finden Sie hier: *http://s-prs.de/v10578009*.

Während der Zwei-Jahreszyklen der Aktualisierung liefert SAP sogenannte *Feature Packages*. Dabei handelt es sich um Aktualisierungen, die aber nur Up*dates* sind und kein Up*grade*.

Kompatibilitätspakete

Die On-Premise-Version von SAP S/4HANA bietet Ihnen klassische Lösungen noch eine Zeit lang als Kompatibilitätspakete an. Ziel dieser Pakete ist es, den Übergang von SAP ERP 6.0 mit Enhancement Packages in die SAP-S/4HANA-Produktfamilie zu erleichtern. Sie erlauben es, im ersten Schritt nach SAP S/4HANA, On-Premise-Version zu migrieren, ohne seine Geschäftsprozesse umzustellen, und erst in einem nachgelagerten zweiten Schritt die Geschäftsprozesse auf neue intelligente Prozesse von SAP S/4HANA, On-Premise-Version umzustellen.

In den Kompatibilitätspaketen werden daher nur Funktionen der klassischen Ausprägung bereitgestellt, wie man sie von SAP ERP her kennt, und sie sind aus technologischer Sicht *nicht* die Zielarchitektur. Die Zielarchitektur für das Personalwesen ist z. B. SAP SuccessFactors, für die Lagerverwaltung SAP Extended Warehouse Management (SAP EWM) und für die Transportabwicklung SAP Transportation Management (SAP TM). Ein Großteil der Kompatibilitätspakete steht nur noch bis Ende 2025 zur Verfügung. Ausnahmen sind Customer Service (CS), Transportation (LE-TRA) und Produktionsplanung Prozessindustrie (PP-PI), die Sie länger nutzen können. Add-ons und Details hierzu finden Sie in SAP-Hinweis 2269324. Wir empfehlen daher, nicht mehr auf die nur noch sehr kurzzeitig verfügbaren Pakete umzustellen.

Kompatibilitätspakete werden nicht aktualisiert, stattdessen werden diese Geschäftsprozesse in einer innovativen Weise mit intelligenten Technologien in der SAP-S/4HANA-Familie entwickelt.

[»]

Weitere Informationen zu den On-Premise-Editionen

Eine vollständige Auflistung der Funktionen, die im Rahmen der Kompatibilitätspakete abgebildet sind, finden Sie in der SAP-S/4HANA-Kompatibilitätsumfangsmatrix im Anhang von SAP-Hinweis 2269324.

Partner-Add-ons

Es gibt eine Reihe von Apps und Add-ons von SAP und Partnern, die nur im On-Premise-Betriebsmodell zur Verfügung stehen. Mit diesen Add-ons können Sie den Lösungsumfang an lokale und industriespezifische Anforderungen anpassen, ohne selbst Erweiterungen entwickeln zu müssen. SAP hat ein sehr weites internationales Netzwerk an Partnern, die lokale und globale Add-ons anbieten. Einige dieser Partner-Add-ons sind von SAP zertifiziert. Sie finden diese in der SAP Certified Solutions Directory: Sie können hier nach Produkt, Land und Zertifizierung suchen. Auf dieser Plattform finden Sie neben einem Überblick der Erweiterungen auch Details zu der Zertifizierung.

[»]

Weitere Information zu den Partner-Add-ons

Zertifizierte Partner-Apps und Add-ons finden Sie auf der SAP Certified Solutions Directory unter: *http://s-prs.de/v10578010*

In der On-Premise-Variante von SAP S/4HANA kann der Kunde aber auch nicht zertifizierte Add-ons benutzen, so können Sie auch eigene Erweiterungen entwickeln.

SAP bietet Add-ons für eine Reihe von Geschäftsbereichen (Line of Business) und Industrien. Sie finden diese bei den Portfoliobeschreibungen für den Geschäftsbereich.

Außerdem bietet SAP Solution Extensions für eine Reihe von Geschäftsbereichen und Industrien an. Weitere Informationen finden Sie auf der Website von SAP unter *http://s-prs.de/v10578011*.

Vorkonfiguration

Sie können die Prozesse mit Vorkonfigurationen von SAP und von Partnern starten. SAP und seine Partner bieten Lösungspakete für viele Geschäftsbereiche, Industrien und Länder oder Regionen. Eine Aktualisierung der Pakete ist nach der ersten Verwendung nicht mehr möglich. SAP Activate bietet für SAP S/4HANA, On-Premise-Version eine Roadmap für die Einführung an. Diese kann in SAP Cloud ALM genutzt werden.

[«]

Verfügbare Methoden und Bücher

SAP Activate bietet mehrere Methodiken zur Implementierung von SAP S/4HANA, On-Premise-Version. Alle Methodiken – auch Transition to SAP Cloud ALM – sind in SAP for Me im Roadmap Viewer verfügbar.

Anwendung und weitere Informationen finden Sie auch in den SAP-PRESS-Büchern zu SAP Activate (Denecken et al.: SAP Activate, 2025, *www.sap-press.de/6075*) und SAP Cloud ALM (Teuber et al, SAP Cloud ALM, 2023, *www.sap-press.de/5686*).

3.2.2 SAP S/4HANA Cloud Private Edition

Private Cloud

SAP S/4HANA Cloud Private Edition ist eines der beiden Cloud-Betriebsmodelle der SAP-S/4HANA-Familie. Es gibt technische und betriebswirtschaftliche Unterschiede zur SAP S/4HANA Cloud Public Edition. Vom Umfang her ist die Private-Edition mit der On-Premise-Variante von SAP S/4HANA vergleichbar.

Ebenso wie die On-Premise-Variante unterstützt SAP S/4HANA Cloud Private Edition Prozesse in 64 Ländern oder Regionen in 39 Sprachen in 31 Industrien. Die Bereiche sind: Asset Management, Personalwesen, Einkauf, Lieferkette, Finanzwesen, Produktion, F&E/Engineering und Dienstleistung.

Der Betrieb der SAP S/4HANA Cloud Private Edition erfolgt durch SAP. Sie können mit Einschränkungen bestimmen, wann Aktualisierungen (Updates und Upgrades) durchgeführt werden. Ein Upgrade wird wie bei der On-Premise-Version im Zwei-Jahreszyklus zur Verfügung gestellt, auch mit Featurepacks während dieser Zeit. Spätestens nach fünf Jahren müssen Sie jedoch ein Upgrade durchführen, um in der SAP-Standardwartung zu bleiben. SAP S/4HANA Cloud Private Edition ermöglicht den Zugriff per SAP Fiori und SAP GUI, dies ermöglicht die Schritt-für-Schritt-Umstellung auf das rollenbasierte Konzept von SAP Fiori.

Mit SAP S/4HANA Cloud Private Edition können Sie die Implementierungslandschaft selbst definieren, dies ist besonders wichtig, da SAP alle drei Optionen der Implementierung ermöglicht: Neuimplementierung, Systemkonvertierung und Migration mit selektiven Daten. Für eine Implementierung empfiehlt es sich, mehrere Mandanten auf dem Entwicklungssystem und dem Qualitätssicherungssystem zu haben, damit alle Prozesse inklusive aller Erweiterungen ausreichend getestet werden können. Auch für dieses Betriebsmodell können Sie eine SAP-Activate-Roadmap mit der Option SAP

Cloud ALM nutzen. Dieses Betriebsmodell ermöglicht auch die Nutzung der Kompatibilitätspakete. Lesen Sie hierzu auch Abschnitt 3.2.1, »On-Premise-Edition von SAP S/4HANA«.

Sie können mit vorkonfigurierten Prozessen von SAP und Partnern starten, die Lösungspakete für viele Geschäftsbereiche, Industrien, Ländern und Regionen anbieten.

3.2.3 SAP S/4HANA Cloud Public Edition

SAP S/4HANA Cloud Public Edition ist ein Cloud-Betriebsmodell der SAP-S/4HANA-Familie. Wie bereits erwähnt, gibt es signifikante technische und betriebswirtschaftliche Unterschiede zwischen SAP S/4HANA Cloud Private Edition und SAP S/4HANA Cloud Public Edition. In vielen Bereichen und auch in einigen Kapiteln dieses Buchs wird die Public Edition als SAP S/4HANA Cloud bezeichnet. SAP S/4HANA Cloud Public Edition unterstützt Prozesse in 59 Ländern oder Regionen in 33 Sprachen. Die Bereiche von SAP S/4HANA sind: Asset Management, Personalwesen, Einkauf, Lieferkette, Finanzwesen, Produktion, F&E/Engineering und Dienstleistung. Die unterstützten Industrien sind Service- und Produkt-Industrien.

Betrieb und Wartung

In SAP S/4HANA Cloud Public Edition erfolgen der Betrieb und die Wartung der Software durch SAP. Es ist eine Public-Cloud-Lösung, wie in Abschnitt 3.1.2, »Das Cloud-Betriebsmodell«, beschrieben. Die Systeme werden regelmäßig, während Erstellung des Buchs quartalsweise, von SAP aktualisiert (in Form von Upgrades). Korrekturen werden von SAP in sogenannten *Hotfix Collections* alle zwei Wochen eingespielt. Den Link zu den Daten der Aktualisierung finden Sie im Service Level Agreement for SAP Cloud Services unter Punkt 3: Changes to Windows *http://s-prs.de/v10578012*. Suchen Sie auf dieser Seite unter **SAP Cloud Services** nach »SAP S/4HANA Cloud Edition«. Falls Ihnen diese Zeitfenster schon bekannt sind, beachten Sie, dass hier auch etwaige Änderungen der zugewiesenen Zeitfenster zu finden sind.

Die Releasefolge wird jeweils mit Jahres- und Monatszahl angegeben, z. B. steht 2311 für November 2023. Bei den Aktualisierungen werden Funktionalitäten und Standardprozesse mit der Vorkonfiguration aktualisiert. Abbildung 3.4 zeigt Ihnen die Aktualisierungs-Zeitplanung zum Zeitpunkt der Aktualisierung des Buchs (Frühjahr 2025).

SAP S/4HANA Cloud Public Edition bietet einen großen Umfang an Vorkonfiguration für die Geschäftsprozesse, siehe hierzu auch Kapitel 11, »Einrichtung und Konfiguration von SAP S/4HANA Cloud«.

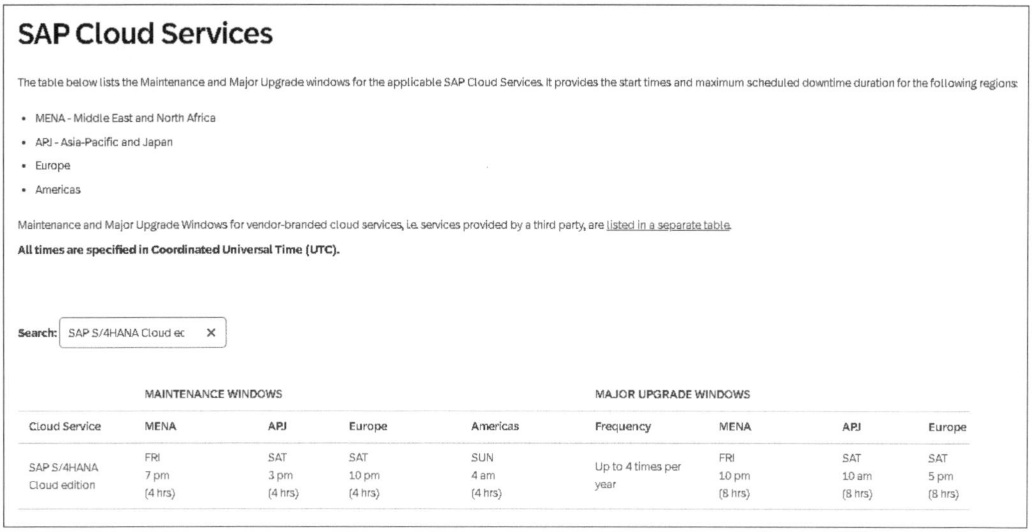

SAP Cloud Services

The table below lists the Maintenance and Major Upgrade windows for the applicable SAP Cloud Services. It provides the start times and maximum scheduled downtime duration for the following regions:

- MENA - Middle East and North Africa
- APJ - Asia-Pacific and Japan
- Europe
- Americas

Maintenance and Major Upgrade Windows for vendor-branded cloud services, i.e. services provided by a third party, are listed in a separate table.

All times are specified in Coordinated Universal Time (UTC).

Search: SAP S/4HANA Cloud ec ×

	MAINTENANCE WINDOWS				MAJOR UPGRADE WINDOWS			
Cloud Service	MENA	APJ	Europe	Americas	Frequency	MENA	APJ	Europe
SAP S/4HANA Cloud edition	FRI 7 pm (4 hrs)	SAT 3 pm (4 hrs)	SAT 10 pm (4 hrs)	SUN 4 am (4 hrs)	Up to 4 times per year	FRI 10 pm (8 hrs)	SAT 10 am (8 hrs)	SAT 5 pm (8 hrs)

Abbildung 3.4 Wartung und Upgrade-Fristen für SAP S/4HANA Cloud Public Edition

Implementierung

Bei SAP S/4HANA Cloud Public Edition wird eine Standard-Systemlandschaft mit drei Systemen (eine sogenannte *Drei-System-Landschaft*) zur Verfügung gestellt. Sie besteht aus einem Entwicklungssystem, einem Testsystem und einem Produktivsystem. Zusätzlich können noch ein Startsystem, ein Demosystem und ein Sandboxsystem erworben werden. Die Konfiguration der Geschäftsprozesse geschieht über SAP Central Business Configuration. Sie können selbst keine weiteren Tenants erstellen. Daher sind Implementierungen von SAP S/4HANA Cloud Public Edition immer Neuimplementierungen. SAP S/4HANA Cloud ermöglicht den Zugriff per SAP Fiori und SAP GUI.

[«]

Weitere Informationen zu SAP For Me

Detaillierte Informationen zu SAP for Me inklusive Zugriff zu einer Demolandschaft finden Sie hier: *https://me.sap.com/*.

Eine Erweiterung mit Partner-Apps oder Modifikationen des SAP-Codings wie in der On-Premise-Version ist hier nicht möglich. Wie für die anderen Betriebsmodelle bietet SAP Activate eine Roadmap für die Einführung. Diese kann in SAP Cloud ALM genutzt werden. Für die Einführung von SAP S/4HANA Cloud Public Edition wird SAP Central Business Configuration verwendet.

Die Implementierung der Geschäftsprozesse basiert auf Lösungspaketen (Best Practices), die Vorkonfigurationen beinhalten. Anpassungen können mittels Konfigurationen und Erweiterungen durchgeführt werden. Für Erweiterungen stehen Key-User-Erweiterbarkeit, Entwickler-Erweiterbarkeit und Side-by-Side-Erweiterbarkeit zur Verfügung. Modifikationen des bestehenden Codings stehen dagegen nicht zur Verfügung.

Systemzugriff

Sie können mit einem Browser aus jedem beliebigen Netzwerk mit Internetzugang über eine eindeutige kundenspezifische URL auf Ihre SAP-S/4HANA-Cloud-Systeme und Tenants zugreifen, unterschiedliche Endgeräte werden unterstützt.

Die Kommunikation wird durch moderne Sicherheitsverfahren, wie z. B. das Verschlüsselungsverfahren *Transport Layer Security* (TLS), gesichert. Neben diesem technischen Verfahren gelten für SAP S/4HANA Cloud Public Edition folgende Sicherheits- und Qualitätsgrundsätze:

- Die Geschäftsdaten werden in Rechenzentren mit den höchsten Sicherheitsstandards gespeichert. Diese Standards beinhalten lokale Datenbestimmungen wie z. B. DSGVO, CCPA und LGPD.
- Benutzer, die Zugang zu den Geschäftsdaten benötigen, müssen sich authentifizieren, und ihre Identität muss von der Benutzer- und Zugriffsverwaltung verifiziert werden.
- Kundendaten gehören immer dem Kunden.

[»]

Weitere Informationen

Weitere Informationen zu SAP S/4HANA Cloud Public Edition finden Sie unter *https://www.sap.com/erp*.

3.3 Betriebsmodelle im Vergleich

In diesem Abschnitt gehen wir detaillierter auf die einzelnen Charakteristika der jeweiligen Betriebsmodelle ein und vergleichen, wie die einzelnen Editionen der SAP-S/4HANA-Produktfamilie diese Kriterien erfüllen.

3.3.1 Hardware, Software, Betrieb und Wartung

Betrieb

Der offensichtlichste Unterschied zwischen den On-Premise- und den Cloud-Editionen ist der Umstand, dass der Kunde die On-Premise-Editionen von SAP S/4HANA selbst betreibt, wartet und administriert, während dies in der Public-Cloud-Edition durch SAP erfolgt. Die Public-Cloud-Edition ist also als SaaS-Betriebsmodell erhältlich. Betrieben werden alle SAP-S/4HANA-Cloud-Editionen in unterschiedlichen Rechenzentren, die weltweit verteilt in unterschiedlichen Ländern und Regionen angesiedelt sind.

Die Unterschiede werden in Tabelle 3.1 im Einzelnen gegenübergestellt.

	SAP S/4HANA, On-Premise-Version	SAP S/4HANA Cloud Private Edition	SAP S/4HANA Cloud Public Edition
Hardware, Installation, Wartung und Betrieb	▪ Kundeneigene Hardware ▪ Installation der Anwendungen, Betrieb, Wartung und Administration liegen in der Verantwortung des Kunden.	▪ Hardware und Infrastruktur werden durch SAP oder ausgewählte Servicepartner gestellt. ▪ Die Installation der Anwendungen erfolgt (je nach Servicevertrag) durch den Kunden und SAP oder ausgewählte Servicepartner. ▪ Betrieb und Wartung erfolgen durch den Kunden und SAP oder ausgewählte Servicepartner (je nach Servicevertrag).	▪ Hardware und Infrastruktur befinden sich bei SAP. ▪ Anwendungen sind bei der Übergabe des Systems vollständig installiert. ▪ Betrieb, Wartung und Administration erfolgen durch SAP.
Upgrade	optional	Termin nach Kundenentscheidung, mindestens alle fünf Jahre	vierteljährig
Durchführung des Upgrades	Kunde	Kunde oder Partner oder SAP, je nach Servicevertrag	SAP

Tabelle 3.1 Hardware, Software, Betrieb und Wartung der SAP-S/4HANA-Betriebsmodelle im Überblick

Hardware in der Public Cloud

Die Hardware kann pro Public-Cloud-Edition in unterschiedlichen Paketen bezogen werden, die sich nach der Anzahl der Nutzer und der erforderlichen Größe des SAP-HANA-Datenbankspeichers richten. Die Anwendungen sind bei der Übergabe des Cloud-Systems vollständig installiert. Der Betrieb, die Überwachung des Systems (Monitoring) und die Wartung des Systems (Einspielen von Korrekturen und Upgrades) werden in den Public-Cloud-Editionen von SAP übernommen.

Wartungszyklen der Public Cloud

Wägen Sie ab, ob Ihr SAP-S/4HANA-System immer auf dem aktuellen Stand sein soll, ohne Einfluss auf den Upgrade-Zeitpunkt zu haben, oder ob Sie den Zeitpunkt der Aktualisierung selbst bestimmen wollen, Ihnen Innovationen dadurch aber erst wesentlich später zur Verfügung stehen. SAP S/4HANA

Cloud Public Edition wird automatisch vierteljährig aktualisiert, Innovationen sind daher sofort verfügbar. SAP erlaubt bei dem Zeitpunkt der Aktualisierung keine Ausnahmen, Sie können die Aktualisierungstermine nicht verschieben, sie werden von SAP vorgegeben. In der SAP S/4HANA Cloud Private Edition können Sie selbst bestimmen, wann Sie das System aktualisieren, solange Sie im Wartungszeitraum bleiben.

Der personelle Aufwand für den Kunden ist ebenfalls ein signifikanter Unterschied zwischen den Betriebsmodellen. Bei der On-Premise-Variante ist der Kunde für Wartung und Betrieb verantwortlich, daher muss er auch die Ressourcen für Wartung und Betrieb aufbringen. Bei SAP S/4HANA Cloud Public Edition übernimmt SAP den Betrieb und die Wartung. Dadurch können Sie in Ihrer Firma die Ressourcen für anderen Aufgaben nutzen.

Die Durchführung des Upgrades soll hier nur ein Beispiel darstellen, wie die drei Geschäftsmodelle aufgebaut sind. In der On-Premise-Variante führen Sie selbst das Upgrade durch, in der Public Edition wird das durch SAP geleistet. In der Private Edition werden Upgrades im Servicevertrag mit SAP geregelt, es sind also beide Varianten möglich, sogar eine Variante, bei der Sie das Upgrade bei einer Partnerfirma in Auftrag geben.

[»]

Weitere Informationen

Weitere Details hierzu finden Sie in den SAP-Agreements unter: *http://s-prs.de/v10578013*

3.3.2 Benutzeroberflächen

UI-Technologie

In allen SAP-S/4HANA-Editionen ist der rollenbasierte Ansatz von SAP Fiori die grundsätzliche Ziel-UI-Technologie (User Interface). Die Public-Cloud-Edition ist konsequent auf diese Zielarchitektur ausgerichtet. Im Einzelfall kommen in der Public Cloud neben SAP Fiori auch andere webbasierte SAP-Technologien wie Web Dynpro zum Einsatz. In der On-Premise- und in der Private-Cloud-Edition kann neben den webbasierten UI-Technologien auch SAP GUI for Windows genutzt werden (siehe Tabelle 3.2). SAP-GUI-basierte Transaktionen, die in SAP S/4HANA, On-Premise-Version nicht mehr genutzt werden können, werden in der Simplification List for SAP S/4HANA aufgeführt (siehe den gleichnamigen Abschnitt 7.2.3). Es wird empfohlen, in allen SAP-S/4HANA-Editionen das SAP Fiori Launchpad als zentrale Einstiegsplattform für den Endanwender zu verwenden.

SAP S/4HANA, On-Premise-Version	SAP S/4HANA Cloud Private Edition	SAP S/4HANA Cloud Public Edition
Webtechnologien SAP GUI for Windows	Webtechnologien SAP GUI for Windows	Webtechnologien

Tabelle 3.2 UI-Technologien der SAP-S/4HANA-Editionen im Überblick

Stufenweiser Übergang zur SAP-Fiori-Zielarchitektur

Weil die klassischen Benutzeroberflächen weiterhin unterstützt werden, ist ein stufenweiser Übergang zu SAP S/4HANA möglich.

3.3.3 Funktionsumfang und unterstützte Länderversionen

Die Produktfamilie SAP S/4HANA basiert auf einer gemeinsamen Programmcodelinie. Damit stehen meist die gleichen Datenmodelle und Produktinnovationen zur Verfügung. In ihrem funktionalen Umfang, den unterstützten Länderversionen und den Möglichkeiten, die Geschäftsprozesse im Detail auszuprägen, z. B. durch Add-ons, unterscheiden sich die Editionen allerdings (siehe Tabelle 3.3) signifikant.

SAP S/4HANA, On-Premise-Version	SAP S/4HANA Cloud, Private Edition	SAP S/4HANA Cloud, Public Edition
64 Länder/Regionen	64 Länder/Regionen	59 Länder/Regionen
39 Sprachen	39 Sprachen	33 Sprachen
Kompatibilitätspakete möglich	Kompatibilitätspakete möglich	Kompatibilitätspakete nicht möglich
Vielzahl von Add-ons möglich, von SAP, von Partnern, zertifiziert und nicht zertifiziert	Add-ons ohne Operating-System-Level-Zugriff möglich	–
Vorkonfiguration für initiale Implementierung von SAP (SAP Best Practices) und Partnern	Vorkonfiguration für initiale Implementierung von SAP (SAP Best Practices) und Partnern	Implementierung – initial und folgende – durch Vorkonfiguration mit SAP Best Practices

Tabelle 3.3 Funktionsumfang und unterstützte Länderversionen der SAP-S/4HANA-Editionen im Überblick

On-Premise-Version und Private Cloud

Wie bereits erwähnt, haben die On-Premise-Version und die Private-Cloud-Edition den gleichen betriebswirtschaftlichen Funktionsumfang und unterstützen die gleichen Länderversionen. Es wird ein vollständiger ERP-Funktionsumfang in 64 Ländern mit SAP-Standardlokalisierung in 39 Sprachen unterstützt. Sie können für beide Betriebsmodelle die Kompatibilitätspakete nutzen und auch den Umfang durch Add-ons erweitern.

Public Cloud

Der in der Public-Cloud-Edition angebotene ERP-Funktionsumfang unterschiedet sich stellenweise vom Funktionsumfang der On-Premise-Edition. So stehen z. B. die Funktionen der Kompatibilitätspakete (siehe Abschnitt 3.2.1, »On-Premise-Edition von SAP S/4HANA«) in der Public-Cloud-Edition nicht zur Verfügung. Der unterstützte Funktionsumfang basiert auf dem als Vorkonfiguration bereitgestellten Best-Practices-Content der Public-Cloud-Edition. SAP S/4HANA Cloud Public Edition unterstützt 59 Länder mit entsprechender Lokalisierung in 33 Sprachen. Funktionsumfang und Lokalisierungen werden kontinuierlich ausgebaut. Weitere Länder können mittels Lokalisierung in einem Early-Adopter-Programm genutzt werden. Im SAP Help Portal finden Sie heraus, ob diese Funktion generell verfügbar ist.

[»]

Weitere Informationen

Weitere Details zum Funktionsumfang und zu den unterstützten Länderversionen finden Sie in der Feature Scope Description im SAP Help Portal unter *http://help.sap.com/s4hana* und im Globalisierungsbereich unter *https://www.sap.com/products/embedded-localization.html* sowie in S/4HANA Cloud.

Die Produkt-Roadmap finden Sie unter *http://s-prs.de/v10578014*.

3.3.4 Erweiterungsmöglichkeiten

Grundsätzlich können Sie in allen Mitgliedern der SAP-S/4HANA-Produktfamilie folgende Erweiterbarkeiten nutzen:

- Key-User-Erweiterbarkeit durch integrierte Funktionen
- Side-by-Side-Erweiterbarkeit: Sie können mit dieser Erweiterbarkeit das Produkt mit anderen Produkten erweitern, z. B. mit SAP SuccessFactors oder mit Entwicklungen auf der SAP Business Technology Platform
- Entwickler-Erweiterbarkeit durch die ABAP-Umgebung

Details zu den Erweiterungsmethoden finden Sie in Abschnitt 3.5, »SAP Business Technology Platform«, und in Abschnitt 3.6, »Erweiterbarkeit von SAP S/4HANA«, in diesem Kapitel.

3.3.5 Bezahlmodell und Laufzeit

Lizenz versus Abo

In den On-Premise-Varianten von SAP S/4HANA besteht weiterhin das klassische Lizenz- und Wartungsmodell, während für die Public-Cloud-Editionen ein Cloud-Subskriptionsmodell (auch Abomodell genannt) mit variablen Laufzeiten angeboten wird (siehe Tabelle 3.4). Die konkreten Kosten für das Subskriptionsmodell hängen von der Anzahl der Benutzer, dem genutzten Anwendungsumfang und den gewählten Hardwarepaketen ab.

RISE with SAP bietet ein Lizenzrahmenwerk für die Private Edition, *GROW with SAP* ist das Rahmenwerk für die Public Edition.

SAP S/4HANA, On-Premise-Version	SAP S/4HANA Cloud	
Lizenz- und Wartungsgebühr	SAP S/4HANA Cloud Private Edition RISE with SAP	SAP S/4HANA Cloud Public Cloud GROW with SAP
	Subskription mit variablen Laufzeiten	Subskription mit variablen Laufzeiten

Tabelle 3.4 Bezahlmodelle und Laufzeiten der SAP-S/4HANA-Editionen im Überblick

3.3.6 Modell für den Umstieg auf SAP S/4HANA

Brownfield- oder Greenfield-Ansatz

Bei SAP S/4HANA, On-Premise-Version und bei SAP S/4HANA Cloud Private Edition haben Sie die Wahl zwischen einer Neuimplementierung, einer Systemkonvertierung oder einer Migration mit selektiven Daten. Es ist möglich, ein bestehendes SAP-ERP-System in ein SAP-S/4HANA-System zu konvertieren oder ein komplett neues SAP-S/4HANA-System aufzubauen oder auch nur einen Teil Ihrer Daten zu übernehmen.

Der Umstieg auf SAP S/4HANA Cloud Public Edition ist immer eine Neuinstallation. Basierend auf den bereitgestellten Lösungspaketen werden dabei die in SAP S/4HANA Cloud unterstützten Geschäftsprozesse implementiert und die notwendigen Stamm- und Belegdaten in das Cloud-System übertragen (siehe Tabelle 3.5).

SAP S/4HANA, On-Premise-Version	SAP S/4HANA Cloud Private Edition	SAP S/4HANA Cloud Public Edition
Neuimplementierung Systemkonvertierung Migration mit selektiven Daten	Neuimplementierung Systemkonvertierung Migration mit selektiven Daten	Neuimplementierung

Tabelle 3.5 Umstiegsszenarien für die SAP-S/4HANA-Editionen im Überblick

Ausführliche Informationen zur Neuimplementierung oder zur Konvertierung eines Einzelsystems finden Sie in Teil II dieses Buchs, »Vorbereitung auf den Umstieg auf SAP S/4HANA«.

3.4 RISE with SAP

Business Transformation as a Service

Bei dem Angebot *RISE with SAP* handelt es sich um ein SAP-S/4HANA-Kommerzialisierungsmodell, das neben SAP S/4HANA noch weitere Bestandteile für den Umstieg in die Cloud beinhaltet, die alle mittels eines einzigen Software- und Service-Level-Vertrags über eine einzelne Subskription angeboten werden. SAP nennt dies *Business Transformation as a Service*, und es soll Unternehmen dabei helfen, ihre SAP-Lösungen langfristig in die Cloud zu migrieren. Konkret kann dabei z. B. ein eigenes Datencenter in eine Hyperscaler-Cloud gebracht werden.

RISE with SAP wird über ein abonnementbasiertes Geschäftsmodell angeboten und im Kern steht SAP S/4HANA, das in einer privaten Cloud betrieben wird. Das Angebot ist dadurch gekennzeichnet, dass vertraglich alles aus einer Hand von SAP angeboten wird. Der Hyperscaler kann dabei vom Kunden frei gewählt werden, ist aber bereits ein Teil des Vertrags. Daher muss kein separater Vertrag mit einem Drittanbieter eingegangen werden. Sämtliche Service-Level-Agreements sind vereinheitlicht und werden von SAP verantwortet.

RISE with SAP stellt dem Kunden dabei alle erforderlichen Tools bereit und hat eine große Flexibilität bei der Umsetzung, wobei alle vertraglichen Bestandteile vereinheitlicht sind. Interessant ist dieser Ansatz nicht nur für die Migration in die Cloud, sondern die Migration nach SAP S/4HANA ganz allgemein, da unter anderem die SAP Business Technology Platform (SAP BTP) ein Teil des Pakets ist. Des Weiteren sind der Custom Code Analyzer und der SAP Readiness Check zum Analysieren bestehender Erweiterungen und Eigenentwicklungen und SAP Learning mit allem notwendigen Wissen für eine erfolgreiche Umstellung auf SAP S/4HANA beinhaltet.

[«]

GROW with SAP

Neben RISE with SAP bietet SAP auch ein auf den Mittelstand zugeschnittenes ähnliches Programm namens GROW with SAP an, das vergleichbare Zusatzangebote zu SAP S/4HANA Cloud Public Edition anbietet, inklusive der SAP Business Technology Platform (SAP BTP). Dieses Angebot richtet sich vor allem an Neukunden, um ihnen einen schnellen Start mit SAP in der Cloud zu ermöglichen. Langfristiges Ziel beider Programme ist der problemlose, den eigenen Anforderungen angepasste und in Eigenkontrolle durchgeführte Umzug in die Cloud.

Viele SAP-Kunden fühlen sich noch nicht bereit, komplett auf die Cloud umzusteigen. Diese Kunden könnten von diesem einfachen und flexiblen Angebot profitieren, da die Business Transformation im Vordergrund steht und nicht ein reines SAP-S/4HANA-Betriebsmodell. Das Angebot ermöglicht es Unternehmen, schnell und einfach die neuesten Innovationen von SAP zu übernehmen, da es Zugang zu einer umfangreichen Bibliothek von vorgefertigten Inhalten wie Workflows, Automatisierungen und anderen Lösungen, die zur Beschleunigung der digitalen Transformation genutzt werden können, bietet. Beinhaltet sind auch Schulungs- und Unterstützungsdienste, damit Anwender schnell starten können.

Kernkomponenten

Im Folgenden finden Sie die Kernkomponenten von RISE with SAP aufgelistet:

- SAP S/4HANA
- Auswahl der Infrastruktur aus vier verschiedenen Hyperscalern (Microsoft Azure, Amazon Web Services, Google Cloud Platform und Alibaba Cloud), SAP-Datenzentren oder für regulierte Branchen dedizierte Datenzentren
- Bereitstellung von SAP BTP (siehe Abschnitt 3.5, »SAP Business Technology Platform«), um SAP-, Partner- oder Drittanbieterlösungen zu ergänzen, zu erweitern und zu integrieren, die dasselbe Datenmodell und Geschäftsdienste nutzen
- SAP Business AI und Automatisierung mit Werkzeugen für intelligente Automatisierung und KI-gestützte Geschäftsentscheidungen
- SAP Business Network Starter Pack, um den Beschaffungsprozess zu beschleunigen und Verbindungen zu Ihren Handelspartnern herzustellen

- Business Process Intelligence in Form von SAP Signavio, um Branchen-Benchmarks durchzuführen und Startpunkte für die Transformation zu definieren
- LeanIX, eine Lösung für Enterprise Architecture Management zur strategischen Planung und Optimierung der IT-Landschaft
- WalkMe, eine Digital Adoption Platform, die Benutzerführung und Automatisierung bietet, um die Einführung von SAP-Anwendungen zu erleichtern
- SAP Security und Compliance mit integrierten Sicherheitslösungen für Datenschutz und regulatorische Anforderungen
- zusätzliche Tools und Dienstleistungen zur Unterstützung der Transformation der Geschäftsprozesse

Das Ziel von RISE with SAP ist es, Unternehmen einfach und effizient in die digitale Zukunft zu führen. Die meisten SAP-Kunden möchten die Geschäftsprozesse ihres Unternehmens modernisieren und transformieren. Dabei helfen Business-Process-Intelligence-Tools, die Möglichkeiten zur Transformation bestehender Geschäftsprozesse aufzeigen. Da SAP BTP eine zentrale Rolle bei der Umsetzung des SAP Intelligent Enterprise Frameworks spielt, ist sie mit all ihren Plattformservices ebenfalls Bestandteil von RISE with SAP und wird im folgenden Abschnitt behandelt.

[»]

Mehr Informationen

Mehr Informationen über RISE with SAP finden Sie auf der folgenden Webseite: *https://www.sap.com/products/rise.html*.

3.5 SAP Business Technology Platform

SAP BTP

SAP bietet wie auch viele andere Cloud-Anbieter eine Plattform an, die *SAP Business Technology Platform* oder kurz *SAP BTP*. Sie ist mittlerweile eine etablierte Plattform für alles, was mit SAP zu tun hat, und umfasst ein Netzwerk von über 1.500 SAP-Partnern, die bei der Implementierung unterstützten. War da nicht schon mal was, und was hat es mit diesen Plattformen überhaupt auf sich? Heute kann man sagen, dass eine vielseitige technologische Plattform als Grundgerüst für jeden Cloud-Anbieter fungiert. Darüber und über alle enthaltenen Funktionen soll dieser Abschnitt informieren.

3.5.1 Überblick

Neben dem Business-Software-Portfolio ist SAP auch im Plattform-Geschäft unterwegs. Während andere Anbieter wie Amazon mit AWS, Microsoft mit Azure und Google mit der Google Cloud Platform (GCP) sich im Wesentlichen auf Infrastructure as a Service (IaaS) beschränken, bietet SAP mit der SAP BTP eine auf SAP-Produkte zugeschnittene und einfach integrierbare Platform-as-a-Service-Lösung an.

Gab es da nicht schon früher etwas von SAP? SAP ist nicht neu im Plattform-Umfeld und hatte das eher technische Segment schon bereits vor zwanzig Jahren mit SAP NetWeaver besetzt, wenn auch damals noch nicht von der Cloud die Rede war, sondern es sich dabei um eine technische SAP-Installation im eigenen Datencenter handelte. Gewissermaßen kann man sagen, dass SAP BTP eine Art Nachfolger von SAP NetWeaver in der Cloud ist. Das Ganze geht natürlich mit einer Weiterentwicklung im Sinne von Technologien und Features einher. SAP BTP ist damit so etwas wie SAP NetWeaver++ in der Cloud, und es hat alles zu bieten, um ältere SAP-NetWeaver-basierte Systeme abzulösen. Zum Beispiel gibt es nun auch wieder eine ABAP-Umgebung, die ABAP Cloud (siehe Abschnitt 3.5.3, »ABAP Cloud«). Ein anderes Beispiel ist Process Integration oder Process Orchestration, aus denen über SAP Cloud Platform Integration (CPI) die in SAP BTP eingebaute SAP Integration Suite wurde.

Keep the Core Clean

SAP BTP stellt heute, genauso wie SAP NetWeaver in der Vergangenheit, die Grundlage und Technologie für alle SAP-Produkte dar, alles wird entweder darauf aufbauen oder kann damit erweitert werden. SAP-ERP-Software war immer ein Vorreiter darin, umfassende Branchenfunktionalität anzubieten. Dies ist auch bei SAP S/4HANA der Fall, allerdings laufen einige dieser Funktionen nicht innerhalb von SAP S/4HANA, sondern werden als Erweiterungen auf SAP BTP ausgeführt (die sogenannte »Keep the Core Clean«-Strategie). SAP BTP spielt also auch hier eine wichtige Rolle, da es branchenspezifische Erweiterungen ermöglicht, die von SAP, Partnern oder Kunden entwickelt werden können. Diese Erweiterungen unterstützen auch die Migration von Legacy-Prozessen zu SAP BTP, die bei einer Migration zu SAP S/4HANA sonst verloren gehen würden. In Zeiten der modernen modularen Unternehmenssoftware wird eine solche Plattform also immer wichtiger werden.

SAP BTP und Migration

SAP BTP ist entscheidend für eine erfolgreiche Migration nach SAP S/4HANA, denn mittels der Möglichkeiten, problematisches kundeneigenes Coding, das nicht mit der SAP-HANA-Datenbank kompatibel ist, bereits vor der

Migration des ERP-Systems auf diese unabhängige Plattform zu verschieben, kann die eigene Codeline des ABAP-Systems sauber und kompatibel gehalten werden. Daher empfiehlt SAP, SAP-S/4HANA-Erweiterungen in SAP BTP umzusetzen, ein Feature wie schon damals in SAP NetWeaver.

Auf diese Weise wird Ihr System jetzt schon bereit für eine zukünftige Umstellung in die Cloud: SAP BTP ermöglicht es, die sauberen Konzepte von SAP S/4HANA auf eine Art zu erweitern, die innerhalb eines Cloud-Modells funktioniert. Datenverwaltung und Integration als Kernkompetenz von SAP BTP wird von vielen anderen Plattformanbietern angeboten, da aber für mit SAP S/4HANA über vordefinierte Prozesse zusammenarbeitende Systeme wie SAP Ariba und SAP SuccessFactors diese Fähigkeiten von größter Bedeutung sind, besteht der Mehrwert von SAP BTP darin, dass SAP End-to-End-Prozesse mit vorgebautem Integrationscontent für die eigene Software anbietet. Hier kommt also das »B«, wie »Business«, im Namen der SAP BTP zum Tragen. SAP BTP bietet nämlich genau solche Integrationstools und APIs sowie Datenverwaltungstools, um die Prozessintegration umzusetzen und die Anforderungen des Geschäftsnetzwerks von SAP zu erfüllen.

Künstliche Intelligenz (KI)

SAP BTP ist also eine für SAP-Anwendungen optimierte Plattform, die Geschäftsprozesse und innovative Technologien zusammenbringt. Dazu gehört eine einheitliche Anwendungsentwicklungsumgebung, Daten- und Analysefähigkeiten, Integrationswerkzeuge und alles, was Sie benötigen, um die neuesten Entwicklungen im Bereich maschinelles Lernen und künstliche Intelligenz zu nutzen, und bietet mit der *AI Foundation* die KI-Grundlage der Suite und mit dem *generative AI Hub* Zugang zu Partner-LLMs und Foundation-Modellen (siehe Kapitel 6, »Trial-Systeme und Content zum Ausprobieren«). Die Plattform ermöglicht es außerdem, neue Geschäftsprozesse und Arbeitsabläufe zu unterstützten und einen besseren Einblick in bestehende Daten und Anwendungen zu erhalten, egal ob Sie ein professioneller Entwickler oder ein technologieaffiner Geschäftsanwender sind. Außerdem bieten SAP-Partner mit jahrzehntelangem Erfahrungswissen in verschiedenen Branchen und Geschäftsfeldern vorgefertigte Integrationen, Datenmodelle, intelligente Dienste und mittels SAP BTP entwickelte Anwendungen.

3.5.2 Werkzeuge

Übersicht der Werkzeuge

Wenn wir uns SAP BTP wie einem umfangreichen Werkzeugkasten nähern wollen, dann sind besonders die folgenden Funktionen herauszustellen:

- **Anwendungsentwicklung**
  - SAP Build Apps
  - SAP Build Work Zone
  - SAP Build Code
  - SAP Business Application Studio (Mobile Services, Document Management Services)
  - ABAP Cloud (SAP BTP ABAP Environment)
- **Automation**
  - SAP Build Process Automation (Workflow Management, Robotic Process Automation, Process Visibility)
  - SAP Task Center
- **Integration**
  - SAP Business Accelerator Hub
  - SAP Integration Suite (Cloud Integration, Event Mesh)
  - SAP Master Data Integration
- **Data & Analytics**
  - SAP Business Data Cloud (SAP BDC)
  - SAP Master Data Governance (MDG)
  - SAP HANA Cloud
- **Künstliche Intelligenz**
  - SAP AI Business Services
  - SAP AI Core
  - SAP AI Launchpad
  - Joule Studio in SAP Build

Intelligente Unterstützung direkt im Arbeitsalltag durch Joule als KI-Assistent

Joule, SAPs Copilot und KI-Assistent, der in allen Cloud-basierten Produkten eingebettet ist, ist ein zentrales Element von SAP S/4HANA Cloud. Joule basiert auf der KI-Technologie in SAP BTP und bietet kontextbasierte Unterstützung, indem mithilfe natürlicher Sprachverarbeitung und generativer KI nutzerrelevante Informationen und Handlungsempfehlungen bereitgestellt werden. Anwender können so direkt im laufenden Betrieb Fragen stellen oder spezifische Aufgaben initiieren, ohne zwischen unterschiedlichen Anwendungen wechseln zu müssen. Durch den Einsatz dieser Technologie wird nicht nur die Produktivität erhöht, sondern auch eine intuitive Bedienung komplexer Systeme ermöglicht.

Ein wichtiger Aspekt der SAP-Strategie ist die enge Zusammenarbeit mit LLM-Partnern (Large-Language-Model-Partner). Durch diese Partnerschaften kann SAP die neuesten Fortschritte im Bereich der Sprachmodelle in Lösungen wie SAP S/4HANA und Joule integrieren. Die Zusammenarbeit ermöglicht es, externe Innovationsimpulse zu nutzen und gleichzeitig die bewährten SAP-Technologien einzubetten. Kunden profitieren so von Funktionalitäten, die sowohl auf fundierten, internen Entwicklungen als auch auf externem Fachwissen basieren. Dieser integrative Ansatz führt zu einer höheren Flexibilität und Anpassungsfähigkeit der KI-Lösungen an individuelle Geschäftsanforderungen, wobei die Datensicherheit gewahrt bleibt, da keinerlei Daten von den Partnern zum Trainieren ihrer neuen Modelle genutzt werden können.

Zusammengefasst bietet Joule einen praxisorientierten und zukunftsweisenden Rahmen, der es Unternehmen ermöglicht, die Vorteile von KI – von der benutzerfreundlichen Assistenz bis hin zur autonomen Prozessoptimierung – effektiv zu nutzen. Die Kombination aus SAP-eigenen Technologien und den neuesten Entwicklungen durch LLM-Partner sorgt dabei für einen nachhaltigen Mehrwert und unterstützt Unternehmen bei der digitalen Transformation.

Weitere Informationen finden Sie unter: *https://www.sap.com/products/artificial-intelligence/ai-assistant.html*.

Im Folgenden sind die wichtigsten Werkzeuge der SAP BTP kurz zusammengefasst.

SAP BTP Cockpit

Das *SAP BTP Cockpit* ist eine webbasierte Benutzeroberfläche, die Zugriff auf alle Funktionen und Dienste bietet, die auf SAP BTP verfügbar sind. Es dient also als zentrale Managementkonsole für SAP BTP und ermöglicht Benutzern, ihre Cloud-Konten zu verwalten, Einstellungen zu konfigurieren, Anwendungen bereitzustellen, die Systemleistung zu überwachen und vieles mehr. Administratoren können verschiedene Dienste der Plattform verwalten, wie z. B. die Konfiguration von Zugriffsberechtigungen, das Überwachen der Systemleistung und das Verwalten von Benutzern und Subskriptionen. Es bietet auch Einblicke in die Nutzung der verschiedenen Dienste und ermöglicht es den Benutzern, benutzerdefinierte Dashboards zu erstellen und Benachrichtigungen zu konfigurieren, um Probleme proaktiv zu identifizieren und zu lösen. Das SAP BTP Cockpit ist somit ein wichtiger Bestandteil von SAP BTP, der die Verwaltung und Überwachung der Dienste erleichtert und eine bessere Kontrolle über die Anwendungen und Prozesse ermöglicht, die auf der Plattform ausgeführt werden. Abbildung 3.5 zeigt das SAP BTP Cockpit mit der Konfiguration im kostenlosen SAP BTP Trial Account.

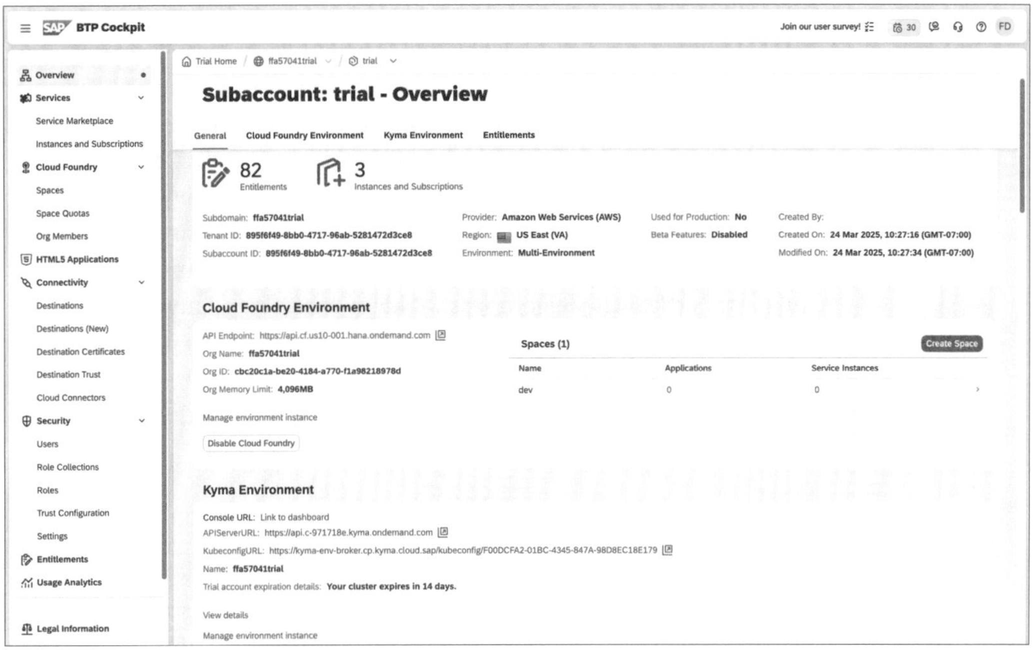

Abbildung 3.5 Das SAP BTP Cockpit im SAP-BTP-Trial-System

SAP Build Apps

Bei SAP AppGyver handelte es sich um eine Low-Code-Lösung, die Teil des Portfolios von SAP war und nun weiterentwickelt als *SAP Build Apps* angeboten wird. SAP Build Apps ist also die nächste Version von SAP AppGyver und besitzt auf das SAP-Portfolio abgestimmte leistungsstarke neue Fähigkeiten. Es ermöglicht Benutzern, Apps und Erweiterungen unter Verwendung von Modellierung basierend auf Vorlagen und bewährten Branchenpraktiken zu erstellen und dabei visuelle Programmierung, ohne jegliche Codierungskenntnisse, zu nutzen.

SAP Build Work Zone

SAP Build Work Zone ist eine integrierte Low-Code-Lösung für die Entwicklung von Portalen zur Erstellung moderner Geschäfts-Websites, die es Mitarbeitern ermöglichen, schneller und effektiver zu arbeiten. Das Tool umfasst dabei auch die als SAP Fiori bekannten auf UI5 basierenden Applikationen und das SAP Fiori Launchpad. Zusammen mit den anderen SAP-

Build-Lösungen hat SAP Build Work Zone gemeinsame SAP-BTP-Zielorte und Zugang zum In-App-Content-Store.

SAP Build Code

Mit *SAP Build Code* stellt SAP eine moderne Entwicklungsplattform bereit, die eine effiziente Umgebung für die Erstellung, Erweiterung und Automatisierung von Anwendungen auf der SAP BTP bietet. Diese Lösung nutzt künstliche Intelligenz, insbesondere den generativen KI-Copiloten Joule, um Entwickler aktiv bei der Codeerstellung zu unterstützen. Joule hilft durch intelligente Codevervollständigungen, Automatisierung von Entwicklungsaufgaben und kontextbasierte Vorschläge, wodurch sich die Produktivität erheblich steigern lässt. Zudem profitieren Entwickler von der Unterstützung moderner Open-Source-Technologien, die eine Erweiterbarkeit und Skalierbarkeit ermöglichen. So können flexible Lösungen auf Basis bewährter Standards entstehen, die sich leicht an individuelle Unternehmensanforderungen anpassen lassen.

SAP Build Process Automation

SAP Build Process Automation ist eine Tool-Suite ohne Codebasis, die es Geschäftsprozessexperten ermöglicht, automatisierte Prozesse oder Prozesserweiterungen sowie Automatisierungen für manuelle Aufgaben durch die Nutzung von Robotic-Process-Automation-Technologien zu erstellen, und beinhaltet zudem den SAP-Workflow. Das Tool hat die Möglichkeit, Workflows, Geschäftsregeln, Entscheidungen und Prozessautomatisierungen zusammenzuführen, aber auch die Möglichkeit, Einblick in laufende Prozessinstanzen zu erhalten und Maßnahmen zu ergreifen.

SAP Task Center

SAP Task Center ist ein zentraler Service (Kernel Service), der den Benutzern einen Posteingang für alle ihre Aufgaben aus verschiedenen Anwendungen und Prozessautomatisierungen bietet. Es hilft dabei, Arbeitsabläufe zu optimieren und es den Benutzern einfacher zu machen, den Überblick über ihre Aufgaben zu behalten.

SAP Business Accelerator Hub

SAP Business Accelerator Hub ist eine Plattform, auf der Sie alle vordefinierten Integration-Suite-Inhalte von SAP finden können, wie z. B. Integrationsflüsse und APIs. Er bietet auch Zugang zu Community-Inhalten, die auf realen Kundenbeispielen basieren, und kann einfach über *http://api.sap.com* erreicht werden.

SAP Integration Suite

Die *SAP Integration Suite* ist eine Integrationsplattform und unterstützt eine große Vielfalt von Anwendungsfällen wie Prozessintegration, ereignisbasierte Integration und API-Management. Sie ermöglicht Ihnen, Ihre Prozessintegration, Ereignisintegration und API-Management-Szenarien on-premise oder in einer privaten Cloud auszuführen. Die SAP Integration Suite bietet nahezu alle Integrationsstile wie A2A, B2B und B2G, API- und ereignisbasierte Integrationen. Sie beinhaltet auch ein API-Management, um APIs sicher intern oder extern zu verwalten, zu überwachen und zu monetarisieren, sowie Werkzeuge für die Migration von älteren On-Premise-Produkten wie *SAP Process Orchestration*.

Event Mesh

Event Mesh ist ein Nachrichten- und Ereignisbroker, der Eventing- und Messaging-Technologien für asynchrone und ereignisbasierte Szenarien unterstützt. Er ermöglicht den nahtlosen Austausch von Ereignissen aus allen SAP-BTP-Laufzeitumgebungen und Programmiermodellen.

SAP Master Data Integration

SAP Master Data Integration ist eine Technologie, die dazu beiträgt, die Datenverarbeitung in heterogenen Anwendungslandschaften zu synchronisieren. Sie ermöglicht die Integration von Stammdaten in verschiedenen Systemen und ermöglicht so eine konsistente und genaue Datenfreigabe zwischen Anwendungen.

SAP Business Data Cloud

Databricks

SAP Business Data Cloud ist die neueste Lösung von SAP, die neben vielen Neuerungen SAP Analytics Cloud und SAP Datasphere umfasst und darauf abzielt, alle SAP-Daten zu vereinheitlichen und zu verwalten sowie externe Datenquellen nahtlos zu integrieren. Diese Plattform soll Geschäftsanwendern einen umfassenden Kontext für fundiertere Entscheidungen bieten und umfasst dabei vollständig verwaltete SAP-Datenprodukte für verschiedene Geschäftsprozesse, darunter Finanzen, Beschaffung und Lieferkette. Diese kuratierten Datenprodukte sind auf ein einheitliches Domänenmodell abgestimmt und bewahren den ursprünglichen Geschäftskontext und die Semantik, um einen sofortigen Zugriff auf hochwertige, vertrauenswürdige Daten zu gewährleisten. Durch eine strategische Partnerschaft mit *Databricks* integriert SAP Business Data Cloud die Datenverarbeitungs- und KI-Fähigkeiten von beiden Anbietern und ermöglicht es Kunden, SAP- und Nicht-SAP-Daten zusammenzuführen, um erweiterte Analysen und KI-

Anwendungen zu ermöglichen, ohne umfangreiche Datenextraktion oder Replikation. Die gebündelten Daten können aus den Quellsystemen in die enthaltenen Foundation Services repliziert werden, um dort harmonisiert und weiter angereichert zu werden. Das Ergebnis ist ein Datenprodukt in SAP HANA Cloud und Data-Lake-Dateien, die für Integration, Transformation und Datenbereinigung verwendet werden zu können. Hinzu kommen, wie bereits beschrieben, SAP Datasphere, SAP Databricks, SAP BW oder SAP BW/4HANA sowie die SAP Analytics Cloud. Neu sind Insight Apps, die nicht nur Datenprodukte und KI-Modelle mit Echtzeitdaten verbinden, sondern auch die Entscheidungsfindung in verschiedenen Geschäftsbereichen beschleunigen, indem sie vordefinierte Metriken, KI-Modelle und Planungsfunktionen bereitstellen.

SAP Master Data Governance

SAP Master Data Governance ist ein Tool, das dazu beiträgt, einheitliche Stamm- oder Masterdaten in mehreren Systemen sicherzustellen. Es bietet eine integrierte Plattform zur Verwaltung und Überwachung von Stamm- oder Masterdaten in SAP-Anwendungen sowie zur Verbindung mit nicht-SAP-Quellen. Mit SAP Master Data Governance können Organisationen eine einzige Quelle der Wahrheit für ihre Stamm- oder Masterdaten pflegen und die Genauigkeit, Konsistenz und Qualität ihrer Geschäftsprozesse verbessern.

SAP HANA Cloud

Vektordatenbank

SAP HANA Cloud ist eine Cloud-basierte Datenplattform mit multimodalen Verarbeitungsmöglichkeiten. Das Tool beinhaltet Datenbank- und Analysemöglichkeiten, die auf der In-Memory-Technologie basieren. Es können Daten in Echtzeit verarbeiten und analysiert werden, um schnellere und fundiertere Entscheidungen zu treffen. Die Lösung ist in der Lage, Daten aus verschiedenen Quellen zu integrieren, einschließlich relationaler Datenbanken, unstrukturierter Daten und Big-Data-Quellen. SAP HANA Cloud unterstützt auch die Entwicklung und Ausführung von Anwendungen in der Cloud und bietet APIs und Tools für Entwickler, um schnell und einfach Anwendungen zu erstellen. SAP HANA Cloud bietet Sicherheitsstandards für Verschlüsselung, Benutzerverwaltung, Authentifizierung und Autorisierung sowie einzigartige Fähigkeiten für Datenmaskierung und Anonymisierung. Des Weiteren werden mithilfe von SAP HANA Cloud *Vector Engine* und des *Knowledge Graph* komplexe KI-Szenarien möglich, wie etwas solche, die auf der Retrieval-Augmented-Generation-Architektur basieren (siehe Kapitel 6, »Trial-Systeme und Content zum Ausprobieren«).

Weitere Komponenten

- *SAP Business Application Studio* ist eine moderne Entwicklungsumgebung, die speziell für die effiziente Entwicklung von Geschäftsanwendungen entwickelt wurde.
- Das *Cloud Application Programming Model* ist ein Entwicklungsmodell für Java- und JavaScript-Entwickler, das Bibliotheken und Tools zur Erstellung von Enterprise-Grade-Services und -Anwendungen umfasst.
- *Kyma* ist eine auf Kubernetes basierende Laufzeitumgebung, die zur Entwicklung Cloud-basierter Anwendungen auf SAP BTP genutzt werden kann.
- *Cloud Foundry* ist eine Open-Source-Plattform als Service (PaaS), die Ihnen eine Auswahl an Clouds, Entwickler-Frameworks und Anwendungsdiensten bietet. Es ermöglicht Entwicklern, Anwendungen auf Cloud-Infrastrukturen effizient zu deployen und zu skalieren.
- RAP steht für das *ABAP RESTful Application Programming Model* und ermöglicht es ABAP-Entwicklern, Ereignisse zu definieren, zu generieren oder zu erfassen.
- *SAP AI Services* sind ein Portfolio von mehreren Produkten, die komplexe Geschäftsprobleme lösen, aber eine einfache Möglichkeit bieten, sie zu verwenden. Die Services umfassen Data Attribute Recommendation, Document Classification, Invoice Object Recommendation, Business Entity Recognition, Document Information Extraction, Document Grounding Service und Personalized Recommendation.
- *SAP Cloud Identity Services* ist SAPs Identity Provider (IdP), also ein Dienst, der Authentifizierungs- und Autorisierungsdienste für Benutzer bereitstellt, um auf verschiedene Anwendungen harmonisch zuzugreifen. Er bietet Komponenten wie einen öffentlichen Cloud-Identity-Provider, mit dem Benutzer authentifiziert werden können, Federation-Services zur Integration mit einer vorhandenen Single-Sign-on-Infrastruktur sowie einen Identitätsverzeichnisspeicher.

3.5.3 ABAP Cloud

Bei der Planung des Umstiegs auf SAP S/4HANA standen Anwender bisher vor einem schwierigen Dilemma: Wenn sie die Wechselwirkung ihrer kundeneigenen Erweiterungen mit den SAP-Wartungsereignissen reduzieren wollten, musste eine SAP-BTP-Erweiterung z. B. in Java komplett neu implementiert werden. Wollte man die Anwendungen in ABAP implementieren, konnte i. d. R. nur die SAP-S/4HANA, On-Premise-Version infrage kommen –

wodurch weiterhin eine Verknüpfung mit SAP-Wartungsereignissen bestand.

Glücklicherweise gibt es nun eine weitere Alternative für die Planung von kundeneigenem ABAP-Code: *ABAP Cloud*. Dabei handelt es sich um ein Entwicklungsmodell zur Erstellung von upgrade-stabilen Erweiterungen für SAP S/4HANA. Es nutzt öffentliche SAP-APIs, um auf SAP-S/4HANA-Daten und -Funktionen zuzugreifen, sowie die starke Tooling-Unterstützung der ABAP-Entwicklungswerkzeuge und kann für Side-by-Side-Erweiterungen und für die Entwicklung von Cloud-Lösungen benutzt werden. ABAP Cloud stellt die neueste, Cloud-optimierte Version der ABAP Design- und Runtime zur Verfügung (siehe Abschnitt 3.5.3, »ABAP Cloud«). ABAP Cloud wird häufig inoffiziell auch als *Embedded Steampunk* bezeichnet.

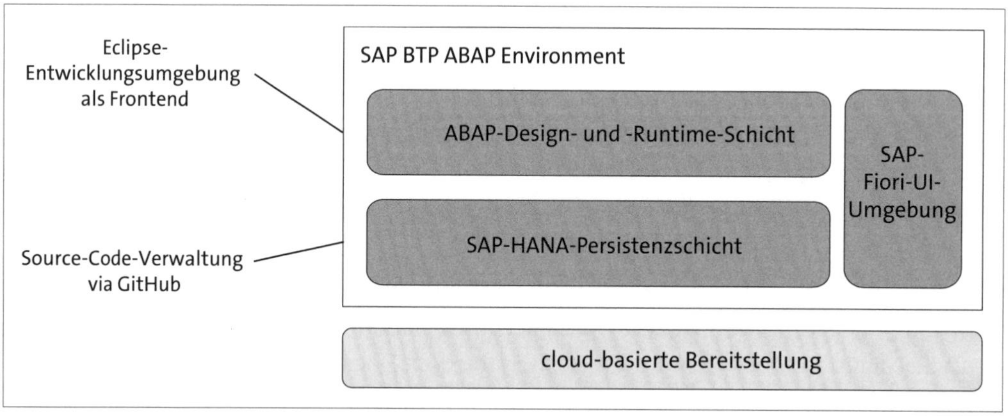

Abbildung 3.6 Überblick über ABAP Cloud

Durch den Einsatz von ABAP Cloud ergeben sich – nicht nur in Bezug auf die Migration bestehender ERP-Systeme nach SAP S/4HANA – zahlreiche Vorteile:

- **Nutzung der bestehenden ABAP-Wissensbasis**

  Das über Jahre aufgebaute ABAP-Fachwissen im Unternehmen kann weiter genutzt werden. Selbstverständlich können weitere Services von SAP BTP mit eingebunden werden.

  Die originäre Erweiterbarkeit von SAP S/4HANA Cloud kann durch umfangreiche Side-by-Side-Erweiterungen ergänzt werden.

- **Unabhängige Innovationszyklen**

  Die Innovationszyklen für eigenes Coding können unabhängig vom SAP-Anwendungssystem festgelegt werden. Denn als Cloud-Produkt erhält ABAP Cloud in schneller Frequenz die neuesten funktionalen Erweiterungen – unter voller Kompatibilität zu bestehenden Implementierungen. Die Innovationsgeschwindigkeit in Eigenentwicklungen kann also deutlich erhöht werden.

- **Eigene SAP-HANA-Datenbank**

  ABAP Cloud bringt eine eigene SAP-HANA-Datenbank mit. Damit können Sie die Vorteile der SAP-HANA-Datenbank nutzen, ohne dass Ihre SAP-Anwendungssysteme notwendigerweise bereits auf SAP HANA migriert wurden.

Die eigenen Erweiterungen sind zukunftssicher: Als Side-by-Side-Erweiterung liegen sie nicht im SAP-Quellcode, sondern kommunizieren über stabile Schnittstellen mit der SAP-Anwendung. Für diese Schnittstellen existiert ein Kontrakt gegen Änderungen; daher müssen sie nicht mit der Wartung der SAP-Anwendung synchronisiert werden. Ihre Erweiterungen liegen in einem eigenen System in der Cloud und werden dadurch unabhängig von Versionswechseln der Anwendung.

Der Anwendungskern der SAP-Systeme bleibt weitestgehend unverändert, da lediglich Schnittstellen implementiert werden müssen. Dies ist ein zusätzlicher Vorteil in Bezug auf die Erfüllung von Sicherheitsanforderungen.

Systemmanagement durch SAP

Das Systemmanagement erfolgt durch SAP, da ABAP Cloud eine native Cloud-Anwendung ist. Dadurch wird die eigene IT-Abteilung entlastet. Damit verbunden, ergibt sich eine einfache Skalierbarkeit, da Sie sich nicht um Hardwarebeschaffung kümmern müssen.

Insgesamt betrachtet, können Sie also mit dem Ansatz, die eigenen Erweiterungen über ABAP Cloud zu realisieren, die Vorteile der Cloud nutzen, ohne dass der Umzug Ihrer kompletten Anwendungssysteme in die Cloud abgeschlossen sein muss.

Mögliche Migrationsszenarien

Neue Ansätze für die Migration

Die grundsätzlichen Szenarien für die Migration nach SAP S/4HANA Cloud sind in Kapitel 4, »Welche Umstiegsoptionen gibt es?«, beschrieben. Wenn Sie ABAP Cloud in die Betrachtungen einbeziehen, ergeben sich interessante neue Ansätze für die zeitliche Projektplanung. Im Folgenden skizzieren wir diese Zusatzoptionen.

Ausgangspunkt für die Migration nach SAP S/4HANA ist die grundsätzliche Entscheidung für das Zielszenario – z. B. SAP S/4HANA Cloud oder SAP-S/4HANA, On-Premise-Version – und die Planung und Durchführung des technischen und inhaltlichen Umstellungsprojekts. Dieses Umstellungsprojekt kann mithilfe von SAP S/4HANA Cloud differenzierter ausgeprägt werden.

Nutzung von SAP HANA

Wenn Ihr SAP-Anwendungssystem noch nicht auf der SAP-HANA-Datenbank läuft, möchten Sie möglicherweise zur besseren Planung des Migrationsaufwands Erfahrungen mit SAP HANA sammeln. In diesem Fall haben Sie die Option, das vorhandene SAP-Anwendungssystem auf SAP HANA zu migrieren. Das bedeutet aber möglicherweise einen unnötigen Zusatzaufwand, da die Umstellung nach SAP HANA sowieso mit dem geplanten Umzug nach SAP S/4HANA stattfinden wird.

SAP-HANA-basierte Cloud-Umgebung

ABAP Cloud bietet Ihnen eine Cloud-Umgebung an, die bereits auf SAP HANA basiert. Sie können ausgewählte Daten in ABAP Cloud replizieren. Damit können Sie sofort untersuchen, wie Sie Ihren Code auf SAP S/4HANA optimieren und welche weiteren Möglichkeiten sich mit SAP HANA ergeben. Durch den Side-by-Side-Ansatz bleibt das Anwendungssystem völlig unbeeinflusst.

In ähnlicher Weise können Sie beginnen, Ihr(e) Produktivsystem(e) mit SAP-HANA-basierten Erweiterungen zu ergänzen, um die Zeit bis zur vollständigen Umstellung auf SAP S/4HANA zu überbrücken.

Alternative Prüfung des eigenen Codings

Die Migration nach SAP S/4HANA beinhaltet die Überprüfung und Anpassung des kundeneigenen Codings. Wie in Abschnitt 3.6.3, »Prüfung kundeneigener Erweiterungen beim Umstieg auf SAP S/4HANA«, beschrieben, muss das eigene Coding auf die Kompatibilität mit SAP S/4HANA überprüft werden. Unter Umständen sind Anpassungen nötig.

Wenn Sie im Rahmen des SAP-S/4HANA-Migrationsprojekts also Ihr Coding prüfen und anpassen, gibt Ihnen ABAP Cloud zwei interessante Ansätze:

Entkoppelter Lebenszyklus

- **Architektonische Entkopplung**

  Je nach Umfang Ihrer bestehenden Erweiterungen kann es ratsam sein, eine architektonische Entkopplung vorzunehmen. Wenn Sie umfangreichen eigenen Code haben, möchten Sie möglicherweise zukünftig den Softwarelebenszyklus Ihres Codings von dem Lebenszyklus des Anwendungssystems entkoppeln. In dem Fall ist es ratsam, das Coding in einem Side-by-Side-Ansatz zu separieren.

  SAP bietet leider keine Weiterentwicklungen von SAP NetWeaver mehr an. Dadurch entfällt die Möglichkeit, diese Entkopplung über ein (On-

Premise-)SAP-NetWeaver-System durchzuführen. Diese Lücke wird durch ABAP Cloud gefüllt. Sie können in diesem Cloud-basierten System Ihre Anwendungen separieren.

- **Zeitliche Entkopplung**

  Durch den unabhängigen Lebenszyklus der SAP-Anwendungen und Ihres Erweiterungssystems können Sie umgehend damit beginnen, Ihre Anwendungen umzustellen. Sie müssen dafür weder ein SAP-S/4HANA-System zur Verfügung haben, noch müssen Sie sich in zeitlicher Hinsicht mit der Umstellung der Anwendungen synchronisieren.

  SAP bietet für den Transfer Ihres bestehenden Codes zu ABAP Cloud unterstützende Services an, die wir im nächsten Abschnitt beschreiben.

3.5.4 Migration des eigenen ABAP-Codes nach ABAP Cloud

Die Migration Ihres bestehenden Codings nach ABAP Cloud besteht aus mehreren Schritten:

1. Analyse des bestehenden Codes
2. Abschätzung des Änderungsaufwands
3. Erstellung einer Roadmap
4. technischer Umzug
5. Anpassung des umgezogenen Codes
6. Test
7. Umstellung

Glücklicherweise stellt SAP unterschiedliche Hilfsmittel zur Verfügung, mit denen mehrere dieser Schritte erleichtert werden. Damit wird der Aufwand für die Migration des Codings nach ABAP Cloud minimiert. Im Folgenden geben wir einen Einblick in die Vorgehensweise für die einzelnen Schritte.

Analyse des bestehenden Codings

Auch bei der Migration nach ABAP Cloud wird ein Codescan mithilfe spezieller Prüfungen durchgeführt. Die Vorgehensweise ähnelt der Vorgehensweise, die wir in Kapitel 7, »Vorbereitung der Systemkonvertierung«, bzw. Kapitel 8, »Ausführung der Systemkonvertierung«, beschreiben. In diesem speziellen Fall müssen neben der in den besagten Kapiteln beschriebenen Anpassung an SAP S/4HANA zusätzlich die Anpassungen identifiziert werden, die für die Anpassung auf die ABAP-Cloud-Umgebung notwendig werden. Dazu kann als Prüfsystem bereits ein ABAP-Cloud-System genutzt werden. Ihr aktuelles Anwendungssystem muss also nicht auf einen bestimmten SAP-Stand gebracht werden, um die neuesten Prüfungen zu erhalten. Die Prüfungen müssen allerdings gegen eine funktionsfähige Kombination von Code und Inhalt gemacht werden. Wir empfehlen daher eine Prüfung gegen Ihr aktuelles Quellsystem.

[!]

Doppelte Prüfung?

Für den in diesem Kapitel diskutierten Umzug von kundeneigenem Coding nach ABAP Cloud im Rahmen einer Migration nach SAP S/4HANA werden tatsächlich zwei Prüfungen notwendig:

- Eine Prüfung auf Kompatibilität des Codings gegenüber der neuen Version der SAP-S/4HANA-Anwendung, da im Rahmen der Vereinfachung Funktionalitäten aus SAP-ERP-Releases nicht mehr in der gleichen Form zur Verfügung stehen können.
- Eine Prüfung auf Kompatibilität zum geänderten ABAP-Sprachumfang in ABAP Cloud.

Custom Code Check

Dazu provisionieren Sie sich ein entsprechendes Cloud-System bei SAP über Ihr Cloud-Cockpit. Dieses System wird remote mit Ihrem aktuellen Anwendungssystem verbunden, z. B. mit dem Entwicklungssystem. Für die eigentlichen Prüfungen wird das ABAP Test Cockpit (ATC) genutzt. Dazu führen Sie den Readiness Check über die RFC-fähige Prüfvariante `SAP_CP_READINESS` aus. Es können Systeme ab dem SAP-Basis-Stand 7.00 geprüft werden.

Prüfung mit eigenem ATC-System

Alternativ können Sie auch ein eigenes ATC-System on-premise nutzen. Dieses Szenario setzt allerdings die Verfügbarkeit eines ATC-Systems mit SAP Basis 7.52 SP1 oder höher voraus. Zusätzlich müssen in diesem Szenario die folgenden Hinweise eingespielt worden sein:

- SAP-Hinweis 2682626: Code Inspector Check for restricted language scope version 5 (ABAP for SAP Cloud Platform)
- SAP-Hinweis 2684665: Custom code checks for SAP BTP ABAP Environment
- SAP-Hinweis 2830799: Custom code checks for SAP BTP ABAP Environment

Die technischen Voraussetzungen im Zielsystem sind in beiden Fällen identisch. Details entnehmen Sie SAP-Hinweis 2364916. In beiden Fällen konfigurieren Sie die zu prüfenden Zielsysteme über Transaktion SM59.

Abschätzung des Änderungsaufwands

Nach der Durchführung der Prüfungen erhalten Sie eine Liste an gefundenen Auffälligkeiten. Auf dieser Basis können Sie detailliert die entstehenden Aufwände abschätzen.

Teilautomatisierte Anpassungen über Quick Fixes

Beachten Sie dabei, dass für zahlreiche Anpassungen sogenannte *Quick Fixes* von SAP bereitgestellt werden. Die Liste der verfügbaren Quick Fixes wird laufend aktualisiert. Wenn ein Quick Fix zur Verfügung steht, wird dies in der Trefferliste ausgewiesen, und der Quick Fix kann im Kontextmenü des Prüfergebnisses ausgewählt werden. Diese Treffer können also sozusagen mechanisiert repariert werden.

Erstellung einer Roadmap

Wir empfehlen, bei der Planung Ihrer Anpassungen mehrere Dimensionen zu betrachten, ähnlich dem Migrationsprojekt nach SAP S/4HANA:

- **Aufwand der Anpassungen**

  Sind beispielsweise »mechanische« Anpassungen mithilfe der Quick Fixes möglich, oder werden in großem Umfang veraltete Technologien wie Dynpros benutzt, die auf SAP-Fiori-UIs umgestellt werden müssen?
- **Dringlichkeit**

  Welche Funktionalitäten müssen bzw. sollen zuerst renoviert werden?
- **Wichtigkeit für die künftigen Betriebsprozesse auf SAP S/4HANA**

  Wie wichtig ist diese Funktionalität für die geplanten betriebswirtschaftlichen Zielprozesse?

Gerade wenn Sie von einer niedrigen Version eines SAP-ERP-Systems kommen, sind manche Ihrer Erweiterungen möglicherweise im aktuellen Umfang nicht mehr notwendig, da diese durch einen geänderten Standardfunktionsumfang abgedeckt werden können.

Berücksichtigen Sie bei der Abschätzung des Änderungsaufwands sowohl die Anpassungen auf den Sprachumfang von ABAP Cloud als auch die Anpassungen an SAP S/4HANA.

Technischer Umzug

ABAP Cloud unterstützt das aktuelle Quellcode-Verwaltungssystem Git. Die Bearbeitung der Quellen erfolgt nicht mehr mit SAP-Transaktionen wie SE80 und ähnlichen Transaktionen, sondern ausschließlich mit dem ABAP Developer Toolkit für Eclipse.

Git Repository

Das bedeutet aus technischer Sicht, dass die im aktuellen ABAP-System gespeicherten Sourcen nach Git transferiert werden müssen. Wir nehmen dazu an, dass Sie bereits einen Git-Account besitzen. Zum Transfer können Sie das quelloffene Programm `ZABAPGIT` nutzen. Dieses wird im Repository *https://github.com/abapGit/abapGit* zur Verfügung gestellt. Bei diesem Hilfsprogramm handelt es sich um ein von der Open-Source-Community gepflegtes Programm, das nicht von SAP bereitgestellt wird.

Stellen Sie sicher, dass auch das genutzte Eclipse-Frontend die entsprechende ABAP-Git-Erweiterung installiert hat. Diese sollte unter dem Namen *abapGit for ABAP Development Tools* (ADT) in der Feature-Liste zu finden sein. Alternativ nutzen Sie folgende URL: *http://eclipse.abapgit.org/updatesite*.

Zusätzliche Informationen zur Installation von ABAP Git finden Sie auch im SAP Help Portal: *http://s-prs.de/v10578015*.

Transfer des Codes

Der Transfer des Codes geschieht auf der Ebene von Paketen. Wir empfehlen folgendes Vorgehen: Erstellen Sie eine Liste der Pakete, deren Objekte aus dem Quellsystem übertragen werden sollen. In `ZABAPGIT` fügen Sie diese Pakete Ihrem Git Repository hinzu. Im Zielsystemprojekt legen Sie die Pakete in der Entwicklungsumgebung namensgleich an. Verknüpfen Sie im Zielsystemprojekt die neu angelegten Pakete mit Ihrem ABAP Git Repository.

Trennung der Codelinien

Ihre Objekte sind jetzt im Zielsystemprojekt verfügbar. Beachten Sie dabei, dass ab diesem Zeitpunkt eine Trennung der Codelinien erfolgt: Da die Objekte des Quellsystems i. d. R. nicht ohne Anpassungen im Zielsystem lauffähig sind, unterscheiden sich die Implementierungen Ihrer Objekte. Korrekturen der Quellsystemobjekte sollten per manueller Anpassung übernommen werden. Eine Replizierung empfehlen wir nicht.

Anpassung des umgezogenen Codes

Für den Code, den Sie im geplanten Business-Szenario weiter benutzen wollen, müssen Sie die im Analyseschritt gefundenen Inkompatibilitäten beheben. Dank der Unterstützung durch Quick Fixes können zahlreiche Umstellungen mechanisch erledigt werden.

Veraltete UI-Technologien anpassen

Für die Planung Ihres Projekts sollten Sie berücksichtigen, dass nur ein kleiner Teil der Anpassungen teilautomatisiert erfolgen kann. Sie müssen in einigen Bereichen von Neuimplementierungsaufwänden ausgehen. Veraltete UI-Technologien wie ALV oder Web Dynpro werden nicht mehr unterstützt. User Interfaces müssen daher als SAP-Fiori-UIs neu angelegt werden. Nur diese Technologie erlaubt die beabsichtigte User Experience (UX).

Integration via Schnittstellen

Durch den Side-by-Side-Ansatz muss der Zugriff auf Daten des Anwendungssystems zwingend über Schnittstellen erfolgen. Ein direkter Zugriff auf die Tabellen des Zielsystems ist nicht mehr möglich. Wir empfehlen die Umstellung auf Remote-OData-Zugriffe. Beachten Sie auch, dass die Persistenz Ihrer Erweiterungen und deren Daten, wie z. B. eigene Datenelemente oder Tabellen, in diesem Modell in dem beigestellten ABAP-Cloud-System und nicht in Tabellen des Anwendungssystems liegen.

SAP-HANA-Optimierung

Wenn Ihre Erweiterungen laufzeitkritische Zugriffe auf die Datenbank vornehmen, sollten diese Zugriffe auf SAP HANA optimiert werden. Zwar können bestehende Selects i. d. R. übernommen werden, erzielen aber oft nicht die gewünschten Laufzeitvorteile. Vergleichen Sie dazu auch die Ausführungen in Abschnitt 2.4, »Das Datenmodell und die Datenbank SAP HANA«.

Test und Umstellung

Diese Schritte unterscheiden sich nicht von der Vorgehensweise bei der Weiterentwicklung bzw. Umstellung Ihres Codes in On-Premise-Systemen und richten sich nach Ihren Prozessen für Codeänderungen.

3.5.5 Business-Funktionalitäten von SAP BTP

SAP BTP bietet verschiedene Funktionalitäten zur technischen Umsetzung von geschäftsrelevanten Anforderungen, wie der Erweiterbarkeit von Geschäftsprozessen, einer durchgängigen Prozessintegration und der Verarbeitung und Analyse unterschiedlicher Daten. Neben der Erweiterbarkeit können Sie auch eigene Anwendungen erstellen und damit neue Geschäftsprozesse realisieren. Diese Funktionalität erweitert das Anwendungsspektrum der Plattform auf die Umsetzung neuer Kompetenzen im Unternehmen. Ein Beispiel dafür wäre die Entwicklung zusätzlicher Services für ein bestehendes Produktportfolio mit SAP BTP, um das vorhandene Geschäftsmodell um digitale Angebote zu erweitern. Wenn sich Märkte und Branchenbedingungen ändern, entstehen neue Anforderungen, die solche Erweiterungen oder Ergänzungen der unternehmensspezifischen Prozesse erfordern. Unternehmen können diesen Anforderungen durch Erweiterungen der SAP-Standard-Geschäftsprozesse oder durch die Entwicklung von kompletten, domänenspezifischen Anwendungen als Ergänzung zur Standardfunktionalität gerecht werden.

Modifikation von Standardanwendungen

Generell ist es möglich, unternehmensspezifische Anforderungen an Geschäftsprozesse, die durch SAP-Standardlösungen wie SAP S/4HANA bereitgestellt werden, durch eine Modifikation der Standardlösung umzusetzen. Im Gegensatz zu Erweiterungen handelt es sich bei Modifikationen um Änderungen am Quellcode oder an den Metadaten der SAP-Standardlösung. Modifikationen haben Auswirkungen auf den Lebenszyklus der Anwendung und bedeuten zusätzlichen Aufwand beim Einspielen von Updates und einer neuen Version. Modifikationen können jedoch nicht durchgeführt werden, wenn die SAP-Standardlösung in der Public Cloud bereitgestellt wird. Die Erweiterung der Unternehmensabläufe ist mit SAP BTP ohne Destabilisierung oder Modifikation der SAP-Standardprozesse möglich und wird in Abschnitt 3.6, »Erweiterbarkeit von SAP S/4HANA«, behandelt. Die auf der Plattform entwickelten Erweiterungen sind Ergänzungen zum Umfang der SAP-Standardlösungen mit einem stabilen Lebenszyklus.

Entkopplung

Die Entkopplung der SAP-Standardlösungen von unternehmensspezifischen Erweiterungen ist Voraussetzung, um schnelle Innovationszyklen zu ermöglichen, ohne Seiteneffekte auf die Nutzung der neuesten Version der Standardlösung zu ermöglichen. Darüber hinaus ist die Entkopplung der Erweiterungen von der Standardfunktionalität der SAP-Lösung eine technische Voraussetzung für das Cloud-Bereitstellungsmodell, da hier schnelle Innovationszyklen angestrebt werden und keine Abhängigkeiten zwischen der Erweiterung und der Standardlösung bestehen dürfen.

Erweiterungen mit SAP BTP

Die Anforderungen der Fachabteilungen an die Erweiterungen der Standardprozesse lassen sich in verschiedene Kategorien einteilen:

- Anpassung der Benutzerschnittstelle
- Anpassung der Prozesslogik
- Anpassung des Datenmodells

Anpassung der Benutzerschnittstelle

Die Anpassung der Benutzerschnittstelle eines Geschäftsprozesses dient i. d. R. der Verbesserung der User Experience. Beispielsweise kann eine Fachabteilung den Bedarf äußern, die Eingabemaske für die Datenerfassung innerhalb eines Geschäftsprozesses zu ändern. Auch die Optimierung von Prozessen für mobile Endgeräte kommt häufig vor. In einigen Anwendungsfällen ist es notwendig, Daten offline zur Verfügung zu stellen und bei erneuter Verbindung zu synchronisieren, z. B. für Servicemitarbeiter, die sich außerhalb eines Funknetzes befinden.

Anpassung der Prozesslogik

Anforderungen zur Anpassung eines Standardprozesses können auch im Bereich der Prozesslogik liegen. Hierbei kann es erforderlich sein, neue Benutzerinteraktionen zu implementieren, zusätzliche Bedingungen im Prozessfluss zu prüfen oder automatische Validierungen von Daten oder Bedingungen einzuführen. Ein Beispiel ist die Erweiterung des Standardprozesses zum Anlegen und Ändern von Kundendaten um eine Option, die es den Kunden erlaubt, geänderte Daten zu bestätigen. Hierbei können die geänderten Daten von einer eigenentwickelten SAP-BTP-Anwendung geprüft und durch die Fachabteilung in das SAP-S/4HANA-System zurückgeschrieben werden.

Implementierung neuer Geschäftsprozesse

Des Weiteren können komplett neue Geschäftsprozesse von Fachabteilungen angefordert werden, die dann implementiert werden müssen. Ein Beispiel hierfür ist das Drucken von Versandetiketten in der Logistikabteilung eines Unternehmens. Wenn Waren am Lagerort kommissioniert und für den Versand verpackt werden, kann eine solche Anwendung auf Basis von SAP BTP die entsprechenden Lieferinformationen aus dem SAP-S/4HANA-System abrufen.

Anpassung des Datenmodells

Außerdem können Anforderungen der Fachabteilung zu einer Erweiterung des Datenmodells führen, um erweiterte Analysen zur Steuerung des Prozessablaufs zu realisieren. Eine Erweiterung des Datenmodells geht oft mit einer Erweiterung der Prozesslogik einher, um Prozessabläufe automatisiert mithilfe zusätzlicher Daten zu steuern.

Bei der Anpassung eines Geschäftsprozesses ist oftmals unklar, wo die Grenze zwischen einer Erweiterung und dem Erstellen einer neuen Anwendung liegt. An welchem Punkt eine Prozesserweiterung zu einer Anwendung wird, hängt davon ab, wie komplex sie ist und wie sehr Benutzerschnittstelle, Prozesslogik und Datenhaltung verändert werden müssen. Im Gegensatz zur Erweiterung eines bestehenden Prozesses zielt eine neue Anwendung auf die Umsetzung zusätzlicher Funktionalität durch neue Prozesse ab. Eine neue Anwendung betrifft i. d. R. alle drei Ebenen: die Benutzerschnittstelle, die Logik und die Datenhaltung. Wenn die Benutzerschnittstelle der neuen Anwendung dem Konzept der Benutzerschnittstellen eines bestehenden Prozesses folgt, kann sie nahtlos in den bestehenden Geschäftsprozess integriert werden.

iFlows

SAP BTP ist die zugrunde liegende Technologie für die Realisierung intelligenter Prozesse und ist sowohl für die Integration der entsprechenden Teilprozesse, die von unterschiedlichen IT-Anwendungen ausgeführt werden, als auch für die Integration der zugehörigen Daten von SAP, Partnern und Drittanbietern verantwortlich. Die Plattform ermöglicht die durchgängige Integration von Geschäftsprozessen über verschiedene Unternehmen und Organisationen sowie Abteilungen innerhalb eines Unternehmens hinweg. Um die Integration von SAP-Anwendungen zur Umsetzung durchgängiger Geschäftsprozesse effizient zu realisieren, stellt SAP BTP vordefinierte Integration Flows (*iFlows*) in SAP Integration Suite zur Verfügung. Für die Integration von Prozessdaten sind Transformationen und Mappings erforderlich, die auf den zwischen den Prozessen ausgetauschten Daten basieren. Der SAP API Business Hub dient als zentraler Katalog, der Zugriff auf alle verfügbaren iFlows und vorkonfigurierten Inhalte bietet, die über SAP BTP genutzt werden können. Die Integration der Prozesse und ihrer IT-Anwendungen erfolgt technisch durch den Austausch von Nachrichten in Echtzeit, wobei der vordefinierte iFlow eine Verarbeitungslogik für die ausgetauschten Nachrichten enthält.

Im nächsten Abschnitt gehen wir gezielt auf die Erweiterung von SAP S/4HANA ein. Generell kann SAP S/4HANA über die beschriebenen Integrationsfunktionen nicht nur mit SAP Ariba und SAP SuccessFactors für integrierte Geschäftsprozesse eines intelligenten Unternehmens verbunden werden, sondern auch mit Systemen von Drittanbietern. Ausprobiert werden kann dies alles über die kostenlose Testversion von SAP BTP.

[»]

Testversion

Mit *SAP BTP Free Tier* bietet SAP eine kostenlose Testversion von SAP Business Technology Platform an, auf die wir in Kapitel 6, »Trial-Systeme und Content zum Ausprobieren«, weiter eingehen.

Starten Sie unter dem folgenden Link, um SAP BTP kostenlos auszuprobieren: *http://s-prs.de/v10578016*

Mehr Informationen zu den kostenlosen Service-Plänen finden Sie auch unter dem folgenden Link: *http://s-prs.de/v10578017*

Zusammenfassung Zusammenfassend ist es die Aufgabe von SAP BTP, die für eine Realisierung intelligenter Unternehmensbausteine erforderlichen technischen Anforderungen zu erfüllen. Dazu stellt die Plattform skalierbare Services in den Anwendungsgebieten Erweiterung, Integration und Wertschöpfung aus Daten bereit. Die Services werden genutzt, um vorhandene Geschäftsprozesse funktional zu erweitern und zu optimieren, sie durchgängig zu kompletten Ende-zu-Ende-Prozessen zu integrieren und die Daten bei der Optimierung der Prozesse zu nutzen. Auch komplette IT-Anwendungen für Fachbereiche werden über die Plattform bereitgestellt oder können selbstständig entwickelt werden, um neue Geschäftsprozesse zu implementieren und diese als zusätzliche Kompetenz im Unternehmen aufzunehmen.

3.6 Erweiterbarkeit von SAP S/4HANA

Jedes Unternehmen ist einzigartig. Dies betrifft die Ausprägung seiner Produkte oder Dienstleistungen, seine Belegschaft, seine Ziele – und damit auch, wie die Geschäftsprozesse im Unternehmen im Detail ausgeprägt sind. Eine betriebswirtschaftliche Software sollte idealerweise diese Unterschiede unterstützen. Denn die Feinheiten in den Unternehmensprozessen unterscheiden das Unternehmen von seinen Mitbewerbern.

Bisherige Erweiterungsangebote von SAP

SAP unterstützte die Abgrenzungen mit seiner Software bisher im größtmöglichen Maße: SAP lieferte freigegebene Schnittstellen und legte den Quellcode der gesamten Anwendung offen. Zusätzlich stellte SAP mit dem SAP NetWeaver Application Server (SAP NetWeaver AS ABAP) auch eine Entwicklungsumgebung im Anwendungssystem zur Verfügung. Darüber hinaus bot SAP verschiedene Möglichkeiten für die Integration mit anderen Anwendungen an, z. B. über SAP Process Orchestration. Mit diesem Angebot schuf SAP eine ausgezeichnet individualisierbare Lösung mit skalierbaren Erweiterungsmöglichkeiten. Auch Drittanbieter schätzen diese Erweiterungsfähigkeit und bieten ergänzende Funktionalität zu den SAP-Standardlösungen an. Das Thema *Erweiterbarkeit* sollte daher auch bei der Planung des Umstiegs auf SAP S/4HANA beachtet werden.

Erweiterbarkeit auf dem Prüfstand

Für SAP S/4HANA hat SAP diese Erweiterbarkeit überprüft. Entsprechend der SAP-Produktphilosophie der Simplifizierung wurde die Erweiterbarkeit angepasst. Besonderes Augenmerk lag dabei einerseits auf dem Ansatz, eine Individualisierung auch ohne umfangreiche Programmierkenntnisse zu ermöglichen, andererseits darauf, auch die notwendige Flexibilität für umfangreiche Erweiterungen zu bieten. Allerdings sollten diese Ansätze so weit verbessert werden, dass die möglichen Nachteile einer Individualisierung minimiert werden. Mit dem hohen Grad an Flexibilität konnten in der Vergangenheit in einzelnen Fällen Risiken einhergehen, die individuell abgewägt werden mussten: Umfangreiche Erweiterungen waren Projekte mit verschiedenen beteiligten Parteien im eigenen Unternehmen und möglicherweise mit Implementierungspartnern. Entsprechend konnte die Dauer bis zur Nutzung der Erweiterung eine längere Zeitspanne betragen. Waren die Erweiterungen implementiert, entstand das nächste Risiko im Betrieb der Software: Im Verlauf des Lebenszyklus werden üblicherweise Korrekturen und geplante Updates der Standardsoftware eingespielt. Dies erzeugt kontinuierlich Testaufwände für die Anpassungen und Eigenentwicklungen.

Neue Ansätze für die Erweiterbarkeit

In SAP S/4HANA wird daher die Erweiterbarkeit angepasst. Das Ziel ist dabei, eine höhere Geschwindigkeit bei der Implementierung von Erweiterungen zuzulassen und gleichzeitig die laufenden Kosten für solche Erweiterungen zu reduzieren. Insbesondere können Modifikationen des Standard-SAP-Codes in den meisten Fällen vermieden werden. SAP S/4HANA bietet dafür einerseits toolbasierte Erweiterungsmöglichkeiten in der Anwendung selbst, andererseits eine plattformbasierte Erweiterungsmöglichkeit außerhalb des Softwareprodukts. Dadurch sollen die folgenden Eigenschaften unterstützt werden:

- **Gestaffelte Erweiterbarkeit**

  Die Standardsoftware kann in verschiedenen Schichten individualisiert werden. Der Endanwender kann z. B. seine Benutzeroberflächen personalisieren und eigene (begrenzte) Erweiterungen durchführen. Ausgewählte Experten erhalten die Berechtigung, umfassendere Erweiterungen vorzunehmen, die sich auf die Prozesse mehrerer Anwender auswirken. In einer dritten Stufe kann die gesamte Anwendung in einem Implementierungsprojekt individualisiert werden.

- **Gestaffelter Lebenszyklus**

  Die Erweiterungen können lose gekoppelt werden. Sie tauschen zwar Daten mit SAP S/4HANA aus und sind auf der Benutzeroberfläche zusammengeführt, erlauben aber unabhängige Softwarewartungszyklen.

- **Offenheit**

  SAP S/4HANA enthält eine Vielzahl an offenen Schnittstellen. Partner können daher Erweiterungen implementieren oder eigene Erweiterungen anbieten.

Erweiterbarkeit von SAP S/4HANA

SAP S/4HANA kann durch verschiedene Erweiterungsverfahren individualisiert werden.

Für die Umsetzung dieser Erweiterbarkeit verfolgt SAP zwei Ansätze:

- beigestellte Erweiterungen (*Side-by-Side-Erweiterungen*)
- anwendungsinterne Erweiterungen (*In-App-Erweiterungen*)

Beide Ansätze ergänzen sich und können kombiniert genutzt werden. Abbildung 3.7 stellt die Erweiterungsansätze gegenüber. Wir werden diese Ansätze im Folgenden detailliert betrachten.

In den zwei Ansätzen, den In-App- und den Side-by-Side-Erweiterungen, gibt es unterschiedliche Schichten. Je tiefer die Schicht ist, desto stärker sind die Auswirkungen auf den Softwarelebenszyklus. Nicht alle Möglichkeiten stehen in allen Deployment-Optionen zur Verfügung (siehe Abschnitt 3.3.4, »Erweiterungsmöglichkeiten«).

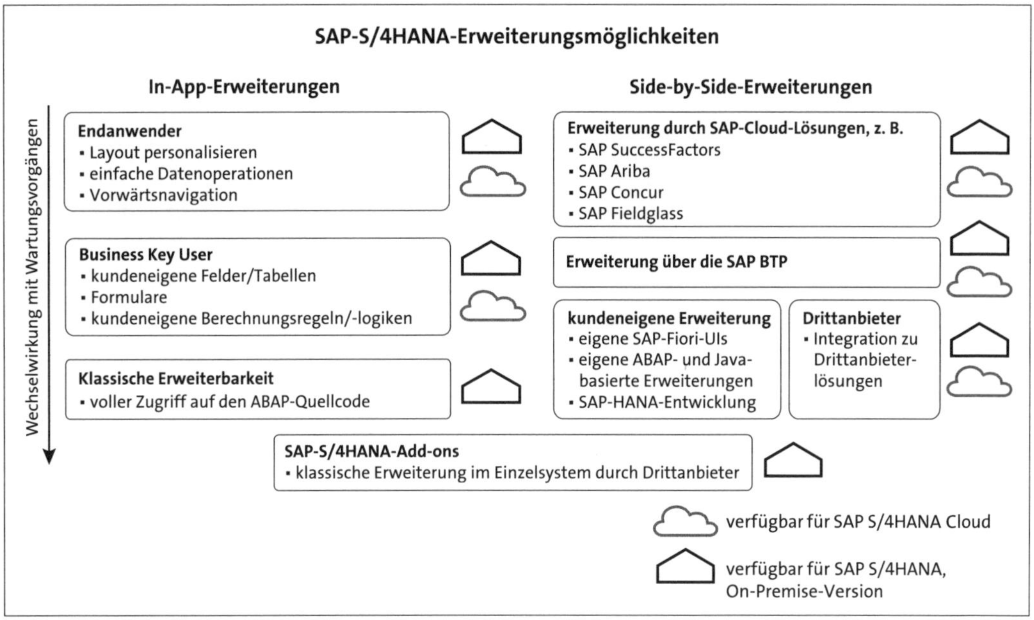

Abbildung 3.7 Erweiterungsmöglichkeiten in SAP S/4HANA

3.6.1 Side-by-Side-Erweiterungen

SAP BTP

Das Kennzeichen der Side-by-Side-Erweiterungen ist, dass sie *SAP BTP* nutzen. SAP stellt mit SAP BTP ein PaaS-Angebot zur Verfügung. In diesem Angebot sind neben der SAP-HANA-Datenbank auch umfangreiche Werkzeuge für die Entwicklung, das Testen, die Integration und den Betrieb der Software enthalten. Durch das PaaS-Angebot ist der technische Betrieb von SAP BTP durch SAP sichergestellt, und die eigene IT-Abteilung wird entlastet. Jede moderne SAP-Software ist von Haus aus für die Integration mit SAP BTP vorbereitet.

Erweiterungen auf dieser Plattform können mit verschiedenen Implementierungsansätzen vorgenommen werden. Dazu gehören Java-Code, HTML5-Kommandos und SAP-HANA-Datenbankabfragen. Damit empfiehlt sich dieser Erweiterungsansatz insbesondere für die einfache Erstellung eigener Benutzeroberflächen und für die Einbindung zusätzlicher Schritte in die SAP-Standardgeschäftsprozesse.

ABAP Cloud

SAP bietet in SAP BTP auch eine Cloud-basierte ABAP-Entwicklungs- und Laufzeitumgebung an, die nun *ABAP Cloud* heißt und in Abschnitt 3.5.3, »ABAP Cloud«, eingeführt wurde. Mithilfe dieses Angebots für Side-by-Side-Erweiterungen können Sie vorhandenes ABAP-Know-how effizient für die Erstellung zukunftssicherer Erweiterungen nutzen, sowohl für SAP S/4HANA Cloud als auch für die On-Premise-Version.

Side-by-Side-Erweiterungen

Die Erweiterungsmöglichkeiten auf Basis von SAP BTP eignen sich für eigene Benutzerschnittstellen oder zusätzliche Geschäftsprozessschritte.

Benutzeroberflächen

Entwicklungsumgebung für SAPUI5: SAP Web IDE

Die SAP-Fiori-Benutzeroberflächen wurden in HTML5 entwickelt. Sie setzen auf zentralen SAP-Bibliotheken auf (SAPUI5). Der Softwareentwicklungsprozess für HTML5-Anwendungen unterscheidet sich vom Entwicklungsprozess in ABAP, der Sprache, mit der die SAP-S/4HANA-Anwendungslogik realisiert ist. SAP S/4HANA enthält daher keine Entwicklungsumgebung für HTML5, sondern SAP stellt diese Werkzeuge in einer optimierten Umgebung über SAP BTP bereit. Neben Entwicklungswerkzeugen wie einem Editor gehören dazu auch Werkzeuge für die Paketierung und das Deployment der entwickelten Benutzeroberflächen. Diese Umgebung ist die SAP Web IDE (siehe *https://pages.community.sap.com/topics/web-ide*).

Geschäftsprozesse

Zusätzliche Java-Anwendungen

SAP S/4HANA bietet die Möglichkeit, eigene betriebswirtschaftliche Logik und eigene Daten in bestehenden Geschäftsprozessen zu ergänzen. Dies reicht in vielen Fällen bereits aus, um die SAP-Standardprozesse an den eigenen Betriebsablauf anzupassen. In manchen Fällen weichen allerdings die eigenen Prozesse so stark von den Prozessen der Mitbewerber ab, dass diese Unterscheidung nicht mehr mit der anwendungsinternen Erweiterbarkeit abgebildet werden kann. Für solche Fälle bietet sich die Erweiterung über SAP BTP an: Hier können komplexe eigene Anwendungen Side by Side gebaut und mit SAP S/4HANA integriert werden. Die Kommunikation erfolgt über Webservices, und die Erweiterungslogik selbst kann entweder in Java oder in ABAP erstellt werden, wie in Abschnitt 3.5.3, »ABAP Cloud«, erklärt.

Integrationsinfrastruktur

Für beide Fälle stellt das PaaS-Angebot bereits die benötigte Integrationsinfrastruktur bereit: eine zentrale Integrations-Middleware mit dem Cloud Connector sowie SAP Gateway für die SAP-Fiori-Integration. Damit bietet sich SAP BTP als Basis für die Erweiterung nicht nur von SAP S/4HANA, sondern auch von anderen Anwendungen in der Landschaft an.

Freigegebene Schnittstellen

Die Erweiterung über SAP BTP nutzt von SAP freigegebene Schnittstellen (Application Programming Interfaces, APIs). Dazu gehören:

- neue SAP-S/4HANA-Schnittstellen:
  - REST-Webservices (Representational State Transfer)
  - SOAP-Webservices (Simple Object Access Protocol)
  - OData-Webservices (Open Data Protocol)
- klassische SAP-Schnittstellen:
  - Business Application Programming Interfaces (BAPIs)
  - Intermediate Documents (IDocs)

Die klassischen Schnittstellen sind aus Kompatibilitätsgründen enthalten und nur für die Erweiterung von SAP S/4HANA, On-Premise-Version freigegeben. Die Zahl der freigegebenen Schnittstellen erhöht sich kontinuierlich.

[«]

SAP API Business Hub nutzen

Manchmal ist es eine Herausforderung, die richtigen Schnittstellen für eine geplante Erweiterung zu finden. Neben dem reinen Finden der Schnittstelle und der Interpretation der Schnittstellenparameter müssen Sie zusätzlich noch berücksichtigen, für welchen Anwendungsfall SAP die Schnittstelle freigegeben hat. SAP bietet daher mit dem *SAP API Business Hub* ein zentrales Repository für APIs an. Dieses Repository deckt nicht alle verfügbaren SAP-APIs ab, sondern fokussiert sich auf die für Cloud-orientierte Erweiterungen empfohlenen Schnittstellen und CDS Views (Core Data Services). Die Verwendung der Schnittstellen wird jeweils erläutert; außerdem bietet der SAP API Business Hub eine Testmöglichkeit an. SAP API Business Hub finden Sie unter der Webadresse *https://api.sap.com/*. Unter der Rubrik **SAP S/4HANA Cloud** bzw. **SAP S/4HANA** finden Sie die für die Erweiterung von SAP S/4HANA relevanten Schnittstellen.

3.6.2 In-App-Erweiterungen

Interne Erweiterungen bieten sich durch ihre Einfachheit an: Die Erweiterungen finden im gleichen System statt; es werden keine Verbindungen zu anderen Systemen benötigt, und Latenzzeiten werden reduziert. Des Weiteren kann auf die vorhandene Anwendung aufgesetzt und insbesondere das mächtige ABAP Dictionary benutzt werden, das z. B. die CDS für die Erstellung von Tabellen-Views enthält.

Erweiterungen ohne Entwicklerkenntnisse

Zur Erweiterung wird nicht zwingend Entwicklerwissen vorausgesetzt, sondern es bestehen auch die folgenden Erweiterungsmöglichkeiten für Anwender (in aufsteigender Mächtigkeit):

- Endanwendererweiterungen (*End User Extensibility*)
- Erweiterungen durch ausgewählte Experten (*Key User Extensibility*)

Insbesondere die Erweiterbarkeit durch Experten eröffnet viele Möglichkeiten, wie in Abbildung 3.8 dargestellt.

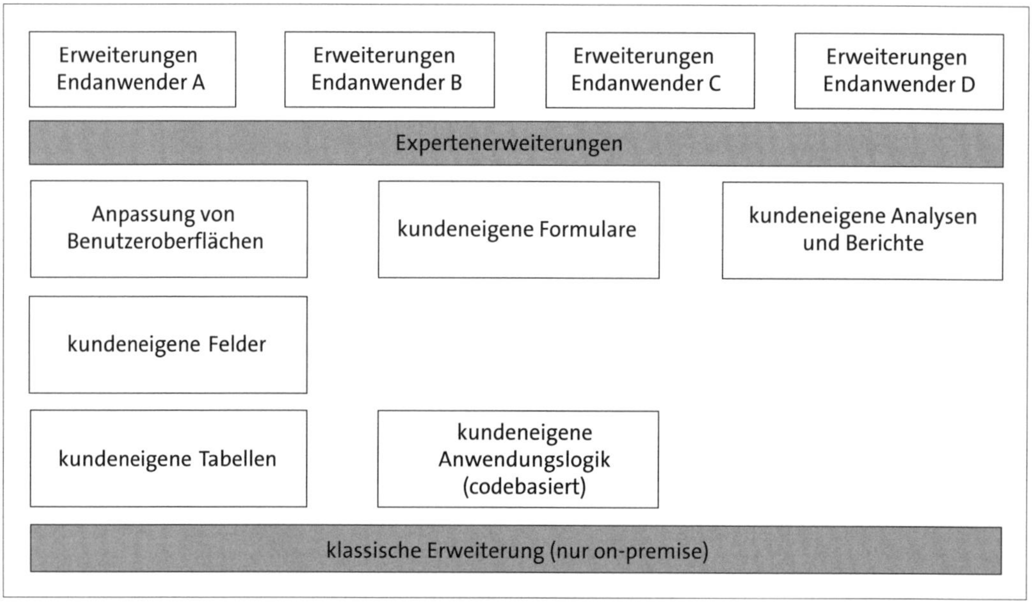

Abbildung 3.8 Anwendungsinterne Erweiterbarkeit

Die Erweiterungen durch zentrale Experten betreffen alle Benutzer des Systems, die ihrerseits individuelle Anpassungen vornehmen können. Die klassische Erweiterbarkeit des ABAP-Kerns steht nur on-premise zur Verfügung und ist primär aus Kompatibilitätsgründen enthalten.

Endanwendererweiterungen

Benutzerbezogene Individualisierung

Erweiterungen durch die Endanwender sind direkt in den SAP-Fiori-Anwendungen möglich. Diese Erweiterungen sind benutzerbezogen und haben keine Auswirkung auf andere Benutzer des SAP-S/4HANA-Systems. Es handelt sich hierbei um einfache Erweiterungen wie die Personalisierung des Bildlayouts oder der Selektionsfelder, um einfache Spaltenoperationen und um grundlegende Einstellungen zur objektbasierten Navigation. Diese Erweiterungen sind nur in dafür vorbereiteten Anwendungen möglich. Der

Aufruf erfolgt durch das Zahnradsymbol in der Anwendung (siehe Abbildung 3.9). Eine benutzerspezifische Anpassung über dieses Zahnradsymbol kann in den meisten SAP-Fiori-Bildern vorgenommen werden.

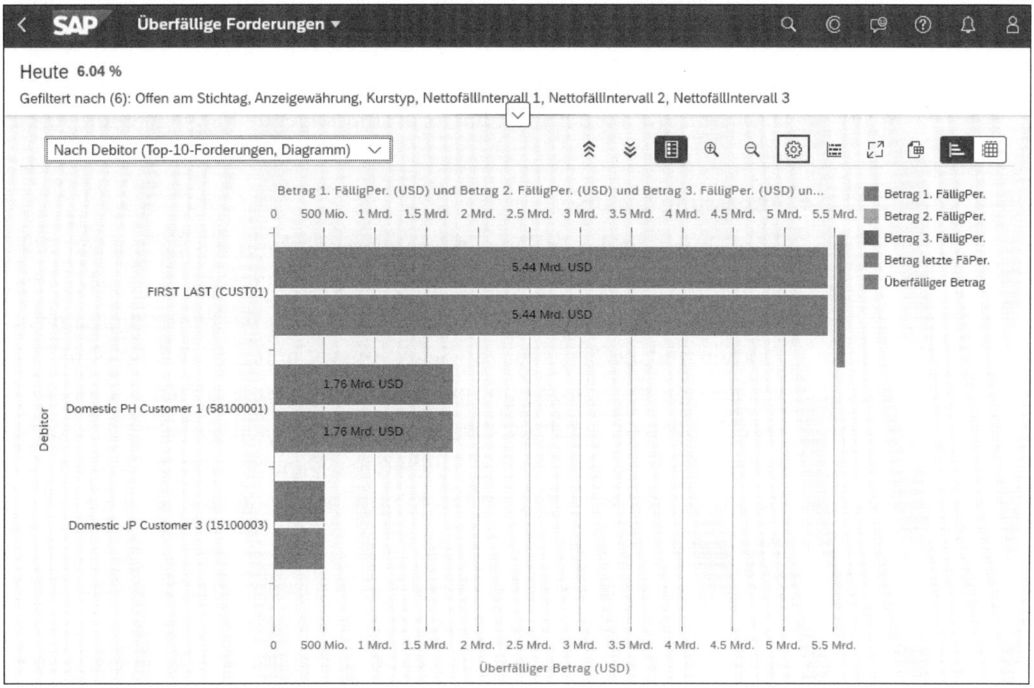

Abbildung 3.9 Endanwendererweiterungen in den Benutzeroberflächen

Expertenerweiterungen

Modellierung

SAP bietet außerdem Erweiterungsmöglichkeiten an, die teilweise mithilfe von Modellierungsverfahren vorgenommen werden können. Dies betrifft insbesondere die Anpassung der Benutzerschnittstellen oder das Ergänzen von kundeneigenen Feldern oder Tabellen. Mit einfachen Entwicklerkenntnissen können in einem neuen Erweiterungsmodus zudem Anpassungen an der Berechnungslogik vorgenommen werden, ohne den Anwendungscode direkt zu ändern. Ein Vorteil dieser Methode ist, dass Wartungsvorgänge an der SAP-Software keine manuelle Nacharbeit an den Erweiterungen zur Folge haben. Dadurch können die Betriebskosten gegenüber einer klassischen, codebasierten Erweiterung verringert werden. Im Gegensatz zu Endanwendererweiterungen sind die Expertenerweiterungen für alle Systembenutzer wirksam. Beachten Sie, dass für diese Erweiterungsmöglichkeiten eine spezielle Berechtigung vergeben werden muss, die im Anwendungskatalog `SAP_CORE_BC_EXT` ausgeprägt ist und entsprechend der Anwendungsrolle zugeordnet sein muss.

Vorteile der Expertenerweiterungen
Expertenerweiterungen nutzen Modellierungsregeln und erfordern keine Nacharbeiten bei Wartungsvorgängen.

Erweiterungsoptionen

Diese Expertenerweiterungsoptionen werden über SAP-Fiori-Kacheln ausgewählt, die SAP vordefiniert hat, u. a. sind folgende Möglichkeiten vorgesehen:

- **Anpassung des UIs**

  Ähnlich wie in der Endanwenderanpassung kann das Layout der SAP-Fiori-Anwendungen verändert werden. Beispiele sind das Ausblenden von Feldern, das Umbenennen von Bezeichnern, das Re-Arrangieren von Blöcken und das Erstellen von Selektionsvarianten. Dies kann ohne Entwicklerkenntnisse vorgenommen werden. Dazu wählen Sie in der entsprechenden Anwendung, die geändert werden soll, zunächst das Benutzersymbol im linken oberen Bildbereich. Danach können Sie über den Button **UI anpassen** die Benutzerschnittstelle ändern.

- **Felderweiterbarkeit**

  Sie können in dafür vorbereiteten Geschäftskontexten zusätzliche Felder definieren, die von der Anwendung verwendet werden sollen (siehe Abbildung 3.10). Dafür nutzen Sie die Kachel **Benutzerdefinierte Felder und Logik** in der Gruppe **Erweiterbarkeit** im SAP Fiori Launchpad. Diese Felder können nicht nur auf der Benutzeroberfläche angezeigt werden, sondern werden auch im SAP-Datenmodell gespeichert und stehen demnach in den Datenbank-Views, bei Suchen und sonstigen Operationen zur Verfügung.

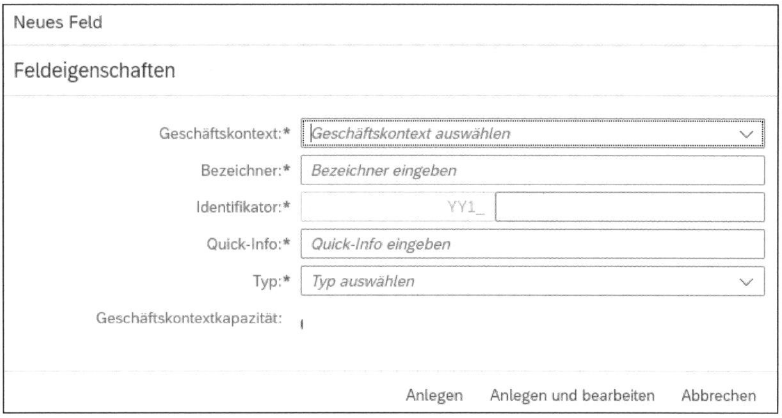

Abbildung 3.10 Felderweiterbarkeit

- **Tabellenerweiterbarkeit**

  Neben Feldern können Sie auch eigene Tabellen definieren und in SAP S/4HANA verwenden. Die Tabellen werden, ähnlich wie die kundeneigenen Felder, innerhalb von SAP S/4HANA angelegt und in die Benutzerschnittstellen eingebunden. Die Anwendung übernimmt den Datenaustausch mit den Tabellen. Dies ist ein Spezialfall der benutzerdefinierten Business-Objekte.

- **Business-Objekte**

  Sie können für Ihre Erweiterungen eigene Business-Objekte definieren. Dabei handelt es sich um einen Satz an Tabellen, zwischen denen Beziehungen definiert werden. Zusätzlich legen Sie eine Schnittstelle für den Zugriff auf dieses neu erstellte Business-Objekt fest. Über diese Schnittstelle können Sie z. B. bei der Festlegung der Berechnungslogiken auf diese Business-Objekte zugreifen. Der Zugriff erfolgt über die Kachel **Benutzerdefinierte Business-Objekte** in der Gruppe **Erweiterbarkeit**.

- **Anpassung der Berechnungslogik**

  Oft ist es notwendig, den Sinn eingegebener oder angezeigter Daten zu prüfen, Vorschlagswerte vorzugeben oder eine Ausnahmebehandlung einzuleiten. Ein anderes Beispiel für die Anpassung von Berechnungslogik sind spezielle Berechnungsverfahren, die vom SAP-Standard nicht vorgesehen sind. In diesem Fall wird die zusätzliche Logik in entsprechend vorbereitete Anwendungen eingefügt.

  Die Logik wird über einen Webeditor in einer codebasierten Implementierung definiert (siehe Abbildung 3.11).

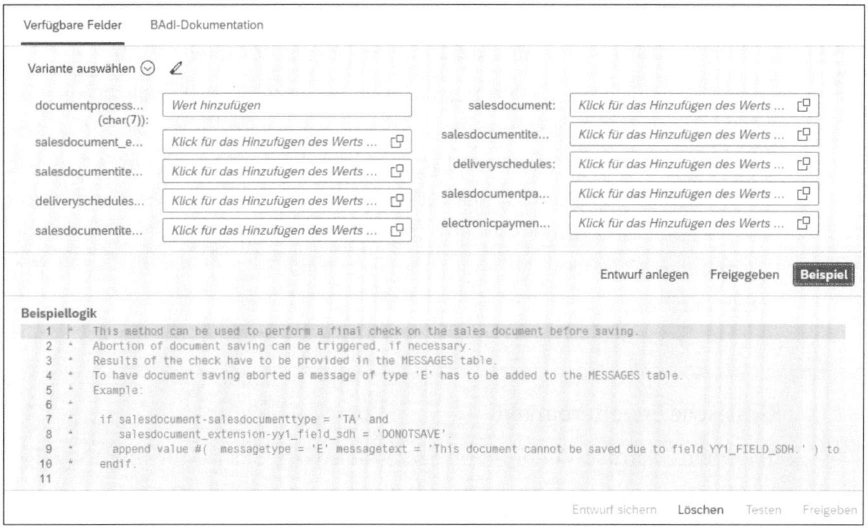

Abbildung 3.11 Benutzerdefinierte Felder und Logik

Die Syntax ist dabei weitgehend abstrahiert, sodass kein umfangreiches ABAP-Wissen vorausgesetzt wird. Für diese Anpassung nutzen Sie die Kachel **Benutzerdefinierte Felder und Logik** im Bereich **Erweiterbarkeit** und dort die Registerkarte **Benutzerdefinierte Logik**. Hierzu sind allerdings Entwicklerkenntnisse notwendig. Im Vergleich zu klassischen Erweiterungsmöglichkeiten steht in diesem Fall eine Auswahl von Befehlen und Instruktionen zur Verfügung. Es ist auch möglich, diese Erweiterungen zu sichern oder sogar in andere Systeme zu exportieren.

[»]

Transport der Erweiterungen

Die Expertenerweiterungen sollten grundsätzlich zunächst im Qualitätssicherungssystem vorgenommen und getestet werden. Für die Übertragung einer geprüften Erweiterung in das Produktivsystem stehen ein Export- und ein Importverfahren zur Verfügung: Nachdem Sie Ihre Erweiterung entwickelt haben, wählen Sie die Kachel **Software-Kollektion exportieren** in der Gruppe **Transportmanagement**. Hier ordnen Sie Ihre Erweiterung einer Softwarekollektion zu. Diese kann dann exportiert werden.

Im Zielsystem wählen Sie ebenfalls in der Gruppe **Transportmanagement** die Kachel **Kollektion importieren**. Dort können Sie die zuvor exportierte Erweiterung importieren. Beachten Sie, dass Export und Import üblicherweise von einem Softwarelogistik-Administrator durchgeführt werden. Daher benötigt diese Aktivität spezielle Rollen, die die Anwendungskataloge `SAP_CORE_BC_SL_EXP` (für Export) und `SAP_CORE_BC_SL_IMP` (für Import) enthalten.

[»]

Weitere Informationen zu den Erweiterungsmöglichkeiten

Über die in dieser Zusammenstellung beschriebenen Erweiterungsmöglichkeiten hinaus existieren noch andere Optionen. Ziehen Sie für weitere Details die Produktdokumentation zum Thema *Erweiterbarkeit* zurate. Praktische Beispiele und ausführliche Anleitungen zu Endanwender- und Expertenerweiterungen finden Sie außerdem in dem Buch »Erweiterungen für SAP S/4HANA« von Thomas Schneider und Werner Wolf (SAP PRESS 2018).

Klassische Erweiterbarkeit

ABAP-Erweiterungen

In der On-Premise-Version von SAP S/4HANA ist es weiterhin möglich, den ABAP-Quellcode zu erweitern oder sogar zu modifizieren. Dazu können nach wie vor die aus der klassischen SAP Business Suite bekannten Werkzeuge wie die ABAP Workbench eingesetzt werden. Während dieser Ansatz maximale Freiheit für die Ausprägung der eigenen Erweiterungen bietet, entstehen dadurch i. d. R. auch Wechselwirkungen mit den Wartungsvorgängen im System: Beim Einspielen von SAP-Korrekturen müssen die eigenen Erweiterungen stets mit den Korrekturen abgeglichen werden. Korrekturen müssen daher in enger Abstimmung mit der Entwicklungsabteilung eingespielt werden. Im Rahmen des Umstiegs auf SAP S/4HANA sollte daher auch überlegt werden, inwiefern kundeneigene Erweiterungen mithilfe der neuen Möglichkeiten implementiert werden können. Dies muss nicht für alle bestehenden Erweiterungen durchgeführt werden, sondern unterliegt einer individuellen Abwägung.

[«]

Weitere Informationen zu den klassischen Erweiterungstechnologien

Eine Einführung in die klassischen Erweiterungsmöglichkeiten gibt das Buch »Kundeneigene Erweiterungen mit ABAP« von Felix Roth (SAP PRESS 2019). Es bewertet die zur Verfügung stehenden Technologien auch jeweils in Hinblick auf ihre Upgrade-Fähigkeit und Kompatibilität mit SAP S/4HANA.

Neben den genannten Erweiterungsmöglichkeiten im engeren Sinne stehen in SAP S/4HANA umfangreiche Anwendungen zur Verfügung, die die Definition eigener Datenanalysen erlauben oder die Erstellung eigener Formulare betreffen.

3.6.3 Prüfung kundeneigener Erweiterungen beim Umstieg auf SAP S/4HANA

Bestehende Anpassungen analysieren

Bei der Planung des Umstiegs auf SAP S/4HANA sollten bestehende Anpassungen des aktuellen Systems analysiert werden:

- **Endanwenderanpassungen**

  Die individuellen Anpassungen durch Endanwender gehen bei einem Umstieg auf SAP S/4HANA verloren. Die Anwender können aber in dem neuen Produkt eigene Individualisierungen vornehmen, wie in Abschnitt 3.6.2, »In-App-Erweiterungen«, beschrieben.

- **Generische Erweiterungen für alle Benutzer**

  Generische Erweiterungen, die für alle Systembenutzer wirksam sind, können beim Umstieg auf das neue Produkt ebenfalls implementiert werden. Welche Verfahren für diese Implementierung möglich sind, hängt von dem gewählten Betriebsmodell ab, mit dem SAP S/4HANA genutzt werden soll. Grundsätzlich ist es empfehlenswert, dass die Erweiterungen primär über die Expertenerweiterungsoption realisiert werden. Mit diesem Verfahren sind langfristig geringere Folgekosten und eine einfachere Wartung der Erweiterungen zu erwarten.

Ist das Quellsystem ein SAP-Quellsystem, sollte zu Beginn der von SAP angebotene *Custom Code Check* durchgeführt werden. Er identifiziert im bestehenden System das vorhandene kundeneigene Coding und generiert eine Arbeitsliste. Wir kommen in Abschnitt 7.2.6, »Analyse von Eigenentwicklungen«, auf diese Prüfung zurück.

TEIL II

Vorbereitung auf den Umstieg auf SAP S/4HANA

Kapitel 4

Welche Umstiegsoptionen gibt es?

In diesem Kapitel stellen wir detailliert die drei Umstiegsszenarien vor, die wir in diesem Buch behandeln: die Neuimplementierung, die Systemkonvertierung und die selektive Datenübernahme.

Welche konkreten Schritte sollten Sie bei der Projektplanung für den Umstieg auf SAP S/4HANA berücksichtigen? Welche Unterstützung gibt es seitens SAP? Ist der Umstieg vergleichbar mit einem Upgrade innerhalb der SAP-ERP-Produktlinie? In diesem Kapitel wollen wir Antworten auf diese Fragen erarbeiten. Außerdem lernen Sie die drei möglichen Szenarien für den Umstieg kennen: *Neuimplementierung*, *Systemkonvertierung* und die *selektive Datenübernahme*, im Englischen *Selective Data Transition* genannt. In Kapitel 5, »Auswahl Ihres Übergangsszenarios«, gehen wir genauer auf die Vor- und Nachteile der verschiedenen Szenarien unter verschiedenen Voraussetzungen ein.

4.1 Grundsätzliche Vorüberlegungen

Upgrade oder Produkteinführung?

Für einen Umstieg auf SAP S/4HANA kann es viele Gründe geben. Um ein möglichst reibungsloses Umstiegsprojekt durchzuführen, ist es erforderlich, sich dieser Gründe bewusst zu werden. Wir raten Ihnen daher: Planen Sie den Umstieg auf SAP S/4HANA nicht wie ein Update oder Upgrade einer implementierten Lösung. Mit SAP S/4HANA möchten Sie einen zukunftssicheren digitalen Kern für Ihr Unternehmen einführen. Dies wird dann optimal gelingen, wenn Sie neben technischen Fragestellungen auch die inhaltliche Ausprägung der betriebswirtschaftlichen Prozesse anpassen.

Was muss beachtet werden?

Um dies zu erreichen, sollten Sie (mindestens) die folgenden Fragen betrachten, auf die wir in diesem Abschnitt im Einzelnen eingehen:

- **Welchen Zielzustand streben Sie an?**

  Welchen Platz soll SAP S/4HANA in Ihrer Systemlandschaft einnehmen? Möchten Sie zunächst einen Proof of Concept (PoC) durchführen oder SAP S/4HANA umgehend produktiv einsetzen? Können Sie die Gelegenheit des Umstiegs nutzen, um die Abbildung Ihrer Prozesse in der Unternehmenssoftware zu optimieren?

- **Welches Betriebsmodell passt zu Ihnen?**

  Soll SAP S/4HANA in Ihrem eigenen Rechenzentrum laufen oder als Hosting-Service betrieben werden? Oder möchten Sie SAP S/4HANA als Software as a Service (SaaS) konsumieren?

- **Wie ist der Ausgangszustand?**

  Auf welchem Produktversionsstand befindet sich Ihr Quellsystem? Wie ist die Datenqualität Ihres Quellsystems zu beurteilen? Wie eng haben Sie sich an den SAP-Standard gehalten, oder wie viele individuelle Anpassungen existieren? Besteht bereits ein System, das als Vorlage dienen soll?

- **Welche Anwender gibt es?**

  Wie viele Nutzer gibt es bei Ihnen, und wie ist die Verteilung? Welche Nutzergruppen sollen zu welchem Zeitpunkt von der Einführung von SAP S/4HANA profitieren?

- **Wie soll die Nutzung aussehen?**

  Was sind die betriebswirtschaftlichen Szenarien und Transaktionen, die genutzt werden sollen? Wie verteilt sich die Nutzung über die Anwender?

- **Welchen Zeitrahmen stecken Sie sich?**

  Innerhalb welchen Zeitrahmens soll das Projekt durchgeführt werden? Welche Zwischenstufen sollen wann erreicht werden?

- **Brauchen Sie Unterstützung?**

  Welche Form der Unterstützung benötigen Sie? Wie viel Budget steht Ihnen zur Verfügung? Welche Services sollen eingekauft und welche können selbst durchgeführt werden?

Vorbereitung auf die nächsten Dekaden

Ein Umstieg auf SAP S/4HANA kann in der Regel umso mehr Mehrwert generieren, je stärker man sich der Bedeutung des digitalen Kerns bewusst wird, den SAP propagiert: Der Grundgedanke von SAP S/4HANA ist das Versprechen, Unternehmen auf die Herausforderungen der nächsten Dekade(n) vorzubereiten. Dieses »Fitmachen« auf eine rein technische Aktualisierung bestehender Systeme und Landschaften zu beschränken, wäre eine unzureichende Vereinfachung. Empfehlenswert ist, die gewachsene Prozess- und Systemlandschaft daraufhin zu überprüfen, inwieweit sie zukünftig noch tragfähig ist oder inwieweit sie strukturell veraltet ist und daher angepasst werden sollte.

Technischer und prozessorientierter Anteil

Bei einem Umstiegsprojekt auf SAP S/4HANA muss man daher mindestens zwei Anteile berücksichtigen: die rein technische und die prozessorientierte Implementierung (siehe Abbildung 4.1):

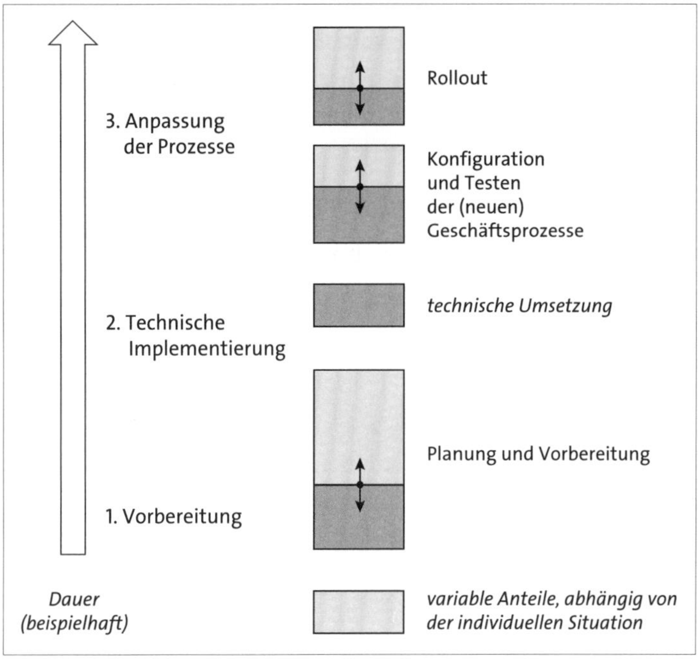

Abbildung 4.1 Hauptabschnitte des Übergangs nach SAP S/4HANA

- **Technische Implementierung**

  Zur technischen Implementierung bei einem Umstieg zählen im Wesentlichen die Migration der Datenbank nach SAP HANA, der Austausch des Programm-Codings, die Umsetzung der Datenmodelle auf das SAP-S/4HANA-Datenmodell und das Aufsetzen der Frontend-Server für die SAP-Fiori-Oberflächen. Möglicherweise sind zusätzlich technische Anpassungen an dem vorhandenen kundeneigenen Code notwendig.

  Diese Aktivitäten sind größtenteils unabhängig vom Umfang der anschließenden betrieblichen Nutzung. Sie lassen sich recht gut durch Tools erfassen und können damit auch technisch kontrolliert und unterstützt werden. Aus diesem Grund kann SAP für die Planung und Umsetzung dieser technischen Implementierung einen umfangreichen Werkzeugkasten bereitstellen.

- **Prozessorientierte Implementierung**

  Die prozessorientierte Implementierung betrifft die Anpassung der Abbildung bestehender Geschäftsprozesse im System und die Einführung neuer Anwendungen. Solche Änderungen an Geschäftsprozessen finden nur teilweise im System selbst statt. Meist lassen sich nur Indikatoren erfassen, wie z. B. geänderte Konfigurationsinformationen. Hinsichtlich der Planung sind aber viel umfassendere Change-Management-Schritte zu berücksichtigen. Diese reichen vom Entwurf des geänderten Geschäftsprozesses über die nötige Konfiguration, das Training der Nutzer, die Zuordnung von Rollen und Berechtigungen und den Pilotbetrieb bis hin zur Umstellung des Produktivbetriebs.

Tägigkeiten in den einzelnen Phasen

Die folgenden Tätigkeiten fallen in diese Grobphasen:

1. **Vorbereitung (vorbereitende Schritte im Ausgangssystem)**
   - Analyse der bestehenden Geschäftsprozessimplementierung
   - Gegenüberstellung mit den SAP-S/4HANA-Innovationen
   - Identifikation der benötigten Integrationsszenarien
   - Vorabprüfungen im Quellsystem, z. B. verwendete Funktionen, branchenspezifische Erweiterungen, kundeneigener Code, Drittanbietererweiterungen
   - Durchführung von notwendigen vorbereitenden Umstellungen im Quellsystem
2. **Technische Umsetzung**
   - Installation von SAP S/4HANA, der SAP-HANA-Datenbank und SAP-S/4HANA-Anwendungen
   - Anpassung der technischen Infrastruktur
   - Customizing
3. **Prozessanpassung**
   - Anpassungen kundeneigener Programme in SAP S/4HANA
   - Ausprägung neuer bzw. erweiterter Geschäftsprozesse für SAP S/4HANA, um die Innovationen zu nutzen
   - Anpassung der Integrationsszenarien
   - Einrichten der SAP-Fiori-Oberflächen

Die Dauer und die Aufwände der prozessorientierten Implementierung können – je nach Ausgangslage und Zielzustand – sehr gering sein oder den überwiegenden Anteil am Gesamtprozess ausmachen. Unsere Empfehlung lautet daher, die Planung des Umstiegsprojekts unbedingt in die beiden Anteile aufzuteilen, da die prozessorientierte Implementierung und insbesondere die Implementierung neuer Geschäftsprozesse nicht zeitgleich mit dem technischen Umstieg erfolgen muss.

Prozessumstellung und technische Umstellung separat betrachten

Die Einführung bzw. Umstellung der Geschäftsprozesse kann in Teilen unabhängig von der technischen Umstellung geplant werden.

Parallel laufende Projektphasen

Abbildung 4.2 zeigt einen möglichen Ansatz zur Einführung von SAP S/4HANA: Im Projekt kann, zeitlich gestaffelt, neue Funktionalität vorbereitet und eingeführt werden, während die Anwender gleichzeitig noch mit den Bestandsfunktionen arbeiten.

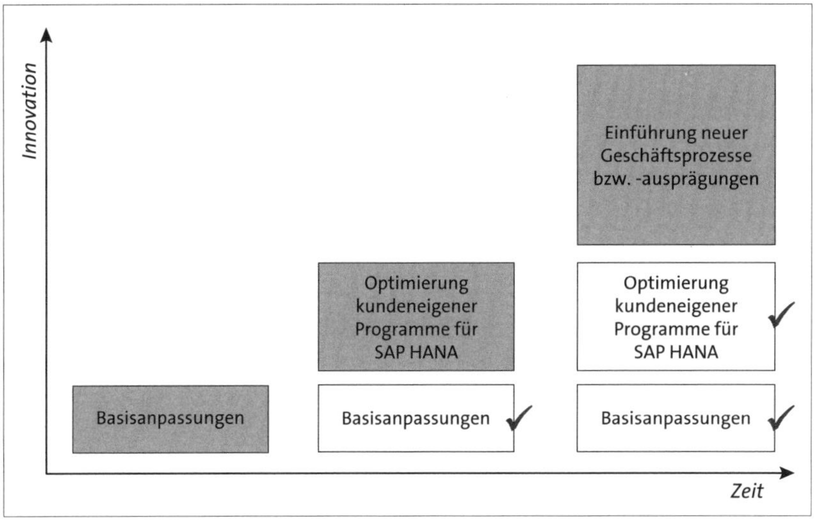

Abbildung 4.2 Parallele Vorbereitung und Einführung neuer Funktionen

Voraussetzung für eine optimale Projektplanung ist die Kenntnis des angestrebten Zielzustands. Diese Aussage klingt zunächst möglicherweise trivial. Bei der Betrachtung eines Umstiegs auf SAP S/4HANA ist es aber oft so, dass das Ziel nur unscharf beschrieben wird, z. B. durch den Auftrag, SAP S/4HANA zu implementieren.

Zielkonflikt frühzeitig analysieren

Bei dem Übergang nach SAP S/4HANA ergibt sich ein grundsätzlicher Zielkonflikt, dessen Sie sich bewusst sein sollten, insbesondere wenn der Ausgangszustand ein SAP-ERP-System oder eine SAP-Landschaft ist: Das Umstiegsprojekt ist prinzipiell einfacher, je mehr Eigenschaften des Quellsystems erhalten bleiben können (z. B. Konfiguration, kundeneigenes Coding oder Anwendungen). Der Nutzen, den Sie in diesem Fall aus SAP S/4HANA ziehen können, wird aber gleichzeitig kleiner, denn dieser Nutzen besteht ja vor allem in den neuen Geschäftsprozessen, den vereinfachten

Benutzeroberflächen und der höheren Flexibilität für zukünftige Anforderungen.

Aus diesem Grund raten wir dringend dazu, diesen Zielkonflikt bewusst zu analysieren. Mögliche Bewertungskriterien sind folgende:

- **Art der Nutzung**

  Wird das Zielsystem produktiv genutzt, oder soll zunächst ein PoC durchgeführt werden? Im letzteren Fall bietet es sich oft an, eine Greenfield-Implementierung mit selektiver Datenübernahme durchzuführen und somit einen Fokus zu definieren.

- **Total Cost of Ownership (TCO)**

  SAP S/4HANA bietet die Möglichkeit, die Betriebskosten zu reduzieren. Als Beispiel wird oft ein reduzierter *Data Footprint* genannt, also die Reduzierung des Speicherplatzes, den die Anwendungsdaten in der Datenbank einnehmen. Ein anderer Aspekt sind geringere Anforderungen an die hauseigene IT durch den Wegfall lokaler SAP-GUI-Installationen an den Arbeitsplätzen der Mitarbeiter. Wenn eine TCO-Reduktion (TCO = Total Cost of Ownership) ein explizites Ziel Ihres Umstiegs ist, sollten Sie allerdings ebenfalls prüfen, wo kundeneigene Erweiterungen entfallen oder durch SAP-S/4HANA-Anwendungen ersetzt werden können. Des Weiteren sollten Sie analysieren, inwieweit mehrere vorhandene ERP-Systeme zu einem einzigen SAP-S/4HANA-System zusammengefasst werden können. Neben den geringeren Betriebskosten können sich daraus auch Vorteile für die Anwender ergeben, die auf Echtzeitdaten aller vorher getrennten Systeme zugreifen können.

- **Betriebsmodell**

  Soll SAP S/4HANA in der Cloud oder on-premise betrieben werden? Beide Betriebsmodelle haben unterschiedliche Eigenschaften, die bewertet werden müssen. Vereinfacht gesagt, ist die Auslagerung der Systemadministration in die Cloud vor allem für nicht differenzierende Geschäftsprozesse attraktiv.

- **Ziellandschaft**

  Wie soll sich die gesamte Landschaft ändern? Sollen Systeme konsolidiert werden? Sollen Systeme getrennt werden (z. B. Finanzbuchhaltung und Materialwirtschaft)? Wie soll die bestehende Archivierung angepasst werden? Welche Daten müssen aus dem Altsystem übernommen werden und welche können zurückbleiben?

Sie sollten außerdem beachten, dass Sie die für die neuen Funktionen von SAP S/4HANA benötigten Frontend-Server für SAP Fiori in der Regel noch zusätzlich aufbauen und konfigurieren müssen.

SAP selbst empfiehlt für die Projektplanung und -durchführung eine Sechs-Stufen-Methodik. Diese besteht aus den Phasen *Erkennen*, *Vorbereiten*, *Erkunden*, *Umsetzen*, *Bereitstellen* und *Ausführen*. Diese *SAP Activate* genannte Methodik beschreiben wir in Kapitel 9, »SAP Activate«, ausführlich.

SAP-Einführungsmethodik

Bei der Beschreibung der Migrationsaktivitäten in diesem Buch gehen wir davon aus, dass die Entscheidung für SAP S/4HANA bereits getroffen ist. Das heißt, dass die Erkennen-Phase schon erfolgreich abgeschlossen wurde, in der die Unternehmensprioritäten identifiziert werden, die Zielarchitektur festgelegt wird, der Business Case abgerundet und ein Readiness Check durchgeführt wird. Unser Fokus in diesem Buch liegt auf der technischen Umsetzung des Umstiegs und weniger auf den prozessgetriebenen Anteilen. Wir gehen davon aus, dass Sie die Auswahl und die Ausprägung der betriebswirtschaftlichen Inhalte in einem eigenen betriebswirtschaftlichen Einführungsprojekt erarbeitet und festgelegt haben.

[«]

Vorbereitung mit Testzugang

Haben Sie die Erkennen-Phase noch nicht abgeschlossen, empfehlen wir Ihnen, ein SAP-S/4HANA-System testweise auszuprobieren. Zu diesem Zweck bietet SAP zeitlich begrenzte Testzugänge für eine Cloud-Instanz von SAP S/4HANA an. Weitere Informationen zu diesen Trial-Systemen finden Sie in Kapitel 6, »Trial-Systeme und Content zum Ausprobieren«.

4.2 Die drei Szenarien für den Umstieg

Greenfield oder Brownfield?

SAP hat für die Einführung von SAP S/4HANA verschiedene technische Szenarien definiert und stellt dafür jeweils angepasste Werkzeuge zur Verfügung. Während Sie den Umstieg planen, sollten Sie entscheiden, welches dieser Szenarien am ehesten zu Ihrem individuellen Fall passt. Bei der Vorstellung der Szenarien in den folgenden Abschnitten gehen wir auch auf die Vor- und Nachteile des jeweiligen Ansatzes ein, bevor wir die Szenarien in Teil III, »Migration durch Systemkonvertierung nach dem Brownfield-Ansatz«, und Teil IV, »Neuimplementierung und Datenmigration nach dem Greenfield-Ansatz«, jeweils im Detail besprechen. Das Szenario der selektiven Datenübernahme wird nicht detailliert vorgestellt, da Sie hier, im Gegensatz zu den beiden anderen Szenarien, nur sehr wenige Schritte selbst durchführen können. Dies wird am Ende dieses Kapitels in Abschnitt 4.2.3, »Selektive Datenübernahme nach SAP S/4HANA«, aber noch einmal genauer erläutert.

Grundsätzlich lassen sich drei Szenarien beim Umstieg auf SAP S/4HANA unterscheiden (siehe Abbildung 4.3):

- die Neuimplementierung von SAP S/4HANA
- die Systemkonvertierung nach SAP S/4HANA
- eine selektive Datenübernahme nach SAP S/4HANA

Dabei greift die selektive Datenübernahme auf die Schritte der beiden zuerst genannten Szenarien zurück und ergänzt sie, um weitere Vorteile von SAP S/4HANA zu nutzen.

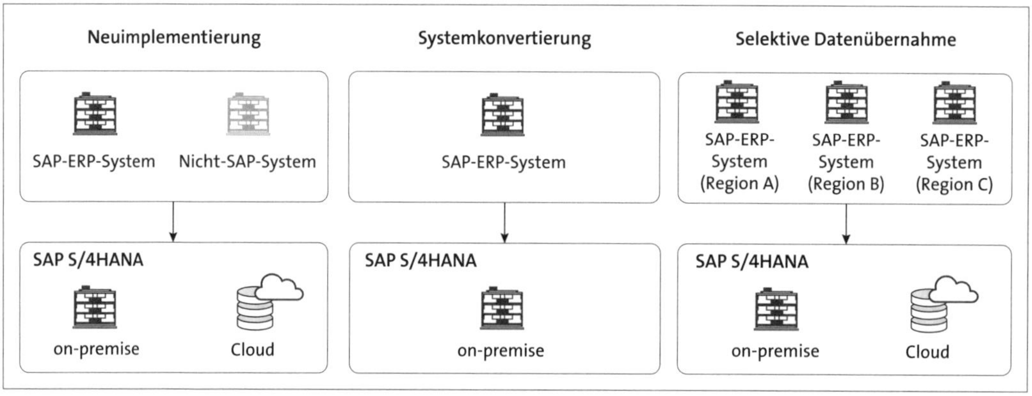

Abbildung 4.3 Die drei Szenarien für den Umstieg auf SAP S/4HANA

Bis auf die Systemkonvertierung lassen Ihnen alle drei Szenarien die Wahl, ob Sie SAP S/4HANA als SaaS-Cloud-Implementierung oder als On-Premise-Modell umsetzen möchten (siehe Abschnitt 3.1, »Betriebsmodelle im Überblick«).

4.2.1 Neuimplementierung von SAP S/4HANA

Neues System installieren

Dieses Szenario beruht, technisch gesehen, auf einer sauberen Neuinstallation von SAP S/4HANA. Dazu wird mithilfe des *Software Provisioning Managers* (SWPM) ein SAP-S/4HANA-System von den verfügbaren SAP-Installationsmedien geladen und neu aufgesetzt. Es entsteht also ein neues System mit einer neuen Systemidentifikation (SID, System Identification Number). Zusätzlich zu dieser ABAP-Instanz wird ein Frontend-Server aufgebaut. Dieser Frontend-Server ist zentraler Knotenpunkt für den Betrieb der SAP-Fiori-Benutzerschnittstelle.

Customizing

Das entstehende System enthält zunächst das von SAP ausgelieferte Customizing. Die Konfiguration muss im Rahmen der prozessorientierten Implementierungsphase noch an die spezifischen betriebswirtschaftlichen Anforderungen Ihrer Geschäftsprozesse angepasst werden.

Datenmigration

Dieses neue System kann mit Daten aus dem Quellsystem versorgt werden. Nach erfolgter Datenübernahme kann das Quellsystem dann durch das SAP-S/4HANA-System ersetzt werden (siehe Abbildung 4.4). Die Übernahme der Daten erfolgt mithilfe eines für SAP S/4HANA neu entwickelten Werkzeugs, des sogenannten *SAP S/4HANA Migration Cockpits*. Dabei ist es unerheblich, ob die Daten aus einem SAP-System oder aus einem Nicht-SAP-System stammen.

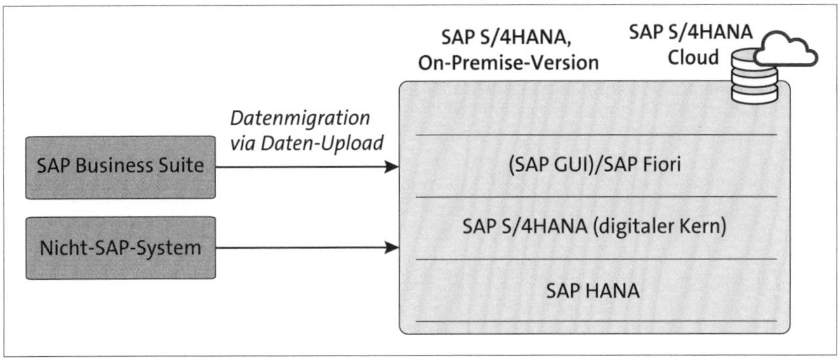

Abbildung 4.4 Neuimplementierung von SAP S/4HANA

Unterstützte Migrationsobjekte

Für die Datenübernahme liefert SAP vordefinierte Modelle aus, sogenannte *Migrationsobjekte*. Diese werden von SAP stufenweise erweitert. In Abbildung 4.5 finden Sie eine beispielhafte Darstellung der Migrationsobjekte im SAP S/4HANA Migration Cockpit.

In diesem Migrations-Content sind für jedes der betriebswirtschaftlichen Objekte jeweils die Standarddatenfelder hinterlegt sowie das Format und gegebenenfalls vorhandene Abhängigkeiten von anderen betriebswirtschaftlichen Objekten oder Bezügen auf diese.

Dem Gedanken der Simplifizierung folgend, sind in diesem vordefinierten Content für die Datenmigration zunächst nur die wichtigsten Datenfelder des betreffenden Objekts vorausgeprägt. Sollten diese nicht ausreichen, können optional zusätzliche Felder eingeblendet werden, sofern diese Teil des SAP-Standards sind. Kundeneigene Felder (im kundeneigenen Namensraum) können ebenfalls hinzugefügt werden. Bei der Migration solcher Felder müssen Sie Folgendes beachten:

- Bei einer *On-Premise-Implementierung* können Felder, die im Standard-API (Application Programming Interface) vorhanden, aber nicht gemappt sind, über Transaktion LTMOM (SAP S/4HANA Migration Object

Modeler) ergänzt werden. Kundeneigene Felder können hinzugefügt werden, sofern der verwendete Funktionsbaustein zur Datenmigration dies unterstützt.

- In der *Cloud-Lösung* sind die Migrationsobjekte bereits so abgestimmt, dass alle Felder und Strukturen für die in der Cloud implementierten Geschäftsprozesse vorhanden sind. Felder, die den Standardumfang der Cloud erweitert haben, können über einen Service nachträglich kundenindividuell gemappt werden. Dies kann z. B. nach einer Expert Configuration notwendig werden. Nehmen Sie in diesem Fall Kontakt mit dem SAP Service Center auf.

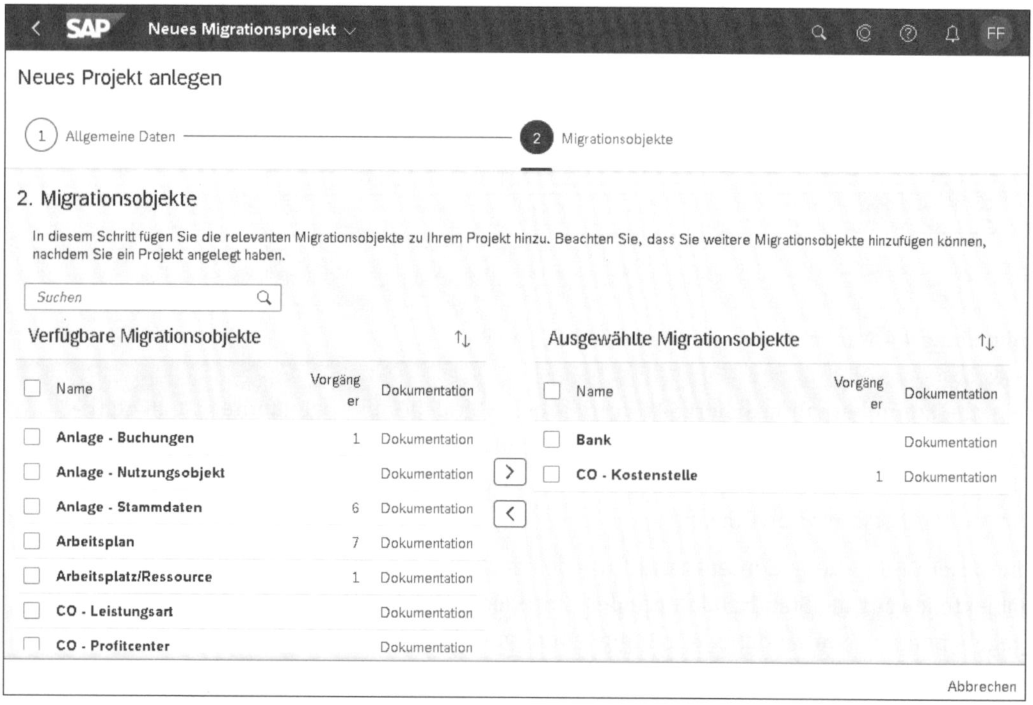

Abbildung 4.5 Darstellung der verfügbaren Migrationsobjekte im SAP S/4HANA Migration Cockpit der Cloud-Edition

Migrationsprojektübersicht

Die ausgewählten Migrationsobjekte werden in die Projektdarstellung des SAP S/4HANA Migration Cockpits übernommen. Dadurch können Sie im Verlauf der Datenübertragung stets nachvollziehen, für welche Objekte Sie noch Daten laden müssen und für welche Objekte die Migration abgeschlossen ist.

Eine eventuell nötige Datenbereinigung (z. B. die Identifikation und das Entfernen von Dubletten) sollten Sie ebenfalls im Vorfeld durchführen. Die bereinigten Daten aus dem Quellsystem werden in einer Datei gespeichert, die dem von SAP vorgegebenen Format entspricht. Zu diesem Zweck werden entsprechende Vorlagen mitgeliefert.

Upload in SAP S/4HANA

Im nächsten Schritt wird diese Datei dann per Datei-Upload eingelesen. Grundlegende vorhandene Inkonsistenzen mit vorausgesetzten Daten, die schon in das Zielsystem geladen wurden, oder Konflikte mit der Konfiguration werden mithilfe von Tools identifiziert und können beseitigt werden. Damit sind die Daten des Quellsystems übertragen worden. Die Abfolge dieser Schritte ist in Abbildung 4.6 skizziert.

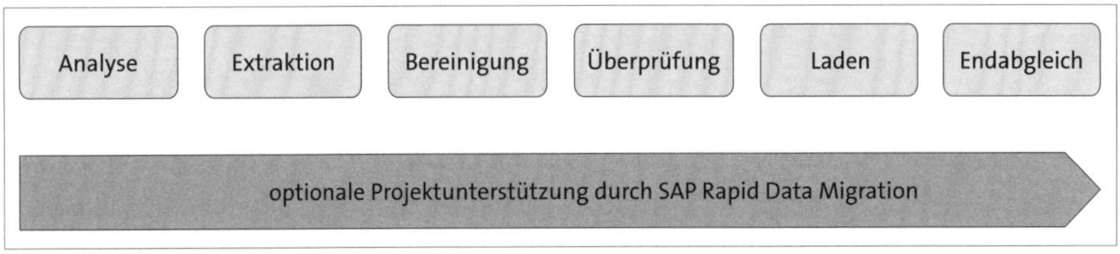

Abbildung 4.6 Schritte für die Datenübertragung nach SAP S/4HANA bei einer Neuimplementierung

Als Ergebnis erhalten Sie ein System, das möglichst dicht am SAP-Standard liegt und nahezu keine »Altlasten« enthält. Dabei liegt in diesem Verfahren der Fokus auf Stammdaten, und nur wenige Bewegungsdaten werden übernommen.

Das SAP S/4HANA Migration Cockpit ersetzt die von den SAP-R/3- oder SAP-ERP-Systemen bekannte *Legacy System Migration Workbench* (LSMW). Diese wird für SAP S/4HANA nicht mehr unterstützt. Sie ist (in der On-Premise-Version von SAP S/4HANA) zwar noch vorhanden, ihre Nutzung ist jedoch nur in Einzelfällen sinnvoll und erfolgt auf eigene Gefahr.

Für das geplante Neuimplementierungsprojekt ist also entscheidend, welche Daten übertragen werden sollen: Gehören Datenobjekte zu den Anforderungen, die nicht Teil des mitgelieferten Contents sind, können diese nicht mit dem SAP S/4HANA Migration Cockpit übertragen werden.

SAP Data Services

Das empfohlene Werkzeug, um eine individuellere Datenübertragung durchzuführen, ist *SAP Data Services*. Dieses Tool steht mit einem Basisfunktionsumfang für die Extraktion und das Laden von Daten allen SAP-HANA-Kunden im Rahmen der SAP-HANA-Lizenz zur Verfügung. Es besteht aus einem zentralen Data-Services-Server sowie einem lokalen Frontend für die Modellierung. Auch hier wird Migrations-Content mitgeliefert, der jedoch weniger umfangreich ist als im Fall des SAP S/4HANA Migration Cockpits. Ebenso ist der technische Aufwand höher, und es ist mehr Expertenwissen gefragt als im Fall des SAP S/4HANA Migration Cockpits. Optional bietet SAP eine Lizenzerweiterung für SAP Data Services an, die die Bearbeitung und Verbesserung der Datenqualität und die Datenbereinigung umfassend unterstützt.

Beachten Sie, dass mit dem beschriebenen Verfahren ein neues System mit einer neuen SID aufgebaut wird, das (ausgewählte) Daten des Quellsystems enthält. Dieses neue System bzw. die so entstehende mehrstufige Systemlandschaft (Entwicklungs-, Test- und Produktivsystem) muss in den meisten Fällen noch in die Gesamtlandschaft integriert werden.

Checkliste für die Neuimplementierung

Die einzelnen Schritte bei der Neuimplementierung fassen wir hier noch einmal zusammen:

1. Zielzustand festlegen (Betriebsmodell und Verteilung der Instanzen). Die Neuimplementierung kann für On-Premise-Implementierungen, für SAP HANA Enterprise Cloud und für die SaaS-Cloud erfolgen.
2. Identifikation der gewünschten neuen betriebswirtschaftlichen Funktionen.
3. Abgleich der aktuell genutzten Funktionen mit dem Simplification Item Catalog Ihrer jeweiligen SAP-S/4HANA-Version finden Sie unter *https://me.sap.com/sic* (es wird ein SAP-S-User vorausgesetzt). Beachten Sie jeweils die Anzahl der Benutzer für die einzelnen Funktionen.
4. Bei bestehendem SAP-ERP-Quellsystem: Simplification Item Check im Simulationsmodus durchführen (siehe SAP-Hinweis 2502552).
5. Analyse kundeneigener Erweiterungen mithilfe der Custom Code Migration Worklist durchführen (siehe *http://s-prs.de/v10578018*). Weitere Informationen zu Erweiterungen für SAP S/4HANA finden Sie in Abschnitt 3.4, »RISE with SAP«.
6. Nur für On-Premise-Version: Sizing durchführen (*https://service.sap.com/sizing*).
7. Wenn möglich, Datenbereinigung und -archivierung im Ausgangssystem durchführen.
8. Anpassung der Aufwandsplanung, Überprüfen des Umstiegsszenarios.
9. Zielsystem aufbauen.
10. SAP S/4HANA Migration Cockpit starten und Datenübernahme durchführen.
11. Ergebnis überprüfen.

12. Nur für die On-Premise-Version: Aufbau der Frontend-Server für SAP Fiori.
13. Delta-Konfiguration durchführen.
14. Abschlusstests durchführen.
15. Rollout der neuen Prozesse an die Anwender durchführen.

SAP stellt als Unterstützung den umfangreichen *SAP Readiness Check for SAP S/4HANA* zur Verfügung, über den Sie eine elektronische Checkliste und detaillierte, regelmäßig aktualisierte Informationen zur Umstiegsvorbereitung erhalten: *https://help.sap.com/docs/SAP_READINESS_CHECK*.

4.2.2 Systemkonvertierung nach SAP S/4HANA

SAP-ERP-System als Ausgangsbasis

In diesem Szenario ist ein existierendes SAP-ERP-System die Ausgangsbasis. Dieses System wird in mehreren Schritten in ein SAP-S/4HANA-System umgewandelt (siehe Abbildung 4.7). Bei diesem Verfahren bleiben die SID des Quellsystems, das Customizing und die bestehenden Daten erhalten. Bei der Wahl dieses Szenarios sollte eine Datenbereinigung *vor* der Konvertierung vorgenommen werden. Wichtig ist außerdem, dass es sich bei diesem Szenario *nicht* um ein Upgrade handelt, denn das entstehende System gehört einer anderen Produktfamilie an.

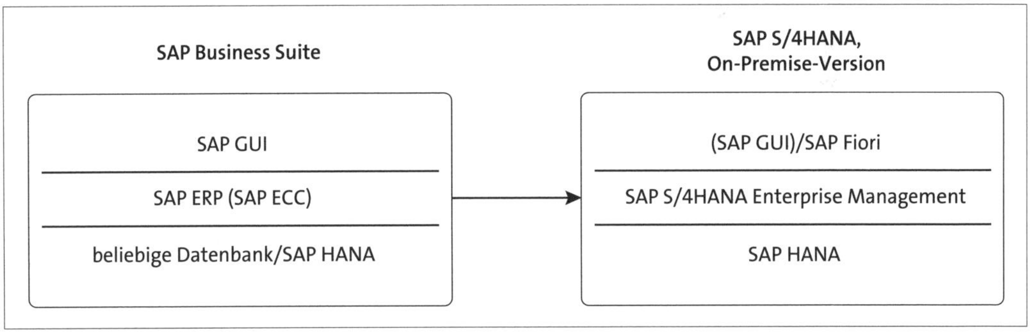

Abbildung 4.7 Systemkonvertierung nach SAP S/4HANA

[«]

Data Footprint und Archivierung

SAP wirbt für SAP S/4HANA mit einem deutlich reduzierten Data Footprint. Das heißt, dass die Daten in der SAP-HANA-Datenbank weniger Speicherplatz als im herkömmlichen SAP-ERP-System auf klassischen Datenbanken verbrauchen. Der Grund dafür sind die besseren Komprimierungsalgorithmen in SAP HANA. Die offiziellen Sizing-Empfehlungen von SAP berücksichtigen diese Komprimierung bereits. Bei der Systemkonvertierung wird das Zielsystem allerdings in der Regel nicht durch diese Sizing-Regeln erfasst. Der Speicherbedarf ist zunächst höher als in einem neu aufgesetzten System. Das liegt daran, dass SAP die kundeneigenen Daten zunächst erhält, um Datenverlust zu vermeiden. Zeitweise liegen im Zielsystem also Daten doppelt vor: einmal in den neuen Datenmodellen von SAP S/4HANA und ein weiteres Mal in den obsoleten Tabellen des SAP-ERP-Systems.

Entsprechend muss das Zielsystem zunächst größer dimensioniert werden. Die »doppelten« Daten können nach Abschluss des Konvertierungsprojekts manuell gelöscht werden. Zuvor sollte allerdings geprüft worden sein, ob die Daten erfolgreich konvertiert wurden. Wir empfehlen daher, diese doppelten Daten für einige Wochen im System zu behalten.

Um die Überdimensionierung des Zielsystems zu minimieren, sollten Sie prüfen, welche Daten des Quellsystems archiviert werden können. Auf diese Archive können Sie auch von SAP S/4HANA aus zugreifen. Ein Nebeneffekt ist, dass die Laufzeit der Umsetzungsroutinen ebenfalls reduziert wird. Allerdings sollten Sie keine aktiven Daten archivieren. Berücksichtigen Sie bei der Planung, dass Sie die Archivierungsroutinen im SAP-S/4HANA-Zielsystem noch an die neuen Datenmodelle anpassen müssen, um auch die künftigen Daten archivieren zu können. Zusätzlich haben Sie dort die Möglichkeit, das in SAP HANA eingebaute *Data Aging* zu nutzen. Diese Methode verdrängt nicht aktiv genutzte Daten aus dem Arbeitsspeicher von SAP HANA und bildet damit gewissermaßen eine Vorstufe zu einer Archivierung: »Heiße« Daten befinden sich im Arbeitsspeicher von SAP HANA, »kalte« und »historische« Daten im Archiv.

Simplification List

Vor der Durchführung einer Systemkonvertierung ist eine umfassende Analyse des Quellsystems notwendig. In dem von SAP angebotenen *Simplification Item Catalog* sind alle relevanten Änderungen enthalten, die bestehende SAP-ERP-Funktionalität betreffen: Funktionen, die entfallen, signifikant veränderte Anwendungen (oder Anwendungsarchitekturen) sowie »nicht strategische« Funktionen (siehe Abbildung 4.8).

Letztere sind Funktionen, die zwar in SAP S/4HANA enthalten sind, aber von SAP nicht mehr empfohlen werden. Da man davon ausgehen kann, dass SAP für diese Funktionen weder eine Weiterentwicklung noch eine Wartung anbietet, sollten sie nur für eine begrenzte Übergangszeit genutzt werden. Details finden Sie in Kapitel 7, »Vorbereitung der Systemkonvertierung«.

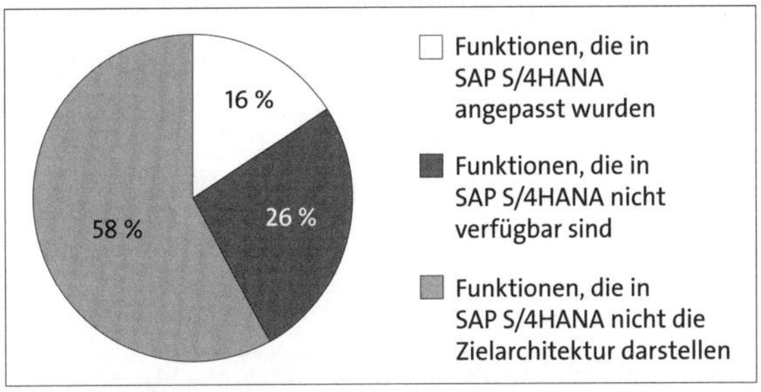

Abbildung 4.8 Der größte Teil der Funktionen im Simplification Item Catalog sollte nur noch für eine kurze Übergangszeit genutzt werden.

Readiness Check

Zur Vereinfachung bietet SAP eine Reihe von automatisierten Vorabprüfungen an, die oft auch als Pre-Checks oder Readiness Checks bezeichnet werden. Sie überprüfen das eigene System vor allem in Bezug auf die folgenden Punkte:

- Werden die technischen Systemanforderungen erfüllt?
- Werden Funktionen genutzt, die im Zielsystem in dieser Form nicht mehr verfügbar sind?
- Wird inkompatible Software genutzt, wie z. B. Add-ons, die (noch) nicht für SAP S/4HANA freigegeben sind? Diese Software müsste im Quellsystem deinstalliert werden, oder es muss eine kompatible Version für SAP S/4HANA zur Verfügung stehen. Dazu sollten Sie beim Hersteller des jeweiligen Add-ons Informationen einholen.
- Sind Ihre kundeneigenen Erweiterungen mit SAP S/4HANA kompatibel?

Die Ergebnisse dieser Prüfungen können in manchen Fällen erheblichen Einfluss auf die Einschätzung des Projektumfangs haben. Unsere Empfehlung lautet daher, diese Prüfungen bereits zu Beginn des Transformationsprojekts durchzuführen, um eine präzise Schätzung des Gesamtumfangs des Projekts zu erreichen. Wir empfehlen Ihnen, zunächst die Simplification Item Checks in einem Simulationsmodus (Simulation Mode) auszuführen (siehe Abbildung 4.9). Sie starten den Check über den Report /SDF/RC_START_CHECK aus SAP-Hinweis 2399707.

Prüfungsergebnisse

Achten Sie hierbei darauf, das korrekte Zielrelease auszuwählen. Die Prüfung erfolgt dann in zwei Schritten: Zunächst wird eine *Relevanzprüfung* durchgeführt. Dabei wird ermittelt, welche Bereiche des vorhandenen Systems aktiv genutzt werden. Die Prüfung gleicht diese Bereiche des Systems dann aktiv mit der neuesten Version der Simplification Item List von SAP ab.

Die Prüfergebnisse der Relevanzprüfung werden in zwei Kategorien unterteilt, wie es anhand der Symbole in der Spalte **Relevanz** in Abbildung 4.10 zu erkennen ist:

- Anwendungsbereiche, die mit hoher Wahrscheinlichkeit betroffen sind (gelb markiert)
- Anwendungsbereiche, die nicht betroffen sind (grün markiert)

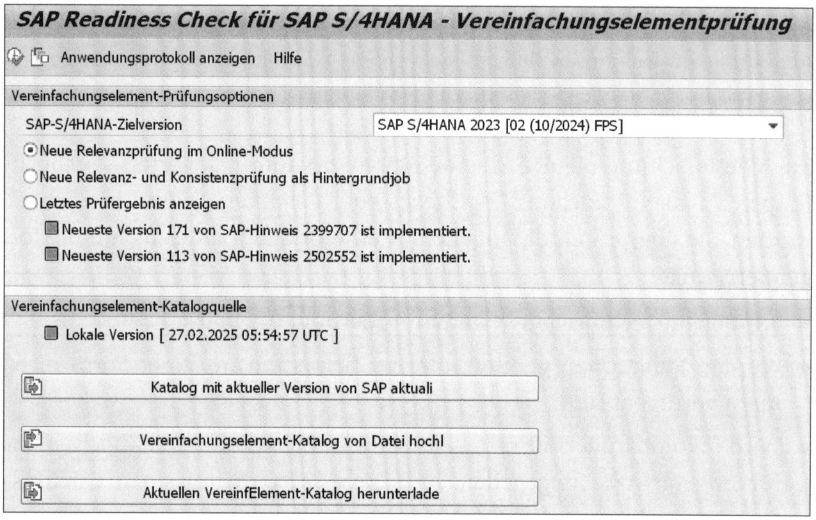

Abbildung 4.9 Startbildschirm der Simplification Item Checks zur Vorbereitung einer SAP-S/4HANA-Konvertierung

Im zweiten Schritt müssen dann nur die Systembereiche, die aktiv genutzt wurden und für die gleichzeitig ein Listeneintrag besteht, mit Detailprüfungen untersucht werden, den *Consistency Checks*. Das heißt mit Blick auf Abbildung 4.10, dass Sie für die gelb markierten Einträge die Konsistenzprüfung durchführen sollten.

Dazu wählen Sie in der Symbolleiste den Button **Konsistenz für alle prüfen**. Sie erhalten im Anschluss wieder eine Darstellung in Listenform. Bei den Prüfungen, die auf Fehler gelaufen sind, werden eine Beschreibung der Situation und ein Verweis auf weiterführende Informationen angezeigt (siehe Abbildung 4.11).

Die Prüfungsergebnisse werden in drei Kategorien unterteilt:

- positive Prüfungsergebnisse (grün markiert)
- Warnungen (gelb markiert)
- Fehler, die die Konvertierung verhindern (rot markiert)

Abbildung 4.10 Ergebnisliste der Relevanzprüfung (als relevant markierte Bereiche müssen genauer geprüft werden)

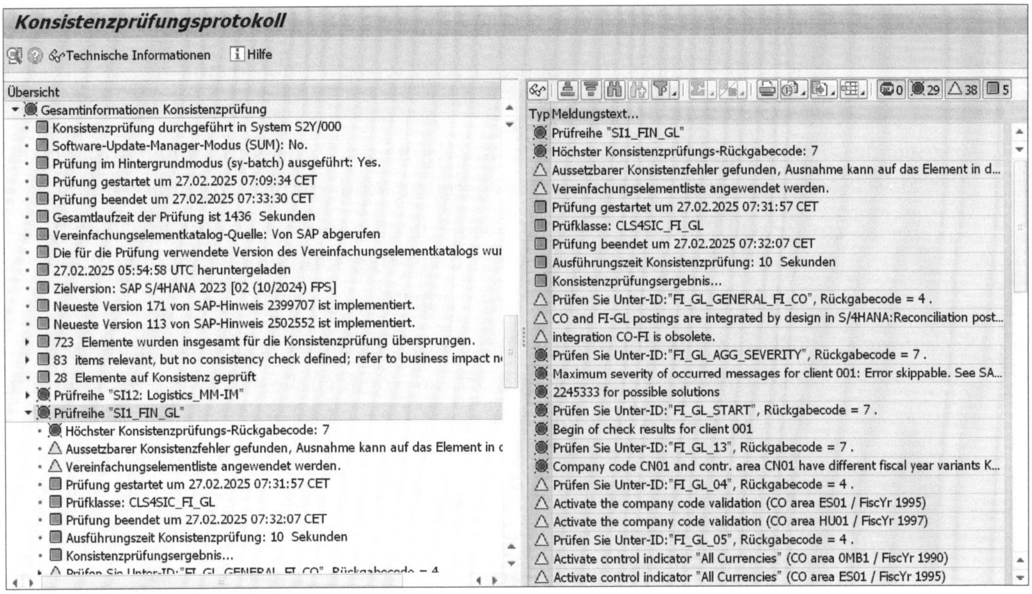

Abbildung 4.11 Ergebnisse der Konsistenzprüfung

Die Warnungen verhindern die technische Durchführung der Konvertierung nicht. Da sich in einzelnen Fällen aber Datenverluste ergeben können, sollte auch eine Warnung sorgfältig analysiert werden. SAP liefert die Simplification Item Checks über SAP-Hinweise aus (siehe SAP-Hinweis 2502552).

Sie werden in das Quellsystem eingespielt, und die Überprüfung kann beginnen. Damit können Sie die Prüfung unabhängig von der technischen Konvertierung durchführen. Zur Sicherheit fordert die Konvertierungsroutine selbst allerdings auch noch einmal die Durchführung der Simplification Item Checks. Damit wird ausgeschlossen, dass ein System einer Konvertierung unterzogen wird, das nicht geprüft wurde.

Prüfungen für kundeneigenes Coding

Eine Ausnahme vom gerade dargestellten Mechanismus bilden die *Custom Code Checks*. Dafür wird ein SAP-NetWeaver-System an das Quellsystem angeschlossen, und der kundeneigene Code wird dann in diesem SAP-NetWeaver-System analysiert. Damit wird eine unnötige Belastung des Quellsystems vermieden. Als Ergebnis dieser Prüfungen erhalten Sie die sogenannte *Custom Code Migration Worklist*. Hierbei handelt es sich um eine Auflistung der von SAP empfohlenen Anpassungen am kundeneigenen Code.

Um den Überblick über die zahlreichen empfohlenen Vorabprüfungen zu erleichtern, hat SAP für den SAP Solution Manager den SAP Readiness Check for SAP S/4HANA erstellt. Neben den oben genannten Prüfungen werden mithilfe des SAP Solution Managers noch weitere Informationen teilautomatisiert ausgewertet, z. B. Sizing, Add-on-Nutzung oder Empfehlungen zur Nutzung von SAP-Fiori-Apps. Sie finden die Links zu diesem SAP Readiness Check in unserer Checkliste weiter unten und in SAP-Hinweis 2758146.

Anpassung des Quellsystems

Nach erfolgter Überprüfung empfiehlt es sich, die gefundenen Auffälligkeiten schon im Quellsystem zu beheben. Andernfalls kann eine reibungslose Durchführung der Konvertierung nicht garantiert werden. Nachdem die Korrekturen vorgenommen worden sind, kann eine erneute Prüfung des Systems zusätzliche Sicherheit bringen.

Konvertierung durchführen

Falls die Vorabprüfungen keine Auffälligkeiten zeigen, kann die nächste Phase der Konvertierung gestartet werden. Zu diesem Zweck wird mithilfe des *Maintenance Planners* der gewünschte Zielzustand eingegeben – in unserem Fall die gewünschte Version von SAP S/4HANA. Der Maintenance Planner kann über das SAP Support Portal unter Verwendung eines SAP-S-User-Kontos aufgerufen werden (*https://maintenanceplanner.cloud.sap/*). Mit einer für SAP S/4HANA optimierten Version des *Software Update Managers* (SUM) wird dann die eigentliche technische Systemkonvertierung durchgeführt.

Standard oder downtime-optimiert

Sie können entscheiden, wie diese technische Konvertierung durchgeführt werden soll. SAP stellt hierzu zwei Verfahren zur Verfügung:

- Mit dem voreingestellten Standardverfahren versucht SAP, den Ressourcenverbrauch, die Downtime und die Gesamtlaufzeit in ein ausgewogenes Verhältnis zu bringen.
- Ein Verfahren mit optimierter Downtime führt größere Teile der Datenkonvertierungen in das SAP-S/4HANA-Datenformat durch, während das System in Betrieb ist. Damit wird die Downtime reduziert. Der Preis dafür sind ein höherer Ressourcenverbrauch und teilweise eine längere Gesamtdauer der technischen Konvertierung.

Noch weitergehende Anforderungen können in einem individuellen Projekt optimiert werden. Falls eine *Near-Zero Downtime* angestrebt wird, empfiehlt SAP, das Projekt gemeinsam mit SAP-Beratern durchzuführen.

Schritte der Konvertierung

In der technischen Konvertierung laufen im Wesentlichen die folgenden drei Schritte ab:

1. **Umsetzung der Datenbank auf SAP HANA**

   Die Datenbank des Quellsystems muss *nicht* SAP HANA sein. In diesem Fall bietet der SUM die Option an, die Datenbank mit zu konvertieren. SAP nennt dies *Database Migration Option* (DMO).

2. **Einspielen der neuen Repository-Objekte**

   Ein Update der Software auf die neuen SAP-S/4HANA-Versionen wird durchgeführt.

3. **Datenkonvertierung**

   Die Daten des Quellsystems werden in die geänderten Ablagen des Zielsystems überführt.

Nachdem die technische Konvertierung fehlerfrei durchlaufen worden ist, müssen in wenigen Fällen noch anwendungsspezifische Aktivitäten durchgeführt werden.

Konfiguration der neuen Funktionen

Das System ist nun wieder für die Nutzung bereit – allerdings nur im funktionalen Rahmen des Altsystems. Die neuen Funktionen von SAP S/4HANA sind natürlich im System vorhanden, allerdings muss hier in der Regel noch die gewünschte Konfiguration vorgenommen werden. Um diese Konfiguration zu vereinfachen, bietet SAP vordefinierten Content an: SAP Best Practices.

[«]

Vom Einzelsystem zu einer Landschaft

Die beschriebenen Schritte für die Konvertierung müssen in *allen* Systemen der Landschaft durchgeführt werden, also mindestens im Entwicklungs-, Test- und Produktivsystem. Um die dadurch entstehende Zeitspanne zu überbrücken, kann temporär eine Kopie der Landschaft erzeugt werden. Beachten Sie, dass es dann in der Regel nicht mehr möglich ist, zwischen den Systemen, die sich auf dem alten Stand befinden, und den auf dem Stand von SAP S/4HANA befindlichen Systemen Änderungen am Code oder an den Konfigurationen per Transport auszutauschen. Dies gilt auch für SAP-Korrekturen. Der Grund ist, dass sich sowohl der Code (kundeneigener Code und SAP-Code) als auch die Konfigurationstabellen unterscheiden. Wir empfehlen in einem solchen Fall ausschließlich einen manuellen Abgleich zwischen den Landschaften.

Wir empfehlen ebenfalls, das Projekt in zwei Phasen zu unterteilen und sich zunächst auf die technische Umstellung des Systems zu konzentrieren. Die Einführung neuer bzw. geänderter Prozesse kann dann auf der Basis des konvertierten Systems in einem zweiten Schritt durchgeführt werden.

Voraussetzungen

Ausgehend von verschiedenen Startversionen des SAP-ERP-Systems sind jeweils unterschiedliche SAP-S/4HANA-Zielversionen möglich. Es ist weder erforderlich, bereits SAP HANA implementiert zu haben, noch müssen die verschiedenen Versionen sequenziell implementiert werden. Im Grunde reicht es aus, dass das Quellsystem auf dem Stand von SAP ERP 6.0 oder höher ist. Beachten Sie dazu Abbildung 4.12. Details zu den Konvertierungspfaden finden Sie in Kapitel 7, »Vorbereitung der Systemkonvertierung«.

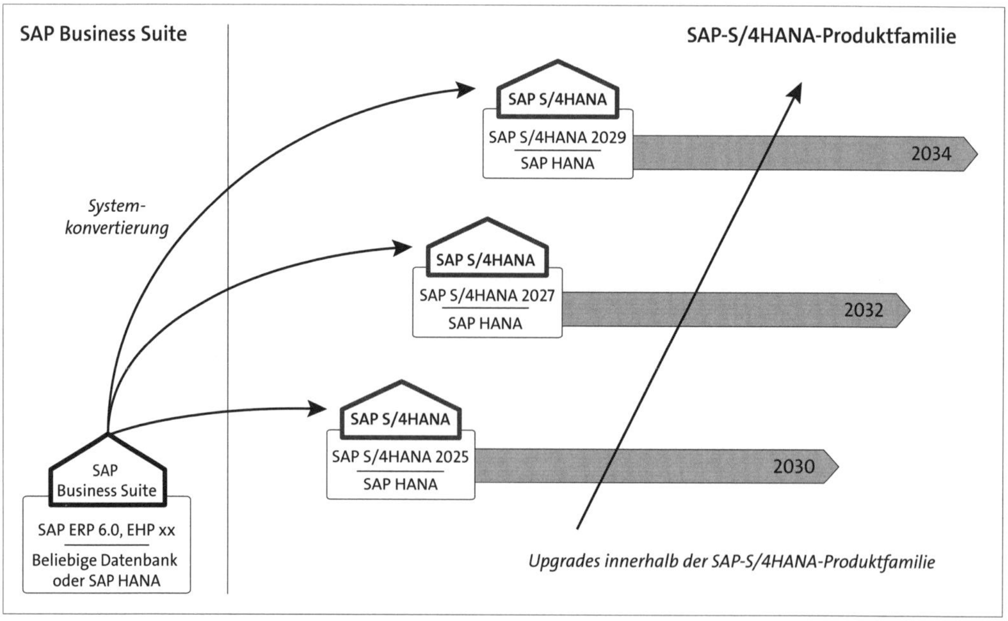

Abbildung 4.12 Unterschiedliche Konvertierungspfade nach SAP S/4HANA

Checkliste für die Konvertierung

In der folgenden Liste fassen wir die einzelnen Schritte bei der Systemkonvertierung noch einmal zusammen:

1. Zielzustand festlegen (Betriebsmodell und Verteilung der Instanzen). Die Systemkonvertierung kann nur für On-Premise-Implementierungen oder für die SAP HANA Enterprise Cloud erfolgen.
2. Die gewünschten neuen betriebswirtschaftlichen Funktionen identifizieren.
3. Abgleich der aktuell genutzten Funktionen mit dem Simplification Item Catalog Ihrer jeweiligen SAP-S/4HANA-Version (unter *https://me.sap.com/sic*). Beachten Sie jeweils die Anzahl der Benutzer für die einzelnen Funktionen.
4. Bei bestehendem SAP-ERP-Quellsystem: Simplification Item Check im Simulationsmodus durchführen (siehe SAP-Hinweis 2502552).
5. Analyse der kundeneigenen Erweiterungen mithilfe der Custom Code Migration Worklist (*http://s-prs.de/v10578018*) durchführen. Weitere Informationen zu den Erweiterungen für SAP S/4HANA finden Sie in Abschnitt 3.4, »RISE with SAP«.
6. Sizing durchführen (*https://service.sap.com/sizing*).
7. Wenn möglich, Datenbereinigung und -archivierung im Ausgangssystem durchführen.
8. Anpassung der Aufwandsplanung, Überprüfen des Umstiegsszenarios.
9. Wartungsvorgang im Maintenance Planner (*http://s-prs.de/v10578019*) modellieren.
10. Standard- oder Konvertierung mit optimierter Verfügbarkeit im SUM wählen, gegebenenfalls Sizing anpassen.
11. Wartungsvorgang durchführen.
12. Ergebnis überprüfen.
13. Aufbau der Frontend-Server für SAP Fiori.
14. Delta-Konfiguration vornehmen.
15. Abschlusstests durchführen.
16. Rollout der neuen Prozesse an die Anwender.

SAP stellt als Unterstützung den umfangreichen SAP Readiness Check for SAP S/4HANA zur Verfügung, über den Sie eine elektronische Checkliste und detaillierte, regelmäßig aktualisierte Informationen zur Umstiegsvorbereitung erhalten: *https://help.sap.com/docs/SAP_READINESS_CHECK* oder SAP-Hinweis 2758146.

4.2.3 Selektive Datenübernahme nach SAP S/4HANA

In diesem Abschnitt erläutern wir das dritte und letzte Übergangsszenario, und zwar die *selektive Datenübernahme*, die eher unter der englischen Bezeichnung Selective Data Transition (SDT) bekannt ist. Im Unterschied zur Systemkonvertierung, bei der alle im Quellsystem vorhandenen Daten ins Zielsystem übertragen (und konvertiert) werden, kann bei der Selective Data Transition der Umfang der Daten eingegrenzt werden, daher der Namensbestandteil »Selective«. Dieses Szenario ist außerdem das einzige der drei Umstiegsszenarien, das mehrere alternative Ausprägungen aufweist: Es kann sich um eine Systemkonsolidierung, um die Übernahme einer Organisationseinheit oder um die Übernahme eines spezifischen Anwendungsbereichs (wie der Finanzdaten) handeln.

Bevor wir auf diese Ausprägungen genauer eingehen, beschäftigen wir uns zunächst mit der Frage, warum sich SAP-Kunden überhaupt für eines der Szenarien zur selektiven Datenübernahme entscheiden. Betrachtet man im Vergleich dazu die Systemkonvertierung, bei der ein gesamtes System umgestellt wird, sowie die Neuimplementierung, bei der ein Kunde mit einem gänzlich neuen System startet (Greenfield-Ansatz), bewegt sich die selektive Datenübernahme zwischen diesen beiden Szenarien. Abhängig von den Anforderungen werden hier z. B. nur verschiedene Teile eines bestehenden SAP-Systems nach SAP S/4HANA überführt. Wie lange eine solche Datenmigration jeweils dauern wird, hängt von vielen Faktoren ab und wird im Rahmen eines Planungsservice abgeklärt. Die eigentliche Umstellung erfolgt während einer Systemausfallzeit (in der Regel an einem Wochenende).

Wie schon zu Beginn dieses Kapitels erwähnt, wird die selektive Datenübernahme im weiteren Verlauf dieses Buchs nicht detailliert vorgestellt. Das hat den Grund, dass die anderen Szenarien, unter Verwendung der von SAP bereitgestellten Werkzeuge, im Prinzip von Kunden und Partnern selbst umgesetzt werden können. Die selektive Datenübernahme ist allerdings von hoher Komplexität, und entsprechende Expertenwerkzeuge sind nicht frei verfügbar. Die komplexe Systemkonsolidierung wird z. B. von SAP ausschließlich im Rahmen der SAP Value Assurance Services Packages unterstützt. Daher ist es zweckmäßig, Experten aus der SAP-Beratung einzubinden. Im Folgenden werden noch einige Details der selektiven Datenübernahme erläutert, damit Sie sich ein entsprechendes Bild des Szenarios machen können.

Daten in eine gemeinsame Datenbank

Unter der *Systemkonsolidierung* verstehen wir eine Ausprägung, bei der mehrere unterschiedliche SAP-ERP-Systeme in ein gemeinsames SAP-S/4HANA-System überführt werden (siehe Abbildung 4.13). Auslöser für ein solches Projekt ist üblicherweise der Wunsch, den größtmöglichen Vorteil aus der Echtzeitverarbeitung von Daten in SAP S/4HANA zu ziehen: Nur wenn alle Daten in der gemeinsamen Datenbank liegen, kann das System diese Daten auch nutzen. Ein Nebeneffekt ist die Vermeidung von Datenreplikation. Die effizienten Komprimierungsalgorithmen und die hohe Geschwindigkeit von SAP S/4HANA lassen es zu, die Datenmengen mehrerer klassischer Systeme in einem gemeinsamen System zu verarbeiten.

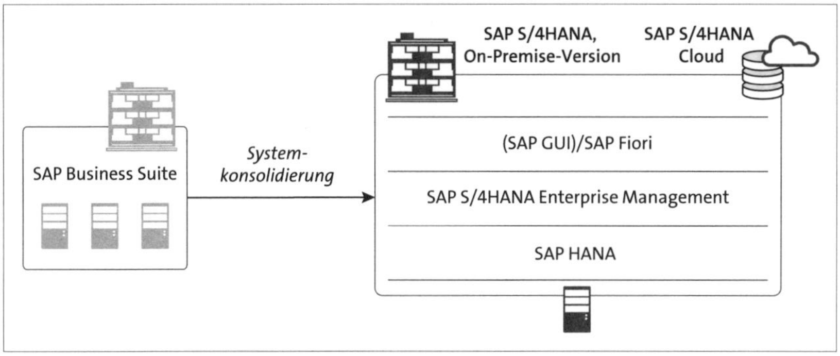

Abbildung 4.13 Systemkonsolidierung

Zwei Teilprojekte

Die selektive Datenübernahme besteht aus zwei Teilprojekten. In einem ersten Teil wird das Hauptsystem bzw. Mastersystem vorbereitet. Dazu wird eines der zuvor beschriebenen Szenarien genutzt: eine Neuimplementierung eines SAP-S/4HANA-Systems oder eine Systemkonvertierung. Der letztere Fall empfiehlt sich häufig, wenn in der Landschaft ein SAP-ERP-System vorhanden ist, das als Vorlage für die anderen Systeme dienen kann. In diesem System sollten Konfiguration und Prozessausprägungen auf dem besten und aktuellsten Stand sein. Berücksichtigen Sie bei der Planung dieses ersten Schritts unsere Ausführungen zu Neuimplementierungen und Systemkonvertierungen in den vorangehenden Abschnitten.

Wahl der selektiven Datenübernahme

Wurde im ersten Schritt ein Master-SAP-S/4HANA-System erzeugt, müssen in einem zweiten Schritt nun die Daten aus den übrigen Systemen der Landschaft in dieses System überführt werden. Dazu sollten Sie zunächst herausfinden, welche Art der selektiven Datenübernahme erforderlich ist. Übliche Fälle sind in Abbildung 4.14 dargestellt:

- Konsolidierung mehrerer Komplettsysteme
- Übertragung ausgewählter Buchungskreise
- Übertragung ausgewählter Geschäftsprozesse

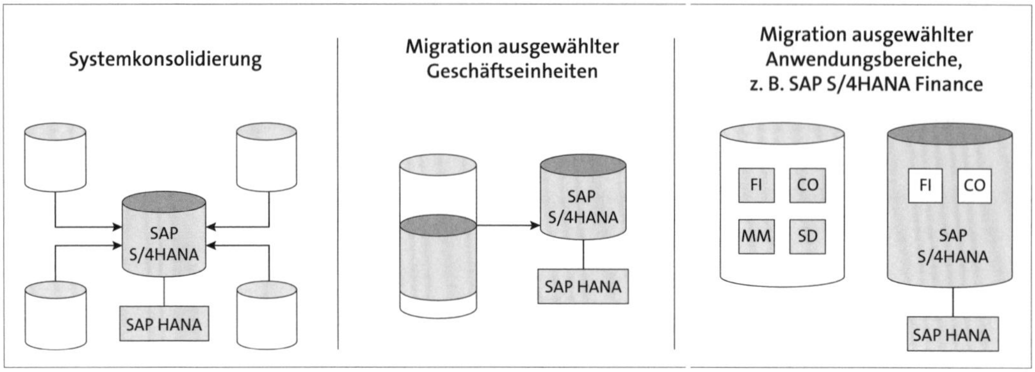

Abbildung 4.14 Beispiele für die selektive Datenübernahme

Expertenwerkzeuge

In jedem Fall werden Daten aus (verschiedenen) SAP-ERP-Systemen in das SAP-S/4HANA-System geschrieben. Diese Daten müssen dabei in das neue Datenmodell von SAP S/4HANA übersetzt werden. Technisch werden dazu hauptsächlich Expertenwerkzeuge von SAP verwendet, da z. B. Änderungen direkt auf der Datenbank notwendig sind. Um hier maximale Sicherheit und Datenkonsistenz zu gewährleisten, werden diese Werkzeuge, wie eingangs erwähnt, nur von SAP-Experten bedient.

Nicht-SAP-Quellsysteme

Während die bereits genannten drei üblichen Fälle einer selektiven Datenübernahme normalerweise (mindestens) ein SAP-ERP-System als Quelle voraussetzen, sind die Ansätze mit Einschränkungen auch für Nicht-SAP-Quellsysteme möglich. Dann bietet es sich allerdings an, alternativ über den Einsatz von SAP Data Services nachzudenken, wie auch im Fall der Neuimplementierung. Die Entscheidung für solch einen Einsatz hängt aber vom Einzelfall ab und kann an dieser Stelle nicht pauschal getroffen werden.

Lösungen von SAP und von Partnern

Die einzelnen Spielarten der Selective Data Transition sind hochgradig individualisierte Projekte. Der SDT-Ansatz wird daher einerseits von SAP als Projektlösung im Rahmen von Beratungsservices angeboten. Darüber hinaus gibt es eine Reihe von Partnerlösungen, die diesen Ansatz mit eigenen Tools umsetzen. SAP hat dazu im Rahmen des SAP S/4HANA Selective Data Transition Engagement eine Kooperation mit einer Reihe von erfahrenen Partnern initiiert. Details dazu finden Sie unter dem folgenden Link: *http://s-prs.de/v10578020*

Lean Selective Data Transition als Standard-Angebot

Seit 2024 bietet SAP eine SDT-Lösung in der Standard-Auslieferung (also ohne zusätzliche Lizenzkosten) an, mit der Kunden und auch Partner den SDT-Ansatz realisieren können. Er wird *Lean Selective Data Transition* (Lean SDT) genannt, weil er mit reduzierten Kosten, durch geführte Schritt-für-

Schritt-Ausführung und ohne Programmieraufwand realisiert werden kann. Damit können nun Projekte besondere Anforderungen auch mit einem von SAP ausgeliefertes Werkzeug nutzen, das mit SAP-Support einhergeht.

SAP Business Transformation Center, Teil von SAP Cloud ALM

Das Szenario hat den Namen Lean Selective Data Transition, das dafür genutzte Werkzeug ist das SAP Business Transformation Center, das in SAP Cloud Application Lifecycle Management (SAP Cloud ALM) integriert ist. Abbildung 4.15 zeigt das Einstiegsbild von SAP Cloud ALM. Das SAP Business Transformation Center ist auf der Registerkarte **Transformation** zu finden.

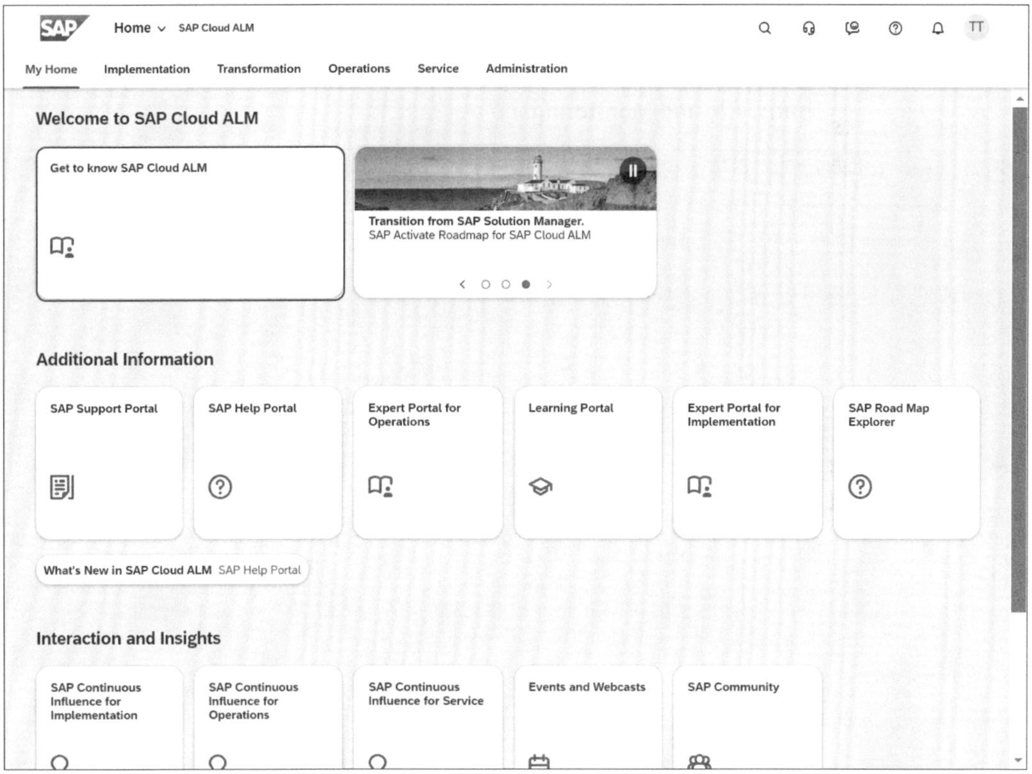

Abbildung 4.15 Einstiegsbild von SAP Cloud ALM

Das SAP Business Transformation Center könnte zukünftig auch Grundlage für andere Transitionsszenarien sein, die andere Zielprodukte als SAP S/4HANA haben.

Technischer Ablauf mit Shell Creation

Bei der Systemkonvertierung wird das Quellsystem in place konvertiert und steht danach mit gleicher System-ID, Architektur und Hardware zur Verfügung (sofern kein Infrastrukturwechsel etwa zu SAP S/4HANA Cloud

Private Edition erfolgt). Das Quellsystem muss ein SAP-ERP-6.0-System (auf beliebiger Datenbank) sein, derzeit ist Enhancement Package 7 notwendig. Im Gegensatz zur In-Place-Systemkonvertierung wird bei der Lean Selective Data Transition zunächst mittels *Shell Creation* eine Art leere Kopie des Quell-SAP-ERP-Systems erzeugt. Dieses System enthält das Customizing, aber keine Geschäftsdaten. Diese Kopie wird anschließend nach SAP S/4HANA konvertiert. Nach der Projektdefinition im SAP Business Transformation Center wird dort der Datentransfer vom Quellsystem inklusive der Datenkonvertierung in das Zielsystem angestoßen. Im Folgenden werden die einzelnen Aktivitäten im SAP Business Transformation Center skizziert.

Arbeitsbereiche und Vorgehen

In Abbildung 4.16 ist in SAP Cloud ALM die Registerkarte **Transformation** ausgewählt worden, und es zeigen sich drei Bereiche: **Scoping**, **Modeling** und **Cycle and Monitoring**.

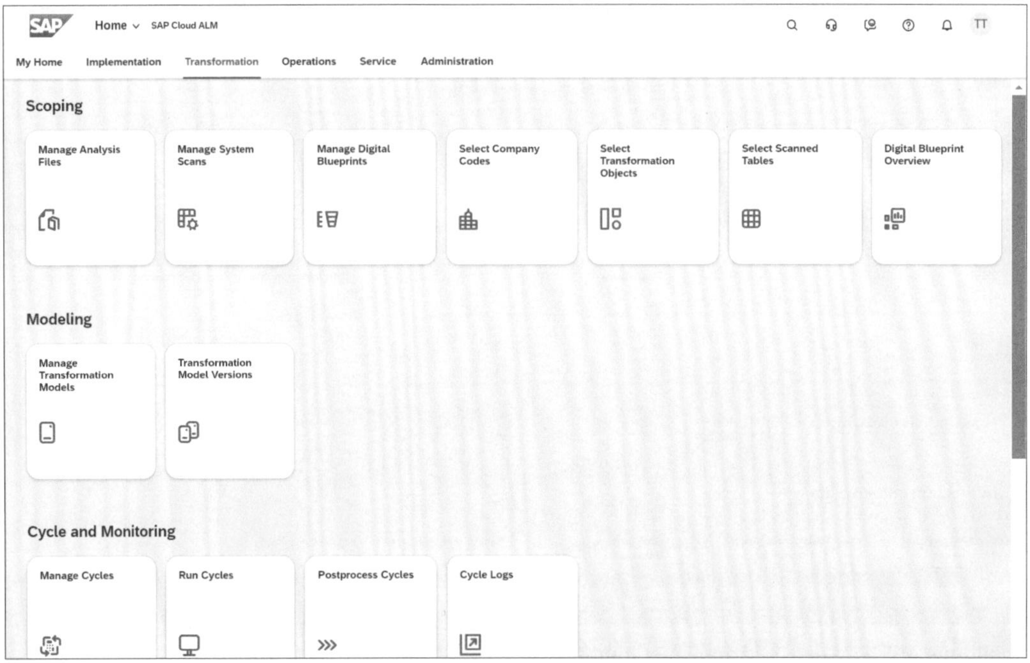

Abbildung 4.16 Das SAP Business Transformation Center in SAP Cloud ALM

Im Bereich **Scoping** wird der Business Blueprint definiert. Dieser beinhaltet die Entscheidung, welche Daten aus dem Quellsystem übernommen werden sollen. Zunächst werden die Metadaten aus dem Quellsystem benötigt, wie z. B. die Buchungskreise und Änderungsstatistiken. Dazu werden im Quellsystem jene Reports ausgeführt, die auch Grundlage des SAP Readiness Check sind. Danach ist es möglich, Buchungskreise für die Datenübertragung auszuschließen, wenn sie keine notwendigen Daten enthalten. Auch kundeneigene Tabellen können berücksichtigt werden.

Im Bereich **Modeling** wird aus den Entscheidungen des Business Blueprint ein Transformationsmodell (engl. Transformation Model) erstellt, das die technischen Transfer- und Mapping-Regeln enthält. Für dieses Modell ist keine weitere Konfiguration notwendig, auch keine Entwicklungserfahrung oder Mapping-Regeln, das Modell wird automatisch vom Tool erstellt. Bevor ein Modell zur Anwendung kommt, muss es – auch aus Audit-Gründen – zunächst finalisiert werden, um nachträgliche Änderungen zu verhindern. Nach ersten Testläufen kann eine neue Version des Modells erzeugt und angepasst werden, daher werden Modellversionen vorgehalten.

Im Bereich **Cycle and Monitoring** kann schließlich das Transformationsmodell ausgeführt werden, d. h., die Übertragung der ausgewählten Daten kann erfolgen. So wie bei der Systemkonvertierung nach der Ausführung des Software Update Managers separat noch die Konvertierung der FIN-Daten angestoßen werden muss, gibt es im SAP Business Transformation Center im Bereich **Cycle and Monitoring** unter **Postprocess Cycles** ähnliche Nacharbeiten.

Scoping-Funktionalitäten

Bei der initialen Bereitstellung des SAP Business Transformation Centers im Jahr 2024 wurden für das Scoping im Business Blueprint die Buchungskreise eingeführt. So können Buchungskreise vom Datentransfer ausgeschlossen werden. Im Jahr 2025 wurde eine Datenreduktion auf Basis historischer Daten hinzugefügt (time-sliced). Derzeit ist noch keine Umwandlung möglich, die beispielsweise mehrere Datenfelder vereint.

Weitere Informationen

Die zentrale Einstiegsseite zum SAP Business Transformation Center finden Sie unter *http://s-prs.de/v10578021*. Neben einer ersten Einführung sind dort auch weitere Informationen, Dokumente und die Roadmap verlinkt. Auf der Seite *http://s-prs.de/v10578022* gibt es im Bereich **Use a free Demo** zudem die Möglichkeit, sich an einem Public Demo Tenant von SAP Cloud ALM anzumelden, um dort das SAP Business Transformation Center praktisch kennenzulernen.

Kapitel 5
Auswahl Ihres Übergangsszenarios

Um den Umstieg auf SAP S/4HANA erfolgreich durchführen zu können, ist die richtige Strategie entscheidend. Dieses Kapitel stellt Ihnen Entscheidungshilfen für die einzelnen Übergangsszenarien nach SAP S/4HANA vor.

In diesem Kapitel wollen wir die Vor- und Nachteile der einzelnen Szenarien zusammenfassen und gegenüberstellen, um Ihnen eine Entscheidungshilfe zu bieten. Vorab sei gesagt, dass es auf diese Frage keine eindeutige Antwort geben kann. Jede Kundensituation ist unterschiedlich, und dementsprechend spielen viele Faktoren eine Rolle bei der Entscheidungsfindung. Generell stehen SAP-Kunden alle drei Wege nach SAP S/4HANA offen, sofern bereits ein SAP-ERP-System vorhanden ist. Daher ist eine gründliche Vorbereitung und Analyse Ihrer aktuellen Situation von essenzieller Bedeutung.

Neuimplementierung oder Konvertierung

Die größte Entscheidung fällt im Prinzip zwischen einer Neuimplementierung oder einer Systemkonvertierung. Die selektive Datenübernahme nimmt insofern eine Sonderrolle ein, als dass sie mit den beiden anderen Szenarien kombiniert werden kann. In jedem Fall sollte die Entscheidung für ein Szenario wirtschaftlich sinnvoll und von den fachlichen Anforderungen geleitet sein.

Wir beginnen mit einer Zusammenfassung der verschiedenen, von SAP vorgesehenen Optionen für den Umstieg auf SAP S/4HANA. Nach dieser Übersicht gehen wir anhand von Beispielen und mit Blick auf eine mögliche Ziellandschaft noch einmal auf die spezifischen Details ein.

5.1 Die Verfahren und die Auswahlhilfen im Überblick

Ausgangssituation

Beginnen wir mit einer Gesamtübersicht in Abbildung 5.1. Ein wesentliches Unterscheidungskriterium der Szenarien ist die Ausgangssituation: Ist der Ausgangszustand SAP ERP 6.0 (oder höher) oder ein anderes System?

Im Falle eines nicht unterstützten SAP-Systems oder eines Nicht-SAP-Systems ist ein Neuimplementierungsszenario erforderlich. Je nach Umfang und Qualität der (Stamm-)Daten, die im Rahmen dieser Neuimplementierung übertragen werden müssen, kämen im Standardfall das SAP S/4HANA Migration Cockpit und bei komplexen Datenübernahmen das Tool SAP Data Services zum Einsatz.

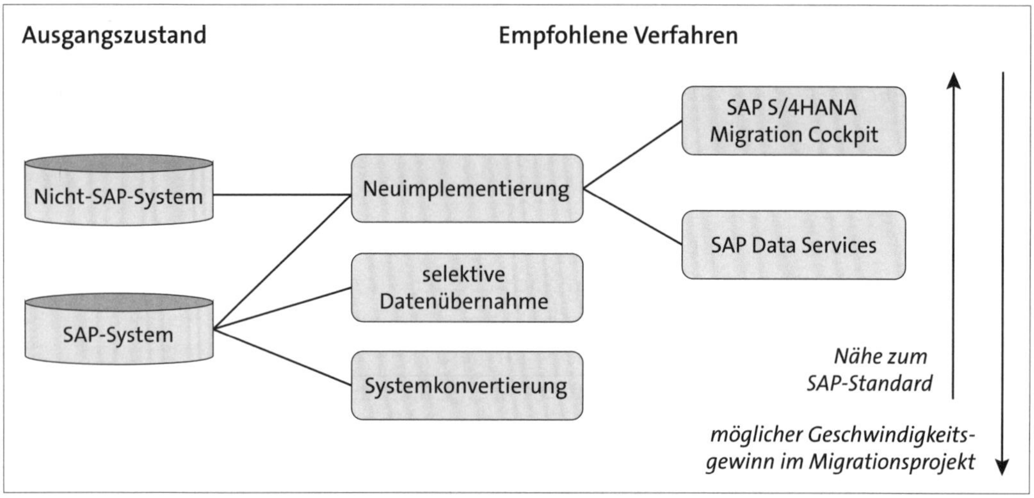

Abbildung 5.1 Entscheidungsbaum für die unterschiedlichen Migrationsszenarien nach SAP S/4HANA

Analysen im Vorfeld

Nur bei SAP ERP 6.0 oder höher als Ausgangssystem sind alle drei vorgestellten Umstiegsszenarien möglich. In jedem Fall lautet unsere Empfehlung, in einem frühen Schritt die folgenden Kriterien in eine Analyse der Ausgangssituation einzubeziehen:

- Welche Ergebnisse geben die von SAP bereitgestellten Pre-Checks aus?
- Welchen Aufwand würde eine Anpassung Ihrer kundeneigenen Programme nach den Empfehlungen der Custom-Code-Analyse erfordern?
- Analysieren Sie, welche neuen Funktionen von SAP S/4HANA genutzt werden sollen. Inwiefern bietet es sich in diesem Zusammenhang an, existierende betriebswirtschaftliche Prozesse mit anzupassen bzw. zu hinterfragen? Berücksichtigen Sie ebenfalls die Simplification List.
- Welche Anteile der existierenden Landschaft sollen in welchem Zeitrahmen auf SAP S/4HANA umgestellt werden?

An die Einholung dieser Informationen kann sich eine detailliertere Untersuchung anschließen. Grundsätzlich empfehlen wir eher eine Neuimplementierung, wie in Abbildung 5.1 dargestellt, wenn umfangreiche Anpassungen erwartet werden. Eine Systemkonvertierung kommt vor allem dann in Betracht, wenn das Ausgangssystem bereits eine gute Vorlage für die Zielsituation darstellt und möglichst unverändert übernommen werden soll. Auch hier sollten auf jeden Fall langfristige Betrachtungen mit einbezogen werden, z. B. inwiefern bestehende Geschäftsprozesse (Konfigurationen und bestehende individuelle Erweiterungen) in der aktuellen Form bestehen bleiben müssen.

Planungswerkzeuge

Als Hilfestellung zur individuellen Planung werden verschiedene Werkzeuge bereitgestellt, die wiederum unterschiedliche Zielsetzungen abdecken. Zum einen wäre da die *SAP Signavio Process Insights, Discovery Edition* und zum anderen der *SAP Readiness Check for SAP S/4HANA*. Diese Hilfewerkzeuge wollen wir hier vorstellen.

5.1.1 SAP Signavio Process Insights, Discovery Edition

Beginnen wollen wir mit der SAP Signavio Process Insights, Discovery Edition, da diese spezifisch auf SAP S/4HANA als neue Zielumgebung ausgerichtet ist und ein bestehendes SAP-ERP-System und dessen potenziellen Mehrwert analysiert. Wenn Sie also herausfinden möchten, ob Ihr vorhandenes SAP-ERP-System wirklich den vollen Mehrwert ausschöpft, den es bieten könnte, ob es noch weiteres Optimierungspotenzial in sich birgt oder einfach auf die digitale Transformation vorbereitet werden soll, liefert die SAP Signavio Process Insights, Discovery Edition die passenden Antworten. Auf Basis des aktuellen Profils eines bestehenden ERP-Systems werden folgende Aspekte betrachtet:

- Wenn Sie sich SAP-Innovationen, wie z. B. SAP-Fiori-Apps, Erweiterungen der SAP Business Suite, SAP-S/4HANA-Szenarien oder Erweiterungen per Cloud, vor Augen halten, welche sind dann die wichtigsten für Ihr Tagesgeschäft?
- Gibt es Potenzial zur Leistungsverbesserung Ihrer bestehenden Geschäftsprozesse? Wie schneiden Sie im Vergleich zu anderen Kunden in Ihrem Bereich bzw. Ihrer Industrie ab?
- Gibt es Potenzial für IT-Optimierungen, auch wieder im Vergleich zu anderen Kunden in Ihrem Bereich bzw. in Ihrer Industrie?
- Gibt es Hinweise von SAP, die zu einer weiteren Reduzierung der Total Cost of Ownership (TCO, Gesamtkosten des Betriebs) und Verbesserung des Betriebsergebnisses führen?

SAP Signavio

Die SAP Signavio Process Insights, Discovery Edition ist für Kunden und Partner gleichermaßen verfügbar, betrachtet immer ein kundenspezifisches System und ist kostenfrei erhältlich.

[»]

SAP Signavio Process Insights, Discovery Edition – Übersicht und Report

Eine Übersicht über SAP Signavio Process Insights und wie Sie die Discovery Edition anfordern, finden Sie unter folgendem Web-Link: *http://s-prs.de/v10578023*.

Als Voraussetzung und Basis der Analyse werden unter anderem die folgenden Informationen benötigt:

- Eine Liste der SAP-Transaktionen aus dem produktiven SAP-ERP-System per *Workload Monitor*. Dieser ist über Transaktion ST03N erreichbar und muss mindestens einen repräsentativen Monat aufgezeichnet haben.
- Daten des *Enhanced SAP EarlyWatch Alerts*, inklusive der Betriebskennzahlen.

Enhanced SAP EarlyWatch Alert

Die meisten Basis- oder Technologieexperten sind mit dem Workload Monitor (Transaktion ST03N) und dem normalen SAP EarlyWatch Alert vertraut. Die Erfassung von Unternehmenskennzahlen aus dem SAP EarlyWatch Alert, die optional im SAP Solution Manager aktiviert werden können, sind allerdings nicht immer bekannt. Diese werden unter dem Begriff *Enhanced* zusammengefasst und sind im Standard zunächst nicht aktiviert. Die technische Voraussetzung für diese Funktionalität ist der SAP Solution Manager 7.1 SP 12 und höher oder der SAP Solution Manager 7.2.

[»]

Enhanced SAP EarlyWatch Alert aktivieren

Um diese relevanten Funktionen zu aktivieren, wurde eine entsprechende Schritt-für-Schritt-Anleitung erstellt, die unter diesem Link verfügbar ist: *http://s-prs.de/v10578024* (Sie benötigen Zugang zum SAP Learning Hub).

Die notwendigen Anpassungen und Einstellungen lassen sich normalerweise in weniger als einer Stunde durchführen. Es kann allerdings zwei bis drei Wochen dauern, bis alle Kennzahlen nach der erstmaligen Aktivierung im SAP EarlyWatch Alert erscheinen.

5.1.2 SAP Readiness Check

Ein weiteres Werkzeug, das Sie zur Planung verwenden können, ist der SAP Readiness Check. Im Grunde ist er sehr eng mit dem Szenario der Systemkonvertierung verbunden und wird daher in Kapitel 7, »Vorbereitung der Systemkonvertierung«, noch einmal sehr ausführlich vorgestellt. Zur allgemeinen Planung ermöglicht die Analyse durch den SAP Readiness Check einen sehr detaillierten Einblick, wie aufwendig solche Vorbereitungen ausfallen können. Diese Informationen können wiederum die Entscheidung zugunsten eines anderen Szenarios wie der Neuimplementierung beeinflussen. Daher ist das Werkzeug auch Teil der generellen Empfehlung und nicht nur Bestandteil der Beschreibung zur Systemkonvertierung. Der Check ist kostenfrei, solange eine SAP-Wartungsvereinbarung besteht bzw. ein S-User-Konto vorhanden ist. Die zentrale Informationsseite zum SAP Readiness Check finden Sie über den folgenden Link: *https://help.sap.com/docs/SAP_READINESS_CHECK*. Dort finden Sie auch Informationen, wie das Tool eingerichtet wird.

Nachdem die Daten eines bestehenden ERP-Systems geladen worden sind, wird automatisch ein entsprechendes Dashboard erstellt, wie es in Abbildung 5.2 zu sehen ist.

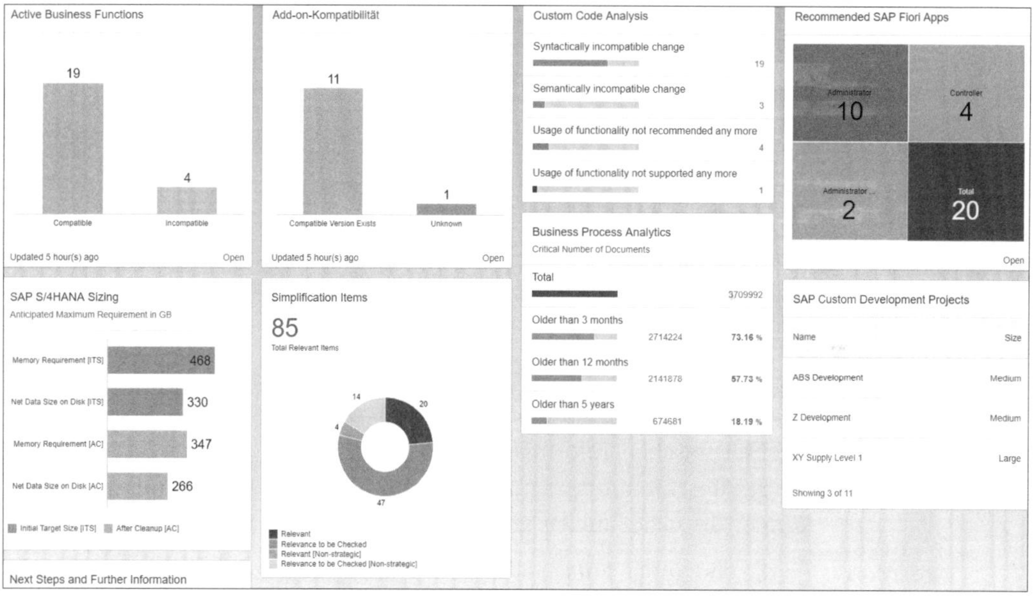

Abbildung 5.2 Dashboard des SAP Readiness Checks

Das Dashboard zeigt eine Übersicht aller Bereiche, z. B. von **SAP S/4HANA Sizing** über eine Analyse des kundenspezifischen Codings bis hin zu empfohlenen SAP-Fiori-Apps. Ein wichtiger Aspekt sind dabei auch die Simplification Items, über die Sie mehr in Kapitel 7, »Vorbereitung der Systemkonvertierung«, erfahren und die die kritischen Unterschiede zwischen Ihrem aktuellen SAP-ERP-System und dem zukünftigen SAP-S/4HANA-System aufzeigen. Jeder dieser Bereiche bietet wiederum eine Detailansicht mit wesentlich mehr Informationen. Abbildung 5.3 zeigt Ihnen beispielhaft die Detailansicht des SAP HANA Sizings.

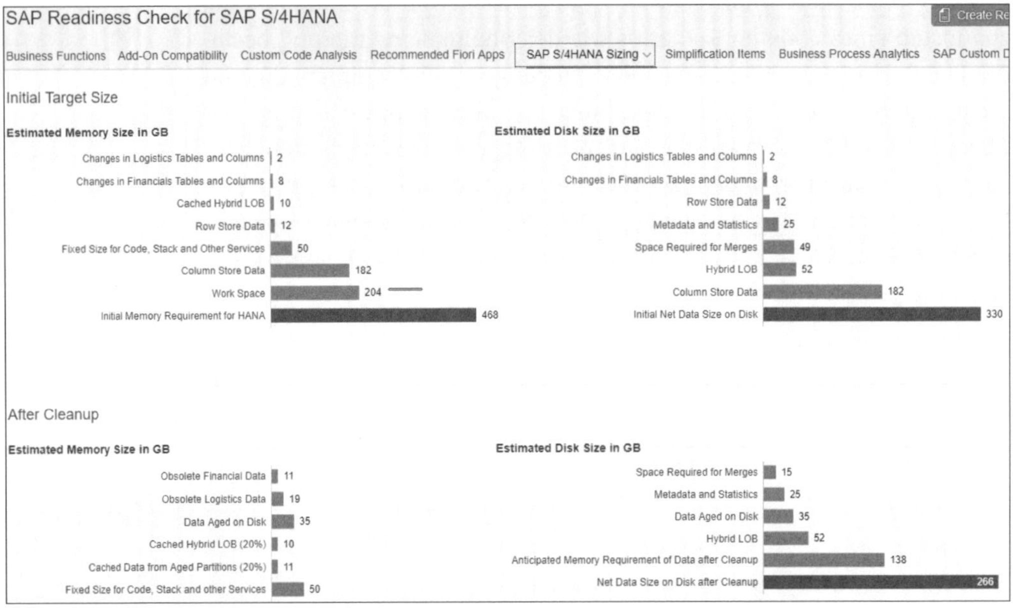

Abbildung 5.3 Sizing-Analyse des SAP Readiness Checks

Falls Sie also Unterstützung bei Ihrer Planung brauchen oder noch unsicher bezüglich Ihres Umstiegs auf SAP S/4HANA sind, bieten Ihnen diese Werkzeuge wertvolle Informationen.

Überprüfung des gewählten Szenarios

Die Planung des Umstiegsprojekts sollte von vornherein eine bewusste Überprüfung des gewählten Übergangsszenarios vorsehen. Erst auf Basis aller technischen Informationen aus Pre-Checks, Custom-Code-Analyse, der gewünschten Ausprägung neuer Prozesse und weiterer Informationen können Sie sicher auf das am besten geeignete Verfahren schließen.

SAP-Services

Da die endgültige Entscheidung für ein Umstiegsszenario von vielen individuellen Faktoren abhängt, bietet SAP verschiedene Services an, die Sie dabei unterstützen. Wir empfehlen insbesondere, den Service *Innovation Strategy and Roadmap* zu nutzen, um eine individuell angepasste Empfehlung zu erhalten. Abbildung 5.4 zeigt eine grobe Übersicht der Services, die in den verschiedenen Phasen verfügbar sind.

Roadmap Viewer

Mit dem Roadmap Viewer bietet SAP Ihnen eine detaillierte Checkliste für die konkrete Planung und Durchführung Ihres SAP-S/4HANA-Transformationsprozesses an. Sie finden den Roadmap Viewer unter *https://me.sap.com/roadmapviewer*. Sie können die Planung auch eigenständig durchführen, ohne auf SAP-Services zurückzugreifen.

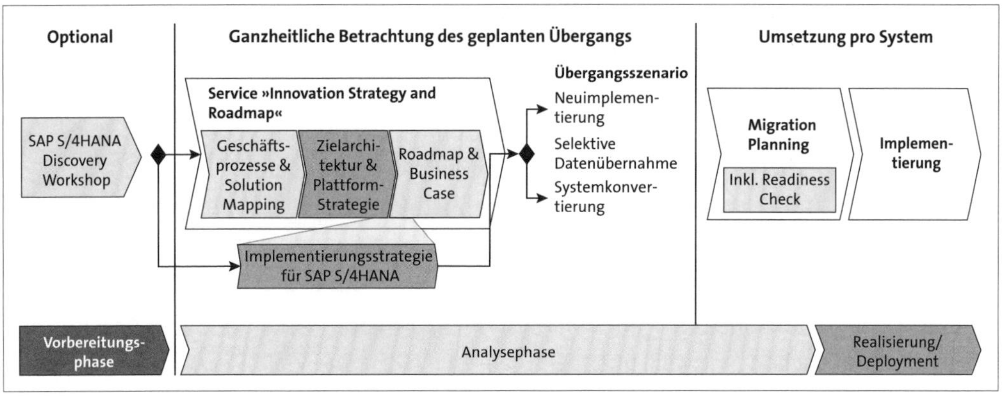

Abbildung 5.4 SAP-Services für den Übergang nach SAP S/4HANA

5.2 Ihre eigene Roadmap erstellen

Um Sie bei der Erstellung Ihrer eigenen Roadmap zu unterstützen, erläutern wir nun verschiedene Ausgangssituationen anhand von Beispielen. Wir beschreiben, auf welche Details Sie jeweils achten müssen, und geben Ihnen passende Empfehlungen. Dabei verfolgen wir den Ansatz, zunächst die neue Ziellandschaft festzulegen, um anschließend den besten Weg dahin zu identifizieren. Allerdings können wir nicht jede einzelne Kundensituation berücksichtigen. Daher kann Ihre individuelle Roadmap aus unterschiedlichen Gründen signifikant von den hier dargestellten Wegen abweichen.

Ziellandschaft

Für Neukunden, die bisher noch kein SAP-Produkt eingesetzt haben, ist – wie bereits erwähnt – die Einführung von SAP S/4HANA über eine Neuimplementierung der richtige Weg. Für Kunden, die SAP ERP speziell im Einsatz haben, wäre der erste Schritt die Definition bzw. die Überprüfung der aktuellen Ziellandschaft. Dies ist mehr oder weniger aufwendig, je nachdem, wann die Systemlandschaft aufgebaut wurde und wie gut die aktuelle Architektur noch zu den heutigen Geschäfts- und IT-Anforderungen passt. Ein erstes Ergebnis sollte z. B. Antworten auf folgende Fragen liefern:

- Welche Anwendungen sollten eingesetzt werden, um die zukünftigen Geschäftsanforderungen bestmöglich zu bedienen?
- Wie viele SAP-S/4HANA-Produktivsysteme sollen zum Einsatz kommen (z. B. regionale oder globale Produktivsysteme)?
- Soll die aktuell verwendete Architektur für andere Anwendungen bestehen bleiben, oder sollen bestimmte Funktionen nun über SAP S/4HANA abgedeckt werden?

Dieser erste Schritt in Ihrer Planung und die Antworten auf diese Fragen geben noch keinen direkten Hinweis darauf, ob nun eine Neuimplementierung oder eine Systemkonvertierung der bessere Weg wäre.

Allerdings kann so z. B. im Falle einer dezentralen Systemlandschaft identifiziert werden, ob eine selektive Datenübernahme in Form einer Systemkonsolidierung erforderlich ist. Generell bietet der Wechsel auf SAP S/4HANA die Gelegenheit, die Landschaftsstrategie noch einmal zu überdenken.

Konsolidierungen von Systemlandschaften

Konsolidierungen von Systemlandschaften sind bei den SAP-Kunden schon seit weit über zehn Jahren ein Thema. Viele Kunden haben bereits eine solche Konsolidierung von SAP-ERP-Systemen und eine Harmonisierung von Geschäftsprozessen durchgeführt. Hierbei müssen Sie verschiedene Kriterien beachten und bewerten.

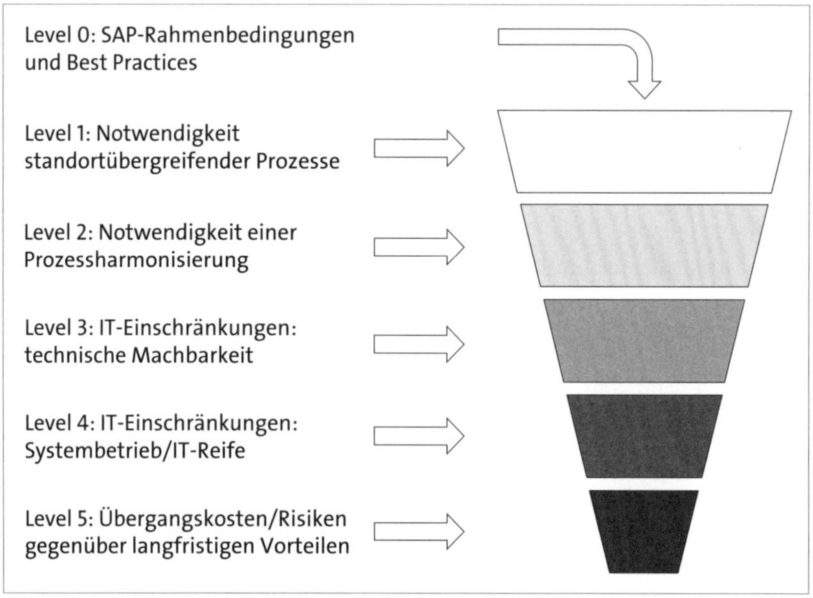

Abbildung 5.5 Entscheidungsprozess für eine Landschaftsstrategie

Das wichtigste Kriterium sind die Geschäftsanforderungen an eine globale Prozessharmonisierung und eine globale Abwicklung von Geschäftsprozessen. Dies sollte der Haupttreiber der gewählten Strategie sein. Zu prüfen ist, ob eine globale Harmonisierung sinnvoll ist oder ob lediglich eine Anpassung auf regionaler Ebene oder nur innerhalb der Geschäftsbereiche machbar ist. Dies hat auch Auswirkungen auf die technische Seite. Bei einem global konsolidierten System gibt es eine einzige definierte Systemkonfiguration sowie effektive Änderungsprozesse und eine effektive Fehlerbehandlung. Außerdem ist ein einheitlicher Releasekalender mit entsprechenden Testzeiträumen und Ausfallzeiten umsetzbar. Ein weiteres Kriterium ist die Adressierbarkeit von Risiken bezüglich der Systemleistung, der Skalierbarkeit und in Fragen des Betriebs. Die relevanten Überlegungen, die Sie anstellen müssen, um zu einer Landschaftsstrategie zu gelangen, sind in Abbildung 5.5 grafisch dargestellt.

Produktivsystemstrategien

Nehmen wir als Beispiel ein klassisches SAP-ERP-System, das Finanz- und Logistikfunktionen abdeckt. Das Ergebnis solch einer Systemstrategie ist typischerweise eine der folgenden Konfigurationen:

- **Ein einzelnes globales Produktivsystem**

  Ein einzelnes globales Produktivsystem sieht man häufig im Fall von kleineren, regionalen Kunden oder bei globalen Kunden, die global harmonisierte Prozesse und eine globale Beschaffungskette nutzen.
- **Globale Produktivsysteme nach Geschäftsbereich**

  Im Fall von sehr unterschiedlichen oder organisatorisch unabhängigen Geschäftsbereichen bietet sich eine Strategie nach Geschäftsbereich an.
- **Regionale Produktivsysteme unter Verwendung eines globalen Templates und eines einheitlichen Stammdatensystems**

  Eine Konfiguration regionaler Produktivsysteme unter der Verwendung eines globalen Templates und eines einheitlichen Stammdatensystems wird oft in großen Unternehmen verwendet, die allerdings regionale Beschaffungsketten aufweisen, wie z. B. in der Konsumgüterindustrie.

Landschaftsstrategie für SAP S/4HANA

Der Hauptunterschied bei der Bestimmung einer Landschaftsstrategie für SAP S/4HANA im Vergleich zu einem klassischen SAP-ERP-System besteht vor allem darin, dass SAP ERP primär ein transaktionales System ist. Bei den meisten Unternehmen würde eine Aufteilung in regionale SAP-ERP-Systeme, aufbauend auf einem globalen Template, den betriebswirtschaftlichen Wert im Vergleich zu einem globalen SAP-ERP-System nicht mindern. SAP S/4HANA bietet nun die Möglichkeit, umfangreiche Analysen und Planungsaktivitäten innerhalb des transaktionalen Systems durchzuführen.

Ein globales SAP-S/4HANA-System ermöglicht es daher, operatives Reporting und die Finanzplanung in Echtzeit auf globaler Ebene durchzuführen. Dagegen würde eine regional aufgestellte SAP-S/4HANA-Konfiguration eine separate Installation von SAP Business Warehouse (SAP BW) benötigen. Folglich ist der betriebswirtschaftliche Mehrwert eines globalen SAP-S/4HANA-Systems höher als der eines globalen SAP-ERP-Systems, verglichen mit einem jeweiligen regionalen Aufbau. Technisch sind die Systemleistung und die Skalierbarkeit durch die Leistungsfähigkeit und den Durchsatz von SAP S/4HANA keine Hinderungsgründe mehr.

Globale Konfigurationen einer Landschaft

So werden globale Konfigurationen durch SAP S/4HANA wesentlich attraktiver. Für die meisten Unternehmen, die bereits eine zentralisierte Landschaft einsetzen, sollte sich durch SAP S/4HANA keine Änderung in Bezug auf die Produktivsystemstrategie im Vergleich zum bisherigen SAP-ERP-System ergeben.

Für Unternehmen, die noch eine dezentralisierte, nicht konsolidierte und/oder nicht harmonisierte SAP-ERP-Landschaft einsetzen, können folgende Punkte relevant sein:

- Langfristig sollen Mehrwerte durch die Innovationen von SAP S/4HANA realisiert werden.
- Selbst bei einer rein technisch getriebenen Systemkonvertierung nach SAP S/4HANA sind einige anwendungsspezifische Anpassungen im Vergleich zur vorherigen Lösung notwendig.
- Anstatt alle dezentralen Systeme einzeln zu konvertieren, wäre eine Kombination mit einer Landschaftskonsolidierung wirtschaftlich sinnvoll – vorausgesetzt, dass eine konsolidierte Landschaft infrage kommt.
- Dadurch würden langfristig ein betriebswirtschaftlicher Mehrwert und reduzierte Betriebskosten entstehen.

Daher ergeben sich für Firmen mit dezentralen Landschaften im Zuge eines Wechsels nach SAP S/4HANA ein sehr guter Zeitpunkt und eine gute Möglichkeit zur Konsolidierung.

Zusammenführung von Funktionen

Mit SAP S/4HANA ergibt sich die Möglichkeit, Funktionen innerhalb des Systems zu verwenden, die vorher Teil einer separaten und daher zusätzlichen Anwendung waren. Beispiele wären die Produktionsplanung und die detaillierte Ablaufplanung, die früher nur über SAP Advanced Planning and Optimization (SAP APO) verfügbar waren.

Einzelsystem versus Co-Deployment

Vorab sei gesagt, dass alle bestehenden Deployment-Szenarien für SAP ERP auch weiterhin mit SAP S/4HANA möglich sind. Es gibt keine technischen Anforderungen, die umgebende Landschaft zu ändern. Mögliche Anpassungen sollten immer auf Basis eines fundierten Business Case erfolgen. Die folgenden Hinweise sollen Ihnen helfen, eine Ziellandschaft für Komponenten zu definieren, die direkt als Teil des SAP-S/4HANA-Systems eingesetzt werden können:

- **Globale Sichten als Einzelsysteme**

  Sollten immer noch mehrere regionale SAP-S/4HANA-Systeme Teil der geplanten Ziellandschaft sein, müssen alle Anwendungen, die eine »globale Sicht« benötigen, auch als globale Einzelsysteme aufgesetzt werden.

Beispiele wären ein SAP-BW-System oder SAP Business Planning and Consolidation (SAP BPC). Bei entsprechendem Bedarf können Sie auch SAP APO oder SAP Integrated Business Planning (SAP IBP) und/oder SAP Transportation Management (SAP TM) einsetzen, falls eine globale Transportplanung erforderlich wird. Dies wäre kein Unterschied zu einer Landschaft, die auf SAP ERP basiert.

- **Geschäftskritische Systeme als Einzelsysteme**

  Alle Systeme, die sehr geschäftskritisch sind, z. B. Systeme, die Fertigungsprozesse automatisieren oder Prozesse der Lagerverwaltung steuern, sollten als Einzelsysteme geplant werden. Ein prominentes Beispiel ist SAP Extended Warehouse Management (SAP EWM). Falls SAP EWM in der aktuellen Landschaft als einzelnes, von SAP ERP unabhängiges System aufgesetzt ist, wäre das nach dem Umstieg auf SAP S/4HANA sehr wahrscheinlich auch weiterhin der Fall, weil SAP EWM für das Unternehmen eine kritische Rolle spielt.

  Die Vorteile eines separaten Systems sind die Unabhängigkeit bei Softwareänderungen und ein verringertes Risiko von Kollateralschäden. Sollte das SAP-EWM-System allerdings eher unkritische Prozesse abdecken (etwa mehr in Richtung des klassischen SAP Warehouse Managements in SAP ERP), sollten Sie über ein Co-Deployment von SAP EWM zusammen mit SAP S/4HANA nachdenken.

Mehrwert und Nachteile abwägen

Abschließend sollten Sie den betriebswirtschaftlichen Mehrwehrt der neuen integrierten Prozesse prüfen, die nur über ein Co-Deployment bestimmter Funktionen mit SAP S/4HANA verfügbar sind. Wägen Sie ihn gegen die potenziellen Nachteile und die Kosten einer solchen Umstellung ab.

Ein Beispiel wäre der Einsatz des operativen Reportings mit SAP S/4HANA Embedded Analytics statt des operativen Reportings mit SAP BW. Ein anderes Beispiel wäre die detaillierte Produktionsplanung, integriert in das neue Material Requirements Planning (MRP) innerhalb von SAP S/4HANA, im Vergleich zu einem separaten SAP-APO-System.

Potenzielle Nachteile, die Sie dabei beachten müssen, sind u. a. die nun einheitlichen Wartungs- und Releasezyklen, gemeinsame Systemausfallzeiten und möglicherweise auch längere Ausfallzeiten für kleinere Funktionen, da Software-Updates für alle Komponenten zeitgleich erfolgen.

Szenario und Sequenz

Wenn Sie die neue Ziellandschaft festgelegt haben, können Sie das passende Szenario für einen Wechsel und die Sequenz der notwendigen Maßnahmen definieren. Abhängig von der Zielsituation stellen sich dabei z. B. die folgenden Fragen:

- Ist die Systemkonvertierung das angemessene Szenario für einen Wechsel nach SAP S/4HANA, oder sollte über eine Neuimplementierung nachgedacht werden?
- Was wäre der richtige Ansatz bei einer Systemkonvertierung, wenn mehrere SAP-ERP-Systeme in wenige SAP-S/4HANA-Systeme konsolidiert werden sollen?
- Wie könnte eine sinnvolle Abfolge der notwendigen Schritte aussehen, und welche Abhängigkeiten müssen beachtet werden?

Anhand von Beispielen verschiedener Kundensituationen stellen wir Ihnen im Folgenden mögliche Antworten auf die einzelnen Fragestellungen vor.

5.2.1 Ausgangsszenario: ein Einzelsystem

Mögliche Szenarien

Im ersten Fall gehen wir von einem Unternehmen mit einem einzelnen zentralen SAP-ERP-System aus. Da sich hier die Frage einer Systemkonsolidierung nicht stellt, müssen Sie sich nur noch zwischen einer Systemkonvertierung und einer Neuimplementierung entscheiden. Folgenden Möglichkeiten bestehen:

- **Standard: Systemkonvertierung**

  Annahme:

  - Die aktuelle Lösung passt größtenteils zu den aktuellen Geschäftsanforderungen.
  - Es gibt keine Anforderungen, die eine komplette Neuimplementierung verlangen.

  Vorteil:

  - Ein Ein-Schritt-Verfahren nach SAP S/4HANA ohne Re-Implementierung ist möglich.
- **Neuimplementierung nach dem Greenfield-Ansatz mithilfe des Modellunternehmens**

  Annahme:

  - Die aktuelle Lösung ist zu komplex und/oder passt nicht mehr zu den aktuellen Geschäftsanforderungen.
  - Es besteht die Anforderung, eine Neuimplementierung vorzunehmen und zum Standard zurückzukehren (unabhängig von SAP S/4HANA).

- **Neuimplementierung unter Wiederverwendung eines bestehenden Templates**

  Annahme:

  - Die aktuelle Lösung passt noch zu den Geschäftsanforderungen, aber im System befindet sich eine große Menge (ungenutzter) Altdaten.

Systemkonvertierung

Für viele SAP-Kunden stellt auf den ersten Blick die Systemkonvertierung die Standardmethode dar, um ein bestehendes SAP-ERP-System in ein SAP-S/4HANA-System zu konvertieren. Der große Vorteil dieses Szenarios besteht darin, dass die bestehende Konfiguration und alle Daten beibehalten werden. Solch eine Konvertierung kann potenziell auch in einem einzelnen Schritt durchgeführt werden – je nach aktueller Situation des Kunden.

Solch einer Empfehlung liegt die Annahme zugrunde, dass die bisher eingesetzte Lösung die aktuellen betriebswirtschaftlichen Anforderungen erfüllt und kein Bedarf an einer kompletten Neuimplementierung besteht. Kleinere Änderungen (wie z. B. die Aufgabe, kundenspezifische Anpassungen in isolierten Bereichen zurück in den Standard zu überführen, kundeneigenes Coding aufzuräumen und neue Funktionen zu implementieren) können auch bei einer Systemkonvertierung durchgeführt werden.

Neuimplementierung

Sollte die aktuell eingesetzte Lösung übermäßig komplex gestaltet sein oder nicht mehr die heutigen Anforderungen erfüllen und/oder sollte ein genereller Wunsch nach einer Neuimplementierung bestehen (unabhängig von SAP S/4HANA), dann bietet sich eben dieser Weg an. Systeme, bei denen solch ein Neuanfang sinnvoll scheint, können durchaus schon 20 Jahre im Einsatz sein. Die Anforderungen haben sich seitdem häufig grundlegend geändert.

In diesem Fall bietet sich mit dem Wechsel nach SAP S/4HANA ein sehr guter Zeitpunkt für eine Neuimplementierung. Hierbei können Sie auf SAP Best Practices und die vorkonfigurierten Modellunternehmen zurückgreifen, um Kosten und Implementierungsdauer drastisch zu reduzieren. Sie übernehmen bei einer Neuimplementierung nur Ihre Stammdaten und die offenen Posten aus einem bestehenden SAP-ERP-System. Historisch abgeschlossene Daten werden generell nicht übernommen. In besonderen Fällen kann ein SAP-S/4HANA-System auf Basis des bisherigen Templates aufgesetzt werden, was bedeutet, dass die Konfiguration und das kundeneigene Coding aus dem bestehenden SAP-ERP-System verwendet werden.

Mehrere SAP-ERP-Systeme

Auch wenn dieses Beispiel sich auf einen Kunden mit einem Einzelsystem bezieht, wäre das Vorgehen identisch, wenn mehrere SAP-ERP-Systeme vorhanden sind – sofern diese Landschaft in SAP S/4HANA so weiter bestehen bleibt und kein Bedarf einer Konsolidierung besteht.

Ein- oder Mehr-Schritt-Verfahren

Kunden, die sich für die Systemkonvertierung eines SAP-ERP-Systems nach SAP S/4HANA entschieden haben, stellen sich in der Folge die Frage, ob dies in einem Schritt oder mehreren Schritten erfolgen soll. In den meisten Fällen ist das Verfahren, in einem Schritt von SAP ERP direkt nach SAP S/4HANA zu wechseln, technisch möglich und sinnvoll. Nichtsdestotrotz fragen Kunden, ob dies generell die einfachste Möglichkeit ist oder ob eher zwei oder gar mehrere Projekte geplant und durchgeführt werden sollen, vor allem wenn als Zwischenschritt nur eine Migration auf die SAP-HANA-Datenbank erfolgen soll. Tabelle 5.1 fasst die Unterschiede noch einmal zusammen.

	1. Option	2. Option
	Ein-Schritt-Konvertierung nach SAP S/4HANA	**Erstes Projekt: Datenbankmigration nach SAP HANA** **Zweites Projekt: Systemkonvertierung nach SAP S/4HANA**
Time-to-Value	schneller zur Zielumgebung SAP S/4HANA (Analytics, neues Finanzwesen, neuer MRP-Lauf, SAP Fiori usw.)	▪ schnell auf der ersten Stufe mit SAP HANA (höhere Performance, SAP HANA Live usw.) ▪ längere Zeit bis zur Ziellösung SAP S/4HANA
Kosten für den Umstieg	insgesamt niedrigere Kosten, da nur ein großes Projekt mit einer Testphase durchgeführt wird	▪ höhere Kosten durch zwei separate Projekte mit eigenen Testphasen ▪ unnötige Kosten durch sich überschneidende Aufwände
Risiken und Konsequenzen des Umstiegs	▪ höhere Projektkomplexität ▪ potenziell längere Downtime	▪ niedrigere Projektkomplexität ▪ zwei potenziell lange Ausfallzeiten ▪ potenziell höheres Risiko durch reduzierten Fokus auf die einzelnen Testphasen

Tabelle 5.1 Vergleich von Ein-Schritt- und Mehr-Schritt-Verfahren

Dauer, Kosten und Risiken

Beim Evaluieren der verschiedenen Möglichkeiten müssen immer die Umsetzungsdauer, die Gesamtkosten und die Projektrisiken in Betracht gezogen und gegeneinander abgewogen werden:

- **Ein-Schritt-Verfahren**

  Das *Ein-Schritt-Verfahren* hat den klaren Vorteil, dass es sich nur um ein einzelnes Projekt handelt. Es handelt sich daher um den schnellsten Weg nach SAP S/4HANA. Auch die Kosten sind im Vergleich niedriger, da z. B. Aufwände für die Testzyklen oder im Projektmanagement nur einmal anfallen.

- **Zwei-Schritt-Verfahren**

  Beim *Zwei-Schritt-Verfahren* sind zwei große Projekte erforderlich, bei denen sich erfahrungsgemäß das zweite Projekt durch andere Prioritäten (wie weitere Rollouts oder funktionale Projekte) zeitlich weiter verschieben kann. Je nachdem, wie lange auf dem ersten Stand verblieben wird (was in diesem Fall die SAP Business Suite powered by SAP HANA wäre), können sich unnötig redundante Aufwände ergeben. Wenn z. B. SAP HANA Live oder SAP Fiori schon nach dem ersten Schritt eingeführt werden soll, können weitere Aufwände für später notwendige Anpassungen entstehen, da viele dieser Themen direkter Bestandteil von SAP S/4HANA sind.

Andererseits liegt die individuelle Projektkomplexität bei einem Ein-Schritt-Verfahren höher als bei zwei aufeinanderfolgenden Projekten. Daher werden auch die generellen Projektrisiken in diesem Fall höher bewertet. Allerdings können diese Risiken durch gründliche Voranalyse und Planung sowie durch ausreichende Ressourcen und Zeit für Testzyklen minimiert werden. Umgekehrt können Unternehmen die Testaufwände bei zwei separaten Projekten auch deutlich unterschätzen, was wiederum zu höheren Risiken führt. Basierend auf den bisherigen Erfahrungen sind die Projektrisiken bei beiden Ansätzen aber nahezu identisch.

Grundlegende Abwägungen

Im Endeffekt basiert die kundenindividuelle Entscheidung auf einigen grundlegenden Abwägungen:

- Abwägung der identifizierten geschäftlichen Anforderungen und der neuen Möglichkeiten durch SAP S/4HANA, abhängig vom gewünschten Zeitplan, um diese Mehrwerte zu realisieren
- systemspezifische Übergangsrisiken und die Optionen zur Risikominimierung

- weitere Abhängigkeiten des Projekts, wie z. B. die kalkulierte Projektdauer, wie das Projekt im Zusammenspiel mit weiteren Projekten in den Releasekalender passt und die Verfügbarkeit notwendiger Ressourcen
- der aktuelle Zustand des bestehenden Systems mit Blick auf die notwendigen technischen Voraussetzungen

Zwischenschritt SAP S/4HANA Finance

Analog zu diesen Entscheidungen stellt sich auch die Frage – wenn auch wesentlich seltener –, ob ein weiterer Zwischenschritt nach SAP S/4HANA Finance sinnvoll ist, anstatt direkt auf SAP S/4HANA umzusteigen.

Auch in diesem Fall hilft eine Betrachtung von Projektdauer, Kosten und Risiken, um zu einer ähnlichen Abwägung zu kommen. Im Einzelfall kann dieser Zwischenschritt sinnvoll sein, wenn die Geschäftsbereiche durch die neuen Funktionen im Finanzbereich von SAP S/4HANA einen signifikanten Mehrwert erwarten und diesen schnell realisieren wollen. Dies kann relevant sein, wenn sich die gesamte Einführung von SAP S/4HANA aufgrund von kundenspezifischer Komplexität im Bereich der Logistik verzögern kann oder wenn die Unterstützung notwendiger Drittanbieter-Anwendungen noch aussteht.

5.2.2 Ausgangsszenario: eine dezentrale Systemlandschaft

Ansätze zur Systemkonsolidierung

Wie vorab beschrieben, bietet der Wechsel nach SAP S/4HANA im Fall einer dezentralen Systemlandschaft eine gute Möglichkeit, um diese Landschaft zu konsolidieren. Auch hier gibt es mehrere Möglichkeiten, um ein SAP-S/4HANA-Projekt mit solch einer Systemkonsolidierung zu verbinden. Generell sind diese Ansätze sinnvoll:

- **Neuimplementierung**

  Eine *Neuimplementierung*, basierend auf einem bestehenden Template oder unter der Verwendung von SAP Best Practices und der entsprechenden Vorkonfiguration mit anschließender Datenmigration; die Daten werden dabei aus allen bestehenden SAP-ERP-Systemen entnommen und umfassen typischerweise Stammdaten und Bewegungsdaten. Unter bestimmten Voraussetzungen können auch weitere, historische Daten übernommen werden, was allerdings zusätzlichen Aufwand bedeutet.

[»]

Umgang mit historischen Daten bei Neuimplementierungen

Informationen, wie Sie bei Neuimplementierungen mit historischen Daten verfahren, finden Sie im Dokument »SAP S/4HANA – New Implementation: Considerations for Historical Data« (siehe *http://s-prs.de/v10578025*).

- **Systemkonvertierung**

  Eine *Systemkonvertierung* eines bestehenden SAP-ERP-Systems mit anschließender Migration der Daten aus allen anderen existierenden SAP-ERP-Systemen; meist wird hier zur Konvertierung eines der zentraleren Systeme gewählt, das sich aufgrund der aktuellen Konfiguration oder der Systemgröße am besten als neues Zentralsystem eignet. Analog zum ersten Fall werden bei der Datenmigration wiederum nur Stammdaten und Bewegungsdaten übernommen.

- **Konsolidierung**

  Eine vollständige *Konsolidierung* aller SAP-ERP-Systeme in ein zentrales SAP-ERP-System unter Beibehaltung aller historischen Daten; dies kann über einen Ein-Mandanten- oder Mehr-Mandantenansatz realisiert werden, und anschließend wird das daraus resultierende SAP-ERP-System nach SAP S/4HANA konvertiert.

Um auch in diesem Beispiel den besten Weg zu ermitteln, helfen wiederum die im vorangehenden Abschnitt erläuterten Kriterien. Wie gut passt die Lösung, die aktuell eingesetzt wird, zu den bestehenden und auch zu zukünftigen Geschäftsanforderungen? Gibt es einen generellen Bedarf an einer Neuimplementierung der aktuellen Landschaft, und müssen historische Daten übernommen werden? Diese Punkte genauer zu beleuchten, hilft bei der Entscheidungsfindung.

Beispiele für Anforderungen und Lösungen

Folgende Beispiele können Ihnen hier eine Orientierung geben:

- **Konsolidierung bei gleichbleibenden Geschäftsanforderungen**

  Die Lösung passt in allen SAP-ERP-Systemen weiterhin zu den Geschäftsanforderungen, aber die Systeme sollen konsolidiert werden. Eines der Systeme kann als Startpunkt für SAP S/4HANA verwendet werden. Weitere Anpassungen (wie Rückführungen in den Standard, Codeanpassungen und die Aktivierung von weiteren SAP-S/4HANA-Funktionen) sind eingeplant. Möglicherweise wurde eine Lösung auf Basis eines einheitlichen Templates erstellt und daraufhin in mehreren Systemen implementiert. Diese Systeme könnten dann in wenige regionale oder in ein globales System konsolidiert werden.

- **Konsolidierung auf Basis einer führenden Konfiguration**

  Ein einzelnes SAP-ERP-System passt von der Konfiguration her sehr gut und könnte als Vorlage für alle anderen Geschäftsbereiche oder Regionen dienen, die aktuell in anderen Systemen und mit anderen Konfigurationen abgebildet sind. Zum Beispiel passt die Lösung, die in einer der größeren Regionen verwendet wird, zu kleineren, abweichenden Implementierungen in Satellitenregionen. Hier wäre das Ziel eine Konsolidierung mit grundlegender Harmonisierung auf Basis der Konfiguration der führenden Region.

- **Grundlegende Anpassungen erforderlich**

  Die aktuelle Lösung passt zwar in größeren Bereichen in mindestens einem System, aber es sind grundlegende Anpassungen nötig, um zukunftsfähig zu bleiben, auch unabhängig von einem Wechsel nach SAP S/4HANA. Hier wäre eine Neuimplementierung auf Basis eines Templates von mindestens einem bestehenden und größtenteils passenden System möglich.

- **Kein SAP-System als Ausgangsbasis**

  Die aktuelle Lösung passt nicht mehr zu den Geschäftsanforderungen, und es gibt auch kein bestehendes SAP-ERP-System, das als Vorlage oder Startpunkt für SAP S/4HANA verwendet werden kann. In diesem Fall würde eine komplette Neuimplementierung anstehen, idealerweise unter Verwendung von SAP Best Practices.

Historische Daten

Bei der Frage nach den zu übertragenden historischen Daten geht es generell um die Menge. Normalerweise werden bei einer Neuimplementierung nur Stammdaten übernommen sowie Bewegungsdaten in Form von offenen Posten. Sollten aus wichtigen Gründen historische Daten eine Rolle in der neuen Systemlandschaft spielen, kann sich die Komplexität eines Projekts drastisch erhöhen. Aufwand und Kosten steigen durch zusätzlich notwendige Datentransformationen. Solch eine Anforderung sollte daher immer gründlich diskutiert werden. Alternativen wie eine Archivierung sollten immer zuerst betrachtet werden. Je nach der vorliegenden Situation ergeben sich verschiedene Möglichkeiten, die in Abbildung 5.6 dargestellt sind.

Entscheidungsmatrix

Diese Matrix zeigt die jeweils bevorzugten Übergangsszenarien, abhängig von den gegebenen Antworten. Beachten Sie, dass es sich hier nur um grobe Vorschläge handelt und diese eine grundlegende und kundenspezifische Analyse und Evaluierung nicht ersetzen. In jedem Fall müssen die Realisierungszeit (aufgrund der Projektdauer), Kosten, Mehrwerte und Risiken abgewogen werden. Faktoren, die betrachtet werden müssen, sind der aktuelle Systemzustand, der Bedarf an historischen Daten, die Anzahl der bei Bedarf zu konsolidierenden Systeme und, daraus folgend, die Unterschiede zwischen den betroffenen Systemen. Die technische Machbarkeit des dann ausgewählten Szenarios muss detailgenau geprüft werden, besonders bei speziellen Anforderungen an die Datenmigration.

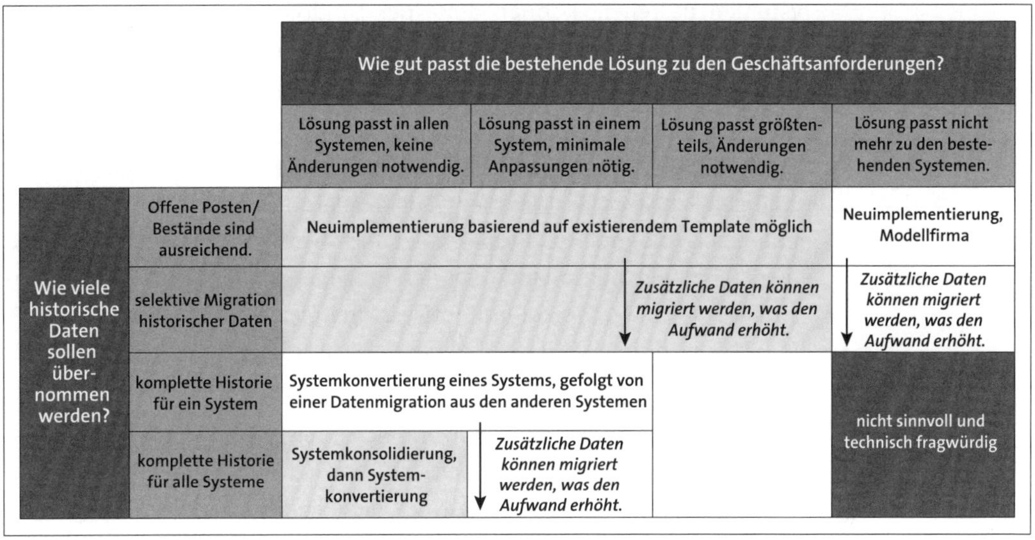

Abbildung 5.6 Entscheidungsmatrix je nach Anforderungen

Bedeutung der Systemkonsolidierung im Zuge der Umstellung auf SAP S/4HANA

Konsolidierungsaktivitäten sind keine Voraussetzung für einen Wechsel hin zu SAP S/4HANA und sollten auch nicht als notwendige Vorbereitung betrachtet werden, wenn die Notwendigkeit nicht schon vorher festgestellt wurde. Man kann generell davon ausgehen, dass eine Systemkonvertierung eines einzelnen Systems oder eine Neuimplementierung von SAP S/4HANA, gefolgt von einer Datenmigration aus den anderen SAP-ERP-Quellsystemen, immer einfacher zu realisieren ist als eine komplette Harmonisierung der Systeme vorab.

Co-Deployment

Durch SAP S/4HANA bieten sich komplett neue Deployment-Optionen für Ihre Systemlandschaft an. Funktionen, die zuvor eigenständige Systeme benötigten, sind nun als Teil von SAP S/4HANA verfügbar. Oft stellen sich Kunden die Frage, wie sich diese neuen Funktionen bei einem Umstieg auf SAP S/4HANA auswirken und wie sie die Definition einer Roadmap und die darin enthaltenen Abhängigkeiten der einzelnen Schritte beeinflussen.

Vorab sei erwähnt, dass es keine technische Anforderung gibt, um die aktuelle Landschaft anzupassen. Sie können ein bestehendes SAP-ERP-System nach SAP S/4HANA konvertieren und weiterhin alle umgebenden Systeme behalten und weiterbetreiben, wie z. B. SAP BW, SAP APO oder SAP Supplier Relationship Management (SAP SRM). Sollte der Bedarf an weiteren Einzelsystemen bestehen, können diese der Landschaft hinzugefügt werden, auch unabhängig vom Umstieg auf SAP S/4HANA.

Mit anderen Worten: Diese Systeme funktionieren sowohl mit SAP ERP als auch mit SAP S/4HANA. Zum Beispiel könnte eine Einführung von SAP EWM gestartet oder weitergeführt werden, unabhängig von anderen notwendigen Schritten des Umstiegs. Sollen allerdings eine oder mehrere der neuen Co-Deployment-Optionen von SAP S/4HANA eingesetzt werden und entsprechende Funktionalität aus den umgebenden Einzelsystemen ersetzen, kann solch ein Projekt nur entweder zeitgleich zum Ersetzen des SAP-ERP-Systems durch SAP S/4HANA oder nach erfolgter Umstellung gestartet werden.

Auch für solche Projekte gibt es zahlreiche Beispiele, wie etwa die Implementierung der Materialwirtschaftsfunktion *Advanced Available-to-Promise* (Advanced ATP) in SAP S/4HANA, die die Funktion *Global Available-to-Promise* (Global ATP) aus SAP APO ersetzen kann. Ein anderes Beispiel wäre die Einführung der Funktion *Self-Service Procurement* in der Beschaffung in SAP S/4HANA, die die gleiche Funktionalität abdeckt wie die entsprechende Funktion innerhalb von SAP SRM.

5.2.3 Beispiele für eine Roadmap

In diesem Abschnitt stellen wir einige Beispiele für Roadmaps für den Übergang nach SAP S/4HANA vor, um die Diskussionspunkte besser zu veranschaulichen, die wir in den vorangegangenen Abschnitten behandelt haben. Auch wenn die hier dargestellten Situationen nicht genau auf Ihre Systemlandschaft zutreffen, können Sie ihnen doch einige hilfreiche Teile für Ihre Roadmap entnehmen.

Vom Einzelsystem zum SAP-S/4HANA-Einzelsystem

Aktuelle Lösung

Im ersten Beispiel geht es um eine globale SAP-Umgebung mit regionalen SAP-EWM-Systemen. Die aktuelle Lösung besteht aus den folgenden Komponenten:

- einem einzelnen globalen SAP-ERP-System
- einem einzelnen globalen SAP-APO-System, das u. a. für die Funktion GATP verwendet wird
- einem einzelnen SAP-SRM-System für die Funktion Self-Service Procurement
- einem einzelnen SAP-BW-System für das operative und strategische Reporting sowie aus SAP BPC für die Finanzplanung und -konsolidierung

- Es wurde gerade eine SAP-EWM-Einführung gestartet, mit dem Ziel, aus Gründen der Risikominimierung drei regionale Systeme zu erstellen.

Langfristige Ziellandschaft

Die langfristige Ziellandschaft unter der Verwendung von SAP S/4HANA sieht folgendermaßen aus:

- Es wird ein einzelnes globales SAP-S/4HANA-System eingeführt. Zusätzlich zu den heute in SAP ERP verwendeten Funktionen ist geplant, die folgenden Funktionalitäten über SAP S/4HANA abzubilden:
  - Echtzeit-Reporting mit SAP S/4HANA Embedded Analytics
  - Finanzplanung und -konsolidierung als Teil von SAP S/4HANA
  - Advanced ATP und Self-Service Procurement
- Dazu soll ein globales SAP-IBP-System (SAP Integrated Business Planning) in der Cloud für Vertrieb, Planung und Beschaffungsmanagement betrieben werden.
- Ein globales SAP-BW-System soll für das strategische Reporting genutzt werden, auch unter der Verwendung historischer Daten.
- Drei regionale SAP-EWM-Systeme sollen das Ausfallrisiko verteilen.

Roadmap

Abbildung 5.7 zeigt diese Umstellungen noch einmal grafisch.

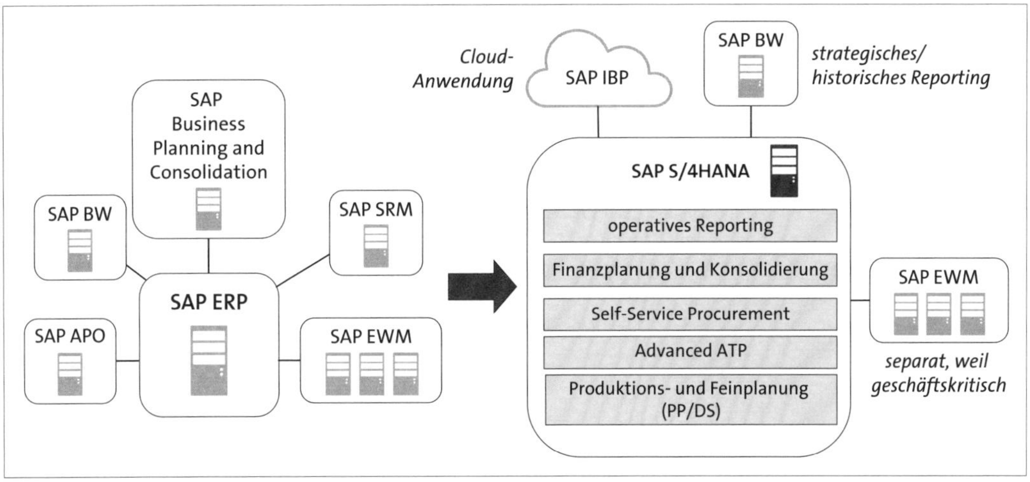

Abbildung 5.7 Von einem einzelnen SAP-ERP-System hin zu einem einzelnen SAP-S/4HANA-System

Eine wertgetriebene Roadmap für den Übergang zu dieser neuen Ziellandschaft könnte folgendermaßen aussehen:

- Die Einführung der SAP-EWM-Systeme kann weitergehen wie geplant, denn es gibt keine Anforderungen für Änderungen.

- SAP IBP in der Cloud wird zuerst für neue Funktionalitäten wie *SAP IBP for Response and Supply* verwendet und komplettiert somit die existierende SAP-APO-Implementierung. Diese cloudbasierte Implementierung ist eine Neuimplementierung und kann unabhängig vom Umstieg auf SAP S/4HANA durchgeführt werden.
- SAP IBP wird dann um die Planungsfunktionen zur Nachfrage (*SAP IBP for Demand*) erweitert und ersetzt so diese Funktionalität der SAP-APO-Implementierung. Auch diese ist unabhängig vom Umstieg von SAP ERP nach SAP S/4HANA.
- Das SAP-ERP-System wird per Systemkonvertierung in einem Schritt in ein SAP-S/4HANA-System überführt, da die bisher eingesetzte Lösung zu großen Teilen noch die Geschäftsanforderungen abdeckt.
- Während der SAP-S/4HANA-Konvertierung und in nachgelagerten Projekten wird die Funktionalität des neuen Systems um neue Funktionen erweitert (z. B. um das operative Reporting und Advanced ATP), die die entsprechenden Funktionen aus SAP BW und SAP APO ersetzen.
- Nach erfolgter SAP-S/4HANA-Konvertierung soll dann die Finanzplanung und -konsolidierung aus dem separaten SAP-BPC-System in die entsprechende eingebettete Funktion in SAP S/4HANA migriert werden. Ebenso wird das bisherige Self-Service Procurement aus dem separaten SAP-SRM-System migriert.

Abbildung 5.8 zeigt die Roadmap für dieses Beispiel noch einmal grafisch.

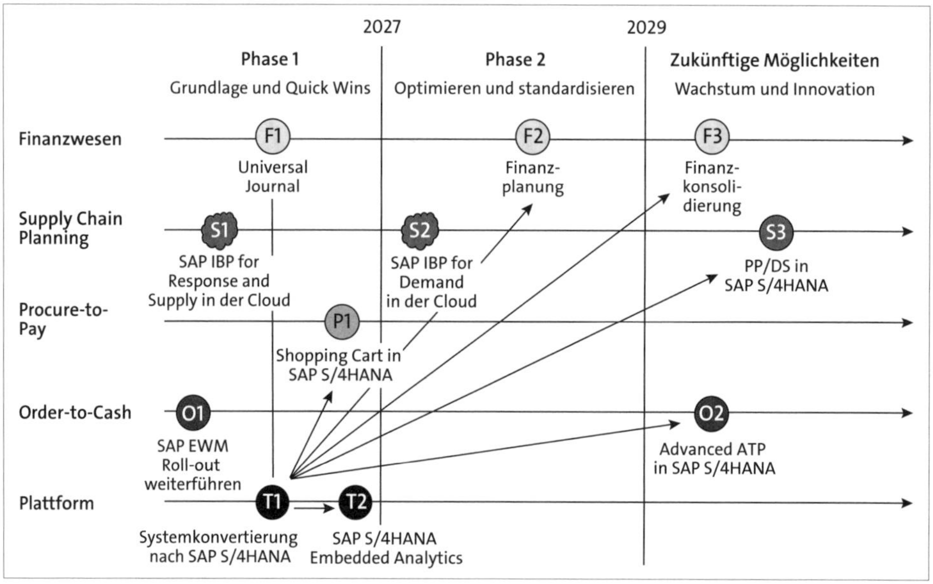

Abbildung 5.8 Beispiel-Roadmap für den Wechsel zu einem einzelnen SAP-S/4HANA-System mit angeschlossenen Systemen

Von einer regional verteilten SAP-ERP-Landschaft zu einer globalen SAP-S/4HANA-Landschaft

Aktuelle Lösung

Im zweiten Beispiel beginnen wir mit einer regional verteilten Systemlandschaft, die in eine globale Systemlandschaft überführt werden soll. Die Ausgangssituation der regional verteilten Landschaft ist folgende:

- Es gibt drei regionale SAP-ERP-Systeme mit einem harmonisierten globalen Template. Eines der SAP-ERP-Systeme für die führende Region ist signifikant umfangreicher, und es gibt zwei kleinere, regionale Satellitensysteme.
- Es werden drei regionale SAP-BW-Systeme eingesetzt – für regionales, operatives und strategisches Reporting.
- Ein weiteres globales SAP-BW-System, inklusive SAP BPC, wird für das unternehmensweite Reporting sowie zur Finanzplanung und -konsolidierung eingesetzt.

Langfristige Ziellandschaft

Eine langfristige Planung zur SAP-S/4HANA-Ziellandschaft könnte daher wie folgt aussehen:

- Ein einzelnes globales SAP-S/4HANA-System wird eingeführt, da sich das Tagesgeschäft mehr und mehr globalisiert hat. Zusätzlich zu den bisher verwendeten Funktionen von SAP ERP sollten die folgenden Funktionen verwendet werden:
  - Echtzeit-Reporting über SAP S/4HANA Embedded Analytics
  - eine replikationsfreie Finanzplanung und -konsolidierung mit der in SAP S/4HANA enthaltenen Funktion SAP BPC
- Ein globales SAP-BW-System wird für das strategische Reporting auch auf Basis historischer Daten eingesetzt.

Roadmap

Abbildung 5.9 zeigt noch einmal die gesamte Landschaft vor und nach der Umstellung. Eine passende Roadmap für solch einen Übergang zur Ziellandschaft könnte folgendermaßen aussehen:

- Das größte SAP-ERP-System der führenden Region wird per Systemkonvertierung in einem Schritt in ein SAP-S/4HANA-System überführt.
- Anschließend werden selektiv Daten aus den regionalen Satellitensystemen in das neue SAP-S/4HANA-System migriert. Diese Daten umfassen relevante Stammdaten und Bewegungsdaten in Form von offenen Posten.
- Die neue SAP-S/4HANA-Lösung wird um das ebenfalls neue Echtzeit-Reporting erweitert. Dies kann bereits während der Systemkonvertierung geschehen. Andernfalls kann dies vor oder nach der Migration der Daten

aus den weiteren regionalen Systemen erfolgen. Nach und nach können weitere Berichte hinzugefügt werden, um das Reporting aus den regional aufgesetzten SAP-BW-Systemen zu ersetzen.

- Aus dem separaten SAP-BPC-System kann die Finanzplanung und -konsolidierung in die entsprechende Funktion in SAP S/4HANA migriert werden. Dieser Schritt kann allerdings erst erfolgen, nachdem alle Regionen in die neue SAP-S/4HANA-Ziellandschaft eingezogen sind. Denn nur dann ist der Datenbestand der Finanzdaten komplett, der für die Finanzplanung und -konsolidierung in SAP S/4HANA benötigt wird.
- Das globale SAP-BW-System bleibt bestehen und wird um die für das strategische Reporting relevanten Daten aus den regionalen SAP-BW-Systemen angereichert, um diese Systeme danach aus der Landschaft zu entfernen. Dieser Schritt ist größtenteils unabhängig von dem Umstieg auf SAP S/4HANA.

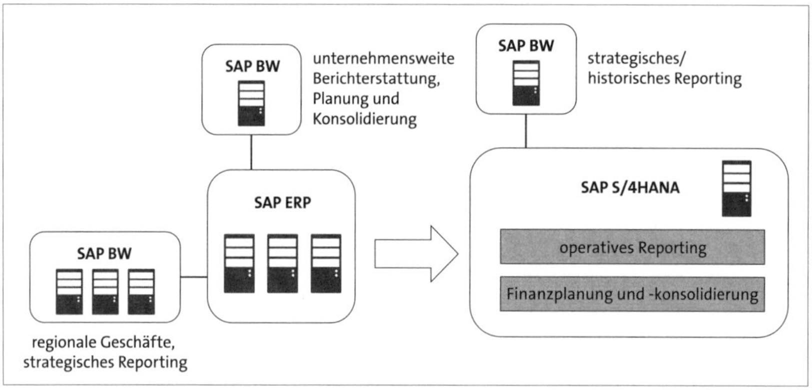

Abbildung 5.9 Von der regionalen SAP-ERP-Landschaft hin zu einer globalen SAP-S/4HANA-Landschaft

5.3 Die wichtigsten Kriterien für Ihre Entscheidung

Anhand der in diesem Kapitel vorgestellten Beispiele wollen wir noch einmal die wichtigen Entscheidungsthemen zusammenfassen. Die folgenden vier Abbildungen betrachten jeweils zwei Fragestellungen. Die Zeiger in den Abbildungen sprechen eine Empfehlung aus, abhängig davon, wie Sie diese Fragen beantworten würden. Diese Empfehlungen sind auch wieder als Beispiele aufzufassen und hängen ganz individuell von Ihrer aktuellen Situation ab. Der erste Fragenblock in Abbildung 5.10 bezieht sich auf Ihre Systemanforderungen.

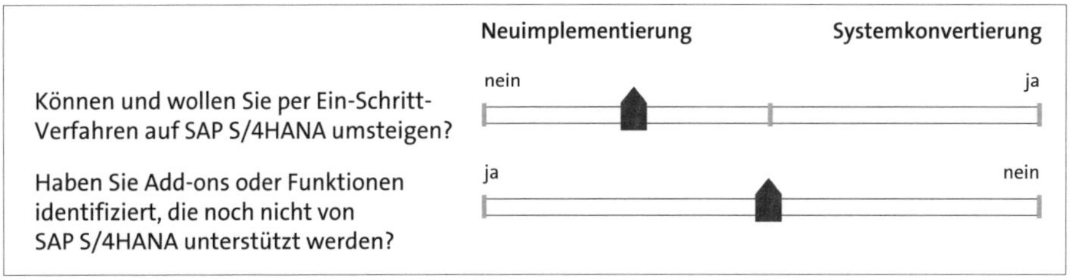

Abbildung 5.10 Fragen und Bewertungen zu den Systemanforderungen

Für den Fall, dass sich das aktuelle System der Business Suite auf einem sehr alten Releasestand befindet (kleiner als SAP ERP 6.0), müssen Sie auf dem Weg nach SAP S/4HANA mehrere Schritte durchführen. Sie müssten zuerst zu einem Release wechseln, das eine Systemkonvertierung nach SAP S/4HANA technisch ermöglicht. Bei einem sehr alten Release bietet sich eine Neuimplementierung an, bei der Zeit und Aufwände für diesen Zwischenschritt gespart werden. Eine Neuimplementierung ist in diesem Fall damit höchstwahrscheinlich sogar schneller zu realisieren.

Bestimmte Add-ons und Geschäftsfunktionen sind auf der Roadmap für SAP S/4HANA aber zum aktuellen Zeitpunkt vielleicht noch nicht verfügbar. Hier wären z. B. auch Branchenlösungen zu nennen. Eine Nicht-Verfügbarkeit solcher Funktionen oder noch nicht freigegebene Add-ons können eine SAP-S/4HANA-Einführung verzögern. Dies gilt aber unabhängig von den Umstiegsszenarien, da dies eine Neuimplementierung ebenso betrifft wie eine Systemkonvertierung. Daher gibt es hier keine dedizierte Empfehlung.

Der zweite Fragenblock in Abbildung 5.11 bezieht sich auf die Geschäftsprozesse.

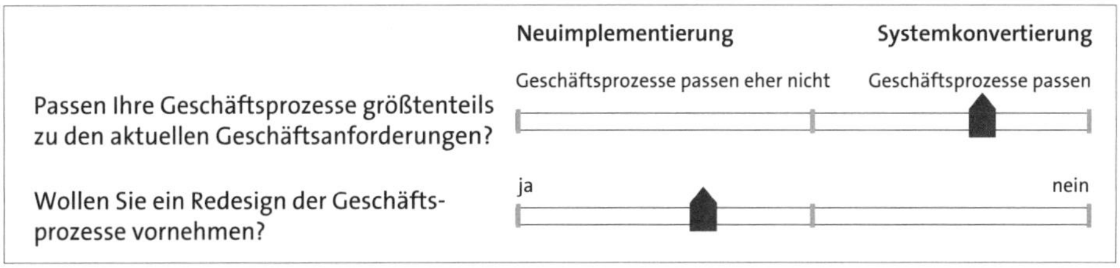

Abbildung 5.11 Fragen und Bewertungen zu den Geschäftsprozessen

Sofern die bisher genutzten Geschäftsprozesse und die Konfiguration des bestehenden Systems zu den aktuellen Geschäftsanforderungen passen, ist eine Systemkonvertierung sehr wahrscheinlich der empfohlene Weg. Bei einer Systemkonvertierung bleiben die bestehende Konfiguration und der aktuelle Datenbestand vorhanden. Für Informationen zu eventuellen Änderungen, die speziell mit SAP S/4HANA relevant sind, können Sie die Simplification List zurate ziehen.

[»]

Simplification Item Catalog

Alternativ gibt es die Simplification List nun auch in einem Onlineformat zur bequemen Suche nach spezifischen Einträgen und unterteilt in die verschiedenen SAP-S/4HANA-Releases. Der zentrale Zugang zum Simplification Item Catalog erfolgt über den folgenden Link (Sie benötigen hierzu ein S-User-Konto): *https://me.sap.com/sic.*

Sollten Sie allerdings eine Anpassung Ihrer Prozesse planen, ist die Neuimplementierung zu empfehlen. In diesem Szenario können Sie die Geschäftsprozesse auf Basis von SAP Best Practices implementieren und so die beste Konfiguration für Ihr System bestimmen. Anwendungsdaten werden dann per Datenmigration in das neue System übernommen, sodass sie zu den neuen Prozessen passen.

Der dritte Bereich bezieht sich auf Ihre kundeneigenen Entwicklungen (siehe Abbildung 5.12).

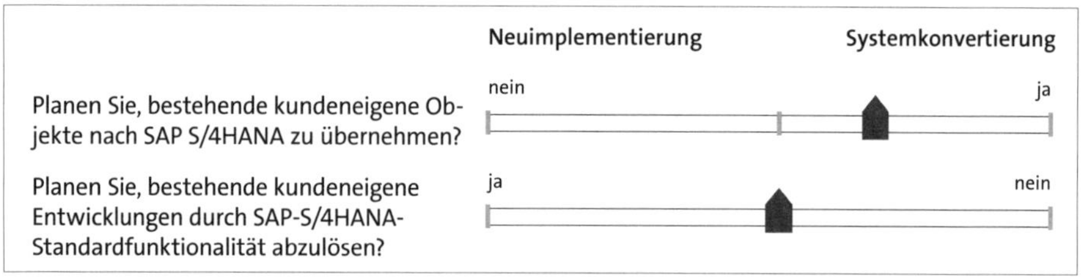

Abbildung 5.12 Fragen und Bewertungen zu den Eigenentwicklungen

Sollten Sie bestehendes Coding bzw. Eigenentwicklungen übernehmen wollen – was durchaus sinnvoll ist, wenn z. B. Ihre individuellen Anforderungen so noch nicht in SAP S/4HANA angeboten werden –, wäre eine Systemkonvertierung sehr wahrscheinlich der bessere Weg. Bei der Systemkonvertierung bleiben existierende kundeneigene Objekte bestehen und können mithilfe der Custom Code Migration Worklist angepasst werden, um z. B. eventuelle Änderungen an den Datenstrukturen in SAP S/4HANA zu berücksichtigen. Der Ausschlag des Zeigers ist hier allerdings nicht ganz so stark, da auch bei einer Neuimplementierung Eigenentwicklungen übernommen werden können. Allerdings gilt das erfahrungsgemäß eher für ein Minimum.

Wenn bestehende kundeneigene Entwicklungen nach Möglichkeit zurück in SAP-Standardfunktionalität überführt werden sollen, würde man vermutlich zuerst an eine Neuimplementierung denken. Allerdings ist dies nicht eine Frage des Übergangsszenarios, denn auch bei einer Systemkonvertierung können Eigenentwicklungen zurück in den Standard überführt werden. Hier geht es eher darum, den bestehenden Code im Detail zu analysieren und entsprechende Schritte, bezogen auf die SAP-S/4HANA-Funktionalität, einzuplanen.

Der letzte Fragenblock bezieht sich auf die Amortisierungszeit (*Time-to-Value*), also auf die Zeit, die vergeht, bis entsprechende Mehrwerte realisiert werden können (siehe Abbildung 5.13).

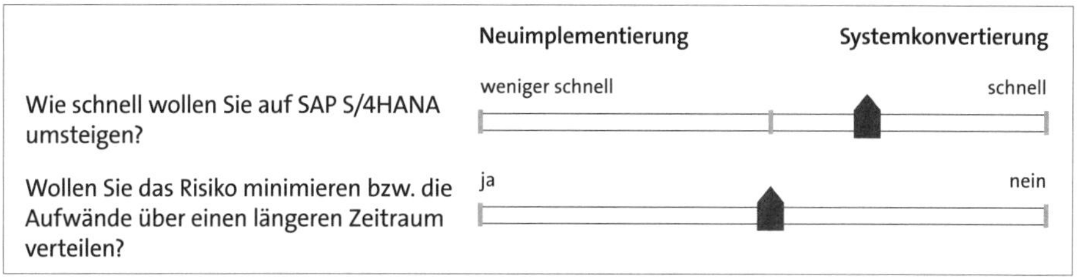

Abbildung 5.13 Fragen und Bewertungen zur Time-to-Value

Die Dauer des Übergangs nach SAP S/4HANA ist sehr individuell. Je nach Größe und Komplexität Ihrer aktuellen Landschaft ist oft die Systemkonvertierung der schnellere Weg, sofern ein Ein-Schritt-Verfahren möglich ist. Da die Einstellungen des Systems erhalten bleiben, ist eine Konvertierung meist schneller als eine Neuimplementierung mit einem kompletten Redesign der Geschäftsprozesse.

Allerdings wird die Neuimplementierung durch die Verfügbarkeit von SAP Best Practices, die speziell für SAP S/4HANA erstellt wurden, stark beschleunigt. Vor allem die umfangreich vorkonfigurierten Cloud-Lösungen sind in wenigen Wochen einsatzbereit. Dies ist vor allem dann interessant, wenn z. B. Tochterunternehmen schnell auf SAP S/4HANA umgestellt werden sollen. Hierbei ist es irrelevant, ob das Quellsystem ein SAP-ERP- oder ein Nicht-SAP-System ist, da wir in der Cloud immer von einer Neuimplementierung ausgehen.

Bezüglich des Risikos gibt es keine wirkliche Empfehlung. Es ist wahrscheinlich eher eine Frage der geplanten Roadmap als des gewählten Szenarios. Hier ist es möglich, jede Adaptionsgeschwindigkeit zu wählen, die zu Ihrer aktuellen Situation passt. Wenn Sie erst einen einzelnen Buchungskreis nach SAP S/4HANA übertragen oder mit SAP S/4HANA Finance starten, ist das ganz Ihnen überlassen. Die einzige Anmerkung wäre, wie vorher in diesem Kapitel schon beschrieben, dass eine SAP-S/4HANA-Einführung in möglichst kleinen Schritten normalerweise länger dauert und höhere Aufwände nach sich zieht.

Kapitel 6
Trial-Systeme und Content zum Ausprobieren

Für einen schnellen Einstieg in SAP S/4HANA eignen sich die von SAP bereitgestellten Trial-Systeme und vorgefertigten Best Practices zum Ausprobieren. Diese Systeme werden mit vorgefertigtem Customizing ausgeliefert und dienen als Starthilfe. Zusammen mit Inhalten des SAP Discovery Centers sind sie ideal für erste Tests und zur Ermittlung der richtigen Migrationsstrategie.

Zum Abschluss von Teil II, »Vorbereitung auf den Umstieg auf SAP S/4HANA«, möchten wir Ihnen noch ein mächtiges Hilfsmittel zur praxisnahen Entscheidungsfindung vorstellen und mit auf den Weg geben: die von SAP zur Verfügung gestellten Trial-Systeme, die Sie entweder in der Cloud oder im eigenen Datencenter schnell aufsetzen können, da sie mit dem sogenannten *SAP-Best-Practices-Content* vorkonfiguriert und über sogenannte *Missions* im SAP Discovery Center erweiterbar sind. Weitere Informationen zu SAP Best Practices für Neuimplementierungen finden Sie in Kapitel 9, »SAP Activate«, zum Framework für die Implementierung von SAP S/4HANA.

In diesem Kapitel stellen wir Ihnen das Trial-System zum Ausprobieren und Erweitern sowie seine Anwendungsmöglichkeiten vor, die weit über die Möglichkeiten eines einfachen, kostenlosen Testsystems hinausgehen. Das vorkonfigurierte System enthält Customizing, wie etwa vordefinierte Buchungskreise und Organisationsstrukturen, sowie Beispieldaten. Es basiert auf SAP Activate und SAP Best Practices und unterstützt Sie dabei, Ihre Anforderungen und Voraussetzungen für die Migration nach SAP S/4HANA zu identifizieren.

[«]

SAP Model Company

Bei dem von SAP Consulting angebotenen Modellunternehmen handelt es sich um eine industriespezifische SAP-S/4HANA-Referenzlösung, die für viele Industrien zur Verfügung steht. Im Gegensatz zum frei verfügbaren Trial-System enthält dieser kostenpflichtige Service zusätzliche Konfigurationen und weitere Inhalte aus erfolgreichen SAP-S/4HANA-Implementierungen und Kundenprojekten, die über SAP Best Practices hinausgehen.

Mehr Informationen zur SAP Model Company finden Sie im englischsprachigen E-Bite von SAP PRESS unter folgendem Link: *http://sap-press.de/5109*.

6.1 Das SAP-S/4HANA-Trial-System

Die SAP-S/4HANA-Referenzlösung (ein sogenanntes *Trial-System*) ist für jeden zugänglich. Es beinhaltet SAP Best Practices und die entsprechenden Beispieldaten und Szenarien.

[»]

Zugang zum Trial-System

Das SAP-S/4HANA-Trial-System können Sie über den folgenden Link einrichten: *http://s-prs.de/v10578026*.

SAP Cloud Appliance Library

Das Trial-System für die On-Premise-Version von SAP S/4HANA wird in der *SAP Cloud Appliance Library* (im Folgenden kurz *Library* genannt), also somit auch in der (Private) Cloud, bereitgestellt. Die Library stellt vorkonfigurierte Softwaresysteme in einer Cloud-basierten Lösung on demand zur Verfügung. Diese können Sie in Ihrem eigenen Cloud-Bereich der Library starten und nutzen.

IaaS-Konzept

Diese Art des Cloud Computings ermöglicht es, PC-Infrastruktur zu mieten, anstatt eigene Hardware zu kaufen. Das zugrunde liegende skalierbare Konzept wird *Infrastructure as a Service* (IaaS) genannt. Die Library stellt dabei eine Onlineplattform zum Verwalten von SAP-Systemen dar, die dann von einem IaaS-Cloud-Anbieter (z. B. Amazon, Google oder Microsoft) gehostet werden können.

Verfügbare Versionen

Es gibt zwei Möglichkeiten, um mit dem SAP-S/4HANA-Trial-System die Welt von SAP S/4HANA zu erkunden:

- **SAP S/4HANA Cloud Trial**

  Bei dieser Variante haben Sie die Möglichkeit, sich einen Benutzer mit einem 14-tägigen Testzugang für ein bereits existierendes Demosystem von SAP S/4HANA Cloud zu erstellen. Daher handelt es sich hierbei um das Angebot einer Public Cloud bzw. um eine SaaS-Cloud (*Software as a Service*), ebenso wie bei einem SAP-S/4HANA-Cloud-System in der Public Cloud.

Das System wird von allen Benutzern geteilt und ist sofort verfügbar. Es beinhaltet Demoszenarien, die einfach mithilfe eines Wizards durchgespielt werden können.

Es bietet sich an, das System zu nutzen, um die Funktionalität und die SAP-Fiori-Benutzeroberfläche von SAP S/4HANA kennenzulernen. Allerdings können Sie in diesem System nicht in die Konfiguration eingreifen und auch keine Migrationsszenarien durchspielen, da solche administrativen Funktionen eingeschränkt sind. Dafür ist es vollkommen kostenlos, da hier keine Hosting-Gebühren anfallen.

- **SAP S/4HANA Trial**

  Bei dieser Variante können Sie sich mit einer Testlizenz für 30 Tage ein komplettes On-Premise-System von SAP S/4HANA in der Private Cloud erstellen (die von einem Cloud-Anbieter gehostet wird). Bei dem individuellen System handelt es sich um die sogenannte *SAP S/4HANA Fully-Activated Appliance* (im Folgenden kurz *Appliance* genannt) und wird als Kopie von dem Appliance-Template, der Appliance-Vorlage, erstellt.

  Die Testlizenz ist völlig kostenfrei; Sie zahlen lediglich die Hosting-Gebühren bei dem Cloud-Anbieter Ihrer Wahl. Da dies Ihr eigenes System ist, können Sie alle Funktionen im Detail (inklusive des Customizings) einsehen und verändern. Außerdem haben Sie hier zusätzlich auch über das SAP GUI Zugriff auf das System.

[«]

Richten Sie Ihren Zugang zu den Trial-Systemen ein!

Wir empfehlen Ihnen das entsprechende Trial-System für Ihr Szenario zu aktivieren, damit Sie den Ausführungen in den nächsten Teilen des Buchs besser folgen können.

AWS, Microsoft Azure und Google Cloud Platform

Die Appliance ermöglicht es, eine komplette SAP-S/4HANA-On-Premise-Landschaft als Trial-System entweder in den *Amazon Web Services* (AWS), in *Microsoft Azure* oder in der *Google Cloud Platform* laufen zu lassen. Alles, was Sie dafür benötigen, ist ein Account bei einem dieser Cloud-Anbieter. Abbildung 6.1 zeigt die Appliance in der Library.

Vorteile

Die Vorteile einer solchen Library-Landschaft bestehen einerseits in der Flexibilität und andererseits in der Verfügbarkeit: Sie können unterschiedliche Größen für die virtuellen Systeme (d. h. einen unterschiedlich großen Arbeitsspeicher und die Plattengröße) definieren und die Landschaft somit einfach Ihren Bedürfnissen anpassen. Des Weiteren können Sie Ihr System stoppen und starten, ganz so, wie Sie es benötigen, und damit arbeiten.

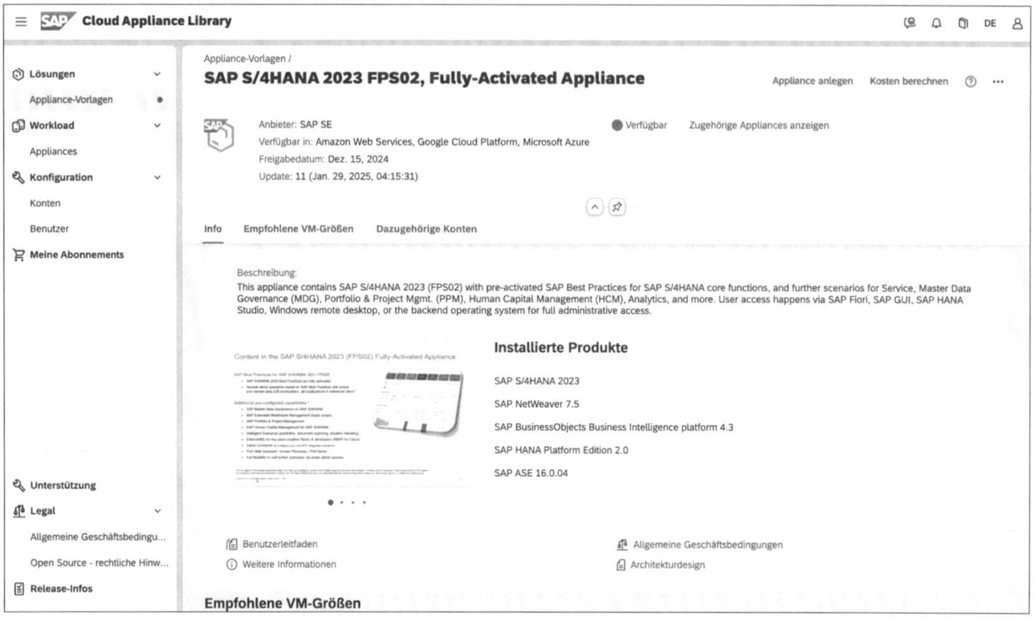

Abbildung 6.1 SAP S/4HANA 2023, Fully-Activated Appliance in der SAP Cloud Appliance Library

Tatsächliche Kosten fallen bei dem Cloud-Provider (neben den niedrigen Grundkosten pro Instanz) nur stundenweise bei aktivierten Systemen an. Wenn Sie das System gerade nicht benutzen, deaktivieren Sie es einfach und (re-)aktivieren es später erneut.

Während Ihnen der Cloud-Ansatz ein solches System bereits innerhalb von etwa zwei Stunden bereitstellt, kann diese Appliance auch komplett on-premise innerhalb von bereits zwei Tagen in Ihrem Datencenter implementiert werden – und das nicht nur als Testsystem zum Ausprobieren, sondern auch als Sandboxsystem für einen Proof of Concept (PoC) oder als Entwicklungssystem in Ihrer zukünftigen SAP-S/4HANA-Landschaft. Dies erläutern wir im folgenden Abschnitt genauer.

6.2 SAP S/4HANA Fully-Activated Appliance

Appliance

Eine *Software-Appliance* ist ein komprimiertes System, ähnlich einer großen ZIP-Datei, das schnell und einfach in ein reguläres System extrahiert werden kann. Es enthält alle Einstellungen und Eigenschaften, die aktiviert oder hinzugefügt wurden, als das Originalsystem aufgesetzt wurde. Das Ganze verhält sich wie eine Systemkopie von einem SAP-S/4HANA-System, inklusive ABAP-Coding, SAP-HANA-Datenbank, SAP Best Practices und technischer SAP-Fiori-Konfiguration. Die SAP-HANA-Datenbank ist dabei mit der SAP-S/4HANA-Software gebündelt.

Des Weiteren ist die Appliance bereits mit Demoszenarien und den Beispieldaten ausgestattet. Dadurch kann sie einfach für Sandboxsysteme, PoCs und die von SAP Activate vorgesehene Fit-Gap- oder Fit-Standard-Analyse eingesetzt werden (siehe Kapitel 9, »SAP Activate«). Abbildung 6.2 zeigt das Konzept der Appliance.

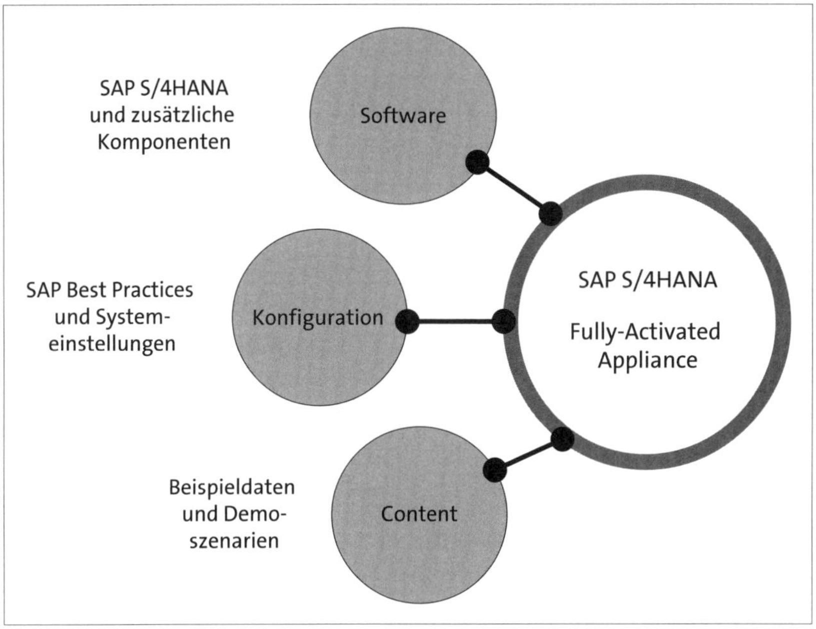

Abbildung 6.2 Konzept der SAP S/4HANA Fully-Activated Appliance

Ausgangsbasis für das Produktivsystem

Die vorgefertigte Appliance kann von Kunden und SAP-Partnern gleichermaßen als Startpunkt eingesetzt werden. Es besteht auch die Möglichkeit, die Appliance über den Testzeitraum von 30 Tagen hinaus zu verwenden, wenn man die Lizenzen für SAP S/4HANA und für die SAP-HANA-Datenbank erwirbt.

[«]

SAP Cloud Appliance Library Subscription

Um die Appliance nach dem Testzeitraum weiterhin in der Library zu nutzen, ist ein aktives Library-Abonnement erforderlich, das im SAP Store als Subskription erworben werden kann: *http://s-prs.de/v10578027*.

Diese sogenannte *CAL Subscription* ist nicht erforderlich, wenn Sie das Trial-System in Ihrem eigenen Datencenter auf eigener Hardware installieren.

SAP S/4HANA Fully-Activated Appliance verwenden

Es gibt zwei Möglichkeiten, um die Appliance zu verwenden:

- **SAP Cloud Appliance Library**

  Die Library ermöglicht es Ihnen, die Appliance als gehostete Cloud-Lösung (IaaS) einzusetzen. Vom Anlegen Ihrer Instanz der Appliance bis zum ersten Anmelden am System dauert es nur ein bis zwei Stunden. Die Kosten für das Hosting belaufen sich auf wenige EUR pro Stunde und auch das nur, während Sie das System verwenden (in der sogenannten *Uptime* oder *Betriebszeit*). Die Cloud-Anbieter bieten möglicherweise ein Startguthaben für die Erstellung eines Accounts an; daher sollten Sie sich unterschiedliche Cloud-Anbieter für das Hosting anschauen (für den erfolgreichen Betrieb der Appliance wird jedoch voraussichtlich mehr RAM und CPU benötigt, die über das Startguthaben hinaus gehen). Eine 30-Tage-Testlizenz sowohl für das SAP-S/4HANA-System als auch für die Library sind inklusive. Danach muss in diesem Fall neben der On-Premise-Version von SAP S/4HANA auch die Library lizenziert werden (in Form eines Softwaremietmodells, der sogenannten *Subskription*).

  In der Library finden Sie eine detaillierte Anleitung zum Aufsetzen der Lösung sowie Blogs und Foren, in denen Sie Support erhalten. Darüber hinaus finden Sie dort auch Informationen zur Verwendung der Appliance über die kostenlosen ersten 30 Tage hinaus.

- **On-Premise-Installation**

  Sie können die Appliance auch auf eigener Hardware installieren. Sie benötigen dafür nur die von der Appliance unterstützte Hardware mit Linux-Betriebssystem. Alles Weitere wird mit der Appliance selbst installiert. (Die Linux-Version muss den von SAP spezifizierten Anforderungen entsprechen, damit die Systemkopie erfolgreich installiert werden kann.)

  Dank des Konzepts der Appliance können Sie innerhalb von zwei bis drei Tagen mit Ihrem vorkonfigurierten System arbeiten. Sie können die Installationsdateien entweder über das Internet herunterladen oder auf Blu-Ray-Disc bestellen. Die Appliance an sich ist kostenfrei, auch bei Bestellung. Benötigt werden jedoch die entsprechenden SAP-Voll- oder -Testlizenzen.

[»]

Weitere Informationen zur Appliance in der SAP Cloud Appliance Library und on-premise

- Mehr Informationen (auch eine Schnellanleitung zur Verwendung der Library) finden Sie unter dem folgenden Link: *http://s-prs.de/v10578026.*

- SAP-Hinweis 2041140 enthält mehr Informationen zu den Systemanforderungen für die On-Premise-Installation und zum Bestellprozess.

Einsatzszenarien

Für die Appliance gibt es die folgenden Einsatzszenarien:

- **Sandboxsystem**

  Für ein Sandboxsystem ist es manchmal notwendig, mehr als 30 Tage Zeit zum Testen zu haben, weshalb die Trial-Periode nicht immer ausreicht. Außerdem möchten Sie die Ergebnisse in dem Sandboxsystem vielleicht behalten, wofür eine eigene Lizenz für das Produkt notwendig wird. Mit dem Referenzsystem können Sie den initialen Aufwand des Systemaufsetzens erheblich reduzieren, daher bietet es sich auch über die 30 Tage hinaus als Startpunkt für ein Sandboxsystem an. Sie starten mit der Appliance und personalisieren die Lösung dann auf der Basis von SAP Best Practices mit Ihren eigenen Stammdaten und Organisationsstrukturen usw. Dafür eignet sich eine Hosting-Subskription bei einem der Cloud-Anbieter in der Library, da Sie dann keine eigene Hardware bereitstellen müssen. Ferner ist für die Nutzung von mehr als 30 Tagen auch die bereits erwähnte CAL Subscription erforderlich, die Sie über den SAP Store beziehen können.

- **Proof of Concept**

  Die Appliance bietet sich als PoC-System an, da sie bereits vorkonfiguriert ist und sehr schnell implementiert werden kann. Da Sie mit Ihrer eigenen Kopie des SAP-S/4HANA-Systems arbeiten, steht es Ihnen frei, Personalisierungen vorzunehmen sowie den Lösungsumfang zu erweitern und somit Ihren PoC zu beschleunigen.

- **Entwicklungssystem**

  Technisch gesehen ist es ebenfalls möglich, die Appliance als Entwicklungssystem in der späteren Produktivlandschaft zu betreiben. Allerdings entspricht dieses System nicht den SAP-Empfehlungen für eine SAP-S/4HANA-Landschaft. Problematisch ist dabei Folgendes:

  - Alle Sprachen in dem System sind installiert und aktiv. (Das entspräche nicht Ihrem Produktivsystem.)
  - Es sind bereits Add-ons installiert, die Sie vielleicht nicht benötigen, und ebenfalls sogenannte *non-reversable Business Functions* angeschaltet, die nicht wieder ausgeschaltet werden können, falls dies der Situation in Ihrem Unternehmen entsprechen würde.

- Je nachdem, welche Lizenzen Sie besitzen, würden zusätzliche Lizenzkosten fällig (z. B. für SAP Integrated Business Planning for Supply Chain und SAP Master Data Governance, die Teil der Appliance sind), vor allem wenn das Entwicklungssystem später in ein Qualitätssicherungssystem oder Produktivsystem kopiert wird.

Appliance als erster Schritt hin zu SAP S/4HANA

Sie können die Trial-System- und Appliance-Angebote von SAP nutzen, um Ihre ersten Schritte in SAP S/4HANA zu machen. Entscheiden Sie sich dann für den Umstieg, können Sie die Einstellungen, die Sie schon vorgenommen haben, auch in der Produktivlandschaft weiterhin nutzen.

Außerdem werden in der Library und, basierend auf der Appliance, auch Modellfirmen für spezifische Industrien angeboten, wie bereits eingangs erwähnt. Es lohnt sich also durchaus, sich nach SAP-Model-Company-Lösungen umzuschauen, unter *https://cal.sap.com/catalog*.

6.3 Lösungsumfang der SAP S/4HANA Fully-Activated Appliance

Komponenten

Die Appliance besteht aus vier virtuellen Maschinen, die zu einer einzelnen Instanz gebündelt sind. Die Appliance beinhaltet:

- SAP S/4HANA (ABAP-Backend, inklusive SAP-HANA-Datenbank und SAP Gateway als Frontend-Server für SAP Fiori)
- SAP NetWeaver Application Server Java (SAP NetWeaver AS Java)
- SAP Best Practices (alle in SAP S/4HANA 2023 verfügbaren Best Practices sind je nach Mandant bereits aktiviert)
- Erweiterbarkeit von SAP Fiori (um SAP-Fiori-Oberflächen, um zusätzliche Felder zu erweitern)
- Content für mehrere Szenarien in Form von Klick-Demos

Die folgenden Komponenten sind optional und nur in der Library verfügbar, nicht jedoch für eine On-Premise-Installation der Appliance:

- SAP BusinessObjects Business Intelligence (mit vorgefertigten Reports)
- Microsoft Remote Desktop (für einen einfacheren Zugang zu Frontend-Tools und SAP Fiori)
- alle Lokalisierungen in den Referenzmandanten

Abbildung 6.3 gibt eine Übersicht über die Softwarekomponenten der Appliance.

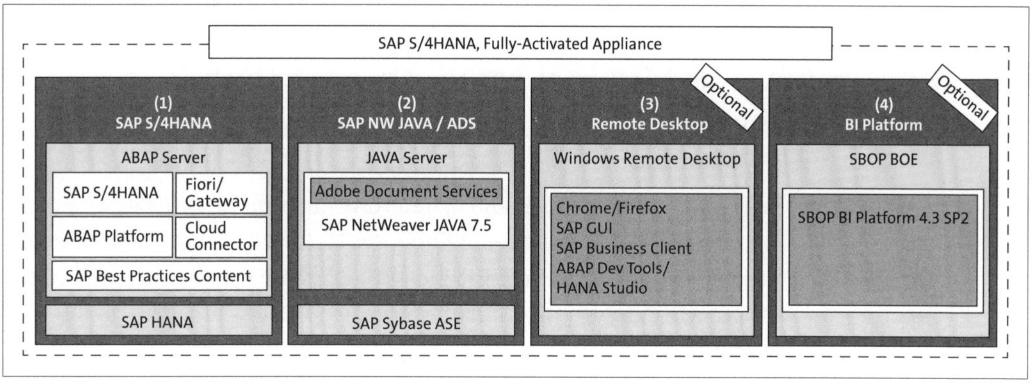

Abbildung 6.3 Die Softwarekomponenten der SAP S/4HANA Fully-Activated Appliance

Vorkonfigurierte Mandanten

Die Appliance enthält fünf bereits eingerichtete Mandanten mit unterschiedlichem Umfang des SAP-Best-Practices-Contents:

- **Mandant 000**

  Der *Nuller-Mandant* ist der Default-Mandant aller SAP-S/4HANA-Systeme und wird in der Appliance unverändert mitausgeliefert. Mandant 000 können Sie als Startpunkt für Ihre Aktivitäten verwenden, wenn Sie SAP S/4HANA ohne SAP Best Practices aufsetzen möchten, und Sie können ihn zum Vergleich mit dem Auslieferungs-Customizing des leeren Produkts heranziehen.

- **Mandant 100**

  Dies ist der Trial-Mandant. Er beinhaltet das bereits aktivierte Tool SAP Best Practices für SAP S/4HANA sowie Beispieldaten, Prozesse und Szenarien für Deutschland und die USA. Darüber hinaus sind hier bereits komplette Geschäftsprozesse der Modellunternehmen abgebildet.

  Dieser Mandant ist der Startpunkt, wenn Sie SAP S/4HANA erkunden möchten. Das System ist komplett aufgesetzt und bereits mit Daten (Stamm- und Bewegungsdaten) versorgt. Sie können somit gleich loslegen und die Modellunternehmen im Buchungskreis 1010 für Deutschland und 1710 für die USA verwenden.

- **Mandant 200**

  In diesem Mandanten sind alle technischen Aktivitäten für eine Aktivierung von SAP Best Practices bereits ausgeführt, aber SAP Best Practices selbst ist noch nicht aktiviert. Sie können somit einen Aktivierungslauf für SAP Best Practices mit dem für Sie relevanten und eventuell eingeschränkten Umfang durchführen und die Aktivierung selbst testen.

Mandant 200 ist ein Vor-Aktivierungsmandant, der allerdings bereits die Konfiguration des SAP Fiori Launchpads beinhaltet. (Er eignet sich daher auch gut zum Vergleichen, falls Sie das SAP Fiori Launchpad aktivieren möchten.)

- **Mandant 300**

  Dieser Mandant ist der Standardreferenzmandant für SAP Best Practices. Dabei handelt es sich um eine Kopie des Nuller-Mandanten mit der Aktivierung der Standard-Best-Practices für einzelne Länder. Sie können hier sehen, wie das System aussieht, wenn Sie SAP Best Practices gerade eingespielt haben.

  Der Mandant 300 kann als Referenz genutzt werden, da hier noch keine weitere Konfiguration vorgenommen wurde. Allerdings sind auch keine Demodaten enthalten. Es handelt sich hier um eine sogenannte *White List Copy* des Mandanten 000, d. h., alle Konfigurationstabellen aus dem Mandanten 000 sind leer, sofern sie nicht für SAP Best Practices gebraucht werden.

- **Mandant 400**

  Der Mandant 400 ist ein Referenzsystem für die SAP Best Practices. Dabei handelt es sich um eine Kopie des Nuller-Mandanten mit der Aktivierung der Standard-Best-Practices. Sie können hier sehen, wie das System aussieht, wenn Sie SAP Best Practices gerade eingespielt haben. Es sind alle Lokalisierungen in der On-Premise-Version von SAP S/4HANA aktiviert, und es wurden sämtliche Konfigurationen (also auch Konfigurationen, die nicht für SAP Best Practices relevant sind) aus dem Nuller-Mandanten mitkopiert.

  Dieser Mandant kann für Fit-Gap- oder Fit-Standard-Workshops verwendet werden, da hier nicht nur mit dem Standard-Content von SAP Best Practices verglichen werden kann, sondern darüber hinaus auch mit dem Customizing des kompletten Mandanten 000.

Fit-Gap-Analyse

Mit dem so eingerichteten Trial-System führen Sie dann die Fit-Gap- bzw. Fit-Standard-Analyse innerhalb des SAP-S/4HANA-Workshops durch. Alle am SAP-S/4HANA-Projekt Beteiligten können sich so in einem sehr frühen Stadium ein Bild davon machen, wie die Implementierung aussehen wird, und gemeinsam eine Strategie für die Migration entwickeln. Die Idee ist, nur dort Anpassungen an der Standardmodellunternehmen vorzunehmen, wo Sie damit tatsächlich ein Alleinstellungsmerkmal für Ihr Unternehmen verwirklichen können. Ansonsten sollten Sie versuchen, nah am

Standard zu bleiben oder zum Standard zurückzukehren, anstatt einfach nur das Altsystem zu replizieren. Meist sind die Entscheidungen, im SAP-Altsystem vom Standard abzuweichen, getroffen worden, als es die entsprechende Funktionalität im SAP-System noch nicht gab. Das Ziel des Fit-Gap-Workshops ist es, die Funktion(en) des SAP-S/4HANA-Systems zu verstehen, die Lösung zu validieren und mithilfe der verschiedenen Best Practices genau für die Kundenanforderungen maßzuschneidern – innerhalb der Grenzen des SAP-S/4HANA-Systems. Die Lücken (Gaps) sollen dabei identifiziert und geschlossen werden. Das ist ein komplett anderer Ansatz als beim klassischen Blueprinting.

Referenzsystem für die Vorbereitung auf die Migration mit diesem Buch

Das in diesem Kapitel beschriebene Referenzsystem mit dem Modellunternehmen kann Ihnen auch im weiteren Verlauf dieses Buchs bei einer SAP-S/4HANA-Neuimplementierung dienlich sein. In Teil IV, »Neuimplementierung und Datenmigration nach dem Greenfield-Ansatz«, behandeln wir die Datenmigration nach dem Greenfield-Ansatz.

6.4 SAP Discovery Center und das SAP AppHaus

Wie wir in Abschnitt 3.5, »SAP Business Technology Platform«, beschrieben haben, bietet sich SAP Business Technology Platform (SAP BTP) dazu an, kundeneigene Entwicklungen aus dem abzulösenden ERP oder einem SAP-S/4HANA-System auf eine unabhängige Plattform zu bringen, um die eigene Codelinie sauber von kundeneigenem Coding zu halten, das auf der SAP-HANA-Datenbank nicht mehr funktionieren würde. Das heißt, SAP BTP ist ein wichtiger Baustein für die Umstellung auf SAP S/4HANA. Allerdings musste auch SAP feststellen, dass nach der Umbenennung von SAP HANA Cloud Platform in SAP Cloud Platform und nun der Weiterentwicklung in SAP Business Technology Platform bei den Kunden und Partnern immer noch erheblicher Aufklärungsbedarf an SAP BTP und daran, was man damit tatsächlich alles machen kann, besteht.

Einerseits kann Ihnen Abschnitt 3.5, »SAP Business Technology Platform«, dabei helfen, Licht in das Dunkel zu bringen, aber mit dem hilfreichen *SAP Discovery Center* (einfach: *sap.com/disco*) hat SAP auch eine eigene dezidierte Webseite veröffentlicht, die alle Services von SAP BTP auflistet, beschreibt, was sie können und kosten, sowie Beispielcontent mit Schritt-für-Schritt-Anleitungen anbietet. Zusätzlich zur kostenlosen Möglichkeit zum

Ausprobieren von SAP BTP (Trial und Free Tier) werden hier auch Schritt-für-Schritt-Anleitungen mit auf SAP S/4HANA zugeschnittenem Business-Content kostenfrei bereitgestellt. Falls Sie noch weitere Unterstützung benötigen, bietet das SAP AppHaus Hilfe bei Implementierungen mit einem innovativen benutzerzentrierten Ansatz, den wir in Abschnitt 6.4.2, »SAP AppHaus«, behandeln werden.

6.4.1 SAP Discovery Center

Das SAP Discovery Center wurde entwickelt, um ähnlich der gerade vorgestellten SAP S/4HANA Appliance mit einem Testsystem und Testdaten zum Erkunden von SAP S/4HANA alle Möglichkeiten von SAP BTP zu entdecken und mittels vorgebauten Best Practices auszuprobieren. Mithilfe des Discovery Centers können Sie schnell auf SAP BTP starten und Ihre Geschäftsprozesse, die über SAP S/4HANA hinausgehen, mit Mehrwert umsetzen.

[»]

Zugang zum SAP Discovery Center

Unter folgender URL können Sie das SAP Discovery Center erreichen und Ihre erste eigene Mission starten: *https://www.sap.com/disco*.

Bei dem SAP Discovery Center handelt es sich um eine virtuelle Plattform, die von SAP bereitgestellt wird, um Unternehmen bei der Evaluierung und Umsetzung von SAP-Lösungen zu unterstützen. Es bietet Best-Practices-Content in Form von Schritt-für-Schritt-Anleitungen, eine Übersicht über alle SAP BTP Services, Beispiel- und Referenzarchitekturen für SAP-BTP-basierte Lösungen, eine Übersicht über alle eingebauten KI-Funktionalitäten in SAP S/4HANA und anderen Produkten, interaktive Demos, kostenlose Testversionen, Schulungsmaterialien und eine Community, in der sich Anwender und Experten austauschen können. Es bietet Ihnen die Möglichkeit, alle Funktionalitäten und Vorteile von SAP BTP in einer sicheren und kontrollierten Umgebung zu erkunden, und dient als zentraler Anlaufpunkt mit einer umfangreichen Contentbibliothek. Zusätzlich gibt es auch für SAP BTP eine kostenlose Testversion, die als Startpunkt für das Ausprobieren des Discovery-Center-Contents und der SAP BTP Services dienen kann. Außerdem beinhaltet das SAP Discovery Center eine Übersicht aller in SAP eingebetteten Business-AI-Funktionen (Embedded AI).

[»]

SAP-BTP-Testsysteme

SAP BTP bietet zwei Möglichkeiten an, um Plattformservices zu testen: das Trial-Modell und das Free-Tier-Modell.

Das SAP-BTP-*Trial-Modell* ermöglicht es, verschiedene Plattformservices in einer Testumgebung zu testen und nicht-produktive Anwendungen und Erweiterungen implementieren zu können. Es eignet sich gut für den ersten Einstieg in SAP BTP, um bestehende Services auszuprobieren. Wenn Sie jedoch produktive Anwendungen und Erweiterungen umsetzen möchten, müssten Sie anschließend einen neuen Account einrichten und Ihre Szenarien dort erneut implementieren, um sie weiter nutzen zu können.

Das *Free-Tier-Modell* ermöglicht es Ihnen, sofort mit einem produktiven Account zu starten und ausgewählte Plattformservices bis zu einer bestimmten Kapazitätsgrenze kostenfrei zu nutzen. Wenn Sie das freie Service-Kontingent verbraucht haben, können Sie die Services direkt entsprechend deren Kosten weiternutzen, ohne den Account wechseln zu müssen oder vorherige Arbeiten zu verlieren. Entsprechende Services sind mit Free Tier gekennzeichnet, und es kommen ständig neue kostenlose Services dazu.

Starten Sie unter dem folgenden Link, um SAP BTP kostenlos auszuprobieren: *http://s-prs.de/v10578016*.

Da das SAP Discovery Center Ihnen die voraussichtlichen Kosten anzeigen kann, muss es auf das jeweilige von Ihnen genutzte Lizenzierungsmodell (kostenfrei, nutzungsabhängig oder nutzungsunabhängig) zugreifen. Melden Sie sich daher mit Ihrer SAP Universal ID am Discovery Center an, damit die voraussichtlichen Kosten korrekt angezeigt werden können.

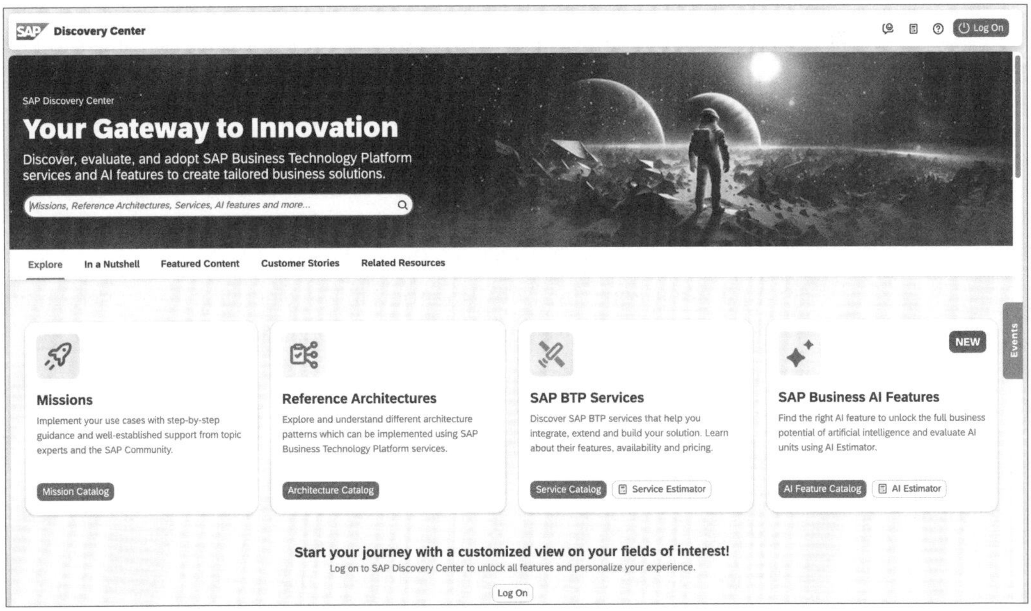

Abbildung 6.4 Einstiegsbild des SAP Discovery Centers

Von der Startseite des SAP Discovery Centers aus (siehe Abbildung 6.4) erreichen Sie vier große Bereiche: **Missions**, **Reference Architectures**, **SAP BTP Services** und **SAP Business AI Features**. Missions umfassen Best-Practices-Content und Einführungstutorials zu SAP BTP, unter anderem eine »Getting Started«-Mission für SAP BTP.

Missions

Discovery Center Missions

Missions im SAP Discovery Center sind wie ein Kochrezept, sie umfassen alles, was Sie brauchen, um ein Szenario mittels Schritt-für-Schritt-Anleitung umzusetzen. Dies können SAP-BTP-Tutorials oder implementierbare Geschäftsprozesse sein. Eine Mission beinhaltet Informationen auf mehreren Registerkarten, darunter für gewöhnlich ein Architekturdiagramm, die verwendeten SAP BTP Services, Demovideos und das *Project Board* mit den einzelnen Karten, um eine Mission schrittweise durchzuführen.

In der oberen rechten Ecke befindet sich die Schaltfläche zum Starten einer eigenen Mission. Wenn Sie diese Schaltfläche klicken, erhalten Sie eine Aufforderung, eine neue Mission zu starten oder eine bestehende Mission weiterzuführen oder einer bereits gestarteten Mission beizutreten, etwa einer von einem Teammitglied bereits zuvor gestarteten Mission. So kann ein ganzes Team gemeinsam an der Umsetzung und Implementierung von neuen Geschäftsprozessen arbeiten, auch mit der Möglichkeit, selbst neue Kacheln im Project Board mit Tasks für die anderen Teammitglieder anzulegen. Eine eigene Mission ist eine lokale Kopie der veröffentlichten Mission (wie in etwa eine eigene Instanz), und dort können dann sämtliche Schritte durchgeführt werden, um die Mission zu durchlaufen und bei erfolgreicher Durchführung zu beenden. Der Fortschrittsbalken zeigt Ihnen, wie weit Sie in der Mission sind. Abbildung 6.5 zeigt eine gerade neu gestartete Mission zum automatischen Verarbeiten von Rechnungen in SAP S/4HANA mit allen notwendigen Schritten als Kacheln unter verschiedenen Phasen. In Ihrer persönlichen Mission können Sie eigene Kacheln anlegen und Ihren Fortschritt dokumentieren. Die Übersicht zeigt auch an, in welcher jeweiligen Phase der Mission Sie sich befinden.

Folgende Informationen sind für sämtliche Missions im SAP Discovery Center verfügbar:

- **Overview:** Kurzübersicht darüber, was die Mission beinhaltet, Beschreibung des Use Cases mit Business Value und Links zu den verwendeten Services.
- **Project Board:** Dieser Bereich beinhaltet die Schritt-für-Schritt-Anleitung, um die Mission umzusetzen, und ist nach Phasen aufgebaut. Die

einzelnen Kacheln beinhalten Tutorials, weiterführende Links, GitHub-Repositories und mehr.

- **Resources:** Hier finden Sie weiterführende Informationen und verlinkte Dokumente und Videos.
- **Support:** Dieser Bereich bietet Ihnen die Möglichkeit, sich über die SAP Community mit anderen Nutzern auszutauschen oder direkt mit den Mission-Experten bei SAP in Kontakt zu kommen.
- **Customer Stories:** Hier können Sie sich von anderen inspirieren lassen, wie diese die Mission umgesetzt haben und welchen Mehrwert sie dem Kunden bietet. Viele dieser Customer Stories kommen von dem SAP AppHaus (siehe nächster Abschnitt).
- **Related Missions:** Hier werden ähnliche Missions angezeigt, die entweder thematisch oder von den zugrunde liegenden Technologien her vergleichbar sind.

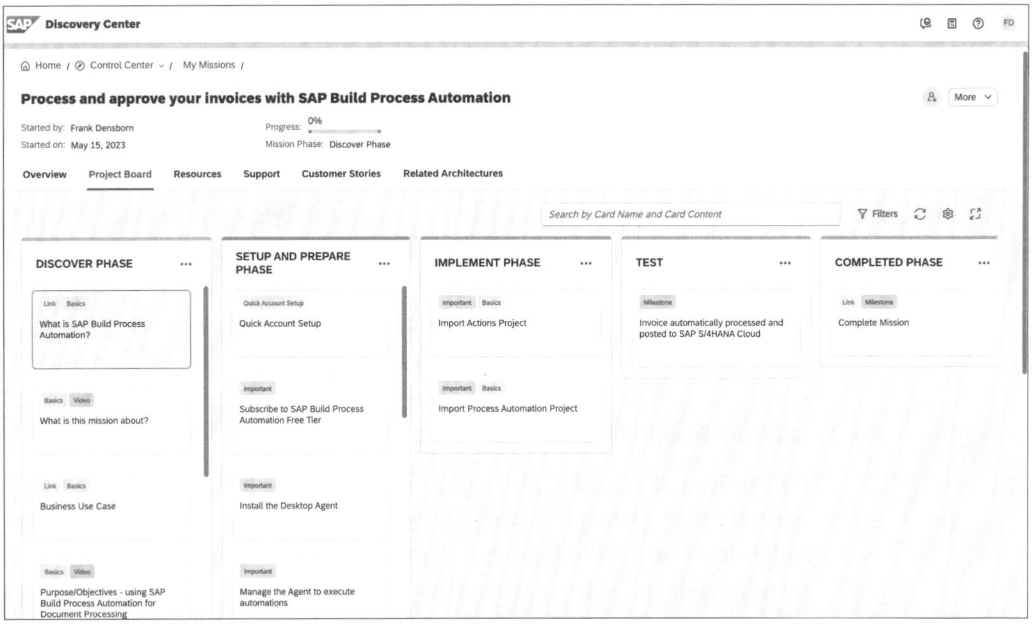

Abbildung 6.5 Project Board der Mission zur Prozessautomatisierung

Beispielcontent

Um die möglichen SAP-S/4HANA-Funktionalitäten über die Erweiterung mit SAP BTP auszuprobieren und Ihr SAP-S/4HANA-Trial-System anzubinden, können Sie auf die folgenden Beispiel-Missions aus dem SAP Discovery Center zurückgreifen, die Sie bei Ihrer digitalen Transformation unterstützen werden:

- SAP-Discovery-Center-Tutorial:
  http://s-prs.de/v10578028
- Keep the Core Clean:
  http://s-prs.de/v10578029
- SAP-Integration-Suite-Tutorial:
  http://s-prs.de/v10578030
- Get Started with SAP Build Code and SAP Joule:
  http://s-prs.de/v10578031
- SAP-S/4HANA-Erweiterungen mit ABAP:
  http://s-prs.de/v10578032
- SAP-S/4HANA-Custom-Code-Migration-App:
  http://s-prs.de/v10578033
- Anwendung: Automatic Invoice Approval for SAP S/4HANA:
  http://s-prs.de/v10578034

Services

SAP BTP Services

Das zweite Hauptthema des SAP Discovery Centers sind Services. SAP BTP Services ermöglichen, erleichtern oder beschleunigen die Entwicklung von Geschäftsanwendungen und anderen Plattformdiensten auf SAP BTP. SAP-BTP-Dienste und -Komponenten werden als Services verpackt, um eine SAP-Discovery-Center-Mission erfolgreich durchführen zu können und somit Ihre Geschäftsprozesse zu optimieren. Einige der Services sind im Detail in Abschnitt 3.5.2, »Werkzeuge«, beschrieben.

Im Service Catalog können Sie durch die verschiedenen Funktionalitäten und Tools stöbern, die Sie in Ihrer SAP BTP aktivieren und nutzen können. Außerdem können Sie die damit verbundenen Kosten abschätzen und ausrechnen lassen. Jeder Partnerschafts-/Kundenstatus wird für korrekte Preisinformationen basierend auf Ihrem Servicelevel in den SAP-Vereinbarungen angezeigt, abhängig davon, wie Sie SAP BTP lizenziert haben. Dies ist der Fall, wenn Sie sich korrekt mit Ihrem Kundenkonto angemeldet haben. Des Weiteren werden die kostenlosen Quotas der Free Tier Services angezeigt, sodass Sie immer wissen, wann Sie einen Freibetrag (z. B. den kostenlosen Speicherplatz) überschreiten. Im Service Catalog können Sie einfach nach spezifischen Services suchen oder nach neu hinzugefügten oder kostenlosen Services filtern (siehe Abbildung 6.6).

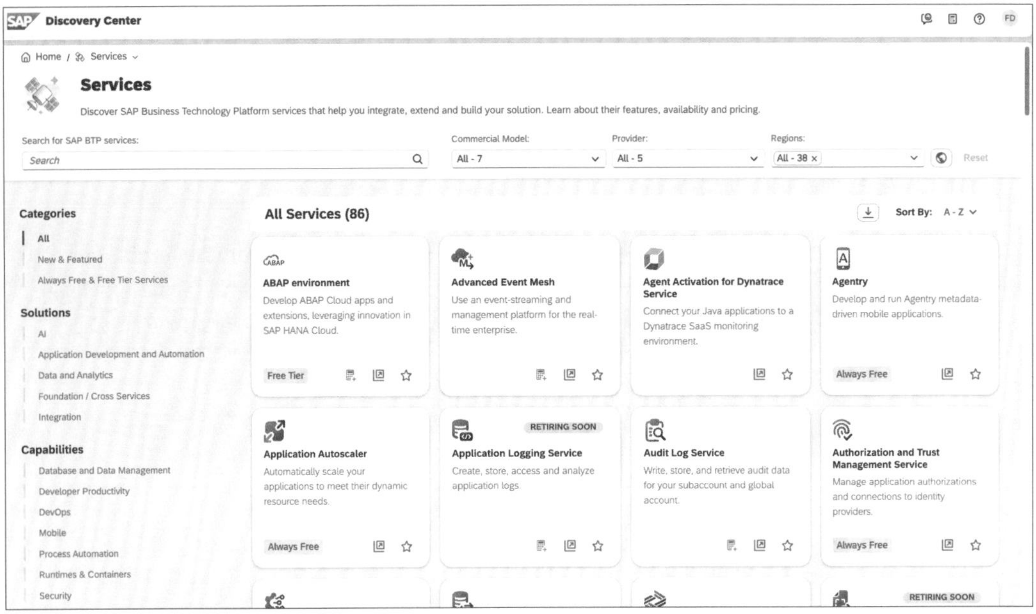

Abbildung 6.6 Der Service Catalog des SAP Discovery Centers

Folgende Informationen sind für Services verfügbar:

- **Overview:** Kurzübersicht darüber, was der Service ist, Links zu verschiedenen Ressourcen wie der Dokumentation, Tutorials, die uns beim Einstieg helfen können, und direkter Zugang zur Themenseite in der SAP Community.
- **Pricing:** Dieser Bereich zeigt die verschiedenen Modelle und Servicepläne, in denen dieser Service verfügbar ist. Zum Beispiel ist das SAP Business Application Studio unter einem Cloud Platform Enterprise Agreement (CPEA), Pay as you go Plan (PAYG), Cloud-Abonnement oder kostenlosem Testsystem verfügbar.
- **Related Missions:** Hier werden ähnliche Missions angezeigt, die entweder thematisch oder von den zugrunde liegenden Technologien her vergleichbar sind, um Ihnen weitere Ideen für zukünftige Projekte zu liefern. Außerdem beinhaltet dieser Abschnitt Missions, die eine Voraussetzung für die ausgewählte Mission sein können und daher zuerst durchgeführt werden sollten.
- **Roadmap:** Im Roadmap-Bereich können Sie erfahren, was in der Zukunft für diesen bestimmten Service geplant ist. Dies ist dieselbe Information, die Sie unter *https://roadmaps.sap.com* finden können.
- **Customer Stories:** Hier können Sie sich von anderen inspirieren lassen, wie man den Service nutzen kann, und lernen, welchen Nutzen andere

Kunden ermöglichen konnten und wie sie in ihrem Unternehmen Innovation umgesetzt haben. Viele dieser Customer Stories kommen von dem SAP AppHaus, das wir im nächsten Abschnitt kennenlernen werden.

[zB]

Ausgesuchte SAP BTP Services

Wir möchten Ihnen die folgenden SAP BTP Services zum Ausprobieren von SAP BTP und Erweiterung Ihres SAP-S/4HANA-Systems ans Herz legen, allesamt in einer kostenlosen sogenannten Free-Tier-Version verfügbar:

- SAP Business Application Studio
- SAP Cloud Foundry Runtime
- SAP Kyma Runtime
- SAP Identity Provisioning
- SAP Build Process Automation
- SAP Build Work Zone
- SAP Build Apps
- SAP Integration Suite
- SAP AI Core
- SAP AI Launchpad
- SAP HANA Cloud

Mehr Informationen zu diesen SAP BTP Services finden Sie in Abschnitt 3.5.2, »Werkzeuge«.

Referenzarchitekturen

Bereich »Reference Architecture«

Der Bereich **Reference Architectures** im SAP Discovery Center bietet standardisierte Architekturmodelle und Blaupausen für die Implementierung von SAP-BTP-basierten SAP-Lösungen und SAP-S/4HANA-Erweiterungen. Anwender finden hier detaillierte, wiederverwendbare Konzepte, die auf bewährten Best Practices basieren und als Leitfaden für den Aufbau skalierbarer, integrierter und sicherer SAP-Umgebungen dienen. Die vorgestellten Referenzarchitekturen unterstützen dabei, komplexe IT-Landschaften effizient zu planen, zu gestalten und umzusetzen – sodass Unternehmen technologische Innovationen zielgerichtet in ihre Geschäftsprozesse integrieren können. Die SAP-BTP-Architekturen können auch mit den von SAP bereitgestellten Icons als editierbare Dateien (draw.io) heruntergeladen werden, das gilt auch für neuere Missions. Eine wichtige BTP-Architektur ist die sogenannte Retrieval-Augmented-Generation-Architektur (RAG) für Erweiterungen, die auf generativer KI basieren, die sogar die in SAP HANA Cloud verfügbare Vektordatenbank für das sogenannte Grounding mit sensiblen Daten nutzen kann. Mehr Informationen hierzu finden Sie unter diesem Link: *http://s-prs.de/v10578035*.

SAP Business AI Features

KI-Funktionen

Der neue Bereich **SAP Business AI Features** im SAP Discovery Center stellt die in SAP S/4HANA und anderen SAP-Produkten eingebetteten KI-Funktionen vor. Anwender erhalten hier einen umfassenden Überblick über intelligente Funktionen, die nahtlos in verschiedene SAP-Lösungen integriert sind. Die vorgestellten KI-Funktionen decken dabei eine Vielzahl von Anwendungsbereichen ab, von der Automatisierung repetitiver Aufgaben über intelligente Prognosen bis hin zu personalisierten Empfehlungen und der Optimierung komplexer Geschäftsprozesse. Ein besonderes Augenmerk liegt auf der nahtlosen Integration dieser KI-Funktionen in SAP BTP, die eine breite Palette an Tools für die Datenverarbeitung, Modellierung und Integration bietet. Damit können Unternehmen KI schnell und zielgerichtet in ihre bestehenden Systeme einbetten und so ihren digitalen Transformationsprozess beschleunigen. Praxisbeispiele, technische Beschreibungen und Best Practices verdeutlichen, wie diese eingebetteten KI-Funktionen unmittelbar zur Steigerung der operativen Effizienz beitragen und Unternehmen dabei unterstützen, Wettbewerbsvorteile zu erzielen. Der Bereich **SAP Business AI Features** bietet somit einen zentralen Informationsknotenpunkt für alle, die die Möglichkeiten moderner KI-Anwendungen in ihren SAP-Produkten gezielt nutzen möchten.

Zusammenfassend kann man sagen, dass es sich bei dem SAP Discovery Center um einen Onlinekatalog handelt, der die Business-Services von SAP BTP zusammenfasst und Best-Practices-Content mit Schritt-für-Schritt-Anleitungen in Form von Missions bereitstellt.

6.4.2 SAP AppHaus

Design Thinking

Im Jahr 2004 hatte Hasso Plattner, einer der SAP-Gründer, auf der jährlichen Sapphire-Konferenz das Startsignal für das Thema *Design Thinking* bei SAP gegeben. Seitdem hat sich viel in der Softwareindustrie im Bereich User Experience und Design getan. Bei Design Thinking handelt es sich um einen kreativen Prozess, der darauf abzielt, durch empathische Beobachtung, Prototyping und iteratives Testen innovative Lösungen für komplexe Probleme zu entwickeln. Design Thinking ermöglicht somit eine benutzerzentrierte, interaktive Herangehensweise an Problemlösungen. Seit seiner Gründung 2013 hat das *SAP-AppHaus*-Team in diesem Bereich mit Kunden Innovationsprojekte umgesetzt. Die Erfahrungen aus den mehr als 1.000 Projekten sind in den sogenannten »Human-Centered Approach to Innovation« (HCAI) eingeflossen, der auf Design Thinking basiert und den Menschen als Nutzer einer Softwarelösung in den Fokus des Innovationsansatzes rückt. Das erklärte Ziel des SAP AppHauses ist es, Innovation in die Hände der Menschen zu geben, die sie dann erfolgreich und effizient nutzen.

SAP AppHaus Network

Mittlerweile gibt es weltweit drei SAP-eigene AppHaus-Lokationen und mehr als 25 von Partnern betriebene AppHaus-Niederlassungen. Alle Mitglieder dieses *SAP AppHaus Networks* folgen dem Motto »Make Innovation Real«. Sämtliche Teams gehen mit der gleichen Mentalität an Kundenprojekte heran und verfügen über profundes SAP-Technologie- und SAP-Prozesswissen. Der Fokus des globalen SAP AppHaus Networks ist es, SAP-Lösungen zu erarbeiten, die die Möglichkeiten von SAP Business Technology Platform voll ausschöpfen. Alle Teams weltweit verfolgen das Ziel, den Kunden zu helfen, ihre SAP-Systeme zu integrieren, zu erweitern und den maximalen Wert der SAP-Investitionen zu realisieren.

Das SAP AppHaus Network stellt dafür nicht nur die kreativen Räumlichkeiten bereit, sondern auch das Team, das nach der entsprechenden Design-Thinking- und Innovationsmethodik arbeitet, um den Kunden bestmöglich bei der Gestaltung und Entwicklung von Software zu unterstützen. Bei der Arbeit mit den Endanwendern und anderen Stakeholdern konzentrieren sich die Innovationsexperten auf Kollaboration, Experimentieren und schnelles Prototyping, um Organisationen bei der Schaffung von benutzerfreundlicher, intuitiver und effizienter Software zu helfen. Der AppHaus-Ansatz beinhaltet ein Team aus Designern, Entwicklern und Fachexperten, die zusammenarbeiten, um die Bedürfnisse der Kunden zu verstehen, Schwachstellen zu identifizieren und Lösungen zu entwickeln, die die Bedürfnisse des Endanwenders adressieren.

[»]

Wichtige Meilensteine des SAP AppHaus Networks

Die folgenden Meilensteine kennzeichneten die Entwicklung des SAP AppHaus Networks:

- **2013:** Gründung SAP AppHaus und Bezug AppHaus Heidelberg
- **2015:** Scenes als Tool für Storyboards veröffentlicht
- **2016:** SAP AppHaus Palo Alto öffnet in Steve Jobs altem Büro
- **2017:** SAP Human-Centered Approach to Innovation veröffentlicht
- **2019:** Design Thinking & Architecture Thinking Methodik eingeführt

- **2020:** SAP AppHaus entwickelt hybriden Ansatz für virtuelle Kollaboration während der Pandemie
- **2023:** Pop-up AppHaus öffnet in San Francisco
- **2024:** Neues AppHaus eröffnet in Palo Alto

Um eine nachhaltige Innovation zu erreichen, ist ein strukturierter Ansatz erforderlich, der auf die Bedürfnisse der Menschen ausgerichtet ist und den gesamten Zyklus eines Projekts unterstützt, von der Generierung neuer Geschäftsideen bis hin zur Entwicklung und Bereitstellung hochwertiger Anwendungen, Prozesse und Lösungen. Eine nachhaltige Innovationskultur erfordert eine Denkweise, die von den Mitarbeitern und Führungskräften vorangetrieben wird, eine Umgebung der Zusammenarbeit und Selbstbestimmung und einen Prozess, der sich auf die Schaffung von Werten konzentriert, indem echte geschäftliche und menschliche Herausforderungen identifiziert werden. Das SAP AppHaus hat daher einen Rahmen entwickelt, um die Schaffung einer Innovationskultur zu fördern, der fünf miteinander verbundene Faktoren berücksichtigt: Menschen, Prozesse, Umgebung, Leadership und Technologie.

Human-Centered Approach to Innovation

HCAI

Der *Human-Centered Approach to Innovation* (HCAI) des SAP AppHauses ist ein Ansatz, bei dem die Bedürfnisse und Anforderungen von Menschen im Mittelpunkt stehen, wenn es darum geht, gemeinsam mit den Kunden neue Lösungen mit SAP BTP zu entwickeln. Dies bedeutet, dass bei der Entwicklung von Innovationen die Perspektiven und Erfahrungen von allen Stakeholdern berücksichtigt werden und sichergestellt wird, dass die Lösungen benutzerfreundlich, praktisch und nützlich sind. Der Human-Centered Approach to Innovation von SAP besteht aus fünf iterativen Phasen, um jede Phase Ihres Projekts zu unterstützen (siehe Abbildung 6.7).

Die fünf Phasen des HCAI-Prozesses sind:

1. **Explore:** In dieser Phase werden Kundenbedürfnisse und Kundenanforderungen erforscht und identifiziert.
2. **Discover:** In dieser Phase schlüpft man in die Rolle des Anwenders und betreibt User Research, um die passenden Lösungen zu erarbeiten und zu bewerten.
3. **Design:** Hier werden die ausgewählten Lösungen konkret gestaltet und prototypisch umgesetzt.

4. **Deliver:** In dieser Phase werden die Lösungen final entwickelt und bereitgestellt.
5. **Run:** Hier werden die bereitgestellten Lösungen betrieben und laufend weiterentwickelt, um sicherzustellen, dass sie den Bedürfnissen der Kunden entsprechen.

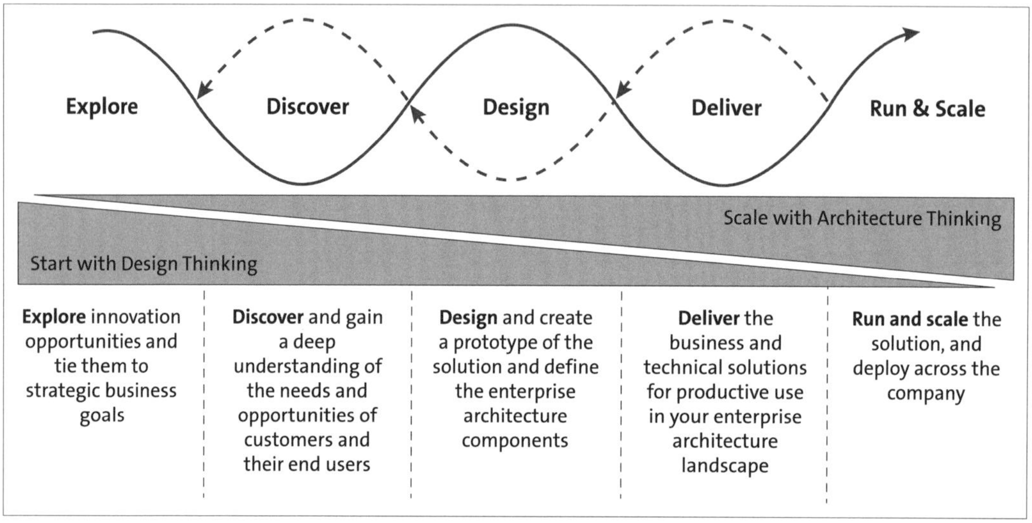

Abbildung 6.7 Human-Centered Approach to Innovation (HCAI)

Diese Phasen bilden den Rahmen für einen iterativen Entwicklungsprozess, bei dem Feedback von Kunden und Stakeholdern ständig berücksichtigt wird, um sicherzustellen, dass die Lösungen benutzerfreundlich und wertvoll sind.

Design Thinking und Architecture Thinking

Architecture Thinking

Design Thinking nutzt Erkenntnisse aus der psychischen, kognitiven, sozialen und anthropologischen Forschung, um die richtigen Probleme für den Endanwender zu lösen und einen echten Geschäftswert zu liefern. *Architecture Thinking* hingegen nutzt Daten, Prozesse und Systemkomponenten, um zu beurteilen, wie eine Lösung aus technischer und geschäftlicher Perspektive skaliert werden kann. Über diese Methode können Geschäftsziele mit der IT-Architektur in einer komplexen Kundenumgebung ausgerichtet werden. Die kombinierte Methode wird auch verwendet, um neue Use Cases zu identifizieren und die richtigen Personen, Stakeholder und Endbenutzer einbeziehen. Das Ergebnis sind dann z. B. neue Missions für das SAP Discovery Center.

Das Zusammenspiel zwischen Design Thinking und Architecture Thinking ermöglicht es, den Kompromiss zwischen optimaler Benutzererfahrung und hohem Geschäftswert zu finden. Darüber hinaus wird durch dieses Zusammenspiel die Skalierbarkeit zur Zukunftssicherung der verwendeten Technologien priorisiert. Die Stärke der kombinierten Methodik liegt darin, dass das durch Design Thinking definierte Storyboard, also das, was der Benutzer wann macht, definiert als Szenenabriss, mit den Backend-Systemen unterstützenden Prozessen und Daten verbunden wird, um die Lösung skalierbar und zukunftssicher zu gestalten und die gesamte Technologie- und Prozesserfahrung mit einzubringen. Dies ist als Use-Case-Blueprint-Diagramm umgesetzt und Teil des Lean Architecture Toolkits, das Sie auf der AppHaus-Webseite herunterladen können. Die Kombination von Design Thinking, UX-Design und Architecture Thinking ermöglicht effiziente Innovation für die Endbenutzer.

SAP-Business-AI-Workshop-Formate

KI-Workshops

Unternehmen stehen oft vor der Herausforderung, dass der Wunsch nach künstlicher Intelligenz zwar groß ist, aber konkrete und wertschöpfende Anwendungsfälle schwer zu identifizieren sind. Dabei wird deutlich, dass KI nicht nur ein Buzzword ist, sondern ein strategischer Erfolgsfaktor, der Prozesse optimieren, Effizienz steigern und neue Geschäftsmöglichkeiten eröffnen kann. Ein guter KI-Anwendungsfall zeichnet sich dadurch aus, dass er einen klaren geschäftlichen Mehrwert liefert – etwa durch signifikante Kosteneinsparungen, verbesserte Kundenerlebnisse oder innovative Prozessverbesserungen –, und dabei gleichzeitig einen hohen Return on Investment (ROI) erzielt.

Die Komplexität liegt darin, die richtige Anwendung zu finden, die sowohl technisch machbar als auch wirtschaftlich sinnvoll ist. Oft entstehen viele Ideen, aber ohne einen systematischen Ansatz gelingt es selten, die Use Cases herauszufiltern, die langfristig einen entscheidenden Wettbewerbsvorteil sichern. Gerade in einem dynamischen Marktumfeld, in dem technologische Innovationen schnell voranschreiten, kann die präzise Auswahl der besten KI-Anwendungsfälle über den Markterfolg entscheiden.

Im Folgenden werden dazu die drei SAP-Business-AI-Workshop-Formate vorgestellt, die dabei helfen, in einem strukturierten und praxisnahen Vorgehen die erfolgversprechendsten KI-Anwendungsfälle zu identifizieren und zu konkretisieren. Diese Workshops werden von SAP und dem SAP-AppHaus-Team angeboten und sind für SAP-Kunden kostenlos.

Business AI Explore Workshop

Im Rahmen des *SAP Business AI Explore Workshops* erhalten Teilnehmer einen praxisorientierten Einblick in das Potenzial von SAP Business AI – einschließlich generativer und traditioneller KI (maschinelles Lernen). Der Workshop verfolgt einen strukturierten Ansatz, der dabei unterstützt, drei bis fünf priorisierte Anwendungsfälle zu identifizieren, die auf den Möglichkeiten von SAP BTP basieren. Dabei werden sowohl Geschäfts- als auch technische und ethische Aspekte beleuchtet, damit strategische Entscheidungsträger und IT-Experten konkrete nächste Schritte für die Implementierung ableiten können. Der Workshop ist als ganztägige Veranstaltung vor Ort oder als zwei halbtägige virtuelle Sessions konzipiert und wird individuell an den jeweiligen Kundenkontext angepasst. Weitere Informationen finden Sie unter: *http://s-prs.de/v10578036*.

Business AI Discover Workshop

Der *SAP Business AI Design Workshop* dient dazu, aus einer bestehenden Kundenidee im Bereich KI ein umsetzbares Lösungskonzept zu entwickeln. In diesem interaktiven Workshop arbeiten Kunden und Projektteams gemeinsam daran, eine zukünftige Soll-Situation zu definieren, die alle identifizierten Schwachstellen des aktuellen Geschäftsprozesses adressiert. Der Ablauf umfasst zunächst die Analyse des Ist-Zustands, gefolgt von der Ideengenerierung mithilfe von KI-Ideenkarten und der abschließenden Ausarbeitung des Zielszenarios, das auch die erforderlichen Nutzer- und Datenanforderungen beinhaltet. Der Workshop findet bevorzugt als eintägige Vor-Ort-Veranstaltung oder alternativ in zwei halbtägigen virtuellen Sessions statt – wobei eine vorherige Abstimmung des konkreten Anwendungsfalls vorausgesetzt wird. Weitere Informationen finden Sie unter: *http://s-prs.de/v10578037*.

Business AI Agentic Workshop

Agentic AI

Der *SAP Business AI Agent Workshop* fokussiert sich darauf, einen intelligenten Agenten auf Basis von Large-Language-Modellen (LLMs) zu definieren und zu gestalten, der bestehende Geschäftsprozesse effizient unterstützt. Im Rahmen dieses praxisnahen Workshops wird gemeinsam mit dem Kunden erarbeitet, welche Aufgaben und Ziele der Agent erfüllen soll – einschließlich der Bestimmung der erforderlichen Tools, Datenquellen und des erwarteten Verhaltens.

[»]

AI Agents

Agentische KI oder auch KI-Agenten bezeichnet eine neue Generation von KI-Systemen, die über reine Automatisierung hinausgehen. Solche Agenten agieren autonom, können komplexe Aufgaben eigenständig bearbeiten und sich dynamisch an neue Herausforderungen anpassen. Durch den Einsatz fortschrittlicher Technologien wie generativer KI und LLMs sind sie in der Lage, nicht nur vorgegebene Prozesse abzuwickeln, sondern auch aktiv Verbesserungspotenziale zu identifizieren und umzusetzen – stets in enger Abstimmung mit menschlichen Experten im Rahmen einer Human-in-the-Loop-Strategie. Die Agenten interagieren dabei autonom und können unabhängig von menschlichem Eingreifen in jedem Schritt auch Zusatzinformationen von anderen Agenten einholen, insbesondere wenn sie mit klaren Zielen oder Aufgaben ausgestattet sind, die sie erfüllen sollen. Sie können proaktiv handeln und Entscheidungen treffen und dadurch auch komplexere und nicht bereits komplett vorgedachte Aufgaben bearbeiten, um ihre Ziele zu erreichen. Selbst ohne explizite Anweisungen eines Menschen kann ein Agent überlegen, welche nächsten Schritte erforderlich sind, um sein übergeordnetes Ziel zu erreichen. In ihrer grundlegendsten Form kann ein Generative-AI-Agent als eine Anwendung definiert werden, die versucht, ein Ziel zu erreichen, indem sie die Welt beobachtet und mit den ihr zur Verfügung stehenden Werkzeugen auf sie einwirkt.

Im SAP-Business-AI-Agent-Workshop werden konkrete Interaktionsflüsse für solche Agenten definiert, beispielsweise durch die Erstellung einer detaillierten »Jobbeschreibung« für einen Agenten, sodass dieser optimal in bestehende Abläufe integriert werden kann. Der Workshop ist als eintägige Veranstaltung vor Ort oder alternativ als zwei halbtägige virtuelle Sessions vorgesehen und baut auf einer vorangehenden Scoping-Sitzung zur Definition eines agentischen Anwendungsfalls auf. Weitere Details finden Sie unter: *http://s-prs.de/v10578037*.

[zB]

Beispiel eines erfolgreichen Kunden-Use-Cases: Revolutionierung der Zeiterfassung bei Syntax

Die kanadische Beratungsfirma Syntax steht exemplarisch für Unternehmen, die ihre Geschäftsprozesse im Rahmen einer Live-Migration auf SAP S/4HANA nachhaltig optimieren. In ihrem Bestreben, zeitraubende und fehleranfällige Zeiterfassungsprozesse zu modernisieren, nutzte Syntax die Potenziale von SAP Business AI. Ziel war es, den kritischen Abrechnungsprozess zu beschleunigen und die Genauigkeit der Zeiterfassung zu erhöhen, um letztlich den Umsatz zu steigern.

Im ersten Schritt nahm Syntax am SAP Business AI Explore Workshop teil, in dem mittels des AppHaus-Ansatzes operative Herausforderungen – etwa die komplexe und unübersichtliche Eingabe in der Standard-Timesheet-App von SAP S/4HANA Cloud – systematisch identifiziert wurden. Aufbauend auf diesen Erkenntnissen erfolgte im SAP Business AI Design Workshop die Entwicklung einer passgenauen Lösung. Mithilfe von generativer KI und moderner natürlicher Sprachverarbeitung entstand eine Anwendung, die es den Beratern ermöglicht, ihre Arbeitszeiten in Echtzeit per einfacher, konversationeller Eingabe zu erfassen. So werden traditionelle Shadow-Systeme, wie Excel oder Notepad, überflüssig, was zu einer erheblichen Verkürzung des Abrechnungszyklus führt.

Erste Erfahrungswerte bestätigen, dass diese intelligente Zeiterfassungslösung nicht nur die Prozesseffizienz steigert, sondern auch signifikante wirtschaftliche Vorteile mit sich bringt – so berichtet Syntax, dass Einsparungen von bis zu 100.000 CAD pro Tag realisiert werden konnten. Dieses Beispiel unterstreicht eindrucksvoll, wie eine strategische Kombination aus SAP S/4HANA, SAP BTP und SAP Business AI Unternehmen befähigt, konkrete, wertschöpfende Use Cases zu realisieren, die sowohl die operative Leistung als auch die Wettbewerbsfähigkeit nachhaltig stärken.

Weitere Informationen zu diesem Beispiel finden Sie hier: *http://s-prs.de/v10578038*.

Das SAP AppHaus bietet außerdem einen Co-Innovation Space, in dem gemeinsam mit Kunden, Endbenutzern und Partnern Innovationen umgesetzt werden. Dabei handelt es sich um eine kreative Umgebung, um das gestalterische Potenzial, das in jedem Menschen steckt, freizusetzen. Endbenutzer und Kunden werden von Anfang an auf eine iterative Weise einbezogen, um schnell auf geänderte Bedürfnisse in der Geschäftswelt zu reagieren. Es geht darum, die Mitarbeiter zu ermächtigen, eigene Ideen zu entwickeln. Schließlich braucht es die Kreativität eines jeden einzelnen, um Innovation tatsächlich umsetzen zu können. Über gleichgesinnte Partner, die erfahren mit SAP BTP sind und ein tiefes technisches Wissen haben, skaliert der Ansatz, und mittlerweile nutzen über 15.000 Menschen diesen Ansatz.

[»]

SAP AppHaus Toolkit

Unter folgender URL finden Sie mehr Informationen zum SAP AppHaus und können nicht nur die verschiedenen Methoden entdecken, sondern auch sämtliche Toolkits kostenfrei herunterladen: *https://apphaus.sap.com*.

Das Innovation Toolkit bietet kostenlose Ressourcen, um Organisationen dabei zu helfen, Innovation täglich zu praktizieren. Egal, ob Sie gerade ein Innovationsprojekt starten oder eine Innovationskultur in Ihrem Unternehmen installieren möchten, diese Methoden und Lernmaterialien führen Sie durch Ihre Innovationsreise.

Zusammenfassung

Zusammenfassend kann man das SAP AppHaus als ein globales Netzwerk von Innovationsräumen und einer einheitlichen auf Design Thinking bestehenden Methodik beschreiben, es ist ein Ort, an dem Teams zusammenkommen können, um gemeinsam mit SAP-Experten und Kunden Innovation zu schaffen. Die physischen Lokationen sind so gestaltet, dass Kreativität und Zusammenarbeit gefördert werden und mit neuen Technologien, Methoden und Werkzeugen experimentiert werden kann.

Der AppHaus-Ansatz basiert auf vier wichtigen Säulen:

1. **Human-Centered Design:** Der Fokus liegt darauf, den Kunden und seine Bedürfnisse zu verstehen und Lösungen zu entwickeln, die einfach zu verwenden, intuitiv und effizient sind.
2. **Kollaboration:** Das AppHaus bringt Teams aus verschiedenen Abteilungen und Funktionen, wie Design, Entwicklung und Fachexperten, zusammen, um an einem gemeinsamen Ziel zu arbeiten.
3. **Experimentierfreudigkeit:** Das AppHaus ermutigt Teams, neue Technologien, Methoden und Werkzeuge auszuprobieren, um die besten Lösungen für ihre Kunden zu finden.
4. **Rapid Prototyping:** Teams können im AppHaus schnell Prototypen ihrer Lösungen entwickeln und testen, was ihnen hilft, ihre Ideen zu validieren und iterative Verbesserungen vorzunehmen.

Das SAP AppHaus bietet auch Coaching, Schulungen und Workshops an, um Teams dabei zu unterstützen, den AppHaus-Ansatz zu übernehmen und die Fähigkeiten zu entwickeln, die für den Erfolg notwendig sind. Es werden nicht nur neue Use Cases für das Discovery Center entdeckt, sondern es wird den Kunden auch bei der Realisierung von Discovery Center Missions geholfen. Versuchen Sie es einfach, und kontaktieren Sie das AppHaus, auch bei Interesse an den SAP-Business-AI-Workshop-Formaten, über *apphaus@sap.com*.

TEIL III

Migration durch Systemkonvertierung nach dem Brownfield-Ansatz

Kapitel 7
Vorbereitung der Systemkonvertierung

Bei der Systemkonvertierung wird ein bestehendes SAP-ERP-System in ein SAP-S/4HANA-System konvertiert. Sie werden dabei durch Methoden und Funktionen unterstützt, um den notwendigen Anpassungsbedarf zu identifizieren und die Anpassungen umzusetzen.

Als *Systemkonvertierung* wird das Übergangsszenario bezeichnet, bei dem ein einzelnes SAP-ERP-System in ein SAP-S/4HANA-On-Premise-System konvertiert wird. Entsprechend der gängigen Terminologie für IT-Transformationsprojekte kann dieses Szenario dem sogenannten *Brownfield-Ansatz* zugeordnet werden. Im Gegensatz zu der Neuimplementierung eines SAP-S/4HANA-Systems (Greenfield-Verfahren) bleiben bei der Systemkonvertierung Anwendungsdaten, Konfigurationsdaten und Eigenentwicklungen grundsätzlich erhalten. Das Verfahren der Systemkonvertierung steht ausschließlich für die On-Premise-Variante von SAP S/4HANA zur Verfügung. Dies beinhaltet gleichwohl auch SAP S/4HANA Cloud Private Edition, worauf wir in Abschnitt 8.4.2, »Konvertierung zu SAP S/4HANA Cloud Private Edition«, genauer eingehen.

Mit der Konvertierung des SAP-ERP-Systems in ein SAP-S/4HANA-System findet auch der Übergang in die SAP-S/4HANA-Produktfamilie statt. Es erfolgt ein Umstieg auf die In-Memory-Datenbank SAP HANA (falls dieser nicht schon erfolgt ist), und die bei der Entwicklung von SAP S/4HANA vorgenommenen Vereinfachungen werden umgesetzt (siehe Abschnitt 1.2, »Das Versprechen von SAP S/4HANA«). In diesem Kapitel stellen wir Ihnen die Verfahren und Tools vor, die zur Prüfung, Vorbereitung und Anpassung des SAP-ERP-Systems verwendet werden. Die tatsächliche Ausführung der technischen Systemkonvertierung beschreiben wir anschließend in Kapitel 8, »Ausführung der Systemkonvertierung«.

[«]

Verwendung des Begriffs »Systemkonvertierung«

Da mit der Umwandlung eines existierenden SAP-ERP-Systems in ein SAP-S/4HANA-System auch der Umstieg auf ein anderes Softwareprodukt erfolgt, wird für dieses Umstiegsszenario der Begriff *Systemkonvertierung* verwendet. Es handelt sich hierbei nicht um ein Upgrade, da dieser Begriff für das Einspielen einer neuen Version des gleichen Produkts steht.

7.1 Das Systemkonvertierungsprojekt im Überblick

Mehr als eine technische Prozedur

Bei der Systemkonvertierung müssen Sie zwei Seiten betrachten: zum einen die technische Prozedur, mit der die SAP-S/4HANA-Software eingespielt wird, zum anderen den Wechsel zu einem neuen Produkt, in dem nicht alles so ist wie in SAP ERP.

Wie in Abbildung 7.1 dargestellt, erfordert der Umstieg auf SAP S/4HANA neben den technischen Konvertierungsschritten auch Anpassungen des funktionalen Umfangs und der Datenstruktur.

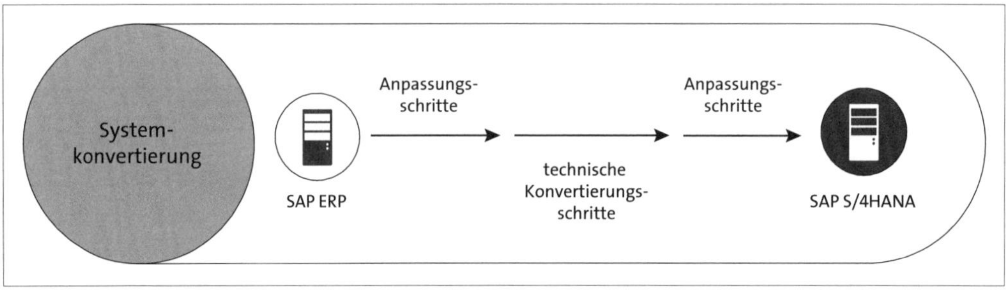

Abbildung 7.1 Systemkonvertierung nach SAP S/4HANA – technische Konvertierung und Anpassungsbedarf

Beispiel: Kreditmanagement

Als Beispiel für den Anpassungsbedarf sei an dieser Stelle nochmals die Funktion des Kreditmanagements angeführt, die wir Ihnen bereits in Abschnitt 1.2.1, »Vereinfachung der Funktionalität«, vorgestellt haben. In SAP S/4HANA wird gemäß dem Principle of One nur eine Kreditmanagement-Lösung unterstützt, was bei bestimmten Kunden zu Anpassungen führen kann. Ein Kunde, der das Kreditmanagement/Risikomanagement (SD-BF-CM) in SAP ERP nutzt, muss im Rahmen des Übergangs nach SAP S/4HANA den Wechsel zum neuen SAP Credit Management (FIN-FSCM-CR) einplanen. Anzumerken ist, dass SAP Credit Management bereits im Rahmen von SAP ERP verfügbar ist. Dementsprechend kann diese Umstellung auch schon *vor* der Systemkonvertierung erfolgen. Neben dem funktionalen Anpassungsbedarf aufgrund des unterschiedlichen Lösungsumfangs von SAP S/4HANA kann die Vereinfachung der Datenstrukturen auch Auswirkungen auf die Eigenentwicklungen des Kunden haben.

Anpassungsbedarf ermitteln

Bei der Ermittlung des Anpassungsbedarfs, der beim Umstieg auf SAP S/4HANA entsteht, werden Sie von unterschiedlichen Methoden und Tools unterstützt, die in die einzelnen Phasen des Konvertierungsprojekts integriert sind:

- **Simplification List**

  Die Simplification List beschreibt auf funktionaler Ebene den potenziellen Anpassungsbedarf, der bei der Systemkonvertierung von SAP ERP nach SAP S/4HANA entsteht. Weitere Details hierzu finden Sie in Abschnitt 7.2.3, »Simplification List«.

- **Maintenance Planner**

  Mit dem Maintenance Planner wird das Quellsystem auf der Komponentenebene geprüft und die notwendigen Softwarearchive bereitgestellt. Der Maintenance Planner prüft insbesondere, ob die Add-ons (SAP- oder Partner-Add-ons) und Business Functions für das SAP-S/4HANA-Zielrelease unterstützt werden. Lesen Sie dazu auch Abschnitt 7.2.4, »Maintenance Planner«.

- **Simplification Item Checks**

  Mit den Simplification Item Checks (kurz SI-Checks) prüfen Sie, welche der in der Simplification List beschriebenen funktionalen Anpassungen beim Übergang nach SAP S/4HANA in Ihrem System konkret durchzuführen sind. Die SI-Checks werden in Form von SAP-Hinweisen bereitgestellt und im SAP-ERP-Quellsystem implementiert und ausgeführt (siehe Abschnitt 7.2.5, »Simplification Item Checks (SI-Checks)«).

- **Custom Code Analysis**

  Im Rahmen der Custom Code Analysis bestimmen Sie den Anpassungsbedarf für kundeneigene Programme beim Umstieg auf SAP S/4HANA. Anpassungen des kundeneigenen Codings sind dann notwendig, wenn es sich auf geänderte Datenstrukturen oder den geänderten Funktionsumfang in SAP S/4HANA bezieht. Weitere Details erfahren Sie in Abschnitt 7.2.6, »Analyse von Eigenentwicklungen«, und in Abschnitt 8.2.3, »Eigenentwicklungen anpassen«.

Software Update Manager

Das Einspielen der SAP-S/4HANA-Software erfolgt bei der Systemkonvertierung sowie auch bei anschließenden Updates und Upgrades mit dem *Software Update Manager* (SUM). Der SUM bietet Optionen zur Reduzierung der Downtime während des Umstiegsprojekts und wird im Rahmen des Software Logistics Toolsets (SL Toolset) regelmäßig aktualisiert. In Abschnitt 8.1, »Den Software Update Manager verwenden«, erläutern wir die Anwendung des SUM.

SAP Readiness Check for SAP S/4HANA

Mit dem SAP Readiness Check für SAP S/4HANA steht Ihnen auch ein kostenfreier Service (ab Standard-Support) zur Verfügung, der Ihnen in einem übersichtlichen Dashboard die wichtigsten Aspekte der SAP-S/4HANA-

Systemkonvertierung darstellt. Sie können den SAP Readiness Check for SAP S/4HANA in Ihren Produktiv- und Entwicklungssystemen ausführen (oder auch in entsprechenden Systemkopien).

Neben den Informationen über relevante Simplification Items und den Anpassungen der Eigenentwicklungen werden weitere technische Systeminformationen angezeigt, die für die Konvertierung relevant sind. Mit Blick auf Ihre Systeme werden z. B. Informationen zum Datenbank-Sizing sowie Empfehlungen bereitgestellt. Ferner werden die in Ihren Systemen aktiven Business Functions bezüglich ihrer Kompatibilität mit SAP S/4HANA dargestellt. Basierend auf Ihren Nutzungsdaten werden zudem Empfehlungen für mögliche SAP-Fiori-Apps gegeben. In Abschnitt 7.2.9 wird der SAP Readiness Check for SAP S/4HANA genauer erläutert.

7.1.1 Ablauf der Systemkonvertierung

Projektphasen und Werkzeuge

In Abbildung 7.2 sind die grundsätzlichen Schritte abgebildet, die bei einer SAP-S/4HANA-Systemkonvertierung durchzuführen sind. Außerdem sehen Sie die Werkzeuge, die Sie während dieser Schritte verwenden.

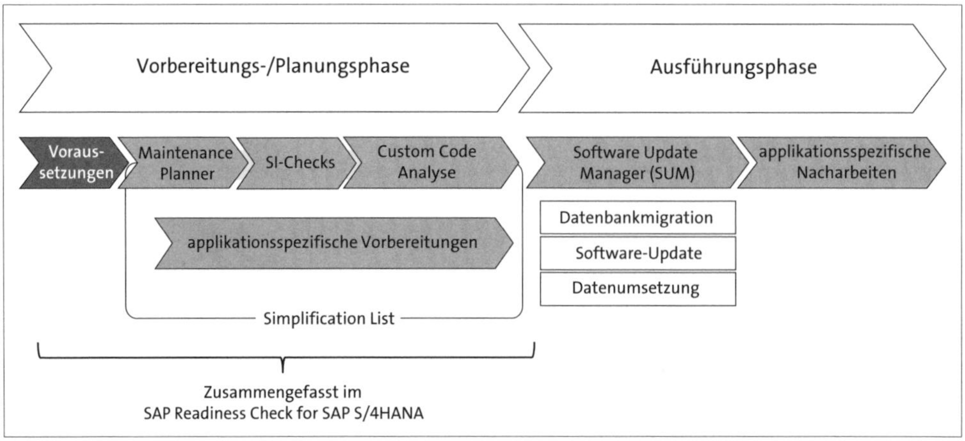

Abbildung 7.2 Schritte und Werkzeuge im Rahmen der Systemkonvertierung

Vorbereitungs- und Planungsphase

In der Vorbereitungs- und Planungsphase des Systemkonvertierungsprojekts müssen die Systemvoraussetzungen überprüft werden. So wird z. B. für ältere SAP-Releases (z. B. SAP R/3 4.6C) keine Systemkonvertierung in einem Schritt angeboten. Sollte Ihr System noch ein Nicht-Unicode-System sein, muss vor der SAP-S/4HANA-Systemkonvertierung eine Unicode-Konvertierung durchgeführt werden. In der Vorbereitungs- und Planungsphase sollten Sie sich einen Überblick über die anstehenden Anpassungen verschaffen. Hierzu können Sie den SAP Readiness Check for SAP S/4HANA nutzen. Dabei werden die relevanten Ergebnisse der einzelnen Werkzeuge, wie z. B. Simplification List, Maintenance Planner, Simplification Item Checks und Checks zu Eigenentwicklungen, gut verständlich dargestellt.

Sie müssen sich in dieser Phase z. B. entscheiden, in welchem Zeitrahmen Sie auf die neuen vereinfachten Prozesse umstellen wollen und ab wann Sie z. B. die neuen SAP-Fiori-basierten Benutzeroberflächen nutzen möchten oder welche SAP-GUI-Transaktionen Sie nach der Systemkonvertierung noch weiterhin verwenden wollen.

Vorbereitungen im Quellsystem

Grundsätzlich stehen die Werkzeuge und Funktionen zur Vorbereitung und Planung bereits in dem SAP-ERP-Quellsystem zur Verfügung. Da auch viele der notwendigen Anpassungen bereits in diesem System durchgeführt werden können und einige davon auch vor der Konvertierung ausgeführt werden müssen, empfiehlt es sich, diese Vorbereitungs- und Planungsschritte bereits in einer sehr frühen Phase des Konvertierungsprojekts durchzuführen.

Anpassungs- und Testphase

In der Anpassungs- und Testphase konvertieren Sie zunächst ein Sandboxsystem, idealerweise eine Kopie Ihres SAP-ERP-Produktivsystems. Danach konvertieren Sie Ihr Entwicklungssystem (siehe Abschnitt 7.1.2, »Konvertierung im Systemverbund«) und führen dort die geplanten Anpassungen durch (siehe Abbildung 7.3). Tests (im Regelfall ist von mehreren Iterationen auszugehen) und Endanwender-Schulungen bereiten dann den Go-live vor.

Ausführungsphase

In der Ausführungsphase führen Sie die technische Umstellung auf SAP S/4HANA mithilfe des SUM aus. Der SUM kombiniert drei Einzelschritte in einem integrierten Prozess. In einem Ein-Schritt-Verfahren erfolgen sowohl der Umstieg auf die SAP-HANA-Datenbank (falls noch nicht erfolgt), der Austausch der Software als auch die Konvertierung der Anwendungsdaten von der alten in die neue Datenstruktur. Mit dem Go-live des SAP-S/4HANA-Produktivsystems kann dann anschließend auch die bestehende SAP-Business-Suite-Systemlandschaft zurückgebaut werden.

Abbildung 7.3 zeigt die Einzelaufgaben in den Phasen eines SAP-S/4HANA-Konvertierungsprojekts noch einmal im Überblick.

[«]

Weiterführende Informationen

Grundsätzliche Informationen über den Ablauf einer SAP-S/4HANA-Systemkonvertierung finden Sie im Conversion Guide for SAP S/4HANA. Dieser ist im SAP Help Portal in der Hilfe zur On-Premise-Version von SAP S/4HANA verlinkt (siehe *https://help.sap.com/s4hana*, Abschnitt **Implement**).

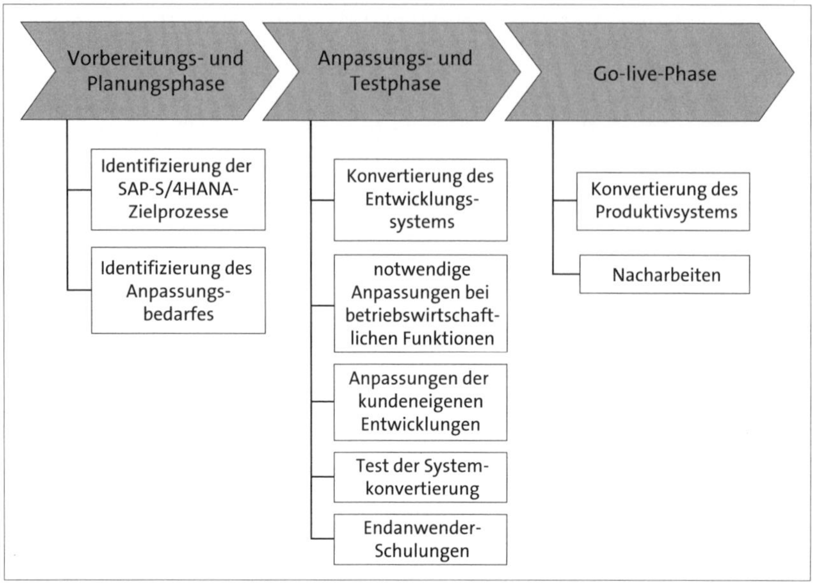

Abbildung 7.3 Aufgaben in den Projektphasen einer Systemkonvertierung

7.1.2 Konvertierung im Systemverbund

Mehrsystemlandschaft

Eine Rahmenbedingung der SAP-S/4HANA-Systemkonvertierung ist die Systemlandschaft des Kunden. Üblicherweise besteht eine Systemlandschaft aus einem Systemverbund mehrerer SAP-ERP-Systeme, die über Transportwege miteinander verbunden sind. So ist es in jedem Fall zu empfehlen, die Entwicklungs- und Testaktivitäten von dem produktiven Betrieb zu trennen. Zum Testen und Verifizieren der Entwicklungen wird dem Systemverbund üblicherweise noch ein Konsolidierungssystem hinzugefügt. Dies führt dann zu einer Drei-System-Landschaft, wie sie von der Mehrheit der SAP-ERP-Kunden betrieben wird.

[»]

Landschaften mit mehreren Produktivsystemen

Es gibt auch Konstellationen mit mehreren produktiven Systemen. Diese findet man z. B. zur Abbildung einer Regionalstruktur mit Niederlassungen in verschiedenen Ländern. In diesem Abschnitt des Buchs konzentrieren wir uns jedoch auf die Konstellationen einer Drei-System-Landschaft mit einem produktiven System.

Bei der Konvertierung eines Einzelsystems muss immer der gesamte Systemverbund betrachtet werden. Letztlich muss jedes System im Systemverbund auf SAP S/4HANA umgesetzt werden, um die weiterhin erforderliche Aufgabentrennung der einzelnen Systeme im Systemverbund auch mit SAP S/4HANA fortzusetzen.

Ablauf der Konvertierung des Systemverbunds

Eine Empfehlung für die Umsetzung eines Systemverbunds kann nur allgemein gehalten werden, da die Kundenanforderungen zu unterschiedlich sind. Abbildung 7.4 zeigt daher nur in abstrahierender Weise, wie die Umsetzung eines Systemverbunds erfolgen kann.

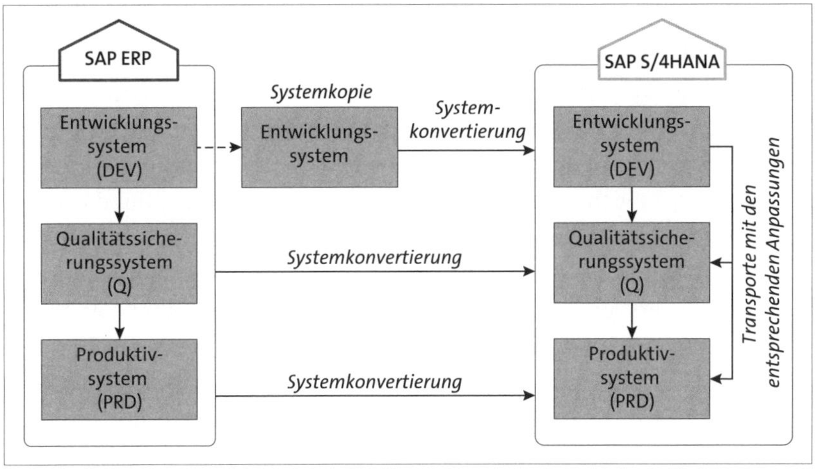

Abbildung 7.4 Systemkonvertierung in einer Drei-System-Landschaft

Der Einsatz eines Testsystems ist bei Updates und Upgrades vom klassischen SAP-Business-Suite-Systemen vielleicht nicht immer notwendig, für eine Systemkonvertierung ist ein Lauf in einem Testsystem allerdings unerlässlich. Danach werden das Entwicklungs- und Qualitätssicherungssystem nach SAP S/4HANA konvertiert. Das SAP-S/4HANA-Entwicklungssystem entsteht im Regelfall als Systemkopie aus dem derzeitigen Entwicklungssystem der SAP-Business-Suite-Landschaft, das dann anschließend nach SAP S/4HANA konvertiert wird.

Konvertierung des Entwicklungssystems

Im Rahmen der Konvertierung des Entwicklungssystems werden dann die in der Planungsphase identifizierten, notwendigen Anpassungen der betriebswirtschaftlichen Funktionen (z. B. der Kreditmanagement-Funktion, falls relevant) und der Eigenentwicklungen durchgeführt. Diese Anpassungen werden in entsprechenden Transportaufträgen aufgezeichnet und im Qualitätssicherungssystem getestet.

Konvertierung des Produktivsystems

Bei der Konvertierung des Produktivsystems werden dann diese Transporte in den entsprechenden Phasen des SUM eingespielt, um die notwendigen Anpassungen auch im Produktivsystem bereitzustellen. Es ist zu empfehlen, vor der Konvertierung des Produktivsystems mehrere Testdurchgänge durchzuführen. Hierbei wird die Gesamtprozedur getestet, und es werden Maßnahmen bestimmt, die sicherstellen, dass die Zeit minimiert wird, in der das Produktivsystem nicht zur Verfügung steht (*Downtime*). Die Möglichkeiten zur Reduzierung der Downtime stellen wir in Kapitel 8, »Ausführung der Systemkonvertierung«, vor.

Mehrere Durchläufe

Abbildung 7.5 zeigt die unterschiedlichen Durchläufe im Überblick, die üblicherweise im Rahmen einer Systemkonvertierung durchgeführt werden:

1. **Erste Konvertierung eines Testsystems**

   Ein Systemkonvertierungsprojekt startet immer mit einem Test in einem Sandboxsystem (das als Kopie des produktiven Systems (PRD-Systems) entstanden ist). Die hierbei gewonnenen technischen Erfahrungen bezüglich der Konvertierungsprozedur werden für die nachfolgenden Konvertierungen genutzt. Endanwender können sich in diesem System bereits mit den betriebswirtschaftlichen Funktionen in SAP S/4HANA vertraut machen. Außerdem erfolgen erste konkrete Analysen und Tests der Eigenentwicklungen auf Basis der neuen Software. Nur wenn Sie bereits bei der Konvertierung des Testsystems alle funktional notwendigen Anpassungen vornehmen, können Sie ein umfassendes Bild über den Umfang der Aufgaben erhalten. Sie sollten auch früh anfangen, ein Betriebshandbuch für die Systemkonvertierung anzulegen, in dem Sie die technischen und funktionalen Aktivitäten für jeden Zyklus notieren, inklusive des jeweiligen Zeitaufwands. Dieses Betriebshandbuch werden Sie nach jedem der folgenden Läufe verbessern und verfeinern. Schließlich sollten Sie erwägen, das konvertierte Sandboxsystem weiter bereitzuhalten, um von dort aus die Anpassungsanalyse für den ABAP-Code mittels der SAP-Fiori-App **Custom Code Migration** auszuführen, wie in Abschnitt 7.2.6, »Analyse von Eigenentwicklungen«, erläutert.

2. **Konvertierung des Entwicklungssystems (DEV-System)**

   Im SAP-S/4HANA-Entwicklungssystem erfolgt die Anpassung der Eigenentwicklungen an den Lösungsumfang und die Datenstruktur von SAP S/4HANA. Außerdem werden die verpflichtenden Anpassungen in SAP S/4HANA vorgenommen, wenn dies nicht bereits auf dem Quellsystem umgesetzt wurde. Weitere optionale Anpassungen können umgesetzt werden, um den optimalen Mehrwert aus der SAP-S/4HANA-Konvertierung zu ziehen. Halten Sie nach der Konvertierung des Entwicklungssystems die weiteren Änderungen gering. Erwägen Sie dazu einen Stopp von Systemänderungen (System Freeze), der im Projekt frühzeitig abgestimmt und kommuniziert werden muss.

3. **Konvertierung des Qualitätssicherungssystems (Q-System)**

   Erstellen Sie eine erste Version des *Cut-over-Plans*, in dem alle Aktivitäten für das Cut-over-Wochenende von Anfang bis Ende gelistet werden. Dann starten Sie die Konvertierung des Q-Systems, bei der die Anpassungen aus dem DEV-System (Prozessanpassungen und Anpassungen der Eigenentwicklungen) eingespielt werden. Danach testen Sie die angepassten Geschäftsprozesse und neue SAP-Fiori-Oberflächen.

4. **Testdurchlauf der Konvertierung des produktiven Systems**

   Die produktive Systemkonvertierung wird auf Basis des Sandboxsystems getestet – unter den gleichen Rahmenbedingungen, die auch für das PRD-System gelten würden. In diesem Zuge können Optimierungsmaßnahmen zur Reduzierung der Downtime erarbeitet werden, und es kann der Cut-over-Plan finalisiert werden. Es sollte mehrere Testiterationen geben.

5. **Konvertierung des Produktivsystems**

   Die Konvertierung des PRD-Systems erfolgt dann gemäß den Vorgaben des Cut-over-Plans.

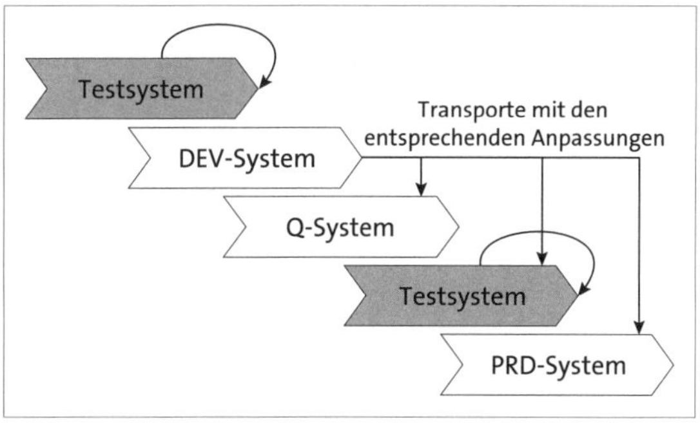

Abbildung 7.5 Konvertierungszyklen im Systemverbund

Übergangsphase

Bevor das Produktivsystem nach SAP S/4HANA konvertiert wird, muss die SAP-Business-Suite-Systemlandschaft im Ausgangszustand erhalten bleiben, um dort z. B. notwendige Korrekturen bereitstellen zu können. Damit hat man für den Zeitraum vom Beginn des SAP-S/4HANA-Konvertierungsprojekts (der Konvertierung des Entwicklungssystems) bis zur Konvertierung des Produktivsystems zwei Entwicklungssysteme. Erst mit dem Abschluss der Konvertierung des Produktivsystems nach SAP S/4HANA kann das Entwicklungssystem in der SAP-Business-Suite-Landschaft zurückgebaut werden. In dieser Übergangszeit, in der zwei Entwicklungssysteme vorhanden sind, muss man eine Strategie festlegen, wie sich Änderungen, die in dieser Zeit in dem SAP-ERP-Systemverbund vorgenommen werden, auf den im Aufbau befindlichen SAP-S/4HANA-Systemverbund auswirken.

Retrofit

Falls im Rahmen des Konvertierungsprojekts eine ABAP-Entwicklung in beiden Entwicklungssystemen notwendig erscheint, sollten Sie anhand von SAP-Hinweis 2652106 prüfen, ob der Ansatz des SAP Solution Manager Retrofit infrage kommt. Mit diesem Retrofit lassen sich Workbench- und Customizing-Objekte zwischen SAP ERP und SAP S/4HANA synchronisieren.

Letztlich lässt sich festhalten, dass die SAP-S/4HANA-Systemkonvertierung keine grundsätzlich neuen Anforderungen an die Prozesse des Software Lifecycle Managements in einem Systemverbund oder an die Definition der Transportwege zwischen den Systemen stellt.

7.2 Systemvoraussetzungen und -prüfungen

Nach dem Überblick über die Systemkonvertierung soll es nun darum gehen, für welche Systeme ein Ein-Schritt-Verfahren möglich ist und welche Anpassungen gegebenenfalls vorzunehmen sind.

7.2.1 Generelle Überlegungen

Im Folgenden betrachten wir die Schritte, die in jedem System durchlaufen werden müssen, das nach SAP S/4HANA konvertiert wird. Beachten Sie, dass diese Schritte in unterschiedlichen Phasen und vermutlich in den verschiedenen Systemen des Systemverbunds auch zu unterschiedlichen Zeiten ausgeführt werden. So erfolgen z. B. die Anpassungen der Eigenentwicklungen auf dem SAP-S/4HANA-Entwicklungssystem. Dort werden die Anpassungen in Transporten gesammelt, die wiederum bei der Konvertierung des produktiven Systems direkt eingespielt werden.

Viele der notwendigen oder optionalen Anpassungen von Geschäftsprozessen oder das Aufräumen bei den Eigenentwicklungen können auch bereits auf dem SAP-ERP-Startrelease erfolgen. In diesem Sinne sind es dann Aktivitäten des Konvertierungsprojekts, die in vorgelagerten Systemen ausgeführt werden. Ob diese Anpassungen in den vorgelagerten Schritten erfolgen oder im Rahmen der Systemkonvertierung im SAP-S/4HANA-Entwicklungssystem durchgeführt werden, muss in dem jeweiligen Konvertierungsprojekt individuell entschieden werden.

Architekturaspekte

Eine Reihe von Entscheidungen für die Systemkonvertierung betreffen die Zielarchitektur. Darunter fällt z. B. die Wahl der Deployment-Option für den SAP-Fiori-Frontend-Server (diskutiert in Abschnitt 8.2.4, »Den SAP-Fiori-Frontend-Server einrichten«). Des Weiteren ist zu prüfen, ob das Betriebssystem der Application Server des SAP-ERP-Systems auch für das SAP-S/4HANA-System unterstützt wird. Für die Integration mit anderen Systemen, insbesondere von Hub-Systemen wie SAP Process Integration, ist die Interoperabilität sicherzustellen. Informationen dazu, ob die Produktversion Ihres Hub-Systems ausreicht, finden Sie in SAP-Hinweis 2251604. Auch sollten Sie überlegen, ob Sie Ihr SAP-S/4HANA-On-Premise-System im eigenen Rechenzentrum betreiben oder ein Private-Cloud-Angebot nutzen wollen.

Database Migration Option (DMO) des SUM

Wenn Ihr SAP-ERP-System noch nicht auf einer SAP-HANA-Datenbank läuft, dann wird der SUM die Datenbankmigration im Rahmen der Konvertierung ausführen, wie wir in Abschnitt 8.1, »Den Software Update Manager verwenden«, erläutern. Dazu kommt die Database Migration Option (DMO) des SUM zum Einsatz.

DMO with System Move

Für den Wechsel Ihres Systems aus Ihrem Rechenzentrum in die Cloud (IaaS) steht Ihnen im SUM das Szenario *DMO with System Move* zur Verfügung. Das Szenario erlaubt ebenso den Wechsel in ein anderes Rechenzentrum oder auch die Nutzung eines neuen Hosts für den *Primary Application Server*. Dies unterscheidet sich also vom Standardszenario der Systemkonvertierung im SUM, bei dem der Primary Application Server nicht gewechselt wird (Inplace-Verfahren).

DMO move to SAP S/4HANA (on hyperscaler)

Neben dem bewährten Ansatz *DMO with System Move* ist es mittlerweile auch möglich, den Wechsel zu SAP S/4HANA Cloud Private Edition quasi mit dem *normalen* DMO-Verfahren zu realisieren, dieser Ansatz wird *DMO move to SAP S/4HANA (on hyperscaler)* genannt. Er hat den Vorteil, falls notwendig auch Downtime-Optimierungstechniken einzusetzen, wie sie im Abschnitt 8.3, »Abschätzung und Reduzierung der Downtime«, beschrieben sind.

Voraussetzung für die DMO move to SAP S/4HANA (on hyperscaler) ist eine ausreichend gute Verbindung zwischen der On-Premise-Infrastruktur beim Kunden und der Ziel-Infrastruktur beim Hyperscaler. Abschnitt 8.4, »Konvertierungsziel Hyperscaler«, diskutiert beide Ansätze genauer, und in Abschnitt 8.4.2 beschreiben wir die Besonderheiten eines Wechsels zu SAP S/4HANA Cloud Private Edition im Rahmen eines RISE-with-SAP-Projekts genauer.

Für den Wechsel des Primary Application Server Hosts, insbesondere wenn ein Wechsel des Betriebssystems notwendig ist, bietet der SUM den *ASCS Instance Move*.

Relevanzanalyse für SAP-Fiori-Apps

Zur Projektvorbereitung gehört die Entscheidung, wie viele und vor allem welche SAP-Fiori-Apps Sie mit der Systemkonvertierung einführen. Mit der sogenannten *Relevance and Readiness Analysis* in der SAP Fiori Apps Reference Library steht Ihnen ein Analysetool zur Verfügung, mit dem Sie die für Sie relevanten SAP-Fiori-Apps identifizieren können. Das Tool analysiert, welche Transaktionen Sie in Ihrem Quellsystem nutzen, und erzeugt eine Empfehlungsliste. Abbildung 7.6 zeigt ein Beispiel der Ergebnisliste der Relevanzanalyse.

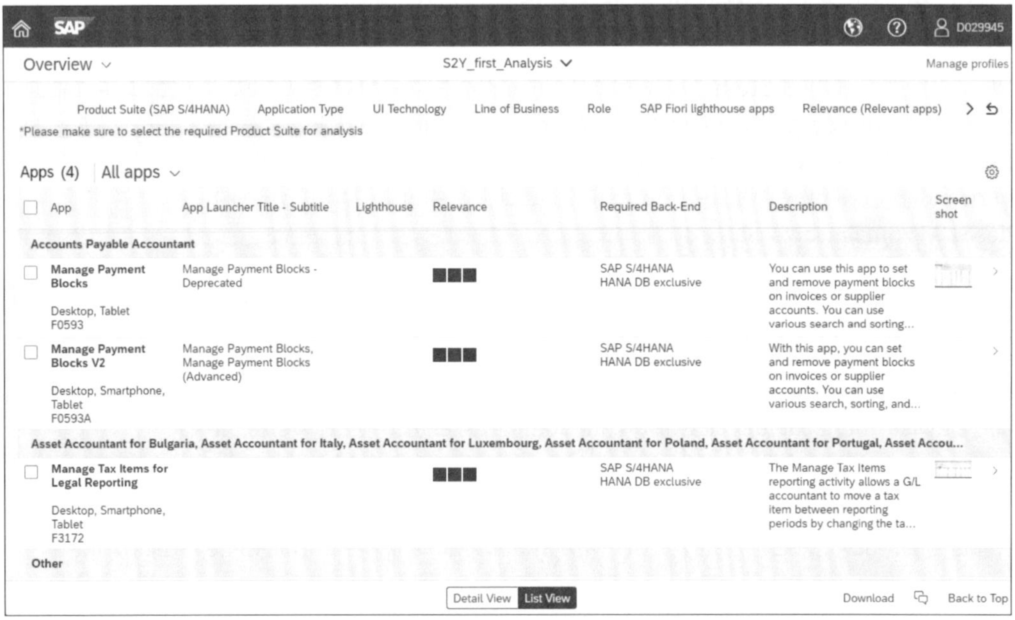

Abbildung 7.6 Relevanzanalyse für SAP-Fiori-Apps

Die Nutzungsanalyse der Transaktionsdaten kann z. B. auf Basis des Workload Monitors (Transaktion ST03) erfolgen. Die Nutzungsdaten werden als CSV-Datei in das Tool hochgeladen, und das Tool analysiert dann die Relevanz der einzelnen Transaktionen. Es ermittelt SAP-Fiori-Apps, die mit den genutzten SAP-GUI-Transaktionen korrespondieren.

[»]

Adresse der SAP Fiori Apps Reference Library

Sie finden die SAP Fiori Apps Reference Library unter der Adresse *http://s-prs.de/v10578002*.

Standardaufgaben

Neben den spezifischen Schritten des SAP-S/4HANA-Konvertierungsprojekts sind auch Standardaufgaben einzuplanen, die Sie von anderen Transformationsprojekten her kennen, z. B.:

- **Endanwender-Schulungen**
  Bei Anpassungen von Geschäftsprozessen oder bei einem Umstieg auf SAP-Fiori-basierte Benutzeroberflächen müssen entsprechende Schulungen für die Endanwender eingeplant und zeitnah durchgeführt werden.
- **Schulung der IT-Mitarbeitenden in Hinblick auf die neuen Technologien**
  Mit SAP S/4HANA werden neue Technologien eingeführt, wie z. B. die Core Data Services (CDS) oder die neuen HTML5-basierten SAP-Fiori-Benutzeroberflächen. Entsprechende Schulungen der spezialisierten Mitarbeiter für diese neuen Technologien sind vorzusehen.
- **Test der Geschäftsprozesse**
  Anwendungstests müssen eingeplant werden.

Auf diese Standardaufgaben eines Transformationsprojekts gehen wir in diesem Buch nicht im Detail ein. Nichtsdestotrotz sind sie natürlich auch für den Erfolg des SAP-S/4HANA-Konvertierungsprojekts wichtig und entsprechend zu berücksichtigen.

[«]

Weiterführende Informationen
Informationen zur Unterstützung von Betriebssystemen für SAP S/4HANA finden Sie in SAP-Hinweis 2696472.

Data Transition Validation

In vielen Projekten ist eine Validierung von ausgewählten Daten Teil des Projektplans und ein wichtiger Block der Downtime. Insbesondere manuelle Spot-Checks können dabei zeitlich umfangreich sein, je nach Umfang der zu prüfenden Daten und ausgewähltem Verfahren. SAP bietet mit Data Transition Validation eine Prüfmöglichkeit an, mit der Aufwand und auch Downtime reduziert werden können. Data Transition Validation wird als Teil des Standards ausgeliefert und steht Kunden und Partnern ohne weitere Lizenzkosten zur Verfügung. Es besteht einerseits aus einem Framework zur Definition des Prüfumfangs und Ausführung der Prüfung. Darüber hinaus wird Ihnen eine Vielzahl von Prüfprogrammen in unterschiedlichen Anwendungsbereichen bereitgestellt. Data Transition Validation wird kontinuierlich weiterentwickelt und mit weiteren Programmen ergänzt. Als Einstiegspunkt nutzen Sie SAP-Hinweis 3117879, in dem Sie die aktuelle Version und Liste der Prüfprogramme finden. Mittlerweile ist es auch möglich, kundeneigene Prüfprogramme, die definierten Bedingungen entsprechen müssen, in dem Framework einzubinden.

7.2.2 Systemvoraussetzungen

Grundsätzlich kann jedes SAP-ERP-System nach SAP S/4HANA konvertiert werden. Allerdings hängen der Aufwand und die Vorgehensweise davon ab, welches Ausgangsrelease im Einsatz ist.

Ein-Schritt-Verfahren

Von einem Ein-Schritt-Verfahren beim Umstieg auf SAP S/4HANA spricht man, wenn das Software-Upgrade und die (gegebenenfalls notwendige) Datenbankmigration in einem technischen Schritt erfolgen. Ein SAP-ERP-System kann unter folgenden Voraussetzungen in einem Ein-Schritt-Verfahren in ein SAP-S/4HANA-System konvertiert werden:

- **Startrelease**

  Das Quellsystem hat den Releasestand SAP ERP 6.0 (ohne Enhancement Package bis hin zu EHP 8). Als Datenbank kann bereits SAP HANA genutzt werden, aber auch bei SAP-ERP-Systemen mit anderen Datenbanken kann die Systemkonvertierung in einem Ein-Schritt-Verfahren erfolgen.

- **Unicode**

  Das Quellsystem ist ein Unicode-System.

- **Purer ABAP Stack**

  Das SAP-ERP-Quellsystem ist ein reines ABAP-System. Dual-Stack-Systeme (SAP NetWeaver AS ABAP und AS Java, kombiniert in einem System) werden beim Umstieg nicht unterstützt; sie müssen zuvor mit der Dual-Stack-Split-Option des *Software Provisioning Managers* gesplittet werden.

Systeme, die noch auf einem älteren Releasestand sind oder für die noch keine Unicode-Konvertierung durchgeführt wurde, müssen in mehreren Schritten nach SAP S/4HANA konvertiert werden.

[»]

Unicode-Konvertierung

Bereits Mitte des Jahres 2014 hatte SAP angekündigt, dass alle neuen SAP-NetWeaver-Releases nach 7.40 und alle auf diesen höheren Releases basierenden Produkte nur noch mit dem Zeichensatz-Unicode kompatibel sind. Außerdem muss jedes Startsystem, das auf ein solches Zielrelease nach 7.40 überführt wird, bereits ein Unicode-System sein. Technisch hat dies zur Folge, dass ein Nicht-Unicode-System, das auf einem SAP-NetWeaver-Release bis einschließlich 7.40 basiert, nicht in einem Schritt auf ein Produkt mit einem SAP-NetWeaver-Release größer 7.40 umgestellt werden kann. Zuvor ist eine Unicode-Konvertierung erforderlich.

Unterstützte Konvertierungspfade

Grundsätzlich kann ein SAP-Business-Suite-System ab Softwarestand SAP ERP 6.0 (beliebiges Enhancement Package; das Quellsystem muss nicht auf SAP HANA als Datenbank laufen) nach SAP S/4HANA konvertiert werden. Idealerweise ist das Konvertierungsziel natürlich jeweils das höchste verfügbare SAP-S/4HANA-Release. Wie in Abbildung 7.7 dargestellt, ist dies aktuell SAP S/4HANA 2023. SAP unterstützt für die Systemkonvertierung als Ziel mindestens die aktuellsten beiden SAP-S/4HANA-Versionen, für die das Feature Package Stack 02 (FPS002) oder höher verfügbar ist.

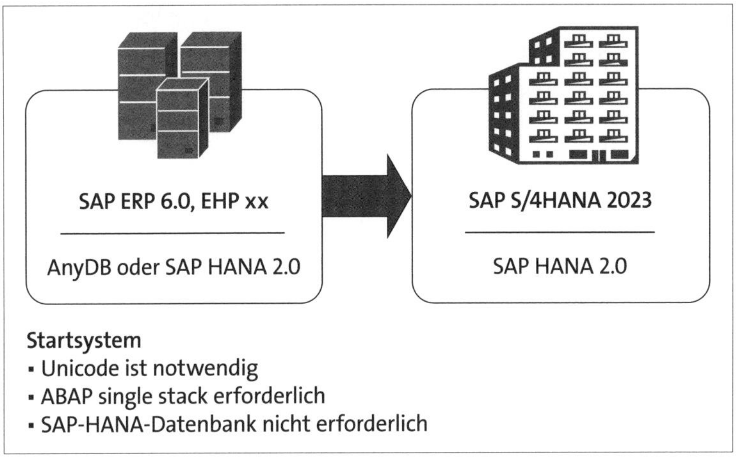

Abbildung 7.7 Grundsätzlicher Konvertierungspfad

[«]

Konvertierungsinformationen

Sie können in den SAP Release Information Notes von SAP S/4HANA jeweils die technischen Rahmenbedingungen der Systemkonvertierung einsehen:

- SAP-Hinweis 3145277 für SAP S/4HANA 2022
- SAP-Hinweis 3307222 für SAP S/4HANA 2023

7.2.3 Simplification List

Simplification List Items

Mit der SAP S/4HANA Simplification List steht eine Informationsquelle zur Verfügung, die auf funktionaler Ebene den potenziellen Anpassungsbedarf bei der Systemkonvertierung von SAP ERP nach SAP S/4HANA beschreibt. In den sogenannten *Simplification List Items* (kurz *Simplification Items*) werden pro beschriebener Funktion der betriebswirtschaftliche Anpassungsbedarf und die Auswirkungen auf kundeneigene Entwicklungen dargestellt. Für komplexere Anpassungen werden im Rahmen der Simplification Items Anleitungen bereitgestellt, die Sie bei der Umsetzung unterstützen sollen.

Hilfe bei der Planung

Die Simplification List ist ein wichtiges Mittel für die Planung des Konvertierungsprojekts und sollte bereits in einer frühen Phase Anwendung finden. Viele der dort aufgeführten notwendigen Anpassungen können bereits auf dem SAP-ERP-Quellsystem umgesetzt werden. Damit kann bereits weit vor der Installation der SAP-S/4HANA-Software inhaltlich mit dem Konvertierungsprojekt begonnen werden. Die Simplification List stellt also eine wichtige Informationsgrundlage dar, um die anstehenden Aufgaben des Konvertierungsprojekts zeitlich und ressourcentechnisch zu verteilen.

Bereitstellung der Simplification List

SAP stellt Informationen zur den Simplification List Items in unterschiedlicher Art zur Verfügung:

- Die komplette Liste steht als PDF-Dokument im Rahmen der SAP-Hilfe zu SAP S/4HANA zum Herunterladen bereit.
- Darüber hinaus erlaubt ein webbasiertes User Interface die Suche und Anzeige des aktuellen Stands eines Simplification Items direkt im sogenannten *Simplification Item Catalog*. Das User Interface können Sie über den folgenden Link erreichen: *https://me.sap.com/sic*. Grundlage für den Simplification Item Catalog ist eine Datenbank (Simplification Database), in der die Simplification Items von SAP verwaltet werden.
- Die jeweiligen Simplification Items sind als einzelne SAP-Hinweise verfügbar. Die Hinweise enthalten neben den Grundinformationen (teilweise) weiterführende Informationen und How-to-Guides. Die SAP-Hinweise sind im Simplification Item Catalog referenziert. Als Beispiel können Sie sich SAP-Hinweis 2265093 (Transaktion S4TWL – Business Partner Approach) anschauen.

Ergänzt wird die Simplification List durch programmgestützte Auswertungstools, die bei der Identifizierung der relevanten Anpassungsaufgaben helfen. Hier sind die Werkzeuge Maintenance Planner, SI-Checks und Checks im Rahmen der Custom Code Analysis zu nennen, die wir in den folgenden Abschnitten im Detail beschreiben.

Kategorien der Simplification List

Grundsätzlich kann man die in der Simplification List aufgeführten Funktionen in drei Kategorien einteilen:

- **Funktionen, die in SAP S/4HANA angepasst wurden**

  Simplification Items dieser Kategorie beziehen sich auf Funktionen, die grundsätzlich in gleicher Form in SAP S/4HANA vorhanden sind, aber so angepasst wurden, dass dies eine Auswirkung auf bestehende Prozesse und kundeneigene Programme haben kann.

[zB]

Feldlängenänderung für die Materialnummer

Als Beispiel eines Simplification Items dieser Kategorie kann die Verlängerung des Materialnummernfelds genannt werden. In einem SAP-S/4HANA-System hat die Domäne MATNR eine Feldlänge von 40 Zeichen. Die Feldlänge der Domäne MATNR in einem SAP-ERP-System hat 18 Zeichen. Diese Detailänderung der Materialstammfunktion, die grundsätzlich unverändert in SAP S/4HANA vorhanden ist und genutzt werden kann, kann sich auf kundeneigene Entwicklungen auswirken.

Die Änderung der Länge des Materialnummernfelds hat im Regelfall keine Auswirkungen auf die betriebswirtschaftlichen Prozesse, da Sie über die Nutzung des längeren Materialnummernfelds nach der Systemkonvertierung noch einmal separat entscheiden können. Entscheiden Sie sich, Materialstämme mit 40 Stellen zu nutzen, müssen Sie vor allem die Auswirkungen auf weitere integrierte Systeme bedenken. Weitere Details zu den potenziell notwendigen Anpassungen im Rahmen der 40-stelligen Materialnummer finden Sie in dem korrespondierenden SAP-Hinweis 2267140.

- **Funktionen, die in dieser Form in SAP S/4HANA nicht mehr zur Verfügung stehen**

  Simplification Items dieser Kategorie beziehen sich auf Funktionen, die in SAP S/4HANA nicht vorhanden sind. Im Regelfall können Sie auf eine alternative Funktion wechseln, die in vielen Fällen bereits im Rahmen von SAP ERP zur Verfügung steht.

  Ein Beispiel für diese Kategorie ist die Funktion des Kreditmanagements, wie in Abschnitt 1.2.1, »Vereinfachung der Funktionalität«, beschrieben. Mit der Systemkonvertierung nach SAP S/4HANA müssen Sie den Übergang auf die alternative Funktion einplanen und umsetzen (in diesem Beispiel die modernere Form des Kreditmanagements, SAP Credit Management). Weitere Details zu den potenziell notwendigen Anpassungen im Kreditmanagement finden Sie in SAP-Hinweis 2270544.

- **Funktionen, die nicht die Zielarchitektur von SAP S/4HANA abbilden**

  Mit Simplification Items in dieser Kategorie erhalten Sie Informationen über Änderungen, die im Rahmen von SAP S/4HANA geplant sind. In dieser Kategorie werden Funktionen aus SAP ERP genannt, die in der aktuellen Version von SAP S/4HANA unverändert vorhanden sind, aber nicht die Zielarchitektur darstellen. Im Regelfall stehen bereits heute alternative Funktionen zur Verfügung.

  Ein Beispiel in dieser Kategorie ist die Lagerverwaltung mit SAP Warehouse Management (SAP WM). Diese Funktion kann nach der Systemkonvertierung nach SAP S/4HANA unverändert genutzt werden, ist aber nicht die Zielarchitektur. Die Zielarchitektur zur Lagerverwaltung ist SAP Extended Warehouse Management (SAP EWM) und seit SAP S/4HANA 1909 auch Stock Room Management.

Verteilung der Simplification-Item-Typen

Verteilt über die verschiedenen Kategorien, werden in der Simplification List für SAP S/4HANA 2023 rund 780 Simplification Items aufgeführt. Abbildung 7.8 zeigt die prozentuale Verteilung innerhalb der drei Kategorien der Simplification Items.

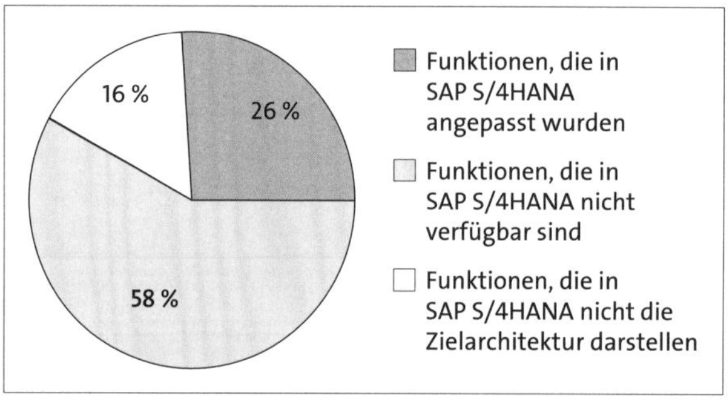

Abbildung 7.8 Kategorien der Simplification List

Abbildung 7.9 zeigt die prozentuale Verteilung der Simplification Items über die funktionalen Bereiche.

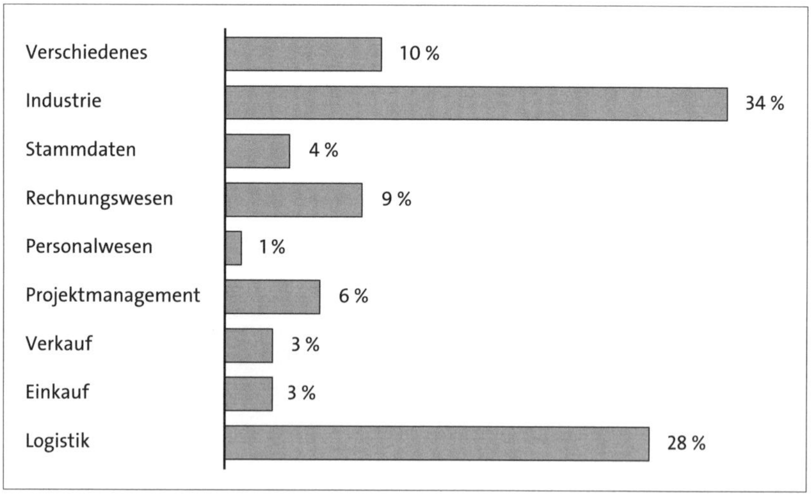

Abbildung 7.9 Simplification Items in den verschiedenen Anwendungsbereichen

Die bisherigen Erfahrungen in den SAP-S/4HANA-Konvertierungsprojekten zeigen, dass die Anzahl der für einen Kunden relevanten Simplification Items, bei denen Anpassungen durchzuführen sind, im Durchschnitt bei 50 bis 70 liegt. Welche Simplification Items konkret in Ihrem SAP-ERP-System relevant sind, können Sie mit den Simplification Item Checks ermitteln, die wir in Abschnitt 7.2.5, »Simplification Item Checks (SI-Checks)«, vorstellen.

7.2.4 Maintenance Planner

Prüfung und Planung

Mit dem Maintenance Planner wird die Systemkonvertierung geplant. Zunächst prüft der Maintenance Planner auf der Komponentenebene, ob das SAP-ERP-System die Voraussetzungen erfüllt. Wenn dies der Fall ist, werden die notwendigen Softwarearchive und ein Wartungsplan im Download-Bereich bereitgestellt. Sie entscheiden dabei auch über die Art und Weise der Frontend-Server-Installation (separate SAP-Fiori-Installation oder zusammen mit dem Backend-Server).

Der im Maintenance Planner erzeugte Wartungsplan bildet die Grundlage für die technische Systemkonvertierung durch den SUM. Zusätzlich werden durch den Maintenance Planner die momentan auf dem SAP-ERP-System installierten Add-ons und die aktivierten Business Functions daraufhin überprüft, ob sie mit dem SAP-S/4HANA-Zielrelease kompatibel sind.

Zugriff auf die Kundenlandschaft

Der Maintenance Planner wird als Cloud-Anwendung über SAP for Me zur Verfügung gestellt. Abbildung 7.10 zeigt im Überblick, wie der Maintenance Planner auf die Informationen der Kundenlandschaft zugreift.

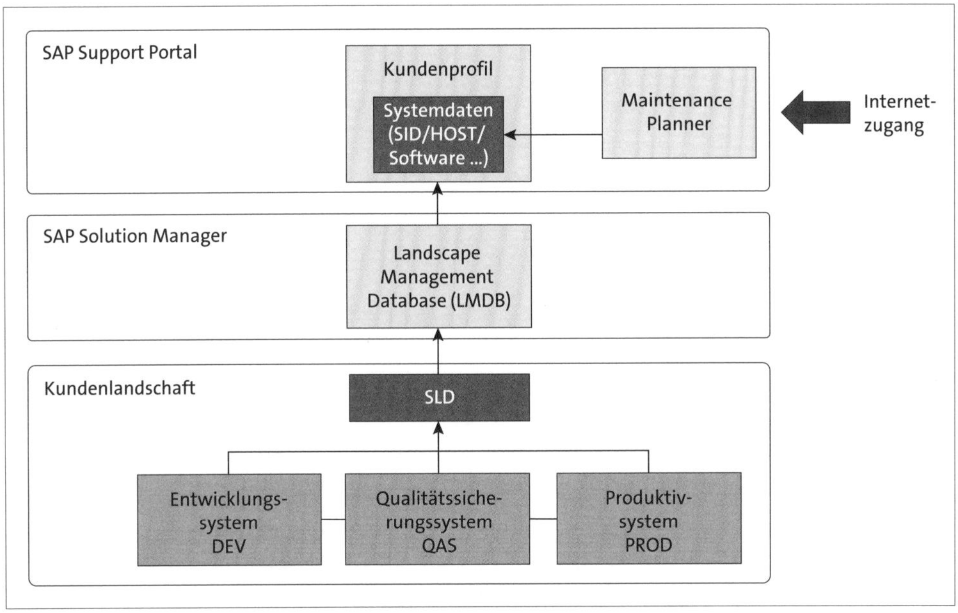

Abbildung 7.10 Systemlandschaft im Rahmen des Maintenance Planners

Der Maintenance Planner greift auf Ihre Landschaftsdaten zu, die in Ihrem Kundenprofil im SAP Support Portal vorliegen. Die Systemlandschaftsdaten in Ihrem Kundenprofil werden regelmäßig über die *Landscape Management Database* (LMDB) des SAP Solution Managers und das *System Landscape Directory* (SLD) Ihrer Landschaft aktualisiert.

Um auf Ihre individuellen Kundendaten zugreifen zu können, wird ein S-User für das SAP Support Portal benötigt. Der Benutzer für den SAP Solution Manager muss dem S-User zugeordnet sein.

Wartungsplan

Rufen Sie den Maintenance Planner auf, und wählen Sie die Option **Plan for SAP S/4HANA**, um die Konvertierung eines Einzelsystems zu planen. Abbildung 7.11 zeigt die Optionen auf dem Einstiegsbild des Maintenance Planner.

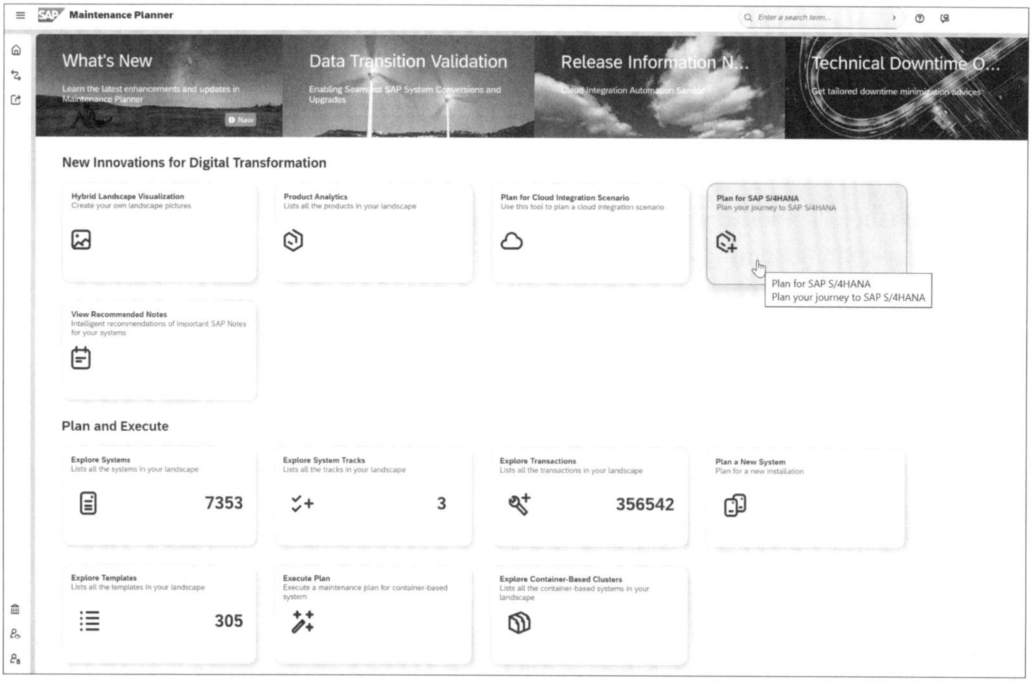

Abbildung 7.11 Einstiegsbild des Maintenance Planners

[»]

Zusätzliche Funktionen im Maintenance Planner

Seit Juli 2020 können im Maintenance Planner zusätzliche Funktionen genutzt werden, die in SAP-Hinweis 2921927 beschrieben sind. Die Aktivitäten für die Planung der Systemkonvertierung sind unabhängig vom neuen oder alten Einstiegsbild.

Für die Planung der Systemkonvertierung ist dieser Einstieg über **Plan for SAP S/4HANA** wichtig. Sie könnten zwar auch über die Detaildarstellung des Systems eine Planung starten (Option **Explore Systems**), dann würden aber die relevanten Aspekte der Add-ons und der Java-Komponenten bei der Planung nicht berücksichtigt werden.

Die Option **Plan for SAP S/4HANA** bietet neben der Planung der Systemkonvertierung auch die Planung einer Neuinstallation, wie in Abbildung 7.12 zu sehen ist. Auf diese Option gehen wir in Abschnitt 10.2, »Installation«, genauer ein.

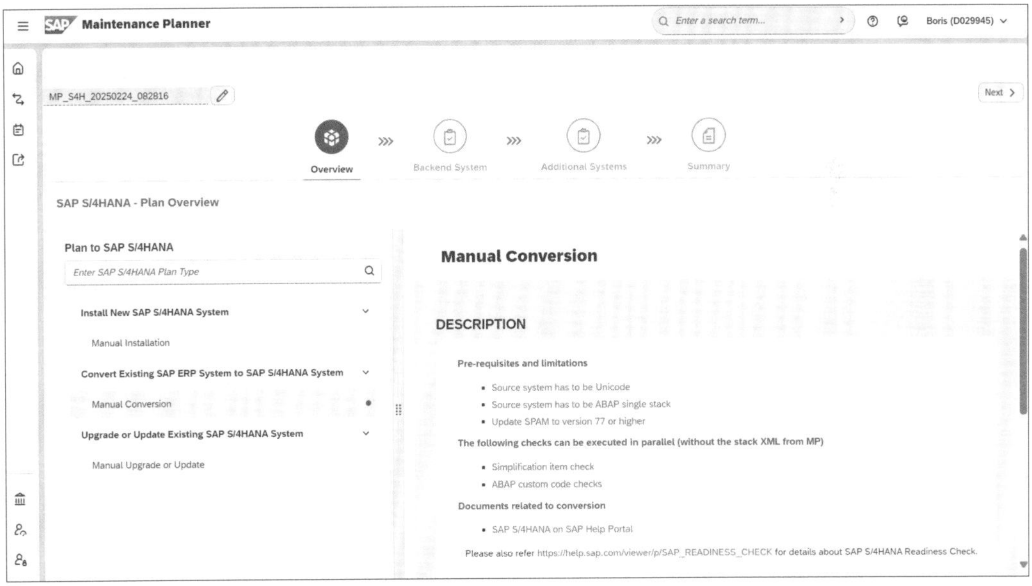

Abbildung 7.12 Einstieg zur SAP-S/4HANA-Planung im Maintenance Planner

In den folgenden geführten Schritten geben Sie das zu konvertierende SAP-ERP-System an, wählen das SAP-S/4HANA-Zielrelease aus und bestimmen das Deployment für den Frontend-Server für die SAP-Fiori-Benutzeroberfläche. Der Frontend-Server kann entweder auf einem separaten Server betrieben werden (Central Hub Deployment) oder auf dem Server des SAP-S/4HANA-Systems (Embedded bzw. Add-on Deployment). Abbildung 7.13 zeigt den Dialog zur Wahl der Deployment-Option.

Wenn Sie bereits einen Frontend-Server als Hub in Ihrer Landschaft nutzen, könnten Sie diesen mit der Option **Existing System** aktualisieren. Die Option **Install a New System** ermöglicht das Aufsetzen eines neuen Hub-Frontend-Servers. Als dritte Option bietet **Co-deployed with Backend** die Möglichkeit, den Frontend-Server auf dem SAP-S/4HANA-Backend zu integrieren. Dieser Ansatz des Embedded Deployments wird von SAP empfohlen.

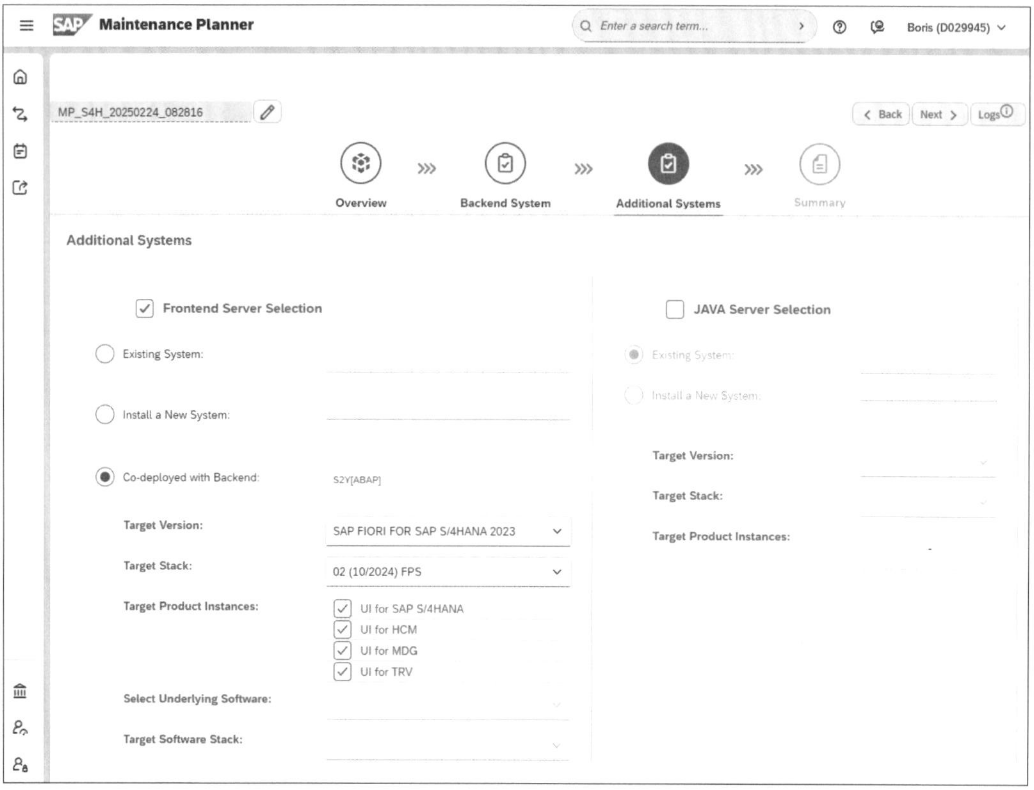

Abbildung 7.13 Wahl des Deployments für den SAP-Fiori-Frontend-Server

[»]

Frontend-Server auf ein Embedded-System umstellen

Falls Sie bereits einen Hub-Frontend-Server genutzt haben, können Sie gleichwohl auf ein Embedded-System wechseln, auch um der SAP-Empfehlung zu folgen. Die folgenden Informationsquellen geben Ihnen dazu wichtige Tipps:

- *http://s-prs.de/v10578039*
- *http://s-prs.de/v10578040*
- *http://s-prs.de/v10578041*

Für SAP S/4HANA 2023 muss ein Hub-Frontend-Server auf der Basis von Version 7.58 laufen. Weitere Erläuterungen und Informationen zum Frontend-Server finden Sie in Abschnitt 8.2.4, »Den SAP-Fiori-Frontend-Server einrichten«.

Prüfung Nun wird der Maintenance Planner zunächst das Ergebnis der Prüfung bezüglich aktuell installierter Add-ons und aktivierter Business Functions anzeigen. Wenn die Prüfung keinen Hinderungsgrund ergibt, können Sie mit der Planungsphase weitermachen. Beachten Sie, dass Sie für diese Prüfung noch keine Lizenz für SAP S/4HANA benötigen, also die Prüfung schon frühzeitig im Projekt ausführen können. Für die anschließende Planung ist gleichwohl eine Lizenz erforderlich.

Planung

In der Planung sind dann u. a. Angaben zum Betriebssystem zu machen. Das wesentliche Ergebnis dieser Planung im Maintenance Planner sind der Wartungsplan, die notwendigen Softwarearchive (für den Download-Basket) und ein sogenanntes *Stack-XML*. Es enthält die Informationen über die errechneten Start- und Zielkombinationen. Darüber hinaus werden die Ergebnisse in Form weiterer Dateien unterschiedlicher Formate bereitgestellt, der Wartungsplan beispielsweise auch als PDF-Dokument. Das im Maintenance Planner erzeugte Stack-XML wird später im SUM eingesetzt, um sicherzustellen, dass nur kompatible Wartungsvorgänge durchgeführt werden können.

Unterstützte Add-ons und Business Functions

Mit dem Maintenance Planner planen Sie nicht nur die zukünftige Systemlandschaft. Sie überprüfen mit ihm im Rahmen der Guided Procedure auch, ob die momentan auf dem SAP-ERP-System installierten Add-ons (SAP-Add-ons oder Partner-Add-ons) und die aktivierten Business Functions mit dem SAP-S/4HANA-Zielrelease kompatibel sind. Wenn Sie in Ihrem SAP-ERP-Quellsystem Add-ons oder Business Functions installiert haben, die (noch) nicht von SAP S/4HANA unterstützt werden, gibt der Maintenance Planner eine entsprechende Fehlermeldung aus. Da es in den meisten Fällen bereits konkrete Umsetzungspläne für noch nicht unterstützte Add-ons und Business Functions gibt, können Sie SAP oder die Partneranbieter diesbezüglich kontaktieren. Beachten Sie, dass SAP keine Aussagen zur Kompatibilität von Partner-Add-ons machen kann, die nicht bei SAP registriert oder zertifiziert sind. Für diese Kategorie von Partner-Add-ons wird daher im Maintenance Planner eine Warnung ausgegeben, die Planung wird dadurch jedoch nicht blockiert.

Add-on-Deinstallation

Unter Umständen kann auch eine Deinstallation von installierten, aber nicht mehr genutzten Add-ons eine Option sein, um mit der Systemkonvertierung voranschreiten zu können. Für eine wachsende Zahl von SAP-Add-ons ist eine Deinstallation mittlerweile möglich; für zertifizierte Add-ons von Partnern ist die Deinstallationsoption mittlerweile Pflicht. Es gibt auch eine mit dem *Support Package Manager* (Transaktion SPAM) im Patch-Level 75 ausgelieferte Möglichkeit, um Add-ons von Drittanbietern gegebenenfalls zu löschen. Eine der Voraussetzungen ist dabei, dass das Add-on nicht modifizierend ist. Ein Konfigurationswerkzeug erlaubt es zunächst, das Add-on auf Löschbarkeit zu prüfen. Wenn möglich, wird dann eine Konfiguration erstellt, mit der das Add-on mittels *SAP Add-On Installation Tool* (Transaktion SAINT) deinstalliert werden kann.

Sind auf dem SAP-ERP-Quellsystem Business Functions aktiv, die in dem SAP-S/4HANA-Zielrelease den Status ALWAYS_OFF haben, kann das System nicht nach SAP S/4HANA konvertiert werden. Mit den aktuellen SAP-S/4HANA-Versionen sollte dies allerdings nur in wenigen Fällen vorkommen.

[»]

Weiterführende Informationen

Zusätzliche Informationen, Links zu Blogs und FAQs in der SAP Community und Best Practice Guides finden Sie in der SAP-Dokumentation zum Maintenance Planner:

http://help.sap.com/maintenanceplanner

Weitere Informationen zu den unterstützten SAP-Add-ons finden Sie in SAP-Hinweis 2214409 und den dort referenzierten Hinweisen.

Information zum Konfigurationswerkzeug für die Deinstallation nicht mehr benötigter Drittanbieter-Add-ons finden Sie in SAP-Hinweis 2911053.

7.2.5 Simplification Item Checks (SI-Checks)

Mit den sogenannten *SAP S/4HANA Simplification Item Checks* (kurz SI-Checks, vor SAP S/4HANA 1709 wurde von Pre-Checks gesprochen) können Sie programmgestützt in Ihrem System überprüfen, welcher Anpassungsbedarf, bezogen auf die betriebswirtschaftlichen Prozesse, beim Übergang auf SAP S/4HANA besteht. Die SI-Checks sind SAP-Programme, die auf dem SAP-ERP-Startrelease installiert und ausgeführt werden können und ein Ergebnisprotokoll ausgeben. Sie korrespondieren mit den Simplification Items, die wir in Abschnitt 7.2.3, »Simplification List«, behandelt haben.

Aufgaben der SI-Checks

Die SI-Checks haben zwei Aufgaben: Zum einen identifizieren sie die konkreten Simplification Items, die für die Systemkonvertierung Ihres Systems relevant sind, und zum anderen stellen sie sicher, dass Aufgaben, die vor der Systemkonvertierung verpflichtend auszuführen sind, auch umgesetzt worden sind.

Ein Beispiel für eine Aufgabe, die vor der Systemkonvertierung auszuführen ist, hängt mit dem Simplification Item zur Debitoren-/Kreditorenintegration des Geschäftspartners zusammen. In SAP S/4HANA ist die Nutzung des SAP-Geschäftspartners obligatorisch, um informationstechnische Vorteile wie Redundanzfreiheit und Datenintegrität nutzbar zu machen. Der in diesem Fall korrespondierende SI-Check überprüft, ob es zu jedem Debitor und Kreditor einen Geschäftspartner gibt. Im Ergebnisprotokoll dieses SI-Checks werden noch nicht umgesetzte Debitoren-/Kreditorenstammsätze aufgeführt.

[«]

Geschäftspartner

Die Debitoren-/Kreditorenintegration des Geschäftspartners, auch Customer Vendor Integration (CVI), ist in vielen Projekten ein relevantes Arbeitspaket. Informationen dazu finden Sie hier:

- in SAP-Hinweis 2265093 (Business Partner Approach)
- in SAP-Hinweis 2713963 (FAQ: CVI)
- in SAP-Hinweis 2832085 zum *CVI Cockpit*
- im »SAP S/4HANA Cookbook – Customer/Vendor Integration« (unter *http://s-prs.de/v10578042*)

Ausführungszeitpunkte

Die SI-Checks werden zu zwei unterschiedlichen Zeitpunkten im Konvertierungsprojekt ausgeführt. Sie können (und sollten) sie zuerst in der Projektvorbereitungsphase ❶ ausführen (siehe Abbildung 7.14). Um zu genaueren Ergebnissen zu kommen, führen Sie die SI-Checks idealerweise im Produktivsystem aus. Automatisch werden die SI-Checks dann noch einmal in der Ausführungsphase ❷ ausgeführt. Beim Prüfen der Voraussetzungen werden sie im SUM aufgerufen. Wenn verpflichtende Aktivitäten nicht umgesetzt wurden oder die SI-Checks in dem zu konvertierenden System nicht installiert sind, bleibt die Konvertierungsprozedur an dieser Stelle mit entsprechendem Fehlerprotokoll stehen.

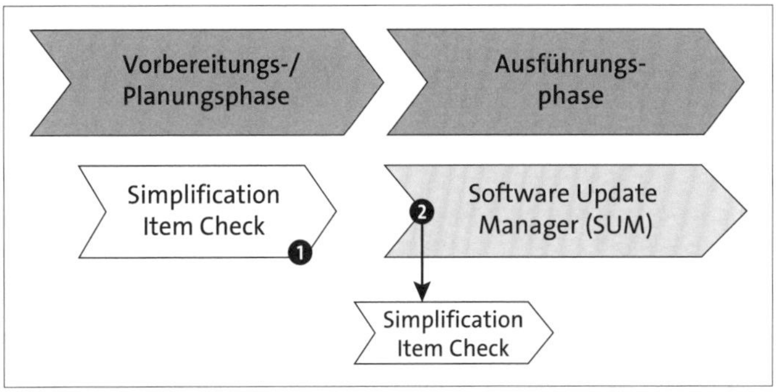

Abbildung 7.14 Ausführungszeitpunkte der SI-Checks

Die beschriebene Umsetzung der Debitoren-/Kreditorenstammsätze auf den SAP-Geschäftspartner ist solch eine verpflichtende Aktivität. Die Umsetzung dieser Stammdaten ist Voraussetzung für die Konvertierung von Anwendungsdaten in die neue Datenstruktur.

Abbildung 7.14 zeigt die beiden Zeitpunkte, zu denen die SI-Checks im Rahmen der Systemkonvertierung ausgeführt werden.

SI-Checks in der Vorbereitungs- und Planungsphase ausführen

Vorgehensweise

Als Voraussetzung für die Prüfung sind zwei wesentliche Hinweise zu installieren. SAP-Hinweis 2502552 stellt den Konsistenz-Check zur Verfügung, der über transportbasierte Korrekturanleitungen – Transport-based Correction Instructions (TCI) – installiert wird und die Check-Klassen der jeweiligen Simplification Items enthält. SAP-Hinweis 2399707 beinhaltet den Relevanz-Check und insbesondere das Check-Framework. Zu diesem Framework gehört der zentrale Check-Report /SDF/RC_START_CHECK. Darüber hinaus müssen Sie den Simplification Item Catalog bereitstellen, den wir in Abschnitt 7.2.3, »Simplification List«, erläutert hatten.

Abbildung 7.15 zeigt das Einstiegsbild des SI-Check-Reports /SDF/RC_START_CHECK, auf dem auch die beiden genannten Hinweise und der SI Catalog mit der aktuell implementierten Version gelistet werden.

Wählen Sie die Zielversion Ihrer SAP-S/4HANA-Systemkonvertierung und den Modus. Das SI-Check-Programm kann im Onlinemodus oder als Hintergrundjob ausgeführt werden. Aufgrund der typischerweise langen Laufzeit der Konsistenzprüfungen werden diese nur im Hintergrundjob gestartet, und die relevanten Konsistenzprüfung findet auch nur im Hintergrund statt. Es können auch die Ergebnisse eines vorangegangenen Check-Laufs angezeigt werden.

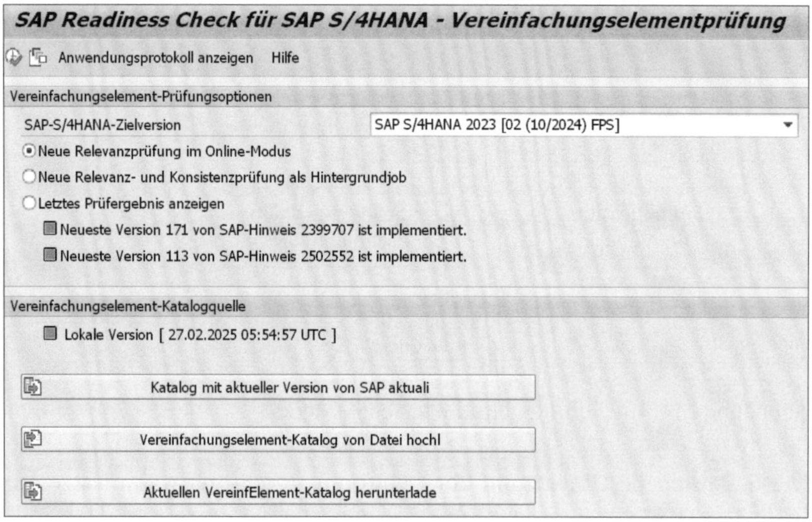

Abbildung 7.15 SI-Check-Programm – Einstiegsbild

Begrifflichkeiten

In den gezeigten Abbildungen sehen Sie die deutsche Übersetzung des Begriffs Simplification Item als Vereinfachungselement. In der Projektpraxis ist es gleichwohl üblich, den englischen Begriff zu nutzen, und daran halten wir uns auch in diesem Buch. Dies gilt ebenso für den in diesem Abschnitt später eingeführten Begriff Exemption (Ausnahme).

SI Catalog

Der SI Catalog sowie die relevanten Hinweise werden von SAP von Zeit zu Zeit aktualisiert. Sie sollten dieser Aktualisierung in der Vorbereitungsphase stets folgen. Später bei der Systemkonvertierung des produktiven Systems sollten Sie die Versionen gleichwohl auf einen gültigen Stand einfrieren. SAP-Hinweis 2399707 listet die Mindestversionen, die je SAP-S/4HANA-Zielrelease notwendig sind. Abbildung 7.16 zeigt das Ergebnisbild eines SI-Check-Laufs.

SAP

Konsistenz für alle prüfen | Konsistenzdetails prüfen | Konsistenzprüfungprotokoll anzeigen | Ausnahme anwenden/stornieren | Ausnahmeprotokoll anzeigen

Results - SAP S/4HANA 2023 [02 (10/2024) FPS]

Relevanz	Letztes Ko...	Ausnahme ...	ID	Titel	Sparte/Technologie	Geschäftsbereich	Kategorie	Komponen...	Status	Hinweis
			SI12: Logistics_MM-IM	S4TWL - Document Flow Consistency...	Supply Chain	Inventory	Change of existing functio...	MM-IM-G...	Released	2542099
			SI1_FIN_GL	S4TWL - GENERAL LEDGER	Finance	Accounting and F...	Change of existing functio...	FI-GL	Released	2270339
			SI33: Logistics_General	S4TWL - Retail Information System	Solutions for Specific I...	Retail	Functionality unavailable (...	IS-R-IS,IS...	Released	2370131
			SI5: Logistics_MM-IM	S4TWL - Performance optimizations ...	Supply Chain	Inventory	Change of existing functio...	MM-IM,M...	Released	2319579
			SI1: Logistics_MM-IM	S4TWL - DATA MODEL IN INVENTOR...	Supply Chain	Inventory	Change of existing functio...	MM-IM-GF	Released	2206980
			SI2: MasterData_BP	S4TWL - Business Partner Approach	Database and Data Ma...	Enterprise Inform...	Change of existing functio...	LO-MD-BP	Released	2265093
			SI4: HR_EREC	S4TWL - SAP E-Recruiting	Human Resources	Core HR and Tim...	Functionality unavailable (...	PA-ER	Released	2383888
			SI1: FIN_SLL_CLS	S4TWL - Material classification with c...	Finance	Financial Operati...	Change of existing functio...	SLL-LEG-F...	Released	2376556
			SI22: GENERIC_CHECKS	S4TWL - Generic Check for SAP S/4H...	IT Management	Administration an...	Change of existing functio...	CA-TRS-P...	Released	2618018
			SI2: FIN_AA	S4TWL - ASSET ACCOUNTING	Finance	Accounting and F...	Change of existing functio...	FI-AA,FIN-...	Released	2270388
			SI2: FIN_MISC_ML	S4TWL - Technical Changes in Materi...	Finance	Cost Managemen...	Change of existing functio...	CO-PC-ACT	Released	2332591
			SI2: SD_PRIC	S4TWL - Data Model Changes in SD ...	Sales	Order and Contra...	Change of existing functio...	SD-BF-PR,...	Released	2267308
			SI32: Logistics_PLM	S4TWL - Classification - Data Cleanup...	R&D/Engineering	Product Lifecycle ...	Change of existing functio...	CA-CL	Released	2949845
			SI3: Logistics_MM-IM	S4TWL - Material Ledger Obligatory f...	Supply Chain	Inventory	Change of existing functio...	MM-IM-GF...	Released	2267834
			SI5: MasterData_PM	S4TWL - Simplification of copy/refere...	Database and Data Ma...	Enterprise Inform...	Change of existing functio...	LO-MD-MM	Released	2330063
			SI6: FIN_MISC_ML	S4TWL - Conversion to S/4HANA Mat...	Finance	Cost Managemen...	Change of existing functio...	FIN-MIG-...	Released	2352383
			SI6:MasterData_PM	S4TWL - Foreign Trade fields in Mate...	Finance	Enterprise Risk a...	Functionality unavailable (...	LO-MD-MM	Released	2267225
			SI10: Industry_DIMP_...	S4TWL - Actual labor and costing	Solutions for Specific I...	Aerospace and D...	Functionality unavailable (...	IS-ADEC-A...	Released	2445654
			SI10_IS_DIMP_HT	S4TWL - Manufacturing Execution Sy...	Solutions for Specific I...	High Tech	Functionality unavailable (...	IS-HT-MES	Released	2383042
			SI2: Logistics_General	S4TWL - Generic Article Harmonization	Solutions for Specific I...	Retail	Change of existing functio...	LO-RFM,L...	Released	2339010
			SI4: IS_DIMP_AUT	S4TWL - Cross-System Transit betwe...	Solutions for Specific I...	Automotive	Functionality unavailable (...	IS-A-XLO	Released	2270358
			SI4_IS_DIMP_HT	S4TWL - Billing Process Enhancements	Solutions for Specific I...	High Tech	Functionality unavailable (...	IS-HT-SW...	Released	2270851
			SI5: Logistics_PSS	S4TWL - Add-On: SAP Product and R...	Manufacturing	Environment, He...	Functionality unavailable (...	EHS-SRC	Released	2267423
			SI5_IS_DIMP_HT	S4TWL - Software Maintenance Proc...	Solutions for Specific I...	High Tech	Functionality unavailable (...	IS-HT-SW...	Released	2270852
			SI6: Logistics_PSS	S4TWL - Add-On: EHS Web-Interface	Manufacturing	Environment, He...	Functionality unavailable (...	EHS-BD	Released	2267426
			SI7: Logistics_PSS	S4TWL - Add-On: Genifix (Labelling s...	Manufacturing	Environment, He...	Functionality unavailable (...	EHS-SAF	Released	2267427
			SI8_IS_DIMP_HT	S4TWL - Manufacturer/Supplier Proc...	Solutions for Specific I...	High Tech	Functionality unavailable (...	IS-HT-DRM	Released	2270856

Abbildung 7.16 Ergebnisbild des SI-Check-Programms

In diesem Beispiel führt das Ergebnisbild einige grüne und vier rote Ergebnisampeln auf. Bei den Simplification Items mit den roten Ampeln sind Nacharbeiten durchzuführen. Neben den grundsätzlichen Hinweisen, die auch im Ergebnisbild des SI-Checks aufgeführt werden, enthält das Konsistenzprüfungsprotokoll weitere detaillierte Informationen zur notwendigen Nacharbeit. Abbildung 7.17 zeigt das SI-Check-Protokoll mit Details zu dem Simplification Item »Arbeitsvorrat für Übergang nach SAP S/4HANA – Hauptbuch« (SAP-Hinweis 2270339).

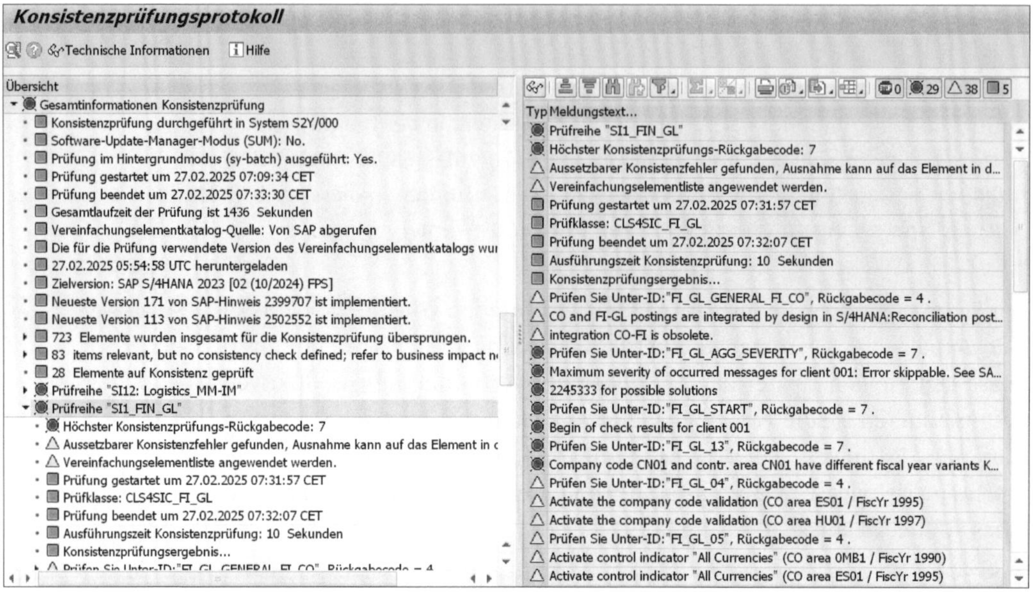

Abbildung 7.17 SI-Check-Protokoll

In diesem Beispiel wird festgestellt, dass ein Buchungskreis und der korrespondierende Kostenrechnungskreis unterschiedliche Geschäftsjahresvarianten verwenden. Dies müssen Sie vor der eigentlichen Systemkonvertierung anpassen. Erst wenn das SI-Check-Programm keine roten Ampeln mehr anzeigt, können Sie davon ausgehen, dass die Ausführungsphase fehlerfrei durchgeführt werden kann.

Exemptions

Es gibt einige wenige Checks, bei denen Sie ein negatives Prüfergebnis durch Setzen einer *Exemption* dergestalt bestätigen können, dass der Check die Systemkonvertierung nicht blockiert. Es handelt sich um Prüfungen, die wichtige Änderungen in SAP S/4HANA anzeigen, die jedoch keine sofortige Umsetzung noch vor der Systemkonvertierung erfordern. Mit dem Setzen der Exemption bestätigen Sie, dass Sie sich später um den Sachverhalt kümmern werden.

Checks in der Prüfphase des Software Update Managers ausführen

Ausführung der SI-Checks

Wie oben beschrieben, werden die SI-Checks auch bei der technischen Systemkonvertierung im SUM ausgeführt. Dies geschieht einmal am Anfang des SUM-Laufs und ein weiteres Mal kurz vor Beginn der Downtime. Nur wenn die Prüfung zu diesem Zeitpunkt keine negativen Ergebnisse ermittelt, können Sie den SUM-Lauf fortsetzen. Bei negativen Ergebnissen oder auch in dem Fall, dass das SI-Check-Programm im Konvertierungssystem nicht implementiert wurde, muss nachgearbeitet werden. Da der SI-Check vom SUM im Mandanten 000 durchgeführt wird, ist es sinnvoll, den SI-Check in der Vorbereitungsphase im Mandanten 000 auszuführen. Nur damit ist auch sichergestellt, dass beide Läufe gleiche Ergebnisse liefern und die Daten in allen Mandanten bei der Überprüfung berücksichtigt werden. Um zu sehen, welches Ergebnis der SUM für die SI-Checks tatsächlich liefert, sollten Sie den Einsatz des *Prerequisite Check Extended* erwägen, den wir in Abschnitt 7.2.8, »SUM mit dem Prerequisite Check Extended«, erläutern.

[«]

Weiterführende Informationen

Weitere Details zum zentralen Check-Report /SDF/RC_START_CHECK finden Sie auch in den nachfolgenden Blogs:

- *http://s-prs.de/v10578043*
- *http://s-prs.de/v10578044*

7.2.6 Analyse von Eigenentwicklungen

Jeder Kunde hat im Detail anders ablaufende betriebswirtschaftliche Prozesse und das Bedürfnis, sein SAP-ERP-System bestmöglich an diese Prozesse anzupassen. In der Vergangenheit wurden daher häufig kundeneigene Programme erstellt, wenn diese Anforderungen nicht vom SAP-Standard abgebildet werden konnten.

Es muss davon ausgegangen werden, dass die große Mehrheit der SAP-ERP-Systeme zusätzliche eigene Programmlogik enthält. Grundsätzlich bietet SAP ERP dem Kunden unterschiedliche kundeneigene Erweiterungsmöglichkeiten an. Diese reichen von der Nutzung von User- und Customer-Exits über Business Add-ins (BAdIs) bis hin zur Modifikation von SAP-Standardobjekten.

Custom Code Migration Worklist

Die Eigenentwicklungen und verschiedenen Erweiterungsmöglichkeiten haben aber Auswirkungen auf die Releasefähigkeit und den Aufwand bei einem Releasewechsel. Analog zu den betriebswirtschaftlichen Funktionen muss daher beim Umstieg auf SAP S/4HANA überprüft werden, ob die kundenspezifischen ABAP-Entwicklungen noch kompatibel zur Datenstruktur und dem funktionalen Umfang von SAP S/4HANA sind. Hierzu stellt SAP unter dem Begriff *Custom Code Adaptation* eine Reihe von Werkzeugen zur Verfügung, mit denen Sie Ihre Erweiterungen des Standards, Modifikationen des Standards oder Kundeneigenentwicklungen vor der Systemkonvertierung auf ihre Kompatibilität hin überprüfen und auch anpassen können. Die Tools zur Analyse der kundeneigenen Programme sind teilweise die gleichen, die Sie gegebenenfalls bereits im Rahmen der SAP Business Suite verwenden.

Grundsätzliche Überprüfung der Nutzung

Der Umstieg auf SAP S/4HANA sollte aber in jedem Fall auch genutzt werden, um eine grundsätzliche Analyse der kundenspezifischen ABAP-Entwicklungen durchzuführen. So ist es nicht sinnvoll, kundeneigene Programme generell umzustellen, ohne zunächst zu überprüfen, ob diese überhaupt genutzt werden. Und auch wenn sie genutzt werden, sollten Sie prüfen, ob es mit dem Weg nach SAP S/4HANA bereits im Standard passende Funktionalitäten gibt, z. B. im Bereich *Embedded Analytics*. Automatisierte Prüfprogramme und Serviceangebote, wie sie von einigen Beratungsunternehmen im Rahmen der SAP-S/4HANA-Konvertierung angeboten werden, sollten unter diesem Gesichtspunkt kritisch geprüft werden.

Vorgehensweise

Wir empfehlen, bei der Analyse und bei Anpassungen der kundenspezifischen ABAP-Entwicklungen im Rahmen der Konvertierung in folgender Reihenfolge vorzugehen:

1. Grundsätzliche Analysen und Anpassungen von Eigenentwicklungen:
   - Transparenz bei Eigenentwicklungen (ungenutzt/wenig genutzt, Eigenentwicklung im Standard angeboten)
   - Optimierung von Eigenentwicklungen (Rückbau, Nutzung bewährter Methoden, Performanceoptimierungen)
2. Analysen und Anpassungen von Eigenentwicklungen, bezogen auf die Umstellung der Datenbank auf SAP HANA:
   - Anpassen von Eigenentwicklungen, die spezielle Merkmale der Vorgängerdatenbank nutzen
   - Performanceoptimierungen auf der Basis von SAP HANA
3. Analysen und Anpassungen von Eigenentwicklungen, bezogen auf die Umstellung auf SAP S/4HANA:
   - Anpassen von Eigenentwicklungen, die nicht mehr zum Lösungsumfang und zu der Datenstruktur von SAP S/4HANA passen
   - optionale Anpassungen von Eigenentwicklungen im Rahmen von Funktionen, die nicht die Zielarchitektur von SAP S/4HANA darstellen
   - Analyse und Umsetzung möglicher Performanceoptimierungen

Wir werden diese drei Aspekte im Folgenden nacheinander betrachten.

Grundsätzliche Analysen und Anpassungen von Eigenentwicklungen

Nachteile von Eigenentwicklungen

Je nach Optimierungsbedarf wurden in der Vergangenheit von den SAP-Kunden Standardgeschäftsprozesse erweitert, modifiziert oder durch kundeneigene Logik ergänzt. Diese individuelle Optimierung der Geschäftsprozesse kann mit höheren Kosten im Betrieb der SAP-Software verbunden sein. So können Eigenentwicklungen mit Mehraufwand bei Release-Upgrades und beim Einspielen von Support Packages verbunden sein. Grundsätzlich ist die Komplexität eines Systems, in dem viele Eigenentwicklungen vorhanden sind, höher. Im Hinblick auf die Kosten von Eigenentwicklungen ist es daher grundsätzlich sinnvoll, diese einer regelmäßigen Überprüfung zu unterziehen, vor allem wenn man bedenkt, dass 30 % bis 50 % der kundeneigenen Programme nach einigen Jahren überhaupt nicht mehr genutzt werden – so die Erfahrungswerte aus vielen Kundenprojekten.

Transparenz bei Eigenentwicklungen

Sie sollten sich also zunächst einen Überblick über Ihre Eigenentwicklungen verschaffen. Diese grundlegende und fortlaufende Aufgabe sollten Sie beim Übergang nach SAP S/4HANA nicht vergessen. Sie können das *Custom Code Lifecycle Management Toolset* (CCLM) von SAP nutzen, um den Lebenszyklus von kundeneigenen Entwicklungen zu analysieren und zu verwalten. Mithilfe des *Usage Procedure Loggings* (UPL) oder des *ABAP Call Monitors* (Transaktion SCMON) können detaillierte Verwendungsinformationen zu den kundeneigenen Objekten ermittelt werden. Mittlerweile bietet Transaktion SUSG darüber hinaus die Möglichkeit, Verwendungsdaten von Transaktion SCMON zu aggregieren, damit Sie die Verwendung Ihrer Eigenentwicklungen über einen möglichst langen Zeitraum überwachen können.

Optimierung von Eigenentwicklungen

Basierend auf den Analysen zu den kundeneigenen Entwicklungen können Sie nun Optimierungen vornehmen. Mit dem CCLM-Stilllegungs-Cockpit (*Decommissioning Cockpit*) können Sie redundante oder obsolete Eigenentwicklungsobjekte identifizieren und aus dem Kundensystem entfernen. Alternativ können die Verwendungsdaten von Transaktion SUSG in der im Folgenden vorgestellten SAP-Fiori-App **Custom Code Migration** genutzt werden. Außerdem sollten Sie die weiterhin genutzten Eigenentwicklungen daraufhin überprüfen, ob sie den empfohlenen Programmierungs- und Performancerichtlinien (Best Practices) genügen. Des Weiteren sollten Sie analysieren, ob die kundenindividuellen Erweiterungen nicht mittlerweile durch SAP-Standardprozesse abgebildet werden.

Beginn in der Vorbereitungsphase

Diese Optimierungsaufgaben können Sie natürlich bereits vor dem eigentlichen SAP-S/4HANA-Konvertierungsprojekt durchführen. Mit dem Übergang nach SAP S/4HANA sollten Sie sich auch mit den neuen Möglichkeiten für Erweiterungen in SAP S/4HANA vertraut machen, die wir in Abschnitt 3.4, »RISE with SAP«, vorgestellt haben.

[»]

Weiterführende Informationen

- Beiträge zu Erweiterungen und die Möglichkeit zum Austausch finden Sie im Bereich ABAP Development in der SAP Community: *https://pages.community.sap.com/topics/abap*.
- Verwendungsinformationen für das Usage Procedure Logging (UPL) finden Sie hier: *http://s-prs.de/v10578045*.
- Informationen zum Stilllegungs-Cockpit finden Sie hier: *http://s-prs.de/v10578046*.
- Der Custom Code Migration Guide ist in der Hilfe zur On-Premise-Version von SAP S/4HANA verlinkt (*https://help.sap.com/s4hana*).
- Der folgende Blog ist der zentrale Einstieg und gibt eine umfassende Übersicht in die aktuellen Möglichkeiten: *http://s-prs.de/v10578047*.
- Zu den Möglichkeiten der Aggregation von Verwendungsdaten mit Transaktion SUSG gibt der folgende Blog Hinweise: *http://s-prs.de/v10578048*.

Analysen und Anpassungen von Eigenentwicklungen, bezogen auf die Umstellung der Datenbank auf SAP HANA

Native Datenbankfunktionen anpassen

Der Umstieg auf die SAP-HANA-Datenbank und die damit verbundenen Änderungen der Datenbankarchitektur von einer zeilen- hin zu einer spaltenorientierten Datenbank können Auswirkungen auf Eigenentwicklungen haben. Auch wenn ABAP-Code grundsätzlich weiter auf SAP HANA läuft, müssen Eigenentwicklungen, die auf speziellen Merkmalen der Vorgängerdatenbank beruhen, angepasst werden. Hier sind als Beispiele zu nennen:

- **Verwendung von nativen SQL-Anweisungen**

  Native SQL-Anweisungen müssen ersetzt werden.
- **Implizite Sortierung von Ergebnislisten**

  Statt der implizierten Sortierung von Ergebnislisten sollten explizite ORDER-BY-Anweisungen eingefügt werden.
- **Direkter Zugriff auf Pool- und Cluster-Tabellen**

  Code, der von Pool- und Cluster-Tabellen ausgeht, muss angepasst werden, da diese Tabellentypen in SAP S/4HANA nicht mehr existieren.

Performanceoptimierungen

Zusätzlich sollten Möglichkeiten zur Performanceoptimierung analysiert werden, die sich im Rahmen der SAP-HANA-Datenbank ergeben. Hier sind als Beispiele zu nennen:

- **Optimierung von SELECT-Anweisungen**

  Allgemeine SELECT*-FROM-Anweisungen sollten durch SELECT-Anweisungen mit Einschränkung auf die notwendigen Felder ersetzt werden.

- **Code-Pushdown nutzen**

  Es sollte analysiert werden, ob sogenannte Code-Pushdown-Mechanismen genutzt werden können, also die Verlagerung der Datenberechnungslogik in die SAP-HANA-Datenbank. Dies erfolgt durch die Nutzung der CDS-Technologie (Core Data Services) und von SQLScript.

Code Inspector

Damit Sie die Umstellungen identifizieren können, die im Rahmen der Datenbankmigration auf SAP HANA verpflichtend sind bzw. empfohlen werden, werden mit SAP-Hinweis 1935918 zwei Prüfvarianten (FUNCTIONAL_DB und FUNCTIONAL_DB_ADDITION) für den *Code Inspector* ausgeliefert.

Der Code Inspector (den Sie z. B. über Transaktion SCI aufrufen können) ist ein generisches Werkzeug, mit dem Sie Repository-Objekte hinsichtlich verschiedenster statischer Codeaspekte prüfen können. Mit dem *SQL Monitor* (SQLM), der seit SAP NetWeaver 7.40 zur Verfügung steht (siehe SAP-Hinweis 1885926), können Sie darüber hinaus SQL-Anweisungen in den Kundensystemen analysieren.

[o]

Optimierung des kundeneigenen Codes mit den SAP-Standardwerkzeugen

Mit der Analyse Ihrer kundeneigenen Entwicklungen und der Vorbereitung auf die Umstellung können Sie bereits vor dem SAP-S/4HANA-Konvertierungsprojekt beginnen. Die dafür notwendigen Tools sind in SAP NetWeaver vorhanden.

[«]

Weiterführende Informationen

- Zur Anpassung von Eigenentwicklungen beim Übergang nach SAP HANA lesen Sie SAP-Hinweis 1912445. Ein Beispielszenario finden Sie unter folgendem Link: *http://s-prs.de/v10578049*.
- Weitere Informationen zum Code-Pushdown finden Sie hier: *http://s-prs.de/v10578050*.
- Zur Optimierung von ABAP-Anwendungen für SAP HANA können wir Ihnen außerdem das Buch »ABAP-Entwicklung für SAP HANA« von Hermann Gahm, Thorsten Schneider, Eric Westenberger und Christiaan Swanepoel empfehlen (2. Auflage, SAP PRESS 2016).

- Ein etwas aktuellerer Titel ist das englischsprachige Buch »ABAP Development for SAP HANA« von Mohd Mohsin Ahmed und Sumit Dipak Naik (SAP PRESS 2021).
- Weitere Informationen zum Code Inspector finden Sie unter: *http://s-prs.de/v10578051*.

  Außerdem führt Sie das Buch »Besseres ABAP – schnell, sicher, robust« von Robert Arlitt, Thorsten Dunz, Hermann Gahm, Damir Majer und Eric Westenberger in den Umgang mit den Tools zur Codeanalyse ein (SAP PRESS 2015).
- Informationen zur Nutzung des ABAP Call Monitors (Transaktion SCMON) können Sie in nachfolgendem Blog finden: *http://s-prs.de/v10578052*.

Analysen und Anpassungen von Eigenentwicklungen, bezogen auf die Umstellung auf SAP S/4HANA

Analyse des Anpassungsbedarfs

Aufgrund von geänderten Datenstrukturen und aufgrund von funktionalen Vereinfachungen kann sich beim Übergang nach SAP S/4HANA die Notwendigkeit ergeben, bestehende Eigenentwicklungen anzupassen. Entsprechend steht vor der Anpassung der Eigenentwicklungen zunächst die Ermittlung des Anpassungsbedarfs.

Analysetools von SAP

Für die Analyse steht seit 2017 das ABAP Test Cockpit (ATC) zur Verfügung. Als Weiterentwicklung ist im SAP-S/4HANA-System die SAP-Fiori-App **Custom Code Migration** dazugekommen, die mittlerweile, als dritte Option, alternativ auch in SAP BTP ABAP Environment genutzt werden kann. Zunächst erläutern wir die drei Ansätze, bevor wir die Werkzeuge im Einzelnen ausführlicher beschreiben.

Das ATC ist bereits in SAP-ERP-Systemen eines der bekannten Werkzeuge der ABAP Workbench. Um es allerdings speziell für die Anpassungsanalyse zu nutzen, muss es in einem System auf Basis 7.52 oder höher genutzt werden, denn dieses Release ist die Voraussetzung für die speziellen Checks der Custom-Code-Adaptation für die Systemkonvertierung. Da keins der klassischen Systeme der SAP Business Suite auf 7.52 basiert (SAP ERP 6.0 EHP 8 läuft z. B. auf Basis von Version 7.50), wird typischerweise ein separates, *zentrales ATC-System* für die Analyse installiert. Dieses System muss nur für die wenigen Wochen der Custom-Code-Analyse bereitstehen und auch keinen besonderen Performanceanforderungen genügen. Der Zugriff auf die Eigenentwicklungen im SAP-ERP-System erfolgt über *Remote Function Call* (RFC).

Alternativ können Sie die SAP-Fiori-App **Custom Code Migration** nutzen, die mit SAP S/4HANA 1809 und höher zur Verfügung steht. Sie können dafür z. B. das erste konvertierte Sandboxsystem verwenden – eine Option, die natürlich ebenso für das zentrale ATC-System besteht. Auch hier wird per RFC auf die Eigenentwicklungen zugegriffen. Die SAP-Fiori-App bietet im Vergleich zum zentralen ATC-System weitergehende Funktionalitäten wie die Berücksichtigung von Nutzungsstatistiken und die Scope-Definition, wie im Folgenden erläutert.

Um für die Analyse ganz auf ein separates System in Ihrer Landschaft zu verzichten, steht als dritte Option die SAP-Fiori-App **Custom Code Migration** mittlerweile auch in SAP Business Technology Platform zur Verfügung. Bei diesem Ansatz wird der *Cloud Connector* für den Zugriff auf die Eigenentwicklungen genutzt. Abbildung 7.18 zeigt schematisch die drei Möglichkeiten für die Analyse.

7

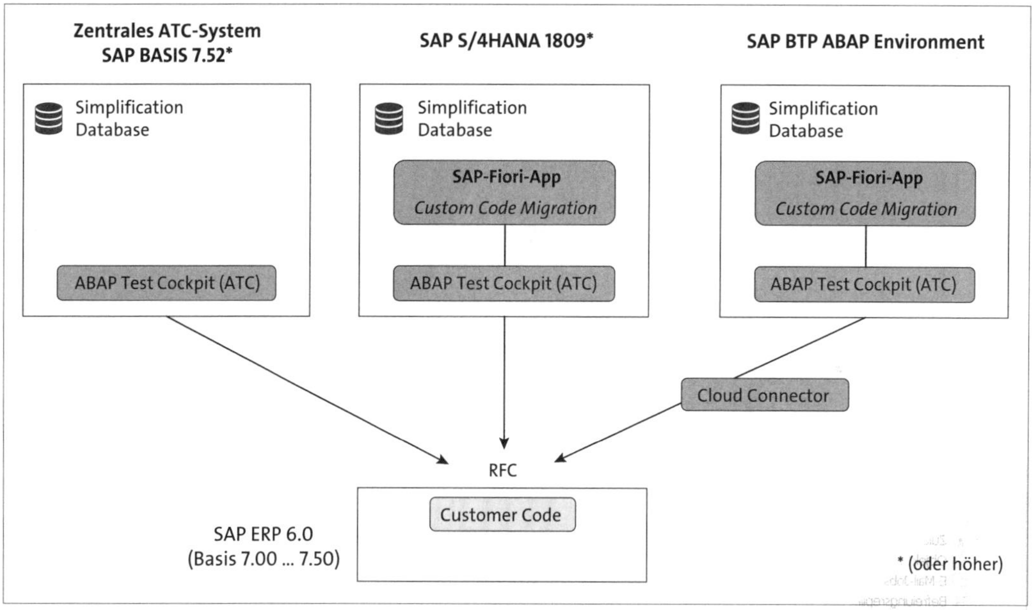

Abbildung 7.18 Custom-Code-Analysetools – Übersicht

Sie müssen in allen drei Analyseansätzen zunächst eine aktuelle Version der Simplification Database als Grundlage für die Prüfungen in das Analysesystem hochladen. In dieser *Simplification Database* sind – programmatisch auswertbar für jedes Simplification Item – die Anpassungen der SAP-ABAP-Entitäten abgelegt, die eine Anpassung Ihrer kundeneigenen Programme nach sich ziehen können (siehe SAP-Hinweis 2241080).

Zentrales ATC-System

Im Falle des zentralen ATC-Systems nutzen Sie die ATC-Variante S4HANA_READINESS_REMOTE, um Ihre kundeneigenen Programme mit Bezug auf die SAP-S/4HANA-Anpassungen zu analysieren. Das Ergebnisbild eines ATC-

Checks zeigt Ihnen dann den potenziellen Anpassungsbedarf an und gibt Ihnen eine Grundlage für Ihre Aufwandsschätzungen.

Die Simplification Database können Sie über Transaktion SYCM auch unabhängig vom ATC aufrufen. Hier können Sie sich für jedes Simplification Item einen Überblick über die Anpassungen verschaffen. Zu jedem Simplification Item der Datenbank gibt es jeweils einen SAP-Hinweis mit Erklärungen und Anpassungsempfehlungen.

Schritt-für-Schritt-Anleitung

Die nachfolgende Anleitung zeigt Ihnen Schritt für Schritt, wie Sie für SAP S/4HANA den spezifischen Bedarf an Anpassungen von Eigenentwicklungen mithilfe des ATC ermitteln können:

1. Setzen Sie das ATC in Ihrer Systemlandschaft auf:
   - Verbinden Sie die relevanten Systeme.
   - Laden Sie die aktuelle Version des Simplification-Database-Contents aus dem SAP Support Portal.
   - Aktualisieren Sie die Simplification Database mit dem aktuellen Content (Transaktion SYCM).
2. Starten Sie einen ATC-Check:
   - Planen Sie einen ATC-Prüflauf (Transaktion ATC) ein. Abbildung 7.19 zeigt die entsprechenden Einstellungen (aufzurufen über die Option **Schedule Runs**) unter der Nutzung der bereitgestellten Prüfvariante (**Check Variant**) `S4HANA_READINESS_REMOTE`.

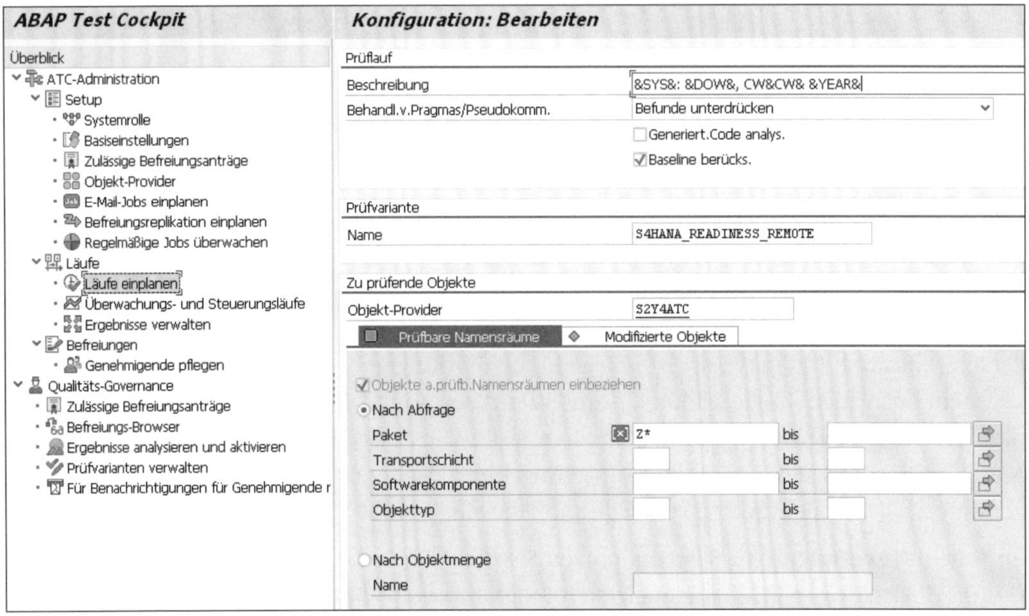

Abbildung 7.19 Aufsetzen eines ATC-Prüflaufs

Wählen Sie die Softwarepakete, in denen Ihre kundeneigenen Programme liegen. Sichern Sie Ihre Variante, und planen Sie den Lauf ein.

3. Analysieren Sie die ATC-Prüfergebnisse:
   - Rufen Sie über die Option **Ergebnisse verwalten** das Ergebnisbild des ATC-Prüflaufs auf. Abbildung 7.20 zeigt ein Beispiel mit relevanten Ergebnissen.

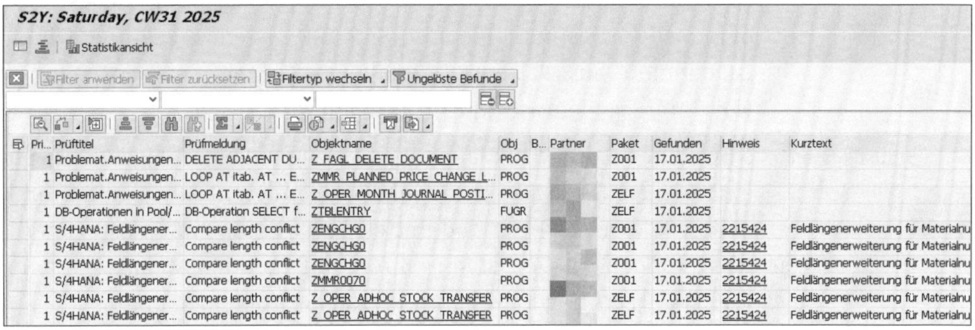

Abbildung 7.20 Ergebnisliste des ATC-Prüflaufs

   - Sie können sich die Ergebnisse des ATC-Prüflaufs in unterschiedlicher Weise darstellen lassen und nach verschiedenen Kriterien filtern (z. B. nach Referenzobjekt oder Simplification-Item-Hinweis).
   - Aus der Ergebnisliste heraus können Sie direkt entweder in den referenzierten Simplification-Item-Hinweis oder gleich in den jeweiligen Quellcode springen.
   - An dieser Stelle soll SAP-Hinweis 1804812 (MB-Transaktionen: eingeschränkte Wartung/Stilllegung) als Ergebnisbeispiel dienen. Inhaltlich geht es bei diesem Simplification Item darum, dass die sogenannten MB-Transaktionen zum Erfassen und Anzeigen von Warenbewegungen (die Transaktionen MB01, MB02, MB03, MB04, MB05, MB0A, MB11 usw.) in SAP S/4HANA nicht mehr unterstützt werden. Zum Erfassen und Anzeigen von Warenbewegungen steht in SAP S/4HANA die Einbildtransaktion MIGO zur Verfügung. Wenn Sie in Ihren eigenen Programmen diese MB-Transaktionen verwenden, wird der ATC-Prüflauf einen entsprechenden Treffer anzeigen und auf SAP-Hinweis 1804812 verweisen. Für die Verwendung von Transaktion MIGO in der SAP Business Suite wurde bereits empfohlen, Eigenentwicklungen anzupassen; mit dem Übergang nach SAP S/4HANA müssen Sie dies nun zwingend tun.

SAP-Fiori-App »Custom Code Migration«, on-premise

Die SAP-Fiori-App **Custom Code Migration** steht in SAP S/4HANA 1809 und höher zur Verfügung. Sie können, wie erwähnt, ein bereits konvertiertes Sandboxsystem nutzen oder auch ein neues SAP-S/4HANA-System installieren. Zunächst wird dieses System als zentrales ATC-Prüfsystem eingerichtet; danach muss die SAP-Fiori-App **Custom Code Migration** konfiguriert werden, was in der Dokumentation beschrieben ist.

Nach der Anmeldung an der SAP-Fiori-App legen Sie ein neues Projekt an, dem die RFC-Destination auf Ihr SAP-ERP-System zugeordnet wird. Damit ist definiert, aus welchem SAP-ERP-Quellsystem der Verwendungsnachweis Ihrer Eigenentwicklungen gezogen wird.

Statistikdaten einbeziehen

Nun sollten Sie Statistikdaten über die Nutzung Ihrer Eigenentwicklungen einbeziehen. Diese Daten können Sie über den ABAP Call Monitor (Transaktion SCMON) anlegen und mittels Transaktion SUSG aggregieren. Alternativ können Sie die Daten in Ihrem SAP-Solution-Manager-System sammeln (SAP Solution Manager 7.2 SP8 ist die Voraussetzung).

[»]

Nutzungsstatistiken über langen Zeitraum erstellen

Um sicherzugehen, dass Sie ein realistisches Abbild der Nutzung Ihrer Eigenentwicklung haben, sollten Sie die Statistiken über mindestens ein Jahr erfassen. Sie wollen z. B. notwendige Reports, die nur zum Jahresabschluss laufen, nicht versehentlich übersehen, nur weil sie nicht in der Statistik berücksichtig wurden.

Scope-Definition

Auf Basis dieser Nutzungsdaten können Sie nun den *Scope* definieren, also diejenigen Objekte identifizieren, die mit der Systemkonvertierung in das SAP-S/4HANA-System übernommen werden sollen. Die Anwendung bietet hier auf Basis der Nutzungsdaten einen Standard-Scope an, der die genutzten Objekte enthält und auch jene, für die keine Statistikdaten vorliegen. Sie sollten den Scope dann manuell anpassen, indem Sie Pakete oder auch einzelne Objekte hinzufügen oder aus dem Scope entfernen. So könnten Sie z. B. eigenentwickelte Analyse-Reports aus dem Scope nehmen, wenn SAP mit SAP S/4HANA vergleichbare Analysefunktionen ausliefert. In Abbildung 7.21 sehen Sie, dass das Scoping in der SAP-Fiori-App **Custom Code Migration** auch grafisch dargestellt wird.

Abbildung 7.21 Darstellung des Scopings in der SAP-Fiori-App

Löschtransport für obsolete Objekte

Schließlich können Sie in der Anwendung auf der Grundlage der Scope-Definition einen Transportauftrag anlegen, der die zu löschenden Objekte enthält, die nicht im Scope sind. Diesen Auftrag geben Sie später dem SUM für die technische Konvertierung mit, der die Objekte dann löscht.

Nachdem Sie das Projekt angelegt haben, starten Sie in der Anwendung einen Custom Code Check. Neben der tabellarischen Darstellung der Ergebnisse, die ähnlich den bereits erläuterten Ergebnissen des zentralen ATC-Systems sind, bietet die Anwendung eine Vielzahl von Filtermöglichkeiten, die auch grafisch ansprechend dargestellt sind (siehe Abbildung 7.22):

- Filtern nach der Priorität zur Darstellung wichtiger Ergebnisse
- Filtern nach der Scope-Definition
- Filtern nach Paketnamen
- Filtern nach Simplification-Item-Bereichen
- Filtern nach der Verfügbarkeit von *Quick Fixes*

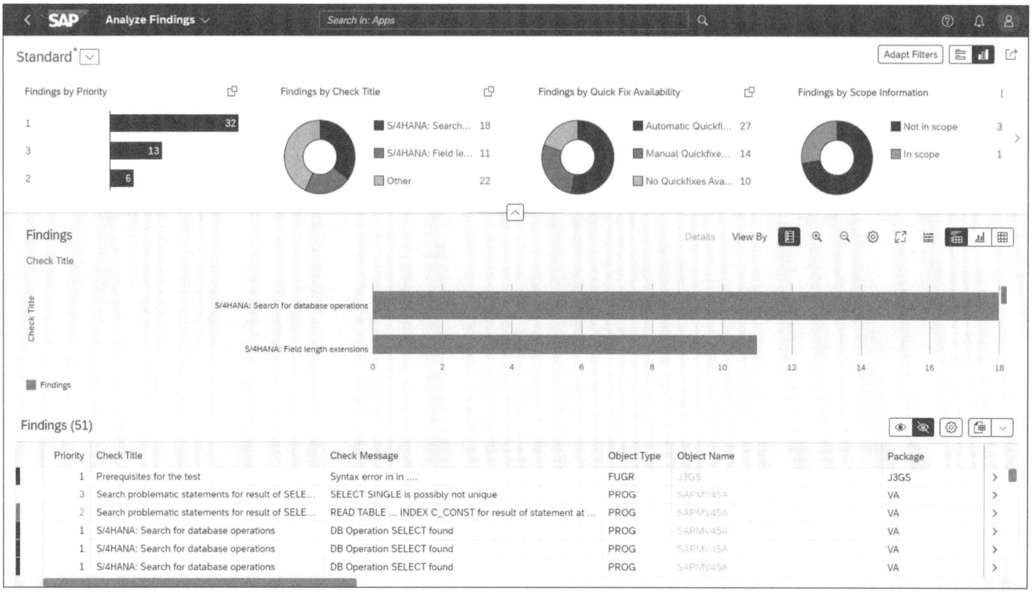

Abbildung 7.22 Analyseergebnisse und Filtermöglichkeiten in der SAP-Fiori-App »Custom Code Migration«

SAP-Fiori-App »Custom Code Migration« in SAP BTP ABAP Environment

Wenn Sie stattdessen die SAP-Fiori-App **Custom Code Migration** in SAP BTP ABAP Environment nutzen, benötigen Sie keine Installation und kein separates System in Ihrer Landschaft. Die SAP-Fiori-App wird dabei über den Cloud Connector mit Ihrem SAP-ERP-System verbunden. Sie profitieren dabei von den quartalsmäßigen Updates und Verbesserungen, nutzen also jeweils die aktuelle Version. In der allgemeinen Nutzung ist die Anwendung in SAP Business Technology Platform vergleichbar mit jener in einem SAP-S/4HANA-On-Premise-System, die wir zuvor erläutert haben.

[»]

Vereinfachte Konfiguration mit einem Cloud-Integration-Automation-Workflow

Die Einrichtung der SAP-Fiori-App **Custom Code Migration** kann vereinfacht werden, wenn Sie dafür einen Workflow nutzen, der von SAP im Rahmen des Service *Cloud Integration Automation* zur Verfügung gestellt wird. Dieser beinhaltet Automatisierungsschritte, rollenbasierte Aufgabenzuordnungen und eine Mitschrift der erledigten Aktivitäten.

Allgemeine Informationen zu Cloud Integration Automation finden Sie in der Dokumentation unter *https://help.sap.com/docs/cloud-integration-automation*.

Der Workflow zur Konfiguration der SAP-Fiori-App **Custom Code Migration** ist im SAP Discovery Center beschrieben unter *http://s-prs.de/v10578053*.

Anpassungsempfehlungen

Unabhängig davon, welchen Ansatz zur Analyse Sie genutzt haben, wird Ihnen zu jedem Objekt in der Ergebnisliste des Prüflaufs jeweils ein SAP-Hinweis bereitgestellt, der im Detail erläutert, welche Anpassungen durchgeführt werden müssen. Im Folgenden sind eine Reihe von Anpassungen aufgeführt, die in vielen Konvertierungsprojekten aufkommen:

- Anpassungen, die sich aus der Verlängerung der Materialnummer auf 40 Stellen ergeben:
  - SAP-Hinweis 2215424 (Feldlängenerweiterung für Materialnummer – allgemeine Informationen)
  - SAP-Hinweis 2215852 (Feldlängenerweiterung für Materialnummer – Quelltextanpassungen)
- Anpassungen, die sich aus den Datenmodelländerungen im Bereich Vertrieb (Sales and Distribution, SD) ergeben:
  - SAP-Hinweis 2198647 (SAP S/4HANA – Änderung des Datenmodells in Sales and Distribution)
- Anpassungen, die sich aus den Datenmodelländerungen im Bereich der Bestandsführung ergeben:
  - SAP-Hinweis 2206980 (Materialbestandsführung: Änderung des Datenmodells in SAP S/4HANA)

Gesamtliste der geänderten SAP-Objekte

Die Gesamtliste der geänderten SAP-Objekte im Rahmen von SAP S/4HANA können Sie ebenfalls über Transaktion SYCM einsehen. Voraussetzung ist, dass Sie die ZIP-Datei mit den Inhalten der Vereinfachungsdatenbank importiert haben. Pro SAP-Objekt wird die Art der Änderung mit dem korrespondierenden Anpassungshinweis aufgeführt (Handelt es sich um eine Änderung der Funktion oder der Datenstruktur, oder ist die Funktion nicht verfügbar?).

Notwendige Änderungen durchführen

Je nach Änderungskategorie fällt die notwendige Anpassung unterschiedlich aus. Bei Kundenobjekten, die sich auf Funktionen beziehen, die in SAP S/4HANA nicht mehr verfügbar sind, können Sie im Regelfall davon ausgehen, dass damit auch die konkrete Eigenentwicklung obsolet wird. In diesem Fall müssen Sie im Konvertierungsprojekt untersuchen, ob der individuelle Geschäftsprozess mit der angebotenen Nachfolgefunktion abgedeckt ist, und sich gegebenenfalls über alternative Geschäftsprozesserweiterungen Gedanken machen. Bei Änderungen von Datenstrukturen (z. B. bei der Verlängerung der Materialnummer auf 40 Stellen) müssen Sie den kundeneigenen Code gemäß den Vorgaben in den SAP-Hinweisen anpassen. Die meisten Anpassungen können erst nach der Systemkonvertierung des Entwicklungssystems vorgenommen werden. Die Erläuterung der von SAP angebotenen Anpassungswerkzeuge wird deshalb als Aktivität nach der

Systemkonvertierung in Abschnitt 8.2.3, »Eigenentwicklungen anpassen«, vorgestellt.

[»]

Analyse des kundeneigenen Codes, bezogen auf die SAP-S/4HANA-Anpassungen

- Der nachfolgend genannte Blogartikel zeigt Ihnen detailliert, wie Sie das ATC aufsetzen und nutzen können:
  http://s-prs.de/v10578054
- SAP-Hinweis 2436688 enthält weitere Informationen zum ATC im Rahmen der SAP-S/4HANA-Systemkonvertierung.
- Der aktuelle Content der Simplification Database ist im SAP Support Portal verfügbar. Wie und wo dieser Content heruntergeladen werden kann, erfahren Sie in SAP-Hinweis 2241080.
- Ferner zeigt Ihnen ein Video die Analyse Ihrer Eigenentwicklungen mittels ATC. Sie finden es unter *http://s-prs.de/v10578055.* Darin wird auch an mehreren Beispielen erläutert, wie Sie Ihre Programme konkret anpassen müssen.

Verteilung der Anpassungsaufgaben im Systemverbund

SAP-ERP-Systemverbund

Im Folgenden listen wir die einzelnen Anpassungsaufgaben im SAP-ERP- und im SAP-S/4HANA-Systemverbund auf. Die Aktivitäten in Tabelle 7.1 können bereits als vorbereitende Maßnahmen im SAP-ERP-Systemverbund ausgeführt werden.

Systemrolle	Aktivität
PRD	Aktivieren von Analysetools wie SQL Monitor (SQLM), Usage Procedure Logging (UPL) bzw. SCMON und Workload Monitor (ST03)
DEV	Analyse der Eigenentwicklungen, bezogen auf die drei Anpassungskategorien: ■ grundsätzliche Analyse ■ Analysen, bezogen auf die SAP-HANA-Datenbank ■ Analysen, bezogen auf SAP S/4HANA Umsetzung der Anpassungen, die bereits im SAP-ERP-Systemverbund gemacht werden können: ■ Löschen von obsoleten Eigenentwicklungen (z. B. mit dem Stilllegungs-Cockpit oder mit dem Löschtransport aus dem Scoping)

Tabelle 7.1 Vorbereitende Maßnahmen im SAP-ERP-Systemverbund

Systemrolle	Aktivität
DEV (Forts.)	■ Anpassungen, bezogen auf die SAP-HANA-Datenbank (basierend auf Code-Inspector-Prüfungen in Transaktion SCI) ■ Anpassungen, bezogen auf SAP S/4HANA (basierend auf den Prüfungen im ATC)

Tabelle 7.1 Vorbereitende Maßnahmen im SAP-ERP-Systemverbund (Forts.)

SAP-S/4HANA-Systemverbund

Die Aktivitäten aus Tabelle 7.2 würden dann im SAP-S/4HANA-Systemverbund ausgeführt.

Systemrolle	Aktivität		
	Vor der Konvertierung	Während der Konvertierung	Nach der Konvertierung
DEV-System	(Fortsetzung der) Analyse der Eigenentwicklungen, bezogen auf die drei Anpassungskategorien: ■ grundsätzliche Analyse und Transparenz ■ Analysen, bezogen auf die SAP-HANA-Datenbank ■ Analysen, bezogen auf SAP S/4HANA	■ Anpassungen von modifizierten ABAP-Dictionary-Objekten (in Transaktion SPDD) ■ Eigenentwicklungen an geänderte SAP-S/4HANA-Datenstrukturen anpassen	■ Anpassung von modifizierten Nicht-ABAP-Dictionary-Objekten (in Transaktion SPAU) ■ (Fortsetzung der) Anpassung von Eigenentwicklungen an geänderte SAP-S/4HANA-Datenstrukturen
Q-System		■ Transportaufträge mit den Anpassungen in den Transaktionen SPDD und SPAU einspielen ■ Transportaufträge mit den SAP-HANA- bzw. SAP-S/4HANA-Anpassungen einspielen	funktionale Tests und Performancetests
PRD-System		■ Transportaufträge mit den Anpassungen in den Transaktionen SPDD und SPAU einspielen ■ Transportaufträge mit den SAP-HANA- und SAP-S/4HANA-Anpassungen einspielen	

Tabelle 7.2 Aktivitäten im SAP-S/4HANA-Systemverbund

[»]

Buch zu Custom Code Migration

Bei SAP PRESS ist im Herbst 2020 ein eigenes Buch zu dem Thema erschienen: »Custom-Code-Migration nach SAP S/4HANA – Kundeneigene ABAP-Programme analysieren und anpassen« (siehe *http://sap-press.de/5105*).

7.2.7 Datenbank-Sizing für SAP S/4HANA

Beim Umstieg auf SAP S/4HANA erfolgt auch der Umstieg auf die SAP-HANA-Datenbank für die Kunden, die ihr SAP-ERP-System noch nicht mit SAP HANA betreiben. Die Beschaffung der entsprechenden Hardware und das richtige Sizing des Datenbankservers sind im Vorfeld des Umstiegs auf das SAP-S/4HANA-System einzuplanen.

Quick Sizer

Für das Sizing der SAP-HANA-Datenbank stehen grundsätzlich verschiedene Optionen zur Verfügung. Eine Option ist der *Quick Sizer*, ein webbasiertes Tool, das auf das Sizing eines neu implementierten SAP-HANA-basierten Systems zugeschnitten ist. Informationen zum Quick Sizer finden Sie unter *http://service.sap.com/quicksizer*.

Sizing-Report

Die für die Systemkonvertierung passendste Option ist der mit SAP-Hinweis 1872170 ausgelieferte ABAP-Sizing-Report /SDF/HDB_SIZING. Wird dieser Sizing-Report auf dem SAP-ERP-Quellsystem ausgeführt, analysiert er die aktuelle Datenbasis und gibt, darauf basierend, einen Ergebnisbericht aus, der über die Anforderungen an die SAP-HANA-Datenbank informiert. Sie sollten über den Report hinaus mit dem Quick Sizer ein zusätzliches Sizing durchführen, um zusätzliche Anforderungen für Innovationen im Bereich SAP Fiori und Embedded Analytics abdecken zu können.

Sizing im SAP Readiness Check for SAP S/4HANA

Beachten Sie, dass der SAP Readiness Check for SAP S/4HANA bereits Tipps für das Sizing enthält. Darüber hinaus können Sie dort auch u. a. eine Simulation des Datenbankwachstums ausführen. Außerdem sollten Sie im Projekt die Möglichkeiten nutzen, durch Datenarchivierung die Datenbankgröße zu reduzieren, nicht zuletzt weil Sie dadurch auch die Ausfallzeit der technischen Konvertierung verringern.

[»]

Weitere Informationen zum Sizing

Grundsätzliche Informationen zum Thema Sizing für SAP HANA finden Sie unter *https://service.sap.com/sizing*.

Lesen Sie zum Sizing-Report /SDF/HDB_SIZING auch den SAP-Hinweis 2303847. Hier finden Sie auch Richtlinien und FAQs.

7.2.8 SUM mit dem Prerequisite Check Extended

Sie nutzen den SUM, wie zuvor erläutert, in der Ausführungsphase des Projekts, um die technische Systemkonvertierung durchzuführen.

Überblick über blockierende Fehler

Darüber hinaus können Sie den SUM mit dem *Prerequisite Check Extended* verwenden, um bereits in der Vorbereitungsphase in einer Art Testlauf zu prüfen, welche der für die Systemkonvertierung relevanten Checks auf Fehler laufen. Der Vorteil gegenüber der Ausführungsphase des SUM ist insbesondere, dass ein auftretender Fehler nicht direkt behoben werden muss, bevor der Prüflauf fortgesetzt werden kann. Dadurch können Sie bestimmte Fehler ignorieren und erhalten als Ergebnis eine Art Aufgabenliste. An dieser Liste können die zuständigen Projektmitarbeitenden anschließend parallel arbeiten, bevor Sie in der Ausführungsphase den eigentlichen Konvertierungslauf starten. Im Konvertierungslauf sollten diese Fehler dann nicht mehr auftreten.

Nur Prüflauf

Sie können in diesem Modus nicht den gesamten Konvertierungslauf ausführen, selbst wenn keine Fehler auftreten. Der Prüflauf endet vor dem Dialog zur Downtime, und der SUM führt einen Reset zum Startpunkt aus. Als Ergebnis sehen Sie insbesondere

- noch nicht unterstützte Add-ons,
- zu niedrige Datenbank- bzw. Betriebssystemversionen,
- Inkonsistenzen in Kunden-Softwarekomponenten und ABAP-Repository-Objekten (TADIR-Check),
- offene Simplification Item Checks,
- offene Transporte und inaktive Objekte sowie
- offene SPDD-Aktivitäten.

[«]

Prerequisite Check bisher

Der SUM bot auch schon zuvor einen *Prerequisite Check* an, der auch weiterhin möglich ist. Dieser Check prüft nur, ob die Datenbank- bzw. Betriebssystemversion ausreicht. Da er schneller läuft als der neue Check, wird er gleichwohl weiter angeboten.

Auswahl des Prerequisite Check Extended

Die Wahl des Prerequisite Check Extended treffen Sie auf dem zweiten SUM-Dialog, nachdem Sie auf dem ersten Dialog die Stack-XML vom Maintenance Planner zugewiesen haben. Abbildung 7.23 zeigt, dass der SUM-Dialog sowohl den bisherigen Prerequisite Check als auch den Prerequisite Check Extended anbietet.

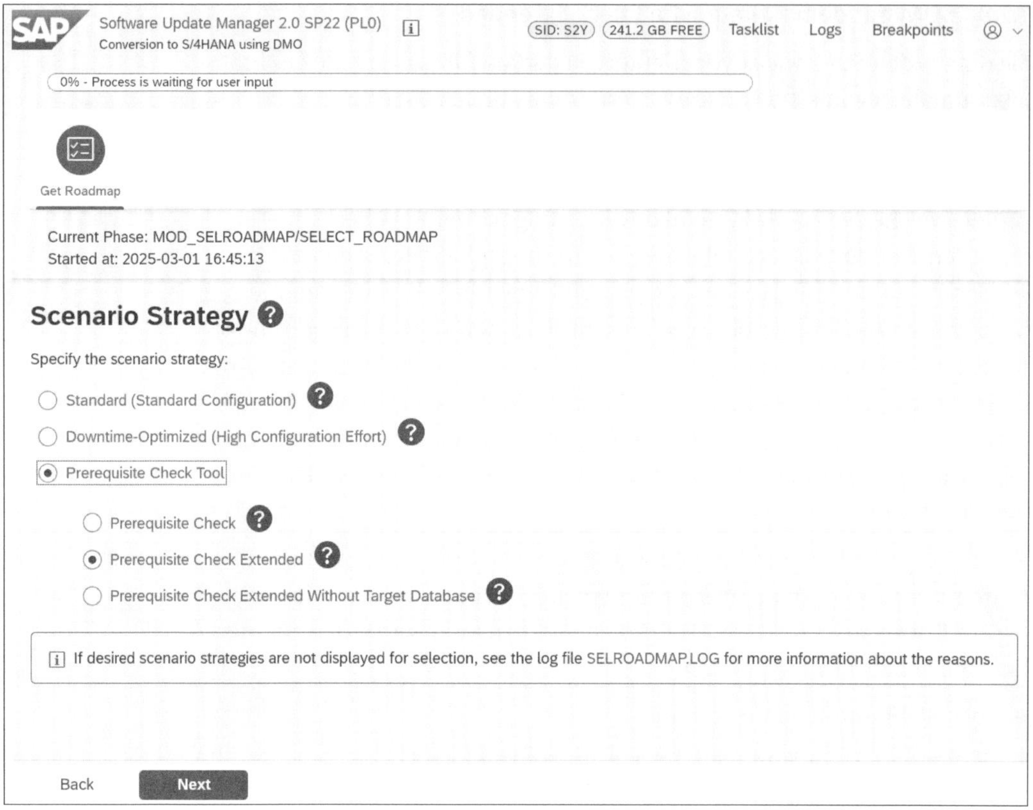

Abbildung 7.23 Auswahl des Prerequisite Check Extended im SUM User Interface

Prüflauf selbst bei blockierenden Add-ons möglich

In der Liste haben wir behauptet, es würden auch Add-ons angezeigt, die noch nicht für das SAP-S/4HANA-Release unterstützt sind. Müsste dann nicht der Maintenance Planner die Bereitstellung der Stack-XML-Datei verweigern? Nun, genau genommen, verweigert der Maintenance Planner dies nur für Add-ons von SAP, deren Status er kennt (und für entsprechend bekannte Add-ons von Partnern) – und selbst für diese Kategorie kann der Maintenance Planner mittlerweile eine spezielle Prüf-Stack-XML bereitstellen, also auch wenn eins dieser Add-ons noch nicht in der notwendigen Version vorliegt. Diese Datei ermöglicht es Ihnen, den Prerequisite Check Extended im SUM auszuführen; gleichwohl ist die Ausführung der gesamten technischen Konvertierung damit nicht möglich.

Keine Simulation

Beachten Sie, dass es sich beim Prerequisite Check Extended nicht um einen Simulationslauf handelt; es werden im System alle Schritte der Uptime-Phasen ausgeführt. Der Check erzeugt aber keine nennenswerte Last auf dem System. Auch können Sie nicht alle potenziell auftretenden Fehler ignorieren.

Falls Ihr Quellsystem noch nicht auf der SAP-HANA-Datenbank läuft, benötigen Sie auch für den Check eine SAP-HANA-Zieldatenbank. Die Option **Prerequisite Check Extended without Target Database** erlaubt es Ihnen gleichwohl, den Check schon auszuführen, auch wenn die SAP-HANA-Zieldatenbank noch nicht zur Verfügung stehen sollte. Naturgemäß kann der SUM dann allerdings nicht alle Prüfungen durchführen. Mittlerweile ist der Check auch für SAP-S/4HANA-Updates nutzbar. Weitere Informationen finden Sie im SUM Conversion Guide, der unter *http://support.sap.com/sltoolset* im Bereich **System Maintenance** gelistet ist.

Check auch ohne SAP-HANA-Datenbank möglich

7.2.9 SAP Readiness Check for SAP S/4HANA

Wir hatten den *SAP Readiness Check for SAP S/4HANA* schon in Abschnitt 7.1, »Das Systemkonvertierungsprojekt im Überblick«, erwähnt. Nachdem wir die Vielzahl der zu prüfenden Aspekte und die entsprechenden Werkzeuge erläutert haben, ist es jetzt Zeit, den SAP Readiness Check for SAP S/4HANA als wertvolle Ergänzung genauer vorzustellen. Dies gibt uns auch die Möglichkeit, die Checks untereinander abzugrenzen. Seit der ursprünglichen Einführung des Checks wird er kontinuierlich weiterentwickelt und mit Aktualisierungen und neuen Funktionalitäten versorgt. Wir bezeichnen den Check im Rahmen dieses Buchs kurz als *SAP Readiness Check*.

SAP Readiness Check frühzeitig nutzen

Generell empfiehlt SAP, den SAP Readiness Check bereits sehr frühzeitig einzusetzen, vielleicht sogar bevor die Entscheidung für den passenden Transition-Ansatz gefallen ist. Für die Ausführung des SAP Readiness Checks ist keine Lizenz für SAP S/4HANA erforderlich, und es fallen auch keine anderen separaten Lizenzen oder Kosten an. Der SAP Readiness Check gibt viele wichtige Hinweise für die Projektplanung und insbesondere für potenzielle Vorprojekte. So ein Vorprojekt könnte z. B. die Unicode-Konvertierung sein, denn Sie können den SAP Readiness Check sogar auf einem Nicht-Unicode-System ausführen. Später können Sie den SAP Readiness Check erneut ausführen oder auch das Prüfergebnis aktualisieren, um den Fortschritt zu dokumentieren.

SAP Readiness Check einrichten

Zur Nutzung des SAP Readiness Checks müssen Sie zunächst Ihr SAP-ERP-System vorbereiten, damit dort Prüf-Reports laufen können. Danach laden Sie die Ausgabe dieser Reports auf die eigentliche SAP-Readiness-Check-Webseite hoch und erhalten dann dort die Darstellung des Ergebnisses. Das Verfahren ist ausführlich im entsprechenden SAP-Hinweis 2913617 erläutert; dort ist auch die URL der Webseite gelistet. Auf dieser Eingangsseite findet sich auch eine Erläuterung des Ansatzes. In Ihrem Entwicklungssystem implementieren Sie die in SAP-Hinweis 2913617 genannten SAP-

Hinweise, die die Prüf-Reports enthalten. Nach dem Transport ins produktive System lassen Sie dort die Prüf-Reports laufen, denn dies ist ja das relevante System für alle Prüfungen des Customizings und der Daten.

Darstellung der Ergebnisse

Das sogenannte *Dashboard* des SAP Readiness Checks stellt die Ergebnisse der Prüfungen in der für SAP Fiori üblichen Kachelform dar. Abbildung 7.24 zeigt an einem Beispielkunden das Ergebnisbild eines SAP Readiness Checks. Sie sehen je Bereich eine Übersicht und können durch die Auswahl der Kachelüberschrift in die Details verzweigen.

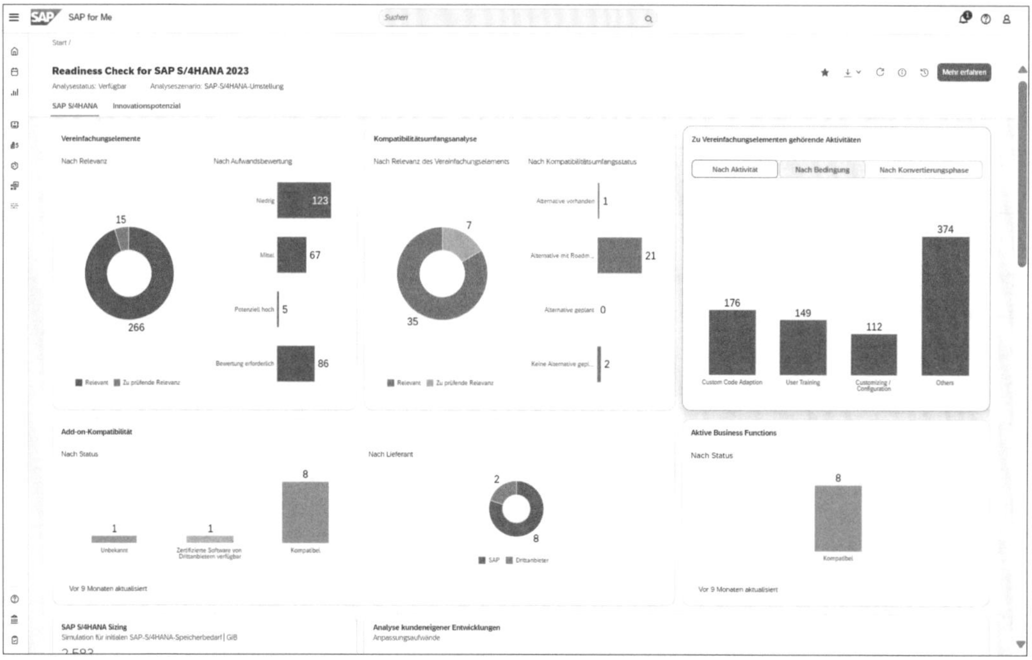

Abbildung 7.24 SAP Readiness Check for SAP S/4HANA

Abdeckung anderer Check-Werkzeuge

Wie bereits in Abschnitt 7.1, »Das Systemkonvertierungsprojekt im Überblick«, erwähnt, deckt der SAP Readiness Check eine Reihe von anderen Checks mit ab. Generell versucht SAP, die Prüfungen im SAP Readiness Check so umfassend wie möglich zu gestalten und insbesondere die Detailtiefe der einzelnen Checks zu erreichen. Bei der Prüfung der Add-ons und der Business Functions nutzt der SAP Readiness Check die Check-Funktion des Maintenance Planners, hier sind die Prüfungen also identisch. Genauso sieht es bei den Simplification Item Checks aus, hier bietet der SAP Readiness Check sogar zusätzliche Filter- und sogar Kommentarfunktionen.

Trotzdem sind die einzelnen Checks nicht obsolet: Ohne die Add-on-Prüfung des Maintenance Planners wird Ihnen dieses Werkzeug keine Softwarearchive und keine Stack-XML bereitstellen. Ebenso können Sie Exemptions nur in den SI-Checks in Ihrem SAP-ERP-System setzen – dies ist im SAP Readiness Check nicht möglich. Und auch den Transportauftrag für den SUM, um ungenutzte Eigenentwicklungen aus dem System zu löschen, können Sie nur in der SAP-Fiori-App **Custom Code Migration** erzeugen.

Darüber hinaus bietet der SAP Readiness Check eine Reihe von weiteren Prüfungen, z. B. auf Schnittstellen. Er listet passende SAP-Fiori-Apps auf, und die Liste der Prüfungen wird ständig erweitert.

SAP Readiness Check versus SUM Prerequisite Check Extended

Den SAP Readiness Check führen Sie idealerweise sehr früh aus, vielleicht bereits vor Projektstart. Den Prerequisite Check Extended des SUM werden Sie hingegen erst relativ kurz vor der ersten Sandbox-Konvertierung starten. Es gibt eine gewisse Überlappung der Prüfungen, die beide Werkzeuge ausführen; dies sind insbesondere die SI-Checks. Der SUM Prerequisite Check Extended kann darüber hinaus Prüfungen direkt im System ausführen, auf die der SAP Readiness Check keinen Zugriff hat, z. B auf inaktive Objekte sowie Inkonsistenzen in Kunden-Softwarekomponenten und ABAP-Repository-Objekten. Wir empfehlen also die Ausführung beider Checks zum jeweils passenden Zeitpunkt.

[«]

Weiterführende Informationen

Weitere Informationen zum SAP Readiness Check for SAP S/4HANA finden Sie hier:

- *https://help.sap.com/docs/SAP_READINESS_CHECK*
- *http://s-prs.de/v10578056*
- *http://www.sap.com/readinesscheck*

Kapitel 8
Ausführung der Systemkonvertierung

Nach einer sorgfältigen Prüfung und Vorbereitung des SAP-ERP-Quellsystems wollen Sie nun die technische Konvertierung starten. Dieses Kapitel erläutert die wesentlichen Aspekte, gibt Hinweise zur Reduzierung der Ausfallzeit und listet nachgelagerte Aktivitäten auf.

Nachdem Sie Ihr SAP-ERP-System mit den in Kapitel 7, »Vorbereitung der Systemkonvertierung«, beschriebenen Werkzeugen und Verfahren auf die technische Systemkonvertierung vorbereitet haben, können Sie jetzt zur Ausführung der Konvertierung schreiten. Dazu gehören neben der Nutzung des Software Update Managers (SUM) weitere Aktivitäten, die zum Teil noch in die Downtime fallen und die zum Teil auch nachgelagert stattfinden.

In Abschnitt 8.1, »Den Software Update Manager verwenden«, erläutern wir Ihnen zunächst die Verwendung des SUM. Abschnitt 8.2, »Aktivitäten nach dem SUM«, beschäftigt sich mit den Aktivitäten, die Sie nach dem SUM ausführen müssen, und in Abschnitt 8.3, »Abschätzung und Reduzierung der Downtime«, erfahren Sie, wie Sie die Dauer Ihrer Downtime abschätzen und im Idealfall verkürzen können. Abschnitt 8.4, »Konvertierungsziel Hyperscaler«, widmet sich dem Spezialfall einer kombinierten Systemkonvertierung mit Wechsel zu einem Hyperscaler, mit besonderer Betrachtung von SAP S/4HANA Cloud Private Edition im Rahmen von RISE with SAP. Abschließend erhalten Sie Abschnitt 8.5, »Erkenntnisse aus bisherigen Kundenprojekten«, einen Überblick über Kundenerfahrungen in bisherigen Projekten.

8.1 Den Software Update Manager verwenden

Die technischen Schritte zur Konvertierung eines Systems werden durch den SUM ausgeführt, der Basisadministratoren seit 2011 bekannt ist. Er ist darauf ausgelegt, die Ausfallzeiten (Downtime) beim Einspielen von Software zu reduzieren. Die Schritte, die im Rahmen des SUM ausgeführt werden, unterscheiden sich bei einer SAP-S/4HANA-Systemkonvertierung nicht grundsätzlich von den Schritten, die z. B. bei einem Upgrade der SAP Business Suite im SUM durchgeführt werden. Daher liegt in diesem Abschnitt der Fokus auf den Schritten, die für SAP S/4HANA spezifisch bzw. in diesem Kontext neu sind.

Drei Kernaufgaben des SUM

Grundsätzlich führt der SUM drei Kernaufgaben in verschiedenen Phasen der Systemkonvertierung aus:

1. **Konvertierung der Software zu SAP S/4HANA**

   Auf dem zugrunde liegenden SAP-ERP-Quellsystem wird die neue SAP-S/4HANA-Software eingespielt. So wird z. B. in diesem Schritt die Softwarekomponente SAP_APPL durch die SAP-S/4HANA-Basiskomponente S4CORE abgelöst.

2. **Migration auf die SAP-HANA-Datenbank**

   Wenn das SAP-ERP-System noch auf einer anderen Datenbank basiert, migriert der SUM die Datenbank nach SAP HANA. In diesem Fall wird die sogenannte *Database Migration Option* (DMO) des SUM genutzt.

3. **Konvertierung der Anwendungsdaten zur neuen Datenstruktur von SAP S/4HANA**

   Da sich in SAP S/4HANA an bestimmten Stellen Datenstrukturen ändern (z. B. Datenstrukturänderungen im Rahmen der Bestandsführung – Tabelle MATDOC), erfolgt eine Umsetzung der Anwendungsdaten von der alten in die neue Datenstruktur.

Wie Sie sehen werden, führt der SUM dabei nicht alle notwendigen Umsetzungen in die neue Datenstruktur durch; einige sind manuell nach dem SUM auszuführen. In Abschnitt 8.2.1, »Konvertieren des Rechnungswesens«, erläutern wir dies genauer.

In-Place-Verfahren

Falls das Quellsystem noch nicht auf der SAP-HANA-Datenbank basiert, wird im Rahmen der Konvertierung während der Datenbankmigration der Datenbankhost gewechselt. Auf der Ebene der Anwendungsserver (Application Server bzw. Instanzen) gibt es im Standardfall keine Hoständerung; daher wird die Konvertierung auch als *In-Place-Verfahren* bezeichnet. Die Besonderheiten und technischen Möglichkeiten bei einer Notwendigkeit, auch die Application Server Hosts zu wechseln oder für den Übergang zum Hyperscaler, diskutieren wir in Abschnitt 8.4, »Konvertierungsziel Hyperscaler«, genauer.

Abbildung 8.1 zeigt die wesentlichen Schritte des SUM im Überblick.

Vorarbeiten für den SUM

Die folgenden Schritte müssen vor dem Starten des SUM ausgeführt worden sein:

- die Nutzung des Maintenance Planners zur Bereitstellung der Stack-XML und der erforderlichen Softwarearchive
- die erfolgreiche Lösung aller offenen Simplification Item Checks

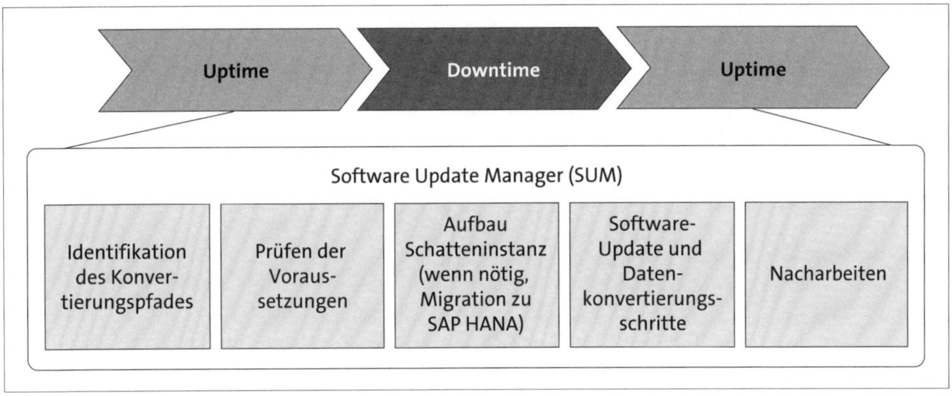

Abbildung 8.1 Schritte der Systemkonvertierung im SUM

Da Sie auf dem ersten SUM-Dialog den Ort der Stack-XML angeben müssen, können Sie den SUM ohne erfolgreiche Planung im Maintenance Planner nicht für eine Konvertierung starten. Falls noch SI-Checks offen sind, können Sie den SUM zwar starten, spätestens vor Beginn der Downtime wird er jedoch mit entsprechenden Fehlern stehen bleiben. So wird z. B. verifiziert, ob die Debitoren-/Kreditorenintegration des Geschäftspartners aktiviert ist. Wäre dies nicht der Fall, würde die SUM-Prozedur gestoppt, da dies eine Voraussetzung für den Folgeschritt ist, die Umsetzung von Anwendungsdaten von der alten in die neue Datenstruktur.

Der SAP Readiness Check for SAP S/4HANA ist keine Voraussetzung

Beachten Sie, dass Sie vor dem Starten des SUM nicht notwendigerweise den SAP Readiness Check for SAP S/4HANA (im Folgenden kurz SAP Readiness Check genannt) ausgeführt haben müssen, auch wenn es dringend empfohlen ist. Der SUM prüft nicht, ob der SAP Readiness Check erfolgt ist. Allerdings ist dieser eine Art Rahmenwerk für viele Checks, die Sie im Einzelnen bereits abgearbeitet haben müssen, z. B. die SI-Checks (siehe Abschnitt 7.2.5, »Simplification Item Checks (SI-Checks)«).

Basierend auf der Stack-XML mit den Wartungsinformationen, wird der gewählte SAP-S/4HANA-Konvertierungspfad identifiziert. Abbildung 8.2 zeigt den SUM-Einstiegsdialog, auf dem Sie den Ablageort der Stack-XML eingeben.

Im ersten SUM-Ausführungsschritt werden die Voraussetzungen für die SAP-S/4HANA-Systemkonvertierung überprüft. Neben den technischen Versionsprüfungen für das Betriebssystem und die Datenbankversion erfolgen auch Prüfungen der betriebswirtschaftlichen Voraussetzungen.

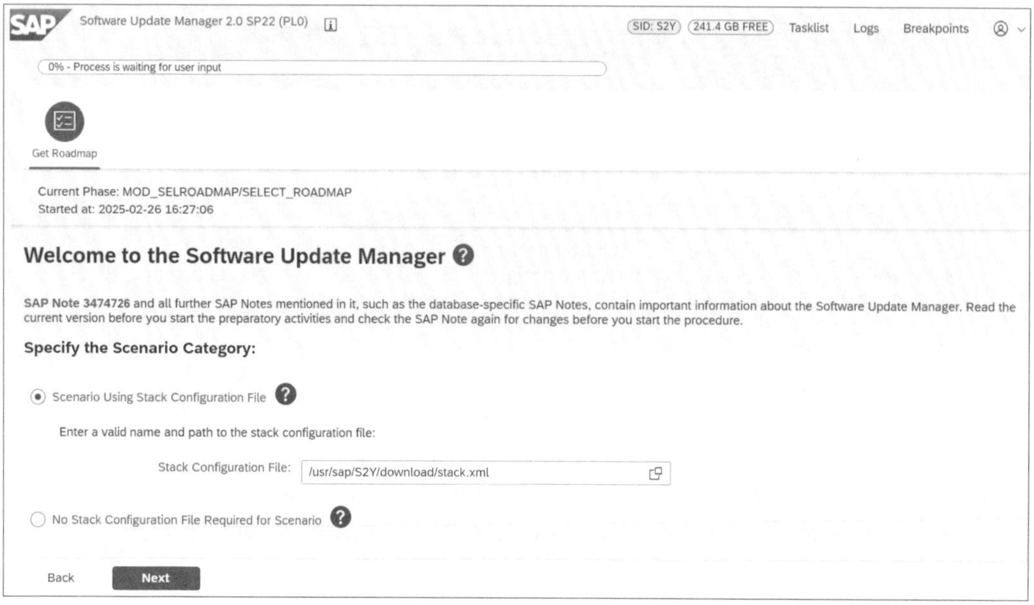

Abbildung 8.2 Angabe der Stack-XML

System-Switch-Upgrade-Verfahren

Grundsätzlich erfolgt die SAP-S/4HANA-Systemkonvertierung in dem sogenannten *System-Switch-Upgrade-Verfahren*. In diesem Verfahren wird parallel zum laufenden System auf dem Anwendungsserver eine zusätzliche Instanz des Zielrelease erzeugt (*Schatteninstanz*). Diese Schatteninstanz arbeitet mit dem *Schatten-Repository*, das z. B. bereits die Basistabellen auf dem neuen Release enthält. Schatteninstanz und Schatten-Repository zusammen werden als *Schattensystem* bezeichnet. Durch die Uptime-Aktivitäten des Schattensystems wird die Downtime reduziert.

[»]

Schatten-Repository auf der Zieldatenbank

Im Fall einer Datenbankmigration (also Nutzung von DMO) gibt es die Start- und die Zieldatenbank. In früheren SP-Versionen hat der SUM das Schatten-Repository auf der Startdatenbank erstellt. Für das SAP-S/4HANA-Zielrelease 1909 und höher ist dies technisch nicht mehr möglich. Seit SUM 2.0 SP 08 erstellt der SUM deshalb das Schatten-Repository generell auf der SAP-HANA-Zieldatenbank. Die Schatteninstanz läuft wiederum auf dem Anwendungsserver; hier gab es also keine Änderung.

Die DMO kommt entweder zum Zuge, wenn das Quellsystem noch nicht auf der SAP-HANA-Datenbank läuft oder wenn eine homogene SAP-HANA-zu-SAP-HANA-Migration erforderlich ist.

Für den Migrationsfall wird der Administrator aufgefordert, eine entsprechende Zielinformation für die neue Datenbank einzugeben. Abbildung 8.3 zeigt das Bild zur Eingabe der Datenbank-System-ID (SID) und der Instanznummer.

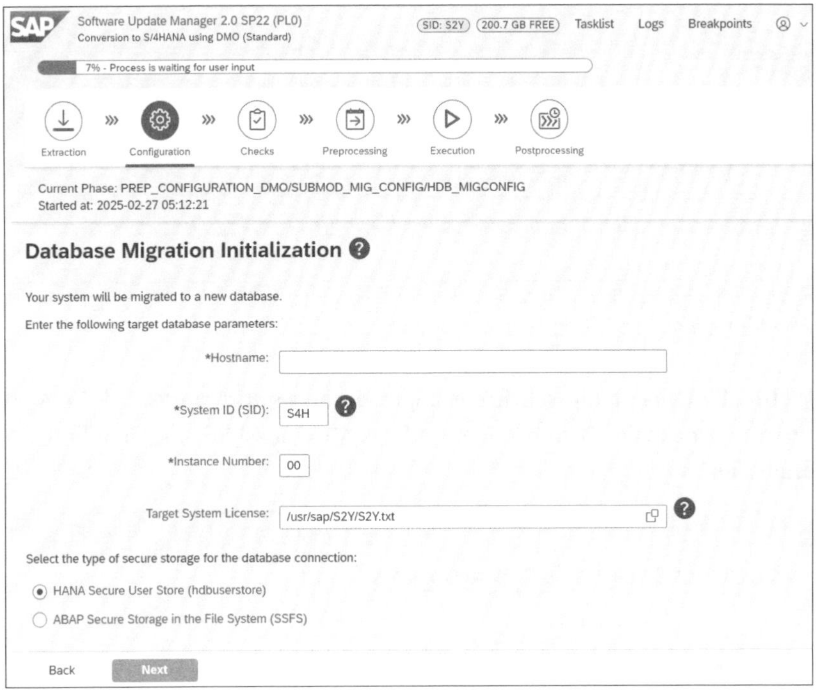

Abbildung 8.3 Angabe der Zieldatenbank im DMO-Fall

[«]

Systemkonvertierung nutzt das Load-Verfahren

Das neue Repository wird beim Load-Verfahren aus den von SAP ausgelieferten Inhalten neu aufgebaut, und die Nicht-SAP-Objekte werden hinzugefügt. Dies erfordert eine korrekte Kennzeichnung der Nicht-SAP-Objekte (also Kunden- und Partnerobjekte). Beachten Sie dazu SAP-Hinweis 2318321 zur Erläuterung und Vorbereitung.

Downtime-Phase

Mit dem Schließen des produktiven Systems beginnt die Downtime-Phase der Systemkonvertierung. In dieser Phase des SUM wird dann u. a. ein Teil der Anwendungsdaten von der alten in die neue Datenstruktur umgesetzt. Dieser Vorgang wird auch Datenkonvertierung genannt. Idealerweise sehen Sie zu dem Zeitpunkt nur, dass der Ausführungsprozess im SUM läuft (siehe Abbildung 8.4).

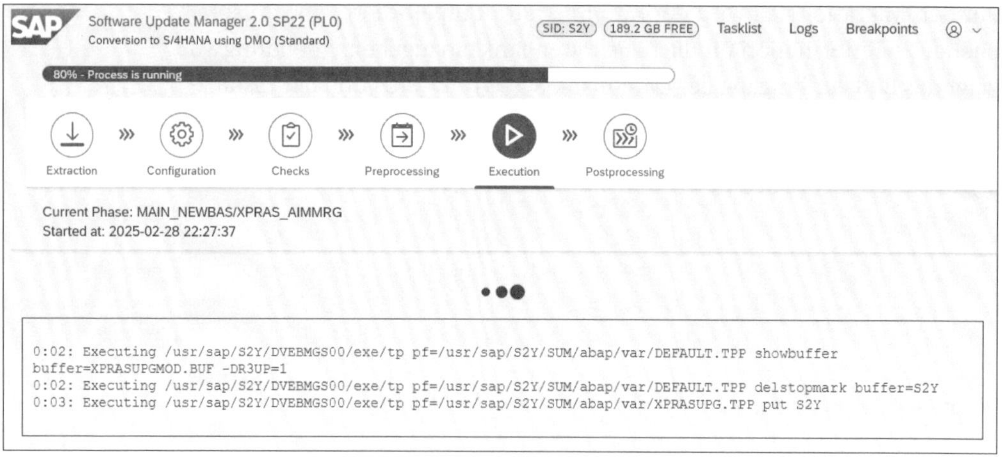

Abbildung 8.4 SUM-Schritte in der Downtime

Wenn alle Umsetzungsschritte erfolgreich ausgeführt sind, wird die Ausführungsphase des SUM beendet und das Abschlussbild aus Abbildung 8.5 angezeigt.

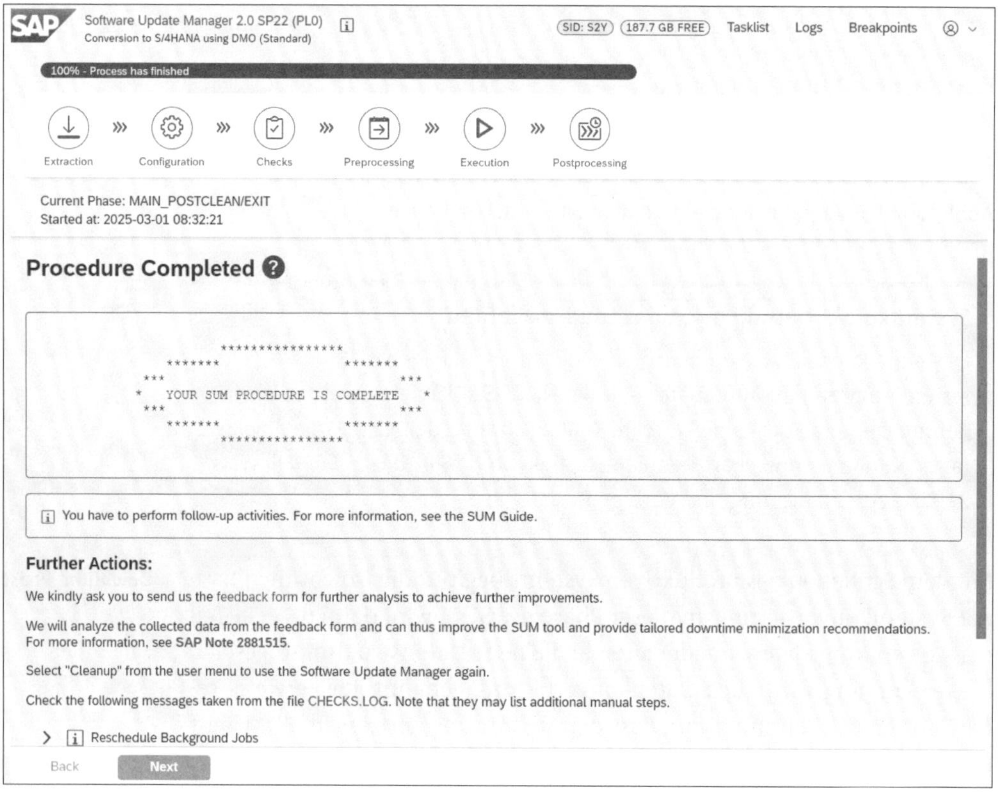

Abbildung 8.5 Ende der SUM-Ausführungsphase

Nacharbeiten

Mit dem Ende der Ausführungsphase beginnt die Phase der Nacharbeiten in der Downtime, die im folgenden Abschnitt 8.2, »Aktivitäten nach dem SUM«, erläutert werden.

SUM-Analysedatei

Die Durchführung aller Schritte kann in der SUM-Analysedatei (**UPGANA.XML**) nachvollzogen werden. Hier werden detaillierte Informationen über das System, die Datenbankgröße und die Laufzeiten der einzelnen SUM-Phasen ausgewiesen.

SUM-Wartungsstrategie

Für den SUM 2.0 wird entsprechend seiner Wartungsstrategie meist dreimal im Jahr eine neue SP-Version angeboten. Innerhalb der verfügbaren SP-Version werden Korrekturen über Patch-Level ausgeliefert. Wenn eine neue SUM-SP-Version verfügbar ist, wird die bisherige SP-Version nicht mehr im Download-Bereich angeboten: Trotzdem wird diese veraltete SP-Version noch gewartet (Status: **patch-on-request**). Sobald die übernächste SP-Version verfügbar ist, endet dann auch die Wartung, und SAP kann im Falle eines Problems keinen Patch mehr zur Verfügung stellen (Status: **out of maintenance**). Sie sollten also in der Projektplanung darauf achten, dass Sie für die kritischen Systeme, insbesondere das Produktivsystem, bei der Konvertierung nicht eine veraltete SUM-SP-Version nutzen. Wenn das Projekt länger als z. B. acht Monate läuft, würden Sie in einer frühen Projektphase auf eine neue SP-Version wechseln. Die Wartungsstrategie findet sich als Anhang im SAP-Hinweis zum jeweils aktuellen Software Logistic Toolset, mit dem der SUM ausgeliefert wurde. Der zentrale SAP-Hinweis 1563579 für das Software Logistik Toolset führt Sie stets zum aktuellen Hinweis, der diesen Anhang enthält.

[«]

Weitere Informationen zum Software Update Manager

Weitere Informationen zum SUM finden Sie unter *http://support.sap.com/sltoolset*.

8.2 Aktivitäten nach dem SUM

Der SUM ist zwar ein Kernelement der technischen Konvertierung, aber es sind weitere Aktivitäten notwendig, bevor das SAP-S/4HANA-System von Benutzern verwendet werden kann. Zum Beispiel hat der SUM die Datenkonvertierung für das Rechnungswesen noch nicht ausgeführt. Diese und andere notwendige Aktivitäten werden in diesem Abschnitt vorgestellt.

8.2.1 Konvertieren des Rechnungswesens

Teilweise Datenkonvertierung

Der SUM führt die Datenkonvertierung ins neue Datenmodell nur für einen Teil der Anwendungsbereiche aus. Die restliche Datenkonvertierung müssen Sie nach dem Abschluss der SUM-Laufzeit ausführen. Dazu sind im Einführungsleitfaden (IMG, Transaktion SPRO) alle notwendigen Aktivitäten gelistet und dokumentiert. Der offizielle Begriff *Konvertierung des Rechnungswesens auf SAP S/4HANA* für diese Aktivitäten wird in diesem Buch kurz als *FIN-Konvertierung* bezeichnet.

FIN-Konvertierung ist Downtime

Nach dem Ende des SUM-Laufs ist das SAP-System also in einer Art Zwischenzustand. Das ABAP-System läuft, da aber die notwendige Datenkonvertierung noch nicht komplett erfolgt ist, darf das System nicht von Endbenutzern produktiv genutzt werden (Downtime). Dabei kommt der FIN-Konvertierung eine besondere Bedeutung zu. FIN-Daten stellen typischerweise einen wesentlichen Anteil am Datenbankvolumen des SAP-ERP-Quellsystems dar, und damit ist die Migration dieser Daten auch ein wesentlicher Faktor für die Downtime.

Als Anwendungsexperte starten Sie in dieser Phase den IMG, z. B. über den Transaktionscode SPRO. In Abbildung 8.6 sind die relevanten Knoten **Customizing: Vorbereitungen und Migration** und **Datenmigration** aufgeklappt.

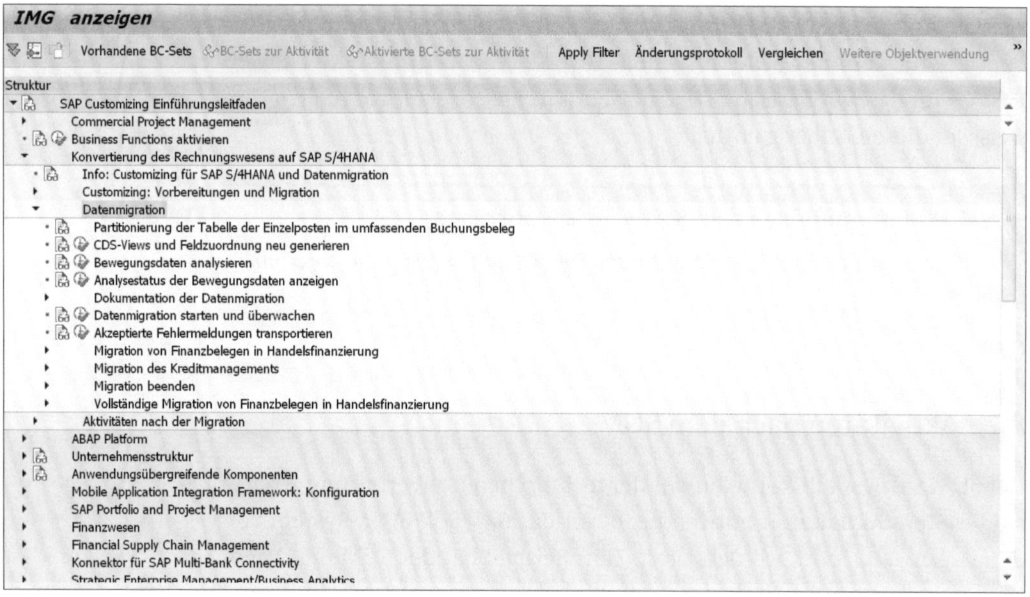

Abbildung 8.6 FIN-Konvertierung als Teil des IMG (SAP S/4HANA 2023)

Die notwendigen Aktivitäten, die Sie in Abbildung 8.6 sehen, sind releasespezifisch, z. B. wird seit SAP S/4HANA 2022 die Aktivität **Konvertierung der Hausbankkonten** im Rahmen der FIN-Konvertierung automatisch ausgeführt.

[«]

Guide für die FIN-Konvertierung

SAP-Hinweis 2332030 enthält als Anhang eine ausführliche Erläuterung der Aktivitäten, die im IMG notwendig sind.

Customizing in den Auftrag legen

Sie werden das entsprechende Customizing für das SAP-S/4HANA-System erstmals auf einer konvertierten Kopie des Produktivsystems erstellen und in einem Transportauftrag hinterlegen. Dieser Transportauftrag kann dem SUM später bei nachgelagerten Systemen der Landschaft mitgegeben werden.

FIN-Konvertierung mit potenziellen Fehlern

Für die FIN-Konvertierung, die erst nach dem Customizing ausgeführt werden kann, werden vom SAP-S/4HANA-System strengere Konsistenzprüfungen durchgeführt, als es im SAP-ERP-Quellsystem der Fall war. Sie müssen sich also darauf einstellen, dass die FIN-Konvertierung beim ersten Lauf auf Fehler stößt. Diese müssen zunächst analysiert und behoben werden, bevor der Migrationslauf beendet werden kann. Die Behebung der Inkonsistenzen ist natürlich insbesondere für das SAP-ERP-Produktivsystem relevant, damit bei der späteren Konvertierung dieses Systems keine Fehler mehr auftreten, da dies ja eine Downtime für das System ist.

[«]

FIN-Datenprüfung auch im Quellsystem möglich

Aufgrund der Bedeutung der FIN-Datenkonsistenz hat SAP die entsprechenden Datenprüfungen über SAP-Hinweis 2755360 auch für das SAP-ERP-Quellsystem bereitgestellt. Damit können Sie Ihre FIN-Daten schon vor der technischen SUM-Konvertierung prüfen und bereinigen.

FIN-Konvertierung starten und überwachen

Die eigentliche FIN-Konvertierung erfolgt im Schritt **Datenmigration starten und überwachen**, den Sie in Abbildung 8.6 unter dem Knoten **Datenmigration** finden. Dieser Monitor ist auch über Transaktion FINS_MIG_STATUS aufrufbar. Abbildung 8.7 zeigt einen Migrationslauf mit Fehlern in den Bewegungsdaten.

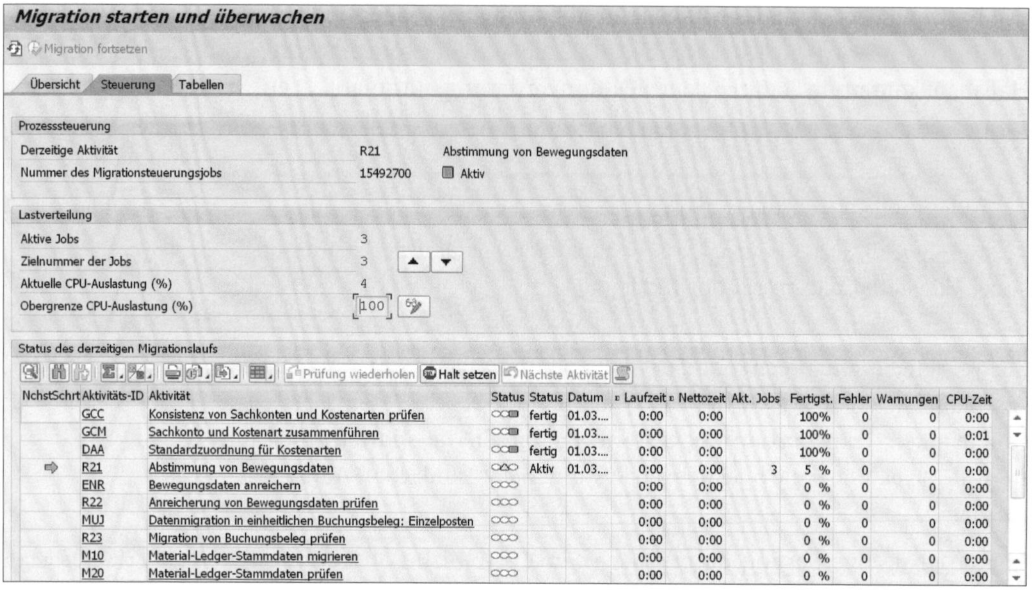

Abbildung 8.7 FIN-Konvertierung starten und überwachen

[»]

Begriffe »Datenmigration« und »Konvertierung«

Wie Ihnen sicher schon aufgefallen ist, werden die Begriffe *Konvertierung* und *Datenmigration* in diesem Abschnitt als Synonyme verwendet. Es geht um die Umsetzung der Daten vom alten Datenmodell des SAP-ERP-Systems in das neue Datenmodell von SAP S/4HANA. Technisch ist dies die Überführung der Tabelleninhalte der bisherigen Tabellen in die neuen Tabellen, bei denen unter Umständen auch das Datenformat der Felder angepasst wird. In Abschnitt 8.2.2, »Silent Data Migration überwachen«, geht es auch um diese Konvertierung.

In den übrigen Abschnitten der Kapitel zur Systemkonvertierung bezeichnet Migration jedoch die Datenbankmigration von einer Nicht-SAP-HANA-Datenbank nach SAP HANA.

8.2.2 Silent Data Migration überwachen

Auch beim Upgrade eines SAP-S/4HANA-Systems zu höheren Versionen kann es notwendige Anpassungen geben, die als Simplification Items beschrieben werden und die zu einer Änderung des Datenmodells führen. Um die Downtime aufgrund der damit verbundenen Datenkonvertierung zu reduzieren, hat SAP das Konzept der *Silent Data Migration* eingeführt.

Konvertierung nach der Downtime

Die Silent Data Migration füllt die mit dem Zielrelease neu eingeführten Tabellen bzw. Tabellenfelder erst nach der Downtime über entsprechende Background-Jobs. Der Begriff *Silent* (still) deutet insbesondere darauf hin, dass die Endbenutzer von diesem Verfahren nichts bemerken. Die SAP-Anwendungen können mit den entsprechenden Tabellen oder Tabellenfeldern arbeiten, unabhängig davon, ob die Datenkonvertierung bereits erfolgt ist oder nicht. Erst das darauffolgende SAP-S/4HANA-Release setzt voraus, dass die Felder komplett umgesetzt wurden. Die Silent Data Migration muss also spätestens vor dem nächsten Releasewechsel abgeschlossen sein.

Benutzer für Background-Jobs anlegen

Die Silent Data Migration wird nicht nur bei einem SAP-S/4HANA-Upgrade, sondern auch bei einer Systemkonvertierung auf SAP S/4HANA 1909 oder höher ausgeführt. Voraussetzung dafür ist, dass entsprechende Benutzer für die Background-Jobs angelegt wurden. Dies bietet Ihnen der SUM bereits im Konvertierungslauf an; alternativ können Sie die Benutzer auch in allen Mandanten händisch über Transaktion SDM_USER anlegen. Das Überwachen der Jobs für die Silent Data Migration ist in Transaktion SDM_MON möglich.

SDMI-Ausführung in der SUM-technischen Downtime

Mittlerweile bietet der SUM in einem Dialog die Option an, die Silent Data Migration schon direkt vom SUM (im sogenannten *Post-Processing*, am Ende des SUM-Laufs) auszuführen zu lassen. Dieser Ansatz hat zwar den Vorteil, dass diese Datenmigration nicht nach der Business Validation (in der darauffolgenden Uptime) erfolgt. Gleichwohl hat diese Entscheidung drastische Auswirkungen auf die Downtime, die wesentlich verlängert wird. Die Auswahl der Option muss also gründlich abgewogen werden.

[«]

SAP-Hinweise zur Silent Data Migration

Beachten Sie zur Silent Data Migration auch die SAP-Hinweise 2664638 und 2821421.

8.2.3 Eigenentwicklungen anpassen

Nachdem Sie, wie in Kapitel 7, »Vorbereitung der Systemkonvertierung«, beschrieben, den Anpassungsbedarf für Ihre Eigenentwicklungen ermittelt und analysiert haben, müssen die gefundenen Stellen in Ihren eigenen Programmen mithilfe der SAP-ABAP-Entwicklungstools angepasst werden. Die Anpassungen nehmen Sie im Entwicklungssystem nach dessen Konvertierung vor, da erst dann das neue Datenmodell und die neuen Objekte zur Verfügung stehen.

Anpassungen in den ABAP Development Tools vornehmen

Generell können Sie zwar die ABAP Workbench für funktionelle Anpassungen nutzen, allerdings können dort CDS Views (CDS = Core Data Services) und ABAP Managed Database Procedures (AMDP) nicht bearbeitet werden. Deshalb ist es angeraten, alle Anpassungen gleich in den ABAP Development Tools (ADT) in Eclipse vorzunehmen. Dort steht Ihnen auch das ABAP Test Cockpit (ATC) zur Verfügung. Wie in Abbildung 8.8 dargestellt, können Sie für Ihr ausgewähltes Programm durch einen Klick mit der rechten Maustaste ein Kontextmenü aufrufen und darüber den ATC-Check ausführen (Optionen **Run As • 4 ABAP Test Cockpit With...**).

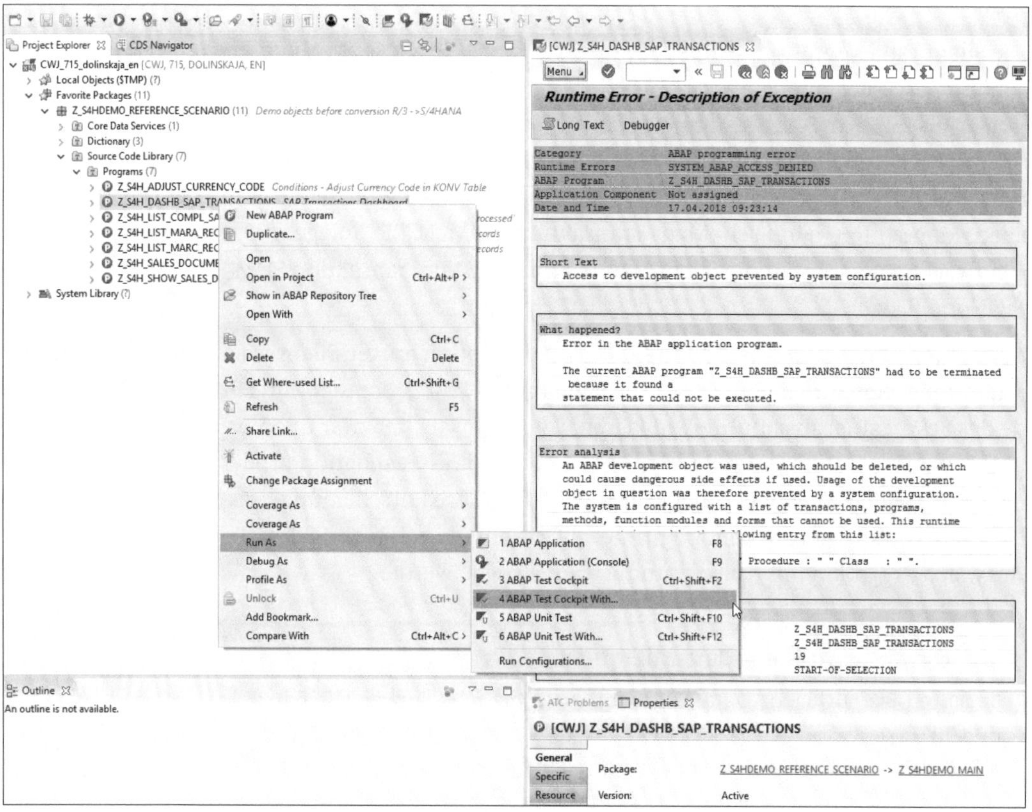

Abbildung 8.8 Ausführen des ATC-Checks in ABAP in Eclipse

Verwenden Sie hierzu die bereitgestellte Code-Inspector-Check-Variante `S4HANA_READINESS_REMOTE`. Am Beispiel der MB-Transaktionen, die in Kapitel 7, »Vorbereitung der Systemkonvertierung«, erläutert wurden, werden Sie mittels ATC-Check aufgefordert, direkte Aufrufe der MB-Transaktionen durch Transaktion MIGO zu ersetzen. Verwenden Sie z. B. in Ihrem Coding `call transaction 'MB11'`, dann müssen Sie diesen Aufruf durch `call transaction 'MIGO'` ersetzen. Nach dem Ersetzen wird ein erneuter ATC-

Prüflauf keinen Treffer mehr ergeben, sodass Sie Ihre Eigenentwicklung auch in SAP S/4HANA wiederverwenden können.

Quick Fixes in den ABAP Development Tools

Das ATC in den ADT bietet Ihnen auch *Quick Fixes* an, also die schnelle Umsetzung von typischen Anpassungen wie der MATNR-Feldlänge. Ein Quick Fix wird auch für den notwendigen Zusatz ORDER-BY für das Sortieren von Ergebnislisten bei Datenbankzugriffen angeboten, wie in Abbildung 8.9 gezeigt.

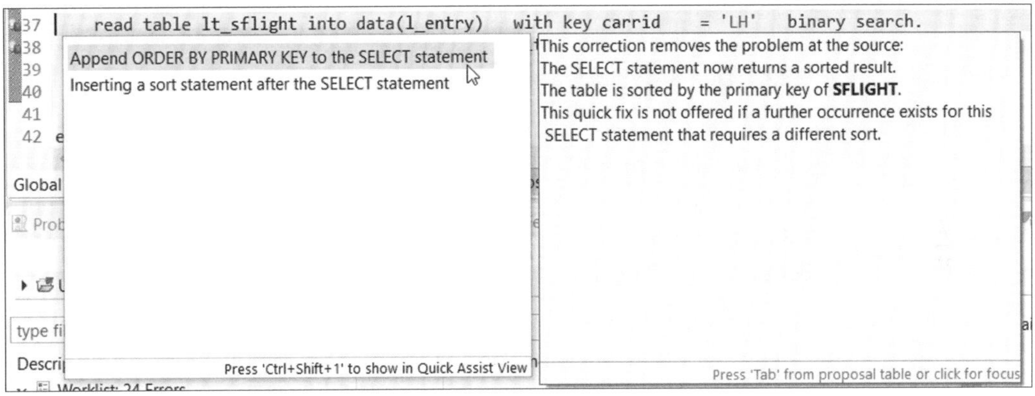

Abbildung 8.9 Quick Fix für den Zusatz »ORDER-BY« in den ADT

Und auch für Datenmodelländerungen, z. B. für die Tabellen KONV und BSEG, steht ein Quick Fix bereit. Darüber hinaus sind Quick Fixes massenfähig: Sie können die Anpassungen auf alle Treffer innerhalb eines Pakets oder einer Softwarekomponente anwenden.

[«]

Informationen zur Anpassung Ihrer Eigenentwicklungen

Eine Liste von Fragen und Antworten zur Anpassung von Eigenentwicklungen im Rahmen der Systemkonvertierung finden Sie unter: *http://s-prs.de/v10578057*

Der folgende Blogeintrag erläutert die Möglichkeiten der Quick Fixes: *http://s-prs.de/v10578058*

SAP PRESS hat im Herbst 2020 ein eigenes Buch zu dem Thema veröffentlicht: »Custom-Code-Migration nach SAP S/4HANA – Kundeneigene ABAP-Programme analysieren und anpassen« (siehe *www.sap-press.de/5105*).

Performance-Anpassungen

Neben den Anpassungen der ABAP-Syntax Ihrer Programme sollten Sie beim Übergang nach SAP S/4HANA auch die Möglichkeiten der SAP-HANA-Datenbank nutzen, um die Performance Ihrer Programme zu optimieren. So sollten Sie untersuchen, ob und welche SQL-Anweisungen Sie optimieren können. Mithilfe des ABAP SQL Monitors (ASQM) können Sie erkennen, wie häufig eine SQL-Anweisung ausgeführt wird und mit welchen Laufzeiten.

[»]

Performance-Optimierungen

Weitere Detailinformationen zu Performance-Optimierungen finden Sie im Best-Practice-Dokument unter *http://s-prs.de/v10578059*.

8.2.4 Den SAP-Fiori-Frontend-Server einrichten

SAP Fiori Launchpad

Das SAP Fiori Launchpad, das entweder in einem Internetbrowser oder im Fall von der SAP-S/4HANA-On-Premise-Version auch im SAP Business Client läuft, ist der einzige und allumfassende Zugangspunkt der Endanwender zum SAP-S/4HANA-System (siehe Abschnitt 2.5, »Die SAP-Fiori-Benutzeroberflächen«).

Frontend-Server

Für die SAP-Fiori-Benutzeroberflächen benötigt SAP S/4HANA noch den sogenannten *Frontend-Server*, denn das SAP Fiori Launchpad kann nicht direkt mit dem Backend-Server kommunizieren. Technisch handelt es sich bei dem Frontend-Server um *SAP Gateway*. Haben Sie bereits ein SAP-Gateway-System im Einsatz, könnten Sie dieses auch als Frontend-Server für SAP S/4HANA verwenden.

Da das SAP Fiori Launchpad über den Frontend-Server kommuniziert, meldet sich der Benutzer nicht direkt am SAP-S/4HANA-Backend, sondern am Frontend-Server an. Da das SAP GUI weiterhin genutzt werden kann, würde der Benutzer beim direkten Zugriff auf SAP-GUI-Oberflächen zwischen dem SAP GUI und SAP Fiori mit zwei verschiedenen Anmeldewegen hin- und herspringen. Daher wird die Verwendung des SAP Fiori Launchpads als Einstiegspunkt in SAP S/4HANA und als neue vereinheitlichte Benutzeroberfläche des SAP-Systems empfohlen. Für die Anwender entfällt damit der bisher in der klassischen SAP Business Suite erforderliche Wechsel zwischen verschiedenen Programmen, wenn Inhalte aus dem SAP GUI im Internetbrowser geöffnet werden.

SAP-Gateway-Version

Wir beschreiben Ihnen im Folgenden das Einrichten des Frontend-Servers. Wenn Sie ein existierendes SAP-Gateway-System verwenden wollen, müssen Sie auf die für Ihre SAP-S/4HANA-Version notwendige SAP-NetWeaver- und Patch-Version achten.

Komponenten

Folgende Komponenten sind Bestandteil des Frontend-Servers und werden für die Benutzeroberfläche von SAP S/4HANA genutzt:

- Der *Webserver* übermittelt die Daten mittels der SAPUI5-Technologie an den Internetbrowser, den Sie auf dem Rechner oder auf einem mobilen Gerät nutzen.
- SAP Gateway kommuniziert mittels *OData-Services* mit dem SAP-S/4HANA-Backend.
- Der *SAP Fiori Launchpad Provider* hält das Datenmodell und die Services für das SAP Fiori Launchpad bereit.

Für analytische SAP-Fiori-Apps ist zusätzlich noch ein *SAP Web Dispatcher* (Reverse Proxy) notwendig.

Deployment-Optionen

Es ergeben sich unterschiedliche Möglichkeiten, um den Frontend-Server in die eigene Systemlandschaft einzubinden:

- *Central Hub Deployment* des Frontend-Servers für SAP Fiori
- *Add-on Deployment* des Frontend-Servers für SAP Fiori (auch *Embedded* oder *Co-Deployment*)

Beide Möglichkeiten haben ihre Vor- und Nachteile, die wir uns nun etwas näher anschauen. Anhand der Überlegungen in den folgenden Abschnitten können Sie die Möglichkeit bestimmen, die für Ihre Landschaft und Ihre technischen und fachlichen Anforderungen am besten geeignet ist.

[«]

Onlineunterstützung für den Einsatz von SAP Fiori in SAP S/4HANA

Die folgenden Links geben Ihnen die aktuellen Informationen zum SAP-Fiori-Start in einer SAP-S/4HANA-Neuimplementierung:

- SAP Fiori in der SAP Community: *https://community.sap.com/topics/fiori*
- SAP Fiori for SAP S/4HANA im SAP Community Wiki: *https://pages.community.sap.com/topics/fiori*
- Blogeintrag zu SAP Fiori in der SAP Community: *http://s-prs.de/v10578060*
- Empfehlungen zu SAP Fiori: *http://s-prs.de/v10578061*

Central Hub Deployment

Central Hub

Dieser Abschnitt beschreibt die Implementierung oder das Nutzen eines eigenen On-Premise-Frontend-Servers. Dadurch ergibt sich zwar ein weiteres ABAP-Platform-System in Ihrer Systemlandschaft, die Installation des Frontend-Servers als Central Hub kann aber in bestimmten Fällen folgende

Vorteile gegenüber der Embedded- oder Add-on-Implementierung im gleichen System haben:

- Software-Updates für SAP Fiori sind vom SAP-S/4HANA-Backend-System entkoppelt.
- User-Interface-(UI-)Innovationen für SAP Fiori und anderer UI-Content können schneller konsumiert werden.
- Der Frontend-Server für SAP S/4HANA kann bedingt auch als Frontend-Server für andere Systeme in der gleichen SAP-Systemlandschaft genutzt werden (Probleme ergeben sich bei unterschiedlichem Releasestand dieser anderen SAP-Systeme).
- Es besteht eine bessere Skalierbarkeit, da die Leistungsanpassung des Systems für eine wachsende Anzahl an Benutzern unabhängig vom Backend durchgeführt werden kann.
- Es besteht erhöhte Datensicherheit aufgrund der Trennung von Anzeigeserver und Datenhaltungsserver.

Add-on Deployment

Add-on

Aus den im vorangehenden Abschnitt beschriebenen Gründen ist es zwar technisch möglich, den Frontend-Server als separaten Stack in der eigenen Landschaft zu implementieren, im konkreten Fall kann aber das Doppel-Patchen und Vereinheitlichen aller Versionen (damit sie unproblematisch zusammenarbeiten können) zu praktischen Nachteilen im täglichen Betrieb führen. Daher wurde die SAP-Empfehlung zugunsten eines Embedded oder Add-on Deployments auf dem gleichen System, auf dem das SAP-S/4HANA-Backend installiert ist, für produktive Landschaften angepasst. Diese Art war zuvor eher für die Implementierung in Testsystemen propagiert worden (wie bei der SAP S/4HANA Fully-Activated Appliance, die einen eingebetteten Frontend-Server beinhaltet, siehe Abschnitt 6.2, »SAP S/4HANA Fully-Activated Appliance«.

[»]

Ausblick auf SAP S/4HANA 2025

Nach derzeitiger Planung werden auch für SAP S/4HANA 2025 beide Deployment-Optionen möglich sein. Gleichwohl würde der neue SAP-Frontend-Server (FES) 2025 keine älteren SAP-S/4HANA-Versionen unterstützen, womit ein einfaches FES-Upgrade technisch nicht möglich ist. SAP stellt aktuell in Aussicht, dass im Jahr 2027 nur das Embedded oder Add-on Deployment unterstützt werden könnte.

Installation

Der Neuinstallation des Frontend-Servers geht, ebenso wie der eigentlichen Installation des SAP-S/4HANA-Systems, ein initiales Sizing voraus. Danach erfolgt die Installation über den Software Provisioning Manager (SWPM), gefolgt von der Implementierung der für SAP S/4HANA notwendigen Add-ons für den Frontend-Server.

Anschließend sind noch einige manuelle Nacharbeiten durchzuführen, die vor allem die Konfiguration betreffen. Die notwendigen Installationsdateien erhalten Sie mithilfe des Maintenance Planners.

8.2.5 Auf die SAP-Fiori-Benutzeroberflächen umsteigen

In diesem Abschnitt erklären wir, wie Sie den Übergang von den klassischen SAP-GUI-basierten Benutzeroberflächen zu den neuen Oberflächen gestalten können. Dieser Übergang beginnt mit den grundsätzlichen Installationsschritten für SAP Fiori wie in Abschnitt 8.2.4, »Den SAP-Fiori-Frontend-Server einrichten«, beschrieben. Mithilfe der Relevanzanalyse können Sie die für Sie relevanten SAP-Fiori-Apps identifizieren. Diese Relevanzanalyse basiert auf einer Nutzungsstatistik Ihrer Transaktionen und wurde in Abschnitt 7.1, »Das Systemkonvertierungsprojekt im Überblick«, erläutert. Bei der Implementierung der SAP-Fiori-Apps kann dann ein schrittweiser Übergang, je nach den Bedürfnissen Ihrer Anwender, erfolgen.

Installationsplanung im Maintenance Planner

Nach der Installation der SAP-Fiori-Komponenten konfigurieren Sie die Infrastruktur einschließlich des SAP Fiori Launchpads. Die Installation erfolgt analog zur Installation der SAP-S/4HANA-Software, integriert in die Softwarelogistiktools des Maintenance Planners und des SUM.

Individuelle Gestaltung des Übergangs

Den Anwendern die neue, attraktive, intuitive und effiziente Benutzeroberflächen zur Verfügung zu stellen, ist ein Aspekt des SAP-S/4HANA-Konvertierungsprojekts. Ein anderer Aspekt ist die Frage, wie der Übergang zu den neuen Benutzeroberflächen und damit zu einer anderen Arbeitsweise gestaltet werden kann.

Im Folgenden sehen wir uns diesen Übergang von den klassischen Benutzeroberflächen hin zu den neuen SAP-Fiori-basierten Benutzeroberflächen an, die Ihnen nach dem Konvertierungsprojekt zur Verfügung stehen. Es sei an dieser Stelle jedoch explizit darauf hingewiesen, dass Sie nach der Konvertierung Ihres Systems nach SAP S/4HANA auch weiterhin die SAP-GUI-Transaktionen nutzen können. Grundsätzlich sind die meisten Transaktionen und die Favoriten der Benutzer, die in Ihrem System vor dem Upgrade genutzt wurden, auch nach der Systemkonvertierung im ABAP-Backend verfügbar.

Ausnahmen stellen die Transaktionen dar, die aufgrund von Vereinfachungen in SAP S/4HANA wegfallen und zu denen über die Simplification List Änderungen kommuniziert wurden.

Zu beachten ist auch, dass Funktionen, die im Rahmen von SAP S/4HANA neu entwickelt werden, im Regelfall nur mit SAP-Fiori-basierten Benutzeroberflächen bereitgestellt werden. Die Frage lautet daher nicht, *ob* Sie auf die neuen Benutzeroberflächen umsteigen, sondern *wie* und in welchen Schritten.

Schrittweiser Übergang

Abbildung 8.10 zeigt einen möglichen schrittweisen Übergang von den klassischen Benutzeroberflächen, wie sie in SAP ERP zur Verfügung stehen, hin zu der Zielarchitektur, die auf SAP Fiori basiert.

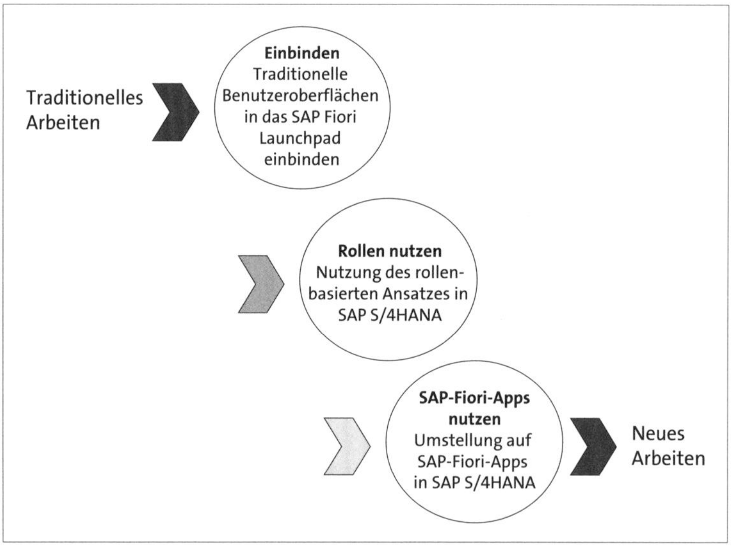

Abbildung 8.10 Schrittweiser Übergang zu den neuen Benutzeroberflächen

Verschiedene Anwendungen einbinden

Nach diesem Modell führen Sie als ersten Schritt das SAP Fiori Launchpad ein. Es dient als zentraler webbasierter Einstiegspunkt für alle Anwender, die mit dem SAP-S/4HANA-System arbeiten. Im SAP Fiori Launchpad können Sie Anwendungen verschiedener User-Interface-Technologien (z. B. SAP GUI, Portale) auf verschiedenen Geräten (Desktop, Tablet oder Smartphone) konsolidieren.

Sie können die klassischen Benutzeroberflächen einbinden und damit das Arbeiten und die Geschäftsprozesse im Wesentlichen erst einmal so fortsetzen, wie sie vor der Systemkonvertierung etabliert waren.

So besteht z. B. die Möglichkeit, eine Auswahl von Web-Dynpro- und SAP-GUI-basierten Anwendungen des ABAP-Backends oder die Einträge aus dem SAP-Easy-Access-Menü in das SAP Fiori Launchpad einzubinden. Die so eingebundenen klassischen Oberflächen wurden auch vom Erscheinungsbild her an die SAPUI5-basierten SAP-Fiori-Apps angeglichen, wodurch eine einheitliche Benutzererfahrung unterstützt wird.

Rollenbasierter Zugriff

Den nächsten Schritt sollten Sie direkt nach der Systemkonvertierung machen: Ermöglichen Sie den Endanwendern einen rollenbasierten Zugriff auf das SAP Fiori Launchpad. Der Kernaspekt des rollenbasierten Ansatzes ist es, komplexe Anwendungen in aufgabenorientierte, sinnvolle Teileinheiten herunterzubrechen. Den Endanwendern werden nur die Benutzeroberflächen angeboten, die sie für die Bearbeitung des Teilschritts benötigen, für den sie zuständig und zu dem sie berechtigt sind.

So wird ein Manager eines Unternehmens andere Informationen benötigen als eine Sachbearbeiterin. Der Manager mag z. B. mehrheitlich Genehmigungsschritte auf seinem mobilen Endgerät abarbeiten, während die Sachbearbeiterin Zugriff auf detailliertere Oberflächen haben muss, um auch Ausnahmefälle bearbeiten zu können. Mit der Verwendung vordefinierter Rollen und Berechtigungen legen Sie fest, auf welche Apps und Daten ein Benutzer zugreifen darf.

Über den sogenannten *App-Finder* – eine Art App-Store innerhalb des SAP Fiori Launchpads – kann sich der Benutzer für seine Rolle die Apps zusammenstellen, die seinen Arbeitsalltag am besten unterstützen. Hierbei spielt es keine Rolle, ob es sich um SAP-Fiori-, SAP-GUI- oder Web-Dynpro-ABAP-Anwendungen handelt. Auch eigenentwickelte SAP-Fiori-Apps können eingebunden werden.

Alte Anwendungen ablösen

In einem weiteren Schritt könnten Sie sich dann dazu entschließen, noch stärker auf die angebotenen SAP-Fiori-Apps umzusteigen und sich von den klassischen Benutzeroberflächen zu verabschieden. Viele Unternehmen beginnen diesen Umstieg mit der Umstellung von einzelnen Prozessschritten.

Sie können z. B. zunächst Genehmigungsprozesse oder Reisekostenprozesse umstellen und die Nutzung von mobilen Endgeräten hierzu als Hauptanwendungsfall vorsehen. Im nächsten Schritt stellen Sie dann zunächst die Kerngeschäftsprozesse um, von denen eine begrenzte Anzahl von Benutzern betroffen ist. Danach werden Geschäftsprozesse umgestellt, von denen die Mehrheit der Endanwender betroffen ist.

Letztlich muss und kann jeder Kunde selbst entscheiden, wie und in welcher Geschwindigkeit er den Übergang zu den neuen SAP-Fiori-Benutzeroberflächen gestalten möchte.

[»]

Weiterführende Informationen

Für den Übergang der Nutzer vom SAP GUI auf SAP Fiori gibt der folgende Blogeintrag wertvolle Hinweise: *http://s-prs.de/v10578062*.

Weitere Informationen zur SAP-Fiori-Empfehlungsanalyse können Sie in der SAP Fiori Apps Reference Library finden oder über den Link zu folgendem User Guide: *http://s-prs.de/v10578063*.

Deployment-Empfehlungen für den SAP-Fiori-Frontend-Server erhalten Sie unter folgendem Link: *http://s-prs.de/v10578064*.

Weitere Informationen zum App-Finder finden Sie hier: *http://s-prs.de/v10578065*.

Zentraler Einstieg zu SAP Fiori in der SAP Community ist die Topic-Seite unter *https://community.sap.com/topics/fiori*.

8.2.6 Obsolete Daten löschen

Datenkonvertierung behält alte Daten

Ein wesentlicher Aspekt der Systemkonvertierung ist der Übergang in das neue Datenmodell und die damit verbundene Datenkonvertierung. Bei dieser Datenkonvertierung werden die Tabelleninhalte der bisherigen Tabellen in die neuen Tabellen überführt; dabei werden die alten Tabelleninhalte aber nicht einfach gelöscht. Einerseits würde die Löschung gegebenenfalls die Downtime verlängern, andererseits sind die Daten für eine eventuelle Fehlerdiagnostik notwendig. Und es sind im Detail nicht alle alten Daten obsolet, sondern es hängt von der Anwendung ab, welche Daten noch verwendet werden.

Framework zum Löschen von Daten

Wenn Sie sich nach der Konvertierung Ihres produktiven Systems der nicht weiter benötigten Daten entledigen wollen, können Sie das von SAP angebotene Konzept des *Obsolete Data Handling* nutzen. SAP stellt dazu das notwendige Framework und des Weiteren auch Regeln zur Verfügung, die den löschbaren Inhalt definieren. Das können bestimmte Spalten oder Zeilen oder auch ganze Tabelleninhalte sein, je nach der von der SAP-Anwendungsentwicklung definierten Regel.

Neues Tool mit SAP S/4HANA 2023

Mit dem Release SAP S/4HANA 2023 hat SAP außerdem ein neues Framework für das Löschen obsoleter Daten ausgeliefert, das über Transaktion SODH aufzurufen ist. Damit ist es nun auch möglich, ein Backup der Daten in einer Z-Tabelle anlegen zu lassen. Das Löschen kann im Dialog oder im Hintergrund erfolgen. Das bisherige Tool (*ODH_data_processing*) wird im Release SAP S/4HANA 2023 noch ausgeliefert, kann aber nur noch zur Anzeige von abgeschlossenen Löschläufen verwendet werden und wird in zukünftigen Produktversionen nicht mehr zur Verfügung stehen.

Wie im bisherigen Tool, können Sie damit nach der Systemkonvertierung im produktiven System die nicht weiter benötigten Daten löschen, ohne dass eine Downtime notwendig ist. Voraussetzung ist dabei, dass Sie die Datenlöschregeln in einer Kopie des Produktivsystems getestet haben und über ein aktuelles Backup der Datenbank verfügen.

Obsolete Daten im Produktivsystem löschen

Abbildung 8.11 zeigt das Selektionsbild der neuen Transaktion SODH.

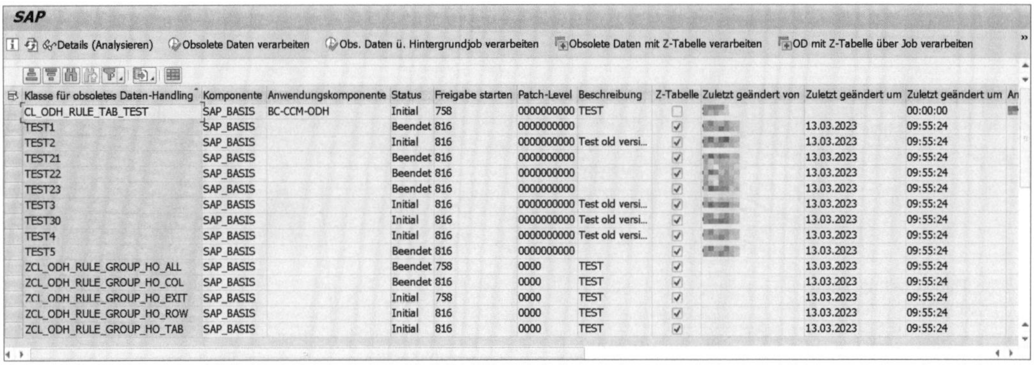

Klasse für obsoletes Daten-Handling	Komponente	Anwendungskomponente	Status	Freigabe starten	Patch-Level	Beschreibung	Z-Tabelle	Zuletzt geändert von	Zuletzt geändert um	Zuletzt geändert um	An
CL_ODH_RULE_TAB_TEST	SAP_BASIS	BC-CCM-ODH	Initial	758	0000000000	TEST	☐			00:00:00	
TEST1	SAP_BASIS		Beendet	816	0000000000		☑		13.03.2023	09:55:24	
TEST2	SAP_BASIS		Initial	816	0000000000	Test old versi...	☑		13.03.2023	09:55:24	
TEST21	SAP_BASIS		Beendet	816	0000000000		☑		13.03.2023	09:55:24	
TEST22	SAP_BASIS		Beendet	816	0000000000		☑		13.03.2023	09:55:24	
TEST23	SAP_BASIS		Beendet	816	0000000000		☑		13.03.2023	09:55:24	
TEST3	SAP_BASIS		Initial	816	0000000000	Test old versi...	☑		13.03.2023	09:55:24	
TEST30	SAP_BASIS		Initial	816	0000000000	Test old versi...	☑		13.03.2023	09:55:24	
TEST4	SAP_BASIS		Initial	816	0000000000	Test old versi...	☑		13.03.2023	09:55:24	
TEST5	SAP_BASIS		Beendet	816	0000000000		☑		13.03.2023	09:55:24	
ZCL_ODH_RULE_GROUP_HO_ALL	SAP_BASIS		Beendet	758	0000	TEST	☑		13.03.2023	09:55:24	
ZCL_ODH_RULE_GROUP_HO_COL	SAP_BASIS		Beendet	816	0000	TEST	☑		13.03.2023	09:55:24	
ZCL_ODH_RULE_GROUP_HO_EXIT	SAP_BASIS		Initial	758	0000	TEST	☑		13.03.2023	09:55:24	
ZCL_ODH_RULE_GROUP_HO_ROW	SAP_BASIS		Initial	816	0000	TEST	☑		13.03.2023	09:55:24	
ZCL_ODH_RULE_GROUP_HO_TAB	SAP_BASIS		Initial	816	0000	TEST	☑		13.03.2023	09:55:24	

Abbildung 8.11 Selektionsbild des Reports zum Löschen veralteter Daten

[«]

Weitere SAP-Hinweise zu Obsolete Data Handling

SAP-Hinweis 3335020 beschreibt das neue Framework zum Löschen obsoleter Daten. Die bisherige Funktionalität ist in SAP-Hinweis 2661837 beschrieben. Beachten Sie auch SAP-Hinweis 2569435 zum Bereich MM-IM und SAP-Hinweis 2190137 zu Tabellen im Finanzwesen.

8.3 Abschätzung und Reduzierung der Downtime

Für die meisten Projekte ist es von hoher Relevanz, wie lange die *Downtime* des Systems dauert, da das SAP-ERP-Quellsystem für die im Unternehmen genutzten Geschäftsprozesse von zentraler Bedeutung ist und jede Ausfallzeit so kurz wie möglich gehalten werden sollte.

Einflussfaktoren für die Downtime

Die Länge der Downtime hängt von verschiedenen kundenindividuellen Faktoren und den im Konvertierungssystem realisierten Optimierungsmaßnahmen ab. So spielen hier u. a. die eingesetzten Systemressourcen, die Größe der Datenbank, die Anzahl der umzusetzenden Anwendungsdaten, aber auch Rahmenbedingungen wie das Netzwerk des Kunden eine Rolle. Natürlich wird der Downtime auch, abhängig von der Systemkategorie, unterschiedliche Bedeutung zugemessen. So kann man bei der Umsetzung eines Testsystems andere Zeiten akzeptieren und würde unter Umständen weniger Systemressourcen reservieren.

Abbildung 8.12 zeigt schematisch die Blöcke, die für die technische Downtime und für die Business Downtime ausschlaggebend sind.

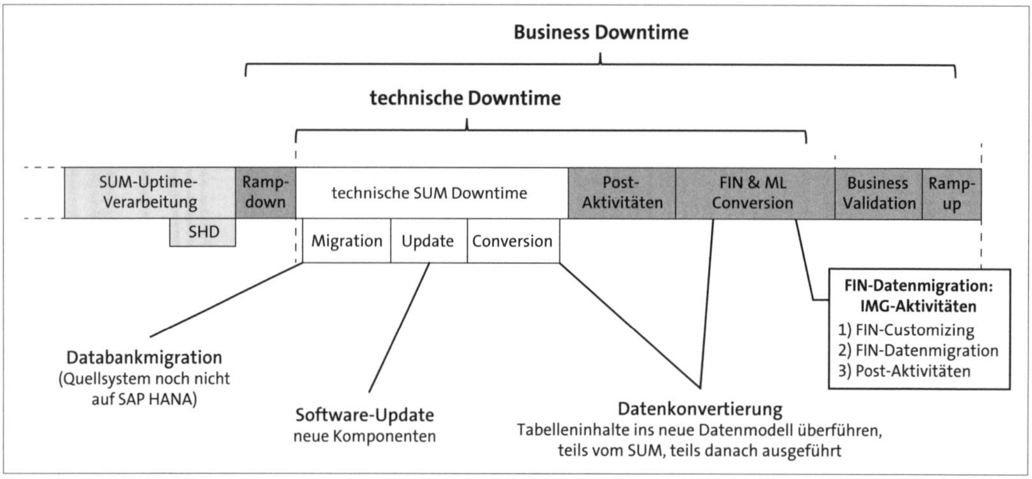

Abbildung 8.12 Downtime-Verarbeitungsblöcke

Business Downtime versus technische Downtime

Die *technische Downtime* besteht aus den Verarbeitungsblöcken des SUM (technische SUM-Downtime) und den IMG-Aktivitäten, wie insbesondere der FIN-Konvertierung. Für das Projekt ist die übergreifende Downtime relevant, die üblicherweise als *Business Downtime* bezeichnet wird. In der Business Downtime kann das System von den Benutzern nicht produktiv genutzt werden. Zu der Business Downtime gehören zusätzlich Blöcke wie Ramp-down und Ramp-up sowie die Business Validation, die nicht von den Konvertierungstools selbst herrühren. Sie sollten bei allen Gesprächen im Projekt stets genau angeben, über welche Downtime Sie sprechen, um Missverständnisse zu vermeiden.

SUM-Feedback-Formular

Der SUM bietet Ihnen am Ende des SUM-Laufs über ein Feedback-Formular an, SAP eine Rückmeldung über die Erfahrung mit dem Verfahren und dem Werkzeug zu geben (siehe Abbildung 8.5). Mit dieser Rückmeldung werden auch statistische Daten über die Laufzeit der Phasen an SAP übermittelt. Die Daten werden vom SUM in der Datei **UPGANA.XML** gesammelt, die Sie sich auch bereits während des SUM-Laufs über den Menüpfad **More • SUM Utilities • SUM Analysis** ansehen können. Sie sollten die Feedback-Möglichkeit zumindest für Ihre produktiven Läufe nutzen, da diese statistischen Daten bei SAP in einer internen Datenbank gespeichert werden. So können zukünftige Projekte davon profitieren, wenn es eine breite Datenbasis über bisherige Projekterfahrungen gibt. Zum einen dienen diese Daten der Entwicklung von Verbesserungen, und des Weiteren ermöglichen sie eine bessere Vorhersagbarkeit von Laufzeiten. Außerdem findet natürlich auch Ihre generelle Rückmeldung zum Verfahren Beachtung.

App »Technical Downtime Optimization«

Sie können sich die von Ihnen an SAP übermittelten statistischen Daten der **UPGANA.XML** auch in der App **Technical Downtime Optimization** im SAP Support Launchpad ansehen. Sie finden die App auf der Einstiegsseite des Launchpads oder können sie auch direkt über die Adresse *https://tdo.cloud.sap* aufrufen. In der App steht Ihnen nicht nur eine grafische Darstellung der unterschiedlichen Uptime- und Downtime-Blöcke zur Verfügung, Sie erhalten auch Hinweise zur Optimierung der Downtime. Sie können in dieser App auch die statistischen Daten der FIN-Konvertierung, die nach dem SUM-Lauf erfolgt, hochladen. Diese Daten stehen Ihnen im SAP- S/4HANA-System über den Report FINS_MIG_APPLANA_XML zur Verfügung und werden in der Datei **APPLANA.XML** bereitgestellt. Damit erhalten Sie in der App **Technical Downtime Optimization** den Gesamtüberblick über die für die Downtime relevanten Blöcke. Abbildung 8.13 gibt einen Eindruck von der grafischen Darstellung.

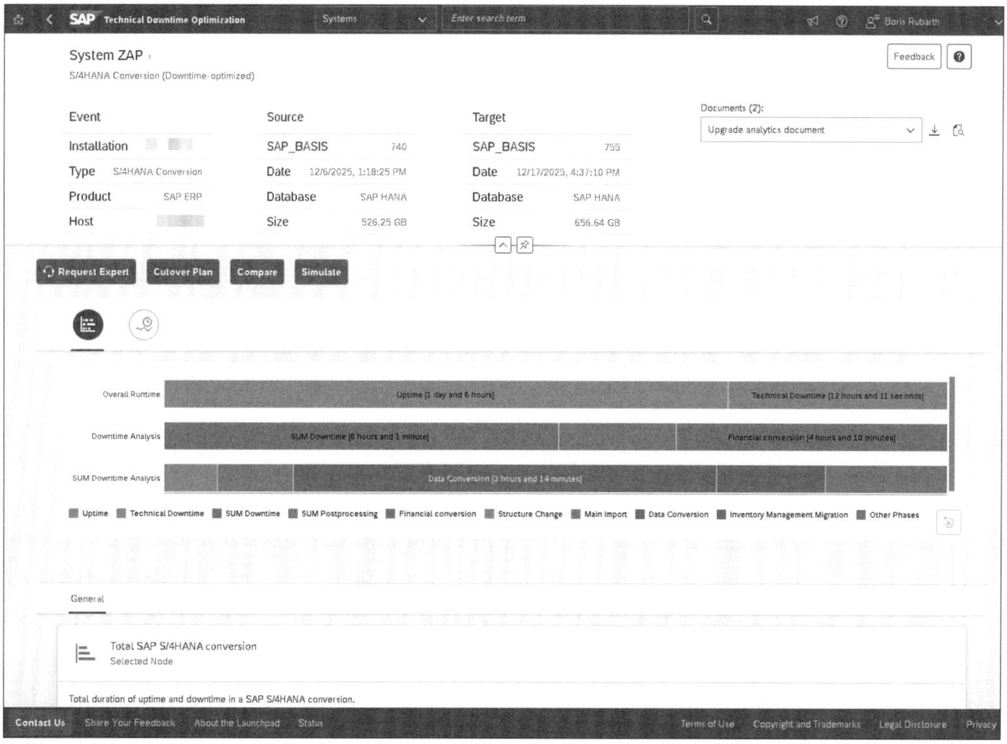

Abbildung 8.13 Grafische Darstellung in der App »Technical Downtime Optimization«

SAP-Hinweis 2881515 gibt Ihnen weitere Informationen zur App **Technical Downtime Optimization**. Wenn Sie nach dem SUM-Lauf das Feedback-Formular nutzen, wird anschließend auf dem SUM-Dialog auch ein Link auf die App **Technical Downtime Optimization** gelistet. In Abbildung 8.5 ist das nicht zu sehen, da dort das Feedback-Formular noch nicht genutzt wurde.

Downtime-Vergleiche im SAP Readiness Check

Der Bereich **Planned Downtime Calculator** im SAP Readiness Check bietet Ihnen eine grobe Abschätzung der möglichen Downtime. Dies geschieht auf der Grundlage Ihrer Systemdaten und der gemessenen Downtime bereits konvertierter, vergleichbarer Systeme, deren Daten in der oben erwähnten SAP-internen Statistikdatenbank hinterlegt sind. Damit können Sie bereits in einer frühen Projektphase einen ersten Eindruck erhalten, welche Erfahrungen andere Projekte gemacht haben. Eine genauere Abschätzung ist letztlich aber nur über einen optimierten Konvertierungslauf in einer aktuellen Kopie Ihres Produktivsystems möglich. Die möglichen Optimierungen stellen wir im Folgenden vor.

Ansätze zur Reduzierung der Downtime

Es stehen bei einer SAP-S/4HANA-Systemkonvertierung im Wesentlichen drei Ansätze zur Verfügung:

- das Standardverfahren (mit oder ohne DMO)
- Uptime Migration (Downtime-optimized DMO)
- die Downtime-optimized Conversion

Zu allen drei Ansätzen erhalten Sie im Folgenden Erläuterungen.

8.3.1 Tuning der Standardkonvertierung

Archivierung reduziert Downtime

Die wesentlichen Blöcke der Downtime sind die Datenbankmigration (falls notwendig) sowie die Datenkonvertierung in das neue Datenmodell von SAP S/4HANA. Beide Anteile skalieren mit der Datenbankgröße des SAP-ERP-Quellsystems, sie lassen sich also durch eine Archivierung von Anwendungsdaten vor der Systemkonvertierung reduzieren. Nach der Systemkonvertierung konfigurieren Sie den Zugriff auf die zuvor erstellten Archive. So kann das SAP-S/4HANA-System weiterhin auf diese Archive zugreifen.

Darüber hinaus ist für die Migration und Datenkonvertierung die Anzahl der zugewiesenen Prozesse ausschlaggebend. Für die Datenkonvertierung gibt Ihnen SAP-Hinweis 2351294 Optimierungsmöglichkeiten und verweist auf weitere nützliche SAP-Hinweise.

Charts Control Center

Zur Optimierung der Migration empfiehlt es sich, in den Testdurchläufen die jeweilige Systemlast zu beobachten und die Anzahl der konfigurierten `R3load`-Prozesse bei Bedarf zu optimieren. So steht mit dem *Charts Control*

Center des SUM ein Monitor zur Verfügung, mit dem z. B. die laufenden `R3load`-Prozesse überwacht und angepasst werden können (siehe Abbildung 8.14).

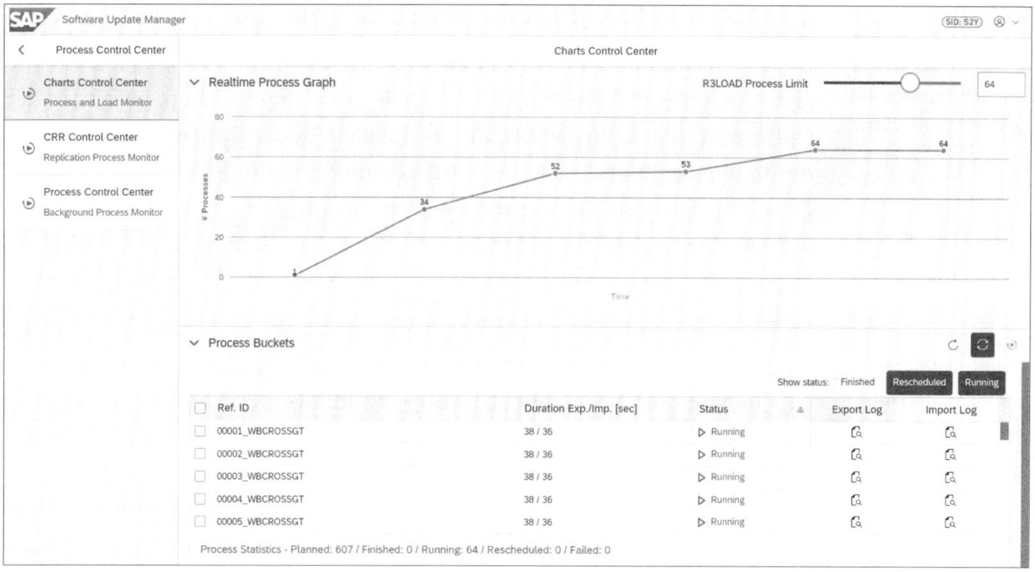

Abbildung 8.14 Charts Control Center im SUM UI

Während der Migration protokolliert der SUM die tatsächliche Migrationsdauer je Tabelle in den sogenannten *Duration Files*. Sie sollten diese Dateien nach einem Testlauf für den nächsten SUM-Lauf im Download-Verzeichnis bereitlegen. Dadurch kann der SUM das automatisch berechnete Tabellensplitting optimieren. Dieses Tabellensplitting dient der Reduzierung der Migrationszeit und erfolgt im ersten Ansatz auf Basis der Tabellengröße. Wenn dem SUM allerdings mit den Duration Files die tatsächliche Migrationszeit je Tabelle bekannt ist, kann das Tabellensplitting optimiert werden.

Migrationsrate

Es sollte unter typischen Bedingungen möglich sein, eine Migrationsrate von mindestens 300 GB/Stunde zu erreichen. Es sind auch weit höhere Raten möglich; der Wert dient als Hinweis bei niedrigeren Raten, alle Rahmenbedingungen wie z. B. die Netzwerkverbindung genau zu prüfen.

Blog zur Optimierung der Migration

Der folgende Blogeintrag erläutert die genannten Ansätze und gibt Ihnen weitere Hinweise zur Optimierung des Migrationsanteils:
https://url.sap/91hupn

8.3.2 Uptime Migration (Downtime-optimized DMO)

Für den DMO-Fall kann der Migrationsanteil der Downtime weiter optimiert werden. Dafür steht der Ansatz der *Uptime Migration* (auch *Downtime-optimized DMO* genannt) generell zur Verfügung.

Migration großer Anwendungstabellen in der Uptime

Dieser Ansatz ermöglicht es, ausgewählte große Anwendungstabellen, die also einen wesentlichen Anteil an der Migrationszeit haben, bereits in der Uptime zu migrieren. Die auf diesen Tabellen in der Uptime erzeugten Änderungen durch Endbenutzer werden vom SUM aufgezeichnet und nachgespielt (repliziert). Die Uptime Migration kann nicht nur für Systemkonvertierungen genutzt werden, sondern auch für den Fall einer Migration eines SAP-Business-Suite-Systems auf die SAP-HANA-Datenbank mittels DMO.

Uptime Migration nur bedingt nützlich für die Systemkonvertierung

Für die Systemkonvertierung dürfen bei diesem Ansatz gleichwohl keine Tabellen für die Uptime Migration ausgewählt werden, die vom neuen SAP-S/4HANA-Datenmodell betroffen sind. Es dürfen also z. B. nicht die FIN-Tabellen, deren Inhalte während der FIN-Datenkonvertierung in die neuen Tabellen übertragen werden, für die Uptime Migration ausgewählt werden. Damit wird dieser Ansatz für die meisten Konvertierungsprojekte nur wenig Downtime-Reduzierung bieten. Allein für Quellsysteme, in denen die FIN-Daten vergleichsweise wenig Anteil am Datenbankvolumen ausmachen, kann die Uptime Migration eine wesentliche Downtime-Reduzierung ermöglichen. Trotzdem möchten wir den Ansatz hier kurz erläutern, insbesondere weil das Vorgehen auch für die Downtime-optimized Conversion relevant ist, die im gleichnamigen Abschnitt 8.3.3 erläutert wird.

Auswahl der Uptime Migration im UI

Abbildung 8.15 zeigt den zweiten SUM-Dialog zur Szenariostrategie, der die Uptime Migration sowie den Ansatz der Downtime-optimized Conversion anbietet.

Manuelle Auswahl der zu migrierenden Tabellen

In einem späteren Dialog spezifizieren Sie eine Textdatei, in der die Namen der Tabellen gelistet sind, die zur Uptime migriert werden sollen. SAP-Hinweis 2547309 listet auf, welche Einschränkungen es für die Auswahl der Tabellen gibt. Der SUM erzeugt dann für diese Tabellen Datenbank-Trigger, die die Änderungen auf den Tabellen protokollieren. Ein spezielles Tool unterstützt Sie bei der Auswahl der Tabellen für die Uptime Migration. SAP-Hinweis 3092738 als zentraler Hinweis zur SUM Toolbox erläutert, wie Sie die SUM Toolbox und damit auch dieses Tool nutzen können.

Replikationsmonitor im SUM User Interface

Nachdem der SUM den Inhalt der spezifizierten Tabellen auf die Zieldatenbank migriert hat, kann er auf der Grundlage der Datenbank-Trigger auch die mittlerweile von den Endbenutzern erzeugten Tabellenänderungen replizieren. Die Replikationsrate können Sie im User Interface des SUM überwachen, und auch der Downtime-Dialog listet die Rate.

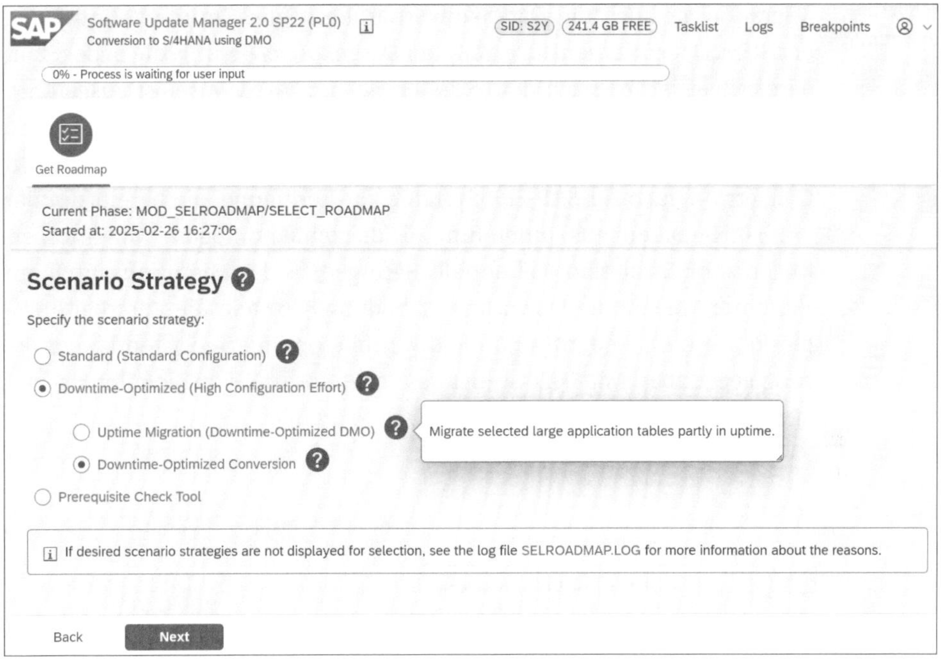

Abbildung 8.15 SUM-Dialog zur Szenariostrategie

Zur Uptime Migration sollten Sie SAP-Hinweis 2547309 beachten, der Voraussetzungen und Einschränkungen listet, z. B. unterstützte Datenbanktypen für das SAP-ERP-System. Abschließend sei noch mal erwähnt, dass die Uptime Migration nur den Migrationsanteil der Downtime reduzieren kann, aber nicht die Datenkonvertierung. Um diesen Anteil ebenfalls in die Uptime zu verlagern, steht der Ansatz der Downtime-optimized Conversion zur Verfügung, den wir in Abschnitt 8.3.3, »Downtime-optimized Conversion«, vorstellen.

nZDM für Quellsysteme auf SAP HANA

Die Uptime Migration steht nur für den Migrationsfall zur Verfügung. Für Systeme, die schon auf SAP HANA laufen (und für die keine homogene Migration genutzt wird), können Sie stattdessen den *nZDM*-Ansatz (near-Zero Downtime Maintenance) nutzen. nZDM zieht einen Teil der SUM-Aktivitäten in die Uptime, aber nicht die Datenkonvertierung ins neue Datenmodell von SAP S/4HANA. nZDM ist im SUM schon seit einigen Jahren generell verfügbar. SAP-Hinweis 1678565 liefert dazu weitere Informationen.

8.3.3 Downtime-optimized Conversion

Migration und Datenkonvertierung in der Uptime

Der Ansatz der *Downtime-optimized Conversion* verlagert sowohl die Migration als auch die Datenkonvertierung in die Uptime-Verarbeitung des SUM. Dabei werden auch Teile der Datenkonvertierung, die in der Standardkonvertierung nach dem SUM erfolgen, vom SUM selbst ausgeführt, insbesondere die FIN-Konvertierung. Anders als die Uptime Migration, die nur im Migrationsfall genutzt werden kann, steht die Downtime-optimized Conversion auch für SAP-ERP-Systeme zur Verfügung, die bereits auf der SAP-HANA-Datenbank laufen (und für die keine homogene Migration erfolgen soll). In diesem Fall entfällt naturgemäß der Migrationsanteil am Verfahren und an der Downtime. Abbildung 8.16 stellt die Verarbeitungsblöcke für die Standard- und die downtime-optimierte Systemkonvertierung gegenüber. Mit *SHD* ist hier das Schattensystem angedeutet, das der SUM in jedem Fall bereits in der Uptime verwendet.

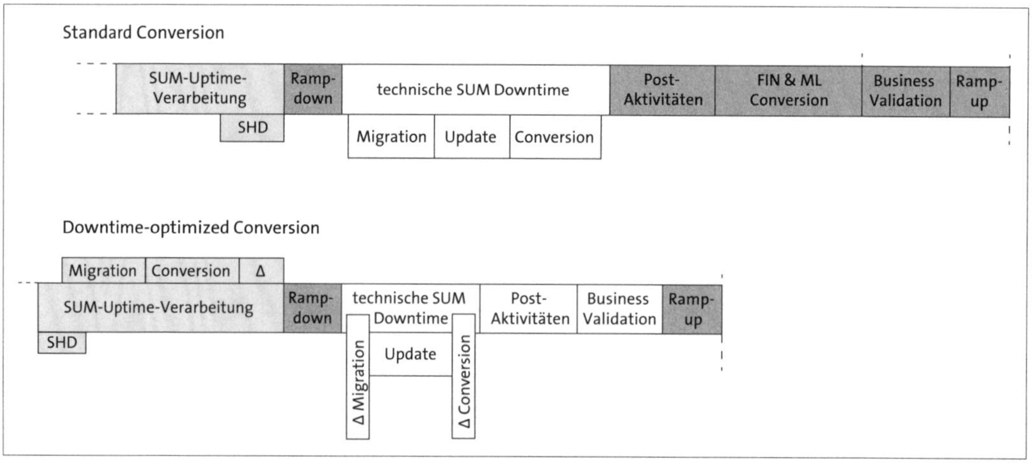

Abbildung 8.16 Verarbeitungsblöcke bei der Downtime-optimized Conversion

So wie bereits für die Uptime Migration erläutert, nutzt der SUM Datenbank-Trigger, um die Aktivitäten der Endbenutzer aufzuzeichnen. Die Auswahl der Tabellen, die in der Uptime migriert und konvertiert werden, ist im SUM hinterlegt. Darüber hinaus können Sie (im Migrationsfall) dem SUM projektspezifisch große Anwendungstabellen für die Uptime Migration mitgeben. Diese manuell ausgewählten Tabellen werden dann ebenso in der Uptime migriert, entsprechend dem in Abschnitt 8.3.2, »Uptime Migration (Downtime-optimized DMO)«, erläuterten Ansatz der Uptime Migration.

Der SUM führt in der Uptime eine initiale Migration und Datenkonvertierung der betroffenen Tabelleninhalte aus. Das in dieser Zeit durch Benutzeraktivität erzeugte Delta wird anschließend mittels Replikation auf die Zieldatenbank migriert. Parallel zu dieser laufenden Replikation in der Uptime gibt es weitere Benutzeränderungen an den Tabellen, sodass in der Uptime nicht alle Änderungen repliziert werden können. Der SUM wird deshalb zu Beginn der Downtime das verbleibende Delta migrieren und konvertieren.

Uptime-Replikation parallel zur Benutzeraktivität

Da der SUM die FIN-Konvertierung bereits in der Uptime startet, benötigt er dazu auch das FIN-Customizing, das im Standardverfahren erst nach dem SUM angelegt wird (siehe Abbildung 8.12). Deshalb ist vor dem eigentlichen Downtime-optimized-Conversion-Lauf ein Standardkonvertierungslauf notwendig, in dem Sie das FIN-Customizing ausführen und in einem Customizing-Auftrag hinterlegen. Dieser Auftrag wird dann dem SUM für den Downtime-optimized-Conversion-Lauf mitgegeben. Neben diesem Aspekt gibt es weitere Aspekte, die den Projektaufwand bei diesem Ansatz erhöhen, mit dem Ziel, die Downtime für die Systemkonvertierung des Produktivsystems zu reduzieren.

FIN-Customizing-Auftrag notwendig

Dieser Ansatz ist nach Absolvierung einer Ausbildung generell nutzbar (Kurs ADM329).

[«]

Informationen zu Downtime-optimized Conversion

Details zur Nutzung der Downtime-optimized Conversion finden Sie in dem SAP Support Portal auf der Seite *http://s-prs.de/v10578066*.

[«]

Informationen zu SUM-Ansätzen

Die folgende Seite bietet Ihnen eine aktuelle Übersicht über die unterschiedlichen Ansätze zur Reduzierung der Downtime für die Systemkonvertierung sowie auch der Updates und Upgrades generell. Insbesondere sollte der SAP-Service NZDT nicht mit dem SUM-Verfahren nZDM verwechselt werden. nZDM ist ein generell verfügbarer Ansatz im SUM, um die Downtime zu reduzieren. Mehr Informationen finden Sie unter: *http://s-prs.de/v10578067*

8.4 Konvertierungsziel Hyperscaler

In diesem Abschnitt besprechen wir die Besonderheiten für Szenarien, in denen die Konvertierung nicht als In-Place-Verfahren ablaufen soll, sondern ein Wechsel auf der Ebene der Application Server Hosts notwendig ist. Dazu besprechen wir zunächst Optionen des SUM, die neben einer Datenbankmigration mit DMO auch einen Wechsel des Application Server Hosts erlauben.

Dazu steht Ihnen zum einen der *ASCS Instance Move* zur Verfügung, der auch ohne Migration (DMO) nutzbar wäre. *DMO with System Move* ist eine häufig genutzte Option, die eine Systemkonvertierung kombiniert mit einem Wechsel zum Hyperscaler unterstützt. Und als neuer Ansatz für diese Aufgabe können Sie *DMO move to SAP S/4HANA (on hyperscaler)* verwenden, mit dem wesentlichen Vorteil, dass auch Optionen zur Reduzierung der Downtime zur Auswahl stehen.

In Abschnitt 8.4.1, »Wechsel zum Hyperscaler mit DMO«, erläutern wir diese technischen Ansätze und diskutieren die jeweiligen Vorteile und Einschränkungen. Darauffolgend erläutern wir im gleichnamigen Abschnitt 8.4.2, welche Besonderheiten speziell für die Konvertierung zu SAP S/4HANA Cloud Private Edition im Rahmen eines RISE-with-SAP-Projekts zu beachten sind.

8.4.1 Wechsel zum Hyperscaler mit DMO

Die ersten Projekte, in denen eine Migration kombiniert mit einem Wechsel des Datenzentrums genutzt werden sollte, haben gezeigt, dass aufgrund der Latenz zwischen Quell- und Zielinfrastruktur Performance-Probleme auftreten. Daraufhin wurde die Option *DMO with System Move* entwickelt, bei der nicht nur der Datenbankhost, sondern auch der Application Server Host gewechselt werden kann, unabhängig von Latenz und verfügbarer Bandbreite.

Anwendungsfälle für DMO with System Move

Generell ist DMO with System Move nutzbar für folgende Szenarien:

- Wechsel der Application Server Hardware, wenn im Rahmen einer Datenbankmigration auch neue Hardware für diesen Host bereitgestellt werden soll
- Umzug des ABAP-Systems in ein anderes Datenzentrum innerhalb der Firmeninfrastruktur
- Wechsel des ABAP-Systems on-premise hin zu einem Betrieb in der Cloud (im Sinne von Infrastructure as a Service)

DMO versus DMO with System Move

Während beim DMO-Verfahren (in Abbildung 8.17 links) vor dem Start des SUM nur die SAP-HANA-Datenbank bereitgestellt werden muss, ist bei DMO with System Move (in Abbildung 8.17 rechts) neben der SAP-HANA-Datenbank im Ziel zusätzlich ein Application Server, sozusagen als leere Systemhülle, zu installieren.

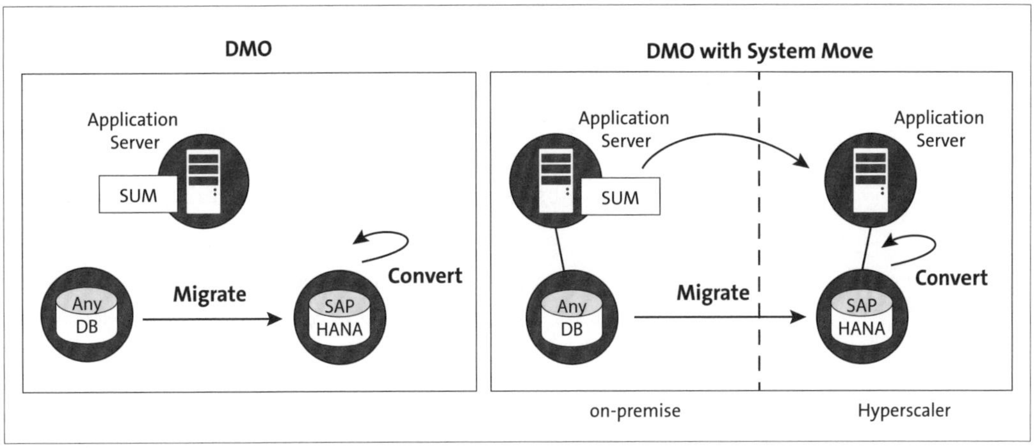

Abbildung 8.17 DMO im Vergleich mit DMO with System Move

Sie starten den SUM auf dem Quellsystem und wählen auf einem der ersten SUM-Dialoge die Option **DMO with system move** aus. In einer späteren Phase wird der SUM Sie daraufhin anweisen, den gesamten SUM-Ordner auf den Ziel-Application-Server-Host zu kopieren (in Abbildung 8.17 mit dem Pfeil angedeutet). Dadurch können Sie den SUM bereits in der Ziellandschaft starten und ihn lange laufende Phasen abarbeiten lassen, während in der Quelllandschaft das SAP-ERP-System noch weiter genutzt werden kann, um eine möglichst lange Uptime zu gewährleisten.

Paralleler Modus für DMO with System Move

Die SUM-Prozesse in der Quelle und im Ziel laufen also parallel. Erst wenn der SUM im Ziel die lange laufenden Phasen (insbesondere Aufbau des Schatten-Repository auf dem Zielrelease, Modifikationsabgleich mit den Transaktionen SPDD und SPAU, sowie SGEN) erledigt hat, erlauben Sie dem SUM auf dem SAP-ERP-Quellsystem, in die Downtime zu gehen. Dann wird der Datenexport von der Quelldatenbank gestartet. Durch einen kontinuierlichen Datenübertrag ins Ziel, für das optional auch ein SUM-Skript auf Basis von `rsync`-Programmen nutzbar ist, kann auch eine Parallelisierung von Export und Import erreicht werden. Dieser sogenannte *parallele Modus* bei DMO with System Move reduziert damit die Downtime des Verfahrens.

Beschänkungen von DMO with System Move

Nachteile dieses Verfahrens sind einerseits, dass für den Datenbankexport und -import der `R3load`-Prozesse (als vom SUM angesteuertes Kernel-Werkzeug) im File-Modus arbeitet und also die Daten in Dateien auf dem Dateisystem abspeichert. Sie werden dann im Rahmen des Datenübertrags ins Ziel kopiert. Der File-Modus ist jedoch nicht so performant wie der Pipe-Modus, der beim normalen DMO zum Einsatz kommt und bei dem keine Dateien geschrieben werden. Die Daten werden stattdessen direkt zwischen dem exportierenden und dem importierenden `R3load`-Prozess über Betriebssystem-Pipes ausgetauscht. Dadurch entfällt der ressourcenintensive Schreib-/Lesevorgang auf die Platte, zumal da die Dateien komprimiert abgelegt werden. Außerdem können für DMO with System Move nicht die speziellen Verfahren zur Reduzierung der Downtime genutzt werden, die wir in Abschnitt 8.3, »Abschätzung und Reduzierung der Downtime«, vorgestellt haben.

DMO move to SAP S/4HANA (on hyperscaler)

Aufgrund der genannten Einschränkungen und nach Änderungen im Ablauf des SUM wurde mit *DMO move to SAP S/4HANA (on hyperscaler)* im Jahr 2023 ein neuer Ansatz für die Konvertierung zu SAP S/4HANA in Kombination mit dem Wechsel zum Hyperscaler konzipiert. Der Ansatz nutzt den normalen DMO-Ansatz mit dem Vorteil des `R3load`-Pipe-Modus und verwendet die Option **ASCS Instance Move**, um auch den Application Server Host zu wechseln. DMO move to SAP S/4HANA (on hyperscaler) erlaubt es insbesondere, falls notwendig, Downtime-reduzierende Ansätze wie Downtime-optimized DMO oder Downtime-optimized Conversion zu nutzen. Voraussetzung für die Verwendung ist, dass die Latenz und die Bandbreite zwischen Quell- und Zielinfrastruktur gewissen Anforderungen genügen, die im SAP-Hinweis zu DMO dokumentiert sind.

Vorgehen bei DMO move to SAP S/4HANA (on hyperscaler)

Wie auch bei DMO with System Move werden für DMO move to SAP S/4HANA (on hyperscaler) in der Zielinfrastruktur zunächst die SAP-HANA-Datenbank und ein Application Server installiert. Der Application Server wird hier jedoch als *Additional Application Server* (AAS) zu dem vorhandenen SAP-ERP-System on-premise installiert. Dann wird der SUM auf diesem AAS bereitgestellt und ein normaler DMO-Lauf gestartet, wie in Abbildung 8.18 skizziert.

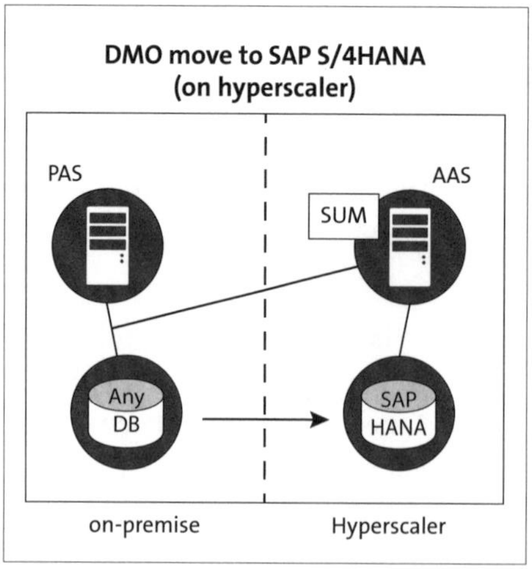

Abbildung 8.18 DMO move to SAP S/4HANA (on hyperscaler)

Da der SUM auf einem AAS läuft, wird er die Option **ASCS Instance Move** anbieten. Diese Option stellt während der Downtime die ABAP Central Services ASCS auf dem bisherigen AAS im Ziel bereit, wodurch dieser zum neuen *Primary Application Server* (PAS) wird. Nach manuellen Nacharbeiten wie Wechsel der globalen Directories läuft das SAP-S/4HANA-System dann beim Hyperscaler.

DMO für SAP ERP auf SAP HANA

Früher wurde DMO nicht für SAP-ERP-Systeme auf der SAP-HANA-Datenbank unterstützt. Das hatte zur Folge, dass diese Systeme nicht in einem Schritt konvertiert und zum Hyperscaler überführt werden konnten. Stattdessen war ein Zwei-Schritt-Verfahren notwendig. Mit SUM 2.0 SP 17 ist im Mai 2023 gleichwohl speziell für das Ziel SAP S/4HANA die Unterstützung für einen homogenen DMO von SAP HANA zu SAP HANA eingeführt worden. Damit können auch SAP-ERP-Systeme auf SAP HANA in einem Schritt zu SAP S/4HANA Cloud Private Edition konvertiert werden.

Etwaige Restriktionen dieses Szenarios sind im entsprechenden SAP-Hinweis zu DMO aufgelistet. Sie finden die jeweils aktuelle Version dieses Hinweises im SAP Support Portal auf der SL-Toolset-Startseite referenziert.

[«]

Weiterführende Informationen

Informationen und die SAP-Hinweise zu allen DMO-Ansätzen finden Sie hier:

- im DMO Guide: *http://support.sap.com/sltoolset*
- auf dieser SAP-Support-Portalseite: *http://s-prs.de/v10578068*

Informationen zum ASCS Instance Move finden Sie im Blogeintrag unter *http://s-prs.de/v10578069.*

8.4.2 Konvertierung zu SAP S/4HANA Cloud Private Edition

Neben den im vorigen Abschnitt 8.4.1, »Wechsel zum Hyperscaler mit DMO«, erläuterten technischen Transfermöglichkeiten gibt es beim Übergang zu SAP S/4HANA Cloud Private Edition im Rahmen von RISE with SAP einige Besonderheiten, die wir in diesem Abschnitt erläutern.

Konvertierung durch SAP-Partner

Die technische Konvertierung wird in diesem Fall in der Regel von SAP-Partnern übernommen, die einerseits Erfahrung mit den Techniken und andererseits den vorgesehenen Regularien haben. Für Kunden ist es relevant, die notwendigen Prozesse und Kommunikationswege zu kennen, damit es nicht zu Verzögerungen im Projektablauf kommt.

Private Edition ist eigene Produktlinie

SAP S/4HANA Cloud Private Edition ist mittlerweile auch in der Produktsicht eine eigenständige Produktlinie und unterscheidet sich in einigen Aspekten von der On-Premise-Version SAP S/4HANA. Dies zeigt sich beispielsweise bei den Simplification Item Checks (siehe Abschnitt 7.2.5, »Simplification Item Checks (SI-Checks)«). Dort muss bei der Auswahl der Ziel-SAP-S/4HANA-Version der entsprechende Eintrag für die Private Edition gewählt werden (siehe Abbildung 7.15, dort ist jedoch eine andere Version ausgewählt). Bei den Simplification Item Checks hat diese Auswahl unter anderem Auswirkungen auf die Compatibility Checks.

Migration Server

Eine technische Besonderheit für die Projektausführung ist, dass die SAP-Seite dem ausführenden Partner einen sogenannten *Migration Server* zur Verfügung stellt. Der Partner erhält auf diesen (und nur diesen) Server Zugang auch auf Betriebssystemebene, um die notwendigen Installationen und Einstellungen für die Dauer der Systemkonvertierung auszuführen. Der Partner nutzt für die Verbindung zum Migration Server die beim Kunden eingerichtete Datenverbindung zum Hyperscaler. Nach Abschluss der Konvertierung aller Systeme im Systemverbund über diesen Migration Server wird er durch von SAP installierte Application Server Hosts abgelöst.

RISE with SAP System Transition Workbench

Ende des Jahres 2024 hat SAP mit der *RISE with SAP System Transition Workbench* ein neues Orchestrierungswerkzeug zur Verfügung gestellt, das speziell für den Übergang im Rahmen eines RISE-with-SAP-Projekts Vorteile bietet.

Als erstes Szenario wird damit ein Lift-and-Shift mittels SAP HANA Tenant Copy unterstützt. Falls diese Technik aufgrund von Einschränkungen nicht nutzbar ist, kann dazu mit einem Backup bzw. einem Restore gearbeitet werden. Für 2025 sind weitere Szenarien geplant, insbesondere die Systemkonvertierung mit dem SUM (DMO with System Move und DMOVE2S4). Dabei wird der SUM zwar integriert, ersetzt aber nicht die Nutzung der SUM-Benutzeroberfläche.

Die Workbench automatisiert Schritte wie das Herunterladen von Archiven, sie leitet das ausführende Team mit Hinweisen auf notwendige Prüfungen und bietet Monitoring über den Fortschritt. Dies bietet dem Kunden, dem Partner und auch SAP Transparenz über den Projektstatus, vereinfacht Projektabläufe und vermeidet Verzögerungen.

Technisch wird die für die Workbench notwendige Software (Softwarekomponente SLOCON) auf dem Migration Server installiert.

Add-ons auf SAP S/4HANA Cloud Private Edition

Für die Auswahl der gewünschten Add-ons von Partnern und Drittanbietern ist zu beachten, dass zertifizierte Add-ons empfohlen sind. Nach Absprache sind auch andere Add-ons möglich, allerdings keine, die zur Installation Zugang auf Betriebssysteme benötigen.

Generell ist zu beachten, dass sich mit SAP S/4HANA Cloud Private Edition auch die Tätigkeiten und Verantwortlichkeiten ändern. Insbesondere für das Basisteam beim Kunden, das nicht überflüssig wird, ändern sich die Aufgaben.

[«]

Weiterführende Informationen

Informationen zu »SAP S/4HANA Cloud Private Edition« finden Sie unter *http://s-prs.de/v10578070*.

SAP-Hinweis 3462243 ist der zentrale Einstieg für die RISE with SAP System Transition Workbench.

8.5 Erkenntnisse aus bisherigen Kundenprojekten

Seit der ersten Auflage dieses Buchs (Anfang 2017) haben viele SAP-Kunden eine SAP-S/4HANA-Systemkonvertierung durchgeführt. Im Regelfall liegen die durchschnittlichen Projektlaufzeiten (vom Projektstart bis zum Go-live) zwischen sieben und zehn Monaten und sind typischerweise kürzer als vergleichbare Greenfield-Projekte. In vielen Fällen erfolgt in einem ersten Schritt die technische Umstellung auf die SAP-S/4HANA-Plattform und erst dann in einer zweiten Projektphase die Adaption der neuen Funktionen und der neuen Benutzeroberflächen.

Generell sollten Sie früh damit beginnen, sich mit den anstehenden Aufgaben vertraut zu machen. Viele Prüfungen lassen sich bereits ausführen, ohne dass eine Lizenz für SAP S/4HANA vorliegen muss, und können vor dem eigentlichen Projektstart wichtige Erkenntnisse liefern.

SAP Readiness Check früh nutzen

Der SAP Readiness Check ist der zentrale Einstieg für eine Evaluierung der Situation. Er liefert insbesondere Informationen zu Add-ons von Drittanbietern, sodass Sie den Support von dieser Seite früh klären können. Wenn erst der SUM Ihnen klarmacht, dass er ohne Informationen zu Drittanbieter-Add-ons nicht weitermacht, laufen Sie Gefahr, dass Ihr Projektplan in Verzug gerät. Der SAP Readiness Check gibt auch bereits Auskunft über eventuell notwendige Anwendungsanpassungen wie die Einführung des Geschäftspartners.

Diese beiden Beispiele verdeutlichen auch, dass die Systemkonvertierung keine reine Aufgabe der IT-Abteilung ist. Sie müssen das Projekt von Beginn an als gemeinsame Aufgabe der Basis, der Entwicklung und der Anwendungen angehen und die Verfügbarkeit relevanter Rollen klären.

Mit Neuerungen vertraut machen

Machen Sie sich frühzeitig mit den Neuerungen in SAP S/4HANA vertraut. Der Simplification Item Catalog ist ein Einstieg, besser noch, er ist das Ergebnis der SI-Checks für Ihr konkretes System im SAP Readiness Check. Auch die Nutzung der SAP-Fiori-Oberflächen sollte früh geklärt werden, insbesondere wenn Sie diese Technologie bisher noch nicht genutzt haben. Auch hier ist eine enge Zusammenarbeit von Basis- und Fachabteilung wichtig. Für den SAP-Fiori-Frontend-Server empfiehlt SAP das Embedded Deployment. Machen Sie sich rechtzeitig mit dem Konzept der *Silent Data Migration* (SDMI) vertraut (siehe Abschnitt 8.2.2, »Silent Data Migration überwachen«). Entscheiden Sie dabei nicht nur, wann die Ausführung erfolgen soll (mit oder nach dem SUM), sondern auch, welche Berechtigungen die notwendigen Benutzer erhalten sollen (siehe SAP-Hinweis 2821421). Die Neuerungen von SAP S/4HANA erfordern natürlich auch, dass Sie Zeit für die Schulung der Benutzer und für das Change Management einplanen. Gerade bei SAP S/4HANA Cloud Private Edition ist es wichtig, sich frühzeitig über die sich ändernden Tätigkeiten und Verantwortlichkeiten insbesondere des Basisteams zu informieren.

Eigenentwicklungen früh bewerten

Für die Anpassung der Eigenentwicklungen ist zunächst wichtig, dass Sie frühzeitig mit dem Sammeln der Nutzungsstatistiken starten. Nur bei einer langen Laufzeit haben Sie ein realistisches Bild, welche Entwicklungsobjekte überhaupt genutzt werden. Darüber hinaus gilt es auch hier, sich mit den neuen Möglichkeiten von SAP S/4HANA vertraut zu machen. Einerseits kann es mittlerweile Anwendungsfunktionalitäten in der SAP-Standardauslieferung geben, die Ihre eigenen Entwicklungen obsolet machen. Darüber hinaus bietet das Konzept der CDS und Embedded Analytics (siehe Abschnitt 2.7, »SAP S/4HANA Embedded Analytics«) auch technisch neue Ansätze, die Ihre bisherigen Eigenentwicklungen ablösen können. Damit kann typischerweise ein großer Anteil von Eigenentwicklungen entfallen und muss nicht angepasst werden. Bei den Objekten, die verbleiben sollen, können Sie auch die für die SAP-HANA-Datenbank notwendigen Anpassungen bereits auf dem SAP-ERP-Quellsystem angehen.

Datenarchivierung berücksichtigen

Eine rechtzeitige Datenarchivierung reduziert ebenfalls den Aufwand. Damit wird nicht nur die Downtime der technischen Konvertierung reduziert, sondern auch die Menge an Daten, die aufgrund der strengeren Konsistenzprüfungen von SAP S/4HANA gegebenenfalls korrigiert werden müssen.

Mehrere Testkonvertierungen

Planen Sie zwei bis drei Testkonvertierungen eines Sandboxsystems (Kopie des Produktivsystems) ein. Notieren Sie sich die Schritte und Erkenntnisse der einzelnen Testkonvertierungen, sodass Ihre produktiven Konvertierungen davon profitieren können. Eine individuelle Projektplanung kann erst nach dem Abschluss einer ersten Konvertierung eines Sandboxsystems erfolgen.

[«]

Buch zur Systemkonvertierung

Im Sommer 2020 hat SAP PRESS das Buch »SAP S/4HANA System Conversion Guide« über die Systemkonvertierung veröffentlicht, in englischer Sprache. Details finden Sie unter *https://www.rheinwerk-verlag.de/sap-s4hana-system-conversion-guide*.

TEIL IV

Neuimplementierung und Datenmigration nach dem Greenfield-Ansatz

Kapitel 9
SAP Activate

SAP Activate ist das Rahmenwerk, um SAP-Software erfolgreich einzuführen. Es beinhaltet SAP Best Practices, Werkzeuge und Methodik und kann auf alle Mitglieder der SAP-S/4HANA-Produktfamilie angewandt werden.

Mit SAP Activate hat SAP ein Implementierungs-Framework auf den Markt gebracht, das Unternehmen dabei unterstützt, SAP-Software effektiv und schnell einzuführen. Dazu kombiniert das Framework SAP Best Practices (sofort einsatzbereite digitalisierte Geschäfts- und Technologieprozesse), Anpassungs- und Erweiterungswerkzeuge sowie eine Implementierungsmethodik.

Mit SAP Launch und ASAP verfügte SAP bereits über erfolgreiche Einführungsmethoden, die jedoch auf eine Produktgruppe spezialisiert waren und das Ziel verfolgten, die bestehende Software so weit wie möglich an die Unternehmensprozesse anzupassen. SAP Activate konzentriert sich auf die Optimierung der Wertschöpfung des Unternehmens durch Standardisierung und Innovation.

Fragestellungen

Die SAP-Activate-Methodik ist im SAP-for-Me-Portal innerhalb des Roadmap Viewers verfügbar und liefert Antworten auf die folgenden Fragen und bildet damit den Kern einer SAP-S/4HANA- und SAP-S/4HANA-Cloud-Einführung:

- Wie wird SAP S/4HANA oder SAP S/4HANA Cloud am effektivsten implementiert?
- Wie stellen Sie sicher, dass nur nützliche Funktionen eingeführt werden? Wie vermeiden Sie, für Sie nutzlose Funktionen einzuführen?
- Wo finden Sie eine Anleitung zur Implementierung von SAP S/4HANA bzw. SAP S/4HANA Cloud? In welcher Reihenfolge sollten Sie vorgehen?
- Wie können SAP Best Practices bei der Einführung von SAP S/4HANA bzw. SAP S/4HANA Cloud genutzt werden? Können SAP Best Practices angepasst werden? Wenn ja, wie?

Die Antworten auf diese Fragen und mehr geben wir in den folgenden Abschnitten, in denen wir ausführlich sowohl auf das Konzept als auch auf die Phasen von SAP Activate eingehen.

[»]

Übersetzung der Inhalte

Beachten Sie, dass die Inhalte von SAP Activate nicht in alle Sprachen, in denen SAP S/4HANA Cloud genutzt werden kann, übersetzt sind, z. B. ist die Methodik in Englisch verfügbar. SAP Best Practices sind in vielen Bereichen in mehreren Sprachen verfügbar. Werkzeuge, die SAP Activate verwenden, z. B. SAP Cloud ALM, sind in mehreren Sprachen verfügbar. Die in diesem Kapitel verwendeten Begriffen beziehen sich auf den Roadmap Viewer in deutscher Sprache.

9.1 Inhalte von SAP Activate

SAP Activate ist ein Rahmenwerk, das eine Methodik, eine Vorkonfiguration und Werkzeuge umfasst. Im Folgenden geben wir Ihnen einen Überblick über SAP Activate für die SAP-S/4HANA-Produktfamilie. Bitte beachten Sie, dass SAP Activate auch für weitere SAP-Produkte und -Szenarien mit den gleichen Eigenschaften zur Verfügung steht. Es gibt auch generische Methoden, die Sie für alle Produkte verwenden können. Es ist keine zusätzliche Lizenz erforderlich, SAP Activate kann in mehreren Tools verwendet werden, z. B. MS Project, MS Excel. Wir werden hier ganz besonders auf die Verwendung in *SAP Cloud ALM* eingehen.

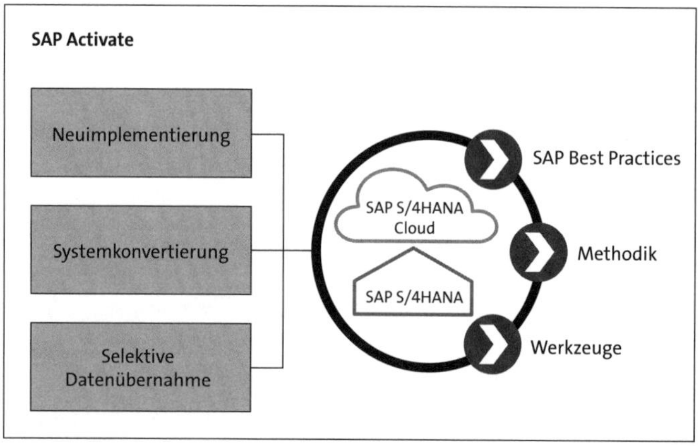

Abbildung 9.1 SAP Activate im Überblick

Die Methodik ist eine Schritt-für-Schritt-Anleitung für alle Phasen der Einführung. SAP Best Practices sind vorkonfigurierte Prozess, die teilweise auch lokalisiert angeboten werden. Werkzeuge umfassen alle Werkzeuge, in denen die Projektstrukturpläne von SAP Activate verwendet werden können, und SAP for Me, SAP Cloud ALM. Wie Sie in Abbildung 9.1 sehen können, bietet SAP Activate Inhalte für alle möglichen Szenarien von SAP S/4HANA an.

Die Ziele von SAP Activate

Die Ziele von SAP Activate sind:

- Optimierung der Einführung von SAP S/4HANA und SAP S/4HANA Cloud durch die Kombination von SAP Best Practices, Methodik und Werkzeugen für die Anpassung und Erweiterbarkeit.
- Lieferung vordefinierter, sofort einsatzbereiter und digitalisierter Geschäfts- und Technologieprozesse, die für SAP S/4HANA und SAP S/4HANA Cloud optimiert sind.
- Bereitstellung von SAP Best Practices für Transformation, Migration, Integration und Konfiguration von SAP S/4HANA und SAP S/4HANA Cloud.

Damit geht die schnelle, weniger serviceintensive initiale Implementierung und anschließende Wartung von SAP S/4HANA und SAP S/4HANA Cloud für alle SAP-S/4HANA-Kunden einher, unabhängig von deren Weg. Dies alles soll zu einer kürzeren Amortisierungszeit (*Time-to-Value*) und zu geringeren Gesamtbetriebskosten (*Total Cost of Ownership*, ToC) führen.

Bausteine

In den folgenden Abschnitten stellen wir Ihnen die einzelnen Bausteine von SAP Activate vor, die Sie in Abbildung 9.2 sehen: die Business Best Practices als Teil von SAP S/4HANA (*SAP Best Practices*), die Werkzeuge für die Anpassung und Erweiterbarkeit und die mit SAP Activate neu eingeführte Methodik.

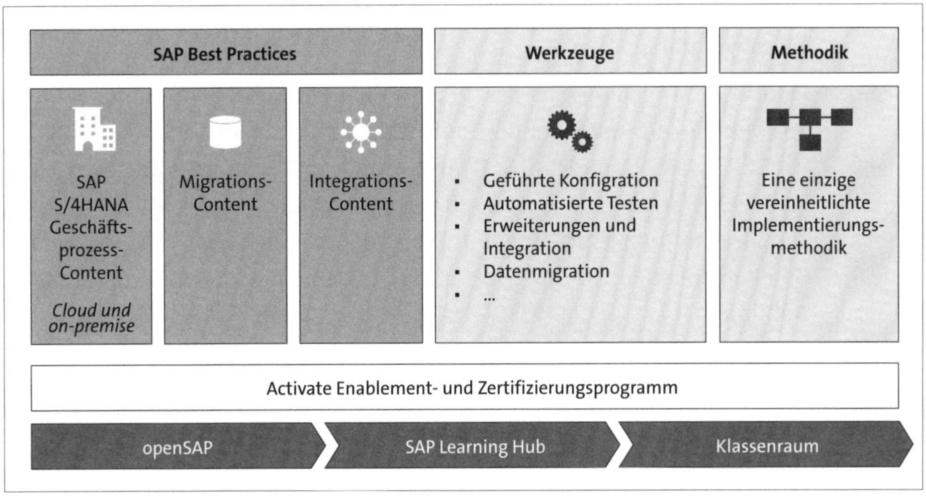

Abbildung 9.2 Die Bausteine von SAP Activate

9.1.1 SAP Best Practices

SAP Best Practices

SAP Best Practices wurde erstmals vor über zehn Jahren mit dem Produkt *SAP Business All-in-One* (damals *MySAP All-in-One*) eingeführt. Das war eine vorkonfigurierte SAP-Lösung, die auf dem Standard-SAP-ERP-System basierte (oder auf dem Standard-SAP-CRM-System im Falle der SAP-CRM-Best-Practices).

Der Unterschied zwischen einem SAP-Business-All-in-One- und einem SAP-ERP-System bestand darin, dass im Fall von SAP Business All-in-One speziell für den Mittelstand vorkonfiguriertes Customizing Teil des Produkts war. Somit konnten Systeme, die sich eng am Standard orientierten, auch für kleinere Kunden (Small- and Medium-sized Enterprises, SME) erfolgreich und schneller implementiert sowie einfacher betrieben werden. Die einzelnen Best Practices wurden dabei über Pakete im SAP Service Marketplace ohne weitere Kosten zum Download bereitgestellt. Jeder Kunde konnte diese mit einem S-User herunterladen, des Weiteren waren die Best Practices Ausgangspunkt für spezifische Branchenlösungen von SAP-Partnern.

Rapid Deployment Solutions

Der nächste Schritt war die Weiterentwicklung dieses Konzepts für Großkunden (Large Enterprises, LE), was in Form von *Rapid Deployment Solutions* (RDS) erfolgte. Im Unterschied zu früheren Best Practices und Rapid Deployment Solutions sind bei SAP Activate sämtliche Best Practices Teil des Produkts SAP S/4HANA, auch in SAP S/4HANA Cloud.

Bei den heutigen SAP Best Practices handelt es sich um vorkonfigurierte, sofort verfügbare und einsatzfähige Geschäfts- und Technologieprozesse, auf die Kunden und Partner über sogenannte *SAP-Best-Practices-Lösungsszenarien* Zugriff haben. Abbildung 9.3 zeigt die Lösungsszenarien des Prozessnavigators.

Erste Erfahrungen mit SAP Best Practices können Sie über die SAP-S/4HANA-Testversion (ein sogenanntes *Trial-System*) machen. In den Trial-Systemen für SAP S/4HANA und SAP S/4HANA Cloud stehen Ihnen vordefinierte Geschäftsszenarien in unterschiedlichen Geschäftsbereichen (Vertrieb, Finanzen, Beschaffung, Fertigung und Projektmanagement) zur Verfügung. Die Benutzerrollen und Beispielsdaten sind in den Trial-Systemen vordefiniert. Abbildung 9.4 zeigt die SAP-S/4HANA-Cloud-Einstiegsseite, über die Sie ein Testsystem beantragen können.

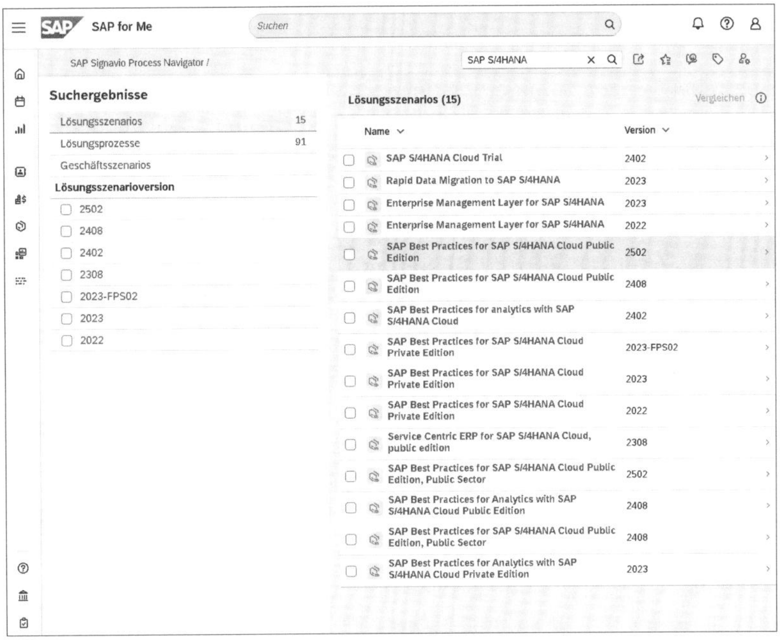

Abbildung 9.3 Lösungsszenarien zu SAP S/4HANA

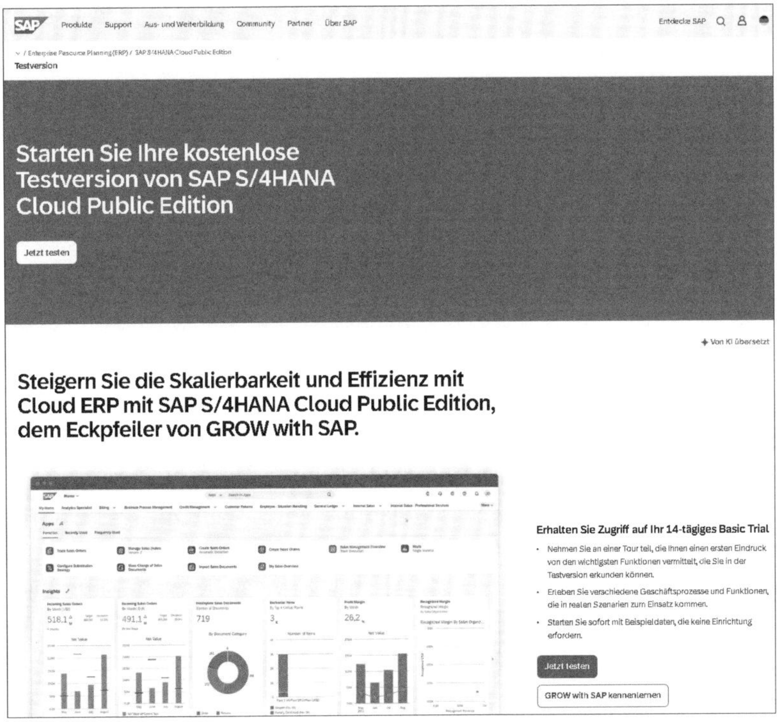

Abbildung 9.4 Webseite zur Testversion von SAP S/4HANA Cloud

[»]

Trial-System

Es bestehen je nach Anforderung unterschiedliche Möglichkeiten, Zugang zu den von SAP angebotenen Testversionen zu erhalten. Dabei haben Sie die Wahl zwischen einem mit anderen Benutzern geteilten kostenlosen SAP S/4HANA Cloud Trial (siehe *http://s-prs.de/v10578071*) und einem eigenen, von einem Cloud-Anbieter gehosteten SAP S/4HANA On-Premise Trial (siehe *http://s-prs.de/v10578026*). Der SAP On-Premise Trail verzichtet in den ersten 30 Tagen auf die SAP-Produktlizenzen. Für die erweiterte Nutzung über 30 Tage hinaus sind SAP-S/4HANA-Produktlizenzen und eine SAP Cloud Appliance Library Subscription erforderlich. Beachten Sie, dass Sie ein Konto bei einem Hyperscaler (AWS, Microsoft Azure oder Google Cloud Platform) bereitstellen und die Kosten für die Ausführung der Appliance übernehmen müssen. Weitere Informationen finden Sie in Kapitel 6, »Trial-Systeme und Content zum Ausprobieren«.

Zusätzlich steht Ihnen für SAP S/4HANA eine 90-tätige Testversion zur Verfügung. Die Testversion ist kostenpflichtig, und Sie benötigen einen gültigen S-User, um die Lösung zu bestellen. Testversion und S-User können Sie unter folgendem Link beantragen: *http://s-prs.de/v10578026*.

Mithilfe dieser Testzugänge können Sie sich einen ersten Eindruck von den Funktionen und der SAP-Fiori-Benutzeroberfläche verschaffen. Dabei helfen Ihnen geführte Touren durch die vorgefertigten SAP-Best-Practices-Szenarien. Weitere Informationen zu den Trial-Systemen erhalten Sie in Kapitel 6, »Trial-Systeme und Content zum Ausprobieren«.

SAP Best Practices für die Migration

Die Anwendung der SAP Best Practices für die Migration behandeln wir in Kapitel 12, »Planen der Datenmigration«, und detailliert in Kapitel 13, »SAP S/4HANA Migration Cockpit« (für SAP S/4HANA und SAP S/4HANA Cloud).

SAP Best Practices können Sie innerhalb einer SAP-S/4HANA-Einführung als solide Grundlage verwenden, um sicherzustellen, dass Sie mit Ihrer Implementation nah am SAP-Standard bleiben.

Die Konfiguration und das Customizing können statt von einem leeren System auch ausgehend von einem Modellunternehmen durchgeführt werden (siehe Kapitel 6, »Trial-Systeme und Content zum Ausprobieren«). Sämtliche Best Practices in SAP Activate wurden speziell für SAP S/4HANA und SAP S/4HANA Cloud erstellt und optimiert und haben somit nur noch dem Namen nach etwas mit den historischen Best Practices gemeinsam. Zum Beispiel nutzen die SAP-Best-Practices-Prozesse in SAP S/4HANA, wenn möglich, standardmäßig die SAP-Fiori-Benutzeroberfläche. Darüber hinaus gibt es als Erweiterung sogar SAP Best Practices, um eigene SAP-Fiori-Anwendungen zu bauen.

SAP Signavio Process Navigator ersetzt SAP Best Practices Explorer

Der *SAP Signavio Process Navigator* ist ein nativer Cloud-Service, der in SAP for Me integriert ist und Einblicke in das Prozessportfolio von SAP bietet, basierend auf einem datenmodell- und designzentrierten Geschäfts- und Lösungsprozess. Der Service liefert Prozessmodelle, Prozessdokumentationen, prozessbezogene Umsetzungsbeschleuniger, länderspezifische und branchenspezifische Umsetzungsbereiche. Er bietet prozessbezogene Kontextdaten wie Lösungskomponenten, Rollen, Integrationsautomatisierungsinformationen, Anwendungen entlang der Prozessabläufe und unterstützte Lösungsfähigkeiten. Somit ist der Prozessnavigator ein maßgeschneiderter Service, der Ihnen dabei hilft, in allen Bereitstellungstypen (SAP S/4HANA Cloud Private Edition, SAP S/4HANA Cloud Public Edition, SAP S/4HANA, On-Premise-Version oder hybride Szenarien) »einfach zu implementieren«. Zusätzlich stehen Ihnen Such- und Filteroptionen zur Verfügung, die Ihnen den Zugriff auf SAPs Prozessportfolio erleichtern.

9.1.2 Methodik von SAP Activate

Die Methodik von SAP Activate basiert auf jahrzehntelanger Erfahrung, Implementierungen wertebezogen und effizient zu gestalten. Der Ansatz von SAP Activate ist es, Prozesse so weit wie möglich zu standardisieren, Modifikationen so weit wie möglich zu vermeiden und einen Clean Core für intelligente Anwendungen zu haben. Diese Elemente bilden den Kern der Aufwandsoptimierung für Aktualisierungen und ermöglichen es, Innovationen und KI-Funktionen schnell einzuführen und effektiv zu nutzen. Lokalisierungen werden teilweise von SAP ausgeliefert und müssen teilweise selbst erstellt werden. SAP Activate stellt Schritt-für-Schritt-Anleitungen zur Verfügung. Bei Neuimplementierungen sind die *fünf Regeln* und die *Clean-Core-Strategie* integraler Teil der Methodik (siehe Abschnitt 2.3, »Die Clean-Core-Strategie«).

Wie bereits in Abschnitt 9.1, »Inhalte von SAP Activate«, beschrieben, unterstützt Sie der disziplinierte Projektmanagementansatz auch dabei, die Ressourcen des Implementierungsprojekts optimal einzusetzen und damit die Gesamtkosten zu reduzieren. Hervorzuheben ist, dass die Methodik den branchenüblichen Best Practices entspricht, die im PMBOK-Guide des Project Management Institute dokumentiert sind.

Ein weiterer Vorteil der SAP-Activate-Methodik ist, dass sie sowohl von SAP-Partnern als auch von Kunden selbst angewendet werden kann und nicht notwendigerweise an SAP-Beratungsleistungen gebunden ist. Sie können innerhalb eines SAP-S/4HANA-Projekts auch leicht vom Standardablauf abweichen, ohne auf die Vorteile der Standardmethodik verzichten zu müssen.

Roadmap Viewer

Der Zugriff auf SAP Activate erfolgt über den von SAP bereitgestellten Roadmap Viewer in SAP for Me (siehe *https://me.sap.com/roadmapviewer*). Abbildung 9.5 zeigt das Einstiegsbild des Roadmap Viewers. Das Einstiegsbild bietet Ihnen einen schnellen Überblick über die wichtigsten Funktionen des Roadmap Viewers. Hier finden Sie umfassende Informationen über bereitgestellte Inhalte, die Verwendung, weitere Informationen und SAP Cloud ALM. Über die Schaltfläche **Alle Roadmaps ansehen** erhalten Sie Zugriff auf alle verfügbaren Roadmaps in den Methodik-Bereichen **Cloud Specific**, **On-Premise Specific**, **Upgrade** und **General**.

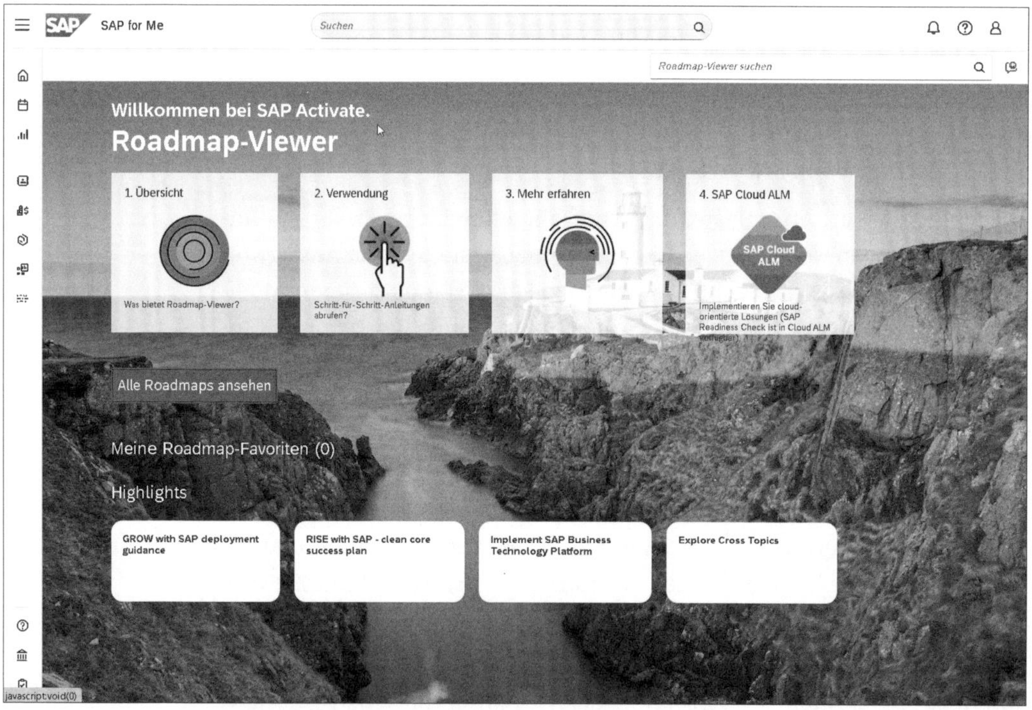

Abbildung 9.5 Einstiegsbild des Roadmap Viewers

Jede dieser Roadmaps ist in einzelne Arbeitsgruppen (sogenannte *Workstreams*) unterteilt, denen Liefereinheiten (*Deliverables*) mit Aufgaben/Aktivitäten (*Tasks* bzw. *Activities*) zugeordnet sind. Zu diesen Aufgaben finden Sie Erläuterungen und Inhalte, sogenannten *Content* (siehe Abbildung 9.6).

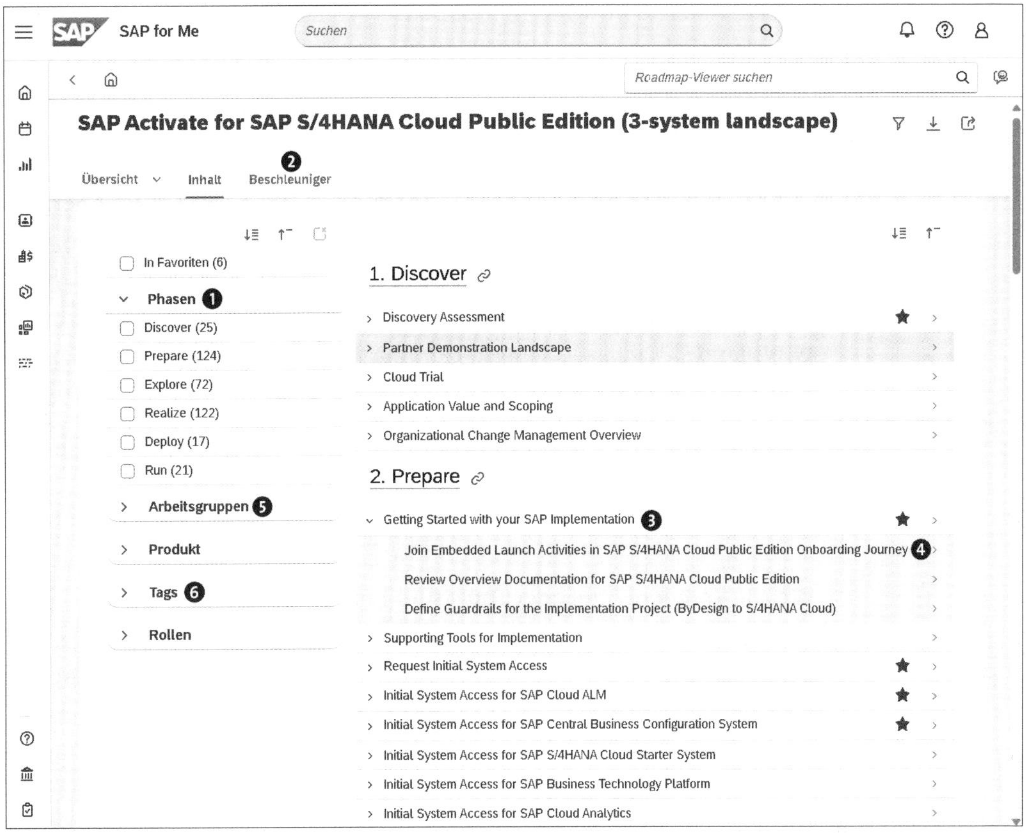

Abbildung 9.6 SAP Activate Roadmap der SAP S/4HANA Cloud

SAP Activate ist in Englisch verfügbar. Deshalb finden Sie hier nachfolgend ein paar übersetzte Begriffserläuterungen:

❶ Die *Phasen* (engl. Phases) sind die jeweiligen Abschnitte eines Projekts. Nach Beendigung jeder Phase wird über ein sogenanntes *Quality Gate* die Fertigstellung der Ergebnisse überprüft. Im gleichnamigen Abschnitt 9.2 gehen wir noch gesondert auf die unterschiedlichen Phasen ein.

❷ *Beschleuniger* (engl. Accelerators) sind Dateien oder Webseiten, die Ihnen helfen, Aufgaben auszuführen und diese schneller oder mit weniger Aufwand zu beenden.

❸ Hier finden Sie die *Aufgaben*. Eine Aufgabe (engl. Task) ist eine zu erledigende Arbeit. Ein oder mehrere Aufgaben umfassen eine Deliverable.

❹ Unter diesem Punkt finden Sie die *Deliverables*. »Deliverable« übersetzt man am besten mit *Ergebnis einer auszuführenden Tätigkeit* oder auch *Arbeitsergebnis*. Ein Deliverable ist das Resultat, das im Laufe eines Projekts geliefert wird. Mehrere Arbeitsergebnisse sind in einem Arbeitsablauf enthalten. Einem Workstream sind normalweise mehrere Deliverables zugeordnet.

❺ Eine *Arbeitsgruppe* (engl. Workstreams) dient dazu, die unterschiedlichen Arbeitsgebiete eines Projekts zu identifizieren und zu gruppieren. Es ist eine Sammlung von auszuführenden Tätigkeiten, die innerhalb eines Projekts zeitlich in Bezug zueinander stehen. Workstreams können phasenübergreifend sein und sind unabhängig vom Start und Ende einer Phase.

❻ *Weitere Filtergruppen* dienen dazu, Inhalte aus verschiedenen Roadmaps zu filtern (z. B. Services in der Roadmap für den Übergang zu SAP S/4HANA).

Die Roadmaps werden kontinuierlich mit dem Produkt aktualisiert, sodass sie stets die aktuellen Informationen enthalten, die Sie für eine erfolgreiche Implementierung benötigen.

Welche Komponenten oder Tools sind Teil der Methodik?

Die SAP-Activate-Methodik beinhaltet sogenannte *Beschleuniger* (Accelerators) für jede Phase des Implementierungsprojekts (siehe Abschnitt 9.2, »Phasen von SAP Activate«) und für jeden Arbeitsbereich. Zu diesen Beschleunigern gehören Templates, Fragebögen, Checklisten, Anleitungen und Werkzeuge, die die schnelle und standardmäßige SAP-Implementierung oder ein Upgrade unterstützen. Mit den Templates können z. B. Deltas gefunden, die Architektur aufgesetzt oder die für den Go-live erforderlichen Aktivitäten identifiziert werden.

Für welche Situation ist die Methodik am besten geeignet?

Grundsätzlich bietet die SAP-Activate-Methodik einen einheitlichen Ansatz, unabhängig vom Deployment-Modell (SAP-S/4HANA-Cloud-, Hybrid- oder SAP-S/4HANA-System). Außerdem ist die Methodik skalierbar, sodass sie in kleineren Projekten oder für kleinere Kunden ebenso angewendet werden kann wie für große Unternehmen.

Wer kann die Methodik einsetzen?

SAP Activate ist eine rollenspezifische Methodik. Aufgaben lassen sich vom Kunden oder von einem Implementierungspartner ausführen. Die Methodik ist frei verfügbar und kann vom Kunden und vom Implementierungspartner kostenfrei angewendet werden. SAP Consulting nutzt sie als Standardvorgehen.

9.1.3 Werkzeuge

Werkzeuge für die Anpassung und Erweiterung

Die mit SAP Activate bereitgestellten Werkzeuge für eine Anpassung und Erweiterbarkeit unterstützen den Kunden während jeder Phase der Neuimplementierung und auch später bei laufenden Erweiterungen nach dem Go-live. Die Vorgehensweise ist geschäftsprozessorientiert und führt die Benutzer Schritt für Schritt durch alle notwendigen Aufgaben. Hierzu stehen Ihnen je nach Projektphase verschiedene Werkzeuge zur Verfügung. Mit diesem Konzept wird die Einführung von SAP S/4HANA erheblich beschleunigt.

Bei der Vorstellung der einzelnen Komponenten erörtern wir einige Werkzeuge, sowohl für SAP S/4HANA Cloud als auch für SAP S/4HANA.

SAP Activate in SAP Cloud ALM

SAP-Activate-Inhalte (Methodik und SAP Best Practices) können in SAP Cloud ALM aktiv zur Implementierung genutzt werden. Sie können mit SAP Cloud ALM alle Aspekte der Softwareanforderungen und Qualitätssicherung von Implementierungen abdecken. Hier ist besonders zu erwähnen, dass SAP Cloud ALM nicht nur für die Implementierung viele Vorteile und Funktionen bietet, sondern auch für den Betrieb der Lösung. Von SAP PRESS sind mehrere Veröffentlichungen zu diesem Produkt auch in Deutsch erhältlich (siehe *http://s-prs.de/v10578077*). Im Roadmap Viewer finden Sie neben Details zu SAP Cloud ALM auch eine Methodik, um auf SAP Cloud ALM umzusteigen: SAP Activate for Transition to SAP Cloud ALM.

Konfiguration

Sobald Ihre SAP-S/4HANA-Cloud-Public-Edition-Systeme verfügbar sind, müssen sie so konfiguriert werden, dass ihre Merkmale und Funktionen an Ihre spezifischen Anforderungen angepasst werden. Hier wird zurzeit zwischen zwei unterschiedliche Vorgehensweisen unterschieden:

Sie können die SAP S/4HANA Cloud Public Edition mit dem Cloud-Service SAP Central Business Configuration konfigurieren. Der Cloud-Service ist in die SAP S/4HANA Cloud integriert und unterstützt die Umfangsermittlung, die Konfiguration der Organisationen und die Konfiguration sowie die fortlaufende Anpassung in SAP S/4HANA Cloud. Auch hierfür stellt SAP Ihnen mit SAP Best Practices vorkonfigurierte Lösungen zur Verfügung, die Sie auf Grundlage Ihrer Demodaten ausprobieren können, bevor Sie sie anpassen und einführen. Über das Lifecycle Management in SAP Central Business

Configuration wird sichergestellt, dass Ihre getätigten Konfigurationseinstellungen konsistent bleiben.

[»]

Weiterführende Informationen

Weitere Informationen über SAP Central Business Configuration erhalten Sie unter *http://s-prs.de/v10578072*.

Daten migrieren

Zur Migration Ihrer Stamm- und Bewegungsdaten steht Ihnen in SAP S/4HANA und SAP S/4HANA Cloud das *SAP S/4HANA Migration Cockpit* zur Verfügung. Das SAP S/4HANA Migration Cockpit wird über die SAP-Fiori-UI-Anwendung **Daten migrieren – Migrationscockpit** aufgerufen. Ausführliche Informationen über dieses Werkzeug erhalten Sie in Kapitel 13, »SAP S/4HANA Migration Cockpit« (für SAP S/4HANA und SAP S/4HANA Cloud).

[»]

Planung der Datenmigration früh starten

Die Erfahrung aus Kundenprojekten zur Einführung von SAP S/4HANA und SAP S/4HANA Cloud zeigt, dass es sehr sinnvoll ist, sich so früh wie möglich mit den Datenmigrationswerkzeugen wie dem SAP S/4HANA Migration Cockpit und den Migrationsvorlagen zu beschäftigen und sich in die Thematik einzuarbeiten.

Je früher dies geschieht und je eher Fragen geklärt werden (am besten schon während der Vorbereitungsphase), desto reibungsloser verläuft die spätere Datenmigration und umso genauer werden Ihre Zeitpläne eingehalten.

Testen

Um das Testen zu erleichtern, steht Ihnen in SAP S/4HANA Cloud eine integrierte Testautomatisierungsfunktionalität (SAP S/4HANA Cloud Test Automation Tool) zur Verfügung, mit der Sie Prozesse testen und Testprozesse verwalten können. Dieses Werkzeug ermöglicht es, Tests automatisiert durchzuführen. Basis für das automatisierte Testen sind Testskripte, die SAP im Rahmen von SAP Best Practices ausliefert und die mit Testdaten befüllt werden können. Sie können die ausgelieferten Testskripte als Ausgangspunkt verwenden und an Ihre Geschäftsanforderungen anpassen. Der automatisierte Test beinhaltet die Dokumentation der Testaktivitäten und unterstützt das Anlegen, Ändern, Ausführen und Verwalten von Testplänen.

> **Automatisches Testen in SAP S/4HANA Cloud**
> Über die SAP Community für SAP S/4HANA Cloud finden Sie weiter interessante Informationen über das SAP S/4HANA Cloud Test Automation Tool (siehe *http://s-prs.de/v10578073*).

Test Suite

In SAP S/4HANA steht Ihnen eine Test Suite, verfügbar über den SAP Solution Manager, zur Verfügung. Diese Anwendung ermöglicht manuelle und automatisierte Tests sowie Analysen über Auswirkungen von Änderungen. Die Test Suite umfasst Testmanagement, Testplanung, Testdurchführung und Testberichtswesen und deckt somit alles ab, was Sie für SAP- als auch für Nicht-SAP-Projekte benötigen.

Bereitstellung von Schulungen und Schulungsmaterial

Zugriff auf weitere Informationen

Um die Kosten für eine klassische Vor-Ort-Schulung einzusparen, enthält SAP S/4HANA bereits Onlinelerninhalte, die über den SAP Learning Hub direkt in der SAP-Fiori-App **Lösung verwalten** in die Funktion **Weitere Informationen** eingebunden sind. Abhängig von der Benutzerrolle und der Phase werden die Lerninhalte dynamisch zur Verfügung gestellt.

Darüber hinaus gibt es auf sämtlichen SAP-Fiori-Oberflächen eine kontextsensitive *F1-Hilfe*, die weit über die alte [F1]-Hilfe in SAP hinausgeht.

SAP Learning Hub

Die Funktion **Weitere Informationen** ist der zentrale Einstiegspunkt für sämtliche SAP-S/4HANA-Lerninhalte. Diese beinhalten auch das rollenbasierte Onboarding von neuen Anwendern, inklusive interaktiver Demos. Über sie erreicht man auch den bereits erwähnten SAP Learning Hub, eine kostenpflichtige E-Learning-Plattform.

Erweitern und integrieren

In SAP S/4HANA Cloud stehen Ihnen folgende Erweiterungsmöglichkeiten zur Verfügung:

- Entwickler-Erweiterbarkeit durch die ABAP-Umgebung von SAP S/4HANA Cloud
- Side-by-Side-Erweiterbarkeit durch SAP BTP
- Erweiterbarkeit für Anwendungsexperten durch integrierte Funktionen)

SAP Extensibility Explorer

Weitere Informationen zu den beschriebenen Erweiterungsoptionen finden Sie im SAP Extensibility Explorer (siehe *http://s-prs.de/v10578074*).

Mithilfe des von SAP verfolgten Integrationsansatzes können SAP-S/4HANA-Cloud-Systeme mit verschiedenen Systemen integrieren. Dies können sowohl SAP-Lösungen als auch Lösungen von Drittanbietern sein. SAP unterscheidet hier verschiedene Ansätze mit jeweils unterschiedlichem Flexibilitätsgrad:

- vordefinierte Integrationen auf der Basis von SAP Best Practices (siehe *http://s-prs.de/v10578075*)
- kundenspezifische Integrationen auf der Basis veröffentlichter APIs aus dem SAP Business Accelerator Hub (siehe *http://s-prs.de/v10578076*)

9.2 Phasen von SAP Activate

Sechs Phasen

Am Beispiel des Szenarios für eine Neuimplementierung stellen wir Ihnen nun die einzelnen Phasen der SAP-Activate-Methodik vor. Dazu sehen wir uns die Phasen eines typischen SAP-S/4HANA-Projekts im Detail an. Mithilfe der einzelnen SAP-Activate-Phasen kann die Einfachheit einer SAP-S/4HANA-Cloud-Implementierung genauso gut abgedeckt werden wie die komplexe Installation eines SAP-S/4HANA-Systems:

1. **Erkunden (Discover)**

   In dieser Phase können Sie sich mit der Lösung vertraut machen sowie die Einführungsstrategie und Projektziele festlegen. Mittels SAP Transformation Navigator und Trial-System haben Sie die Möglichkeit, sich über Optionen und Produktdetails zu informieren.

2. **Vorbereiten (Prepare)**

   Das SAP-S/4HANA-Projekt wird initiiert, geplant und aufgesetzt, inklusive der Quality Gates und eines Risikoplans. Des Weiteren werden die Systemlandschaft und SAP Best Practices für die vordefinierten Geschäfts- und Technologieprozesse aufgesetzt sowie das Projektteam zugeordnet. In allen Bereichen wird das Projekt geplant und die zu treffenden Entscheidungen werden vorbereitet.

3. **Bewerten (Explore)**

   In Workshops (Fit-to-Standard-Analyse) pro Geschäftsbereich bzw. Prozess werden notwendige Konfigurationen, Erweiterungen und Integrationen ermittelt. Hier wird ein Standardsystem mit SAP Best Practices als Ausgangspunkt genommen. In allen Bereichen, z. B. Endanwender-Training, werden detaillierte Pläne zur Ausführung in der Umsetzungsphase erstellt. Es werden alle notwendigen Entscheidungen im Hinblick auf den Projektumfang getroffen.

4. **Realisieren (Realize)**

   Das SAP-S/4HANA- bzw. das SAP-S/4HANA-Cloud-System wird gemäß den Plänen aus der Erkundungsphase (Explore-Phase) konfiguriert, erweitert und mit anderen Produkten verbunden. Die Konfiguration und die Einstellungen erfolgen in kurzen Zyklen, um regelmäßige Validierungen zu ermöglichen und Feedback von den Fachabteilungen einholen zu können. Strukturierte Tests des Systems und Migrationsaktivitäten sind ebenfalls Bestandteil dieser Phase. Am Ende dieser Phase sind alle Bereiche des Projekts für den Cut-over in der Implementierungsphase (Deploy-Phase) vorbereitet.

5. **Importieren (Deploy)**

   Das neue SAP-S/4HANA- bzw. SAP-S/4HANA-Cloud-System steht kurz vor dem Go-live, und die finalen Vorbereitungen für den Cut-over werden durchgeführt, sodass das System und die Daten bereit für den produktiven Einsatz sind. Die Endbenutzer werden geschult, damit sie das neue System produktiv nutzen können. Daraufhin wird das neue System live geschaltet und das Altsystem abgelöst.

6. **Ausführen (Run)**

   Das Implementierungsprojekt ist mit dem Ende der Implementierungsphase abgeschlossen. In der Ausführungsphase (Run-Phase) werden Erfahrungen für eine Erweiterung der Nutzung gesammelt, bei Bedarf neue Benutzer angelegt und Updates/Upgrades sowie zugehörige Regressionstests durchgeführt.

Diese sechs Phasen werden jeweils noch in unterschiedliche Aktivitäten untergliedert. Diese Aktivitäten hängen davon ab, ob SAP S/4HANA Cloud (Software as a Service, SaaS) oder SAP S/4HANA (gilt auch für SAP S/4HANA in der Cloud oder hybride Szenarien) als Deployment-Modell gewählt wurde.

9.3 SAP-Activate-Roadmaps für die SAP-S/4HANA-Produktfamilie

SAP Activate stellt mehrere Roadmaps für die Migration nach SAP S/4HANA zur Verfügung. Die Details der Methodik hängen von der gewählten Version, dem Bereitstellungsmodell und den verwendeten Werkzeugen ab. In diesem Abschnitt gehen wir kurz auf diese Roadmaps ein. Beachten sie, dass SAP Activate in sehr kurzen Abständen aktualisiert wird und die aktuelle Roadmap nur im Roadmap Viewer erhalten ist. Zunächst betrachten wir den Umstieg auf die On-Premise-Version und anschließend betrachten wir die Versionen, die in der Cloud betrieben werden.

9.3.1 On-Premise-Roadmaps

Eine der größten Roadmaps von SAP Activate und auch eine der ersten ist **SAP Activate Methodology for Transition to SAP S/4HANA**. Sie können nach den drei Umstiegsszenarien, der Clean-Core-Strategie und Organizational Change Management (OCM) filtern. Die Roadmap enthält außerdem Zusatzinformation zu Services.

SAP Activate Methodology for SAP S/4HANA Upgrades ist die Folge-Roadmap und beinhaltet alle Arbeiten zu Aktualisierungen. Sie können u. a. nach technischem Upgrade oder nach Upgrade mit funktionalen Erweiterungen filtern.

9.3.2 Cloud-Roadmaps

Die Unterschiede von SAP S/4HANA Cloud Private Edition und SAP S/4HANA Cloud Public Edition spiegeln sich auch in SAP Activate wider. Beide Editionen haben jeweils eigene Methodiken, die sich in getrennten Roadmaps widerspiegeln:

- Die Roadmap **SAP Activate for SAP S/4HANA Cloud Public Edition (3-system landscape)** richtet sich in erster Linie an Neukunden.
- Die Roadmap **SAP Activate for SAP S/4HANA Cloud Public Edition (2-system landscape)** richtet sich an Kunden, die eine Zwei-Systemlandschaft haben. SAP wird Schritt für Schritt alle Kunden mit SAP Central Business Configuration in die Drei-Systemlandschaft konvertieren. Aus diesem Grund betrachten wir in diesem Buch die Migration in die Drei-Systemlandschaft.
- Die Roadmap **Baseline Activation Service for SAP S/4HANA Cloud (3-system landscape)** ist eine SAP-Activate-Methode für sehr kleine Unternehmen.

SAP S/4HANA Cloud Private Edition ist ein Cloud-ERP-Produkt mit einem ähnlichen Lösungsumfang wie SAP S/4HANA, On-Premise-Version. Auch hier bietet SAP eine eigene Roadmap an: **SAP Activate for RISE with SAP S/4HANA Cloud Private Edition.** Wie der Namen schon sagt, sind darin RISE-with-SAP-Services integriert.

9.3.3 Weitere Roadmaps

Bitte beachten Sie, dass es für viele Themen eine eigene SAP-Activate-Roadmap gibt. Neben Roadmaps für eine Vielzahl von SAP-Produkten wie SAP SuccessFactors, SAP BW/4HANA, SAP Concur, SAP Fieldglass gibt es generische Roadmaps, die für alle On-Premise- und Cloud-Produkte anwendbar sind.

In vielen Bereichen haben wir bereits auf SAP Cloud ALM hingewiesen und Sie darüber informiert, dass SAP Activate in SAP Cloud ALM verwendet werden kann. Wenn Sie derzeit mit dem SAP Solution Manager arbeiten, finden Sie die notwendigen Schritte für den Umstieg auf SAP Cloud ALM in der Roadmap **SAP Activate for Transition to SAP Cloud ALM**.

Für alle Produkte und Umstiegsszenarien bietet SAP Activate detaillierte Projektstrukturpläne, die nach PMP strukturiert sind. SAP Activate ist rollenbasiert und benutzt ein standardisiertes Rahmenwerk, Aufgaben sind nach Arbeitsgruppen und Phasen gegliedert. Die SAP-Activate-Methodik kann in SAP Cloud ALM aktiv genutzt werden und aus dem Roadmap Viewer (Teil von SAP for Me) in allgemein verwendbaren Formaten heruntergeladen werden.

Im nächsten Kapitel beschreiben wir die Schritte zur Installation von SAP S/4HANA.

Kapitel 10
Installation von SAP S/4HANA in der On-Premise-Version oder in der Private Cloud

Beim Umstieg auf die On-Premise-Version von SAP S/4HANA wird entweder ein neues SAP-S/4HANA-System aufgesetzt oder ein bestehendes SAP-System transformiert. In diesem Kapitel erläutern wir die Schritte, die zur Installation des Backend- und Frontend-Servers notwendig sind.

In diesem Kapitel behandeln wir die On-Premise-Version von SAP S/4HANA oder SAP S/4HANA in einer *Private Cloud* (*Cloud* bedeutet hier also sozusagen ein gehostetes IaaS-System – Infrastructure as a Service). Im Gegensatz zu SAP S/4HANA Cloud Public Edition (einem Standard-Cloud-System mit quartalsmäßigen Updates und eingeschränktem Zugang zum Backend-System – Software as a Service), können Sie bei Ihrem eigenen On-Premise-System selbst über das Customizing und die Updates bestimmen. Dabei ist es egal, ob dieses System tatsächlich bei Ihnen in Ihrem eigenen Datencenter oder bei einem Hosting-Partner implementiert wird. Die Private-Cloud-Option kann auch durch SAP selbst in SAP-Rechenzentren realisiert werden oder bei einem Hyperscaler (z. B. Microsoft Azure, Google Cloud Platform oder Amazon Web Services).

In diesem Fall können Sie viel stärkeren Einfluss auf die Implementierung nehmen. Außerdem – und dies ist mit Sicherheit auch ein entscheidender Punkt – können Sie bei einer solchen Implementierung Ihr Zielrelease frei wählen. Das heißt, Sie können z. B. zu SAP S/4HANA 2023 wechseln oder zu einer früheren Version.

10.1 Voraussetzungen und Überblick

Bevor Sie mit der Migration nach SAP S/4HANA mit einem Greenfield-Ansatz beginnen, muss das System erst einmal frisch aufgesetzt werden (Neuinstallation). Des Weiteren benötigt ein SAP-S/4HANA-System für jedes dieser Szenarien einen Frontend-Server, um SAP Fiori als Benutzerschnittstelle nutzen zu können.

[»]

SAP-Fiori-Frontend-Server

Neben der Installation des eigentlichen SAP-S/4HANA-Systems wird für die SAP-Fiori-Benutzeroberfläche auch die Installation eines SAP-Fiori-Frontend-Servers notwendig, da Sie gewiss nicht auf die SAP-Fiori-Apps verzichten möchten. Dies gilt sowohl für die Systemkonvertierung beim Brownfield-Ansatz als auch bei der hier beschriebenen Neuimplementierung (Greenfield-Ansatz). Weitere Informationen über diesen Frontend-Server und die Schritte zur Installation finden Sie in Abschnitt 8.2.4, »Den SAP-Fiori-Frontend-Server einrichten«.

Schritte für die Neuinstallation

Sofern Sie nicht mit der SAP S/4HANA Fully-Activated Appliance starten möchten, die wir in Kapitel 6, »Trial-Systeme und Content zum Ausprobieren«, vorgestellt haben, müssen Sie vor der Neuinstallation zunächst ein Sizing durchführen, um den Hardwarebedarf festzustellen.

Anschließend wird mithilfe des *Software Provisioning Managers* ein SAP-S/4HANA-System mit den verfügbaren SAP-Installationsmedien neu aufgesetzt (siehe Abschnitt 10.2, »Installation«). Das entstehende System enthält zunächst das Auslieferungs-Customizing von SAP. Die anschließende Konfiguration des neuen Systems müssen Sie entsprechend den Anforderungen durchführen, die die Geschäftsprozesse stellen, die Sie implementieren wollen.

Zusätzlich zu der eigentlichen SAP-S/4HANA-Instanz wird ein Frontend-Server installiert. Dieser Frontend-Server ist die zentrale Instanz für den Einsatz der SAP-Fiori-Benutzerschnittstelle (siehe Abschnitt 8.2.4, »Den SAP-Fiori-Frontend-Server einrichten«).

Als Alternative zu einer eigenen Neuinstallation (die für ein Produktivsystem obligatorisch ist) möchten wir an dieser Stelle nochmals auf das SAP-S/4HANA-Referenzsystem als SAP S/4HANA Fully-Activated Appliance hinweisen, das wir in Kapitel 6, »Trial-Systeme und Content zum Ausprobieren«, vorgestellt haben. Die SAP S/4HANA Fully-Activated Appliance kann als Startpunkt auch mittels eines Modellunternehmens dienen. Eine der beschriebenen Möglichkeiten, diese Appliance zu nutzen, ist die Bereitstellung über die SAP Cloud Appliance Library und der Betrieb bei einem Hyperscaler.

10.2 Installation

Sizing

Wenn Sie nicht mit der SAP S/4HANA Fully-Activated Appliance starten, sollten Sie zunächst ein Sizing für Ihren individuellen Fall durchführen. Beim Sizing ermitteln Sie die Hardwareanforderungen des SAP-S/4HANA-Systems und der SAP-HANA-Datenbank sowie die Plattengröße, den notwendigen Arbeitsspeicher und den voraussichtlichen Netzwerkdurchsatz.

[«]

Weitere Informationen zum Sizing

Je nach Zielsystemrelease und Szenario erhalten Sie über die folgenden Links mehr Informationen zum SAP S/4HANA Sizing:

- Sizing-Startpunkt im SAP Support Portal: *http://sap.com/sizing*
- Quick Sizer: *http://s-prs.de/v10578078*
- SAP-Hinweis 1872170 für die ABAP-Sizing-Reports

Sandboxsystem

In diesem Abschnitt beschreiben wir das Aufsetzen eines SAP-S/4HANA-On-Premise-Systems in Ihrer eigenen Landschaft. In einer Private-Cloud- oder Hosting-Umgebung sind diese Schritte analog durchführbar. Der SAP-Empfehlung folgend beschreiben wir in diesem Abschnitt das Installieren eines Sandboxsystems, das den ABAP-Backend- und den SAP-Fiori-Frontend-Server in einem gemeinsamen System beinhaltet (*Co-Deployment*, siehe Abschnitt 8.2.4, »Den SAP-Fiori-Frontend-Server einrichten«).

Download der Installationsdateien

Zunächst einmal müssen Sie alle Installationsdateien identifizieren. Dann können Sie die Dateien entweder mithilfe des *SAP Download Managers* oder der SAP-Fiori-App *Download Basket* im SAP Support Launchpad herunterladen. Der Maintenance Planner hilft Ihnen dabei, die richtigen Dateien für Ihre Installation zu identifizieren.

[«]

Download Basket

Leeren Sie den Download Basket, indem Sie alte Download-Aufträge löschen, bevor Sie die einzelnen Komponenten für SAP S/4HANA auswählen. So behalten Sie einen besseren Überblick über die tatsächlich benötigten Installationsdateien. Der SAP Download Manager erlaubt es, nur jeweils einzelne Archive aus der Liste zu löschen. Um mehrere Einträge gleichzeitig zu löschen, nutzen Sie besser die SAP-Fiori-App *Download Basket*.

Den Download Basket finden Sie auf der Seite *https://me.sap.com/downloadbasket*. Er muss lokal installiert werden, die Installationsdateien finden Sie im Softwarebereich mit der Suche unter *https://me.sap.com/softwarecenter*.

Maintenance Planner

Um die korrekten Dateien auf einfache Weise zu identifizieren und in den Download Basket zu legen, melden Sie sich am *Maintenance Planner* an, einem Tool, das neben der Systemkonvertierung (siehe Kapitel 7, »Vorbereitung der Systemkonvertierung«) auch für die Neuimplementierung eingesetzt wird. Mit dem Maintenance Planner können Sie neue Systeminstallationen planen, Updates ausführen und neue sowie zusätzliche SAP-Produkte (wie z. B. den Frontend-Server für SAP Fiori) implementieren.

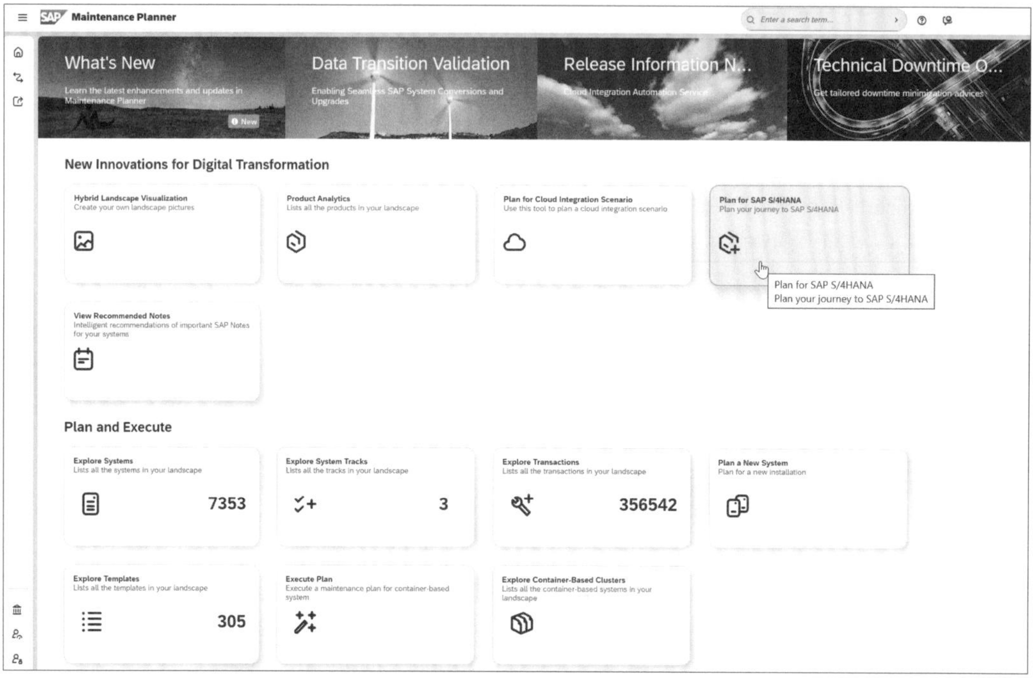

Abbildung 10.1 Der Maintenance Planner unterstützt Sie nicht nur beim Umstieg auf SAP S/4HANA.

Weitere Informationen zum Maintenance Planner

Mehr Informationen zum Maintenance Planner erhalten Sie unter dem folgenden Link: *http://help.sap.com/maintenanceplanner.*

Maintenance Planner starten

Um den Maintenance Planner zu starten, rufen Sie den folgenden Link in Ihrem Internetbrowser auf: *http://s-prs.de/v10578079*, oder Sie nutzen die entsprechende SAP-Fiori-App in SAP For Me. Eine SAP-Fiori-basierte englischsprachige Webseite öffnet sich, zu der Sie Zugang mit Ihrem S-User haben (siehe Abbildung 10.1). Für SAP-Partner muss der Partner-User mit dem

Benutzer des Kunden verbunden sein, damit Sie die Kundensysteme sehen können. Wählen Sie die Kachel **Plan for SAP S/4HANA**. Der Maintenance Planner wird Ihnen helfen, die notwendigen Installationsdateien zu identifizieren und sie herunterzuladen, und er wird die nötige Dokumentation bereitstellen.

Der Maintenance Planner wird nicht nur für neu aufgesetzte Systeme eingesetzt, sondern auch bei Systemkonvertierungen (siehe Abbildung 10.2). Das Werkzeug kommt dort zum Einsatz, um das existierende System auf Add-ons, Business Functions und Industrielösungen hin zu untersuchen. Dabei hilft Ihnen der Maintenance Planner auch, festzustellen, ob eine Systemkonvertierung überhaupt durchgeführt werden kann (siehe Abschnitt 7.2.4, »Maintenance Planner«).

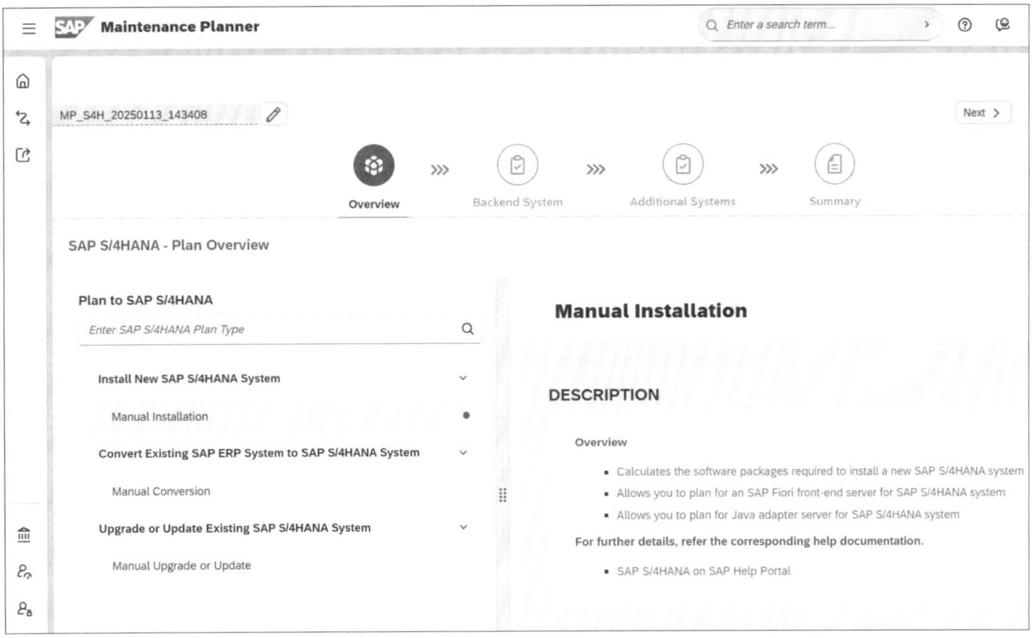

Abbildung 10.2 Der Maintenance Planner erlaubt die Planung der Installation eines neuen SAP-S/4HANA-Systems oder der Konvertierung eines bestehenden Systems.

Installation Guide

Laden Sie über den in Abbildung 10.2 im Bereich **Manual Installation** dargestellten Link zum SAP Help Portal den *Installation Guide* für Ihre SAP-S/4HANA-Version herunter (Menüpunkt **New Installation Details**). Diesen finden Sie auf der Registerkarte **Implement** im SAP Help Portal (siehe Abbildung 10.3).

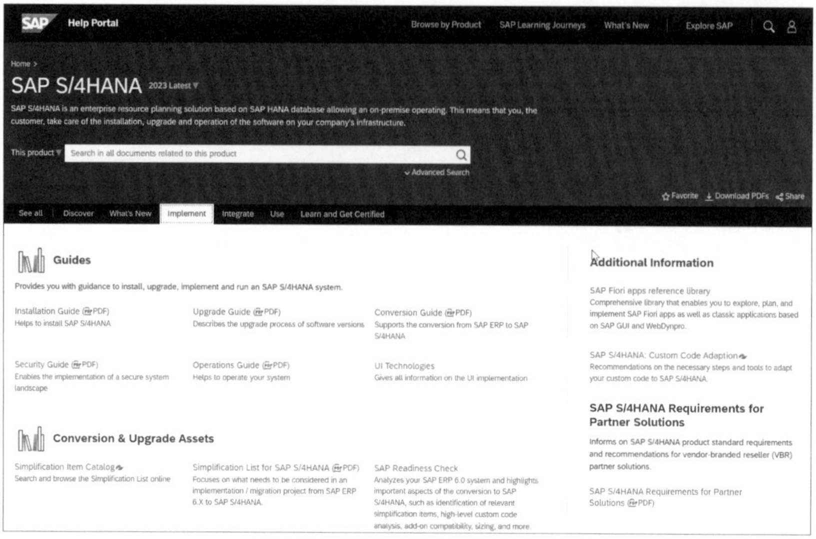

Abbildung 10.3 Installation Guide im SAP Help Portal

Der Maintenance Planner führt Sie Schritt für Schritt durch den folgenden Installationsvorbereitungsprozess, in unserem Beispiel für SAP S/4HANA 2023 FPS02. Auf dem Einstiegsbild **Plan Overview** (siehe Abbildung 10.2) führt Sie der Button **Next** zum Schritt **Backend System**, wo Sie die System-ID und Details wie die Version von SAP S/4HANA und gewünschte Produktinstanzen angeben, wie in Abbildung 10.4 zu sehen.

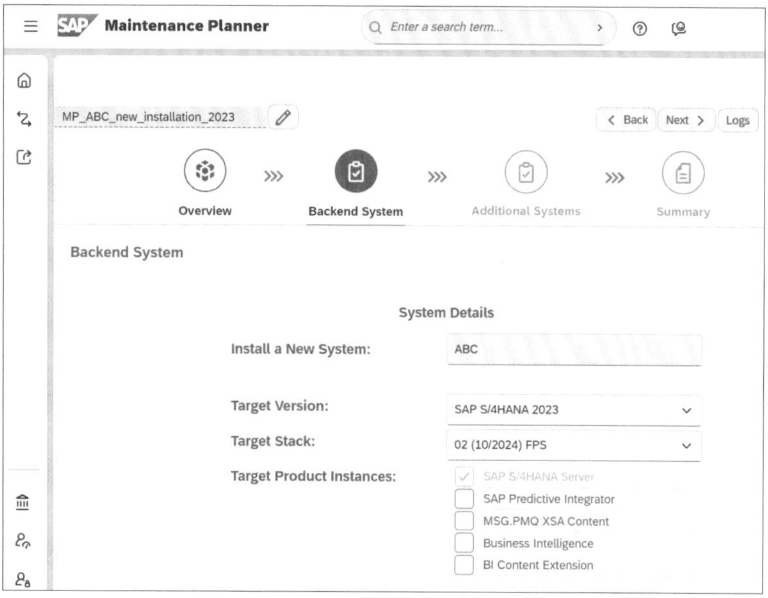

Abbildung 10.4 Spezifikation der Installations-Systemdaten

Im Schritt **Additional Systems** erfolgt die Angabe für den Frontend-Server mit der empfohlenen Option **Co-deploy with Backend**, wie Sie in Abbildung 10.5 sehen.

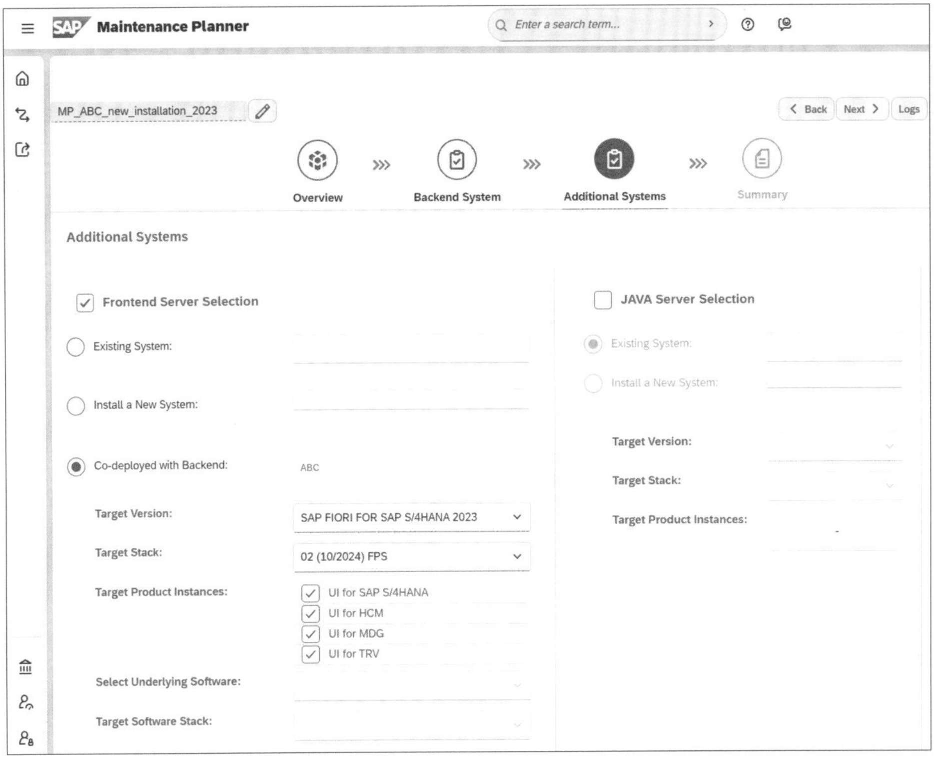

Abbildung 10.5 Detailangaben zur Installation des Frontend-Servers

Nach einer Zusammenfassung im Schritt **Summary** folgen dann die Schritte, die Sie vielleicht aus einem Wartungsvorgang im Maintenance Planner bereits kennen. Zunächst können Sie unter **Define Change** insbesondere Add-ons auswählen, die mit installiert werden sollen. In Abbildung 10.6 ist das Add-on Ariba Cloud Integration zu sehen, das manuell hinzugefügt wurde.

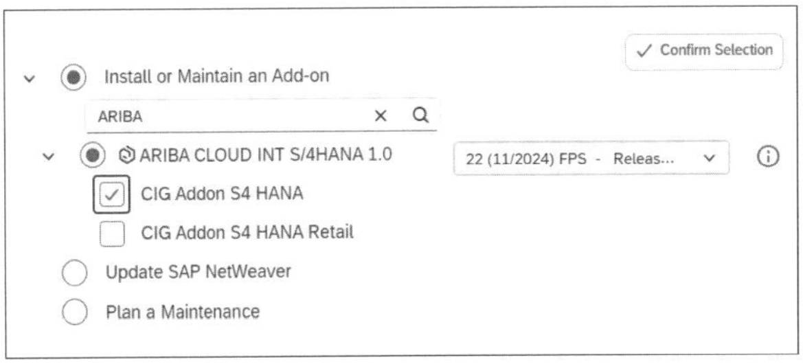

Abbildung 10.6 Auswahl zusätzlicher Add-ons im Maintenance Planner

Die ausgewählten Add-ons werden dann im Bereich **Target Software Detail** gelistet, wie in Abbildung 10.7 für das Ariba-Cloud-Integration-Add-on zu sehen.

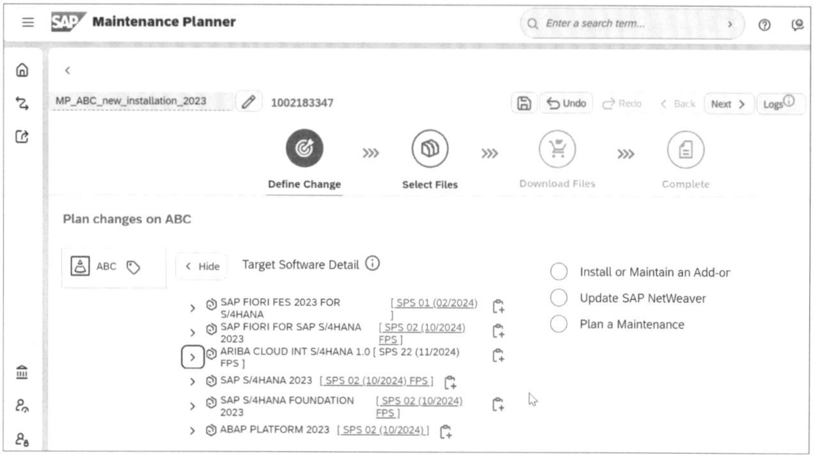

Abbildung 10.7 Liste der Ziel-Software-Details mit Add-ons

Im Schritt **Select Files** wählen Sie für das Betriebssystem des Application Server Hosts die SAP-Kernel-Version. Wie in Abbildung 10.8 zu sehen, können Sie hier auch die Software für die SAP-HANA-Datenbank auswählen, falls diese noch nicht installiert wurde.

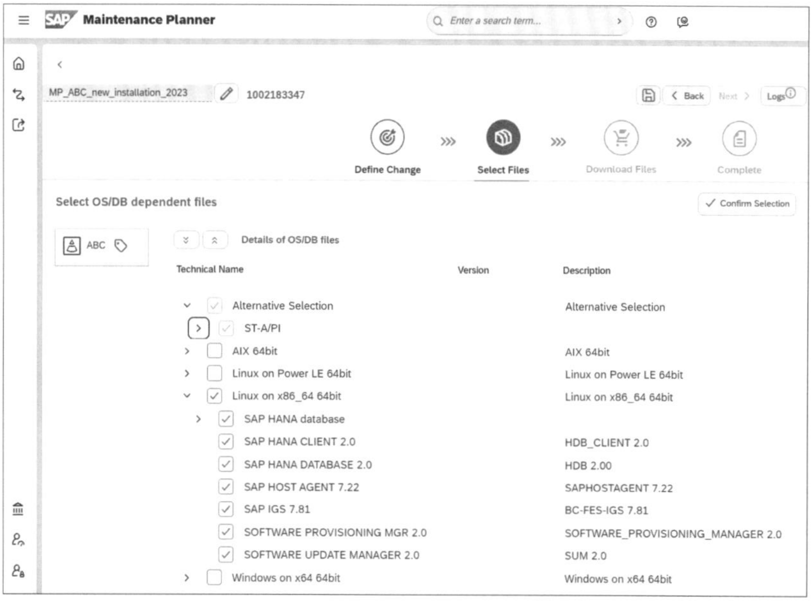

Abbildung 10.8 Auswahl des SAP-Kernels und weiterer Archive im Maintenance Planner

Darüber hinaus ist es sinnvoll, auch gleich die Archive für den *Software Provisioning Manager* (für die Installation) und für den *Software Update Manager* (für das Patchen) auszuwählen.

Wenn Sie den Prozess durchlaufen haben, können Sie am Ende im Schritt **Download Files** über den Button **Push to Download Basket** die Installationsdateien an den Download Basket übergeben und den Maintenance Plan als PDF direkt über das Tool unter **Additional Downloads** herunterladen (siehe Abbildung 10.9).

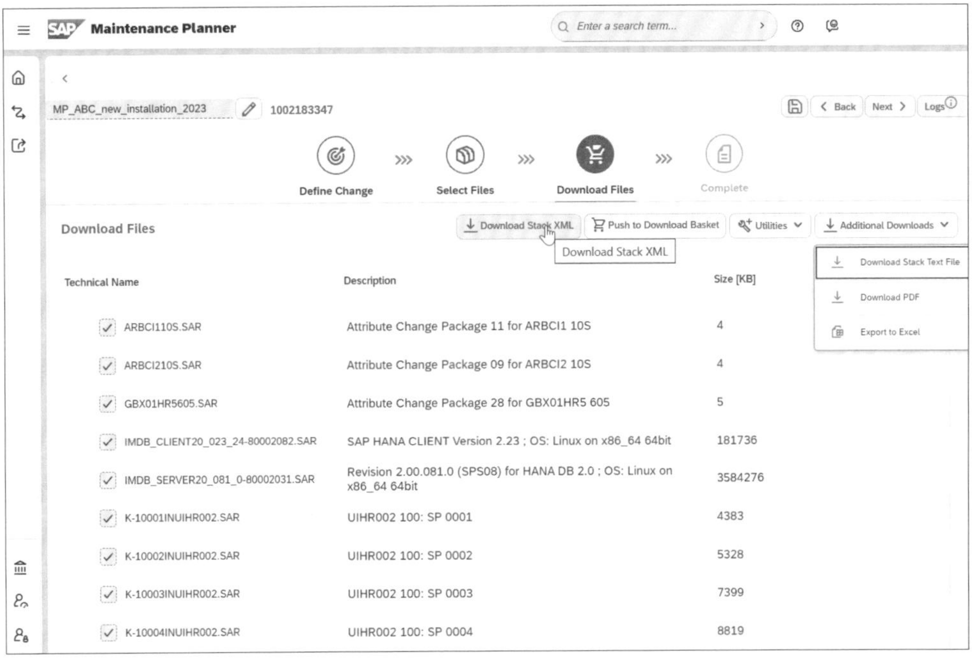

Abbildung 10.9 Übergabe der Dateien in den Download Basket

Abbildung 10.10 zeigt einen Teil der für Ihre SAP-S/4HANA-Installation identifizierten und bereitgestellten Download-Dateien im Download Basket. In der Abbildung ist unten rechts auch der Link zur Installation des Download Managers zu sehen. Der Download Basket ist erreichbar über *https://me.sap.com/downloadbasket*.

Installation mit dem Software Provisioning Manager

Die eigentliche Installation von SAP S/4HANA erfolgt dann über den *Software Provisioning Manager* mit den Dateien, die Sie über den Maintenance Planner heruntergeladen haben. Dieser Prozess dauert mehrere Stunden und wird gemäß dem Installation Guide ausgeführt. Wenn Sie noch keine SAP-HANA-Datenbank installiert hatten, übernimmt der Software Provisioning Manager diese Installation ebenfalls. Wenn Sie SAP HANA bereits implementiert haben, müssen Sie die Datenbank auf die Version patchen, die für Ihre SAP-S/4HANA-Version mindestens notwendig ist, und Sie müssen einen neuen Datenbankcontainer erstellen.

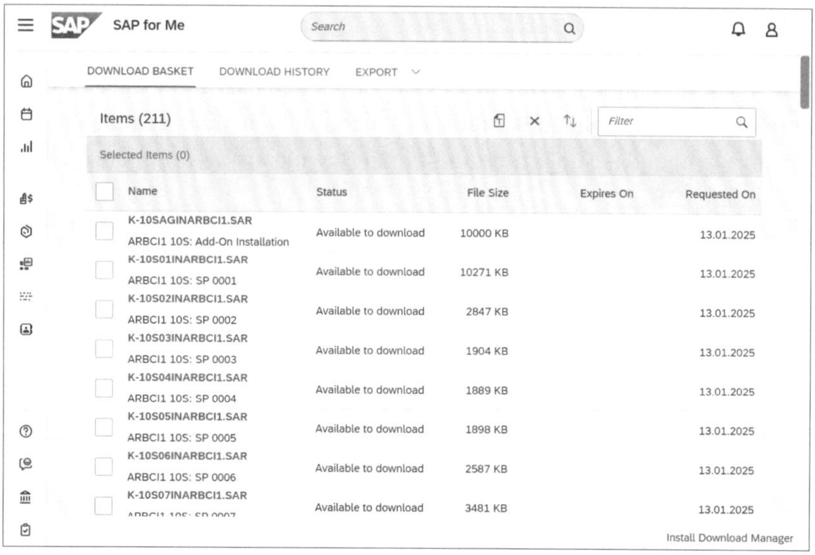

Abbildung 10.10 Bereitgestellte Download-Dateien für die Installation von SAP S/4HANA im Download Basket

SUM

Nach der erfolgreichen Installation des »nackten« SAP-S/4HANA-Systems wird das SUM-Tool verwendet, um eventuelle Support Packages zu installieren. Abbildung 10.11 zeigt das Einstiegsbild des Software Provisioning Managers mit der entsprechenden Auswahl zur Standard-Installation von SAP S/4HANA 2023.

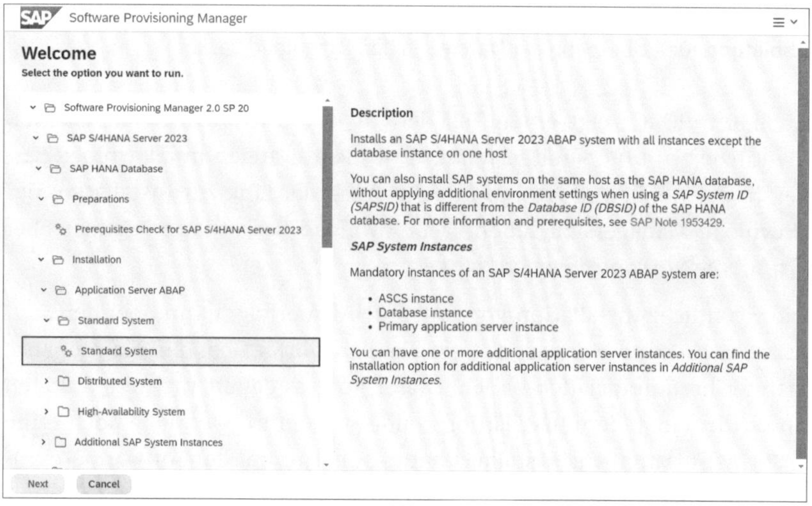

Abbildung 10.11 Einstiegsbild des Software Provisioning Managers

Up-to-date-Installation

Vielleicht ist Ihnen in Abbildung 10.9 aufgefallen, dass der Maintenance Planner auch für die Installation eine Stack.xml-Datei bereitstellt, die eher für Updates mit dem *Software Update Manager* bekannt ist. Sie können die Installation mit dem *Software Provisioning Manager* mit dieser Stack-Datei starten. Dabei wird insbesondere auch direkt im Anschluss der SUM für das Patchen auf das gewünschte Support-Package-Level gestartet. Der SUM konsumiert dieselbe Stack.xml-Datei, die vom Maintenance Planner bereitgestellt wurde. Damit ersparen Sie es sich, das neue System nach der Installation erst im Maintenance Planner registrieren zu müssen, um dort dann das Support-Package-Level zu planen und schließlich mit der Stack.xml-Datei dieser Planung den SUM zu starten. Dieser Ansatz wird *Up-to-Date Installation* bezeichnet.

Drittanbieter-Add-ons, die nicht im Maintenance Planner ausgewählt werden können, lassen sich mit dem *Add-On Installation Tool* (Transaktion SAINT) zusammen mit dem Support Package Manager (Transaktion SPAM) einspielen.

Nacharbeiten

Zu guter Letzt sollten Sie noch einige Bereinigungsarbeiten durchführen. Schließlich installieren Sie SAP-Hinweise für Ihre SAP-S/4HANA-Version aus den SAP S/4HANA Release Notes mithilfe von Transaktion SNOTE. Anschließend ist Ihre SAP-S/4HANA-Installation komplett und abgeschlossen.

[«]

Weitere Informationen zur Installation

Weitere Informationen zur Installation erhalten Sie in der SAP Community (siehe *https://community.sap.com/*) und im Roadmap Viewer unter *http://s-prs.de/v10578080*.

Informationen zur Up-to-Date-Installation finden Sie in SAP-Hinweis 2277574.

Die Provisionierung von Produktivsystemen mit der SAP Cloud Appliance wird nicht weiter unterstützt.

Kapitel 11
Einrichtung und Konfiguration von SAP S/4HANA Cloud

In diesem Kapitel zeigen wir Ihnen, wie Sie Ihre Kundenprozesse in SAP S/4HANA Cloud Public Edition in einem Implementierungsprojekt einrichten.

In Abschnitt 11.1, »Zielsetzung und Überblick«, erläutern wir Ihnen zunächst das langfristige Ziel von SAP Central Business Configuration und die verwendeten Kernkomponenten. In Abschnitt 11.2, »Systemlandschaft«, folgt eine Beschreibung der Systeme und der Tenants für die Softwareeinführung. Abschnitt 11.3, »Festlegung des Lösungsumfangs«, beschäftigt sich mit Details zur Definition des Lösungsumfangs in Abhängigkeit vom System. In Abschnitt 11.4, »Konfigurationsmanagement«, erfahren Sie, wie Sie den Lösungsumfang an Kundenanforderungen anpassen können, und in Abschnitt 11.5, »SAP Central Business Configuration mit SAP Activate und SAP Cloud ALM«, folgt schließlich eine Beschreibung, wie diese Funktionen in SAP Activate und SAP Cloud ALM integriert sind.

Die in diesem Kapitel beschriebenen Funktionen beziehen sich auf SAP S/4HANA Cloud Public Edition und SAP Central Business Configuration in der Drei-System-Landschaft. Aktuelle Informationen zu den Funktionen in der Zwei-System-Landschaft und zur Konfiguration mit der SAP-Fiori-App **Lösung verwalten** finden Sie im SAP Help Portal unter *https://help.sap.com* unter dem Stichwort »SAP S/4HANA Cloud einrichten«. Die Bezeichnung »SAP S/4HANA Cloud« in diesem Kapitel bezieht sich, sofern nicht anders angegeben, grundsätzlich auf SAP S/4HANA Cloud Public Edition.

11.1 Zielsetzung und Überblick

Iterative Einführung von Software

Ein wichtiger Teil der digitalen Transformation von Organisationen und Unternehmen ist die Abkehr von großen, sogenannten *Big-Bang-Softwareimplementierungen* und die Einführung neuer Software in mehreren kleineren Schritten. Dadurch kann die Software schneller genutzt werden, und das Unternehmen kann effektiver und schneller auf Marktveränderungen reagieren. Mit SAP Central Business Configuration können Sie Ihre kunden-, branchen- und länderspezifischen Prozesse von SAP S/4HANA Cloud Public Edition iterativ einführen.

Das Ziel von SAP Central Business Configuration ist es, diese iterative und schnelle Softwareeinführung auch für Geschäftsprozesse anzubieten, die sich über mehrere Cloud-Softwareprodukte erstrecken. SAP Central Business Configuration bietet hierzu folgende Funktionen und Tools:

- Business Adaptation Catalog (BAC), ein Katalog zur einfachen Definition des Lösungsumfangs, gegliedert nach Geschäftsbereichen
- einfache Erstellung eines vorkonfigurierten Systems, das die Standardgeschäftsprozesse sowie Demodaten enthält, um einen effektiven Fit-to-Standard-Workshop sicherzustellen
- die Option, die gewünschten Geschäftsprozesse durch Auswahl eines Lösungspakets voreinzustellen. Bei Bedarf können auch unterschiedliche Länderlösungen voreingestellt werden.
- die Möglichkeit, die angebotenen Lösungspakete per Konfiguration auf die Kundenbedürfnisse anzupassen
- erweitertes Konfigurationsmanagement für die Möglichkeit, auch Prozesse ohne Vorkonfiguration zu definieren.
- Delta Deployments, um die Lösung iterativ zu erweitern, z. B. um weitere Geschäftsprozesse einzuführen oder um die Nutzung von SAP S/4HANA Cloud Public Edition auf weitere Länder oder Regionen des Unternehmens auszuweiten.

Kernkomponenten

Die hierfür verwendeten Kernkomponenten sind:

- **Scoping**

  Sie bestimmen hier per Katalog den Umfang der vorkonfigurierten Geschäftsprozesse und Ländervarianten.
- **Organizational Structure Management**

  Die Unternehmens- bzw. Organisationsstruktur wird hier eingerichtet und kann auch grafisch modelliert werden. Der ausgewählte Lösungsumfang definiert die notwendigen Organisationseinheiten für die zu nutzenden Geschäftsprozesse. Sie kann nachträglich ergänzt werden.
- **Configure your Business Processes**

  Hier können Sie die Prozesse zentral auf die individuellen Bedürfnisse des Unternehmens oder der Organisation einstellen.

- **Workspace Management**
  Dieser Bereich ermöglicht es Ihnen, verschiedene Workspaces separat voneinander zu verwalten, z. B. das vorkonfigurierte Startsystem anders zu konfigurieren als das Entwicklungssystem (siehe SAP Activate).

11.2 Systemlandschaft

Landschaft mit drei Systemen

Die in Abschnitt 11.2.1, »Übersicht über die Drei-System-Landschaft«, beschriebene Systemlandschaft bezieht sich auf eine Neuimplementierungen von SAP S/4HANA Cloud Public Edition. Der Abschnitt ist relevant für Kunden mit einer Drei-System-Landschaft (verfügbar seit September 2022) inklusive SAP Central Business Configuration. Wie die Systeme bzw. Tenants der Drei-System-Landschaft bereitgestellt werden, erfahren Sie in Abschnitt 11.2.2, »Bereitstellung der Systeme«. In Abschnitt 11.2.3, »Rollen, Berechtigungen, initiale Benutzer anlegen«, finden Sie Informationen zu Rollen und Berechtigungen.

11.2.1 Übersicht über die Drei-System-Landschaft

Mit SAP S/4HANA Cloud erhalten Sie eine Landschaft, die es Ihnen ermöglicht, die einzuführenden Prozesse inhaltlich und technisch zu prüfen. Die Landschaft besteht grundsätzlich aus den folgenden Komponenten:

- ein *Startsystem* mit zwei Tenants zur Ausrichtung eines Fit-to-Standard-Workshops oder für die Durchführung weiterer Analysen zu notwendigen Einstellungen und Erweiterungen (dieses System ist optional und bedarf zusätzlicher Lizenzen)
- ein *Entwicklungssystem* mit zwei Tenants, zur Konfiguration und Entwicklung von Erweiterungen Ihrer Geschäftsprozesse
- ein *Testsystem* mit einem Tenant, für die Qualitätssicherung
- ein *Produktivsystem* mit einem Tenant zur produktiven Nutzung (siehe Abbildung 11.1)

Die Tenants des Startsystems werden mit Evaluierungsprojekten in SAP Central Business Configuration verbunden, hier können Sie den Lösungsumfang für einen Fit-to-Standard-Workshop einstellen.

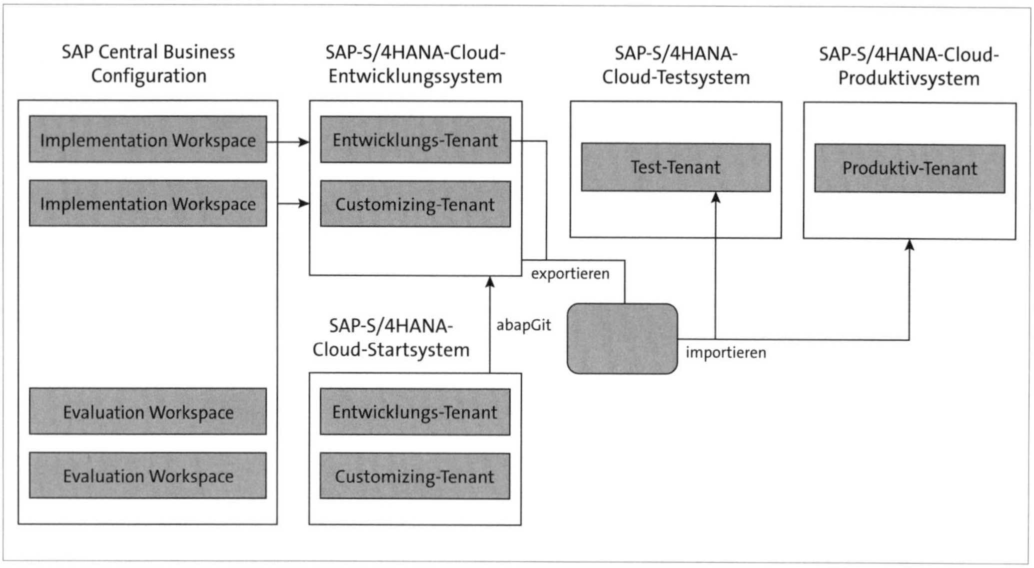

Abbildung 11.1 SAP S/4HANA Cloud Public Edition mit SAP Central Business Configuration in der Drei-System-Landschaft (Quelle: SAP)

Demodaten nutzen

Nutzen Sie hier die Option, Demodaten zu verwenden (siehe Abschnitt 11.2.4, »Festlegen des Deployment Targets«), und wählen Sie den Lösungsumfang aus, den Sie für den Fit-to-Standard-Workshop nutzen möchten, um Anpassungen der Lösungspakete zu prüfen.

Falls Sie sich für ein *Startsystem* oder ein *Sandboxsystem* entschieden haben, können Sie auch hier den Evaluation Workspace mit Demodaten verwenden. Für den Fall, dass Sie Entwicklere-Erweiterungen aus der Fit-to-Standard-Analyse in das Entwicklungssystem übernehmen wollen, können Sie diese mit abapGit aus dem Startsystem herunterladen und in das Entwicklungssystem hochladen.

[»]

Weitere Informationen zu abapGit

abapGit ist ein Git-Client (open-source source-entwickelt) für den ABAP Server, um ABAP-Objekte zu importieren und exportieren. Weitere Informationen finden Sie auf dem SAP Help Portal über den Suchbegriff »Working with abapGit«.

Implementation Workspace anlegen

Nachdem Sie die Evaluierung der Standardgeschäftsprozesse und der für Sie notwendigen Erweiterungen abgeschlossen haben, legen Sie den vollständigen Lösungsumfang in einem Implementation Workspace des SAP-

Central-Business-Configuration-Systems an. Verbinden Sie den Workspace mit dem Customizing-Tenant des Entwicklungssystems in SAP S/4HANA Cloud. Sollten Sie festgestellt haben, dass Sie Erweiterungen benötigen, nutzen Sie ebenfalls ein Implementation Workspace in SAP Central Business Configuration und verbinden es mit dem Entwicklungs-Tenant des Entwicklungssystems in SAP S/4HANA Cloud. Im Entwicklungssystem erstellen Sie den kompletten Lösungsumfang mit allen Konfigurationen und Erweiterungen für SAP S/4HANA Cloud. Die Verbindung wird im jeweiligen Workspace angelegt, hier wählen Sie den gewünschten SAP-S/4HANA-Cloud-Tenant als Deployment Target aus.

Erweiterungen testen

Um die Erweiterungen zu testen, exportieren Sie sie inklusive der Konfiguration aus dem Entwicklungs-Tenant des Entwicklungssystems. Importieren Sie sie anschließend in den Test-Tenant des Testsystems in SAP S/4HANA Cloud. Testen Sie die Prozesse auf Basis der Kundenanforderungen nach den von Ihnen definierten Qualitätskriterien. Führen Sie gegebenenfalls notwendige Änderungen im Entwicklungssystem aus, transportieren Sie die Änderungen in das Testsystem und testen Sie sie erneut. Ändern Sie Einstellungen und Erweiterungen so lange, bis alle Ihre Kriterien erfüllt sind.

Importieren Sie die Konfiguration und die Erweiterungen erst in den Produktivdaten, nachdem alle vorher festgelegten Kriterien erfüllt sind oder Ausnahmen genehmigt wurden. In Abbildung 11.1 haben Sie diese Systemlandschaft im Überblick gesehen.

Zum Zeitpunkt der Erstellung dieses Buches plant SAP die Möglichkeit, Konfigurationen, z. B. Lokalisierungen, durch Kopieren der Einstellungen von Deutschland in einer *Parallel Line* zu bearbeiten und damit Prozesse eines weiteren Landes schnell zu konfigurieren und zu testen. Diese Konfiguration soll dann in die Main Line übernommen werden können. Die hier betrachtete Landschaft und der Weg zum Produktivsystem wird werden hier als *Main Line* bezeichnet. Jede komplexe Konfiguration und Lokalisierung ganzer Länder wird derzeit in Sandboxsystemen validiert und getestet. Wir empfehlen, keine eigenen Länder ungetestet im Entwicklungssystem zu konfigurieren, weil es keine Möglichkeit gibt, diese Einträge wieder rückgängig zu machen. Sollte SAP dieses Land zu einem späteren Zeitpunkt als Standard anbieten, haben Kunden keine Möglichkeit mehr, dieses Land zu verwenden. Diese Validierung vor der Übernahme in das Entwicklungssystem ist wichtig, um die Vollständigkeit der gesetzlichen Anforderungen sicherzustellen. Eigen angelegte Länder können nicht mit SAP gelieferten Daten überschrieben werden.

11.2.2 Bereitstellung der Systeme

SAP for Me

Alle für Ihre Landschaft notwendigen Tenants von SAP S/4HANA Cloud, SAP Central Business Configuration und mehr werden in *SAP for Me* automatisch eingespielt. SAP Cloud Identity Services für Benutzer und Rollenverwaltung werden automatisch provisioniert. SAP for Me ist in vielen Sprachen verfügbar, Sie können die Anzeigesprache mithilfe der Spracheinstellung Ihres Browsers ändern.

[»]

Weitere Informationen zu SAP for Me

Mehr Information zu SAP for Me, wie z. B. ein Trial-System, finden Sie unter *https://me.sap.com*.

Für die Anmeldung am SAP-for-Me-System brauchen Sie einen S-Benutzer oder eine Universal-ID. In SAP for Me im Bereich **Systeme und Bereitstellung** auf der Seite **Bereitstellung** finden Sie alle Systeme und Tenants, die im vorigen Abschnitt beschrieben sind, das sind SAP Central Business Configuration und die jeweiligen SAP-S/4HANA-Cloud-Tenants.

Bereitstellung der Tenants

Starten Sie hier die Bereitstellung separat für jeden Tenant. Beachten Sie hierbei die Reihenfolge, in der die SAP-S/4HANA-Cloud-Tenants bereitgestellt werden können:

1. Tenants des Startsystems
2. Tenants des Entwicklungssystems
3. Tenant des Testsystems
4. Tenant des Produktivsystems

In SAP for Me kann die Bereitstellung weiterer SAP-S/4HANA-Cloud-Tenants nur gestartet werden, wenn die vorherigen Tenants bereits bereitgestellt wurden.

[»]

Aktuelle Beschreibung der Bereitstellung

Beachten Sie, dass SAP Central Business Configuration ein Cloud-Produkt ist und mehrfach im Jahr aktualisiert wird. Dies betrifft auch die Details der Bereitstellung. Die aktuelle Methode können Sie der Dokumentation von SAP S/4HANA Cloud Public Edition und SAP For for Me entnehmen.

11.2.3 Rollen, Berechtigungen, initiale Benutzer anlegen

Im Kontext von Rollen und Berechtigungen sind SAP S/4HANA Cloud und SAP Central Business Configuration zwei voneinander unabhängige Systeme, die jedoch beide über die Services *Identity Authentication Service* (IAS) und *Identity Provision Service* (IPS) verwaltet werden. Beide Services sind Teil der sogenannten *SAP Cloud Identity Services*. Sie müssen die Rollen und Berechtigungen also getrennt voneinander vergeben.

Benutzer und Rollen einrichten

Mit jedem bereitgestellten Tenant, auch mit den automatisch mit provisionierten SAP Cloud Identity Services, erhält der IT-Ansprechpartner Ihrer Firma eine Willkommens-E-Mail mit allen notwendigen Informationen, die Sie benötigen, um die Benutzer und Rollenverwaltung einzustellen. Ihr Unternehmen hat den IT-Ansprechpartner beim Lizenzkauf benannt.

Beachten Sie, dass sich die Prozesse der Benutzeranlage mit jedem Upgrade ändern können. Folgen Sie immer den aktuellen Informationen in der Willkommens-E-Mail. Sie müssen den Administrationsbenutzer des provisionierten Tenants nutzen.

Einstellen der Benutzeranlage in SAP Central Business Configuration

Stellen Sie zunächst die SAP Cloud Identity Services ein, angefangen mit der Vergabe eines neuen Passworts. Folgen Sie den Anweisungen in der Willkommens-E-Mail. Anschließend vervollständigen Sie die Einstellungen für SAP Central Business Configuration, auch hier finden Sie alle notwendigen Schritte in der Willkommens-E-Mail.

Mit Abschluss der im Onboarding Guide beschriebenen Einstellungen können Sie die Benutzer der Projektmitglieder für SAP Central Business Configuration anlegen oder hochladen.

Einstellen der Benutzerverwaltung in SAP S/4HANA Cloud Public Edition

Das Einstellen der Benutzerverwaltung ist nicht in allen SAP-S/4HANA-Cloud-Tenants gleich ist. Die Schritte weichen leicht voneinander ab. Es ist daher wichtig, sich immer an die Beschreibung der Willkommens-E-Mail zu halten. Die ersten Benutzer werden mittels des Admin-Benutzers angelegt. Mit diesem Benutzer weisen Sie auch die ersten Rollen zu. Anschließend können Sie diese Aufgabe an die Fachabteilung oder die Projektverantwortlichen übergeben.

Rollen und Berechtigungen in SAP Central Business Configuration

Administrationsbenutzer

SAP Central Business Configuration beinhaltet sieben Standardrollen:

- **Program Manager** mit der Berechtigung, in allen Workspaces zu arbeiten, ohne selbst den Workspaces zugeordnet zu sein:
  `SAP_CBC_CONSUMPTION_PROGRAM_LEAD`

- **Projekt Manager** mit der Berechtigung, Projektaktivitäten eines bestimmten Workspaces zu bearbeiten: `SAP_CBC_CONSUMPTION_PROJECT_LEAD`
- **Content Processor** mit der Berechtigung, den gesamten Content anzuzeigen und den Content über **Download my Configuration** herunterzuladen: `SAP_CBC_CONTENT_PROCESSOR`
- **Key User** mit der Berechtigung, bestimmte Projektaktivitäten zu bearbeiten: `SAP_CBC_CONSUMPTION_KEY_USER`. Bestimmte Aktivitäten, wie z. B. Meilensteine zu bestätigen, sind hierbei ausgeschlossen.
- **Anzeigebenutzer** mit der Berechtigung, Projektaktivitäten anzuzeigen: `SAP_CBC_CONSUMPTION_DISPLAY_USER`
- **Auditbenutzer** mit der Berechtigung, Projektaktivitäten anzuzeigen und Änderungsdateien (Change Logs) anzuzeigen und herunterzuladen: `SAP_CBC_CONSUMPTION_AUDITOR`

[»]

Projektleiterrollen

Die im System noch zusätzliche Rolle des Projektleiters `SAP_CBC_CONSUMPTION_ACTIVITY_ALL` sollte nicht verwendet werden, sie hat dieselben Berechtigungen wie `SAP_CBC_CONSUMPTION_PROJECT_LEAD`.

Rollen und Berechtigungen in SAP S/4HANA Cloud

Für SAP S/4HANA Cloud steht Ihnen eine Vielzahl von Rollen und Berechtigungen zur Verfügung. Sie sind Teil der Lösungspakete und auf die Geschäftsprozesse der Pakete zugeschnitten. Sie können diese vordefinierten Rollen als Kopiervorlage beim Anlegen Ihrer Rollen verwenden und an Ihre Anforderungen anpassen. Die Bezeichnung der Rollen finden Sie u. a. auch in den mitgelieferten Testskripts.

11.2.4 Festlegen des Deployment Targets

In SAP Central Business Configuration ist jeder Workspace seinem eigenen SAP-S/4HANA-Tenant zugewiesen, jeder Workspace hat sein eigenes Deployment Target. Der zugewiesene SAP-S/4HANA-Cloud-Tenant ist der Ziel-Tenant, in den die Konfigurationen verteilt werden, dies wird dann Deployment Target genannt.

Die Verteilung in den angegebenen Tenant geschieht, nachdem der Lösungsumfang und die Organisationsstruktur definiert und bestätigt wurden, also alle Aktivitäten in **Scope and Organizational Structure** abgeschlossen sind. Die Verteilung kann mit und ohne Demodaten ausgeführt werden. Beachten Sie, dass Sie diese Einstellung zu einem späteren Zeitpunkt nicht mehr ändern können. Dieser Prozess kann mehrere Stunden in Anspruch nehmen.

Üblicherweise werden die Demodaten nur im Startsystem, im Evaluierungssystem oder im Partner Partner-Demosystem mit einem Evaluation Workspace verwendet, im Entwicklungssystem aber nicht. Das Deployment Target eines Implementation Workspaces wird üblicherweise nicht mit Demodaten angelegt. Details zu den Workspace-Arten finden Sie in Abschnitt 11.3.1, »Workspace Management in SAP Central Business Configuration«.

[«]

Festlegung des Deployment Targets

Die Entscheidung, für einen SAP-S/4HANA-Cloud-Tenant Demodaten zu verwenden, kann zu einem späteren Zeitpunkt nicht revidiert werden. Die Zuweisung kann nicht geändert werden, Sie können die Demodaten nicht nachträglich zuweisen oder löschen. Ebenso können sie bei Lokalisierungen mit CLT-Demodaten nicht verwendet werden.

11.3 Festlegung des Lösungsumfangs

In diesem Abschnitt erhalten Sie Details zum Festlegen des Lösungsumfangs im Start- und Entwicklungssystem. Details zu den dafür notwendigen Workspace in SAP Central Business Configuration finden Sie in Abschnitt 11.3.1, »Workspace Management in SAP Central Business Configuration« in SAP Central Business Configuration«, das Festlegen der Geschäftsprozesse ist in Abschnitt 11.3.2, beschrieben, und die Definition der Organisationsstruktur finden Sie in Abschnitt 11.3.3.

11.3.1 Workspace Management in SAP Central Business Configuration

In SAP Central Business Configuration wird grundsätzlich zwischen zwei Workspace-Arten unterschieden:

- Der *Evaluation Workspace* wird üblicherweise für die Tenants des Startsystems, das Sandboxsystem oder das Partner-Demosystem verwendet. Sie können mit diesem Workspace den Lösungsumfang im Detail analysieren, d. h., die Lösungspakete untersuchen oder Erweiterungen und Konfiguration evaluieren und genehmigen. Für eine Bewertung der Konfiguration oder Erweiterung ist eine Demonstration im System notwendig. Der Evaluation Workspace wird z. B. für einen Fit-to-Standard-Workshop eingerichtet.

- Der *Implementation Workspace* wird für das Entwicklungssystem verwendet. Hier realisieren Sie die vorher bestimmten Geschäftsprozesse und die für den produktiven Betrieb. Die Inhalte des Implementation Workspaces werden in der Testlandschaft getestet und haben das Ziel, produktiv genutzt zu werden. Prozessentscheidungen sollten hier nur noch im Ausnahmefall notwendig sein.

Evaluation Workspace

Der Evaluation Workspace muss mit dem Startsystem, dem Evaluierungssystem oder dem Partner-Demosystem verbunden werden. Ziel ist es, die Lösungspakete mit ihren Voreinstellungen im Detail auf die notwendigen Anwendungen und Erweiterungen hin, wie in Kapitel 3, »Cloud, on-premise und hybride Szenarien«, beschrieben, zu analysieren und zu entscheiden, ob und wie Sie den Prozess einsetzen möchten. Dies geschieht unter anderem mit einer Demonstration der Prozesse im SAP-S/4HANA-Startsystem. Der hierzu notwendige Umfang an Geschäftsprozessen unterscheidet sich in der Regel signifikant vom Implementierungsumfang. Wählen Sie die Prozesse aus, bei denen Diskussionsbedarf besteht oder es mehrere Optionen zur Realisierung gibt. Die Demonstration gibt Ihnen die Möglichkeit, am System zu zeigen, wie der neue Prozess abläuft. Es ist auch empfehlenswert, Key User einzuladen, da hier frühzeitig Feedback von betroffenen Endbenutzern eingeholt werden kann. Ein weiterer Unterschied zwischen den Workspace-Arten ist, dass im Evaluation Workspace nur ein Auszug der Unternehmensstruktur notwendig ist, wogegen im Implementation Workspace die vollständige Organisationsstruktur für die Anwendung von SAP S/4HANA Cloud Public Edition benötigt wird. Eine Demonstration der Prozesse zur Analyse muss nicht über alle Entitäten der Organisationsstruktur vorgenommen werden, es ist in vielen Fällen ausreichend, einzelne Vertreter der Organisationseinheiten auszuwählen.

Die Daten des Evaluation Workspaces beinhalten Demodaten, wenn Sie dies beim Festlegen des Deployment Targets angegeben haben. Fokussieren Sie sich bei den Anpassungen auch auf Konfigurationen, die noch Diskussionsbedarf haben oder demonstriert werden müssen.

Implementation Workspace

Der Implementation Workspace beinhaltet den vollständigen Lösungsumfang der Implementierung. Dieser Workspace beinhaltet die Geschäftsprozesse mit der Konfiguration, die über eine Testphase im Testsystem in das Produktivsystem transportiert werden. Anpassungen sind auch hier noch je nach Funktionalität möglich. Einige Einstellungen erlauben es jedoch nicht, nachträglich geändert oder gelöscht zu werden. Prüfen Sie diese Einstellungen in dem Evaluation Workspace mit dem Start-Tenant in einem Fit-to-Standard-Workshop oder einem Design-Workshop. Details und Vorlagen hierzu finden Sie in der SAP-Activate-Methodik.

Sie können während der Implementierung zu jeder Zeit zwischen den Workspaces wechseln. Einen Überblick über den Vergleich sehen Sie in Abbildung 11.2.

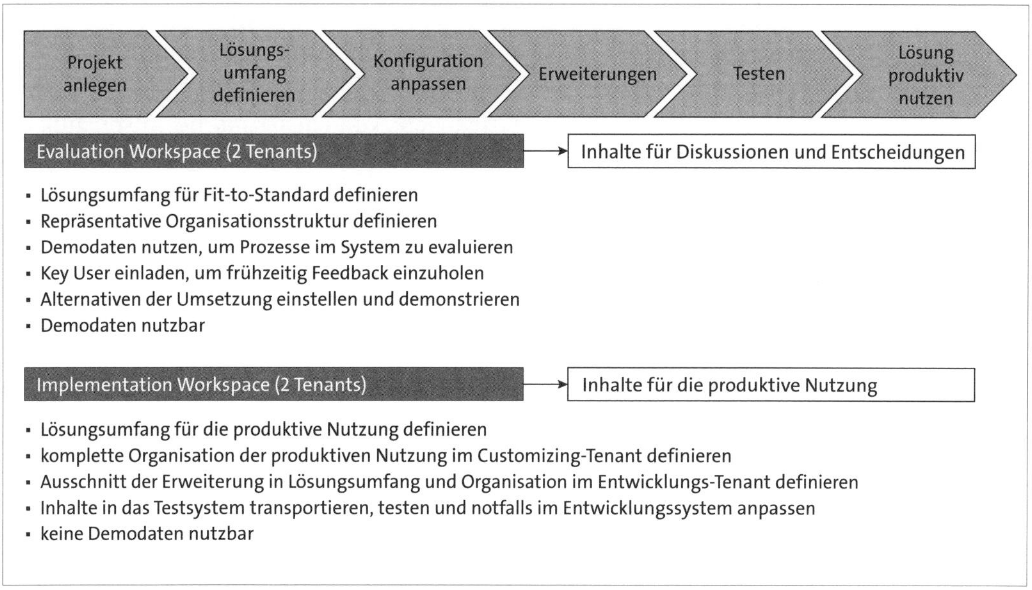

Abbildung 11.2 Vergleich von Evaluation Workspace und Implementation Workspace

Aktivitäten

Das Workspace Management beider Projektearten besteht aus *Aktivitäten*, die Sie durch die Methodik leiten. Pflichtreihenfolgen sind verprobt, so können Sie die Organisationsstruktur verteilen, wenn sie angelegt und bestätigt ist. Dadurch kann SAP Central Business Configuration die Organisationseinheiten und Konfigurationsoptionen anbieten, die gegen den Lösungsumfang verprobt sind. Zum Beispiel wird eine Einkaufsorganisation nur benötigt, wenn Einkaufsprozesse eingeführt werden sollen. Die Konfiguration der Lagerverwaltung ist nur relevant, wenn auch eine Lagerverwaltung im Lösungsumfang enthalten ist. Dies ist ein entscheidender Unterschied zum Betriebsmodell von SAP S/4HANA Cloud Private Edition, wo jederzeit im IMG (Transaktion SPRO) alle Konfigurationsfunktionen und Funktionen zur Pflege der Organisationsstruktur zur Verfügung stehen. Mehr hierzu in Abschnitt 11.3.2, »Festlegen der einzustellenden Kundenprozesse«, und Abschnitt 11.3.3, »Festlegung der Organisationsstruktur«.

11.3.2 Festlegen der einzustellenden Kundenprozesse

Mit SAP Central Business Configuration führen Sie die Geschäftsprozesse des Betriebsmodells SAP S/4HANA Cloud Public Edition ein. Diese können iterativ eingeführt werden, je nach Bedarf, Komplexität, Aufwand usw. In SAP Central Business Configuration sind alle Schritte auf diese beiden Punkte optimiert. Dies führt zu einer Maximierung des Mehrwerts und einer Minimierung der Einführungszeit.

Viele Elemente einer Softwareeinführung sind vom Lösungsumfang und damit auch von den Geschäftsprozessen abhängig. Konfigurationen, Industriestandards, lokale Anforderungen, kundenspezifische Ausprägungen, Rollen und Berechtigungen sind nicht für alle Prozesse gleich. Und viele Firmen und Organisationen haben einen zentralen Einkauf oder eine Lagerverwaltung nur in bestimmen Lokationen. In Abbildung 11.3 sehen Sie eine Reihe von Beispielen zu diesen Abhängigkeiten. Mit der Festlegung des Geschäftsprozesses als Teil der Softwareeinführung legen Sie auch die Optionen in den Abhängigkeiten fest.

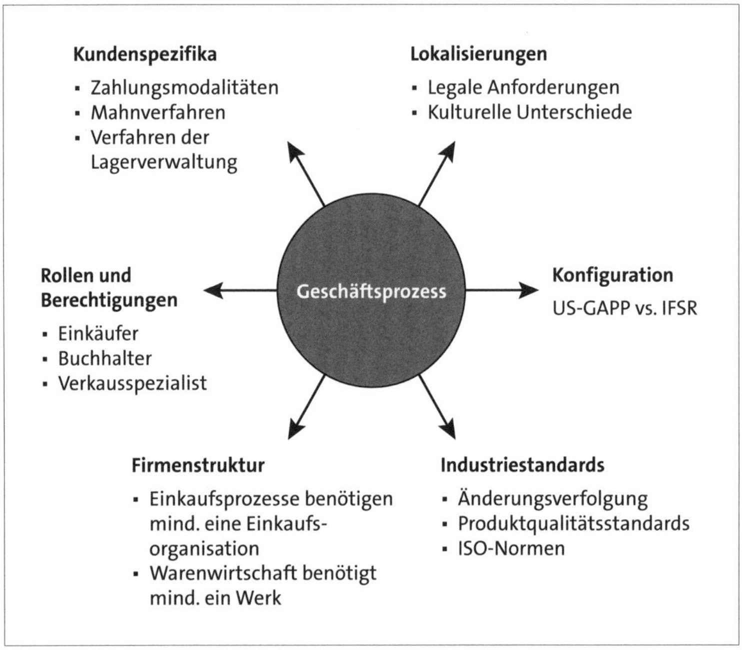

Abbildung 11.3 Abhängigkeiten der Geschäftsprozesse

Eine Migration nach SAP S/4HANA Cloud Public Edition bringt immer eine Standardisierung mit sich. Deshalb bietet SAP für einen Großteil der Geschäftsprozesse Lösungspakete mit Vorkonfiguration an.

[«]

Nomenklatur in der Dokumentation

Sie finden Geschäftsprozesse je nach Verwendung in der SAP-Help-Dokumentation und in den Systemen unter verschiedenen Namen: Prozess, Szenarien, Lösungspakete, Geschäftsprozesse, Ende-zu-Ende-Szenarien. Versuchen Sie es gegebenenfalls mit verschiedenen Stichwörtern, wenn Ihre Suche ins Leere laufen sollte.

Mit einem Fit-to-Standard-Workshop gleichen Sie die Standardprozesse mit den Möglichkeiten im Unternehmen oder der Organisation ab. Die leitende Frage ist nicht, wie die Software erweitert werden muss, damit sie alle Prozesse der Firma widerspiegelt, wie das meist seit Jahren üblich war. Vielmehr sollten Sie sich fragen, wie Sie den Geschäftsprozess im Unternehmen so standardisieren können, damit die Vorkonfiguration des Lösungspakets (mit Anpassungen) benutzt werden kann. Durch diese Standardisierung werden Aufwände in Betrieb und Wartung deutlich minimiert, ohne den Mehrwert des Geschäftsprozesses zu mindern. So ist es z. B. für viele Unternehmen vorteilhafter, Änderungen an einem Standard-Einkaufsprozess vorzunehmen, als den Prozess selbst Schritt für Schritt zu definieren. Ganz besonders ist dies bei Geschäftsprozessen im Finanzwesen der Fall. Weitere Details hierzu finden Sie auch in Abschnitt 11.5.1, »SAP Central Business Configuration und SAP Activate«.

Einführungs-roadmap

Nutzen Sie eine *Einführungsroadmap*, die klar festlegt, welcher Lösungsumfang in welchem Zeitrahmen in welchen Phasen eingeführt werden soll. Sie finden hierfür Vorlagen und Prozessvorschläge in SAP Activate. Auch Informationen zur Analyse der Konfigurationsoptionen sind in SAP Activate verfügbar.

Welchen Lösungsumfang Sie benötigen, hängt von der Verwendung des Tenants ab. Eine Übersicht sehen Sie in Abbildung 11.4.

Für die Demonstration während der Evaluierung, der Anpassungsoptionen und bei der Entwicklung der Erweiterungen müssen Sie nicht unbedingt den vollständigen Lösungsumfang mit der vollständigen Organisationsstruktur anlegen. Beim Customizing-Tenant im Entwicklungssystem ist dies jedoch unbedingt notwendig. Hier werden alle Konfigurationen für alle Geschäftsprozesse erstellt.

Die Eingabe des Lösungsumfangs ist die erste Aktivität, weil viele der darauffolgenden Aktivitäten auf den Umfang der Geschäftsprozesse Bezug nehmen.

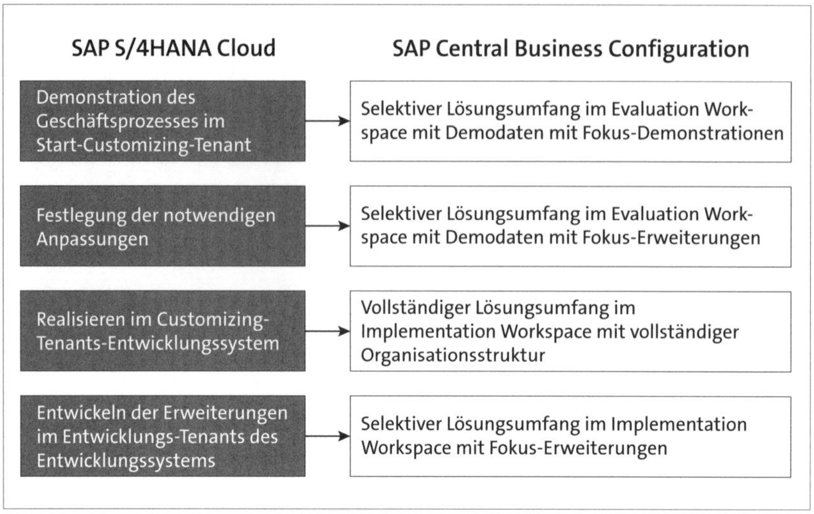

Abbildung 11.4 Lösungsumfang im Startsystem vs.versus Lösungsumfang im Entwicklungssystem

Define Scope

Wählen Sie in der Startmaske die Aktivität **Define Scope**. Hier werden Sie nach dem Land oder der Region gefragt. Mehrfachnennungen sind möglich, wählen Sie alle Länder und Regionen der Evaluierung oder der Implementierung aus. SAP Central Business Configuration unterstützt Sie bei der Landesauswahl. In vielen Länder sind bestimmte Sprachen Pflicht. Diese werden automatisch zugefügt. Das System wählt die möglichen Geschäftsprozesse und Prozessbündel für diese Auswahl aus. Für eine Reihe von Geschäftsprozessen sind lokalisierte Pakete verfügbar. Wählen Sie die für das Projekt notwendigen Bündel aus. Ihnen stehen folgende Optionen zur Auswahl:

- **Baseline Accelerator**: Dieses Bündel enthält alle Geschäftsprozesse, die Sie für eine gut funktionierende SAP-S/4HANA-Cloud-Lösung brauchen. Der Schwerpunkt dieses Bündels liegt auf dem Finanzwesen.
- **Enterprise Management**: Dieses Bündel enthält Geschäftsprozesse für Verkauf, Einkauf und Produktion. Es ist an die Anforderungen von großen Unternehmen und Organisationen angepasst.
- **Handel (Retail)**: Dieses Bündel enthält alles, was Sie für die Einführung im Handel brauchen. Es enthält alle Prozesse des Enterprise-Management-Bündels angereichert mit den Prozessen des Handels. Für dieses Bündel brauchen Sie eine separate Lizenz.

Die Funktion **My selected Scope** zeigt Ihnen jetzt die ausgewählten Pakete/Prozesse gruppiert nach Geschäftsbereichen an. Sie können hier noch weitere Prozesse auswählen.

Verprobung der Auswahl

Selektive Prozesse können Sie nicht zusammen implementieren. So können Sie z. B. für die Vereinigten Staaten nicht gleichzeitig IFRS (1GA) und US-GAAP (2VA) einführen. Das System verprobt diesen Ausschluss. Sobald Sie eine der Optionen ausgewählt haben, ist der alternative Prozess nicht mehr wählbar. So verhindert das System, dass Sie dies erst beim Einspielen der Konfiguration feststellen. Abbildung 11.5 zeigt die Eingabemaske der Bündel und der Prozesse. Es stehen Ihnen eine Ansicht mit Kacheln und eine Listanzeige zur Verfügung.

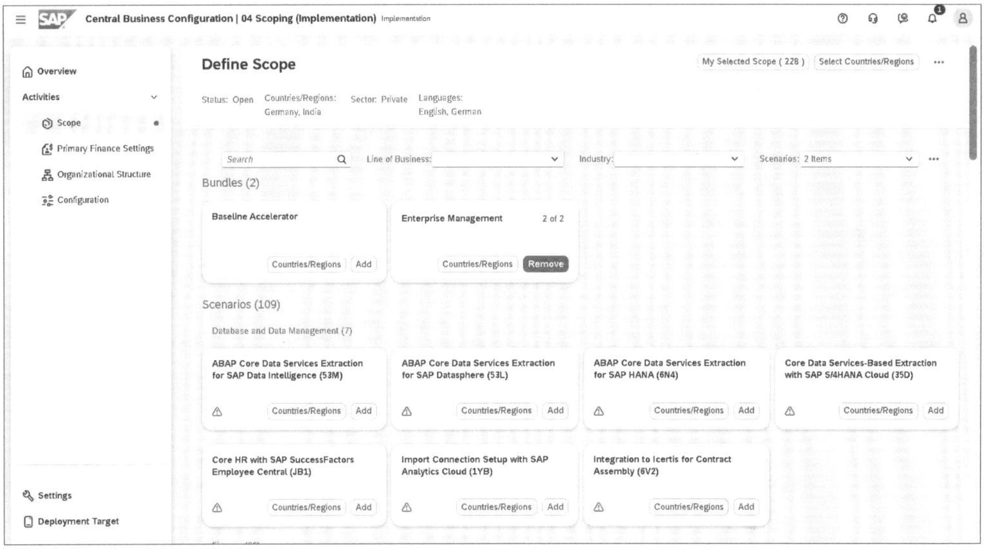

Abbildung 11.5 Screenshot der möglichen Lösungsbündel

Einige Lösungspakete benötigen einer separaten Lizenz oder sind nicht im Standard-Provisionierungsverfahren enthalten. Für diese Prozesse initiieren Sie einen Service Request mit der Komponente XX-S4C-OPR-SRV. Details hierzu finden Sie in der SAP-Activate-Methodik **SAP Activate for SAP S/4HANA Cloud Public Edition (3-system landscape)** in der Aufgabe: **Activate New Scope or Country/Region**.

Für größere Implementierungen können Sie auch den Lösungsumfang auch über eine JSON-Datei importieren. Formate und genaue Anleitung finden Sie unter dem Punkt **Importing Scope** in der SAP-Hilfe von SAP Central Business Configuration.

Für den Fall, dass Sie regional einen unterschiedlichen Lösungsumfang haben, bietet Ihnen SAP Central Business Configuration an, den Lösungsumfang per Region oder Land zu definieren. Hierfür wählen Sie für jedes Bündel und jeden Prozess einzeln, für welches Land oder welche Region dies im Umfang ist.

Abbildung 11.6 zeigt Ihnen den Überblick der Aktivitäten mit dem jeweiligen Status.

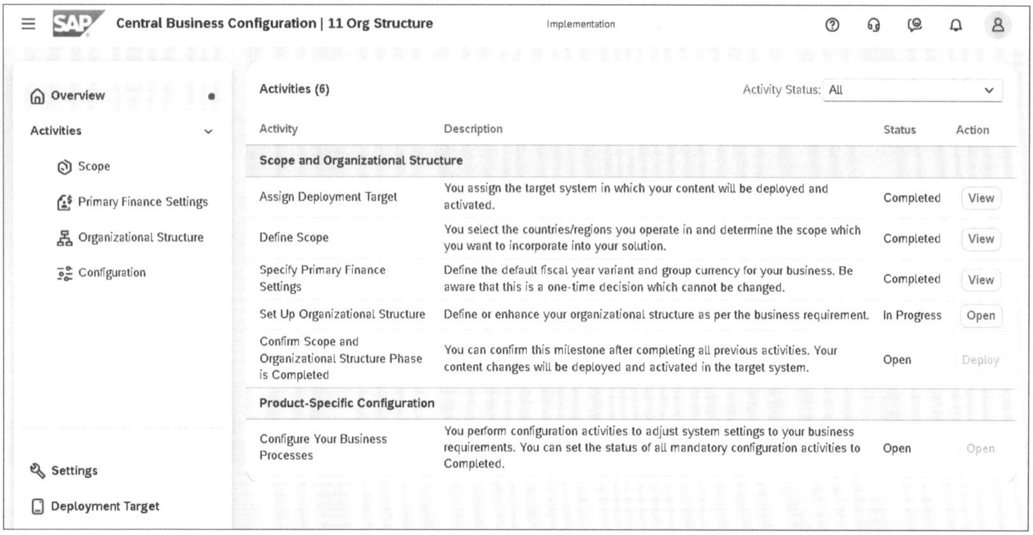

Abbildung 11.6 Aktivitäten nach Auswahl der Länder/Regionen und der Lösungsbündel

Die Aktivitäten werden für jeden Workspace separat durchgeführt und abgeschlossen. Wie in den vorherigen Kapiteln beschrieben, kann sich der Umfang der Workspaces sowie die Art, wie die Aktivitäten abgeschlossen werden, in SAP Central Business Configuration erheblich unterscheiden. Wird in einem Startsystem ein Workshop durchgeführt, wird in einem Entwicklungssystem ein Backlog abgearbeitet. Dieser Unterschied in der Arbeitsweise spiegelt sich in dem parallel eingesetzten Projektmanagement-Tool für SAP Activate wie SAP Cloud ALM wider. Die Vorkonfigurationen können noch nicht auf einen SAP-S/4HANA-Cloud-Tenant verteilt werden. Viele Einstellungen sind von der Unternehmensstruktur abhängig, so sind z. B. Konfigurationen der Lagerverwaltung an die Werke der Organisation gebunden. Erst wenn die Firmenstruktur im Organisationsmanagement definiert und bestätigt ist, kann das System die zu nutzenden und vielleicht anzupassenden Konfigurationen erstellen. Details hierzu finden Sie im nächsten Abschnitt.

11.3.3 Festlegung der Organisationsstruktur

In allen Betriebsmodellen von SAP S/4HANA inklusive SAP S/4HANA Cloud (Public und Private Edition) werden Geschäftsprozesse entlang der Organisationsstruktur definiert. So können Sie je nach Bereich, Vorschlagsdaten und Steuerkennzeichen pro organisatorische Einheiten definieren.

Buchungskreise anlegen

Ein Buchungskreis ist die kleinste organisatorische Einheit im Finanzwesen. Für jedes Unternehmen müssen Sie deshalb einen eigenen Buchungskreis anlegen. Für Einkaufs- und Verkaufsprozesse, für Instandhaltungsprozesse und für die Produktion brauchen Sie ein oder mehrere Werke. Materialien können so in verschiedenen Werken unterschiedlich behandelt werden. Deshalb sind in allen SAP-S/4HANA-Betriebsmodellen die Organisationseinheiten Pflichteingaben. Ohne sie können Sie keinen Prozess ausführen.

SAP Central Business Configuration hat die Anlage der Organisationsstruktur optimiert. SAP Central Business Configuration stellt somit sicher, dass die Organisationsebenen vollständig definiert sind. Eine Organisationsstruktur ist vollständig, wenn alle Pflichtfelder bedient und in eine Organisationsstruktur eingebunden sind. Ein Werk ist erst dann funktionsfähig, wenn es in einen Buchungskreis eingebunden ist. Dies ist notwendig für den korrekten vollständigen Ablauf des Wirtschaftsprozesses. Zum Beispiel müssen Waren, die in ein Werk in einem anderen Land überführt werden sollen, auch in der Buchhaltung verbucht werden. Hierfür sind die Einstellungen des Buchungskreises notwendig, der Transport des Materials wird in den Einstellungen des Werks hinterlegt. Jede Ebene hat definierte Pflichtfelder, so braucht ein Werk z. B. eine Adresse. Zum Vergleich: In anderen Betriebsmodellen von SAP S/4HANA müssen Sie die Einträge in den verschiedenen Konfigurationstabellen manuell auf Vollständigkeit überprüfen, in SAP Central Business Configuration erledigt das Tool diese Aufgabe für Sie. Sie sehen jederzeit, welche Organisationseinheiten noch nicht vollständig definiert sind. Einheiten, die noch nicht an den Tenant verteilt sind, können jederzeit geändert oder gelöscht werden. Achten Sie in diesem Bereich besonders auf angezeigte Nachrichten und Hinweise. Wie in anderen Bereichen können auch hier nicht alle Einstellungen wieder rückgängig gemacht werden. In SAP Central Business Configuration werden Sie aktiv darauf hingewiesen; dies ist ein großer Unterschied zu den anderen Betriebsmodellen, in denen Hinweise dieser Art nur in der SAP-Hilfe stehen und nicht in der Applikation.

Es ist auch möglich, Werke im Ausland und Einheiten für den Handel zu pflegen.

Auch bei der Anlage einer Einheit vereinfacht SAP Central Business Configuration die Konfiguration. Sie können an zentraler Stelle in einer Maske alle notwendigen Angaben zu den Einheiten machen. Weitere Vereinfachungen zur Anlage der Organisation finden Sie im SAP Help Portal unter dem Stichwort »SAP Central Business Configuration«.

Vorgehensweise im Tool

Um die Organisationsstruktur bearbeiten zu können, müssen Sie die Aktivitäten zum Lösungsumfang (Scope) und den Finanzeinstellungen fertigstellen. Erst dann können Sie die Organisationsstruktur in der Aktivität **Setup Organzational Structure** anlegen.

Minimalanforderungen

Aus den in der vorherigen Aktivität festgelegten Geschäftsprozessen ermittelt das System nun die Minimalanforderungen an die Organisationsstruktur. Diese wird als **Units to Create** angezeigt. In Abbildung 11.7 sehen Sie die graphische grafische Darstellung der Unternehmensstruktur, 20 Einheiten müssen noch angelegt werden. Der Status der Aktivität ist **In Progress**.

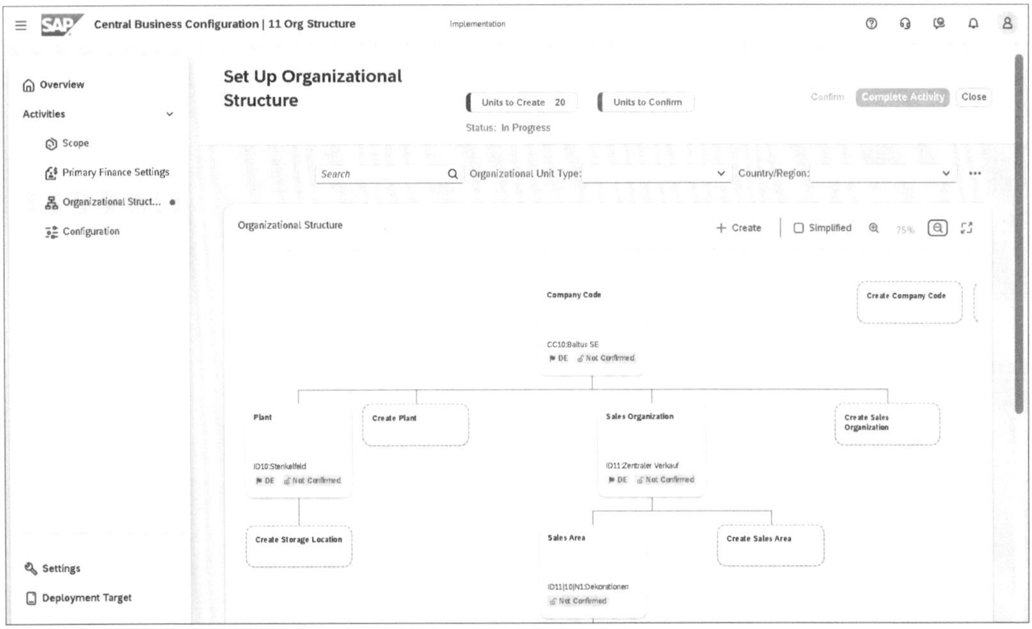

Abbildung 11.7 Anlegen der Unternehmensstruktur in SAP Central Business Configuration

Solange noch Einheiten fehlen oder Einheiten anzulegen sind, erscheint die Zahl neben **Units to Create** in Rot. Wenn Sie auf das Feld klicken, zeigt Ihnen das System eine detaillierte Liste der Einheiten, die es berechnet hat. Es gibt keine obere Grenze für das Anlegen von Einheiten, aber solange das Minimum für jede notwendige Einheit nicht erreicht ist und diese auch nicht in die Struktur eingebunden sind, kann das System keine Daten für die Verteilung generieren. Den Einstieg zum Anlegen einer Einheit finden Sie auf der Einstiegsmaske. In Abbildung 11.7 sehen Sie diese Einstiegsfelder als gestrichelt umrandete Kästen, z. B. **Create Plant**.

Anlegen von Organisationeinheiten

Beim Anlegen von Einheiten müssen Sie die folgenden Punkte beachten:

- Sie können nur aus Ländern/Regionen auswählen, die Sie in der App **Scoping** selektiert haben.
- Achten Sie beim Anlegen mehrerer Buchungskreise darauf, einen Buchungskreis als **Default** zu markieren. So kann das System aus dem Land bzw. der Region automatisch den Buchungskreis ableiten.
- Kennzeichen sind immer in Großbuchstaben gehalten.
- Für folgende Einheiten können Sie landes- bzw. regional abhängige Namen hinterlegen: Vertriebsweg, Sparte, Verkaufsbüro, Versandstellen, Lager, Verkaufsorganisation, Verkäufergruppe.

Nachdem alle Einheiten angelegt sind, werden sie zunächst in SAP Central Business Configuration ohne Weiterverarbeitung gespeichert. Dies ermöglicht Ihnen das Ändern der Struktur, solange Einheiten nicht bestätigt und verteilt sind.

Die App zeigt Ihnen neben der Mindestanforderung auch, welche Einheiten und Verbindungen sie noch angelegen müssen. (siehe Abbildung 11.8). In dieser Maske können Sie schnell neue Einheiten anlegen und auch bestätigen. Mit **Complete Activity** wird eine Konsistenzprüfung ausgelöst.

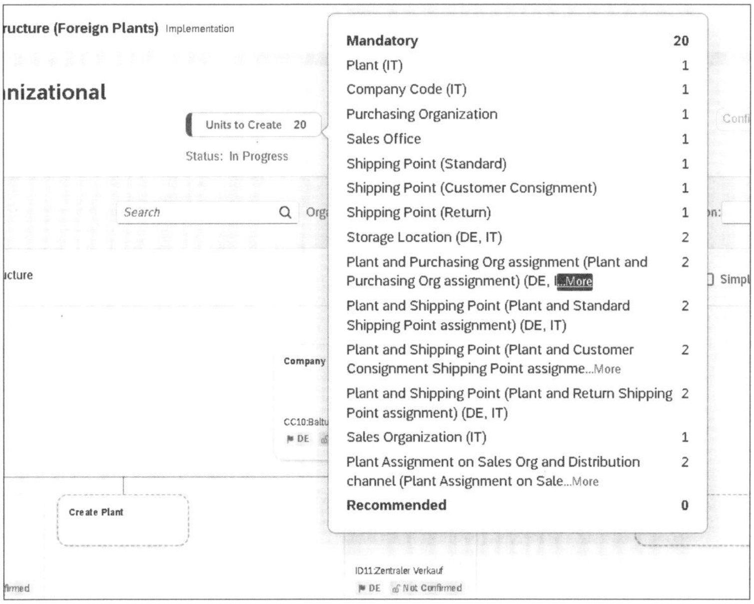

Abbildung 11.8 Details zur Anzahl der nicht bestätigten Einheiten

SAP Central Business Configuration liefert monatlich neue Funktionen auch nach Kundenfeedback aus. Sie können zu dieser App einen Feedbackfragenbogen auslösen. Sie finden das Icon mit dem Link zum Fragebogen in der rechten oberen Ecke des Bildschirms.

Verteilung der Daten

Das System kann jetzt die Konfigurationseinträge für die zuvor definierten Geschäftsprozesse in den Ländern/Regionen entlang der definierten Organisationseinheiten erzeugen, und kann sie an das angegebene Deployment-Ziel, den definierten SAP-S/4HANA-Cloud-Tenant Ihres Workspaces verteilen. Sie können die Verteilung mit der Aktivität **Deploy Scope and Organizational Structure** auslösen oder in der **Deployment Target App** mit einem Klick auf **Deploy** die Daten verteilen.

All diese Aktivitäten, sprich der Scope, das organisatorische Setup und das Deployment Target, müssen pro Workspace separat festgelegt werden. Im folgenden Abschnitt finden Sie Informationen über das Anpassen der Lösungspakete in SAP Central Business Configuration.

11.4 Konfigurationsmanagement

In diesem Abschnitt zeigen wir Ihnen, wie Sie im *Konfigurationsmanagement* von SAP Central Business Configuration und von SAP S/4HANA Cloud Public Edition die Geschäftsprozesse anpassen können.

Ist der Prozess damit abgeschlossen? Diese Frage lässt sich nicht so einfach mit Ja oder Nein zu beantworten. Wir empfehlen Ihnen hier, den Lösungsumfang nach SAP Activate zu bestimmen. Mit dieser Methode prüfen Sie, ob sich die Kundenanforderungen mit den verfügbaren Lösungspaketen und den verfügbaren Konfigurationsmöglichkeiten umsetzen lassen oder ob Sie Erweiterungen wie Integrationen oder Entwicklungen brauchen. Bei der Erstellung der Kundenanforderungen hat der Kunde die Möglichkeit, seine Prozesse umzustellen oder durch Erweiterungen den Softwareprozess zu ändern. Wenn es erst einmal an der Zeit ist, die Konfigurationen einzugeben, ist es meist zu spät für Diskussionen oder Risikobetrachtungen. Nutzen Sie daher frühzeitig die Vorlagen von SAP Activate, um Umsetzungsoptionen zu validieren, zu planen und auch zu genehmigen. Prüfen Sie die Konfiguration und Erweiterungen im Startsystem, um den Umfang der Konfiguration so genau wie möglich zu definieren. Das beschleunigt die Realisierung, da der Umfang frühzeitig festgelegt wird und die Ergebnisse der Konfiguration frühzeitig diskutiert und entschieden werden. Ebenso haben Sie die Möglichkeit, Key User und weitere End User schon bei der Prozessdefinition in den Prozess der Implementierung einzubinden.

Konfigurationen prüfen

Zur Prüfung der Konfigurationsmöglichkeiten legen Sie einen Evaluation Workspace in SAP Central Business Configuration an und geben den Start-Customizing-Tenant als Deployment Target an. Wählen Sie die zu untersuchenden Geschäftsprozesse im zu untersuchenden Land bzw. in der zu untersuchenden Region aus, und legen Sie eine repräsentative Organisationsstruktur an. Damit erhalten Sie eine Evaluierungsumgebung, in der Sie die Optionen untersuchen können, ohne Konsequenzen im Entwicklungssystem. Nicht alle Einstellungen lassen sich wieder löschen.

Erweiterungen jeglicher Art sind in der Regel mit höheren Kosten für die Landschaft und deren Pflege verbunden als die Standard-Konfigurationsoptionen von SAP S/4HANA Cloud Public Edition. Nutzen Sie die Dokumentenvorlagen von SAP Activate, um die Ergebnisse zu protokollieren. Lesen Sie hierzu auch in Abschnitt 11.5.2, »SAP Central Business Configuration mit SAP Cloud ALM«, wie Sie SAP Cloud ALM nutzen können.

Vorkonfiguration

Sie können Kundenprozesse in SAP S/4HANA Cloud Public Edition auf verschiedene Arten realisieren: Der Startpunkt ist immer die Vorkonfiguration. Die Vorkonfiguration deckt jedoch meist nicht alle Anforderungen ab, so werden vielleicht lokale Prozesse nicht vollständig abgedeckt oder Kundenanforderungen nicht angeboten. Ganz besonders im Berichtswesen sind nur wenige Vorlagen verfügbar. Sie wollen z. B. Ihr Firmenlogo in den Formularen sehen und nicht ein generisches Bild. Oder kundenspezifische Reports und Workflows müssen immer neu erstellt werden. In diesen Fällen können Sie mittels SAP Central Business Configuration oder direkt im SAP-S/4HANA-Cloud-Tenant das System konfigurieren.

Für einige Geschäftsprozesse werden aber auch diese kundeneigenen Konfigurationen nicht ausreichen, hier werden Sie Integrationen oder sogar Erweiterungen nutzen müssen, die nur durch eigene Softwareentwicklungen abgedeckt werden können. Details zu diesen Optionen finden Sie in Kapitel 3, »Cloud, on-premise und hybride Szenarien«. Ein vollständig implementierter Prozess kann damit aus drei Anteilen bestehen:

- vorausgelieferte Einstellungen
- Einstellungen aus dem Konfigurationsmanagement
- kundeneigene Erweiterungen und Integrationen

Wir beschreiben im Folgenden zwei Konfigurationswege. Für jede Funktionalität ist nur eine der Optionen relevant, also entweder in SAP Central Business Configuration oder in SAP S/4HANA Cloud Public Edition. Arbeiten in SAP S/4HANA Cloud Public Edition werden typischerweise als manuelle Nacharbeiten bezeichnet. Abschnitt 11.4.1, »Konfigurationsmanagement in SAP Central Business Configuration«, beschreibt die Konfigurationen mittels SAP Central Business Configuration und deren Transport in den Test-Tenant bzw. den Produktiv-Tenant. Dies trifft für die Mehrzahl der Konfigurationen zu. Manuelle Nacharbeiten, die Pflege von kundeneigenen Objekten und das Hochladen von Konfiguration finden Sie in Abschnitt 11.4.2, »Konfigurationen in SAP S/4HANA Cloud (manuelle Nacharbeiten)«; dies führen Sie direkt im SAP-S/4HANA-Cloud-Tenant durch.

[»]

Verantwortung für Einstellungen und Erweiterungen

Beachten Sie: Die Verantwortung, dass Einstellungen und/oder Erweiterungen die Anforderungen des entsprechenden Gesetzgebers abdecken, liegt ausschließlich beim Kunden.

SAP Activate für SAP S/4HANA Cloud Public Edition (3-system landscape) bietet zu diesem Zweck eine Reihe von Vorlagen und Prozessvorschlägen, wie Sie die Konfigurationen planen, analysieren und genehmigen können.

11.4.1 Konfigurationsmanagement in SAP Central Business Configuration

In einer Drei-System-Landschaft konfigurieren Sie in SAP Central Business Configuration die Tenants des Entwicklungssystems mittels Implementation Workspace bzw. das Startsystem mittels Evaluation Workspace. Das Testsystem und das Produktivsystem erhalten ihre Konfiguration über das Transportsystem, mit Ausnahme der manuellen Nacharbeiten.

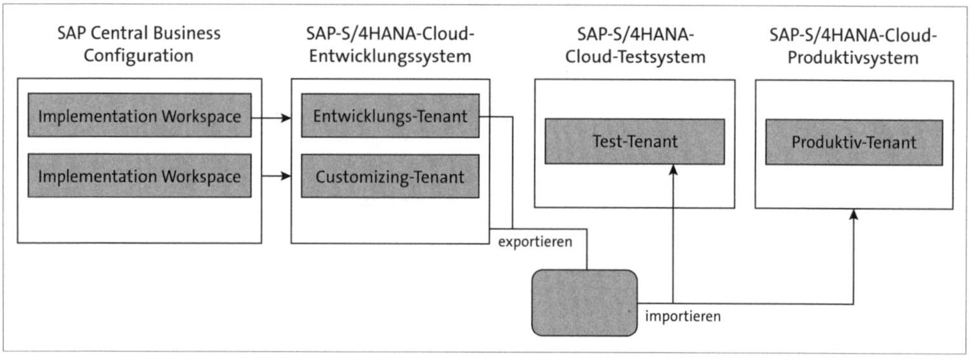

Abbildung 11.9 Landschaftsüberblick für Konfigurationseinstellungen

Nachdem Sie in SAP Central Business Configuration den Lösungsumfang inklusive Organisationsstruktur bestätigt haben, verteilt das System die

Voreinstellungen in den SAP-S/4HANA-Tenant (siehe Abschnitt 11.2.4, »Festlegen des Deployment Targets«). Sie können anschließend das Konfigurationsmanagement nutzen, um diese Voreinstellungen zu bearbeiten.

Sie finden die Aktivität **Configure Your Business Processes** im Bereich **Product-Specific Configuration** (siehe Abbildung 11.10).

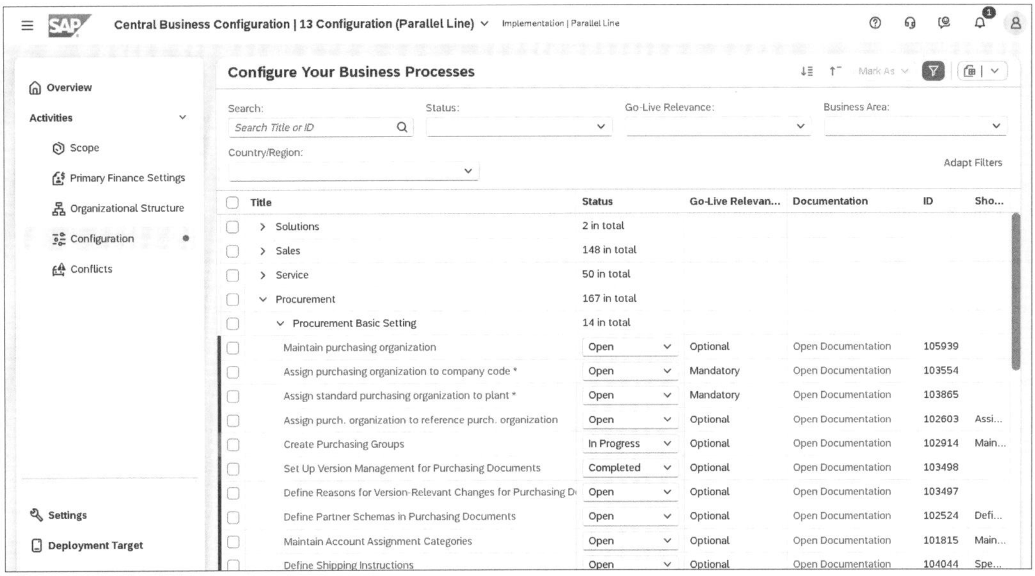

11

Abbildung 11.10 Aktivität »Configure your Buiness Processes« in SAP Central Business Configuration

Das Konfigurationsmanagement besteht aus einzelnen Aktivitäten (**Activities**). Der Status der Aktivitäten erlaubt es Ihnen, den Fortschritt Ihres Projekts jederzeit genau zu verfolgen (siehe Abbildung 11.10). Ebenso führt Sie der Link mit der Bezeichnung **Open Documentation** zur Dokumentation der Aktivität, falls Sie Zusatzinformation benötigen. Die Aktivitäten werden nach Geschäftsbereichen sortiert angezeigt. Die Auswahl der Aktivitäten hat das System nach Ihrem Lösungsumfang berechnet. So sind Aktivitäten zum Einkauf nur dann in Ihrer Liste zu sehen, wenn Sie die Einkaufsprozesse zuvor ausgewählt haben. Beachten Sie, dass in einzelnen Fällen Finanzprozesse Elemente aus Verkaufsprozessen beinhalten.

Funktionsnamen in SAP S/4HANA Cloud Public Edition

Falls Sie weitreichende Erfahrung auch mit älteren Betriebsmodellen von SAP haben, wie z. B. SAP R/3 oder SAP ECC, bedenken Sie, dass sich die Bezeichnungen der Funktionen geändert haben können.

Aktivitäten suchen und filtern

Sie können die Aktivitäten über das Suchfeld nach Geschäftsbereichen, Go-Live Relevance, Status und Land/Region filtern (siehe Abbildung 11.10).

[»]

Berechtigungen für Aktivitäten beachten

Um die Aktivitäten im SAP-S/4HANA-Cloud-Tenant auszuführen, Einträge zu erstellen oder zu ändern, müssen Sie einen Benutzer mit den jeweiligen Berechtigungen in beiden Systemen haben.

Klicken Sie auf die Aktivität, um die Konfigurationsfunktionalität im SAP-S/4HANA-Cloud-Tenant aufzurufen. Hier können Sie alle Einträge in Abhängigkeit von der zu pflegende Funktionalität erzeugen und pflegen. Sichern Sie Ihre Änderungen anschließend. Im folgenden Schritt wählen Sie den relevanten Customizing-Transport aus.

Wie Sie bereits im Landschaftsüberblick in Abbildung 11.9 gesehen haben, werden die Konfigurationen über das Transportwesen in den Test-Tenant und den Produktiv-Tenant geladen. Sie können den Customizing-Auftrag mit **Customizing-Transporte exportieren** in SAP S/4HANA Cloud verwalten. Mittels Simulationen können Sie hier auch schon frühzeitig Fehler feststellen.

Die Konfigurationen sind abgeschlossen, wenn alle Qualitätskriterien, die Sie bei der Planung definiert haben, erfüllt sind. Dazu sollten nicht nur funktionelle Kriterien gehören, sondern auch Benutzerakzeptanz und Benutzbarkeitskriterien.

11.4.2 Konfigurationen in SAP S/4HANA Cloud (manuelle Nacharbeiten)

In diesem Abschnitt erhalten Sie einen Überblick über manuelle Nacharbeiten, die Pflege von kundeneigenen Konfigurationsobjekten und das Hochladen von Konfiguration.

Manuelle Nacharbeiten

Einige Konfigurationseinstellungen können nicht mittels SAP Central Business Configuration verwaltet werden und müssen daher manuell in jedem System nachgezogen werden. Diese sind:

- Standard-Profitcenter pflegen
- Profitcenter-Standardhierarchie pflegen
- Bankstammdaten für Hausbanken anlegen
- Hausbanken definieren

- Bankkonten im Cash Management anlegen
- Schecknummernintervalle pflegen
- Lieferantenbuchungskreis darstellenden Geschäftspartner für buchungskreisübergreifende Prozesse pflegen
- Konsolidierungspositionen pflegen
- Umlagerungslieferanten-GP pflegen
- PSM-Stammdaten für Materialbestandsbuchungen pflegen
- Stammdaten für PSM-Einnahmen-/Ausgabenart für Sachkontoklassifizierung pflegen
- Fremdschlüsselfehler in Bezug auf benutzerdefinierte Objekte beheben

[«]

Manuelle Nacharbeiten

Eine aktuelle Liste der manuellen Nacharbeiten entnehmen Sie der aktuellen Dokumentation auf dem SAP Help Portal unter **SAP S/4HANA Cloud einrichten** im Zielsystem.

Pflege von kundeneigenen Konfigurationsobjekten

Die App **Benutzerdefinierte Business Configurations** ist Ihr Einstieg für Business-Configuration-Maintenance-Objekte. Mit der App pflegen Sie diese Konfigurationsobjekte.

Öffnen Sie die App **Implementierungsaktivitäten**, um Zugriff auf den SAP-Customizing-Einführungsleitfaden zu bekommen. Hier navigieren Sie zu **Benutzerdefinierte Konfiguration** und öffnen die App **Benutzerdefinierte Business Configurations**. Damit Sie auf die App zugreifen können, muss der Anwendungskatalog SAP_CA_BC_IC_LND_PC Ihrem Benutzer zugeordnet sein. Er ist in der Anwendungsrollenvorlage SAP_BR_BPC_EXPERT enthalten.

[«]

Kundeneigene Konfigurationsobjekte

Weitere Informationen erhalten Sie im SAP Help Portal im Bereich **SAP S/4HANA Cloud einrichten** unter *http://s-prs.de/v10578081*.

Hochladen von Konfigurationen

Wenn Sie ein großes Volumen an Konfigurationseinträgen haben oder vielleicht die Konfiguration in einem anderen Tenant bereits durchgeführt haben, bietet SAP an, die Daten in den SAP-S/4HANA-Cloud-Tenant hochzuladen. Navigieren Sie dazu zu **Tabellensicht • Tabellenkalkulation importieren •**

Inhalt. So starten Sie die App **Business Configuration hochladen**. Beachten Sie, dass die App zwar in Ihrem SAP Fiori Launchpad sichtbar ist, dort aber nicht direkt gestartet werden kann. Selektive Konfiguration können Sie auch über die App **Implementierungsaktivitäten** hochladen.

11.5 SAP Central Business Configuration mit SAP Activate und SAP Cloud ALM

In diesem Abschnitt erhalten Sie einen Überblick, wie Sie SAP Central Business Configuration mit SAP Activate und SAP Cloud ALM nutzen können.

11.5.1 SAP Central Business Configuration und SAP Activate

Die Einführung neuer Software bedeutet genaue Planung in vielen Bereichen, z. B. bei der Konfiguration, der Systemlandschaft, dem Training der Benutzer, der Entwicklung von Erweiterungen, den Integrationen in bestehende Systeme usw. SAP Activate bietet hier eine Methodik, die all diese Aspekte über alle Phasen der Einführung hinweg beinhaltet.

Aktivitäten in der Roadmap

Die Aktivitäten von SAP Central Business Configuration sind in der SAP Activate Roadmap für SAP S/4HANA Cloud Public Edition enthalten. Sie finden diese Implementierungsroadmap unter: *http://s-prs.de/v10578082*.

Sie finden in jeder Phase die für SAP Central Business Configuration relevanten Schritte.

Sie können in der Roadmap nach dem Produkt **SAP Central Business Configuration** filtern (siehe auch Abbildung 11.11).

So finden Sie die Vorbereitung der Landschaft unter **Planning** und die Konfiguration des Entwicklungssystems unter **Realize**. Jeder Schritt in SAP Central Business Configuration ist genau in die Phasen von SAP Activate eingebettet. SAP Activate bietet Ihnen viele Möglichkeiten, wie Sie die Konfiguration des Start- und des Entwicklungssystems im Zusammenhang mit den Erweiterungen und den Integrationen dokumentieren können. Viel wichtiger ist aber, dass Sie mit SAP Activate die Eingaben ins System optimal planen können. Dabei helfen Ihnen verschiedene Tools.

Fit-to-Standard-Workshop

Mit einem *Fit-to-Standard-Workshop* können Sie die Geschäftsprozesse genau analysieren. In SAP Activate finden Sie hierzu Vorlagen, wie Sie die Anpassungen vorstellen, diskutieren, planen und genehmigen können. Mit SAP Central Business Configuration können Sie das Startsystem hierfür vorbereiten, Demodaten einspielen und zu überprüfende Konfigurationen eingeben.

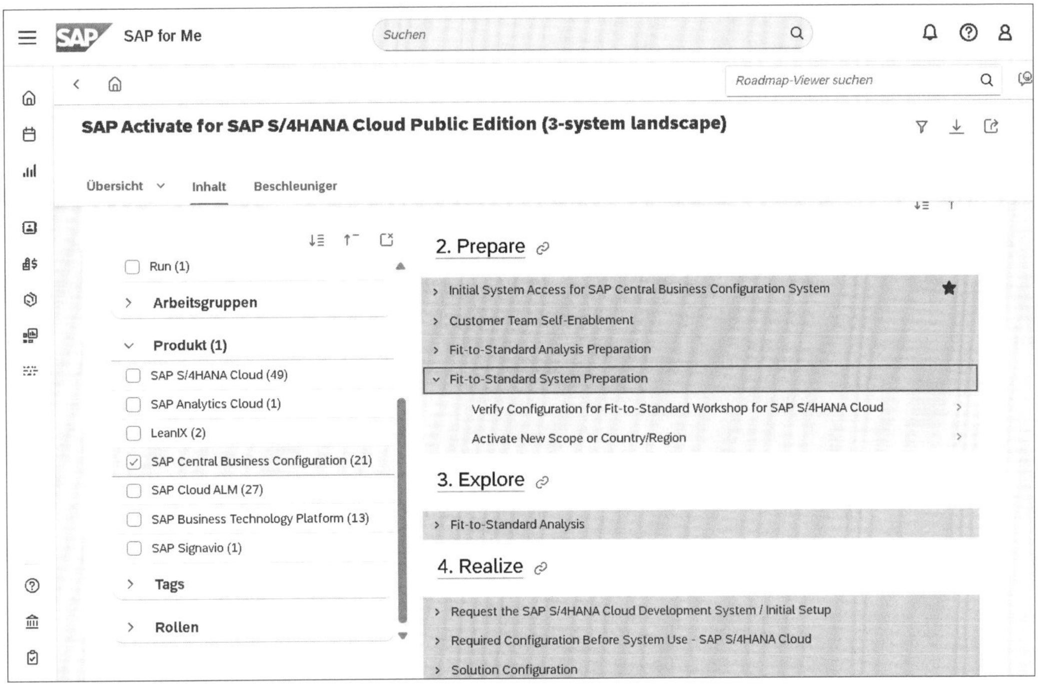

Abbildung 11.11 Produktfilter im SAP Roadmap Viewer

Planung der Realisierung

SAP Activate bietet eine Reihe von Vorlagen für *Quality Gates*. Diese sorgen dafür, dass alle Ergebnisse der Planung validiert und vom Kunden genehmigt werden, bevor sie in das Entwicklungssystem übernommen oder gar in das Produktivsystem importiert werden. Damit kann die Realisierung mittels SAP Central Business Configuration ohne weitere Genehmigungen stattfinden. In SAP S/4HANA Cloud Public Edition ist das besonders wichtig, da es einige Konfigurationen gibt, die nicht wieder gelöscht werden können. Hier ist eine Vorabklärung sehr empfehlenswert.

Langfristige Implementierungsroadmap

In SAP Activate finden Sie in der Planungsphase auch Vorlagen und Blogs, die Ihnen helfen, langfristig zu planen. Mit SAP Activate finden Sie hier Methoden der langfristigen Rollout-Planung über mehrere Länder. Dies sind nur drei Beispiele, wie SAP Central Business Configuration und SAP Activate Hand in Hand die Einführung von SAP S/4HANA Cloud Public Edition optimieren.

11.5.2 SAP Central Business Configuration mit SAP Cloud ALM

Mit SAP Cloud ALM können Sie Cloud- und hybride Betriebsmodelle einführen und pflegen. SAP Cloud ALM ist eine Cloud-Lösung (Cloud native), die dafür entwickelt wurde, der zentrale Punkt einer Cloud-Landschaft zu sein. Sie nutzt ebenfalls SAP Activate und vordefinierte Lösungspakete (SAP Best Practices). Sie bietet eine Reihe automatisierter Prozesse und führt Sie Schritt für Schritt durch ein Implementierungsprojekt.

Analog zur SAP-Activate-Methodik betrachtet SAP Cloud ALM den vollständigen Implementierungsaspekt, wobei SAP Central Business Configuration eine optimale Methode für die Auswahl und die Konfiguration von Geschäftsprozessen bietet. Es ist von daher zu empfehlen, beide Lösungen in einem integrierten Ansatz zu nutzen.

Eine detaillierte Betrachtung von SAP Cloud ALM finden Sie im englischsprachigen E-Bite »Introducing SAP Cloud ALM for Implementations« (siehe *https://www.sap-press.com/introducing-sap-cloud-alm-for-implementations_5477*) und in »SAP Cloud ALM – Das umfassende Handbuch« (siehe *https://www.rheinwerk-verlag.de/sap-cloud-alm-das-umfassende-handbuch*).

Sie können die automatische Integration von SAP Cloud ALM mit SAP Central Business Configuration in der App **Landscape Management** triggern. Wählen Sie dazu im jeweiligen Central-Business-Configuration-Service die Option **Endpunkte automatisch anlegen**. Jetzt können Sie beim Anlegen des SAP-Cloud-ALM-Projekts ein oder mehrere SAP-Central-Business-Configuration-Projekte zuweisen. So werden die Aktivitäten in SAP Cloud ALM direkt mit den Workspaces in SAP Central Business Configuration verlinkt.

Kapitel 12
Planen der Datenmigration

Dieses Kapitel beschreibt die Planung von Datenmigrationsprojekten im Fall einer Neuimplementierung von SAP S/4HANA und die dabei verwendeten Werkzeuge, Methoden und Ansätze.

Im Falle einer Neuimplementierung (Greenfield-Implementierung) werden die Daten eines oder mehrerer bestehender Systeme in ein neues System überführt. Dieser Ansatz ermöglicht es Ihnen, als Betreiber eines SAP- oder Nicht-SAP-Systems, sich von Altlasten zu befreien. Wenn Ihr aktuell genutztes ERP-System bereits lange im Einsatz ist, hat sich eine Vielzahl an Altdaten angesammelt, die unnützer Ballast geworden sind. Mit einer Neuimplementierung können Sie dann mit einem neuen, »sauberen« System starten. Hatten Sie bisher noch kein SAP-ERP-System im Einsatz, ist das auch der einzige und richtige Weg. Eine Neuimplementierung bietet die Möglichkeit, dass Sie wieder zum Standard zurückkehren. Speziell, wenn Sie bisher kein SAP-System im Einsatz hatten, können Sie nun Ihre Geschäftsprozesse einem Standard folgen lassen. Die von SAP zur Verfügung gestellten Lösungen, die unter dem Begriff *SAP Best Practices* angeboten werden, haben sich hier als sehr vorteilhaft erwiesen. Die SAP-Best-Practices-Pakete werden in SAP S/4HANA Cloud Public Edition mit ausgeliefert und sind entweder schon aktiviert oder können von Ihnen aktiviert werden. Insbesondere wenn Ihre bestehenden SAP-Systeme viele Modifikationen aufweisen, ist ein Neuanfang mit der Rückkehr zum Standard, auch im Hinblick auf Datenmenge und Datenqualität, sehr vorteilhaft. Nutzen Sie die Gelegenheit, das eigene ERP-System aufzuräumen, von Ballast zu befreien und neu auszurichten.

Projektphasen und Aufgaben

Egal ob es sich um ein On-Premise- oder um ein Cloud-System handelt, die einzelnen Projektphasen und anfallenden Aufgaben sind innerhalb eines solchen Implementierungs- bzw. Datenmigrationsprojekts annähernd gleich. Welche Aufgaben und Aktivitäten (*Tasks/Activities*) innerhalb von SAP Activate im Rahmen einer Datenmigration eingeplant sind, zeigen wir Ihnen in Abschnitt 12.1, »Datenmigration mit SAP Activate«, anhand ausgewählter Roadmaps auf.

In Abschnitt 12.2, »Phasen der Datenmigration«, bringen wir Ihnen zunächst die Vorgehensweise im Projekt näher und stellen die einzelnen Datenmigrationsphasen vor.

Im darauffolgenden Abschnitt 12.3, »Projektplanung mithilfe von SEAMAP«, beschreiben wir Ihnen die einzelnen Aufgaben, die in einem Datenmigrationsprojekt anfallen, und wie sie sich auf die jeweiligen Projektphasen verteilen. Hierzu wird die Projektplanungsstruktur SEAMAP für Migrationsprojekte herangezogen. In Abschnitt 12.4, »Werkzeuge zur Datenmigrationsplanung«, stellen wir Ihnen einige Werkzeuge vor, die Sie zur Projektplanung einsetzen können, und beschreiben, wie Sie Aufwände auf Basis der Projektplanungsstruktur SEAMAP schätzen.

[»]

SAP S/4HANA versus SAP S/4HANA Cloud

Mit »SAP S/4HANA Cloud« beziehen wir uns nachfolgend auf das Produkt SAP S/4HANA Cloud Public Edition. »SAP S/4HANA« bezieht sich auf SAP S/4HANA, On-Premise-Version und SAP S/4HANA Cloud Private Edition. Falls eine Unterscheidung zwischen Cloud Private Edition und der On-Premise-Version notwendig sein sollte, wird explizit darauf hingewiesen.

12.1 Datenmigration mit SAP Activate

SAP Activate

In Kapitel 9, »SAP Activate«, wurden Sie bereits mit der neuen Implementierungsmethodologie für SAP S/4HANA und SAP S/4HANA Cloud vertraut gemacht. Datenmigration ist ein wesentlicher Bestandteil von SAP Activate und in den verschiedenen Roadmaps unterschiedlich aufgeführt.

[»]

Verwendung von englischen Bezeichnungen und Begriffen

Der Roadmap Viewer, der die verschiedenen Roadmaps von SAP Activate beinhaltet, kann zwar auch auf Deutsch umgestellt werden, viele Informationen sind jedoch nur in Englisch verfügbar. Deshalb werden nachfolgend die deutschen und englischen Begriffe verwendet, damit Sie sich innerhalb des Roadmap Viewers zurechtfinden.

12.1.1 Datenmigration in SAP-Activate-Roadmaps

Roadmap Viewer

Detaillierte Informationen über die verschiedenen Roadmaps finden Sie im *Roadmap Viewer*. Zum Roadmap Viewer gelangen Sie über die folgende Adresse: *https://me.sap.com/roadmapviewer*.

Details zum Roadmap Viewer und zu den verwendeten Begriffen finden Sie in Abschnitt 9.2, »Phasen von SAP Activate«. In diesem Abschnitt beziehen wir uns auf die Roadmaps zum Stand Anfang 2025. Für SAP S/4HANA sind die folgenden Roadmaps im Roadmap Viewer unter den entsprechenden Methodiken unter **Alle Roadmaps ansehen** (**Explore All Roadmaps**) zu finden:

Roadmaps

- Cloud-spezifische Methodik (Cloud Specific Methodology):
  - SAP Activate for SAP S/4HANA Cloud Public Edition (3-system landscape) (*)
  - SAP Activate for SAP S/4HANA Cloud Public Edition (2-system landscape) (*)
  - SAP Activate for RISE with SAP S/4HANA Cloud Private Edition
  - SAP Activate for Conversion of SAP S/4HANA Cloud Public Edition 2-system to 3-system landscape
  - SAP Activate for SAP S/4HANA Cloud Public Edition – Early Adopters of Parallel Line
- On-Premise-spezifische Methodik (On-Premise Specific Methodology)
  - SAP Activate Methodology for Transition to SAP S/4HANA
- Upgrade-Methodik (Upgrade Methodology)
  - SAP Activate for Upgrade of SAP S/4HANA Cloud Public Edition (3-system landscape)
  - SAP Activate Methodology for SAP S/4HANA Upgrades
  - SAP Activate for RISE with SAP S/4HANA Cloud Private Edition – Upgrade
- Allgemeine Methodik (General / Cross Topics):
  - SAP Activate for New Cloud Implementations (Public Cloud-General)
  - SAP Activate Methodology On-Premises- Agile and Waterfall (*)
  - SAP S/4HANA Cloud Public Edition – Adoption Plan

Die meisten dieser Roadmaps unterscheiden sich nur marginal voneinander, was die *Deliverables* zur Datenmigration betrifft. Nachfolgend geben wir einen kurzen Überblick darüber, welche Aufgaben und Aktivitäten der Datenmigration in den mit (*) gekennzeichneten Roadmaps pro Phase aufgeführt werden. Die Details zu den einzelnen Aufgaben/Aktivitäten pro Phase entnehmen Sie dann den Roadmaps im Roadmap Viewer.

12.1.2 Roadmap »SAP Activate for SAP S/4HANA Cloud Public Edition«

Deliverables

Für SAP-S/4HANA-Cloud-Lösungen wurden die Roadmaps »SAP Activate for SAP S/4HANA Cloud Public Edition (2 system landscape)« und »SAP Activate for SAP S/4HANA Cloud Public Edition (3-system landscape)« entwickelt. Während erstere Roadmap für die ursprünglich angebotene Zwei-System-Landschaft gedacht ist, wird letztere für die neue Drei-System-Landschaft verwendet. Beide Roadmaps nutzen weitestgehend die gleichen Deliverables und unterscheiden sich nur marginal voneinander. Es gibt zwei Unterschiede. Der erste Unterschied in der »SAP Activate for SAP S/4HANA Cloud Public Edition (3-system landscape)« ist, dass die Aktivität »Data Migration« in der Realisierungsphase zweimal vorhanden ist:

- Data Migration in the Development Tenant
- Data Migration in the Test Tenant

Sie haben also den großen Vorteil, die Datenmigration innerhalb einer Drei-System-Landschaft öfter und einfacher zu testen. Der zweite Unterschied liegt in der Erkundungsphase. Hier gibt es in der Drei-System-Landschaft im Deliverable »Data Load Preparation« die zusätzliche Aktivität »Data Migration Preparation (ByDesign to S/4HANA Cloud)«. Diese Aktivität ist relevant für Kunden, die von SAP Business ByDesign in SAP S/4HANA Cloud wechseln wollen.

Die Deliverables für die Datenmigration sind, wie bei den anderen Roadmaps auch, in die Arbeitsgruppe (*Workstream*) **Data Management** eingebettet (siehe Abbildung 12.1).

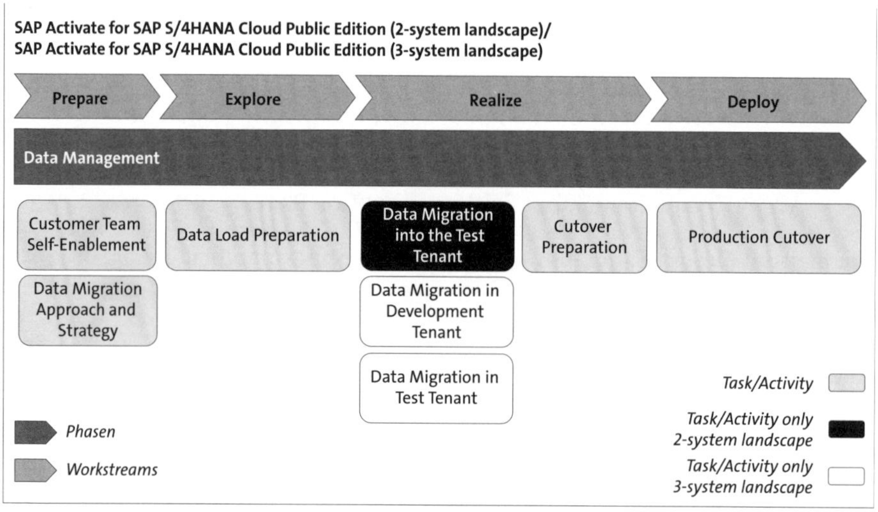

Abbildung 12.1 Deliverables in der Roadmap »SAP Activate for SAP S/4HANA Cloud Public Edition«

Phasen und Deliverables in der SAP-S/4HANA-Cloud-Roadmap

Für die Arbeitsgruppe **Data Management** verteilen sich die Deliverables und Aufgaben auf die folgenden einzelnen SAP-Activate-Phasen:

1. in der Vorbereitungsphase (Prepare-Phase)

   Customer Team Self-Enablement

   - mit dem SAP S/4HANA Migration Cockpit und den vorhandenen Migrationsobjekten vertraut machen

   Data Migration Approach and Plan

   - Meilensteine definieren
   - Umfang der benötigten Datenobjekte und Quellsysteme ermitteln und festlegen
   - Anzahl der benötigten Ressourcen, deren Projektrollen und Verantwortlichkeiten festlegen
   - die Größe des Datenvolumens für einzelne Datenobjekte abschätzen
   - vorhandene und benötigte Werkzeuge ermitteln, die zur Extraktion der Daten, die Datenbereinigung usw. herangezogen werden können/sollen
   - Festlegen, wie der komplette Prozess der Datenmigration getestet werden soll
   - Festlegen, wie die migrierten Daten validiert werden
   - Festlegen, wie die Datenbereinigung vorgenommen werden soll
   - Festlegen, wie das produktive Laden ablaufen soll
   - Festlegen, wie der Support nach der initialen Datenmigration ablaufen soll: Wer übernimmt in welchem Zeitrahmen eine eventuelle Fehlerbereinigung oder das Nachmigrieren von weiteren Daten?

2. in der Erkundungsphase (Explore-Phase)

   Data Load Preparation

   - notwendige und relevante Migrationsobjekte identifizieren
   - führende Quellsysteme für jedes Migrationsobjekt ermitteln
   - Festlegen, welche Daten manuell und welche über das Migration Cockpit oder eventuelle andere Apps oder Schnittstellen geladen werden sollen
   - sich mit den Migrationsobjekten vertraut machen durch Lesen der Dokumentation der Migrationsobjekte
   - Herunterladen, Prüfen und Abgleichen der Migrationsvorlagen (Templates) mit den Datenstrukturen und Feldern der Quellsysteme

- Definieren, aus welchen Systemen, Applikation, Tabellen, Feldern und mit welchen Werkzeugen und Programmen die Daten der einzelnen Migrationsobjekte extrahiert werden sollen/können. Datenformate, in die die Daten extrahiert werden sollen, definieren und das Ganze in einer Spezifikation festhalten. Insbesondere ist der Umgang mit historischen Daten (abgeschlossene Belege usw.), die nicht migriert werden können/dürfen, zu definieren.
- Datenbereinigungsaktivitäten (Data Cleansing) planen und ausführen. Darunter fällt die Überprüfung der Quelldaten auf Relevanz, Korrektheit und Vollständigkeit. Nicht relevante Daten oder Objekte sollten über definierte Regeln identifiziert und dann gelöscht oder so markiert werden, dass sie erst gar nicht extrahiert werden. Fehlerhafte Daten sollten schon im Quellsystem nach Möglichkeit bereinigt werden. Dazu werden normalerweise externe Werkzeuge wie z. B. SAP Data Services eingesetzt.
- Datenmigration von SAP Business ByDesign nach SAP S/4HANA Cloud vorbereiten. Diese Aktivität gibt es nur für die Drei-System-Landschaft. Hier geht es vornehmlich darum, im ersten Schritt die Daten aus SAP Business ByDesign in XML-Dateien zu extrahieren. Dann müssen die bereitgestellten Integration-Flows (iFlows) des Data-Migration-Beschleunigers in ein *SAP-Integration-Suite*-Paket hochgeladen und die iFlows bereitgestellt und ausgeführt werden.

3. in der Umsetzungsphase (Realize-Phase)

   Data Migration into the Test Tenant/... in the Development Tenant/... in the Test Tenant

   - Datenmigrationsprojekt im Migration Cockpit anlegen
   - Falls der Datenmigrationsansatz »*Datenmigration mithilfe von Staging-Tabellen*« (engl. Data Migration Using Staging Tables) genutzt wird, sind die Daten entweder in die Migrationsvorlagen zu füllen oder direkt in die Staging-Tabellen zu laden.
   - Falls der Datenmigrationsansatz »*Datenmigration mit direkter Übertragung*« (engl. Data Migration Using Direct Transfer) genutzt wird, muss ein entsprechendes *Communication Arrangement* für den Zugriff auf das Quellsystem konfiguriert und ausgewählt werden.
   - Daten im Cockpit validieren und das anschließende Werte-Mapping ausführen und gefundene Fehler in den Quelldaten beheben

- Simulation der Datenmigration starten
- Datenmigration mit bereinigten und validierten Daten ausführen
- Abschließende Datenqualitätsüberprüfung durchführen. Die Validierung erfolgt innerhalb des Migration Cockpits über die Aktion **Migrationsergebnisse**. Für den Staging-Tabellen-Ansatz ist es ratsam, die sehr viel mächtigere Datenmigrationsstatus-App zu nutzten (siehe Kapitel 14, »Unterstützende Anwendungen«, im Abschnitt 14.2. »Status der Datenmigration prüfen«). Ziel ist es, die Quelldaten in iterativen Zyklen zu bereinigen, zu transformieren, anzureichern, zu laden, zu validieren und zu testen, um eine akzeptable Datenqualität herzustellen.
- Reihenfolge des Migrationsprozesses der Migrationsobjekte und dessen Laufzeiten festhalten
- Ergebnisse in den Cut-over-Plan und die abschließende Datenvalidierung einfließen lassen
- In der Drei-System-Landschaft gibt es in beiden Data-Migration-Deliverables eine weitere Aktivität zum Transportieren der Datenmigrationsprojekte des Migration Cockpits in die nachfolgenden Tenants (Test bzw. Produktion) für den Ansatz »Datenmigration mit direkter Übertragung«. Bei »Datenmigration mithilfe von Staging-Tabellen« werden die Datenmigrationsprojekte in den nachfolgenden Tenants wieder manuell neu angelegt.

Cut-over Preparation

- Cut-over-Plan erstellen und festlegen, welche Stammdaten manuell, über das Migration Cockpit, über Schnittstellen oder andere Anwendungen geladen werden
- Festlegen der Reihenfolge des Ladens der Migrationsobjekte
- Festlegen, wer die Daten validiert und wann das passiert
- Datenmigration besteht nicht nur aus dem eigentlichen Laden, es gibt unzählige Schritte, die vorher, während und nach der Datenmigration eingeplant werden müssen. In der Methodik werden die wichtigsten aufgelistet.
- Der gesamte Cut-over-Plan sollte entweder simuliert oder am besten mehrmals getestet werden. Zwei oder mehr Durchläufe sind hier ratsam. Am Ende sollte dann ein durchgetakteter Plan mit allen Schritten, Zeitpunkten, Dauer und Verantwortlichen stehen.

4. in der Implementierungsphase (Deploy-Phase)

   Production Cut-over

   – Manuell angelegte Stammdaten im Produktivsystem, wie z. B. Kostenstellen, Bankkonten, Profitcenter usw. werden auf ihre Richtigkeit geprüft.
   – Die zum Cut-over anstehenden Aufgaben nach Plan ausführen. Hierbei ist es wichtig, frühzeitig die Anwesenheit der benötigten Personen zu den jeweiligen Zeitpunkten sicherzustellen. Dabei sind Gewerkschaften, Betriebsräte, Personalräte und andere Mitarbeiterorganisationen unbedingt mit ins Boot zu nehmen. Bei Quellsystemen, die über mehrere Länder verteilt sind, müssen Sie die verschiedenen Zeitzonen in Ihre Pläne einkalkulieren.
   – Während des Cut-overs ist sicherzustellen, dass der Status der jeweiligen Datenmigration und Datenvalidierung transparent festgehalten und kommuniziert wird. Nachfolgende Validierungsaktivitäten sind unmittelbar auszuführen und die Ergebnisse der Validierung festzuhalten. Es kostet Zeit, Datenmigrationsfehler zu beheben. Deshalb ist es notwendig, diese durch ausgiebiges Testen schon im Vorhinein auszuschließen.

[»]

Weiterführende Kurse und Zertifizierungen

Generell empfehlenswert ist das SAP-Training C_ACT, »SAP Certified Associate –Project Manager – SAP Activate«.

Weitere Kurse und Zertifizierungen finden Sie unter *https://learning.sap.com*. Da sich Weblinks ändern, suchen Sie dort am besten nach der Kursnummer oder der Beschreibung.

Wenn Sie mehr über SAP Activate lernen möchten, sollten Sie die 3. Auflage des 2025 bei SAP PRESS erschienenen englischen Buchs »SAP Activate« von Denecken et al. lesen (siehe *https://sap-press.de/5966*).

12.1.3 Roadmap »SAP Activate Methodology for On-Premise – Agile and Waterfall«

Die allgemeine Roadmap »SAP Activate Methodology for On-Premise – Agile and Waterfall« ist für On-Premise-Implementierungen, basierend auf agilen Methoden oder dem Wasserfallmodell, vorgesehen. Die einzelnen Deliverables pro Phase sind in Abbildung 12.2 sichtbar.

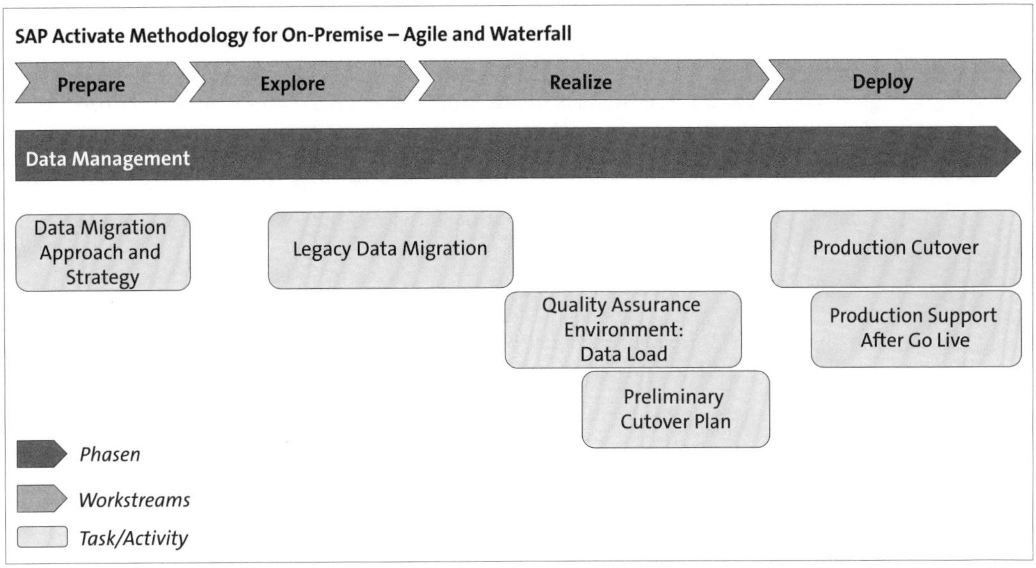

Abbildung 12.2 Deliverables in der Roadmap »SAP Activate Methodology for On-Premise – Agile and Waterfall«

Phasen und Deliverables in der allgemeinen On-Premise-Roadmap

In dieser Roadmap finden Sie für die Arbeitsgruppe (Workstream) **Data Management** die folgenden Deliverables mit den jeweiligen Aufgaben (Tasks) pro SAP-Activate-Phase:

1. in der Vorbereitungsphase (Prepare-Phase):

   Data Migration Approach and Strategy

   - Datenmigrations-Workshop vorbereiten und durchführen
   - Data-Audit-Workshop (Data Health Check) zur Ermittlung der führenden Quellsysteme und deren Qualität abhalten
   - Datenmigrationsumfang und Anforderungen ermitteln und dokumentieren
   - den dokumentierten Datenmigrationsumfang und Anforderungen dem Projektteam präsentieren
   - die Organisation und die technische Infrastruktur des Kunden untersuchen und auf die anstehenden Datenmigrationsaktivitäten und -prozesse hin bewerten, um Defizite aufzudecken und zu beheben
   - Risikoanalyse durchführen und vorbeugende Maßnahmen zur Schadensminderung erarbeiten
   - Datenmigrationsansatz und Strategiedokument fertigstellen

2. in der Erkundungsphase (Explore-Phase)

   Legacy Data Migration

   - Sicherstellen, dass die definierten Prozesse und Verfahren, die zur Sicherstellung einer korrekten Datenqualität und des Umgangs mit Stammdaten erforderlich sind, im Unternehmen einsatzbereit sind.
   - Workshops zum Umschlüsseln (Mappen) der Datenstrukturen und -werte abhalten
   - Bewerten der Datenqualität durch Analyse der Quelldaten in Bezug auf Verfügbarkeit und Qualität und der Komplexität und Risiken des Datenmigrationsprozesses
   - Festlegen, welche Daten über ein Migrationswerkzeug und welche manuell migriert werden sollen
   - Plan zur Sicherung, Nachverfolgung und Kontrolle der Datenqualität während des Datenmigrationsprozesses erstellen
   - Entwurf und Pläne für Datensicherheit vorbereiten, durch Identifikation und Entwicklung des erforderlichen Architekturdesigns und durch Pläne zur Unterstützung der Sicherheitsanforderungen

3. in der Umsetzungsphase (Realize-Phase)

   Quality Assurance Environment (QAS): Data Load

   - Stamm- und Bewegungsdaten, die für alle (!) Geschäftsprozesse notwendig sind, für das Q-System vorbereiten und laden

   Preliminary-Cut-over-Plan

   - vorläufigen Cut-over-Plan erarbeiten und alle notwendigen Datenmigrationsaktivitäten und -aufgaben darin einbinden

   Legacy Data Migration

   - Datenmigrationsarchitektur und Datenmigrationsprogramme zur Bereinigung, Extraktion, Mapping, Anreicherung und Validierung der Daten entwickeln
   - manuelle Datenmigration ausführen und validieren
   - Datenqualitätsplan erarbeiten
   - bereinigte Daten in das SAP-Zielsystem mittels der zu nutzenden Migrationswerkzeuge laden und testen
   - Ladezeiten und Ladequalität der einzelnen Testzyklen messen und dokumentieren, um die Effizienz der Datenmigrationslösung zu ermitteln und stetig zu verbessern
   - abschließenden Datenqualitätstest durchführen, um die Qualität der Daten zu prüfen und zu bewerten

4. in der Implementierungsphase (Deploy-Phase)

   Production Cut-over

   - den Go-Live mehrmals simulieren, bis das gewünschte Ergebnis erreicht ist
   - prüfen, dass alle Maßnahmen zur Einhaltung der Datenqualität einsatzbereit sind
   - Durchführen aller Aktivitäten zur Vorbereitung des Produktivstarts, die vor dem Cut-over-Zeitraum abgeschlossen sein müssen
   - Prüfen und Abzeichnen der Bereitschaft des Produktivsystems für den Produktivstart
   - Cut-over-Plan und alle abhängigen Datenmigrationsaktivitäten zeitlich korrekt ausführen
   - das finale produktive Datenladen durchführen
   - die Daten und die Datenqualität am Ende der Datenmigration vom Kunden validieren und abnehmen lassen

   Production Support After Go Live

   - Laden von Datenmigrations-Nachzüglern, wie z. B. Daten, die nicht zwangsläufig für den akuten Betrieb notwendig sind
   - Beheben von Problemen mit den geladenen Daten

12.2 Phasen der Datenmigration

Standardisierung der Datenmigration

Wie Sie anhand der vorgenannten Roadmaps und eventuell auch anhand Ihrer eigenen Datenmigrationsprojekte sehen, kann der Prozess der Datenmigration innerhalb eines Projekts in bestimmte Phasen mit den jeweils anfallenden Aufgaben eingeteilt werden. Diese Datenmigrationsphasen und die anfallenden Aufgaben lassen sich generalisieren und dadurch standardisieren. In diesem Abschnitt werden wir diese Datenmigrationsphasen näher beschreiben.

Was schiefgehen kann, wird schiefgehen

Bevor wir uns hier jedoch mit den einzelnen Phasen der Datenmigration beschäftigen, möchten wir noch einmal unterstreichen, dass eine Datenmigration eine sehr komplexe Angelegenheit ist, die leider immer noch zu häufig unterschätzt wird. Datenmigration ist nicht etwas, das Sie auf die lange »Projektbank« schieben können, um es sich zwei, drei Wochen vor dem Go-live-Termin »mal eben« anzuschauen und zu denken, Sie könnten die Daten schnell, ohne vorher richtig zu testen, ins System laden.

Murphy's Law

Sie mögen es nicht für möglich halten, aber nach weltweit unzähligen Vorträgen, Büchern, Blogbeiträgen und Zeitschriftenartikeln diverser Berater und Autoren zu diesem Thema gibt es immer noch Berater und auch Kunden, die ihre Datenmigration nicht oder unzureichend testen und die Neuimplementierung ihres Systems gefährden, verzögern oder im schlimmsten Falle damit gegen die Wand fahren. Auch rund 70 Jahre nach der Erstveröffentlichung von Murphy's Gesetz hat seine ursprüngliche Aussage noch Gültigkeit:

> *»Wenn es mehrere Möglichkeiten gibt, eine Aufgabe zu erledigen, und eine davon in einer Katastrophe endet oder sonst wie unerwünschte Konsequenzen nach sich zieht, dann wird es jemand genau so machen.« (https://law.ch/lawinfo/murphys-law/)*

Diese Fehleinschätzung und das dadurch verursachte Fehlverhalten erzeugen jedes Mal unnötigen Ärger und Kosten und gehen oft zulasten der Gesundheit von Projektmitarbeitern. In Cloud-Projekten ist z. B. das mangelnde Verständnis darüber, was es bedeutet, ein Cloud-System mit vordefinierten Prozessen und eingeschränkter Flexibilität einzusetzen, einer der häufigsten Gründe, die dazu führen, dass vorgegebene Projektzeitpläne nicht eingehalten und um ein Vielfaches übertroffen werden. Deshalb ist es umso wichtiger, dass Sie Ihr Implementierungsprojekt mithilfe standardisierter Einführungsmethoden, wie der in Kapitel 9, »SAP Activate«, beschriebenen gleichnamigen Methode, planen und ausführen. Denn je früher Sie sich mit den anfallenden Phasen und Aufgaben beschäftigen, je öfter Sie z. B. Ihre Datenmigration testen und je mehr Fehlerquellen Sie dadurch eliminieren, desto weniger wird schiefgehen und umso erfolgreicher werden Ihr Projekt und Ihre Datenmigration verlaufen. Informieren Sie sich also frühzeitig über die einzelnen Aufgaben, die bei einer Datenmigration anfallen, und wie Sie diese korrekt in die einzelnen Projektphasen einbinden.

Phasen einer Datenmigration sind immer gleich

Die Standardphasen einer Datenmigration in SAP S/4HANA entsprechen grundsätzlich denen einer herkömmlichen Datenmigration in ein System der SAP Business Suite oder in irgendein anderes IT-System. Wir unterscheiden hier sieben Phasen, in Klammern nennen wir die englischen Bezeichnungen:

1. Datenanalyse (*Data Analysis*)
2. Datenbereinigung (*Data Cleansing*)
3. Mapping (*Mapping*)
4. Implementierung (*Implementation*)
5. Test der Datenmigration (*Tests*)
   - funktionale Tests
   - produktive Ladetests (*PLT*)

6. Validierung (*Validation*)
7. Produktives Laden und Support (*Productive Load*)

Die eingangs erwähnten Phasen einer Datenmigration lassen sich in die Phasen von SAP Activate für eine Neuimplementierung (Greenfield) in SAP S/4HANA eingliedern (siehe Abbildung 12.3).

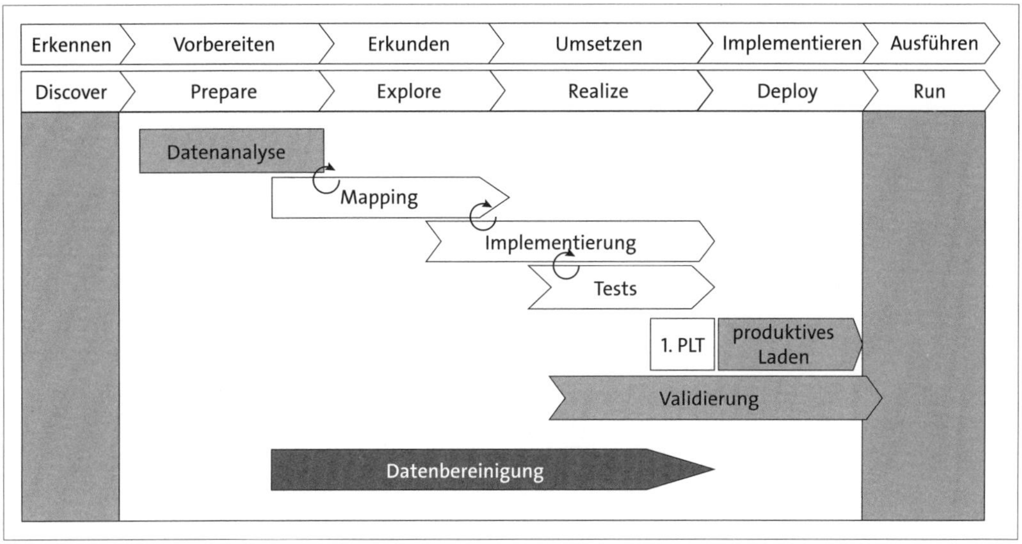

Abbildung 12.3 Datenmigrationsphasen in SAP Activate

12

12.2.1 Datenanalyse

Vorbereitungs- und Analysephase

In SAP Activate startet die Datenmigration mit Datenmigrations-Workshops oder einem *Self-Enablement* innerhalb der Vorbereitungsphase. Wir empfehlen, immer so früh wie möglich mit der Datenanalyse zu beginnen. Dadurch schaffen Sie eine Basis, auf der Sie in Datenmigrations-Workshops aufsetzen können. Die Datenanalyse sollte deshalb in der Regel in der Vorbereitungsphase, spätestens jedoch in der Erkundungsphase gestartet werden. Während der Analyse und der späteren Modellierung Ihrer einzelnen Geschäftsprozesse beginnen Sie, die benötigten Business-Objekte und die verwendeten Stamm- und Bewegungsdaten festzulegen.

[«]

Business-Objekt versus Migrationsobjekt

Ein *Business-Objekt* (Business Object) ist ein einzelnes Datenobjekt, das zur Modellierung eines Geschäftsprozesses benötigt wird, z. B. Material, Kunde oder Bestellung.

Ein *Migrationsobjekt* (Migration Object) ist ein Teil eines Business-Objekts, das zur Migration dieses Business-Objekts verwendet wird. Business-Objekte müssen manchmal aus technischen Gründen in kleinere Einheiten aufgeteilt werden. Ursachen hierfür können sein, dass bestimmte Teile eines Business-Objekts mit unterschiedlichen Schnittstellen (Application Programming Interfaces, APIs) geladen werden oder dass die Datenquellen unterschiedlich sind. Zu einem Business-Objekt kann es also ein bis mehrere Migrationsobjekte geben.

[»]

Stammdaten versus Bewegungsdaten

Unter *Stammdaten* versteht man Daten, die in sich stabil und die Grundlage für andere Business-Objekte sind. Stammdaten verändern sich über einen bestimmten Zeitraum wenig bis gar nicht. Bekannte Stammdatenobjekte sind z. B. Kunden, Lieferanten, Material, Banken und Stücklisten.

Unter *Bewegungsdaten* (Transaktionsdaten) versteht man Daten, die volatil sind und andauernden Veränderungen unterliegen. Bekannte Bewegungsdaten sind Bestände, Kontendaten, alle Arten von Aufträgen und Belegen.

Datenmigrationswerkzeuge und -methoden

Als Nächstes machen Sie sich mit den Datenmigrationsmethoden und den Werkzeugen vertraut. Wenn Sie das SAP S/4HANA Migration Cockpit einsetzen, laden Sie sich z. B. die Migrationsvorlagen (Templates) des Cockpits für Ihre jeweiligen Migrationsobjekte herunter. Lesen Sie auf jeden Fall die jeweiligen Migrationsdokumente und Migrationsobjektdokumentationen. Prüfen Sie, ob es beispielhaft gefüllte Migrationsvorlagen für Ihre Migrationsobjekte gibt.

Data Migration Landing Page im SAP Help Portal

Dies tun Sie am besten, wenn Sie im SAP Help Portal die sogenannte *Data Migration Landing Page* öffnen. Auf der Data Migration Landing Page finden Sie viele nützliche Dokumente und Weblinks zu Beiträgen zum Thema »Datenmigration«. Die Data Migration Landing Page erreichen Sie mithilfe dieser Weblinks:

- SAP S/4HANA Cloud Public Edition: *https://help.sap.com/S4_CE_DM*
- SAP S/4HANA und SAP S/4HANA Cloud Private Edition: *https://help.sap.com/S4_OP_DM*

Abbildung 12.4 zeigt die überarbeitete Landing Page für die Public Cloud, die weitestgehend denselben Aufbau hat wie die für SAP S/4HANA seit Release 2023.

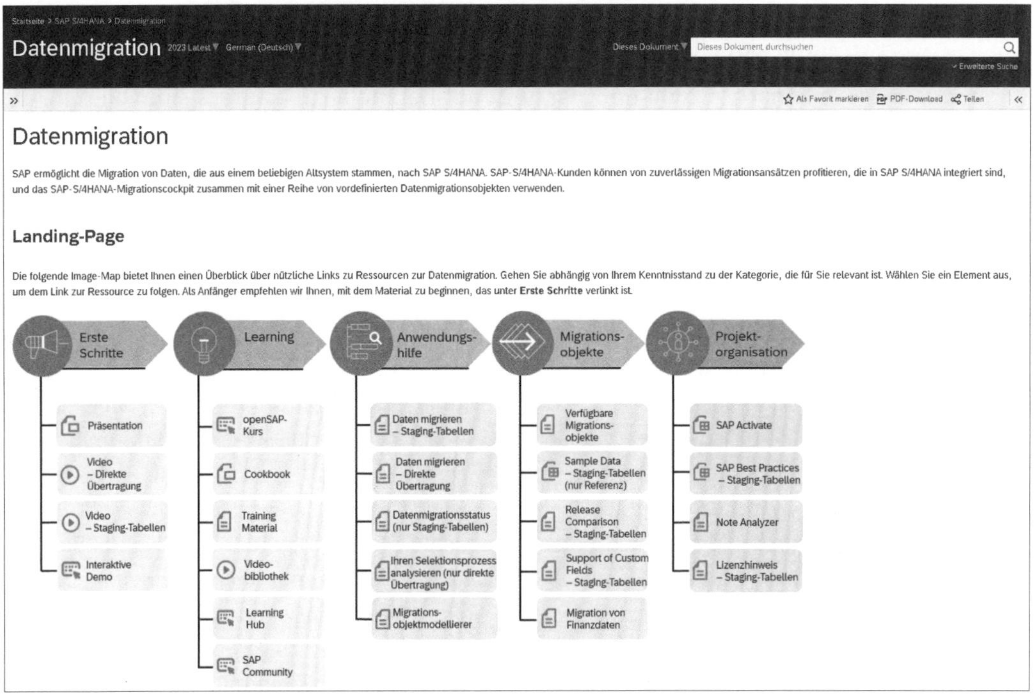

Abbildung 12.4 Landing Page »Datenmigration« für die SAP S/4HANA Cloud Public Edition

> **Landing Page für SAP S/4HANA <2023 Release**
>
> Der Aufbau der alten Data Migration Landing Page für SAP S/4HANA Releases älter als 2023 wird in folgendem SAP-Community-Blog von Anand Kapadia sehr gut erläutert: *http://s-prs.de/v10578083*.

Liste verfügbarer Migrationsobjekte

Auf der Landing Page finden Sie u. a. eine tabellarische Auflistung aller verfügbaren Migrationsobjekte des gewählten Release mit weiteren Informationen und Weblinks. Abschnitt 12.4.2, »Liste der aktuellen Migrationsobjekte«, zeigt Ihnen detailliert, was Sie dort sehen und wie Sie die Liste nutzen.

Datenherkunft analysieren und festlegen

In der Datenanalysephase wird die Herkunft der Daten analysiert, und es wird geprüft, ob eine manuelle oder maschinelle Datenmigration notwendig ist. Für die Datenmigration sollten die aktuellen Datenquellen mit der höchsten Datenqualität herangezogen werden. Oft ist es dabei notwendig, die Daten verschiedenster Datenquellen zu einer Datenmigrationsquelle zusammenzufassen. Viele Unternehmen nutzen mehrere unterschiedliche

Datenhaltungssysteme, was es schwieriger macht, die führenden und damit aktuellen Datenhaltungssysteme auf Anhieb zu ermitteln.

Manuelle versus maschinelle Übernahme

Je nach Anzahl und Herkunft der Datenobjekte kann es sinnvoll sein, die Daten manuell in das neue System zu übertragen, wenn der zu betreibende zeitliche und monetäre Aufwand hoch ist, um die Daten in ein Format zu übertragen, das maschinell verarbeitet werden kann. In diesem Fall kann es kostengünstiger sein, die Daten manuell zu übertragen.

[zB]

Viele Hände tippen schneller

Wenn die Erfassung eines Datensatzes im Zielsystem mittels einer App z. B. eine Minute dauert und Sie nur eine Person zur Verfügung haben, um 600 Datensätze manuell zu erfassen, benötigt diese Person dafür 600 Minuten oder 10 Stunden. Zwei Personen schaffen das gleiche Pensum in 5 Stunden und acht Personen in 75 Minuten. Wenn Sie also vor der Entscheidung stehen, entweder eine teure Datenmigrations- und Extraktionslogik für eine Handvoll Datensätze zu implementieren oder eine manuelle Datenerfassung einzusetzen, sollten Sie die Aufwände gegeneinander abwägen. Wenn diese Daten für Tests mehrmals angelegt werden müssen, sollten Sie diesen mehrfachen Aufwand auch in Ihre Berechnung einfließen lassen.

Ermittlung der Migrationsobjekte

Bei der Ermittlung der Migrationsobjekte sollten Sie für jedes Objekt folgende Informationen erfassen:

- das SAP-Zielsystem (falls es mehrere gibt)
- das Migrationsobjekt und eine Beschreibung des Objekts
- den Objekttyp (Stammdaten, Bewegungsdaten, Customizing, sonstige Daten)
- die geschätzte Komplexität des Migrationsobjekts (1 = wenig komplex bis 10 = sehr komplex)
- Abhängigkeiten zu anderen Migrationsdatenobjekten
- die Anzahl der zu ladenden Datensätze
- Quellsystem(e)
- wichtige Ansprechpartner
- die geplante Datenmigrationstechnik
- zugehörige Planungsdokumente bzw. Geschäftsprozesse

Migrationsobjekt-Übersicht

Diese Informationen speichern Sie am besten in einer Tabelle, z. B. in Microsoft Excel. Diese Tabelle ergänzen Sie um weitere, für Sie notwendige

Objekt- oder Statusinformationen. Abbildung 12.5 zeigt einen Ausschnitt aus einer solchen Beispieltabelle in Microsoft Excel.

									Quellsysteme					Region 1	Region 2
Nr.	Bereich	Objekt nr.	Migrationsobjekt	Objekt unternr.	Beschreibung	Kommentar	MD= Stammdaten CU= Customizing TD= Bewegungsdaten	Datenmigration J (ja) N (nein) M (manuell)	System 1	System 2	System 3	System 4	Ansprechpartner (SAP) z.B. für Validierung, Mapping	Ansprechpartner (Kunde) z.B. für Validierung, Mapping	
1	SD	001	**Kunde**	001	**Kunden aus Spanien**	27.09.16 Herr SAP1: Frau Gamma nach weiteren Informationen fragen	MD	J	X		X		Herr SAP1	Herr Beta	Frau Gamma
2	SD	001	**Kunde**	002	**Kunden aus Deutschland**	27.09.16 E-Mail von Herrn Alpha bzgl. Verkäuferbezirken	MD	J	X		X		Frau SAP2	Herr Alpha Frau Fox	N.N.
3	MM	002	**Lieferant**	001	**Lieferanten aus Europa**	28.09.16 Herr Beta: Es werden nur die europäischen Lieferanten	MD	J			X		Herr SAP1	Herr Beta	N.N.
4	MM / SD	003	**Materialstamm**	001	**Rohstoffe**	28.09.16 Frau SAP2 und Herr SAP1: Nur Rohstoffe aus System A	MD	J	X				Frau SAP2 Herr SAP1	Herr Alpha Frau Fox	N.N.
5	MM / WM / SD / PP	003	**Materialstamm**	002	**Zugekaufte Handelsware**	08.10.16 Herr Beta: MRP1-Dispomerkmale klären	MD	N	X	X			Herr SAP1	Herr Alpha Herr Beta	N.N.

Abbildung 12.5 Beispieltabelle zur Dokumentation der Migrationsobjekte

Beispieltabelle herunterladen

Sie können die Tabelle aus Abbildung 12.5 als Hilfsmittel zur Dokumentation der Migrationsobjekte herunterladen. Sie finden sie im Internet auf der Seite *www.sap-press.de/6033* bei den Materialien zu diesem Buch. Sie können die Tabelle dann nach Belieben ändern und anpassen.

12.2.2 Datenbereinigung

»Garbage in, Garbage out«

Wenn Sie während der Datenanalyse und auch später während der Tests Fehler in den Quelldaten feststellen, sollten Sie diese umgehend im Quellsystem bereinigen. Je besser die Qualität der Ausgangsdaten ist, desto weniger Fehler treten bei der Datenmigration auf und umso höher ist die Qualität der geladenen Daten.

Datenbereinigung versus Data Cleansing

Im Deutschen spricht man generell von Datenbereinigung, während man im englischen Sprachraum und vor allem in der IT dafür den Begriff *Data*

Cleansing und seltener den Begriff *Data Cleaning* verwendet. Das Verb *to cleanse* wird ähnlich wie das deutsche Verb *glänzen* ausgesprochen. Es heißt also *Data Klenzing* und nicht *Data Kliensing*, wie man es von Deutschen ausgesprochen öfter hört. Wenn wir uns das deutsche Verb glänzen näher betrachten, dann sieht man den Unterschied zwischen *Cleansing* und *Cleaning*. Mit *to clean* wird etwas gereinigt, mit *to cleanse* wird etwas (spirituell) geläutert, desinfiziert und porentief gereinigt. Während Sie also beim Data Cleaning lediglich falsche Daten korrigieren, die Oberfläche reinigen, reichern Sie sie beim Data Cleansing um fehlende Informationen an und polieren Ihre Daten auf. In Adressdaten werden dann z. B. fehlende Hausnummern, Postleitzahlen usw. ergänzt. Damit steigern Sie den Wert Ihrer Daten. Sie lassen Ihr Auto auch vor dem Verkauf waschen, aussaugen und den Lack ausbessern und aufpolieren, damit der Wagen schön glänzt und sein Wert steigt.

Datenbereinigungs-teams einspannen

Beginnen Sie mit der Datenbereinigung so früh wie möglich, und greifen Sie dafür auf schon vorhandene Datenbereinigungsprozesse und -teams zu. In vielen (größeren) Unternehmen sind solche Teams aufgrund von Qualitäts-Audits und Zertifizierungen oft vorgeschrieben und daher bereits vorhanden. Die Ergebnisse der ersten Datenmigrationstests sind sehr wichtig für anstehende Datenbereinigungen im Quellsystem. Integrieren Sie deshalb die vorhandenen Teams zur Datenbereinigung in das SAP-S/4HANA-Migrationsteam.

Datenbereinigung vor der Generalprobe beenden

Die Datenbereinigung sollte nach Möglichkeit beendet sein, bevor Sie die Generalprobe des produktiven Ladetests durchführen. Die Phase der Datenbereinigung erstreckt sich in SAP Activate von der Vorbereitungsphase bis zur Umsetzungsphase.

[zB]

Wie aus 300.000 Datensätzen 5.000 Datensätze werden

Ein SAP-Kunde wollte ca. 300.000 Lieferanten eines Fremdsystems in sein neues System laden. Jedoch waren nach genauerer Datenanalyse nur 5.000 davon relevant. Die anderen 295.000 Lieferanten waren für die Geschäftsprozesse im Zielsystem nicht relevant bzw. Karteileichen, die sich im Laufe der Zeit angesammelt hatten. Da gab es zum Teil noch vierstellige deutsche Postleitzahlen und Länderbezeichnungen wie »Jugoslawien« in den Adressdaten. Das Laden von 5.000 Lieferanten ist bei Weitem nicht so zeitaufwendig wie das Laden der 60-fachen Menge. Eine Verringerung der zu migrierenden Datenmenge ist also immer von sehr großer Bedeutung: Je kleiner die Anzahl der zu migrierenden Datensätze ist, desto schneller werden sie von den entsprechenden Migrationswerkzeugen und den Migrations-APIs verarbeitet und umso kürzer ist auch die Ladezeit.

Werkzeuge zur Datenbereinigung

Nutzen Sie auch vorhandene Werkzeuge, oder evaluieren Sie entsprechende Datenqualitätswerkzeuge, die Sie für die Datenbereinigung und Datenqualitätssteigerung einsetzen können. *SAP Data Services* bietet z. B. einige Funktionalitäten und Zusätze an, um z. B. Datendubletten zu finden, Datendubletten zusammenzuführen, Adressdaten zu korrigieren und anzureichern.

12.2.3 Mapping

Papier-Mapping

Während der Datenanalyse haben Sie sich mit den Datenmigrationswerkzeugen und -methoden beschäftigt. Sie sollten daher jetzt ihre Quellstrukturen und die entsprechenden Zielstrukturen Ihrer Datenmigrationsmethode (z. B. die Migrationsvorlage) kennen. Nachdem Sie festgelegt haben, welche Datenobjekte Sie migrieren wollen, sollten Sie damit beginnen, die Strukturen und Felder Ihrer Quelldaten auf die Strukturen und Felder des Zielsystems zu mappen. Dies geschieht in der Regel parallel zur Festlegung der Geschäftsprozesse während der Erkundungsphase von SAP Activate und erfolgt im ersten Schritt auf dem »Papier« (*Papier-Mapping*) – Sie können dafür natürlich auch ein Programm, wie z. B. Microsoft Excel verwenden. Da einige Stamm- und Bewegungsdaten in verschiedenen Geschäftsprozessen Verwendung finden, ist das Mapping dieser Objekte eine Aufgabe, die mit dem Ende der Datenanalysephase abgeschlossen sein sollte. Dies entspricht dem Ende der Vorbereitungsphase in der SAP-Activate-Methodik.

Vorgefertigte Migrationsobjekte

Für die Migrationslösung *Rapid Data Migration* und das SAP S/4HANA Migration Cockpit werden vordefinierte Datenmigrationsobjekte ausgeliefert. Diese basieren auf festgelegten Zielstrukturen, die von der Datenmigrationsmethode (z. B. IDoc, Funktionsbaustein, BAPI) abgeleitet sind. Die Rapid-Data-Migration-Lösung liefert vorgefertigte Migrationsvorlagen über SAP Best Practices aus. Im Fall des SAP S/4HANA Migration Cockpits sind diese Grundbestandteil Ihres SAP-S/4HANA-Systems. Sie müssen Ihre Daten nur in die bestehende Migrationsvorlage eintragen und Ihre Quellsystemwerte im SAP S/4HANA Migration Cockpit entsprechend umschlüsseln.

Analyse- und Konfigurationsfehler

Oft tauchen bei den ersten Tests mit Originaldaten Analyse- und Konfigurationsfehler auf, die zur Anpassung der Zielkonfiguration und damit der entsprechenden Mapping- und Umschlüsselungsregeln führen. Dadurch kann das Mapping oft erst im letzten Drittel der Implementierungsphase (Umsetzungsphase in SAP Activate) wirklich abgeschlossen werden. Dies ist auch einer der Gründe dafür, so früh wie möglich mit der Datenmigration als eigenes Teilprojekt zu beginnen, um die spätere Datenqualität durch frühzeitige Tests zu steigern.

[zB]

Plötzlich auftauchende alternative Mengeneinheiten

Im Fit-Gap-Workshop eines Kundenprojekts wurden alternative Mengeneinheiten als nicht notwendig angesehen. Bei den ersten Ladetests mit Originaldaten der verschiedenen Quellsysteme fiel jedoch auf, dass in einigen ausländischen Filialen Produktstämme in anderen Mengeneinheiten gepflegt wurden als im führenden System (z. B. Meter versus Rollen). Die Daten des führenden Systems werden in der Regel zuerst geladen und geben damit die Basismengeneinheit des Produkts vor. Bestände werden in SAP-Systemen in der Basismengeneinheit gebucht. Die 400 m Stoff einer Filiale wären als 400 Rollen (Basismengeneinheit des führenden Systems) eingebucht worden. Da eine Rolle 100 m Stoffbahn entsprochen hatten, wäre es dadurch zu einer ungewollten und falschen Bestandsvermehrung gekommen. Als Konsequenz musste die Konfiguration angepasst werden. Für Produktstämme, für die es unterschiedliche Mengeneinheiten in den Quellsystemen gab, wurden alternative Mengeneinheiten eingeführt.

Wie viele Beispiele aus der Praxis zeigen, treten einige Mapping-Probleme trotz intensiver Analysen und Vorbereitung erst während der Tests in späteren Phasen auf. Dies unterstreicht die Tatsache, warum Tests jeglicher Datenmigration vor dem produktiven Laden der Daten zwingend erforderlich sind.

12.2.4 Implementierung

SAP Best Practices

Während der Implementierungsphase der Datenmigration, die in SAP Activate parallel zur Umsetzungsphase verläuft, erstellen Sie sowohl die Extraktionsprogramme des Quellsystems als auch die Übernahmeroutinen im Zielsystem. In einem SAP-S/4HANA-System sollten Sie die von SAP empfohlenen Datenmigrationswerkzeuge und -lösungen verwenden. In Systemen, die auf SAP S/4HANA Cloud Public Edition basieren, haben Sie auch keine Alternative dazu.

Ausgelieferter Standard-Migrations-Content

Für die Migrationslösung Rapid Data Migration, die wir in Kapitel 16, »Rapid Data Migration«, vorstellen, und das SAP S/4HANA Migration Cockpit (siehe Kapitel 13, »SAP S/4HANA Migration Cockpit«) werden vordefinierte Migrationsobjekte als sogenannter *Migrations-Content* ausgeliefert. Eine Liste der aktuell ausgelieferten Migrationsobjekte für das Migration Cockpit finden Sie über die Data Migration Landing Page im SAP Help Portal. Die Migrationsobjekte der Rapid-Data-Migration-Lösung für SAP S/4HANA 2023 finden Sie unter dem Weblink *http://s-prs.de/v10578084*. Dieser Content basiert auf SAP Best Practices. Hier müssen in der Regel nur noch die Quelldaten in die ausgelieferten Migrationsvorlagen gebracht und die Quell-/Zielwert-Umschlüsselungen gepflegt werden.

Legacy System Migration Workbench

Bei Verwendung der *Legacy System Migration Workbench* (*LSMW*) haben Sie einen erhöhten Implementierungsaufwand für die Erstellung der Übernahmeprogramme, weil Sie das komplette Mapping selbst bauen müssen. Sie müssen z. B. die Quellstrukturen und -felder definieren und diese auf die Zielstrukturen ihrer Übernahmemethode mappen. Sie müssen Regeln definieren und erstellen und diese dann den Feldern zuweisen. Dieser Aufwand entfällt bei der Verwendung der für SAP S/4HANA vorgesehenen Datenmigrationslösungen. Der Implementierungsaufwand mit diesen Werkzeugen ist also überschaubarer und besser kalkulierbar als bei einer kompletten Neuimplementierung der Übernahmeprozeduren mittels LSMW oder eigener Programme.

[«]

Vergleich SAP S/4HANA Migration Cockpit versus LSMW

Einen sehr guten Blogbeitrag, der beide Werkzeuge vergleicht, finden Sie in der SAP Community unter folgendem Weblink: *http://s-prs.de/v10578085*.

Freigegebene Schnittstellen verwenden

Durch die standardmäßige Verwendung von SAP Best Practices in SAP-S/4HANA-Cloud-basierten Systemen ist in diesen Systemen der Umfang der Migrationsobjekte und der verwendbaren Felder klar definiert. Für diese Systeme werden üblicherweise alle benötigten Migrationsobjekte, inklusive der verwendbaren Strukturen und Felder, ausgeliefert. In-SAP-S/4HANA-Systemen, die nicht mit SAP Best Practices ausgeliefert werden, kann es vorkommen, dass Sie weiterhin zusätzlich zu den Extraktionsroutinen im Quellsystem auch die Übernahmeroutinen im Zielsystem, inklusive Mapping und Umschlüsselungsregeln, implementieren bzw. anpassen müssen. Generell müssen Sie bei jedem SAP-System und im Speziellen bei SAP S/4HANA darauf achten, dass die Schnittstellen und Techniken (BAPIs, IDocs, Batch-Input usw.), die Sie dafür verwenden wollen, zur Nutzung durch Kunden freigegeben sind. Für nicht freigegebene Schnittstellen gibt SAP keinen Support.

[«]

Anpassen und Neuerstellen von Migrationsobjekten

Für SAP-S/4HANA-Systeme, die auf der On-Premise-Version von SAP S/4HANA basieren, gibt es je nach Datenmigrationswerkzeug die Möglichkeit, bestehende Migrationsobjekte anzupassen bzw. neue zu erstellen. Über den *SAP S/4HANA Migration Object Modeler*, den wir in Kapitel 15, »SAP S/4HANA Migration Object Modeler«, beschreiben, können Sie die Mapping-Regeln der ausgelieferten Objekte an Ihre Bedürfnisse anpassen und neue Migrationsobjekte erstellen. Der SAP S/4HANA Migration Object Modeler ist auch in SAP S/4HANA Cloud Public Edition als *Migrationsobjekte modellieren – Migrationsobjektmodellierer* (engl. *Model Your Migration Objects – Migration Object Modeler App*) mit eingeschränktem Funktionsumfang verfügbar. Näheres zur App und deren Cloud-spezifischen Einschränkungen finden Sie in Kapitel 13, »SAP S/4HANA Migration Cockpit«, und im Dokument »SAP S/4HANA Migration Cockpit« unter diesem Weblink *http://s-prs.de/v10578086*.

In der auf SAP Data Services basierenden Rapid-Data-Migration-Lösung (siehe Kapitel 16, »Rapid Data Migration«) haben Sie alle Freiheiten, die SAP Data Services bietet, um die ausgelieferten Regeln anzupassen.

12.2.5 Tests

Intensives Testen verhindert Mehrkosten

Die Testphase der Datenmigration erstreckt sich über die gesamte Umsetzungsphase von SAP Activate. Die Durchführung von Tests ist das Kriterium, das für den Erfolg jeglicher Implementierung ausschlaggebend ist. Leider werden Tests erfahrungsgemäß schlecht, unzureichend oder im schlimmsten Fall gar nicht geplant und durchgeführt. In der Regel wird den Tests und vor allem den Nacharbeiten viel zu wenig Zeit eingeräumt. Dadurch kommt es zu Problemen, die ungeplante Mehrarbeiten und Kosten zur Folge haben. In einigen Fällen kann das sogar eine Verschiebung des Go-live nach sich ziehen, nämlich dann, wenn Sie zu spät mit dem Testen beginnen. Stoßen Sie dann auf Probleme, ist die Zeitspanne bis zum Go-live meist zu kurz. Diese ungeplanten Mehrkosten können Sie sich durch ein geeignetes Testkonzept und eine ausreichende und umfassende Testplanung sparen.

[zB]

Direktes Laden ins Produktivsystem ohne Tests

Wie eingangs erwähnt, erfolgen immer noch viel zu viele Datenmigrationen nach dem Leitsatz »wird schon schiefgehen«. Und leider geht das dann auch häufig schief (siehe Murphy's Law). Viel zu viele Anwenderinnen und Anwender laden Daten ins Produktivsystem, die sie vorher nicht in einem Q-System getestet, geschweige denn visuell geprüft haben. Da werden drei Datensätze probehalber geladen und dann ohne Sinn und

Verstand alle weiteren Datensätze direkt ins Produktivsystem geladen – und das geht in nahezu 100 % der Fälle schief, wie das Beispiel eines Kunden zeigt, der nach genau diesem Vorgehen ca. 3.000 fehlerhafte Bankdaten in sein Produktivsystem geladen hat. Durch unachtsames Handeln wurde beim Kopieren und Einfügen aus einer anderen Datei in die Migrationsvorlage die komplette Integrität der Migrationsvorlage zerstört. Es kam dadurch zu Satzverschiebungen beim Hochladen der Datei, und der SWIFT-Code wurde in das Feld für die Straße migriert. Dies ist ein leichtfertiger Fehler, der bei sorgfältigem Testen und Prüfen der Daten nicht erst im Produktivsystem aufgefallen wäre, was viel Ärger erspart hätte. Andere Kunden haben z. B. Finanzbelege, ohne sie vorher getestet zu haben, ins Produktivsystem geladen und mussten dann, mangels Löschmöglichkeit dieser Daten, das Produktivsystem auf den letzten Backup-Stand vor dem Laden der Daten zurücksetzen. Das alles kostet Zeit, Nerven und am Ende auch sehr viel Geld.

Mehr Tests = mehr gefundene Fehler = geringeres Risiko

Je mehr Datenquellen und Umschlüsselungsregeln es gibt und je komplexer dadurch eine Datenmigration wird, desto intensiver muss die Migration vorab getestet werden. Es ist wie in der Coronapandemie: Je mehr Menschen getestet werden, desto mehr Infizierte werden gefunden und begeben sich in Quarantäne; hierdurch gibt es weniger Neuinfektionen. Je höher die Anzahl der Datenmigrationstests mit Originaldaten ist, desto mehr Probleme und Fehler können Sie im Vorfeld bereinigen und umso höher wird am Ende die Datenqualität der geladenen Daten sein.

[«]

Weitere Infos zum Testen der Datenmigration in der Public Cloud

Weitere nützliche Informationen zum Test der Datenmigration in der Public Cloud, die im Prinzip generell auch für die Private Cloud und On-Premise gelten, finden Sie in der SAP-Präsentation »SAP S/4HANA Migration Cockpit - Data Migration Testing in SAP S/4HANA Cloud Public Edition«, die Sie unter diesem Weblink aufrufen können: *http://s-prs.de/v10578087*.

Backups und Snapshots

Das Erstellen von Backups (*Data Backups*) bzw. Snapshots Ihrer Datenbank zu definierten Zeitpunkten ist ebenfalls sinnvoll. Wenn Sie z. B. nach dem erfolgreichen Laden der Stammdaten einen *Datenbank-Snapshot* (*Data Snapshot* bzw. früher auch *Storage Snapshot* genannt) erstellen, können Sie Ihr System jederzeit nach dem Testen der Bewegungsdaten wieder auf diesen Ausgangspunkt zurücksetzen und die Bewegungsdaten neu laden. Sie ersparen sich dadurch die Zeit, die Stammdaten wieder zu laden.

[»]

SAP-HANA-Backup-Typen

Informationen zu SAP-HANA-Backup-Typen und Data Snapshots finden Sie im SAP Help Portal über den Pfad **SAP HANA Platform • SAP HANA Administration Guide for SAP HANA Platform • Availability and Scalability • SAP HANA Database Backup and Recovery • SAP HANA Backup Types** (siehe *http://s-prs.de/v10578088*).

Im Unterpunkt **Data Snapshots** finden Sie auch einen Vergleich zwischen Backups und Data Snapshots: **Comparison of Data Backups and Data Snapshots**.

Die Qualität der geladenen Daten ist essenziell für Ihre Geschäftsprozesse und hat einen sehr großen Einfluss auf die anfallenden Kosten im laufenden Betrieb. Sie sollten deshalb mindestens einen *produktiven Ladetest* (PLT) als Generalprobe einplanen und ausführen. Nehmen Sie hierzu Ihr Q-System oder besser noch eine Kopie des Produktivsystems mit derselben Konfiguration, denselben technischen Parametern und derselben Ausstattung (RAM, CPUs usw.).

Beispiel 1: Laden von falschen, ungetesteten Daten

»Nur Werte kopieren«

Das SAP S/4HANA Migration Cockpit verwendet XML-Dateien als Migrationsvorlagen zum Laden der Daten. Viele Nutzer lesen aber nicht die Einführungen und Hilfen zu diesen XML-Dateien. Das Kopieren mit der Kopieroption **Nur Werte** verursacht keine Probleme. Aber durch die gebräuchliche Tastenkombination `Strg` + `V` (Windows) bzw. `cmd` + `V` (macOS) kopieren Sie z. B. auch Formatierungen, Formeln und Datentypen und verändern so die Integrität der XML-Datei. Die Datei mag in Microsoft Excel optisch fehlerfrei aussehen, aber in einem Texteditor fallen direkt Satzverschiebungen und Datentypänderungen auf. Selbst in Microsoft Excel lassen sich fehlerbehaftete Dateien oft schnell erkennen. Ein Hinweis auf Fehler beim Einfügen der Daten ist eine andere Schriftart: Während die XML-Migrationsvorlage die Schriftart Arial verwendet, sind fehlerhafte Datensätze meist mit der Microsoft-Standardschriftart Calibri formatiert. Textfelder sind linksbündig und Zahlfelder rechtsbündig formatiert. Einen fehlerhaften Wert in einem Textfeld erkennen Sie daran, dass er nicht linksbündig, sondern rechtsbündig, als Zahl formatiert, in der Zelle erscheint. Sie sollten die Daten nach dem Hochladen der Datei ins SAP S/4HANA Migration Cockpit noch einmal überprüfen, um Formatierungs- und Satzverschiebungsfehler zu finden (siehe Abschnitt 13.2.12, »Datei in die Staging-Tabellen laden«).

Beispiel 2: Probleme nach Konfiguration in der Cloud

Mengeneinheiten nachpflegen

In SAP S/4HANA Cloud Public Edition ist es möglich, fehlende Konfigurationen über ein *Self-Service Configuration User Interface* (SSCUI) vorzunehmen. Sie können z. B. fehlende Mengeneinheiten nachpflegen. Solche Konfigurationsänderungen haben oft auch Auswirkungen auf die Datenmigration. Für neue Mengeneinheiten müssen Sie z. B. auch die jeweilige zugehörige ISO-Code-Mengeneinheit (ISO-Code) pflegen. Die vordefinierten Migrationsobjekte benötigen zur Verarbeitung der Daten einen ISO-Code.

Unterschiedliche Mengeneinheiten beachten

Der Grund hierfür ist einfach. In einem SAP-System gibt es verschiedene, teilweise sprachabhängige Mengeneinheiten, die einer internen Mengeneinheit zugeordnet sind. Die meisten Anwendungen verwenden die sprachabhängige kaufmännische Einheit (*Commercial Unit*), Anwendungen aus dem technischen Bereich verwenden aber auch die technische Maßeinheit (*Technical Unit of Measure*) und andere die interne Mengeneinheit (*Internal Unit of Measure*). Die interne Mengeneinheit wird auf der Datenbank gespeichert, und die anderen Mengeneinheiten werden angezeigt. Für externe Schnittstellen, wie z. B. APIs, das IDoc, gibt SAP die Nutzung von ISO-Code-Mengeneinheiten als Standard vor. Die zur Datenmigration verwendeten APIs nutzen in den allermeisten Fällen die ISO-Code-Mengeneinheit oder die interne Mengeneinheit zum Laden der Daten. Einige wenige nutzen die kommerzielle Mengeneinheit. Um Fehler beim Mapping der vier unterschiedlichen Mengeneinheiten, nicht eingerechnet die verschiedenen Sprachkombination, zu vermeiden und das Ganze zu vereinfachen, wird nur eine statt der vier unterschiedlichen Mengeneinheiten-Mappings angeboten. Um den SAP-Vorgaben zu folgen, wird deshalb auf die ISO-Code-Mengeneinheit als Zielmengeneinheit zurückgegriffen. Das heißt, dass der Anwender alle Mengeneinheiten, die in den Quelldateien vorkommen, im Konvertierungsschritt auf die ISO-Code-Mengeneinheit umschlüsseln muss. Wird beim Anlegen neuer Mengeneinheiten keine primäre ISO-Code-Mengeneinheit zugeordnet, können die Daten nicht umgeschlüsselt werden. Es ist von Vorteil, solche Probleme frühzeitig zu entdecken und zu beheben, und nicht erst beim produktiven Laden der Daten. Das gilt auch für Währungen. Diese müssen ebenfalls in ISO-Code angegeben werden. Nähere Informationen zu Mengeneinheiten und der ISO-Code-Verwendung im SAP S/4HANA Migration Cockpit finden Sie im Knowledge-Base-Artikel 2907822 (siehe *http://s-prs.de/v10578089*).

[»]

Was tun bei fehlenden ISO-Codes?

Es gibt nicht für jede Mengeneinheit einen ISO-Code der *United Nations Economic Commission for Europe* (UNECE) (siehe *http://s-prs.de/v10578090*). Für z. B. einige imperiale Maßeinheiten, die in den USA oder dem Vereinigten Königreich genutzt werden, werden Sie keinen ISO-Code finden, weder in der SAP-Konfiguration noch in der offiziellen Liste des UNECE. Wenn Sie eine Mengeneinheit nutzen, für die es keinen offiziellen ISO-Code gibt, sollten Sie einen eigenen Code festlegen. Hier empfiehlt es sich, einen Code mit »Z« oder »ZZ« am Anfang zu verwenden. Diesen ISO-Code ordnen Sie dann in der Konfiguration Ihrer Mengeneinheit zu. Beachten Sie, dass Sie über das Markierungsfeld **Primärcode (Primary Flag)** diese Maßeinheit als Primärmaßeinheit für diesen ISO-Code festlegen. Es ist wichtig zu beachten, dass SAP die interne Mengeneinheit, die einem ISO-Code zugeordnet ist, nur dann ermitteln kann, wenn der zugeordnete ISO-Code nur einer Mengeneinheit primär zugeordnet ist. Bei Problemen mit Währungen ist der häufigste Fehler das Fehlen des Primary Flags, wenn ein ISO-Code zwei Währungen zugeordnet ist.

[»]

Drei-System-Landschaft in der Public Cloud

Seit September 2022 wird SAP S/4HANA Cloud Public Edition für Neukunden nur noch auf einer Drei-System-Landschaft als *SAP S/4HANA Cloud Public Edition, three-system landscape* angeboten. Diese neue Drei-System-Landschaft erleichtert das Testen in der Public Cloud ungemein. Bestandskunden mit Zwei-System-Landschaft (2SL) werden von SAP in eine Drei-System-Landschaft (3SL) konvertiert. SAP wird mit den jeweiligen Kunden in Kontakt treten und die Details besprechen. Informationen hierzu finden Sie in der SAP Community unter diesem Weblink:

http://s-prs.de/v10578091

Die SAP-Activate-Roadmap hierzu heißt »SAP Activate for Conversion of SAP S/4HANA Cloud Public Edition 2-system to 3-system landscape«.

Testdatenaktualisierung in der Public Cloud

Beim Testen von phasenbasierten Rollouts in SAP S/4HANA Cloud Public Edition ist eine der Hauptfragen, wie Testsysteme mit validen Testdaten befüllt werden können. Eine Zwei- oder Drei-System-Landschaft in Kombination mit dem Service *SAP S/4HANA Cloud Public Edition, test data refresh* erleichtert das Testen ungemein.

Testdatenaktualisierung als Service

SAP S/4HANA Cloud, test data refresh überträgt Anwendungsdaten der *Hauptlinie* aus dem SAP-S/4HANA-Cloud-Produktivsystem in das Qualitätssystem der Zwei-System-Landschaft oder den Test-Tenant der Drei-System-Landschaft. Sie sind dadurch in der Lage, mit realistischen Testdaten zu testen. Um die Einhaltung der *Datenschutzgrundverordnung* (DSGVO) bzw. *General Data Protection Regulation* (GDPR) zu gewährleisten, gibt es eine zusätzliche Funktion zum Entpersonalisieren sensibler personenbezogener Daten.

Der Testdatenaktualisierungsservice ist ein zusätzliches Serviceabonnement, das Kunden entgeltlich buchen können. Er wird sowohl für die Zwei-, als auch für die Drei-System-Landschaft in SAP S/4HANA Cloud Public Edition angeboten. Abbildung 12.6 zeigt den Testdatenaktualisierungsservice in der Drei-System-Landschaft. Für die Drei-System-Landschaft ist der Service jedoch nur in Verbindung mit einem Early-Adopter-Programm verfügbar. Details zum Service für die Drei-System-Landschaft finden Sie in diesem SAP-Dokument: *http://s-prs.de/v10578092*.

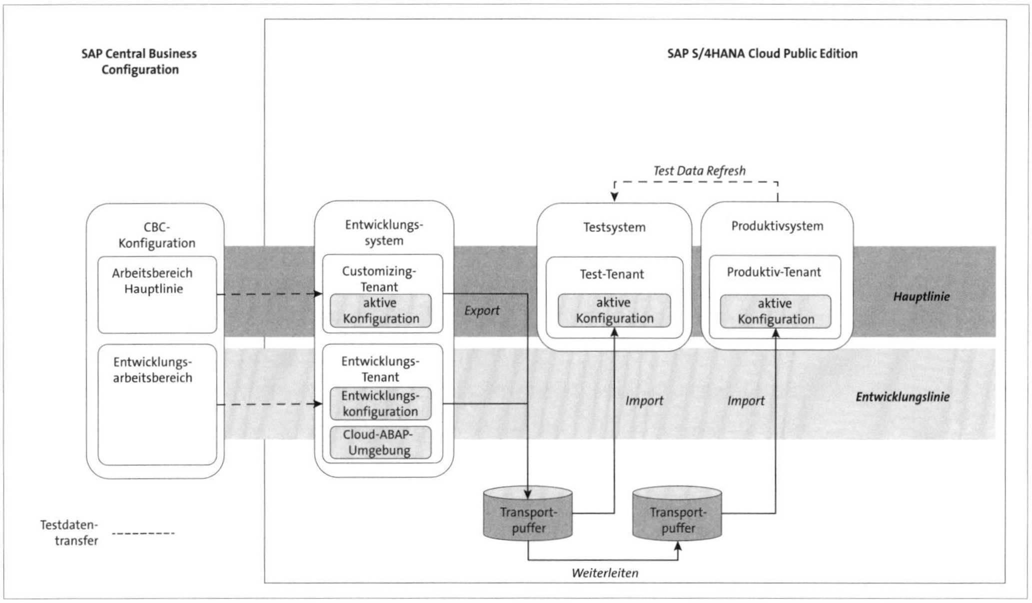

Abbildung 12.6 Testdatenaktualisierungsservice in der Drei-System-Landschaft

Zentraler Einstiegspunkt für Testdatenaktualisierung

Als zentralen Einstiegspunkt für das Thema empfehlen wir die Topic-Seite »SAP S/4HANA Cloud Public Edition, Test Data Refresh« in der SAP Community: *http://s-prs.de/v10578093*.

Dort finden Sie FAQs, den Link zum zentralen SAP-Hinweis 3070606 und weitere nützliche Links. Im SAP Help Portal finden Sie Informationen zum Service unter dem nachfolgenden Link. Hier ist auch der komplette Servicebereitstellungsprozess beschrieben:

http://s-prs.de/v10578094

Zeitlicher Vorlauf der Testdatenaktualisierung

Da es sich hier um einen Service handelt, müssen Sie den zeitlichen Vorlauf, den eine Serviceanforderung benötigt, in Ihren Projektplan einkalkulieren. Eine Testdatenaktualisierung benötigt Releasegleichheit im Quell- und Zielsystem. Produktivsysteme als Quellsystem werden zwei Wochen nach den Zielsystemen auf neue Releases upgegradet. Dadurch dass die Ausführung des Service auch Zeit benötigt, können hier durchaus auch acht Wochen zwischen letzter und neuer Testdatenaktualisierung liegen. Den Kalenderüberblick für Test-Data-Refresh-Serviceauslieferungen finden Sie hier: *http://s-prs.de/v10578095*.

Parallele Linie

Seit dem 31. März 2025 ist der Service *Parallel Line SAP S/4HANA Cloud Public Edition, three-system landscape, parallel line*) generell für alle Public-Cloud-Kunden verfügbar. Die parallele Linie erweitert die Drei-System-Landschaft um eine zusätzliche Konfigurations- und Testumgebung, die parallel zur Hauptlinie »Main Line« (*SAP S/4HANA Cloud Public Edition, three-system landscape, main line*) existiert. Dadurch ist es möglich, Wartungsaktivitäten für die Produktivsysteme auf der Hauptlinie von parallelen Implementierungsprojekten (z. B. Phased Rollout) zu trennen. Diese können dann auf einer parallelen Linie implementiert und getestet werden. Diese parallele Linie kann dann z. B. in Verbindung mit dem Testdatenaktualisierungsservice genutzt werden, um Datenmigrationen zu testen. Fast 90 % der Early-Adopter-Kunden, die diese parallele Linie nutzen, haben als einen der Hauptgründe hierfür die Verbesserung der Datenqualität durch mehrfaches Testen der Datenmigration angegeben. Spezielle Tests wie der User Acceptance Test (UAT) und auch Schulungen für Mitarbeiter können hier durchgeführt werden. Die parallele Linie kann auch wieder komplett zurückgesetzt werden. Konfiguration und Testdaten müssen dann erneut in die einzelnen Tenants übertragen werden. Fehlgeschlagene Datenübernahmetests können so erneut getestet werden.

Test Data Refresh zum Laden der Testdaten

Mit dem Service SAP S/4HANA Cloud Public Edition, test data refresh werden dann zunächst die Daten aus dem Produktiv-Tenant in den Test-

Tenant der Hauptlinie geladen. Wie in Abbildung 12.7 zu sehen, wird von dort aus der Test-Tenant der parallelen Linie befüllt.

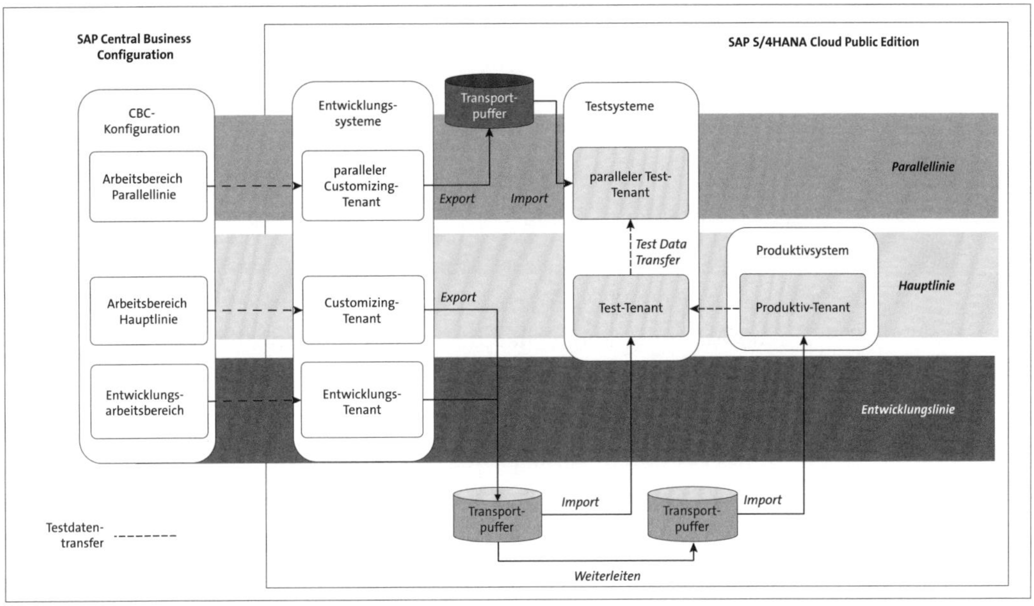

Abbildung 12.7 Parallele Linie in der Cloud Public Edition

[«]

Weitere Informationen zur parallelen Linie

In der SAP-Community finden Sie den Überblicks-Blogbeitrag »SAP S/4HANA Cloud Public Edition, three-system landscape, parallel line – High Level Introduction« von Marco Valencia unter diesem Link: *http://s-prs.de/v10578096*.

Release-Informationen zur parallelen Linie finden Sie in SAP-Hinweis 3542536.

Hilfe zum Thema finden Sie auch im SAP Help Portal unter **Set Up Your SAP S/4HANA Cloud Public Edition • Configuration Environment of SAP S/4HANA Cloud Public Edition • Configuration Environment in a 3-System Landscape • Parallel Line in SAP S/4HANA Cloud Public Edition** oder direkt unter diesem Link: *http://s-prs.de/v10578097*.

Früh testen, oft testen

Als Fazit lässt sich festhalten: Laden Sie niemals ungeprüfte und ungeteste-te Daten in ein Produktivsystem. Beginnen Sie mit den Tests so früh wie möglich. Testen Sie die komplette Datenmigration vorher mindestens einmal durch. Auch wenn das Testen dadurch mehr Zeit in Anspruch nimmt, dauert es im Vergleich dazu oft viel länger, die Daten im Produktivsystem zu bereinigen, da das System im Ernstfall u. U. wieder zurückgesetzt werden muss. Wie sagt schon ein chinesisches Sprichwort:

> *»Was du mir sagst, das vergesse ich. Was du mir zeigst, daran erinnere ich mich. Was du mich tun lässt, das begreife ich.« (Konfuzius)*

12.2.6 Datenvalidierung

Die Datenvalidierungsphase erfolgt parallel zu den SAP-Activate-Phasen »Umsetzen« (engl. Deploy) und »Implementieren« (engl. Realize). Bezogen auf die Datenmigrationsphasen erfolgt sie während der Tests und dem produktiven Laden. Es gibt zwei Ansätze, um die Daten einer Datenmigration zu validieren:

- **Daten validieren vor der Datenmigration**

  In diesem Fall werden die Quelldaten auf syntaktische und semantische Korrektheit überprüft. Hierbei werden nachträglich vorgenommene Umschlüsselungen außer Acht gelassen.

- **Daten validieren nach der Datenmigration**

  In diesem Fall wird überprüft, ob alle Datensätze im System angekommen sind, alle Werte korrekt umgeschlüsselt wurden, die entsprechenden Felder und Strukturen korrekt gefüllt wurden und ob die Geschäftsprozesse, basierend auf den geladenen Daten, fehlerfrei ausführbar sind.

Sie können auch eine Kombination aus beiden Ansätzen nutzen, wenn Sie auf Nummer sicher gehen wollen. Wichtig ist immer, dass Sie die Daten daraufhin prüfen, ob sie syntaktisch und semantisch korrekt sind.

[»]

Was ist syntaktische und semantische Korrektheit?

Ein Datum ist *syntaktisch korrekt*, wenn der Datentyp und die Länge des Zielfelds eingehalten werden und es im Wertebereich einer dahinterliegenden Wertetabelle liegt. Die syntaktische Korrektheit sollte in der Regel von den jeweiligen Migrations-APIs geprüft werden.

Ein Datenwert ist *semantisch korrekt*, wenn er im Zusammenspiel mit anderen Feldwerten eines Datensatzes sinnvoll ist. Der Wert des Datums ist korrekt.

Prüfung der Korrektheit durch APIs

Das SAP S/4HANA Migration Cockpit nutzt vorwiegend freigegebene BAPIs, aber auch interne Funktionsbausteine als Migrations-API. Die Rapid-Data-

Migration-Lösung verwendet größtenteils IDoc-Schnittstellen. Fast alle der dort verwendeten APIs überprüfen die syntaktische und semantische Korrektheit der Daten. Bei einigen wenigen dieser APIs sind diese Prüfungen nur rudimentär implementiert. Deshalb sollten Sie die Werte schon vor der Datenmigration prüfen, um zu verhindern, dass fehlerhafte Daten geladen werden.

Prüfung gegen die Wertetabelle der Domäne

Die Werte von Feldern, denen eine Konvertierungsregel zugeordnet ist, werden im SAP S/4HANA Migration Cockpit meist gegen die dahinterliegenden Wertetabellen der Domäne des Zielfelds geprüft (sofern der Domäne eine Wertetabelle zugeordnet ist). Wenn Sie eigene Migrationsobjekte und Transformationsregeln erstellen, sollten Sie darauf achten, diese Prüfung einzuschalten. Sie erkennen Felder mit dahinterliegender Konvertierungsregel daran, dass die Felder in den Staging-Tabellen und Migrationsvorlagen meistens mit der Länge 80 definiert sind.

[zB]

Semantischer Fehler

Ein Sachbearbeiter eines Kunden hatte für Kunden aus Nordirland das Länderkürzel `NI` im Quellsystem gepflegt. Für alle anderen Kunden verwendete er die gängigen ISO-Länderkürzel, wie sie auch in SAP S/4HANA genutzt werden. `NI` ist aber auch der gültige SAP-Ländercode für Nicaragua. Da dies beim anschließenden Werte-Mapping niemandem auffiel, wurden alle Werte 1 : 1 umgeschlüsselt. Das führte dazu, dass die Kunden aus Nordirland nach dem Umstieg als Kunden aus Nicaragua ausgewiesen wurden. Syntaktisch war der Wert korrekt. Auch semantisch war der Wert, für sich allein betrachtet, gültig, im Zusammenhang mit dem gesamten Datensatz war er jedoch falsch.

Validieren Sie immer Ihre Daten!

Verlassen Sie sich nicht darauf, dass Ihre Quelldaten korrekt sind, und validieren Sie sie deshalb immer! Ob Sie das vor oder nach der Datenmigration machen, hängt von Ihrem speziellen Fall ab: Je schwieriger es ist, geladene Daten zu bereinigen oder Systeme auf einen definierten Stand zurückzusetzen, und je weniger die verwendeten Datenmigrations-APIs eine umfassende Simulation anbieten, desto wichtiger ist es, die Daten schon *vor* der Datenmigration zu validieren. Generell sollten Sie aber Ihre Daten auf jeden Fall nach der Datenmigration im Zielsystem validieren. Denn nur dann können Sie die semantische Korrektheit der Daten im Zusammenhang mit den Geschäftsprozessen überprüfen.

Erstellen Sie ein Validierungsregelwerk!

Zur Datenvalidierung gibt es eine Vielzahl von Werkzeugen, wie z. B. SAP Query und SAP Data Services. Die Rapid-Data-Migration-Lösung beinhaltet vorgefertigte Validierungsregeln, mit deren Hilfe Sie die Daten vor und nach dem Laden validieren können. Wichtig ist in jedem Fall, dass Sie sich ein Regelwerk auf Basis der Umschlüsselungsregeln erstellen, das Sie dann zur Validierung heranziehen.

12.2.7 Produktives Laden und Support

Das produktive Laden erfolgt in SAP Activate in der Regel innerhalb der Implementierungsphase. Es ist die letzte und kritischste Phase einer Datenmigration. Hier zeigt sich, ob in den vorangehenden Phasen und vor allem in den Test- und Validierungsphasen alles richtig gemacht wurde. Je höher die Datenqualität ist und je mehr Tests vorab stattfinden, desto gelassener können Sie dem Go-live entgegensehen.

Keine Datenmigration ohne Generalprobe

So wichtig wie eine Generalprobe für den korrekten Ablauf einer Theateraufführung ist, so wichtig ist auch die Generalprobe für die Datenmigration und den gesamten Cut-over. Denn nur durch eine Generalprobe erfahren Sie, ob Ihr Cut-over-Plan sein Papier wert ist und alle notwendigen Punkte bedacht wurden. Spielen Sie mindestens einmal die gesamte Datenmigration und den Zeitplan so reell wie möglich durch. Oft gefährden Kleinigkeiten eine Datenmigration, z. B. ein nicht ausgeschaltetes Backup des Quellsystems oder Wartungsarbeiten an Systemen oder der Infrastruktur, die nicht im Zeitplan auftauchen.

Typische Fehler

Ziehen Sie auch Dinge in Betracht, an die Sie zuerst einmal gar nicht denken. Hier ein paar typische Beispiele aus der Praxis für Probleme, die während diverser Vorabtests und Generalproben entdeckt wurden:

- **Nachtarbeit, Wochenendarbeit oder Überstunden**

  Zusatzstunden müssen oft mit dem Betriebsrat, den Gewerkschaften oder dem Gewerbeaufsichtsamt abgesprochen bzw. dort angemeldet werden. Solche Prozesse haben eine gewisse Vorlaufzeit und können nicht »über das Knie gebrochen« werden. Ansonsten steht Ihnen von 50 eingeplanten Lagerarbeitern für die Abschlussinventur am Go-live-Wochenende im schlimmsten Fall kein einziger zur Verfügung.

- **Zeitzonen, Feiertage und Kalenderwochen**

  Unterschiedliche Zeitzonen werden oft nicht oder falsch eingeplant. Wenn Sie eine Datenmigration für 9 Uhr morgens CET angesetzt haben, sollten Sie sicherstellen, dass auch jemand im Daten-Center in San Francisco zur Verfügung steht, um Ihnen die Quelldaten zu liefern. Dort ist es zum gleichen Zeitpunkt gerade Mitternacht. Achten Sie auf die unterschiedliche Handhabung von Sommer -und Winterzeiten und deren unterschiedliche Umschalttermine in verschiedenen Ländern. Eine weitere Kuriosität ist die unterschiedliche Berechnung des Beginns der ersten Kalenderwoche eines Jahres. Während in Europa die Berechnung nach ISO 8601 gängig ist, bevorzugen andere Länder die amerikanische Berechnung. Dies kann zur Folge haben, dass die Kalenderwochen innerhalb eines Jahres von Land zu Land abweichen. Terminzusagen auf der Basis von Kalenderwochen zu tätigen, kann sehr gefährlich für die Einhaltung Ihres Zeitplans werden. Nicht zu vergessen sind auch die unterschiedlichen Feiertage in Ländern und Bundesländern.

- **Ausfallzeiten Ihrer IT**

  Planen Sie Ausfallzeiten ein und kommunizieren Sie diese – nicht, dass Sie plötzlich den Hof voller Lkw stehen haben, die be- oder entladen werden wollen, aber wegen aktuell nicht zur Verfügung stehender IT in Ihrem Unternehmen darauf warten müssen.

- **Automatische Systemabläufe**

  Schnittstellen in und aus den bestehenden Quellsystemen oder Workflows im Zielsystem sollten für den Zeitraum der Datenmigration deaktiviert sein. Dadurch vermeiden Sie, dass Daten verfälscht werden, dass das System durch die massenhafte Generierung von Workflows »in die Knie geht« oder dass Posteingänge von Sachbearbeitern mit Workflow-Einträgen überschwemmt werden. Ein weiteres, oft unterschätztes Problem sind nicht ausgeplante automatische Backups. Ein plötzlich startendes Backup im Quellsystem während der Extraktion der Daten oder im Zielsystem während des Ladens der Daten kann Ihren Zeitplan um mehr als 12 Stunden verzögern, nämlich dann, wenn Sie erst am nächsten Morgen entdecken, dass die nächtliche Datenextraktion oder Datenmigration zu langsam erfolgt oder abgebrochen worden ist, sodass Sie noch einmal von vorne beginnen müssen.

- **Upgrades und Hotfixes in Cloud-Umgebungen**

  In Cloud-Umgebungen, wie z. B. SAP S/4HANA Cloud Public Edition werden Upgrades und Hotfixes zu festgelegten Zeitfenstern in die jeweiligen Systeme eingespielt (Blue-Green-Deployment). Ihre Datenmigrationsaktivitäten wie Daten extrahieren, Daten laden usw. sollten Sie so einplanen, dass diese nicht mit den Ausfallzeiten kollidieren. Obwohl diese Termine und Zeitfenster jedem Kunden bekannt sein müssten, ist es leider immer noch ein gängiges Problem, dass Kunden ihre Aktivitäten parallel zu diesen Zeitfenstern einplanen. In SAP S/4HANA Cloud Public Edition sollten Sie auf jeden Fall die folgenden Informationen kennen:

- Wissensdatenbankartikel 2996675: Migrate your Data App – Migration Cockpit: Migration objects fail to generate; inconsistency found or, system error during preparation appears due to SAP S/4HANA Cloud Public Edition system upgrades
- Dokument: SAP S/4HANA Cloud Public Edition, 3-System Landscape – Upgrade & Maintenance Schedule: *http://s-prs.de/v10578098*
- SAP-Hinweis 3024158: Blue-Green Deployment for Hotfix Collection for SAP S/4HANA Cloud Public Edition
- SAP-Hinweis 3042314: Hotfix Collection deployment for SAP S/4HANA Cloud Public Edition

Das sind nur einige Beispiele mit realem Hintergrund – alles persönlich erlebt –, die Sie in Betracht ziehen sollten, um insbesondere die Fehler zu vermeiden, die andere vor Ihnen schon gemacht haben.

12.3 Projektplanung mithilfe von SEAMAP

Datenmigrationsprozess standardisieren

Wie Sie in den vorangehenden Abschnitten zu SAP Activate gesehen haben, erfolgen Datenübernahmen einer Neuimplementierung eigentlich immer nach demselben Muster: Sie müssen Daten aus Quellsystemen in Zielsysteme, also von A nach B überführen. Dabei durchlaufen Sie bestimmte Phasen, in denen immer dieselben Deliverables anfallen. Die Deliverables werden zwar, je nach Roadmap, anders bezeichnet, beinhalten aber dieselben Tätigkeiten. Daher lässt sich über alle Roadmaps hinweg ein genereller Datenmigrationsprozess ableiten und die darin anfallenden Aufgaben/Arbeitspakete auf die Datenmigrationsphasen aufteilen.

SEAMAP

2015 haben wir Ihnen im Buch »Datenmigration in SAP« von Michael Willinger, Hans Gradl, Frank Densborn, Michael Roth und Frank Finkbohner (4. Auflage, SAP PRESS 2015, siehe *www.sap-press.de/3710*) schon eine Struktur vorgestellt, wie Sie standardisierte Arbeitspakete der Datenmigration effektiv auf die Phasen Ihres Datenmigrationsprojekts aufteilen. Die aktuelle Version dieser Struktur finden Sie im Buch »Datenmigration in SAP-Systeme« von Frank Finkbohner et al. (1. Auflage, SAP PRESS 2023, siehe *www.sap-press.de/5632*). Die Methodik ist universell und lässt sich für Systeme egal welcher Art anpassen und nutzen. Nachfolgend stellen wir Ihnen diese leicht angepasste Methodik für SAP S/4HANA und SAP S/4HANA Cloud Public Edition vor. Die Struktur heißt *SEAMAP* und steht abgekürzt für *Struktur zur effektiven Aufteilung von Migrationsprojekten in Arbeitspakete*.

12.3.1 Übersicht der generellen Arbeitspakete für SAP-S/4HANA-Systeme

Generell können Sie ein Migrationsprojekt in 19 zeitlich bzw. inhaltlich voneinander abhängige oder aufeinander aufbauende Arbeitspakete einteilen. Zusätzlich gibt es noch zwei unabhängige Arbeitspakete. Die Struktur wird deshalb auch als *SEAMAP 19/2* bezeichnet. Abbildung 12.8 gibt Ihnen einen Überblick über diese 21 (19 + 2) Arbeitspakete, die generell bei einer Datenmigration und hier im speziellen einem SAP-S/4HANA-System anfallen können. Im Folgenden gehen wir detaillierter auf die einzelnen Datenmigrationsphasen und die darin enthaltenen Arbeitspakete ein.

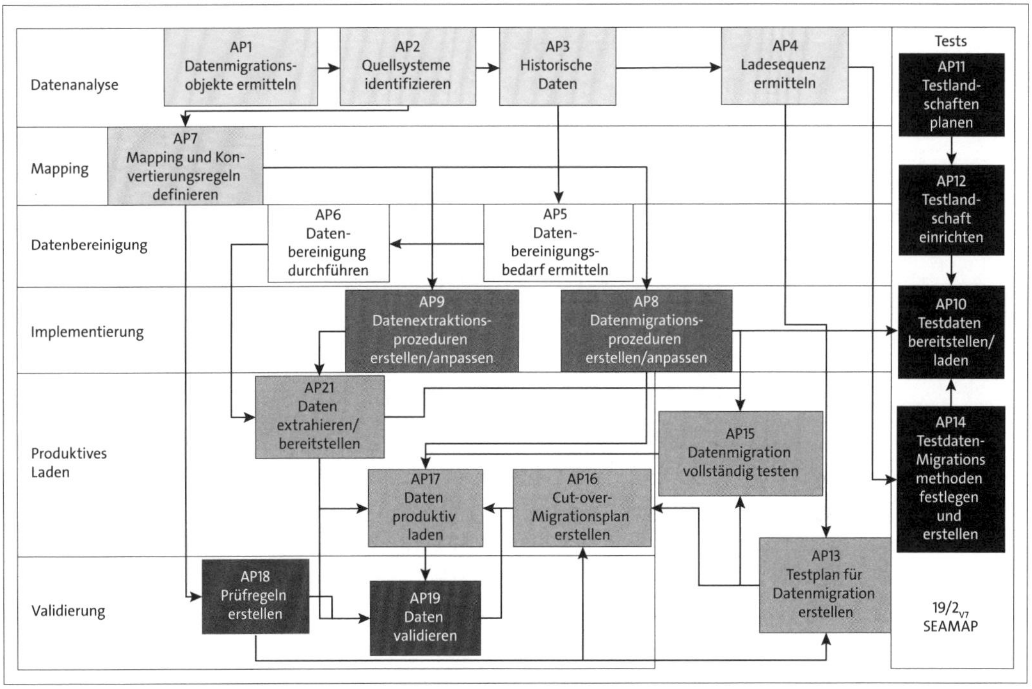

Abbildung 12.8 Generelle Arbeitspakete für SAP-S/4HANA-Migrationsprojekte (ohne AP20)

Datenanalyse

In der Datenanalysephase fallen folgende Arbeitspakete an:

- **AP1: Datenmigrationsobjekte ermitteln**

  Sie ermitteln die Migrationsobjekte, die für die maschinelle oder manuelle Datenmigration vorgesehen sind.

- **AP2: Quellsysteme identifizieren**

  Das Identifizieren der führenden Systeme, aus denen die Daten für die Datenmigration abgezogen werden sollen, ist sehr wichtig. Insbesondere in einer heterogenen Systemlandschaft mit verteilten Daten ist es zwingend erforderlich, das führende System für bestimmte Daten zu kennen. Das führende System ist das mit der höchsten Aktualität und Datenqualität. Große Unternehmen haben hier teilweise einen über Jahrzehnte gewachsenen »Zoo« von Dutzenden, wenn nicht Hunderten Systemen und Datenbanken. In einem solchen Zoo die richtigen Quellsysteme, Datenbanken oder Dateien zu ermitteln, ist ein nicht geringer Aufwand. Dieser kann bei sehr großen, über viele Filialen, Tochterfirmen und Länder verteilten Systemlandschaften durchaus auch Monate dauern. Man sieht dann den sprichwörtlichen Wald vor lauter Bäumen nicht mehr.

- **AP3: Historische Daten**

  Es gibt folgende Arten historischer Daten:

  - **Nicht mehr genutzte Stammdaten**: sogenannte Karteileichen, die zwar noch im System enthalten sind, aber jahrelang nicht mehr aktiv genutzt wurden und deren Datenbasis u. U. auch veraltet ist. Das können z. B. inaktive Kunden, Lieferanten aber auch z. B. verschrottete Maschinen oder nicht mehr produzierte Produkte sein.
  - **Vollständig oder zum Teil abgeschlossene Bewegungsdaten**: Meistens sind das teilgelieferte oder abgeschlossen Bestellungen und Kundenaufträge, alte Wartungsaufträge, Rechnungen usw.

  Sie erstellen in diesem Arbeitspaket ein Konzept, wie mit solchen historischen Daten umgegangen werden soll. Das ist insofern wichtig, als bei einer Systemkonvertierung (Brownfield) alle Daten übernommen werden, jedoch bei einer Neuimplementierung (Greenfield) mit den üblichen Werkzeugen in der Regel nur offene Belege und damit keine abgeschlossenen Belege aus dem Quellsystem übernommen werden können. In vielen Ländern kann es sogar rechtlich und buchhalterisch untersagt sein, schon einmal gebuchte und damit abgeschlossene Finanzbelege in ein neues System zu übernehmen. Davon abgesehen gibt es für die Übernahme abgeschlossener Belege bzw. historischer Daten oft auch keine APIs und somit auch keine Migrationsobjekte bzw. Schnittstellen seitens SAP. Für die Übernahme historischer Salden gibt es für SAP S/4HANA Cloud und SAP S/4HANA das Migrationsobjekt *FI – Historischer Saldo*. Sie sollten also frühzeitig ein Konzept haben, ob Sie historische Daten benötigen und wie Sie diese Problematik lösen können. Manchmal ist es notwendig, ein Vorgängersystem noch einige Zeit laufen zu lassen, bevor Sie es abschalten. Aber auch Eigenentwicklungen als Datensenke sind denkbar und werden von einigen Kunden auch genutzt. Für manche Kunden ist es z. B. aus Gründen der Garantieabwicklung notwendig, auf abgeschlossene Verkaufsbelege zugreifen zu können. In einer Eigenentwicklung könnten Sie die wichtigsten Daten dieser Belege ablegen und dann dort bei Bedarf danach suchen. Für SAP S/4HANA Cloud Public Edition könnten Sie die Eigenentwicklung auf der SAP BTP durchführen. Wenn Sie z. B. nur kumulierte Werte Ihrer historischen Daten benötigen, ist auch der Einsatz eines *Data Warehouse*, wie z. B. SAP BW/4HANA, als Datensenke dieser kumulierten Daten eine Überlegung wert. Es ist sinnvoll, sich nach dem konkreten Grund zu fragen, warum und zu welchem Zweck historische Daten migriert werden sollen:

- Welche historischen Daten sollen migriert werden und für welchen Zweck?
- Muss mit den Daten gearbeitet werden, oder ist ein reiner Lesezugriff ausreichend?

[«]

Migration von historischen Daten bei einer Neuimplementierung

In SAP S/4HANA bieten SAP und SAP-Partner Dienstleistungen an, um historische Daten über direkte Einträge in Datenbanktabellen zu migrieren. Durch das Umgehen der Buchungslogiken und der Zielkonfigurationseinstellungen ist es dann möglich, historische Daten zu übertragen. Diese Dienstleistungen sind kostenpflichtig und werden meist in separaten Beratungsprojekten mit entsprechender Vorlaufzeit und personellem Aufwand abgewickelt. In SAP S/4HANA Cloud Public Edition dürfen Daten nur über definierte Schnittstellen und nicht direkt in die Datenbank geschrieben werden.

Einen Exkurs zu diesem Thema finden Sie im Buch »Datenmigration in SAP-Systeme« von Frank Finkbohner et al. (1. Auflage, SAP PRESS 2023, siehe *www.sap-press.de/5632*). SAP informiert zu diesem Thema auch im Dokument »SAP S/4HANA – New Implementation – Considerations for Historical Data«, das Sie unter diesem Weblink finden: *http://s-prs.de/v10578099*.

- **AP4: Ladesequenz ermitteln**

  Für den zeitlichen Ablauf der Datenmigration ist es notwendig, zu wissen, in welcher Reihenfolge die Daten extrahiert und geladen werden müssen. Hierbei hilft Ihnen die Dokumentation eines Migrationsobjekts, die die Vorgängerobjekte auflistet. Das Migration Cockpit unterstützt Sie hier mit einer neuen optionalen Ansicht, in der Migrationsobjekte entsprechend ihrer Reihenfolge gruppiert angezeigt werden (siehe Abschnitt »Ansicht ›Reihenfolgeinformationen‹« in Abschnitt 13.2.7,

»Migrationsprojekt aufrufen«). Eine weitere Hilfe ist auch die neue App **Explore Migration Objects**, die die Abhängigkeiten der Objekte grafisch darstellt. Details dazu finden Sie in Abschnitt 14.3, »Migrationsobjekte erkunden«.

Werkzeuge auswählen

Die Auswahl der Werkzeuge für die Migration ist ein unabhängiges Arbeitspaket:

- **AP20: Werkzeuge auswählen**

  In SAP S/4HANA Cloud Public Edition sind die externen Zugriffsmöglichkeiten und damit auch die nutzbaren Werkzeuge sehr begrenzt. Da es keinen Backend-Zugang gibt, fallen alle reinen Backend-getriebenen Werkzeuge wie z. B. die Legacy System Migration Workbench (LSMW) weg. In einem On-Premise-basierten System haben Kunden in der Regel einen Backend-Zugang, eine flexiblere Systemlandschaft und mehr externe Zugriffsmöglichkeiten. Aus diesem Grunde gibt es hier auch eine größere Auswahl an Werkzeugen als für ein Cloud-System mit eingeschränktem Zugang. Nachfolgend haben wir einige Werkzeuge für die unterschiedlichen Aufgaben aufgelistet:

  – Nutzung von *ETL-Werkzeugen* (Extrahieren, Transformieren, Laden). Mit ETL-Werkzeugen wie z. B. SAP Data Services oder kompletten Datenmigrationslösungen wie z. B. Rapid Data Migration können Sie Daten aus SAP- und Nicht-SAP-Systemen extrahieren, Mapping- und Konvertierungsregeln selbst erstellen bzw. vorhandene verändern, die Daten laden und anschließend validieren. Rapid Data Migration stellen wir Ihnen in Kapitel 16, »Rapid Data Migration«, vor.

  – Sie können auch den Migrationsansatz *Datenübertragung direkt aus SAP Systemen* (*Direct Transfer*) nutzen und damit Daten direkt aus vorgegebenen SAP-Systemen extrahieren und in SAP-S/4HANA-Systeme laden. Dieser Ansatz ist mit eingeschränkter Migrationsobjektanzahl auch in SAP S/4HANA Cloud Public Edition seit Release 2402 verfügbar.

  – Darüber hinaus können Sie auch den SAP S/4HANA Migration Object Modeler nutzen und eigene Datenmigrationsobjekte für das SAP S/4HANA Migration Cockpit bauen bzw. bestehende Datenmigrationsobjekte anpassen.

  – Zudem gibt es noch viele weitere ETL- oder sonstige spezielle Data-Management-Werkzeuge seitens SAP und anderer externer Anbieter, die Sie einsetzen können.

Ausschreibungsverfahren sind zeitaufwendig

Sie haben also eine vielfältige Auswahl an Werkzeugen für die verschiedenen Aufgaben. Beachten Sie auch, dass in Behörden oft der Kauf eines Softwarewerkzeugs landes- oder sogar EU-weit ausgeschrieben werden muss. Ein solches Ausschreibungsverfahren kann Ihr Projekt schon mal um Monate, wenn nicht sogar Jahre verzögern. Planen Sie dieses Arbeitspaket also frühzeitig ein. Abbildung 12.9 gibt Ihnen einen Überblick über die Abhängigkeiten des Arbeitspakets 20.

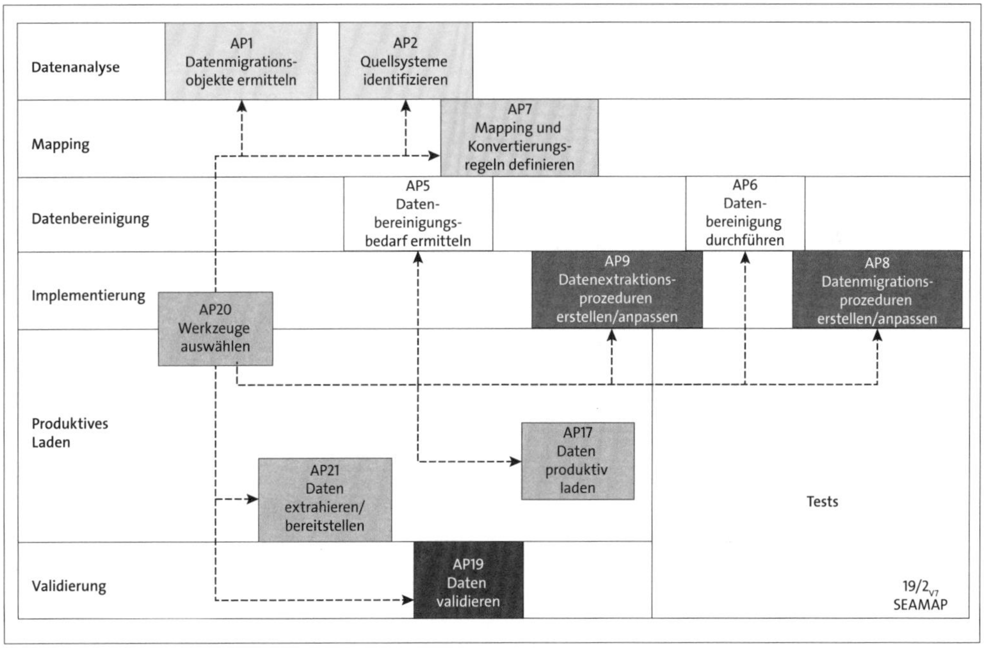

Abbildung 12.9 Abhängigkeiten des Arbeitspakets 20 Werkzeuge auswählen

Datenbereinigung

In der Datenbereinigungsphase gibt es zwei Arbeitspakete:

- **AP5: Datenbereinigungsbedarf ermitteln**

  Ermitteln Sie die Qualität Ihrer Daten mit Bezug auf Korrektheit, Aktualität und Vollständigkeit. Beachten Sie, dass unter Datenbereinigung nicht nur das Löschen falscher oder nicht mehr benötigter Daten fällt, sondern auch das Korrigieren und Anreichern unvollständiger Daten. Leiten Sie daraus die Bereinigungsaktivitäten und die Zeitspannen, in denen diese erfolgen, ab.

- **AP6: Datenbereinigung durchführen**

  Führen Sie die Datenbereinigung in den Quellsystemen durch. Kalkulieren Sie auch den Aufwand, den Sie zur Entwicklung von Datenbereinigungsprozeduren benötigen. In der Regel ist das Bereinigen der Daten ein permanenter Prozess, der bis zur finalen Datenmigration andauert. Sollten Sie Daten im Zielsystem löschen müssen, machen Sie sich rechtzeitig vertraut mit eventuell vorhandenen Werkzeugen zur Datenlöschung bzw. Datenarchivierung.

Mapping

Die Mapping-Phase besteht nur aus einem Arbeitspaket:

- **AP7: Mapping und Konvertierungsregeln definieren**

  Führen Sie das sogenannte *Papier-Mapping* durch. Kopieren Sie am besten die Feldliste der Migrationsvorlagedatei jedes Migrationsobjekts in eine Microsoft-Excel-Tabelle. Zu den vorhandenen Informationen der Zielstrukturen und -felder fügen Sie die Quellstrukturen und -felder hinzu, die auf die Zielfelder gemappt werden müssen. Legen Sie hier auch die Konvertierungsregeln fest, wie Sie Quellwerte auf Zielwerte umschlüsseln wollen, z. B. Einkäufergruppe »A« aus dem Quellsystem wird zu »001« im Zielsystem. Unter Umständen ist es auch notwendig, im Zielsystem zusätzliche benutzerdefinierte Felder (auch Custom Fields genannt) zu definieren, in denen Sie Daten, für die es kein entsprechendes Zielfeld gibt, ablegen können.

Implementierung

Der Implementierungsphase können zwei Pakete zugewiesen werden:

- **AP8: Datenmigrationsprozeduren erstellen/anpassen**

  Wenn Sie keine vordefinierte Migrationslösung nutzen, müssen Sie die jeweiligen Datenmigrationsprozeduren erstellen oder vorhandene anpassen. Bei der Nutzung von Werkzeugen ohne vorgefertigte Vorlagen, wie z. B. der Legacy System Migration Workbench (LSMW), müssen Sie von der Definition der Quelldatenstruktur über das Feld-Mapping bis zur Definition der Umschlüsselungsroutinen alles selbst erstellen. Das kann sehr zeit- und kostenintensiv sein, und der Aufwand wird gerne unterschätzt.

- **AP9: Datenextraktionsprozeduren erstellen/anpassen**

  Abhängig von den Werkzeugen und den Systemen erstellen Sie hier die Datenextraktionsprozeduren und -programme für Ihre zu migrierenden Daten. Dabei können Sie z. B. einzelne Datenwerte schon während der Extraktion auf das passende Zielformat umschlüsseln.

Testen

Die Testphase beinhaltet, je nach System, fünf (teils optionale) Arbeitspakete. In einem On-Premise-System müssen diese Pakete aufgrund der meist höheren Flexibilität der Systemlandschaft oftmals alle eingeplant werden. Sollten Sie die im Abschnitt 12.2.5, »Tests«, beschriebene Option der parallelen Linie nutzen, dann sind einige der Arbeitspakete auch für Sie relevant:

- **AP11: Testlandschaften**

  Generell sollten Sie immer planen, in welchen Systemen Sie testen und wie Sie z. B. die Datenintegrität und mehrfaches Testen innerhalb der Systemlandschaft umsetzen wollen. Die mittlerweile standardmäßig vorhandene Drei-System-Landschaft für neue Kunden in SAP S/4HANA Cloud Public Edition ist für das Testen schon ein riesiger Fortschritt. In einer Drei-System-Landschaft ist das Testen besser zu bewerkstelligen als in einer Zwei-System-Landschaft.

- **AP12: Testlandschaft einrichten**

  Konkret richten Sie hier die Testlandschaft ein oder beauftragen z. B. einen Provider, diese zur Verfügung zu stellen. Die dafür anfallenden Vorlauf-, Ausführungszeiten und Kosten müssen in Ihre Planung einkalkuliert werden.

- **AP14: Testdaten-Migrationsmethoden festlegen und erstellen**

  Damit Sie Geschäftsprozesse und deren Konfiguration sauber testen können, benötigen Sie Stamm- und Bewegungsdaten in den Testsystemen bzw. -mandaten. Diese Testdaten müssen zunächst erzeugt werden, sei es, dass Sie sie über die Migrationswerkzeuge in das System migrieren oder die Daten z. B. über *P2Q-Services/Werkzeuge* (wie z. B. SAP S/4HANA Cloud Public Edition, test data refresh) anonymisiert und im Original aus einem Produktivsystem in ein Qualitätssicherungs- oder Testsystem überführen. Letzteres ist z. B. für eine *phasenbasierte Migration* (*Phased Rollout*) notwendig.

- **AP10: Testdaten bereitstellen/laden**

  Dieser Punkt hängt von den definierten Übernahmethoden aus AP14 »Testdaten-Migrationsmethoden festlegen und erstellen« ab und dient dazu, Geschäftsprozesse testen zu können. Notieren Sie die einzelnen Zeiten, die Sie zum Bereitstellen und Laden der Daten benötigen:

  - Wie lange dauert es, die Daten im Quellsystem zu extrahieren?
  - Wie lange dauert es, die Daten zu validieren und eventuell anzupassen?

- Wie lange dauert eine eventuelle Übertragung in die Migrationsvorlagendateien?
- Wie lange dauert es, die Daten/Dateien eventuell auf einen Server zu transferieren, von dem die Migrationsvorlagendateien geladen werden?
- Wie lange dauert es, die Staging-Tabellen zu befüllen, entweder direkt oder per Migrationsvorlagendatei?
- Wie lange dauert das Abarbeiten der Mapping-Tasks?
- Wie dauert der »Vorbereiten«-Schritt im SAP S/4HANA Migration Cockpit? Muss er unter Umständen mehrmals aufgerufen werden?
- Wie lange dauert die Simulation der Daten?
- Wie lange dauert es, die Daten zu migrieren?
- Wie lange dauert es, die Daten anschließend zu validieren?

Sammeln Sie so viel Zeiten wie möglich. Dadurch erhalten Sie ein genaues Abbild der Dauer des gesamten Ladevorgangs, beginnend von der Extraktion der Quelldaten bis zum abschließenden Validieren der migrierten Daten. Oft wird nur das reine Migrieren der Daten erfasst, und man denkt nicht daran, dass das Bereitstellen der Daten von einem Server z. B. in Australien nach Deutschland aufgrund schlechter Internetverbindungen einige Stunden dauern kann. Die meiste Zeit – oft drei Viertel der gesamten Migrationszeit – sollten Sie für die Datenvalidierung veranschlagen.

- **AP13: Testplan für Datenmigration erstellen**

  Die einzelnen Arbeitsschritte und Zeitspannen all dieser zuvor genannten Arbeitspakete müssen fein säuberlich geplant und in den zeitlichen Rahmen des gesamten Projekts eingebunden werden. Dafür erstellen Sie in der Regel einen Testplan für die Datenmigration. Dieser Plan wird danach als Grundlage für die Datenmigrationsaufgaben des Cut-over-Plans herangezogen.

- **AP15: Datenmigration vollständig testen**

  Ein häufig unterschätzter Punkt ist, wie schon mehrfach erwähnt, ein eingehender (mehrmaliger) Test der gesamten Datenmigration in allen Ihren notwendigen Arbeitsabläufen, von der Extraktion der Daten bis zum Laden und Validieren der Daten, und zwar vor dem Cut-over. Testen Sie nur einzelne Datensätze, werden Sie Fehler in den Extraktionsprogrammen oder in Werte-Mappings übersehen. Diese führen dann im Cut-over zu massiven Problemen, Zeitplanverschiebungen und hohen Kosten.

Produktives Laden

Wir ordnen der Phase des produktiven Ladens drei Arbeitspakete zu:

- **AP16: Cut-over-Migrationsplan erstellen**

  Der Cut-over-Migrationsplan ist meistens ein Teilaspekt des Cut-over-Plans für das gesamte Projekt und enthält detailliert alle notwendigen Arbeitsschritte, die für die gesamte Datenmigration notwendig sind.

- **AP21 Daten extrahieren/bereitstellen**

  Dieser Vorgang ist in der Regel nicht so zeitintensiv wie das eigentliche Laden der Daten. Sie können den Vorgang in ein eigenes Arbeitspaket auslagern und dieses Paket als Vorgänger bzw. parallele Aktivität vor das produktive Laden stellen. In vielen großen Organisationen werden die Daten der Quellsysteme meist von anderen Teams verantwortet. Das heißt, Sie müssen die Arbeiten und das Personal dieser anderen Teams in Ihre Test- und Cut-over-Pläne zeitlich einplanen. Nur so ist sichergestellt, dass die Daten auch pünktlich zur Verfügung gestellt werden. Aus langjähriger Praxiserfahrung wissen wir, wie mühselig und zeitaufwendig es sein kann, mit Teams zu kommunizieren, die nicht zum Implementierungsprojekt gehören und nicht der Zuständigkeit der Projektleitung unterliegen. Wenn das Extrahieren und das Bereitstellen der Daten von verschiedenen Teams vorgenommen werden, können Sie diese als einzelne Unterpakete einplanen.

[zB]

Extrahieren und Bereitstellen in verteilten Teams

Während Team A die Daten in den USA extrahiert, überführt und bereinigt Team B in Deutschland diese Daten z. B. in Migrationsvorlagen. Wenn das Quellsystem nach der Migration nicht mehr weiterbetrieben wird, werden fehlerhafte Daten dort manchmal nicht mehr bereinigt. Die Daten werden dann in z. B. Excel-Tabellen überführt und dort bereinigt und in die Migrationsvorlagen überführt.

Das Arbeitspaket »Daten extrahieren/bereitstellen« erfolgt in der Regel nach den Arbeitspakten 9 »Datenextraktionsprozeduren erstellen/anpassen« und 6 »Datenbereinigung durchführen«. Es ist das Vorläuferpaket für Arbeitspaket 15 »Gesamte Datenmigration vollständig testen« und für Arbeitspaket 17 »Daten produktiv laden«. Je nachdem, ob Sie die Daten vor dem Laden oder nach dem Laden validieren, kann es auch Vorläufer für Arbeitspaket 19 »Daten validieren« sein.

- **AP17: Daten produktiv laden**

  Wenn alle anderen Arbeitspakete erfolgreich ausgeführt worden sind, sollte dieses Arbeitspaket, das die Daten sauber ins Produktivsystem lädt, weitestgehend reibungslos ablaufen. Beachten Sie, dass Sie in diesem Arbeitspaket auch das Bereitstellen (also Extrahieren und Übermitteln) der Quelldaten miteinrechnen können, wenn Sie es nicht in das Arbeitspaket 21 »Daten extrahieren/bereitstellen« auslagern.

Validierung

In der Validierungsphase fallen zwei Arbeitspakete an:

- **AP18: Prüfregeln erstellen**

  Hier definieren Sie Ihre Regeln, Prozeduren und Prozessabläufe, wie Sie die Daten entweder vor und/oder nach der Datenmigration prüfen wollen. Basis für die Prüfregeln sind u. a. die definierten Mapping- und Konvertierungsregeln aus Paket AP7 »Mapping und Konvertierungsregeln definieren«. Die Prüfprozeduren fließen dann als einzelne Arbeitsschritte in den Test- bzw. den Cut-over-Plan ein.

- **AP19: Daten validieren**

  Anhand der vorgenannten Prüfregeln validieren Sie die migrierten Daten.

12.3.2 Arbeitspakete für auf SAP-S/4HANA-Cloud-basierte Systeme

Eingeschränkte Flexibilität ist ein Vorteil

In einem Cloud-System, das auf SAP-S/4HANA-Cloud-basiert und in dem Sie eine eingeschränkte Flexibilität wie z. B. keinen Backend-Zugang haben, fallen weniger Arbeitspakete an. Eine eingeschränkte Flexibilität muss also kein Nachteil sein, wenn die Implementierung dadurch schneller und kostengünstiger durchgeführt werden kann. Da SAP S/4HANA Cloud Public Edition z. B. SAP Best Practices für die Geschäftsprozesse nutzt, ist die Anzahl der zu migrierenden Strukturen und Felder von vorneherein weitestgehend festgelegt. Das heißt, es besteht i. d. R. kein Bedarf, ein bestehendes Migrationsobjekt des SAP S/4HANA Migration Cockpits anzupassen. Auch sind die Migrationswerkzeuge weitestgehend vorgegeben, und andere als die von SAP angebotenen Werkzeuge lassen sich in der Regel nicht nutzen. Durch die vorgegebene Systemlandschaft müssen Sie normalerweise auch keine Testlandschaft planen und einrichten. Wenn Sie jedoch Services, wie z. B. SAP S/4HANA Cloud, Public Edition, test data refresh oder die »Parallel

Line« nutzen, dann sind die Arbeitspakete 11, 12 oder 14 auch für Sie relevant. Unabhängig davon, sind in einem Cloud-System oft nur 18 der beschriebenen 21 Arbeitspakete tatsächlich relevant. Die Übersicht dieser Arbeitspakete sehen Sie in Abbildung 12.10.

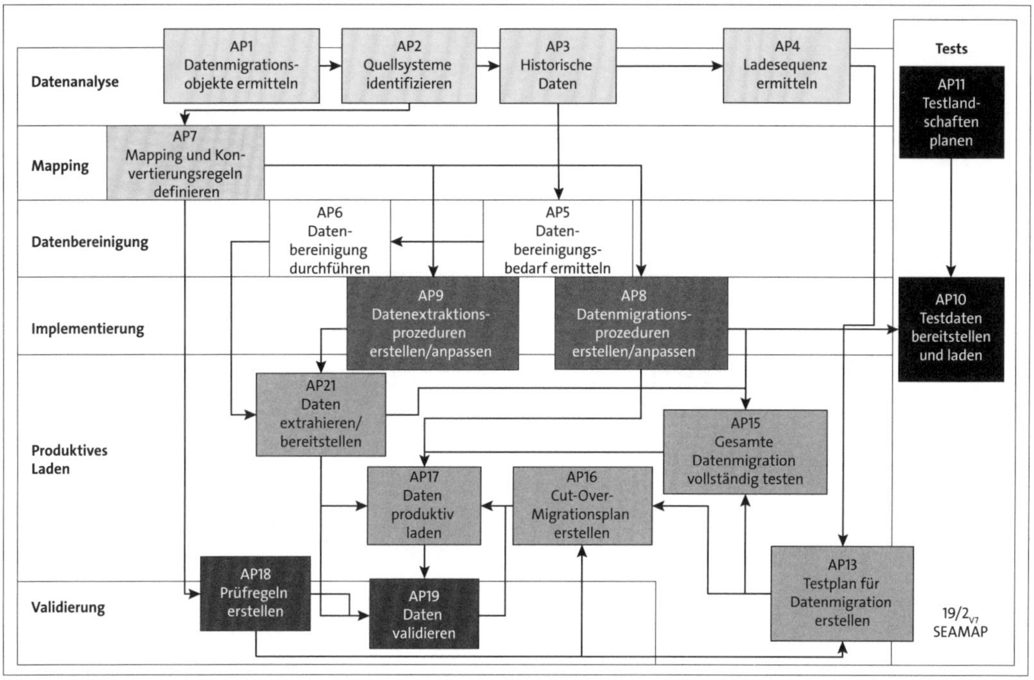

Abbildung 12.10 Typische Arbeitspakete für Cloud-Migrationsprojekte

12.4 Werkzeuge zur Datenmigrationsplanung

Planung mit Microsoft Excel

Zur Planung einer Datenmigration können Sie vielfältige Werkzeuge einsetzen. Nachfolgend beschreiben wir, wie Sie z. B. den Aufwand, den Sie für die Datenmigration einplanen müssen, mittels Microsoft Excel und der in Abschnitt 12.3, »Projektplanung mithilfe von SEAMAP«, beschriebenen Struktur SEAMAP schätzen können.

12.4.1 Aufwandsschätzung mittels Microsoft Excel

Das Arbeitsblatt in Microsoft Excel ist in einen Infobereich und einen Aufwandsbereich unterteilt. Des Weiteren gibt es eine Zeile für pauschale Aufwände und die Zeilen für die Aufwände pro Migrationsobjekt.

Infobereich

Der Infobereich besteht aus den folgenden Spalten (siehe Abbildung 12.11):

❶ Nummer (**Nr**) zur Durchnummerierung der Migrationsobjekte

❷ **Bereich**, um z. B. die Objekte nach Bereichen zu ordnen, wie z. B. FIN, LOG usw.

❸ In den Spalten C und D werden die Migrationsobjekte aufgeführt, jeweils einmal in Englisch und in Ihrer eigenen Sprache, hier also auf Deutsch. Zwei Sprachen erweisen sich oft als nützlich, da die meiste Literatur zu Migrationsobjekten auf Englisch ist und es einfacher ist, das entsprechende Objekt zu finden, wenn Sie auch die englische Bezeichnung kennen.

❹ In einer weiteren optionalen Spalte **Typ** können Sie zwischen Stamm- und Bewegungsdaten unterscheiden.

❺ In der nächsten Spalte **relevant** definieren Sie, ob ein Migrationsobjekt relevant ist oder nicht. Bei einer Liste von über 200 Migrationsobjekten ist meist nur ein geringer Teil für Ihr Projekt relevant. Auch kann es sein, dass bei einem Phased Rollout Migrationsobjekte nicht für alle Phasen relevant sind und dann in verschiedenen Listen unterschiedlich markiert werden.

❻ In der Spalte für **Werkzeug/Methode** legen Sie die Übertragungsmethode fest. Wollen Sie die Daten manuell migrieren, oder verwenden Sie ein bestimmtes Werkzeug, und wenn ja, welches?

❼ Optional können Sie in der Spalte **Anzahl der Datensätze** auch noch die Anzahl der zu migrierenden Datensätze auflisten. Dies ist oft hilfreich bei der Einschätzung der Ladezeiten für das Testen und das produktive Laden.

Den Aufbau des Infobereichs sehen Sie in Tabelle 12.1.

Nr	Bereich	Migration Object english	Migrations-objekt deutsch	Typ	relevant	Werkzeug/ Methode	Anzahl der Datensätze
	Pauschal				X		
1	SD	Customer	Kunde	MD	X	MC / File	12.000
2	MM	Supplier	Lieferant	MD	X	MC / File	250
3	LO	Product	Produkt	MD	X	MC / File	32.000

Tabelle 12.1 Spalten des Informationsbereichs A der Aufwandstabelle

Ein Beispiel für den Aufbau des Infobereichs in Microsoft Excel sehen Sie in Abbildung 12.11.

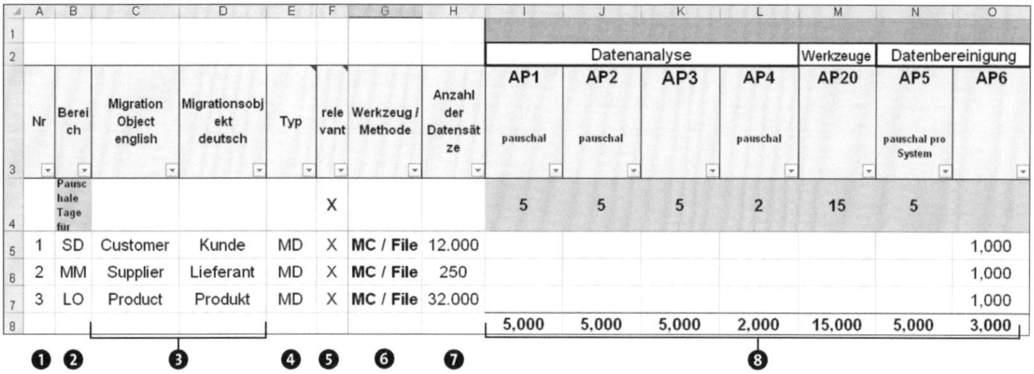

Nr	Bereich	Migration Object english	Migrationsobjekt deutsch	Typ	relevant	Werkzeug / Methode	Anzahl der Datensätze	Datenanalyse AP1 pauschal	AP2 pauschal	AP3	AP4 pauschal	Werkzeuge AP20	Datenbereinigung AP5 pauschal pro System	AP6
	Pauschale Tage für				X			5	5	5	2	15	5	
1	SD	Customer	Kunde	MD	X	**MC / File**	12.000							1,000
2	MM	Supplier	Lieferant	MD	X	**MC / File**	250							1,000
3	LO	Product	Produkt	MD	X	**MC / File**	32.000							1,000
								5,000	**5,000**	**5,000**	**2,000**	**15,000**	**5,000**	**3,000**

Abbildung 12.11 Informationsbereich und Pauschalaufwände in Microsoft Excel

Aufwandsbereich

Im Aufwandsbereich werden die jeweiligen Zahlen für die Aufwandsschätzung eingetragen. Er besteht aus den folgenden Spaltenbereichen:

- ❽ den einzelnen Phasen und Arbeitspaketen aus Abschnitt 12.3, »Projektplanung mithilfe von SEAMAP«
- ❾ einer Spalte für die Summe

Tabelle 12.2 und Abbildung 12.12 zeigen Ihnen beispielhaft den Aufwandsbereich mit pauschalen und objektbezogenen Aufwänden für die Phasen **Datenanalyse** und **Datenvalidierung**.

Datenanalyse				...	Datenvalidierung		
AP1	**AP2**	**AP3**	**AP4**	...	**AP18**	**AP19**	**Summe**
5	5	5	2	...			49,50
				...	0,5	0,5	7,75
				...	0,5	0,5	6,625
				...	1	0,25	9,25

Tabelle 12.2 Spalten des Aufwandbereichs B der Aufwandstabelle

P	Q	R	S	T	U	V	W	X	Y	Z	AA	AB	AC	AD	AE
Company															
Mapping	Implementierung		Testen						Produktives Laden			Datenvalidierung		Spalte	Zeile
AP7 Mapping und Konvertierungsregeln erstellen	AP8 Datenübernahme erstellen (inkl. F-Test und Doku)	AP9 Datenextraktprogramme erstellen (inkl. F-Test und Doku)	AP14 Testdaten Übernahmemethoden festleg	AP10 Testdaten bereitstellen (über alle Tests)	AP11 Testlandschaft planen **pauschal**	AP12 Testlandschaft einrichten **pauschal**	AP13 Testpläne für Datenübernahme erstellen **pauschal**	AP15 Gesamte Datenübernahme testen	AP16 Cut-Over-Migrationsplan erstellen **pauschal**	AP21 Daten extrahieren / bereitstellen (optional) **pauschal**	AP17 Daten produktiv laden	AP18 Prüfregeln erstellen	AP19 Daten validieren	**Summen (Anzahl Tage)**	
	0,0		0,0		2,0	1,0	4,0		5,0	0,5				49,50	49,5
2,000		2,000		0,500				1,000			0,250	0,500	0,500		7,75
2,000		2,000		0,250				0,500			0,125	0,500	0,250		6,62
2,000		3,000		0,500				1,000			0,500	1,000	0,250		9,25
6,000	0,000	7,000	0,000	1,250	2,000	1,000	4,000	2,500	5,000	0,500	0,875	2,000	1,000	73,13	73,1
						8								9	

Abbildung 12.12 Aufwandsbereich in Microsoft Excel

Pauschale Aufwände

Geschätzter Aufwand

In den Zellen der Zeile für pauschale Aufwände tragen Sie den geschätzten Aufwand in Personentagen ein, der unabhängig von einem Migrationsobjekt anfällt. In der SEAMAP-Struktur sind die Aufwände für die folgenden Arbeitspakete meist pauschal ermittelbar:

- **AP1: Datenmigrationsobjekte ermitteln**

  Hier können Sie, je nach Anzahl der zu implementierenden Prozesse und Quellsysteme, zwischen zwei und zehn Personentagen veranschlagen.

- **AP2: Quellsysteme identifizieren**

  Je komplexer und heterogener Ihre System- und Datenhaltungslandschaft ist, desto länger dauert die Suche nach den geeigneten Quellsystemen. Beachten Sie hier auch inoffizielle Quellen Ihrer Sachbearbeiter. In nicht wenigen Bereichen werden z. B. Zusatzdaten zu Kunden in zusätzlichen, inoffiziellen Microsoft-Excel-Dateien, Karteikästen oder Datenbanken geführt, die oft aktueller sind als die offiziellen Datenbanken. Sie sollten hier auch zwischen zwei und zehn Personentagen einplanen.

- **AP3: Historische Daten**

  Der Aufwand für dieses Arbeitspaket ist nicht zu unterschätzen. Kalkulieren Sie hier ruhig mit einem Minimum von zehn Personentagen für die Dauer. Meist sind hier mehrere Personen involviert, die gemeinsam an diesem Thema arbeiten. Sie errechnen den Aufwand, indem Sie die Dauer schätzen und diese mit der Anzahl der eingesetzten Personen multiplizieren.

- **AP4: Ladesequenz ermitteln**

  Die Ladesequenz zu ermitteln, ist in der Regel kein großer Aufwand. Das Laden der Daten setzt auch die Datenextraktion und die Datenbereitstellung voraus. Sind Systeme über Kontinente verteilt, ist es wichtig, die

Ladesequenz zu kennen, damit die Daten zur richtigen Zeit bereitgestellt werden können. Rechnen Sie hier mit einem bis zwei Personentagen. Die Abhängigkeiten der Objekte untereinander ermitteln Sie am besten über die Liste der verfügbaren Migrationsobjekte, die Sie im SAP Help Portal finden. Die Vorgängerobjekte zu einem Migrationsobjekt werden dort aufgelistet. Weitere Infos zur Liste finden Sie in Abschnitt 12.4.2, »Liste der aktuellen Migrationsobjekte«. In SAP S/4HANA Cloud 2508 und auch zu SAP S/4HANA 2025 wird sehr wahrscheinlich eine neue App ausgeliefert, mit der Sie Abhängigkeiten von Migrationsobjekten visuell darstellen können. Näheres dazu finden Sie in Kapitel 14, »Unterstützende Anwendungen«.

- **AP5: Datenbereinigungsbedarf analysieren**

  Oft ergibt sich nach den ersten Tests weiterer Bereinigungsbedarf. Für die Analyse des Datenbereinigungsbedarfs sollten Sie daher gut und gerne fünf bis zehn Tage pro System kalkulieren.

- **AP11: Testlandschaft planen**

  In einer Cloud-Umgebung ist die Testlandschaft vorgegeben. Sie haben entweder eine Zwei-System-Landschaft mit einem Qualitätssicherungssystem (Q-System) und einem Produktivsystem (P-System) oder eine klassische Drei-System-Landschaft mit einem Entwicklungs-, einem Q- und einem P-System. Der Aufwand ist hier gering und betrifft meist nur eventuell vorgeschaltete Quellsysteme. In einem SAP-S/4HANA-basierten On-Premise- oder gehosteten System können Sie hier zwei Tage veranschlagen.

- **AP12: Testlandschaft einrichten**

  Hier ist der Fall ähnlich dem Planen der Testlandschaft zu sehen. Jedoch ist der Aufwand pro durchgeführtem Test zu kalkulieren. Schließlich nimmt das Zurücksetzen oder das Neueinrichten eines Systems unter Umständen einige Tage in Anspruch. Planen Sie hier einen bis zwei Personentage pro Test ein.

- **AP13: Testplan für Datenmigration erstellen**

  Die Übernahme der Testdaten erfolgt in der Regel mit den gleichen Werkzeugen und Programmen wie die produktive Datenmigration. Sie passen den Testplan in der Regel nach jedem Test an und sollten deshalb für den Gesamtaufwand zwei bis fünf Personentage eintragen.

- **AP14: Testdatenübernahme-Methoden festlegen und erstellen**

  Wenn Sie hier einen Service wie z. B. SAP S/4HANA Cloud Public Edition, test data refresh nutzen, der Ihnen die Testdaten planbar zur Verfügung stellt, dann sollten Sie die entsprechende Laufzeit der Bereitstellung als pauschalen Aufwand eintragen.

- **AP16: Cut-over-Migrationsplan erstellen**

  Im Grunde ist der Cut-over-Migrationsplan ein Teil des gesamten Cut-over-Plans. Er ergibt sich aus dem Testplan für die Datenmigration (AP13) und den Aufwandszeiten, die für die einzelnen Arbeitspakete, die Datenbereitstellung (AP21), das Laden der Daten (AP17) und die Datenvalidierung (AP19) veranschlagt wurden. Das Erstellen des Cut-over-Migrationsplans dauert in der Regel drei bis fünf Personentage. Bei komplexen Projekten kann er bis zu zehn Tage in Anspruch nehmen.

- **AP21: Daten extrahieren/bereitstellen**

  Der zeitliche Aufwand für das Extrahieren bzw. Bereitstellen ist in der Regel geringer als das Laden der Daten. Das heißt, Sie können hier nach den ersten Zeitmessungen auch mit pauschalen Werten arbeiten und müssen die Zahl nicht zwangsläufig auf die Objekte herunterbrechen.

- **AP20: Werkzeuge wählen**

  Unterschätzen Sie nicht den Aufwand für die Wahl der Werkzeuge. In einer Cloud-Umgebung sind die Übernahmewerkzeuge meist vorgegeben. Die Werkzeuge und Methoden für die Datenanalyse, Datenbereinigung und Datenextraktion Ihrer Quellsysteme können vielfältig sein, und die Auswahl ist abhängig vom Angebot und eventuell schon vorhandenen Lizenzen. Im öffentlichen Bereich sind Softwareanschaffungen oft über öffentliche Ausschreibungen vorzunehmen. Hier kann der Aufwand einige Wochen betragen, der dann sehr kundenindividuell zu betrachten ist.

Sie können im Normalfall mit etwa 30 bis 60 Personentagen nur für die pauschalen Aufwände rechnen. Eine Beispielrechnung für pauschale Aufwände sehen Sie in Tabelle 12.3.

AP1	AP2	AP3	AP4	AP20	AP5	AP11	AP12	AP13	AP16	AP21	Summe
5	5	5	2	15	5	2	1	4	5	0,5	49,5

Tabelle 12.3 Beispiel für pauschale Aufwände für einzelne Arbeitspakete

Objektbezogene Aufwände

Aufwand pro Migrationsobjekt

Alle anderen Arbeitspakete haben Aufwände, die pro Migrationsobjekt anfallen. In Tabelle 12.4 sehen Sie eine beispielhafte Auflistung von Aufwänden für Arbeitspakete pro Migrationsobjekt in einem auf SAP-S/4HANA-Cloud-basierten System.

Objekt	AP6	AP7	AP9	AP10	AP15	AP17	AP18	AP19	Summe
Kunde	1	2	2	0,5	1	0,25	0,5	0,5	7,75
Lieferant	1	2	2	0,25	0,5	0,125	0,5	0,25	6,625
Produkt	1	2	3	0,5	1	0,5	1	0,25	9,25
Gesamt	3	6	7	1,25	2,5	0,875	2	1	23,625

Tabelle 12.4 Beispiel für objektbezogene Aufwände in Personentagen

12.4.2 Liste der aktuellen Migrationsobjekte

Die jeweils aktuellen Listen der verfügbaren Migrationsobjekte nach SAP-Produkt und Release finden Sie unter der in Abschnitt 12.2.1, »Datenanalyse«, beschriebenen Data Migration Landing Page. Sie können aber auch direkt über die folgenden Weblinks darauf zugreifen:

12

- SAP S/4HANA Cloud Public Edition: *https://help.sap.com/S4_CE_MO*
- SAP S/4HANA und SAP S/4HANA Cloud Private Edition: *https://help.sap.com/S4_OP_MO*

In Abbildung 12.13 sehen Sie z. B. einen Ausschnitt der Liste der verfügbaren Migrationsobjekte für SAP S/4HANA Cloud Public Edition 2502.

Wählen Sie Ihr Release (z. B. **2502**) ❶ und dann als Sprache **German (Deutsch)** ❷ aus. Die angezeigte Liste ist anfangs auf 25 Einträge begrenzt. Über die Auswahl **Seitengröße** ❸ am Ende der Liste können Sie die Anzahl der anzuzeigenden Migrationsobjekte auswählen: **10**, **25**, **50**, **All**. Welche Spalte angezeigt wird, lässt sich über die Auswahlliste **Spalten aus-/einblenden** ❹ steuern. Die nachfolgend beschriebenen Felder können Sie ein- bzw. ausblenden:

- **Name des Migrationsobjekts**
- **Business-Objekttyp**

  Zeigt an, ob dies ein Migrationsobjekt für Stamm- oder Bewegungsdaten ist.
- **Anwendungskatalog**

  Sie müssen den hier aufgeführten Anwendungskatalog in Ihre Anwendungsrolle aufnehmen, damit Sie die Daten für dieses Objekt laden können
- **Migrationsmethode**

  Zeigt an, ob das ein Migrationsobjekt für den Migrationsansatz »Staging-Tabellen« oder »Direkte Übertragung« ist.

- **Unterstützung benutzerdefinierter Felder**

  Zeigt an, ob das Migrationsobjekt benutzerdefinierte Felder, die über Key-User-Erweiterbarkeit (engl. Key user extensibility) angelegt wurden, unterstützt. Ein Migrationsobjekt kann benutzerdefinierte Felder nur unterstützen, wenn das zur Datenmigration verwendete Interface zur Nutzung der Key-User-Erweiterbarkeit registriert ist.

- **Unterstützung von der App »Ihren Selektionsprozess analysieren«**

  Zeigt an, ob das Migrationsobjekt der Migrationsmethode »Direkte Übertragung« durch die App »Ihren Selektionsprozess analysieren« unterstützt wird.

- **Komponente**

  Dient als Sortierkriterium und entspricht in der Regel der Support-Komponente, die für das Migrationsinterface zuständig ist.

- **Beispieldaten**

  Für das Migrationsobjekt sind ausgefüllte Migrationsvorlagen mit Beispieldaten vorhanden. Den Weblink dazu finden Sie im Kopfbereich der entsprechenden Migrationsobjektdokumentation. Der Aufbau der Migrationsobjektdokumentation ist in Abschnitt 13.2.8, »Migrationsobjekt bearbeiten«, unter der Überschrift »Migrationsobjektdokumentation« beschrieben.

- **Vorgängerobjekt**

  Zeigt die registrierten Vorgängerobjekte dieses Migrationsobjekts an. Dabei ist zu beachten, dass nicht jedes Vorgängerobjekt auch zwangsläufig vorhanden sein muss. Eine »Bank« kann ein Vorgängerobjekt für das Objekt »Lieferant« sein. In Ländern, wie z. B. USA, in denen Zahlungen sehr viel über Schecks abgewickelt werden, hat ein »Lieferant« also nicht zwangsläufig immer eine Bankverbindung.

- **Umfangsbestandteil**

  Zeigt an, welche Lösungsprozesse/Umfangsbestandteile (engl. Scope items) diesem Migrationsobjekt zugeordnet sind. Einige Migrationsobjekte wie z. B. »AVC – Beziehungswissen« können nur genutzt werden, wenn einer der zugeordneten Lösungsprozesse lizensiert wurde.

Die meisten Spalten lassen sich nach Inhalt filtern. Über die Auswahlliste **Daten herunterladen** ❺ können Sie die komplette oder die angezeigte, eventuell gefilterte Liste in eine Excel- oder CSV-Datei herunterladen. Falls Sie die CSV-Datei wählen, können Sie zudem das Trennzeichen bestimmen. Die Liste der Objekte können Sie dann z. B. für weitere Planungszwecke nutzen.

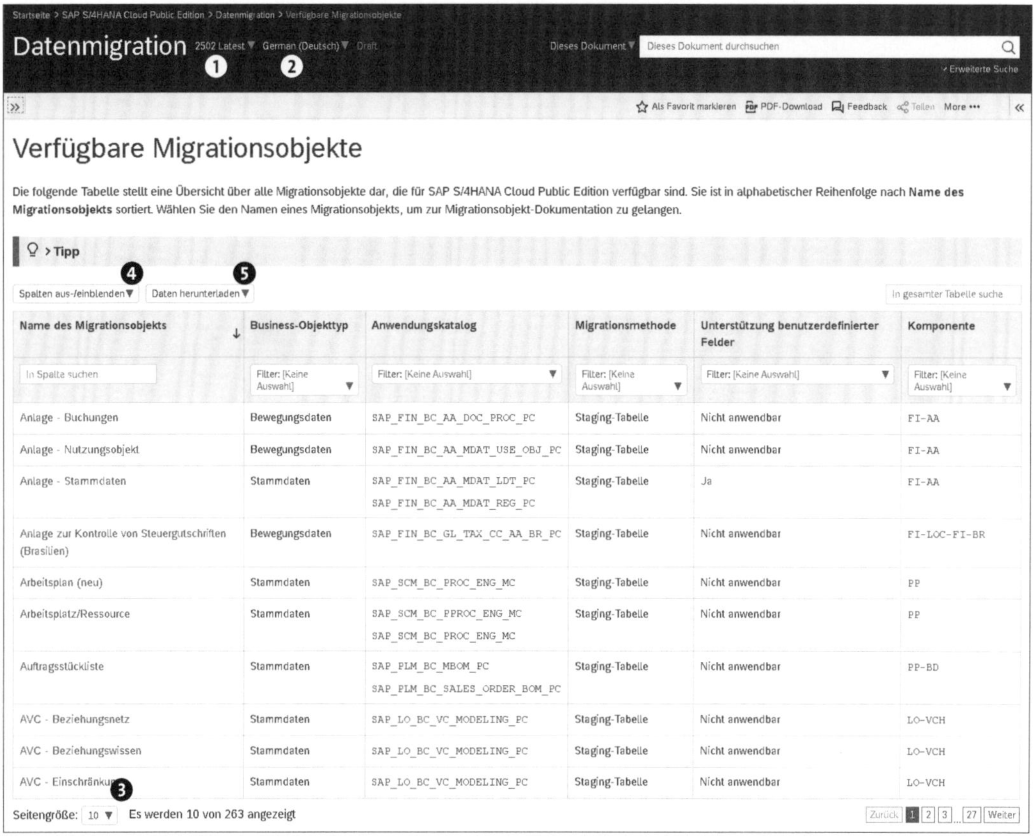

Abbildung 12.13 SAP Help Portal – verfügbare Migrationsobjekte zu SAP S/4HANA Cloud Public Edition 2502

Microsoft-Excel-Datei herunterladen

Die in diesem Kapitel beschriebenen Microsoft-Excel-Dateien finden Sie auch in den Materialien zum Buch unter *www.sap-press.de/6033*.

Kapitel 13
SAP S/4HANA Migration Cockpit

Das Werkzeug zur Datenmigration ist eins der wichtigsten Werkzeuge einer Neuimplementierung in SAP S/4HANA und SAP S/4HANA Cloud. In diesem Kapitel stellen wir Ihnen das SAP S/4HANA Migration Cockpit vor.

Welche verschiedenen Migrationsansätze werden vom *SAP S/4HANA Migration Cockpit* (im Folgenden *Migration Cockpit* genannt) unterstützt? Wie funktioniert das Migration Cockpit? Wo finden Sie weitere Informationen zur Datenmigration und zu unterstützten Migrationsobjekten? Diese und noch einige Fragen mehr beantworten wir Ihnen in diesem Kapitel. In Abschnitt 13.1, »Datenmigration mit dem SAP S/4HANA Migration Cockpit«, vergleichen wir die verschiedenen Datenmigrationsansätze des Migration Cockpits miteinander und veranschaulichen die dahinterliegenden Konzepte. Abschnitt 13.2, »Übertragungsoption 1: Daten mithilfe von Staging-Tabellen migrieren«, zeigt Ihnen, wie Sie Daten mittels des Datenmigrationsansatzes *Datenübertragung über Staging-Tabellen* (*Staging Tables*) unter der Verwendung von Dateien migrieren. In Abschnitt 13.3, »Übertragungsoption 2: Daten direkt aus dem SAP-System migrieren«, beschreiben wir, wie Sie Daten mittels des Ansatzes *Datenübertragung direkt aus SAP-Systemen* (*Direct Transfer*) migrieren. In Abschnitt 13.4, »Update und Upgrades in SAP S/4HANA«, zeigen wir Ihnen, wie Sie Ihr SAP-S/4HANA-System durch Updates und Upgrades auf dem neuesten Stand halten. Im Anschluss gehen wir in Abschnitt 13.5, »Performance-Aspekte«, auf einzelne Aspekte ein, die Sie unter Performance-Gesichtspunkten beachten sollten.

[«]

SAP S/4HANA versus SAP S/4HANA Cloud

Mit »SAP S/4HANA Cloud« beziehen wir uns nachfolgend auf das Produkt SAP S/4HANA Cloud Public Edition. »SAP S/4HANA« bezieht sich auf die On-Premise-Version von SAP S/4HANA und SAP S/4HANA Cloud Private Edition. Falls eine Unterscheidung zwischen Cloud Private Edition und On-Premise notwendig sein sollte, wird explizit darauf hingewiesen.

13.1 Datenmigration mit dem SAP S/4HANA Migration Cockpit

Externe und Backend-Werkzeuge nur eingeschränkt nutzbar

Eine Migration in die SAP S/4HANA Cloud unterscheidet sich von einer Migration in die SAP-S/4HANA-On-Premise-Version und die darauf basierende SAP S/4HANA Cloud Private Edition dahingehend, dass die bekannten Migrationswerkzeuge, wie z. B. die Legacy System Migration Workbench (LSMW) oder SAP Data Services (Rapid Data Migration), nicht oder nur sehr eingeschränkt genutzt werden können. Reine Backend-Werkzeuge wie die LSMW können wegen eines fehlenden Backend-Zugriffs nicht aufgerufen werden. Im Falle von externen Werkzeugen, wie z. B. SAP Data Services, ist die Anzahl der Cloud-fähigen, extern aufrufbaren Schnittstellen, über die Daten migriert werden könnten, begrenzt. Das Migration Cockpit (und seine beiden Migrationsansätze) ist daher, insbesondere in der SAP S/4HANA Cloud, das erste und teilweise einzige Datenmigrationswerkzeug, das Ihnen zur Verfügung steht.

[»]

Machen Sie sich mit den Datenübernahmeprozessen vertraut

Bevor Sie mit der Datenmigration beginnen, sollten Sie sich generell mit den Phasen und Tätigkeiten eines Datenmigrationsprojekts vertraut machen. Leider stellen wir immer wieder fest, dass Kunden und Berater die Komplexität einer Datenübernahme unterschätzen. Insbesondere für die Cloud ist der Irrglaube, dass das ja alles auf Knopfdruck geht, weit verbreitet. Wir empfehlen Ihnen daher, zunächst Kapitel 12, »Planen der Datenmigration«, durchzulesen, die dort gegebenen Ratschläge zu verinnerlichen und sie in Ihre Projektplanung einfließen zu lassen.

13.1.1 Übersicht der Migrationsansätze des SAP S/4HANA Migration Cockpits

Vom reinen File zum File-/Staging-Tabellen-Ansatz

Der Migrationsansatz *Datenübertragung über Dateien* (File) wurde zusammen mit dem alten Web-Dynpro-basierten Migration Cockpit für die SAP S/4HANA Cloud entwickelt und zu SAP S/4HANA Cloud 1511 ausgeliefert. Die Dateidaten wurden in Cluster-Tabellen im System abgelegt. Viele kennen dieses Migration Cockpit unter seinem damaligen Transaktionsnamen *LTMC*. Ab SAP S/4HANA 1610 wurde dieses Migration Cockpit auch für die On-Premise-Version von SAP S/4HANA ausgeliefert. Die *Datenübertragung über Staging-Tabellen* (*Staging*) wird seit On-Premise-Release 1709 FPS02 bzw. SAP S/4HANA Cloud 1905 unterstützt. Da beide Migrationsansätze das damalige Migration Cockpit verwendeten, wurden sie auch als *Datenübertragung über Dateien und Staging-Tabellen* (File/Staging) bezeichnet.

[«]

Englische Begriffsverwendung im SAP S/4HANA Migration Cockpit

Da Informationen zu den einzelnen Migrationsansätzen größtenteils nur auf Englisch verfügbar sind, verwenden wir nachfolgend die deutschen Begriffe, gefolgt vom englischen Begriff in Klammern.

Ein Migration Cockpit für alle Ansätze

Zu SAP S/4HANA 1909 kam der Migrationsansatz der *Datenübertragung direkt aus SAP-Systemen* (Direct Transfer) für die SAP-S/4HANA-On-Premise-Versionen hinzu. Das Migration Cockpit für diesen Ansatz ist eine SAP-Fiori-App und wird über das SAP Fiori Launchpad gestartet. Mit SAP S/4HANA Cloud 2008 und SAP S/4HANA 2020 wurde das Migration Cockpit der beiden Migrationsansätze *Datenübertragung über Dateien und Staging-Tabellen* und *Datenübertragung direkt aus SAP-Systemen* unter einer einheitlichen SAP-Fiori-App **Migrate Your Data** zusammengefasst. Die alte Transaktion LTMC hat damit ausgedient und ist ab SAP S/4HANA 2021 nicht mehr produktiv nutzbar.

[«]

Transaktion LTMC ersetzt durch App »Daten migrieren – Migrationscockpit«

Das alte Web-Dynpro-basierte Migration Cockpit wurde mit SAP S/4HANA Cloud 2105 bzw. SAP S/4HANA 2021 in einen Nur-Lese-Modus geschaltet. Das bedeutet, dass sich die App/Transaktion LTMC noch aufrufen lässt; es können aber keine Datenmigrationen mehr ausgeführt werden. Die ausgelieferten Migrationsobjekte sind für beide Migration Cockpits technisch dieselben. Wegen der unterschiedlichen Datenhaltung sind die Migrationsprojekte zwischen den beiden Migration Cockpits jedoch nicht austauschbar. Das heißt, Projekte, die Sie im alten Migration Cockpit angelegt haben, können nicht mit dem neuen Migration Cockpit und umgekehrt aufgerufen werden. Um Verwirrungen zu vermeiden, sollten Sie die alte Bezeichnung LTMC generell nicht mehr verwenden, wenn Sie von der neuen App sprechen.

Dateien als Container zum Befüllen der Staging-Tabellen

Gleichzeitig wurde die technische Datenhaltung der beiden Ansätze *File* und *Staging* zum Migrationsansatz *Datenübertragung über Staging-Tabellen* (*Staging Tables*) zusammengeführt. Während vorher die Datenhaltung der zu verarbeitenden Daten zwischen Dateien (Staging Area in Cluster-Tabellen) und Staging-Tabellen physisch getrennt war, werden sie nun in einheitlichen Staging-Tabellen (transparente Tabellen) gespeichert. Eine Datei ist somit nur noch ein Container zum Hochladen der zu verarbeitenden Daten in diese Staging-Tabellen. Die bisherige Trennung zwischen

Daten aus Dateien bzw. Staging-Tabellen mittels getrennter Migrationsprojekte entfällt. Jetzt können diese in einem Migrationsprojekt kombiniert werden. Für das zu ladende Datenvolumen gibt es theoretisch keine Einschränkung mehr. Nur die maximale Dateigröße einer *Migrationsvorlage* (*Template*), die zum Befüllen der Staging-Tabellen hochgeladen werden kann, ist technisch bedingt begrenzt.

Vergleich der Migrationsansätze

Tabelle 13.1 vergleicht die beiden Migrationsansätze des Migration Cockpits zum Release SAP S/4HANA Cloud Public Edition 2502 und SAP S/4HANA 2023 FPS2 miteinander, wenn kein anderes Release angegeben ist.

Datenübertragung ...	... über Staging-Tabellen	... direkt aus SAP-Systemen
Verfügbarkeit	SAP S/4HANA Cloud (Staging über SAP Cloud Platform und DBaaS); SAP S/4HANA	ab SAP S/4HANA 1909
User Interface	SAP-Fiori-App	SAP-Fiori-App
unterstützte Migrationsmethoden	kompatible Funktionsbausteine	
	RAP BO (CDS-Verhaltensdefinition oder CDS Behavior Definition)	
Quellsysteme	jedes SAP- und Nicht-SAP-Quellsystem	ABAP-basierte SAP-Quellsysteme (SAP ERP ab 6.0, SAP AFS 6.0, SAP EWM ab 5.1)
Datenbereitstellung	über Microsoft-Excel-2003-XML-Vorlagen, CSV-Dateien oder ETL-Werkzeuge befüllte Staging-Tabellen	Daten werden direkt im SAP-Quellsystem ausgewählt und extrahiert.
Datenbereinigung	▪ manuell oder geeignete Werkzeuge ▪ im Quellsystem, CSV-Datei oder in der XML-Vorlage	▪ manuell oder geeignete Werkzeuge ▪ im Quellsystem
Datenschutz	Die verwendeten Dateien müssen sicher aufbewahrt werden.	Der Zugriff auf das Quellsystem ist einzuschränken.

Tabelle 13.1 Vergleich der Migrationsansätze des Migration Cockpits

[«]

Was das Cockpit unterstützt und was nicht

Das SAP S/4HANA Migration Cockpit wurde für die initiale Datenmigration im Rahmen einer Neuimplementierung entwickelt. Es wurde nicht entwickelt, um Daten regelmäßig zwischen verschiedenen Systemen auszutauschen oder um z. B. Daten zwischen diesen Systemen synchron zu halten. Für diese Zwecke sollten Sie die dafür vorgesehenen Werkzeuge, wie z. B. SAP Master Data Governance, Product Data Replication, SAP Landscape Transformation Replication Server oder SAP Data Intelligence einsetzen.

Instanzen, die Sie mit dem Migration Cockpit erfolgreich migriert haben, können nicht erneut mit demselben Migrationsprojekt migriert werden. Das Migration Cockpit unterstützt keine Update- oder Lösch-Funktion auf bereits migrierten Daten. Ausnahme sind spezielle Migrationsobjekte, die migrierte Business-Objekte um z. B. neue Organisationsstrukturen erweitern können.

13.1.2 Verfügbare Migrationsobjekte

[!]

Wichtige Information für SAP S/4HANA 2022 und 2023

Wenn Sie ein neues System mit SAP S/4HANA 2022 FPS0/FPS1 installieren oder Ihr bestehendes System auf SAP S/4HANA 2022 FPS0/FPS1 upgraden, müssen Sie unbedingt SAP-Hinweis 3291483 beachten. Durch ein Problem während der Erstellung der Auslieferung von SAP S/4HANA 2022 FPS0 sind einige Migrationsobjekte und deren Bestandteile nicht konsistent ausgeliefert worden. Bevor Sie beginnen, Daten zu laden, müssen Sie die Anweisungen im vorgenannten SAP-Hinweis beachten und die entsprechenden Änderungen einspielen. Das Problem wurde mit SAP S/4HANA 2022 FPS2 behoben. In SAP S/4HANA 2023 können nach Upgrades aus älteren Releaseständen die Migrationsobjekte »Kunde« und »Lieferant« des Migrationsansatzes für Staging-Tabellen nicht vorhanden sein. Beachten Sie hier die Korrekturanweisung von SAP-Hinweis 3562046.

Die Anzahl der unterstützten Migrationsobjekte und deren Funktionalität werden, insbesondere in SAP S/4HANA Cloud, zu jedem Release angepasst. Des Weiteren unterscheidet sich die Anzahl der verfügbaren Migrationsobjekte je nach Migrationsansatz und Zielprodukt.

Direct-Transfer-Ansatz

Beim *Direct-Transfer-Ansatz* wird nach Szenarien unterschieden, und für jedes Szenario werden separate Migrationsobjekte ausgeliefert. Das heißt, je nach Quellsystem variiert die Anzahl der verfügbaren Migrationsobjekte.

Staging-Tabellen-Ansatz in SAP S/4HANA Cloud

Beim *Staging-Tabellen-Ansatz* hängt die Anzahl der verfügbaren Migrationsobjekte vom Zielprodukt und dem Release ab. In SAP S/4HANA Cloud werden neue Migrationsobjekte mit einem neuen Release oder zwischen den Releases als *Neuerung* (*Update/Feature/Continuous Delivery*) ausgeliefert.

[»]

Erweiterungen von Migrationsobjekten in der Cloud

Erweiterungen an bestehenden Migrationsobjekten und neue Migrationsobjekte, die als Continuous Delivery ausgeliefert werden, müssen über die Konfigurationsaktivität *Features aktivieren* vor der Nutzung aktiviert werden. Die Feature-ID zum Aktivieren finden Sie über die What's-New-Information im SAP Help Portal. Weitere Informationen zur Konfigurationsaktivität **Features aktivieren** finden Sie im SAP Help Portal (*http://s-prs.de/v10578100*).

Weitere Informationen zur *Continuous Delivery* in SAP S/4HANA Cloud finden Sie im SAP Community Topic »Continuous Delivery for SAP S/4HANA Cloud Public Edition« unter diesem Weblink: *http://s-prs.de/v10578101*.

Kein Downport in SAP S/4HANA

Für SAP S/4HANA und darauf basierende Systeme und Produkte werden Anpassungen i. d. R nur zum Hauptrelease einer neuen Produktversion oder bis max. FPS3 von SAP S/4HANA ausgeliefert. In Tabelle 13.2 sehen Sie die Anzahl der verfügbaren Migrationsobjekte pro Produktversion zum Zeitpunkt der Drucklegung.

	Staging-Tabelle	Direkte Übertragung
SAP S/4HANA Cloud 2502	239	SAP ERP: 25
SAP S/4HANA 2023 FPS2	228	▪ SAP ERP: 150 ▪ SAP AFS: 73 ▪ SAP EWM: 36 ▪ SAP eSPP: 7

Tabelle 13.2 Anzahl der verfügbaren Migrationsobjekte pro Migrationsansatz

Aktuelle Objektliste im SAP Help Portal

Eine Übersicht der verfügbaren Migrationsobjekte pro Release entnehmen Sie dem SAP Help Portal. Sie finden nachfolgend die Schnellzugriff-URLs für die einzelnen Produkte:

- für SAP S/4HANA Cloud: *https://help.sap.com/S4_CE_MO*
- für SAP S/4HANA: *https://help.sap.com/S4_OP_MO*

[«]

Migrationsobjekte des Staging-Tabellen-Ansatzes mit dem Zusatz »neu«, »eingeschränkt« oder »abgekündigt«

Migrationsobjekte des Staging-Tabellen-Ansatzes können mit Zusätzen im Namen versehen sein. Bei solchen Migrationsobjekten lesen Sie die Migrationsobjektdokumentation sorgfältig durch und beachten die Hinweise, die dort aufgeführt sind:

- **neu/new**
  Neue Migrationsobjekte oder eine neue Version eines bestehenden Migrationsobjekts, das als Continuous Delivery zwischen den Hauptreleases ausgeliefert wird, erhält diesen Zusatz. Da alte Objektversionen zwischen Hauptreleases nicht abgekündigt werden dürfen, wird dadurch die neue Version hervorgehoben. Die bisherige Version wird dann mit dem nächsten Hauptrelease abgekündigt.
- **eingeschränkt/restricted**
  Deckt ein Migrationsobjekt nicht alle Felder und Strukturen oder Funktionalitäten relevanter Geschäftsprozesse ab, wird der Zusatz eingeschränkt/restricted verwendet.
- **abgekündigt/deprecated**
  Wird ein Migrationsobjekt neu gebaut, wird das bisher genutzte Migrationsobjekt mit dem Zusatz abgekündigt/deprecated versehen. Neue Migrationsobjekte werden i. d. R. erstellt, wenn es neuere und bessere Datenmigrations-APIs für diese Migrationsobjekte gibt oder andere technische Restriktionen dies erfordern. In SAP S/4HANA Cloud können Migrationsobjekte nur zu einem Hauptrelease abgekündigt und mit dem darauffolgenden Release entfernt werden. In SAP S/4HANA können Migrationsobjekte bis zum Feature Pack Stack 2 (FPS2) abgekündigt werden. Sie werden dann mit der nächsten Produktversion entfernt. In manchen Fällen können Objekte auch schon mit demselben Release entfernt werden, zu dem das neue Objekt erhältlich ist. Dies geschieht nur, wenn es aus Datenintegritätsgründen notwendig ist, wie z. B. mit dem Migrationsobjekt für Sachkonten in SAP S/4HANA 2020.

13

13.1.3 Weitere nützliche Informationsquellen

Landing Pages der Datenmigration

Generell ist es sinnvoll, sich vor der Datenmigration mit den Möglichkeiten und den Informationsquellen zu beschäftigen. Den besten Einstieg neben diesem Buch bieten hier die Landing Pages für die Datenmigration für SAP S/4HANA Cloud und SAP S/4HANA. Sie finden sie unter folgenden Weblinks im SAP Help Portal:

- SAP S/4HANA Cloud: *https://help.sap.com/S4_CE_DM*
- SAP S/4HANA: *https://help.sap.com/S4_OP_DM*

SAP Community

Sie können auch die *SAP-Community* nutzen; sie ist unter diesem Link erreichbar: *https://community.sap.com*. Allgemein empfiehlt sich auch ein Blick auf die Migration-Cockpit-Seite der *SAP Community* unter *http://s-prs.de/v10578102*. Hier finden Sie eine Vielzahl von Informationen zu allen Aspekten der Datenmigration unter SAP S/4HANA.

Eine weitere ergänzende Informationsquelle ist auch das Buch »Datenmigration in SAP-Systeme« von Frank Finkbohner et al. (1. Auflage, SAP PRESS 2023, siehe *www.sap-press.de/5632*).

13.2 Übertragungsoption 1: Daten mithilfe von Staging-Tabellen migrieren

Die Datenhaltung des Migration Cockpits für diesen Migrationsansatz wurde mit SAP S/4HANA Cloud 2008 und SAP S/4HANA 2020 komplett auf die Speicherung in Staging-Tabellen umgestellt. Nachfolgend erläutern wir Ihnen, wie Sie Daten mittels dieses Ansatzes migrieren.

[»]

Bildschirmbilder und Texte

Die Entwicklungssprache bei SAP ist Englisch. Alle Texte und Beschreibungen sind im Original in Englisch und werden im Anschluss an die Entwicklungsfreigabe in alle anderen Sprachen übersetzt. Zum Zeitpunkt der Drucklegung waren diese Übersetzungen zum Teil noch nicht abgeschlossen. Die deutschen Texte und Beschreibungen auf Bildschirmbildern in diesem Kapitel können von denen Ihres SAP-S/4HANA-Systems abweichen. Die meisten Bildschirmbilder stammen aus einem System von SAP S/4HANA Cloud Public Edition 2502.

13.2.1 Technische Realisierung

Migrationsprojekt

Die Migrationsobjekte des Migrationsansatzes *Datenübertragung über Staging-Tabellen* sind technisch Migrationsobjekte eines Migrationsprojekts der *Migration Workbench*, die über das Migration Cockpit genutzt werden können. Die Migration Workbench selbst ist nicht zur direkten Nutzung für Kunden freigegeben. Das ausgelieferte Migrationsprojekt und seine Migrationsobjekte und Regeln sind nur Vorlagen. Diese werden beim Anlegen eines Kundenprojekts im Migration Cockpit in ein kundeneigenes Projekt

(Z-Projekt) kopiert. Aus dieser Kopie wird über das Migration Cockpit eine Funktionsgruppe generiert, die vom Migration Cockpit verwendet wird.

Eine Staging-Tabelle pro Datenstruktur

Ein Migrationsobjekt besteht aus einer Senderstruktur, die eine oder mehrere hierarchische Strukturen beinhaltet. Ein Auftrag besteht z. B. aus einer Kopf- und einer untergeordneten Positionsstruktur. Jede Senderstruktur wird als lokale transparente DDIC-Tabelle auf der SAP-HANA-Datenbank abgebildet, der sogenannten Staging-Tabelle. Die Staging-Tabellen eines Migrationsobjekts sind über Schlüsselfelder miteinander verknüpft. Das bedeutet, dass die Daten jeder Struktur eines Migrationsobjekts in separaten Staging-Tabellen gespeichert werden. Diese Staging-Tabellen können Sie über vordefinierte Migrationsvorlagedateien oder direkt befüllen. Es gibt zwei verschiedene vordefinierte Arten einer Migrationsvorlagendatei:

- **Datei im Microsoft-Excel-2023-XML-Format**

  Die Datei kann mit Microsoft Excel geöffnet werden, ein Arbeitsblatt entspricht genau einer Struktur (siehe Abschnitt 13.2.10, »Migrationsvorlage herunterladen«, im Unterabschnitt »XML-Datei«).

- **Dateien im CSV-Format**

  In diesem Format wird jede Struktur durch eine eigene CSV-Datei repräsentiert (siehe Abschnitt 13.2.10, »Migrationsvorlage herunterladen«, im Unterabschnitt »CSV-Dateien«).

Beim direkten Befüllen dieser Staging-Tabellen ersparen Sie sich, im Gegensatz zu den Migrationsvorlagendateien, u. a. bei sehr großen Datenmengen das Aufteilen der Daten in mehrere Dateien und das Hochladen dieser Dateien ins Migration Cockpit. Sie sparen Zeit und können den Datenmigrationsprozess im Ganzen beschleunigen.

SAP S/4HANA Cloud

Staging-Tabellen nur über Database as a Service

Im SAP-Fiori-Cockpit können die Staging-Tabellen des lokalen SAP-S/4HANA-Datenbankschemas in SAP S/4HANA Cloud, im Gegensatz zu SAP S/4HANA, nur über die Datei als Container beschrieben werden. Die Staging-Tabellen der Remote-SAP-HANA-Instanz müssen auf der SAP BTP eingerichtet werden. Sie können von dort beschrieben und gelesen werden. Die Verbindung dorthin erfolgt über das *Kommunikationsszenario* »Migration Cockpit Integration« (SAP_COM_0678). Sie können Tabelleninhalte aus einem beliebigen System extrahieren und über weitere Werkzeuge direkt in die Staging-Tabellen in eine SAP-HANA-Cloud-Instanz schreiben. Das Kommunikationsszenario SAP_COM_0678 stellt die Datenbankverbindung über den Dienst *Database as a Service* (DBaaS) in SAP BTP her. Abbildung 13.1 zeigt die schematische Übersicht über das Zusammenspiel der einzelnen Systeme und den Zugriff auf das Remote-SAP-HANA-Datenbankschema.

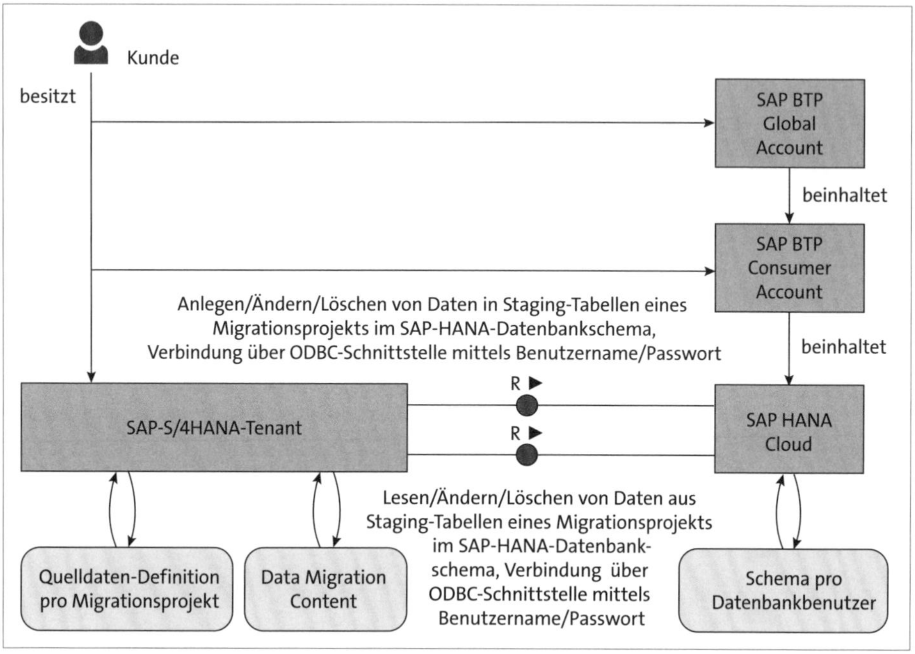

Abbildung 13.1 Remote-SAP-HANA-Datenbankschema in SAP HANA Cloud

Testskript und Einrichtungsanweisung lesen

Für die Datenmigration nach SAP S/4HANA Cloud mittels Remote-SAP-HANA-Datenbankschema gibt es zwei wichtige Dokumente, die Sie lesen sollten:

- die *Einrichtungsanweisung* (Setup Instructions) »Setting Up Data Migration to SAP S/4HANA from Staging (2Q2)« für das Einrichten des Kommunikationsszenarios *SAP_COM_0678*
- das Testskript »Datenmigration aus Staging nach SAP S/4HANA (2Q2)

SAP Signavio Process Navigator

Diese Dateien finden Sie über den Service *SAP Signavio Process Navigator* auf der Plattform *SAP for Me* (siehe *https://me.sap.com/processnavigator*). Die Dokumente für das Staging werden unter dem Kürzel 2Q2 geführt. Auf der Plattform SAP for Me führen Sie folgende Schritte aus:

1. Melden Sie sich an der Plattform unter *https://me.sap.com/* an.
2. Klicken Sie im Bereich **Services und Support** auf die Registerkarte **ALM** (Application Lifecycle Management), und wählen Sie dann den Service **SAP Signavio Process Navigator** aus.
3. Im Prozessnavigator klicken Sie auf die Kachel **Lösungsszenarios** (engl. **Solution Scenarios**) und wählen dann das Lösungsszenario **SAP Best**

Practices for SAP S/4HANA Cloud Public Edition und Ihr gewünschtes Release aus.

4. Klappen Sie nun unter **Lösungsprozesse** (engl. **Solution Scenarios**) die Sparte **Database and Data Management • Enterprise Information Management** auf.
5. Klicken Sie auf den Lösungsprozess **Data Migration to SAP S/4HANA from Staging (2Q2)**.
6. Auf der Registerkarte **Beschleuniger** (engl. **Accelerators**) finden Sie das **Test script** und die **Set-up instructions**.

Die Dokumente werden nicht übersetzt und sind nur in englischer Sprache erhältlich.

Technische Rolle für den Zugriff auf SAP BTP

Wenn Sie aus dem Migration Cockpit heraus eine Verbindung zu den Staging-Tabellen im Remote-SAP-HANA-Datenbankschema in der SAP-HANA-Cloud-Instanz auf der SAP BTP aufbauen wollen, benötigen Sie erweiterte Berechtigungen. Zusätzlich zu der in Abschnitt 13.2.2, »Rollen für die Migration zuweisen«, erwähnten Rolle für das Migration Cockpit `SAP_BR_CONFIG_EXPERT_DATA_MIG` (Konfigurationsexperte – Datenmigration/Configuration Expert – Data Migration) benötigen Sie die Rolle `SAP_BR_CONF_EXPERT_BUS_NET_INT` (Konfigurationsexperte – Geschäftsnetzwerkintegration/Configuration Expert – Business Network Integration).

SAP S/4HANA

Lokales oder Remote-Datenbankschema

Im Gegensatz zu SAP S/4HANA Cloud lässt sich die SAP-HANA-Datenbank für SAP S/4HANA überall einrichten. Hier haben Sie die Möglichkeit, entweder das lokale SAP-S/4HANA-Datenbankschema Ihres SAP-S/4HANA-Systems oder ein Remote-SAP-HANA-Datenbankschema auf einer separaten SAP-HANA-Box zu nutzen (siehe Abbildung 13.2).

Lokales Schema und Datenschutz

Da die Daten der Staging-Tabellen in einem lokalen SAP-S/4HANA-Datenbankschema über die Transaktion SE16 (»Data Browser«) und im Remote-SAP-HANA-Datenbankschema über die Transaktion SE16H (»Allgemeine Tabellenanzeige«) sichtbar sind, sollten Sie aus Datensicherheits- und Datenschutzgründen den Zugriff auf diese lokalen Tabellen (`/1LT/DS*`) über das Berechtigungsobjekt `S_TABU_DIS` einschränken.

Datenbankverbindung in Positivliste eintragen

Die Datenbankverbindung zu einem Remote-SAP-HANA-Datenbankschema muss vorher eingerichtet worden sein. Damit die Verbindung auch genutzt werden kann, muss sie in die Tabelle `DMC_C_WL_DBCO_OP` »Positivliste der Datenbankverbindung für On-Premise-Szenario« mittels Transaktion SM30, die Sie in Abbildung 13.3 sehen, eingetragen werden.

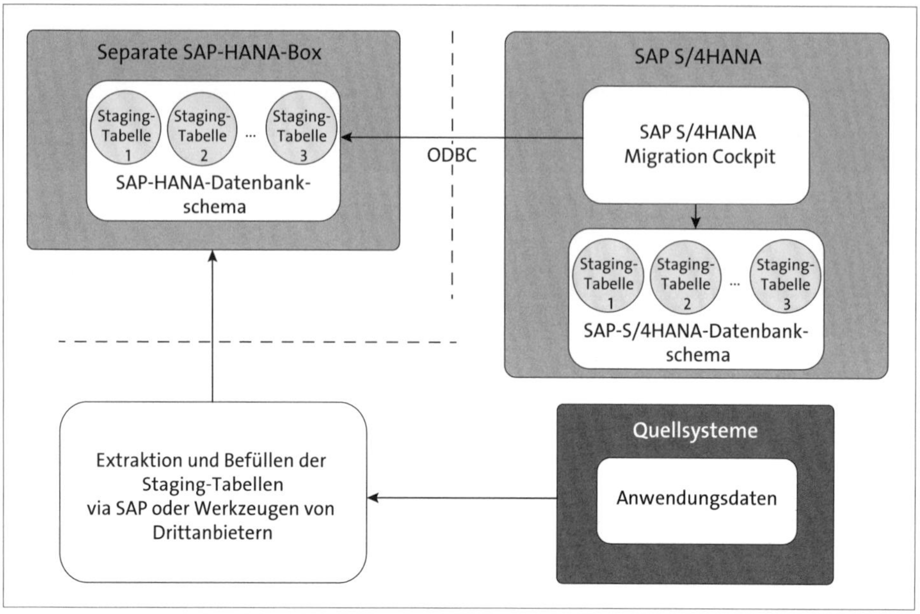

Abbildung 13.2 Staging-Tabellen in SAP S/4HANA

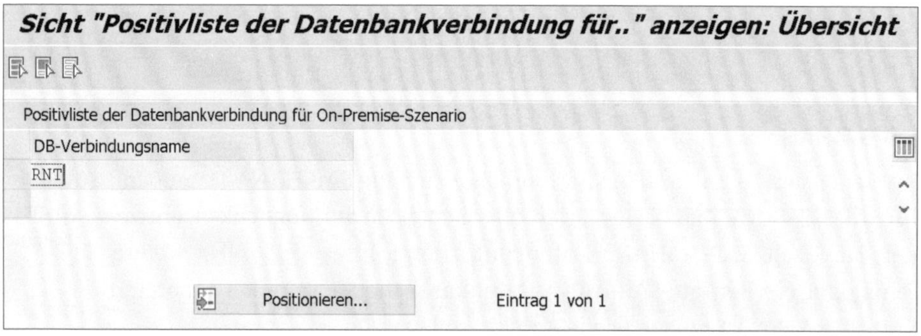

Abbildung 13.3 Positivliste der Datenbankverbindung für Remote-Schemas

13.2.2 Rollen für die Migration zuweisen

Technische Rollen

Um das Migration Cockpit über das SAP Fiori Launchpad nutzen zu können, muss dem Anwender, der die Migration durchführt (Migrationsbenutzer), eine Anwendungsrolle zugewiesen werden. Diese Anwendungsrolle erstellen Sie aus der ausgelieferten Anwendungsrollenvorlage »Konfigurationsexperte – Datenmigration« `SAP_BR_CONFIG_EXPERT_DATA_MIG` (Configuration Expert – Data Migration). Für SAP S/4HANA müssen Sie dem Nutzer auch eine Rolle zuordnen, die aus der Backend-Vorlagenrolle SAP_CA_DMC_MC_USER (SAP-S/4HANA-Migration – Datenübernahme) erstellt wurde.

Anwendungsrollen und Anwendungskataloge

Um einzelne Migrationsobjekte zu laden oder zu validieren, benötigen Sie weitere Berechtigungen und Anwendungskataloge, die je nach ausgeführter Migrations-API oder der Validierungs-App unterschiedlich sein können. Üblicherweise erstellen Sie Ihre eigenen Anwendungsrollen mit den entsprechenden Berechtigungen innerhalb eines Berechtigungskonzepts. In SAP S/4HANA Cloud und SAP S/4HANA gibt es vordefinierte Anwendungsrollenvorlagen für bestimmte Geschäftsfälle, die Sie als Ausgangspunkt für eigene Anwendungsrollen verwenden können, um Daten von Geschäftsobjekten zu migrieren. Dazu entnehmen Sie den Anwendungsrollenvorlagen die benötigten Anwendungskataloge und fügen diese Ihren eigenen Anwendungsrollen im Rahmen Ihres Berechtigungskonzepts hinzu.

Anwendungskataloge zum Migrieren

Die notwendigen Anwendungskataloge für die Migration eines Migrationsobjekts in SAP S/4HANA Cloud finden Sie in der Dokumentation des Migrationsobjekts im Bereich **Zweck** (engl. **Purpose**). Sie finden Sie aber auch auf der Übersichtsliste »Verfügbare Migrationsobjekte« im SAP Help Portal unter *https://help.sap.com/S4_CE_MO*. Dort sind die notwendigen Anwendungskataloge für das Migrieren eines Migrationsobjekts aufgeführt (siehe Abschnitt 12.4.2, »Liste der aktuellen Migrationsobjekte«).

Anwendungskataloge für die Validierung

In der Dokumentation eines Migrationsobjekts werden die Apps zur Validierung der Daten im Bereich **Nachbearbeitung** (engl. **Post-Processing**) gelistet. Die aufgeführten Apps sind direkt mit der SAP Fiori Apps Reference Library (siehe *http://s-prs.de/v10578103*) verlinkt. Hier wählen Sie Ihr Produkt und das jeweilige Release aus und finden unter der Registerkarte **Implementation Information** im Bereich **Configuration** Informationen zu den Anwendungskatalogen (**Business Catalogs**), die Sie zur Validierung benötigen.

Sie können diese Anwendungskataloge nutzen, um Ihre eigenen Anwendungsrollen zu erstellen und diese dann den entsprechenden Migrationsbenutzern zuzuweisen.

13.2.3 Datenmigrationsprozess

Der Datenmigrationsprozess, den wir in Kapitel 12, »Planen der Datenmigration«, bereits ausführlich beschrieben haben, besteht aus festen Prozessschritten und sollte bestimmte Grundsätze befolgen, die wir nachfolgend beschreiben.

Prozessschritte

Der Datenmigrationsprozess des Migration Cockpits besteht aus acht aufeinanderfolgenden Schritten. Nahezu jedem dieser Schritte ist im Migration Cockpit eine Aktion zugeordnet, die in der nachfolgenden Liste in Klammern aufgeführt ist:

1. **Migrationsobjekte auswählen**

   Das Migration Cockpit erzeugt für jedes ausgewählte Migrationsobjekt automatisch die Staging-Tabellen.

2. **Migrationsvorlagendatei herunterladen (Vorlage herunterladen)**

   Laden Sie sich die Migrationsvorlagendatei in Ihrem favorisierten Format herunter. Näheres dazu finden Sie in Abschnitt 13.2.10, »Migrationsvorlage herunterladen«.

3. **Daten in die Staging-Tabellen laden (Datei hochladen)**

   Sie befüllen die Staging-Tabellen entweder über die zur Verfügung gestellten Migrationsvorlagen oder über ein Werkzeug Ihrer Wahl. Beachten Sie dazu auch Abschnitt 13.2.11, »Migrationsvorlagen bzw. Staging-Tabellen direkt befüllen«, und Abschnitt 13.2.12, »Datei in die Staging-Tabellen laden«.

4. **Staging-Tabellen vorbereiten (Vorbereiten)**

   Das System bereitet die Staging-Tabellen vor, damit die Daten geladen werden können (siehe Abschnitt 13.2.14, »Vorbereiten«).

5. **Mapping-Aufgaben abarbeiten (Mapping-Aufgaben)**

   Die einem Migrationsobjekt zugeordneten Mapping-Aufgaben müssen abgearbeitet werden, damit die Quelldaten korrekt auf die jeweiligen Zielwerte umgeschlüsselt (gemappt) werden (siehe Abschnitt 13.2.15, »Pflege der Mapping-Werte«).

6. **Datenmigration simulieren (Simulieren)**

   Die dem Migrationsobjekt zugeordnete API zur Datenmigration wird mit den umgeschlüsselten Daten der Staging-Tabelle befüllt und im Test-Mode aufgerufen, um zu prüfen, ob Probleme auftreten (siehe Abschnitt 13.2.17, »Migration simulieren«).

7. **Daten migrieren (Migrieren)**

   Die umgeschlüsselten Daten aus den Staging-Tabellen werden ins SAP-S/4HANA-Zielsystem migriert (siehe Abschnitt 13.2.18, »Daten migrieren«).

8. **Die Daten validieren (Migrationsergebnisse)**

   Nach der Datenmigration müssen Sie die Daten validieren. Dafür nutzen Sie entweder die Funktion **Migrationsergebnisse** (siehe Abschnitt 13.2.20, »Migrationsergebnisse«) oder die mächtigere App **Datenmigrationsstatus** (siehe Abschnitt 14.2, »Status der Datenmigration prüfen«).

Datenmigrationsgrundsätze

Sie sollten beim Laden von Migrationsobjekten folgende Grundsätze beherzigen:

1. Laden Sie die Stammdaten immer vor den Bewegungsdaten.
2. Fangen Sie mit den Finanzobjekten an:
   - »Bank«, »CO – Kostenstelle«, »CO – Profit-Center«, »Umrechnungskurs«
3. Danach laden Sie die Hauptstammdaten, wie z. B.:
   - »Merkmal und »Klasse«
   - »Kunde« und »Lieferant« (hier bitte eventuell Abhängigkeiten untereinander beachten)
   - »Produkt«
   - »Anlagen«
4. Im Anschluss können Sie alle weiteren Objekte unter der Beachtung ihrer Abhängigkeiten laden. Das Migration Cockpit unterstützt Sie dabei mit der neuen Ansicht **Reihenfolgeinformationen**.
5. Bewegungsdaten, Bestände und Salden laden Sie zuletzt.
6. Migrationsobjekte, die Sie nicht zum Go-live benötigen, können Sie auch noch danach laden.
7. Testen Sie Ihre Datenmigration vollständig, und laden Sie keine ungetesteten Daten

   Wichtig ist, dass Sie die komplette Datenmigration mehrmals (!) im Q-System durchspielen, um Probleme und Abhängigkeiten rechtzeitig und vor dem produktiven Laden zu entdecken und zu lösen. Das Laden von Stichproben reicht i. d. R. nicht aus, um Probleme beim produktiven Laden zu verhindern. Laden Sie nur Daten ins Produktivsystem, die Sie vorher im Q-System fehlerfrei geladen haben.

Wie Sie ein Migrationsprojekt anlegen oder ein bestehendes Migrationsprojekt bearbeiten, beschreiben wir im Folgenden.

13.2.4 Einstiegsbild des Migration Cockpits

Migration Cockpit aufrufen

Sie finden das Migration Cockpit im Bereich **Datenmigration** ❶ des SAP Fiori Launchpads. Wählen Sie hier die Kachel **Daten migrieren – Migrationscockpit** ❷ aus Abbildung 13.4. Damit gelangen Sie ins Migration Cockpit. Mit **Daten migrieren – Migrationscockpit (Abgekündigt)** ❸ würden Sie noch das alte Migration Cockpit aufrufen, das nur noch der Anzeige alter Migrationsprojekte dient.

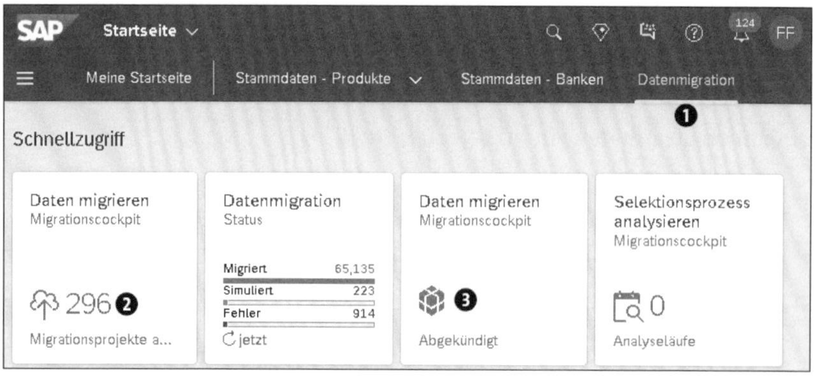

Abbildung 13.4 Kacheln des Bereichs »Datenmigration« in SAP S/4HANA Cloud Public Edition 2508

Aktionen auf Migrationsprojekten

Abbildung 13.5 zeigt Ihnen das Einstiegsbild **Migrationsprojekte** des Migration Cockpits nach dem ersten Aufruf ohne angelegte Migrationsprojekte. Ausgehend von dieser Übersicht können Sie mit Projekten wie folgt verfahren:

❶ **Anlegen** legt ein Projekt an (siehe Abschnitt 13.2.5, »Migrationsprojekt anlegen«).

❷ **Bearbeiten** öffnet die Projekteinstellungen direkt im Bearbeitungsmodus (siehe Abschnitt 13.2.8, »Migrationsobjekt bearbeiten«)

❸ **Kopieren** kopiert ein bestehendes Projekt in ein neues Projekt. Mapping-Werte werden dabei nicht übernommen. Die Vorgehensweise ist fast identisch mit dem **Anlegen**. Zusätzliche Objekte können erst nach dem Kopieren hinzugefügt werden.

❹ **Löschen** löscht das komplette Projekt, nachdem Sie den Benutzerdialog **Löschen** mittels des Buttons **Löschen** abgeschlossen haben.

❺ **Beenden** schließt ein Projekt endgültig ab. Details dazu finden Sie in Abschnitt 13.2.24 »Projekt beenden«.

Die Liste der **Migrationsprojekte** enthält folgende Spalten: **Name** des Migrationsprojekts ❻, **Status** des Migrationsprojekts ❼, **Angelegt von / angelegt**

am ❽, **Migrationsansatz / Szenario** ❾, **Verbindung zum Quellsystem** ❿ und **Anzahl der Migrationsobjekte** im Migrationsprojekt ⓫.

Des Weiteren haben Sie über das Icon [⇅] (**Sortieren**) die Möglichkeit, die Liste zu sortierenoder über das Icon [≡] (**Gruppieren**) zu gruppieren.

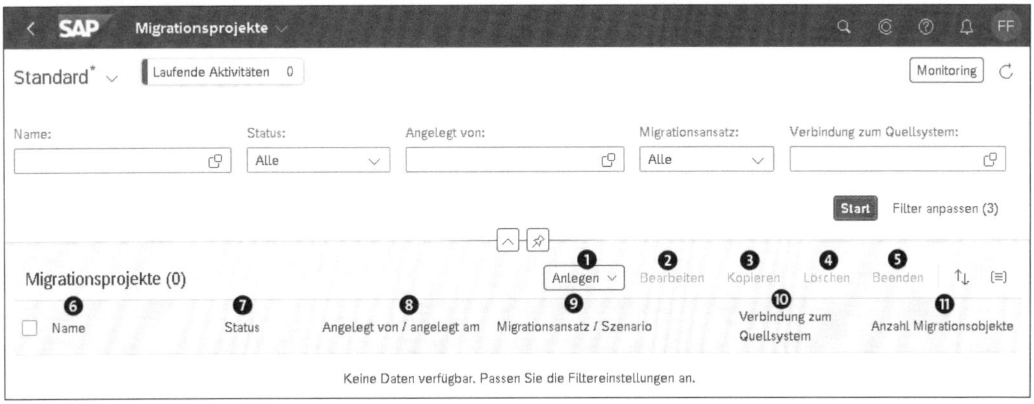

Abbildung 13.5 Einstiegsbild des SAP S/4HANA Migration Cockpits

Kopieren von Migrationsprojekten

Wenn Sie ein bestehendes Projekt kopieren, werden alle vorhandenen Migrationsobjekte, die Definitionen der Mapping-Aufgaben und die Projekteinstellungen in das neue Projekt übernommen. Sie können sich z. B. Projekte als Kopiervorlagen erstellen, die Sie dann einfach und schnell kopieren können. Das ist beim phasenbasierten Rollout sehr sinnvoll, wenn Sie z. B. verschiedene Länder oder Geschäftsstellen nach und nach live setzen und dafür verschiedene Projekte nutzen wollen. Verschiedene Migrationsprojekte sind z. B. sinnvoll, wenn sich die Quellsysteme und damit auch die Mapping-Werte stark voneinander unterscheiden oder eventuell sogar unpassende Überschneidungen haben. Dies kann bei einer Systemzusammenführung (engl. system merge) der Fall sein, wenn z. B. Werk »0001« in System A und B auf verschiedene Zielwerke gemappt werden müssen.

Hilfe zum Migration Cockpit (Product Assistance)

Die Hilfe zum Migration Cockpit erreichen Sie am einfachsten über den Button [?] (**Hilfe öffnen**). Die Hilfe (Product Assistance) wird dann rechts eingeblendet. Bereiche, für die es zusätzliche Informationen gibt, sind dann mit einem Fragezeichen [?] gekennzeichnet. Wenn Sie auf das Fragezeichen klicken, erscheint ein Fenster mit diesen Informationen, wie Sie in Abbildung 13.6 sehen.

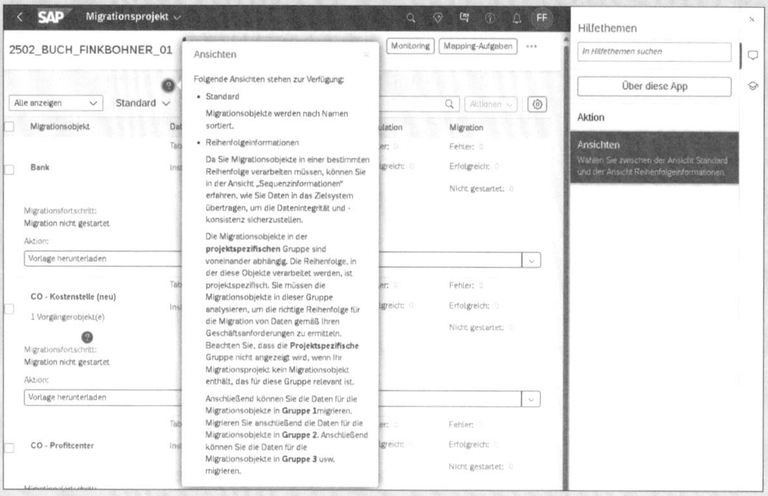

Abbildung 13.6 Hilfe zum SAP S/4HANA Migration Cockpit

13.2.5 Migrationsprojekt anlegen

[!]

Änderbare und nicht änderbare Systeme

Bevor Sie mit der Migration starten, sollten Sie sich mit Ihrer Systemlandschaft vertraut machen. Migrationsprojekte in SAP S/4HANA und SAP S/4HANA Cloud Private Edition können in Systemen, die als änderbar gekennzeichnet sind, angelegt, ausgeführt und bearbeitet werden. In nicht änderbaren Systemen – das betrifft i. d. R. alle Produktivsysteme – können Projekte nur ausgeführt werden. Sie können dort weder neue Projekte anlegen noch transportierte Projekte konfigurieren. Die folgenden SAP-Hinweise beschreiben die Änderung zu SAP S/4HANA 2021 im Detail:

- 3115120: »Cannot create a new project when using Staging Tables approach in certain systems«
- 3104790: »Änderbare Systeme und Transportkonzepte, SAP-S/4HANA-Migrationscockpit - Daten mithilfe von Staging-Tabellen migrieren«
- 3043614: »Änderbare Systeme und Transportkonzepte, SAP-S/4HANA-Migrationscockpit - Daten direkt aus SAP-System migrieren«

Staging-Projekt anlegen

Klicken Sie auf den Button **Anlegen**, und wählen Sie den Migrationsansatz aus, für den das Migrationsprojekt angelegt werden soll. Die entsprechende Auswahlbox sehen Sie in Abbildung 13.7.

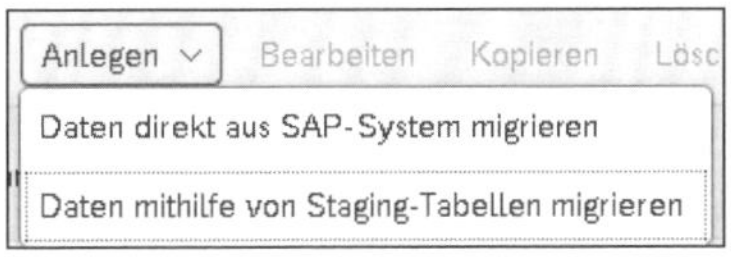

Abbildung 13.7 Auswahlbox beim Anlegen

Sie können zwischen zwei Ansätzen wählen:

- **Daten direkt aus SAP-System migrieren**
- **Daten mithilfe von Staging-Tabellen migrieren**

Wir besprechen hier den Staging-Tabellen-Ansatz **Daten mithilfe von Staging-Tabellen migrieren**. Den Ansatz **Daten direkt aus SAP-System migrieren** (*Direct Transfer*) beschreiben wir in Abschnitt 13.3, »Übertragungsoption 2: Daten direkt aus dem SAP-System migrieren«. Wählen Sie also **Daten mithilfe von Staging-Tabellen migrieren** aus.

13

Schritt 1: Allgemeine Daten angeben

Allgemeine Daten zum Migrationsprojekt

Danach erscheint der Dialog **Neues Migrationsprojekt**. Im Bereich **Allgemeine Daten** vergeben Sie im Feld **Name** ❶ einen Namen für das Migrationsprojekt (siehe Abbildung 13.8).

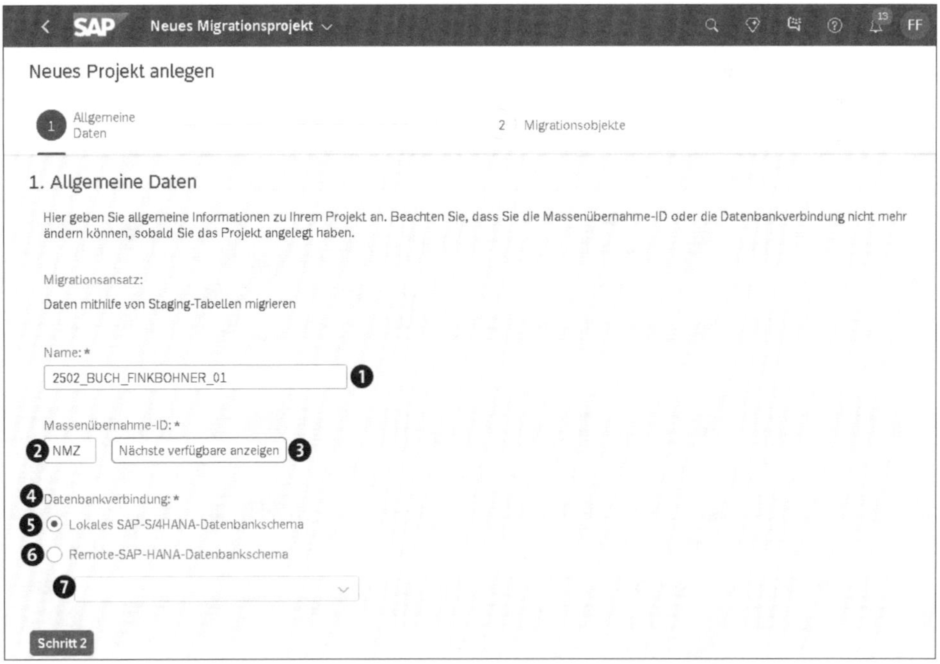

Abbildung 13.8 Migrationsprojekt anlegen – Schritt 1: Allgemeine Daten angeben (SAP S/4HANA Cloud)

[»]

Projektnamen in SAP S/4HANA

In SAP S/4HANA hat es sich als sehr nützlich erwiesen, den *Mandanten* und die nachfolgend beschriebene *Massenübernahme-ID* in den Namen zu übernehmen. Migrationsprojekte sind mandantenabhängig. Der Mandant (engl. client) ist daher sinnvoll, wenn Sie in einem Testsystem mit mehreren Mandanten oder mit dem im gleichnamigen Kapitel 15 beschriebenen SAP S/4HANA Migration Object Modeler arbeiten. Über die Massenübernahme-ID lassen sich die Projekte und Objekte besser unterscheiden und dem technischen Namen zuordnen. Aber auch im Migration Cockpit kann es bei vielen ähnlichen Projektnamen sinnvoll sein, diese mithilfe der Massenübernahme-ID zu unterscheiden.

Die **Massenübernahme-ID** ❷ wird automatisch ermittelt. Beim Klick auf den Button **Nächste Verfügbare anzeigen** ❸ wird eine neue ID generiert, falls die automatisch generierte ID nicht die gewünschte ist. Die Massenübernahme-ID muss mit »M«, »N« oder »O« beginnen.

[»]

Massenübernahme-ID und Projektname

Die *Massenübernahme-ID* ist ein technischer Schlüssel. Er wird als Teil des technischen Namens des neu erstellten Migrationsprojekts (Migration-Workbench-Projekt und Migration-Workbench-Subprojekt) verwendet und macht ihn damit eindeutig. Der technische Name enthält die Massenübernahme-ID als Suffix und lautet `ZSIN_MIG_<Massenübernahme-ID>`. Lautet die Massenübernahme-ID z. B. `M05`, wird das Migrationsprojekt mit dem technischen Namen `ZSIN_MIG_M05` angelegt. Da ein Migrationsprojekt über diesen technischen Namen und einen eindeutigen Schlüssel (UUID) identifiziert wird, können Sie Ihren Projektnamen jederzeit ändern, falls Sie sich beim Anlegen z. B. vertippt haben. Generell benötigen Sie diese Information, falls ein Servicemitarbeiter ein auftretendes Problem im Backend lösen muss.

Datenbankschema wählen

Im Bereich **Datenbankverbindung** ❹ geben Sie den Ort des *Datenbankschemas* an, in dem die Staging-Tabellen angelegt werden sollen. Das kann das *lokale SAP-S/4HANA-Datenbankschema* der SAP-HANA-Datenbank Ihres SAP-S/4HANA-Systems oder ein sogenanntes *Remote-Datenbankschema* auf einer externen SAP-HANA-Datenbank sein. Sie können zwischen zwei Einträgen wählen:

- **Lokales SAP-S/4HANA-Datenbankschema** ❺
- **Remote-SAP-HANA-Datenbankschema** ❻

Datenbankverbindung wählen

Wenn Sie Daten nur aus Dateien übertragen wollen, wählen Sie hier i. d. R. **Lokales SAP-S/4HANA-Datenbankschema** ❺. Wenn Sie das Remote-SAP-S/4HANA-Datenbankschema ❻ verwenden wollen, müssen Sie das entsprechende Schema in der Auswahlbox ❼ auswählen. Weitere Informationen dazu entnehmen Sie Abschnitt 13.2.1, »Technische Realisierung«. Abbildung 13.8 zeigt den ausgefüllten Dialogschritt 1 für die allgemeinen Daten eines SAP-S/4HANA-Cloud-Systems.Wenn Sie die allgemeinen Daten Ihres Projekts festgelegt haben, klicken Sie auf **Schritt 2**.

Schritt 2: Entwicklungspaket in SAP S/4HANA zuordnen

Entwicklungspaket angeben

In einem SAP-S/4HANA-System werden Sie in Schritt 2 aufgefordert, ein Entwicklungspaket (Entwicklungsklasse) anzugeben. Nur mithilfe dieses Entwicklungspakets können Sie Migrationsprojekte in ein anderes System transportieren. Die Möglichkeit, Migrationsprojekte über Dateien zu exportieren, gibt es seit SAP S/4HANA 2021 nicht mehr. Wenn Sie nicht vorhaben, Ihr Projekt zu transportieren, wählen Sie unter **Entwicklungspaket** die Option **Lokales Paket ($TMP)** ❶. Wenn Sie ein Projekt in ein anderes System transportieren wollen, wählen Sie die Option **Anderes Paket** ❷ und dann das entsprechende Entwicklungspaket über die Wertehilfe ❸ aus. Wenn Sie damit fertig sind, klicken Sie auf **Schritt 3** (siehe Abbildung 13.9).

Abbildung 13.9 Schritt 2: Entwicklungspaket eingeben (SAP S/4HANA)

[!]

Einschränkungen beim Anlegen eines Projekts

Migrationsprojekte können nur in änderbar gekennzeichneten Systemen angelegt werden. Sie müssen ein Projekt in einem Entwicklungssystem anlegen und dieses Projekt anschließend in das Zielsystem transportieren. Beachten Sie, dass Werte-Mappings und andere Konfigurationen nicht in den Transport aufgenommen werden. Um Werte-Mappings zu übertragen, können Sie diese wie in Abschnitt 13.2.15, »Pflege der Mapping-Werte«, beschrieben exportieren und importieren. Ein Migrationsprojekt des Staging-Tabellen-Ansatzes, das mit SAP S/4HANA 2021 oder niedriger angelegt wurde, kann über den mit SAP-Hinweis 3119168 ausgelieferten Report einem transportierbaren Entwicklungspaket zugeordnet werden. Der Transport eines Projekts erfolgt dann über den im gleichnamigen Kapitel 15 beschriebenen SAP S/4HANA Migration Object Modeler. Näheres dazu finden Sie in Abschnitt 15.2.9, »Migrationsprojekte von einem System in ein anderes transportieren«.

Schritt 2/3: Migrationsobjekte zuordnen

Verfügbare Migrationsobjekte auswählen

Sie befinden sich nun im Schritt **Migrationsobjekte**. Je nachdem, ob Sie in einem SAP-S/4HANA- oder SAP-S/4HANA-Cloud-Public-Edition-System sind, ist das nun Schritt 3 bzw. Schritt 2. Im Bereich **Migrationsobjekte** wählen Sie aus der Liste unter **Verfügbare Migrationsobjekte** die Objekte aus, die Sie in Ihrem Projekt nutzen wollen. Dazu selektieren Sie die Migrationsobjekte in der Liste und fügen sie über das Icon [>] (**In »Ausgewählte Migrationsobjekte« verschieben**) in die Liste **Ausgewählte Migrationsobjekte** ein. Über das Icon [<] (**In »Verfügbare Migrationsobjekte« verschieben**) können Sie die Objekte wieder entfernen. In der Spalte mit den Vorgängerobjekten (**Vorgänger**) sehen Sie die Anzahl der Vorgängerobjekte des Migrationsobjekts. Wenn Sie diese Zahl auswählen, werden Ihnen die Vorgängerobjekte in einer Liste angezeigt. Bei Bedarf können Sie diese Objekte zu Ihrer Liste hinzufügen. Des Weiteren können Sie die **Dokumentation** jedes Objekts aufrufen. In Abbildung 13.10 (SAP S/4HANA Cloud) haben wir zwei Objekte aus der Liste der verfügbaren Migrationsobjekte für unser Projekt ausgewählt.

Objekte mit dem Button »Überprüfen« zuordnen

Über den Button **Überprüfen** ordnen Sie die Objekte dem Migrationsprojekt zu. Sollte eins der Migrationsobjekte mindestens ein Vorgängerobjekt haben, erscheint das Dialogfenster **Objekte hinzufügen**. Hier wählen Sie über **Objekte auswählen** die Vorgängerobjekte aus, die Sie dann mit **Hinzufügen** dem Projekt hinzufügen. Wenn Sie kein Vorgängerobjekt hinzufügen wollen, klicken Sie auf **Nicht hinzufügen** (siehe Abbildung 13.11).

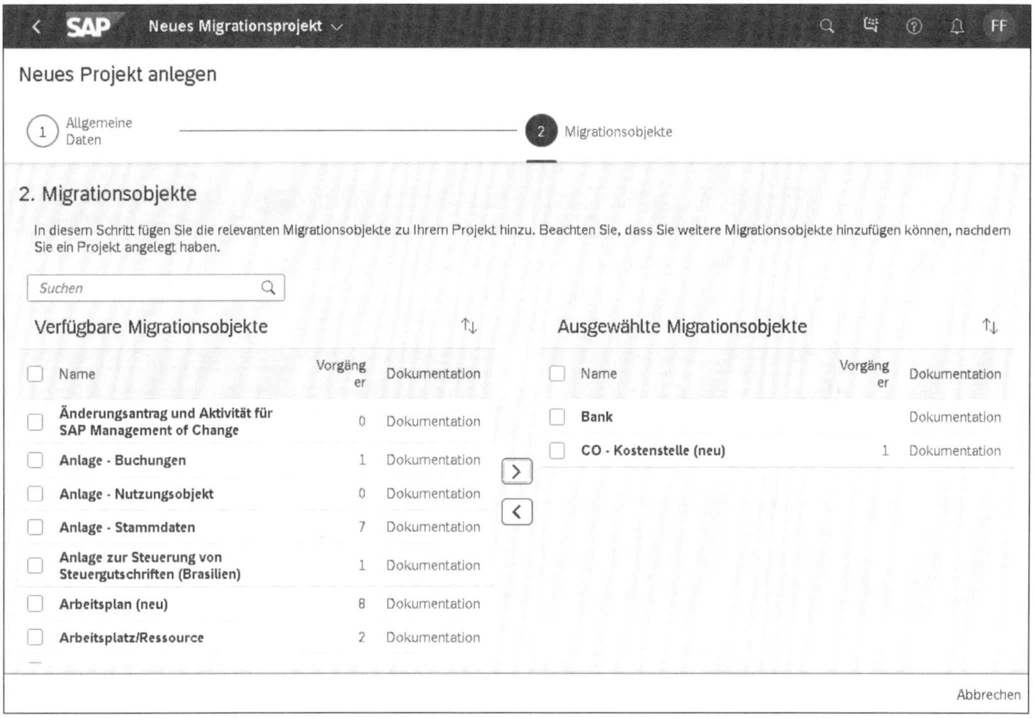

Abbildung 13.10 Migrationsprojekt anlegen – Cloud (Schritt 2: Migrationsobjekte zuordnen)

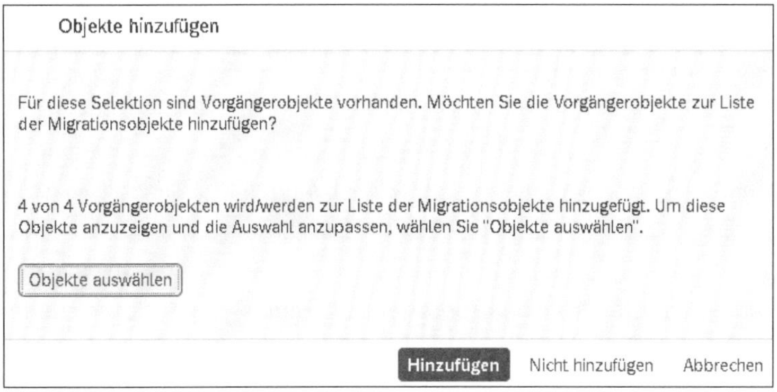

Abbildung 13.11 Dialogfenster »Objekte hinzufügen«

Im nächsten Bild finden Sie eine Zusammenfassung aller Projektdaten (siehe Abbildung 13.12). Falls Sie bemerken, dass Sie etwas vergessen oder falsch gemacht haben, können Sie über **Bearbeiten** zu jedem einzelnen Vorgängerdialog zurückkehren und Ihre Eingaben korrigieren. Über den Button **Projekt anlegen** legen Sie das Projekt an. Dadurch werden die Migrationsobjekte aus dem SAP-Standardauslieferungsprojekt in Ihr Projekt kopiert. Je nach Anzahl und Größe der ausgewählten Migrationsobjekte kann dies etwas dauern.

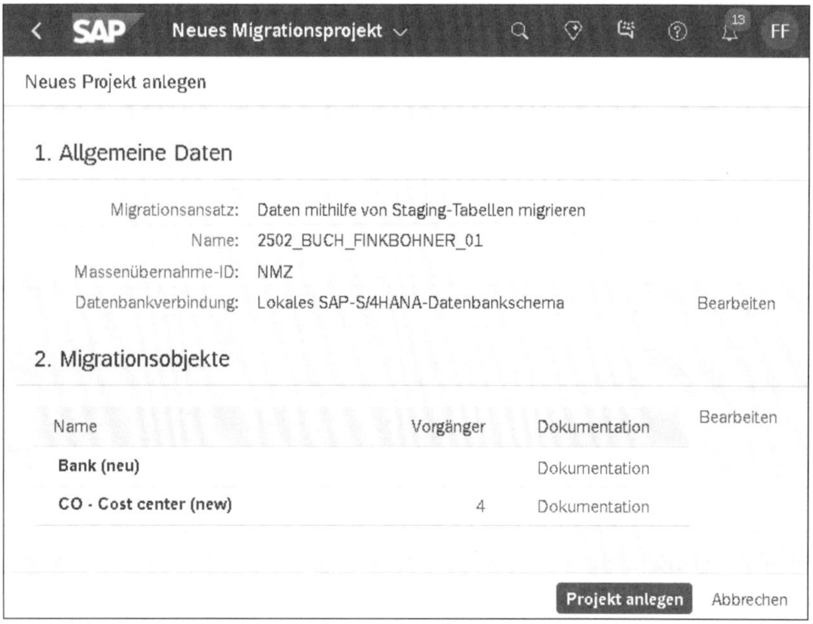

Abbildung 13.12 Migrationsprojekt anlegen (Schritt 3: Neues Projekt anlegen)

[»]

Entfernen von Objekten nur über den SAP S/4HANA Object Modeler

Ein nachträgliches Entfernen eines Migrationsobjekts aus einem Migrationsprojekt ist nur über den *SAP S/4HANA Migration Object Modeler* möglich.

Nachdem die Aktivität **Projekt vorbereiten** abgeschlossen wurde, erscheint Ihr Migrationsprojekt in der Liste der Migrationsprojekte (siehe Abbildung 13.13). Aktivitäten überwachen Sie über die Monitoring-Funktion, die Sie über den Button **Monitoring** aufrufen können. Näheres zum Monitoring finden Sie in Abschnitt 13.2.9, »Monitoring der Aktivitäten«.

Abbildung 13.13 Angelegtes Migrationsprojekt

13.2.6 Bearbeiten eines Migrationsprojekts

Nachträgliches Ändern von Projektdaten

Wenn Sie nachträglich Änderungen an den Projekteinstellungen vornehmen oder weitere Migrationsobjekte aufnehmen wollen, können Sie das über den **Bearbeiten**-Dialog vornehmen. Hierzu selektieren Sie das Projekt, das Sie bearbeiten wollen, und wählen **Bearbeiten**. Danach sehen Sie den Bearbeitungsdialog **Projekteinstellungen** aus Abbildung 13.14. Die Projekteinstellungen sind in mehrere Bereiche eingeteilt.

Allgemeine Daten

Im Bereich **Allgemeine Daten** ❶ können Sie den Namen ❷ des Projekts jederzeit anpassen.

Migrationsobjekte

Weitere Migrationsobjekte zuordnen

Im Bereich **Migrationsobjekte** ❸ (siehe Abbildung 13.14) sehen Sie alle verfügbaren Migrationsobjekte und können Objekte, die den **Status** ❹ »Im Projekt nicht verwendet« haben, über die Checkbox **In Projekt verwendet** ❺ hinzufügen. Der Status dieses Objekt ändert sich dann auf »Hinzufügen«.

[«]

Das Hinzufügen von Migrationsobjekten überwachen

Wenn Sie Migrationsobjekte über **In Projekt verwendet** hinzufügen und sichern ❾, werden zwei Hintergrundjobs angelegt, die Sie über **Monitoring** als Aktivität **Migrationsobjekt vorbereiten** und **Migrationsobjekt in Projekt kopieren** überwachen können.

Des Weiteren sind über **Vorgängerobjekte** ❻ und **Dokumentation** ❼ auch hier zusätzliche Informationen zu jedem Migrationsobjekt verfügbar. Sie können die Liste über die Filteroption (»Alle«, »In Projekt nicht verwendet«, »Hinzufügen«, »In Projekt verwendet«) ❽ oberhalb der Spalte **Name** filtern.

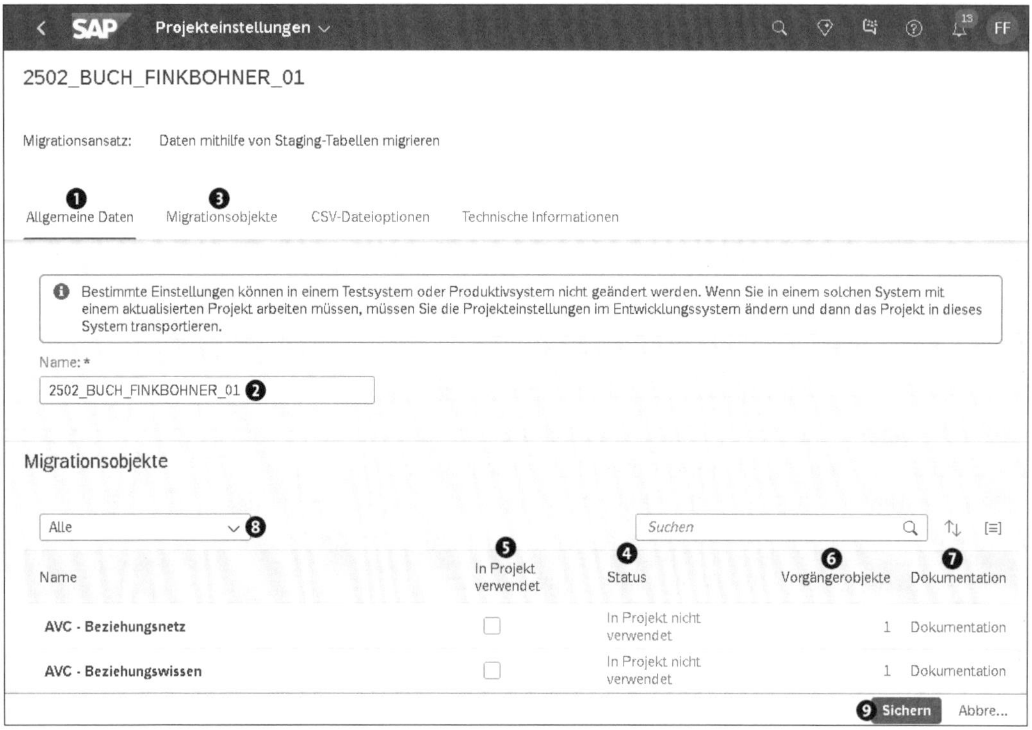

Abbildung 13.14 Migrationsprojekt bearbeiten

CSV-Dateioptionen

Im Bereich **CSV-Dateioptionen** ❶ pflegen Sie folgende Optionen, die Sie in Abbildung 13.15 sehen:

- **Allgemeine Optionen**
  - **Zeichenkodierung** ❷: Diese ist standardmäßig auf UTF-8 eingestellt und kann nicht geändert werden.
  - **Datumsformat, Zeitformat** ❸
  - **Dezimalschreibweise** ❹
- **Optionen für Datei-Header**
  - Hier stellen Sie ein, ob die erste Zeile Ihrer CSV-Dateien eine Kopfzeile enthält (**Erste Zeile ist Kopfzeile**) ❺ oder nicht (**Keine Kopfzeile (alle**

Zeilen importieren)) ❻. Falls Sie Ihre zu verarbeitenden Datenzeilen nicht in der ersten oder zweiten Zeile beginnen, dann geben Sie die **Anzahl zu überspringender Zeilen** ❼ ein.

- Sonderzeichen
  - **Datensatz-Trennzeichen** ❽: Wählen Sie hier das Zeichen bzw. die Zeichenkombination aus, das bzw. die das Ende eines Datensatzes kennzeichnet. Dies ist je nach Betriebssystem, das die CSV-Datei erstellt hat, unterschiedlich.
  - **Feldtrennzeichen** ❾: Das Feldtrennzeichen ist je nach Region und Programm, das die Datei erstellt, unterschiedlich. In den USA wird normalerweise das Komma (,) als Trennzeichen genutzt. In Deutschland ist es eher das Semikolon (;) und generell unter Windows der Tabulator.
  - Für **Zeichen, das zur Abtrennung von Feldern verwendet wird** ❿ und das **Maskierungszeichen** ⓫ sind das doppelte Anführungszeichen (") festgelegt, und es kann nicht geändert werden.

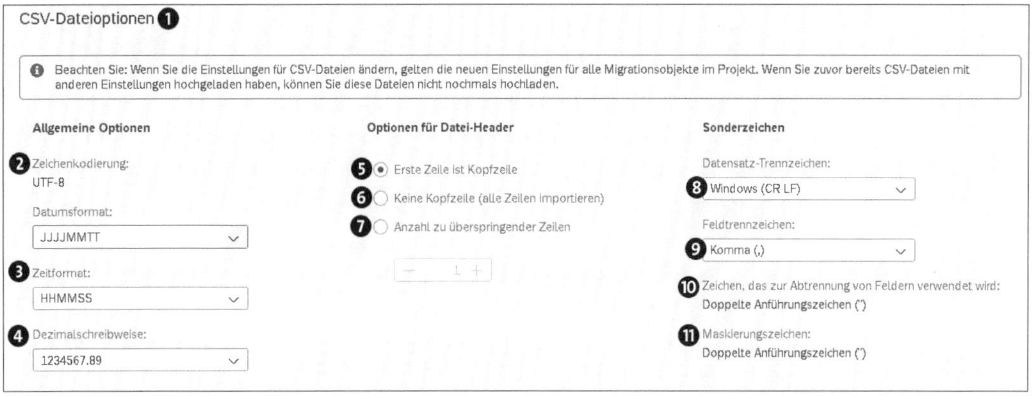

Abbildung 13.15 Projekteinstellung »CSV-Dateioptionen«

Technische Informationen

Aufbewahrungszeitraum der Daten

Abbildung 13.16 zeigt den Bereich **Technische Informationen** ❶. Hier finden Sie die Einstellungen für **Aufbewahrungszeitraum für Daten** ❷. Diesen Zeitraum können Sie erst pflegen, wenn Sie den Status des Projekts auf **Beendet** gesetzt haben. Näheres dazu finden Sie in Abschnitt 13.2.24, »Projekt beenden«. Über **Sichern** ❸ am rechten unteren Fensterrand speichern Sie die Projektdaten ab.

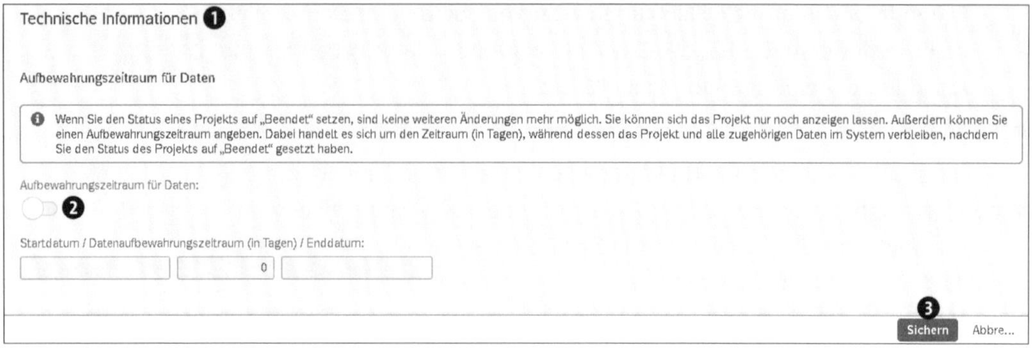

Abbildung 13.16 Projekteinstellung »Technische Informationen«

[»]

Nur mit einem Projekt arbeiten

Jedem Migrationsobjekt sind objektübergreifende Mapping-Aufgaben (technisch: Übersetzungsobjekt/engl. translation object), zugeordnet. Wenn Sie z. B. Objekte mit interner Nummernvergabe migrieren, werden die neuen internen Schlüssel des Zielsystems auf die Schlüssel des Quellsystems in einem solchen Übersetzungsobjekt gemappt. Das heißt, dass ein Folgeobjekt, das auch dieses Übersetzungsobjekt nutzt, automatisch die neue Nummer des bisherigen Schlüssels kennt und sie verwenden kann (z. B. die Objekte »Anlage – Stammdaten« und »Anlage – Buchungen«). Dies funktioniert aber nur innerhalb eines Migrationsprojekts. Das Migrieren von z. B. Anlagenobjekten mit mehreren Projekten kann zu Inkonsistenzen führen. Die Umschlüsselungen (*ID-Mappings*) der migrierten Anlagen auf die neuen internen Schlüssel fehlt, wenn diese nicht innerhalb eines Projekts migriert wurden. Deshalb empfehlen wir nach Möglichkeit, nur mit einem Migrationsprojekt zu arbeiten, damit Sie immer Zugriff auf die vorhandenen Umschlüsselungen der migrierten Schlüssel haben.

Alternativ können Sie die Werte-Mappings der Mapping-Aufgaben aber auch exportieren und in ein anderes Projekt importieren (siehe Abschnitt 13.2.15, »Pflege der Mapping-Werte«).

13.2.7 Migrationsprojekt aufrufen

Übersicht der Migrationsobjekte

Wählen Sie nun das Migrationsprojekt aus, und starten Sie es, indem Sie in der Übersicht der Projekte rechts auf den Button [>] (**Weiter**) klicken. Es erscheint die Sicht **Migrationsprojekt** mit der Liste der hinzugefügten Migrationsobjekte (siehe Abbildung 13.17).

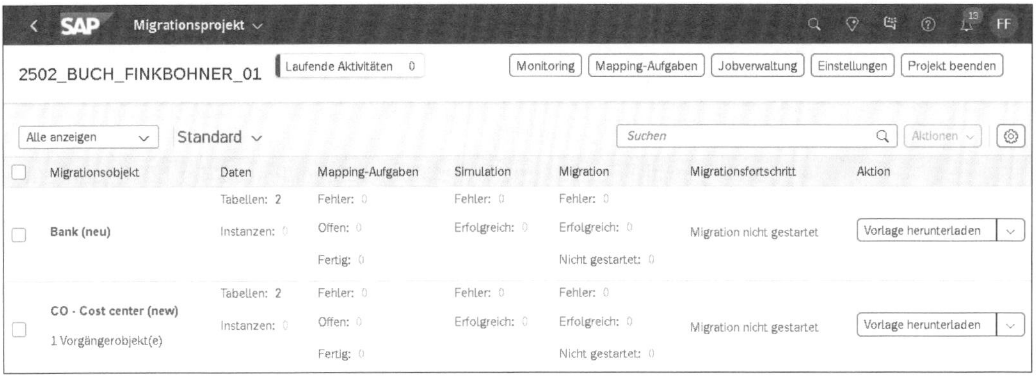

Abbildung 13.17 Übersicht der Migrationsobjekte

Kopfbereich

Im Kopfbereich der Projektübersicht **Migrationsprojekt** finden Sie, von links nach rechts, verschiedene Informationen und Funktionalitäten:

- den Namen des Migrationsprojekts
- den Button zur Anzeige der laufenden Aktivitäten

  Wenn Sie z. B. ein Migrationsobjekt hinzufügen, muss dieses erst noch ins Projekt kopiert werden. Dieser Vorgang kann dann über diesen dynamischen Button beobachtet werden.
- **Monitoring**: Überwachung von laufenden und abgeschlossenen Aktivitäten (siehe Abschnitt 13.2.9, »Monitoring der Aktivitäten«)
- **Mapping-Aufgaben**: Pflege von Festwerten, Steuerparametern und Werte-Mappings, die objektübergreifend sind (siehe Abschnitt 13.2.15, »Pflege der Mapping-Werte«)
- **Jobverwaltung**: Pflege der maximalen Anzahl von Hintergrundjobs, die das Migrationsprojekt nutzen kann (siehe Abschnitt 13.2.16, »Jobverwaltung«)
- **Einstellungen**: Übersicht über die Migrationsobjekte, die Historie der Aktivitäten, CSV-Dateioptionen und technische Informationen für den Support (siehe Abschnitt 13.2.6, »Bearbeiten eines Migrationsprojekts«)
- **Projekt beenden**: Damit beenden Sie ein Migrationsprojekt (siehe Abschnitt 13.2.24, »Projekt beenden«).

Objektliste

Zwei Ansichten der Objektliste

Die Objektliste hat ab SAP S/4HANA Cloud 2502 und SAP S/4HANA 2025 zwei Ansichten: **Standard** und **Reihenfolgeinformationen**. Die beiden Ansichten enthalten in den jeweiligen Spalten folgende Angaben pro Migrationsobjekt:

- **Migrationsobjekt**: Name des Migrationsobjekts und Anzahl der Vorgängerobjekte, falls vorhanden
- **Daten**: Anzahl der Staging-Tabellen des Objekts und der hochgeladenen Instanzen. Eine Instanz ist ein abgeschlossenes Geschäftsobjekt mit allen seinen Strukturen. Bei komplexen Migrationsobjekten mit mehr als einer Struktur, wie z. B. »CO - Kostenstelle«, entspricht eine Instanz genau einer Kostenstelle.
- **Mapping-Aufgaben**: Anzahl der fehlerhaften, noch offenen und fertigen Werte-Mappings
- **Simulation**: Anzahl fehlerhafter und erfolgreicher Datensätze des letzten Simulationslaufs
- **Migration**: Anzahl fehlerhafter, erfolgreich migrierter bzw. nicht gestarteter Datensätze
- **Migrationsfortschritt**: Hier werden die Zahlen der Spalte **Migration** über einen Fortschrittsbalken in Prozentzahlen angezeigt. Ist noch keine Migration gestartet worden, wird der Hinweis »Migration nicht gestartet« angezeigt.
- **Aktion**: Auswählen der durchzuführenden Aktion für das Objekt. Das Migration Cockpit schlägt Ihnen jeweils die passende nächste Aktion vor (Sie können aber auch eine andere Aktion wählen).

Filtern der Objektliste

Die Liste der Migrationsobjekte kann über das linke Auswahlfeld **Alle Anzeigen** nach dem Bearbeitungsstatus gefiltert werden. Mögliche Werte sind »Alle anzeigen«, »Fehler«, »Nicht gestartet« und »Erfolg«. Des Weiteren können Sie über das Feld **Suchen** nach Migrationsobjekten suchen.

[»]

Ansicht anpassen

Wie in Abbildung 13.18 sichtbar, können Sie über den Button [⚙] (**Einstellungen**) die Ansichtseinstellungen und die Gruppierung anpassen.

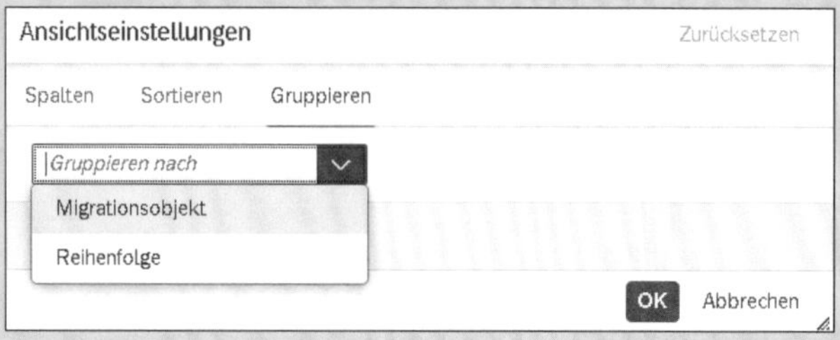

Abbildung 13.18 Gruppierung der Ansichtseinstellungen anpassen

Ansicht »Reihenfolgeinformationen«

In den neuen Migration-Cockpit-Versionen für SAP S/4HANA Cloud 2502 und SAP S/4HANA 2025 wird es endlich möglich sein, sich Migrationsobjekte gruppiert nach der Reihenfolge des Migrierens anzeigen zu lassen. Dazu wählen Sie die Ansicht **Reihenfolgeinformationen** ❶ für die Objektliste. Abbildung 13.19 zeigt Ihnen diese neue Ansicht. Im Beispiel sehen Sie zwei Gruppen. Alle Objekte der **Gruppe 1** ❷ müssen vor den Objekten der **Gruppe 2** ❸ migriert werden. Die Objekte in den jeweiligen Gruppen können unabhängig voneinander migriert werden.

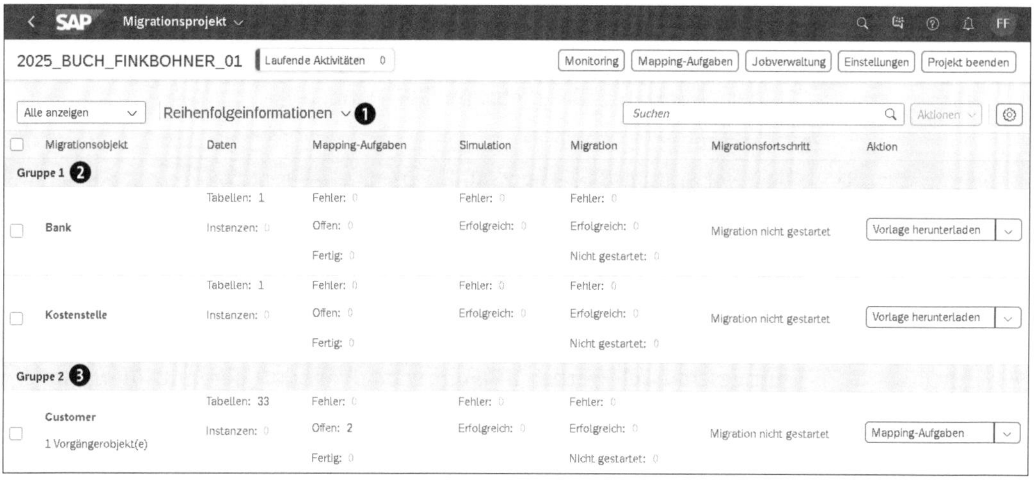

Abbildung 13.19 Reihenfolgeinformationen

> **Gruppierungen sind dynamisch**
>
> Gruppierungen sind dynamisch. Das heißt, wenn Sie ein weiteres Objekt zu Ihrem Projekt hinzufügen, kann es sein, dass ein Objekt von einer niedrigeren Gruppe in eine höhere wechselt. Wenn Sie im Beispiel aus Abbildung 13.19 das Objekt »CO - Profitcenter« hinzufügen, erscheint es in Gruppe 1 und »CO - Kostenstelle« und wandert in Gruppe 2, weil das Objekt »Kostenstelle« das Profitcenter als Vorgängerobjekt hat.

Übersicht der Aktionen

Aktionen auf mehreren Objekten ausführen

Die Projektübersicht wurde gegenüber den Vorgängerversionen überarbeitet. Die verschiedenen Aktionen, die vorher über eigene Buttons verfügbar waren, sind nun unter dem Drop-down-Menü **Aktionen** zusammengeführt worden, das rechts neben dem Feld **Suchen** zu finden ist. Im Gegensatz zur Aktionsauswahl pro Objekt können Sie hier Aktionen auf mehreren ausgewählten Objekten ausführen. Sie markieren hierzu die gewünschten Migrationsobjekte und führen die gewünschte Aktion, wie z. B. **Vorlage herunterladen**, aus. Abbildung 13.20 zeigt Ihnen die Aktionen dieses Drop-down-Menüs, die wir nachfolgend beschreiben:

- **Vorlage herunterladen**

  Damit laden Sie Migrationsvorlagedateien in den verschiedenen Formaten herunter (Optionen **XML-Datei herunterladen** und **CSV-Dateien herunterladen**; siehe Abschnitt 13.2.10, »Migrationsvorlage herunterladen«).
- **Datei hochladen**

  Wie in Abschnitt 13.2.12, »Datei in die Staging-Tabellen laden«, detailliert beschrieben, befüllen Sie hier die Staging-Tabellen durch das Hochladen einer XML-Datei oder mehrerer CSV-Dateien.
- **Vorbereiten**

  Nach dem Befüllen der Staging-Tabellen wird das Migrationsobjekt zur weiteren Verarbeitung vorbereitet und u. a. die Mapping-Aufgaben befüllt. Details dazu finden Sie in Abschnitt 13.2.14, »Vorbereiten«.
- **Mapping-Aufgaben**

  Felder, deren Werte nach dem Hochladen auf den korrekten Zielwert umgeschlüsselt werden müssen, wie z. B. Werke oder Einkäufergruppen, werden Mapping-Aufgaben zugeordnet. Wie Sie Werte umschlüsseln, beschreiben wir in Abschnitt 13.2.15, »Pflege der Mapping-Werte«.
- **Simulieren**

  Bevor Sie ein Migrationsobjekt migrieren, führen Sie eine Simulation durch (siehe Abschnitt 13.2.17, »Migration simulieren«).
- **Simulationsnachrichten**

  Die Nachrichten eines Simulationslaufprotokolls können Sie hierüber anzeigen lassen (siehe Abschnitt 13.2.23, »Nachrichten«).
- **Migrieren**

  Mit dieser Aktion migrieren Sie dann die Instanzen eines Migrationsobjekts. Was es dazu zu beachten gibt, beschreiben wir in Abschnitt 13.2.18, »Daten migrieren«.
- **Migrationsnachrichten**

  Hiermit lassen Sie sich die Nachrichten eines Migrationslaufprotokolls anzeigen (siehe Abschnitt 13.2.23, »Nachrichten«).
- **Korrekturdatei anlegen**

  Nach einer fehlgeschlagenen Migration können Sie sich fehlerhafte Instanzen in eine Korrekturdatei herunterladen (siehe Abschnitt 13.2.21, »Korrekturdatei anlegen«).

- **Migrationsergebnisse**
  Die Ergebnisse einer Simulation bzw. einer Migration können Sie über diese Aktion anzeigen lassen. Details dazu finden Sie in Abschnitt 13.2.20, »Migrationsergebnisse«.

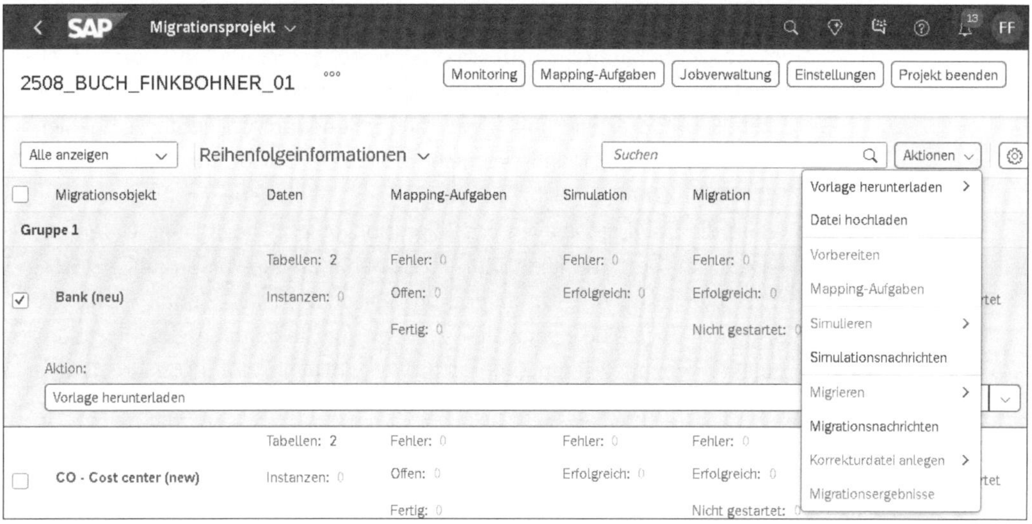

Abbildung 13.20 Aktionen-Menü auf Migrationsobjekten

13.2.8 Migrationsobjekt bearbeiten

Zu jedem Migrationsobjekt sind detailliertere Informationen im Migration Cockpit verfügbar. Nachfolgend erläutern wir Ihnen, wo Sie diese Informationen finden und wie die Migrationsobjektdokumentation aufgebaut ist.

Detailbild des Migrationsobjekts

Informationen in der oberen Hälfte

Der Name des Migrationsobjekts ist als Hyperlink ausgeprägt. Klicken Sie auf den Namen, erscheint das Detailinformationsbild zum Migrationsobjekt. Die obere Hälfte zeigt folgende Informationen:

- **Dokumentation**: Über den Hyperlink hier rufen Sie die Dokumentation im SAP Help Portal auf.
- **Sichten**: Der Abschnitt **Sichten** ist nur in SAP S/4HANA sichtbar. Hier wird die **Aktive Sicht** des Migrationsobjekts angezeigt. Solange das Migrationsobjekt noch keine Daten enthält, kann die Sicht **Standard Umfang**, je nach System und dem Vorhandensein alternativer Sichten, über den Button **Bearbeiten** durch eine andere Sicht ersetzt werden.

[»]

Sicht anpassen

Migrationsobjekte werden mit Sichten ausgeliefert. Eine Sicht definiert, ob eine Struktur oder ein Feld sichtbar, unsichtbar oder verpflichtend ist. Neben der Standardsicht **Standard Umfang** liefert SAP bei einigen Objekten noch die Sicht **Angepasster Umfang** aus. Diese Sicht ist bei Migrationsobjekten mit dynamischer Anpassung vorhanden. Bei diesen Migrationsobjekten werden Strukturen und Felder abhängig von bestimmten Kriterien, wie z. B. Länderaktivierung oder Business-Function-Aktivierung, eingeblendet. In der Public Cloud ist es nicht möglich, die Sicht anzupassen. In SAP S/4HANA kann die Sicht auf Migrationsobjektebene geändert werden, wenn die Staging-Tabellen des Migrationsobjekts noch keine Daten enthalten. Migrationsobjekte mit Daten behalten ihre ursprüngliche Sicht. Über den SAP S/4HANA Migration Object Modeler können Sie in SAP S/4HANA auch eine eigene Sicht anlegen, die Sie dann auf der Migrationsobjektebene auswählen können. In SAP S/4HANA Cloud können Sie über die App **Migrationsobjekte modellieren – Migrationsobjektmodellierer** sehen, welche Sicht aktiv ist.

- **Tabellenstruktur**: Diese Funktion zeigt die Hierarchie der Strukturen an. Dies ist wichtig, um die Zusammenhänge der einzelnen Strukturen und ihrer Schlüsselbeziehungen untereinander zu verstehen.

Abbildung 13.21 zeigt die obere Hälfte des Detailbilds für SAP S/4HANA. In der Public Cloud ist eine Sicht, wie eingangs beschrieben, nicht änderbar und der Abschnitt **Sichten** deshalb ausgeblendet.

Funktionen im Detailbild

Es können folgende Funktionen aufgerufen werden:

- **Auf Update prüfen**: Diese Funktion prüft, ob für das Migrationsobjekt Aktualisierungen (Updates) vorliegen. Dies erfolgt normalerweise automatisch bei der Ausführung bestimmter Aktionen, kann aber in bestimmten Fällen auch manuell über diese Funktion angestoßen werden. Details dazu finden Sie in Abschnitt 13.1.2, »Verfügbare Migrationsobjekte«, und in Abschnitt 13.4, »Update und Upgrades in SAP S/4HANA«.
- **Update**: Wenn ein Update vorliegt, kann es über diese Funktion auf den neuesten Stand gebracht werden.
- **Prüfung auf kundeneigene Felder**: Über die *Key-User-Erweiterbarkeit*, auch *Erweiterbarkeit für Anwendungsexperten* genannt (engl. key user extensibility), können Sie eigene Felder für ein Geschäftsobjekt definieren. Wenn die API des Migrationsobjekts für Key-User-Erweiterbarkeit registriert wurde, werden kundeneigene Felder automatisch in die Mi-

grationsobjektvorlage aufgenommen. Ob ein Migrationsobjekt kundeneigene Felder unterstützt, entnehmen Sie der Dokumentation oder der Übersicht der verfügbaren Migrationsobjekte im SAP Help Portal.

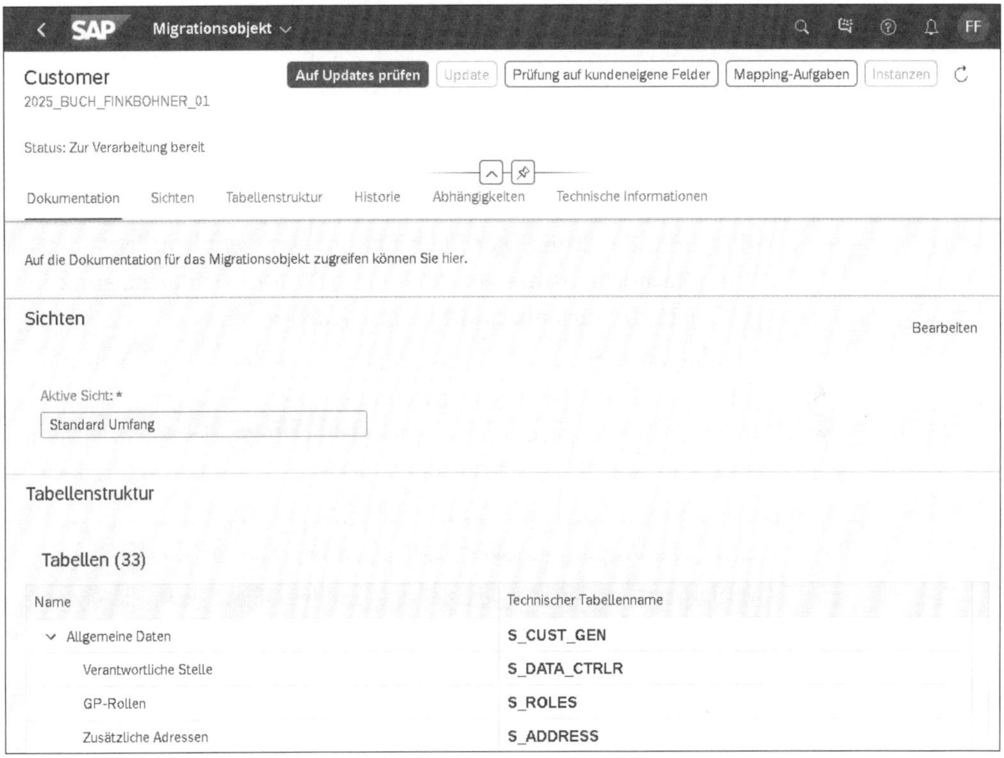

Abbildung 13.21 Übersicht Migrationsobjekt – obere Hälfte

> **Key-User-Erweiterbarkeit/Erweiterbarkeit für Anwendungsexperten**
> Generelle Hinweise zur Key-User-Erweiterbarkeit finden Sie im SAP Help Portal unter **ABAP Platform • Auf der ABAP Platform entwickeln • Erweiterbarkeit • Erweiterbarkeit für Anwendungsexperten**.

- **Mapping-Aufgaben**: Diese Funktion dient der Pflege von Festwerten, Steuerparametern und Werte-Mappings des Migrationsobjekts.
- **Instanzen**: Diese Funktion zeigt alle hochgeladenen Datensätze der Kopfstruktur und deren Migrationsstatus an. Details hierzu finden Sie in Abschnitt 13.2.13, »Arbeiten mit Migrationsobjektinstanzen«.

Abbildung 13.22 zeigt die obere Hälfte des Detailbilds.

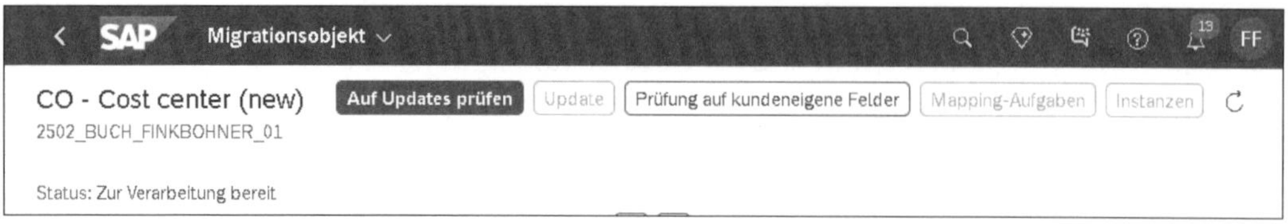

Abbildung 13.22 Migrationsobjekt-Funktionen (obere Hälfte)

Informationen in der unteren Hälfte

In der unteren Hälfte finden Sie folgende Informationen:

- **Historie**: Hier sind alle abgeschlossenen Aktionen (Aktivitäten) des Objekts mit den Daten, wer diese Aktion wann gestartet hat, aufgeführt. Über **Nachrichten anzeigen** können Sie die Nachrichten einer Aktion anzeigen (siehe auch Abschnitt 13.2.23, »Nachrichten«).
- **Abhängigkeiten**: Hier werden Migrationsobjekte angezeigt, die technisch gesehen Vorgängerobjekte für das aktuelle Migrationsobjekt sein können. Die Anzeige beinhaltet die Felder **Migrationsobjekt** (Name des Migrationsobjekts) und **Typ** (des Objekts), z. B. **Vorgänger** (**Predecessor**).

Nicht alle Vorgängerobjekte müssen auch migriert werden

Wichtig ist, dass nicht jedes hier aufgeführte Objekt zwangsläufig vorher migriert werden muss. Dies hängt oft von der Konstellation der zu migrierenden Daten ab. Das Migrationsobjekt »Bank« ist ein Vorgängerobjekt des Objekts »Kunde«. In Europa hat praktisch jeder Kunde eine Bankverbindung, und »Bank« ist damit ein Vorgängerobjekt. In den USA ist es eher kein Vorgängerobjekt, da in den USA immer noch Rechnungen über Schecks bezahlt werden und deshalb oft keine Bankdaten eines Kunden vorhanden sind.

- **Technische Informationen**: Hier werden **Objekt-ID, Technischer Name** des Objekts und die **Vorlagen-ID** aufgeführt. Alle drei Angaben sind wichtige Angaben für den Support.

In Abbildung 13.23 sehen Sie die untere Hälfte des Detailbilds.

Übersicht der Migrationsobjekte und deren Vorgänger

Eine oft gestellte Frage ist die nach einer Übersicht, die die Abhängigkeiten der Migrationsobjekte untereinander darstellt. In Abschnitt 14.3, »Migrationsobjekte erkunden«, stellen wir Ihnen eine neue App vor, mit der Sie sich die Vorgängerobjekte von Migrationsobjekten in einem Netzwerkgraphen interaktiv ansehen können.

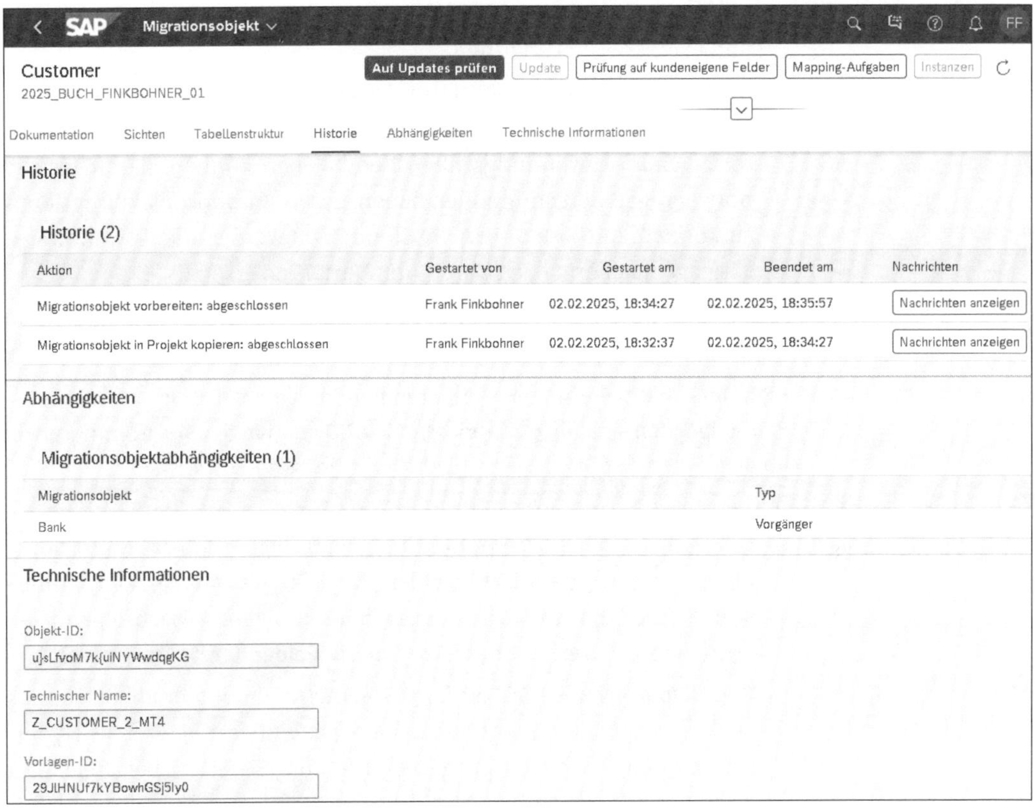

Abbildung 13.23 Migrationsobjekt-Detailbild (untere Hälfte)

Migrationsobjektdokumentation

Die Migrationsobjektdokumentation ist technisch im SAP Help Portal hinterlegt. Sie können sich die Dokumentation entweder über das Detailbild des Migrationsobjekts oder über die in Abschnitt 13.1.2, »Verfügbare Migrationsobjekte«, erwähnte Objektliste jederzeit ansehen. Im SAP Help Portal können Sie sich die Dokumentation auch als PDF-Datei herunterladen.

Dokumentation der Migrationsobjekte

Die Dokumentation ist in mehrere Bereiche aufgegliedert und ist folgendermaßen aufgebaut:

- Der Bereich **Zweck** stellt folgende Information bereit:
  - die **Business-Objekt-Komponente/Bereich** bzw. den SAP-Bereich des Migrationsobjekts
  - Der **Business-Objekttyp** gibt an, ob es sich um ein Stammdaten- oder um ein Bewegungsdatenobjekt handelt.
  - Die **Business-Objektdefinition** beschreibt das Business-Objekt kurz.

- Die **Migrationsmethode** unterscheidet zwischen »Staging-Tabelle« und »Direkte Übertragung«.
- Unter **Zum Anlegen benötigter Anwendungskatalog** (SAP S/4HANA Cloud) finden Sie den Anwendungskatalog, den Sie zur Erstellung Ihrer eigenen Anwendungsrollen heranziehen können, damit Sie die notwendigen Berechtigungen haben, das Migrationsobjekt migrieren zu können. Mit SAP S/4HANA Cloud 2508 werden die Anwendungskataloge nach und nach durch App-Varianten ersetzt.

[»]

Was sind App-Varianten?

Mehr Informationen zu App-Varianten finden Sie im SAP Help Portal unter dem folgenden Link: *http://s-prs.de/v10578104* und in der SAP Community im Blog-Eintrag unter diesem Link: *http://s-prs.de/v10578105*.

- **Unterstützung benutzerdefinierter Felder** zeigt an, ob das Migrationsobjekt benutzerdefinierte Felder (Key-User-Erweiterbarkeit) unterstützt. Über die Antwort »Ja« navigieren Sie zum nachfolgend beschriebenen Bereich **Benutzerdefinierte Felder** der Dokumentation.
- **Beispieldatenverfügbarkeit** (SAP S/4HANA Cloud) gibt an, ob für das Objekt Beispieldaten vorhanden sind. Die Antwort »Ja« ist als Hyperlink zu den Beispielen ausgelegt. Die ausgelieferten Beispiele sind zwar nur für die Public Cloud ausgeliefert, können eingeschränkt auch für SAP S/4HANA herangezogen werden, sofern das Migrationsobjekt auf derselben API basiert.

- Der Bereich **Umfangsbestandteile** (engl. scope item) ist nur in der Public Cloud vorhanden. In diesem Bereich finden Sie die Umfangsbestandteile (Lösungsprozesse), die mit diesem Migrationsobjekt verknüpft sind. Das Kürzel des jeweiligen Umfangsbestandteils ist mit einem Hyperlink zum SAP Signavio Process Navigator versehen. Einer der aufgeführte Lösungsprozesse muss aktiviert sein, damit das Objekt sichtbar ist und genutzt werden kann.
- Die Angabe **Im Umfang enthalten** gibt an, welche Funktionalitäten bzw. Strukturen des Migrationsobjekts unterstützt werden. Die Funktionalitäten und Strukturen werden von der zur Datenmigration genutzten API und der Produktversion vorgegeben.
- **Nicht im Umfang enthalten** gibt an, welche Einschränkungen das Migrationsobjekt hat.
- Unter **Voraussetzungen** finden Sie alle verknüpften Vorgängerobjekte des Migrationsobjekts sowie eventuell weitere Einstellungen, die Sie vor der Migration vornehmen müssen.

- **Lokationsspezifische Voraussetzungen** erläutert Ihnen, ob das Migrationsobjekt, lokationsspezifische Strukturen, Felder oder Funktionalitäten unterstützt und welche Voraussetzungen es gibt, damit diese genutzt werden können. Neben lokationsspezifischen Voraussetzungen kann es insbesondere bei SAP S/4HANA auch Felder und Strukturen geben, die erst nach Freischaltung einer *Business Function* sichtbar sind.
- Der Bereich **Benutzerdefinierte Felder** beschreibt, welche *Geschäftskontexte* der Key-User-Erweiterbarkeit für die API registriert wurden. Sie sehen auch, welcher Senderstruktur (Arbeitsblatt) des Migrationsobjekts die selbst definierten Felder des jeweiligen Geschäftskontexts zugeordnet sind.
- In der Public Cloud gibt es außerdem den Bereich **Zusätzliche Standardfelder**. Es kann sein, dass Felder von selten genutzten Geschäftsprozessen zwar in der API vorhanden sind, aber z. B. aus Gründen der Übersichtlichkeit nicht in das Migrationsobjekt aufgenommen wurden. Diese Felder sind dann über die App **Migrationsobjekte modellieren – Migrationsobjektmodellierer** nutzbar. Um welche Felder es sich handelt, entnehmen Sie bitte dem angegebenen SAP-Hinweis. Die Migrationsobjekte, für die solche Standardfelder freigeschaltet wurden, finden Sie im Sammelhinweis 2999428.

[«]

Freigeschaltete Felder hinzufügen

Unter dem Wissensdatenbankartikel 3216716 finden Sie Hinweise und Beispiele, wie Sie freigeschaltete Standardfelder dem Migrationsobjekt hinzufügen (siehe *http://s-prs.de/v10578106*).

- Der Punkt **Zuordnungsanweisungen** enthält zusätzliche Informationen, die Sie unter Umständen für das Mapping Ihrer Quelldaten und für das Befüllen der Migrationsdatei bzw. der Staging-Tabellen benötigen. Hier wird u. a. die **Hierarchie der Zuordnungsstruktur** der einzelnen Strukturen (Arbeitsblätter/Tabellen) der Migrationsvorlage abgebildet.
- Im Bereich **Aufgaben** finden Sie Handlungsanweisungen, die Sie befolgen sollten. In der Regel finden Sie hier auch den Link auf das Testskript mit weiteren Informationen.
- Unter dem Punkt **Nachbearbeitung** finden Sie eventuell notwendige Folgeaktivitäten nach der Migration bzw. Hinweise, mit welcher App oder Transaktion (SAP S/4HANA) Sie die migrierten Daten validieren können. Die aufgeführten Apps sind mit Hyperlinks zur SAP Fiori Apps Reference Library versehen, in der Sie weitere Informationen, wie z. B. notwendige

Anwendungskataloge, finden können. Sofern für das Business-Objekt Apps für Massenänderungen bekannt sind, werden diese hier ebenfalls aufgeführt.

- Unter **Weitere Informationen** finden Sie wichtige Informationen, wie z. B. Wissensdatenbankartikel, SAP-Hinweise oder SAP-Community-Blogs.

Einen Ausschnitt einer Migrationsobjektdokumentation sehen Sie in Abbildung 13.24.

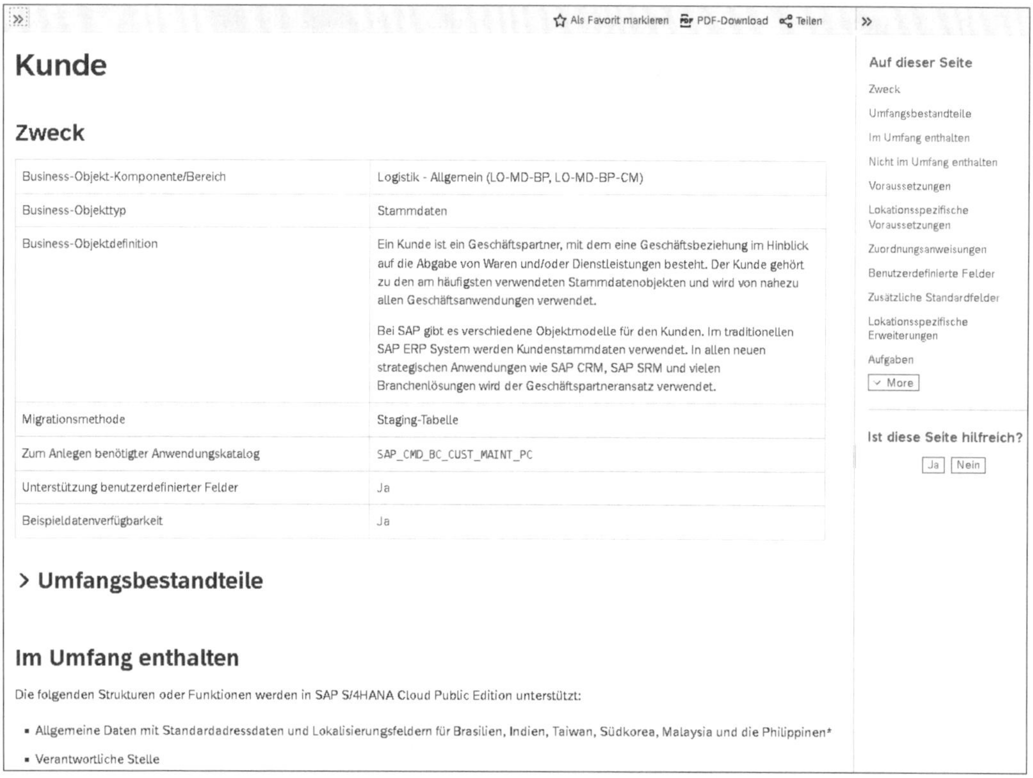

Abbildung 13.24 Ausschnitt der Migrationsobjektdokumentation (Objekt »Kunde«)

Einige Migrationsobjekte weisen noch zusätzliche Bereiche neben den Standardbereichen auf.

Hinweis zur Business-Function-Aktivierung

Manche Migrationsobjekte sind erst sicht- und damit nutzbar, wenn eine bestimmte Business Function aktiviert ist. Sollte das der Fall sein, finden Sie, wie in Abbildung 13.25 zu sehen, im Kopf der Migrationsobjektdokumentation eine Hinweisbox mit den entsprechenden Informationen.

Abbildung 13.25 Hinweis zur Aktivierung einer Business Function

13.2.9 Monitoring der Aktivitäten

Bevor wir jetzt mit der Datenmigration starten, wollen wir Ihnen hier noch einen kleinen Exkurs geben, wie Sie Ihre Aktivitäten und Aktionen überwachen können. Fast jede Aktivität/Aktion wird als *Hintergrundjob* (engl. batch job) eingeplant. Die Aktivitäten können Sie am einfachsten über die Funktion **Monitoring** ❶ überwachen (siehe Abbildung 13.26).

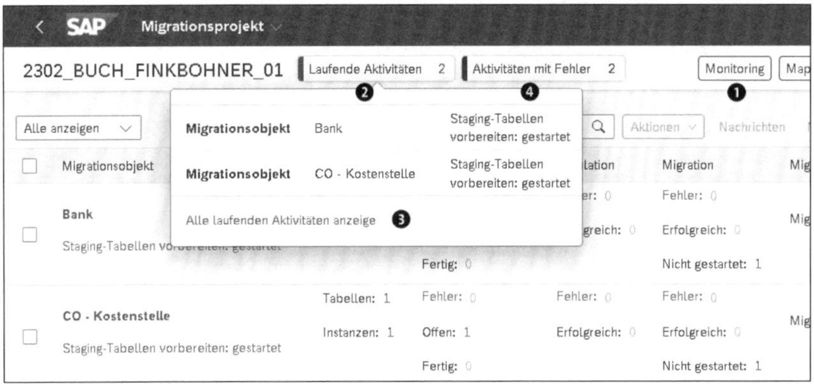

Abbildung 13.26 Überwachung von Aktivitäten

Laufende Aktivitäten

Auf der Migrationsprojekt-Sicht finden Sie aber auch den Generic Tag **Laufende Aktivitäten** ❷. Hier sehen Sie die Anzahl aller laufenden Aktivitäten. Über den Link **Alle laufenden Aktivitäten anzeigen** ❸ gelangen Sie zur Funktion **Monitoring**.

Aktivitäten mit Fehlern

Sollte eine Aktivität auf einen Fehler gelaufen sein, erscheint rechts neben **Laufende Aktivitäten** ein weiterer Generic Tag **Aktivitäten mit Fehler** ❹. Über **Alle fehlgeschlagenen Aktivitäten anzeigen** öffnen Sie das Monitoring mit voreingestelltem Filter für die Status »Mit Fehlern abgeschlossen« und »Fehlgeschlagen«.

[»]

> **Fehlerhafte Jobs ausblenden**
>
> Über die Funktion **Sts auf »Fehler behoben« setzen** in der **Monitoring**-Sicht können Sie fehlerhafte Aktivitäten als behoben kennzeichnen. Dies führt dann dazu, dass der Generic Tag **Aktivitäten mit Fehler** nicht mehr angezeigt wird.

Abbildung 13.26 gibt Ihnen einen Überblick der verschiedenen Arten, die **Monitoring**-Funktion auszuführen.

Details zur Aktivität

Wie Sie in Abbildung 13.27 sehen, werden im Monitoring der Name der **Aktivität**, der **Objekttyp/-name**, **Aktive Jobs**, **Zusatzinformationen**, **Optionen** und der **Status** der Aktivität angezeigt. Des Weiteren sehen Sie, wer die Aktivität wann gestartet hat (**Gestartet von/am**), wann sie beendet wurde und ihre Laufzeit (**Zusatzinformationen**).

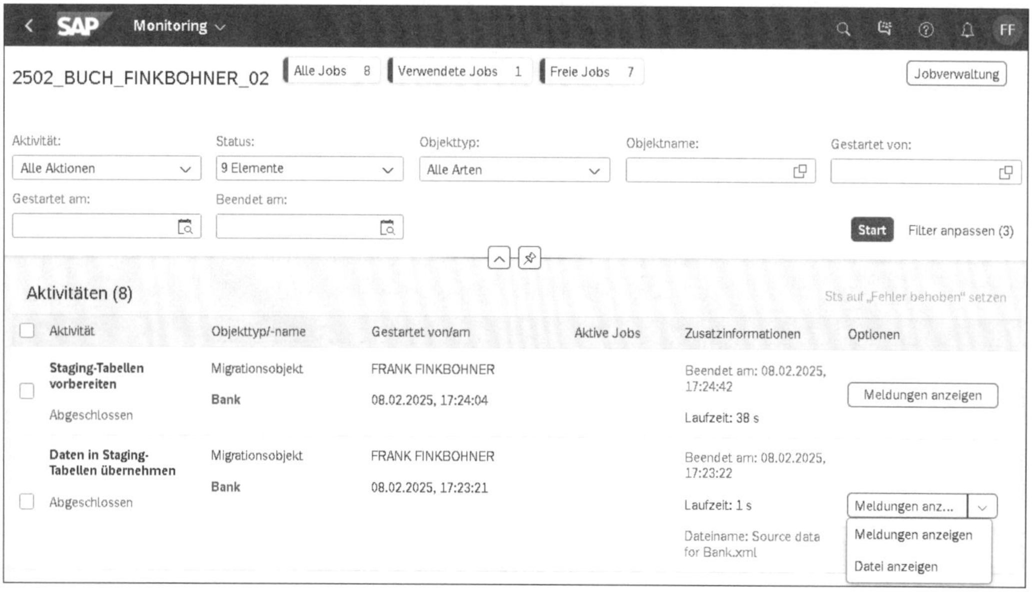

Abbildung 13.27 Monitoring von Aktivitäten

Volle Jobkontrolle durch integriertes Monitoring

Durch die Trennung von Job und Benutzeroberfläche können Sie andere Aufgaben parallel erledigen und behalten durch das Monitoring die volle Kontrolle über den Jobstatus. Das integrierte Job-Monitoring des Migration Cockpits ist insbesondere für SAP-S/4HANA-Cloud-Kunden sehr nützlich, da diese ja, im Gegensatz zu SAP S/4HANA, keinen direkten Zugriff auf das Job-Monitoring von SAP S/4HANA haben. SAP-S/4HANA-Kunden ersparen sich die zusätzliche Verwendung des Standard-Job-Monitors (Transaktion SM37) im Backend. Sie können die Übersicht über Selektionsfelder wie **Aktivität**, **Status**, **Objekttyp** usw. filtern und den Filter über den Button **Start** ausführen.

Informationen zur Jobverfügbarkeit

In der Kopfzeile der **Monitoring**-Sicht finden Sie generische Tags mit der Anzahl aller für die Migration verfügbaren Hintergrundjobs (**Alle Jobs**), der aktiven Jobs (**Verwendete Jobs**) und der noch freien Jobs (**Freie Jobs**). Über den Button **Jobverwaltung** springen Sie in die Jobverwaltung ab (siehe Abschnitt 13.2.16, »Jobverwaltung«).

Aktivität abbrechen

In SAP S/4HANA Cloud und seit SAP S/4HANA 2021 können Sie eingeplante oder gestartete Simulieren- bzw. Migrieren-Aktivitäten auch über das **Monitoring** abbrechen. Dazu klicken Sie auf den Button **Abbrechen** ❶ in der Spalte **Optionen** derjenigen Aktivität, die Sie abbrechen wollen. Es erscheint ein kleines Dialogfenster mit der Frage, ob Sie die Aktivität wirklich abbrechen wollen. Sie bestätigen das über den Button **Aktuelle Aktivität abbrechen** ❷, der sich hinter einem Meatball-Menü versteckt. Dadurch wird der Hintergrundjob abgebrochen.

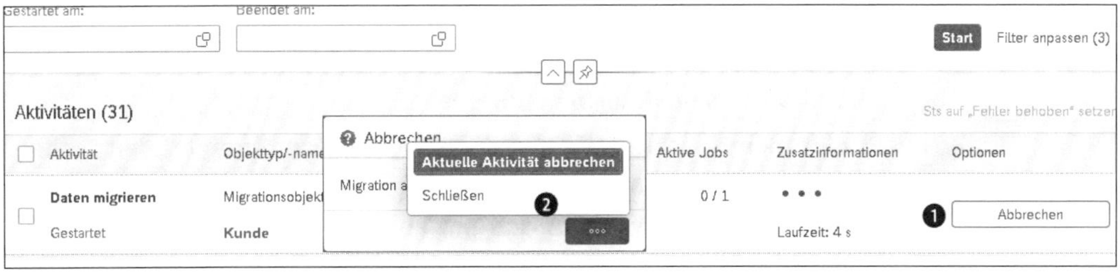

Abbildung 13.28 Aktuelle Aktivität abbrechen

Nachrichtenübersicht

In der Spalte **Optionen** können Sie sich über den Button **Meldungen anzeigen** alle Meldungen/Nachrichten zu dieser Aktivität anzeigen lassen. Je nach Aktivität erscheint in der Spalte **Optionen** auch ein Menü-Button mit weiteren Optionen, die Sie ausführen können, wie z. B. **Datei herunterladen** oder **Datei anzeigen.** Abbildung 13.29 zeigt Ihnen ein Beispiel für die Übersicht der **Nachrichten**.

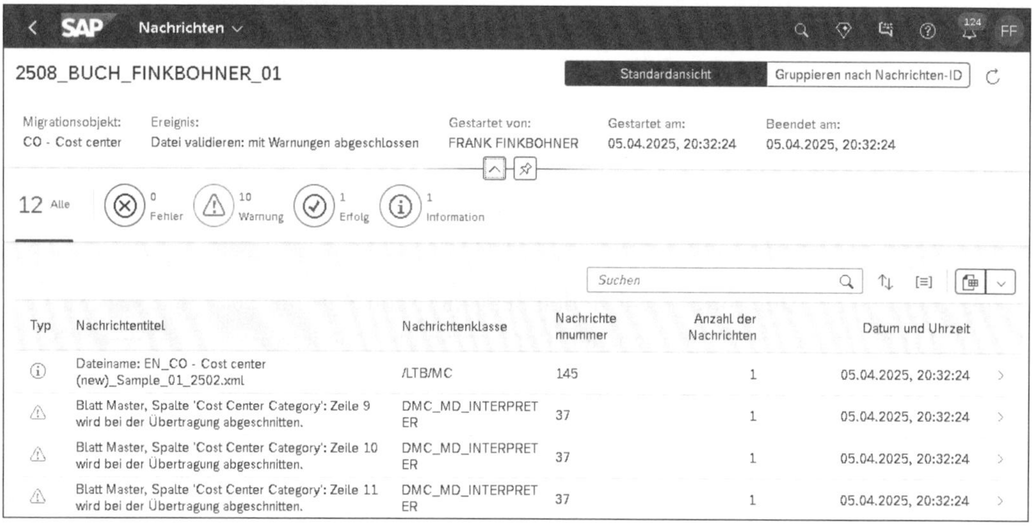

Abbildung 13.29 Ansicht »Nachrichten« – Datei validieren

Nachrichten herunterladen

Über den Button (**Tabelle exportieren**) können Sie die Nachrichten in eine Microsoft-Excel-Datei herunterladen.

13.2.10 Migrationsvorlage herunterladen

Neben einer XML-Datei können Sie auch CSV-Dateien zum Befüllen der Staging-Tabellen nutzen. Wir beschreiben im Folgenden, wie Sie diese Vorlagendateien herunterladen.

Migrationsvorlagedateien herunterladen

Eine oder mehrere Vorlagen herunterladen

Es gibt mehrere Arten, die Migrationsvorlagen auf Ihren lokalen Rechner herunterzuladen. Über den Menü-Button **Vorlage herunterladen** in der Spalte **Aktion** eines Migrationsobjekts können Sie dessen Migrationsvorlage entweder als **XML-Datei** oder als **CSV-Dateien** direkt herunterladen.

> **CSV-Dateien immer als ZIP-Datei**
>
> CSV-Dateien werden unabhängig davon, ob es eine oder mehrere Strukturen (Staging-Tabellen) gibt, immer als ZIP-Datei heruntergeladen.

Sie können aber auch ein oder mehrere Migrationsobjekte auswählen und dann über das Drop-down-Menü **Aktionen** die Funktion **Vorlage herunter-**

laden wählen. Danach wählen Sie im entsprechenden Untermenü das Format der Vorlagendatei: **XML-Datei herunterladen** oder **CSV-Dateien herunterladen**. Bei der Auswahl nur eines Migrationsobjekts wird die entsprechende Vorlage direkt als XML-Datei bzw. als ZIP-Datei für das CSV-Format heruntergeladen.

Mehrere Vorlagen herunterladen

Wählen Sie mehrere Migrationsobjekte aus, werden die Migrationsvorlagedateien in einer Datei im ZIP-Format heruntergeladen, und Sie müssen diese auf Ihren lokalen Rechner entpacken. Wenn Sie weniger als drei Migrationsobjekte gewählt haben, wird die ZIP-Datei direkt heruntergeladen. Bei mehr als zwei Dateien wird die Aktion in einen Hintergrundjob ausgelagert, und Sie müssen dann die ZIP-Datei über die Sicht **Monitoring** herunterladen. Im Monitoring suchen Sie die Aktivität **Vorlagendatei herunterladen** und wählen in der Spalte **Optionen** den Punkt **Datei herunterladen** im gleichnamigen Menü-Button. Diese ZIP-Datei enthält pro Migrationsobjekt die entsprechende Vorlagendatei im XML-Format oder einen Ordner, der die jeweiligen CSV-Dateien enthält. Der Name dieser ZIP-Datei setzt sich aus dem Präfix **Source data –** und dem Projektnamen zusammen.

XML-Datei

Die Migrationsvorlage **XML-Datei** hat das Dateiformat *Microsoft Excel XML Spreadsheet 2003*. Sie kann mit Microsoft Excel ab Version 2003, aber auch mit anderen Tabellenkalkulationsprogrammen, die das Format bearbeiten können, geöffnet und befüllt werden.

CSV-Dateien

In SAP S/4HANA Cloud und seit SAP S/4HANA 2022 können Sie zusätzlich zu den XML-Dateien Ihre Daten mittels CSV-Dateien migrieren.

Pro Struktur eine CSV-Datei

Eine XML-Datei enthält alle Strukturen eines Datenmigrationsobjekts. Sie laden also im günstigsten Fall alle Staging-Tabellen eines Migrationsobjekts mit einer XML-Datei. Mittels CSV-Dateien befüllen Sie jedoch immer nur eine Struktur, also eine Staging-Tabelle. Besteht das Migrationsobjekt, wie z. B. »Kunde«, aus mehreren Strukturen, müssen Sie für jede genutzte Struktur eine separate CSV-Datei befüllen und hochladen.

Ablage der Dateien in Ordner

Wenn Sie über die Aktion **Vorlage herunterladen** den Punkt **CSV-Dateien herunterladen** wählen, erhalten Sie immer eine ZIP-Datei mit einem Ordner, der alle CSV-Dateien des Migrationsobjekts enthält. Zusätzlich enthält die ZIP-Datei eine Datei namens **README.pdf**. Das Präfix der ZIP-Datei und des Ordnernamens ist **Source data for** gefolgt vom sprachabhängigen Namen des Migrationsobjekts. Die Datei für das Migrationsobjekt **Kunde** heißt somit **Source data for Kunde.zip** und der Ordner **Source data for Kunde**.

ZIP-Datei für mehrere Migrationsobjekte

Haben Sie mehrere Migrationsobjekte gewählt, dann enthält diese ZIP-Datei pro Migrationsobjekt einen Ordner, der die jeweiligen CSV-Dateien enthält. Der Name dieser ZIP-Datei setzt sich aus dem Präfix **Source data –** und dem Projektnamen zusammen.

Vorgeschriebene Dateinamen

Eine CSV-Datei enthält den technischen Strukturnamen z. B. **S_ADDRESS** gefolgt von **#FreeText.csv**. Die Namen der Struktur dürfen Sie nicht ändern. Für den Platzhalter »#FreeText« können Sie aber einen selbst gewählten Text einsetzen.

[»]

README.pdf ab SAP S/4HANA Cloud Public Edition 2402

Eine CSV-Datei behandelt nur die technischen Struktur- und Feldnamen und enthält im Gegensatz zur XML-Datei keine Struktur- oder Feldbeschreibungen und auch keine QuickInfo. Wenn Sie CSV-Dateien nutzen, sollten Sie sich die **README.pdf** ansehen. Diese Datei enthält neben allgemeinen Informationen zu CSV-Dateien die Feld- und Strukturinformationen, die Sie normalerweise in der XML-Datei finden. Dies erleichtert es Ihnen, die Dateien korrekt zu befüllen.

CSV-Dateien haben einige Vor-, aber auch einige Nachteile.

Vorteile von CSV-Dateien

Als **Vorteile** sind folgende Punkte zu nennen:

- Die CSV-Dateien sind in Summe kleiner als eine XML-Datei. Außer den Feldtrennzeichen und den Spaltennamen enthalten die Dateien nur die Daten, die Sie migrieren wollen. XML-Dateien enthalten mehr Steueranweisungen als Daten. Mittels CSV-Dateien können Sie daher mehr Daten pro MB übertragen als mit XML-Dateien. Die durch das Übertragungsprotokoll bedingte technische Dateiobergrenze von 100 MB wird nicht so schnell erreicht.
- Viele Datenbanken und Anwendungen bieten die Funktion, Daten in CSV-Dateien zu extrahieren. Der Aufwand, die Daten bereitzustellen, kann sich dadurch stark verringern.
- Sie können die Komplexität des Migrationsobjekts verringern, indem Sie nur die Dateien der benötigten Strukturen befüllen.
- Sie können auch die Anzahl und Reihenfolge der Felder einer Struktur frei wählen. Sie müssen nur darauf achten, dass die Schlüsselfelder am Anfang der Struktur in der richtigen Reihenfolge stehen, dass alle obligatorischen Felder vorhanden und befüllt sind und dass die Feldnamen identisch mit der Originalstruktur sind.

Nachteile können sein:

Nachteile CSV-Dateien

- Für jede genutzte Struktur Ihres Migrationsobjekts müssen Sie eine CSV-Datei erstellen. Dies macht das Handling von komplexen Objekten, in denen Sie viele Strukturen füllen müssen, schwieriger. In einer XML-Datei sind alle Daten und Strukturen vorhanden. Ein Sachbearbeiter tut sich leichter, eine XML-Datei in Microsoft Excel auf Richtigkeit zu prüfen, als mehrere CSV-Dateien in einem Text-Editor. CSV-Dateien können zwar auch mit einem Tabellenkalkulationsprogramm geprüft werden. Der Import in und der spätere Export aus dem Programm sind aber oft eine Quelle für Datenverfälschungen (verschwundene führende Nullen, kaputte Datumsangaben, falsche Dezimaltrennzeichen usw.).
- Sie sehen nur die technischen Feld- und Strukturnamen in der Datei. Feldbeschreibungen. QuickInfo und weitere Informationen finden Sie nur in der Datei **README.pdf**.

13.2.11 Migrationsvorlagen bzw. Staging-Tabellen direkt befüllen

Das Befüllen der Migrationsvorlagen und das direkte Befüllen der Staging-Tabellen beinhaltet viele Fallstricke. Nachfolgend erläutern wir Ihnen, was Sie beachten müssen, damit Sie die Vorlagen und Tabellen fehlerfrei befüllen können.

Generelle Anmerkungen

Obergrenze der Dateigröße ist 100 MB

Die Größe einer Datei (XML-, CSV-, ZIP-Datei), die über einen *HTTP-Request* in SAP S/4HANA Cloud hochgeladen werden kann, ist technisch auf 100 MB begrenzt. Eine genaue maximale Anzahl von Datensätzen lässt sich nicht angeben, da die Dateigröße vom Dateiformat, dem Migrationsobjekt und den in der Datei gepflegten Daten abhängt. Generell gilt, dass Sie eine große Datei beim Hochladen in mehrere Dateien aufteilen sollten. Achten Sie darauf, dass die strukturelle Integrität der Dateien gewahrt bleibt (Sätze mit abhängigen Schlüsselbeziehungen müssen also innerhalb einer Datei stehen). Die Obergrenze der Dateigröße wird vom Migrationswerkzeug und der festgeschriebenen Obergrenze für das Hochladen einer Datei über einen HTTP-Request bestimmt. Im Gegensatz zu SAP S/4HANA Cloud lässt sich in der On-Premise-Version von SAP S/4HANA die maximal hochladbare Dateigröße anpassen. Die maximale Dateigröße, die über einen HTTP-Request geladen werden kann, wird über den Systemparameter `icm/HTTP/max_request_size_KB` gesteuert. Der Standardwert beträgt 102.400 KB (100 MB). Ihr Systemadministrator kann diesen Wert anpassen. Jedoch gilt auch hier: je höher der Wert, desto höher die Wahrscheinlichkeit, beim

Hochladen der Datei einen Zeitüberschreitungsfehler (engl. timeout) zu erhalten. Näheres dazu finden Sie im Wissensdatenbankartikel 2719524 (siehe *http://s-prs.de/v10578107*).

Nutzen Sie ZIP-Dateien

Wenn Sie eine ZIP-Datei verwenden, darf die Summe der entpackten Dateigrößen aller in der ZIP-Datei vorhandenen Migrationsdateien nicht größer als 160 MB sein.

[»]

XML-Dateien einfach aufteilen

Auf der Entwicklungsplattform GitHub finden Sie Beispielcode für ein Kommandozeilenprogramm, mit dessen Hilfe Sie größere XML-Dateien in kleinere XML-Dateien aufteilen können. Der Beispielcode wird als *SAP S/4HANA Migration Cockpit XML File Splitter* bezeichnet und ist öffentlich (public) verfügbar unter **SAP-samples/s4hana-mc-xml-file-splitter**. Der direkte Link hierzu ist: *http://s-prs.de/v10578108*

Obligatorische Felder

Jedes Migrationsobjekt enthält obligatorische Felder (Pflichtfelder). Diese werden von der API als zwingend notwendig vorgegeben und müssen einen Wert haben. Weiterhin kann es aber sein, dass es weitere Felder gibt, die entweder als Pflichtfelder konfiguriert werden können oder die abhängig von anderen Feldwerten zu Pflichtfeldern werden. Solche Felder können technisch in den Migrationsvorlagedateien nicht als obligatorisch ausgewiesen werden. Sind solche Pflichtfelder nicht befüllt, wird das als Nachricht in der Simulieren-Aktion ausgewiesen. Im Migrationsobjekt »Kunde« sind das z. B. die Felder `S_CUST_GEN-LANG_CORR_PERS` und `S_CUST_SALES_DATA-WAERS`.

Aufbau der XML-Migrationsvorlage

Arbeitsblätter der Migrationsvorlage

Die Migrationsvorlage besteht i. d. R. aus mehreren Arbeitsblättern:

- **Einführung**

  Auf dem Arbeitsblatt **Einführung** wird Ihnen die Migrationsvorlage erläutert. Hier sind wichtige Informationen aufgeführt, wie der dringende Hinweis, beim Kopieren und Einfügen nur die Option **Werte ohne Formatierung** zu verwenden. Diese Informationen erleichtern Ihnen die Arbeit mit der Migrationsvorlage und verhindern i. d. R. ein fehlerhaftes Befüllen der Vorlage.

- **Feldliste**

  Details zu den einzelnen Arbeitsblättern und den verwendeten Feldern finden Sie im Arbeitsblatt **Feldliste**. In der Spalte **Wichtigkeit** werden Ihnen die Pflichtfelder der jeweiligen Arbeitsblätter als »obligatorisch für Blatt« angezeigt. Arbeitsblätter, also Strukturen, die ausgefüllt werden müssen, sind orange eingefärbt und mit dem Suffix »(obligatorisch)« versehen. Die Spalten 9 und 10 bzw. die je nach Einstellung Ihres Tabellenkalkulationsprogramms auch I und J genannten Spalten sind initial ausgeblendet. Die Spalten enthalten die technischen Struktur- und Feldnamen. Die technischen Namen sind hilfreich für den in Abschnitt 13.1.2, »Verfügbare Migrationsobjekte«, benannten Releasevergleich der Migrationsvorlagen über die SAP-Help-Portal-Seite »Release Comparison of Migration Object Templates«. Sie sind auch hilfreich für die Nutzung der CSV-Dateien, wie Sie in Abschnitt 13.2.11, »Migrationsvorlagen bzw. Staging-Tabellen direkt befüllen«, und unter der Überschrift »CSV-Dateien befüllen«, sehen. In Abbildung 13.30 ist die Feldliste für das Migrationsobjekt »Bank« dargestellt.

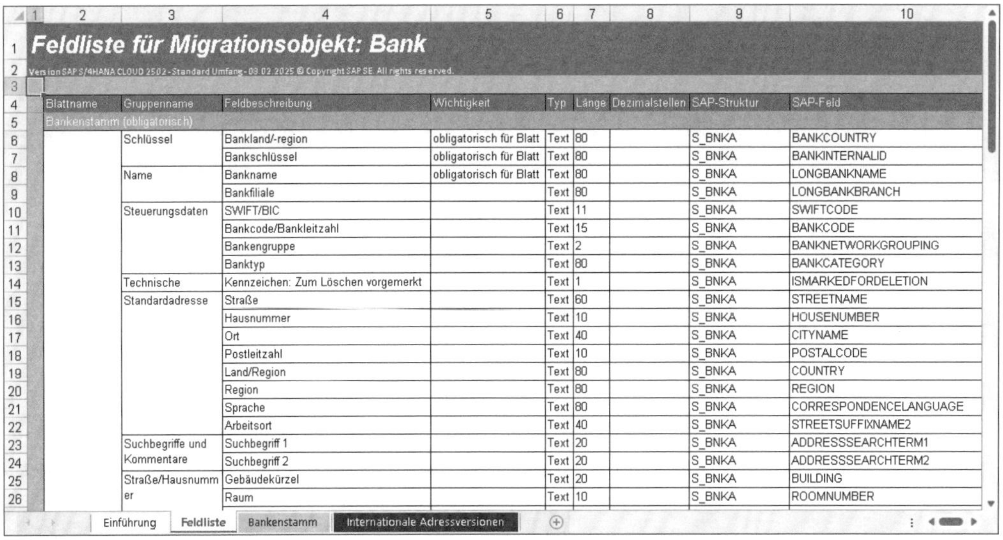

Feldliste für Migrationsobjekt: Bank

	Blattname	Gruppenname	Feldbeschreibung	Wichtigkeit	Typ	Länge	Dezimalstellen	SAP-Struktur	SAP-Feld
5	Bankenstamm (obligatorisch)								
6		Schlüssel	Bankland/-region	obligatorisch für Blatt	Text	80		S_BNKA	BANKCOUNTRY
7			Bankschlüssel	obligatorisch für Blatt	Text	80		S_BNKA	BANKINTERNALID
8		Name	Bankname	obligatorisch für Blatt	Text	80		S_BNKA	LONGBANKNAME
9			Bankfiliale		Text	80		S_BNKA	LONGBANKBRANCH
10		Steuerungsdaten	SWIFT/BIC		Text	11		S_BNKA	SWIFTCODE
11			Bankcode/Bankleitzahl		Text	15		S_BNKA	BANKCODE
12			Bankengruppe		Text	2		S_BNKA	BANKNETWORKGROUPING
13			Banktyp		Text	80		S_BNKA	BANKCATEGORY
14		Technische	Kennzeichen: Zum Löschen vorgemerkt		Text	1		S_BNKA	ISMARKEDFORDELETION
15		Standardadresse	Straße		Text	60		S_BNKA	STREETNAME
16			Hausnummer		Text	10		S_BNKA	HOUSENUMBER
17			Ort		Text	40		S_BNKA	CITYNAME
18			Postleitzahl		Text	10		S_BNKA	POSTALCODE
19			Land/Region		Text	80		S_BNKA	COUNTRY
20			Region		Text	80		S_BNKA	REGION
21			Sprache		Text	80		S_BNKA	CORRESPONDENCELANGUAGE
22			Arbeitsort		Text	40		S_BNKA	STREETSUFFIXNAME2
23		Suchbegriffe und Kommentare	Suchbegriff 1		Text	20		S_BNKA	ADDRESSSEARCHTERM1
24			Suchbegriff 2		Text	20		S_BNKA	ADDRESSSEARCHTERM2
25		Straße/Hausnummer	Gebäudekürzel		Text	20		S_BNKA	BUILDING
26			Raum		Text	10		S_BNKA	ROOMNUMBER

Abbildung 13.30 Migrationsvorlage mit Feldliste für das Migrationsobjekt »Bank«

- **Übernahmestruktur-Arbeitsblätter**

  Die weiteren Arbeitsblätter enthalten die einzelnen *Übernahmestrukturen* des Migrationsobjekts. Der Titel von obligatorischen Arbeitsblättern, die ausgefüllt werden müssen, ist orange hinterlegt. Die Zeilen 4 bis 6 der Vorlage sind initial ausgeblendet und beinhalten technische Angaben zum Objekt. Wenn Sie die Zeile 8 mit den Feldbeschreibungen expandieren, können Sie die erweiterten Feldinformationen, auch *QuickInfo* oder *Tooltip* genannt, sehen. Diese Feldinformationen sind unter Umständen wichtig für das Mapping Ihrer Quelldaten. Pflichtfelder sind durch einen Stern (*) am Ende des Feldnamens gekennzeichnet und zur besseren Sichtbarkeit orange markiert. Den hierarchischen Aufbau der Strukturen und deren Abhängigkeiten untereinander finden Sie im Detailbild des Migrationsobjekts in Abbildung 13.21 und in der Migrationsobjektdokumentation. Abbildung 13.31 zeigt Ihnen ein Beispiel für eine solche Migrationsvorlage.

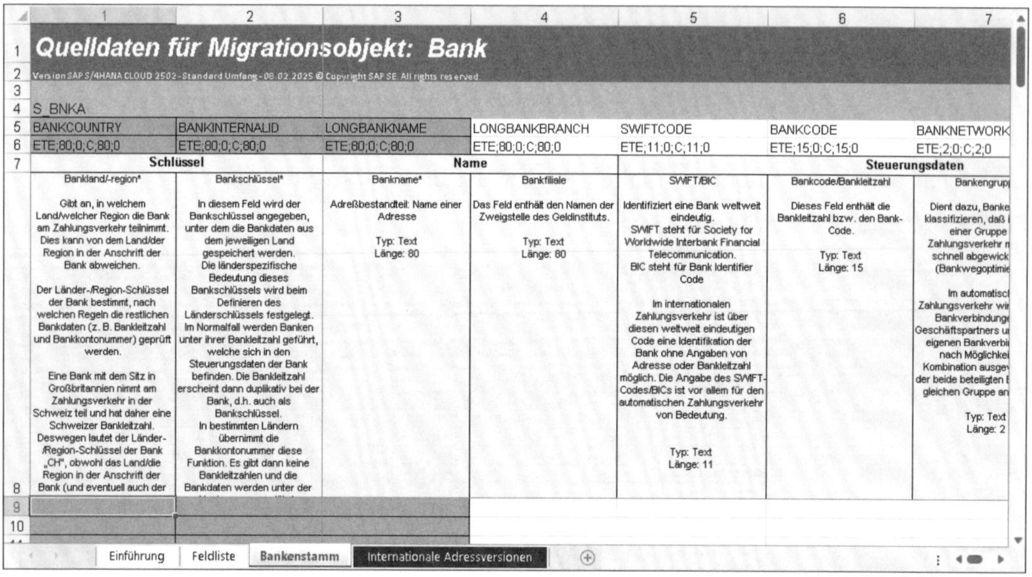

Abbildung 13.31 Migrationsvorlage des Migrationsobjekts »Bank«

Aufbau des Dateinamens

Der Dateiname der Migrationsvorlage setzt sich aus dem Präfix **Source data for** und dem sprachabhängigen Namen des Migrationsobjekts zusammen. Die Vorlagedatei für das Migrationsobjekt »Kunde« in Deutsch heißt dann **Source data for Kunde.xml**.

[!]

Verwenden Sie nur die heruntergeladene Vorlage

Aus Gründen der Kompatibilität sollten Sie nur aktuelle Migrationsvorlagen verwenden. Ältere Vorlagen Sie möglicherweise nicht hochladen. Das Migration Cockpit prüft, ob die interne Datenstruktur der hochzuladenden XML-Datei mit der Datenstruktur des aktuellen Release übereinstimmt. Bei Abweichungen in der Struktur, wie z. B. anderer Feldreihenfolge, neuen Feldern oder Strukturen, wird die Datei u. U. nicht akzeptiert. Da viele Migrationsobjekte in neuen Versionen an Änderungen in den Geschäftsprozessen angepasst werden, wird über diesen Mechanismus die Integrität der Daten sichergestellt.

Schlüsselfelder

Die Beziehung zwischen den Kopf- und den Unterstrukturen eines Objekts wird über die Schlüsselfelder in den jeweiligen Arbeitsblättern definiert. Das heißt, für jeden Satz einer Unterstruktur muss der entsprechende Schlüsselsatz im Arbeitsblatt der übergeordneten Struktur vorhanden sein.

[«]

Obligatorische Strukturen und Felder

In der Migrationsvorlage gibt es sogenannte *obligatorische Strukturen*. Diese Strukturen (Arbeitsblätter) müssen Sätze enthalten und dürfen nicht leer sein. Im Objekt »Bestellung« sind z. B. die Kopfstruktur und die Positionsstruktur obligatorisch. Obligatorische Strukturen sind auf dem Arbeitsblatt »Feldliste« mit dem Zusatz »obligatorisch« (engl. mandatory) gekennzeichnet, z. B. »Kopfdaten (obligatorisch)«.

Optionale Arbeitsblätter müssen Sie nicht füllen, wenn Sie diese Strukturen nicht übernehmen wollen. Möchten Sie z. B. in einem Objekt keine optionalen Langtexte migrieren, müssen Sie auf diesem Arbeitsblatt auch keine Einträge vornehmen. Lassen Sie in diesem Fall das Arbeitsblatt einfach leer.

Die häufigsten Probleme bei XML-Dateien

Da es sich bei den Vorlagen um XML-Dateien mit einem speziellen Format und einem internen Aufbau handelt, sollten Sie die folgenden Punkte beachten:

- Nutzen Sie nur das Format der heruntergeladenen XML-Datei. Andere Excel-Dateiformate funktionieren nicht.
- Verändern Sie nicht die Struktur der XML-Datei. Selbst erstellte XML-Vorlagen führen oft zu Fehlern beim Laden der Daten.

Häufige Handhabungsfehler

Die häufigsten Fehler im Zusammenhang mit der Migrationsvorlage sind:

- **Hineinkopieren von Daten aus anderen Dateien**

  Ein aus einer anderen Datei kopiertes Datumsfeld sieht vielleicht optisch noch wie ein Datum aus, in der dahinterliegenden XML-Struktur ist es aber dann z. B. vom Datentyp `STRING` und nicht mehr vom Datentyp `DATE`. Das führt dazu, dass die Werte vom Migration Cockpit falsch interpretiert und hochgeladen werden. Im günstigsten Fall wird der Wert beim Laden nicht mehr als Datum erkannt und erzeugt eine Fehlermeldung. Im ungünstigsten Fall werden aber falsche Daten migriert. Letzteres kann dann zu Folgekosten führen, wenn es zu spät erkannt wird. Wenn Sie Daten, z. B. über die Zwischenablage, in die Felder der XML-Datei kopieren, sollten diese nur als »Werte ohne Formatierung« bzw. »Text«

kopiert werden. Wenn Sie sich bezüglich der Formatierung nicht sicher sind, kopieren Sie die Daten zuerst in einen reinen Texteditor (z. B. Notepad) und dann aus diesem in die XML-Datei. Dadurch werden nicht sichtbare Formatierungen entfernt.

- **Inkonsistente Datenstrukturen**

  Hier geht es um die Eintragung von Datensätzen auf einer Strukturebene unterhalb der Kopfebene, deren Schlüssel nicht auf der Kopfebene oder einer der übergeordneten Strukturen vorhanden ist. Diese Datensätze werden aufgrund der fehlenden Schlüsselbeziehungen nicht hochgeladen (Fehlermeldung `LTB/MC 416`)..

- **Einfügen von Formeln in Zellen**

  Formeln sollten Sie generell vermeiden, da dies die Integrität der XML-Datei zerstört.

- **Löschen, Verschieben oder Hinzufügen von Arbeitsblättern**

  Dies führt zu Fehlern, wenn es sich um obligatorische Arbeitsblätter handelt oder diese nicht im Originalobjekt vorhanden sind.

- **Löschen, Verschieben oder Hinzufügen von Feldern**

  Denken Sie immer daran, dass die Strukturen der XML-Datei die Strukturen von transparenten Tabellen (Staging-Tabellen) auf der SAP-HANA-Datenbank wiedergeben. Wenn Sie Schlüsselfelder oder obligatorische Felder löschen oder verschieben, führt dies zwangsläufig zu Fehlern, da die Integrität mit der Staging-Tabelle nicht mehr gegeben ist.

Dokumentation immer lesen

Damit Sie solche Fehler vermeiden, lesen Sie, wie schon erwähnt, immer das Arbeitsblatt **Einführung** in der Migrationsvorlage und die jeweilige Migrationsobjektdokumentation. Wichtige Hinweise finden Sie auch in der Product Assistance zum Migration Cockpit im SAP Help Portal. Der Weg dorthin ist im Kasten »Hilfe zum Migration Cockpit (Product Assistance)« in Abschnitt 13.2.3, »Datenmigrationsprozess«, beschrieben.

[»]

Wichtige SAP-Hinweise/Wissensdatenbankartikel

Damit Sie Migrationsvorlagen besser befüllen können, gibt es eine Reihe wichtiger SAP-Help-Portal-Seiten, SAP-Hinweise und *Wissensdatenbankartikel* (Knowledge-Base-Artikel, KBA), die Sie lesen und deren Anhänge Sie herunterladen und ebenfalls lesen sollten:

1. »Sample Data for Data Migration to SAP S/4HANA Cloud Public Edition«:

   Auf dieser SAP-Help-Portal-Seite finden Sie beispielhaft ausgefüllte Migrationsvorlagen für ausgewählte Objekte und eine Beschreibung der Beispieldaten: *http://s-prs.de/v10578109*.

2. »2683477 –Why are fields on screens not available in the migration content? (SAP S/4HANA Cloud Public Edition Migration Cockpit«:

   Dieser Wissensdatenbankartikel beschreibt, warum Sie Felder in der Pflege-App sehen, die nicht in der Migrationsvorlage vorhanden sind: *http://s-prs.de/v10578110*.

3. »2481235 – Einschränkungen und Erweiterbarkeit vordefinierter Migrationsobjekte - SAP-S/4HANA-Migrationscockpit (On-Premise)«:

   Dieser SAP-Hinweis beschreibt die Einschränkungen, die für SAP S/4HANA und SAP S/4HANA Cloud Private Edition gelten: *http://s-prs.de/v10578111*.

4. »2692715 – Migration Cockpit: How to correctly fill data into XML template«:

   Hier wird anhand von Beispielen gezeigt, wie sich manipulierte Eingaben (falsches Kopieren, Formatänderungen) auswirken können. Der Artikel referenziert weitere nützliche Artikel und Hinweise zum Thema: *http://s-prs.de/v10578112*.

5. »2728194 – Decimal numbers are truncated during upload – warning message«:

   Sie erfahren in diesem Wissensdatenbankartikel, wie Sie korrekt mit dem Problem der Speicherung von Gleitkommazahlen nach IEEE 754 in Microsoft-XML umgehen. Ein Wert, der in Excel als »0,57« angezeigt wird, wird in der XML-Datei als »0.57999999999999996« gespeichert. Da die Feldtypdefinition oft nur 2 oder 3 Nachkommastellen vorsieht, erscheint beim Hochladen dieses Werts ins Migration Cockpit eine Warnung, dass der Wert zu lang ist und abgeschnitten wird: *http://s-prs.de/v10578113*.

6. »2718516 – Migration Cockpit: Number fields limited to 15 digits«:

   Im Wissensdatenbankartikel wird eine weitere IEEE-754-Einschränkung in Excel beschrieben, die dazu führt, dass nur numerische Felder mit maximal 15 Stellen unterstützt werden. Jede weitere Stelle wird mit der Zahl »0« ersetzt: *http://s-prs.de/v10578114*.

CSV-Dateien befüllen

Aufbau der CSV-Datei

Eine CSV-Datei der Migrationsvorlage besteht aus einer Kopfzeile, gefolgt von den Datenzeilen. Die Kopfzeile enthält die technischen Feldnamen. Pflichtfelder sind mit einem »*« und Schlüsselfelder mit einem »k« (Englisch für *key*) gekennzeichnet. Abhängig von Ihren **CSV-Dateioptionen** in den **Projekteinstellungen** werden die Felder und Daten über das gewählte

Feldtrennzeichen voneinander getrennt. Siehe z. B. die Kopfzeile der Struktur S_ADDR_USAGE des Migrationsobjekts »Kunde« mit Komma (»,«) als Trennzeichen:

```
KUNNR(k/*),BU_ADEXT(k),ADR_KIND(k/*),XDFADU
```

CSV-Dateioptionen beachten

Wenn Sie nicht die Migrationsvorlagendatei nutzen, dann achten Sie bitte auf korrekte **CSV-Dateioptionen** in den **Projekteinstellungen** (siehe »CSV-Dateioptionen« unter Abschnitt 13.2.6, »Bearbeiten eines Migrationsprojekts«). Wenn Ihre CSV-Datei keine Kopfzeile enthält, werden die Daten für alle Felder in der exakten Reihenfolge der Felder der Struktur erwartet.

CSV-Format bietet mehr Freiheiten

Das Befüllen von CSV-Dateien hat den schon im Abschnitt »CSV-Dateien« beschriebenen Vorteil, dass Sie nur mit den obligatorischen und den von Ihnen benötigten Strukturen (CSV-Dateien) arbeiten müssen. Des Weiteren können Sie die Anzahl und Reihenfolge der Felder einer Struktur quasi frei wählen. Sie müssen nur auf folgende Punkte achten:

- Die Schlüsselfelder müssen am Anfang der Struktur stehen.
- Die obligatorischen Felder müssen alle vorhanden und befüllt sein.
- Die Feldnamen müssen identisch mit denen der Originalstruktur sein.

Schlüssel-Konsistenz beachten

Wie auch bei XML-Dateien müssen Sie die Konsistenz der Schlüssel innerhalb der verschiedenen Dateien beachten. Sonst bekommen Sie den Fehler /LTB/MC 416 »In '<Struktur>, Datensatz '<Schlüssel 1>|...|<Schlüssel n>' nicht auf höherer Ebene in Hierarchie vorhanden«. Dann sollten Sie die Hierarchie der Strukturen überprüfen und nachsehen, ob entweder der Schlüssel in der übergeordneten Strukturdatei oder in der geprüften Strukturdatei falsch ist. Dann korrigieren Sie die falschen Schlüssel oder löschen die Datensätze, die nicht konsistent sind.

Initialwerte automatisch befüllt

Im Gegensatz zum direkten Befüllen der Staging-Tabellen (siehe »Staging-Tabellen direkt befüllen« in Abschnitt 13.2.11, »Migrationsvorlagen bzw. Staging-Tabellen direkt befüllen«) müssen Sie sich hier nicht um Initialwerte für bestimmte Datentypen kümmern. Diese Initialwerte werden, wie auch bei einer XML-Datei, für numerische Felder, Datum, Zeit usw. automatisch befüllt.

Leerzeilen entfernen

Leerzeilen innerhalb einer XML-Datei werden übersprungen. Leerzeilen innerhalb einer CSV-Datei führen zu Fehlern beim Validieren der Datei, wie z. B. /LTB/MC 419 »Mussfeld »KUNNR« enthält keinen Wert«). gefolgt von/LTB/MC 403 »Es ist ein Fehler in Zeile <n> Spalte KUNNR aufgetreten»). Kontrollieren Sie Ihre CSV-Datei, die in /LTB/MC 404 »Es sind Fehler beim Lesen der Daten aus CSV-Datei `<Datei>.csv` aufgetreten« genannt wird, und löschen Sie die überflüssigen Leerzeilen. Löschen Sie den jeweiligen CSV-Ordner bzw. die Datei im Migration Cockpit, und danach laden Sie die Dateien wieder hoch.

Weitere Informationen

Weitere Informationen zur Verwendung von CSV-Dateien finden Sie in den folgenden Wissensdatenbankartikeln über diese Links:

- 3296020: SAP S/4HANA 2022: *http://s-prs.de/v10578115*
- 3210687: SAP S/4HANA Cloud: *http://s-prs.de/v10578116*

Die Wissensdatenbankartikel enthalten u. a. einen Link auf einen englischsprachigen User-Guide, der das ganze Thema vollumfänglich beschreibt.

Ein sehr nützliches Video in englischer Sprache ist über das SAP Help Portal bzw. über diesen direkten Link erreichbar: *http://s-prs.de/v10578117*.

Häufige Fragen und Antworten zu Migrationsvorlagen

Warum sind manche Felder länger?

Eine der häufigsten Fragen zu den Migrationsvorlagen ist, warum einige Felder in den Strukturen der Migrationsvorlagen genau 80 Zeichen lang sind, obwohl das SAP-Feld kürzer ist. Dies ist kein Fehler, sondern beabsichtigt. Die Migrationsvorlage gibt immer die Sicht auf die Datenstrukturen des Quellsystems wieder, die ein Kunde haben könnte. Kundensysteme, die keine SAP-Systeme sind, haben andere und oft längere Feldlängen für ihre Quelldatenfelder als die SAP-Zielfelder. SAP-Zielfelder mit einer Wertetabelle im SAP-S/4HANA-System werden einer Konvertierungsregel mit einem Umschlüsselungsobjekt (Mapping-Aufgabe) zugeordnet. Über dieses Umschlüsselungsobjekt wird der Wert des Quellsystems auf den entsprechenden SAP-Zielwert gemappt. Im Migration Cockpit pflegen Sie diese Umschlüsselung in den Mapping-Aufgaben. Umschlüsselungen in objektübergreifenden Mapping-Aufgaben können in anderen Objekten wiederverwendet werden. Das Diagramm in Abbildung 13.32 zeigt Ihnen diese Umschlüsselung anschaulich.

Länge des Zielfelds in der Migrationsvorlagendatei

Zum Zeitpunkt der Drucklegung des Buchs wurde eine neue Funktionalität zur Ausgabe der Zielfeldlänge in der Migrationsvorlagendatei entwickelt. Wann diese Funktionalität ausgeliefert wird, steht noch nicht fest.

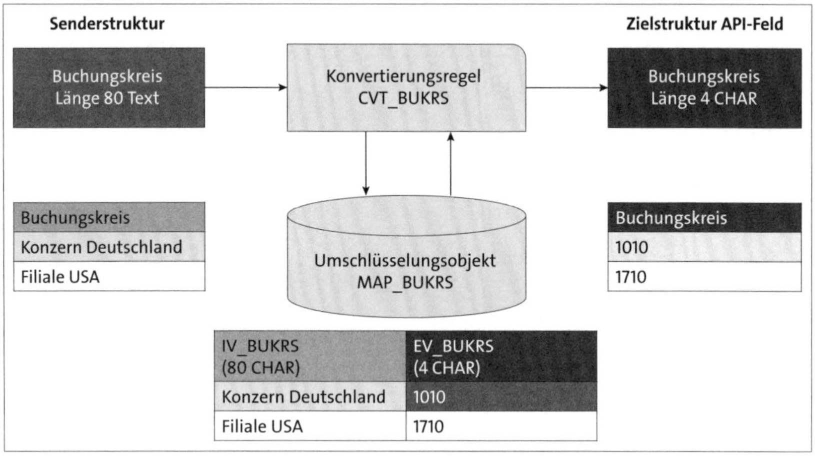

Abbildung 13.32 Umschlüsselung von Quellwerten in Zielwerte

Zentrale Adressverwaltung versus KNA1, LFA1

Ein weiteres Beispiel für unterschiedliche Feldlängen ist die Verwendung der zentralen Adressverwaltung (ZAV). SAP speichert Adressdaten normalerweise in den Datentabellen der zentralen Adressverwaltung (ADRC ...). Die ZAV wird in SAP-Systemen seit ca. 20 Jahren verwendet, um Adressdaten zu speichern. Die Felder in der ZAV sind seit jeher länger als die Felder in den SAP-ERP-Tabellen für z. B. Kunde (KNA1) und Lieferant (LFA1). SAP S/4HANA speichert Kunde und Lieferant generell als Geschäftspartner mit der jeweiligen Rolle, und auch hier wird die ZAV genutzt. Daher basiert die Länge in den Migrationsvorlagen auf der definierten ZAV-Länge. Das Feld für die Straße in der SAP-ERP-Kundentabelle KNA1 ist 35 Zeichen lang, während es in der Migrationsvorlage die 60 Zeichen des ZAV-Felds enthält. Wenn Sie also Daten aus einem SAP-System extrahieren, sollten Sie sicherstellen, die Daten aus den Tabellen der ZAV zu extrahieren. Der ganze Aspekt der unterschiedlichen Feldlängen ist anschaulich im Wissensdatenbankartikel 2563055 (*http://s-prs.de/v10578118*) beschrieben.

Mengeneinheiten und Währungen in ISO-Code

Eine weitere häufig gestellte Frage ist, warum es notwendig ist, Mengeneinheiten (ME) und Währungen auf einen ISO-Code als Zielwert für das SAP-S/4HANA-System zu mappen. Der Grund für diese Anforderung ist einfach: In einem SAP-System gibt es verschiedene, teilweise sprachabhängige Mengeneinheiten, die einer internen Mengeneinheit zugeordnet sind. Die meisten Anwendungen verwenden sprachabhängige kaufmännische Einheiten. Anwendungen aus dem technischen Bereich verwenden auch technische Mengeneinheiten. Andere Anwendungen wiederum können interne Mengeneinheiten verwenden. Eine interne Mengeneinheit wird in der Datenbank gespeichert, während die anderen, sprachabhängigen Mengeneinheiten nur auf dem UI angezeigt werden. SAP erwartet standardmäßig

ISO-Mengeneinheiten für externe Schnittstellen, wie z. B. IDocs. Die für die Datenmigration verwendeten APIs verwenden i. d. R. die ISO-Mengeneinheit oder die interne Mengeneinheit, um Daten zu laden. Nur die API für die Stücklistenmigration nutzt kaufmännische Einheiten. Um den SAP-Architektur-Vorgaben zu entsprechen, ist in der Datenmigration die ISO-Mengeneinheit die Zielmengeneinheit. Dies dient der Vermeidung von Fehlern bei der Zuordnung dieser vier verschiedenen Typen und vereinfacht den gesamten Prozess. Es wird nur eine Zuordnung anstelle von vier verschiedenen bereitgestellt. Daher muss ein Benutzer in den Mapping-Aufgaben alle Mengeneinheiten, die in den Quelldateien vorkommen, in die zugehörige ISO-Mengeneinheit konvertieren. Beim Anlegen neuer Mengeneinheiten müssen Sie deshalb auch eine primäre ISO-Mengeneinheit zuordnen. Weitere Informationen zur Verwendung von Mengeneinheiten und ISO-Codes finden Sie im Wissensdatenbankartikel »2907822 – SAP S/4HANA Migration Cockpit – Unit of Measurement (UOM) Handling: Using ISO codes« (siehe *http://s-prs.de/v10578089*). Für Währungen gilt das Gleiche. Hier sollten Sie einen Blick in den Wissensdatenbankartikel 2661986 »Migration Cockpit: Currency key issues regarding ISO code« (siehe *http://s-prs.de/v10578119*) werfen.

Staging-Tabellen direkt befüllen

Werkzeuge zur Befüllung

Die Staging-Tabellen können sich in einem lokalen SAP-S/4HANA-Datenbankschema oder einem Remote-SAP-HANA-Datenbankschema befinden. Sie befüllen sie über externe Werkzeuge, wie z. B. *SAP Data Services*, *SAP Smart Data Integration*, *SAP HANA Studio* oder über andere Werkzeuge, mit denen Sie auf die Staging-Tabellen des lokalen oder des Remote-Datenbankschemas zugreifen können. Ein direktes Befüllen aus dem Migration Cockpit heraus ist nicht möglich. Eine wichtige Informationsquelle, wie Sie diese Daten befüllen können, finden Sie im SAP-Wissensdatenbankartikel 2733253, den Sie unter *http://s-prs.de/v10578120* aufrufen können. Der Artikel beantwortet die häufigsten Fragen zum Thema *Staging-Tabellen* und listet auch vier Blogs auf, die beschreiben, wie Sie die Staging-Tabellen mithilfe der Werkzeuge SAP Data Services, SAP Smart Data Integration und SAP HANA Studio befüllen.

[«]

Metadaten herunterladen

Über das Migration Cockpit können Sie sich die *Metadaten* eines Migrationsobjekts herunterladen. Die Metadaten enthalten die Struktur- und Tabelleninformationen, z. B Tabellennamen und Datenbankdatentypen inklusive der QuickInfo für jedes Feld in Form einer CSV-Datei. Diese CSV-

Datei können Sie z. B. über Microsoft Excel öffnen. Um die Metadaten herunterzuladen, navigieren Sie zur **Migrationsobjekttabellen**-Sicht, in dem Sie auf der **Migrationsprojekt**-Sicht in der Spalte **Daten** rechts neben **Tabellen** die Zahl auswählen. In der Sicht **Migrationsobjekttabellen** klicken Sie auf den Menü-Button **Herunterladen** und wählen hier **Metadaten** (siehe auch unter »Übersicht ›Tabellen‹« in Abschnitt 13.2.12, »Datei in die Staging-Tabellen laden«).

Restriktionen und wichtige Hinweise zum Befüllen

Da Sie die Staging-Tabellen direkt auf der SAP-HANA-Datenbank befüllen, müssen Sie unbedingt darauf achten, korrekte Daten in die Felder zu schreiben. In einigen Migrationsobjekten sind Felder vom Datentyp `NUMC` definiert. Diese Felder sind auf der SAP-HANA-Datenbank als `NVARCHAR` mit einem Initialwert aus Nullen definiert. Das heißt, diese Felder dürfen nur Ziffern beinhalten und müssen mit *führenden Nullen* (engl. *leading zeroes*) aufgefüllt werden. Wenn diese führenden Nullen fehlen, kommt es meist zu Fehlern in der Datenmigrations-API. Sie können solche Felder identifizieren, wenn Sie die Datentypen der Felder in der **Feldliste** einer XML-Datei mit den Datentypen auf der Datenbank vergleichen. Ist die Definition eines Felds in der XML-Datei als `Zahl` definiert und der Datenbanktyp `NVARCHAR`, handelt es sich um ein Feld vom Datentyp `NUMC`. Abbildung 13.33 zeigt Ihnen ein Beispiel für das Migrationsobjekt **Arbeitsplatz/Ressource**.

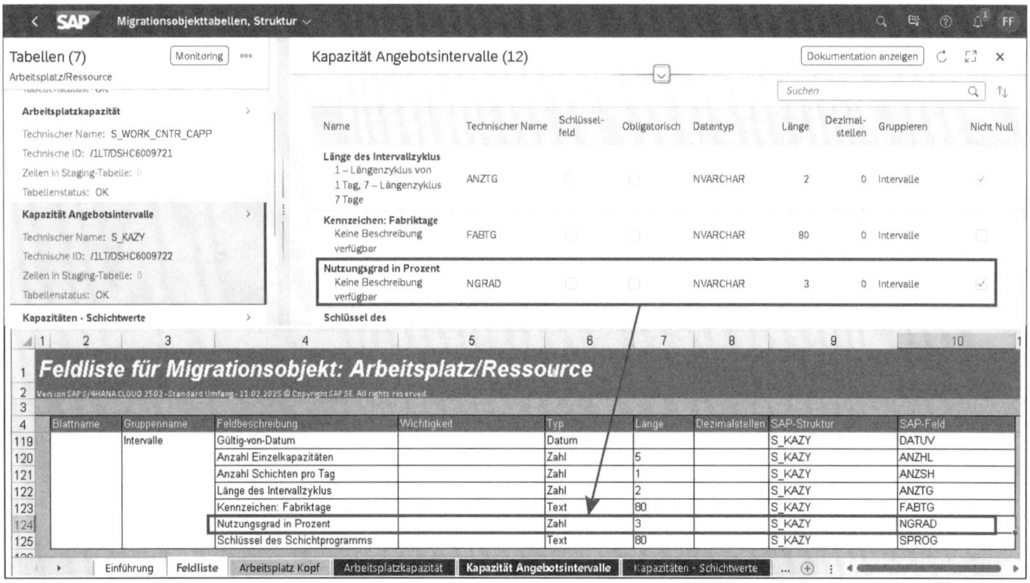

Abbildung 13.33 »NUMC«-Feld im Cockpit und in der XML-Datei

Hier ist das Feld »Nutzungsgrund in Prozent« (NGRAD) auf der Struktur »Kapazität Angebotsintervalle« (S_KAZY) ein solches NUMC-Feld, das zwingend führende Nullen benötigt.

Initialwerte beachten

Wenn Sie die Staging-Tabellen mithilfe von Migrationsvorlagendateien füllen, kümmert sich die Importroutine um die korrekten Initialwerte und die Konvertierung in das ABAP-Dictionary-Format der Datenbank. Wenn Sie die Daten direkt füllen, müssen Sie selbst auf die Eingabe der korrekten Datentypen und Initialwerte achten. Bei Datumsfeldern sind das z. B. acht Nullen. Schauen Sie sich also immer die einzelnen Felddefinitionen in der SAP-HANA-Datenbank-Tabellendefinition an, bevor Sie Daten in die Tabelle schreiben. Tabelle 13.3 zeigt Ihnen einige DDIC-Datentypen mit dem entsprechenden SAP-HANA-Datenbanktyp, dem zugehörigen Initialwert und Format.

DDIC-Datentyp	Datenbanktyp	Excel-XML-Typ	Initialwert	Format
NUMC	NVARCHAR	Zahl (Number)	Enthält die gleiche Anzahl von Nullen, wie seine Länge definiert ist. NUMC-Feld der Länge 3 hat "000" als Initialwert.	
DATS	NVARCHAR	Datum (Date)	00000000	JJJJMMTT
TIMS	NVARCHAR	Zeit (Time)	000000	hhmmss
INT1	SMALLINT	Zahl (Number)	0	
DEC	DECIMAL	Zahl (Number)	0	
FLTP	DOUBLE	Zahl (Number)	0	

Tabelle 13.3 Initialwerte und Formate einiger Datentypen

Konsistenzprüfung ausführen

Nachdem die Staging-Tabellen befüllt worden sind, geht es genauso weiter wie nach dem Hochladen der Datei in Abschnitt 13.2.12, »Datei in die Staging-Tabellen laden«. Der einzige Unterschied besteht darin, dass die Daten nun direkt in die Staging-Tabellen und nicht aus einer Datei hochgeladen werden. Es ist daher zwingend notwendig, dass Sie danach eine Konsistenzprüfung ausführen. Dies können Sie z. B. über den Button **Konsistenzprüfung** auf der Sicht **Migrationsobjekttabellen** und dort über die Tabellenübersicht vornehmen (siehe unter Abschnitt 13.2.12, »Datei in die Staging-Tabellen laden«, die Überschrift »Übersicht ›Tabellen‹«). Sie werden aber auch später aufgefordert, eine Konsistenzprüfung durchzuführen, wenn Sie die Aktion **Vorbereiten** für ein Migrationsobjekt ausführen. Wir empfehlen dringend, diese Konsistenzprüfung nur zu aktivieren, wenn Sie die Staging-Tabellen direkt gefüllt haben. Wenn Sie die Staging-Tabellen über Dateien befüllt haben, ist diese Konsistenzprüfung überflüssig und u. U. kontraproduktiv.

13.2.12 Datei in die Staging-Tabellen laden

Die dreigeteilte Sicht »Migrationsobjekttabellen«

Wenn Sie die Migrationsdatei befüllt haben, laden Sie diese Datei in die Staging-Tabellen des Migration Cockpits. Dazu wählen Sie die Aktion **Datei hochladen**. Danach öffnet sich die Sicht **Migrationsobjekttabellen**, die in die drei Übersichten **Tabellen** ❶, **Dateien hochladen** ❷ und **Korrekturdateien** ❸ aufgeteilt ist (siehe Abbildung 13.34). Die Übersicht **Korrekturdateien** beschreiben wir in Abschnitt 13.2.21, »Korrekturdatei anlegen«.

Abbildung 13.34 »Migrationsobjekttabellen«-Sicht

Von der **Migrationsprojekt**-Sicht navigieren Sie zur Sicht **Migrationsobjekttabellen**, indem Sie im gewünschten Migrationsobjekt in der Spalte **Daten** auf die Zahl rechts neben **Tabellen** klicken.

Übersicht »Dateien hochladen«

Hochladen der Datei

In der Sicht **Dateien hochladen** ❶ (siehe Abbildung 13.35) ziehen Sie die Dateien in den dafür vorgesehenen Bereich. Sie können aber auch den Button **Hochladen** nutzen, um Ihre Migrationsvorlagendatei hochzuladen. Der Name der Datei ist eindeutig. Sie können nicht mehrere Dateien mit demselben Dateinamen hochladen. Nach dem Hochladen wird die Datei einer Validierung unterzogen. Es erscheinen der Name der Datei und der **Status** der Validierung in der Liste. Nach erfolgreicher Validierung werden die Daten in die Staging-Tabellen übernommen. Enthält die Datei keinen Fehler, lautet der Status »Daten erfolgreich in Staging-Tabellen übertragen«. Beide Aktivitäten »Datei validieren« und »Daten in Staging-Tabellen übernehmen« können Sie über das **Monitoring** überwachen. Über den Hyperlink **Nachrichten anzeigen** ❷ neben der Statusanzeige können Sie sich die Nachrichten zur Validierung anzeigen.

[«]

Prüfungen beim Validieren einer Datei

Das Migration Cockpit führt beim Hochladen folgende Prüfungen aus:

- Prüfung der Dateigröße und des Dateiformats
  Stimmt das Dateiformat, und ist die Datei nicht zu groß (100MB-Grenze)?
- Syntaktische Prüfung (Sanity Check)
  Ist die Vorlage aktuell, sind alle obligatorischen Felder gefüllt? Stimmen die Werte mit dem Datentyp überein?
- Dublettenprüfung
  Gibt es Sätze mit identischen Schlüsseln innerhalb einer Struktur?
- Konsistenzprüfung
  Sind Datensätze einer untergeordneten Struktur einem Datensatz der übergeordneten Struktur über die Schlüssel zugeordnet?

13

Kein mehrmaliges Hochladen derselben Instanz

Im Kopfbereich wird die Anzahl der **Instanzen** ❸ angezeigt, die Sie hochgeladen haben. Ist eine Instanz schon in den Staging-Tabellen geladen, kann sie nicht mehr über eine andere Datei hochgeladen werden.

Informationen zur Quelldatei

In der Liste der Quelldateien sehen Sie den **Status** der Datei, ihren **Namen**, die **Dateigröße**, den Namen des Benutzers, der die Datei hochgeladen hat (**Hochgeladen von**), und das Datum, wann dies geschehen ist (**Hochgeladen am**).

Der Status einer Datei kann folgende Werte annehmen:

- **Hochladen**: Die Datei wird gerade hochgeladen, und es erscheint ein Zähler, der anzeigt, wie viel Prozent der Datei schon hochgeladen sind. Danach erscheint sehr kurz der Status »Upload abgeschlossen«, bevor die automatische Validierung angestoßen wird.
- **Validierung eingeplant**: Die Datei wird gerade validiert.

- **Validierung mit Warnung abgeschlossen**: Die Datei kann nicht hochgeladen werden. Überprüfen Sie die Nachrichten und entsprechend der Warnung die Datei. Oft ist ein Feldwert zu lang, oder Sie nutzen eine alte Migrationsvorlagendatei, und es fehlen Strukturen- und/oder Felder.
- **Prüfung fehlgeschlagen**: Die Datei enthält kritische Fehler und kann nicht hochgeladen werden. Dies ist oft ein fehlender Wert für ein Pflichtfeld (DMC_MD_INTERPRETER 045) oder z. B., dass Schlüsselwerte auf einer Unterstruktur keinen entsprechenden Datensatz mit dem entsprechenden Schlüssel auf der höheren Ebene in der Hierarchie finden (/LTB/MC 329).
- **Übernahme in Staging-Tabellen**: Die Übertragung in die Staging-Tabellen findet gerade statt, ist aber noch nicht beendet.
- **Datentransfer in Staging-Tabellen fehlgeschlagen**: Die Übertragung ist fehlgeschlagen, da z. B. Instanzen, die hochgeladen werden sollen, schon in der Staging-Tabelle vorhanden sind (/LTB/MC 134 und 816).
- **Daten erfolgreich an Staging-Tabellen übertragen**: Die Datei wurde in die Staging-Tabellen übertragen.

[»]

Validierung mit Fehler oder Warnung abgeschlossen

Sollte die Validierung fehlerhaft oder mit dem Status »Validierung mit Warnungen abgeschlossen« beendet werden, dann sollten Sie sich immer über **Nachrichten anzeigen** die Meldungen ansehen. Bei Warnungen sind unter Umständen Feldwerte Ihrer Datei zu lang. Sie erhalten die Meldung »Blatt <Struktur>, Spalte '<Feldname>': Zeile <Zeilennr.> wird bei der Übertragung abgeschnitten« (DMC_MD_INTERPRETER 037). Sie sollten dann die Werte in der Datei korrigieren. Wenn z. B. ein Gleitkommazahlfeld aufgrund des in Abschnitt 13.2.11, »Migrationsvorlagen bzw. Staging-Tabellen direkt befüllen«, im Punkt »Die häufigsten Probleme bei XML-Dateien« beschriebenen IEEE-754-Problems zu lang ist, dann können Sie die entsprechende Warnung ignorieren.

Wenn Sie z. B. eine ältere Migrationsvorlagendatei verwenden, dann fehlen oft Felder oder ganze Strukturen in der Datei (DMC_MD_INTERPRETER 047/048). Wenn Sie diese Felder jedoch nicht nutzen und es sich auch nicht um obligatorische Felder oder Strukturen handelt, können Sie die Warnungen normalerweise ignorieren.

Sie markieren dann die Datei und wählen über den Menü-Button **Aktionen** ❹ die Aktion **Daten in Staging-Tabellen übernehmen** ❻ aus. Die Daten werden danach korrekt hochgeladen. Sie sollten sie aber auf jeden Fall noch mal nach dem Hochladen überprüfen.

Ausführbare Aktionen

Folgende **Aktionen** können Sie hier auf die Dateien anwenden:

❺ **Daten validieren**

❻ **Daten in Staging-Tabellen übernehmen**: Diese Aktion nutzen Sie normalerweise, wenn Sie nach einer Warnungsmeldung die Daten trotzdem übernehmen wollen oder u. U. im Rahmen des Hochladens von CSV-Dateien siehe unter Abschnitt 13.2.12, »Datei in die Staging-Tabellen laden«, die Überschrift »CSV-Dateien hochladen«.

❼ **Dateien Löschen**: Wenn Sie eine Datei löschen, werden nicht die Daten aus den Staging-Tabellen gelöscht. Eine Datei können Sie auch über den Button ⊗ (**Löschen**) entfernen.

❽ **Dateien herunterladen**: Hiermit können Sie die Dateien wieder als XML-Dateien herunterladen.

In Abbildung 13.35 sehen Sie ein Beispiel eines erfolgreichen Hochladens einer Datei.

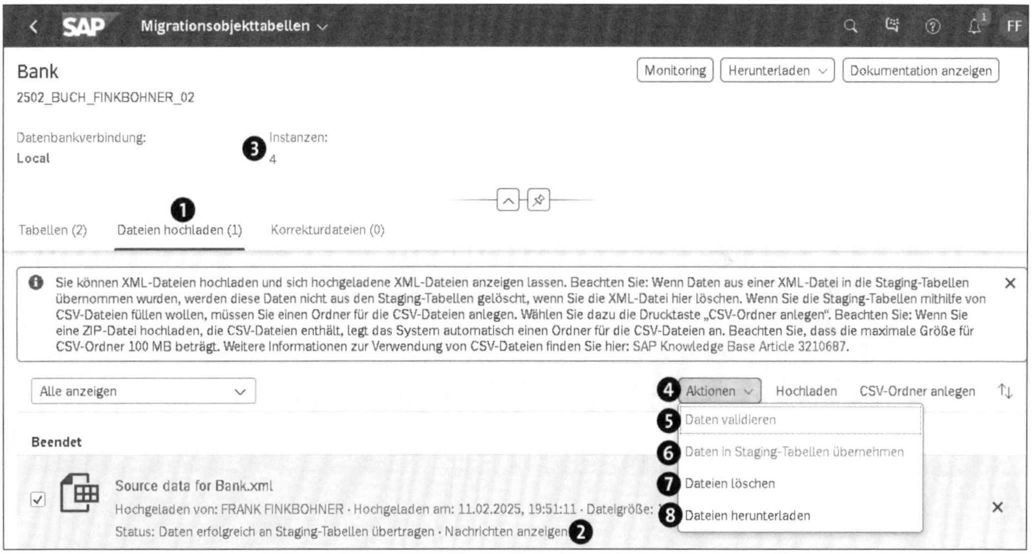

Abbildung 13.35 Sicht »Migrationsobjekttabellen« – Übersicht »Dateien«: mit hochgeladener Datei

Sie haben auch die Möglichkeit, mehrere Dateien über eine ZIP-Datei hochzuladen.

Überprüfen der Daten nach dem Hochladen

Inkonsistente Datenstrukturen werden z. B. durch die Ablage der Dateien in Staging-Tabellen erst gar nicht gespeichert. Falsches Kopieren und Einfügen innerhalb Microsoft Excel und die dadurch verursachte Änderung der Datentypen oder eine manuelle Manipulation der XML-Datei können die ganze interne XML-Struktur korrumpieren. Deshalb sollten Sie die Daten nach dem Hochladen im Migration Cockpit immer überprüfen. Dabei sollten Sie auf folgende Punkte achten:

- **Satzverschiebungen**

  Stehen alle Werte in den richtigen Feldern?
- **Datentypen**

  Sind die Datumsfelder korrekt gefüllt? Stimmen die Datumsangaben noch?
- **Führende Nullen**

  Sind führende Nullen noch vorhanden?
- **Numerische Werte**

  Sind numerische Werte (Zahlen und deren Dezimalstellen) korrekt?
- **Nicht übernommene Datensätze aufgrund fehlender Schlüsselbeziehungen**

  Sind alle Datensätze aus der Datei hochgeladen worden?
- **Abgeschnittene Werte**

  Wurden eventuell Werte abgeschnitten? Da die Zellen in Excel keine Längenbegrenzung haben, kann es passieren, dass Sie z. B. einen Wert eingeben, der beim Einfüllen in die Datenbanktabelle abgeschnitten wird. Sie bekommen dann eine Warnungsmeldung beim Befüllen der Staging-Tabellen.

Dateieninhalt anzeigen

Um den Inhalt der Dateien anzeigen zu lassen, klicken Sie in der Sicht **Dateien hochladen** auf den Dateinamen. Danach erscheint die Inhaltsansicht der Datei (**Migrationsobjektdateien, Inhalt**).

Abbildung 13.36 Inhalt einer geladenen Migrationsobjektdatei für das Objekt »Bank«

Im ausblendbaren Kopfbereich sehen Sie den Projektnamen und die Detailinformationen zur Datei. Danach folgt die *Tab Bar* mit den Registerkarten zu den jeweiligen Strukturen und der Anzahl der hochgeladenen Datensätze in Klammern hinter dem Strukturnamen. Im Inhaltsbereich sehen Sie die Datensätze pro Struktur. Sie können hier nach Datensätzen suchen, die Datensätze **Sortieren** (⇅) oder über **Einstellungen** (⚙) filtern. Abbildung 13.36 zeigt Ihnen die Inhaltsansicht am Beispiel der Beispieldatei für das Migrationsobjekt »Bank«.

CSV-Dateien hochladen

CSV-Ordner

Das Arbeiten mit CSV-Dateien erfordert einen CSV-Ordner. In diesem CSV-Ordner werden dann die CSV-Dateien für das Objekt gebündelt abgelegt. Wenn Sie Ihre CSV-Dateien in eine ZIP-Datei einfügen und diese mittels Drag-and-drop-Funktion hochladen, wird dieser Ordner automatisch mit dem Namen der ZIP-Datei (ohne Dateierweiterung) angelegt. Sie können diesen Ordner aber auch manuell über den Button **CSV-Ordner anlegen** erstellen und die einzelnen CSV-Dateien in diesen Ordner laden.

13

Automatische Zuordnung bei Namensgleichheit

CSV-Dateien, deren Name identisch ist mit dem technischen Namen der Struktur, werden normalerweise automatisch dieser Struktur zugeordnet und deren Validierung eingeplant. Ist der Dateinamen nicht identisch mit dem technische Strukturnamen, dann muss die Datei, wie im nachfolgenden Beispiel, einzeln der Zielstruktur zugewiesen werden.

Beispiel CSV-Dateien

Wir nutzen zwei Dateien, die gegenüber der Originalvorlagendatei abgeändert wurden, und laden diese mit einer ZIP-Datei **Kunde_Buch.zip** hoch:

1. **S_CUST_GEN_small.csv**
   - Datei zum Befüllen der Struktur `S_CUST_GEN` »Allgemeine Daten«
   - Die Datei hat nicht denselben Namen wie die Struktur.
   - Die vier Felder `NAME_MIDDLE`, `NAME_BIRTH`, `BU_SEXID`, `BIRTHPL` wurden gelöscht und `BIRTHDT` mit `LANG_CORR_PERS` vertauscht.
2. **S_CUST_SALES_DATA.csv**
   - Datei zum Befüllen der Struktur `S_CUST_SALES_DATA` »Verkaufsdaten«
   - Die Datei hat denselben Namen wie die Struktur.
   - Alle Felder nach `WAERS` wurden herausgelöscht.

Tabelle 13.4 zeigt einen Auszug aus den Daten, die in den Dateien gespeichert wurden. Die kursiven Felder wurden gegenüber der Originalvorlagendatei herausgenommen und die fetten Felder getauscht.

Dateiname	Daten (Auszug)
S_CUST_GEN.csv (Originalvorlage)	KUNNR(k/*);BU_GROUP(*);KTOKD;NAMORG1;NAMORG2;NAMORG3; NAMORG4;ANRED;TITLE_ACA1;NAME_FIRST;NAME_LAST;NAME_*MIDDLE;* *NAME_BIRTH;BU_SEXID;***BIRTHDT**;*BIRTHPL;***LANG_CORR_PERS;...** MIG923456;BPAB;;Test-Kunde 1;;;;;;;;;;;;;; MIG945789;BPAB;;;;;;Herr;;Frank;Finkbohner ;;;;**13.10.1988**;;**EN**;...
S_CUST_GEN_small.csv	KUNNR(k/*);BU_GROUP(*);KTOKD;NAMORG1;NAMORG2;NAMORG3; NAMORG4;ANRED;TITLE_ACA1;NAME_FIRST;NAME_LAST;**LANG_CORR_** **PERS;BIRTHDT**;... MIG923456;BPAB;;Test-Kunde 1;;;;;;;;;; MIG945789;BPAB;;;;;Herr;;Frank;Finkbohner;**EN;13.10.1988;...**
S_CUST_SALES_DATA.csv	KUNNR(k/*);VKORG(k/*);VTWEG(k/*);SPART(k/*);KDGRP;BZIRK; VKBUR;VKGRP;EIKTO;AWAHR;KLABC;PVKSM;WAERS MIG923456;1010;10;10;ABCD;A1;;;;;;;EUR MIG945789;1710;10;10;YXZD;B2;;;;;;;USD

Tabelle 13.4 Aufbau der Beispieldateien

Abbildung 13.37 zeigt die Sicht, nachdem Sie die ZIP-Datei **Kunde_Buch.zip** über die Drag-and-drop-Funktion hochgeladen haben.

Abbildung 13.37 CSV-Datei hochgeladen (ohne automatische Zuordnung)

Da der Dateiname **S_CUST_GEN_small.csv** nicht mit der einer vorhandenen Struktur übereinstimmt, kann die Datei nicht automatisch zugeordnet werden. Weil es die Datei für die obligatorische Struktur S_CUST_GEN ist, erscheint nach dem Hochladen der Status: »Dateien für obligatorische Datenstrukturen fehlen«. Klicken Sie auf den Ordnernamen **Kunde_Buch**, um in der darauffolgenden Sicht **Ordner für CSV-Dateien** die nicht zugeordnete Datei der jeweiligen Struktur zuzuordnen.

Datei einer Struktur zuordnen

Wie Sie in Abbildung 13.38 sehen, wurde die Datei **S_CUST_SALES_DATA.csv** aufgrund der vorhandenen Namensgleichheit der Struktur S_CUST_SALES_DATA automatisch zugeordnet.

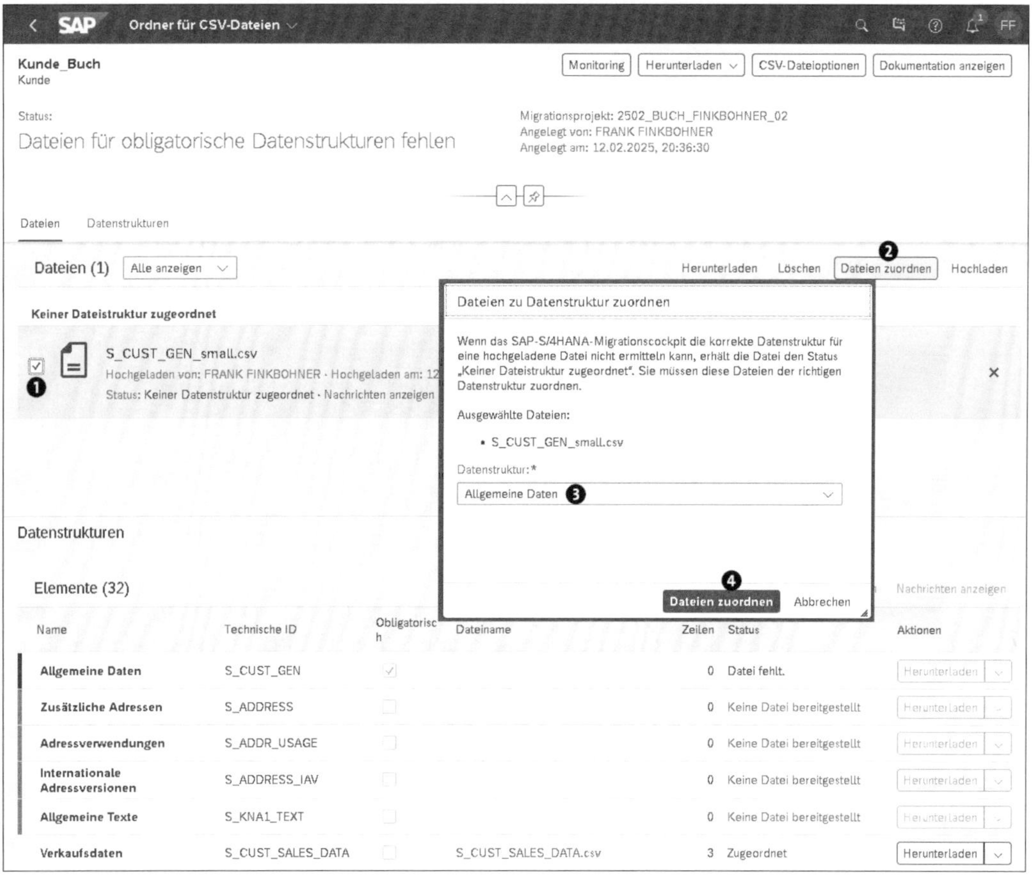

Abbildung 13.38 Datei zuordnen

Die Datei **S_CUST_GEN_small.csv** ist **keiner Dateistruktur zugeordnet** und muss der Struktur S_CUST_GEN zugeordnet werden. Gehen Sie wie folgt vor:

❶ Markieren Sie die Datei **S_CUST_GEN_small.csv**, die **keiner Dateistruktur zugeordnet** ist.

❷ Klicken Sie auf **Dateien zuordnen**.

❸ Im Dialog **Dateien zu Datenstruktur zuordnen** wählen Sie die **Datenstruktur** aus, der diese Datei zugeordnet werden soll.

❹ Über **Dateien zuordnen** beenden Sie den Dialog.

Nach der Zuordnung ändert sich der Status der Sicht in »Dateien für obligatorische Datenstrukturen vorhanden«, der Dateiname ist der Struktur S_CUST_GEN zugeordnet, und es sind keine Dateien mehr im Dateien-Bereich sichtbar.

[»]

Zuordnung funktioniert nicht

Falls die Zuordnung fehlgeschlagen ist, schauen Sie sich die Nachrichten über den Link **Nachrichten anzeigen** rechts neben dem Status der Datei an. Entweder fehlen Pflichtfelder in der Datei, dann erscheint die Meldung /LTB/MC 412 »CSV-Datei enthält nicht Mussfeld »Feld«, oder das Feldtrennzeichen in den Projekteinstellungen stimmt nicht mit dem der Datei überein. Dann erscheint die Meldung /LTB/MC 413 »Feld« in Datenstruktur »Struktur« nicht vorhanden. Siehe Langtext«. Der Langtext zur Meldung /LTB/MC 413 erklärt die möglichen Fehlerursachen und deren Behebung ausführlich. Beachten Sie, dass in den Projekteinstellungen das Feldtrennzeichen standardmäßig auf »Komma (,)« gesetzt ist, während Excel in der deutschen Version das »Semikolon (;)« nimmt. Ändern Sie dann entweder die Projekteinstellungen oder Ihre CSV-Datei.

Daten validieren

Hätten alle Dateinamen in unserem Beispiel mit CSV-Dateien automatisch zugeordnet werden können, dann wäre die Validierung der Daten genauso wie bei einer XML-Datei automatisch eingeplant worden. Da in unserem Beispiel die Dateizuordnung manuell ausgeführt wurde, müssen Sie jetzt die Validierung auch manuell anstoßen. Dazu gehen Sie wieder zurück auf die **Migrationsobjekttabellen**-Sicht. Hier wählen Sie den Ordner aus ❶ und starten über den Menü-Button **Aktionen** die Aktion **Daten validieren** ❷ (siehe Abbildung 13.39).

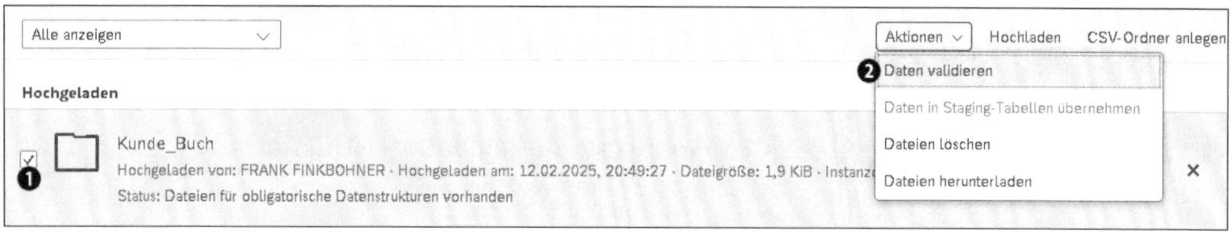

Abbildung 13.39 CSV-Dateien nach Zuordnung validieren

Die Validierungsaktivität wird eingeplant und gestartet. Am Ende sollte der Status »Validierung abgeschlossen« zu sehen sein.

Validierung fehlgeschlagen

Wenn es während der Validierung jedoch Fehler gab, lautet der Status »Prüfung fehlgeschlagen«, und Sie müssen sich die **Nachrichten anzeigen** lassen, um die Fehler zu korrigieren. Das kann bedeuten , dass Sie die Datei bzw. den CSV-Ordner löschen, neu hochladen, zuordnen und wieder validieren müssen. Ein gängiger Fehler ist z. B. /LTB/MC 408 »Datentyp von Wert <Wert> kann nicht in Datentyp »<Typ>« konvertiert werden«. Dieser Fehler zeigt Ihnen dann die Zeile und Spalte des Fehlers. Das passiert z. B., wenn das Datumsformat in den Projekteinstellungen für CSV-Dateioptionen nicht mit dem der Datei übereinstimmt. Hier reicht es dann eventuell aus, die Projekteinstellungen zu korrigieren und die Validierung noch mal neu zu starten.

Daten in Staging-Tabellen übernehmen

Die Instanzen sind zwar validiert worden, aber wie Sie an der Zahl der **Instanzen** in Abbildung 13.40 sehen, wurden sie noch nicht in die Staging-Tabellen übernommen. Deshalb müssen Sie auch hier den Ordner markieren ❶ und über den Menü-Button **Aktionen** die **Daten in Staging-Tabellen übernehmen** ❷.

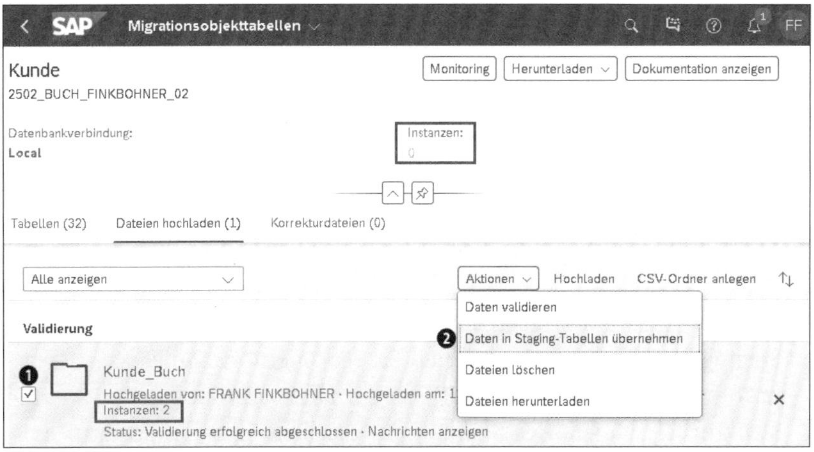

Abbildung 13.40 Daten in Staging-Tabellen übernehmen

Wenn eine Datei eventuell Daten für Instanzen enthält, die schon in die Staging-Tabellen geladen wurden, müssen Sie sich im Dialog **Verarbeitungsoptionen** zwischen diesen beiden Verarbeitungsoptionen entscheiden:

- **Dateien mit doppelten Sätzen überspringen**
- **Doppelte Sätze durch Instanzen aus Datei ersetzen**

Anschließend ändert sich der Status des Ordners zu »Transfer eingeplant«. Nach erfolgreicher Übernahme sehen Sie die Anzahl der Instanzen, die übertragen wurden, und der Status ist dann »Daten erfolgreich an Staging-Tabellen übertragen«.

Sie können nun mit den weiteren Aktionen wie Vorbereiten, Mapping-Aufgaben, Simulieren und Migrieren fortfahren. Die Korrektheit der Daten validieren Sie dann über die Übersicht **Tabellen**.

Übersicht »Tabellen«

Strukturen und Staging-Tabellen

In der Registerkarte **Tabellen** der Sicht **Migrationsobjekttabellen** finden Sie die Übersicht der Strukturen (**Name** und **Technischer Name**) und deren zugehörigen Staging-Tabellen (**Technische ID**). Die Kopfzeile enthält die Informationen zur **Datenbankverbindung** und die Anzahl der hochgeladenen **Instanzen**. Generell können Sie hier zur **Monitoring**-Sicht abspringen oder die Migrationsobjektdokumentation über **Dokumentation anzeigen** aufrufen. Über den Menü-Button **Herunterladen** können Sie entweder die **Metadaten** oder über **Vorlage** die Migrationsvorlagendateien (**XML-Datei** bzw. **CSV-Datei**) herunterladen.

[»]

Metadatendatei

Die Metadatendatei ist eine CSV-Datei, die Sie sich in Microsoft Excel anzeigen lassen können. Sie enthält den technischen Objektnamen, Strukturinformationen, die Staging-Tabelle und die Daten, die Sie aus der Feldliste der Migrationsvorlagendatei kennen, erweitert um den Namen der Staging-Tabelle und die QuickInfo zu den Feldern.

Aktionen auf den Staging-Tabellen

Jeder Struktur ist eine eigene Staging-Tabelle zugeordnet. Auf diesen Tabellen können Sie folgende Aktionen ausführen:

- **Konsistenzprüfung**: Haben Sie Daten direkt auf Datenbankebene in die Staging-Tabellen geladen, können Sie hier die notwendige Konsistenzprüfung durchführen. Sie prüft, ob für alle Datensätze einer unteren Struktur der zugehörige Satz auf der darüberliegenden Struktur existiert. Laden Sie Daten über Dateien in die Staging-Tabellen, geschieht das automatisch beim Hochladen der Dateien in der Validierungs-Aktivität.
- **Tabelleneinstellungen zurücksetzen**: Unter bestimmten Umständen kann es passieren, dass Sie die Staging-Tabellen entsperren müssen. Dies kann z. B. vorkommen, wenn ein Job manuell abgebrochen wurde. Damit Sie wieder mit den Daten arbeiten können, setzen Sie hiermit die Sperren zurück. Die Anzahl der fehlerhaften und simulierten Instanzen

wird dadurch auf 0 gesetzt. Die Anzahl der migrierten Datensätze wird nicht angepasst.

- **Alle Sätze löschen**: Damit können Sie für gewählte Strukturen alle Datensätze unabhängig ihres Status löschen. Sie sollten diese Funktion mit Bedacht nutzen, da es bei unsachgemäßer Anwendung zu Fehlern und Inkonsistenzen kommen kann.
- **Struktur anpassen**: Hiermit bringen Sie die Struktur der ausgewählten Tabelle auf den neuesten Stand. Der Tabellenstatus lautet dann »Anpassung erforderlich«. Dies kann z. B. bei Tabellen in einem Remote-SAP-HANA-Datenbankschema oder nach dem Löschen einer Staging-Tabelle auf der Datenbank notwendig sein. Bei bestehenden Tabellen gehen dadurch keine Daten verloren.

Informationen einer Tabelle

Eine Zeile der Tabellenliste enthält folgende Informationen:

- **Name** der Struktur
- **Technischer Name** der Struktur
- **Technische ID**: Name der Staging-Tabellen, in der die Daten gespeichert sind
- **Zeilen in Staging-Tabelle**: Anzahl der Datensätze in der jeweiligen Staging-Tabelle
- **Tabellenstatus**: Der Tabellenstatus kennt die Werte »OK« und »Anpassung erforderlich«. Er zeigt damit an, ob Anpassungen der Tabellenstruktur über **Struktur anpassen** notwendig sind oder nicht.

In Abbildung 13.41 sehen Sie ein Beispiel für eine Tabellenübersicht.

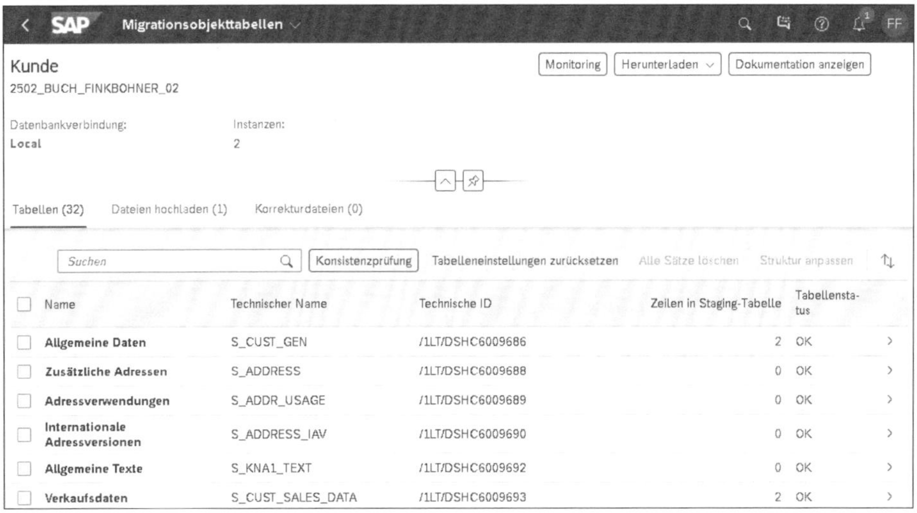

Abbildung 13.41 Sicht »Migrationsobjekttabellen« – Übersicht über die Tabellen

Tabelleninhalt anzeigen

Wenn Sie auf die Zahl in der Spalte **Zeilen in Staging-Tabelle** klicken, gelangen Sie zum Übersichtsbild **Migrationsobjekttabellen, Inhalt**. Hier werden alle Datensätze der Staging-Tabelle der gewählten Struktur angezeigt (siehe Abbildung 13.42). Sie haben die Möglichkeit, sich die **Dokumentation anzeigen** zu lassen. Die Übersicht zeigt den Namen der Staging-Tabelle (**Technische ID**) und den Tabellenstatus an.

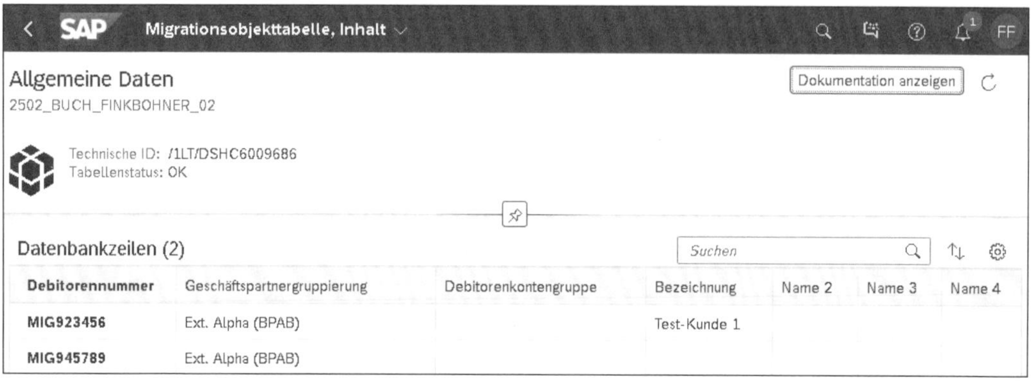

Abbildung 13.42 Sicht »Migrationsobjekttabellen, Inhalt« – Inhalt einer Struktur

Tabellenstruktur anzeigen

Wählen Sie in der Tabellenübersicht den Namen der Struktur oder den Button [>] (**Navigation**), gelangen Sie zur Ansicht **Migrationsobjekttabellen, Struktur**. Diese Ansicht hat ein flexibles Spalten-Layout (*Flexible Column Layout*) und ist zweigeteilt. Links sehen Sie die Liste der Strukturen und rechts die Metadaten der gewählten Struktur. Die Übersicht enthält im Kopfbereich die folgenden Informationen:

- **Technischer Name**: der Struktur
- **Technische ID**: der Name der Staging-Tabelle
- **Zeilen in der Staging Tabelle**
- **Tabellenstatus**

In der Liste finden Sie die Informationen der Struktur, die Sie aus der Feldliste der Migrationsvorlagendatei kennen:

- **Name** des Felds und der QuickInfo zum Feld
- **Technischer Name** des Felds
- **Schlüsselfeld**: Handelt es sich um ein Schlüsselfeld?
- **Obligatorisch**: Diese Felder müssen einen Wert haben, wenn Sie die Tabellen mit Daten befüllen.
- **Datentyp**: Datentyp auf der SAP-HANA-Datenbank
- **Länge**: maximale Länge des Felds

- **Dezimalstellen**: Anzahl der Dezimalstellen bei numerischen Feldern
- **Gruppieren**: Felder sind zur besseren Übersicht in Gruppen eingeteilt. In der Validierungs-App werden zusammengehörige Felder meistens in sogenannten Bereichen gruppiert. Die Gruppennamen orientieren sich an diesen Bereichsnamen.
- **Nicht Null**: Ein Feld einer Datenbank kann technisch als Nicht-Null-Feld (engl. *Not Null*) definiert werden. Das heißt, dass dieses Feld einen Wert haben muss. Schlüsselfelder, Pflichtfelder, numerische Felder und Datumsfelder sind normalerweise als Nicht-Null-Felder definiert. Insbesondere beim direkten Befüllen der Tabellen müssen Sie hier einen definierten Initialwert übergeben, wenn Sie keinen Wert mitgeben wollen.

In Abbildung 13.43 sehen Sie ein Beispiel für eine **Migrationsobjekttabellen, Struktur**-Ansicht.

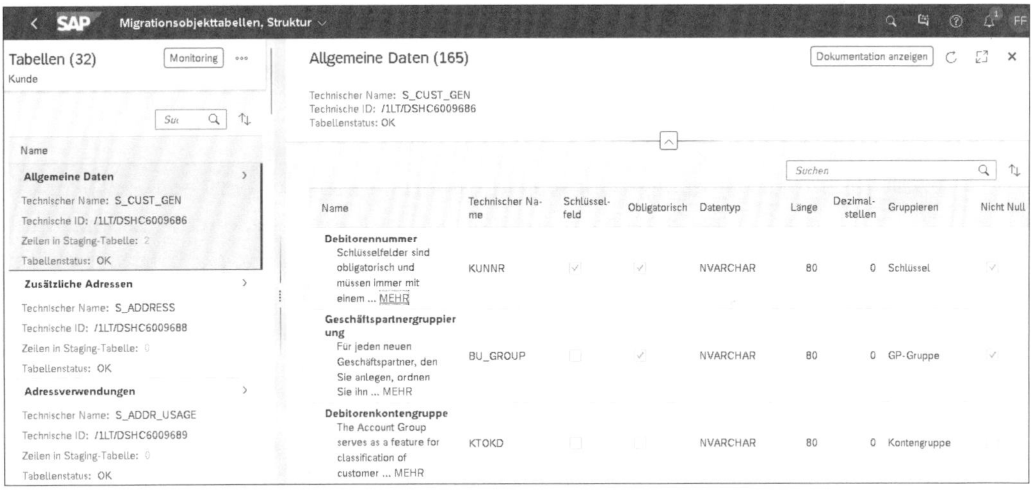

Abbildung 13.43 Sicht »Migrationsobjekttabellen, Struktur« – Metadaten der Struktur

13.2.13 Arbeiten mit Migrationsobjektinstanzen

Nachdem Sie Daten in die Staging-Tabellen geladen haben, stellen Sie fest, dass die Zahl unterhalb **Instanzen** der Sicht **Migrationsobjekttabellen** auswählbar ist. Über diese Funktion gelangen Sie in die Sicht **Migrationsobjektinstanzen**. Alternativ können Sie aber auch über die Objektliste der Sicht **Migrationsprojekt** dorthin gelangen (siehe Abbildung 13.44). Hierzu wählen Sie entweder die Zahl rechts neben **Instanzen** in der Spalte **Daten** oder eine der Zahlen im Bereich **Simulation** bzw. **Migration** aus, die alle als Hyperlink ausgeführt sind.

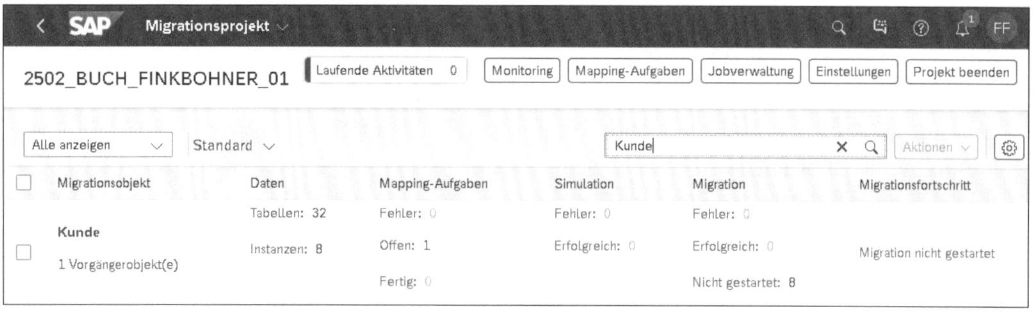

Abbildung 13.44 Migrationsprojektübersicht und Instanzen

[»]

Schaltzentrale der Migration

Geschickt genutzt können Sie die **Migrationsobjektinstanzen**-Sicht als Schaltzentrale für Ihre gesamte Migration nutzen. Der Vorteil dieser Sicht ist, dass Sie gezielt Instanzen auswählen können, um auf diesen Aktionen auszuführen. Insbesondere für das Testen und die nachträgliche Analyse ist diese Sicht sehr sinnvoll.

Ansicht der Instanzen nach Status filtern

In der Sicht **Migrationsobjektinstanzen** sehen Sie, je nachdem, wie Sie die Liste aufgerufen haben, entweder alle Instanzen oder nur die Instanzen, die dem gewählten Status entsprechen (siehe Abbildung 13.45). Die Liste zeigt die Werte der Schlüsselfelder und die ersten vier Felder der Instanz an. Die Liste kann über die Felder **Aktion/Status** ❶, **Quelle** ❷, die Schlüsselfelder ❸ sowie weitere Felder ❹ des Migrationsobjekts gefiltert werden. In unserem Beispiel gibt es nur das Schlüsselfeld **Debitorennummer**. Über **Filter anpassen** ❺ können Sie weitere Felder zur Selektion auswählen. Über einen Klick auf den **Start**-Button ❻ lassen Sie sich dann die gefilterten Instanzen anzeigen. Weitere Felder und deren Werte können über den Hyperlink **Alle Anzeigen** ❼ der Spalte **Weitere Felder** in einem separaten Fenster angezeigt werden. Des Weiteren sind die **Quelle** der Instanz (z. B. der Dateiname), die letzte **Aktion** auf der Instanz (z. B. »Initial«, »Simuliert«, »Migriert«) und der **Status** der Instanz (z. B. »Initial«, »Erfolg«, »Fehler«) sichtbar.

Zusammenfassung herunterladen

Über die Funktion **Alles herunterladen** ❽ können Sie sich eine Zusammenfassung aller angezeigten Instanzen mit ausgewählten Feldern, die Sie in einem Dialog wählen können, herunterladen. Die Datei kann dann im **Monitoring** über die Option **Datei herunterladen** der Aktivität **Instanzdatensätze herunterladen** heruntergeladen werden.

Listenansicht anpassen

Des Weiteren können Sie die Liste **Sortieren** [↑↓], **Gruppieren** [≡] und die angezeigten **Spalten** [⚙] konfigurieren ❾.

Abbildung 13.45 Migrationsobjektinstanzen anzeigen

Funktionen auf Migrationsobjektinstanzen

In der Sicht **Migrationsobjektinstanzen** können Sie folgende Funktionen auf den ausgewählten Instanzen ausführen:

- **Instanzen löschen**: Alle ausgewählten Instanzen werden gelöscht.
- **Nachrichten**: Die Nachrichten für jede ausgewählte Instanz werden angezeigt.
- **Simulieren**: Ausgewählte Instanzen werden simuliert.
- **Migrieren**: Ausgewählte Instanzen werden migriert.

Einzelne Instanz ansehen

Wenn Sie auf eine Instanz klicken, erscheint die Sicht **Migrationsobjektinstanz** (siehe Abbildung 13.46).

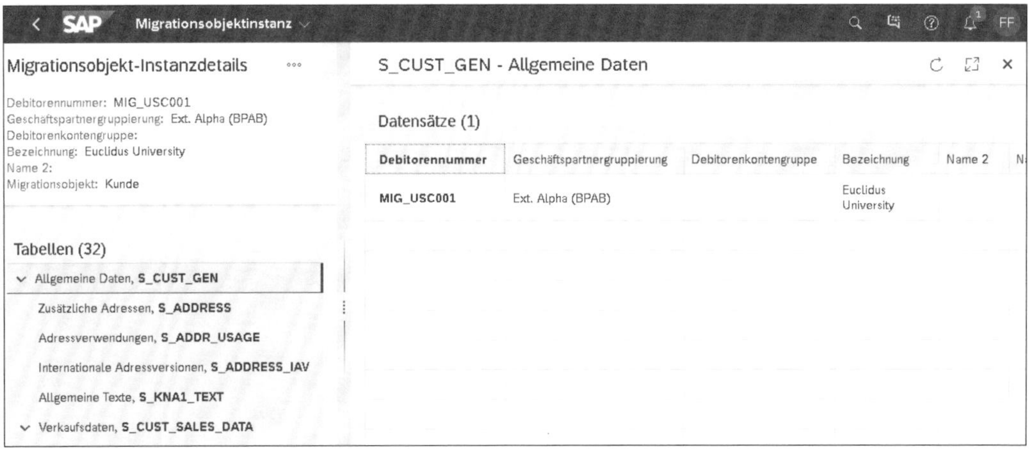

Abbildung 13.46 Sicht »Migrationsobjektinstanz« – Kunde – Allgemeine Daten

Die Übersicht ist zweigeteilt. Auf der linken Seite sehen Sie Informationen zur gewählten Instanz und können die anzuzeigende Tabelle (Struktur) auswählen. Die Werte zur ausgewählten Staging-Tabelle werden dann im rechten Teil angezeigt. Über das Meatball-Menü-Icon [∘∘∘] können Sie die angezeigte Instanz **Simulieren**, **Migrieren**, **Löschen**.

Auf der Sicht **Migrationsobjektinstanzen** können Sie noch folgende Instanz-unabhängige Funktionen ausführen:

- **Korrekturdatei anlegen** (siehe Abschnitt 13.2.21, »Korrekturdatei anlegen«)
- **Massenverarbeitung** auf Migrationsobjektinstanzen ausführen (siehe Abschnitt 13.2.22, »Massenverarbeitung über freie Selektion auf Instanzen«)

Instanzen löschen

Migrierte Instanzen können nicht gelöscht werden

Die Funktion **Instanzen löschen** löscht die ausgewählten Instanzen aus der Datenbank. Nur Instanzen, die noch nicht erfolgreich migriert wurden, können gelöscht werden. Nach dem Auswählen der Funktion erscheint ein Textfenster, das Sie über diesen Umstand informiert. Sie können die Funktion entweder mit **Löschen** ausführen oder über **Abbrechen** beenden.

Nachrichten pro Instanz anzeigen

Die Funktion **Nachrichten** zeigt Ihnen alle Nachrichten zu den gewählten Instanzen an, wie das Beispiel in Abbildung 13.47 zeigt. Sie wählen hier auf der linken Seite die Instanz aus. Die Nachrichten zu dieser Instanz werden dann auf der rechten Seite angezeigt.

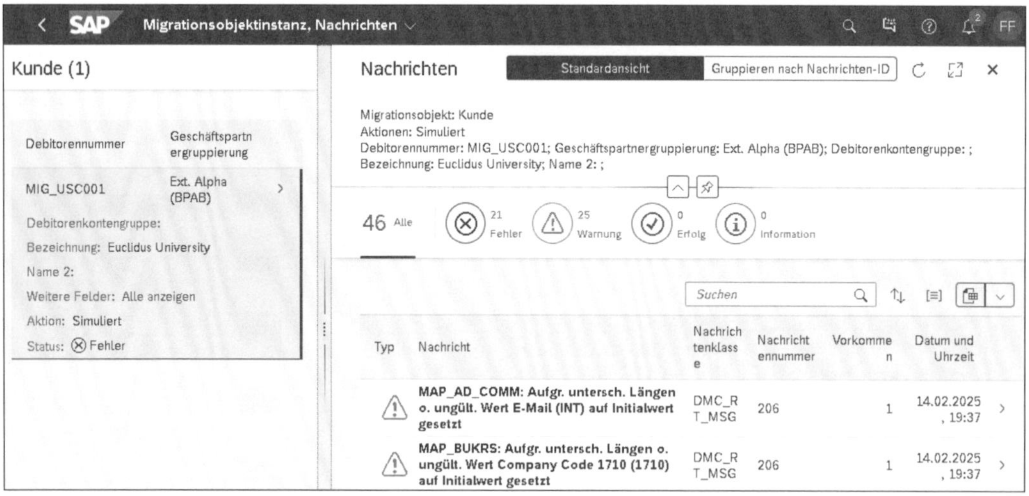

Abbildung 13.47 Sicht »Migrationsobjektinstanz, Nachrichten«

13.2.14 Vorbereiten

Staging-Tabellen vorbereiten

Nachdem Sie die Daten hochgeladen haben, navigieren Sie zurück zur Sicht **Migrationsprojekt**. Hier führen Sie auf dem Migrationsobjekt die Aktion **Vorbereiten** aus. Sollte der Menü-Button die Aktion **Mapping-Aufgaben** ausweisen, sollten Sie diese zuerst ausführen (siehe Abschnitt 13.2.15, »Pflege der Mapping-Werte«). Der entsprechende Hintergrundjob wird eingeplant und ist unter **Monitoring** und **Laufende Aktivitäten** sichtbar. Die Aktion **Vorbereiten** liest die Quelldaten aus den Staging-Tabellen und befüllt die hinterlegten *Werte-Mappings* (**Mapping-Aufgaben**). Sie können die Aktion **Vorbereiten** ❸ entweder für jedes Migrationsobjekt einzeln über den Menü-Button aufrufen oder gleich mehrere Migrationsobjekte markieren ❷ und über den übergreifenden Menü-Button **Aktionen** ❶ ausführen (siehe Abbildung 13.48). Danach erscheint der Dialog **Staging-Tabellen vorbereiten**.

> **Prüfungen beim Vorbereiten**
>
> Beim Vorbereiten werden neben dem Füllen der Mapping-Aufgaben folgende Prüfungen ausgeführt:
>
> - Muss für das Migrationsobjekt ein Update ausgeführt werden?
> - Wurden für das Migrationsobjekt Felder über die Key-User-Erweiterbarkeit definiert?
> - Gibt es Steuerparameter oder Festwerte, die in den Mapping-Aufgaben gepflegt werden müssen?

13

Konsistenzprüfung

Wenn Sie Ihre Staging-Tabellen direkt über ein Werkzeug auf Datenbankebene befüllt haben, dann müssen Sie die **Konsistenzprüfung** anschalten.

Abbildung 13.48 Migrationsobjekt(e) vorbereiten

Wenn Sie sie über Dateien befüllt haben, dann klicken Sie direkt den Button **Staging-Tabellen vorbereiten** ❺ und lassen die **Konsistenzprüfung** ❹ ausgeschaltet, da sie beim Hochladen der Dateien schon ausgeführt wurde. Eine Übersicht über die Aktion **Vorbereiten** sehen Sie in Abbildung 13.48.

Die Aktivität »Staging-Tabellen vorbereiten« wird als Hintergrundjob eingeplant und kann über das **Monitoring** überwacht werden.

13.2.15 Pflege der Mapping-Werte

Die Aktion vor bzw. nach dem Vorbereiten der Daten und ihrer Validierung ist das Abarbeiten der Mapping-Aufgaben.

Mapping-Aufgaben bearbeiten

Objektübergreifendes Werte-Mapping

Der große Vorteil der Datenmigration mittels Migration Cockpit ist das objektübergreifende Werte-Mapping. Dadurch müssen Sie Quellwerte einer Mapping-Aufgabe, wie z. B. »Mapping der Kostenstellenart«, nur einmal pflegen, und alle anderen Objekte nutzen dann diese Umschlüsselung. Dies hat vor allem Vorteile, wenn der Großteil Ihrer Daten aus einem Quellsystem migriert wird.

[»]

Mapping-Aufgaben vor dem Vorbereiten ausführen

Bei einigen Migrationsobjekten, wie z. B. dem Migrationsobjekt **Kunde**, sind direkt nach dem Hinzufügen des Migrationsobjekts schon **Mapping-Aufgaben** vorhanden, die vor dem **Vorbereiten** auszuführen sind. Dies sind meistens Steuerparameter, die Einfluss auf die Erzeugung der Werte-Mappings während der **Vorbereiten**-Aktion haben und deshalb zwingend vor dem **Vorbereiten** ausgeführt werden müssen, um Fehler, Probleme und ein erneutes Aufrufen der **Vorbereiten**-Aktion zu vermeiden.

Sie können entweder alle Mapping-Aufgaben des Projekts oder die Mapping-Aufgaben eines Migrationsobjekts bearbeiten. Für Ersteres wählen Sie in der Sicht **Migrationsprojekt** die Funktion **Mapping-Aufgaben** im oberen Bereich des Bilds. Für die Mapping-Aufgaben pro Objekt wählen Sie in der Sicht **Migrationsprojekt** die Aktion **Mapping-Aufgaben** direkt am Migrationsobjekt. In Abbildung 13.49 sehen Sie im Kopfbereich die Anzahl der **Mapping-Aufgaben** und die Zahl der Aufgaben, die sich im Status **Zu bestätigen**, **Bestätigt** oder **Fehler** befinden. In der Liste der Mapping-Aufgaben werden der Name der **Mapping-Aufgabe**, ihr **Status** und **Typ** sowie die Anzahl der **Werte** in dieser Mapping-Aufgabe angezeigt.

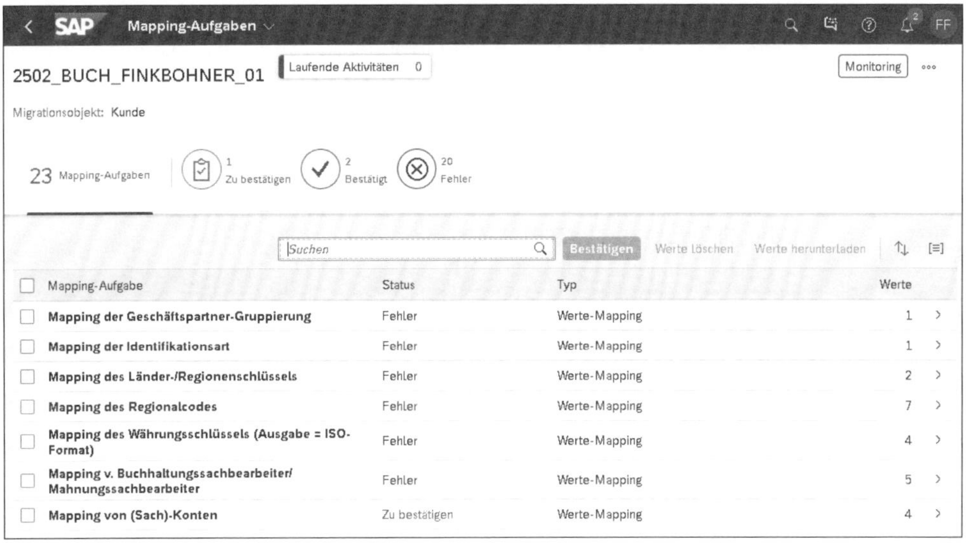

Abbildung 13.49 Mapping-Aufgaben des Projekts

Was bedeutet der Status »Fehler«?

Mapping-Aufgaben sind im Status »Fehler«, wenn Feldwerte eines Quellsystems länger sind als die Felddefinition der Zielstruktur, z. B., wenn Werke in Ihrem Quellsystem länger als die vier Stellen eines Werks eines SAP-Systems sind. Während der Aktion **Vorbereiten** erhalten Sie für solche Werte normalerweise eine Warnmeldung DMC_RT_MSG 206, wie z. B. »MAP_REGIO: Aufgr. untersch. Längen o. ungült. Wert Indiana (IN) auf Initialwert gesetzt«. Sind die Feldwerte kleiner gleich der Felddefinition, werden die Quellwerte direkt in die Zielwerte übernommen. Sind Sie jedoch länger, wird nur der Quellwert geschrieben, und der Zielwert bleibt leer. Diesen müssen Sie dann im Werte-Mapping der Mapping-Aufgaben manuell zuordnen. Durch dieses Verhalten werden Inkonsistenzen durch das Abschneiden von Zielwerten vermieden. Insbesondere bei Objekt-IDs, wie z. B. zu langen Kundennummern, könnte es sonst problematisch werden, wenn durch ein Abschneiden des überlangen Quellwerts mehrere dann identische Quellkundennummern auf dieselbe Zielkundennummer zeigen würden.

Typen der Mapping-Aufgaben

Bei den Typen unterscheidet man:

- **Steuerparameter** (Control Parameter): Mit Steuerparametern steuern Sie das Verhalten bestimmter Migrationsobjekte während der Datenmigration. Sie können hier z. B. beim Objekt »Kunde« festlegen, ob der »Token für die digitale Bezahlung« geprüft werden soll.

- **Festwert** (Fix Value): Hier werden Festwerte definiert. Ein typischer Festwert war in früheren Public-Cloud-Versionen der des Kostenrechnungskreises (Controlling Area), der in SAP S/4HANA Cloud immer auf »A000« festgelegt ist. Dieser wird mittlerweile aber automatisch ermittelt, und der Festwert wurde entfernt.
- **Werte-Mapping** (Value Mapping): Hier werden Feldwerte der Quelle auf die Zielwerte des SAP-S/4HANA-Systems gemappt.

[»]

Steuerparameter »Warten auf Godot«

Wenn Sie die Wertehilfe eines Steuerparameters aufrufen, können einige Sekunden vergehen, bevor Sie die auswählbaren Zielwerte sehen. Verlassen Sie die Wertehilfe also nicht zu schnell, nur weil Sie hier in den ersten Sekunden »Kein Datensatz gefunden« sehen.

Mapping-Aufgaben arrangieren

Ansonsten können Sie die Liste der Mapping-Aufgaben über den Button [↑↓] (**Sortieren**) bzw. über den Button [[≡]] (**Gruppieren**) nach einem Kriterium, wie z. B. dem **Typ**, gruppieren.

Massenbestätigung von Mapping-Werten

Wenn Sie in Ihren Quelldaten schon die richtigen Zieldaten gepflegt haben, können Sie hier einfach alle noch zu bestätigenden Mapping-Aufgaben auswählen und über **Bestätigen** eine Massenbestätigung ausführen.

[!]

Nur sichtbare Aufgaben werden selektiert

Beachten Sie hierbei, dass der Button zur Massenselektion nur die auf der Seite sichtbaren Mapping-Aufgaben auswählt. In den aktuellen Versionen des Migration Cockpits werden Sie hierauf durch einen kleinen Warnungstext nach der Selektion hingewiesen. Sie müssen dann entweder mehrmals selektieren und bestätigen. Oder Sie blättern bis ans Ende der Liste und selektieren und bestätigen erst dann die Mapping-Aufgaben.

Prüfung des Zielwerts

Ein Quellwert wird, wenn er nicht die maximale Länge des Zielfelds überschreitet, durch die Aktion **Vorbereiten** als möglicher Zielwert in die Mapping-Aufgabe übernommen. **Bestätigen** prüft in der ausgewählten Mapping-Aufgabe, ob ein Wert eingetragen wurde. Wenn die Mapping-Aufgabe einer Wertetabelle zugeordnet ist, wird dann noch geprüft, ob der Zielwert korrekt ist. Sie sollten hier beachten, dass zwar den meisten, aber nicht allen Mapping-Aufgaben eine solche Wertetabelle zugeordnet ist. Mapping-Aufgaben für Objekt-IDs, wie z. B. Kundennummern, sind keiner Wertetabelle zugeordnet. Da sie beim initialen Laden noch nicht im System vorhanden sind, würde eine Werteprüfung hier zu Fehlern führen. Die Mapping-Aufgabe für die Mengeneinheiten ist auch keiner Wertetabelle zugeordnet, da hier wegen der Zuordnung des ISO-Codes eine spezielle Prüfung auf den Mengeneinheiten während des Simulierens erfolgt. Überprüfen Sie auf jeden Fall Ihre Werte, bevor Sie sie einfach massenhaft bestätigen. Denn auch ein korrekter Zielwert kann einem falschen Quellwert zugeordnet sein. Das Migration Cockpit zeigt deshalb auch ein Warnungsfenster »Mapping-Werte bestätigen« an:

»Sie sind im Begriff, alle Mapping-Werte für die ausgewählten Mapping-Aufgaben zu bestätigen. Es werden nur die Mapping-Werte mit dem Status ›Zu bestätigen‹ bestätigt. Indem Sie ›OK‹ wählen, bestätigen Sie, die Ziel-Mapping-Werte auf ihre Richtigkeit geprüft zu haben.«

Kontrolle der Daten nach Massenbestätigung

Während die Hintergrundaktivität »Mapping-Aufgaben bestätigen« ausgeführt wird, erscheint zudem eine kleine Information (*Message Toast*) im Bild. Wenn diese Meldung verschwindet, ist die Massenbestätigung abgeschlossen. Die Fehlernachrichten können Sie dann über das **Monitoring** ansehen. Wie zuvor erwähnt, sollten Sie anschließend stets die Werte noch einmal kontrollieren. Mapping-Aufgaben, die nicht bestätigt werden konnten, befinden sich auf jeden Fall weiterhin im Status »Zu bestätigen« oder »Fehler«.

Werte löschen

Werte löschen

In SAP S/4HANA Cloud und ab SAP S/4HANA 2022 FPS01 ist es möglich, komplette Mapping-Aufgaben zu löschen. Dazu wählen Sie die zu löschenden Mapping-Aufgaben aus und klicken auf **Werte löschen**. Danach erscheint ein Dialogfenster, das den folgenden Text anzeigt:

»Alle Mapping-Werte für die ausgewählten Mapping-Aufgaben werden gelöscht. Mapping-Werte werden für die Simulation der Migration und für die Migration von Daten benötigt. Wenn Mapping-Werte gelöscht werden, kann es zu Fehlern oder Dateninkonsistenzen kommen, insbesondere dann, wenn die Mapping-Werte von mehr als einem Migrationsobjekt verwendet werden.

Beachten Sie, dass ausgewählte Mapping-Aufgaben nicht mehr auf dem Bild ›Mapping-Aufgaben‹ angezeigt werden. Wenn Sie Mapping-Werte für eine Mapping-Aufgabe erneut hochladen, wird die Mapping-Aufgabe auch wieder auf dem Bild ›Mapping-Aufgaben‹ angezeigt.

Alle Mapping-Werte für die ausgewählten Mapping-Aufgaben löschen?«

Wenn Sie sich sicher sind, dass Sie die Mapping-Aufgaben löschen wollen, dann bestätigen Sie den Dialog durch einen Klick auf den Button **Löschen**.

Mapping-Vorlagendatei herunterladen und bearbeiten

Mapping-Vorlagendatei herunterladen

Neben dem **Monitoring** können Sie **Mapping-Vorlagen herunterladen** ❶. Im Auswahlfenster wählen Sie die entsprechenden Mapping-Aufgaben aus ❷ und laden diese über **Herunterladen** ❸ direkt in eine gepackte ZIP-Datei. Die ZIP-Datei hat folgendes Namensschema: **Mapping Templates – <Projektname>.zip**.

Warnung bei großer Auswahl

Wenn Sie sehr viele Mapping-Aufgaben ausgewählt haben, erscheint ein kleines Warnungs-Dialogfenster mit folgendem Warnungstext:

> *»Das System bereitet Vorlagedateien für die ausgewählten Mapping-Aufgaben vor, damit sie heruntergeladen werden können. Beachten Sie, dass dies einige Zeit in Anspruch nehmen kann. Bei der Vorbereitung einer großen Anzahl von Dateien kann es zu nicht akzeptablen Laufzeiten oder sogar zu einem Timeout-Fehler kommen.«*

[!]

Maximal 170 Mapping-Vorlagen auf einmal

Sie können maximal 170 Mapping-Vorlagen auf einmal herunterladen. Wenn Sie mehr als 170 markiert haben, bekommen Sie eine Fehlermeldung beim Herunterladen.

Sie bestätigen dann das Herunterladen im Dialogfenster über den Button **Dateien vorbereiten** oder brechen ab. In älteren Versionen des Migration Cockpits wird das Herunterladen als Hintergrundjob eingeplant, und Sie können die ZIP-Datei dann über das **Monitoring** ❹ herunterladen (siehe Abbildung 13.50).

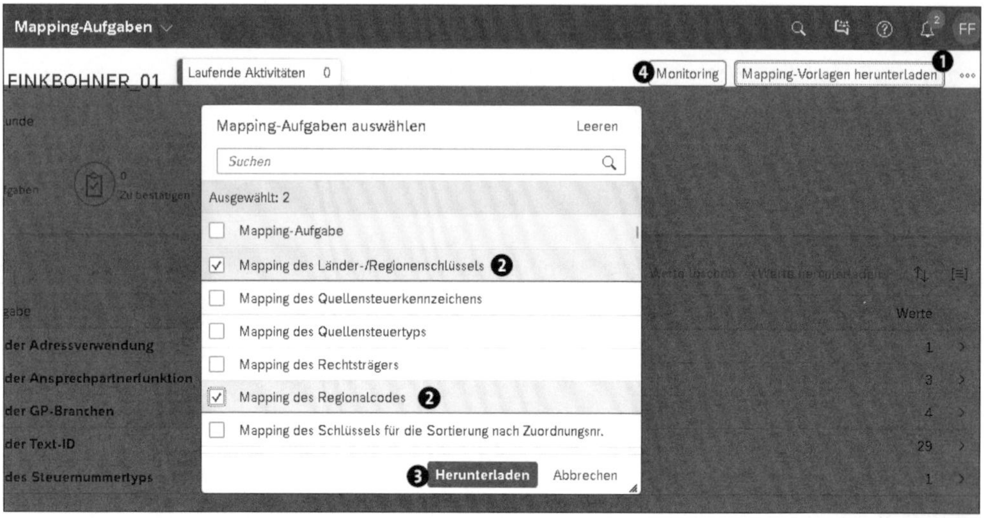

Abbildung 13.50 Mapping-Vorlagen herunterladen

Mapping-Vorlagen-Datei bearbeiten

Die Mapping-Vorlage ist eine XML-Datei, die mit Microsoft Excel oder einem anderen Tabellenkalkulationsprogramm bearbeitet werden kann. Sie enthält die Registerkarte **Signatur** mit der technischen Beschreibung der Import- und Exportparameter. Die entsprechenden Mapping-Zielwerte pflegen Sie auf der Registerkarte **Daten** in der Exportparameterspalte (EV_) je Importparameter (IV_). Die Mapping-Vorlagen sind sinnvoll, wenn Werte-Mappings, wie z. B. Einkäufergruppen-Zuordnungen, von verschiedenen Fachabteilungen neu definiert werden. Diesen können Sie dann eine Vorlage für das gemeinsame Mapping geben, die Sie nach Bearbeitung durch die Fachabteilung wieder hochladen. Abbildung 13.51 zeigt ein Beispiel für eine solche Mapping-Vorlagen-Datei.

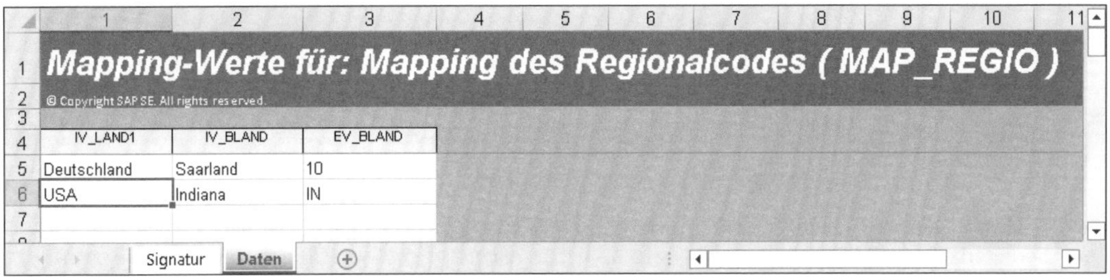

Abbildung 13.51 Daten in heruntergeladener XML-Datei pflegen

Die Vorlagendatei laden Sie dann über die Funktion **Werte hochladen** wieder ins System. Die Schritte dazu erläutern wir Ihnen nachfolgend im Punkt »Mapping-Werte hochladen«

Werte von Mapping-Aufgaben herunter- bzw. hochladen

Sie können auch ausgewählte Mapping-Aufgaben ❶ inklusive ihrer Werte über **Werte herunterladen** ❷ in eine Datei herunterladen. Dabei erhalten Sie eine Warnmeldung, die Sie beachten sollten:

> *»Beachten Sie, dass die Dateien Zielwerte enthalten können, die automatisch angelegt wurden. Dies kann vorkommen, wenn für die zugehörigen Migrationsobjekte die interne Nummernvergabe verwendet wird. Passen Sie die Zielwerte unbedingt an (oder entfernen Sie die betroffenen Instanzen komplett), bevor Sie die Datei in ein anderes System hochladen.«*

Mit **OK** ❸ bestätigen Sie die Warnung (siehe Abbildung 13.52).

Alle Werte herunterladen

Die Liste der Mapping-Aufgaben zeigt Ihnen initial nur die ersten 20 Aufgaben an. Die Checkbox ❹ links neben der Spalte **Mapping-Aufgabe** dient dazu, alle sichtbaren Aufgaben zu markieren oder die Markierung zu entfernen. Wenn Sie also alle Werte herunterladen wollen, blättern Sie genau wie bei der Massenbestätigung bis zum Ende der Liste und markieren erst dann alle Aufgaben über die Checkbox ❹.

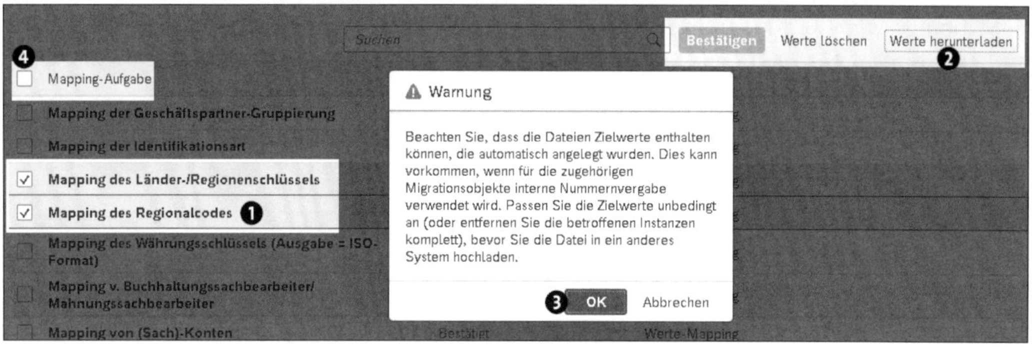

Abbildung 13.52 Werte herunterladen

Datei herunterladen Danach begeben Sie sich ins **Monitoring**, um die Datei herunterzuladen. Hier sehen Sie die Aktivität »Mapping-Werte herunterladen«. Über die Option **Datei herunterladen** laden Sie die Werte in einer ZIP-Datei mit dem Namensschema **Mapping Values - <Projektname>.zip** herunter.

Sie sehen in Abbildung 13.53 das Monitoring mit den zwei Auswahlmöglichkeiten für die Aktivität »Mapping-Werte herunterladen«.

Abbildung 13.53 Ansicht »Monitoring« – Mapping-Werte herunterladen

Mapping-Werte hochladen

Wenn Sie die XML-Dateien gepflegt haben, klicken Sie im Bild **Mapping-Aufgaben** auf **Werte hochladen**, um sie über die Sicht **Mapping-Werte hochladen** wieder ins System hochzuladen (siehe Abbildung 13.55):

1. Auf der Sicht **Mapping-Werte hochladen** klicken Sie auf **Hochladen** ❶ und wählen dann die Datei aus, die Sie hochladen wollen. Sie können aber auch die Datei, oder mehrere Dateien in einer ZIP-Datei, in den dafür vorgesehenen Bereich ❷ ziehen und fallen lassen. Danach wird eine Validierung der Dateien automatisch eingeplant und durchgeführt. Sie müssen auf jeden Fall warten, bis diese Validierung beendet ist. Dazu können Sie den Status der Aktivität »Datei für Mapping-Aufgaben validieren« über das **Monitoring** kontrollieren.
2. Nach erfolgreicher Validierung erscheinen die Mapping-Aufgaben im Bereich **Zusätzliche Einstellungen** in der Liste **Dateien für Mapping-Aufgaben**. Sie wählen hier die Mapping-Aufgabe(n) ❸ aus, deren Werte Sie hochladen wollen.
3. Hier müssen Sie die **Optionen für das Bestätigen von Werten** ❹ pro Mapping-Aufgabe pflegen. Die Option »Keine« ist kein gültiger Wert:
   - »Werte automatisch bestätigen«: Korrekte Zielwerte werden automatisch bestätigt. Dies ist für die Massenpflege die übliche Option.
   - »Werte nicht automatisch bestätigen«: Sie müssen alle Werte danach manuell bestätigen.
4. Dann wählen Sie die **Optionen für das Laden von Werten** ❺ pro Mapping-Aufgabe:
   - »Vorhandene Werte ersetzen«: Mit dieser Option löschen und überschreiben Sie alle existierenden Werte.
   - »Werte ändern / Werte hinzufügen«: Hier werden vorhandene Werte mit neuen Werten überschrieben und neue Werte-Mappings hinzugefügt.

[«]

Optionen für ausgewählte Mapping-Aufgaben festlegen

Bei sehr vielen Mapping-Aufgaben ist es sehr zeitaufwendig, die Optionen für jede einzelne Mapping-Aufgabe festzulegen. Über **Bearbeiten** ❶ können Sie aber auch die **Optionen für ausgewählte Mapping-Aufgaben angeben** ❷ über den gleichnamigen Dialog festlegen. Abbildung 13.54 zeigt diesen Dialog. Sie können hier die bekannten Optionen auswählen. Diese werden dann mit **Bearbeiten** ❸ in alle ausgewählten Mapping-Aufgaben übernommen.

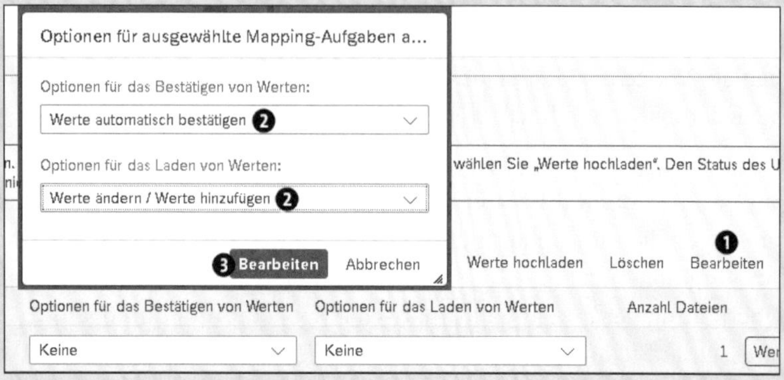

Abbildung 13.54 Optionen für ausgewählte Mapping-Aufgaben angeben

5. Danach klicken Sie auf **Werte hochladen** ❻ (siehe wieder Abbildung 13.55), und alle selektierten Mapping-Aufgaben werden als Hintergrundaktivität »Mapping-Werte hochladen« eingeplant. Sie können aber auch auf den Button **Werte hochladen** ❼ rechts neben jeder Mapping-Aufgabe klicken, um diese einzeln hochzuladen.

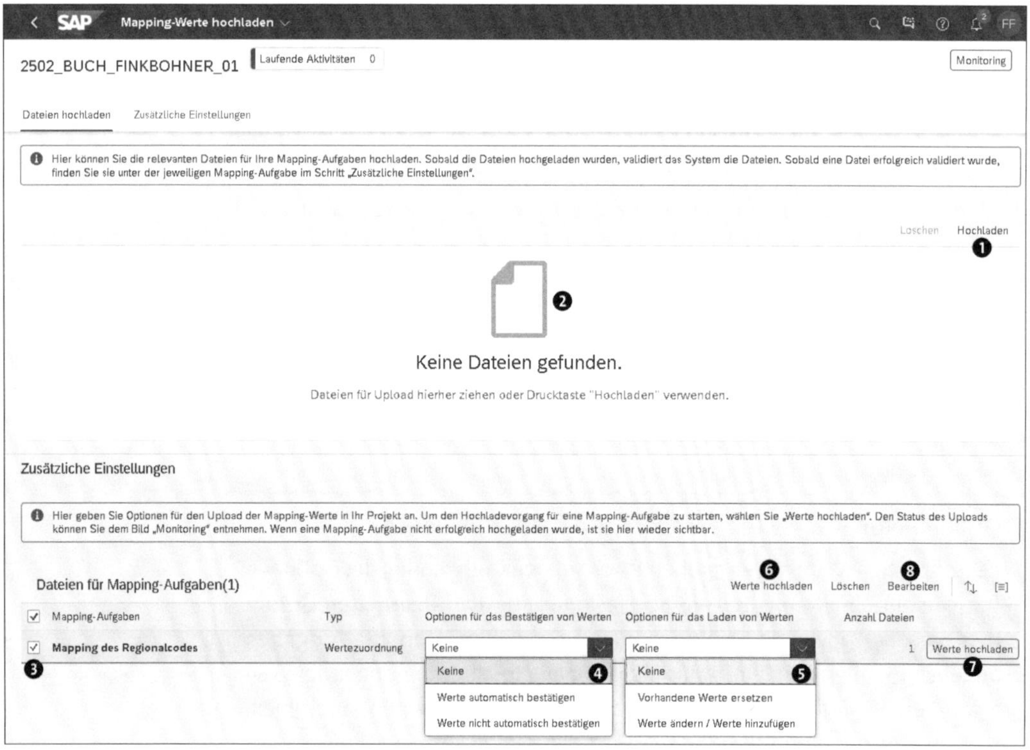

Abbildung 13.55 Mapping-Werte hochladen

6. Nachdem die Mapping-Aufgaben hochgeladen wurden, verschwinden sie aus der Liste der **Dateien für Mapping-Aufgaben** ❸.
7. Je nachdem, wie Sie die **Optionen für das Bestätigen von Werten** ❹ gewählt haben, müssen die Mapping-Aufgaben danach noch manuell bestätigt werden.

Wie üblich können Sie über den Button [⇅] (**Sortieren**) bzw. über den Button [☰] (**Gruppieren**) nach einem Kriterium, wie z. B. der **Mapping-Aufgabe**, gruppieren.

Einzelwerte einer Mapping-Aufgabe pflegen

Um Einzelwerte einer Mapping-Aufgabe zu bearbeiten, klicken Sie in der Sicht **Mapping-Aufgaben** in der Zeile der Mapping-Aufgabe auf den Button [>] (**Weiter**). Die Sicht wird über ein flexibles Spaltenlayout erweitert. Die linke Seite in Abbildung 13.56 zeigt die bisherige Liste der Mapping-Aufgaben. Auf der rechten Seite werden die Werte der Mapping-Aufgabe angezeigt. Einzelne Werte können Sie auswählen, **Bestätigen** oder diese **Werte löschen**.

Werte löschen

Wenn Sie einzelne oder mehrere Werte löschen wollen, dann markieren Sie diese und wählen danach **Werte löschen**. Sie erhalten ein Dialogfenster **Löschen** mit folgendem Warnungstext:

> *»Mapping-Werte werden für die Simulation der Migration und für die Migration von Daten benötigt. Wenn Mapping-Werte gelöscht werden, kann es zu Fehlern oder Dateninkonsistenzen kommen, insbesondere dann, wenn die Mapping-Werte von mehr als einem Migrationsobjekt verwendet werden.*
>
> *Die ausgewählten Mapping-Werte löschen?«*

Sie bestätigen den Löschvorgang mit **Löschen** oder brechen ihn ab.

Ansicht anpassen

Wenn Sie eine sehr hohe Anzahl an Mapping-Werte haben, können Sie folgende Funktionen nutzen, um die Anzeige der Sicht **Mapping-Aufgaben** anzupassen:

- **Filter einblenden** zeigt zusätzliche Selektionsfelder, mittels derer Sie die anzuzeigenden Quell- oder Zielwerte über ihren Wert oder den Status einschränken können.
- [⇅] (**Sortieren**)
- [☰] (**Gruppieren**) gruppiert die Werte nach einem Kriterium, wie z. B. dem **Typ**.

Abbildung 13.56 Mapping-Werte pflegen

Werte über Suchhilfe auswählen

Ist der Mapping-Aufgabe eine Domäne oder eine Suchhilfe zugeordnet, können Sie im Feld **S/4HANA-Zielwert** ein Wertehilfe ❶ aufrufen. Wenn Sie diese Wertehilfe auswählen, erscheint ein neues Fenster mit der Wertehilfe. Hier können Sie je nach Ausprägung der Wertehilfe entweder nur Zielwerte auswählen oder über Selektionsfelder ❷ die Auswahl der Zielwerte filtern ❸. Durch einfaches Klicken auf den Zielwert ❹ wird dieser als neuer Zielwert übernommen (siehe Abbildung 13.57).

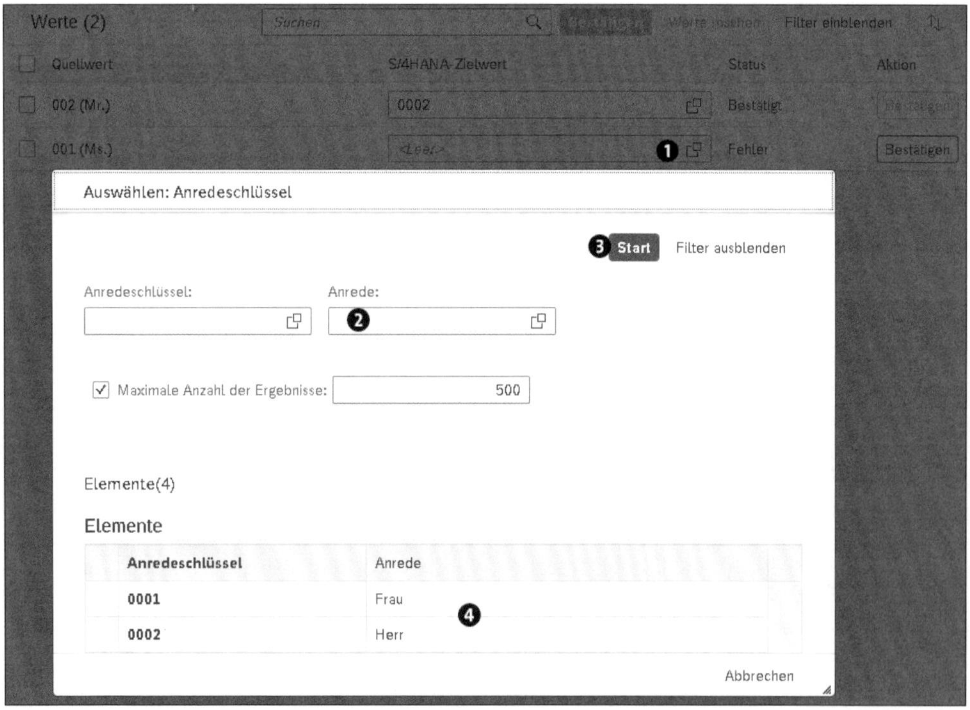

Abbildung 13.57 Zielwert über Wertehilfe auswählen

[!]

Neue offene Mapping-Aufgaben nach Simulation

Bei einigen Migrationsobjekten werden Sie feststellen, dass nach erfolgreichem Bestätigen von Mapping-Aufgaben und dem Starten der Aktion **Simulieren** plötzlich wieder neue unbestätigte Mapping-Aufgaben auftauchen. Dies ist kein Fehler des Migration Cockpits, sondern der Abhängigkeit einiger Mapping-Aufgaben untereinander geschuldet. Kostenstellen haben z. B. einen Bezug zum Kostenrechnungskreis. Viele Objekte haben jedoch keinen Kostenrechnungskreis in ihrer Übernahmestruktur. In einem solchen Fall wird der notwendige Kostenrechnungskreis über das Werk oder den Buchungskreis ermittelt. Zum Ermitteln des Kostenstellenwerts müssen Sie zuerst das Werte-Mapping für das Werk oder den Buchungskreis in der ersten **Vorbereitung** bestätigen, da die Mapping-Aufgaben für die Kostenstellen bei der ersten **Vorbereitung** u. U. nicht befüllt worden sind. Bestätigen Sie zuerst die offenen Mapping-Aufgaben und führen Sie anschließend eine zweite Vorbereiten-Aktivität aus. Mit dem bestätigten Werks- oder Buchungskreis-Mapping kann der Kostenrechnungskreis nun ermittelt und die Mapping-Aufgabe für Kostenstellen erstellt werden. Eine detaillierte Beschreibung des Problems und den Lösungsweg mit Bildern finden Sie im Wissensdatenbankartikel 3076466 unter diesem Weblink: *http://s-prs.de/v10578121*.

[«]

Weitere Informationen

Zusätzliche Informationen zum Thema Mapping-Aufgaben finden Sie in folgenden Wissensdatenbankartikeln:

- 3075948: Migrationscockpit – Fehlermeldungen N. 93 und N. 331 »Mapping von XXX noch nicht bestätigt, Wertkonvertierung im Migrationscockpit pflegen« (siehe *http://s-prs.de/v10578122*)
- 2976393: Verwendung von Mapping-Werten in verschiedenen Projekten (siehe *http://s-prs.de/v10578123*)
- 3003068: Einfügen und Löschen von Einträgen für Mapping-Aufgaben (siehe *http://s-prs.de/v10578124*)

13.2.16 Jobverwaltung

Übernahme parallelisieren

Da das neue Migration Cockpit auf dem Prinzip der Staging-Tabellen aufgebaut ist, erfolgt die Parallelisierung hier nicht mehr über die Anzahl der Dateien, sondern über einen anderen Mechanismus. In der Jobverwaltung erhöhen oder verringern Sie dazu die **Maximale Anzahl Jobs für Projekt** ❶ und **Für Migrationsobjekte verwendete Jobs** ❷. Sie klicken dazu in der Sicht

Jobverwaltung auf den Button **Bearbeiten** ❸ und passen über die Plus- und Minustasten (❹/❺) die gewünschte Anzahl von Jobs pro Projekt und pro Migrationsobjekt an (siehe Abbildung 13.58). Anschließend speichern Sie das Ganze über den Button **Sichern** ❻.

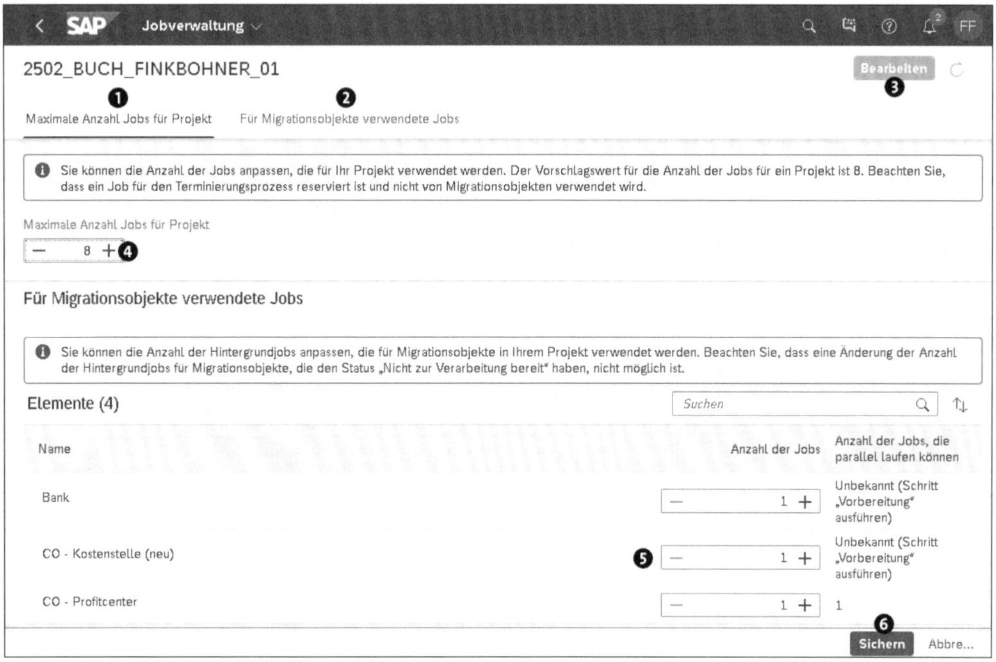

Abbildung 13.58 Jobverwaltung

Migrationsobjekte ohne Parallelisierung

Im Wissensdatenbankartikel 3294684 (*http://s-prs.de/v10578125*) finden Sie eine Liste mit einer Handvoll Migrationsobjekten, die nicht parallelisiert werden können. Wenn Sie für eines dieser Objekte, wie z. B. »CO – Profitcenter«, die Anzahl der Jobs ❺ größer als »1« setzen und **Sichern** ❻, dann erscheint folgende Fehlermeldung:

»Es kann nur ein Job für den Simulationsprozess und die Migration der Daten verwendet werden. Es ist nicht möglich, eine Zahl größer als 1 anzugeben.«

Der Grund ist meistens die Buchungslogik in der Migrations-API, die eine Parallelisierung aufgrund von z. B. der Sperrlogik verhindert.

Minimal zwei Jobs pro Objekt

Die Anzahl für **Maximale Anzahl Jobs für Projekt** ist abhängig von der Anzahl der im System verfügbaren Jobs. Jedes Migrationsobjekt belegt mindestens zwei Jobs: einen für den Controller- bzw. Calculation-Job und n weitere für die Ladejobs (Simulieren, Migrieren).

[«]

Maximale Anzahl von Hintergrundprozessen in SAP S/4HANA Cloud

In SAP S/4HANA Cloud ist die maximale Anzahl der Hintergrundprozesse (HP) begrenzt. Das Migration Cockpit kann davon maximal 80 % nutzen. Laut Wissensdatenbankartikel 2878945 liegt die Anzahl der HPs bei:

- Q-System (1 Appl. Server): 10 HPs, max. 8 nutzbar
- P-System (2 Appl. Server): 20 HPs, max. 16 nutzbar

Die Anzahl der verfügbaren Hintergrundprozesse Ihres SAP-S/4HANA-Systems erfragen Sie am besten bei Ihrem Systemadministrator. Es ist nicht sinnvoll, hier mehr Jobs anzugeben, als verfügbar sind. Auch sollte beachtet werden, dass einige Hintergrundprozesse i. d. R. schon mit Standardjobs belegt sind. Die Nutzung mehrerer paralleler Migrationsprojekte war in alten Releases vielleicht noch sinnvoll. Sie ist heute meist kontraproduktiv und erzeugt i. d. R. keinen Performance-Gewinn, sondern eher Probleme aufgrund einer übervollen Jobwarteschlange. Weitere Informationen hierzu finden Sie auch im Wissensdatenbankartikel 3034738 unter diesem Weblink: *http://s-prs.de/v10578126* und 2878945 unter diesem Weblink: *http://s-prs.de/v10578127*.

13.2.17 Migration simulieren

Start der Simulation

Nachdem Sie nun alle Mapping-Aufgaben bestätigt und die Jobs in der Jobverwaltung verteilt haben, ist der nächste Schritt, die Datenmigration zu simulieren. Hierzu wählen Sie in der Sicht **Migrationsprojekt** die Aktion **Simulieren** beim jeweiligen Migrationsobjekt. Es erscheint das Dialogfenster **Neue Simulation**. Hier können Sie zwischen den folgenden, teils selbsterklärenden Simulationsoptionen wählen und die Simulation über **Simulation starten** ausführen:

- »Beliebige 10 %« der vorhandenen Migrationsobjektinstanzen werden simuliert.
- »Beliebige 500« Migrationsobjektinstanzen werden simuliert.
- »Alle Instanzen« werden simuliert (Standardauswahl).
- »Benutzerspezifische Auswahl«: Hier wird zur Massenverarbeitung für die Simulation abgesprungen. Es werden in einem dreistufigen Auswahlprozess die zu simulierenden Instanzen ausgewählt. Den generellen Aufbau der Sicht **Massenverarbeitung von Migrationsinstanzen** beschreiben wir in Abschnitt 13.2.22, »Massenverarbeitung über freie Selektion auf Instanzen«.

Sie können aber auch eins oder mehrere Objekte auswählen und über den Menü-Button **Aktionen • Simulieren** mit den folgenden zwei selbsterklärenden Optionen auswählen (siehe Abbildung 13.59):

- **Alle Instanzen**
- **Alle Instanzen mit Fehlern**

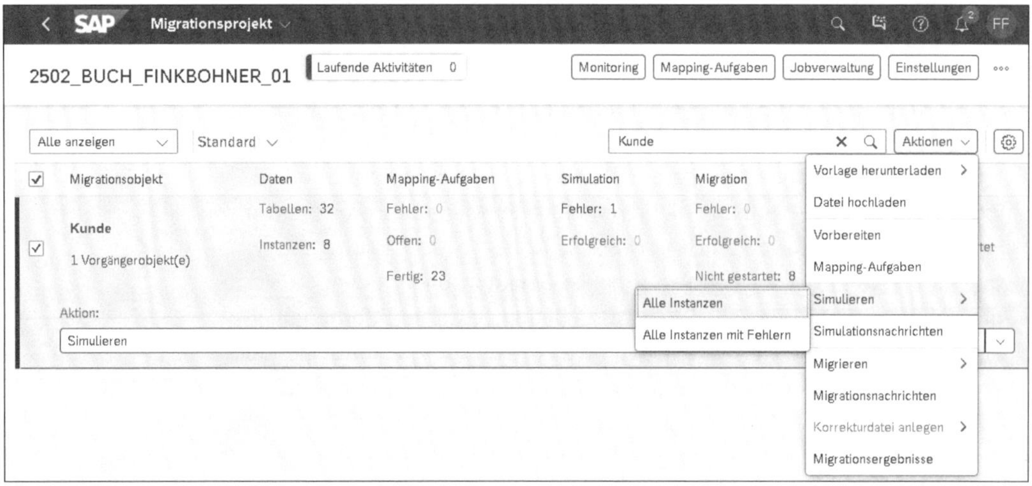

Abbildung 13.59 Migrationsobjekte simulieren

Schnelle Kontrolle der Aktivitäten

Für jedes gewählte Migrationsobjekt wird die Aktivität »Daten simulieren« als Hintergrundjob eingeplant, dessen Status Sie unter **Laufende Aktivitäten** bzw. unter **Monitoring** kontrollieren können. Ist das Simulieren fehlgeschlagen, können Sie das direkt über den Button **Aktivitäten mit Fehler** sehen. Abbildung 13.60 zeigt hier ein Beispiel mit Fehlern während der Simulation. Das Migrationsobjekt bekommt einen roten Balken auf der linken Seite, der den Fehlerstatus unterstreicht.

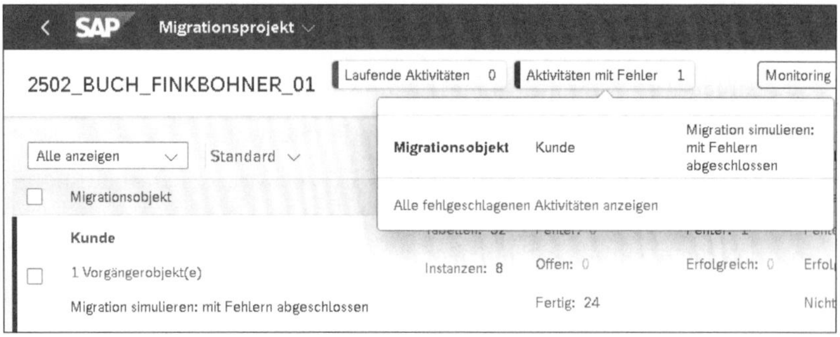

Abbildung 13.60 Button »Aktivitäten mit Fehler« nach dem Simulieren

Fehler im Monitoring prüfen

Die Fehler können Sie sich über **Alle fehlgeschlagenen Aktivitäten anzeigen** oder über das Monitoring anzeigen lassen. Hierzu wählen Sie in der Sicht **Monitoring** die Option **Meldungen anzeigen** bei der Aktivität **Daten simulieren** für das simulierte Migrationsobjekt. Im Beispiel in Abbildung 13.61 sehen Sie z. B. in der Sicht **Nachrichten** den Fehler, dass Sie keine Berechtigung haben, Business Partner einer bestimmten Rolle anzulegen.

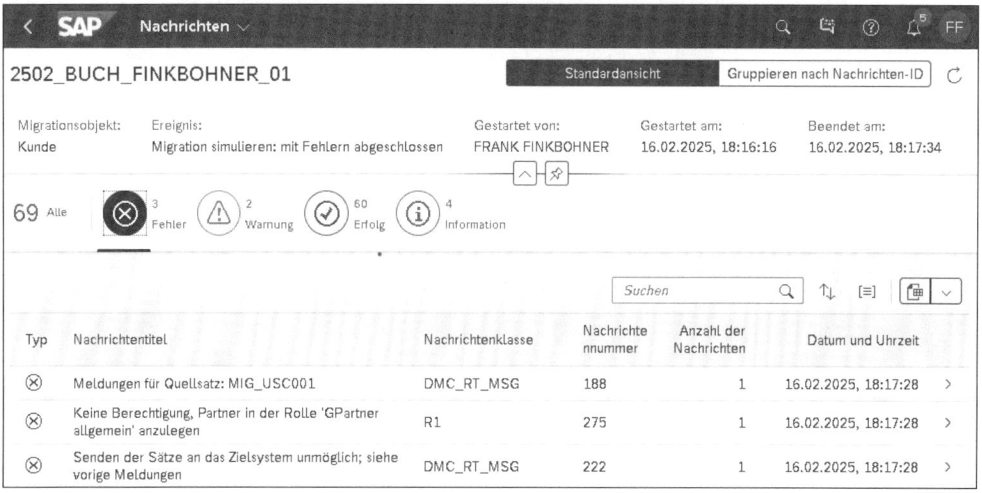

Abbildung 13.61 Migrationsnachrichten zur Simulation mit Fehlern

Langtext hilft bei der Problemlösung

13

Wenn Sie auf eine Nachricht klicken, gelangen Sie zur Detailsicht **Nachricht**. Die Detailsicht zeigt Ihnen den **Langtext** zu einer Nachricht, der oft weitere Hinweise zur Nachricht und bei Fehlern zur Lösung des Problems gibt. Unter **Technische Informationen** finden Sie die **Nachrichtenklasse** und **Nachrichtennummer**, die wichtig für den Support oder zur Suche nach Problemlösungen im Internet sind. In unserem Beispiel erhalten Sie die Information, dass Ihnen eine Rolle fehlt (siehe Abbildung 13.62).

Nachrichtenklassen sagen viel über den Ursprung der Fehlermeldung aus

Über die Nachrichtenklasse können Sie z. B. herausfinden, ob der Fehler vom Migration Cockpit, dem Migrationsobjekt (Content) oder der Migrations-API geworfen wurde. Dies ist wichtig zu wissen, wenn Sie den Support kontaktieren möchten, da Datenmigrationsentwicklungen von verschiedenen Teams und damit auch verschiedenen Support-Komponenten bearbeitet werden. Nachrichtenklassen vom Migration Cockpit beginnen i. d. R. mit `DMC_` oder `/LTB/MC`. Die übliche Nachrichtenklasse des Migrations-Contents lautet `CNV_DMC_SIN`. Alle anderen Nachrichtenklassen werden i. d. R. von den APIs zur Datenmigration genutzt. Für die APIs sind die jeweiligen Support-Komponenten zuständig, die auch den Geschäftsprozess verantworten. Das Problem lässt sich dadurch besser einordnen und schneller der entsprechenden Support-Komponente zuordnen.

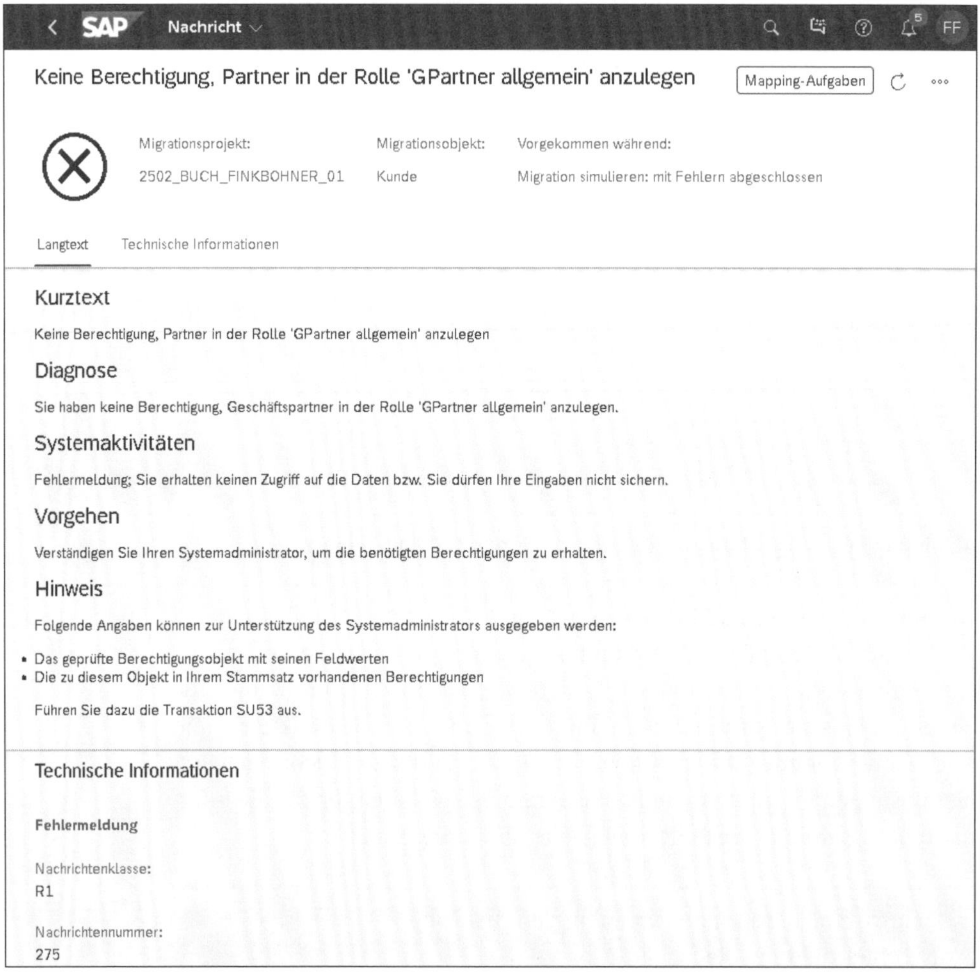

Abbildung 13.62 Details zu einer Nachricht (Langtext)

Einzelne Sätze simulieren

Bevor Sie eine sehr große Anzahl von Datensätzen simulieren, starten Sie zuerst die Simulation für ein paar ausgewählte Datensätze. Über die Sicht **Migrationsobjektinstanzen** können Sie bestimmte Datensätze für die Simulation direkt auswählen. Sie können in den Kopfzeilen die angezeigten

Instanzen über Selektionsfelder, wie z. B. **Aktion/Status** ❶, eingrenzen. Dann wählen Sie die zu simulierenden Datensätze aus ❷ und klicken auf **Simulieren** ❸. Den Status der Aktivität kontrollieren Sie über das **Monitoring** ❹ (siehe Abbildung 13.63).

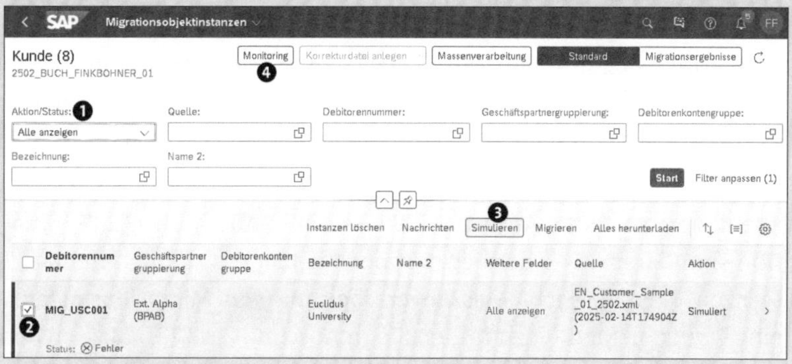

Abbildung 13.63 Simulieren einzelner Migrationsobjektinstanzen

Mehr zur Sicht **Migrationsobjektinstanzen** finden Sie in Abschnitt 13.2.13, »Arbeiten mit Migrationsobjektinstanzen«.

13

Migrieren nach erfolgreicher Simulation

Wenn Sie den Fehler behoben haben, starten Sie die Simulation erneut. Nach erfolgreicher Simulation aller Instanzen steht der Button der **Aktion** auf **Migrieren** (siehe Abbildung 13.64).

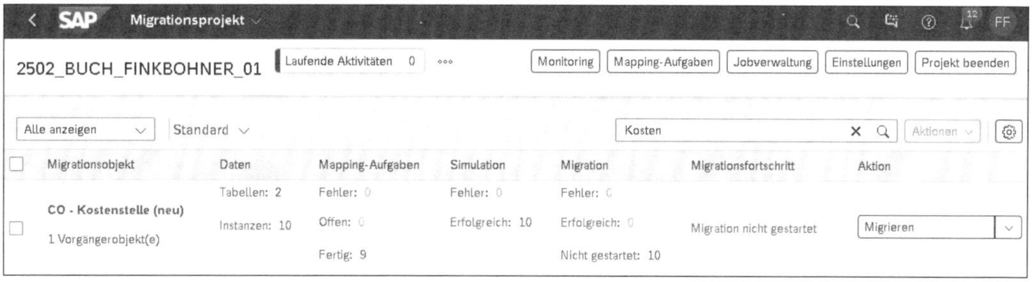

Abbildung 13.64 Simulationsergebnisse

13.2.18 Daten migrieren

Start der Migration

Sie können jetzt Ihre Daten migrieren. Dazu führen Sie die Aktion **Migrieren** am Migrationsobjekt aus. Es erscheint, ähnlich wie beim **Simulieren**, ein Dialogfenster **Neue Migration**, in dem Sie die Migrationsoption auswählen. Sie haben hier folgende Optionen:

- »Beliebige 10 %« an Instanzen migrieren
- »Beliebige 500« Instanzen migrieren

- »Alle Instanzen« migrieren
- »Alle Instanzen mit Fehlern« migrieren: Hatten Sie beim letzten Migrationslauf Fehler, wie z. B. falsch gepflegte Mapping-Werte, dann nutzen Sie diese Option, wenn Sie die Fehler behoben haben und den Satz noch mal migrieren wollen.
- »Alle erfolgreich simulierten Instanzen« migrieren: Dies ist die beste Option, da Sie zur Vermeidung von Problemen generell zuerst einmal alle (!) Datensätze simulieren und dann nur fehlerfreie Datensätze migrieren sollten.
- »Benutzerspezifische Auswahl«: Wie schon in Abschnitt 13.2.17, »Migration simulieren«, beschrieben, können Sie hier die zu migrierenden Instanzen über die Sicht **Massenverarbeitung von Migrationsinstanzen** einschränken. Mehr dazu finden Sie in Abschnitt 13.2.22, »Massenverarbeitung über freie Selektion auf Instanzen«.

Wie beim **Simulieren** können Sie mehrere Objekte auswählen und über den Menü-Button **Aktionen**, **Migrieren** mit den folgenden drei Optionen auswählen:

- **Alle Instanzen**
- **Alle Instanzen mit Fehlern**
- **Alle erfolgreich simulierten Instanzen**

Bevor die Migration gestartet wird, erscheint noch ein Warnungsdialog mit folgendem Text, der Sie darauf hinweist, dass die Migration nicht mehr rückgängig gemacht werden kann:

> *»Sie sind im Begriff, Daten zu migrieren. Eine Migration kann nicht mehr rückgängig gemacht werden. Sind Sie sicher, dass Sie fortfahren möchten?«*

Sie bestätigen die Warnung mit **OK**, wenn Sie migrieren wollen, oder brechen die Migration ab.

Das Migrationsobjekt wird dann in den Status **Daten migrieren: gestartet** versetzt. Den Verlauf der Aktivität überwachen Sie über das Monitoring. Wenn die Datenmigration erfolgreich ist, wird der Status auf **Abgeschlossen** gesetzt (siehe Abbildung 13.65).

Meldungen nach der Migration prüfen

Nach jeder Datenmigration schauen Sie sich über **Meldungen anzeigen** die Meldungen des Migrationslaufs in der Sicht **Nachrichten** an. Abbildung 13.66 zeigt Ihnen einen Ausschnitt der Meldungen unseres Beispiels.

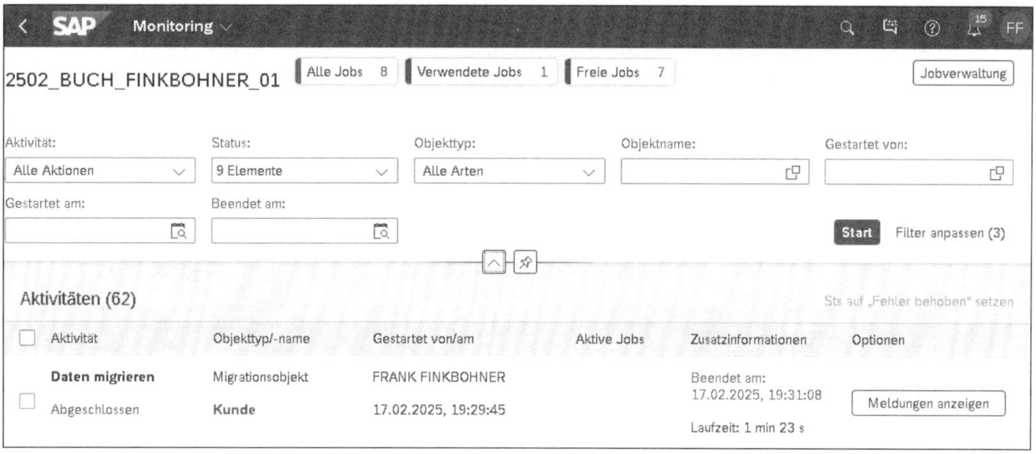

Abbildung 13.65 Erfolgreiche Migration eines Migrationsobjekts

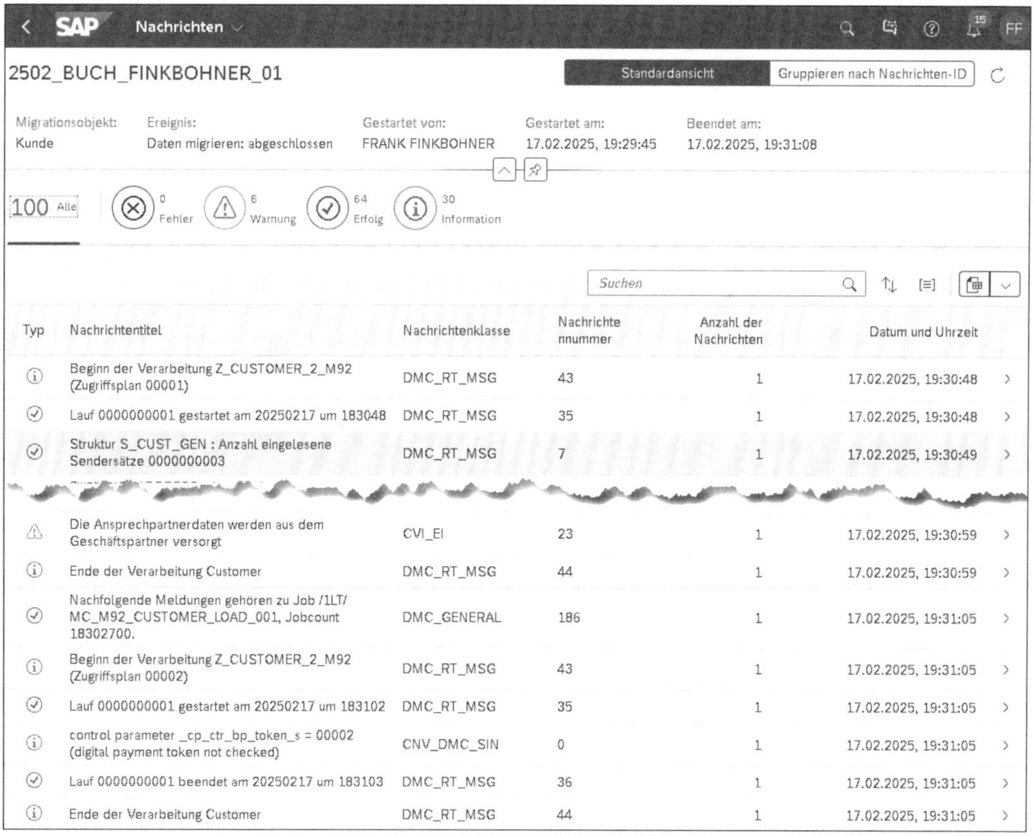

Abbildung 13.66 Migrationsnachrichten einer erfolgreichen Datenmigration

Fortschrittsbalken

Auf der Sicht **Migrationsprojekt** wird bei erfolgreicher Migration das Migrationsobjekt links mit einem grünen und bei Fehlern mit einem roten vertikalen Balken gekennzeichnet. In Abbildung 13.67 sehen Sie in der Spalte **Migrationsfortschritt** einen Fortschrittsbalken, der die Prozentzahl der fehlerhaften (rot), erfolgreich migrierten (grün) und noch nicht gestarteten Instanzen (grau) anzeigt. Falls der Balken zu klein ist, um die Zahl anzuzeigen, bewegen Sie die Maus über den Fortschrittsbalken, und in einem kleinen Fenster wird Ihnen die Aufteilung der Prozentzahlen ausgegeben .

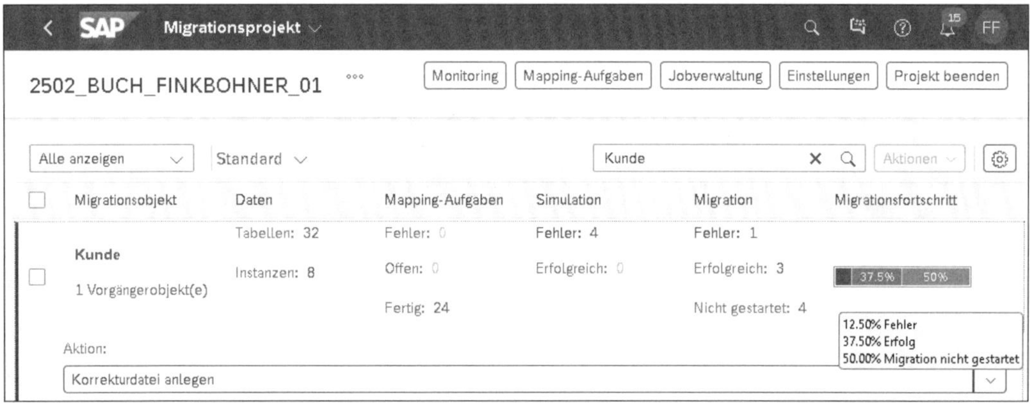

Abbildung 13.67 Ergebnis einer Migration in der Migrationsprojekt-Sicht

13.2.19 Benachrichtigung über Situationsverarbeitung

Ende des Datenmigrationslaufs

Über die Funktionalität **Situationsverarbeitung** (engl. **Situation Handling**) werden Sie über das Ende eines Datenmigrationslaufs (Simulieren bzw. Migrieren) benachrichtigt. Wie Sie in Abbildung 13.68 sehen, erscheint die Anzahl der Benachrichtigungen in der »Glocke« ❶ links neben Ihrem Profil-Icon. Klicken Sie auf diese »Glocke«, und Sie sehen eine Liste der Benachrichtigungen.

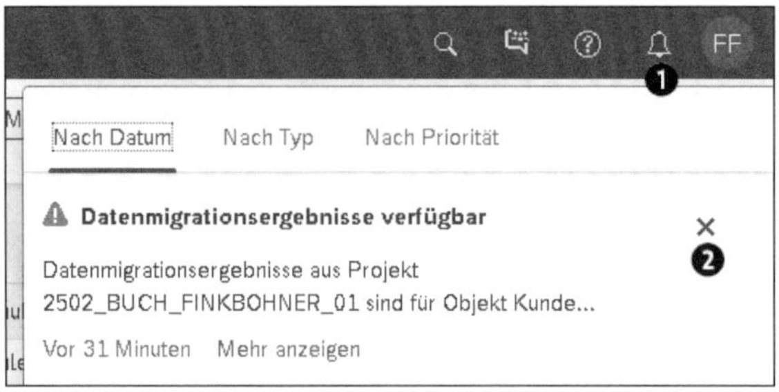

Abbildung 13.68 Situationsverarbeitung »Datenmigrationsergebnisse verfügbar«

Wenn Sie auf den Text ❷ einer »Datenmigrationsergebnisse verfügbar«-Nachricht klicken, werden Sie in SAP S/4HANA Cloud zur App **Datenmigrationsstatus** (siehe Abschnitt 14.2, »Status der Datenmigration prüfen«) geleitet und können dort die migrierten Daten validieren.

Verfügbarkeit Situationsverarbeitung

SAP liefert dazu die Situationsvorlage `CA_DATA_MIGRATION_STEP_COMPLETED` (**Datenmigration ist abgeschlossen**) aus. In SAP S/4HANA Cloud ist diese Vorlage automatisch aktiviert. In SAP S/4HANA können Sie diese Vorlage ab Release 2023 aktivieren, da dann die App **Datenmigrationsstatus** in SAP S/4HANA verfügbar ist.

[«]

Weitere Informationen zur Situationsverarbeitung

Auf der Datenmigrations-Landing-Page im SAP Help Portal finden Sie eine detaillierte Beschreibung zur »Situationsverarbeitung für Datenmigration« und eine Erklär-Video unter folgendem Weblink: *http://s-prs.de/v10578128*.

13

13.2.20 Migrationsergebnisse

Die Funktion **Migrationsergebnisse** gibt es in SAP S/4HANA Cloud und ab SAP S/4HANA 2021. In der Sicht **Migrationsprojekt** wählen Sie **Aktion** ❶ **Migrationsergebnisse** entweder direkt am Migrationsobjekt aus, oder Sie markieren ein Migrationsobjekt ❷ und wählen im **Aktionen**-Menü ❸ die Funktion **Migrationsergebnisse** ❹. Alternativ klicken Sie in der Spalte **Daten** auf die Zahl rechts neben **Instanzen** ❺. Abbildung 13.69 zeigt die verschiedenen Arten, die **Migrationsergebnisse** aufzurufen.

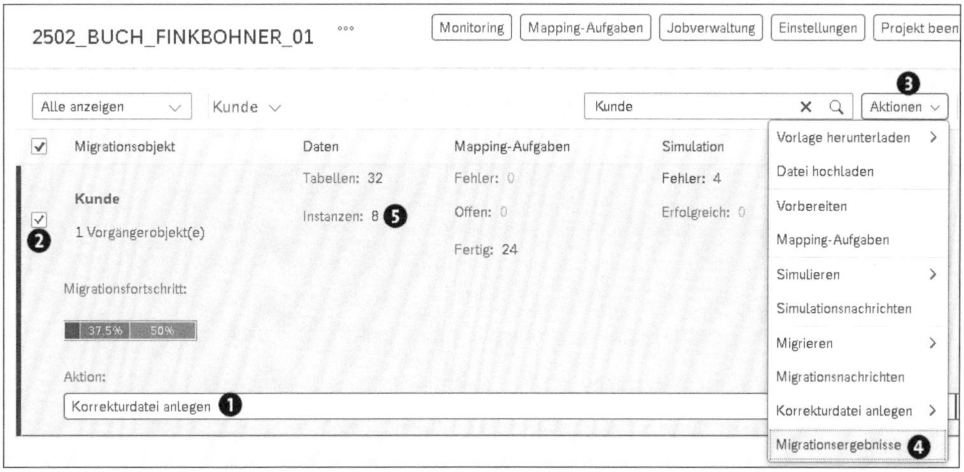

Abbildung 13.69 Migrationsergebnisse aufrufen

Migrationsobjektinstanzen

Sie gelangen über alle drei Wege zur Sicht **Migrationsobjektinstanzen**. In der Kopfzeile sehen Sie den segmentierten Button **Standard/Migrationsergebnisse**. Dieser steht automatisch auf **Migrationsergebnisse**, wenn Sie über ❶ und ❹dorthin wechseln. Über ❺ müssen Sie erst von **Standard** auf **Migrationsergebnisse** umschalten.

Navigation zur Validierungs-App

Die Option **Migrationsergebnisse** ❶ zeigt ein neue Spalte **Ergebnis des Schritts »Migration«** ❷. Für erfolgreiche migrierte Instanzen mit **Aktion** »Migriert« ❸ und **Status** »Erfolg« ❹ werden hier die Schlüsselparameter der migrierten Instanz dargestellt und als Hyperlink ausgeführt. Über diesen Hyperlink ❺ rufen Sie die für ein Migrationsobjekt hinterlegte Validierungs-App auf (siehe Abbildung 13.70).

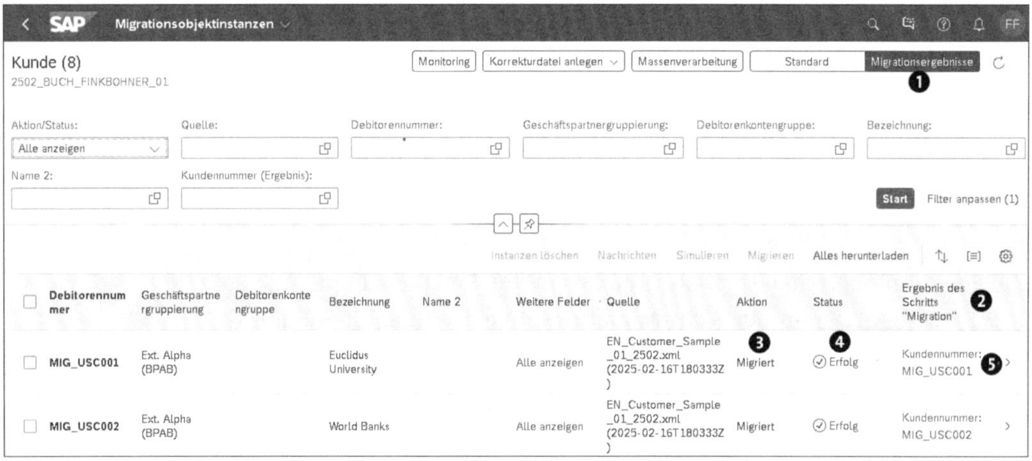

Abbildung 13.70 Migrationsergebnisse mit Links zur Validierungs-App

Aufruf der Validierungs-App

Nach der Auswahl des Schlüssels ❶ erscheint der Link **Zusätzliche Informationen anzeigen**. Hier klicken Sie auf **In neuem Fenster öffnen** ❷ (siehe Abbildung 13.71).

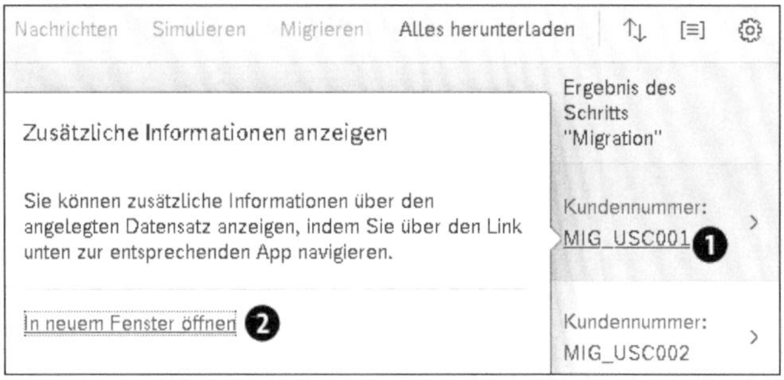

Abbildung 13.71 Validierungs-App in neuem Fenster öffnen

App in der Migrationsobjekt-dokumentation

Welche **App** einem Migrationsobjekt zwecks Validierung der Daten zugeordnet ist, entnehmen Sie der Dokumentation eines Migrationsobjekts. Wie Sie in Abbildung 13.72 sehen, ist die Information dort im Bereich **Nachbearbeitung** unter dem Punkt **Validierung Ihrer Daten im System** hinterlegt. Der Name der App ist ein Hyperlink zur *SAP Fiori Apps Reference Library*. Damit Sie diese App auch nutzen können, ermitteln Sie hier den notwendigen Anwendungskatalog (engl. **business catalog**), den Ihnen Ihr Systemadministrator dann der Anwendungsrolle für Ihren Benutzer zuordnet. Sie finden den **Business Catalog** in der SAP Fiori Apps Reference Library im Bereich **Implementation Information** unter **Business Catalog(s)**.

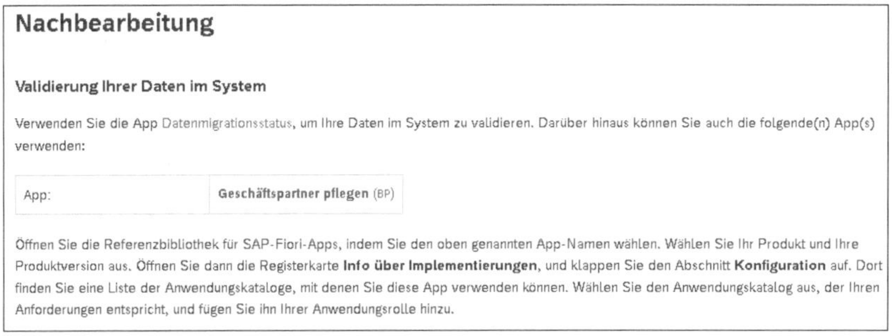

Abbildung 13.72 Dokumentation: Bereich »Nachbearbeitung«

Gut für Ergebnis-stichproben

Die Funktion **Migrationsergebnisse** eignet sich gut für schnelle Stichproben der migrierten Daten. Sie ersetzt aber nicht die App **Datenmigration – Status**, die Ihnen sehr viel umfänglichere Möglichkeiten der Validierung und Auswertung Ihrer Migration liefert. Die App ist in Abschnitt 14.2, »Status der Datenmigration prüfen«, beschrieben.

[«]

Was tun, wenn der Link nicht funktioniert?

Falls Ihnen die Berechtigung für die Validierungs-App fehlt, dann funktioniert der Hyperlink nicht, und Sie können die App nicht aufrufen. Sie erhalten dann eine Fehlermeldung, dass die App aufgrund falscher oder fehlender Rollenzuordnung nicht geöffnet werden konnte.

Es gibt aber auch einige Migrationsobjekte, für die z. B. aus technischen Gründen kein Absprung in eine App angeboten werden kann oder es mehr als eine App zur Validierung gibt. Da **Migrationsergebnisse** und die App **Datenmigration – Status** dieselbe Konfigurationstabellen nutzen, können Sie die Liste der Migrationsobjekte, für die kein direkter Absprung unterstützt wird, dem Wissensdatenbankartikel 2681413 entnehmen (siehe *http://s-prs.de/v10578129*). Sie folgen dann den Anweisungen im Bereich **Nachbearbeitung** in der Dokumentation des Migrationsobjekts.

13.2.21 Korrekturdatei anlegen

Migration mit Fehler abgeschlossen

Sollten trotz vorheriger Simulation Fehler aufgetreten sein, erscheint die Aktivität **Daten migrieren** im Status »Mit Fehler abgeschlossen«, und das Objekt erhält einen roten Balken auf der linken Seite. Sie können jetzt über die Aktion **Korrekturdatei anlegen** ❶ eine **XML-Datei herunterladen** oder **CSV-Dateien herunterladen**, die die fehlerhaften Datensätze enthalten. Dazu wählen Sie im erscheinenden Dialog **Quelle auswählen** die **Quelle**(n) aus ❷ und starten die Generierung der Datei mit **Korrekturdatei anlegen** ❸ (siehe Abbildung 13.73).

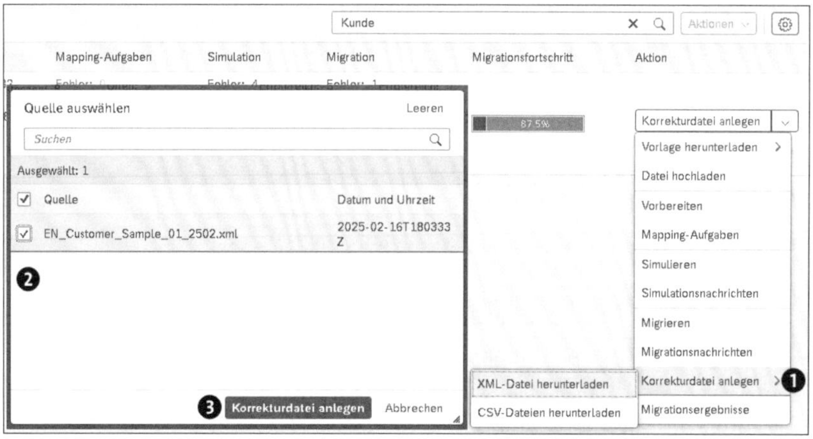

Abbildung 13.73 Quelle für Korrekturdatei auswählen

Datei(en) herunterladen

Danach wechseln Sie ins **Monitoring**; hier wählen Sie die Aktivität **Korrekturdatei generieren** und im Feld **Optionen** dann **Datei herunterladen**.

Zusätzlich erscheinen alle erzeugten Korrekturdateien auch in der Sicht **Migrationsobjekttabellen** im Bereich **Korrekturdateien** ❶. Hier können Sie über den segmentierten Button **Alle/XML/CSV** ❷ die jeweiligen Korrekturdateien filtern. Ausgewählte Korrekturdateien können Sie dann erneut über die jeweiligen Funktionen **Herunterladen** ❸ oder **Löschen** ❹. Für eine Korrekturdatei können Sie über den Menü-Button in der Spalte **Optionen** die Dateien **Herunterladen** ❺ oder die **Nachrichten anzeigen** ❻, die während der Generierung erzeugt wurden (siehe Abbildung 13.74).

Dateien sind gepackt

Beim Herunterladen der Datei wird eine gepackte Datei im ZIP-Format erzeugt, die die Korrekturdatei enthält. Der Name der Datei setzt sich nach dem folgenden Schema zusammen: **Correction file for <Quelle> (<Datum>) .xml**. Ein beispielhafter Name wäre also **Correction file for EN_Customer_Sample_01_2502 (2025-02-16T180333Z).zip**.

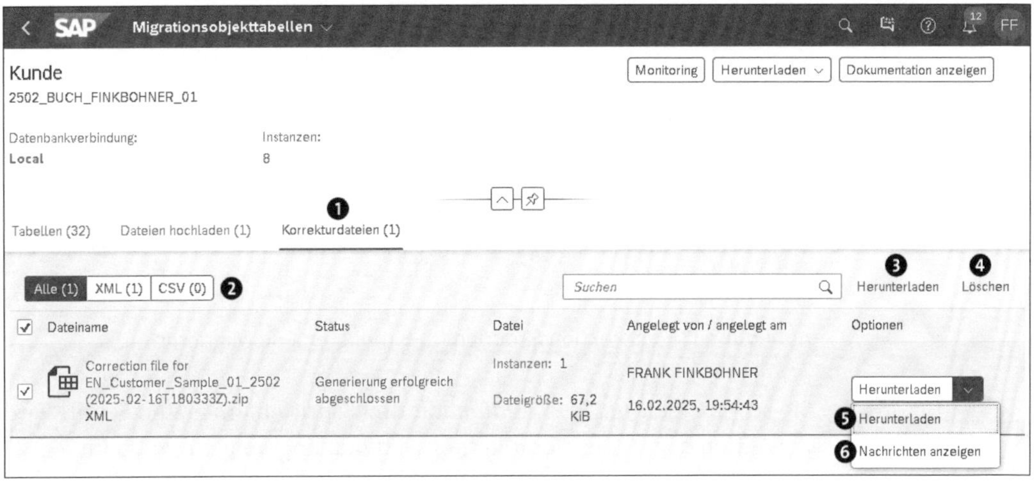

Abbildung 13.74 Übersicht der Korrekturdateien

Diese Datei(en) können Sie nun bearbeiten, wieder hochladen, vorbereiten, simulieren und am Schluss wieder migrieren. Bevor Sie korrigierte Sätze aus einer überarbeiteten Korrekturdatei wieder hochladen, müssen Sie die zugehörigen fehlerhaften Instanzen gelöscht haben (siehe dazu in Abschnitt 13.2.13, den Punkt »Instanzen löschen«).

13.2.22 Massenverarbeitung über freie Selektion auf Instanzen

In diesem Abschnitt erläutern wir die Massenverarbeitungsfunktion, die im Migration Cockpit ab SAP S/4HANA 2020 FPS01 vorhanden ist. Die Massenverarbeitung können Sie über zwei Arten In der **Migrationsprojekt**-Sicht aufrufen:

1. direkt für ein Migrationsobjekt über die Aktion **Simulieren** oder **Migrieren**
2. über die Instanzenzahl des Migrationsobjekts in der Spalte **Daten**; in der Sicht **Migrationsobjektinstanzen** wechseln Sie dann zu **Migrationsergebnisse** und wählen **Massenverarbeitung**
3. direkt über die Aktion **Migrationsergebnisse** zur Sicht **Migrationsobjektinstanzen** und wählen hier **Massenverarbeitung**

Simulieren und Migrieren

Wenn Sie auf die Aktion **Simulieren** oder **Migrieren** klicken, wird das Menü angezeigt, das zuvor im gleichnamigen Abschnitt 13.2.17 und Abschnitt 13.2.18 beschrieben wurde. Wenn Sie in einem der beiden Menüs aus Abbildung 13.75 **Benutzerspezifische Auswahl** ❶/❷ wählen, wird die Sicht **Massenverarbeitung von Migrationsobjektinstanzen** geöffnet.

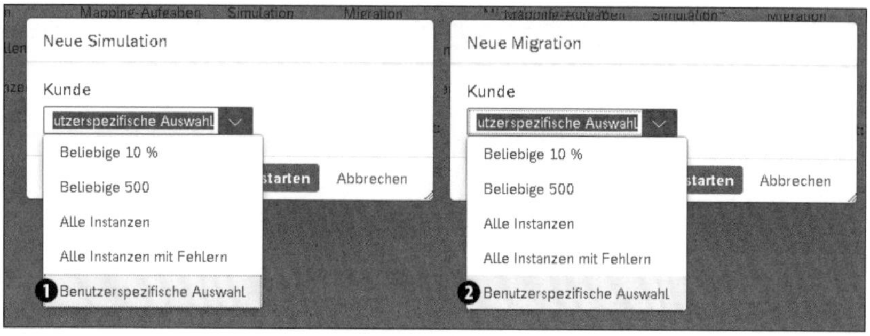

Abbildung 13.75 Selektionskriterien für Simulieren und Migrieren

Sie sehen eine *Guided Procedure* mit drei Schritten. Im ersten Schritt wird die **Aktion** der Massenverarbeitungsaktivität angezeigt. In Abbildung 13.76 wurde die Funktion über die **Migrationsobjektinstanzen**-Sicht aufgerufen. Sie können hier aus den Aktionen **Simulieren**, **Migrieren** und **Instanzen löschen** wählen. Wurde die Massenverarbeitung über **Simulieren** bzw. **Migrieren** für ein einzelnes Objekt aufgerufen, ist die Auswahl vorbelegt, und es kann nur noch **Schritt 2** ausgewählt werden. In unserem Beispiel haben wir die Aktion **Simulieren** gewählt. Klicken Sie auf **Schritt 2**, um zum nächsten Schritt **Auswahl** zu gelangen.

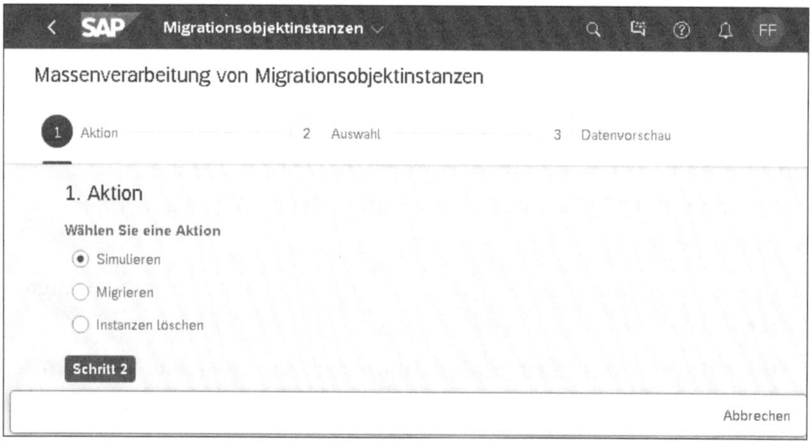

Abbildung 13.76 Schritt 1: Aktion der Massenverarbeitung

Im Schritt **Auswahl** können Sie Werte für die ersten sieben Felder der Hauptstruktur, die Quelle (**Source**) und das Feld **Aktion/Status** der Instanzen als Selektionskriterien eingeben, um nur die Instanzen auszuwählen, für die Sie die Massenverarbeitung ausführen möchten. Sie können zwischen folgenden **Aktionen/Status** wählen:

- **Allgemein**
  - Alle anzeigen
  - Nicht bearbeitet
  - Migration nicht gestartet
- **Simulation**
  - Alle simulierten Instanzen
  - Erfolgreich simuliert
  - Instanzen mit Simulationsfehlern
- **Migration**
  - Instanzen mit Migrationsfehlern

In unserem Beispiel für das Objekt »Kunde« (siehe Abbildung 13.77) haben wir den Wert »Instanzen mit Simulationsfehlern« im Feld **Aktion/Status** und als **Source** eine der hochgeladenen Dateien ausgewählt.

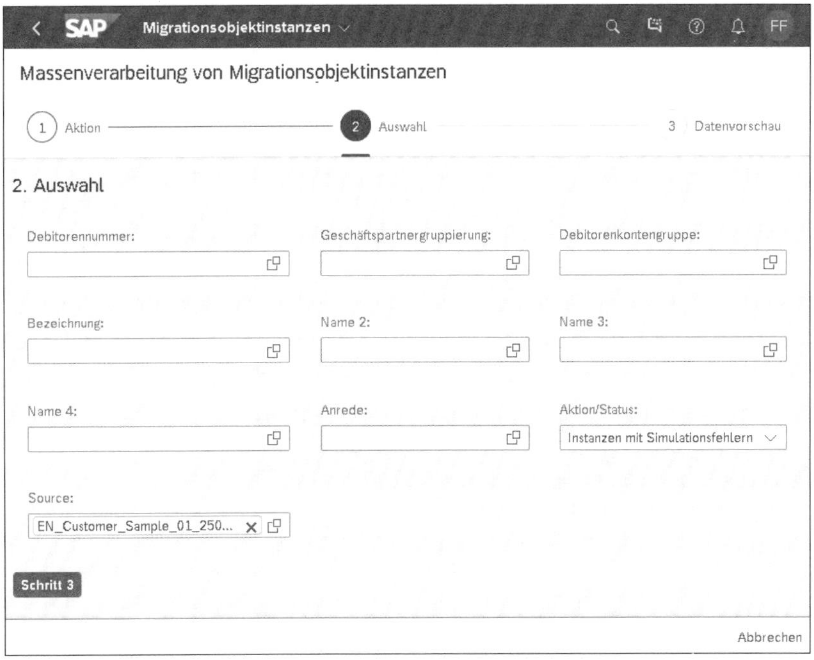

Abbildung 13.77 Schritt 2: Auswahl der Massenverarbeitung

Um die **Datenvorschau** zu starten, klicken Sie auf **Schritt 3**. Sie erhalten dann eine Liste der Instanzen, die den Selektionskriterien entsprechen. Sie können Änderungen an den Selektionskriterien vornehmen, um die Auswahl der Instanzen für die Massenverarbeitung zu verfeinern, indem

Sie entweder wieder den zweiten Schritt **Auswahl** auswählen (siehe Abbildung 13.77 in der Guided Procedure) oder einfach nach oben blättern. Abbildung 13.78 zeigt Schritt 3 **Datenvorschau**. Klicken Sie auf **Überprüfen**, um den Massenverarbeitungsschritt vorzubereiten.

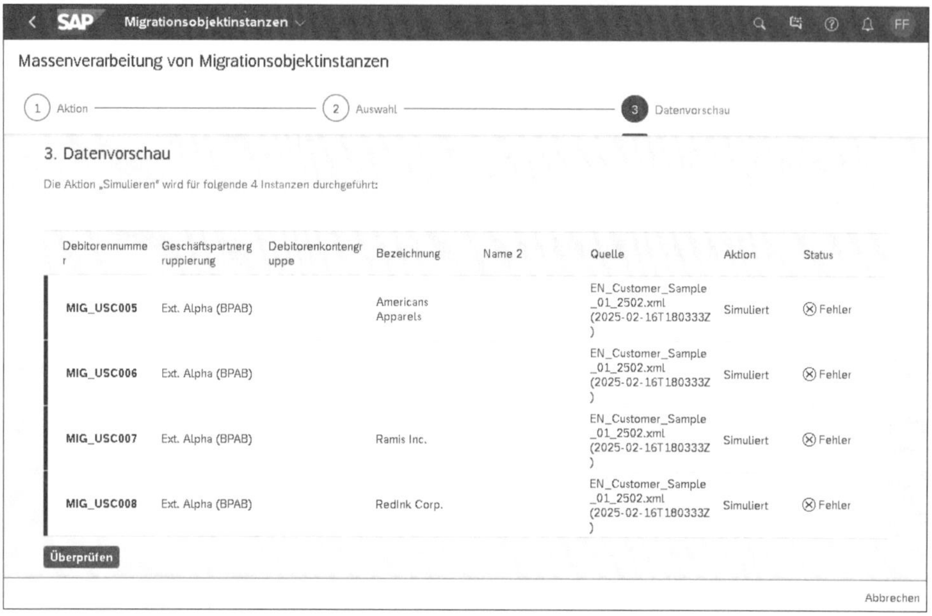

Abbildung 13.78 Schritt 3: Datenvorschau Massenverarbeitung

Abbildung 13.79 zeigt eine Zusammenfassung der **Aktion**, der **Auswahl** und die Anzahl der **Betroffenen Instanzen** der **Datenvorschau** an. Wenn Sie auf **Start** klicken, wird die Massenbearbeitung gestartet. Diese Hintergrund-Aktivität kann über das **Monitoring** nachverfolgt werden.

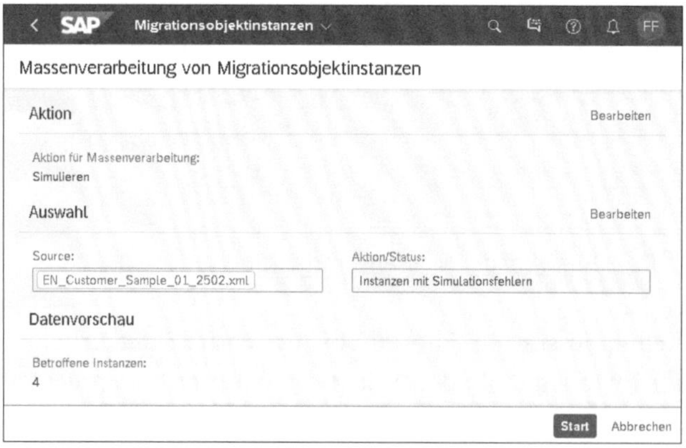

Abbildung 13.79 Zusammenfassung der Massenverarbeitung vor der Ausführung

Mit der Massenverarbeitungsfunktion ist es einfach, einen bestimmten Datensatz oder eine Reihe von Datensätzen auszuwählen, um die Simulation oder die Migration auszuführen bzw. gezielt Instanzen aus den Staging-Tabellen zu löschen.

13.2.23 Nachrichten

Jede Aktion im Migration Cockpit erzeugt ein Protokoll mit Nachrichten, die Sie sich auch im Erfolgsfall ansehen sollten. Selbst Warnungen können wichtige Informationen enthalten, da z. B. einige APIs unter bestimmten Umständen Felder nicht migrieren und das nicht über eine Fehlermeldung, sondern über eine Warnung mitteilen. In manchen Migrationsprojekten, die eine Zertifizierung nach sich ziehen, wie z. B. die FDA-Zertifizierung in der Pharma-Branche, ist es sogar zwingend vorgeschrieben, diese Protokolle für die anschließende Zertifizierung zu sichern. Die verschiedenen Wege, wie Sie sich Nachrichten nachträglich ansehen und herunterladen können, beschreiben wir nachfolgend:

Nachrichten herunterladen

Nachrichten über Historie herunterladen

Wenn Sie Nachrichten wie z. B. Fehler einer bestimmten Aktion eines Migrationsobjekts nachträglich noch einmal herunterladen wollen, gehen Sie wie folgt vor: Zunächst öffnen Sie in der Sicht **Migrationsobjekt** die **Historie** der Aktionen des Migrationsobjekts (siehe Abbildung 13.80).

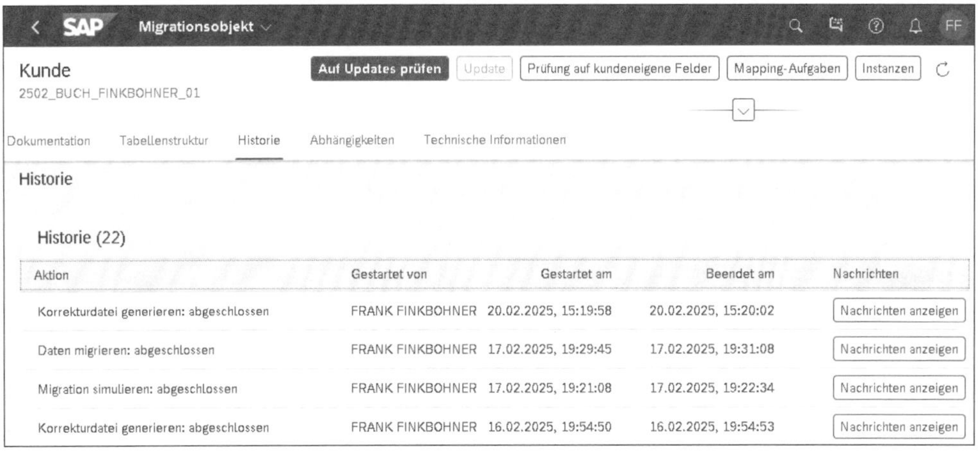

Abbildung 13.80 Historie eines Migrationsobjekts

Gruppieren gibt Hinweise auf systematische Probleme

Dann wählen Sie für die entsprechende Aktion **Nachrichten anzeigen** aus. In der Übersicht der Migrationsnachrichten können Sie die Nachrichten über **Gruppieren nach Nachrichten-ID** gruppieren ❶ und nur die Fehler anzeigen lassen ❷. Das gibt Ihnen dann einen genauen Überblick über die einzelnen Fehlergruppen. Systematische Fehler, wie z. B. eine fehlende Konfiguration, lassen sich hier schnell eingrenzen, wie Sie am Beispiel in Abbildung 13.81 sehen.

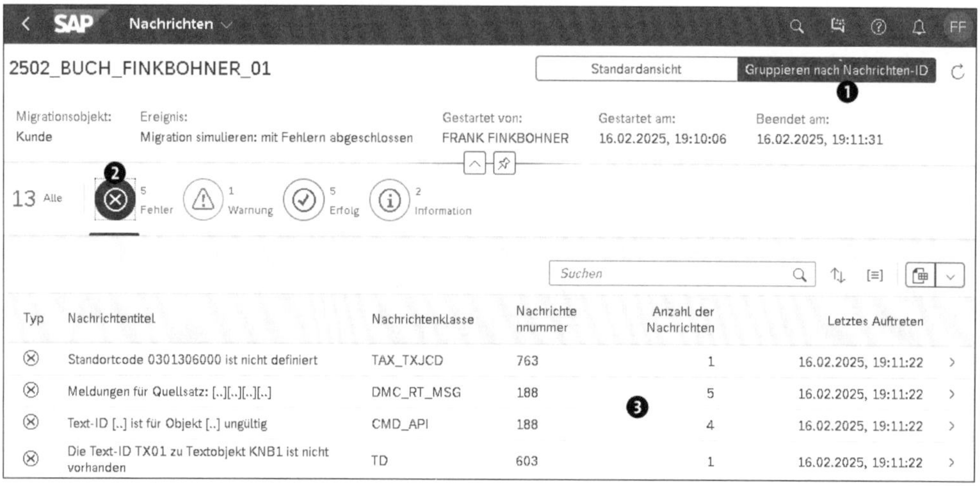

Abbildung 13.81 Sicht »Migrationsnachrichten« – nach Fehler gruppiert

Nachricht anzeigen Wählen Sie jetzt eine der Nachrichten aus ❸, sehen Sie in der Sicht **Migration Nachricht** die Nachrichten und deren Details (siehe Abbildung 13.82).

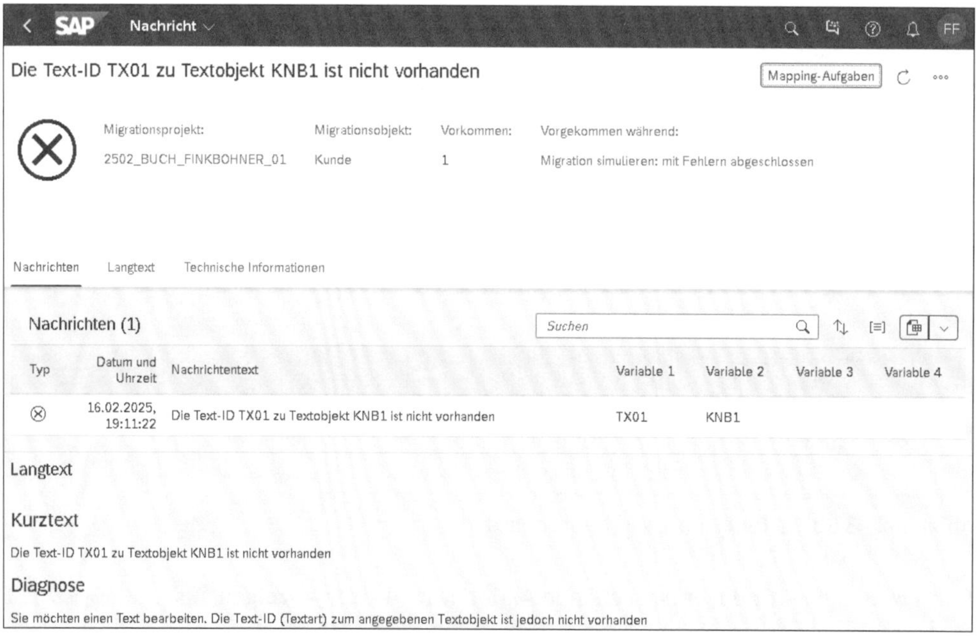

Abbildung 13.82 Nachrichtendetails

Nachrichten herunterladen

Über den Button [⊞ | ∨] (**Tabelle exportieren**) können Sie die ausgewählten Nachrichten dieser Seite in eine Microsoft-Excel-Datei (**Nachrichten.xlsx**) herunterladen. Diese Datei können Sie dann z. B. an Ihre Key-User oder Fachabteilungen zur Behebung der Fehler weiterleiten.

Migrationsobjektinstanzen, Nachrichten

Eine komplexere Übersicht für die Nachrichten ausgewählter Migrationsobjekte ❶ erhalten Sie über die Aktion **Simulationsnachrichten** bzw. **Migrationsnachrichten** ❷ der Sicht **Migrationsprojekt** (siehe Abbildung 13.83).

Abbildung 13.83 Nachrichten für Migrationsobjekte aufrufen

In der dann angezeigten Sicht **Migrationsobjektinstanzen, Nachrichten** (siehe Abbildung 13.84) selektieren Sie das jeweilige Objekt in der Kopfzeile ❶. Im linken Bereich filtern Sie die Nachrichten über **Letzte Aktionen** ❷ und den **Nachrichtentyp** ❸.

Im rechten Bereich sehen Sie dann die jeweiligen **Nachrichten** ❹ in einer Liste. Die Liste zeigt den **Typ**, die **Nachricht**, die **Aktion**, die **Nachrichtenklasse**, **Nachrichtennummer** sowie die Anzahl der **Instanzen** an. Sie können die Nachrichten wie üblich sortieren, filtern und gruppieren ❼ und den linken Filterbereich ausblenden (**Filter ausblenden** ❻).

Details herunterladen

Die Funktion **Details herunterladen** ❺ dient dazu, Informationen zu den Nachrichten und den erzeugenden Instanzen herunterzuladen. Dafür wählen Sie im erscheinenden Dialog **Spalte auswählen** (siehe Abbildung 13.85) die anzuzeigenden Felder (Schlüsselfelder, Nachrichtenfelder, Nichtschlüsselfelder) aus, die in die exportierte Liste aufgenommen werden sollen.

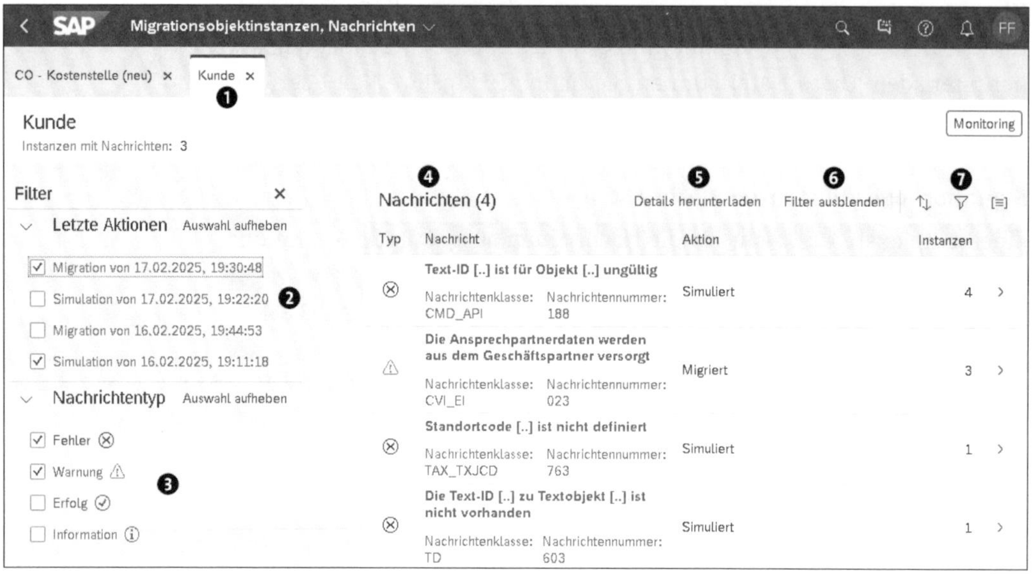

Abbildung 13.84 Die Sicht »Migrationsobjektinstanzen, Nachrichten«

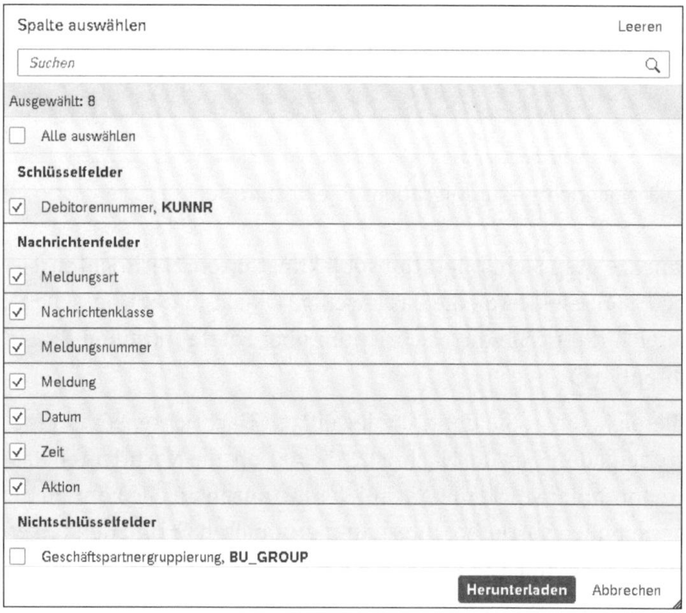

Abbildung 13.85 Spalten auswählen

Über das **Monitoring** können Sie unter der Aktivität »Nachrichtendetails herunterladen« die **Datei herunterladen** Diese Datei ist eine ZIP-Datei mit dem Namen **Messages for <Migrationsobjekt>_<Datum>.zip**, z. B. **Messages for Kunde (2025-02-22T170717Z).zip**. Sie enthält eine TXT-Datei mit demselben Namen und darin die ausgewählten Informationen im Format CSV mit Tabulator getrennt (siehe Abbildung 13.86).

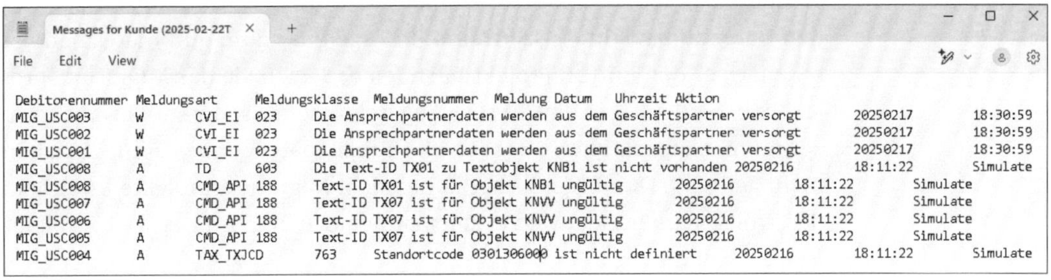

Abbildung 13.86 Heruntergeladene Details in einer Textdatei

13.2.24 Projekt beenden

Migrationsprojekt beenden

In der Sicht **Migrationsprojekt** finden Sie, wie in Abbildung 13.17 zu sehen, rechts oben die Funktion **Projekt beenden**. Mit dieser Funktion setzen Sie das Migrationsprojekt in den Status »Abgeschlossen«. Sie können dieses Projekt danach nicht mehr nutzen. Dies ist z. B. sinnvoll, um einen gesicherten Stand für ein Audit zu gewährleisten und um zu verhindern, dass noch weitere Daten mit diesem Projekt migriert werden.

Aufbewahrungszeitraum definieren

Im Dialogbild können Sie über den Schalter **Aufbewahrungszeitraum für Daten** den Zeitraum definieren, für den die Daten aufbewahrt werden müssen, falls Sie das wünschen oder Ihre Unternehmens- bzw. Projekt-Policy das vorsieht (siehe Abbildung 13.87).

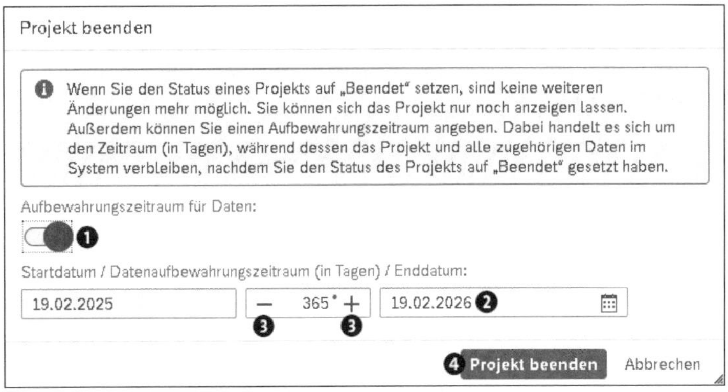

Abbildung 13.87 Projekt beenden

Das automatische Löschen der Projektdaten erfolgt nach dem Ablauf dieses Zeitraums. Die Staging-Tabellen werden dabei auch gelöscht und geben dadurch den nicht mehr benötigten Speicherplatz frei. Migrierte Daten werden nicht gelöscht. Wenn Sie den Schalter auf **EIN** ❶ stellen, steht das **Startdatum** auf dem aktuellen Tagesdatum. Sie pflegen nun entweder das **Enddatum** ❷ direkt ein oder erhöhen über die Plus- und Minustasten ❸ den **Datenaufbewahrungszeitraum (in Tagen)** bis zum automatischen Löschen. Über den Button **Projekt beenden** ❹ setzen Sie das Migrationsprojekt dann endgültig in den Status »Abgeschlossen«. Ist der Aufbewahrungszeitraum nicht aktiviert, werden die Projektdaten und Staging-Tabellen nicht gelöscht. Das Projekt zeigt in der Sicht **Migrationsprojekte** unterhalb des Projektnamens an, welche Zeitspanne noch bis zum Löschen verbleibt (siehe Abbildung 13.88).

Abbildung 13.88 Anzeige der verbleibenden Zeitspanne

Datenaufbewahrungszeit zur Erfüllung der DSGVO

Der Aufbewahrungszeitraum wird auch benötigt, um die *Datenschutzgrundverordnung* (DSGVO), im Englischen GDPR, Artikel 5 und 17 der Europäischen Union zu erfüllen.

Aufbewahrungszeitraum nachträglich anpassen

Sie können den Aufbewahrungszeitraum auch im Status »Abgeschlossen« noch nachträglich anpassen. Öffnen Sie dazu die Projekteinstellungen (siehe Abschnitt 13.2.6, »Bearbeiten eines Migrationsprojekts«). Die Pflege des Zeitraums finden Sie im Bereich **Technische Informationen** des Projekts (siehe Abbildung 13.89).

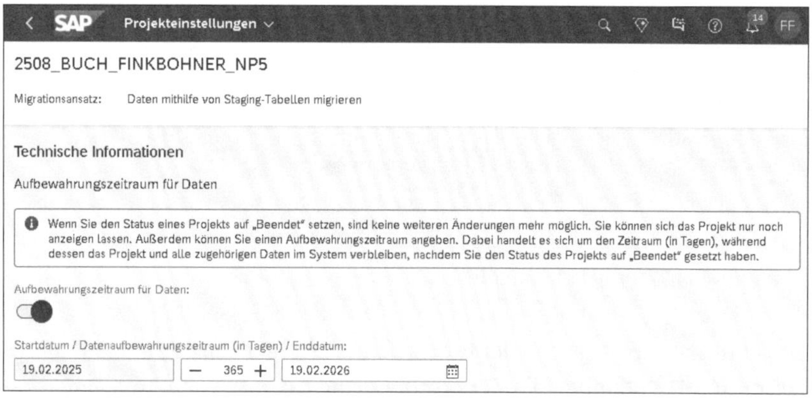

Abbildung 13.89 Aufbewahrungszeitraum in Projekteinstellungen anpassen

13.2.25 Objekt auf Update prüfen und Updaten

Continuous Delivery und Hotfixes in der Public Cloud

SAP S/4HANA Cloud hat den Vorteil, dass Ihr System und damit auch das Migration Cockpit und die Migrationsobjekte regelmäßig auf den neuesten Stand gebracht werden. Während das zum Hauptrelease (aktuell zweimal im Jahr) automatisch erfolgt, können Sie bei einer Continuous Delivery selbst entscheiden, ob Sie die Erweiterung aktivieren wollen oder nicht. Solche Erweiterungen werden zum Hauptrelease automatisch aktiviert. Fehler werden über *Hotfixes* behoben und automatisch zu festen Terminen installiert.

TCIs und Note Analyzer in SAP S/4HANA

In SAP S/4HANA ist nach einem Upgrade auf eine neue Produktversion bzw. nach dem Einspielen eines FPS oder einer *Transport Based Correction Instruction* (*TCI*) für viele Migrationsobjekte ein Update erforderlich. Wenn Sie generell auf einen Fehler stoßen, hilft Ihnen der Report *Note Analyzer* dabei, Ihre SAP-Quell- und SAP-S/4HANA-Zielsysteme auf vorhandene Updates des Migration Cockpits oder dessen Migrationsobjekte zu prüfen. Näheres dazu beschreiben wir in Abschnitt 13.4, »Update und Upgrades in SAP S/4HANA«. Wie Sie nach einem Upgrade die Migrationsobjekte Ihrer Migrationsprojekte auf Updates überprüfen und die notwendigen Updates anstoßen, erläutern wir Ihnen in diesem Abschnitt.

Aktualisierung über das Migration Cockpit

Update erforderlich

Nach den eingangs erwähnten Upgrades oder Fehlerkorrekturen werden Sie bei einer Vielzahl von Migrationsobjekten des Staging-Tabellen-Ansatzes im Migration Cockpit die Warnmeldung bekommen, dass ein Update erforderlich ist. Sie erhalten eine solche Warnmeldung meist, wenn Sie eine Aktion, wie z. B. **Vorlagendatei herunterladen**, ausführen.

Über die Funktion **Auf Updates prüfen** in der Detailsicht **Migrationsobjekt** eines Migrationsobjekts wird dieses auf vorliegende Aktualisierungen (Updates) hin überprüft (siehe unter Abschnitt 13.2.8, »Migrationsobjekt bearbeiten«, im Unterabschnitt »Detailbild des Migrationsobjekts«). In der Sicht **Migrationsobjekt** ist die Funktion **Update** wählbar, sobald ein Update für das Migrationsobjekt vorliegt. Sie können dann direkt **Update** wählen, und eine Aktualisierung für das Migrationsobjekt wird eingeplant. Nach dem Abschluss der Prüfung werden Ihnen in der Sicht **Migrationsprojekt** alle Migrationsobjekte, für die ein Update vorliegt, mit der Bemerkung **Update erforderlich** versehen. Wenn Sie auf **Update erforderlich** ❶ klicken, erscheint ein Auswahldialog, über den Sie die Aktualisierung des Migrationsobjekts mit einem Klick auf **Update** ❷ starten können (siehe Abbildung 13.90).

Abbildung 13.90 Warnung »Update erforderlich«

Update mehrerer Objekte über Auswahldialog

Alternativ können Sie auch die Funktion **Objekte anzeigen** ❸ in der Meldung **Updates verfügbar für <n> Migrationsobjekte** auswählen und sich den Auswahldialog anzeigen lassen (siehe Abbildung 13.91). Hier können Sie entweder jedes Migrationsobjekt einzeln auswählen oder direkt **Alle auswählen** ❹ und über den entsprechenden Button das **Update** ❺ starten.

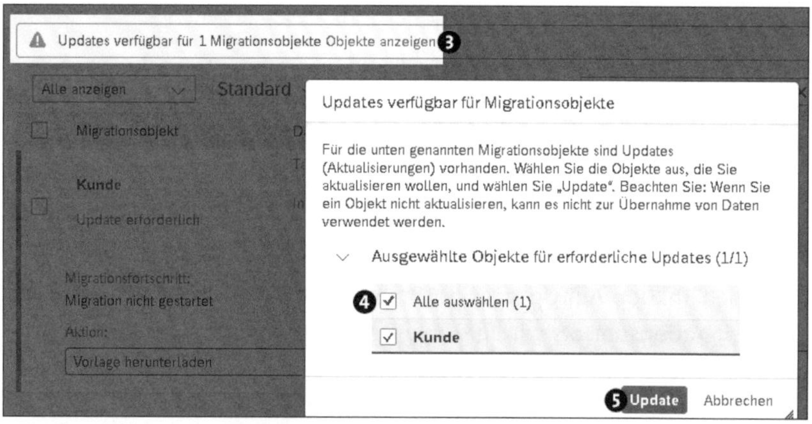

Abbildung 13.91 Auswahldialog aller Updates für Migrationsobjekte

Migrationsobjekt aktualisieren

Der Status des Migrationsobjekts ändert sich dann von »Update erforderlich« in »Migrationsobjekt aktualisieren: gestartet«. Den Updatevorgang überwachen Sie im **Monitoring** über die **Aktivität Migrationsobjekt aktualisieren** pro Migrationsobjekt. Nach Abschluss der Aktualisierung können Sie sich über **Meldungen anzeigen** in der Sicht **Nachrichten** alle Nachrichten zur Aktualisierung ansehen (siehe Abbildung 13.92).

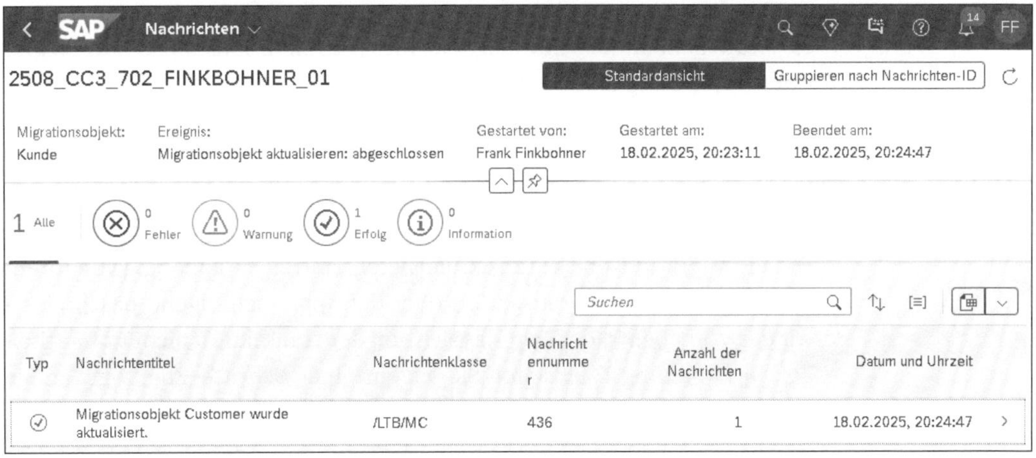

Abbildung 13.92 Nachrichten zur Migrationsobjekt-Aktualisierung

Releasevergleich (engl. Release Comparison)

Informationen, was sich zwischen den einzelnen Releases geändert hat, erhalten Sie über die SAP-Help-Portal-Seite »Release Comparison of Migration Object Templates (Staging Table)«.

Für den Staging-Tabellen-Ansatz finden Sie den Vergleich unter den folgenden Links:

- SAP S/4HANA Cloud: *http://s-prs.de/v10578130*
- SAP S/4HANA: *http://s-prs.de/v10578131*

Der Vergleich beinhaltet hauptsächlich Änderungen an der Senderstruktur (Migrationsvorlage) und Änderungen von Beschreibungen und Texten. Änderungen z. B. an Regeln oder im Mapping auf die Zielstruktur sind nicht aufgelistet. Deshalb kann es sein, dass in Ihrem Migrationsprojekt Updates für Migrationsobjekte anstehen, die nicht in der Vergleichsliste aufgeführt sind.

Aktualisierung über den Modeler

Modeler: zwei Namen, eine Anwendung

Alternativ zum Migration Cockpit können Sie die Migrationsobjekte in SAP S/4HANA im SAP S/4HANA Migration Object Modeler (Backend-Transaktion `LTMOM`) und in SAP S/4HANA Cloud über die App **Migrationsobjekte modellieren – Migrationsobjektmodellierer** aktualisieren. Die App in der Public Cloud ist eine eingeschränkte Version der SAP-S/4HANA-Backend-Transaktion, deshalb werden wir hier nur vom Modeler sprechen.

Vorteile des Modelers

Der Modeler hat gegenüber dem Migration Cockpit folgende Vorteile, wenn es darum geht, herauszufinden, ob eines der Migrationsobjekte des Migrationsprojekts angepasst werden muss:

- Sie können schneller durch die Objekte navigieren, um zu sehen, für welches Objekt eine Aktualisierung ansteht.
- Sie sehen vorab, welche Aktualisierungen vorgenommen werden.

Um die Migrationsobjekte zu aktualisieren, starten Sie abhängig von Ihrem System die Backend-Transaktion oder die App. Nachfolgend beschreiben wir das Vorgehen in der App, das sich von der Transaktion nicht unterscheidet. In Abbildung 13.93 sehen Sie die einzelnen Schritte. Zuerst geben Sie den Namen Ihres Projekts in das Suchfeld **PROJECT Projekt** ❶ ein.

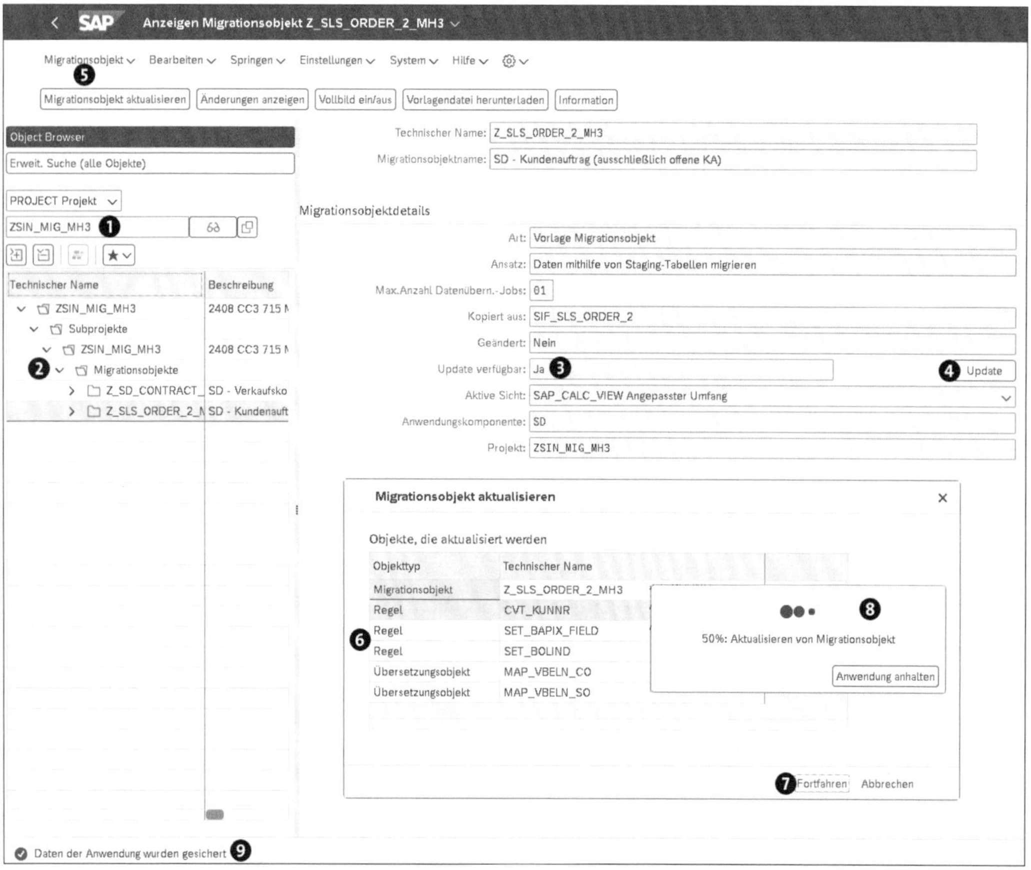

Abbildung 13.93 Migrationsobjekte aktualisieren mit dem Modeler

[«]

Technischer Name und Massenübernahme-ID

Hier ist die eingangs in Abschnitt 13.2.5, »Migrationsprojekt anlegen«, unter der Überschrift »Schritt 1: Allgemeine Daten angeben« erwähnte Massenübernahme-ID (MT-ID) hilfreich, wenn Sie Ihr **Projekt** ❶ mit dem technischen Namen `ZSIN_MIG_<MT-ID>` suchen.

Im links erscheinenden Baum öffnen Sie dann den Ordner **Migrationsobjekte** ❷ und sehen alle Migrationsobjekte des Projekts. Sie wählen nun eins Ihrer Migrationsobjekte aus. In den **Migrationsobjektdetails** sehen Sie dann im Feld **Update verfügbar** ❸, ob das Objekt aktualisiert werden muss (»Ja«) oder nicht (»Nein«). Sie können die Aktualisierung nun entweder über den Button **Update** ❹ oder **Migrationsobjekt aktualisieren** ❺ starten. Im Gegensatz zum Migration Cockpit erscheint vor der Aktualisierung ein Fenster mit allen anstehenden Änderungen, die vorgenommen werden. Im abgebildeten Beispiel ❻ werden das Migrationsobjekt, drei Regeln und zwei Übersetzungsobjekte (Mapping-Aufgaben) aktualisiert.

Sie starten die Aktualisierung über **Fortfahren** ❼. Es erscheint ein kleines Status-Fenster ❽, das den Aktualisierungsfortschritt anzeigt. Nach Abschluss der Aktualisierung erscheint die Nachricht »Daten der Anwendung wurden gesichert« in der Status-Leiste ❾.

[«]

Auswirkung von Aktualisierungen

Wenn das Migrationsobjekt aktualisiert wird, werden i. d. R. Änderungen an den Feldern und den Strukturen vorgenommen. Das können einfache Änderungen des Texts, aber auch Positionsänderungen durch neue Felder sein. Änderungen an Regeln und Übersetzungsobjekten haben keine Auswirkungen auf die Staging-Tabellen-Strukturen und damit auch keine Auswirkungen auf die Migrationsvorlagendateien. Sie können die Aktualisierung über den Button **Abbrechen** verlassen und dann im vorher unter der Überschrift »Aktualisierung über das Migration Cockpit« erwähnten Releasevergleich nachsehen, was sich geändert hat, und dann das Migrationsobjekt später aktualisieren.

Sie haben nach einem Upgrade auf ein neues Release bzw. nach dem Einspielen von SAP-Hinweisen oder Service Packs über den Modeler im Zusammenspiel mit dem Releasevergleich eine bessere Übersicht, ob und was sich bei den einzelnen Migrationsobjekten geändert hat. Weitere Infos dazu finden Sie auch im Wissensdatenbankartikel 3577431 (*http://s-prs.de/v10578132*).

13.3 Übertragungsoption 2: Daten direkt aus dem SAP-System migrieren

Im Migration Cockpit steht Ihnen, wie bereits erwähnt, eine zweite Übertragungsoption zur Verfügung: *Daten direkt aus SAP-System migrieren*, in diesem Buch oft auch als *direkter Transfer* bezeichnet.

Systeme werden über RFC verbunden

Daten direkt aus einem SAP-System migrieren, bedeutet, dass die Daten mithilfe einer RFC-Verbindung (*Remote Function Call*) bzw. eines Communication Arrangement aus dem SAP-Quellsystem selektiert und im Migration Cockpit, das sich physisch im SAP-S/4HANA-Zielsystem bzw. SAP-S/4HANA-Cloud-Public-Edition-Zielsystem befindet, gespeichert werden. Für die weitere Verarbeitung stehen ebenso wie beim Staging-Tabellen-Ansatz die Funktionen **Mapping**, **Simulation** und **Migration** zur Verfügung. Das Anlegen bzw. das Einbuchen der Daten im SAP-S/4HANA-Zielsystem bzw. SAP-S/4HANA-Cloud-Public-Edition-Zielsystem erfolgt ebenso über *SAP-Standard-APIs*.

Selektion ist vordefiniert

Ein wesentlicher Vorteil dieses Ansatzes ist, dass die Selektion aus dem Quellsystem bereits vordefiniert ist – anhand von Organisationseinheiten und Migrationsobjekten. Die Selektion kann im *Migration Object Modeler* an Kundenbedürfnisse angepasst werden. Details hierzu finden Sie in Abschnitt 15.4, »Modellierung für den direkten Transfer von Daten aus SAP-Systemen in SAP S/4HANA«, und in Abschnitt 15.5, »Modellierung für die Datenmigration mit dem direkten Transfer aus SAP-Systemen in SAP S/4HANA Cloud«.

13.3.1 Abgrenzung und Einsatzgebiete

Das Migration Cockpit ist für die initiale Versorgung eines SAP-S/4HANA-Systems bzw. SAP-S/4HANA-Cloud-Public-Edition-Systems mit Daten entwickelt worden. Es ist dafür vorgesehen, im Rahmen einer Neuimplementierung von SAP S/4HANA bzw. SAP S/4HANA Cloud eingesetzt zu werden. Der Ansatz des direkten Transfers ist *nicht* dafür geeignet, Daten zwischen Systemen synchron zu halten, einen dauerhaften Datenaustausch zwischen Systemen abzubilden oder ein Integrationsszenario aufzubauen. Für diese Anforderungen werden SAP-Produkte wie z. B. *SAP Master Data Governance*, *SAP Product Lifecycle Management* (SAP PLM), *SAP Landscape Transformation Replication Server*, *SAP Data Intelligence* usw. sowie das *SAP-Konzept Central Finance* angeboten.

SAP-S/4HANA-Systeme bzw. -Mandanten oder SAP-S/4HANA-Cloud-Instanzen werden aktuell *nicht* als Quelle für einen direkten Transfer nach SAP S/4HANA bzw. SAP S/4HANA Cloud unterstützt.

Nicht-Unicode-Quellsysteme

Das Migration Cockpit kann auch Daten aus einem *Nicht-Unicode-System* verarbeiten. Im Ansatz des direkten Transfers sind die beiden Systeme mittels RFC verbunden. Beim Einlesen der Daten aus dem Quellsystem in das Migration Cockpit erfolgt automatisch die Anpassung der Daten an das SAP-S/4HANA-Datenmodell.

13.3.2 Technische Voraussetzungen und Systemvorbereitungen

Im Folgenden finden Sie die technischen Bedingungen für den Einsatz des direkten Transfers sowie die notwendigen Vorbereitungen auf der Systemseite.

Technische Voraussetzungen in SAP S/4HANA

Abhängig vom Quellsystem gelten diese technischen Voraussetzungen:

- SAP ERP nach SAP S/4HANA: Niedrigstes unterstütztes ERP-Release ist SAP ERP 6.0 (SAP NetWeaver 7.0).
- SAP Apparel and Footwear (SAP AFS) nach SAP S/4HANA: Ausschließlich unterstütztes Release ist SAP AFS 6.0.
- SAP EWM nach EWM in SAP S4/HANA, basierend auf SAP S/4HANA: Niedrigstes unterstütztes EWM-Release ist SAP EWM 5.1 (SAP NetWeaver 7.0). Neben dem dezentralen EWM wird ab Release 2022 FPS0 auch eine Migration in ein embedded EWM unterstützt.
- SAP CRM nach SAP S/4HANA für Kundenmanagement: Ausschließlich unterstütztes Release ist SAP CRM 7.0 (Szenario verfügbar ab 1909 FPS1). Es ist geplant, das Szenario mit SAP S/4HANA Release 2025 nicht mehr zur Verfügung zu stellen.
- SAP APO SPP nach SAP S/4HANA eSPP: (eSPP = Extended Service Parts Planning) ist SAP SCM 7.14 das niedrigste unterstützte SCM-Release (Szenario verfügbar ab SAP S/4HANA Release 2021 FPS0).

Hier möchten wir noch einmal darauf hinweisen, dass das SAP S/4HANA Migration Cockpit keine Migration von Daten aus SAP-S/4HANA-Systemen in andere SAP-S/4HANA-Systeme unterstützt. SAP-S/4HANA-Finance-Systeme (früher SAP Simple Finance) werden als SAP-S/4HANA-Systeme klassifiziert.

Technische Voraussetzungen in SAP S/4HANA Cloud

Anders als im SAP S/4HANA steht Ihnen für die SAP S/4HANA Cloud nur das Migrationsszenario SAP ERP an SAP S/4HANA zur Verfügung.

Hier gilt folgende technische Voraussetzung:

- SAP ERP an SAP S/4HANA: Niedrigstes unterstütztes ERP-Release ist SAP ERP 6.0 (SAP NetWeaver 7.0).

Systemvorbereitungen SAP S/4HANA

Folgende Vorbereitungen sind notwendig, bevor Sie mit dem Migration-Cockpit-Ansatz des direkten Transfers von Daten starten können:

- Der SAP-S/4HANA-Installationsleitfaden beschreibt die Schritte in Bezug auf das Migration Cockpit. Sie finden ihn unter:
  - 2020: *http://s-prs.de/v10578133*
  - 2021: *http://s-prs.de/v10578134*
  - 2022: *http://s-prs.de/v10578135*
  - 2023: *http://s-prs.de/v10578136*
- Für SAP-S/4HANA-Releases spielen Sie das in Tabelle 13.5 angegebene Add-on DMIS oder höher in das Quellsystem ein. Das Add-on ist in der Lizenz für SAP S/4HANA enthalten. Weitere Infos finden Sie in SAP-Hinweis 2973957.

Zielsystem	Add-on im Quellsystem
SAP S/4HANA 1909	DMIS_2011_1 SP17 oder höher
SAP S/4HANA 2020	DMIS_2011_1 SP19 oder höher
SAP S/4HANA 2021	DMIS_2011_1 SP21 oder höher
SAP S/4HANA 2022	DMIS 2011_1_SP23 oder höher
SAP S/4HANA 2023	DMIS 2011_1_SP25 oder höher

Tabelle 13.5 Gültige Add-ons DMIS für Quellsysteme

- Definieren Sie eine RFC-Verbindung vom Quellsystem zum SAP-S/4HANA-Zielsystem. Stellen Sie bei der Pflege der RFC-Verbindung sicher, dass die Option **Vertrauensbeziehung** den Wert **Nein** hat.
- Richten Sie SAP Fiori auf dem Zielsystem ein. Weitere Informationen hierzu finden Sie auch in den bereits erwähnten Installationsleitfaden und in KBA 3039598 unter folgendem Link: *http://s-prs.de/v10578137*.

- Spielen Sie *alle* SAP-Hinweise für das Migration Cockpit ein, die für Ihr Release gültig sind. Die zentralen Hinweise sind:
  - SAP-Sammelhinweis 2780378 – SAP-Sammelhinweis für das SAP S/4HANA Migration Cockpit (alle Releases), siehe *http://s-prs.de/v10578138*
  - SAP-Sammelhinweis 2747566 – SAP S/4HANA Migration Cockpit: Sammelhinweis für die direkte Datenübertragung aus dem SAP-System, siehe *http://s-prs.de/v10578139*

[!]

Note Analyzer

Bevor Sie in Ihrem SAP-S/4HANA-System ein Migrationsprojekt anlegen, prüfen Sie mithilfe des Note Analyzer, ob alle notwendigen Hinweise (Add-on DMIS und entsprechende Komponenten in SAP S/4HANA) in Ihren Systemen implementiert sind.

Weitere Informationen hierzu finden Sie unter:

- SAP-Hinweis 3016862
- SAP-Community-Blog von Prithvi Spandana: »How to implement the latest corrections released for Migration cockpit« (siehe *http://s-prs.de/v10578140*)
- Abschnitt 13.4.2, »Updates über den Note Analyzer«

- Arbeiten Sie mit einem Release kleiner 2023, müssen Sie den Report `CNV_PE_MC_LOAD_OBJECTS` in Ihrem SAP-S/4HANA-Zielsystem ausführen. Der Report lädt die von SAP ausgelieferten Migrationsobjekte aus dem Mandanten 000 in den Mandanten, in dem Sie arbeiten. Beachten Sie, dass Sie beim Update Ihres SAP-S/4HANA-Systems auf ein neues Release oder bei der Installation eines neuen Features oder Support Packages das Programm erneut ausführen müssen. Weitere Informationen finden Sie in SAP-Hinweis 2870546. Ab Release 2023 ist die Ausführung des Reports nicht mehr notwendig, da die Objekt-Versionierung (Aktualisierung) eingeführt wurde. Weitere Informationen hierzu finden Sie in Abschnitt 13.3.5, »Ein Projekt mit dem direktem Datentransfer durchführen«, im Unterabschnitt »Migrationsobjektstatus«.
- Richten Sie die notwendigen Berechtigungen ein, siehe Abschnitt 13.3.4, »Rollen für die Migration zuweisen«.
- Legen Sie im Zielsystem das Customizing für die betroffenen Anwendungen an. Das relevante Customizing im Zielsystem muss bereits vorhanden sein, bevor Sie mit ersten Migrationstests beginnen können. Notwendig sind z. B. Organisationseinheiten wie Buchungskreise, Werke und Verkaufsbereiche. Des Weiteren sind eine Belegart für die Migration,

Gegenbuchungskonten für die Migration, offene Buchungsperioden, Materialarten usw. notwendig.

Systemvorbereitungen SAP S/4HANA Cloud

Sollten Sie mit dem Migrationsansatz *Daten direkt aus SAP-System migrieren* in SAP S/4HANA Cloud arbeiten, sind folgende Vorbereitungen notwendig, bevor Sie starten können:

- Ihre SAP S/4HANA Cloud basiert auf einer Drei-System-Landschaft (Entwicklungs-, Test- und Produktivsystem). Weitere Informationen hierzu finden zu unter folgendem Link: *http://s-prs.de/v10578141*.
- Sie haben eine Kommunikationsvereinbarung für das Kommunikationsszenario Migration Cockpit Direct Transfer Integration (SAP_COM_0816) gepflegt. Weitere Informationen hierzu finden im SAP Signavio Process Navigator. Navigieren Sie dort zum Lösungsprozess **BH3 Data Migration to SAP S/4HANA from SAP**. In diesem Lösungsprozess ist im Bereich **Beschleuniger** (engl. **Accelerator**) eine Set-up Instruction hinterlegt (siehe *http://s-prs.de/v10578142*).
- Für SAP S/4HANA Cloud ist es notwendig, dass Sie mindestens das Add-on DMIS 2011 SP25 (oder höher) in das Quellsystem eingespielt haben. Das Add-on ist in der Lizenz für SAP S/4HANA Cloud enthalten. Weitere Infos finden Sie in den SAP-Hinweisen 1577441, 1577503 und 1648747.

[!]

Note Analyzer nicht verfügbar in SAP S/4HANA Cloud

Der Note Analyzer steht Ihnen in SAP S/4HANA Cloud nicht zur Verfügung. Notwendige SAP-ERP-Hinweise entnehmen Sie bitte aus dem Sammelhinweis 2973957.

13.3.3 Migrationsobjekte für SAP-ERP-Systeme und andere SAP-Quellsysteme

Selektionsmöglichkeiten

Neben der technischen Plattform beinhaltet die Standardauslieferung für diesen Ansatz auch vordefinierte Selektionsmöglichkeiten. Abhängig vom Quellsystem, im System *Szenario* genannt, wird zunächst die Organisationseinheit ausgewählt, aus der selektiert werden soll. Innerhalb der selektierten Organisationseinheit werden die Migrationsobjekte ausgewählt, für die aus dem Quellsystem die relevanten Datensätze selektiert werden.

Tabelle 13.6 gibt Ihnen einen Überblick über die Szenarien (Quellsysteme) in SAP S/4HANA mit ihren vordefinierten Selektionsmöglichkeiten.

Quellsystem	Vordefiniertes Selektionskriterium
SAP ERP	Buchungskreis
SAP EWM	Lagernummer
SAP CRM*	Verkaufsorganisation
SAP AFS	Buchungskreis
SAP eSPP	Werk

Tabelle 13.6 Ausgelieferte Szenarien und vordefinierte Selektionskriterien in SAP S/4HANA

Tabelle 13.7 gibt Ihnen einen Überblick über das Szenario (Quellsystem) mit vordefinierter Selektionsmöglichkeit in der SAP S/4HANA Cloud.

Quellsystem	Vordefiniertes Selektionskriterium
SAP ERP	Buchungskreis

Tabelle 13.7 Ausgeliefertes Szenario und vordefiniertes Selektionskriterium in SAP S/4HANA Cloud

[«]

Dokumentation für alle Migrationsobjekte und alle Versionen

- Die komplette Liste der Migrationsobjekte in SAP S/4HANA für alle Migrationsansätze finden Sie im SAP Help Portal unter *http://s-prs.de/v10578143*. Dort können Sie pro verfügbare Version die verfügbaren Migrationsobjekte anzeigen lassen. Es besteht die Möglichkeit, über den Migrationsansatz zu filtern. Jedes Migrationsobjekt wird detailliert erläutert; es werden Umfang, Verfügbarkeit, nützliche Transaktionen usw. beschrieben.
- Eine komplette Liste der Migrationsobjekte in SAP S/4HANA Cloud finden Sie im SAP Help Portal unter *http://help.sap.com/S4_CE_MO*. Auch hier können Sie über den Migrationsansatz filtern, und Sie finden zu jedem Migrationsobjekt detaillierte Informationen.

13.3.4 Rollen für die Migration zuweisen

Technische Rollen in SAP S/4HANA

Der Migrationsbenutzer benötigt für den Ansatz des direkten Transfers bestimmte Rollen, sowohl im Quellsystem als auch im SAP-S/4HANA-Zielsystem (siehe Tabelle 13.8).

Tool	Rolle im Quellsystem	Rolle im SAP-S/4HANA-System	Rolle im SAP-Fiori-Frontend-System
SAP S/4HANA Migration Cockpit	–	SAP_CA_DMC_MC_USER	SAP_BR_CONFIG_EXPERT_DATA_MIG
Migration Object Modeler	–	SAP_CA_DMC_MC_DEVELOPER	–
RFC-User	**SAP S/4HANA 2020 oder niedriger:** SAP_DMIS_OBT_REMOTE Typ Kommunikation **Ab SAP S/4HANA 2021 oder höher:** SAP_DMIS_MC_DT_REMOTE Typ Kommunikation	–	–

Tabelle 13.8 Technische Rollen für den direkten Transfer

Anwendungsrollen in SAP S/4HANA

Zusätzlich benötigen Sie weitere Berechtigungen und Rollen, um die Daten der einzelnen Migrationsobjekte aus dem Quellsystem zu selektieren. Im SAP-S/4HANA-Zielsystem benötigen Sie die Anwendungsrollen, um die migrierten Daten in der Anwendung anzuzeigen bzw. zu validieren. Je nach ausgeführter Migrations-API variieren diese Berechtigungen. In SAP S/4HANA werden Ihnen vordefinierte Anwendungsrollenvorlagen für bestimmte Geschäftsfälle ausgeliefert. Die jeweilige Anwendungsrollenvorlage pro Migrationsobjekt für SAP S/4HANA finden Sie in der Dokumentation des Migrationsobjekts unter *http://help.sap.com/S4_OP_MO*. Falls Berechtigungen fehlen, kann Transaktion SU53, das Berechtigungs-Trace, weiterhelfen. Er listet technische Informationen auf, wenn Berechtigungsprüfungen fehlgeschlagen sind. In der Regel erstellen Sie die Rollen mit den dazugehörigen Berechtigungen innerhalb eines Berechtigungskonzepts.

Anwendungsrolle für SAP S/4HANA Cloud

In SAP S/4HANA Cloud muss Ihrem Benutzer die Benutzerrolle `SAP_BR_CONFIG_EXPERT_DATA_MIG` zugewiesen sein. Abhängig von den Migrationsobjekten, die Sie für Ihre Datenmigration benötigen, ist eine weitere Zuweisung von weiteren Benutzerrollen notwendig.

13.3.5 Ein Projekt mit dem direktem Datentransfer durchführen

In Abschnitt 13.2, »Übertragungsoption 1: Daten mithilfe von Staging-Tabellen migrieren«, wurden Sie durch ein komplettes Projekt mithilfe des

Migration Cockpits geführt. In diesem Abschnitt möchten wir daher im Detail auf die Funktionalitäten und Bildschirmbilder eingehen, die sich im Szenario *Daten direkt aus SAP-System migrieren* unterscheiden. Da die Funktionalitäten und Bildschirmbilder beim Anlegen eines Migrationsprojekts in SAP S/4HANA und SAP S/4HANA Cloud im Wesentlichen identisch sind, gilt die nachfolgende Beschreibung für beide Deployment-Optionen. Bei Abweichungen weisen wir Sie darauf hin.

Die App starten

Sie starten das Migration Cockpit für diesen Ansatz mit der Kachel **Daten migrieren – Migrationscockpit**. Sie finden die App im Bereich **Datenmigration** (siehe Abbildung 13.4).

Legen Sie als Erstes ein Projekt an. Wenn möglich, legen Sie nur *ein* Projekt für alle Objekte an, die Sie für Ihre Organisationseinheit(en) migrieren wollen, z. B. ein Projekt für alle Migrationsobjekte, die Sie für den Buchungskreis 0001 migrieren wollen.

[«]

Mappings sind nicht projektübergreifend!

Mappings sind migrationsobjektübergreifend, solange sie einem Projekt zugeordnet sind. Mappings sind nicht projektübergreifend, d. h., wenn Sie mehr als ein Projekt z. B. für einen Buchungskreis anlegen, müssen Mappings aus dem einen Projekt herunter- und in das andere Projekt hochgeladen werden. Das heißt, Sie müssen darauf achten, dass die Mappings über alle Ihre Projekte synchron gehalten sind. Bedenken Sie hier den Aufwand und auch die Fehleranfälligkeit.

Schritt 1: Allgemeine Daten eingeben

Sie wählen die Option **Daten direkt aus SAP-System migrieren**. Ein kleiner Wizard führt Sie durch die notwendigen Schritte. Die folgenden Felder sind in Schritt 1 – **Allgemeine Daten** – zu füllen (siehe Abbildung 13.94):

- **Name**: Vergeben Sie hier einen eindeutigen Namen für Ihr Migrationsprojekt.
- **Szenario**: Wählen Sie ein Szenario aus, z. B. SAP ERP an SAP S/4HANA. Das Szenario bestimmt, welche Organisationseinheit später für die Selektion angeboten wird (z. B. der Buchungskreis) und welche Migrationsobjekte zur Auswahl stehen. Organisationseinheiten und Objekte werden von SAP ausgeliefert und können in der Modellierungsumgebung (Migration Object Modeler) bei Bedarf angepasst werden. Insbesondere die Anpassung ausgelieferter Objekte und das Anlegen eigener Migrationsobjekte sind für viele Kunden relevant. Weitere Informatio-

nen dazu finden Sie in Abschnitt 15.4, »Modellierung für den direkten Transfer von Daten aus SAP-Systemen in SAP S/4HANA«. Wie in Abschnitt 13.3.3, »Migrationsobjekte für SAP-ERP-Systeme und andere SAP-Quellsysteme«, erwähnt, steht Ihnen in SAP S/4HANA Cloud nur das Szenario *SAP ERP nach SAP S/4HANA* zur Verfügung.

- **Verbindung zum Quellsystem**: Sobald der Systemadministrator die RFC-Verbindung zwischen dem Quellsystem und dem SAP-S/4HANA-Zielsystem angelegt hat, kann sie hier ausgewählt werden. Es kann für ein Projekt nur eine RFC-Verbindung zugeordnet werden. Möchten Sie aus mehreren Quellsystemen Daten in das SAP-S/4HANA-Zielsystem migrieren, muss pro Quellsystem ein Projekt angelegt werden. Die Mappings (siehe Absatz »Werte mappen« in Abschnitt 13.3.5, »Ein Projekt mit dem direktem Datentransfer durchführen«) müssen zwischen den Projekten synchron gehalten werden, um eine konsistente Migration zu gewährleisten. Wie in Abschnitt 13.3.2, »Technische Voraussetzungen und Systemvorbereitungen«, erwähnt, wird die Verbindung zwischen Ihrem Quellsystem und dem SAP-S/4HANA-Cloud-Zielsystem über eine Kommunikationsvereinbarung hergestellt.

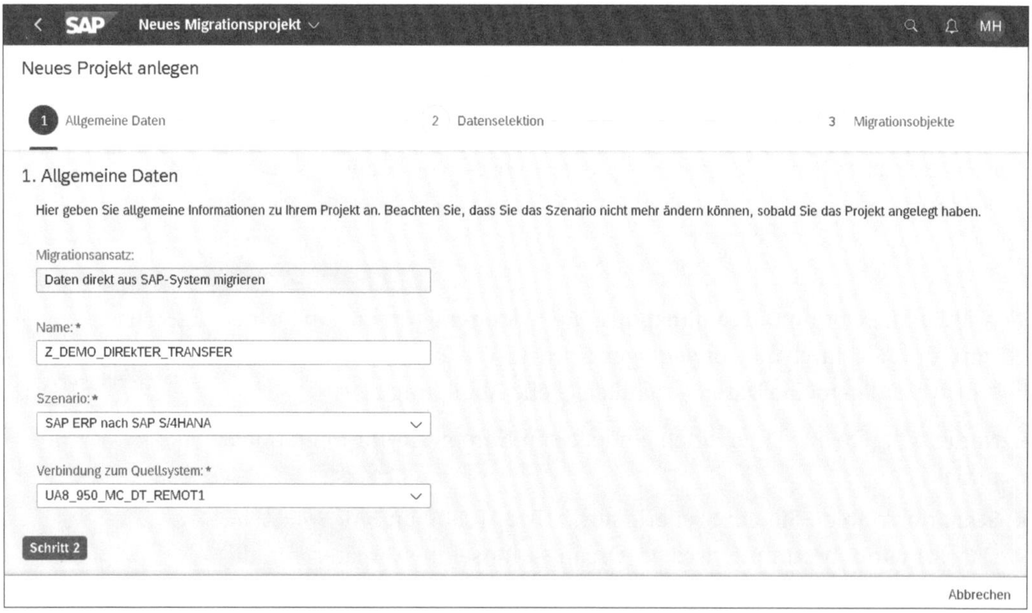

Abbildung 13.94 Projekt anlegen – allgemeine Daten definieren

Schritt 2: Datenselektion

Mit einem Klick auf **Schritt 2** gelangen Sie in den Bereich **Datenselektion**. Dort wählen Sie, wie Sie in Abbildung 13.95 sehen können, eine oder mehrere Organisationseinheiten aus, aus denen selektiert wird. Bei der Migration werden dann nur die Daten aus dem Quellsystem selektiert, die für die ausgewählten Organisationseinheit(en) relevant sind. Im gezeigten Beispiel ist das der Buchungskreis 0001.

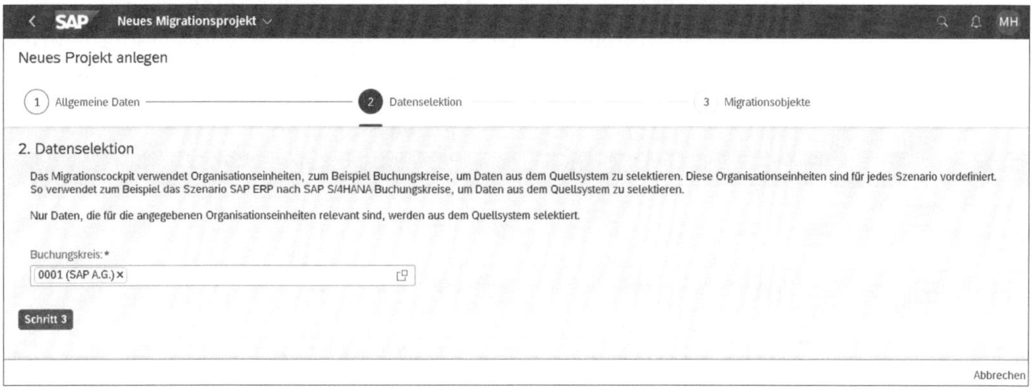

Abbildung 13.95 Projekt anlegen – Datenselektion hinterlegen

Entwicklungspaket in SAP S/4HANA

Ab Release 2023 ist es nicht mehr notwendig, beim Anlegen eines Migrationsprojekts ein Entwicklungspaket anzugeben, um dieses über das Change and Transportsystem (kurz CTS genannt) in ein anderes System transportieren zu können. Weitere Informationen hierzu finden Sie in Abschnitt 15.4.13, »Projekte transportieren in SAP S/4HANA«.

Kein Transportanschluss in SAP S/4HANA 1909

In SAP S/4HANA 1909 ist der Transportanschluss noch nicht realisiert. Das heißt, in diesem Release müssen Projekte manuell im Produktionssystem angelegt werden. Mapping-Werte können in SAP S/4HANA 1909 ausschließlich in Transaktion LTMOM herunter- und hochgeladen werden – für einzelne, mehrere oder alle Mapping-Aufgaben.

Schritt 3: Migrationsobjekte

Mit dem Button **Schritt 3** gelangen Sie in den Bereich **Migrationsobjekte**. Hier werden die Migrationsobjekte gezeigt, die von SAP für das ausgewählte Szenario angeboten werden. Mit einem Klick auf **Dokumentation** werden Sie zur Objektdokumentation auf dem SAP Help Portal geleitet. Diese Beschreibung enthält eine Objektbeschreibung, den genauen Objektumfang, die BAPI bzw. das RAP-Business-Objekt, das zur Anlage bzw. Verbuchung im

SAP-S/4HANA-System bzw. SAP S/4HANA Cloud benutzt wird, und einen Hinweis auf eine SAP-Fiori-App, um die migrierten Daten zu validieren usw. Mit einem Klick auf die Zahl in der Spalte **Vorgänger** erhalten Sie die Liste aller Vorgängerobjekte zum vorliegenden Objekt. Wählen Sie die Migrationsobjekte aus, die Sie in Ihrem Projekt benutzen möchten, und schieben Sie diese mithilfe des Icons [>] (**In »Ausgewählte Migrationsobjekte« verschieben**) in den Bereich **Ausgewählte Migrationsobjekte** (siehe Abbildung 13.96).

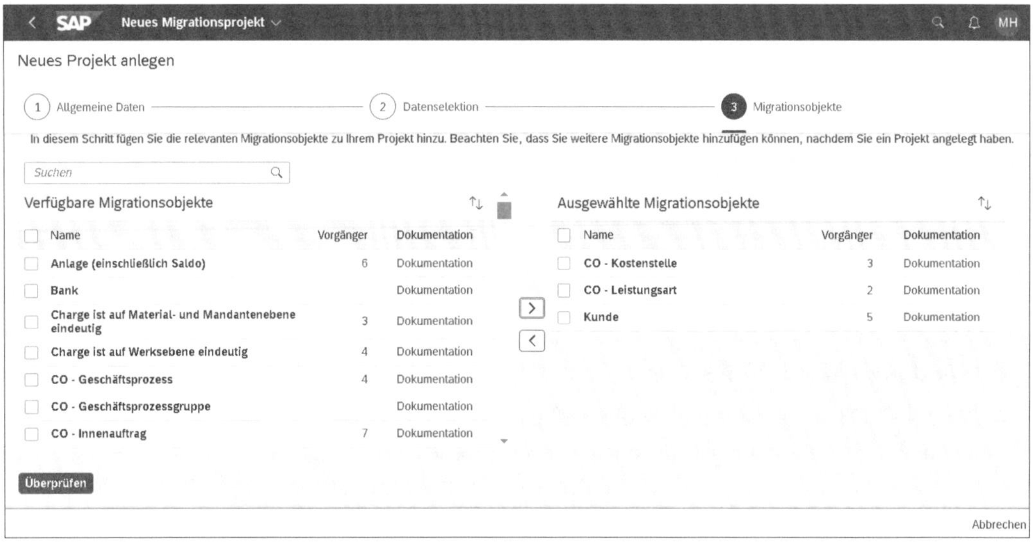

Abbildung 13.96 Projekt anlegen – verfügbare und ausgewählte Migrationsobjekte

Der Auswahl können jederzeit weitere Objekte hinzugefügt werden.

[»]

Löschen von Migrationsobjekten aus einem Projekt in SAP S/4HANA

Das Löschen von Migrationsobjekten aus einem Projekt ist aktuell nur in SAP-S/4HANA-Transaktion LTMOM möglich, unter der Voraussetzung, dass noch keine Daten für dieses Objekt in das Zielsystem migriert wurden. Des Weiteren müssen die bereits vorhandenen (selektierten) Instanzen zu diesem Migrationsobjekt aus dem Migration Cockpit gelöscht werden. Dazu rufen Sie im SAP-S/4HANA-Backend den Report `CNV_PE_MC_DEL_ITEMS` auf. Alternativ können Sie als Workaround das ungewünschte Migrationsobjekt im Migration Object Modeler umbenennen, z. B. in `OBSOLETE_Cost_Center`.

Löschen von Migrationsobjekten aus einem Projekt in SAP S/4HANA Cloud Public Edition nicht möglich

In der SAP S/4HANA Cloud ist es nicht möglich, Migrationsobjekt aus einem Projekt zu löschen. Es ist aber möglich, den Namen des ungewünschte Migrationsobjekts im Migration Object Modeler umzubenennen, z. B. in `OBSOLETE_Cost_Center`.

Vorgängerobjekte prüfen

Wenn Sie auf den Button **Überprüfen** klicken, fragt das System ab, ob Sie auch die Vorgängerobjekte in das Projekt aufnehmen möchten. In einem Pop-up-Fenster werden die Migrationsobjekte angezeigt, die zu den von Ihnen ausgewählten Objekten logische Vorgänger sind, also z. B. für das Objekt **CO – Kostenstelle** das Migrationsobjekt **CO – Profitcenter, CO – Kostenstellengruppe** und **JVA – Joint-Venture-Stammdaten (Schritt1)**. Es ist nicht verpflichtend, diese Migrationsobjekte aufzunehmen, da sie möglicherweise mit anderen Mitteln ins Zielsystem gelangt oder im individuellen Fall nicht notwendig sind. Im hier gezeigten Fall werden keine Vorgängerobjekte aufgenommen. Jetzt kann das Projekt mit **Projekt anlegen** gesichert werden.

Was ist zu tun im Fehlerfall?

Wenn es während des Anlegens des Projekts zu Problemen kommt, sehen Sie dies in der Ansicht **Migrationsprojekt** (siehe Abbildung 13.97). Beim Anlegen des Projekts werden Migrationsobjekte aus einer Migrationsvorlage in das vorliegende Projekt kopiert.

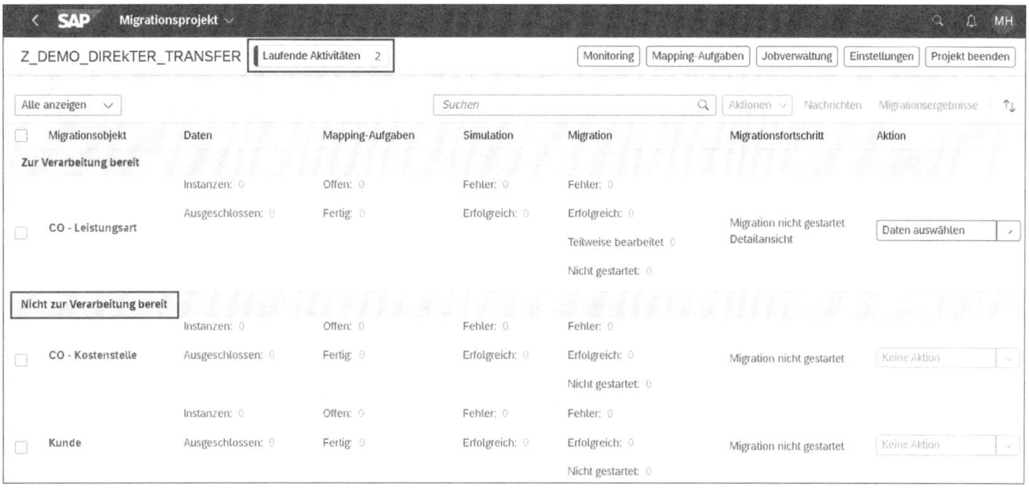

Abbildung 13.97 Problembehebung beim Schritt »Projekt anlegen«

Der Vorgang kann einige Zeit dauern. Solange die Objekte noch nicht für die weitere Prozessierung bereit sind, werden diese Objekte als **Nicht zur Verarbeitung bereit** angezeigt. Falls die Kopierfunktion abbricht, können Sie sie neu starten. Falls es technische Probleme gibt, erscheint im oberen Bildbereich der Button **Aktivitäten mit Fehler**. Über diesen Button können Sie das Problem analysieren.

Weitere Einstellungen zum Projekt

Wenn Sie im Bild **Migrationsprojekt** rechts oben auf **Einstellungen** klicken, gelangen Sie auf die Projekteinstellungen mit weiteren Funktionalitäten. Unter **Migrationsobjekte** können Sie bei Bedarf weitere Migrationsobjekte zu Ihrem Projekt hinzufügen, des Weiteren besteht die Möglichkeit, den **Aufbewahrungszeitraum für Daten zu ändern**, sofern Sie das Migrationsprojekt auf **Projekt beenden** gesetzt haben.

Jobverwaltung

Ebenfalls rechts oben befindet sich der Absprung auf die **Jobverwaltung**. Details zu den Projekteinstellungen und zur Jobverwaltung finden Sie in Abschnitt 13.2.16, »Jobverwaltung«.

Sichten

In SAP S/4HANA Cloud Public Edition steht Ihnen zusätzlich zur Standardsicht eine Reihenfolgeinformationen-Sicht zur Verfügung (siehe Abbildung 13.98). Mit den angebotenen Sichten können Sie festlegen, wie die Migrationsobjekte im Detailbild *Migrationsprojekte* angezeigt werden. Folgende Sichten stehen zur Auswahl:

- **Standard**

  In der Standard-Sicht sind die Migrationsobjekte alphabetisch sortiert, normalerweise von A bis Z. Durch die Einstellung können Sie sich die Migrationsobjekte auch in absteigender Reihenfolge, also von Z bis A anzeigen lassen.

- **Reihenfolgeinformationen**

  Die Reihenfolgeinformationen-Sicht zeigt Ihnen die Migrationsobjekte in der Reihenfolge an, in der sie in das Zielsystem übertragen werden sollten, um Datenintegrität und -konsistenz sicherzustellen. Die Gruppierung erfolgt üblicherweise nach den Abhängigkeiten der Migrationsobjekte zueinander. Das heißt, in Gruppe 1 befinden sich die Migrationsobjekte, die keine Vorgängerobjekte haben, in Gruppe 2 die Migrationsobjekte, die die Migrationsobjekte aus Gruppe 1 als Vorgänger haben usw.

Es ist jederzeit möglich, zwischen den Ansichten zu wechseln. Geplant ist, dass die Reihenfolgeinformationen-Sicht mit Release 2025 auch in SAP S/4HANA zur Verfügung steht.

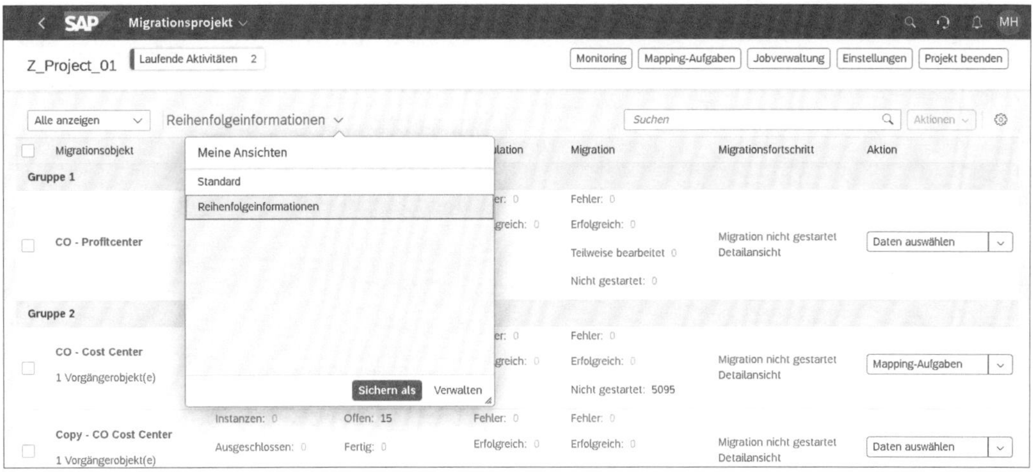

Abbildung 13.98 Sichten in SAP S/4HANA Cloud

Detailbild des Migrationsobjekts

Die Detailansicht des Migrationsobjekts ist eine zentrale Seite. Mit einem Klick auf den Namen des Migrationsobjekts, z. B. *CO – Kostenstelle*, gelangen Sie auf das Bild **Migrationsobjekt**. Dort finden sich sowohl grundsätzliche Informationen zum Objekt, die Tabellenstruktur, die Ihnen die relevanten Quellsystemtabellen für das ausgewählte Migrationsobjekt anzeigt ❶, als auch Informationen zur Historie (siehe Abbildung 13.99). Mit Release 2023 finden Sie hier auch Informationen zu aktiven **Konfigurationsoptionen** für bestimmte Migrationsobjekte. Diese können Sie über den Migration Object Modeler aktivieren bzw. deaktivieren. Näheres hierzu finden Sie in Abschnitt 15.4.7, »Konfigurationsoptionen«. Beachten Sie, dass diese Funktionalität momentan nur für das Migrationsobjekt *Lieferant* zur Verfügung steht.

Vergleichen Sie dieses Bild mit Abbildung 13.21. Sie sehen, dass die bereitgestellten Informationen zu einem Migrationsobjekt ähnlich sind. Im hier gezeigten Ansatz finden Sie im oberen rechten Bereich den Absprung auf die ❷ **Mapping-Aufgaben** und auf die einzelnen **Instanzen** für dieses Objekt.

Es gibt in der Ansicht **Migrationsobjekt** keine Möglichkeit der Prüfung auf kundeneigene Felder im SAP-S/4HANA-Zielsystem (siehe Abbildung 13.99). Da der Ansatz des direkten Transfers Daten aus einem SAP-Quellsystem liest, wird die Prüfung auf Felderweiterungen, ausgehend vom Quellsystem, betrachtet. Details hierzu finden Sie in Abschnitt 15.4.9, »Tabellenfelderweiterungen migrieren (Z-Felder)«.

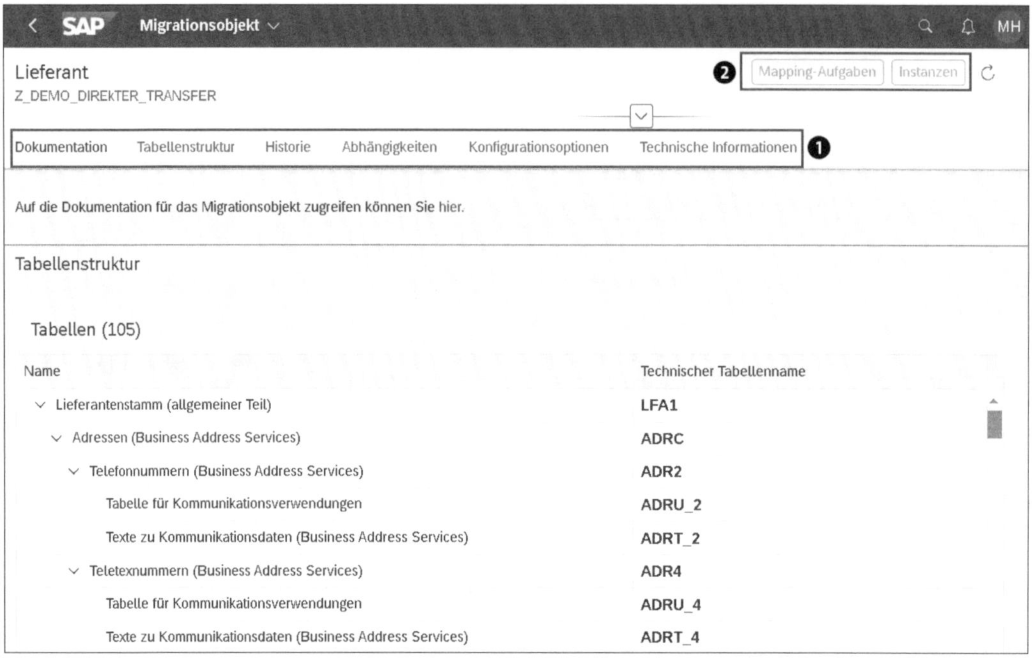

Abbildung 13.99 Sicht »Migrationsobjekt« – Detailbild

Migrationsobjektstatus

Aktualisierte Versionen von Migrationsobjekten in SAP S/4HANA Cloud

In der SAP S/4HANA Cloud erhalten Sie über eine Statusanzeige Hinweise auf aktualisierte Versionen von Migrationsobjekten. Die Aktualisierungen resultieren z. B. aus notwendigen Anpassungen an die aktuellen Funktionen des SAP-S/4HANA- bzw. SAP-S/4HANA-Cloud-System, Release-Upgrades oder Fehlerbehebungen. Über diese Statusanzeige werden Sie auch informiert, wenn ein Migrationsobjekt abgekündigt oder in Zukunft nicht mehr verfügbar sein wird.

Folgende Status werden angewendet:

- **Neue Version verfügbar**: Eine neue Version des Migrationsobjekts ist verfügbar. Es empfiehlt sich, stets die neueste Version eines Migrationsobjekts zu verwenden, um sicherzustellen, dass Sie die neuesten Erweiterungen und Fehlerbehebung nutzen können.
- **Neue obligatorische Version verfügbar**: Migrationsobjekte mit diesem Status können nicht weiter für die Datenmigration verwendet werden.
- **Abgekündigt**: Das Migrationsobjekt ist abgekündigt und wird im nächsten Release nicht mehr verfügbar sein. Sie können das Migrationsobjekt bis dahin aber noch für die Migration verwenden.

- **Abgekündigt (neue Version verfügbar)**: Es gibt eine neue Version dieses Migrationsobjekts. Das abgekündigte Migrationsobjekt wird im nächsten Release nicht mehr verfügbar sein. Sie können das abgekündigte Migrationsobjekt bis dahin aber noch für die Migration verwenden.
- **Abgekündigt (neue obligatorische Version verfügbar)**: Es gibt eine neue obligatorische Version dieses Migrationsobjekts. Das abgekündigte Migrationsobjekt kann nicht mehr für die Datenmigration verwendet werden.
- **Deaktiviert**: Hat ein Migrationsobjekt den Status deaktiviert, kann es nicht mehr für die Datenmigration verwendet werden. Prüfen Sie, ob für dieses Migrationsobjekt ein Nachfolgeobjekt verfügbar ist.

Aktualisierte Versionen eines Migrationsobjekts in SAP S/4HANA

Wenn Sie ein Upgrade auf ein neues System durchführen, ein neues Feature Package oder Support Package oder eine transportbasierte Korrekturanleitung für SAP-Hinweise in Ihrem SAP-S/4HANA-System implementieren, werden mit dem SAP S/4HANA Release 2023 aktualisierte Versionen der Migrationsobjekte bereitgestellt (siehe Abbildung 13.100). Die aktualisierten Migrationsobjekte sind sofort in allen Mandanten verfügbar. Es ist nicht mehr wie in älteren Releases notwendig, den Report `CNV_PE_MC_DEL_ITEMS` in Ihrem SAP-S/4HANA-Backend-System auszuführen, um die aktualisierten Migrationsobjekte aus dem 000-Mandanten in die entsprechenden Mandanten zu laden.

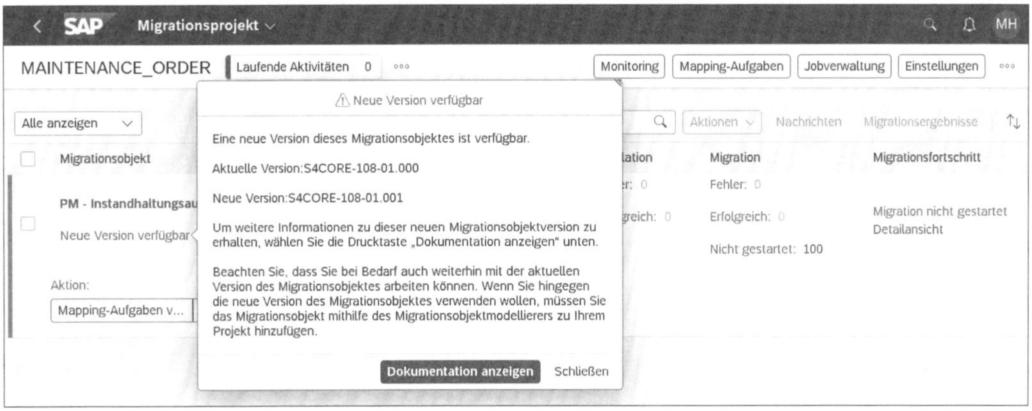

Abbildung 13.100 Neue Version verfügbar – Migrationsobjekt

Nach einem Release-Upgrade Ihres SAP-S/4HANA-System empfehlen wir Ihnen, ein neues Migrationsprojekt anzulegen, da die Verwendung älterer Projekte technische Schwierigkeiten verursachen kann.

Verwenden Sie in der SAP S/4HANA Cloud und in SAP S/4HANA den Migration Object Modeler, um eine neue Version eines Migrationsobjekts zu

Ihrem Migrationsprojekt hinzuzufügen. Führen Sie hierzu die Funktion **Migrationsobjektmodellierer • Migrationsobjekt anlegen • Aus Vorlage • Daten direkt aus SAP-System migrieren** aus.

Im *Releasevergleich von Migrationsobjekten (Direkte Übernahme)* finden Sie Informationen zu den Änderungen der Migrationsobjekte (siehe für SAP S/4HANA Cloud Public Edition: *http://s-prs.de/v10578144* und für SAP S/4HANA: *http://s-prs.de/v10578145*).

> **Quellsystem-Updates in der Public Cloud**
>
> Während Sie in SAP S/4HANA den Note Analyzer nutzen können, um die notwendigen Quellsystem-Updates der *DMIS-Komponenten* (*DMIS-Updates*) für Ihr SAP-ERP-Quellsystem zu ermitteln, geht das in der Public Cloud leider nicht so einfach. In der Public Cloud müssen Sie sich den SAP-Sammelhinweis 2973957 ansehen. Dieser enthält alle notwendigen DMIS-relevanten Hinweise, die Sie in Ihr SAP-ERP-System einspielen müssen.

Benutzerführung im SAP S/4HANA Migration Cockpit

Aktionen flexibel wählbar

Das Migration Cockpit führt Sie durch den Migrationsprozess, indem es Ihnen in der Spalte **Aktion** den nächsten Schritt vorschlägt. Es gibt Ihnen jedoch gleichzeitig völlige Flexibilität. Sie können jederzeit pro Objekt einen beliebigen Schritt über das Drop-down-Menü auswählen oder in der Kopfzeile eine Aktion für alle markierten Objekte des Projekts ausführen (siehe Abbildung 13.101).

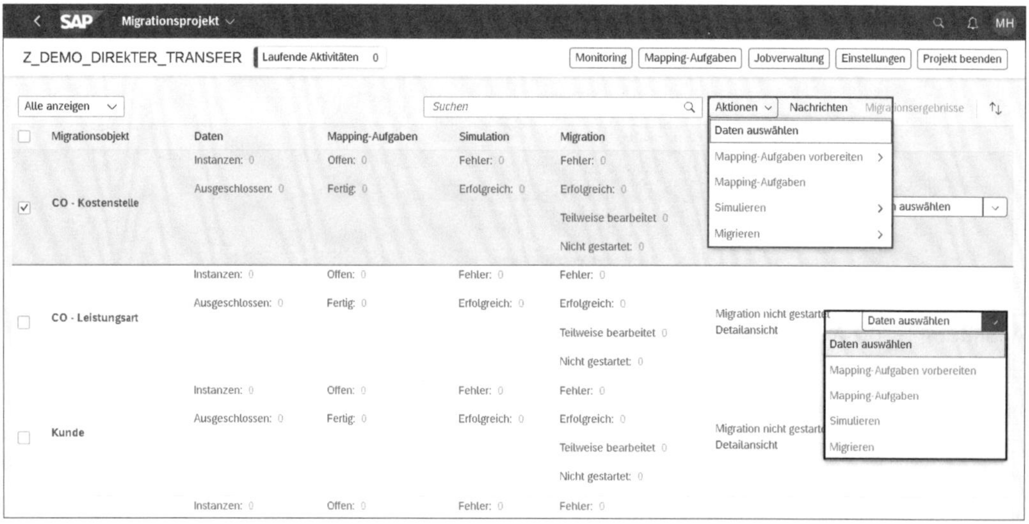

Abbildung 13.101 Migration Cockpit – Bild »Migrationsprojekt«

Daten aus dem SAP-Quellsystem selektieren

Nachdem der Projektumfang definiert worden ist, erfolgt das Einlesen der Daten aus dem Quellsystem.

> **Modellierungsumgebung bietet weitere Möglichkeiten!**
>
> Der vorliegende Abschnitt beschreibt die Selektionsmöglichkeiten innerhalb des von SAP vordefinierten Rahmens. Im Migration Object Modeler gibt es weitere Möglichkeiten, um die Selektion aus dem Quellsystem zu steuern. Dort können für einzelne oder für alle Migrationsobjekte innerhalb eines Projekts weitere Selektionskriterien definiert werden. Details dazu finden Sie in Abschnitt 15.4.6, »Standardselektion ändern«.

[«]

Integrierte Organisationsableitung

Auf der Grundlage der eingegebenen Organisationseinheiten und der ausgewählten Migrationsobjekte bestimmt das Migration Cockpit alle relevanten Datensätze in der Quelle. Eine implizite Organisationsableitung stellt sicher, dass alle zugehörigen Datensätze gefunden werden.

Instanzen

Das Datenmodell des Migrationsobjekts bestimmt, aus welchen Tabellen welche Felder eingelesen und zu einer Instanz zusammengesetzt werden. Die Instanzen bilden die Grundlage für die spätere Einbuchung bzw. das Anlegen der Daten im SAP-S/4HANA-System. Die Instanzen enthalten alle notwendigen Felder, um die jeweilige BAPI der Anwendung korrekt zu versorgen.

Beispiel für Organisationsableitung

Ein Beispiel hierzu: Sie haben in Ihrem Projekt den Buchungskreis 0001 festgelegt und das Migrationsobjekt **CO – Leistungsart** für die Migration gewählt. Leistungsarten sind nicht einem Buchungskreis zugeordnet, sondern einem Kostenrechnungskreis (siehe Datenmodell des Migrationsobjekts und Tabelle CSLA). Die implizite Organisationsableitung besagt, dass Tabelle TKA02 in der Quelle gelesen wird, um den Kostenrechnungskreis zu finden, der dem gewählten Buchungskreis zugeordnet ist (z. B. »001A«). Das Migration Cockpit liest aus den Tabellen CSLA und CSLT die Felder ein, die gemäß der Definition des Migrationsobjekts benötigt werden, und erzeugt für alle Leistungsarten aus dem Kostenrechnungskreis (z. B. »001A«) je eine Instanz.

Parallelisierung für die Selektion einrichten

Bevor Sie die Selektion starten, stellen Sie unter **Jobverwaltung** die Anzahl an Hintergrundjobs pro Projekt und pro Migrationsobjekt ein (Parallelisierung). Die Selektion kann für einzelne, mehrere oder alle Migrationsobjekte innerhalb eines Projekts gestartet werden (siehe Abbildung 13.101).

Manche Migrationsobjekte unterstützen keine Parallelisierung

Es gibt Migrationsobjekte, die nur mit jeweils einem Job verwendet werden können, da die zugehörige SAP-Standard-API die Parallelverarbeitung nicht unterstützt. Beispiel hierfür sind die Migrationsobjekte **CO – Profitcenter** und **CO – Kostenstelle**. Bitte entnehmen Sie weitere Informationen hierzu aus der jeweiligen Migrationsobjektdokumentation (siehe Migrationsobjekte unter dem Link: *http://help.sap.com/S4_OP_MO*).

Im Bild **Migrationsprojekt** wird die Anzahl der selektierten Instanzen automatisch aktualisiert, bis die Selektion beendet ist. Die Zahl wird in der Spalte **Daten** angezeigt (siehe Abbildung 13.102).

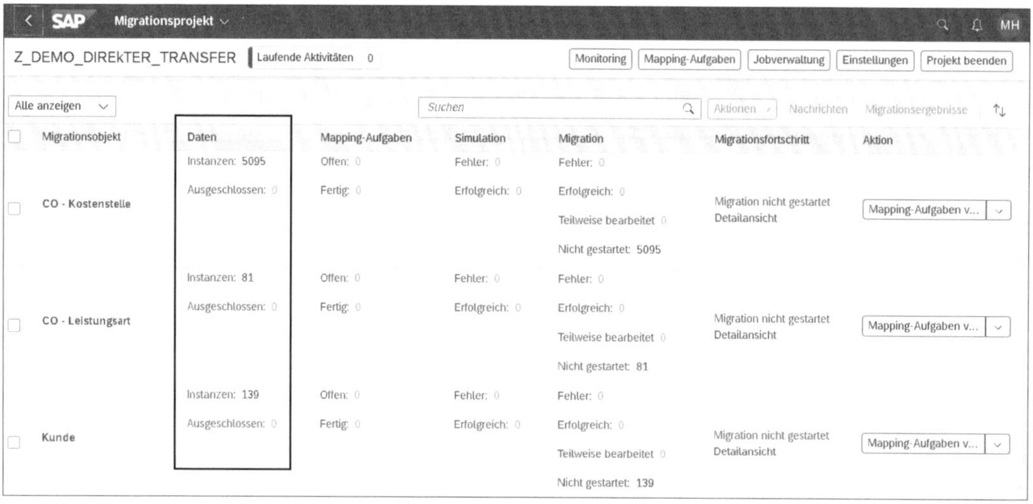

Abbildung 13.102 Projektansicht nach erfolgter Selektion

In der Sicht **Monitoring** sehen Sie den Bearbeitungsfortschritt sowie Meldungen zu allen Aktivitäten Ihres Projekts. Vergleichen Sie hierzu die Ausführungen in Abschnitt 13.2.9, »Monitoring der Aktivitäten«.

Selektion wiederholbar?

Grundsätzlich kann die Selektion wiederholt bzw. mehrfach ausgeführt werden. Bedenken Sie jedoch, dass in diesem Fall der gesamte Datenbestand für das betroffene Migrationsobjekt in der Quelle erneut eingelesen werden muss, was zusätzlichen Zeitaufwand bedeutet. Wenn Sie die Aktion **Daten auswählen** erneut ausführen, erscheint das Dialogfenster, wie in Abbildung 13.103 zu sehen.

Falls Sie *geänderte Datensätze* in der Quelle vermuten, empfiehlt es sich, den Button **Neue Selektion** zu wählen. Wissen Sie, dass es keine geänderten Sätze, sondern nur *neu hinzugekommene* Datensätze in der Quelle für dieses Migrationsobjekt gibt, wählen Sie den Button **Neue zusätzliche Instanzen hinzufügen**.

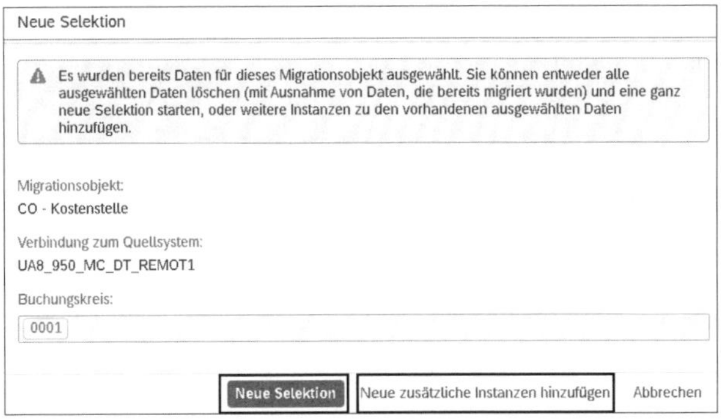

Abbildung 13.103 Möglichkeiten bei einer erneuten Selektion

Falls Sie nur eine begrenzte Menge an Instanzen nicht weiterbearbeiten möchten, kann das Ausschließen einzelner Instanzen (in der Sicht **Migrationsobjektinstanzen**) eine Alternative sein. Markieren Sie hierzu die Instanzen, die Sie ausschließen möchten, und klicken Sie auf **Ausschließen** (siehe Abbildung 13.104).

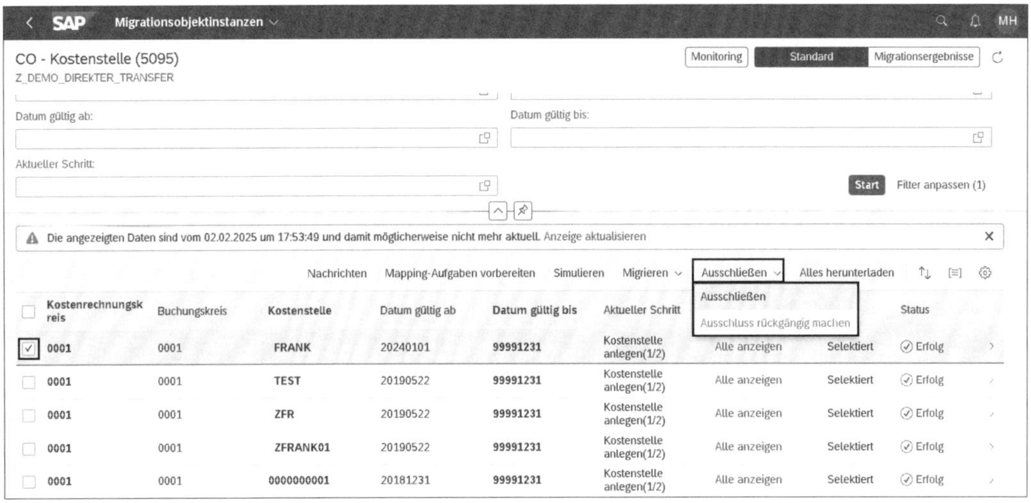

Abbildung 13.104 Instanzen ausschließen

In SAP S/4HANA 1909 ist ein manueller Schritt notwendig bei Datensatz-Updates in der Quelle

Bereits in Release SAP S/4HANA 1909 können Sie die Selektion wiederholen. Findet das Migration Cockpit neue Sätze in der Quelle, werden diese hinzugefügt. Wollen Sie jedoch die Selektion wiederholen, weil sich Datensätze in der Quelle geändert haben, d. h., dass die Inhalte der Schlüsselfelder nach wie vor die gleichen sind, muss die vorherige Selektion zuvor explizit gelöscht werden. Melden Sie sich dazu im SAP-S/4HANA-Backend (SAP GUI) an, und starten Sie den Report `CNV_PE_MC_DEL_ITEMS`. Mit diesem Report können anhand verschiedener Auswahlkriterien Instanzen gelöscht werden. Weitere Informationen finden Sie in SAP-Hinweis 2857598.

Selektierte Daten prüfen

Einstellen der Spaltenansicht

Sie sind im Bild **Migrationsprojekt**. Wenn Sie dort auf die Zahl der selektierten Instanzen klicken, gelangen Sie in die Sicht **Migrationsobjektinstanzen** (siehe Abbildung 13.105). Alternativ können Sie aus der **Migrationsobjekt**-Detailansicht auf die Instanz-Sicht abspringen, indem Sie auf den Button **Instanzen** klicken. In der Instanz-Sicht können Sie über das Zahnradsymbol einstellen, welche Spalten angezeigt werden. Sie können in der Liste suchen, sortieren, filtern und gruppieren. Es kann für jede Instanz der gesamte Datensatz angezeigt werden. Klicken Sie hierzu auf den Pfeil (>). Dieser besteht aus den Feldern, die gemäß Datenmodell für das Migrationsobjekt aus der Quelle selektiert werden. Der Datensatz enthält i. d. R. Felder aus mehreren Quelltabellen.

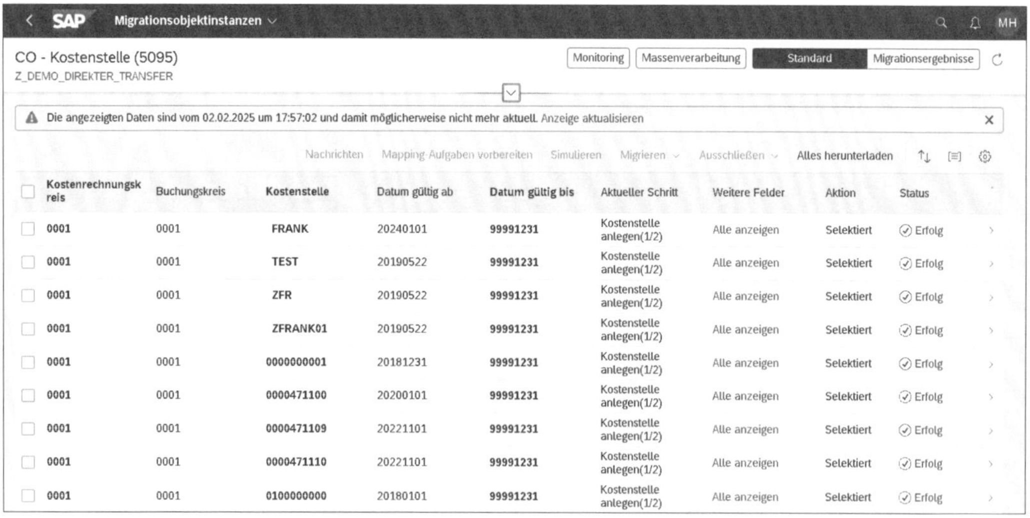

Abbildung 13.105 Sicht »Migrationsobjektinstanzen«

Aktionen für einzelne Sätze ausführen

In der Sicht **Migrationsobjektinstanzen** haben Sie die Möglichkeit, Aktionen für einzelne Instanzen durchzuführen. Sie markieren die einzelnen Instanzen in der Liste und wählen über die Buttons **Mapping-Aufgaben vorbereiten**, **Simulieren**, **Migrieren**, **Nächster Schritt Migrieren/Alle Schritte migrieren** und **Ausschließen/Ausschluss rückgängig machen** die auszuführende Aktion aus. Alternativ können Sie über die Funktion **Massenverarbeitung** (rechts oben) Sätze aus der vorhandenen Liste nach bestimmten Kriterien filtern und für diese Untermenge die genannten Aktionen ausführen. Dadurch ist es möglich, aus der gesamten Menge der eingelesenen Instanzen gezielt mit bestimmten Sätzen zu arbeiten, z. B. mit besonders kritischen Sätzen oder Sätzen, die ganz bestimmte Geschäftsprozesse repräsentieren. Weitere Informationen zur Massenverarbeitung finden Sie auch in Abschnitt 13.2.22, »Massenverarbeitung über freie Selektion auf Instanzen«.

[«]

Keine Cleansing-Funktionalität

Der Ansatz des direkten Transfers bietet keine Cleansing-Funktionalität, wie z. B. Dubletten-Check, Golden Record usw.

Sollten Datenbereinigungen notwendig sein, müssen diese im Quellsystem stattfinden. Alternativ kann die Selektion so eingestellt werden, dass die ungewünschten Sätze nicht eingelesen werden (Migration Object Modeler). Bereits eingelesene Sätze können im Migration Cockpit in der Sicht **Migrationsobjektinstanz** einzeln oder unter der Verwendung der Funktion **Massenverarbeitung** von der weiteren Verarbeitung ausgeschlossen werden.

Mit der Funktion **Alles herunterladen** können Sie sich alle selektierten Instanzen herunterladen. Wenn Sie die Aktion ausführen, können Sie auf dem Folgebildschirm festlegen, wie die Liste strukturiert sein soll. Wählen Sie dazu die für Sie relevanten *Schlüsselfelder* bzw. *Nichtschlüsselfelder* aus. Die angezeigten Felder variieren je nach Migrationsobjekt. Klicken Sie anschließend auf den Button **Herunterladen**. Es wird eine Datei erstellt, die Sie über das Monitoring herunterladen können.

Mapping-Aufgaben vorbereiten

Vorschlagswerte füllen

Der Schritt **Mapping-Aufgaben vorbereiten** füllt die Mapping-Aufgaben mit Vorschlagswerten (Quellwert = Zielwert). In älteren Releases (kleiner Release 2021) war die Aktion **Mapping-Aufgaben vorbereiten** Teil der Aktion **Daten auswählen**. Die vorgenommene Trennung hat zu einem den Vorteil, dass Sie Ihre Ausfallzeiten optimieren können, denn Sie können diese Aktivität überspringen, wenn Sie die Mapping-Werte mit Microsoft-Excel hochladen. Zum anderen gibt Ihnen diese Unterteilung mehr Transparenz über die Aktivitäten, die das System gerade ausführt.

Werte mappen

Mappings werden automatisch erzeugt

In jedem Migrationsobjekt ist definiert, für welche Felder Mappings notwendig bzw. möglich sind. Durch den Schritt **Mapping-Aufgaben vorbereiten** wird, wie schon erwähnt, für jeden Wert eines solchen Felds automatisch ein 1:1-Vorschlag erzeugt. Falls für das Migrationsobjekt Festwerte benötigt werden, wie z. B. das Buchungsdatum oder ein Gegenbuchungskonto für die Migration, wird hierfür ebenfalls automatisch eine Mapping-Aufgabe erzeugt.

Für das Migrationsobjekt »CO - Kostenstelle« werden z. B. insgesamt 18 Mapping-Aufgaben für die folgenden Felder und 14 weitere Mapping-Aufgaben angezeigt:

- **Kostenrechnungskreis**
- **Buchungskreis**
- **Kostenstelle**
- **Kostenstellengruppe**

Sie können Mapping-Aufgaben entweder einzeln bestätigen oder mehrere bzw. alle gleichzeitig, wie in Abbildung 13.106 dargestellt. Markieren Sie das Kästchen bei Mapping-Aufgabe ❶, und klicken Sie anschließend auf **Bestätigen** ❷.

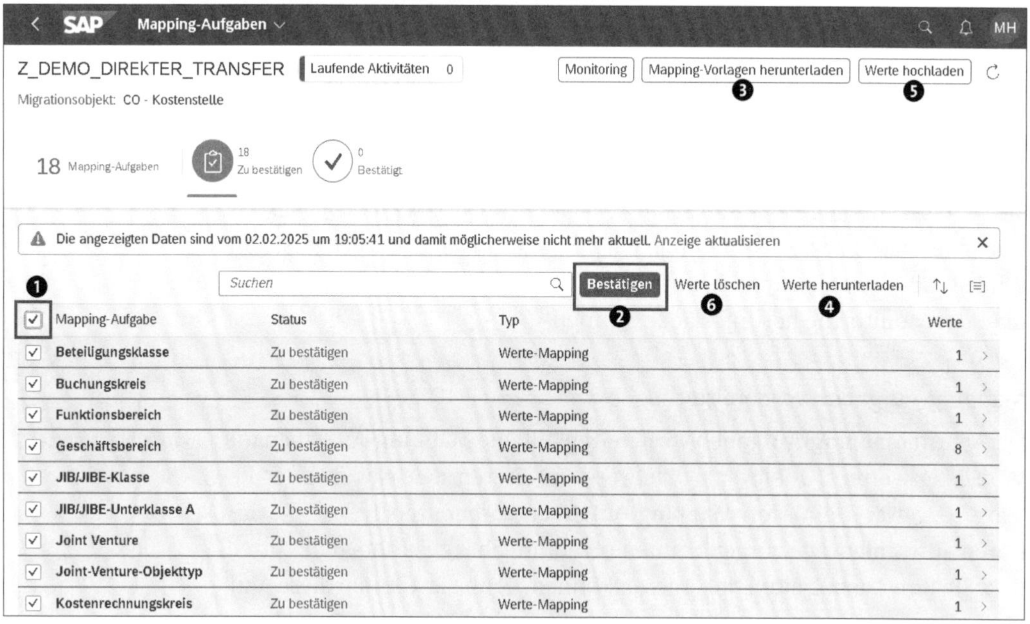

Abbildung 13.106 Mapping-Aufgaben für das Migrationsobjekt »CO – Kostenstelle« (Übersichtsbild – Mapping-Aufgaben)

Download/Upload

In der Übersicht der **Mapping-Aufgaben** finden Sie die Absprünge auf die Download-/Upload-Möglichkeiten (siehe Abbildung 13.106). Somit können Sie Mappings außerhalb des Migration Cockpits bearbeiten sowie zwischen verschiedenen Projekten austauschen und synchron halten.

Mappings zwischen Projekten synchron halten

Unter ❸ **Mapping-Vorlagen herunterladen** können Sie Vorlagen herunterladen. Diese enthalten drei Blätter: **Dokumentation**, **Signatur** und **Datenblatt (ohne Werte)**. Mit ❹ **Werte herunterladen** laden Sie die Mapping-Aufgaben inklusive der Mapping-Werte herunter, also die Dokumentation, die Signatur und das befüllte Datenblatt. Unter ❺ **Werte hochladen** laden Sie die bearbeiteten Dateien in das System. Hierbei haben Sie die Möglichkeit, die Werte direkt mit dem Hochladen zu bestätigen oder sie nicht zu bestätigen. Außerdem entscheiden Sie, ob bereits vorhandene Mapping-Werte ersetzt werden oder alternativ nur Werte geändert sowie neue Werte hinzugefügt werden sollen.

Das Detailbild zu jeder Mapping-Aufgabe erreichen Sie durch einen Doppelklick auf eine Zeile. In diesem Detailbild pflegen Sie die Einzelwerte der Mappings. Sie können sich über die Eingabehilfe für das Mapping-Zielfeld die Werte vorschlagen lassen, die im SAP-S/4HANA-System gegebenenfalls bereits vorhanden sind.

Mapping-Beispiele

Die Mapping-Aufgaben können nicht dazu benutzt werden, um Stammdaten im Ziel zusammenzuführen (Merger), siehe die Beispiele in Abbildung 13.107. Für das Migrationsobjekt **CO – Leistungsart** können Sie für mehrere Instanzen in der Mapping-Aufgabe **Kostenart** die gleiche Zielkostenart angeben. Die Kostenart ist für das Objekt **CO – Leistungsart** ein Feld, das im Stammsatz nur zugeordnet ist. Es handelt sich beim Feld **Kostenart** nicht um ein Schlüsselfeld der Leistungsart.

Im zweiten Beispiel wird für das Migrationsobjekt **CO – Kostenstelle** in der Mapping-Aufgabe **Kostenstelle** für beide Sätze der Wert für die Zielkostenstelle mit »A1« angegeben. Den ersten Satz legt das Migration Cockpit im Zielsystem an. Beim zweiten Satz stellt die BAPI fest, dass diese Kostenstelle bereits im Ziel vorhanden ist, und gibt eine Fehlermeldung aus.

[«]

Keine zentrale Ablage oder Integration mit anderen Tools

Es gibt keine zentrale Ablage für Mappings oder eine Integration zu anderen Tools, wie z. B. SAP Master Data Governance. Halten Sie die Mappings unter Zuhilfenahme der Download-/Upload-Funktion synchron. Prüfen Sie in der SAP-Hinweis-Suche, ob es zu einem späteren Zeitpunkt eventuell Erweiterungen gibt.

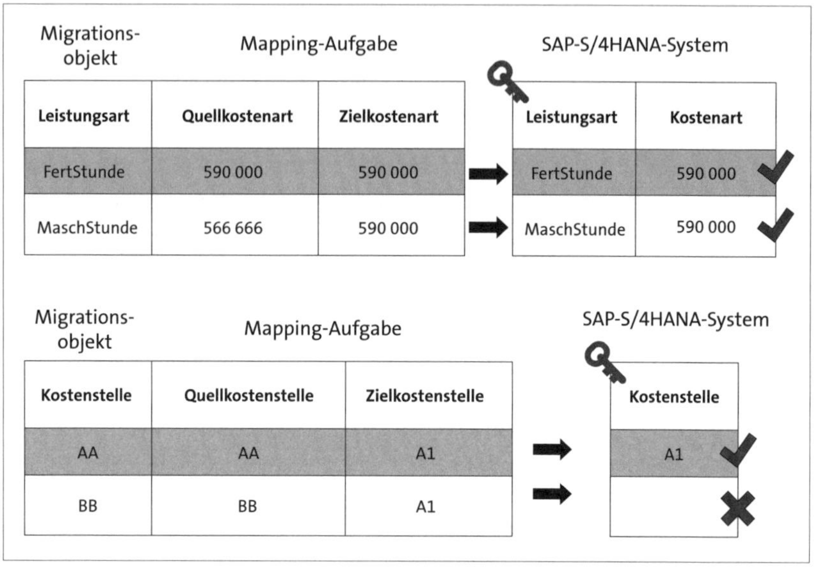

Abbildung 13.107 Migrationsobjektinstanzen können nicht im Ziel zusammengeführt werden (keine Merger!).

Mapping-Werte löschen

Mit 2022 FPS01 besteht die Möglichkeit Mapping-Werte zu löschen, klicken Sie hierzu auf ❻ **Werte löschen** auf dem Bild Mapping-Aufgaben (siehe Abbildung 13.106). Weitere Informationen finden Sie in Abschnitt 13.2.15, »Pflege der Mapping-Werte«.

Migration simulieren

Als Nächstes simulieren Sie die Migration. Dies bedeutet, dass das Migration Cockpit die Mapping-Regeln auf die Instanzen anwendet und die so transformierten Instanzen an die BAPI des Migrationsobjekts übergibt. Die BAPI simuliert die Instanzen. Für jede Instanz werden alle Prüfungen durchlaufen, die in der BAPI enthalten sind.

Parallelisierung einstellen

Bevor Sie die Simulation starten, stellen Sie die Anzahl der Jobs pro Projekt und pro Migrationsobjekt in der Sicht **Jobverwaltung** ein.

Zu prozessierende Sätze, flexibel wählbar

In der Sicht **Migrationsprojekt** können Sie die Simulation gleich für mehrere Migrationsobjekte starten. Markieren Sie diese, und klicken Sie im oberen Bereich des Bilds auf **Aktionen**. Wählen Sie, ob Sie **Alle Instanzen** zu diesen Objekten oder **Alle Instanzen mit Fehlern** zu diesen Objekten simulieren wollen.

Um ein einzelnes Migrationsobjekt zu simulieren, wählen Sie in der Spalte **Aktion** die Option **Simulieren** aus. Hier können Sie entscheiden, ob Sie beliebige 10 %, beliebige 500 Instanzen, alle Instanzen zu diesem Objekt oder eine benutzerspezifische Auswahl (Absprung in die Funktion **Massenverarbeitung**) starten wollen. Alternativ können Sie zunächst in die Sicht **Migrationsobjektinstanzen** navigieren und dort aus der Liste der Instanzen einzelne auswählen und simulieren.

Fehler analysieren und bereinigen

Meldungen prüfen

Im SAP-S/4HANA-Cloud-System werden Sie über die Aktionen **Simulationsnachrichten** und **Migrationsnachrichten** direkt zu nachrichtenbezogenen Informationen zur Simulation und Migration geführt. Mit der nun angezeigten Sicht **Migrationsobjektinstanzen, Nachrichten** können Sie sich pro Nachricht die betroffenen Instanzen anzeigen lassen. In SAP S/4HANA ist vorgesehen, die Aktionen **Simulationsnachrichten** und **Migrationsnachrichten** mit dem Release 2025 bereitzustellen.

Des Weitern gibt es folgende Möglichkeiten, im SAP S/4HANA Migration Cockpit nachrichtenbezogene Meldungen zu prüfen:

Meldungen pro Aktivität

- Sie können sich über das **Monitoring** nachrichtenbezogene Informationen anzeigen lassen. Gehen Sie in der **Monitoring**-Sicht zur betreffenden Aktivität für das Migrationsobjekt, und klicken Sie anschließend auf den Button **Meldungen anzeigen**. Dies führt Sie auf die Sicht **Nachrichten**. Mit einem Klick auf **Fehler** erhalten Sie einen Überblick über die Fehlermeldungen (siehe Abbildung 13.108).

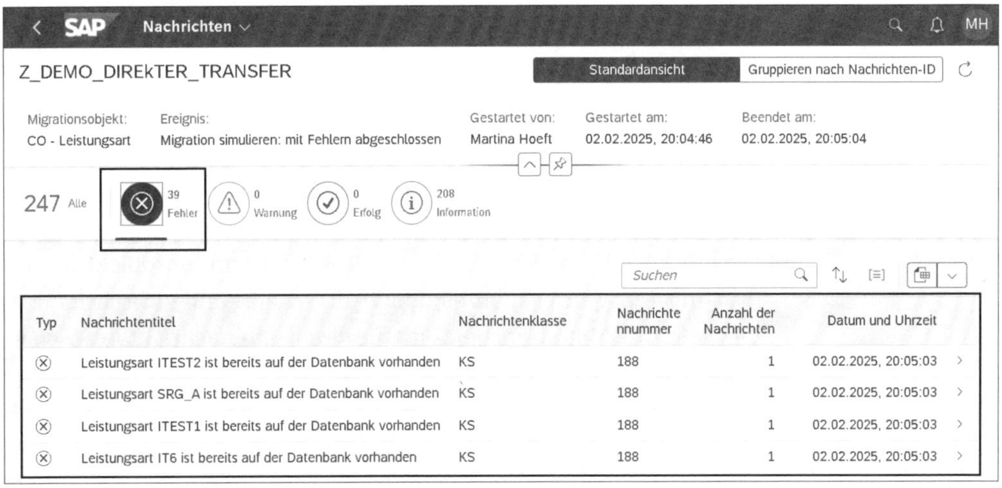

Abbildung 13.108 Nachrichten zu einem Simulationslauf

Für die weitere Fehleranalyse navigieren Sie mit einem Klick auf das Icon [>] (**Navigation**) zum Detailbild der Meldungen. Die Meldungs-ID, z. B. KS 188, gibt einen Hinweis auf die betroffene Anwendungskomponente.

Oft kann eine Internet- oder SAP-Hinweis-Suche mit diesem Kürzel wertvolle Tipps zur Behebung der Ursache geben.

Nachrichten pro Instanz anzeigen

Informationen über Nachrichten zu einer Instanz erhalten Sie, indem Sie in der Projektsicht auf die Gesamtzahl **Migrationsobjektinstanz** klicken. Hierdurch gelangen Sie auf die Sicht **Migrationsobjektinstanzen**. Klicken Sie hier wiederum in der Spalte **Status** auf die Statusmeldung **Fehler** einer betroffenen Instanz. In der nun angezeigten Sicht **Migrationsobjektinstanz, Nachrichten** werden Ihnen alle Nachrichten zu dieser einen Instanz angezeigt. Durch einen Doppelklick auf eine jeweilige Nachricht bekommen Sie detailliertere Informationen (siehe Abbildung 13.109).

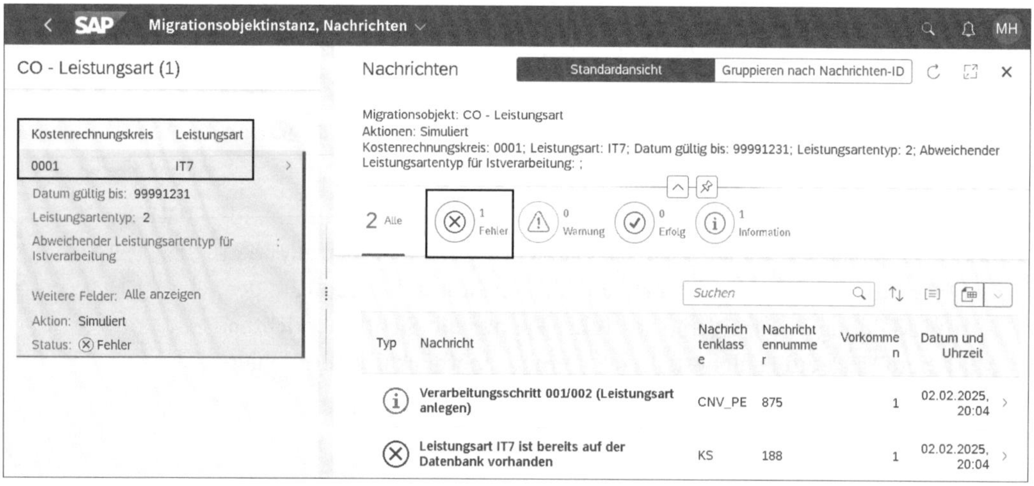

Abbildung 13.109 Nachricht pro Instanz

Betroffene Instanzen pro Nachricht

- Alternativ besteht die Möglichkeit, sich pro Nachricht die betroffenen Instanzen anzeigen zu lassen. Hierfür müssen Sie in der Projektsicht die relevanten Migrationsobjekte markieren und auf den Button **Nachrichten** klicken. Sie kommen nun auf die Sicht **Migrationsobjektinstanzen, Nachrichten**. Wie Sie in Abbildung 13.110 sehen, können Sie sich für jedes ausgewählte Migrationsobjekt ❶ die jeweiligen Nachrichten anschauen. Es werden Ihnen zusätzliche Filtermöglichkeiten ❷ zur Verfügung gestellt, um die Nachrichten besser eingrenzen zu können, z. B. können Sie nach Aktion (z. B. **Simuliert**) oder Nachrichtentyp (z. B. **Fehler**) filtern. Um pro Nachricht einen Überblick über die betroffenen Instanzen zu erhalten, klicken Sie auf die Anzahl der Instanzen ❸ der jeweiligen Nachricht. Die nun angezeigte Sicht **Migrationsobjektinstanzen, Nachrichtendetails** (siehe Abbildung 13.111) gibt Ihnen eine Übersicht über den Nachrichtentext und betroffene Instanzen bzw. Schlüsselfelder für Migrationsobjektinstanzen.

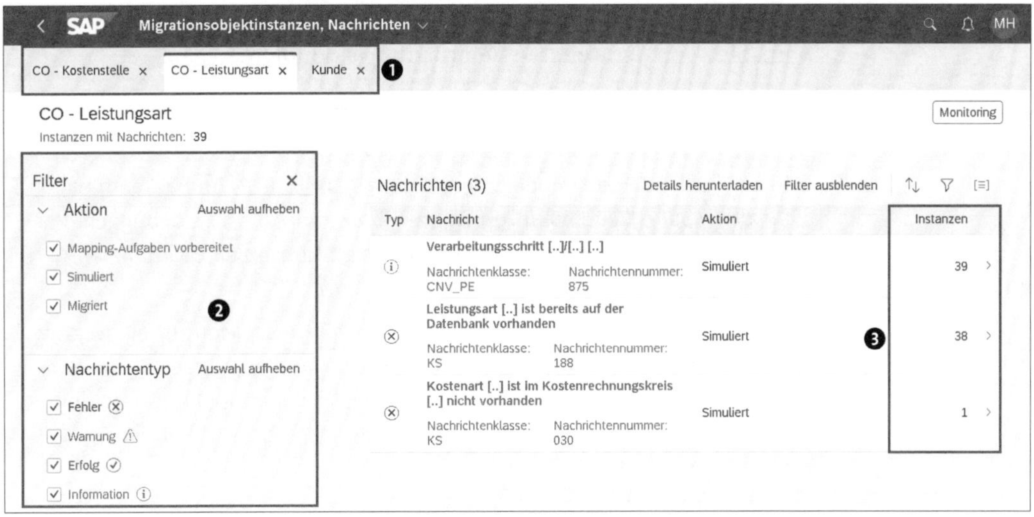

Abbildung 13.110 Migrationsinstanzen pro Nachricht

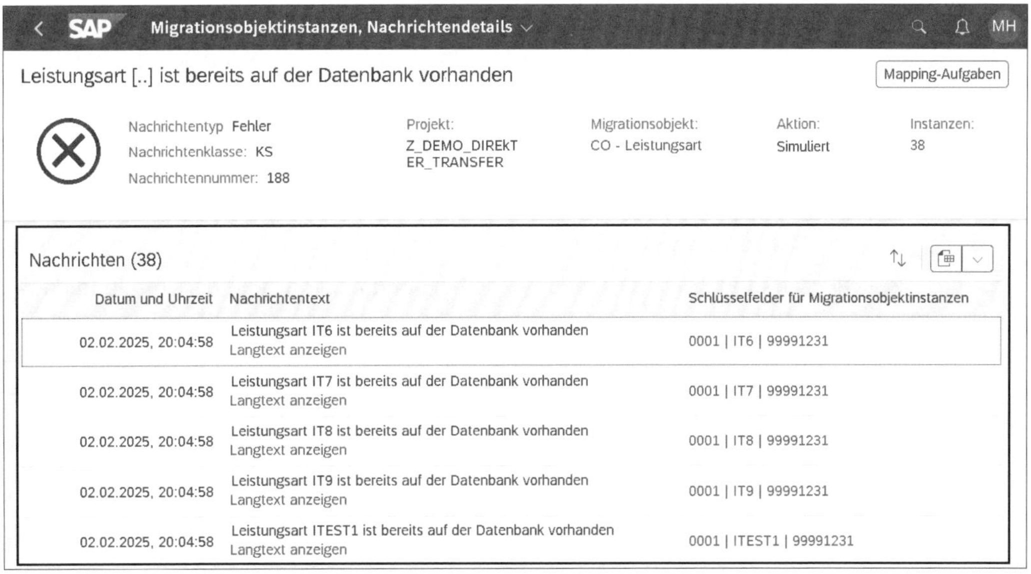

Abbildung 13.111 Migrationsobjektinstanzen, Nachrichtendetails

Analysieren von Fehlern

Grundsätzlich gibt es für Meldungen, die aus einer SAP-Anwendung kommen, folgende Lösungsmöglichkeiten:

- Daten in der Quelle ändern und Selektion wiederholen
- Customizing im Zielsystem anlegen bzw. anpassen
- benötigte Stammdaten im Zielsystem anlegen bzw. anpassen

- Mapping auf einen existierenden bzw. passenden Zielwert ändern
- Instanz von der weiteren Verarbeitung exkludieren

[»]

Weitere Hilfsmittel bei der Fehleranalyse

Im Migration Objekt Modeler in SAP S/4HANA (Aufruf im Backend) haben Sie die Möglichkeit, Instanzen während der Simulation zu debuggen. Vergleichen Sie hierzu Abschnitt 15.4.10, »Migrationsobjekte simulieren und debuggen«.

Falls Sie alle Instanzen oder gezielt bestimmte Instanzen für ein Migrationsobjekt aus dem Migration Cockpit löschen wollen, nutzen Sie im Backend den Report `CNV_PE_MC_DEL_ITEMS`. Diese Funktionalität steht Ihnen nicht in SAP S/4HANA Cloud zur Verfügung.

Migrieren

Für die Aktion **Migration** bietet das Migration Cockpit die gleichen Funktionen wie für die Simulation. Zusätzlich haben Sie die Möglichkeit, nur die erfolgreich simulierten Instanzen zu migrieren. Technisch gesehen liegt der einzige Unterschied darin, dass nun die Daten angelegt bzw. im SAP-S/4HANA-System bzw. SAP-S/4HANA-Cloud-Public-Edition-System verbucht werden.

Migrierte Daten prüfen

Migrationsergebnisse prüfen

Mit dem SAP S/4HANA Release 2021 und in der SAP S/4HANA Cloud Public Edition ist es möglich, sich die migrierten Daten über die Sicht **Migrationsergebnisse** anzeigen zu lassen, um diese prüfen zu können. Selektieren Sie hierzu auf der Sicht **Migrationsprojekt** ein Migrationsobjekt, und klicken Sie auf den Button **Migrationsergebnisse**. Alternativ können Sie auch über die Sicht **Migrationsobjektinstanzen** zur den Migrationsergebnisse gelangen. Klicken Sie in der Sicht auf den Button **Migrationsergebnisse** ❶ (siehe Abbildung 13.112). In SAP S/4HANA Cloud haben Sie zusätzlich noch die Möglichkeit, die Aktion **Migrationsergebnisse** auszuführen, diese Aktion führt Sie direkt auf die Sicht **Migrationsergebnisse**. Es ist geplant ist, diese Funktionalität mit dem nächsten Hauptrelease in SAP S/4HANA auszuliefern. Wie Sie in Abbildung 13.112 sehen, werden Ihnen je nach Migrationsobjekt ein oder mehrere Felder angezeigt, die die Migrationsergebnisse enthalten. Für hohe Datenmengen besteht die Möglichkeit, die Instanzen über Filter einzugrenzen.

Ab Release 2021 FPS01 können Sie sich über den Button **Alles herunterladen** eine Liste der migrieren Daten (Instanz und jeweilig migrierte Felder) herunterladen. Hier besteht für Sie die Möglichkeit, die Liste nach Ihren Ansprüchen anzupassen. Zum Beispiel können Sie, wie hier im Beispiel an der Leistungsart gezeigt, entscheiden, ob Sie per Instanz nur die Schlüssel-, Ergebnis- und Statusfelder oder noch weitere Felder herunterladen (siehe Abbildung 13.113).

Abbildung 13.112 Migrationsergebnisse

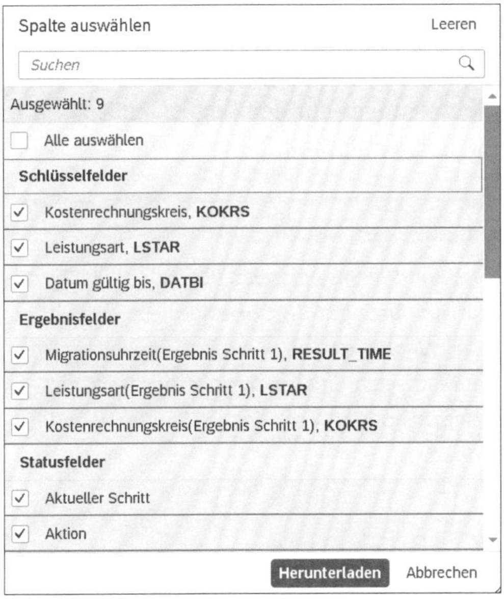

Abbildung 13.113 Auswahl der herunterzuladenden migrierten Daten

Direkte Navigation auf relevante SAP-Fiori-App

Des Weiteren können Sie, um migrierte Daten zu validieren, direkt zu der relevanten SAP-Fiori-App für das hinterlegte Migrationsobjekt navigieren und sich dort die Daten anzeigen lassen. Hierzu müssen Sie z. B. in der Spalte **Ergebnis** (siehe Abbildung 13.114) auf die ID der Leistungsart klicken.

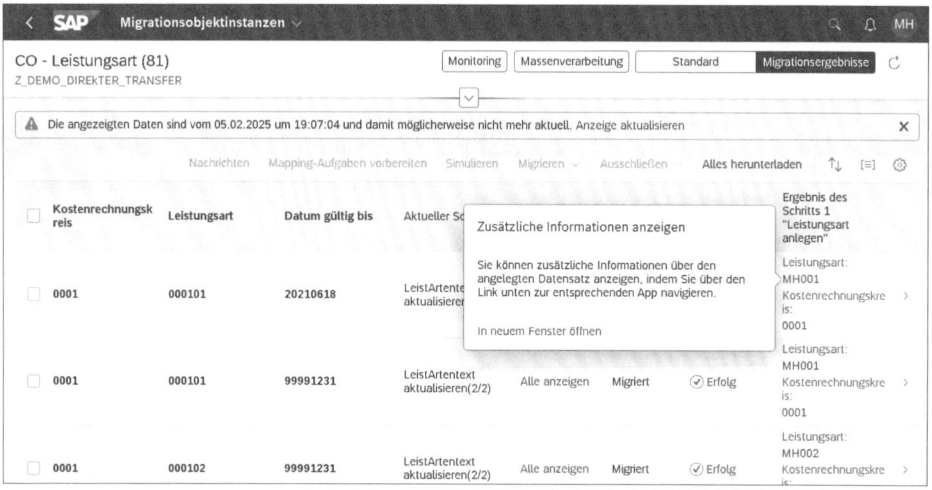

Abbildung 13.114 Navigation zur relevanten SAP-Fiori-App

Darüber hinaus haben Sie die Möglichkeit, die Daten im SAP-S/4HANA-Zielsystem zu überprüfen, indem Sie die entsprechende Anwendungs-App direkt aufrufen bzw. eine Transaktion nutzen oder mit SE16 die Tabelleninhalte überprüfen. In der Migrationsobjekt-Beschreibung finden Sie für jedes Objekt Angaben, wie Sie das Ergebnis der Migration verifizieren können. Beachten Sie, dass es Voraussetzungen für den Zugriff auf Apps gibt, z. B. erforderliche Benutzerrollen notwendig sind.

[»]

Liste mit selektieren Instanzen anzeigen lassen

In der Sicht **Migrationsergebnisse** können Sie sich nach der Datenselektion eine Liste aller selektieren Instanzen anzeigen lassen und diese auch herunterladen. Hierfür müssen Sie nur das jeweilige Migrationsobjekt auf der Projektsicht auswählen und auf den Button **Migrationsergebnisse** klicken. Über den Button **Alles herunterladen** können Sie sich die Liste der selektierten Instanzen herunterladen.

Detailansicht, Übertragungsoptionen und -schritte

Detailansicht auf den Migrationsprozess

Über die **Detailansicht**, die Ihnen ab Release 2021 in SAP S/4HANA und in SAP S/4HANA Cloud zur Verfügung steht, können Sie einen umfassenderen

Überblick über den Migrationsprozess erhalten und diesen detaillierter steuern. Auch bekommen Sie hier einen Überblick über die jeweiligen Übertragungsschritte und -optionen der Migrationsobjekte, die verwendet werden, um verschiedene Typen von Migrationsobjektinstanzen nach SAP S/4HANA zu migrieren. Wie Sie in Abbildung 13.115 am Beispiel des Migrationsobjekts **Kunde** sehen können, haben die meisten Migrationsobjekte nur eine Übertragungsoption. Es gibt aber auch Migrationsobjekte, wie z. B. der MM – Einkaufslieferplan, die mehr als eine Übertragungsoption verwenden. Weitere Informationen zu der Detailansicht und den Übertragungsoptionen finden Sie unter *http://s-prs.de/v10578146*.

Um auf die Detailansicht zu gelangen, müssen Sie auf der Sicht **Migrationsprojekt** auf den Button **Detailansicht** klicken (siehe Abbildung 13.115).

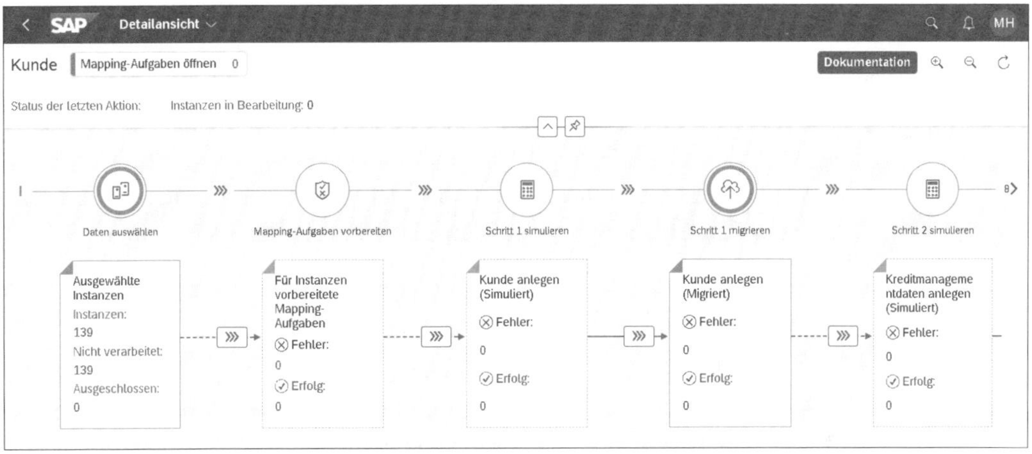

Abbildung 13.115 Detailansicht Übertragungsoptionen

Kopieren eines bestehenden Migrationsprojekts

Mapping- und Festwerte werden nicht mit kopiert

Sie können ein neues Migrationsprojekt anlegen, das eine Kopie eines bestehenden Migrationsprojekts ist. Bei der Anlage werden alle Migrationsobjekte, Definitionen der Mapping-Aufgaben und Einstellungen (einschließlich benutzerdefinierter Änderungen) kopiert. Mapping-Werte bzw. Festwerte werden nicht mit in das neue Projekt übernommen.

Um ein bestehendes Projekt zu kopieren, müssen Sie auf der Sicht **Migrationsprojekte** das zu kopierende Projekt auswählen und den Button **Kopieren** drücken. Vergeben Sie danach einen Namen für das Projekt, bei Bedarf eine andere Verbindung zum Quellsystem und ein anderes Entwicklungspaket. Passen Sie, wenn notwendig, die Kriterien, die Sie zur Auswahl der

Daten verwenden wollen, an. In diesem Schritt ist es nicht möglich, dem Projekt zusätzliche Migrationsobjekte hinzuzufügen. Dies können Sie aber nachholen, wenn das Projekt vollständig angelegt wurde.

Migrationsprojekt beenden

Informationen zum Beenden eines Migrationsprojekts finden Sie in Abschnitt 13.2.24, »Projekt beenden«.

13.4 Update und Upgrades in SAP S/4HANA

Continuous Delivery und Hotfixes in der Public Cloud

Das Migration Cockpit und die Migrationsobjekte werden in SAP S/4HANA Cloud permanent über Hotfixes und Continuous Delivery an die neuen Funktionalitäten angepasst.

Eigenverantwortlichkeit in SAP S/4HANA

In SAP S/4HANA müssen Sie generell Fehlerkorrekturen oder Service Packages selbst einspielen, damit das Migration Cockpit und dessen Migrationsobjekte auf dem aktuellen Stand sind.

Wir stellen Ihnen im Folgenden die zwei Möglichkeiten vor, mit denen Sie Ihr SAP-S/4HANA-System auf dem aktuellen Stand halten können.

13.4.1 Updates für Migrationsobjekte über TCIs

In SAP S/4HANA werden Fehlerkorrekturen für Migrationsobjekte der beiden Ansätze Staging-Tabellen und direkte Übertragung (Direct Transfer) über *Transport Based Correction Instruction* (*TCI*) ausgeliefert. Das Einspielen dieser TCIs erfolgt am besten über den Note Analyzer. Deshalb sollten Sie hier auf jeden Fall die Knowledge-Base-Artikel 2187425, 2543372 und 2903843 beachten. Die Liste aller Sammelhinweise mit verfügbaren TCIs des Staging-Tabellen-Ansatzes, des Direct-Transfer-Ansatzes und der SAP-Sammelhinweis der Migrations-Cockpit-Technologie finden Sie in Tabelle 13.9.

	Staging-Tabellen	Direkte Übertragung
Migrations-Cockpit-Technologie	2780378	
Migrationsobjekte	2537549	2747566

Tabelle 13.9 SAP-Sammelhinweise für Migrationsobjekte und Migrations-Cockpit-Technologie

[!]

Inhalte von TCIs

TCIs für Migrationsobjekte des Staging-Tabellen-Ansatzes enthalten i. d. R. nur Fehlerkorrekturen und keine Funktionserweiterungen. TCIs für den Direct-Transfer-Ansatz beinhalten auch Funktionserweiterungen für bestehende Objekte. Die SAP-Sammelhinweis verlinken jeweils die Einzelhinweise, die Informationen zu den einzelnen Korrekturen enthalten.

13.4.2 Updates über den Note Analyzer

Sie ersparen sich einiges an Ärger und Zeit, wenn Sie in SAP S/4HANA von Zeit zu Zeit den Report *Note Analyzer* (Transaktion CNV_NA_MC) für das Migration Cockpit ausführen. Der Report überprüft, ob Ihr Migration Cockpit, die Migrationsobjekte (**Migration Objects (Content)**), die SAP-Fiori-Frontend-Server-Komponenten des **Migration-Cockpit-Frontend** und die DMIS-Komponenten für die direkte Datenübertragung auf dem aktuellen Stand sind, und zeigt die fehlenden SAP-Hinweise und TCIs an. Sie können die Bestandteile Ihres Migration Cockpits mithilfe dieses Reports schnell aktualisieren.

[!]

Verwechslungsgefahr

Der hier beschriebene Report Note Analyzer ist bitte nicht mit dem SNOTE-Note-Analyzer zu verwechseln. Informationen zum SNOTE-Note-Analyzer finden Sie in SAP Hinweis 3200109. Der hier vorgestellte Report analysiert nur die für das Migration Cockpit bestimmten SAP Hinweise.

Abbildung 13.116 zeigt den Startbildschirm des Reports. Hier wählen Sie die einzelnen Bestandteile aus, für die Sie die Analyse starten wollen. Die Felder mit den SAP-Hinweis-Nummern werden abhängig von Ihrem Produktrelease ausgefüllt und können nicht geändert werden.

Refresh zeigt Ergebnis

Nach Ausführen des Reports erscheint das Ergebnisbild der Analyse. Dieses ist, wie in Abbildung 13.117 zu sehen, leer. Lassen Sie sich dadurch nicht verwirren. Sie müssen erst auf den Text **Refresh** ❶ klicken, damit die einzuspielenden SAP-Hinweise angezeigt werden. Danach wählen Sie die jeweiligen Hinweise aus und spielen sie ein.

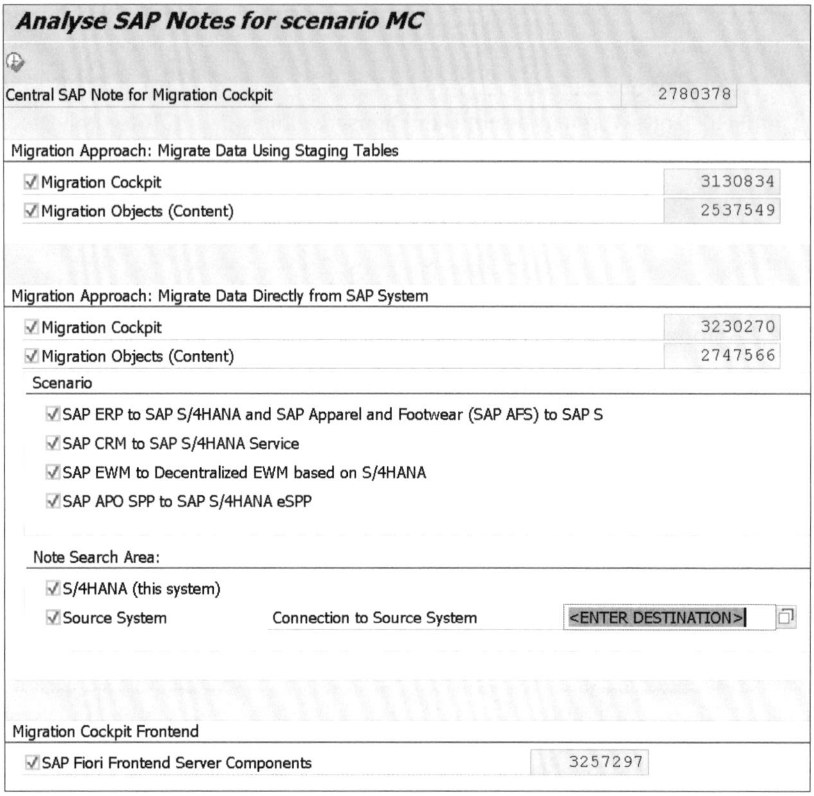

Abbildung 13.116 Startbildschirm des Note-Analyzer-Reports

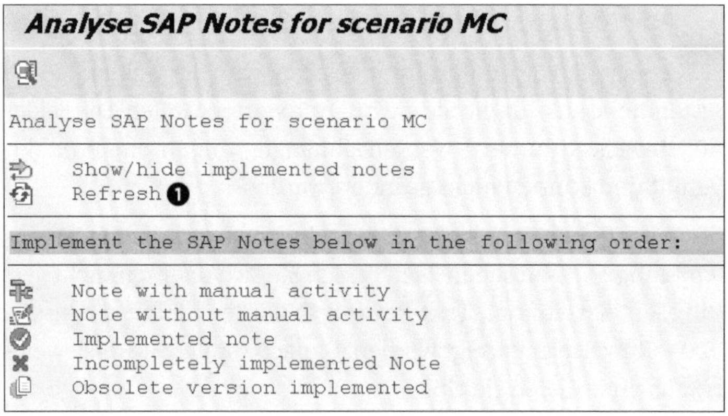

Abbildung 13.117 Ergebnisbildschirm vor Refresh

Erst Note Analyzer, dann Support-Ticket

Der Report erspart Ihnen die quälende Suche in Dutzenden von SAP-Hinweisen nach den notwendigen Korrekturen für Ihr System. Bevor Sie ein Support-Ticket bei SAP aufmachen, sollten Sie immer zuerst den Note Analyzer aufgerufen und die notwendigen SAP-Hinweise und TCIs eingespielt haben. Das Erste, wozu Sie der Produkt-Support auffordern wird, ist, den Note Analyzer laufen zu lassen. Sie sparen Zeit, wenn Sie das vorab schon getan haben. Löst der Note Analyzer nicht Ihr Problem, können Sie dann immer noch ein Ticket aufmachen.

[«]

Weitere Informationen

Weitere Informationen zum Report finden Sie in SAP-Hinweis 3016862 und im SAP-Community-Blog von Prithvi Spandana: »How to implement the latest corrections released for Migration cockpit«, den Sie unter folgendem Link erreichen: *http://s-prs.de/v10578147*.

13.5 Performance-Aspekte

Parameter für die System-Performance

Es gibt Parameter, die allgemein die Dauer der Migration sowie die System-Performance als solche beeinflussen und somit für das Migration Cockpit als Ganzes gelten. Diese Parameter stellen wir Ihnen in diesem Abschnitt vor.

13.5.1 Übernahmeprozess

Datenübernahme beschleunigen

Neben technischen Maßnahmen gibt es im Rahmen des Übernahmeprozesses auch organisatorische Maßnahmen, mit denen Sie die Performance Ihrer Datenübernahme spürbar verbessern können. Nachfolgend haben wir hier die gängigsten und am meisten Erfolg versprechenden Maßnahmen aufgeführt:

- **Daten im Quellsystem prüfen**

  Es ist anzuraten, sich die Fragen zu stellen, welche Daten übernommen werden müssen, welche Daten obsolet oder eventuell falsch eingerichtet wurden. Ein gängiges Beispiel sind Konten, die z. B fälschlicherweise als *OP-relevant* (Kennzeichen »Verwaltung offener Posten«) gekennzeichnet worden sind. Auch sollten Sie sich die Frage stellen, ob Sie veraltete Datensätze, wie z. B. Lieferanten mit vierstelliger deutscher Postleitzahl, im Quellsystem überarbeiten oder diese gar nicht erst übernehmen wollen.

- **Offene Vorgänge im Quellsystem abschließen**

  Offene Vorgänge, wie z. B. offene Posten in FI, offene Bestellungen und Aufträge usw. können Sie im Quellsystem prüfen und – wenn möglich – dort abschließen, auch wenn das bedeutet, das Quellsystem noch einige

Zeit am Leben zu erhalten und die dort anfallenden Daten per Schnittstelle in das neue System zu übertragen. Dadurch kann die Menge der zu übernehmenden Sätze deutlich reduziert werden.

- **Phasenansatz in Betracht ziehen**

  Überlegen Sie, ob bestimmte Objekte, wie z. B. Stammdaten, bereits vor dem Cut-over migriert werden können.

- **Anzahl aktiver Prozesse reduzieren**

  Während der Migration sollen möglichst keine anderen Prozesse im System aktiv sein.

13.5.2 Übernahmemethode und Infrastruktur

Infrastruktur prüfen

Die Infrastruktur Ihrer System- und Netzlandschaft und die Art, wie Sie die Daten übernehmen, sind ein nicht zu unterschätzender Faktor, wenn es um die Performance Ihrer gesamten Datenübernahme geht.

- **Migrationsmethode**

  Die Methode der Datenübernahme hat einen nicht unwesentlichen Einfluss auf die Performance. Zum Beispiel ist ein *Batch-Input* bedeutend langsamer als ein für die Datenmigration optimierter Funktionsbaustein. Wenn Sie also die Wahl zwischen mehreren Übernahmemethoden haben, wählen Sie nach Möglichkeit die Methode mit der besseren Performance. Die API des Migrationsobjekts hat den größten Einfluss auf die Performance der Datenmigration.

- **Parallelisierung der Datenübernahme**

  Die Möglichkeit, eine Migrationsmethode parallelisiert aufzurufen, ist ein wichtiger Performance-Faktor. Hier sind die Art und Anzahl der parallel nutzbaren Prozesse der Flaschenhals. In einem On-Premise-System hat der Kunde es i. d. R. selbst in der Hand, wie viele zusätzliche Anwendungsserver und damit Prozesse er für die Datenmigration bereitstellen kann. In einem Cloud- oder gehosteten System ist die Anzahl der Anwendungsserver-Instanzen oft vorgegeben. Ein weiterer Faktor ist die Art der verwendbaren Prozesse. Ein System hat i. d. R. fünfmal mehr Dialogprozesse als Hintergrundprozesse (Jobs) zur Verfügung. Die Anzahl der verfügbaren Hintergrundprozesse ist zudem durch im Hintergrund laufende Standardanwendungen reduziert. Nicht benötigte Standardhintergrundprozesse sollten während dieser Zeit, falls möglich, ausgeschaltet sein.

  Im Migration Cockpit wird die Parallelisierung über die Anzahl der Jobs pro Projekt und pro Migrationsobjekt eingestellt. Sie findet auf alle drei

Aktivitäten Anwendung: Selektion, Simulation und Migration. Sie kann *nicht* pro Aktivität separat eingestellt werden.

- **Leistungsfähige Netzwerkinfrastruktur**

  Ein leistungsfähiges Netzwerk verringert die Antwortzeiten. Die Performance der Netzwerkanbindung ist z. B. ausschlaggebend beim Befüllen der Staging-Tabelle oder dem Hochladen von Dateien ins Zielsystem. Sie kann aber auch ausschlaggebend für die Nutzerfreundlichkeit eines Werkzeugs sein. Je schneller das Netzwerk, desto geringer die Antwortzeiten.

13.5.3 Systemparameter und Konfiguration

Einstellungen optimieren

Folgende Systemparameter und -einstellungen beeinflussen die Performance und sollten daher geprüft und eventuell angepasst werden:

- **Systemparameter**

  Die Anzahl verfügbarer Batch- und Dialogprozesse, der verfügbare Speicherplatz (RAM, Random Access Memory) und die Anzahl verfügbarer Central Processing Units (CPUs) sollten während der Tests der Datenmigration geprüft und für die produktive Datenmigration optimiert werden. Generell lässt sich sagen, dass die Vergrößerung des Speichers i. d. R. eine bessere Performance zur Folge hat als die Erhöhung der Anzahl der CPUs.

- **Anzahl der Jobs**

  Während der Testläufe sollten Sie die optimale Anzahl von Jobs ermitteln, die zur Datenmigration pro Objekt benötigt werden.

- **Konfiguration**

  Auch das anwendungsspezifische Customizing kann die Performance der Ziel-APIs beeinflussen. Sie sollten daher z. B. nicht notwendige Jobs, Workflows oder z. B. die Datenreplikationen stoppen. Einige Datenmigrations-APIs deaktivieren während der Datenübernahme die Datenreplikation. In diesem Fall müssen Sie die Datenreplikation anschließend manuell wieder starten.

13.5.4 Direkter Transfer – spezifische Aspekte

Für den Ansatz des direkten Transfers gibt es folgende spezifische Punkte:

- **RFC-Nutzung**

  Die Bandbreite der Datenverbindung zwischen Quell- und Zielsystem sollte insbesondere für die Datenextraktion nicht zu gering sein.

- **Datenselektion**

  Die Performance der Selektion aus dem SAP-System ist objektspezifisch. Migrationsobjekte, die nur aus wenigen Quelltabellen selektieren, sind schneller als Migrationsobjekte, die ein tief verästeltes Datenmodell haben. Letztere müssen in vielen verschiedenen Quelltabellen lesen und selektieren. Des Weiteren gibt es Objekte, wie z. B. die *Anlagen*, die bereits bei der Selektion weitere Daten ableiten müssen. Migrationsobjekte unterscheiden sich also per se, was ihre Performance angeht!

[»]

Nach aktuellen Hinweisen suchen

Zum Thema *Performance* kann es neben SAP-Hinweisen auch Korrekturen und Wissensdatenbankartikel geben. Suchen Sie mit den Schlagwörtern »SAP S/4HANA Migration Cockpit« und »Performance«.

Die wichtigsten Wissensdatenbankartikel sind folgende:

- 3034738 – Migration Cockpit(new): Parallelization of XML/CSV file loads (*http://s-prs.de/v10578148*)
- 3065607 – Performance tips & tricks for SAP S/4HANA Migration Cockpit: Migrate Data Using Staging Tables (*http://s-prs.de/v10578149*)
- 3056885 – Performance tips & tricks, SAP S/4HANA Migration Cockpit: Transfer data directly from SAP system (*http://s-prs.de/v10578150*)

Kapitel 14
Unterstützende Anwendungen

Neben dem Werkzeug SAP S/4HANA Migration Cockpit zur Datenmigration gibt es weitere unterstützende Anwendungen in SAP S/4HANA und SAP S/4HANA Cloud, die wir Ihnen in diesem Kapitel vorstellen.

Zur Unterstützung einer Datenmigration gibt es verschiedene Anwendungen in SAP S/4HANA und in SAP S/4HANA Cloud. In diesem Kapitel beschreiben wir einige dieser Anwendungen. In Abschnitt 14.1, »Setzen des Migrationsstichtags für Finanzobjekte«, beschreiben wir, wie Sie in den verschiedenen SAP-S/4HANA-Produkten den zentralen Migrationsstichtag setzen, der für einige Finanzobjekte notwendig ist. Abschnitt 14.2, »Status der Datenmigration prüfen«, beschreibt die Anwendung, mit der Sie das Ergebnis bzw. den Status der Datenmigration validieren können. In der Public Cloud müssen Sie sich nicht aktiv um die Aktualisierung der Datenmigrationsanwendungen und Datenmigrationsobjekte kümmern. Abschnitt 14.3, »Migrationsobjekte erkunden«, gibt Ihnen einen Einblick in eine neue App, die Abhängigkeiten von Migrationsobjekten in einem interaktiven Netzwerkgraphen darstellt. Und zu guter Letzt erhalten Sie in Abschnitt 14.4, »Selektionsprozess analysieren«, einen kleinen Ausblick auf eine Anwendung, mit deren Hilfe Sie Ihren Selektionsprozess für Migrationsobjekte der direkten Datenübertragung analysieren können.

SAP S/4HANA versus SAP S/4HANA Cloud

Mit »SAP S/4HANA Cloud« beziehen wir uns nachfolgend auf das Produkt SAP S/4HANA Cloud Public Edition. »SAP S/4HANA« bezieht sich auf die On-Premise-Version von SAP S/4HANA und SAP S/4HANA Cloud Private Edition. Falls eine Unterscheidung zwischen den drei Produktversionen notwendig sein sollte, werden diese explizit genannt.

14.1 Setzen des Migrationsstichtags für Finanzobjekte

Einheitlichen Migrationsstichtag festlegen

Wenn Sie Salden und offene Buchungen aus einem Quellsystem in Ihr SAP-S/4HANA-System übernehmen, ist es wichtig, einen einheitlichen Migrationsstichtag festzulegen. Dies erfolgt normalerweise über die Eingabe des Buchungsdatums. In SAP S/4HANA Cloud und ab SAP S/4HANA 1909 muss der Migrationsstichtag, also das Buchungsdatum für die Datenübernahme von Finanzobjekten über eine App bzw. eine Backend-Transaktion erfolgen. Das Pflegen des Buchungsdatums über den bisherigen Festwert bzw. über die Migrationsvorlage ist nicht mehr möglich. Tabelle 14.1 gibt einen Überblick, in welchen SAP-S/4HANA-Produkten und Releases welche Apps bzw. Transaktionen dafür genutzt werden.

	Finanzobjekte (SAP-Fiori-ID bzw. Backend-Transaktion)
SAP S/4HANA Cloud	App **Einstellungen für Altdatenübernahme definieren** (FINS_MIG_CTRL_1)
SAP S/4HANA bis 1909	Backend-Transaktion **ADÜ-Einstellungen vornehmen** (FINS_MIG_CTRL1) App **Einstellungen für Altdatenübernahme definieren** (FINS_MIG_CTRL_1)
SAP S/4HANA > 1909	Backend-Transaktion **ADÜ-Einstellungen vornehmen** (FINS_MIG_CTRL1)

Tabelle 14.1 Migrationsstichtag der Hauptbuchhaltung in verschiedenen Releases festlegen

[»]

Verfügbarkeit der App »FINS_MIG_CTRL1«

In SAP S/4HANA Cloud und bis SAP S/4HANA 2020 ist die Backend-Transaktion **ADÜ-Einstellungen vornehmen** (FINS_MIG_CTRL1) auch als sogenannte gerenderte App im SAP Fiori Launchpad vorhanden. Seit SAP S/4HANA 2022 ist nur noch die Backend-Transaktion vorhanden. Mit SAP S/4HANA 2020 und 2021 wurde die gerenderte App als obsolet gekennzeichnet, ist aber mit den jeweiligen FPS02 wieder freigeschaltet worden. Falls Sie also diese App nicht im SAP Fiori Launchpad finden, müssen Sie die Backend-Transaktion nutzen.

Anlagenbuchhaltung nutzt eigene Apps

Gleiches gilt auch für die Anlagenbuchhaltung. In Tabelle 14.2 zeigen wir Ihnen, welche App bzw. Transaktion Sie in den verschiedenen SAP-S/4HANA-Produkten und -Releases verwenden müssen, um den Migrationsstichtag festzulegen. In SAP S/4HANA müssen Sie eine andere App nutzen, wenn Sie die Business Function für die *universelle parallele Rechnungslegung* (engl. Universal Parallel Accounting, UPA) aktiviert haben.

	Anlagenbuchhaltung (SAP-Fiori-ID bzw. Backend-Transaktion)	
	ohne UPA	**UPA aktiviert**
SAP S/4HANA Cloud	n/a	App **Buchungskreiseinstellungen vornehmen – Anlagenbuchhaltungsspezifisch** (F7312)
SAP S/4HANA < 2025	Backend-Transaktion und App **Buchungskreiseinstellungen vornehmen** (FAA_CMP)	
SAP S/4HANA 2025+	Backend-Transaktion und App **Buchungskreiseinstellungen vornehmen** (FAA_CMP)	App **Buchungskreiseinstellungen vornehmen – Anlagenbuchhaltungsspezifisch** (F7312)

Tabelle 14.2 Migrationsstichtag der Anlagenbuchhaltung in verschiedenen Releases setzen

Universelle parallele Rechnungslegung (UPA)

Mit der universellen parallelen Rechnungslegung können Sie die Finanzberichterstattung durchgängig und nach Ledger vornehmen. Weitere Informationen zu diesem Thema finden Sie im SAP Help Portal unter folgendem Link: *http://s-prs.de/v10578151.*

Im Folgenden beschreiben wir, wie Sie den Migrationsstichtag über diese beiden Anwendungen setzen.

14.1.1 Hauptbuchhaltung

Migrationsstichtag pro Buchungskreis pflegen

In der Hauptbuchhaltung müssen Sie vor der Datenübernahme die Migrationsstichtage für die Buchungskreise pflegen, zu denen Sie alle vorbereitenden Aktivitäten vor der tatsächlichen Datenübernahme abschließen. Der Migrationsstichtag ist normalerweise am Ende einer Periode. Das kann ein Monat, ein Quartal oder ein Jahr sein. Der Migrationsstichtag wird als Buchungsdatum verwendet, zu dem die Daten aus dem Quellsystem tatsächlich in Ihr SAP-S/4HANA-System übernommen werden. Das betrifft die folgenden Migrationsobjekte und deren Nachfolger:

- SIF_OPEN_ITEM_AP: FI – Offener Posten Kreditoren
- SIF_OPEN_ITEM_AR: FI – Offener Posten Debitoren
- SIF_GL_BALANCE: FI – Sachkontensaldo und offene Posten/Einzelposten
- SIF_INVENTORY_2: Materialbestand
- SIF_FI_HIST_BAL3: FI – Historischer Saldo

Haben Sie das Buchungsdatum nicht über die App gepflegt, erhalten Sie folgende Fehlermeldungen während der Datenübernahme:

- CNV_DMC_SIN 441: »Fehlende Einstellungen des Migrationsstichtags für Buchungskreis &1.«
- FINS_MIG_HIST_BAL 023: »Migrationsstichtag ist für Buchungskreis &1 unbekannt.«

Stichtag über das Customizing pflegen

Den Migrationsstichtag pflegen Sie im SAP-S/4HANA-basierten System über die Backend-Transaktion FINS_MIG_CTRL_1 (ADÜ-Einstellungen vornehmen) oder im Customizing (IMG) über **Finanzwesen • Grundeinstellung Finanzwesen • Werkzeuge • Altdatenübernahme • Einstellungen für Altdatenübernahme definieren**. In SAP-S/4HANA-Cloud-basierten Systemen befindet sich diese Transaktion auf der Seite **Datenmigration** ❶ als App **Einstellungen für Altdatenübernahme definieren** ❷ (siehe Abbildung 14.1). Da die Bedienung von Transaktion und App identisch ist, beschreiben wir hier nachfolgend nur die Bedienung der App.

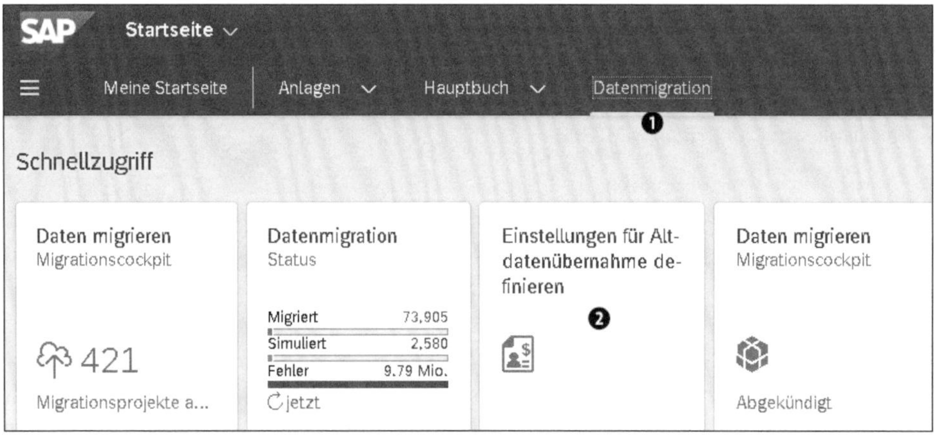

Abbildung 14.1 App zur Pflege des Migrationsstichtags

Stichtag pro Buchungskreis

Im Pflegedialog können Sie pro **Buchungskreis** ❶ einen **Migrationsstichtag** ❷ festlegen (siehe Abbildung 14.2). Zusätzlich vergeben Sie den **Status der Altdatenübernahme** ❸ für den jeweiligen Buchungskreis. Die Status haben folgende Bedeutung:

- **In Vorbereitung**: Es gibt noch keinen klaren Migrationsstichtag. In diesem Status können keine Bewegungsdaten migriert werden.
- **Aktiv**: Diesen Status setzen Sie, wenn Sie die Daten migrieren wollen und der Stichtag klar ist. Bewegungsdaten können migriert werden.
- **Abgeschlossen**: Mit diesem Status schließen Sie die Datenmigration ab. Eine weitere Migration von Bewegungsdaten für Buchungskreise mit diesem Status ist nicht mehr möglich.

Sie speichern die Einstellungen über **Sichern** ❹.

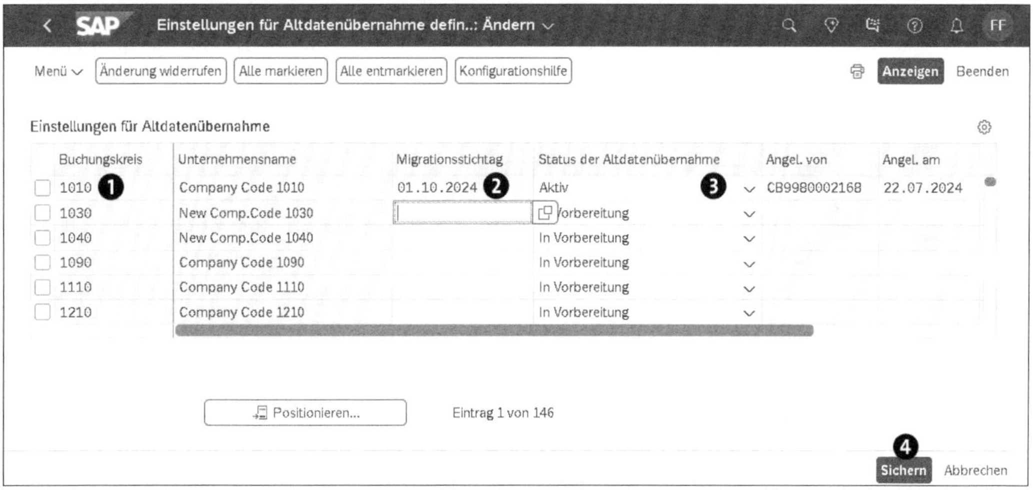

Abbildung 14.2 Pflegen des Migrationsstichtags und des Status

Die Berechtigung für die App erlangen Sie in SAP S/4HANA Cloud über die Zuordnung des *Anwendungskatalogs* (engl. Business Catalog) SAP_CA_BC_MIG_PC. In SAP S/4HANA benötigen Sie eine Berechtigung mit dem Berechtigungsobjekt S_TABU_NAM und den Werten ACTVT = »02« und TABLE = »FINSV_MIG_CTRL_1«.

Weitere Informationen

Im Knowledge-Base-Artikel 2754615 finden Sie weitere Informationen zur Pflege des Buchungsdatums: *http://s-prs.de/v10578152*.

14.1.2 Anlagenbuchhaltung

Übernahmedatum festlegen

Wie in der Anlagenbuchhaltung üblich, müssen Sie vor einer Datenübernahme diverse Einstellungen vornehmen. Eine notwendige Einstellung ist es, den Migrationsstichtag, in der Anlagenbuchhaltung *Übernahmedatum* genannt, zu pflegen.

Das Übernahmedatum ist laut Definition der Product Assistance »*das Kalenderdatum, zu dem die Anlagen in das SAP-System übernommen werden. Das Übernahmedatum der Anlagenbuchhaltung muss entweder mit Übernahmedatum der Hauptbuchhaltung zusammenfallen oder später sein*«.

Migrationsobjekte mit Übernahmedatum

Dies ist für die folgenden Migrationsobjekte vor der Datenmigration notwendig:

- `FIXED_ASSET`: »Anlage (einschließlich Salden und Vorgänge)«
  Das Migrationsobjekt ist nur noch in SAP S/4HANA, bei nicht aktivierter Business Function »Universelle parallele Rechnungslegung« sichtbar.
- `FIXED_ASST_M`: »Anlage – Stammdaten«
- `FIXED_ASST_P`: »Anlage – Buchungen«

Die beiden Migrationsobjekte für Stammdaten und Buchungen sind im Standard in SAP S/4HANA Cloud vorhanden und werden für die Datenübernahme in die neue Anlagenbuchhaltung verwendet. In SAP S/4HANA ab Release 2022 sind sie vorhanden, wenn die Business Function »Universelle parallele Rechnungslegung« aktiviert ist.

Pflege des Übernahmedatums im Customizing

In SAP S/4HANA pflegen Sie das Übernahmedatum bei nicht aktivierter UPA im Customizing (IMG) über den Pfad **Finanzwesen • Anlagenbuchhaltung • Datenübernahme Anlagen • Parameter für die Übernahme • Übernahmedatum und weitere Parameter festlegen** (Transaktionscode `FAA_CMP_LDT` bzw. `FAA_CMP`).

Pflege des Übernahmedatums pro Buchungskreis (ohne UPA)

In SAP-S/4HANA-Releases ohne UPA sind App und Transaktion identisch zu bedienen; deshalb beschreiben wir hier nur, wie Sie das Buchungsdatum in der App pflegen. Nachdem Sie die App aufgerufen haben, wählen Sie den entsprechenden **Buchungskreis** ❶ aus, für den Sie das Buchungsdatum setzen wollen (siehe Abbildung 14.3). Dann gehen Sie auf die Registerkarte **Altdatenübernahme** ❷. Hier legen Sie über den Button (**Altdatenübernahmesegment anlegen**) ❸ ein Altdatenübernahmesegment an. Das Altdatenübernahmesegment erhält eine laufende Nummer. Sie pflegen folgende Einträge:

- **Übernahmedatum** ❹
- **Status der Altdatenübernahme** ❺
- **Belegart** ❻: Mit dieser Belegart buchen Sie alle Buchungsbelege der Datenübernahme.

Status des Übernahmedatums

Die Status haben folgende Bedeutung:

- **In Vorbereitung**: Der Initialstatus, zu dem Sie keine Datenübernahme durchführen können. Die Customizing-Einstellungen müssen hier noch nicht vollständig sein. Die Belegart muss z. B. noch nicht gepflegt sein.
- **In Durchführung**: Diesen Status setzen Sie, wenn Sie die Daten migrieren wollen und der Stichtag klar ist. Danach sind nur noch Buchungen über die Datenübernahme möglich.
- **In Durchführung (andere Buchungen zulässig)**: Diesen Status setzen Sie, wenn Sie weitere Daten in einen produktiven Buchungskreis übernehmen wollen. Es sind dann sowohl Buchungen über die Migration als auch manuelle Buchungen möglich.
- **Abgeschlossen**: Nach erfolgreicher und korrekter Datenmigration setzen Sie diesen Status über den Button [⚑] (**ADÜ-Segment abschließen**). Als Folge können für dieses Altdatenübernahmesegment des Buchungskreises keine weiteren Stamm- und Bewegungsdaten für Anlagen migriert werden.

Sie speichern die Einstellungen über **Sichern** ❼. Die Übersicht über die Pflege des Buchungsdatums sehen Sie in Abbildung 14.3.

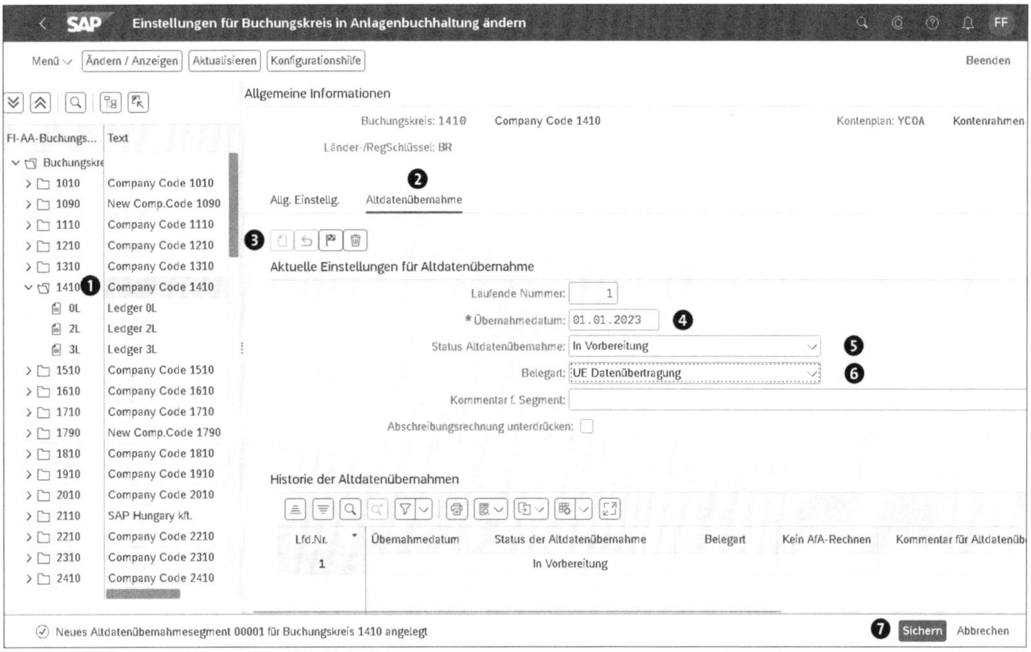

Abbildung 14.3 Buchungsdatum in der Anlagenbuchhaltung pflegen

Pflege für weitere Buchungskreise

Wollen Sie zu einem späteren Zeitpunkt weitere Datenübernahmen mit einem anderen Übernahmedatum vornehmen, legen Sie für diesen Buchungskreis ein weiteres Segment an.

Pflege des Übernahmedatums pro Buchungskreis (mit UPA)

In SAP S/4HANA Cloud und in SAP-S/4HANA-Systemen mit aktiviertem UPA wurde die alte SAP-GUI-basierte App durch eine neue SAP-Fiori-basierte App namens **Buchungskreiseinstellungen vornehmen – Anlagenbuchhaltungsspezifisch** ❸ mit der SAP Fiori ID F7312 ersetzt. Sie finden die App zum Setzen des Migrationsstichtages im Bereich **Anlagen** ❶ • **Periodische Aktivitäten** ❷ und dort in der Gruppe **Jobs und laufende Einstellungen** (siehe Abbildung 14.4).

Abbildung 14.4 App zur Pflege der Buchungskreiseinstellungen und des Übernahmedatums in der Anlagenbuchhaltung

In der Cloud muss Ihrer Anwendungsrolle der Anwendungskatalog `SAP_FIN_BC_AA_CURR_SET_PC` zugewiesen sein. In Abbildung 14.5 sehen Sie das Selektionsbild der App. Hier geben Sie Ihre Auswahldaten ein und drücken auf den Button **Start**. Dann wählen Sie den zu bearbeitenden Buchungskreis aus.

Pflege des Übernahmestatus

Im Detailbild drücken Sie auf den Button **Bearbeiten**, um die jeweiligen Einstellungen zu bearbeiten. Sie befinden sich in der Registerkarte **Einstellungen für die Altdatenübernahme** ❶ und drücken auf dort auf den Button **Anlegen** ❷. Wie in Abbildung 14.6 zu sehen ist, wird ein neues Altdatenübernahmesegment angelegt und erhält die laufende Nummer »1«. Nun pflegen Sie das **Übernahmedatum** ❸ und tragen die **Belegart** ❹ ein. Die Belegart ist in der Regel **Datenübertragung (UE)**. Danach pflegen Sie den **Übernahmestatus** ❺, dessen Bedeutung und Werte identisch sind mit denen der alten App. Die Einstellungen speichern Sie mit einem Klick auf den Button **Sichern** ❻.

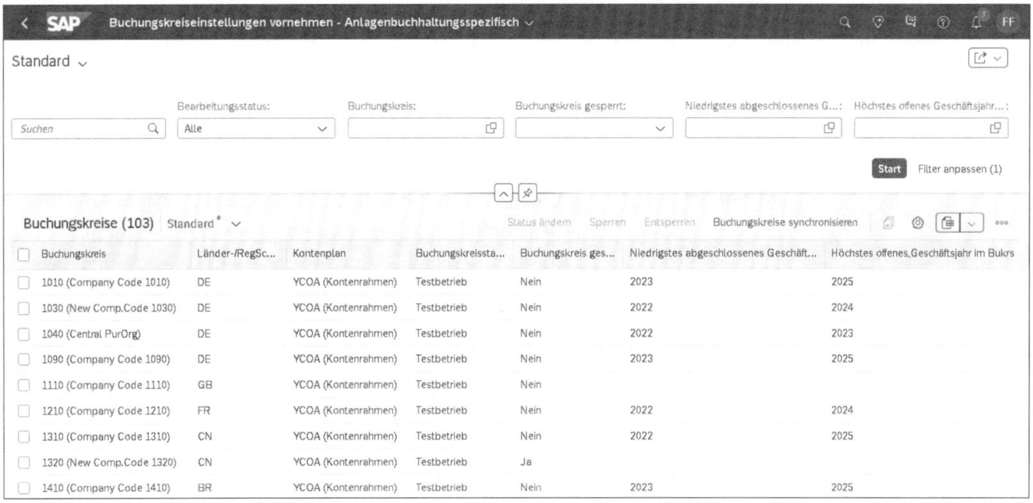

Abbildung 14.5 UPA: Buchungskreis auswählen

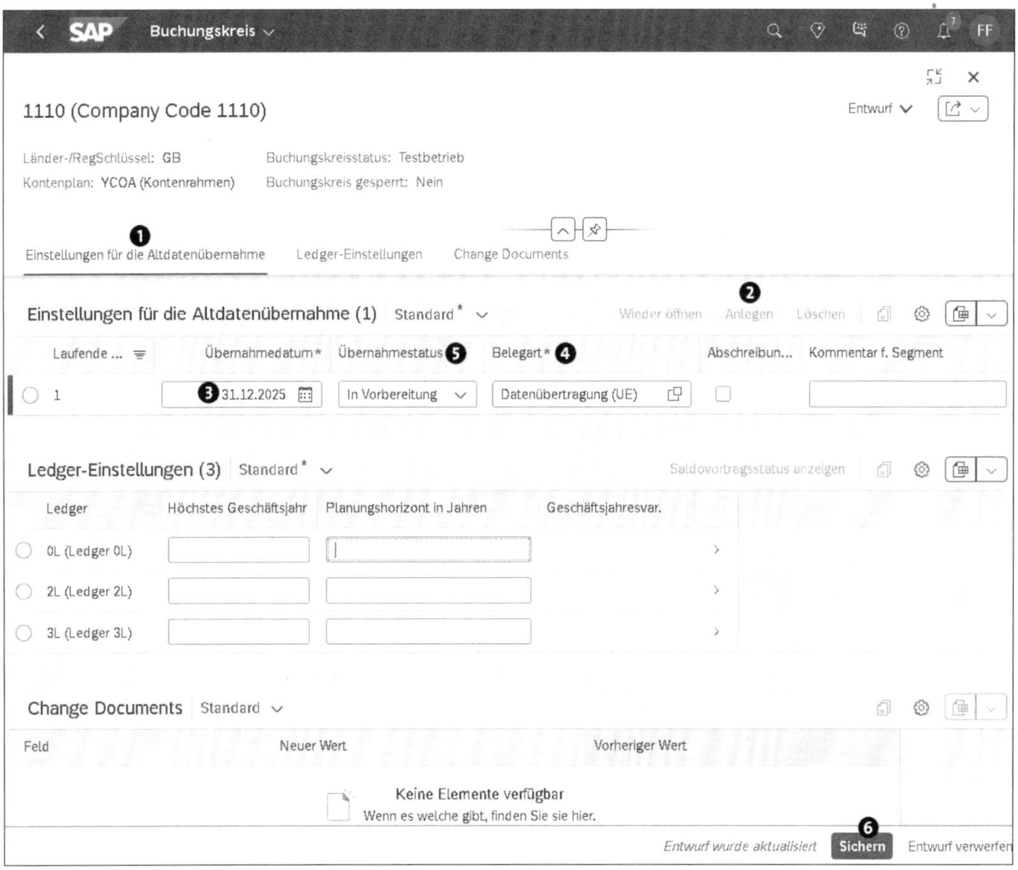

Abbildung 14.6 UPA: Einstellungen für die Altdatenübernahme pflegen

UPA: Buchungskreisstatus

Nachdem Sie gespeichert haben, können Sie über den Button **Status** den Buchungskreisstatus ändern. Die Bedeutung des Buchungskreisstatus entnehmen Sie Tabelle 14.3.

Buchungskreisstatus	Bedeutung
Testbetrieb	Dieser Status wird initial nach der erstmaligen Anlage des Buchungskreises vergeben. Der Status ermöglicht das Löschen von Daten des Rechnungswesens im Q-System über die App **Änderungen für Rechnungswesendaten einplanen** (F4622). Details dazu finden Sie in der Anwendungshilfe unter **Bewegungsdaten zurücksetzen**: *http://s-prs.de/v10578153*.
Produktiv	Wenn alle Daten übernommen wurden und Sie den Buchungskreis produktiv nutzen wollen, dann setzen Sie diesen Status. Stamm- und Bewegungsdaten können danach nicht mehr gelöscht werden.
Deaktiviert	Dieser Status ist nur für nicht mehr produktiv genutzte Buchungskreise vorgesehen. Der Status kann nicht zurückgesetzt werden. Buchungen sind danach nicht mehr möglich.

Tabelle 14.3 UPA: Bedeutung des Buchungskreisstatus

Buchungskreis sperren

Über die Buttons **Sperren** bzw. **Entsperren** können Sie den Buchungskreis sperren bzw. entsperren. Die Sperrung eines Buchungskreises ist z. B. sinnvoll, wenn Sie keine Buchungen auf Anlagenkonten oder Änderungen an Anlagenstammdaten erlauben wollen.

[»]

Weitere Informationen für die Altdatenübernahme

Welche weiteren Einstellungen neben dem Buchungsdatum für die Anlagenbuchhaltung vorgenommen werden und weitere wichtige Hinweise zur Datenübernahme in der Anlagenbuchhaltung entnehmen Sie der Customizing-Dokumentation oder der Product Assistance im SAP Help Portal für SAP S/4HANA Cloud über den folgenden Pfad: **Anlagenbuchhaltung • Altdatenübernahme** oder über folgenden Weblink:

http://s-prs.de/v10578154

Sie finden dort auch einen FAQ-Bereich zur Altdatenübernahme.

Für SAP-S/4HANA-Produkte finden Sie die Informationen über folgenden Pfad: **Anlagenbuchhaltung (FI-AA) • Altdatenübernahme und Produktionsvorbereitung • Altdatenübernahme**.

14.2 Status der Datenmigration prüfen

Auswertung von Datenmigrationsläufen

In SAP S/4HANA Cloud und SAP S/4HANA finden Sie innerhalb des Bereichs **Datenmigration** die SAP-Fiori-App **Datenmigrationsstatus** (App-ID F3280). Mit ihrer Hilfe können Sie pro Migrationsobjekt die aufgetretenen Meldungen einzelner Datenmigrationsläufe ansehen, auswerten und herunterladen.

[«]

Begriffe an Migration Cockpit angepasst

Gegenüber den früheren SAP-S/4HANA-Releases wurden die verwendeten Begriffe an diejenigen des Migration Cockpits angepasst. Dies erhöht die Benutzerfreundlichkeit, da beide Apps einheitliche Begriffe verwenden. In der Datenmigrationsstatus-App wird z. B. nun der Begriff *Instanz* anstelle des Begriffs *Datensatz* verwendet. Der Begriff *Instanz* beschreibt den Umfang eines Migrationsobjekts besser als *Datensatz*, da eine Instanz eines Migrationsobjekts meist aus mehreren Datensätzen besteht.

Die App **Datenmigrationsstatus** zeigt die Auswertung von Datenmigrationsläufen, die über Migrationsprojekte mit dem Migrationsansatz *Datenübertragung über Staging-Tabellen* geladen wurden. Wie Sie in Abbildung 14.7 sehen, werden Ihnen drei Informationen schon auf der Kachel der App **Datenmigrationsstatus** mitgeteilt:

- Anzahl der Instanzen, die erfolgreich **Migriert** wurden
- Anzahl der Instanzen, die **Simuliert** wurden
- Anzahl der Instanzen, deren Migration **Fehler** hatte

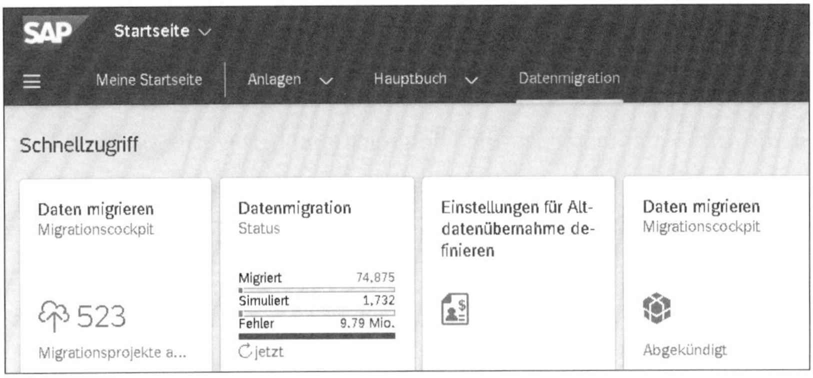

Abbildung 14.7 Kachel der App »Datenmigrationsstatus«

14.2.1 Rollen und Berechtigungen

Generell ist in allen SAP-S/4HANA-Produkten die Berechtigung für die App in der Anwendungsrollenvorlage »Konfigurationsexperte – Datenmigration« SAP_BR_CONFIG_EXPERT_DATA_MIG enthalten. Der notwendige Anwendungskatalog ist der für das Migration Cockpit:

- SAP_CA_BC_MIG_PC »Datenmigration – Cockpit« für die Public Cloud
- SAP_CA_BC_MIG_DATA für die Private Cloud und On-Premise-Variante

Die in Abschnitt 14.2.4, »Audit durchführen«, besprochene Audit-Funktionalität können Sie aber auch über den Anwendungskatalog »Datenmigration – Audit« SAP_CA_BC_MIG_CNTNT_PC separat zuweisen.

Backend-Berechtigung in On-Premise

Während in SAP S/4HANA Cloud Public Edition die Frontend-Berechtigung über die erwähnte Anwendungsrollenvorlage ausreicht, müssen Sie Ihrem Benutzer in SAP S/4HANA und SAP S/4HANA Cloud Private Edition eine zusätzliche Backend-Rolle zuordnen. Die entsprechenden Vorlagenrollen für Ihr Backend-System sind folgende:

- SAP_CA_DMCC_APPS (S/4 Migration – Content Application)

  Mit dem Berechtigungsobjekt S_DMCC mit ACTVT = »03« (Anzeigen) für die App ohne Audit-Berechtigung
- SAP_CA_DMCC_AUDIT (S/4 Migration – Content Status App Audit)

  Mit den Berechtigungsobjekten S_DMCC mit ACTVT = »03« (Anzeigen) und »F1« (Genehmigen) für die Audit-Berechtigung

14.2.2 Einstiegsbild (Migrationsobjekt-Übersicht)

Einstiegsbild der App »Datenmigrationsstatus«

Auf dem Einstiegsbild der App sehen Sie zu jedem gestarteten Migrationsobjekt die folgenden Informationen:

- wie viele Instanzen **Erfolgreich migriert** wurden
- die Anzahl der Instanzen, die **Erfolgreich simuliert** wurde
- die Anzahl der Instanzen, deren Migration **Fehler** hatte
- die Anzahl der **Instanzen insgesamt**
- den **Migrationsfortschritt**

  Hier werden von links nach rechts die Prozentzahlen der importierten (grün), bereitstehenden (grau) und fehlgeschlagenen (rot) Instanzen angezeigt.

- die **Erweiterte Statistik**

  Die erweiterte Statistik stellt die Anzahl der Datensätze pro Struktur über alle migrierten Instanzen (siehe den Abschnitt 14.2.5, »Erweiterte Statistik«) dar.

Anzeige einschränken

Rufen Sie die App zum ersten Mal auf, ist die Anzeige leer und zeigt nur einen kurzen Starttext an. Sie setzen dann einen Filter oder drücken auf den Button **Start**, um die Liste aller Objekte zu sehen, bei denen Sie zumindest die Datenmigration begonnen haben. Wenn Sie mit mehreren Migrationsprojekten und Objekten arbeiten, ist es unter Umständen sinnvoll, die Liste zu filtern, damit Sie Ihr gewünschtes Migrationsobjekt schneller finden. Dazu suchen bzw. filtern Sie im oberen Teil des Bilds nach dem anzuzeigenden Migrationsprojekt bzw. Migrationsobjekt.

In Abbildung 14.8 sehen Sie das Einstiegsbild zur App **Datenmigrationsstatus**. Geben Sie entweder einen freien Suchbegriff in das Feld **Suchen** ein, oder filtern Sie mithilfe der anderen Felder die Anzeige der Objekte. Standardmäßig sind die Felder **Migrationsperiode**, **Migrationsprojekt**, **Migrationsobjekt** und **Instanzstatus** sichtbar. Über **Filter anpassen** können Sie weitere Felder auswählen, und durch Anklicken von **Start** aktivieren Sie den Filter.

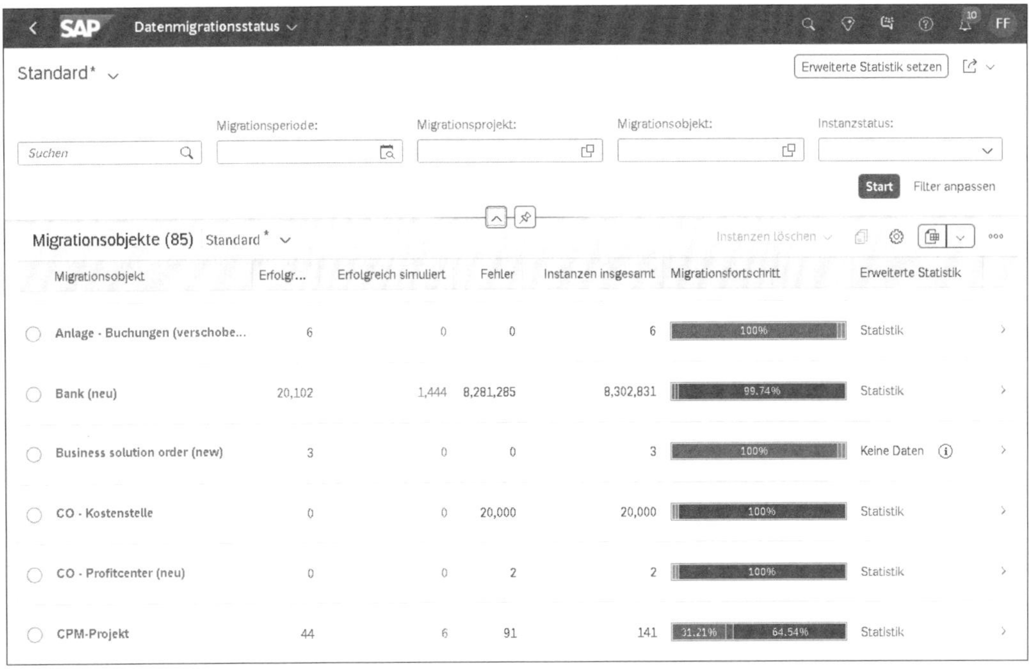

Abbildung 14.8 Einstiegsbild der App »Datenmigrationsstatus«

In Tabellenkalkulation exportieren

Über den Export-Button (**Tabelle exportieren**) können Sie die Übersichtsliste exportieren, um sie z. B. in Excel zu bearbeiten oder per E-Mail zu versenden.

Über den Einstellungs-Button (**Einstellungen**) können Sie die Anzeige anpassen. Sie können Felder ein- bzw. ausblenden und weitere Anzeigeoptionen wählen.

14.2.3 Migrationsobjektübersicht (Instanzen)

Vollbildmodus in der Übersicht

Sie öffnen die Migrationsobjektübersicht des Migrationsobjekts, indem Sie den Namen des Migrationsobjekts im Einstiegsbild auswählen oder rechts auf den Button (**Navigation**) der Objektzeile klicken. Im rechten Teil sehen Sie in einer Tabelle zunächst alle **Instanzen** zu einem Migrationsobjekt. Links sehen Sie noch die Objektübersicht. Über den Button (**Vollbild**) blenden Sie den linken Bereich aus und sehen die Instanzübersicht im Vollbildmodus. Über den Button (**Vollbildmodus beenden**) beenden Sie den Vollbildmodus. Die Instanzen sind nach Quell-ID sortiert, und die Tabelle zeigt standardmäßig folgende Informationen:

- **Quell-ID** ist der Schlüssel der Instanz in der Migrationsdatei. Bei mehreren Schlüsseln werden die einzelnen Schlüsselbestandteile durch »/« getrennt aufgeführt.
- Der **Instanzstatus** zeigt, ob die Instanz importiert wurde, bereit zum Import oder auf Fehler gelaufen ist.
- Die **Beschreibung** ist ein beschreibender Text der Instanz, sofern ein solcher Text in den Quelldaten vorhanden ist.
- Bei importierten Instanzen wird der erste Zielschlüssel im SAP-S/4HANA-System aufgeführt. Hier wird auch der Feldname des ersten Zielschlüssels als Spaltenname angezeigt. Der Beispielsatz der Abbildung 14.9 zeigt hier »Projekt« als Feldname des Zielschlüssels an.
- **Audit Status** zeigt den Status des Audits für der entsprechenden Instanz an. Auf diesen Aspekt gehen wir im Abschnitt 14.2.4, »Audit durchführen«, noch näher ein.

Weitere Spalten, wie z. B. **Benutzername**, **Dateiname**, **Migrationsprojekt**, **Staging-Tabelle** können über den Button (**Einstellungen**) hinzugefügt werden.

Bessere Übersicht durch Status einschränken

Damit Sie eine Instanz schneller finden, können Sie in der Instanzübersicht (**Instanzen**) die Anzeige mit der Auswahlliste über den **Status** einschränken und über die **Einstellungen** weitere Filterkriterien auswählen. Den oberen Infobereich können Sie, wie bei SAP Fiori üblich, über das Icon (**Kopfbe-**

reich komprimieren) oder über das Icon [pin] (**Kopfbereich anheften**) ein- und ausblenden. In Abbildung 14.9 sehen Sie ein Beispiel für die Instanzübersicht im Vollbildmodus mit ausgeklappter Status-Box.

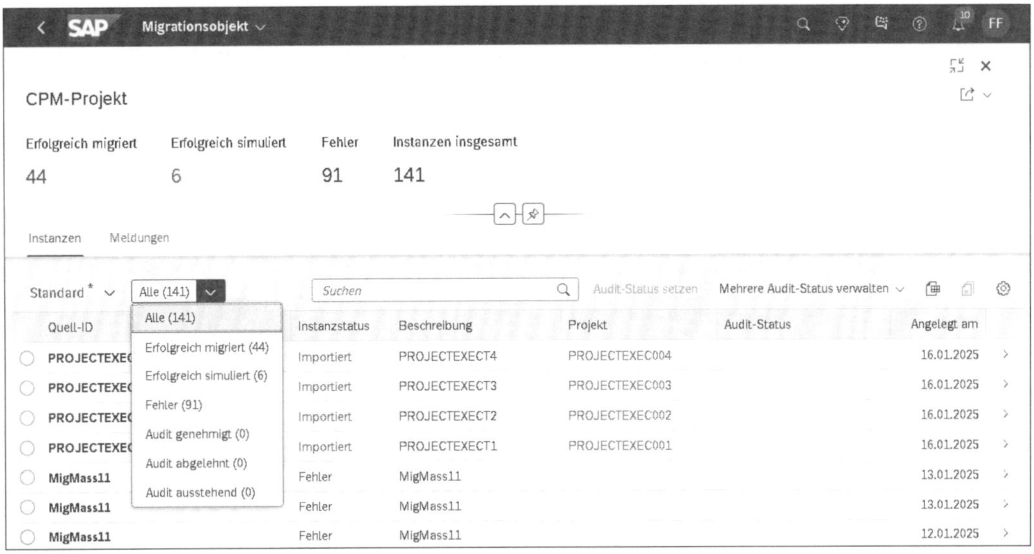

Abbildung 14.9 Instanzübersicht der App »Datenmigrationsstatus«

Direkt zur Pflege-App der Instanz springen

Wenn Sie die Berechtigung zur Pflege und Migration von Instanzen dieses Objekts haben, erscheint der Schlüssel der importierten Instanz als Hyperlink ❶. Sie können dann den Schlüssel einer importierten Instanz auswählen, und es erscheint ein weiteres kleines Absprungfenster (Link), mit dem Sie direkt in die vordefinierte App zum Migrationsobjekt springen können. Abbildung 14.10 zeigt Ihnen das Absprungfenster zum Migrationsobjekt **Produkt**. Hier können Sie direkt zur Pflege-App **Produktstammdaten verwalten** ❷ abspringen, um sich das migrierte Migrationsobjekt anzusehen bzw. um es weiterzubearbeiten.

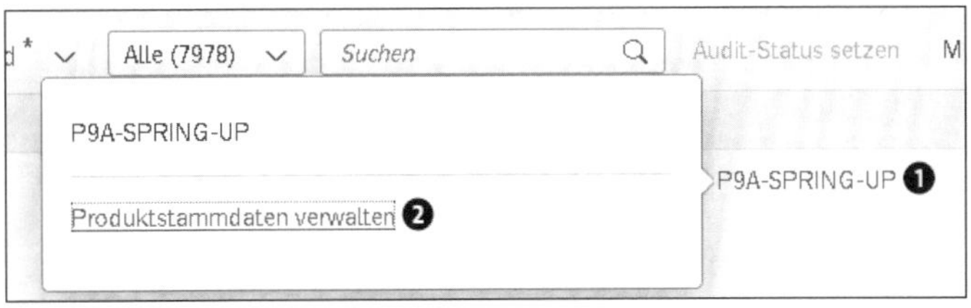

Abbildung 14.10 Absprungfenster zur Pflege- bzw. Anzeige-App

Wenige Objekte ohne direkten Absprung

Bei einigen Migrationsobjekten, wie z. B. **Materiallistung und -ausschluss**, ist aufgrund technischer Restriktionen noch kein direkter Absprung zu einer SAP-Fiori-App möglich. Eine aktuelle Liste der Objekte, für die kein

Absprung zu einer App möglich ist, entnehmen Sie dem Knowledge-Base-Artikel 2681413 unter *http://s-prs.de/v10578155*.

Wie entstehen die Links im Absprungfenster?

Jedes Migrationsobjekt ist in der *SAP Fiori Apps Reference Library* einem semantischen Objekt zugeordnet (siehe Abbildung 14.11). Sie erreichen die SAP Fiori Apps Reference Library über folgenden Link: *http://s-prs.de/v10578103*.

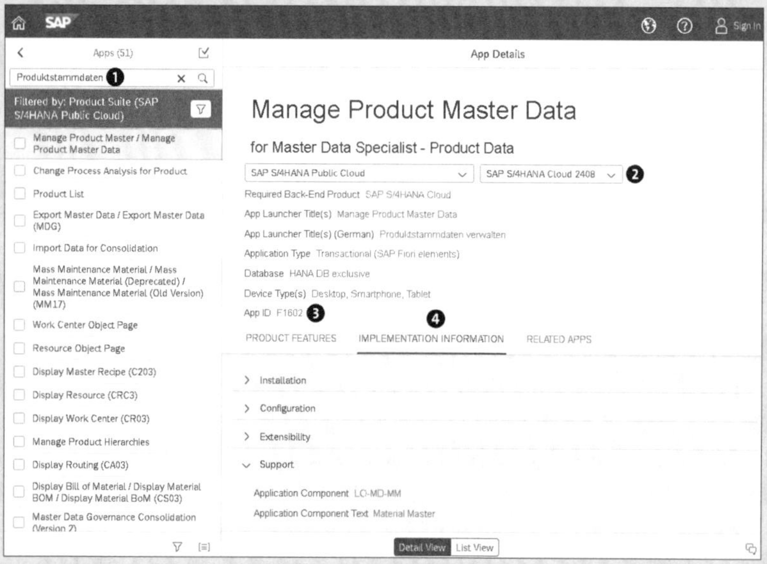

Abbildung 14.11 Detail-View einer App in der SAP Fiori Apps Reference Library

Wählen Sie »German« als weitere Sprache über den Menü-Button (**Additional Language**) aus. Dadurch können Sie trotz englischer Anzeige auch mit deutschen Begriffen suchen. Wählen Sie im Navigationsbereich die Kategorie (**Categories**) **All apps for SAP S/4HANA (Private Cloud and On-Premise)** und danach **All apps**. Geben Sie in das Suchfeld **Search** ❶ z. B. »Produktstammdaten« ein, erscheinen alle zugehörigen Apps mit diesem Suchbegriff. Wenn Sie die *App-ID* kennen, können Sie diese auch direkt eingeben. In Abbildung 14.11 sehen Sie ein Beispiel für die App **Manage Product Master** bzw. **Manage Product Master Data** (App-ID F1602) ❸. In der Detailliste (**App Details**) zu einer App finden Sie viele hilfreiche Informationen. Sie können die Informationen für Ihr Produkt und Release auswählen ❷. Unter **IMPLEMENTATION INFORMATION** ❹ in der Rubrik **Configuration** finden Sie unter **Target Mapping(s)** die jeweiligen semantischen Objekte (**Semantic**

Object), die der App zugeordnet sind. Dem Migrationsobjekt werden nun eines der semantischen Objekte und eine Aktion zugeordnet. Diese Information wird dann sowohl in der App **Datenmigrationsstatus** als auch im Migration Cockpit unter **Migrationsergebnisse** zur Verlinkung zugeordnet.

Detailbild zur Instanz (Instanz)

Die drei Bereiche des Detailbilds

Wenn Sie eine Instanz über das Icon [>] (**Details**) auswählen, erscheinen die Details der Instanz in der Sicht **Instanz**. Je nachdem, ob Sie den Vollbildmodus aktiviert haben oder nicht, erscheinen die Details einer Instanz entweder im Vollbild oder in einem weiteren, neuen Bereich auf der rechten Seite. Die Detailsicht (**Instanz**) ist in drei Bereiche gegliedert: **Allgemeine Daten**, **Meldungen** und **Statistik**. Hier werden Ihnen folgende Informationen angezeigt:

- **Status**

  Der Status der Instanz wird Ihnen im oberen Infobereich angezeigt.

- **Allgemeine Daten**
  - die bis zu acht **Quellschlüssel** der Instanz
  - die SAP-S/4HANA-Zielschlüsselfelder (**Zielschlüssel**) der geladenen Instanz und ihrer Werte
  - der Name der **Datei**, in der sich die Instanz befindet
  - das **Migrationsprojekt**, zu dem die Instanz gehört
  - der Name der **Staging-Tabelle** auf der Datenbank
  - der Name des Benutzers, der die Instanz migriert hat (**Angelegt von**)
  - das Datum, wann die Instanz migriert wurde (**Angelegt am**)

- **Meldungen**
  - eine Liste der erzeugten Nachrichten (**Positionen**) und deren Details, wie **Nachrichtenkategorie** und Text der **Meldung**
  - Weitere Felder wie **Nachrichten-ID** und **Nachrichtennummer** können Sie über den Button [⚙] (**Einstellungen**) einblenden. Diese technischen Meldungsinformationen sind hilfreich, wenn Sie z. B. im Internet, unter »SAP for Me« oder im SAP Support Portal nach Hilfe für die Meldung suchen.
  - Viele Meldungen haben einen Langtext, der weitere Informationen zur Meldung enthält. Klicken Sie einfach auf den Hyperlink der Meldung. Dann erscheint ein Fenster, das Ihnen, falls vorhanden, diesen Langtext anzeigt.

- **Statistik**

  Die Statistik zeigt Ihnen eine Liste der **Strukturen** an, die mit dieser Instanz migriert wurden. Diese enthält den Namen der einzelnen Struktur (**Strukturname**) und die **Anzahl der Sätze** pro Struktur.

Abbildung 14.12 zeigt die Instanzübersicht mit geöffnetem Detailbereich zu einer Instanz des Migrationsobjekts **Dokumenteninfosatz**.

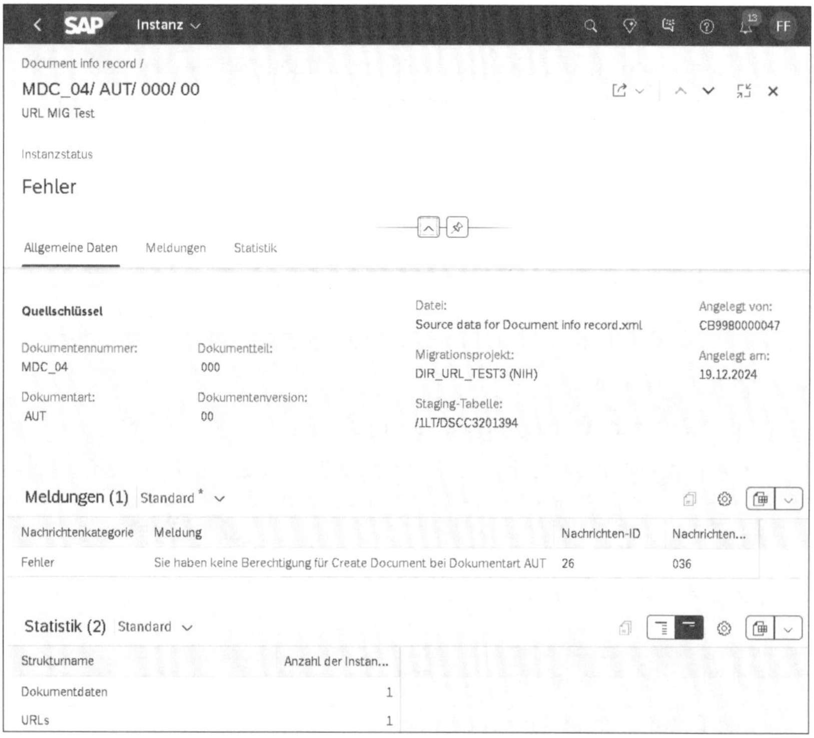

Abbildung 14.12 Detailansicht »Instanz« mit allgemeinen Daten zur Instanz

Migrationsobjekt-Übersicht (Meldungen)

Ansicht der Nachrichten

In der Registerkarte **Meldungen** sehen Sie die Nachrichten, die nach dem Nachrichtentext gruppiert angezeigt werden. Hier können Sie die Anzeige über die **Nachrichtenart** filtern:

- **Alle** zeigt alle Nachrichten an.
- **Fehler** zeigt nur Nachrichten vom Typ **Fehler** an.
- **Warnung** zeigt nur Warnungen an.

Um eine Nachricht schneller zu finden, können Sie die Liste über weitere Filter mittels des Icons ⚙ (**Einstellungen**) einschränken. Abbildung 14.13 zeigt Ihnen ein Beispiel einer solchen Meldungsübersicht.

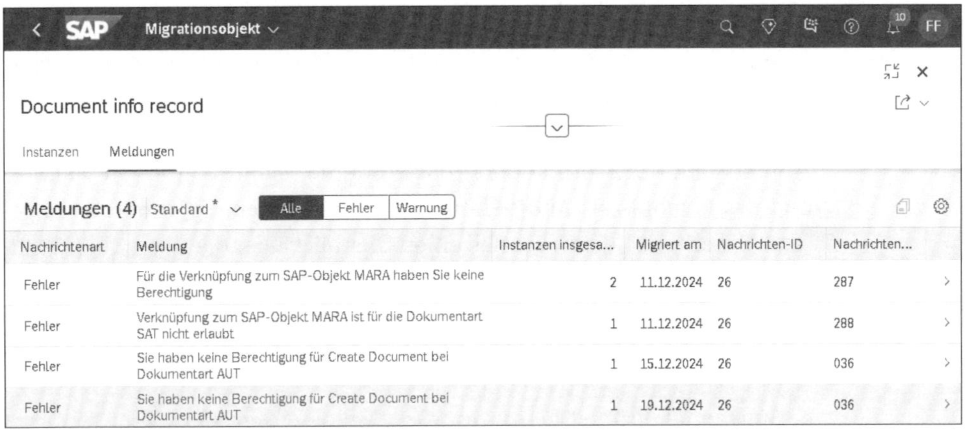

Abbildung 14.13 Meldungen zu einem Migrationsobjekt

Detailbild zur Nachricht

Informationen zur Nachricht

Wenn Sie eine Nachricht auswählen, erscheinen die Instanzen zu der Nachricht, in Abhängigkeit des aktivierten Vollbildmodus, entweder im Vollbild oder in einem weiteren Bereich auf der rechten Seite. Zusätzlich zur Anzahl der **Instanzen insgesamt** und der **Nachrichtenart** werden hier die technischen Informationen wie die **Nachrichten-ID** und die **Nachrichtennummer** angezeigt. Im unteren Bereich werden alle **Instanzen** zu dieser Nachricht aufgelistet. In der Liste sehen Sie die **Quell-ID** und das Migrationsprojekt (**Projekt**) der Instanz. Über den Button ⚙ (**Einstellungen**) können Sie auch hier die Ansicht anpassen und z. B. weitere Felder wie **Migriert am** einblenden. Abbildung 14.14 zeigt Ihnen alle Nachrichten zu einem Objekt mit geöffnetem Detailbild **Meldung**, das alle zugehörigen Instanzen zu dieser Nachricht anzeigt.

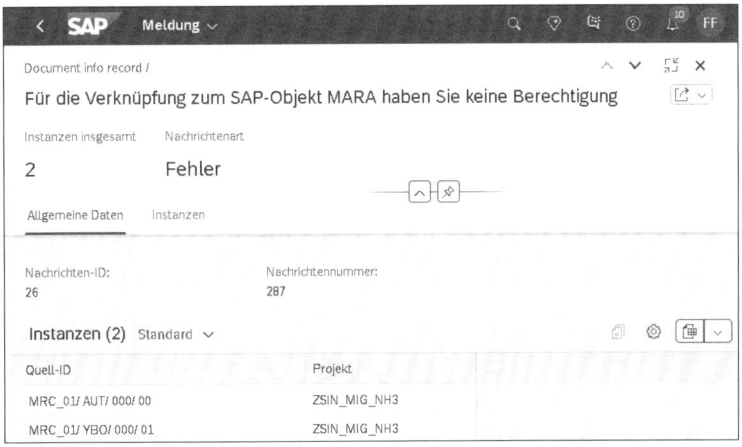

Abbildung 14.14 Nachrichten pro Objekt und Instanzdetails

14.2.4 Audit durchführen

Instanzen über Audit validieren

Generell sollten Sie alle migrierten Daten validieren. Die App **Datenmigrationsstatus** unterstützt Sie hier über die Audit-Funktionalität. Mit dieser Funktionalität ist es möglich, Instanzen mit Status **importiert** für ein Audit zu markieren. Die so markierten Sätze werden dann von Ihnen validiert und das Ergebnis als Audit-Status in der App **Datenmigrationsstatus** gesetzt. Sie erhalten damit schnell einen Überblick über die Datenqualität Ihrer Datenmigration.

Der Audit-Status kennt drei verschiedene Zustände:

- **Ausstehend** (grau): Die Instanz muss noch validiert werden.
- **Genehmigt** (grün): Die Instanz wurde validiert und ist okay.
- **Abgelehnt** (rot): Die Instanz wurde validiert und hat Fehler.

Einzelne Instanzen markieren

Auf der Sicht **Migrationsobjekt** können Sie den Audit-Status für eine einzelne Instanz innerhalb der Instanzliste festlegen. Abbildung 14.15 zeigt ein Beispiel für die Speicherung des Audit-Status einer einzelnen Instanz.

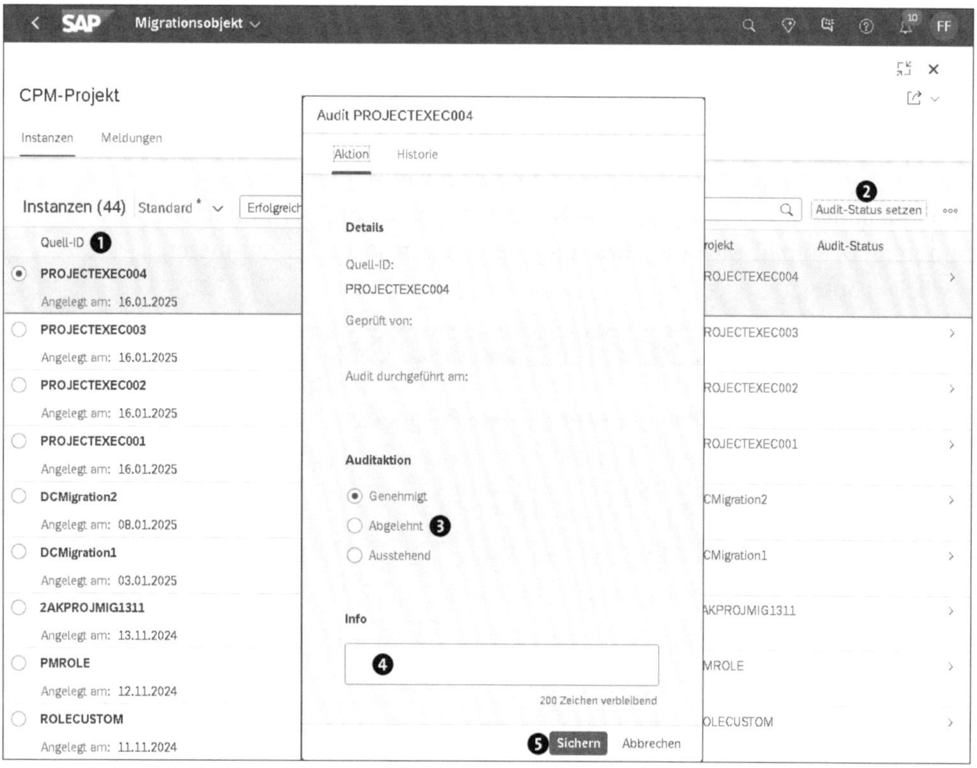

Abbildung 14.15 Den Audit-Status für einen Einzelsatz setzen

Um diesen Status zu speichern, befolgen Sie diese Schritte:

❶ Wählen Sie zuerst eine Instanz im Status »Importiert« aus.

❷ Wählen Sie **Audit-Status setzen**.

❸ Wählen Sie im Audit-Fenster einen der drei verfügbaren Audit-Status über den Radio-Button **Auditaktion** aus.

❹ Sie können auch einen Kommentar im Feld **Info** hinzufügen.

❺ Klicken Sie auf **Sichern**, um den Audit-Status zu setzen.

Mehrere Instanzen markieren

Festlegen der zu auditierenden Instanzen

Anstatt ein Audit für jede Instanz einzeln durchzuführen, können Sie auch mehrere Instanzen auswählen. Wie in Abbildung 14.16 gezeigt, gehen Sie über den Menü-Button **Mehrere Audit-Status verwalten • Massenauswahl von Instanzen für Audit**. Sie haben nun folgende Menüoptionen:

- **Zufällige Auswahl**, um Instanzen zufällig auszuwählen
- **Manuelle Auswahl: Tabellenkalkulation herunterladen**, um eine leere Überprüfungsvorlage im XLSX-Dateiformat herunterzuladen

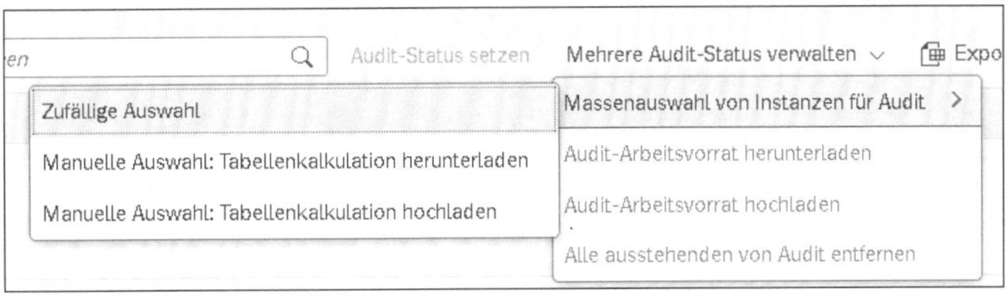

Abbildung 14.16 Massenauswahl von Instanzen für ein Audit

Wenn Sie **Zufällige Auswahl** ❶ ausgewählt haben, zeigt das System das Dialogfeld **Zufällige Auswahl** an, wie in Abbildung 14.17 dargestellt. Geben Sie nun eine Zahl für die Menge der auszuwählenden Instanzen (**Menge eingeben**) und die entsprechende Einheit (»Einheiten« oder »%«) ❷ an. Mit der Menge »5« können Sie z. B. fünf Instanzen (Einheiten) oder 5 % aller importierten Instanzen über **Objekt auditieren** ❸ für einen Audit auswählen.

Wenn Sie **Manuelle Auswahl: Tabellenkalkulation herunterladen** ausgewählt haben, kann eine leere Auditing-Vorlage heruntergeladen werden, um die Instanzen für ein Audit einzugeben. Die Audit-Vorlage heißt `Auditing Template(<Object>).xlsx` und enthält zwei Arbeitsblätter. Das erste Blatt ❶ wird verwendet, um die zu auditierenden Instanzen zu sammeln. Geben Sie in der ersten Spalte die **Quell-ID** der Instanz ein. Geben Sie in der Spalte **Migrationsprojekt-ID** ❷ den technischen Namen des Projekts ein, das zum Laden der Instanz verwendet wurde. Sie finden den technischen Namen des Projekts im zweiten Blatt namens **Hilfe** ❸. Im Arbeitsblatt **Hilfe** sehen Sie eine Liste der **Migrationsprojekt-IDs** und deren Beschreibungen, die in das erste Blatt kopiert werden sollen. Abbildung 14.18 zeigt ein Beispiel für eine ausgefüllte Auditing-Vorlage für das Migrationsobjekt **Produkt** und die **Migrationsprojekt-ID** »ZSIN_MIG_NE4«.

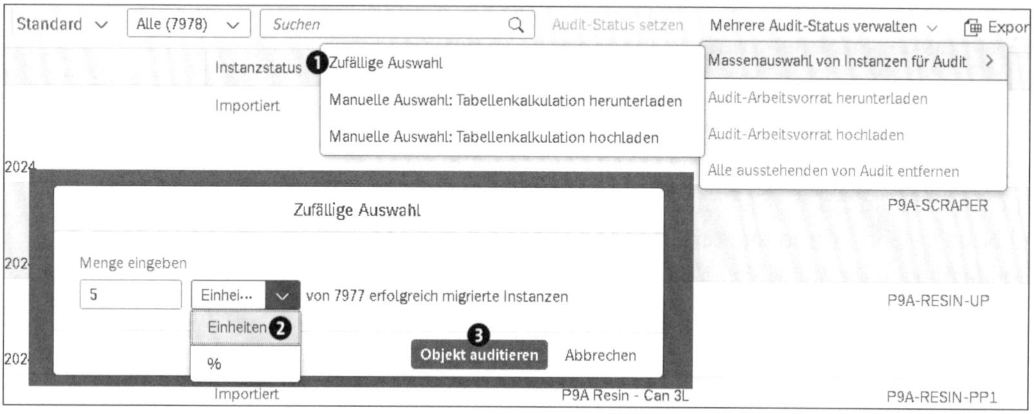

Abbildung 14.17 Pflegedialog für die Massenzuordnung von Instanzen für ein Audit

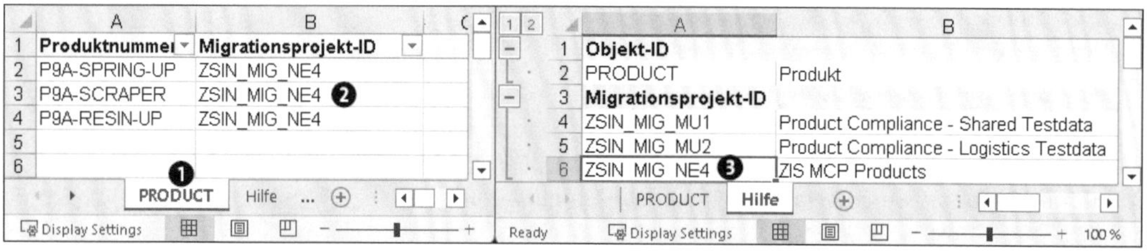

Abbildung 14.18 Fertig ausgefüllte Auditing-Vorlage für das Migrationsobjekt »Produkt«

Auditing-Umfang über Excel festlegen

Sie laden diese Datei über den Menü-Button **Mehrere Audit-Status verwalten • Massenauswahl von Instanzen für Audit • Manuelle Auswahl: Tabellenkalkulation hochladen** wieder hoch. Wie in Abbildung 14.19 gezeigt, klicken Sie im Dialogfenster **Manuelle Auswahl: Tabellenkalkulation hochladen** auf den Button **Durchsuchen**, um Ihre Vorlagendatei auszuwählen. Über den Button **Hochladen** laden Sie dann diese Vorlage in die Status-App. Beachten Sie dabei, dass Sie die Excel-Datei nicht mehr in Excel geöffnet haben, da Sie ansonsten eine Fehlermeldung beim Hochladen erhalten.

Nach dem Hochladen werden, wie in Abbildung 14.20 zu sehen, alle Instanzen aus der Auditing-Vorlage mit dem Audit-Status »Ausstehend« versehen.

Abbildung 14.19 Hochladen einer Auditing-Vorlage

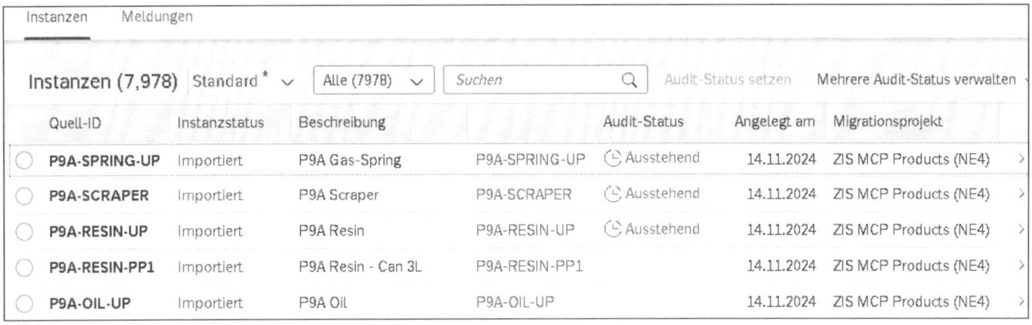

Quell-ID	Instanzstatus	Beschreibung		Audit-Status	Angelegt am	Migrationsprojekt
P9A-SPRING-UP	Importiert	P9A Gas-Spring	P9A-SPRING-UP	Ausstehend	14.11.2024	ZIS MCP Products (NE4)
P9A-SCRAPER	Importiert	P9A Scraper	P9A-SCRAPER	Ausstehend	14.11.2024	ZIS MCP Products (NE4)
P9A-RESIN-UP	Importiert	P9A Resin	P9A-RESIN-UP	Ausstehend	14.11.2024	ZIS MCP Products (NE4)
P9A-RESIN-PP1	Importiert	P9A Resin - Can 3L	P9A-RESIN-PP1		14.11.2024	ZIS MCP Products (NE4)
P9A-OIL-UP	Importiert	P9A Oil	P9A-OIL-UP		14.11.2024	ZIS MCP Products (NE4)

Abbildung 14.20 Auditing-Status nach dem Hochladen

Einstellen des Audit-Status im Offlinemodus

Status setzen über Excel

In bestimmten Fällen kann es notwendig sein, den Audit-Status offline zu erfassen. Dazu müssen Sie Instanzen für Audit markiert haben. In diesem Fall wählen Sie **Mehrere Audit-Status verwalten • Audit-Arbeitsvorrat herunterladen**. Diese Aktion lädt alle für ein Audit ausgewählten Instanzen in eine Excel-Datei namens **Instances_for_Audit(<Object>).xlsx** im XLSX-Dateiformat herunter. In der Excel-Datei, die in Abbildung 14.21 gezeigt wird, füllen Sie die Spalte **Audit-Status** mit entweder »1« für genehmigt oder »2« für abgelehnt aus. In der Spalte **Kommentar** können Sie zusätzlichen Text hinzufügen.

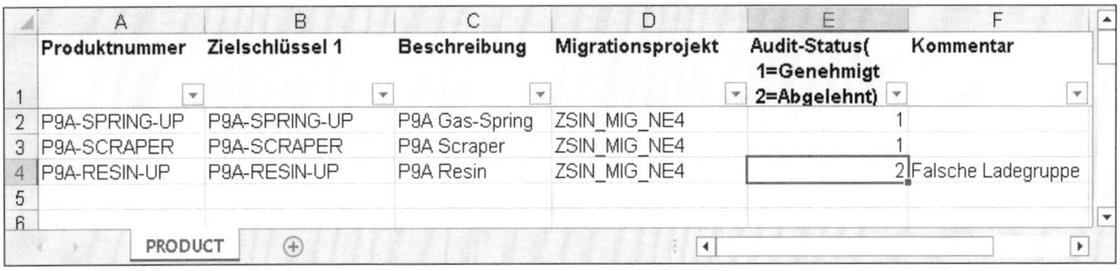

	A	B	C	D	E	F
1	Produktnummer	Zielschlüssel 1	Beschreibung	Migrationsprojekt	Audit-Status(1=Genehmigt 2=Abgelehnt)	Kommentar
2	P9A-SPRING-UP	P9A-SPRING-UP	P9A Gas-Spring	ZSIN_MIG_NE4	1	
3	P9A-SCRAPER	P9A-SCRAPER	P9A Scraper	ZSIN_MIG_NE4	1	
4	P9A-RESIN-UP	P9A-RESIN-UP	P9A Resin	ZSIN_MIG_NE4	2	Falsche Ladegruppe
5						
6						

Abbildung 14.21 Beispiel für ein Offline-Auditing über Excel

Laden Sie diese Arbeitsliste mit der Aktion **Mehrere Audit-Status verwalten • Audit-Arbeitsvorrat hochladen** hoch. Im Fenster **Audit-Arbeitsvorrat mit**

Audit-Instanzen hochladen wählen Sie die Datei zum Hochladen über **Durchsuchen** aus und drücken dann den Button **Hochladen**. Abbildung 14.22 zeigt den Audit-Status nach dem Hochladen der Arbeitsvorratsdatei. Den **Kommentar** zu einer Instanz finden Sie in der **Historie** des Audit-Verlaufs in Abbildung 14.23.

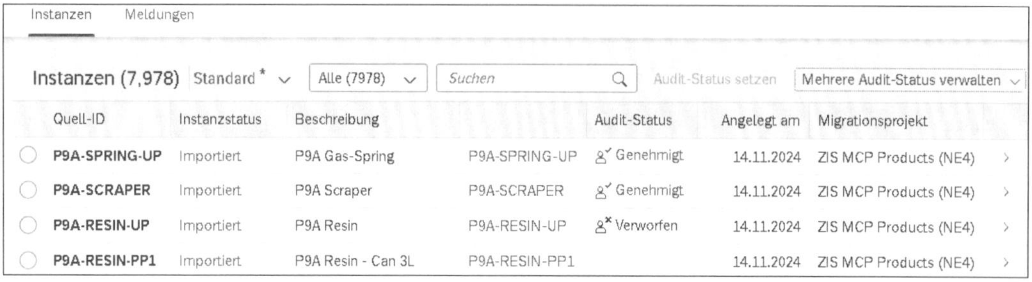

Abbildung 14.22 Auditing-Status nach dem Hochladen der Arbeitsvorratsdatei

Überprüfen des Audit-Verlaufs

Wer hat den Audit-Status gesetzt?

Wie in Abbildung 14.23 gezeigt, sehen Sie den Verlauf einer überprüften Instanz, wenn Sie den **Audit-Status** ❶ dieser Instanz auswählen. Im Audit-Fenster wählen Sie **Historie** ❷. Sie sehen dann eine Zeitleiste der Änderungen des Audit-Status und die Benutzer, die diese Änderungen vorgenommen haben.

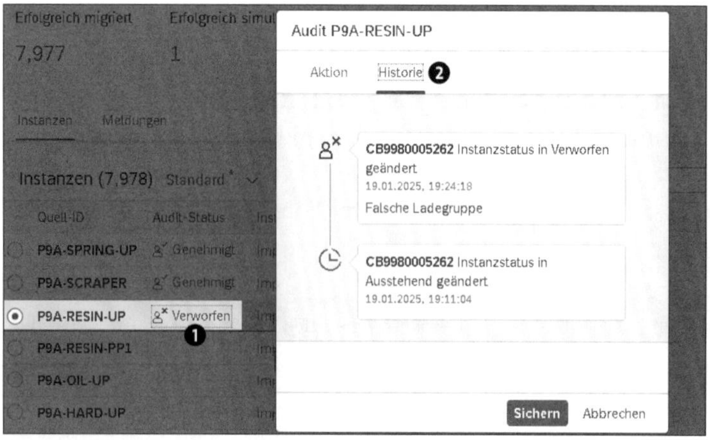

Abbildung 14.23 Audit-Historie ansehen

Entfernen aller ausstehenden Status

Menge der Instanzen korrigieren

Wenn Sie zu viele Fehler festgestellt haben und das Audit vorher abbrechen wollen oder aus Versehen die falschen Instanzen oder die falsche Menge an Instanzen ausgewählt haben, kann es sinnvoll sein, alle noch nicht auditierten Instanzen aus der Audit-Menge zu entfernen. Dafür steht Ihnen die Funktion **Mehrere Audit-Status verwalten • Alle ausstehenden von Audit entfernen** zur Verfügung. Es erscheint ein Kontrollfenster, in dem Sie die Aktion bestätigen. Mit **Entfernen** wird der Audit-Status für alle noch ausstehenden Instanzen entfernt.

14.2.5 Erweiterte Statistik

Erweiterte Statistik aufrufen

Wie zu Beginn von Abschnitt 14.2, »Status der Datenmigration prüfen«, erwähnt, stellt die *erweiterte Statistik* die Anzahl der Datensätze pro Struktur über alle migrierten Instanzen dar. Auf dem Einstiegsbild der App **Datenmigration Status**, also der **Migrationsobjekt**-Übersicht, finden Sie die Spalte **Erweiterte Statistik** ❶. Für Migrationsobjekte mit einer aktivierten erweiterten Statistik sehen Sie dort einen Link mit der Bezeichnung **Statistik** ❷, wenn Statistikdaten gespeichert wurden. Wenn Sie auf diesen Hyperlink klicken, erscheint ein Quick-View-Fenster **Statistik** ❸ mit Informationen zur gespeicherten Statistik (siehe Abbildung 14.24). Das Fenster enthält die Anzahl der Instanzen, die die Struktur enthalten, und die Auswahl von *Kategorien* ❹ (Feldern), für die eine Statistik ausgewählt wurde. Sollte unterhalb einer Struktur keine Kategorie erscheinen, dann können Sie diese mit einem Klick auf den Link **Kategorien auswählen** ❺ hinzufügen.

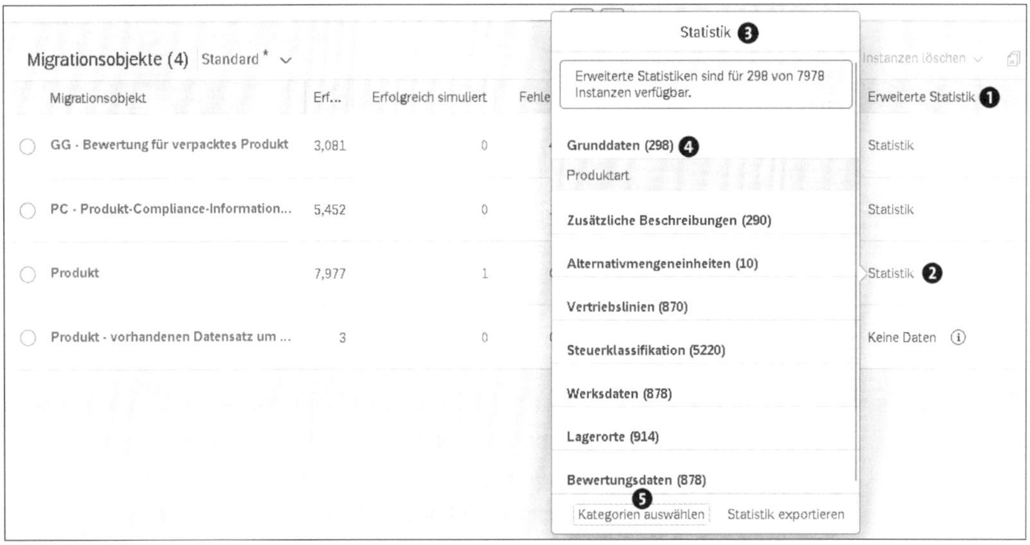

Abbildung 14.24 Pop-up-Fenster mit der erweiterten Statistik eines Migrationsobjekts

Pflege der Kategorien pro Migrationsobjekt

Sie pflegen im Quick-View-Fenster **Statistik** aus Abbildung 14.24 die Kategorien pro Struktur, die in der Statistik angezeigt werden sollen, über **Kategorie auswählen**. In unserem Beispiel in Abbildung 14.25 sehen Sie den Pflegedialog **Kategorien für Aufriss auswählen** für diese Auswahl. Ihre Kategorie-Auswahl ❶ können Sie dann über den Button **Sichern** ❷ abspeichern.

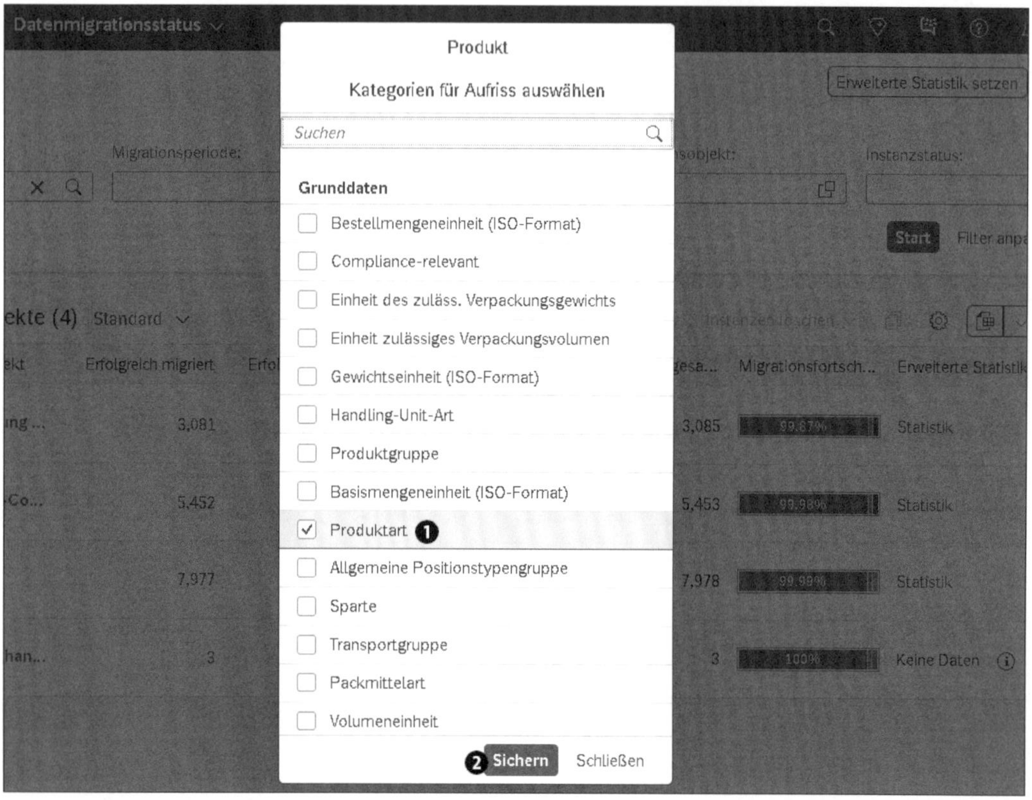

Abbildung 14.25 Auswahl der anzuzeigenden Felder einer Kategorie

Instanzen pro Kategoriewert

Wenn Sie z. B. in der Struktur **Grunddaten** die Kategorie **Produktart** ❹ des Objekts **Produkt** aus Abbildung 14.25 auswählen, erscheint zur gewählten Kategorie eine Ansicht aller Quellwerte (**Quellwert**), deren im Werte-Mapping zugewiesenen Zielwerte (**S/4HANA-Zielwert**) und die Anzahl der zugehörigen Instanzen in den Status **Erfolgreich migriert**, **Erfolgreich simuliert**, **Fehler** (siehe Abbildung 14.26).

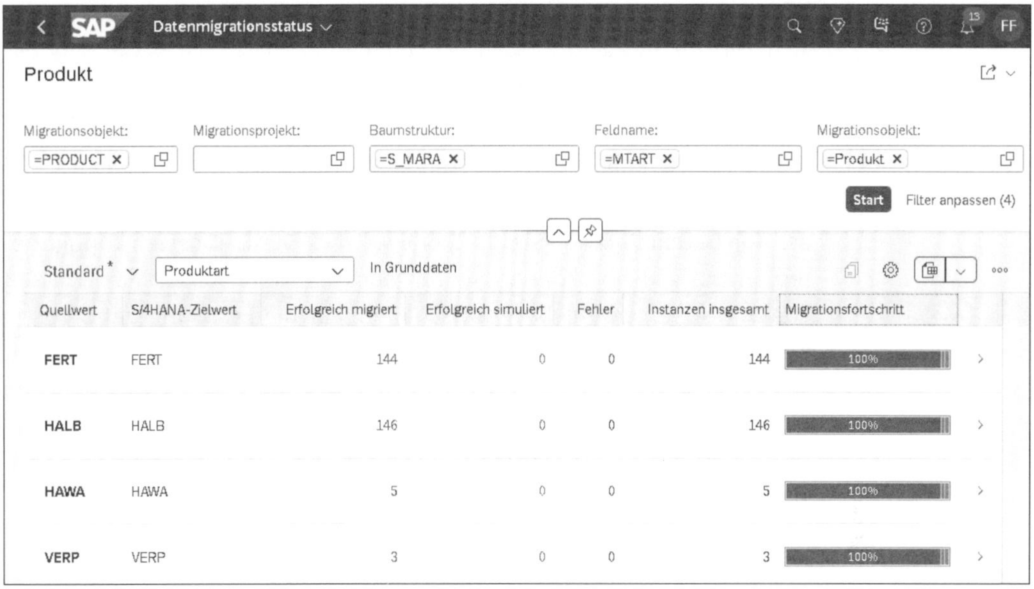

Abbildung 14.26 Liste alle Werte-Mappings zur Statistikkategorie

Instanzen zur Kategorie ansehen

Wählen Sie nun einen Quellwert der Kategorie aus, wird rechts die entsprechende Migrationsobjekt-Übersicht der Instanzen (Bild **Datenmigrationsstatus**) geöffnet. Die Übersicht enthält, wie in Abbildung 14.27 zu sehen, alle Instanzen, die diesem Kategoriewert zugeordnet sind.

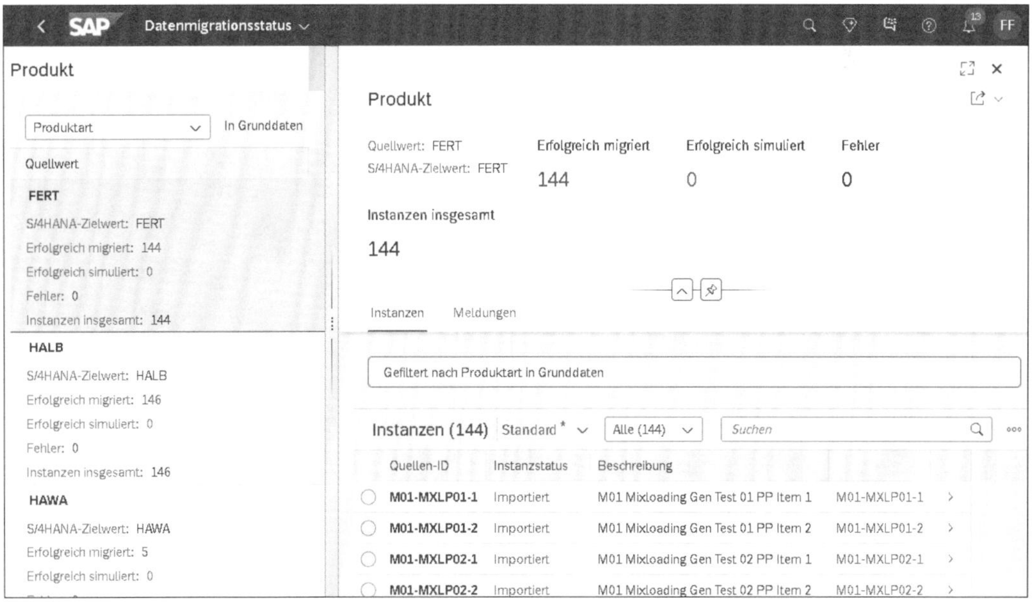

Abbildung 14.27 Liste aller Instanzen des gewählten Kategoriewerts

In unserem Beispiel sehen Sie alle Instanzen, die für **Produktart** in der Struktur **Grunddaten** im Quellsatz einen Wert »FERT« haben, der auf den Wert »FERT« umgeschlüsselt wurde.

Erweiterte Statistik konfigurieren

Sie können die erweiterte Statistik für Migrationsobjekte im Einstiegsbild der App **Datenmigration Status** über **Erweiterte Statistik setzen** konfigurieren. Im Pflegedialog können Sie für jedes Migrationsobjekt das Erfassen von Statistikdaten ein- bzw. ausschalten. Für die Erfassung der Statistik werden zwangsläufig viele Datensätze weggeschrieben. Unter Umständen kann es z. B. aus Speicher- oder Performance-Gründen notwendig sein, die Erfassung für einzelne Objekte abzuschalten. Es ist deshalb sinnvoll, generell vor der ersten Datenmigration in ein System die Statistik nur für die Migrationsobjekte zu aktivieren, für die Sie auch eine erweiterte Statistik sehen wollen. Wenn Sie **Erweiterte Statistik erfassen** für ein Migrationsobjekt auf **Aus** setzen, werden neue Statistikdaten nicht mehr erfasst und alle bereits erfassten Statistikdaten vollständig gelöscht. Abbildung 14.28 zeigt den Pflegedialog zum Setzen der erweiterten Statistik.

Abbildung 14.28 Erweiterte Statistik setzen

[«]

Statistik in SAP S/4HANA ausgeschaltet

In SAP S/4HANA Cloud Public Edition ist die **Erweiterte Statistik** für fast alle Objekte standardmäßig eingeschaltet. Für SAP S/4HANA und SAP S/4HANA Cloud Private Edition ist sie standardmäßig ausgeschaltet. Sie müssen die **Erweiterte Statistik vor der Datenmigration einschalten**, damit sie erfasst wird.

14.2.6 Allgemeine Funktionen der App »Datenmigrationsstatus«

Exportieren der Übersichtsliste

Über die Exportfunktion [Exportieren] (**In Tabellenkalkulation exportieren**) können Sie die angezeigten Listen, wie z. B. die Instanz- bzw. Nachrichtenübersicht, in eine Microsoft-Excel-Datei (Dateityp **XLSX**) exportieren.

Ansicht teilen

Über den Menü-Button [ ] (**Teilen**) können Sie die jeweilige Ansicht als **E-Mail senden** oder **Als Kachel sichern**.

[«]

Weitere Blogs zur App »Datenmigrationsstatus«

Zur App **Datenmigrationsstatus** gibt es zwei interessante englische Blogs in der SAP-Community:

- »Data Migration – Status Monitoring« von Sandeep Kumar: *http://s-prs.de/v10578156*
- »Extended Statistics in ›Data Migration Status‹ App« von Vishnu Tanguturu: *http://s-prs.de/v10578157*

Auf der Landing Page zur Datenmigration in SAP S/4HANA Cloud bzw. SAP S/4HANA finden Sie in der **Videobibliothek für Datenmigration** einige nützliche Videos, die Ihnen die App und einige spezielle Funktionen näherbringen. Die Videobibliothek erreichen Sie direkt unter diesem Link: *http://s-prs.de/v10578158*.

14

14.3 Migrationsobjekte erkunden

Hoher manueller Aufwand

Für die Planung einer Datenmigration ist es notwendig, zu wissen, welche Migrationsobjekte Sie benötigen und in welcher Reihenfolge diese zu laden sind. Bisher war es sehr aufwendig, anhand eines aktivierten *Lösungsprozesses* die notwendigen Migrationsobjekte und deren Reihenfolge zu ermitteln. In der SAP S/4HANA Cloud Public Edition ist jedes Migrationsobjekt einem Lösungsprozess (Scope Item) zugeordnet. In der Dokumentation zu einem Migrationsobjekt für die Datenübertragung über Staging-Tabellen werden sowohl die Scope Items als auch die Vorgängerobjekte des Migrationsobjekts aufgeführt. Eine Übersicht aller Objekte kann über die Landing Page zur Datenmigration im SAP Help Portal aufgerufen werden. Laden Sie dazu die Liste der verfügbaren Migrationsobjekte herunter (siehe Abschnitt 14.3.2, »Migrationsobjekt-Liste«), und entnehmen Sie daraus die benötigten Informationen.

[»]

Umfangsbestandteil versus Scope Item versus Lösungsprozess

SAP verwendet hier leider keine eindeutige Terminologie. Während in den Anwendungen und deren Hilfe vom Scope Item oder Umfangsbestandteil die Rede ist, wird im SAP Signavio Process Navigator vom Lösungsprozess gesprochen. Alle drei Begriffe beschreiben jedoch das Gleiche. Wir verwenden hier den englischen Begriff Scope Item, weil er auch als Suchbegriff bessere Trefferquoten hat.

Warum liefert SAP kein Übersichtsbild aus?

Sehr viele Kunden haben immer wieder nach einer Übersichtskarte aller Migrationsobjekte und deren Abhängigkeiten gefragt. Eine solche generelle Übersichtskarte wäre aber aufgrund der enormen Anzahl von ca. 250 Migrationsobjekten und zig Querverbindungen untereinander so schwer zu lesen wie der ÖPNV-Plan mancher Großstadt.

App mit interaktiver Darstellung

Da die Daten im System vorhanden sind, kam im Produktmanagement von SAP die Idee einer interaktiven Karte auf, die über eine App individuell zusammengestellt werden kann. Eine solche App befindet sich zum Zeitpunkt der Drucklegung dieses Buchs bereits in einem sehr weit fortgeschrittenen Stadium der Entwicklung. Wir gehen aktuell davon aus, dass mit SAP S/4HANA Cloud Public Edition 2508.2 und SAP S/4HANA 2025 FPS1 eine erste Version ausgeliefert werden kann. Wir geben Ihnen hier einen kleinen Einblick, wie diese App nach aktuellem Entwicklungsstand aussehen wird und welche geplanten Funktionen in der ersten Auslieferungsversion enthalten sein könnten.

[!]

Alle Abbildungen und Beschreibungen sind ohne Gewähr

Da die Entwicklung zum Zeitpunkt der Drucklegung dieses Buchs noch nicht abgeschlossen ist, sind alle Angaben und Abbildungen ohne Gewähr auf Vollständigkeit und Korrektheit. Außerdem behält sich SAP das Recht vor, den Auslieferungsumfang kurzfristig zu ändern oder zu verschieben.

Der endgültige Name dieser App steht noch nicht fest. Wahrscheinlich wird sie wohl »Explore Migration Objects« heißen. Wir nutzen deshalb hier den internen Projektnamen *Migration-Objects-Dependencies-App* oder kurz *Dependency-App*.

Umfang der App

In ihrer ersten Auslieferungsversion wird die Dependency-App die Migrationsobjekte des Staging-Tabellen-Ansatzes und später auch der direkten Übertragung anzeigen. In der Public-Cloud-Version können Sie auch die Migrationsobjekte anhand des Scope Items auswählen.

14.3.1 Selektion der Daten

Auf dem Selektionsbild der App in Abbildung 14.29 sehen Sie folgende Elemente:

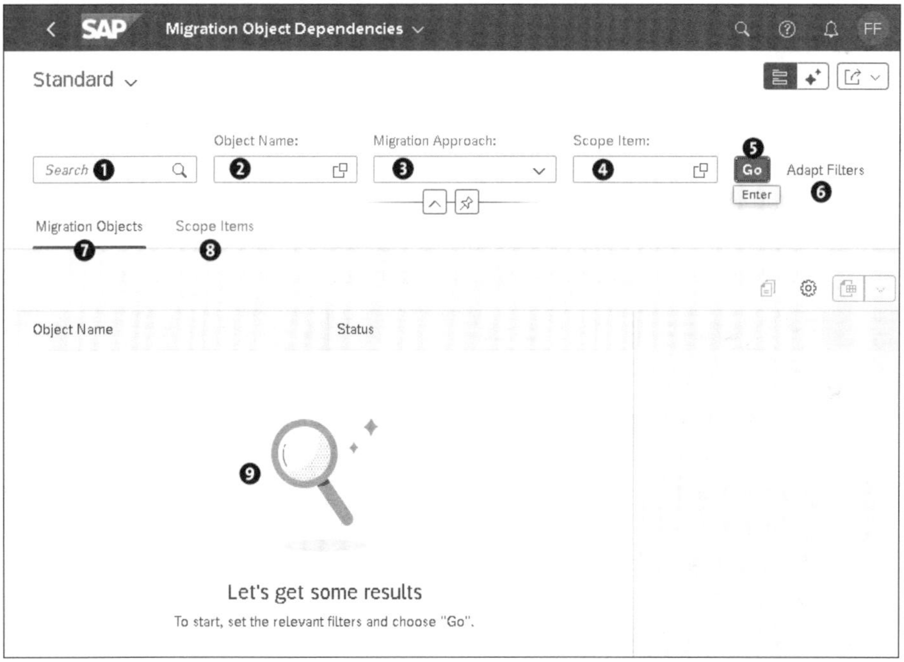

Abbildung 14.29 Selektionsbild

Sie können nach einem Migrationsobjekt entweder über das Suchfeld für eine freie Suche (**Search**) ❶ suchen, oder Sie wählen die anzuzeigenden Migrationsobjekte direkt über die Suchhilfe im Feld für den Objektnamen (**Object Name**) ❷ aus. Zusätzlich können Sie auch noch die Suche auf den Migrationsansatz einschränken. Dazu nutzen Sie das entsprechende Feld (**Migration Approach**) ❸ und selektieren den entsprechenden Ansatz, z. B. Staging-Tabellen.

Selektion nach Scope Item

Alternativ können Sie sich auch alle Migrationsobjekte des Staging-Tabellen-Ansatzes anzeigen lassen, die einem **Scope Item** ❹ zugeordnet sind. Da Migrationsobjekte der direkten Übertragung aktuell noch keine Scope-Item-Zuordnung haben, werden diese auch nicht darüber gefunden.

[»]

Einschränkungen bei der Suche über Scope Items

In SAP S/4HANA sind den Migrationsobjekten keine Scope Items zugeordnet, da Kunden hier zwar die SAP Best Practices nutzen können, aber nicht wie in der Public Cloud nutzen müssen. Daher werden das Auswahlfeld **Scope Item** ❹ sowie die Registerkarte **Scope Items** ❽ in SAP S/4HANA nicht enthalten sein.

Über den Link **Adapt Filters** ❻ können Sie weitere Felder der Selektion zuordnen. Sie können dann z. B. auch nach dem Status filtern und sich alle Objekte im Status »abgekündigt« (engl. »deprecated«) ausblenden lassen. Über den Button **Go** ❺ werden dann alle Migrationsobjekte der gewählten Selektion angezeigt.

Die ermittelten Migrationsobjekte der Suche sehen Sie dann unter der Registerkarte **Migration Objects** ❼ im Bereich darunter ❾. Die Registerkarte **Scope Items** ❽, zeigt Ihnen die Liste aller verfügbaren Scope Items an, der Selektionsfilter **Scope Item** ❹ hat keinen Einfluss auf diese Liste.

14.3.2 Migrationsobjekt-Liste

Die direkte Suche nach einzelnen Migrationsobjekten und deren Abhängigkeiten entweder nach Migrationsobjektnamen oder über das Scope Item ist meistens dann sinnvoll, wenn Sie sich schnell einen Überblick über ein paar Migrationsobjekte verschaffen wollen. Dazu ist die Suche über die Migrationsobjekt-Liste sehr gut geeignet. Abbildung 14.30 zeigt die Ergebnisliste der Migrationsobjekte nach der Auswahl des Scope Items »BH1« für »Corrective Maintenance«. Nachdem Sie ein Migrationsobjekt in der Liste der Registerkarte **Migration Objects** ausgewählt haben, teilt sich das Bild in zwei Hälften. Links sehen Sie die Selektionsmaske ❶ und die gefundenen Migrationsobjekte ❷. Der rechte Teil zeigt dann grafisch über einen Netzwerkgraphen (engl. *Network Graph*) die Vorgängerobjekte des gewählten Migrationsobjekts an. Das ausgewählte Migrationsobjekt ❷, dessen Name in der Titelleiste ❹ zu sehen ist, erscheint auf der obersten Ebene im Netzwerkgraphen ❸ mit einen Haus-Symbol (🏠).

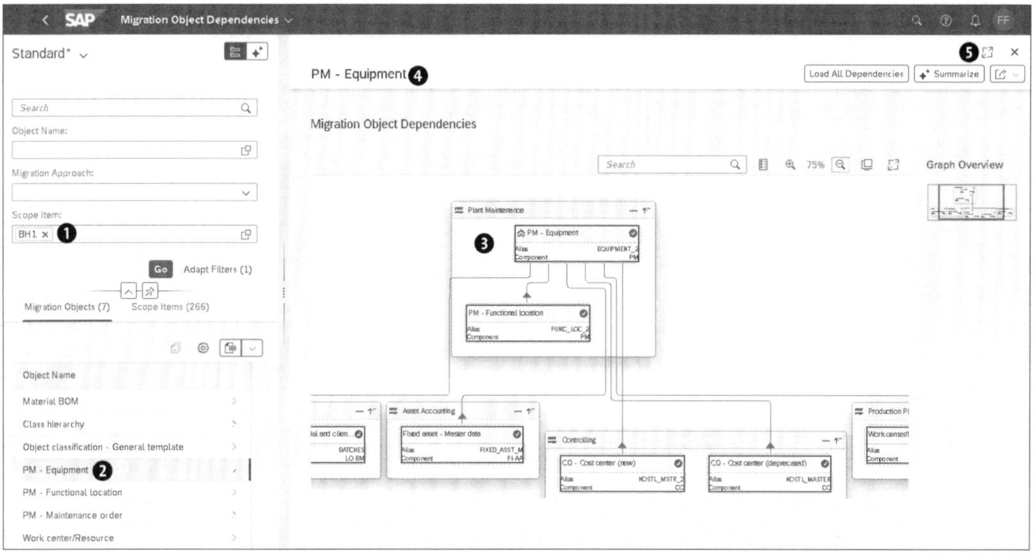

Abbildung 14.30 Darstellung der Vorgängerobjekte eines Migrationsobjekts

Über den Button (**Full Screen**) ❺ in Abbildung 14.30 können Sie die linke Seite ausblenden und den Netzwerkgraphen ❸, wie in Abbildung 14.31 zu sehen, auf den vollen Bildschirm bringen.

14.3.3 Aufbau des Detailbilds

Auf dem Detailbild aus Abbildung 14.31 können Sie den Netzwerkgraphen mittels der Icons (**Zoom in**) ❶ und (**Zoom out**) ❸ vergrößern bzw. verkleinern. Zwischen den beiden Icons wird die aktuelle Vergrößerungsstufe in Prozent ausgegeben. Über das Icon (**Zoom to Fit**) ❷ wird der Netzwerkgraph passend vergrößert, sodass alle Migrationsobjekte im Bild zu sehen sind. Links neben dem Netzwerkgraphen sehen Sie den **Graph Overview** ❹. Diese Navigationsfläche ist sehr nützlich, wenn Ihr Netzwerkgraph sehr viele Migrationsobjekte abbildet und diese nicht mehr in einer akzeptablen Vergrößerungsstufe zusammen angezeigt werden können. In dem **Graph Overview** ❹ sehen Sie den kompletten Netzwerkgraphen stark verkleinert. Darüber liegt ein blaues Navigationsfenster ❺ mit den Ausmaßen des aktuell angezeigten Detailbilds im Verhältnis zum Gesamtbild. Mit der Maus schieben Sie dieses blaue Fenster so über den Netzwerkgraphen, dass Sie den gewünschten Teilausschnitt im Detailbild sehen.

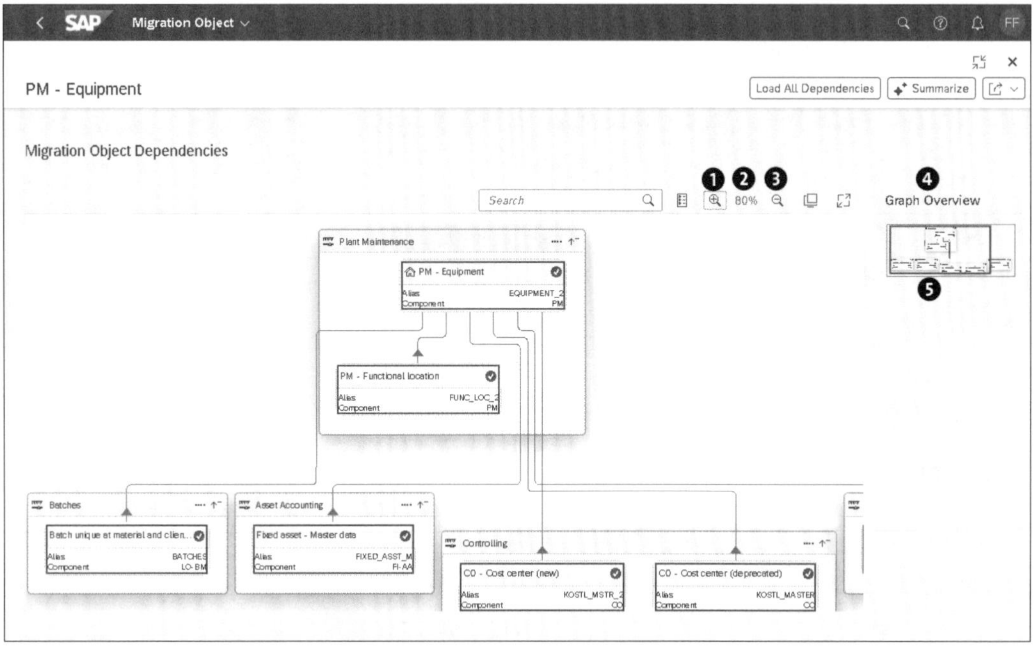

Abbildung 14.31 Funktionen des Detailbilds

[»]

Nicht beschriebene Funktionen

Im Bild sind aktuell einige Buttons zu sehen, bei denen nicht klar ist, ob sie in der ersten Version der App in dieser Art überhaupt ausgeliefert werden. Deshalb gehen wir auf einige Buttons und deren Funktion, wie z. B. **Load All Dependencies, Summarize** usw., nicht näher ein.

14.3.4 Migrationsobjektknoten

Abbildung 14.32 zeigt Ihnen die Detailansicht eines Migrationsobjektknotens. Migrationsobjekte sind fachlich einem Cluster zugeordnet. »PM – Equipment« ist z. B. genauso wie »PM – Functional location« dem Cluster »Plant Maintenance« ❶ zugeordnet. Über das Icon [↑⁻] (**Expanded**) ❷ oben rechts in der Titelleiste des Clusters können Sie das Cluster zu- und aufklappen. Wenn Sie auf den Knoten des Migrationsobjekts klicken, erscheinen auf der linken Seite drei Schalter. Mit dem Schalter [⊖] (**Expand/Collapse**) ❸ können Sie die Vorgängerobjekte ein- und ausblenden. Der Schalter [☰] (**Node Details**) ❹ gibt Ihnen die Knotendetails wieder, die Sie auch unterhalb des Objektnamens sehen. Der **Alias** des Migrationsobjekts ist ein fester Bestandteil des technischen Namens des Migrationsobjekts. Er ist nützlich, wenn Sie den SAP S/4HANA Migration Object Modeler aus Kapitel 15 einsetzen. Zur Kontaktierung des technischen Supports von SAP sind die Komponente (**Component**) und der **Alias** immer hilfreich. Der Schalter [icon] (**Node Links**) ❺ öffnet das Fenster **External Links**, das einen Link zur Migrationsobjektdokumentation ❻ auf dem SAP Help Portal enthält.

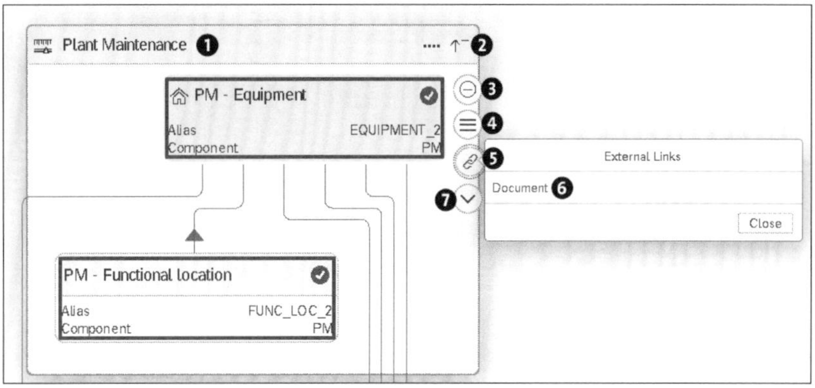

Abbildung 14.32 Details am Migrationsobjekt

Im initialen Netzwerkgraphen sehen Sie nur die direkten Vorgängerobjekte des ausgewählten Migrationsobjekts. Ein Vorgängerobjekt kann aber auch selbst weitere Vorgängerobjekte haben. Über das Icon [icon] (**Migration Object Dependencies**) ❼ können Sie sich dann auch dessen Vorgängerobjekte anzeigen lassen. Das ist hilfreich, um sich einen Überblick über alle Vorgängerobjekte zu verschaffen.

[«]

Notwendige und nicht notwendige Vorgängerobjekte

Nicht jedes Vorgängerobjekt, das angezeigt wird, muss zwingend vorher geladen werden. Aktuell unterscheidet die Liste noch nicht zwischen zwingend notwendigen und optionalen Vorgängerobjekten. Beispielweise haben Kunden in Europa fast immer eine Bankverbindung, in den USA wird vieles noch über Schecks oder Kreditkarte abgewickelt. Für europäische Kunden ist Bank also meist zwingend ein Vorgängerobjekt, während es in den USA eher optional ist. Ob ein Migrationsobjekt zwingend vorher geladen werden muss, hängt also von Ihren installierten Lösungsprozessen und oft auch vom Land ab.

14.3.5 Scope-Item-Liste

Die Scope-Item-Liste in der Registerkarte **Scope Items** zeigt Ihnen, wie eingangs schon erwähnt, die Liste aller verfügbaren Scope Items an. Der gleichnamige Selektionsfilter **Scope Item** hat keinen Effekt auf die Liste der angezeigten Scope Items. Wenn Sie ein bestimmtes Scope Item auswählen wollen, selektieren Sie es in der Liste. Im Beispiel in Abbildung 14.33 haben wir das Scope Item **1E1 Quality Management in Discrete Manufacturing** ausgewählt.

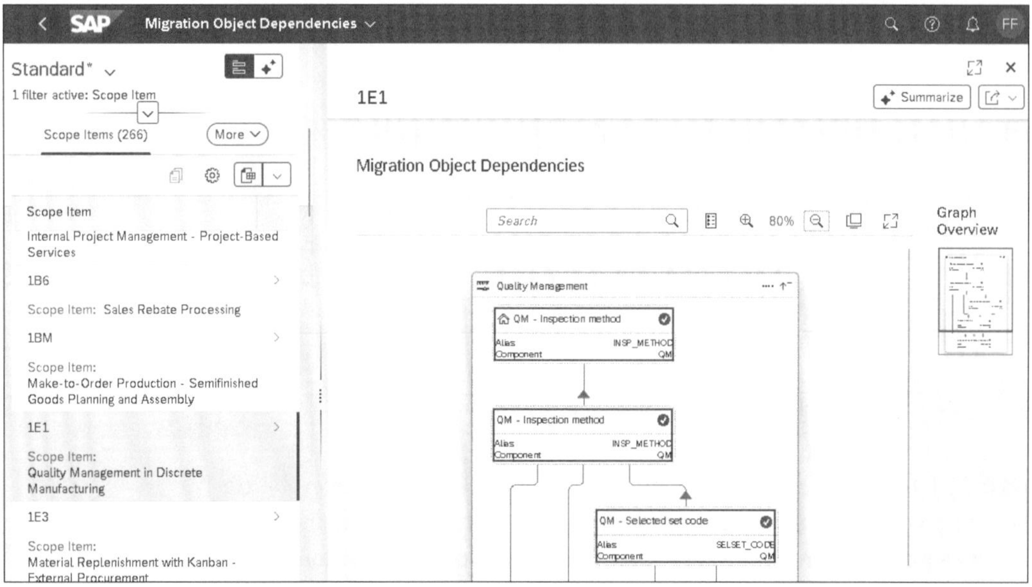

Abbildung 14.33 Selektion eines Scope Items

Der Netzwerkgraph zeigt Ihnen dann alle Migrationsobjekte und deren Verbindungen untereinander an, die diesem Scope Item zugeordnet sind. Die Scope-Item-ID wird oben in der Titelleiste des Netzwerkgraphen angegeben.

Die neue App zum Erkunden Ihrer Migrationsobjekte ist ein sehr nützliches Werkzeug, das Sie bei der Planung Ihrer Datenmigration unterstützen wird.

14.4 Selektionsprozess analysieren

Mit SAP S/4HANA 2023 FPS02 und SAP S/4HANA Cloud wurde eine SAP-Fiori-App namens **Selektionsprozess analysieren – Migrationscockpit** zur Verfügung gestellt. Mit dieser App können Sie für den Migrationsansatz *Daten direkt aus dem SAP-System migrieren* einen Selektionsprozess für eine bestimmte Migrationsinstanz simulieren. Ihr Migrationsprojekt bleibt davon unberührt, da weder im Quell- noch im Zielsystem Daten verändert werden.

Sie finden die App **Selektionsprozess analysieren - Migrationscockpit** im Bereich **Datenmigration** des SAP Fiori Launchpad (siehe Abbildung 14.34).

Abbildung 14.34 Bereich »Datenmigration« im SAP Fiori Launchpad

Die SAP-Fiori-App bietet im Detail folgende Funktionen:

- **Erstellen eines Analyselaufs für Ihr Migrationsprojekt**

  Um den Selektionsprozess für eine bestimmte Migrationsobjektinstanz zu simulieren, können Sie mit der App einen Analyselauf für Ihr Migrationsprojekt erstellen. Voraussetzung dafür ist, dass der Selektionsprozess für das betreffende Migrationsobjekt abgeschlossen ist. Wenn für das relevante Migrationsobjekt noch ein Analyselauf in Bearbeitung ist und Sie einen neuen Analyselauf anlegen, wird der Status des bestehenden Analyselaufs auf **Schreibgeschützt** gesetzt.

- **Ergebnisse der Simulation einsehen**

  Die App ermöglicht Ihnen einen Einblick in die Ergebnisse der Simulation, einschließlich der Gründe, warum eine Migrationsobjektinstanz eventuell nicht ausgewählt wurde.

- **Analyselauf kopieren**

  Sie können einen Analyselauf kopieren, um den Selektionsprozess für andere Migrationsobjektinstanzen innerhalb desselben Projekts unkompliziert zu simulieren.

[«]

Unterstützte Migrationsobjekte

Nicht alle Migrationsobjekte werden von der App unterstützt. Eine Übersicht der unterstützten Migrationsobjekte finden Sie in der Liste der verfügbaren Migrationsobjekte (siehe für SAP S/4HANA *http://help.sap.com/S4_OP_MO* und für SAP S/4HANA Cloud Public Edition *http://help.sap.com/S4_CE_MO*). Bitte beachten Sie, dass Sie zunächst die Option zum

Ein- oder Ausblenden von Spalten auswählen und anschließend das Kontrollkästchen **Unterstützt von der App »Selektionsprozess analysieren«** markieren müssen.

14.4.1 Analyselauf anlegen

Anlegen eines Analyselaufs

Öffnen Sie die SAP-Fiori-App **Selektionsprozess analysieren – Migrationscockpit**, und klicken Sie auf den Button **Neuer Analyselauf** (siehe Abbildung 14.35).

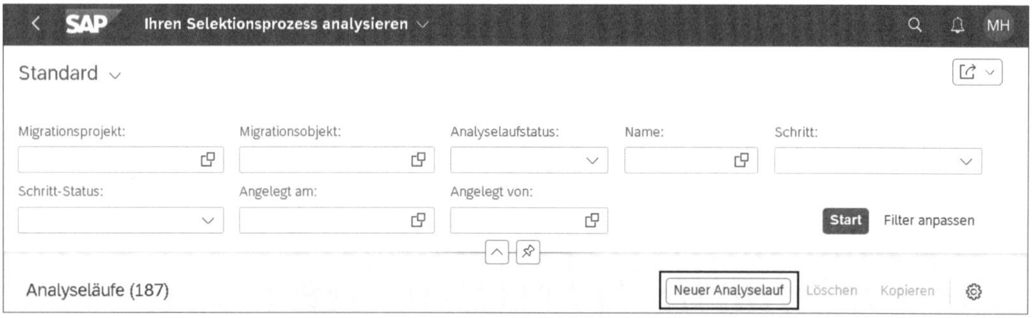

Abbildung 14.35 Neuen Analyselauf anlegen – Schritt 1

Im nun erscheinenden Dialogfenster **Neuer Analyselauf** wählen Sie Ihr Migrationsprojekt aus und tragen im Feld **Migrationsobjekt** den Namen des relevanten Migrationsobjekts ein (siehe Abbildung 14.36).

Abbildung 14.36 Neuen Analyselauf anlegen – Schritt 2

Klicken Sie nun auf **Anlegen**. Es erscheint ein neues Fenster **Neuer Analyselauf**. Geben Sie auf der Registerkarte **Name und Kommentar** einen Namen für Ihren Analyselauf ein, bei Bedarf können Sie unter **Anmerkung** einen Kommentar zum Analyselauf hinzufügen (siehe Abbildung 14.37). Auf der Registerkarte **Migrationsobjektinstanz** geben Sie die relevanten Daten für die Migrationsobjektinstanz ein. Klicken Sie auf den Button **Analyse anlegen und starten**, um den Analyselauf zu starten (siehe Abbildung 14.38).

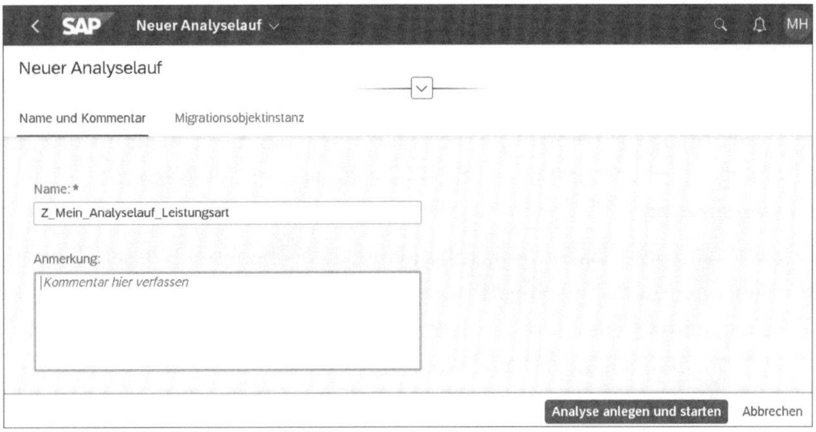

Abbildung 14.37 Neuer Analyselauf: Name und Kommentar eingeben

Abbildung 14.38 Neuer Analyselauf: Migrationsinstanz eingeben

14.4.2 Selektionsschritte

Das System selektiert aus Ihrem Quellsystem mittels vier unterschiedlicher Selektionsschritte. Mithilfe des Analyselaufs wiederholt das System diese Schritte, um den genauen Punkt im Selektionsprozess zu identifizieren, an dem die relevante Migrationsobjektinstanz ausgewählt wurde. Zudem untersucht das System, ob die Migrationsobjektinstanz zu einem bestimmten Punkt im Selektionsprozess nicht ausgewählt wurde, beispielsweise aufgrund einer speziellen Selektionslogik für ein Migrationsobjekt. Bitte beachten Sie, dass das System diese Selektionsschritte lediglich simuliert und keine tatsächlichen Daten aus dem Quellsystem extrahiert.

Folgende vier Selektionsschritte werden bei einem Analyselauf durchlaufen:

- **Schritt 1: Prüfen, ob Instanz im Quellsystem vorhanden ist**

  In Schritt 1 wird geprüft, ob die relevante Migrationsobjektinstanz im Quellsystem vorhanden ist und ob diese aus dem Quellsystem selektiert werden kann.

  Dabei versucht das System, anhand der angegebenen Schlüsselfelder die relevante Migrationsobjektinstanz aus den entsprechenden Datenbanktabellen im Quellsystem zu identifizieren. Das System wählt nur aus den Datenbanktabellen und nicht aus manuell definierenden Tabellen im Quellsystem aus. Es wird keine speziell für das Migrationsobjekt definierte Selektionslogik zur Datenerfassung verwendet (siehe Abbildung 14.39).

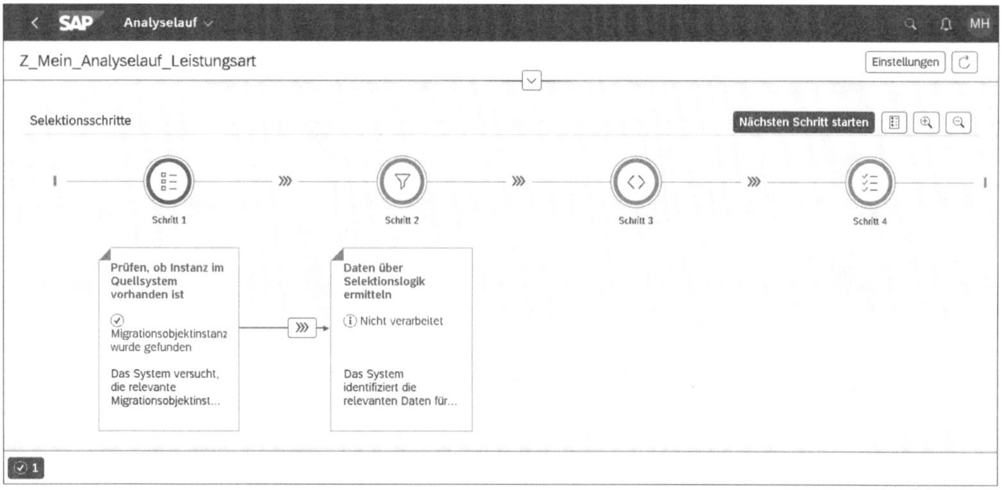

Abbildung 14.39 Schritt 1: Prüfung, ob Instanz im Quellsystem vorhanden ist

- **Schritt 2: Daten über Selektionslogik ermitteln**

  In Schritt 2 identifiziert das System die relevanten Daten für die Migrationsobjektinstanz im Quellsystem und schränkt die Auswahl mithilfe der definierenden Selektionslogik (wie Selektionskriterien oder BAdI-Selektions-Exits) für das Migrationsobjekt ein.

  Falls die gewünschte Migrationsobjektinstanz nicht aus dem Quellsystem abgerufen werden kann, könnte dies an der verwendeten Selektionslogik liegen, die für das Migrationsobjekt festgelegt wurde (siehe Abbildung 14.40).

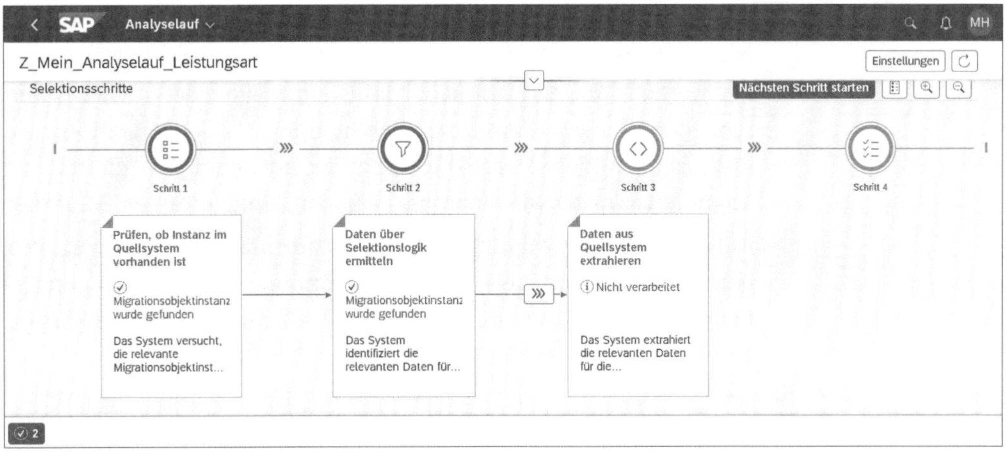

Abbildung 14.40 Schritt 2: Daten über Selektionslogik ermitteln

- **Schritt 3: Daten aus Quellsystem extrahieren**

  In Schritt 3 extrahiert das System die relevanten Daten für die Migrationsobjektinstanz aus dem Quellsystem. Falls es im Quellsystem manuell definierte Tabellen für das Migrationsobjekt gibt, verwendet das System Include-Programme, um Daten für die Migrationsobjektinstanz in diese Tabellen einzufügen.

  Sollte es nicht möglich sein, die relevante Migrationsobjektinstanz aus dem Quellsystem auszuwählen, könnte das Problem mit den Include-Programmen zusammenhängen (siehe Abbildung 14.41)

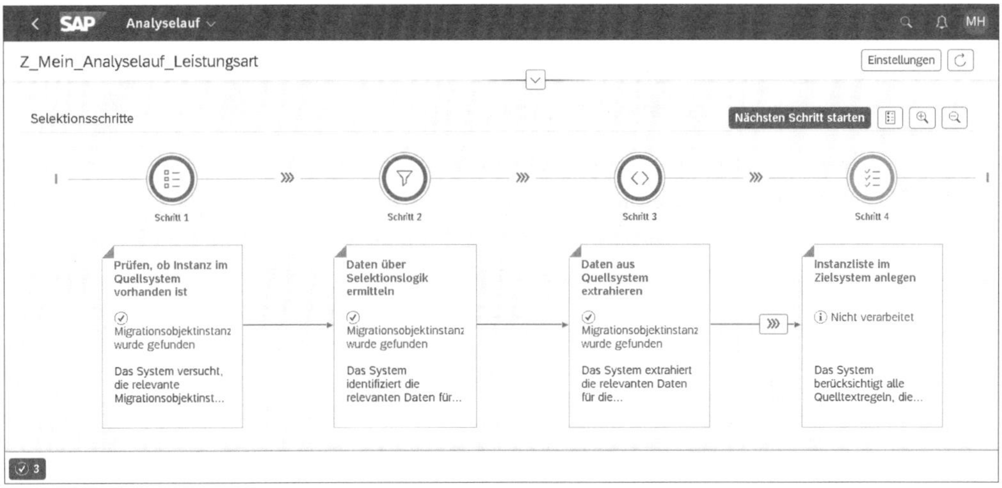

Abbildung 14.41 Schritt 3: Daten aus dem Quellsystem extrahieren

- **Schritt 4: Instanzliste im Zielsystem anlegen**

  In Schritt 4 berücksichtigt das System alle Quelltextregeln, die angewendet werden, um Migrationsobjektinstanzen von der Auswahl auszuschließen. Danach erstellt das System eine Liste der Migrationsobjektinstanzen im Zielsystem. Diese Liste ist notwendig für die folgenden Migrationsschritte wie Mapping-Aufgaben, Simulation und Migration.

  Falls die relevante Migrationsobjektinstanz in der Liste der Migrationsobjektinstanzen im Zielsystem fehlt, könnte das Problem in den Quelltextregeln liegen, die zur Ausschließung von Migrationsobjektinstanzen verwendet werden (siehe Abbildung 14.42).

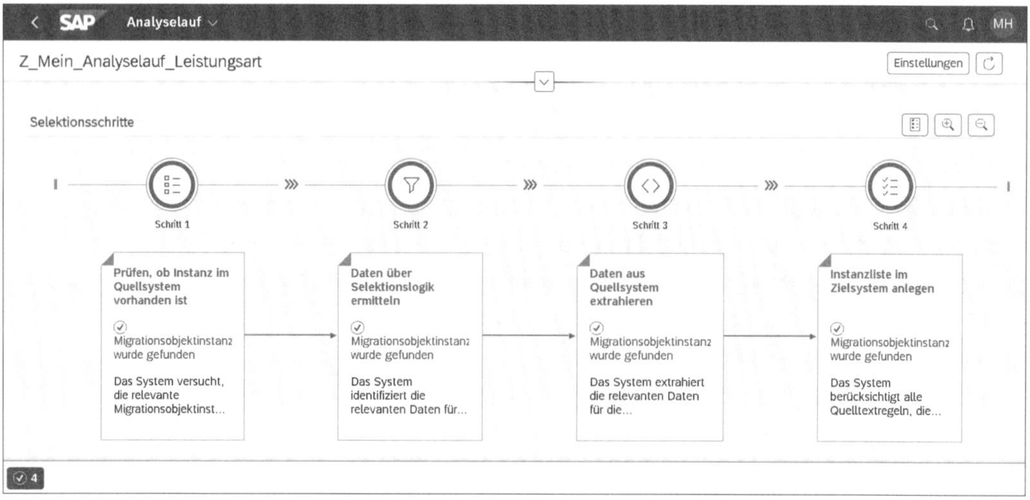

Abbildung 14.42 Schritt 4: Instanzliste im Zielsystem anlegen

14.4.3 Selektionsschritt starten

Starten eines Selektionsschritts

Wenn Sie einen Analyselauf anlegen, wird automatisch der erste Selektionsschritt gestartet, der prüft, ob die Instanz im Quellsystem vorhanden ist. Kann das System die Migrationsobjektinstanz während dieses Schritts nicht auswählen, wird der Status des Analyselaufs auf **Abgeschlossen** gesetzt, da der Selektionsprozess für eine nicht vorhandene Migrationsobjektinstanz im Quellsystem nicht simuliert werden kann. Ist die Migrationsobjektinstanz im Quellsystem vorhanden, müssen Sie den nächsten Selektionsschritt manuell durch Betätigen der Schaltfläche **Nächsten Schritt starten** einleiten.

Ergebnisse anzeigen

Sollte das System die Migrationsobjektinstanz in einem der nächsten Selektionsschritte nicht auswählen können, wird der Analyselauf ebenfalls mit dem Status **Abgeschlossen** beendet. Sie können dann Informationen darüber einsehen, warum die Migrationsobjektinstanz nicht ausgewählt werden konnte (siehe Abbildung 14.43). Weitere Details hierzu finden Sie unter **Ergebnisse eines Selektionsschritts anzeigen**.

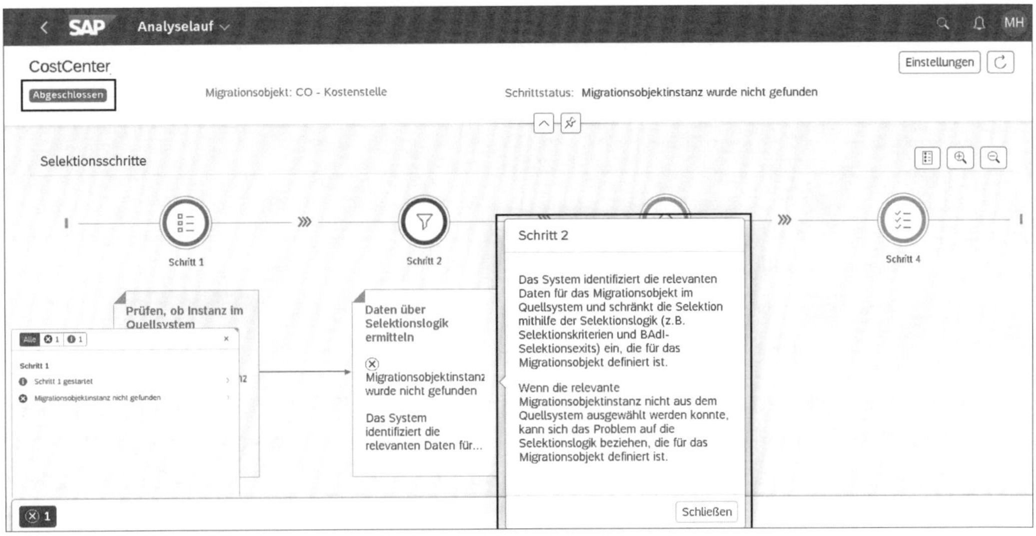

Abbildung 14.43 Ergebnisse eines Selektionsschritts anzeigen

Wenn das System die Migrationsobjektinstanz in einem der folgenden Selektionsschritte auswählen kann, können Sie über den Button **Nächsten Schritt starten** zum nächsten Schritt übergehen. Beachten Sie, dass es insgesamt nur vier Selektionsschritte gibt.

Wenn eine Selektion aufgrund eines technischen Problems nicht möglich ist, wird der Status des betreffenden Selektionsschritts auf **Fehler** gesetzt. Detaillierte Informationen zum Problem finden Sie, wenn Sie auf die Schaltfläche **Meldungen anzeigen** klicken. Ist es notwendig, einen Selektionsschritt erneut durchzuführen, wählen Sie den Button **Schritt neu starten**.

14.4.4 Analyselauf kopieren

Kopieren eines Analyselaufs

Sie können Analyseläufe auch kopieren. Wählen Sie hierzu den Analyselauf aus, den Sie kopieren möchten, und klicken Sie auf den Button **Kopieren** (siehe Abbildung 14.44). Auf dem erscheinenden Dialog-Bild können Sie einen neuen Namen für den Analyselauf vergeben und die relevanten Daten für die Migrationsobjektinstanz eingeben, nach der Sie selektieren möchten. Mit einem Klick auf den Button **Analyse anlegen und starten** können Sie den nun neu erstellten Analyselauf starten.

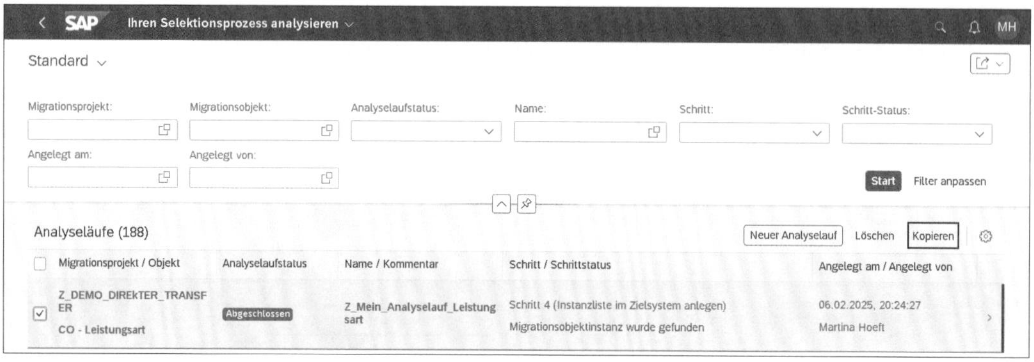

Abbildung 14.44 Analyselauf kopieren

14.4.5 Analyselauf löschen

Löschen eines Analyselauf

Einen Analyselauf löschen Sie, indem Sie auf dem Einstiegsbild **Analyselauf** einen oder mehrere zu löschende Analyseläufe markieren und auf den Button **Löschen** klicken (siehe Abbildung 14.45). Es erscheint eine Dialog-Box mit einer Warnung und der Frage, ob Sie ausgewählte Analyseläufe löschen möchten. Bestätigen Sie hier mit **Löschen**.

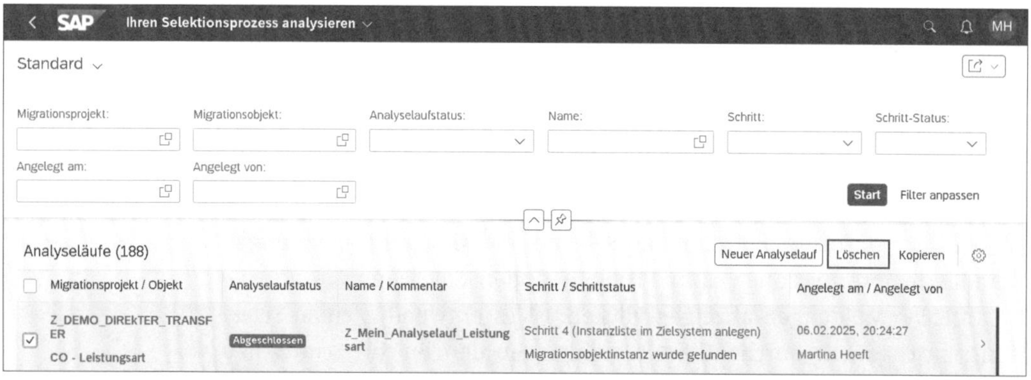

Abbildung 14.45 Analyselauf löschen

Sie sind nun mit den verschiedenen unterstützenden Anwendungen und deren Einsatzmöglichkeiten vertraut und haben einen Überblick bekommen, wie Sie diese für eine erfolgreiche Migration einsetzen können.

Kapitel 15
SAP S/4HANA Migration Object Modeler

Dieses Kapitel beschreibt die Modellierungsumgebung für das SAP S/4HANA Migration Cockpit zur Anpassung und Neuanlage von Migrationsobjekten, abhängig vom verwendeten Migrationsansatz.

Nachdem Sie in Kapitel 13, »SAP S/4HANA Migration Cockpit«, die verschiedenen Migrationsansätze des SAP S/4HANA Migration Cockpits (im Folgenden kurz Migration Cockpit genannt) im Falle einer Neuimplementierung von SAP S/4HANA kennengelernt haben, möchten wir in diesem Kapitel erläutern, welche Möglichkeiten Sie haben, um den ausgelieferten Content des Migration Cockpits auf Ihre kundenspezifischen Gegebenheiten anzupassen. Sie nutzen dafür die Modellierungsumgebung des Migration Cockpits.

[«]

SAP S/4HANA versus SAP S/4HANA Cloud

Mit »SAP S/4HANA Cloud« beziehen wir uns nachfolgend auf das Produkt SAP S/4HANA Cloud Public Edition. »SAP S/4HANA« bezieht sich auf SAP S/4HANA, On-Premise-Version und SAP S/4HANA Cloud Private Edition. Falls eine Unterscheidung zwischen Cloud Private Edition und On-Premise notwendig sein sollte, wird explizit darauf hingewiesen.

Eine mächtige Modellierungsumgebung

Der *SAP S/4HANA Migration Object Modeler*, im Folgenden kurz *Migration Object Modeler* genannt, ist die Modellierungsumgebung des Migration Cockpits. Diese Modellierungsumgebung steht in allen SAP-S/4HANA-Versionen zur Verfügung. In SAP S/4HANA kann der Migration Object Modeler über Transaktion LTMOM aufgerufen werden.

Abhängig vom gewählten Migrationsansatz wird in SAP S/4HANA Cloud der *Migration Object Modeler* entweder über die SAP-Fiori-App **Migrationsobjekte modellieren – Migrationsobjektmodellierer** oder über die SAP-Fiori-App **Implementierungsaktivitäten** aufgerufen. Dabei ist zu beachten, dass in SAP S/4HANA Cloud der Funktionsumfang des Migration Object Modelers im Vergleich zu SAP S/4HANA eingeschränkt ist. Weitere Informationen zu den Funktionen des Migration Object Modelers in SAP S/4HANA Cloud finden Sie in Abschnitt 15.3, »Modellierung für die Datenmigration mit Staging-Tabellen in SAP S/4HANA Cloud« und in Abschnitt 15.5, »Modellierung für die Datenmigration mit dem direkten Transfer aus SAP-Systemen in SAP S/4HANA Cloud«.

[»]

Benötigte Benutzerrolle

Um in SAP S/4HANA Transaktion LTMOM zu nutzen, muss Ihrem Benutzer die folgende Rolle zugewiesen sein: SAP_CA_DMC_MC_DEVELOPER.

Der Migration Object Modeler ist in SAP S/4HANA zu einer mächtigen Modellierungsumgebung herangewachsen. Mit jedem Release, seit der Einführung mit SAP S/4HANA 1610, wurden neue Funktionalitäten hinzugefügt. Die aktuelle Funktionalität geht mittlerweile über die der Legacy System Migration Workbench (LSMW) hinaus. Einzig bei der Flexibilität der unterstützten Migrationsschnittstellen unterstützt der Migration Object Modeler als Migrationsschnittstelle nur Funktionsbausteine und CDS-Verhaltensdefinitionen. Eine Verhaltensdefinition ist ein ABAP-Repository-Objekt, das einem Business-Objekt im Kontext des ABAP RESTful Application Programming Model (REST = Representational State Transfer) entspricht. Weitere Informationen zum ABAP RESTful Application Programming Model finden Sie hier: *http://s-prs.de/v10578159*.

[»]

Legacy System Migration Workbench in SAP S/4HANA

Für die Migration von Geschäftsdaten nach SAP S/4HANA, SAP S/4HANA Cloud Private Edition und SAP S/4HANA Cloud ist das Migration Cockpit das Tool der Wahl. Die LSMW befindet sich in der *Simplification List*. Weitere Informationen finden Sie in SAP-Hinweis 2287723 und in Abschnitt 17.1, »Vergleich der Datenmigrationswerkzeuge«.

Für alle Migrationsansätze nutzbar

Der Migration Object Modeler kann für alle Migrationsansätze des Migration Cockpits genutzt werden.

Bevor wir auf die Funktionalität des Migration Object Modelers in den jeweiligen Migrationsansätzen eingehen, geben wir Ihnen in Abschnitt 15.1, »Genereller Aufbau des SAP S/4HANA Migration Object Modelers«, einen kurzen Überblick über den Aufbau. In Abschnitt 15.2, »Modellierung für die Datenmigration mit Staging-Tabellen in SAP S/4HANA«, geben wir Ihnen einen Einblick in die Funktionalität des Migration Object Modelers, wenn Sie mit dem Migration Cockpit die Datenmigration mit Dateien oder Staging-Tabellen durchführen. In Abschnitt 15.4, »Modellierung für den direkten Transfer von Daten aus SAP-Systemen in SAP S/4HANA«, erfahren Sie mehr über die Funktionalität des Migration Object Modelers in Bezug auf die Datenmigration direkt aus einem SAP-System. Welche Funktionalitäten jeweils verfügbar sind, unterscheidet sich in den verschiedenen Ansätzen, auf die wir in dem jeweiligen Abschnitt genauer eingehen.

15.1 Genereller Aufbau des SAP S/4HANA Migration Object Modelers

Einstieg in den SAP S/4HANA Migration Object Modeler

Wie Sie in Abbildung 15.1 sehen, zeigt der Migration Object Modeler standardmäßig den Objektbrowser beim Öffnen mit Transaktion LTMOM. Sie wählen dann aus, ob Sie sich ein Migrationsprojekt mit allen zugehörigen Migrationsobjekten oder direkt ein einzelnes Migrationsobjekt anschauen möchten.

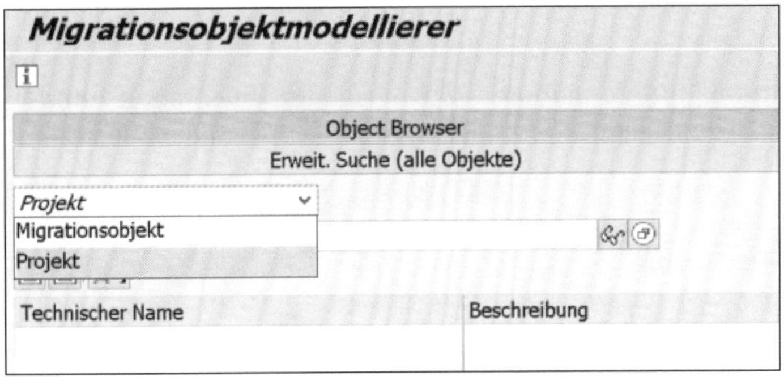

Abbildung 15.1 Auswahl im Objektbrowser des SAP S/4HANA Migration Object Modelers

[«]

SAP-GUI-Einstellungen

Die SAP-GUI-Screenshots basieren auf dem Corbu-Theme. Falls Sie eine andere SAP-GUI-Einstellung haben, können die Screenshots von Ihren Screens abweichen.

Wenn Sie sich ein einzelnes Migrationsobjekt anzeigen lassen, sehen Sie, wie es Abbildung 15.2 veranschaulicht, einen Auswahlbereich mit einem Navigationsbaum auf der linken Seite und einen Arbeitsbereich auf der rechten Seite.

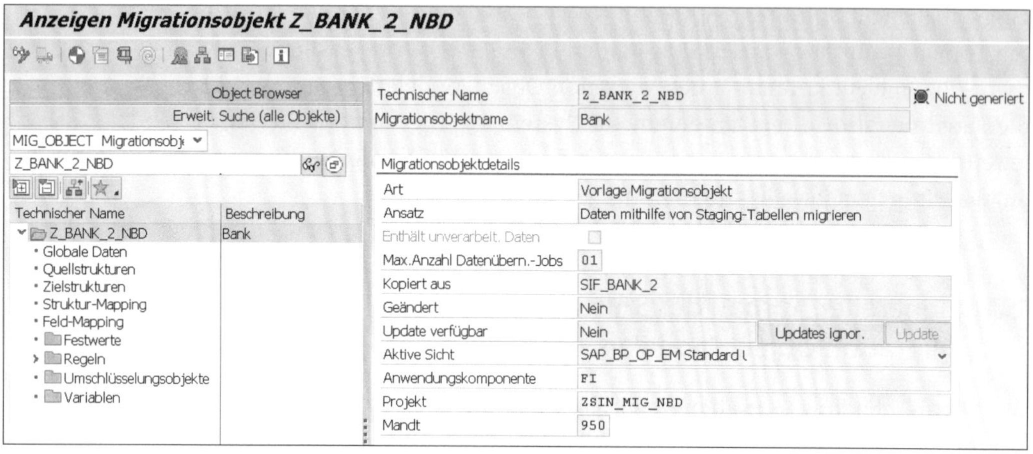

Abbildung 15.2 Aufbau des SAP S/4HANA Migration Object Modelers

Über den Button (**Vollbild ein/aus**) können Sie den linken Auswahlbereich ein- und ausblenden und somit den Arbeitsbereich als Vollbild darstellen.

Dokumentation

Über den Button (**Information**) rufen Sie die Dokumentation zum Migration Object Modeler auf, deren Einstiegsbild Sie in Abbildung 15.3 sehen.

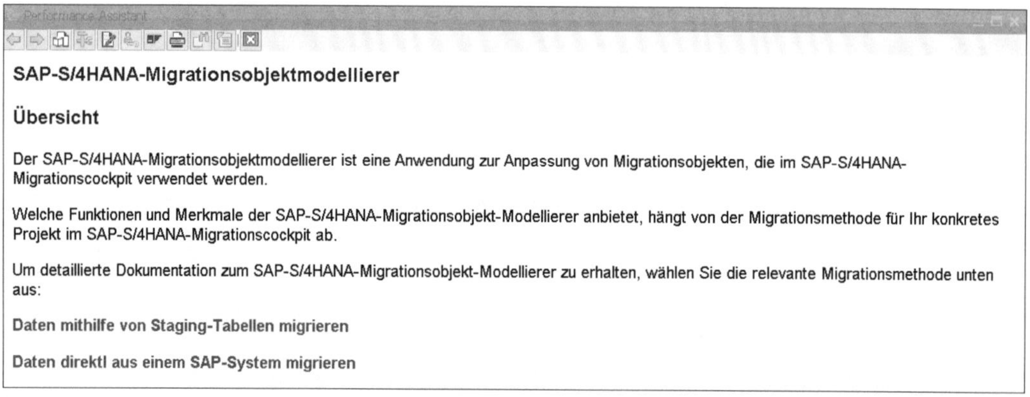

Abbildung 15.3 Einstiegsbild der Dokumentation zum SAP S/4HANA Migration Object Modeler

Sie können die Dokumentation der verschiedenen Migrationsansätze auswählen, je nachdem, mit welchem Ansatz Sie gerade arbeiten. Falls Sie im Objektbrowser bereits ein Projekt oder Migrationsobjekt ausgewählt haben, wird Ihnen direkt die Dokumentation des entsprechenden Migrationsansatzes angezeigt.

Favoritenliste

Sie können Projekte und Migrationsobjekte zu Ihrer Favoritenliste hinzufügen. Dazu müssen Sie das relevante Projekt oder Migrationsobjekt auswählen. Über den Button (**Favoriten**) können Sie das Projekt oder Objekt zur Favoritenliste hinzufügen. Wählen Sie dazu **Hinzufügen** aus. Abbildung 15.4 zeigt die Auswahlmöglichkeit der Favoritenfunktion. Daneben können Sie auch die Favoritenliste bearbeiten.

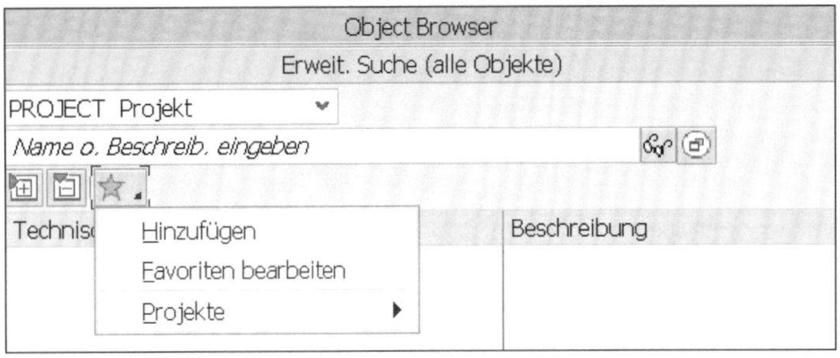

Abbildung 15.4 Auswahlmöglichkeiten der Favoritenliste

15.1.1 Auswählen eines bestehenden Migrationsobjekts

Migrationsobjekt auswählen

Wenn Sie ein bestehendes Migrationsobjekt auswählen wollen, drücken Sie zunächst rechts neben dem leeren Eingabefeld für das Migrationsobjekt auf den Button (**Eingabehilfe**) ❶ (siehe Abbildung 15.5).

Es erscheint das Suchfenster **Migrationsobjekt suchen**. Hier wählen Sie zuerst den relevanten Migrationsansatz im Feld **Ansatz** aus, in unserem Beispiel also **Daten mithilfe von Staging-Tabellen migrieren** ❷. Im Feld **Projekt** geben Sie den Suchbegriff für das Projekt ein, in dem sich das Migrationsobjekt befindet, und bestätigen mit einem Klick auf das Icon (**Weiter**). Anschließend wählen Sie das gewünschte Migrationsobjekt per Doppelklick aus ❸ oder bestätigen wieder mit dem Icon (**Weiter**). Alternativ können Sie sich auch das komplette Projekt anzeigen lassen und dort das entsprechende Migrationsobjekt auswählen.

Danach steht Ihnen der volle Funktionsumfang des Migration Object Modelers für dieses Migrationsobjekt zur Verfügung.

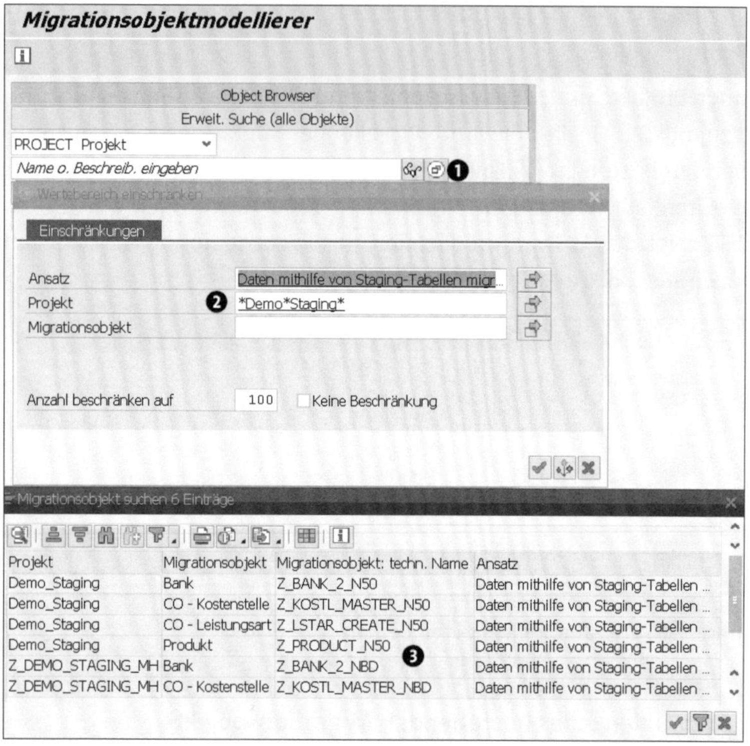

Abbildung 15.5 Objekt im SAP S/4HANA Migration Object Modeler auswählen

15.1.2 Erweiterte Suche (alle Objekte)

Erweiterte Suchhilfe

Die zweite Ansicht im Migration Object Modeler ist die erweiterte Suche **Erweiterte Suche (alle Objekte)**. Über den Auswahl-Button im linken Auswahlbereich, den Sie in Abbildung 15.6 sehen, schalten Sie zwischen dem Objektbrowser und der erweiterten Suche hin und her.

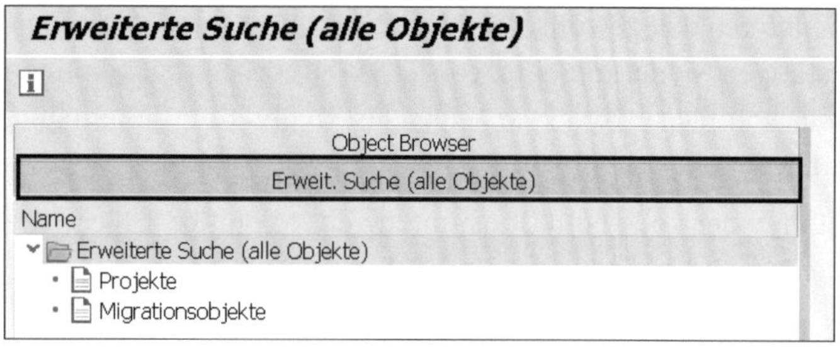

Abbildung 15.6 Auswahl-Button des SAP S/4HANA Migration Object Modelers (LTMOM)

In der erweiterten Suche können Sie nach Projekten (**Projekte**) und Migrationsobjekten (**Migrationsobjekte**) suchen. Wählen Sie die gewünschte Suchmaske aus, und grenzen Sie dann diese Suche über die Suchfelder der Suchmaske ein. Abbildung 15.7 zeigt Ihnen die Suchmaske für eine Suche nach allen Migrationsobjekten für den Migrationsansatz **Daten mithilfe von Staging-Tabellen migrieren**, die in Projekten angelegt sind. In die Suche werden auch alle selbst erstellten Migrationsobjekte (**Nach benutzerdefinierten Migrationsobjekten suchen**) und Migrationsobjekte, die über eine Migrationsvorlage erstellt wurden (**Nach aus Vorlagen angelegten Migrationsobjekten suchen**), einbezogen.

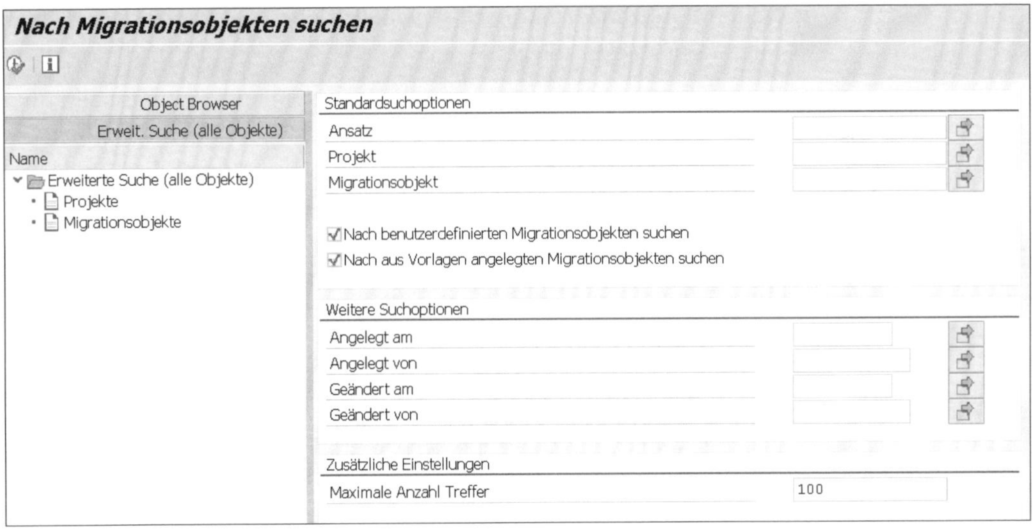

Abbildung 15.7 Auswahlmaske der erweiterten Suche

15.2 Modellierung für die Datenmigration mit Staging-Tabellen in SAP S/4HANA

In Abschnitt 13.2, »Übertragungsoption 1: Daten mithilfe von Staging-Tabellen migrieren«, und Abschnitt 13.3, »Übertragungsoption 2: Daten direkt aus dem SAP-System migrieren«, haben Sie die Migrationsansätze zur Datenmigration mit Staging-Tabellen kennengelernt. In diesem Abschnitt erfahren Sie nun, wie Sie für diesen Ansatz den Migration Object Modeler nutzen können.

Die Beschreibung der kompletten Funktionalität des Migration Object Modelers würde den Rahmen dieses Kapitels sprengen; wir konzentrieren uns daher auf die Darstellung der gängigen Anwendungsfälle:

- **Ausgelieferte Migrationsobjekte anpassen** (siehe Abschnitt 15.2.4, »Vorhandene Migrationsobjekte erweitern«)

  Sie können die Geschäftsprozesse in SAP S/4HANA stärker an Ihre eigenen Bedürfnisse anpassen als in SAP S/4HANA Cloud. Sollten die vordefinierten Migrationsobjekte des Migration Cockpits nicht Ihren fachlichen Anforderungen entsprechen, können Sie diese mithilfe des Migration Object Modelers anpassen. Die maximale Funktionalität eines Migrationsobjekts wird jedoch durch die Migrations-API vorgegeben. Funktionalitäten, die die verwendete Migrations-API nicht unterstützt, können Sie dann natürlich auch nicht hinzufügen.

- **Neue Migrationsobjekte selbst bauen** (siehe Abschnitt 15.2.5, »Eigene Migrationsobjekte anlegen«)

  Wenn die verwendete Migrations-API eine fehlende Funktionalität hat oder Sie ein Migrationsobjekt komplett vermissen, können Sie ein neues kundeneigenes Migrationsobjekt anlegen. Dazu verwenden Sie entweder selbst geschriebene oder von SAP freigegebene Funktionsbausteine oder CDS-Verhaltensdefinitionen. Diese Bausteine müssen mit dem Migration Object Modeler kompatibel sein, damit sie verwendet werden können.

- **Eigene Regeln und Umschlüsselungsobjekte anlegen** (siehe den gleichnamigen Abschnitt 15.2.7)

  Sie können eigene Regeln und Umschlüsselungsobjekte anlegen, wenn die ausgelieferten Regeln Ihren Anwendungsfall nicht komplett abdecken oder Sie kundeneigene Regeln benötigen.

[»]

Einschränkungen bei modifizierten Migrationsobjekten

Bevor Sie ein ausgeliefertes Migrationsobjekt anpassen, beachten Sie unbedingt Folgendes: Für Fehler in angepassten oder eigenentwickelten Migrationsobjekten bietet SAP nur Support bei Inhaltsproblemen, die auf der ursprünglichen Vorlage basieren. Details hierzu finden Sie in SAP-Hinweis 2481235.

15.2.1 Die verwendeten Migrations-APIs

Zur Datenübernahme mithilfe des Migration Cockpits werden die von SAP für SAP S/4HANA freigegebenen Standard-APIs (BAPIs bzw. Funktionsbausteine) genutzt.

Funktionsbaustein-Dokumentation

Einige dieser APIs, insbesondere die BAPIs, haben eine sogenannte *Funktionsbaustein-Dokumentation*. Diese Dokumentation können Sie über den

Function Builder (Transaktionscode SE37) aufrufen. Die Dokumentation enthält oft nützliche Informationen über die Importstrukturen und deren Felder.

Standardschnittstellen

Neben der Verwendung von Standard-APIs wird auch die Verwendung von CDS-Verhaltensdefinitionen unterstützt. Beispiele für Migrationsobjekte, die diese neue Verwendung nutzen, sind die Migrationsobjekte **Bank** und **CO - Kostenstelle**.

15.2.2 Anzeigen eines Migrationsobjekts

Nachdem Sie ein Projekt oder Migrationsobjekt ausgewählt haben, können Sie sich dieses Migrationsobjekt im Objektbrowser ansehen und es bearbeiten.

[«]

Mandantenabhängigkeit

Migrationsprojekte, die in SAP S/4HANA 2020 oder höher und für den Migrationsansatz **Daten mithilfe von Staging-Tabellen migrieren** angelegt wurden, können im Migration Object Modeler nur in dem jeweils angelegten Mandanten angezeigt und geändert werden. Dies ist nicht der Fall für ältere Versionen des Migration Cockpits (Transaktion LTMC).

In Abbildung 15.8 sehen Sie den Objektbrowser für ein ausgewähltes Migrationsobjekt im Anzeigemodus.

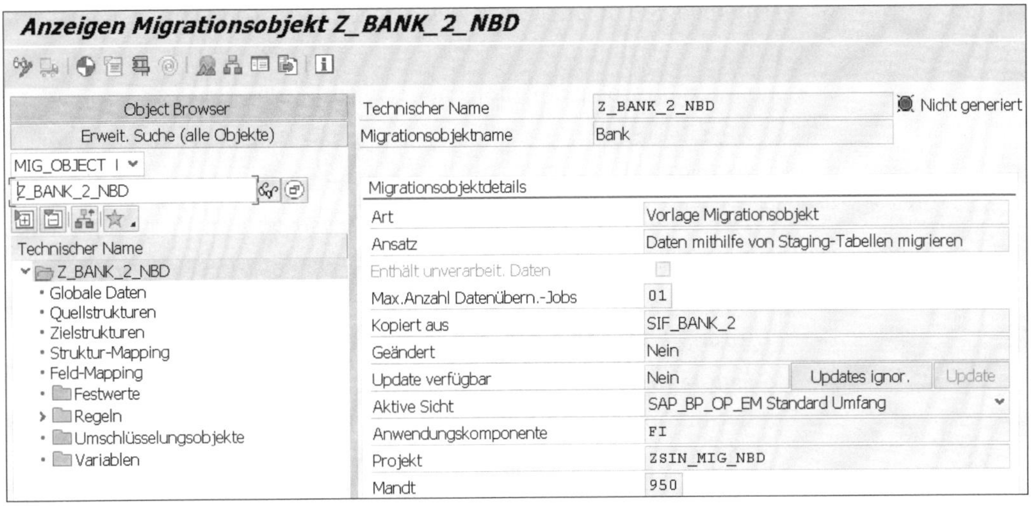

Abbildung 15.8 Objektbrowser mit ausgewähltem Migrationsobjekt

Über den Button (**Anzeigen<>Bearbeiten**) schalten Sie zwischen Anzeige- und Änderungsmodus um. Ferner stehen Ihnen über den Menüeintrag **Migrationsobjekt** weitere Funktionen zur Verfügung, die auch teilweise über die Anwendungsleiste aufgerufen werden können und nachfolgend beschrieben werden.

Navigationsbaum

Zuerst erläutern wir Ihnen den Navigationsbaum auf der linken Seite. Der Navigationsbaum hat einen Wurzelknoten, der entweder ein Migrationsobjekt oder ein Migrationsprojekt darstellt. Wenn Sie z. B. ein Migrationsobjekt im Baum markieren, können Sie über den Button (**Ausgew. Objekte im Object Browser anzeig.**) zum Migrationsprojekt navigieren. Der Navigationsbaum ist wie folgt aufgebaut:

- Als oberster Knoten ist das Migrationsprojekt aufgeführt. Direkt darunter erscheint das Teilprojekt (**Subprojekte**). Es besteht eine 1:1-Beziehung zwischen Projekt und Subprojekt, d. h., einem Projekt ist immer genau ein Subprojekt zugewiesen.
- Unterhalb des Teilprojekts sind die Migrationsobjekte und Übertragungsregeln des Migrationsteilprojekts angeordnet.

  Übertragungsregeln können auf Teilprojekt- oder Migrationsobjektebene erstellt werden und sind dann auf den darunterliegenden Ebenen verfügbar. Die Übertragungsregeln der von SAP ausgelieferten Migrationsobjekte sind größtenteils auf der Teilprojektebene erstellt worden und damit für alle darunterliegenden Migrationsobjekte verfügbar. Regeln, die auf Projektebene ausgeliefert sind, werden zur Information als **schreibgeschützt** angezeigt. Diese Regeln können nicht geändert werden.
- Ein Migrationsobjekt hat folgende Navigationsknoten:
  - **Globale Daten**: Hier definieren Sie globale Datentypen und Variablen.
  - **Quellstrukturen**: Hier definieren Sie die Quellstrukturen.
  - **Zielstrukturen**: Hier finden Sie die Zielstrukturen Ihres Migrations-APIs und definieren wichtige Einstellungen.
  - **Struktur-Mapping**: Hier verknüpfen Sie die Quell- mit den Zielstrukturen.
  - **Feld-Mapping**: Hier werden die Quellfelder den Zielfeldern zugeordnet und bei Bedarf mit einer Übertragungsregel verknüpft. Sie können den jeweiligen Verarbeitungszeitpunkten auch ereignisbasierte Regeln zuordnen.
  - Danach werden die Regeln dieser Ebene angezeigt.

In Abbildung 15.9 sehen Sie einen Teil des Navigationsbaums für eines unserer Beispielprojekte.

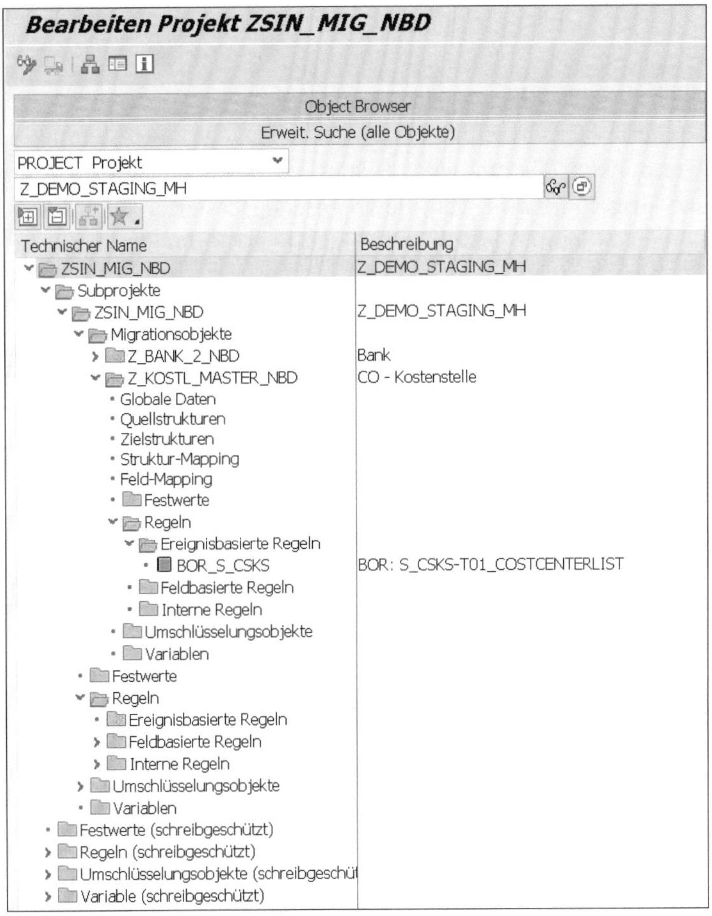

Abbildung 15.9 Navigationsbaum im Objektbrowser

Übertragungsregeln

Typen von Übertragungsregeln

Im Objektbrowser werden vier Haupttypen von Übertragungsregeln unterschieden:

- **Festwerte**

  Ein Festwert ist ein konstanter Wert, wie z. B. ein fester Kostenrechnungskreis, den Sie mehreren Feldern bzw. Regeln zuweisen können. Änderungen am Festwert sind dann automatisch bei allen Zuweisungen wirksam. Um einen Festwert einem Zielfeld zuzuweisen, legen Sie zuerst eine Regel an, weisen dieser Regel den Festwert zu und ordnen dann diese Regel dem Zielfeld zu. Sie können einem Zielfeld nicht direkt einen Festwert zuweisen.

- **Regeln**

  Ereignisbasierte Regeln

  Ereignisbasierte Regeln beinhalten ABAP-Coding, das zu vordefinieren Ereigniszeitpunkten (Events), wie z. B. Start of Loop, End of Record, After Loop usw., ausgeführt wird. Mithilfe von ereignisbasierten Regeln können Sie benutzerdefiniertes ABAP-Coding zu bestimmten Ereigniszeitpunkten ausführen.

  Feldbasierte Regeln

  Feldbasierte Regeln können auf Umschlüsselungsobjekten, Festwerten oder freiem ABAP-Coding basieren und werden Feldern einer Zielstruktur zugeordnet. Sie können dadurch den Zielwert entweder über Umschlüsselungsobjekte oder Festwerte sowie auch über komplexe Algorithmen ermitteln.

  Interne Regeln

  Im Gegensatz zu ereignisbasierten oder feldbasierten Regeln werden interne Regeln nicht Ereignissen oder Feldern zugewiesen, sondern von diesen Regeln aufgerufen. Sie sind gewissermaßen lokal definierte, wiederverwendbare Unterroutinen.

- **Umschlüsselungsobjekte**

  Umschlüsselungsobjekte definieren, wie Werte aus einem bestimmten Feld im Quellsystem während der Datenmigration in Zielwerte im Zielsystem umgeschlüsselt werden müssen. Umschlüsselungsobjekte können nicht direkt einem Zielfeld zugewiesen werden; Sie müssen das Umschlüsselungsobjekt immer erst einer feldbasierten Regel zuweisen und die Regel dann dem entsprechenden Zielfeld zuordnen.

- **Variablen**

  Hier können Sie globale Variablen definieren, die Sie z. B. in einer Ereignisregel am Anfang befüllen und dann in anderen Regeln auslesen oder verändern.

Für weitere Details zu den Regeln empfehlen wir Ihnen die in Abschnitt 15.1, »Genereller Aufbau des SAP S/4HANA Migration Object Modelers«, aufgeführte Dokumentation sowie Abschnitt 15.2.7, »Eigene Regeln und Umschlüsselungsobjekte anlegen«.

Laufzeitobjekt generieren und anzeigen

Über die technische Funktion (**Laufzeitobjekte generieren**) in der Anwendungsleiste können Sie die lokale Funktionsgruppe, die das Migration Cockpit verwendet, neu generieren. Diese Neugenerierung ist nach der Änderung der Quellstruktur bzw. nach der Änderung des Feld-Mappings erforderlich, da die Felder sonst nicht verarbeitet werden. Wenn Sie das Laufzeitobjekt generieren, synchronisiert das System die Strukturen des Migrationsobjekts automatisch.

Generierte Funktionsgruppe anzeigen

Die komplette Funktionsgruppe können Sie sich über (**Generierte Funktionsgruppe anzeigen**) in der Anwendungsleiste ansehen. Die Funktionsgruppe wird dann im ABAP Editor angezeigt (siehe Abbildung 15.10).

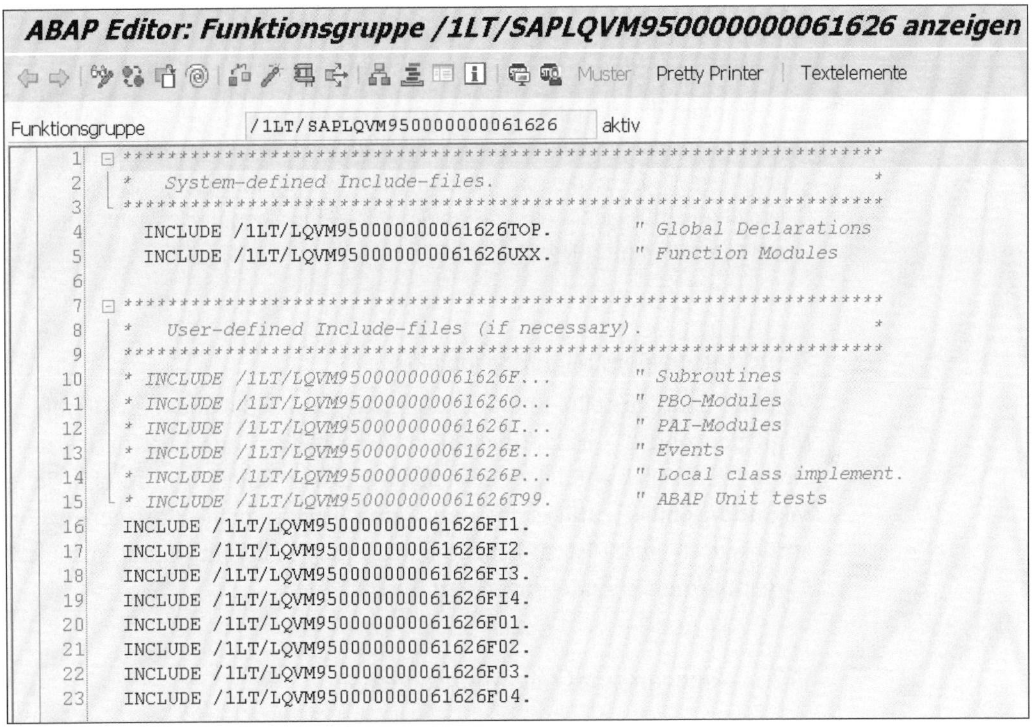

Abbildung 15.10 Generierte Funktionsgruppe anzeigen

Migrationsobjekt aktualisieren

Aktualisierung eines Migrationsobjekts

Bei Bedarf aktualisiert SAP die Migrationsobjekte, um sicherzustellen, dass sie dem aktuellen Stand des SAP-S/4HANA-Systems entsprechen. Wenn ein Migrationsobjekt aktualisiert werden muss, erhalten Sie eine Benachrichtigung vom System. Um ein Migrationsobjekt zu aktualisieren, rufen Sie den

Menüpfad **Migrationsobjekt • Migrationsobjekt aktualisieren** auf. Alternativ besteht auch die Möglichkeit, über einen Rechtsklick auf das betreffende Migrationsobjekt die Funktion auszuwählen. Diese Funktion gilt jedoch nur für von SAP bereitgestellte Migrationsobjekte und nicht für von Ihnen angelegte Objekte. Wenn ein Migrationsobjekt benutzerdefinierte Anpassungen enthält, werden diese beim Aktualisieren gelöscht. Das System weist Sie aber drauf hin, alle Modifikationen, die Sie weiterhin verwenden möchten, vor der Aktualisierung zu sichern. Es gibt jedoch bestimmte Modifikationen, die bei der Aktualisierung nicht gelöscht werden. Beispielsweise bleiben hinzugefügte Felder einer Quellstruktur bestehen. Nach der Aktualisierung zeigt das System eine Liste der verbleibenden Modifikationen an.

[»]

Aktualisierungen für dieses Objekt ignorieren

Sie können die Aktualisierung für ein Migrationsobjekt ignorieren. Damit findet dauerhaft keine Aktualisierung statt, auch wenn ein Objekt von SAP geändert wird. Um die Aktualisierung für das Migrationsobjekt wieder zu aktivieren, müssen Sie das vorhandene Objekt löschen und es dann erneut aus einer Vorlage anlegen.

Zurücksetzen eines Migrationsobjekts

Von SAP bereitgestellte Migrationsobjekte können Sie über den Menüpfad **Migrationsobjekt • Migrationsobjekt zurücksetzen** oder alternative über einen Rechtsklick auf das betreffende Migrationsobjekt und anschließend **Migrationsobjekt zurücksetzen** auf seine ursprüngliche Vorlagenversion zurückzusetzen. Es ist zu beachten, dass dabei alle am Migrationsobjekt vorgenommenen Änderungen verloren gehen.

15.2.3 Anlegen eines Migrationsobjekts

Es gibt verschiedene Möglichkeiten, wie Sie ein Migrationsobjekt in Ihrem Projekt anlegen können. Beim Aufruf des Migration Object Modelers haben Sie über den Menüeintrag **Migrationsobjektmodellierer** folgende Bearbeitungsfunktionen (siehe Abbildung 15.11):

- Anlegen eines Migrationsobjekts (**Migrationsobjekt anlegen**) entweder **Aus Vorlage** oder **Benutzerdefiniert**
- Kopieren eines Migrationsobjekts (**Migrationsobjekt kopieren**)

Bei beiden Optionen können Sie auswählen, für welchen Migrationsansatz Sie diese Aktion ausführen wollen: entweder für **Daten mith. v. Dateien/ Staging-Tab. migr** oder für **Daten direkt aus SAP-System migrieren**.

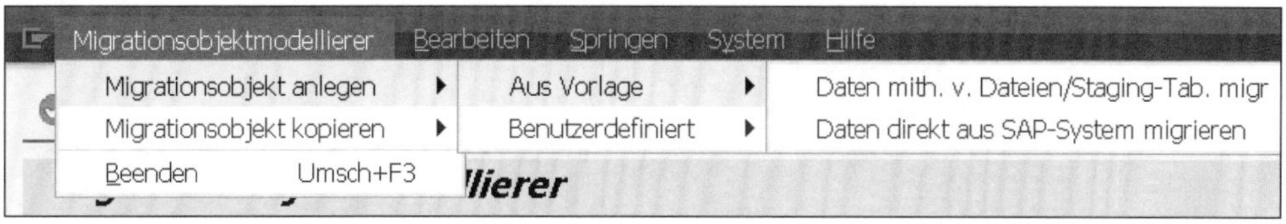

Abbildung 15.11 Menüeintrag »Migrationsobjektmodellierer«

Sie können diese Funktionen auch aufrufen, wenn Sie bereits ein Projekt oder Migrationsobjekt ausgewählt haben. Dann ändert sich der oberste Menüeintrag entsprechend in **Projekt** oder **Migrationsobjekt**, und Sie haben nicht mehr die Wahl zwischen den beiden Migrationsansätzen, da ein Migrationsansatz immer für ein komplettes Projekt gilt.

Im Folgenden gehen wir auf die drei unterschiedlichen Möglichkeiten ein, um ein Migrationsobjekt anzulegen.

Anlegen eines Migrationsobjekts aus ausgelieferter Vorlage

Migrationsobjekt aus Vorlage anlegen

Wenn Sie ein Migrationsobjekt einem bestehenden Migrationsprojekt, das zuvor über das Migration Cockpit angelegt wurde, hinzufügen wollen, können Sie eins der von SAP vorausgelieferten Objekte als Vorlage in dieses Projekt kopieren. Nach der Auswahl des Menüpfads **Migrationsobjektmodellierer • Migrationsobjekt anlegen • Aus Vorlage • Daten mith. von Dateien/Staging-Tab. migr** erscheint ein sogenannter Kopierassistent (Copy Wizard). Hier geben Sie im ersten Bild den Projektnamen ein. Das Projekt muss bereits im Migration Cockpit angelegt sein. In unserem Beispiel ist dies das Projekt `Z_DEMO_STAGING_MH`, bestätigen Sie Ihre Eingabe mit dem Button  Weiter. Um ein Vorlageobjekt hinzuzufügen, geben Sie entweder den technischen Projektnamen oder die Beschreibung ein, oder Sie rufen die Suchhilfe auf.

Als Nächstes wählen Sie das zu kopierende Migrationsobjekt aus, in unserem Beispiel das Objekt **CO – Leistungsart** (siehe Abbildung 15.12).

Danach bestätigen Sie Ihre Wahl wiederum über den Button  (**Weiter**). Das neue Migrationsobjekt erscheint im Migration Object Modeler, wie Sie es in Abbildung 15.13 sehen.

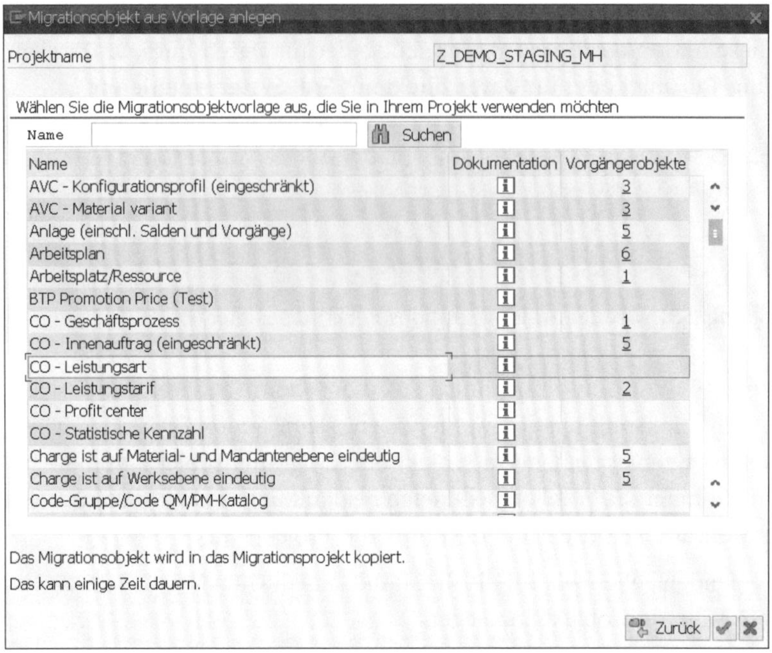

Abbildung 15.12 Migrationsobjekt aus einer Vorlage auswählen

Abbildung 15.13 Aus Vorlage kopiertes Migrationsobjekt

Wenn Sie das Objekt im Navigationsbaum markieren, können Sie über den Button (**Zur höherer Ebene wechseln**) eine Ebene höher navigieren, und es wird Ihnen die Projektebene angezeigt.

Die beschriebene Funktionalität entspricht dem Auswählen eines Migrationsobjekts im Migration Cockpit. Der Bezug zum ausgelieferten Vorlageobjekt bleibt bestehen, und Sie können keine Änderungen an den von SAP ausgelieferten Feldern vornehmen (z. B. die Feldlänge verändern). Falls SAP die ausgelieferten Migrationsobjekte aktualisiert, werden Sie aufgefordert, das Migrationsobjekt zu aktualisieren (siehe Abschnitt 15.2.2, »Anzeigen eines Migrationsobjekts«).

Kopieren eines Migrationsobjekts

Migrationsobjekt aus einem anderen Projekt kopieren

Sie können ein Migrationsobjekt von einem Migrationsprojekt in ein anderes kopieren. Gehen Sie hierzu über den Menüpfad **Migrationsobjektmodellierer • Migrationsobjekt kopieren • Daten mith. von Dateien/Staging-Tab. mig.** Auf dem nun erscheinenden Eingabebildschirm, wie in Abbildung 15.14 zu sehen, geben Sie zunächst im Bereich **Quellmigrationsobjekt angeben** das Vorlageprojekt im Feld **Projektname** und anschließend das zu kopierende Objekt im Feld **Migrationsobjekt-ID** ein. Eine Migrationsobjekt-ID beginnt immer mit »Z_«, und danach folgt ein frei wählbarer Objektname. Bestätigen Sie Ihre Eingaben mit dem Button Weiter.

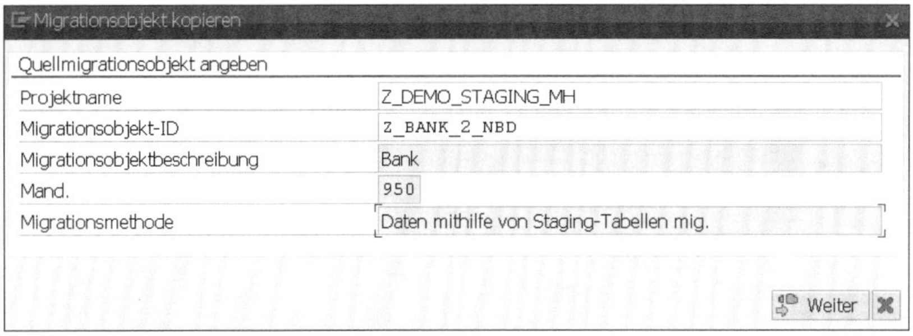

Abbildung 15.14 Quellmigrationsobjekt angeben

Im zweiten Schritt wählen Sie auf dem Folgebildschirm im Bereich **Zielprojekt angeben** das Zielprojekt im Feld **Projektname** (siehe Abbildung 15.15) aus und bestätigen diese Eingaben wiederum mit dem Button Weiter.

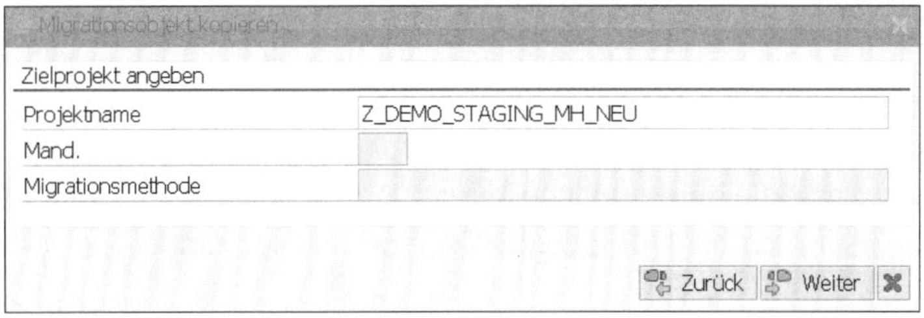

Abbildung 15.15 Zielprojekt angeben

Nachfolgend bestätigen Sie die im Bereich **Details des Zielmigrationsobjekts angeben** angezeigten Daten (siehe Abbildung 15.16) mit dem Icon ✔ (**Weiter**).

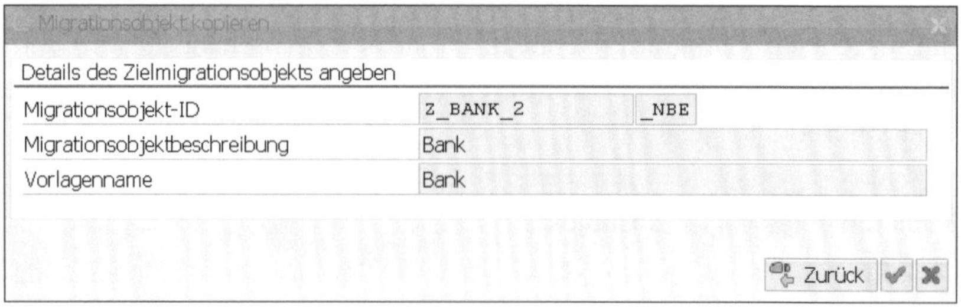

Abbildung 15.16 Details des Zielmigrationsobjekts angeben

Dadurch wird das Objekt kopiert und erscheint, wie in Abbildung 15.17 zu sehen, im Migration Object Modeler. Wie Sie erkennen, wurde die Massenübernahme-ID `_NBE` an den Namen angehängt.

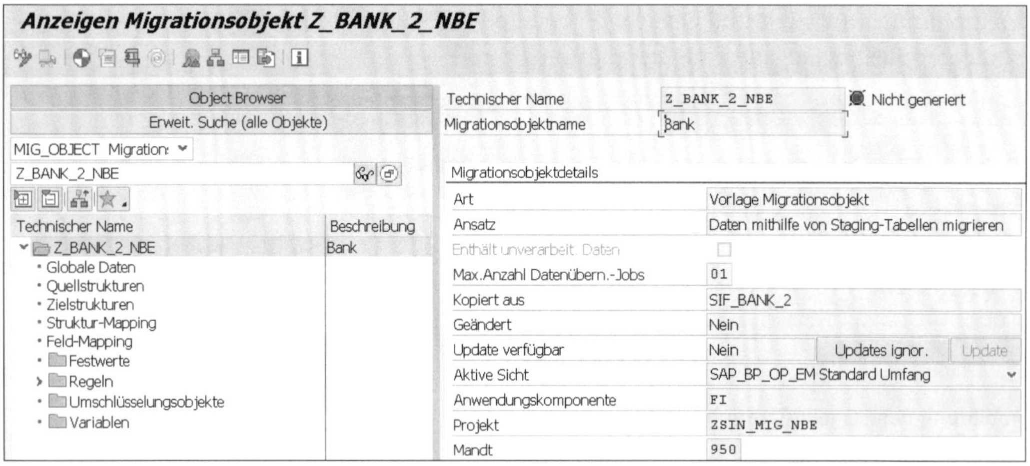

Abbildung 15.17 Kopiertes Migrationsobjekt

Im Gegensatz zum Anlegen eines Migrationsobjekts aus einer ausgelieferten Vorlage besteht beim Kopieren eines Migrationsobjekts kein Bezug zu einem Vorlageobjekt. Das Migrationsobjekt wird als eigenes kundenspezifisches Migrationsobjekt angesehen. Sie können alle Felder anpassen (z. B. die Feldlänge ändern). Alle Felder der Quellstruktur sind als **Benutzerdefiniertes Feld** markiert. Es erfolgt keine Aktualisierung, falls das SAP-System das Migrationsobjekt über ein Upgrade oder eine Korrektur ändert.

Sie können Migrationsobjekte sowohl aus Projekten, die in einem anderen Mandanten angelegt wurden, kopieren als auch aus älteren Projekten, die noch im Web Dynpro mit Transaktion LTMC angelegt wurden.

[«]

Beim Kopieren von Migrationsobjekten auch Includes kopieren

Wenn Sie das kopierte Migrationsobjekt komplett von Upgrades und Korrekturen entkoppeln wollen, sollten Sie auch die vorhandenen und zugewiesenen Includes im Bereich **Zielstrukturen** in Ihren Kundennamensraum kopieren und neu zuweisen.

Bevor wir Ihnen erläutern, wie Sie ein eigenes Migrationsobjekt anlegen (siehe Abschnitt 15.2.5, »Eigene Migrationsobjekte anlegen«), lernen Sie zuerst, wie Sie ein vorhandenes Migrationsobjekt erweitern.

15.2.4 Vorhandene Migrationsobjekte erweitern

Migrationsobjekt erweitern

Im Folgenden erweitern wir ein bestehendes Migrationsobjekt um ein Feld und wählen dazu das Objekt, wie in Abschnitt 15.1.1, »Auswählen eines bestehenden Migrationsobjekts«, beschrieben, aus. Im Objektbrowser können Sie anschließend die nachfolgenden Aktivitäten über den Navigationsbaum vornehmen.

Globale Daten bearbeiten

Globale Daten

Jedes Migrationsobjekt besitzt einen Bereich **Globale Daten**, in dem Sie globale Datendefinitionen ablegen können. Die globalen Daten eines vorausgelieferten Migrationsobjekts enthalten die Kopfdokumentation des Migrationsobjekts mit folgenden wichtigen Informationen:

- Migrationsobjektname des Vorlageobjekts
- Erzeugungsdatum und Release der ersten Auslieferung
- verwendete Migrations-API (Funktionsbaustein) mit eventuell vorhandenem Wrapper-Funktionsbaustein
- eine grobe Änderungshistorie

Abbildung 15.18 zeigt Ihnen die globalen Daten zum Migrationsobjekt **Bank**.

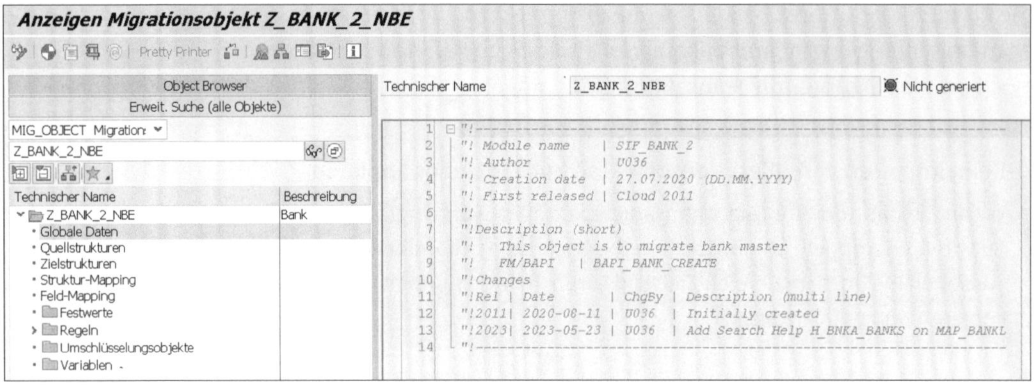

Abbildung 15.18 Globaler Datenbereich eines Migrationsobjekts

Quellstrukturen bearbeiten

Felder der Migrationsvorlage hinzufügen

Die Migrations-API, die zur Übernahme eines Migrationsobjekts herangezogen wird, enthält in der Regel mehr Strukturen und Felder, als über SAP Best Practices abgedeckt sind. Über den Navigationsknoten **Quellstrukturen** können Sie diese Quellstruktur bearbeiten. Sie können dann z. B. fehlende Felder der Migrationsvorlage eines Objekts hinzufügen. Wechseln Sie dazu in den Änderungsmodus über den Button (**Anzeigen<>Bearbeiten**) in der Anwendungsleiste. Wählen Sie dann den Navigationsknoten **Quellstrukturen**. Sie gelangen zu der Sicht aus Abbildung 15.19, die hier im Vollbildmodus angezeigt wird.

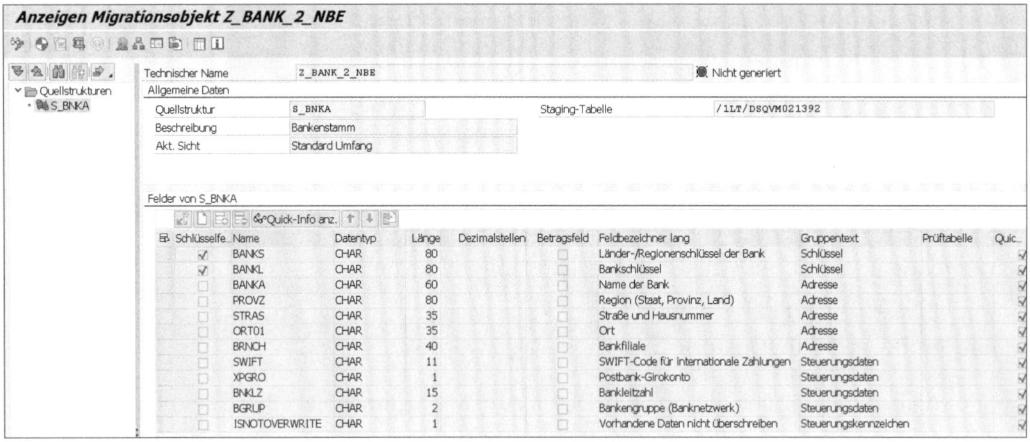

Abbildung 15.19 Quellstrukturen bearbeiten

Sie bearbeiten die Felder einer Struktur, indem Sie die Struktur im Quellstrukturbaum per Doppelklick auswählen. Über den Menüpfad **Einstellungen • Technische Namen ein/aus** können Sie die technischen Namen der Felder im Strukturbaum ein- oder ausblenden.

Oberhalb der Feldliste im rechten Fenster des Object Modelers finden Sie mehrere Funktionen:

- (**Feld hinzufügen**) am Ende der Liste
- (**Feld einfügen**) oberhalb des markierten Felds
- (**Feld(er) löschen**)
- / (**Nach oben verschieben/Nach unten verschieben**)
- (**Strukturfeldliste hochladen**): Hier haben Sie die Möglichkeit, die Struktur über eine CSV-Datei um Felder zu erweitern oder die Struktur komplett zu überschreiben.

Feld hinzufügen

Wir fügen nun als Beispiel ein neues Feld PSTKO in die Quellstruktur der Bankdaten ein. Dazu klicken Sie auf den Button (**Feld hinzufügen**) und tragen die gewünschten Werte für Feldnamen, Datentyp, Feldlänge usw. in die neue Zeile ein (siehe Abbildung 15.20).

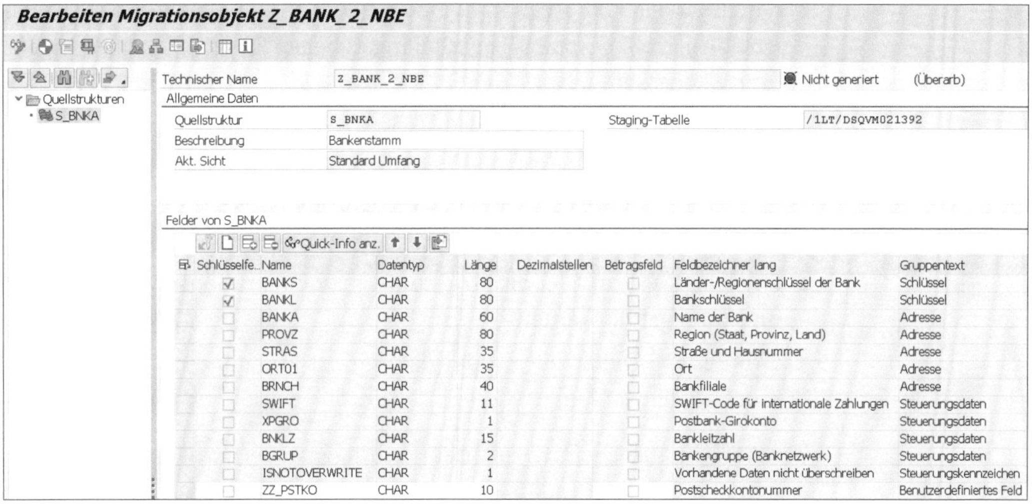

Abbildung 15.20 Der Quellstruktur ein Feld hinzufügen

Das Feld wird automatisch in der letzten Spalte als **Benutzerdefiniertes Feld** vermerkt. Anschließend speichern Sie Ihre Änderungen mit einem Klick auf den Button (**Sichern**). Ihre Quellstruktur enthält nun das neue Feld.

Migrationsvorlagensicht anpassen

Danach können Sie auch die Migrationsvorlagensicht anpassen. Dazu wählen Sie im Kontextmenü zur Quellstruktur die Funktion **Sicht ändern** aus. Abbildung 15.21 zeigt als Beispiel die Sicht der Quellstruktur **Bank Master** (S_BNKA) des Migrationsobjekts für den Bankenstamm.

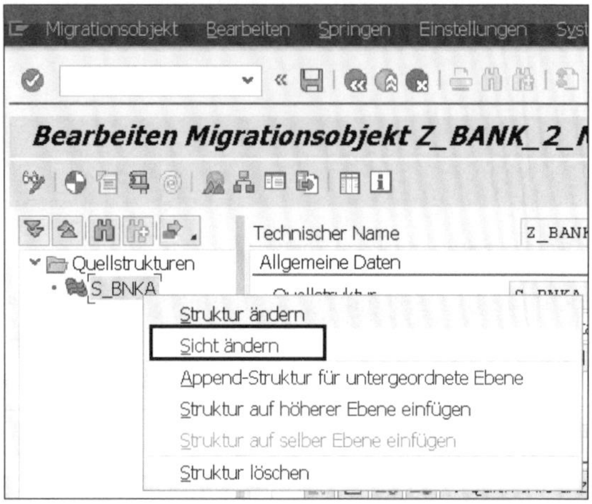

Abbildung 15.21 Migrationsvorlagensicht anpassen

Die Sichtbarkeit von Strukturen und Feldern in den Migrationsvorlagen (Microsoft-Excel-Templates bzw. Staging-Tabellen) können Sie über folgende Werte anpassen:

- **Nicht sichtbar**: Das Feld oder die Struktur ist nicht in der Migrationsvorlage sichtbar. Das Ausblenden von Strukturen und auch Feldern kann unter Umständen dazu führen, dass der Import der Daten fehlerhaft beendet wird.
- **Sichtbar**: Das Feld oder die Struktur ist in der Migrationsvorlage sichtbar und kann gefüllt werden.
- **Erforderlich**: Die Struktur oder das Feld ist zwingend erforderlich und muss gefüllt werden.

Wenn Sie die ausgelieferten Sichteinstellungen ändern wollen, legen Sie am besten eine eigene Kundensicht an. Klicken Sie auf den Button (**Kundenspezifischer Umfang**), siehe Abbildung 15.22. Dadurch wird eine neue Kundensicht eingefügt.

Sie können nun anpassen, ob bestimmte Felder z. B. nicht in der Migrationsvorlage sichtbar sein sollen, weil Sie diese Felder nicht migrieren wollen. Anschließend klicken Sie auf den Button (**Sichern**) in der Systemfunktionsleiste, um Ihre Änderungen zu speichern.

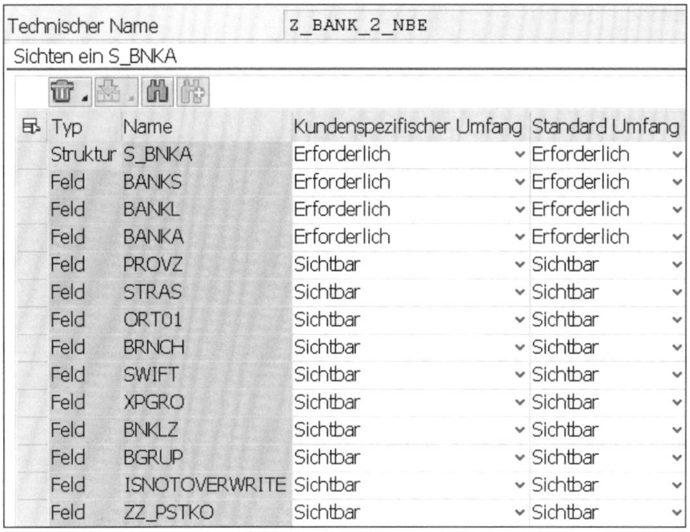

Technischer Name: Z_BANK_2_NBE

Sichten ein S_BNKA

Typ	Name	Kundenspezifischer Umfang	Standard Umfang
Struktur	S_BNKA	Erforderlich	Erforderlich
Feld	BANKS	Erforderlich	Erforderlich
Feld	BANKL	Erforderlich	Erforderlich
Feld	BANKA	Erforderlich	Erforderlich
Feld	PROVZ	Sichtbar	Sichtbar
Feld	STRAS	Sichtbar	Sichtbar
Feld	ORT01	Sichtbar	Sichtbar
Feld	BRNCH	Sichtbar	Sichtbar
Feld	SWIFT	Sichtbar	Sichtbar
Feld	XPGRO	Sichtbar	Sichtbar
Feld	BNKLZ	Sichtbar	Sichtbar
Feld	BGRUP	Sichtbar	Sichtbar
Feld	ISNOTOVERWRITE	Sichtbar	Sichtbar
Feld	ZZ_PSTKO	Sichtbar	Sichtbar

Abbildung 15.22 Zu ändernde Sicht auswählen

Kundensicht

Wenn Sie eine Kundensicht angelegt haben, müssen Sie im Migration Cockpit oder im Migration Object Modeler im Migrationsobjekt die **Aktive Sicht** von **Standard Umfang** auf **Kundenspezifischer Umfang** ändern, damit die Felder und Strukturen so angezeigt werden, wie es in der kundeneigenen Sicht eingestellt ist.

Vorlagendatei und Metadaten herunterladen

Neben den beschriebenen Funktionen für die Quellstruktur können Sie sich aus der Anwendungsleiste heraus jederzeit über den Button (**Vorlagendatei herunterladen**) eine Vorlagedatei für Ihr Migrationsobjekt herunterladen. Falls Sie sich die Metadaten für die Staging-Tabellen herunterladen wollen, können Sie dies über den Button (**Staging-Tabellenfelder herunterladen**) tun. Dieser Button steht nur zur Verfügung, wenn Sie sich im Quellstrukturknoten befinden.

Fremdschlüsselbeziehung

Die Strukturen in einem Migrationsobjekt sind über Fremdschlüsselbeziehungen miteinander verbunden. Wenn Sie eine neue Unterstruktur hinzufügen, müssen Sie eine Fremdschlüsselbeziehung zu einer Struktur auf einer höheren Ebene herstellen. Wählen Sie dafür den Button (**Fremdschlüsselbeziehungen**) aus.

Zielstrukturen bearbeiten

Felder und Strukturen des Funktionsbausteins

Im Strukturknoten **Zielstrukturen** sehen Sie alle Felder und Strukturen des Funktionsbausteins, der zur Datenübernahme des Migrationsobjekts genutzt wird. Im rechten Arbeitsbereich, den Sie als Ausschnitt in Abbildung 15.23 sehen, finden Sie den Namen des Funktionsbausteins, der zur Datenübernahme genutzt wird. In unserem Beispiel ist dies der Funktionsbaustein BAPI_BANK_CREATE. Zusätzlich werden Ihnen die Einstellungen des Funktionsbausteins angezeigt.

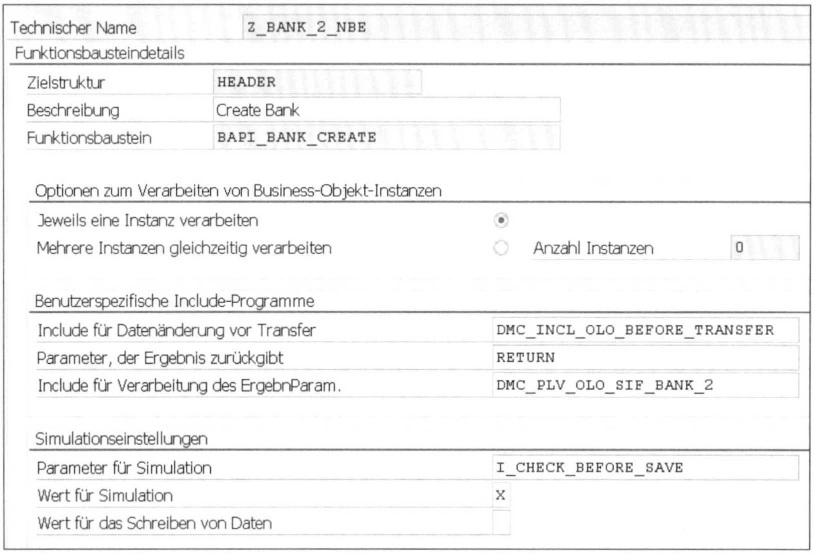

Abbildung 15.23 Kopfstruktur – Einstellungen des Funktionsbausteins

Die folgenden Einstellungen sind wichtig für die Verarbeitung:

- **Parameter, der Ergebnis zurückgibt**: Hier wird der Parameter des Funktionsbausteins eingetragen, der die Meldungen zurückgibt.
- **Parameter für Simulation**: Dieser Funktionsbaustein-Parameter steuert die Simulation der Datenübernahme.
- **Wert für Simulation**: Hier wird der Wert des Parameters eingetragen, der die Simulation ausführt.
- **Wert für das Schreiben von Daten**: Bei einigen Funktionsbausteinen wird das Simulieren der Daten über die Commit-Steuerung ausgelöst. Der Wert X im Übergabeparameter würde bedeuten, dass die Daten geschrieben werden. Dementsprechend wäre der **Wert für die Simulation** ein Leerwert, und der **Wert für das Schreiben von Daten** wäre in diesem Fall X.

Bei Objekterweiterungen sollten Sie hier normalerweise keine Änderungen vornehmen.

Zusätzlich können Sie sich im Bereich **Zielstrukturen** die Felder der Zielstrukturen anzeigen lassen, indem Sie entweder auf die gewünschte Struktur oder auf das Feld doppelklicken (siehe Abbildung 15.24). Alternativ können Sie auch das Kontextmenü und dort den Eintrag **Struktur anzeigen** nutzen.

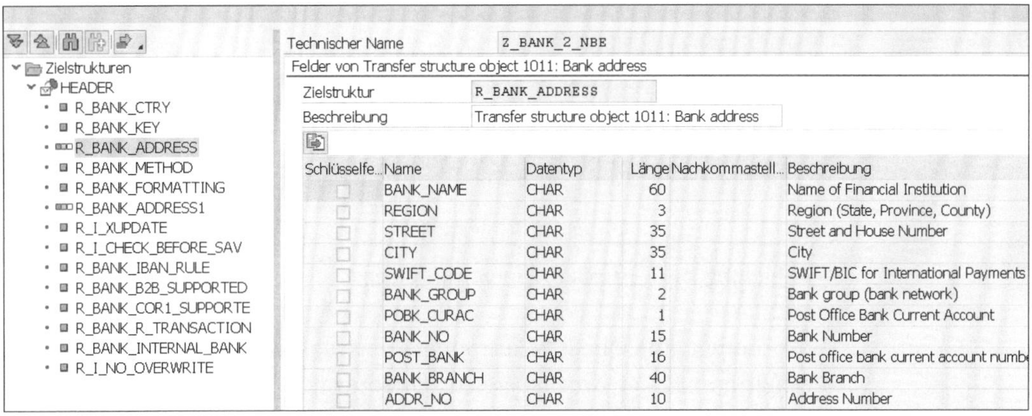

Abbildung 15.24 Zielstruktur anzeigen

Strukturen anzeigen/verbergen

Bei Bedarf können Sie Zielstrukturen verbergen, die auf einem Funktionsbaustein basieren, sodass diese nicht in der Hierarchie angezeigt werden. Wählen Sie dazu im Änderungsmodus im Arbeitsbereich der Zielstruktur im Auswahlmenü den Button (**Zielstrukturen ein-/ausblenden**).

Struktur-Mapping anzeigen

Mapping der Quellstrukturen auf Zielstrukturen

Im Bereich **Struktur-Mapping** können Sie sehen, wie die mit einem Migrationsobjekt verbundenen Quellstrukturen den Zielstrukturen im SAP-S/4HANA-System zugeordnet sind. Die zugewiesenen Quellstrukturen sind rechts neben der Zielstruktur sichtbar. Nach dem Namen der Zielstruktur erscheinen, durch << getrennt, alle Quellstrukturen, die dieser Struktur zugewiesen sind. Ein Beispiel für das Migrationsobjekt **Bankenstamm** sehen Sie in Abbildung 15.25.

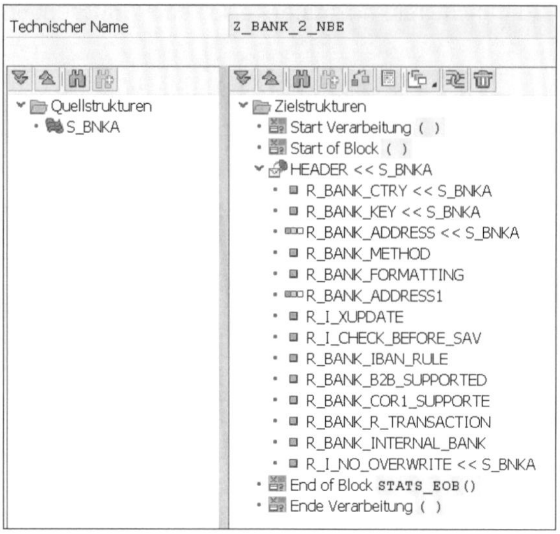

Abbildung 15.25 Struktur-Mapping anzeigen

Sie ordnen eine Quellstruktur einer Zielstruktur zu, indem Sie die Quellstruktur im linken Arbeitsbereich markieren und per Drag-and-drop auf die gewünschte Zielstruktur ziehen. Im Struktur-Mapping können Sie folgende weitere Funktionen auswählen:

- (**Alles expand.**) bzw. (**Alles komprimieren**)
- (**Suchen**)
- (**Struktur-Mapping prüfen**)
- (**Mapping Vorschau anz.**): Hier wird Ihnen der ABAP-Quelltext angezeigt, der aufgrund des vorgenommenen Struktur-Mappings generiert werden wird. Fehler im Struktur-Mapping lassen sich dadurch frühzeitig für Experten erkennen.
- (**Regel zuordnen** bzw. **Regel entf.**): Den Verarbeitungszeitpunkten **Start Verarbeitung ( )**, **Start of Block ( )**, **End of Block ( )** und **Ende der Verarbeitung ( )** lassen sich Ereignisregeln zuordnen. In diesen Regeln wird ABAP-Code hinterlegt, der dann zu den Zeitpunkten, wenn bei der Datenübernahme diese Quelltextstellen durchlaufen werden, verarbeitet wird.
- (**Struktur-Mapping bearbeiten**): Wenn Sie in der Zielstruktur eine Strukturzuordnung bearbeiten wollen, markieren Sie diese Zuordnung und klicken auf diesen Button.
- (**Struktur-Mapping löschen**): Wenn Sie eine Strukturzuordnung löschen wollen, markieren Sie die Zuordnung und drücken den **Löschen**-Button.

Position von Strukturen wechseln

Falls Sie die Quellstrukturen lieber auf der rechten Seite des Arbeitsbereichs angezeigt haben wollen und die Zielstruktur in der Mitte bzw. linken Seite des Arbeitsbereichs, können Sie über **Einstellungen • Position von Strukturen wechseln** die Position der Struktur wechseln. Diese Einstellung wird in den Benutzerparametern festgehalten und beim erneuten Aufrufen der Transaktion beibehalten.

Feld-Mapping bearbeiten

Benutzerdefinierte Felder zuordnen

Unter **Feld-Mapping** können Sie sogenannte *benutzerdefinierte Felder*, die Sie vorher, wie in Abschnitt 15.2.4, »Vorhandene Migrationsobjekte erweitern«, beschrieben, der Quellstruktur zugeordnet haben, per Drag-and-drop einem nicht zugeordneten Feld der Zielstruktur auf der rechten Seite zuweisen. (Nicht zugeordnete Felder sind durch einen roten Kreis mit weißem Kreuz ( ) gekennzeichnet.)

In unserem Beispiel markieren Sie das Feld **Postscheckkontonummer** in der Quellstruktur und ziehen es auf das Feld **Post office bank current account number** (siehe Abbildung 15.26).

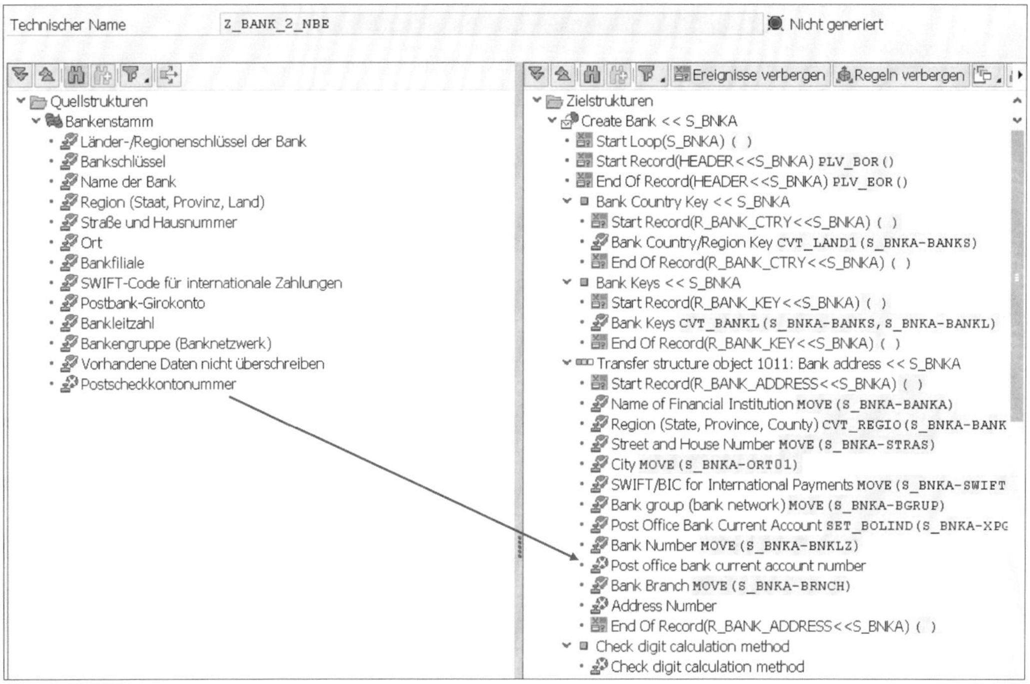

Abbildung 15.26 Feld-Mapping bearbeiten

Typkonflikt Wenn die Felddefinitionen des benutzerdefinierten Felds und des Zielstrukturfelds unterschiedlich sind, erscheint ein Dialogfenster, das auf diesen Konflikt hinweist. Sie werden dabei gefragt, ob Sie diese Feldzuordnung wirklich vornehmen wollen. Bei der Zuordnung wird eine *Move-Regel* hinterlegt, die ein 1:1-Mapping festlegt. Bei einer Move-Regel müssen die zu migrierenden Werte für dieses neue Feld schon im richtigen Zielformat in die Migrationsvorlagendatei geschrieben werden. Alternativ können Sie auch Regeln hinterlegen, über die die Werte umgeschlüsselt werden. Wie Sie eigene Regeln anlegen, lernen Sie in Abschnitt 15.2.7, »Eigene Regeln und Umschlüsselungsobjekte anlegen«. Das Ergebnis einer Move-Zuordnung sehen Sie in Abbildung 15.27.

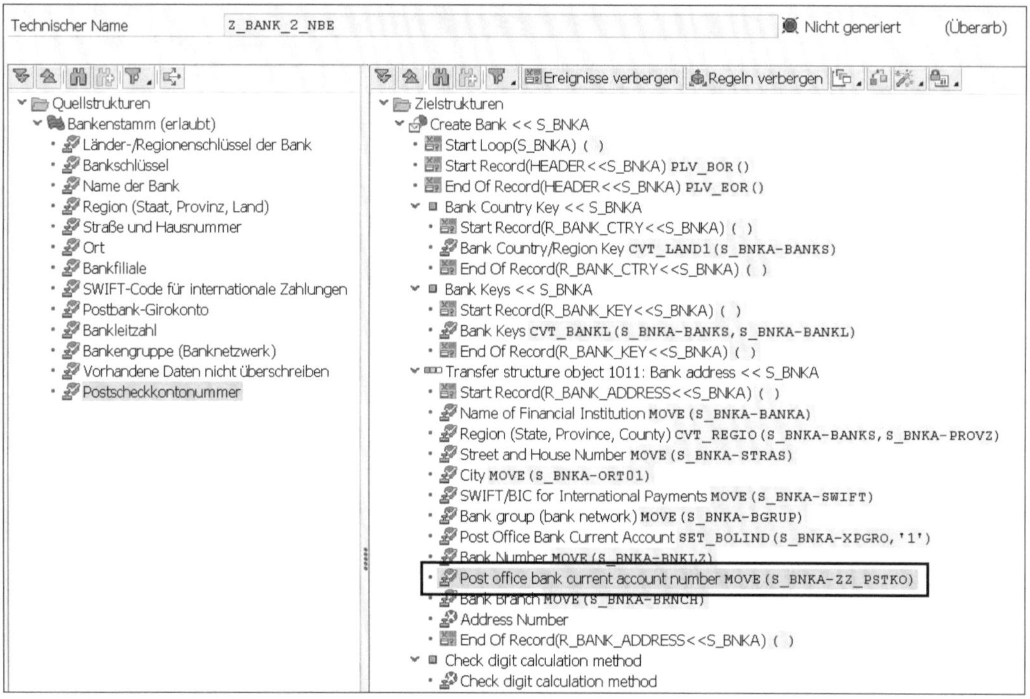

Abbildung 15.27 Modellierer – benutzerdefiniertes Feld zugeordnet

Im Feld-Mapping gibt es analog zum Struktur-Mapping weitere Funktionen, die Sie auswählen können:

- (**Alles expand.**) bzw. (**Alles komprimieren**)
- (**Suchen**)
- (**Filtern der Anzeige der Felder in der Zielstruktur**); nach folgenden Kriterien:

  - **Alle Felder anzeigen (Standard)**
  - **Felder mit Mapping anzeigen**
  - **Felder ohne Mapping anzeigen**
  - **Felder mit unvollständigem Mapping anzeigen**
  - **Felder mit Konflikten anzeigen**
  - **Felder ohne Standard-Mapping anzeigen**
- [Ereignisse verbergen] (**Ereignisse verbergen/anzeigen**): Blendet die Verarbeitungszeitpunkte **Start Loop( )**, **Start Record( )**, **End of Record( )**, **After Loop( )** aus bzw. ein.
- [Regeln verbergen] (**Regeln verbergen/anzeigen**): Blendet die zugewiesenen Regeln aus bzw. ein.
- (**Regel zuordnen bzw. entfernen**): Hiermit können den Feldern und den Verarbeitungszeitpunkten Regeln zugeordnet bzw. deren Zuordnung bearbeitet werden.
- (**Konsistenzprüfung**): Um die Konsistenz des Feld-Mappings zu prüfen.
- (**Massenregelvorschläge**): Um sich Regeln direkt vorschlagen zu lassen. Diese Funktion wird in Abschnitt 15.2.5, »Eigene Migrationsobjekte anlegen«, erläutert.
- (**Sperren/Entsperren**): Hiermit können Sie Regeln für Regelvorschläge sperren bzw. entsperren.

Abbildung 15.28 zeigt Ihnen das Eingabefenster **Regel zuordnen** für das Feld **Postscheckkontonummer** aus unserem Beispiel. Über die Wertehilfe im Feld **Name** können Sie bestehende Regeln auswählen oder mit dem Button (**Regel anlegen**) eine neue Regel anlegen und über den Button (**Regel öffnen**) die Regel ändern.

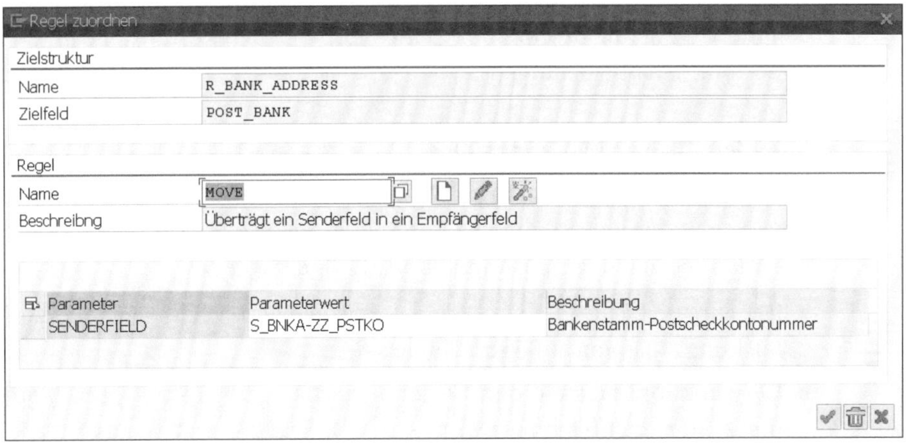

Abbildung 15.28 Regel zuordnen

Speichern, Generieren, Loslegen

Speichern Sie Ihre Änderungen über den Button (**Sichern**) in der Systemfunktionsleiste. Anschließend klicken Sie auf den Button (**Laufzeitobjekt generieren**) in der Anwendungsleiste, damit das Laufzeitobjekt (Funktionsgruppe) neu generiert wird. Öffnen Sie das Objekt nun im Migration Cockpit, laden Sie die neue Migrationsvorlagedatei herunter, und migrieren Sie Ihre Bankdaten inklusive des neuen Felds.

[»]

Kundeneigene Felder

Wenn Sie mithilfe der Felderweiterung, wie in Abschnitt 3.4, »RISE with SAP«, erläutert, eigene Felder definiert haben, werden kundeneigene Felder vom Migration Cockpit unterstützt und automatisch der Quellstruktur hinzugefügt. Damit können diese Felder in der Migrationsvorlage mit Werten versorgt werden. Welche Migrationsobjekte diese Funktionalität unterstützen sowie weitere Informationen zu diesem Thema finden Sie unter folgendem Link: *http://s-prs.de/v10578160*.

Im folgenden Abschnitt legen wir ein eigenes Migrationsobjekt an.

15.2.5 Eigene Migrationsobjekte anlegen

Sprachabhängige Beschreibungen für Kostenstellen

Mit dem Migration Object Modeler haben Sie auch die Möglichkeit, eigene Migrationsobjekte anzulegen. Als Beispiel haben wir einen gängigen Anwendungsfall ausgewählt. Mit dem ausgelieferten Migrationsobjekt für Kostenstellen ist es leider nur möglich, den Namen und die Beschreibung einer Kostenstelle in einer Sprache anzulegen, da der verwendete Funktionsbaustein `BAPI_COSTCENTER_CREATEMULTIPLE` nur eine Sprache unterstützt. Wir werden in unserem Beispiel ein neues Migrationsobjekt auf Basis des Änderungsbausteins `BAPI_COSTCENTER_CHANGEMULTIPLE` anlegen, um den Namen und die Beschreibung einer vorhandenen Kostenstelle in weiteren Sprachen hinzuzufügen.

Anforderungen an Migrations-APIs

Damit ein Funktionsbaustein als Migrations-API verwendet werden kann, muss er mit den Anforderungen des Migration Cockpits kompatibel sein. Die Anforderungen an eine Migrations-API sind folgende:

- Der Funktionsbaustein darf keinen *expliziten COMMIT* werfen; die Verbuchung muss von außen steuerbar sein.
- Der Funktionsbaustein darf keinen *impliziten COMMIT* auslösen (Pop-up-Fenster, Nachrichten usw.).

- Alle Meldungen (Fehler, Warnung, Abbruch, Info, Erfolg) müssen in einer Rückgabestruktur vom Typ `BAPIRET2` zurückgegeben werden.
- Der Funktionsbaustein darf keine Ausnahmen (*Exceptions*) werfen, da dies zu unkontrollierten Zuständen und zur Sperrung des Datensatzes führen kann.
- Bei interner Nummernvergabe müssen die neuen Schlüssel zurückgegeben werden.
- Der Funktionsbaustein sollte einen Parameter zur Simulation haben.

Wrapper-Funktionsbaustein

BAPI-Funktionsbausteine, die SAP für die Nutzung durch Kunden freigegeben hat, erfüllen normalerweise diese Kriterien. Sollte Ihr Funktionsbaustein diese Kriterien nicht erfüllen oder sollte es sich um eine Methode einer ABAP-OO-Klasse handeln, können Sie sich auch einen sogenannten *Wrapper-Funktionsbaustein* bauen. Sie rufen die zu verwendende Migrations-API dann über diesen Wrapper-Funktionsbaustein auf. Der Wrapper-Funktionsbaustein verschalt den Aufruf der gewünschten Migrations-API und sollte auch die oben genannten Kriterien erfüllen. Die Rückgabe der Meldungen im richtigen Format und die Rückgabe von Exceptions als Meldungen lassen sich dann in den Wrapper-Funktionsbaustein einbauen. Ein Simulationsparameter lässt sich auch manchmal »nachrüsten«. Dann wird bei gesetztem Parameter ein *Rollback* nach dem Aufruf der Migrations-API eingebaut.

[«]

Anforderungen an eine Migrations-API

In SAP-Hinweis 2590165 finden Sie einen Guide, der die Anforderungen an eine Migrations-API erläutert.

Anlegen eines eigenen Migrationsobjekts

In unserem Beispiel nehmen wir das verwendete Migrationsprojekt `Z_DEMO_STAGING_MH` aus Abschnitt 15.2.3, »Anlegen eines Migrationsobjekts«, und fügen ein neues Migrationsobjekt hinzu. Der Vorteil ist hierbei, dass die Umschlüsselungsregeln des Standardmigrationsobjekts für Kostenstellen übernommen werden können, da wir dieses Migrationsobjekt aus der ausgelieferten Vorlage in unser Projekt kopiert haben.

Neues Migrationsobjekt in bestehendem Projekt anlegen

Wählen Sie im Projekt-Menü **Projekt • Migrationsobjekt anlegen • Benutzerdefiniert • Daten mith. v. Dateien/Staging-Tab. migr** aus. Es erscheint ein sogenannter geführter Eingabedialog. Im ersten Eingabefenster vergeben Sie die Migrationsobjekt-ID. Fügen Sie hinter dem schon vorhandenen Eintrag `Z_Z` Ihren eigenen Text für Ihr Objekt ein. In unserem Fall nennen wir das Migrationsobjekt »Z_ZKOSTL_TEXT«. Die Massenübernahme-ID des Migrationsprojekts wird auch vorgegeben, sodass die Migrationsobjekt-ID im Ganzen Z_ZKOSTL_TEXT_M6H lautet. Fügen Sie noch eine sinnvolle Beschreibung »Kostenstellen Text« im Feld **Beschreib.** ein. Im Feld **Zielstruktur definieren aus** wählen Sie **FUMO Funktionsbaustein**. Sie finden das Migrationsobjekt im Migration Cockpit unter dieser Beschreibung. Abbildung 15.29 zeigt Ihnen das erste Eingabefenster.

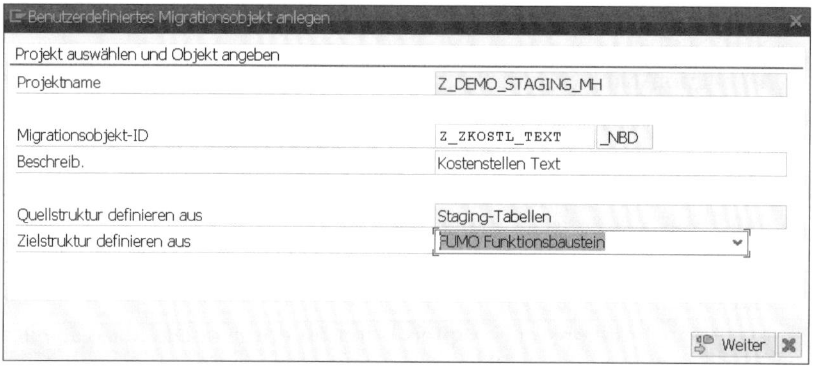

Abbildung 15.29 Erstes Eingabedialogfenster zum Anlegen eines benutzerdefinierten Objekts

Klicken Sie auf den Button **Weiter**, um das zweite Eingabefenster aufzurufen. Hier geben Sie unter **Zielstruktur definieren** im Feld **Name Funktionsbaustein** den Wert »BAPI_COSTCENTER_CHANGEMULTIPLE« ein. Im Bereich **Benutzerspezifische Include-Programme** geben Sie im Feld **Param., der Ergeb. zurückgibt** den Funktionsbausteinparameter ein, der die Meldungen zurückgibt, in unserem Fall »RETURN«. Im Bereich **Simulationseinstellungen** geben Sie im Feld **Parameter für Simulation** »TESTRUN« ein und im Feld **Wert für Simulation** den Wert »X«. Einen Überblick über die Eingaben sehen Sie in Abbildung 15.30.

Danach klicken Sie auf den Button (**Weiter**), und das neue Migrationsobjekt erscheint im Migration Object Modeler.

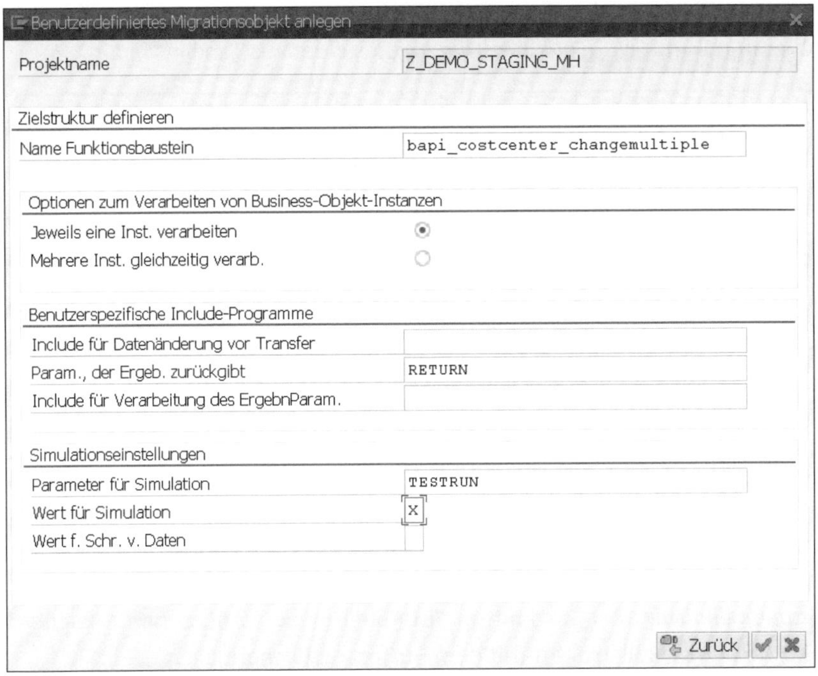

Abbildung 15.30 Zweites Eingabedialogfenster zum Anlegen eines benutzerdefinierten Objekts

Quellstruktur einfügen

Eigene Quellstruktur anlegen

Als Nächstes legen Sie eine Quellstruktur an. Vergewissern Sie sich, dass Sie im Änderungsmodus sind. Klicken Sie doppelt auf den Knoten **Quellstrukturen** im linken Navigationsbaum. Es öffnet sich der Bearbeitungsbereich für die Quellstrukturen auf der rechten Seite. Für eine bessere Bearbeitung sollten Sie den Vollbildmodus über den Button (**Vollbild ein/aus**) einschalten. Hier wählen Sie im Kontextmenü **Append-Struktur für untergeordnete Ebene** aus, um eine Quellstruktur einzufügen (siehe Abbildung 15.31).

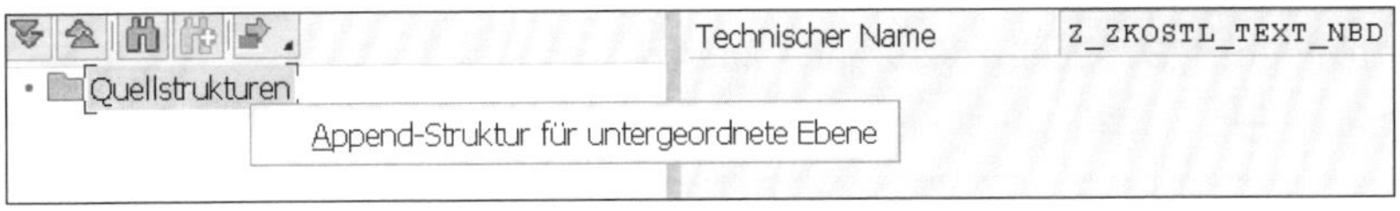

Abbildung 15.31 Quellstruktur einfügen

Im erscheinenden Eingabefenster geben Sie den technischen Namen der Struktur in das Feld **Name** (»S_CSKT«) und in das Feld **Beschreibung** »Kostenstellen Texte« ein und bestätigen die anschließende Abfrage mit **Ja**.

Danach sehen Sie eine leere Tabelle im rechten Arbeitsbereich und fügen über den Button (**Feld hinzufügen**) die Felder aus Tabelle 15.1 ein.

Schlüssel	Name	Datentyp	Länge	Feldbez. lang	Gruppentext
X	KOKRS	CHAR	10	**Kostenrechnungskreis**	Key
X	KOSTL	CHAR	80	**Kostenstelle**	Key
X	VALID_FROM	DATS	8	**Gueltig ab**	Key
X	VALID_TO	DATS	8	**Gueltig bis**	Key
X	LANGU	CHAR	10	**Textsprache**	Key
	NAME	CHAR	20	**Name**	Text
	DESCRIPT	CHAR	40	**Beschreibung**	Text

Tabelle 15.1 Felder der neuen Quellstruktur

Ihre Quellstruktur sollte dann wie in Abbildung 15.32 aussehen. Speichern Sie die neue Quellstruktur mit dem Button (**Sichern**).

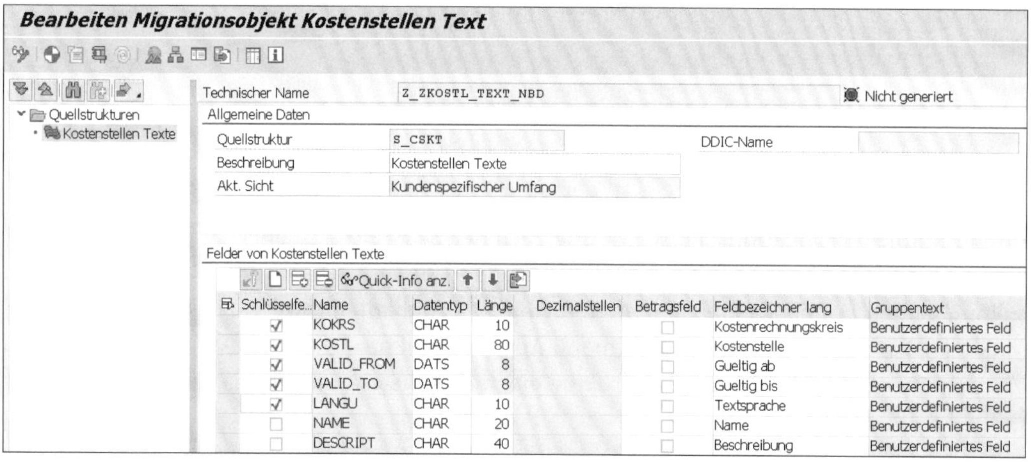

Abbildung 15.32 Quellstruktur mit Feldern

[»]

Maximale Schlüssellänge

Die Summe aller Feldlängen des Schlüssels auf dem obersten Quellstrukturknoten muss kleiner als 200 Zeichen sein. Sie sollten deshalb die Länge der Schlüsselfelder nicht zu lang wählen. Ansonsten erhalten Sie beim Sichern der Quellstruktur eine Fehlermeldung, dass die maximale Schlüsselfeldlänge überschritten wurde.

Sicht anpassen

Kundensicht anpassen

Als letzten Schritt sollten Sie, falls nötig, noch die Sicht über **Sicht ändern** oder das Kontextmenü **Sicht ändern** anpassen. Neuen Migrationsobjekten wird automatisch der kundenspezifische Umfang zugeordnet, und alle Schlüsselfelder sind als **Erforderlich** gekennzeichnet, wie Sie in Abbildung 15.33 sehen können.

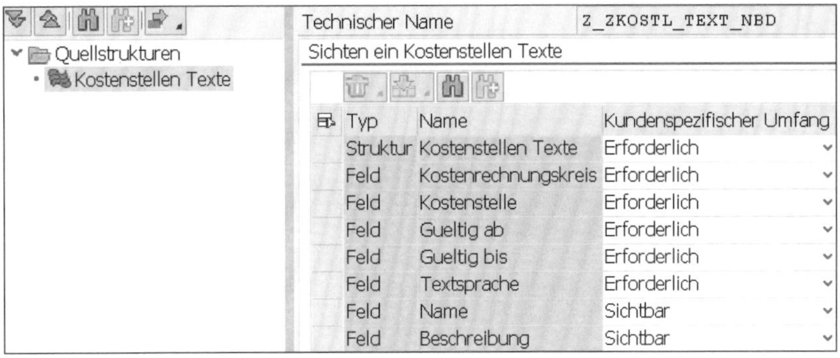

Abbildung 15.33 Quellstruktur – Pflegesicht

Vergewissern Sie sich, dass im Feld **Akt. Sicht** die Option **Kundensicht** ausgewählt ist. Anschließend speichern Sie das Ganze noch einmal über den Button (**Sichern**).

Quellstruktur auf Zielstruktur mappen

Anzeige auf technische Namen umstellen

Da wir die Zielstruktur schon im Eingabedialog definiert haben, wechseln wir direkt zum Struktur-Mapping. Hier sollten Sie über **Einstellungen • Technische Namen ein/aus** auf die Anzeige der technischen Namen umstellen. Das vereinfacht die Zuordnung der Strukturen, da die Strukturbeschreibungen manchmal etwas verwirrend sein können.

Ziehen Sie, wie in Abbildung 15.34 zu sehen, die Quellstruktur S_CSKT nacheinander auf die folgenden Zielstrukturen:

- HEADER (Kopfdaten)
- R_CONTROLLINGAREA (Kostenrechnungskreis)
- R_LANGUAGE (Sprache der Texte)
- R_COSTCENTERLIST (Kostenstellendaten)

Wichtig ist hierbei, dass Sie die HEADER-Struktur nicht vergessen und die Reihenfolge beachten. Nur, wenn Sie diese Zielstrukturen mappen, werden die Datensätze nachher verarbeitet. Wenn Sie auf Strukturzuweisungen, wie z. B. die HEADER-Struktur, doppelt klicken, sehen Sie das Bearbeitungsfenster

Struktur-Mapping bearbeiten (siehe Abbildung 15.35) und können das Struktur-Mapping im Detail bearbeiten. Über den Button [i] (**Information**) bekommen Sie detaillierte Informationen über die einzelnen Zugriffsarten, Zuordnungstypen und die Datenpfadarten.

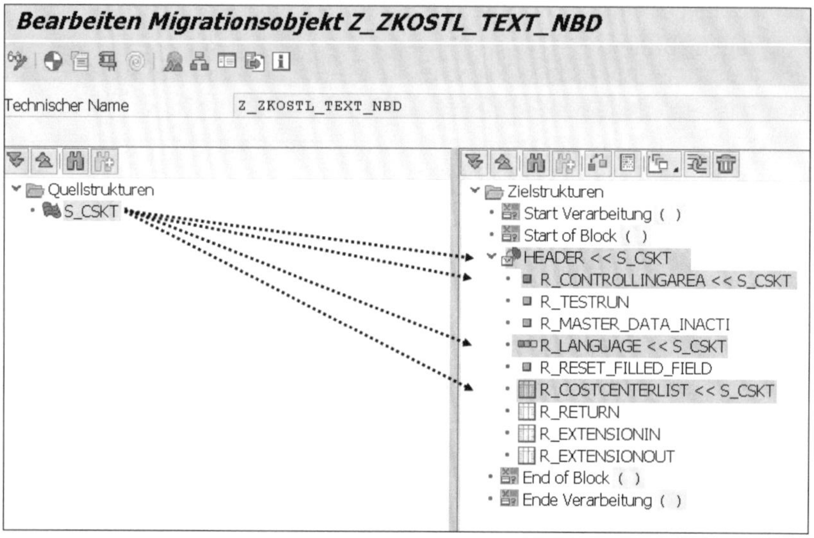

Abbildung 15.34 Quellstruktur auf Zielstrukturen mappen

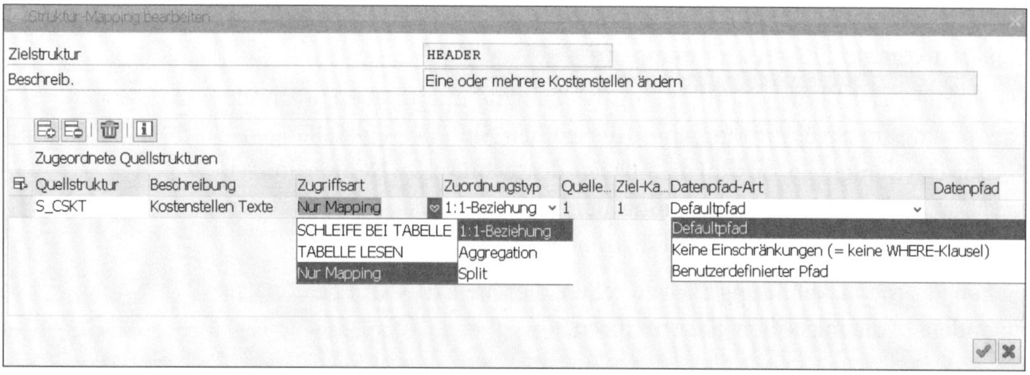

Abbildung 15.35 Struktur-Mapping bearbeiten

Speichern Sie dann das Struktur-Mapping über den Button (**Sichern**). Anschließend können Sie sich über den Button (**Struktur-Mapping-Vorschau anzeigen**) die Vorschau des ABAP-Quelltexts anzeigen lassen, der entsprechend Ihren Zuordnungen generiert wird. Abbildung 15.36 zeigt Ihnen diese Vorschau.

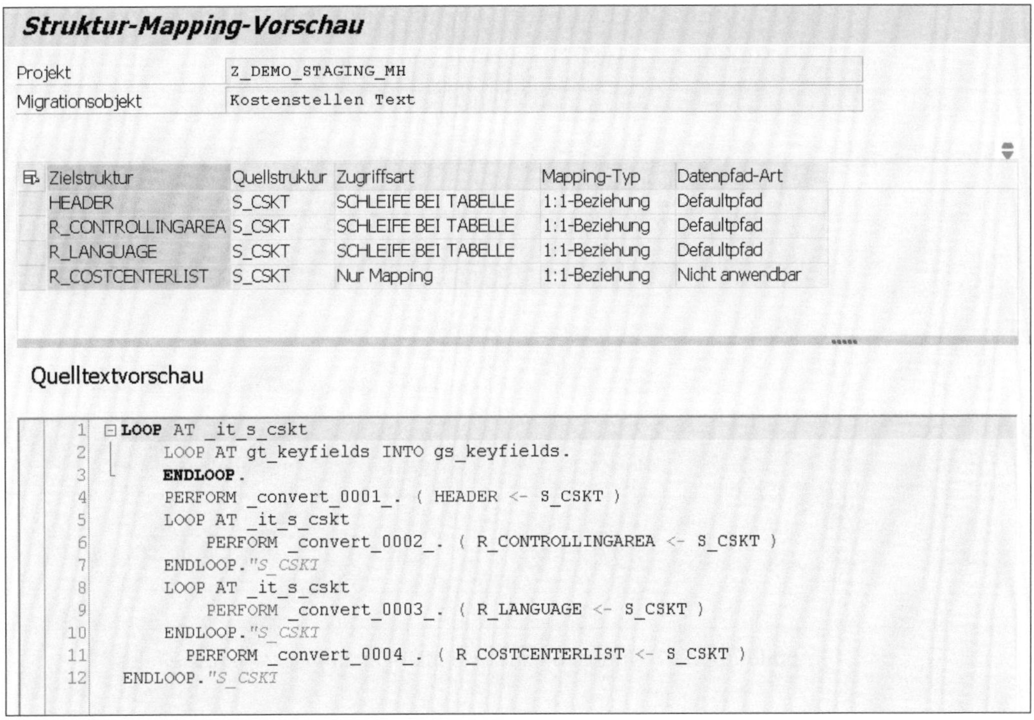

Abbildung 15.36 Sicht »Struktur-Mapping-Vorschau«

Quellfelder auf Zielfelder mappen

Feld-Mapping

Als nächsten Schritt werden wir die Quellfelder auf die Zielfelder mappen. Klicken Sie hierzu im Navigationsbaum doppelt auf **Feld-Mapping**. Im rechten Arbeitsbereich öffnet sich das geteilte Arbeitsfenster für das Feld-Mapping. Schalten Sie auch hier am besten wieder über den Button (**Vollbild ein/aus**) auf den Vollbildmodus um. Auf der linken Seite sind die Quellstrukturen und Felder und auf der rechten Seite alle Zielstrukturen, Felder und die jeweiligen Verarbeitungszeitpunkte sichtbar. Sie können hier Quellstrukturfelder auf Zielstrukturfelder ziehen. Wenn dabei ein Unterschied in den Feldlängen des Quell- und des Zielfelds festgestellt wird, erscheint ein Dialogfenster (siehe Abbildung 15.37). Sie können mit **Ja** oder **Nein** entscheiden, ob Sie das Mapping durchführen wollen oder nicht.

Längere Quellfelder sind kein Problem, wenn Sie sie anschließend mit einer feldbasierten Regel verbinden, die dann die Umschlüsselung vornimmt.

Drag-and-drop erzeugt eine Move-Regel

Wenn Sie ein Quellfeld einem Zielfeld per Drag-and-drop zuordnen, wird automatisch eine Move-Regel hinterlegt. Der Quellwert wird somit 1 : 1 als Zielwert übernommen. Das ist sinnvoll bei Datums-, Betrags- oder Mengenangaben und allgemeinen Beschreibungen, wie z. B. Textfeldern, für die Sie keine Umschlüsselung benötigen und die in der Regel ohne Abweichungen übernommen werden sollen.

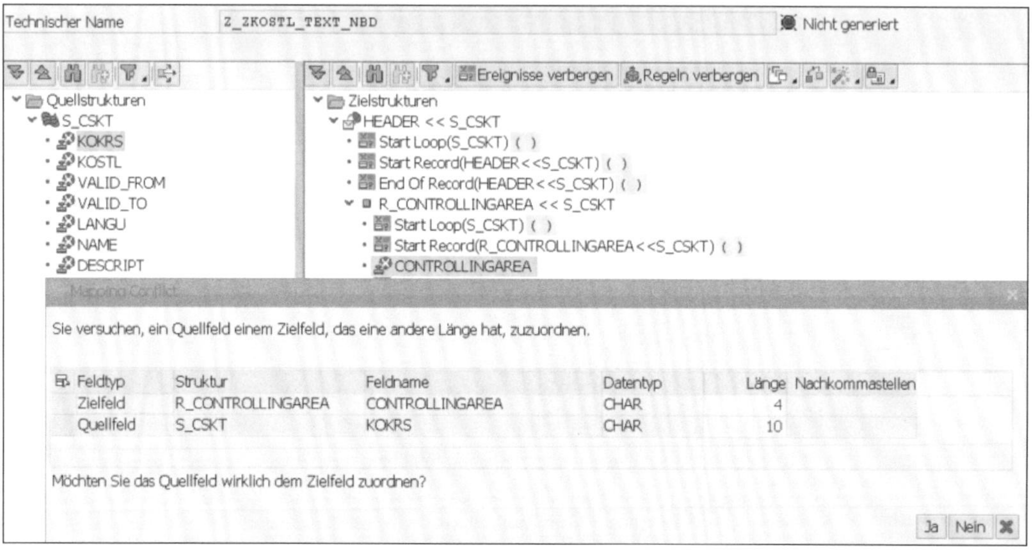

Abbildung 15.37 Unterschiedliche Feldlängen des Quell- und Zielfelds

Für Felder, die umgeschlüsselt werden müssen, sollten Sie das Zielfeld auswählen und dann über das Kontextmenü oder den Button (**Regel zuordnen**) eine Regel zuordnen. Wir beschreiben zuerst die manuelle Vorgehensweise. Im folgenden Abschnitt »Automatische Regelvorschläge« erfahren Sie, wie Sie den Regelvorschlag nutzen können. In unserem Anwendungsfall, den wir in Abbildung 15.38 zeigen, ordnen wir dem Zielfeld R_CONTROLLINGAREA-CONTROLLINGAREA (**Kostenrechnungskreis**) das Quellfeld S_CSKT-KOKRS (**Kostenrechnungskreis**) über die vorhandene Übertragungsregel CVT_KOKRS wie folgt zu: Wählen Sie das Zielfeld CONTROLLINGAREA (**Kostenrechnungskreis**) ❶ in der Zielstruktur R_CONTROLLINGAREA aus, und klicken Sie auf den Button (**Regel zuordnen**). Es erscheint ein Informationsbildschirm, der Sie darauf hinweist, dass ein Regelvorschlag vorhanden ist. Bestätigen Sie hier mit **Ja**. Im erscheinenden Eingabefenster **Regel zuordnen** ist die Regel CVT_KOKRS automatisch im Feld **Name** ❷ zugeordnet. Alternativ können Sie über den Button (**Feld hinzufügen**) eine neue Regel anlegen oder eine bestehende Regel ändern . Sie müssen jetzt noch für den Importparameter IV_KOKRS den Parameterwert S_CSKT-KOKRS ❸ für das Quellfeld zuordnen. Zum Schluss bestätigen Sie das Ganze mit dem Button (**Weiter**). Die Regel ist nun zugewiesen, und Sie sichern das Mapping über den Button (**Sichern**).

Für manche Feld-Mappings müssen Sie, wie im Fall der Kostenstelle, mehr als ein Feld zuordnen. Da die Kostenstelle abhängig vom Kostenrechnungskreis ist, müssen Sie hier die Quellfelder KOKRS (**Kostenrechnungskreis**) und KOSTL (**Kostenstelle**) dem Zielfeld COSTCENTER (**Kostenstelle**) zuordnen.

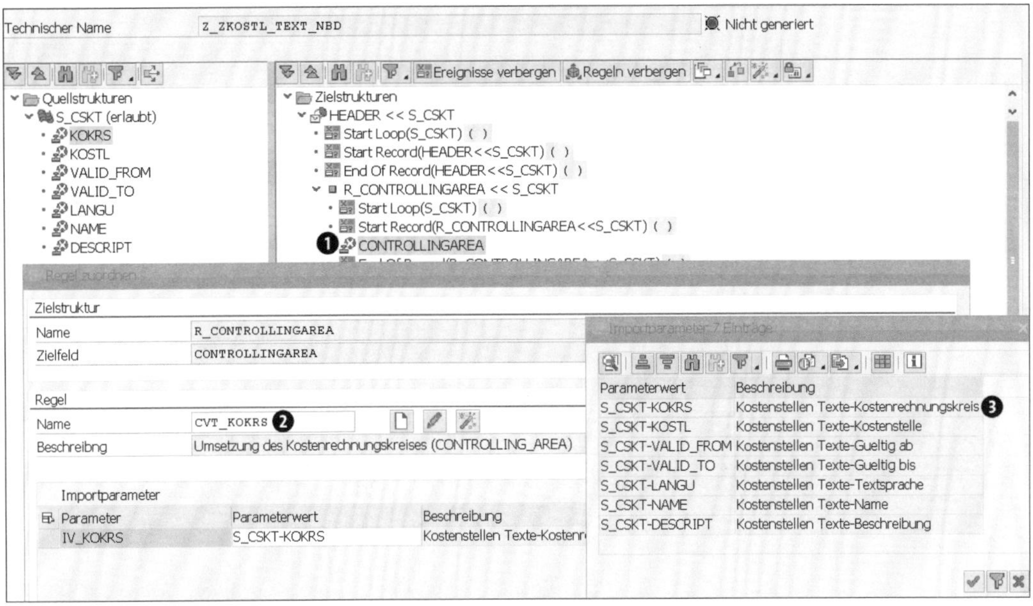

Abbildung 15.38 Übertragungsregel zuordnen

»CVT_KOSTL_ALL«

Zu 2022 wurde eine generische Regel für die Kostenstellenermittlung hinzugefügt. Diese Regel enthält zusätzliche Parameter, die abhängig von der Art, wie die Kostenstelle ermittelt werden soll, zu füllen sind. In Tabelle 15.2 finden Sie die zu befüllenden Parameter.

Parameter	Beschreibung	Parameterwert
IV_KOKRS	Kostenrechnungskreis	S_CSKT-KOKRS
IV_BUKRS	Buchungskreis	''
IV_WERKS	Werk	''
IV_VARIANT	Variante	'1' (Kostenstellenermittlung via Kostenrechnungskreis)
IV_KOSTL	Kostenstelle (Quelle)	S_CSKT-KOSTL
EV_KOSTL	Kostenstelle (Ziel)	

Tabelle 15.2 Parameter der Regel »CVT_KOSTL_ALL«

Das Ergebnis der Zuordnung der Regel CVT_KOSTL_ALL zum Zielfeld COST-CENTER mit den beiden Importparametern S_CSKT-KOKRS und S_CSKT-KOSTL sehen Sie in Abbildung 15.39.

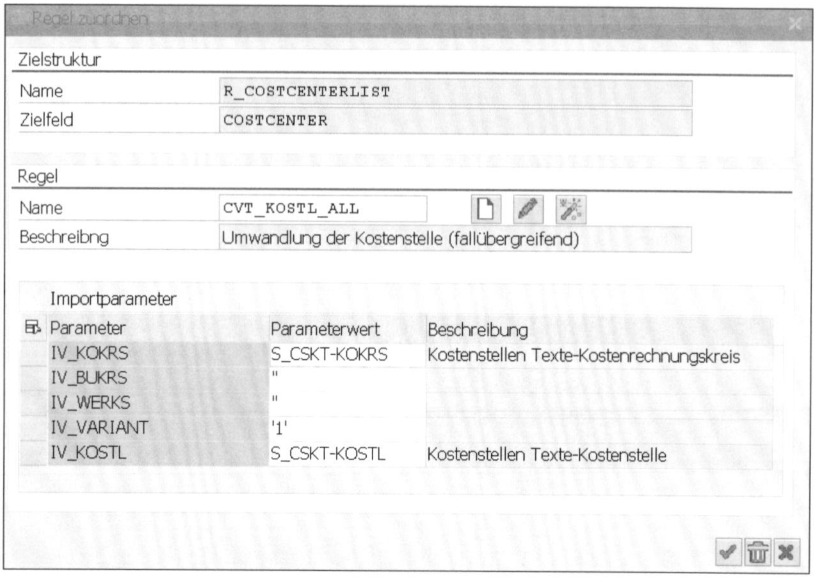

Abbildung 15.39 Regel mit Importparametern

Mappen Sie nun alle weiteren Felder, und fügen Sie, falls notwendig, Regeln hinzu. In unserem Anwendungsfall verwenden Sie das in Tabelle 15.3 hinterlegte Feld-Mapping.

Quellfeld (technisch)	Zielstruktur (technisch)	Zielfeld (technisch)	Regel (technisch)
KOKRS	R_CONTROLLINGAREA	CONTROLLINGAREA	CVT_KOKRS
LANGU	R_LANGUAGE	LANGU	CVT_SPRAS
▪ KOKRS ▪ KOSTL	R_COSTCENTERLIST	COSTCENTER	CVT_KOSTL_ALL
VALID_FROM	R_COSTCENTERLIST	VALID_FROM	MOVE
VALID_TO	R_COSTCENTERLIST	VALID_TO	MOVE
NAME	R_COSTCENTERLIST	NAME	MOVE
DESCRIPT	R_COSTCENTERLIST	DESCRIPT	MOVE

Tabelle 15.3 Feld-Mapping-Tabelle

Das endgültige Feld-Mapping mit aktiviertem Filter zeigen Sie über den Button (**Felder mit Mapping anzeigen**) an, siehe Abbildung 15.40. Als vorletzten Schritt speichern Sie das Mapping wieder über den Button (**Sichern**).

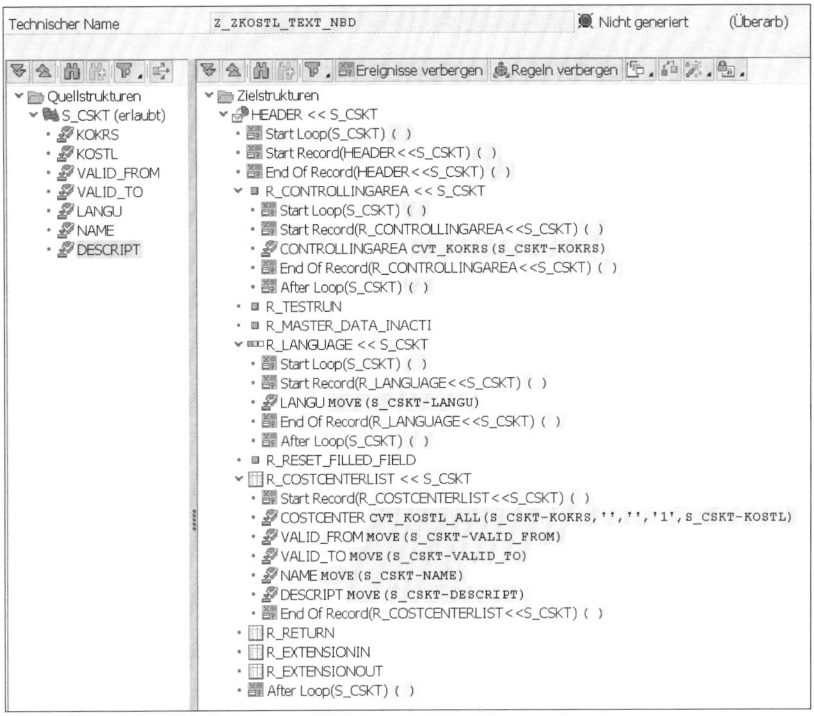

Abbildung 15.40 Zugeordnete Felder und Regeln

Automatische Regelvorschläge

Automatischen Regelvorschlag generieren

Sie können sich alternativ zur manuellen Zuordnung der Felder mit Regeln einen automatischen Regelvorschlag generieren lassen. Über **Regelvorschläge** oder (**Regelvorschläge – nur Move-Regeln**) öffnet sich eine Übersicht der Regelvorschläge (siehe Abbildung 15.41).

Über den Button (**Information**) in dieser Übersicht rufen Sie die Dokumentation für das Regelvorschlagsbild auf. Für jedes Feld in der Zielstruktur prüft das System, ob feldbasierte Regeln vorhanden sind, die auf dem gleichen Datenelement oder der gleichen Domäne basieren wie das Feld in der Zielstruktur. Sie können dann auswählen, für welches Zielfeld Sie den Vorschlag übernehmen wollen. Falls es mehrere Regelvorschläge gibt, wird dies durch ein gelbes Dreieck (**Mehrere Regelvorschläge vorhanden**) angezeigt. Sie können dann wählen, welche Regel Sie nutzen wollen.

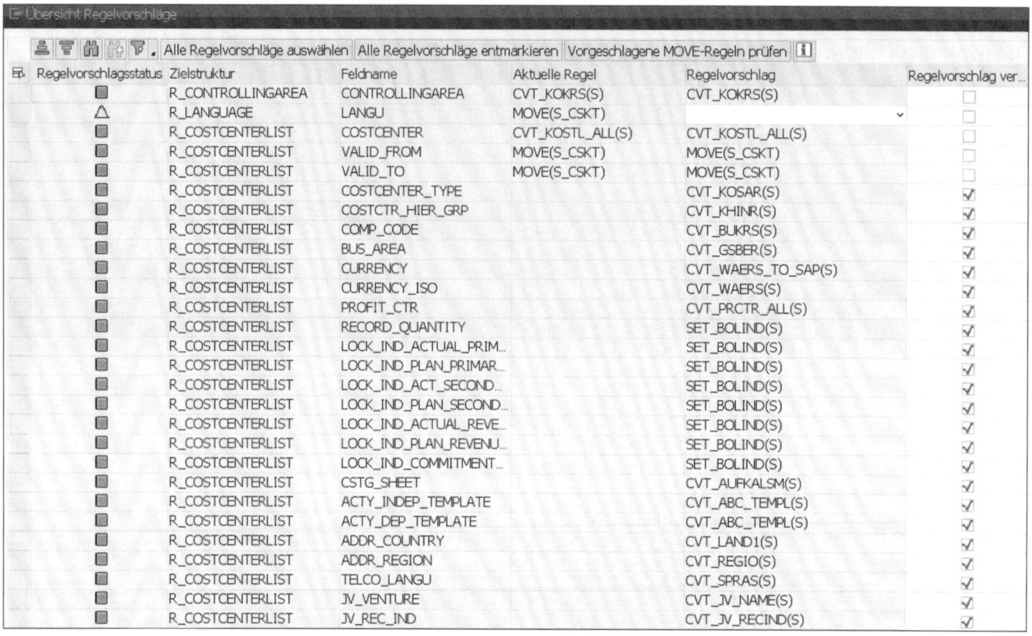

Übersicht Regelvorschläge

Alle Regelvorschläge auswählen | Alle Regelvorschläge entmarkieren | Vorgeschlagene MOVE-Regeln prüfen

Regelvorschlagsstatus	Zielstruktur	Feldname	Aktuelle Regel	Regelvorschlag	Regelvorschlag ver...
	R_CONTROLLINGAREA	CONTROLLINGAREA	CVT_KOKRS(S)	CVT_KOKRS(S)	
	R_LANGUAGE	LANGU	MOVE(S_CSKT)		
	R_COSTCENTERLIST	COSTCENTER	CVT_KOSTL_ALL(S)	CVT_KOSTL_ALL(S)	
	R_COSTCENTERLIST	VALID_FROM	MOVE(S_CSKT)	MOVE(S_CSKT)	
	R_COSTCENTERLIST	VALID_TO	MOVE(S_CSKT)	MOVE(S_CSKT)	
	R_COSTCENTERLIST	COSTCENTER_TYPE		CVT_KOSAR(S)	✓
	R_COSTCENTERLIST	COSTCTR_HIER_GRP		CVT_KHINR(S)	✓
	R_COSTCENTERLIST	COMP_CODE		CVT_BUKRS(S)	✓
	R_COSTCENTERLIST	BUS_AREA		CVT_GSBER(S)	✓
	R_COSTCENTERLIST	CURRENCY		CVT_WAERS_TO_SAP(S)	✓
	R_COSTCENTERLIST	CURRENCY_ISO		CVT_WAERS(S)	✓
	R_COSTCENTERLIST	PROFIT_CTR		CVT_PRCTR_ALL(S)	✓
	R_COSTCENTERLIST	RECORD_QUANTITY		SET_BOLIND(S)	✓
	R_COSTCENTERLIST	LOCK_IND_ACTUAL_PRIM...		SET_BOLIND(S)	✓
	R_COSTCENTERLIST	LOCK_IND_PLAN_PRIMAR...		SET_BOLIND(S)	✓
	R_COSTCENTERLIST	LOCK_IND_ACT_SECOND...		SET_BOLIND(S)	✓
	R_COSTCENTERLIST	LOCK_IND_PLAN_SECOND...		SET_BOLIND(S)	✓
	R_COSTCENTERLIST	LOCK_IND_ACTUAL_REVE...		SET_BOLIND(S)	✓
	R_COSTCENTERLIST	LOCK_IND_PLAN_REVENU...		SET_BOLIND(S)	✓
	R_COSTCENTERLIST	LOCK_IND_COMMITMENT...		SET_BOLIND(S)	✓
	R_COSTCENTERLIST	CSTG_SHEET		CVT_AUFKALSM(S)	✓
	R_COSTCENTERLIST	ACTY_INDEP_TEMPLATE		CVT_ABC_TEMPL(S)	✓
	R_COSTCENTERLIST	ACTY_DEP_TEMPLATE		CVT_ABC_TEMPL(S)	✓
	R_COSTCENTERLIST	ADDR_COUNTRY		CVT_LAND1(S)	✓
	R_COSTCENTERLIST	ADDR_REGION		CVT_REGIO(S)	✓
	R_COSTCENTERLIST	TELCO_LANGU		CVT_SPRAS(S)	✓
	R_COSTCENTERLIST	JV_VENTURE		CVT_JV_NAME(S)	✓
	R_COSTCENTERLIST	JV_REC_IND		CVT_JV_RECIND(S)	✓

Abbildung 15.41 Bild »Übersicht Regelvorschläge«

Für die feldbasierten Regeln wird zudem noch angezeigt, wo die Regel angelegt wurde:

- (P) projektspezifisch: Die Regel wurde auf Projektebene angelegt und kann für alle Migrationsobjekte im Projekt genutzt werden.
- (S) subprojektspezifisch: Die Regel wurde auf der Subprojektebene angelegt und kann für alle Migrationsobjekte in diesem Projekt genutzt werden.
- (M) migrationsobjektspezifisch: Die Regel wurde auf der Migrationsobjektebene angelegt und kann nur von diesem Migrationsobjekt genutzt werden.

Sie können nun die für Sie relevanten Regelvorschläge in der rechten Spalte auswählen (**Regelvorschlag verwenden**).

[»]

Regeln mit Importparametern

Wenn ein Regelvorschlag Importparameter hat und keine Werte für die Importparameter angegeben wurden, zeigt das System hinter der Regel unter **Zielstrukturen** ein Fragezeichen an. Sie müssen dann die Importparameter für die Regel im Dialogfenster **Regelzuordnung** angeben.

Nachdem Sie die automatischen Regelvorschläge ausgewählt und die relevanten Importparameter gepflegt haben, sollten Sie die gleichen Zuordnungen wie in Abbildung 15.40 sehen.

Funktionsgruppe generieren

Als letzten Schritt vor der eigentlichen Datenübernahme generieren Sie nun das Migrationsobjekt über den Button (**Laufzeitobjekt generieren**). Wenn Sie keinen Fehler gemacht haben, sollte das nachfolgende Fenster aus Abbildung 15.42 unterhalb des rechten Arbeitsbereichs eingeblendet werden.

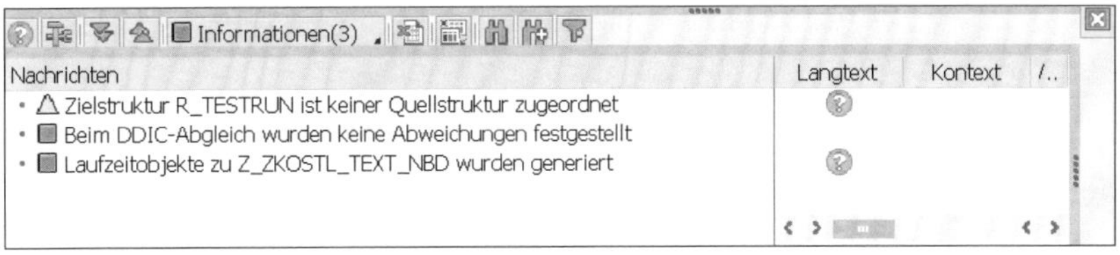

Abbildung 15.42 Erfolgreiche Laufzeitgenerierung

Generierte Funktionsgruppe anzeigen

Sie können nun das Laufzeitobjekt über den Button (**Generierte Funktionsgruppe anzeigen**) anzeigen lassen. Die Funktionsbausteine der Migrationsverarbeitung finden Sie in der zweiten `INCLUDE`-Zeile, die auf `UXX` endet. In unserem Beispiel ist das `/1LT/LQMV95000000061717UXX` (siehe Abbildung 15.43).

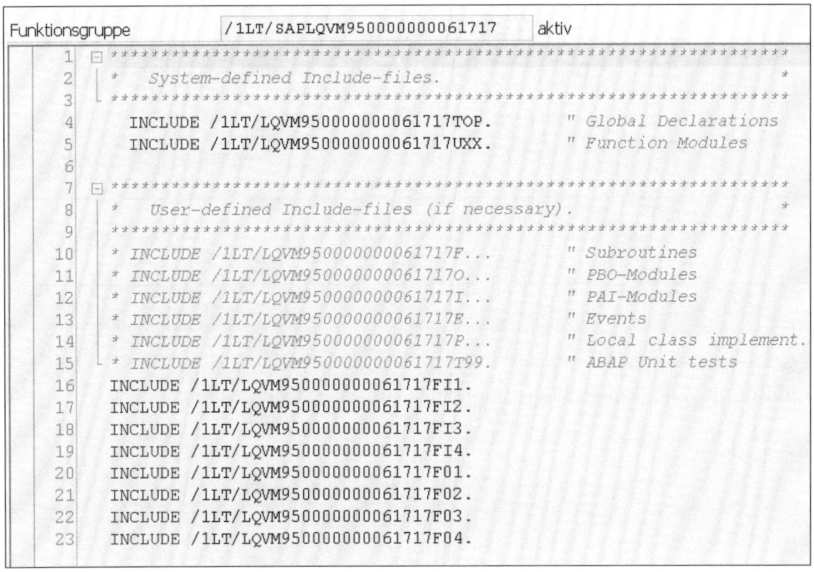

Abbildung 15.43 Generierte Funktionsgruppe

In Abbildung 15.44 sehen Sie die einzelnen Funktionsbausteine der Funktionsgruppe. Der sogenannte OLO-Include `INCLDUE /1LT/LQMV950000000061717U03` enthält den Funktionsbaustein, der die Migrations-API aufruft.

```
Include    /1LT/LQVM950000000061717UXX    aktiv

*******************************************************************
*   THIS FILE IS GENERATED BY THE FUNCTION LIBRARY.               *
*   NEVER CHANGE IT MANUALLY, PLEASE!                             *
*******************************************************************
INCLUDE /1LT/LQVM950000000061717U01.
                         "/1LT/QVMIL_950000000061717
INCLUDE /1LT/LQVM950000000061717U02.
                         "/1LT/QVMOLC_950000000061717
INCLUDE /1LT/LQVM950000000061717U03.
                         "/1LT/QVMOLI_950000000061717
INCLUDE /1LT/LQVM950000000061717U04.
                         "/1LT/QVMOLO_950000000061717
INCLUDE /1LT/LQVM950000000061717U05.
                         "/1LT/QVMACS_950000000061717
```

Abbildung 15.44 OLO-Gruppe mit dem Migrations-API-Aufruf

Datenmigration über das Migration Cockpit ausführen

Anschließend starten Sie das Migration Cockpit und rufen das Migrationsprojekt auf. Sie sollten nun das neue Migrationsobjekt **Kostenstellen Text** sehen, wie es in Abbildung 15.45 gezeigt wird.

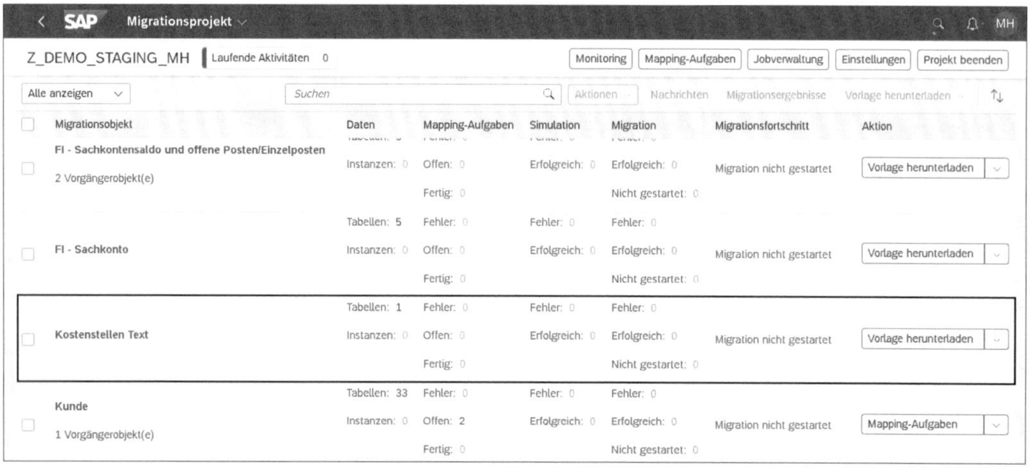

Abbildung 15.45 Neues Migrationsobjekt im Migration Cockpit

Wählen Sie das Objekt nun im Migration Cockpit aus, laden Sie die neue Migrationsvorlagedatei herunter, und migrieren Sie Ihre Kostenstellentexte.

[«]

Anlegen eines neuen Migrationsobjekts

In SAP-Hinweis 2852819 finden Sie eine englische Schritt-für-Schritt-Anleitung, wie Sie ein eigenes Migrationsobjekt anlegen.

15.2.6 Objekte aktualisieren

Detaillierte Informationen zur Aktualisierung von Objekten finden Sie in Abschnitt 13.2.8, »Migrationsobjekt bearbeiten«.

15.2.7 Eigene Regeln und Umschlüsselungsobjekte anlegen

Sie können eigene Regeln und Umschlüsselungsobjekte anlegen, wenn die ausgelieferten Regeln Ihren Anwendungsfall nicht komplett abdecken oder Sie kundeneigene Regeln benötigen. Umschlüsselungsobjekte können nie direkt einem Feld zugeordnet werden, sondern müssen zuvor einer feldbasierten Regel zugewiesen worden sein. Wenn Sie eine Regel oder ein Umschlüsselungsobjekt auf der Migrationsobjektebene anlegen, können diese nur für das spezielle Migrationsobjekt genutzt werden. Sie sollten die Regel oder das Umschlüsselungsobjekt auf der Subprojektebene anlegen, damit es von allen Migrationsobjekten in Ihrem Projekt genutzt werden kann.

Umschlüsselungsobjekt anlegen

Eigenes Umschlüsselungsobjekt anlegen

Im Bereich **Umschlüsselungsobjekte** können Sie Umschlüsselungsobjekte anlegen. Wählen Sie im Kontextmenü **Umschlüsselobjekt anlegen** aus. Vergewissern Sie sich, dass Sie auf der Subprojektebene arbeiten. Geben Sie einen Namen ein, mit `Z*` beginnend, und wählen Sie anschließend **Weiter**. In unserem Beispiel geben wir »Z_MAP_TEST« ein. Im linken Arbeitsbereich geben wir als Beschreibung »eigenes Umschlüsselungsobjekt« ein, wie in Abbildung 15.46 zu sehen. Als Nächstes geben wir einen Importparameter `I_PARAM` mit dem Datentyp `CHAR` und der Parameterlänge `10` und einen Exportparameter `E_PARAM` mit dem Datentyp `CHAR` und der Parameterlänge `4` ein. Am Beispiel des Kostenrechnungskreises zeigen wir, wie Sie ein eigenes Umschlüsselungsobjekt anlegen.

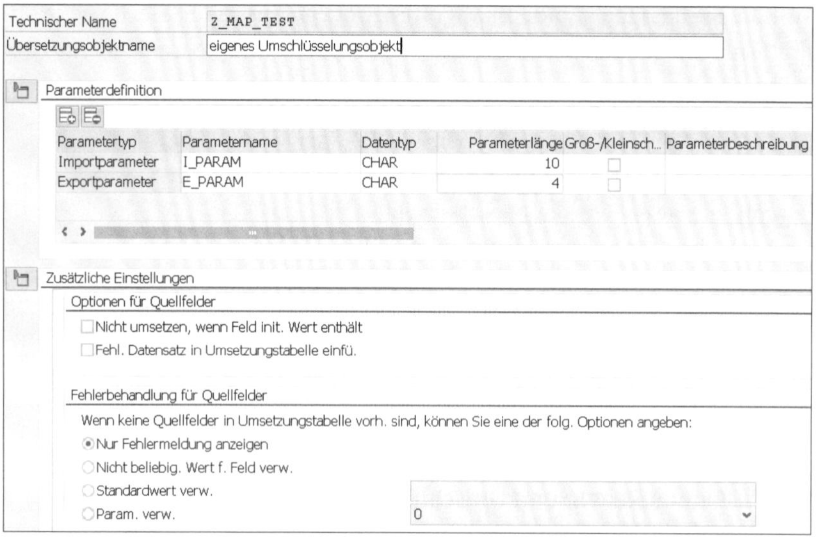

Abbildung 15.46 Umschlüsselungsobjekt anlegen

Für den Exportparameter können Sie noch einen möglichen gültigen Wertebereich hinzufügen. Dazu wählen Sie für den Exportparameter im Feld **Werteber.** den Button **Hinzufügen**. Im zusätzlichen Eingabefenster haben Sie folgende Optionen für den Wertebereich:

- Domäne verwenden (**Domä. verw.)**
- Wertetabelle verwenden (**Wertetab. verw.**)
- Suchhilfe verwenden (**Suchhilfe verw.**)
- Wertebereich nicht verwenden (**Werteber. nicht verw.**)

Für Domäne und Wertetabellen können Sie auch überprüfen, ob der Parameter gültig ist. Dazu markieren Sie das Kennzeichen **Parameterwert anhand v. Domäne valid.** bzw. **Parametertabelle anh. v. Wertetabelle valid.** In unserem Beispiel wählen wir die Domäne CACCD (**Kostenrechnungskreis**) und markieren das Feld für die Validierung (siehe Abbildung 15.47).

Im Bereich **Zusätzliche Einstellungen** können Sie Optionen für die Quellfelder einstellen. In unserem Beispiel markieren wir die Optionen **Nicht umsetzen, wenn Feld init. Wert enthält** sowie **Fehl. Datensatz in Umsetzungstabelle einfü.** (siehe Abbildung 15.48). Wenn das Quellfeld den Initialwert enthält, wird der Initialwert ignoriert, d. h. als nicht relevant betrachtet. Mit der zweiten Option legt das System für den Wert des Importparameters einen Eintrag in der Umsetzungstabelle (Mapping-Tabelle) an, wenn der Wert des Quellfelds noch nicht in der Umsetzungstabelle vorhanden ist. Zusätzlich können Sie, wenn in der Umsetzungstabelle das Quellfeld nicht vorhanden ist, im Bereich **Fehlerbehandlung für Quellfelder** aus mehreren Optionen auswählen. In unserem Beispiel wollen wir, dass der Wert des Quellfelds als Wert für den Exportparameter (Zielwert) vorgeschlagen wird. Dazu wählen Sie bei der Option **Param. verw.** die Möglichkeit **Erster Importparameter** aus. Anschließend speichern Sie Ihre Änderungen über den Button (**Sichern**).

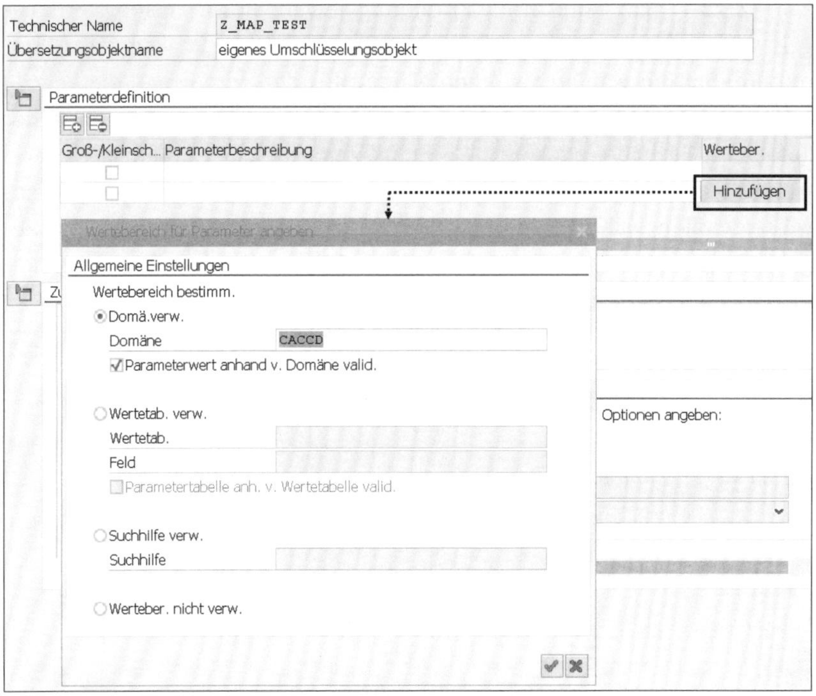

Abbildung 15.47 Umschlüsselungsobjekt mit Wertebereich

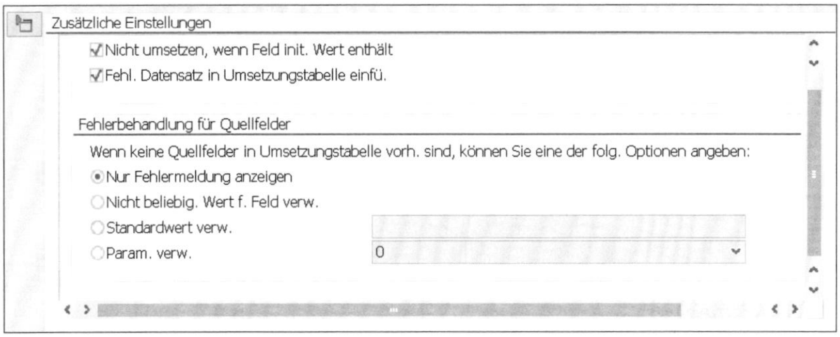

Abbildung 15.48 Umschlüsselungsobjekt – Zusätzliche Einstellungen

Bevor Sie nun das Umschlüsselungsobjekt einem Feld zuweisen können, müssen Sie zunächst eine feldbasierte Regel anlegen.

Feldbasierte Regel anlegen

Eigene feldbasierte Regel anlegen

Mithilfe feldbasierter Regeln können Sie den Wert eines Zielfelds während der Migration ändern. Im Bereich **Feldbasierte Regeln** können Sie eine Regel anlegen. Wählen Sie im Kontextmenü **Feldbasierte Regel anlegen** aus. Vergewissern Sie sich, dass Sie auf Subprojektebene arbeiten. Zuerst geben Sie wieder einen Namen im Kundennamensraum ein: in unserem Beispiel also »Z_CVT_TEST« und als Beschreibung »eigene Regel«. Feldbasierte Regeln verwenden Import- und Exportparameter. Auf der Registerkarte **Parameterdefinition** wählen Sie einen Namen für den Importparameter, z. B. `I_PARAM` und für den Exportparameter `E_PARAM`. Eine Regel kann entweder auf einen Festwert oder ein Umschlüsselungsobjekt referenzieren oder freien Code beinhalten. Da Sie Ihr angelegtes Umschlüsselungsobjekt zuweisen wollen, wählen Sie auf der Registerkarte **Eigenschaften** im Feld **Regel basiert a.:** den Button **Ändern**. Es erscheint ein Auswahlbild mit den folgenden Optionen (siehe Abbildung 15.49):

- **Frei.Code**
- **Umschlüsselobjekt**
- **Festwert**

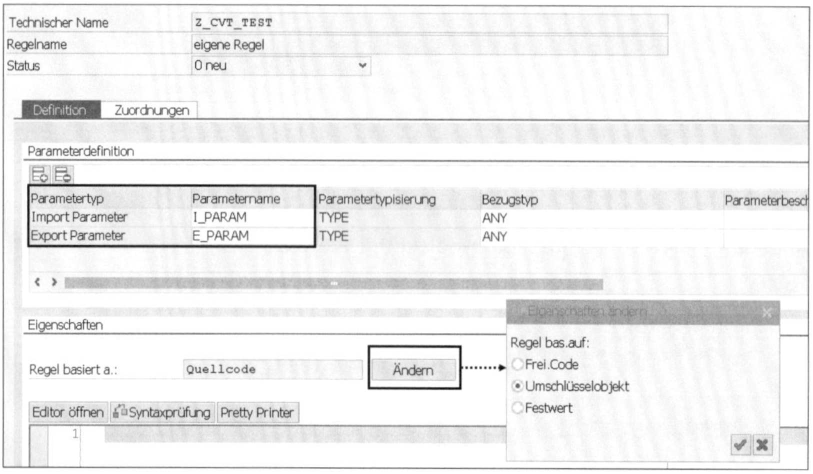

Abbildung 15.49 Feldbasierte Regel

Wählen Sie **Umschlüsselobjekt** aus, und klicken Sie auf den Button (**Übernehmen**).

Danach selektieren Sie das angelegte Umschlüsselungsobjekt `Z_MAP_TEST` im Feld **Bez.**. Die Import- und Exportparameter werden automatisch vorgeschlagen (siehe Abbildung 15.50). Speichern Sie Ihre Änderungen über den Button (**Sichern**).

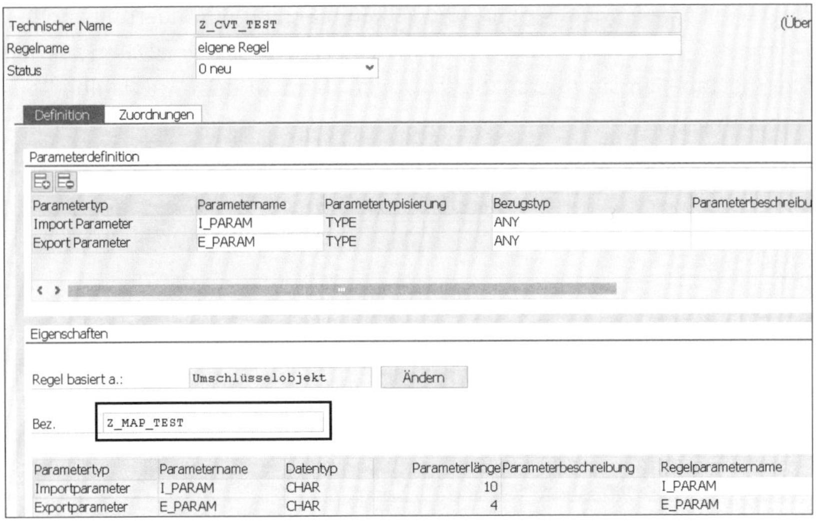

Abbildung 15.50 Eine Regel, basierend auf dem Umschlüsselungobjekt

Nun können Sie die neu angelegte feldbasierte Regel einem Feld zuweisen. Im Migration Cockpit erscheint dann für dieses Feld eine Mapping-Aufgabe, in der Sie, wie bei den von SAP ausgelieferten Mapping-Aufgaben, Ihre Werte pflegen, bestätigen sowie hoch- und runterladen können (siehe Abbildung 15.51). Nähere Informationen zum Pflegen der Mapping-Aufgaben finden Sie in Abschnitt 13.2.15, »Pflege der Mapping-Werte«.

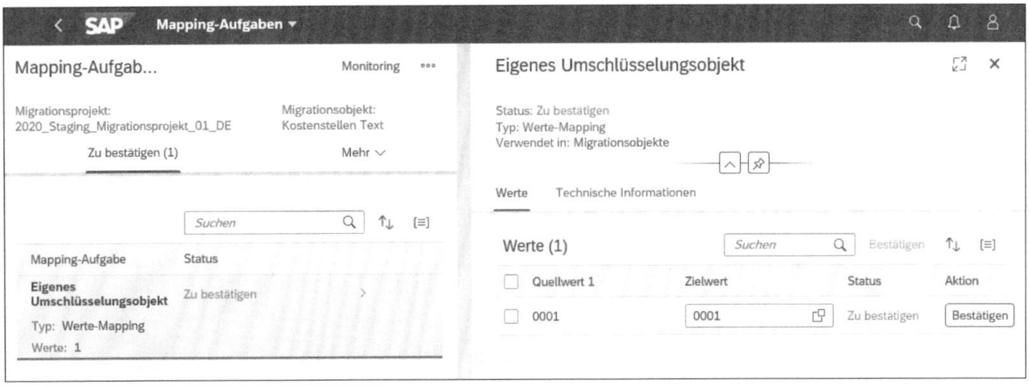

Abbildung 15.51 Migration Cockpit – eigenes Umschlüsselungsobjekt

15.2.8 Migrationsobjekte simulieren oder debuggen

Wenn Sie testen wollen, wie die Quellfelder in das SAP-S/4HANA-Zielsystem übertragen werden, können Sie den Import von Daten aus den Staging-Tabellen simulieren. Wählen Sie dazu ein Migrationsobjekt im

Migration Object Modeler aus, und schalten Sie in den Änderungsmodus. Über den Button (**Simulation**) können Sie den Import von Daten aus den Staging-Tabellen simulieren. Sie gelangen dann zu dem Auswahlbild aus Abbildung 15.52.

Abbildung 15.52 Report zum Simulieren des Datenimports

Voraussetzungen für die Simulation des Datenimports

Folgende Voraussetzungen müssen erfüllt sein, damit Sie ein Migrationsobjekt simulieren können:

- Das Migrationsobjekt wurde erfolgreich generiert und ist nicht durch einen anderen Benutzer gesperrt.
- Ein Simulationsparameter wurde in der Zielstruktur hinterlegt.
- Es befinden sich Daten in den Staging-Tabellen.
- Falls das Migrationsobjekt aus einer Vorlage kopiert wurde, darf kein Update vorhanden sein.

Über den Button (**Simulation**) im Auswahlbild für die Simulation rufen Sie die Dokumentation auf.

Für die Auswahl der Daten für die Simulation haben Sie folgende Optionen:

- **Alle Instanzen simulieren:** Alle Sätze aus den Staging-Tabellen.
- **Anz. der Instanzen simulieren**: Die Sätze werden hierbei willkürlich ausgewählt.
- **Bestimmte Instanzen simulieren**: Beachten Sie hierbei, dass die Selektion nicht case-sensitive erfolgt.

Für alle Sätze gilt, dass nur Sätze mit dem Verarbeitungsstatus **Nicht verarbeitet** oder **Fehler** simuliert werden. Zusätzlich haben Sie die Möglichkeit, automatisch Breakpoints an bestimmten Stellen setzen zu lassen, entweder vor der Umschlüsselung der Daten (**Breakpoint vor Mapping**) oder vor der Buchung der Daten ins Zielsystem (**Breakpoint vor API-Aufruf**). Sie können sich die Daten anzeigen lassen, die simuliert werden. Wählen Sie dazu entweder **Sätze vor Mapping anzeigen** oder **Sätze nach Mapping anzeigen** oder beides aus. Zusätzlich besteht auch die Möglichkeit, diese Sätze herunterzuladen.

[«]

Report zum Testen und Debuggen

Sollten Sie mit einem älteren SAP-S/4HANA-Release arbeiten, können Sie den Report DMC_MC_SIMULATE_IMPORT_STAGING benutzen, um für ein Staging-Migrationsobjekt einen Simulationslauf auszuführen. Sie rufen dazu den Report über den ABAP Editor (Transaktion SE38) oder die ABAP-Programmausführung (Transaktion SA38) auf. Dann wählen Sie Ihr Migrationsobjekt aus. Den Report können Sie auch für das Debugging Ihres Migrationsobjekts nutzen. Wichtig ist, dass Sie vorher alle Umschlüsselungen (Mappings) im Migration Cockpit gepflegt haben.

Der Report ist in SAP-Hinweis 2665339 enthalten.

Falls Sie den Import von Dateien in einem älteren Release simulieren wollen, nutzen Sie den Report aus SAP-Hinweis 2630183 unter *http://s-prs.de/v10578161*.

[«]

Übernahmestatus zurücksetzen

Falls Sie bereits migrierte Datensätze zu Testzwecken erneut migrieren möchten, können Sie über das Auswahlmenü im Migrationsobjekt über **Springen • Übernahmestatus zurücksetzen** alle bereits übertragenen Sätze für dieses Migrationsobjekt anzeigen lassen und für diese Sätze den Übernahmestatus zurücksetzen lassen.

15.2.9 Migrationsprojekte von einem System in ein anderes transportieren

Inhalte transportieren

Ab Release 2021 wird die SAP-Standardtransportfunktion zum Transportieren von Projekten genutzt. Es ist dann nicht mehr möglich, Migrationsprojekte über Dateien zu exportieren bzw. importieren. Um die Transportfunktion nutzen zu können, ist es notwendig, dass Sie Ihrem Projekt bei der

Anlage ein Entwicklungspaket zuordnen (siehe unter Abschnitt 13.2.5, »Migrationsprojekt anlegen«, die Überschrift »Schritt 2: Entwicklungspaket in SAP S/4HANA zuordnen«). Um ein Projekt zu einem Transportauftrag hinzufügen zu können, müssen Sie zuerst das zu transportierende Projekt auswählen und dann auf den Button (**zum Transportauftrag hinzufügen**) klicken. Es werden alle zugehörigen Migrationsobjekte, Festwerte, Regeln, Umschlüsselungsobjekte und Variablen automatisch mit in den Transportauftrag übernommen. Ausgeschlossen vom Transport sind Instanzen, die bereits in die Staging-Tabellen hochgeladen wurden. Auch wird nur die Definition einer Regel, eines Festwerts, eines Umschlüsselungsobjekts oder einer Variablen zum Transportauftrag hinzugefügt und transportiert. Werte, z. B. Mapping-Werte, können nicht transportiert werden. Nachdem Sie Ihr Projekt in ein neues System importiert haben, müssen Sie beim ersten Öffnen des Projekts eine neue Datenbankverbindung hinterlegen.

Weitere Informationen zum Transportieren von Inhalten finden Sie über den Button (**Information**) und im Foliensatz »SAP S/4HANA Migration Cockpit – Migrate Data Using Staging Tables – Transport Concept«, der in SAP-Hinweis 3104790 verlinkt ist.

[»]

Produktivsysteme/nicht änderbare Systeme

Es ist nicht möglich, Projekte in nicht änderbaren Systemen (z. B. Produktivsystemen) anzulegen oder zu ändern. Wenn Sie solche Anpassungen vornehmen müssen, können Sie das Projekt im Entwicklungssystem anpassen und es noch einmal in das Zielsystem transportieren.

Projekte in anderem Mandant verwenden

Zusätzlich haben Sie die Möglichkeit, ein Migrationsprojekt in einem anderen Mandanten zu verwenden (siehe Abbildung 15.53). Wählen Sie dazu in der Projektsicht **Springen • Projekt in anderem Mandant verwenden**. Beachten Sie hierbei, dass das Projekt dabei nicht kopiert wird, sondern nach diesem Schritt nur noch im neu angegebenen Mandanten zur Verfügung steht.

Abbildung 15.53 Projekt in anderem Mandanten verwenden

Falls die Staging-Tabellen in einem Remote-System liegen (d. h. eine SAP-HANA-Datenbankverbindung zwischen dem SAP-S/4HANA-System und dem Staging-Schema besteht) und Sie die Daten erneut an den Mandanten übertragen möchten, müssen Sie den Verarbeitungsstatus der Migrationsinstanzen manuell zurücksetzen. Dazu löschen Sie den Inhalt des Felds `/1LT/PROCESSED` oder alle Daten aus den Staging-Tabellen und füllen diese erneut. Befinden sich die Staging-Tabellen im ABAP-Schema des SAP-S/4HANA-Systems, müssen Sie die Tabellen ebenfalls erneut mit Daten füllen, da sie mandantenspezifisch sind.

Bedenken Sie, dass bei beiden Optionen alle Mapping-Werte gelöscht werden, daher sollten Sie diese vorher herunterladen, um sie dann im neuen Mandanten wieder hochladen zu können. Gegebenenfalls müssen die Mapping-Werte vor dem Hochladen überarbeitet werden, um sicherzustellen, dass keine Wertepaare hochgeladen werden, die aus einer internen Nummerierung stammen. Ab SAP S/4HANA Release 2022 ist es möglich, ein Migrationsobjekt aus einem Projekt in ein anderes zu kopieren mit Verlinkung zur ursprünglichen von SAP ausgelieferten Vorlage. Das heißt, die Migrationsobjekte im Projekt können mit Standard-Content aktualisiert werden.

[«]

Projekt in anderem Mandanten verwenden

Die Funktion **Projekt in anderen Mandant verwenden** ist nur für das Migration Cockpit für SAP S/4HANA 2020 oder höher und nur für den Migrationsansatz **Daten mithilfe von Staging-Tabellen migrieren** relevant und nicht für ältere Versionen des Migration Cockpits (Transaktion LTMC; siehe auch SAP-Knowledge-Base-Artikel 3081417.

Sie haben nun gelernt, welche Möglichkeiten Ihnen der Migration Object Modeler in SAP S/4HANA bietet, wenn Sie Daten mithilfe von Dateien oder Staging-Tabellen migrieren wollen. Im folgenden Abschnitt gehen wir nun auf den Migration Object Modeler für Staging-Tabellen in SAP S/4HANA Cloud ein.

15.3 Modellierung für die Datenmigration mit Staging-Tabellen in SAP S/4HANA Cloud

Der Migration Object Modeler in SAP S/4HANA Cloud steht allen Kunden zur Verfügung. Aufrufen können Sie den Migration Object Modeler mit der

App **Migrationsobjekte modellieren – Migrationsobjektmodellierer** (siehe Abbildung 15.54).

Abbildung 15.54 Kachel »Migrationsobjekte modellieren«

Wie in Abschnitt 15.1, »Genereller Aufbau des SAP S/4HANA Migration Object Modelers«, erwähnt, ist der Migration Object Modeler in SAP S/4HANA Cloud im Umfang eingeschränkt. Zurzeit sind nur folgende Migrationsobjekte zur Erweiterung freigegebener Strukturen und bestimmte Standardfelder freigegeben:

- Kunde (siehe SAP-Hinweis 3020259)
- Lieferant (siehe SAP-Hinweis 3019787)
- Lieferant – vorhandenen Datensatz um neue Organisationsebenen erweitern (siehe SAP-Hinweis 3504365)
- Produkt (siehe SAP-Hinweis 3263101)
- Produkt – Datensätze um neue Organisationsebenen erweitern (siehe SAP-Hinweis 3358537)
- MM – Bestellung (nur offene Bestellung; siehe SAP-Hinweis 3324716)
- SD – Kundenauftrag (nur offener Kundenauftrag; siehe SAP-Hinweis 3358617)

Nähere Informationen hierzu finden Sie in SAP-Hinweis 2999428 und in KBA (SAP-Knowledge-Base-Artikel) 3216716 unter *http://s-prs.de/v10578162*. In Abbildung 15.55 sehen Sie die SAP-Fiori-Oberfläche des Migration Object Modelers in SAP S/4HANA Cloud am Beispiel des Migrationsobjekts **Kunde**.

Im Wesentlichen bietet der Migration Object Modeler für den Staging-Tabellen-Migrationsansatz in der SAP S/4HANA Cloud folgende Funktionalitäten:

- **Anpassen von bestimmten Quellstrukturen**

  Das heißt, Sie können der Struktur ein neues Feld hinzufügen und auf die Zielstruktur mappen (siehe SAP-Hinweis 2999428). Sie können auch die Eigenschaften benutzerdefinierter Felder anpassen und entfernen. Beachten Sie, dass es nicht möglich ist, von SAP ausgelieferte Felder zu ändern bzw. zu löschen (z. B. eine Regel zu ändern oder eine Regelzuordnung zu löschen).

- **Herunterladen von Vorlagedateien für ein Migrationsobjekt**

  Nachdem Sie Anpassungen vorgenommen haben, können Sie die Vorlagedateien für Ihr Objekt direkt im Migration Object Modeler als XML- oder CSV-Datei herunterzuladen, um diese zu überprüfen. Wie in Abschnitt 13.2.11, »Migrationsvorlagen bzw. Staging-Tabellen direkt befüllen«, beschrieben wird bei der Option CSV-Datei eine ZIP-Datei heruntergeladen.

- **Aktualisierung eines Migrationsobjekts**

  SAP aktualisiert regelmäßig die Migrationsobjekte, um sicherzustellen, dass diese mit dem aktuellen Stand des SAP-S/4HANA-Cloud-Systems übereinstimmen. Wenn ein Migrationsobjekt eine Aktualisierung benötigt, werden Sie vom System dazu aufgefordert. Um ein Migrationsobjekt mit den neuesten Inhalten von SAP zu aktualisieren, gehen Sie über den Menüpfad **Migrationsobjekt • Migrationsobjekt aktualisieren** oder drücken den Button [Migrationsobjekt aktualisieren]. Alternativ können Sie das Migrationsobjekt auch in der Hierarchie mit einem Rechtsklick auswählen und dann **Migrationsobjekt aktualisieren** wählen. Weitere Informationen finden Sie in Abschnitt 13.2.25, »Objekt auf Update prüfen und Updaten«, oder über den Button **Information**.

- **Zurücksetzen eines Migrationsobjekts**

  Sie haben die Möglichkeit, ein Migrationsobjekt auf seine ursprüngliche Vorlagenversion zurückzusetzen, wodurch alle vorgenommenen Änderungen verloren gehen. Gehen Sie hierzu über den Menüpfad **Migrationsobjekt • Migrationsobjekt zurücksetzen**. Alternativ können Sie auch hier über die Hierarchie mit einem Rechtsklick auswählen und dann **Migrationsobjekt zurücksetzen** wählen. Falls für ein Migrationsobjekt eine oder mehrere Dateien im Migration Cockpit hochgeladen wurden, lässt sich dieses Objekt im Migration Object Modeler nicht löschen.

Weitere Informationen zur Funktionalität des Migration Object Modelers und eine detaillierte Beschreibung, wie Sie damit ein Migrationsobjekt anpassen können, finden Sie unter diesem Link *http://s-prs.de/v10578163*.

Zusätzlich steht Ihnen in der Applikation über den Button [Informationen] eine Systemdokumentation zur Verfügung. Hier finden Sie alle notwendigen Informationen über die Funktionalitäten des Migration Object Modelers.

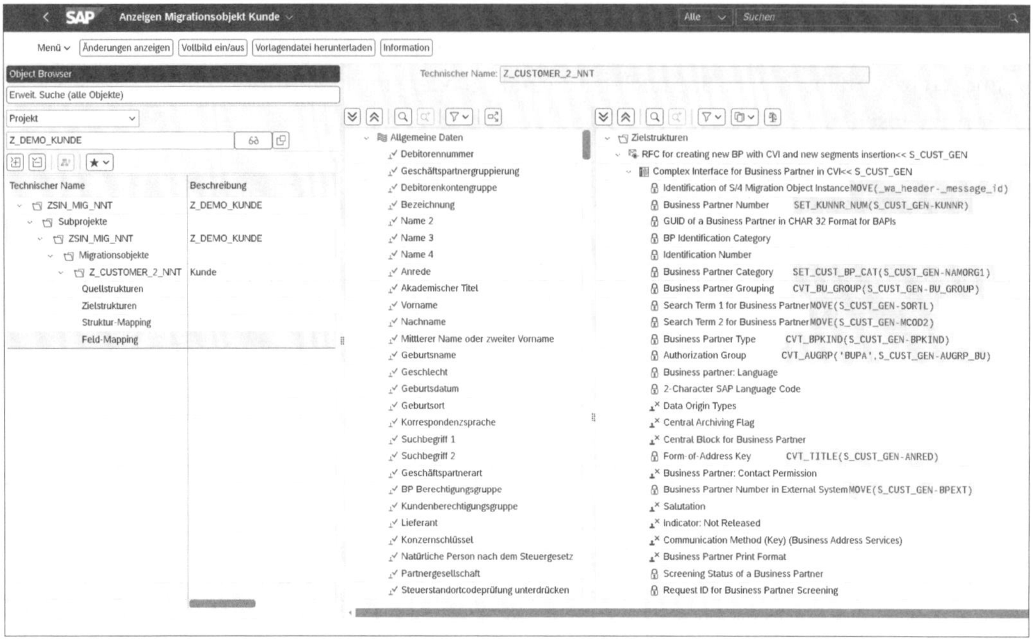

Abbildung 15.55 SAP-Fiori-Oberfläche des Migration Object Modelers in SAP S/4HANA Cloud

[»]

Benötigte Benutzerrolle

Um den Migration Object Modeler in SAP S/4HANA Cloud für den Staging-Tabellen-Migrationsansatz nutzen zu können, muss Ihrem Benutzer die Rolle SAP_BR_ADMINISTRATOR zugewiesen sein.

Im folgenden Abschnitt gehen wir nun auf die Funktionalitäten des Migration Object Modelers in SAP S/4HANA ein, wenn Sie Daten direkt aus einem SAP-System migrieren möchten.

15.4 Modellierung für den direkten Transfer von Daten aus SAP-Systemen in SAP S/4HANA

Der Migration Object Modeler steht für alle Migrationsansätze des Migration Cockpits zur Verfügung. In diesem Abschnitt wird auf die Besonderheiten der Modellierungsumgebung für den Ansatz des direkten Transfers von Daten aus SAP-Systemen eingegangen.

Der Vorteil dieses Ansatzes ist, dass er für jedes Migrationsobjekt bereits eine vordefinierte Selektionslogik mit ausliefert. Ebenso beinhaltet er eine Logik in Bezug auf die Ableitung von Organisationseinheiten.

Schwerpunkt Selektion

In diesem Abschnitt legen wir einen Schwerpunkt auf die Modellierungsmöglichkeiten für die Selektion aus dem SAP-Quellsystem. Daneben sind die Modellierungsfunktionalitäten beider Ansätze sehr ähnlich. Falls es in einzelnen Punkten wichtige Unterschiede gibt, werden wir darauf eingehen.

[«]

Benötigte Benutzerrollen

Ordnen Sie dem Benutzer die in Abschnitt 13.2.2, »Rollen für die Migration zuweisen«, beschriebenen Rollen zu, sowie zusätzlich die Rolle SAP_CA_DMC_MC_DEVELOPER, um die Transaktion LTMOM zu nutzen. Wenn Sie Quelltextregeln entwickeln möchten, sind zusätzliche Berechtigungen notwendig (siehe hierzu z. B. *http://s-prs.de/v10578164*).

15.4.1 Grundlagenwissen für die Modellierung

In diesem Abschnitt erläutern wir grundlegende Begriffe für die Modellierung. Des Weiteren erklären wir, wie das Migration Cockpit, Ansatz des *direkten Transfers*, Organisationseinheiten zum Zweck der Selektion ableitet.

Organisationseinheiten

Um einen SAP-Mandanten zu strukturieren, werden in allen SAP-Anwendungen sogenannte *Organisationseinheiten* definiert. Die Organisationseinheiten werden einander zugeordnet, damit die verschiedenen SAP-Anwendungen die Daten integriert verarbeiten können. So ist z. B. in der Finanzbuchhaltung der Buchungskreis eine wichtige Einheit, im Controlling der Kostenrechnungskreis und in der Logistik das Werk. Werke werden Buchungskreisen zugeordnet, Buchungskreise den Kostenrechnungskreisen usw.

Wenn Sie Daten migrieren, müssen Sie in einem ersten Schritt entscheiden, aus welchen Organisationseinheiten Daten migriert werden sollen. Im Migration Cockpit ist, abhängig vom Szenario, die passende Organisationseinheit als Eingabeparameter vordefiniert (siehe Tabelle 13.6 und Tabelle 13.7). Für das Szenario *SAP ERP nach SAP S/4HANA* ist dies der Buchungskreis. Für die ausgewählten Buchungskreise legen Sie dann die Migrationsobjekte fest, für die Daten migriert werden sollen.

Organisationsableitung

Integrierte Selektions-Engine

Im Migration Cockpit ist eine *Selektions-Engine* integriert. Diese gewährleistet, dass alle Datensätze eingelesen werden, die zu den ausgewählten Migrationsobjekten dieser Organisationseinheit gehören. Das gilt, selbst wenn die relevante Organisationseinheit nicht in der entsprechenden Anwendungstabelle enthalten ist oder die relevanten Sätze zunächst über Kindtabellen ermittelt werden müssen. Mit dem Migration Cockpit werden also implizit komplexe Selektionslogiken ausgeliefert.

Beispiele für die Organisationsableitung

Wir wählen in einem Projekt z. B. den Buchungskreis 0001 sowie die Migrationsobjekte **CO – Kostenstelle**, **CO – Leistungsart** und **Kunde** aus. Die Organisationsableitung sorgt dafür, dass die Datensätze aus dem Quellsystem eingelesen werden, die zum Buchungskreis 0001 bzw. zur nächsthöheren Organisationseinheit gehören. Beim Migrationsobjekt **CO – Kostenstelle** (Tabelle `CSKS`) ist das Feld **Buchungskreis** in der Stammdatentabelle enthalten. Es können also direkt aus dieser Tabelle die Sätze zu Buchungskreis 0001 eingelesen werden. Beim Objekt **CO – Leistungsart** (Tabelle `CSLA`) ist der Buchungskreis nicht in der Stammdatentabelle enthalten, nur das Feld **Kostenrechnungskreis**. Es gibt keine weitere verbundene Tabelle zu diesem Objekt, die den Buchungskreis enthält. In diesem Fall werden die Sätze der logisch nächsthöheren Organisationseinheit selektiert, d. h. die Leistungsarten, die zu dem Kostenrechnungskreis gehören, der dem Buchungskreis 0001 zugeordnet ist. Das Migrationsobjekt **Kunde** ist ein komplexes, tief verschachteltes Objekt. Es sind diverse Ableitungen notwendig, um die relevanten Datensätze für den Buchungskreis 0001 zu ermitteln. Es muss z. B. in Tabelle `KNB1` (**Kundenstamm/Buchungskreis**) der Buchungskreis, in Tabelle `KNVV` (**Kundenstamm/Vertriebsdaten**) die Verkaufsorganisation gelesen werden usw.

Filter

Vordefinierte Filter

Die Organisationsableitung wird, wie bereits erwähnt, von einer mächtigen Engine durchgeführt. Gesteuert wird die Ableitung in der Modellierungsumgebung vor allem über sogenannte *Filter*. Ein Filter ist eine Sammlung von Werten des gleichen Datentyps, die zentral für das Projekt gespeichert ist. Diese Werte sind für alle Migrationsobjekte eines Projekts verfügbar. Ein Filter kann z. B. sein: Kostenrechnungskreis, Buchungskreis, Werk, Verkaufsorganisation, Einkaufsorganisation usw. Die Filter sind von SAP definiert. Es ist festgelegt, welche Filter für das jeweilige Szenario, also z. B. für das Szenario *SAP ERP an SAP S/4HANA*, zur Verfügung stehen. Es ist nicht möglich, kundeneigene Filter anzulegen. Auch ist es nicht möglich, die Werte, die in einem konkreten Projekt aus dem vorgegebenen Buchungskreis ermittelt werden, z. B. die Werke 0001, 0002 und 0003, zu verändern bzw. Werte daraus zu löschen. Abbildung 15.56 zeigt ein Beispiel. Für das Szenario *SAP ERP an SAP S/4HANA* gibt es definierte Filter. Der einzige Filter, der keine Vorgänger hat, ist der für den Buchungskreis. Der Buchungskreis bzw. die Buchungskreise werden beim Anlegen des Projekts vom Anwender vorgegeben. Technisch gesehen ist einem Filter eine Regel zugeordnet, für den Filter KOKRS ist dies die Regel GET_KOKRS_BY_BUKRS. Hinter dieser Regel liegt Coding, das besagt, dass in Tabelle TKA02 nachzusehen ist, welcher Kostenrechnungskreis dem selektierten Buchungskreis zugeordnet ist.

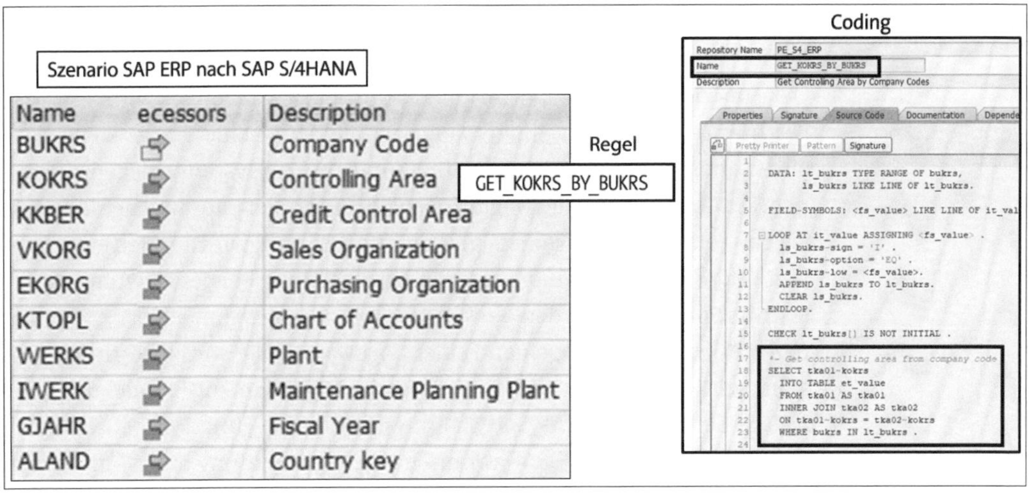

Abbildung 15.56 Filter für das Szenario SAP ERP an SAP S/4HANA

Wenn Sie ein Migrationsobjekt in der Modellierungsumgebung bearbeiten, können Sie nur die Filter zuordnen, die für das Szenario vorgesehen sind.

Filter anzeigen lassen

Ab SAP S/4HANA 2022 können Sie sich Filter, die Hierarchie der Filter und die Filterwerte anzeigen lassen. Navigieren Sie dazu im SAP S/4HANA Migration Object Modeler über die Menüleiste zu **Hilfsmittel • Filter**. Sie können auch abgeleitete Filterwerte einsehen, z. B. die Verkaufsorganisationen, die aus den Buchungskreisen abgeleitet wurden. Wie schon erwähnt, gibt es keine Möglichkeit, die abgeleiteten Filterwerte zu ändern, hinzuzufügen oder zu löschen. Abbildung 15.57 zeigt die abgeleiteten Filter am Beispiel des Migrationsobjekts **CO – Kostenstelle**.

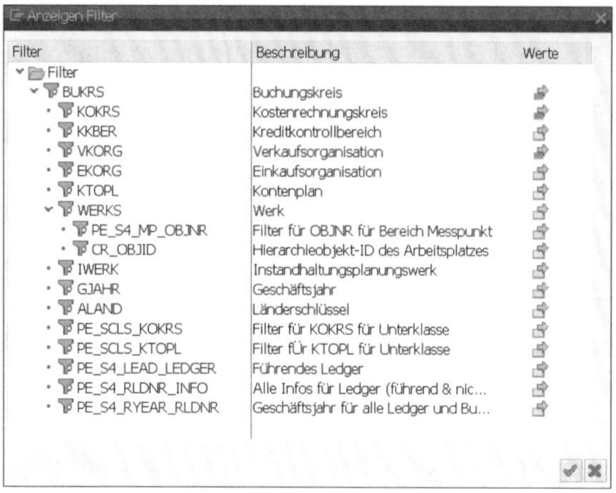

Abbildung 15.57 Anzeige Filter pro Migrationsobjekt

Bestandteile eines Migrationsobjekts

Der *Funktionsbaustein*, der im Migrationsobjekt verwendet wird, erwartet bestimmte Felder, um einen Datensatz, also z. B. eine Kostenstelle oder einen offenen Posten (Finanzbuchhaltung), im Zielsystem anlegen zu können. Das *Datenmodell* des Migrationsobjekts definiert, aus welchen Tabellen welche Felder gelesen werden. Im Migration Cockpit wird aus den eingelesenen Feldern eine *Migrationsobjektinstanz* gebildet. Bei der Ausführung des Schritts **Simulieren** werden die *Transformationsregeln* (oft auch als *Mapping* bezeichnet) auf die einzelnen Felder angewandt. Die so transformierte Instanz wird zur Simulation bzw. im Schritt **Migration** zur Einbuchung bzw. Anlage des Satzes im SAP-S/4HANA-System an den Funktionsbaustein weitergereicht. Abbildung 15.58 veranschaulicht die Bildung einer Migrationsobjektinstanz.

[»]

Warum braucht man ein Migrationsobjekt, um Daten von SAP ERP nach SAP S/4HANA zu migrieren?

Man kann sich die Frage stellen, warum so viele Schritte notwendig sind, um Daten von einem SAP-System zu einem anderen SAP-System zu migrieren. Die Antwort ist: Die Datenstrukturen von SAP S/4HANA haben sich im Vergleich zu SAP ERP sehr verändert. Daher müssen die relevanten Felder des Datenobjekts in der Quelle bestimmt und eingelesen werden. Sie werden dann unter der Verwendung des Anwendungsfunktionsbausteins in das Ziel eingebucht und somit automatisch in die neuen Strukturen abgelegt. Der Funktionsbaustein sorgt dafür, dass alle Prüfungen aus Anwendungssicht durchgeführt werden und somit die Daten konsistent zum Ziel-Customizing im Ziel angelegt werden.

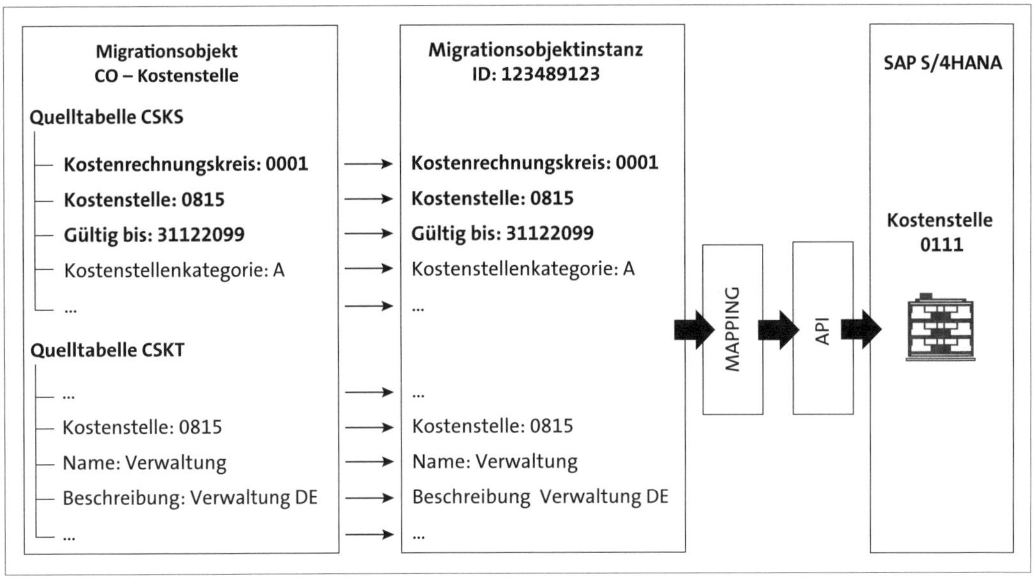

Abbildung 15.58 Migrationsobjektinstanz und ihre Verarbeitung

15.4.2 Anlegen eines Migrationsobjekts

Im Folgenden beschreiben wir die zur Verfügung stehenden Möglichkeiten, ein Migrationsobjekt anzulegen.

Anlegen eines Migrationsobjekts aus ausgelieferter Vorlage

Sie haben die Möglichkeit, die von SAP ausgelieferten Migrationsobjekte zu kopieren. Rufen Sie dazu Transaktion LTMOM auf, gehen Sie in den Änderungsmodus, und gehen Sie über die Menüleiste auf **Migrationsobjektmodellierer • Migrationsobjekt anlegen • Aus Vorlage • Daten direkt aus SAP-System migrieren**. Auf dem erscheinenden Pop-up selektieren Sie Ihr Migrationsprojekt und bestätigen Ihre Auswahl mit [Nächste/r]. Nachfolgend werden Ihnen alle verfügbaren Migrationsobjekte angeboten (siehe Abbildung 15.59). Wählen Sie nun das Migrationsobjekt aus, das Sie verwenden wollen, und vergeben Sie einen Namen für Ihr Migrationsobjekt und einen technischen Namen. Der technische Name muss ab SAP S/4HANA 2021 im Namenraum Z_ liegen. Dies gilt für alle vom Kunden erstellten Objekte, wie Migrationsobjekte und Transformationsregeln (siehe Abbildung 15.59). Bestätigen Sie Ihre Auswahl mit dem Button [✓] (**Weiter**). Durch die Bestätigung wird das Migrationsobjekt in Ihr Migrationsprojekt kopiert. Beachten Sie, dass dies einige Zeit dauern kann. Sie können das angelegte Migrationsobjekt nun an Ihre Anforderungen anpassen.

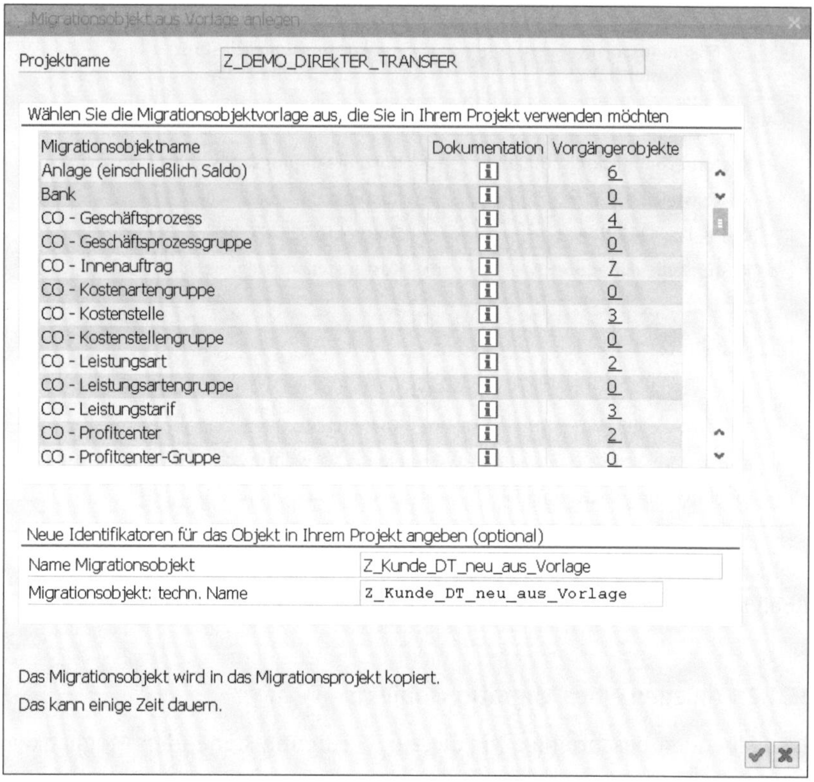

Abbildung 15.59 Migrationsobjekte aus Vorlage anlegen

Benutzerdefiniertes Migrationsobjekte anlegen

Wenn Sie bestimmte Anforderungen haben, die nicht durch die von SAP bereitgestellten Migrationsobjekte abgedeckt werden, können Sie benutzerdefinierte Migrationsobjekte anlegen. Um ein benutzerdefiniertes Migrationsobjekt anzulegen, wählen Sie **Migrationsobjektmodellierer • Benutzerdefiniert • Daten direkt aus SAP-System migrieren**. Das System startet dann einen Wizard, der Sie durch die Schritte führt, die notwendig sind, um die grundlegenden Daten für ein neues Migrationsobjekt anzulegen. In einem späteren Schritt werden noch weitere Dateieinstellungen direkt in der Transaktion LTMOM festgelegt.

[!]

Dokumentation beachten!

Nachdem Sie in Transaktion LTMOM ein Projekt aufgerufen haben, finden Sie in der oberen Leiste einen Information-Button ([i]). Dieser enthält die komplette Dokumentation für die Modellierungsumgebung des Ansatzes, Daten direkt aus einem SAP-System zu migrieren. Befinden Sie sich bereits in einem Schritt innerhalb des Wizards oder innerhalb des Modellierers, gibt es immer zusätzlich einen Info-Button, der weitere Informationen zu genau diesem Schritt anzeigt.

[«]

Weitere Informationen zum Anlegen eines Migrationsobjekts

- Im Deep Dive Guide LTMOM for Direct Transfer ist ein E2E-Beispiel hinterlegt, das ausführlich schildert, wie ein neues Migrationsobjekt angelegt wird (siehe *http://s-prs.de/v10578165*).
- Auch das Video »SAP S/4HANA Migration Object Modeler: Creating a New Migration Object« ist sehr informativ (siehe *http://s-prs.de/v10578166*).
- Beachten Sie auch SAP-Hinweis 2481235.

Kopieren eines Migrationsobjekts

Sie können auch Migrationsobjekte kopieren, die Sie bereits in Ihrem Projekt angelegt haben. Beachten Sie, dass Sie Objekte nur innerhalb eines einzelnen Projekts kopieren können. Dies ist aufgrund generierter Strukturen technisch bedingt. Wählen Sie **Migrationsobjektmodellierer • Migrationsobjekt kopieren • Daten direkt aus SAP-System migrieren**. Geben Sie das Migrationsprojekt und das Migrationsobjekt ein, aus dem kopiert werden soll, und vergeben Sie einen neuen Migrationsobjektenamen für Ihr Objekt und einen technischen Namen (siehe Abbildung 15.60).

15

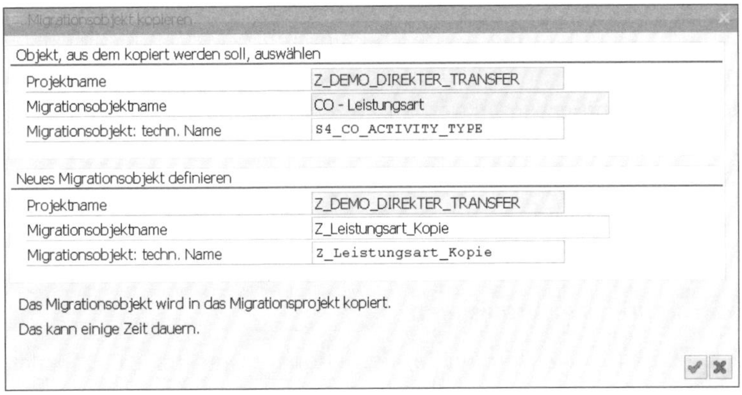

Abbildung 15.60 Migrationsobjekt kopieren

15.4.3 Aktualisierungen von Migrationsobjekten

Update von Migrationsobjekten

Es gibt mehrere Möglichkeiten, wie Aktualisierungen (Updates) von Migrationsobjekten in Ihr System gelangen können. Eine Möglichkeit ist durch ein neues Release, ein Feature Package (FPS) oder ein Support Package (SP). Eine weitere Möglichkeit ist die durch einen sogenannten *TCI-Hinweis* (Transport Based Correction Instruction).

Bis SAP S/4HANA Release 2022 FPS03 sind die Updates zuerst nur im Mandanten 000 verfügbar und müssen mit dem Report `CNV_PE_MC_LOAD_OBJECTS` in den aktuellen Mandanten geladen werden. Wenn Sie Probleme mit einem Migrationsobjekt haben, z. B. Probleme mit Transformationsregeln, könnte ein veraltetes Objekt (veralteter Content) ein Grund dafür sein.

Eine Objektaktualisierung ändert nicht die bereits bestehenden Projekte mit den ihnen zugeordneten Objekten. Um den neuen Content nutzen zu können, können Sie entweder das aktualisierte Migrationsobjekt in Ihr bestehendes Projekt kopieren (siehe unter Abschnitt 15.4.2, »Anlegen eines Migrationsobjekts«, die Überschrift »Benutzerdefiniertes Migrationsobjekte anlegen«), oder Sie legen ein neues Projekt an.

Mit SAP S/4HANA 2021 müssen Sie zwingend nach einem System-Upgrade oder einer FPS- oder TCI-Hinweis-Implementierung den Report `CNV_PE_MC_LOAD_OBJECTS` ausführen. Denn das System prüft automatisch, ob Aktualisierungen vorhanden sind, wenn Sie ein neues Projekt erstellen oder ein Migrationsobjekt hinzufügen. Informationen hierzu finden Sie auch in SAP-Hinweis 2870546.

Mit SAP S/4HANA Release 2023 ist es nicht mehr notwendig, den genannten Report auszuführen, da Sie in der SAP-Fiori-App **Migrieren Sie Ihre Daten** auf aktualisierte Versionen eines Migrationsobjekts hingewiesen werden. Weitere Infos hierzu finden Sie in Abschnitt 13.3.5, »Ein Projekt mit dem direktem Datentransfer durchführen«, im Unterabschnitt »Migrationsobjektstatus«. Sobald Sie in Ihrem Migrationsprojekt auf eine neue Version eines Migrationsobjekts hingewiesen werden, können Sie über den Migration Object Modeler die aktuelle Version über den Menüpfad **Migrationsobjektmodellierer • Migrationsobjekt anlegen • Aus Vorlage • Daten direkt aus SAP-System migrieren** hinzufügen.

15.4.4 Strukturen synchronisieren

Veränderte Strukturen oder Objekte

Migrationsobjekte verweisen auf ABAP-Dictionary-Objekte, z. B. Tabellen und Funktionsbausteine. Diese ABAP-Dictionary-Objekte können sich von Zeit zu Zeit ändern. Wenn z. B. eine neue Version oder Korrektur implementiert wird, kann dies zu zusätzlichen Importfeldern für einen Funktionsbaustein führen. Tabellenfelder im Quellsystem können hinzugefügt oder gelöscht werden. In solchen Fällen können Sie die Strukturen synchronisieren. Wenn eine Struktur in einem Migrationsobjekt nicht der Struktur im

ABAP Dictionary entspricht, aktualisiert das System die Struktur im Migrationsobjekt. Rufen Sie Transaktion LTMOM auf, und führen Sie einen Doppelklick auf das Migrationsobjekt aus. Wählen Sie dann **Migrationsobjekt • Strukturen synchronisieren**.

15.4.5 Löschen eines Migrationsobjekts

Sie können ein Migrationsobjekt aus Ihrem Projekt löschen. Wechseln Sie hierzu in den Bearbeitungsmodus, und wählen Sie das zu löschende Migrationsobjekt über das Menü **Migrationsobjekte • Löschen** aus. Alternativ können Sie das Migrationsobjekt auch löschen, indem Sie einen Rechtsklick auf das zu löschende Migrationsobjekt ausführen und anschließend **Migrationsobjekt löschen** wählen.

[«]

Löschen nicht möglich

Wenn im SAP-S/4HANA-Migrationscockpit bereits Daten ausgewählt wurden und mindestens eine Instanz vorhanden ist, kann das Migrationsobjekt nicht in Transaktion LTMOM gelöscht werden. In diesem Fall können Sie den Report `CNV_PE_MC_DEL_ITEMS` verwenden, um die Migrationsobjektinstanzen zu löschen.

15.4.6 Standardselektion ändern

Es gibt verschiedene Optionen, um die Standardselektion anzupassen. Diese Optionen erläutern wir Ihnen in diesem Abschnitt.

[«]

Veränderungen der Standardselektion liegen in Kundenverantwortung

Sobald Sie Änderungen an der von SAP voreingestellten Standardselektion vornehmen, liegt es in Ihrer Verantwortung, die Konsistenz der selektierten Daten sicherzustellen. Sehen Sie hierzu auch SAP-Hinweis 2481235 unter folgendem Link: *http://s-prs.de/v10578167*.

Selektionseinstellungen auf Tabellenebene

Selektionsoptionen nur für Datenbanktabellen

Sie können die Selektion direkt auf der Tabellenebene beeinflussen. Beachten Sie, dass diese Selektionsoptionen ausschließlich für Datenbanktabellen angewendet werden können. Für manuell definierte Tabellen oder Erweiterungstabellen ist keine Anpassung der Selektion möglich. Das Gleiche gilt, falls es sich um Pool- oder Cluster-Tabellen handelt.

Gehen Sie innerhalb Ihres Migrationsobjekts zu den **Quelltabellen**, und klicken Sie auf Tabelle CSKT ❶. Dann klicken Sie auf den Button [icon] (**Selektionseinstellungen für Feld angeben**) in der Spalte **Selektionseinstellungen für Felder**, z. B. in der Zeile KOSTL. Dies öffnet ein neues Dialogfenster (siehe Abbildung 15.61).

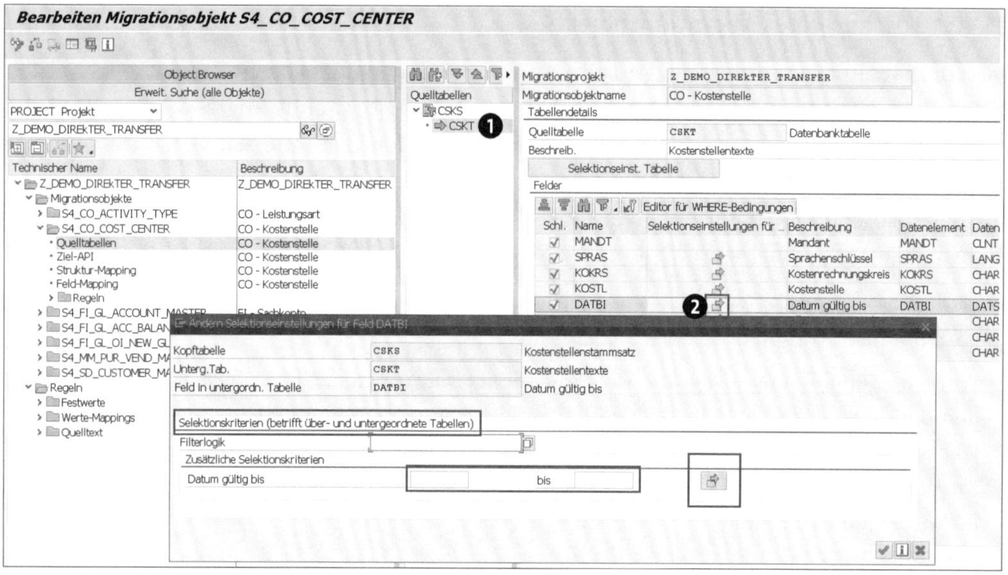

Abbildung 15.61 Selektion auf der Tabellenebene anpassen

Im unteren Bereich des Dialogfensters sehen Sie **Zusätzliche Selektionskriterien**. Sie können hier für die Selektion in Tabelle CSKS eine Von-bis-Einschränkung für das Feld **Datum gültig bis** festlegen. Dadurch werden aus der Datumstabelle DATBI ❷ nur die Daten für diese Kostenstellen selektiert. Wenn Sie auf diesem Dialogfenster auf den Button [icon] (**Mehrfachselektion**) klicken, wird Ihnen der SAP-Standard-Selektionsdialog angeboten, wie Sie ihn aus jeder SAP-Anwendungstransaktion kennen. Sie können Einzelwerte oder Intervalle selektieren oder ausschließen. Dieser Dialog steht Ihnen für jedes Feld der Quelltabellen zur Verfügung.

Selektionseinstellungen

Im mittleren Bereich des Dialogfensters sehen Sie den Button **Selektionseinst. Tabelle**.

Im Dialogfenster, das sich öffnet, haben Sie die Möglichkeit, spezielle Einstellungen für die Datenselektion vorzunehmen. Diese sind in der Regel nicht notwendig, aber nützlich, um die Selektionslogik zu beeinflussen. Für zusätzliche Informationen klicken Sie auf das Icon [icon] (**Information**).

Editior für »WHERE«-Bedingungen

Selektionskriterien über »WHERE«-Bedingung definieren

Wie im vorherigen Abschnitt beschrieben, haben Sie die Möglichkeit, zusätzliche Selektionskriterien für ein bestimmtes Feld festzulegen, indem Sie die Schaltfläche **Selektionseinstellungen für Feld** verwenden. Dabei können Sie allerdings nur eine Standardbereichseingabe zur Angabe der Feldwerte nutzen. Mit dem Editor für `WHERE`-Bedingungen, der Ihnen ab SAP S/4HANA Release 2023 FPS03 zur Verfügung steht, können Sie komplexere Selektionskriterien für die Felder definieren. Die Erstellung von `WHERE`-Bedingungen erfolgt mittels Open-SQL-Anweisungen. Sie können die Operatoren `AND` und `OR` verwenden, um einfache oder komplexe Bedingungen zu formulieren. Es ist möglich, alle Datentypen des ABAP Dictionary zu verwenden, außer `STRING`, `RAWSTRING`, `LCHR` und `LRAW`. Lediglich einfache Abfragen werden unterstützt. Sie können z. B. für die Anforderung, dass alle Produkte, die mit einem `'PROD'` beginnen, unabhängig vom Feld **MTART**, und alle Produkte, die mit einem `'MAT'` beginnen, jedoch nur, wenn der Wert des Felds **MTART** `'FERT'` ist, die folgende einfache `WHERE`-Bedingung definieren:

```
MATNR LIKE 'PROD%' OR ( MATNR LIKE 'MAT%' AND MTART EQ 'FERT' )
```

Der Einsatz von SQL-Unterabfragen zur Einschränkung von Werten, wie etwa mit `SUBSELECT`-Anweisungen, ist nicht möglich.

15

BAdI für Selektion

Selektionsmöglichkeiten über BAdI

Seit SAP S/4HANA 2021 steht Ihnen ein BAdI für die Datenselektion zur Verfügung, mit dem Sie die Datenselektion durch zusätzliche Logik auf dem Quellsystem beeinflussen können. Wenn die im Migration Object Modeler (Transaktion LTMOM) bereitgestellte Filterlogik oder die einfachen Selektionskriterien nicht ausreichen, um Ihre Datenselektionsanforderungen zu erfüllen, können Sie ABAP-Code im SAP-Quellsystem im BAdI für die Selektion implementieren.

Es gibt zwei Möglichkeiten, den BAdI für Selektion zu aktivieren:

- **Projektebene**

  Hierbei ist zu beachten, dass für alle zu Ihrem Projekt gehörenden Migrationsobjekte dasselbe BAdI für Selektion verwendet wird. Es kann kein separates BAdI für ein einzelnes Migrationsobjekt erstellt werden. Eine Aktivierung oder Deaktivierung des BAdI für Selektion auf Ebene einzelner Objekte ist nicht möglich.

- **Tabellenebene**

  Das BAdI für Selektion kann manuell über die Selektionseinstellungstabelle im Pop-up-Dialog aktiviert werden, falls es nicht automatisch aktiviert wird.

Weitere Informationen zu dem BAdI finden Sie über den Info-Button [i] auf Projekt- und Tabellenebene und auch im SAP-Knowledge-Base-Artikel 3092921 (siehe *http://s-prs.de/v10578168*).

SKIP-Regeln

Datensätze explizit von der Selektion ausschließen

Es gibt Anwendungsfälle, in denen es einfacher ist, Datensätze explizit von der Selektion auszuschließen, anstatt mit mehreren Einschränkungen auf der Tabellenebene die zu selektierende Menge zu beschreiben. Für diese Fälle kann eine sogenannte *SKIP-Regel* definiert werden. Klicken Sie im Bild **Quelltabelleneinstellungen** auf den Button **Erweiterte Selektionseinstellungen**, und es öffnet sich ein Dialogfenster (siehe Abbildung 15.62). Drücken Sie den Button [Generieren-Symbol] (**Generieren**), um die SKIP-Regel zu erzeugen. Es handelt sich hierbei um eine Quelltextregel. Der Button zum Generieren einer Regel verwandelt sich danach in ein Stift-Symbol ([Stift-Symbol]). Über den Stift können Sie in das generierte Coding springen und es an Ihre Bedürfnisse anpassen.

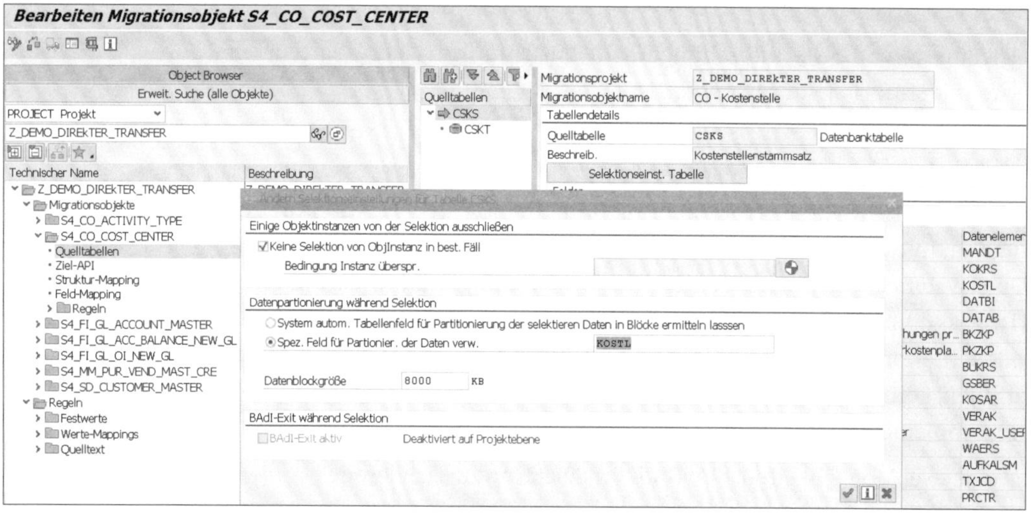

Abbildung 15.62 SKIP-Regel pflegen

Die SKIP-Regel wird im SAP-S/4HANA-Zielsystem durchlaufen, sobald die Daten einer Migrationsobjektinstanz aus der Quelle eingelesen wurden, aber bevor die Instanz in die Instanzliste eingefügt wird. Die selektierten Daten werden durch die Importparameter an die Regel übergeben. Sie wenden Ihre Kriterien auf die Daten an und geben die Entscheidung – Instanz anlegen oder nicht – an den Exportparameter weiter. Die SKIP-Regel kann jederzeit über das Kennzeichen **Keine Selektion von ObjInstanz in best. Fäll** deaktiviert werden.

Portionierung für die Selektion

Im unteren Teil des Dialogfensters finden Sie Einstellungen zur Portionierung der Daten während der Selektion.

> **Weitere Informationen zum Selektionsprozess**
>
> Der in KBA 3249988 hinterlegte, englischsprachige Guide »Direct Transfer – Selection Guide« erläutert mit vielen Beispielen und technische Detailinformationen den Selektionsprozess für den direkten Transfer von Daten (siehe *http://s-prs.de/v10578169*).

15.4.7 Konfigurationsoptionen

Wie in Abschnitt 13.3.5, »Ein Projekt mit dem direktem Datentransfer durchführen«, im »Detailbild des Migrationsobjekts« erwähnt, haben Sie ab SAP S/4HANA 2023 die Möglichkeit, Konfigurationsoptionen zu nutzen, um sicherzustellen, dass ausschließlich die für Ihr Migrationsprojekt relevanten Daten aus dem Quellsystem selektiert werden. Für das Migrationsobjekte **Lieferant** ist ein Land/eine Region eine Konfigurationsoption. Wie Sie in Abbildung 15.63 sehen können, gibt es 11 aktive Konfigurationsoptionen.

15

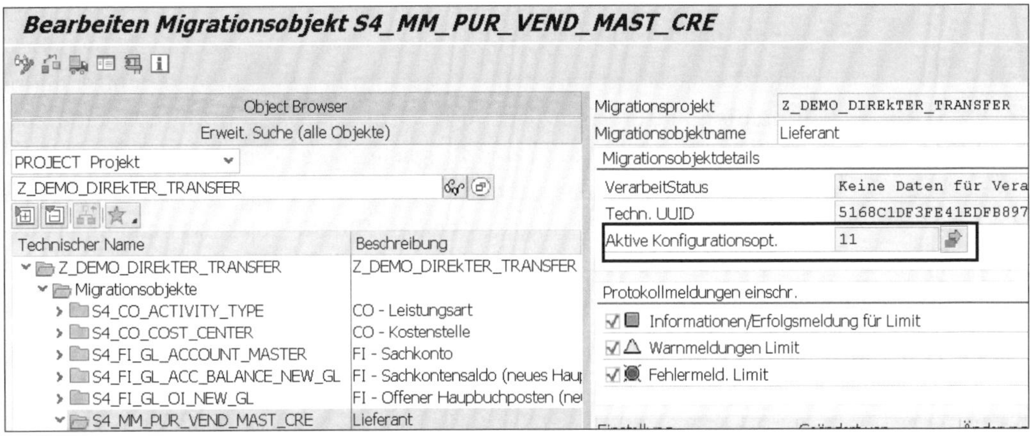

Abbildung 15.63 Aktive Konfigurationsoptionen

Sie können festlegen, welche Konfigurationsoptionen für Ihr Migrationsobjekt relevant ist, indem Sie die für Sie relevanten Länder/Regionen aktiv auswählen (siehe Abbildung 15.64). Diese Konfigurationsoption ermöglicht es Ihnen, sicherzustellen, dass länderspezifische Daten ausschließlich für ausgewählte Länder aus dem Quellsystem selektiert werden.

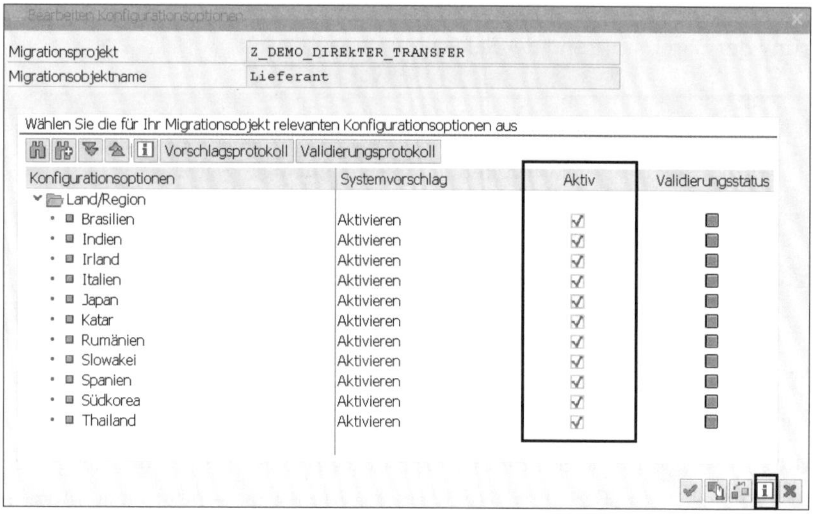

Abbildung 15.64 Konfigurationsoptionen bearbeiten

Weitere Informationen zu den Konfigurationsoptionen erhalten Sie über den Button [i] (**Information**).

15.4.8 Eigene Regeln anlegen

Zum Thema *Regeln* finden Sie in der zentralen Systemdokumentation (Information-Button nach dem Aufruf von Transaktion LTMOM) eine ausführliche Dokumentation und Beispiele. Neue Regeln können Sie auf der Migrationsobjekt- oder auf der Projektebene anlegen. Projektregeln können Sie in allen Migrationsobjekten unter Ihrem Projekt verwenden. Objektregeln sind hingegen nur für die Konfiguration dieses bestimmten Objekts verfügbar. Es gibt zwei Status für Regeln: Aktivierung und Entwicklung.

Sie können folgende Transformationsregeln anlegen:

- *Festwerte*: Eine Festwertregel ist ein konstanter Wert, der mehreren Zielfeldern zugeordnet werden kann. Festwertregeln haben nur einen Exportparameter. Vorteil eines Festwerts ist, dass der Festwert nur einmal an einer zentralen Stelle angegeben bzw. geändert werden muss, ohne die Feld-Mappings zu editieren.
- *Werte-Mappings*: Eine Werte-Mapping-Regel ist ein Container eines vordefinierten Mappings, das jeweils einen Zielwert für den einen Quellwert oder eine Kombination aus verschiedenen Quellwerten bereitstellt. Die Mappings können vom System während der Datenselektion automatisch generiert werden oder werden vom Benutzer manuell bereitgestellt. Im ersten Fall ist eine zusätzliche Konfiguration auf der Übertragungsschritt-

ebene erforderlich. Die Werte-Mapping-Regel muss mindestens einen Importparameter und einen Exportparameter für die entsprechenden Quell- und Zielwerte haben.

- *Quelltext*: Sie legen Ihre eigene Logik in Form von ABAP-Quelltext an. Ausgehend von Ihrer Quelltextregel können Sie andere Objektregeln aufrufen (verwenden Sie den Button **Muster**).

Mit der rechten Maustaste auf z. B. **Werte-Mappings** kommen Sie in das Bild zur Neuanlage (siehe Abbildung 15.65). Die neu angelegten Regeln weisen Sie anschließend im Bereich **Feld-Mapping** den Zielfeldern zu.

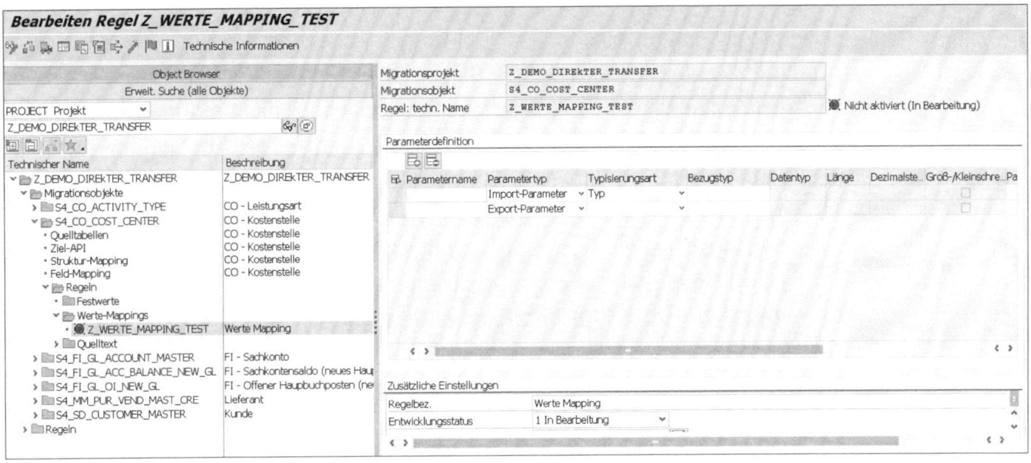

Abbildung 15.65 Werte-Mapping anlegen

Ab SAP S/4HANA 2021 ist das Kopieren und Löschen von Transformationsregeln möglich. Auch ist es möglich, diese zu transportieren.

[«]

Berechtigungen notwendig

Beachten Sie, dass Sie Entwicklungsautorisierung benötigen, um die generierte Codierung ändern zu können:

- Autorisierungsobjekt S_DEVELOP
- OBJTYPE = "CLAS"
- ACTVT = "02"

[«]

Mapping herunter- und hochladen

Es ist seit SAP S/4HANA 2020 FPS1 nicht mehr möglich, den Mapping-Download oder -Upload in Transaktion LTMOM durchzuführen. Diese Funktion wurde mit SAP S/4HANA 2020 ins Migrationscockpit verlegt.

Zeitpunkt der Prozessierung

Beim Ansatz des direkten Transfers gibt es, im Gegensatz zum Staging-Tabellen-Ansatz, keine ereignisbasierten Regeln. Die Regeln werden immer zu genau einem Zeitpunkt aufgerufen: beim Ausführen der Aktion **Simulation**. In diesem Schritt werden die Regeln auf die Felder der eingelesenen Instanzen angewandt. Die Objektinstanzen werden mit den so transformierten Werten an die API weitergereicht.

In Abschnitt 15.4.10, »Migrationsobjekte simulieren und debuggen«, finden Sie Informationen zum Debuggen der Transformation.

[»]

Kundeneigene Regeln in SAP S/4HANA 1909

Die Erstellung eigener Quelltextregeln ist erst mit SAP S/4HANA 2020 möglich. In SAP S/4HANA 1909 können bereits eigene Werte-Mapping-Regeln angelegt werden. Jedoch werden diese noch nicht mit Vorschlagswerten für die Zielwerte versorgt. Das heißt, für diese selbst erstellten Werte-Mapping-Regeln laden Sie zunächst das Microsoft-Excel-Template in Transaktion LTMOM herunter und befüllen es mit den Quell- und Zielwerten. Anschließend laden Sie es mithilfe von Transaktion LTMOM wieder hoch. Eigene Move-Regeln sowie eigene Festwertregeln können ebenfalls in SAP S/4HANA 1909 angelegt werden.

15.4.9 Tabellenfelderweiterungen migrieren (Z-Felder)

Automatische Erkennung von Z-Feldern

Falls es im Quellsystem Felderweiterungen (kundeneigene Felder bzw. Z-Felder) zu den SAP-Standardtabellen gibt, erkennt dies das Migration Cockpit (nur Ansatz des direkten Transfers). Rufen Sie Transaktion LTMOM auf, und navigieren Sie innerhalb Ihres Migrationsobjekts zum Bereich **Quelltabellen**. Das Migration Cockpit zeigt die kundeneigenen Felder als Quellfelder an. Ob und wie das kundeneigene Feld ins Zielsystem migriert werden kann, hängt davon ab, wie die im Migrationsobjekt genutzte BAPI gebaut ist.

Für Funktionsmodule gibt es drei verschiedene Konzepte:

- Funktionsmodule, die Includes- oder Append-Felder enthalten
- BAPI-Funktionsmodule mit Extension-Feldern vom Typ 1 (z. B. `BAPI_MATERIAL_SAVEREPLICA`)
- BAPI-Funktionsmodule mit Extension-Feldern vom Typ 2: mit oder ohne X-Felder

In allen Fällen müssen die Includes- und Append-Strukturen durch den Kunden gepflegt werden (Transaktion SE11). Der Benutzer benötigt also tiefgreifendes DDIC-Wissen und eine ABAP-Entwicklungsberechtigung im

System. Falls Sie ein eigenes Funktionsmodul anlegen wollen, finden Sie ausführliche Informationen in Abschnitt 15.2.5, »Eigene Migrationsobjekte anlegen«. Beachten Sie zusätzlich SAP-Hinweis 2590165, den Sie unter *http://s-prs.de/v10578170* finden.

15.4.10 Migrationsobjekte simulieren und debuggen

Auch im Ansatz des direkten Transfers können Sie einzelne oder ausgewählte Migrationsobjektinstanzen simulieren und dabei debuggen. Wählen Sie dazu ein Migrationsobjekt in Transaktion LTMOM aus, und schalten Sie in den Änderungsmodus. Über den Button (**Simulation**) gelangen Sie zum Auswahlbild aus Abbildung 15.66.

Abbildung 15.66 Instanzen simulieren und dabei debuggen

Breakpoint setzen

Es gibt zwei Zeitpunkte, zu denen Sie einen Breakpoint setzen können:

- **Breakpoint vor Mapping**

  Das Programm hält an, bevor das Migration Cockpit die Mapping-Regeln auf die Migrationsobjektinstanz anwendet. So können Sie nachvollziehen, in welchen Schritten einzelne Werte der Instanz transformiert werden.

- **Breakpoint vor API-Aufruf**

  Das Programm hält an, bevor das Migration Cockpit die transformierte Migrationsobjektinstanz zur Simulation mit den transformierten Werten an die API übergibt.

Instanzen simulieren

Im unteren Teil des Bilds finden Sie zwei Optionen, die steuern, ob die Original-Migrationsobjektinstanz (**Instanzen vor Mapping anzeigen**) so angezeigt wird, wie sie aus dem Quellsystem eingelesen wurde, oder ob die bereits transformierte Instanz (**Instanzen nach Mapp. anzeigen**) angezeigt werden soll.

15.4.11 Monitoring

Laufende Aktivitäten prüfen

Mit SAP S/4HANA 2022 haben Sie die Möglichkeit, sich über laufende Aktivitäten eines Direkter-Transfer-Projekts auch im Migration Object Modeler zu informieren (siehe Abbildung 15.67). Gehen Sie hierzu im Änderungsmodus über die Menüleiste auf **Springen • Monitoring**, alternativ können Sie auch auf den Button (**Monitoring**) klicken.

Nähere Informationen zum Monitoring finden Sie in Abschnitt 13.2.9, »Monitoring der Aktivitäten«.

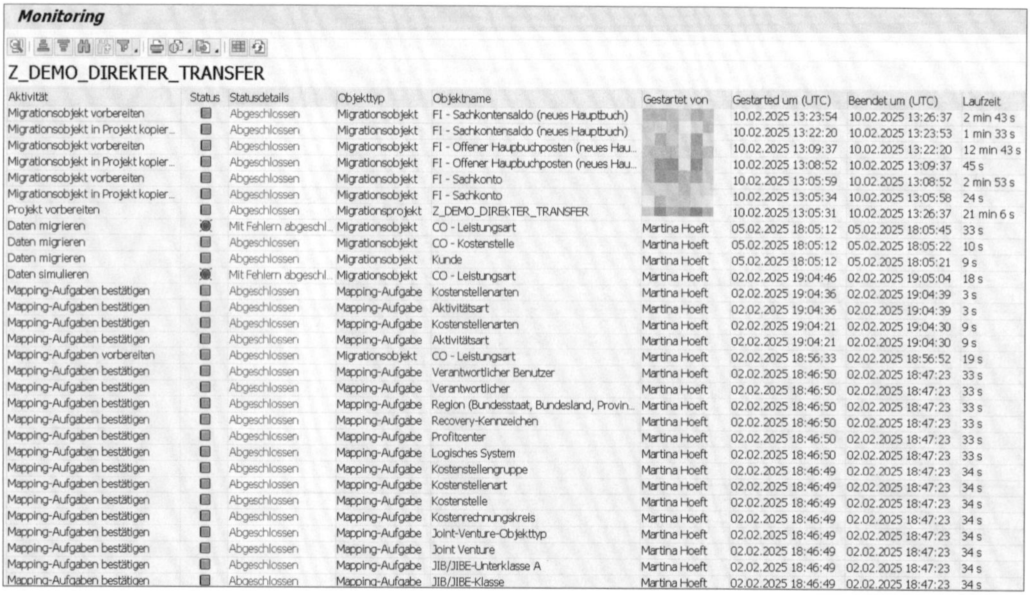

Abbildung 15.67 Monitoring in der LTMOM

15.4.12 Systemaufgaben

Konsistenten Status erreichen

Systemaufgaben müssen entweder auf Migrationsprojekt- oder -objekteebene ausgeführt werden, um einen konsistenten Status im Migrationsobjekt zu erreichen. Bei Systemaufgaben handelt es sich beispielsweise um die Generierung der benötigten Funktionsbausteine. Das Erstellen und die anschließende Ausführung dieser Systemaufgaben können erforderlich sein, um beispielsweise eine Korrektur über einen SAP-Hinweis wirksam zu machen.

Die erstellten Systemaufgaben werden über die Menüleiste und **Hilfsmittel • Systemaufgaben • Systemaufgaben anlegen** ausgeführt. Beachten Sie, dass Systemaufgaben nur angelegt werden können, wenn keine andere Aktivität für das entsprechende Migrationsprojekt oder -objekt ausgeführt wird. Solange das Erstellen nicht abgeschlossen ist, kann keine andere Aktivität ausgeführt werden. Weitere Informationen zu den Systemaufgaben entnehmen Sie bitte der detaillierten Dokumentation, die Sie im Migration Object Modeler über den Button [i] (**Information**) aufrufen können. Die von Ihnen angelegten Systemaufgaben können Sie im Monitoring prüfen (siehe hierzu Abschnitt 15.5.11, »Monitoring«).

15.4.13 Projekte transportieren in SAP S/4HANA

Import/Export nur noch über Transport

Wie in Abschnitt 13.3.5, »Ein Projekt mit dem direktem Datentransfer durchführen«, beschrieben, steht Ihnen der SAP-Transportanschluss zur Verfügung, um Projekte in andere Systeme zu übertragen. In Transaktion LTMOM können Sie einem Customizing-Transportauftrag Projekte, Migrationsobjekte und Regeln hinzufügen. Positionieren Sie dazu den Cursor auf dem entsprechenden Element, und klicken Sie auf den Button (**Zum Transportauftrag hinzufügen**). Alternativ können Sie auch auf das jeweilige Objekt klicken und mit der rechten Maustaste **Objekt in Transportauftrag hinzufügen** wählen. Wenn Sie ein Migrationsprojekt zu einem Transport hinzufügen, werden alle Migrationsobjekte des Projekts und alle zugehörigen Regeln in den Transportauftrag übernommen. In SAP S/4HANA Releases kleiner 2023 weisen Sie beim Erstellen eines Projekts im Migration Cockpit (SAP-Fiori-App) ein Entwicklungspaket zu. Diese Zuordnung ist später nicht mehr änderbar.

In nicht modifizierbaren Systemen (Qualitäts- und Produktivsysteme) ist es nicht möglich, Projekte zu erstellen oder zu bearbeiten; sie können nur ausgeführt werden.

Auch wird die Verwendung der Transaktionen SCC1 und SCC1N nicht unterstützt, um Inhalte von einem Mandanten in einen anderen zu transportieren. Wenn Sie ein Projekt innerhalb eines Systems von einem Mandanten in einen anderen verteilen müssen, beispielsweise zu Testzwecken, gehen Sie wie folgt vor:

1. Erstellen Sie einen Transport im Mandanten ABC.
   - Für SAP S/4HANA 2020 bis 2022: Verwenden Sie die Kategorie *Workbench* oder *Transport von Kopien*.
   - Für SAP S/4HANA 2023 und später: Verwenden Sie die Kategorie *Customizing*.
2. Fügen Sie das relevante Projekt dem Transport über den Button (**Zu Transportauftrag hinzufügen**) hinzu.
3. Geben Sie den Transportauftrag im Mandanten ABC freigeben.
4. Importieren Sie den Transportauftrag manuell in Mandant XYZ z. B. über die Transaktion STMS.

Informationen zum Transportkonzept in SAP S/4HANA Cloud finden Sie in Abschnitt 15.5.12, »Projekte transportieren in SAP S/4HANA Cloud«.

[»]

Regeln transportieren

Transportaufträgen wird nur die Definition einer Regel hinzugefügt. Es sind keine Werte, z. B. Mapping-Werte, enthalten. Diese können Sie per Download/Upload ins System bringen oder im Migration Cockpit direkt pflegen.

[»]

Transporte in SAP S/4HANA 1909

In Version SAP S/4HANA 1909 ist der Transportanschluss noch nicht realisiert. Projekte müssen manuell übertragen werden.

[»]

Weitere Informationen

Eine detaillierte Beschreibung des Transportkonzepts finden Sie im Blog »SAP S/4HANA Migration Cockpit, direct transfer, transport capabilities« von Heike Jensen (siehe *http://s-prs.de/v10578171*), unter dem Link *http://s-prs.de/v10578172* und in der KBA 3043614 unter dem Link *http://s-prs.de/v10578173*.

In diesem Abschnitt haben Sie gelernt, wie Sie den Migration Object Modeler für den direkten Transfer in SAP S/4HANA nutzen. Im folgenden Abschnitt beschreiben wir die Funktionalitäten des Migration Object Modelers für den Direct Transfer in SAP S/4HANA Cloud.

15.5 Modellierung für die Datenmigration mit dem direkten Transfer aus SAP-Systemen in SAP S/4HANA Cloud

Auf die Grundlagen der Datenmodellierung und die Bestandteile eines Migrationsobjekts sind wir schon in Abschnitt 15.4.1, »Grundlagenwissen für die Modellierung«, eingegangen. Daher fokussieren wir uns in diesem Abschnitt auf die wichtigsten Funktionalitäten des Migration Object Modelers in SAP S/4HANA Cloud.

In SAP S/4HANA Cloud steht Ihnen das Migrationsszenario *SAP ERP nach SAP S/4HANA* zur Verfügung. Das heißt, dass die Daten direkt aus dem Quellsystem anhand des Buchungskreises selektiert und nur diese spezifisch relevanten Daten übernommen werden. Der Migration Object Modeler ermöglicht Ihnen, festzulegen, welche zusätzlichen Daten ins Zielsystem übernommen werden, oder die zu übernehmenden Daten weiter einschränken zu können.

Im Unterschied zum Ansatz für Staging-Tabellen wird der Migration Object Modeler für den direkten Transfer in SAP S/4HANA Cloud im SAP Fiori Launchpad über die SAP-Fiori-App **Implementierungsaktivitäten** aufgerufen (siehe Abbildung 15.68).

Abbildung 15.68 SAP-Fiori-App »Implementierungsaktivitäten«

Über die SAP-Fiori-App gelangen Sie zur Struktur von *SAP Business Configuration*. Navigieren Sie nun über den Menüpfad: **Allgemeine Geschäftsdaten • Datenverwaltung • Datenmigration • Datenmigration von SAP in SAP S/4HANA**, um den Migration Object Modeler aufzurufen.

[!]

Dokumentation beachten!

Nachdem Sie im Migration Object Modeler ein Projekt aufgerufen haben, finden Sie in der oberen Leiste einen Informations-Button (Informationen). Dieser enthält die komplette Dokumentation für die Modellierungsumgebung des Ansatzes *Daten direkt aus einem SAP-System zu migrieren*. Befinden Sie sich bereits in einem Schritt innerhalb des Wizards oder innerhalb des Modellierers, gibt es immer zusätzlich einen Informations-Button [i], der weitere Informationen zu genau diesem Schritt anzeigt.

[»]

Benötigte Benutzerrolle

Um den Migration Object Modeler in SAP S/4HANA Cloud für den Direct-Transfer-Migrationsansatz nutzen zu können, muss Ihrem Benutzer die Rolle SAP_BR_BPC_EXPERT zugewiesen sein.

Wie bereits zu Beginn dieses Abschnitts erwähnt, bietet der Migration Object Modeler in SAP S/4HANA Cloud einen begrenzten Funktionsumfang. Im Folgenden haben wir die wichtigsten Funktionen für Sie zusammengestellt.

15.5.1 Migrationsobjekte aus einer Vorlage anlegen

Migrationsobjekt aus Vorlage anlegen

Sie können Migrationsobjekte aus einer Vorlage anlegen. Gehen Sie in der Anwendung über die Menüleiste auf **Projekt • Migrationsobjekt anlegen • Aus Vorlage**. Auf dem erscheinenden Pop-up wählen Sie das gewünschte Migrationsobjekt aus, vergeben Sie dann einen Namen für Ihr Migrationsobjekt und einen technischen Namen. Dieser muss im Kundennamenraum beginnend mit Z_* liegen (siehe Abbildung 15.69).

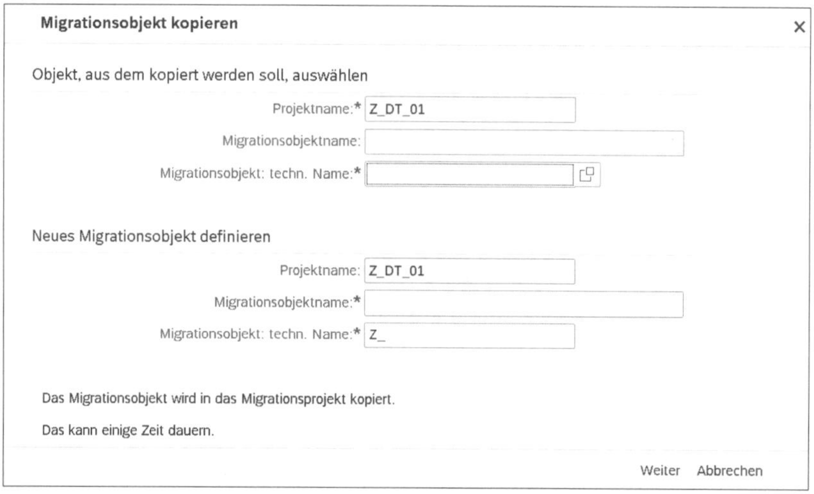

Abbildung 15.69 Migrationsobjekt aus Vorlage anlegen

[»]

Einschränkung beim Erstellen eines Migrationsobjekts

In SAP S/4HANA Cloud können Migrationsobjekte *nicht* von Grund auf neu erstellt werden.

15.5.2 Kopieren eines Migrationsobjekts

Migrationsobjekt kopieren

Innerhalb eines Migrationsprojekts haben Sie die Möglichkeit, ein bestehendes Migrationsobjekt zu kopieren. Navigieren Sie dazu in der Menüleiste zu **Projekt • Migrationsobjekt kopieren** (siehe Abbildung 15.70). Im erscheinenden Pop-up-Fenster geben Sie zunächst das Migrationsobjekt ein, das Sie kopieren möchten. Anschließend legen Sie einen Namen sowie einen technischen Namen für das neue Migrationsobjekt fest. Beachten Sie, dass auch hier der Name des technischen Objekts im Kundennamenraum Z_* liegen muss.

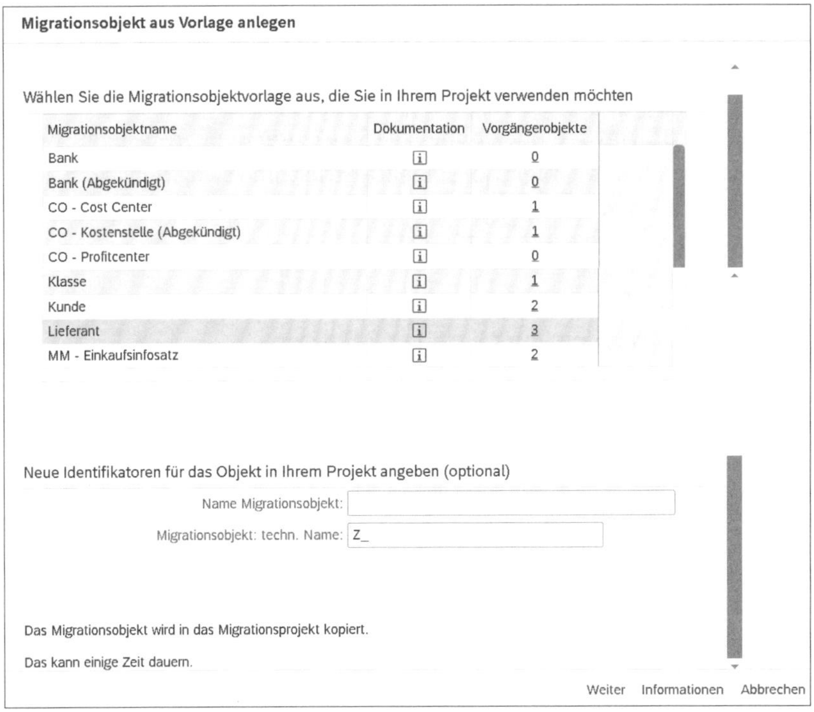

Abbildung 15.70 Migrationsobjekt kopieren

Migrationsobjekt kann im Projekt mehrmals vorkommen

Wie auch in SAP S/4HANA kann in SAP S/4HANA Cloud ein Migrationsobjekt innerhalb eines Projekts mehrfach vorhanden sein. Beispielweise wenn Sie die Anforderung haben, dass das Migrationsobjekt **CO – Kostenstellen ABC** von 1000 bis 4999 selektiert und das Migrationsobjekt **CP Kostenstelle XYZ** von 5000 bis 9999.

[»]

Migrationsobjekte können nicht gelöscht werden

Derzeit ist es nicht möglich, ein Migrationsobjekt aus einem Migrationsprojekt zu löschen. Um im Migrationsprojekt anzuzeigen, dass das Migrationsobjekt nicht weiter verwendet werden soll, gibt es aber die Möglichkeit, den Namen des Migrationsobjekts zu ändern und somit kenntlich zu machen, dass das Migrationsobjekt nicht weiter verwendet werden soll, beispielsweise mit dem Hinweis »nicht verwenden«. Es ist geplant, dass Migrationsobjekte in Zukunft direkt über den Migration Object Modeler gelöscht werden können.

15.5.3 Strukturen synchronisieren

Auch in SAP S/4HANA Cloud können Sie Strukturen synchronisieren. Navigieren Sie im Menü zu **Migrationsobjekt • Strukturen synchronisieren**. Weitere Informationen über die Synchronisation finden Sie in Abschnitt 15.4.4, »Strukturen synchronisieren«.

15.5.4 Aktualisierung von Migrationsobjekten

In Abschnitt 13.3.5, »Ein Projekt mit dem direktem Datentransfer durchführen«, im Unterabschnitt »Migrationsobjektstatus« sind wir auf die aktualisierten Versionen von Migrationsobjekten und die unterschiedlichen Status eingegangen. Wenn Sie in Ihrem Migrationsprojekt über die Statusanzeige die Information bekommen, dass z. B. eine neue Version verfügbar ist, können Sie über den Menüpfad **Migrationsobjektmodellierer • Migrationsobjekt anlegen • Aus Vorlage • Daten direkt aus SAP-System migrieren** die neue Version des Migrationsobjekts hinzufügen (siehe hierzu auch Abschnitt 15.5.1, »Migrationsobjekte aus einer Vorlage anlegen«).

15.5.5 Filter anzeigen

Die Organisationsableitung erfolgt größtenteils über sogenannte Filter. Diese Filter sind Sammlungen von Werten desselben Datentyps, die zentral in einem Projekt gespeichert werden und allen Migrationsobjekten eines Projekts zur Verfügung stehen. Beispiele für solche Filter sind Kostenrechnungskreis, Buchungskreis, Werk, Verkaufsorganisation und Einkaufsorganisation. SAP hat diese Filter vordefiniert und festgelegt, welche von ihnen für das Szenario *SAP ERP zu SAP S/4HANA* verwendet werden können. Es ist nicht möglich, eigene Filter zu erstellen oder die in einem Projekt vorgegebenen Werte, wie etwa die Werke 0001, 0002 und 0003 aus einem Buchungskreis-Filter, zu ändern oder zu löschen (siehe Abbildung 15.71).

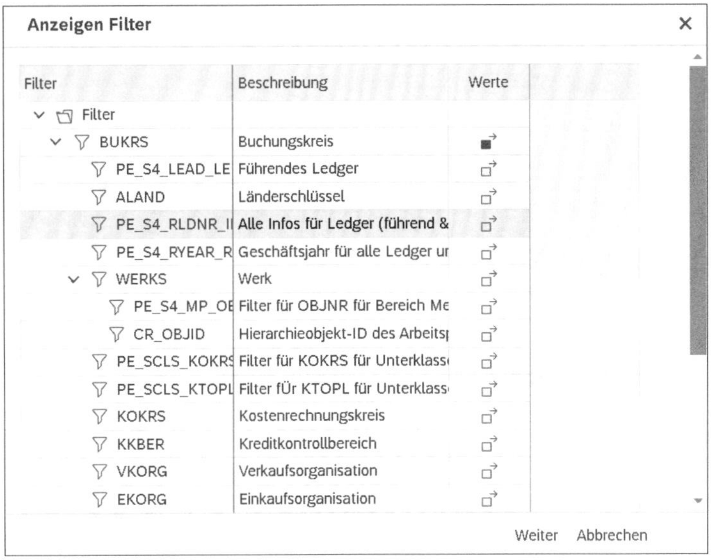

Abbildung 15.71 Filter

15.5.6 Selektion anpassen

Auch in SAP S/4HANA Cloud stehen Ihnen verschiedene Möglichkeiten zur Verfügung, die Standardselektion an Ihre Anforderungen anzupassen.

Anpassen der Selektion auf Tabellenfeldebene

Selektionsoptionen auf Tabellenfeldebene

Sie können in SAP S/4HANA Cloud die Selektion direkt auf der Tabellenebene beeinflussen. Beachten Sie auch hier, dass diese Selektionsoptionen ausschließlich für Datenbanktabellen angewendet werden können.

Editior für »WHERE«-Bedingungen

»WHERE«-Bedingung in SAP S/4HANA Cloud

Auch in SAP S/4HANA Cloud Public Edition haben Sie die Möglichkeit, mit dem **Editor für WHERE-Bedingungen** (siehe Abbildung 15.72) komplexere Selektionskriterien für die Felder zu definieren. Weitere Informationen zu `WHERE`-Bedingungen finden Sie über den Button [i] (**Information**) und in Abschnitt 15.4.6, »Standardselektion ändern«, unter der Überschrift »Editor für ›WHERE‹-Bedingungen«.

Abbildung 15.72 Instanzlisteneinstellungen

BAdI für Selekion

In SAP S/4HANA Cloud steht Ihnen auch der BAdI für Selektion, den wir in Abschnitt 15.5.6, »Selektion anpassen«, unter Überschrift »BAdI für Selektion« beschrieben haben, zur Verfügung.

Weitere Informationen zu dem BAdI finden Sie über den Button [i] (**Information**) auf Projekt- und Tabellenebene und im SAP-Knowledge-Base-Artikel 3524183.

> **Veränderungen der Standardselektion liegen in Kundenverantwortung**
>
> Beachten Sie, dass Sie, sobald Sie mit der Anpassung der Selektion oder der ausgelieferten Objekte beginnen, dafür verantwortlich sind, eine konsistente Selektion und eine erfolgreiche Migration sicherzustellen (siehe SAP-Hinweis 3249937).

15.5.7 Konfigurationsoptionen

Auch in SAP S/4HANA Cloud können Sie Konfigurationsoptionen nutzen, um sicherzustellen, dass ausschließlich die für Ihr Migrationsprojekt relevanten Daten aus dem Quellsystem selektiert werden. Auch hier gilt, dass die Funktionalität momentan nur für das Migrationsobjekt Lieferant zur Verfügung steht. Detaillierte Informationen zu den Konfigurationsoptionen finden Sie in Abschnitt 15.4.7, »Konfigurationsoptionen«.

15.5.8 Instanzlisteneinstellungen

In der SAP-Fiori-App **Migrieren Sie Ihre Daten** haben Sie die Möglichkeit, die Instanzen eines Migrationsobjekts einzusehen. Es ist ein neuer Dialog **In-**

stanzlisteneinstellungen (siehe Abbildung 15.72) geplant, in dem Sie für eine Migrationsobjektinstanz definierte Felder ansehen können. Die Spalte **Anzeigen** (siehe Abbildung 15.73) zeigt, ob das Feld in der SAP-Fiori-App sichtbar ist. Ist das Kästchen aktiviert, wird das Feld dargestellt, andernfalls bleibt es verborgen. Diese Funktion auch für SAP S/4HANA geplant.

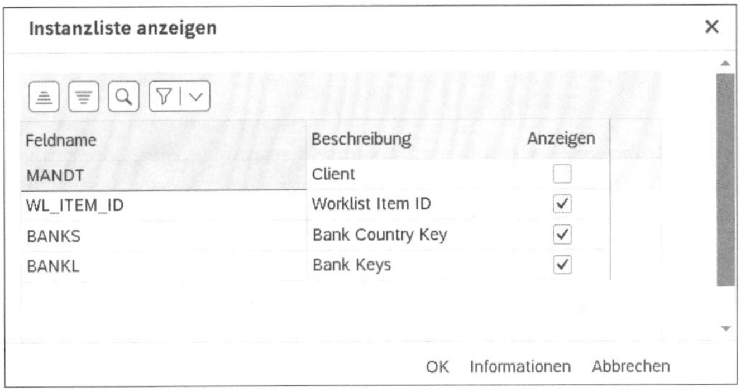

Abbildung 15.73 Instanzlisten anzeigen

15.5.9 Eigene Regeln

Sie haben die Möglichkeit, eigene Festwerte und Werte-Mappings auf Projekt- und Migrationsobjektebene anzulegen, zu ändern und zu löschen. Diese können Sie aber nur Erweiterungsfeldern zuordnen.

15.5.10 Systemaufgaben

Navigieren Sie im Menü zu **Hilfsmittel • Systemaufgaben • Systemaufgaben anlegen/Systemaufgaben ausführen/Systemaufgaben anzeigen** (siehe Abbildung 15.74). Um einen konsistenten Status im Migrationsobjekt zu erreichen, ist die Ausführung bestimmter Systemaufgaben erforderlich, wie etwa die Generierung notwendiger Funktionsbausteine. Diese Aufgaben sind oft notwendig, um beispielsweise eine Korrektur durch einen Hotfix wirksam werden zu lassen. Beachten Sie, dass Systemaufgaben nur dann angelegt werden können, wenn keine andere Aktivität für das betreffende Migrationsprojekt oder -objekt im Gange ist. Bis zum Abschuss der Erstellung können keine anderen Aktivitäten ausgeführt werden. Wenn Systemaufgaben für ein Migrationsprojekt angelegt werden sollen, erfolgt die automatische Anlage dieser Aufgaben auch für alle zugehörigen Migrationsobjekte. Sie finden die angelegten Systemaufgaben im Monitoring (siehe Abbildung 15.75).

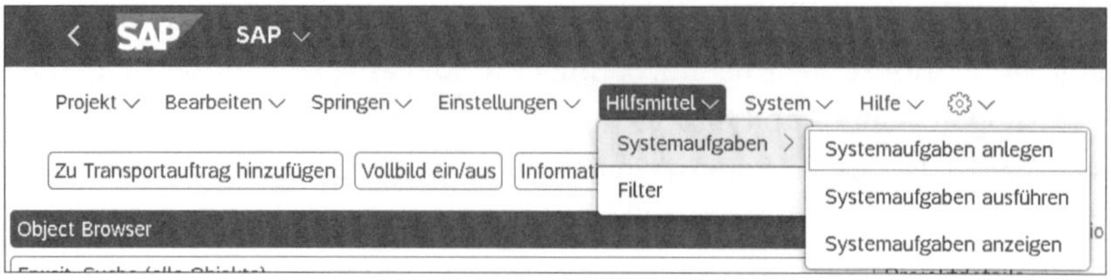

Abbildung 15.74 Menüpfad, um Systemaufgaben anzulegen, auszuführen und anzuzeigen

Abbildung 15.75 Anzeige der Aktivität für die Systemaufgaben im Monitoring

15.5.11 Monitoring

Sie können sich über laufende Aktivitäten eines Direkter-Transfer-Projekts im Migration Object Modeler informieren (siehe Abbildung 15.76). Gehen Sie hierzu auf Migrationsprojektebene über die Menüleiste auf **Springen • Monitoring**, alternativ können Sie auch auf den Button Monitoring klicken.

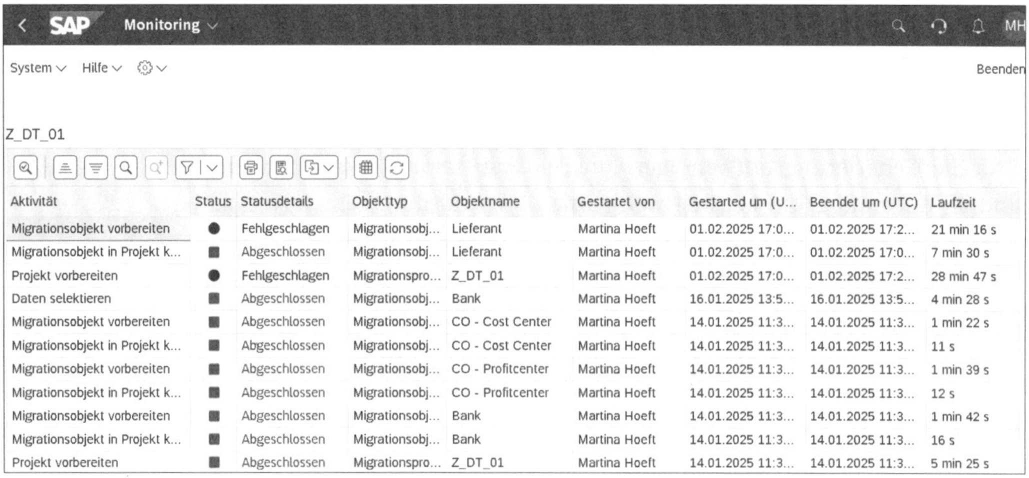

Abbildung 15.76 Monitoring

15.5.12 Projekte transportieren in SAP S/4HANA Cloud

In SAP S/4HANA Cloud können Sie Ihre Migrationsprojekte über die SAP-Fiori-App **Customizing-Transporte exportieren** transportieren. Bevor Sie im Migration Object Modeler Ihre Projekte oder auch Migrationsobjekte zu einem Transportauftrag hinzufügen, ist es notwendig, dass Sie in der SAP-Fiori-App **Customizing-Transporte exportieren** einen Transportauftrag angelegt haben. Nachdem Sie Ihren Auftrag in der SAP-Fiori-App freigegeben haben, müssen Sie diesen im Testsystem über die SAP-Fiori-App **Kollektion importieren** importieren. Nach dem Import können Sie dann in der SAP-Fiori-App **Daten migrieren** die Datenverbindung und den bzw. die relevanten Buchungskreise für Ihr Projekt eingeben.

[«]

Einschränkungen beim Transportieren

Man kann ein (angepasstes) Migrationsobjekt nicht von Projekt A zu Projekt B kopieren. Das deutet darauf hin, dass es Einschränkungen beim Duplizieren oder Übertragen von Migrationsobjekten zwischen Projekten gibt, wodurch alternative Methoden für die Wiederverwendung oder Anpassung erforderlich sind.

15.6 Fazit und weitere nützliche Informationsquellen

Sie wissen nun, wie Sie das Migration Cockpit (siehe das gleichnamige Kapitel 13), die unterstützenden Anwendungen und den Migration Object Modeler für die verschiedenen Migrationsansätze bedienen können. Wir haben Ihnen viele nützliche Beispiele und Hinweise gegeben. Nachfolgend finden Sie noch wichtige Quellen, wo Sie detaillierte Informationen zu diesen Themen finden können.

15.6.1 Landingpages der Datenmigration

Generell ist es sinnvoll, sich vor der Datenmigration mit den Möglichkeiten und den Informationsquellen zu beschäftigen. Den besten Einstieg neben diesem Buch bieten hier die Landingpages für die Datenmigration für SAP S/4HANA Cloud und SAP S/4HANA. Sie finden Sie unter folgenden Weblinks im SAP Help Portal:

- SAP S/4HANA Cloud: *https://help.sap.com/S4_CE_DM*
- SAP S/4HANA: *https://help.sap.com/S4_OP_DM*

15.6.2 SAP Community

SAP Community

Sie können die *SAP Community* nutzen; sie ist unter diesem Link erreichbar: *https://community.sap.com/*.

Allgemein und insbesondere für die SAP-S/4HANA-On-Premise-Versionen empfiehlt sich auch ein Blick auf die Migration-Cockpit-Seite der SAP Community unter *http://s-prs.de/v10578102*.

Hier finden Sie eine Vielzahl von Informationen zu allen Aspekten der Datenmigration unter SAP S/4HANA.

15.6.3 Performance-Aspekte

Nachfolgend haben wir Ihnen hier die unserer Meinung nach wichtigsten SAP-Knowledge-Base-Artikel aufgeführt:

- 3034738 – Migration Cockpit(new): Parallelization of XML file loads – SAP ONE Support Launchpad
- 3065607 – Performance tips & tricks for SAP S/4HANA Migration Cockpit: Migrate Data Using Staging Tables – SAP ONE Support Launchpad
- 3066336 – Modifying Data Transfer Jobs to improve the data transfer performance of the SAP S/4HANA Migration Cockpit – Migrate Data Using Staging Tables
- 3056885 – Performance tips & tricks, SAP S/4HANA Migration Cockpit: Transfer data directly from SAP system – SAP ONE Support Launchpad

[»]

Nach aktuellen Hinweisen suchen

Suchen Sie immer nach aktuellen Hinweisen zum Thema Performance. Neben Korrekturen kann es auch Knowledge-Base-Artikel oder aktuelle Beratungshinweise zu diesem Thema geben. Suchen Sie mit den Schlagwörtern »SAP S/4HANA Migration Cockpit« und »Performance«.

15.6.4 Zeitpunkt der Migration mit Wartungszeiträumen abgleichen

In SAP S/4HANA Cloud sollten Sie keine Datenübernahme innerhalb eines Wartungszeitraums, also während der Blue-Green-Deployment-Phase einplanen. Informationen zum Blue-Green-Deployment finden Sie hier:

- Blog von Akshay Sharma »S/4HANA Cloud Systems Behaviour During Blue-Green Deployment Uptime« *http://s-prs.de/v10578174*
- SAP-Hinweis 3024158
- 3SL Maintenance Schedule: *http://s-prs.de/v10578098*
- 2SL Maintenance Schedule: *http://s-prs.de/v10578175*

Kapitel 16
Rapid Data Migration

In diesem Kapitel lernen Sie die Möglichkeit kennen, mittels eines ETL-Tools die Datenmigration durchzuführen. Dabei haben die Datenqualität und Datenbereinigung für die Neuimplementierung von SAP S/4HANA einen besonderen Stellenwert.

In diesem Kapitel stellen wir Ihnen die Lösung *Rapid Data Migration* (RDM) vor. Bei einer Neuimplementierung dient sie dem Migrieren von Daten nach SAP S/4HANA, egal ob es sich bei dem Altsystem um ein SAP- oder um ein Fremdsystem handelt. Rapid Data Migration besteht aus vordefiniertem Migrations-Content (sogenannten *SAP Best Practices*) und dem Tool *SAP Data Services*. Der Migrationsinhalt wird dabei in Form eines SAP-Data-Services-Projekts mit allen Regeln und Templates zur Verfügung gestellt und kann kostenlos heruntergeladen und in die SAP-Data-Services-Software eingespielt werden. Bei diesem Datenmigrationsansatz haben die Datenqualität und die Datenvalidierung sowie die Flexibilität und Erweiterungsmöglichkeiten für SAP S/4HANA den höchsten Stellenwert, sodass Rapid Data Migration die Lösung der Wahl für Kunden mit hohen Ansprüchen an die Datenqualität und -integrität ist.

16.1 Werkzeuge

ETL-Werkzeug

Das Tool SAP Data Services ist im Bereich des Daten- und Informationsmanagements von SAP Business Technology Platform (SAP BTP, siehe auch Abschnitt 3.5, »SAP Business Technology Platform«) angesiedelt und eine umfassende Datenmanagement-Software, die Funktionen für die Datenintegration (*Data Integrator*) und die Sicherung der Datenqualität (*Data Quality*) beinhaltet.

Bei SAP Data Services handelt es sich um ein bewährtes ETL-Werkzeug (Extraktion, Transformation, Laden), das auf einem Server on-premise installiert werden kann. Es wird über eine grafische Benutzeroberfläche (den sogenannten Data Services Designer) auf dem Client bedient und lässt sich über unterschiedliche Schnittstellen an eine Vielzahl von Quellsystemen

(Extraktion) und Zielsystemen (Laden) anbinden. Das Mapping (Transformation) wird dabei per Drag-and-drop auf der Benutzeroberfläche des Tools durchgeführt.

Datenqualität SAP Data Services ermöglicht es auch, bereits vor und während einer Datenmigration die Qualität der geladenen Daten wesentlich zu verbessern. Im Gegensatz zu herkömmlichen Konzepten wird somit bereits beim »Umzug« der Geschäftsdaten das Mitnehmen falscher, doppelter und überflüssiger Datensätze verhindert.

Web Intelligence Des Weiteren nutzt Rapid Data Migration die Suite *SAP BusinessObjects Business Intelligence* für eine erweiterte, aber optionale Überwachung (Monitoring) der Datenmigration. Dabei handelt es sich um die On-Premise-Lösung für Business Intelligence (BI) von SAP und gehört thematisch zu dem Bereich SAP BTP, ähnlich wie SAP Data Services. Über die Suite SAP BusinessObjects Business Intelligence werden ebenfalls als SAP Best Practices vorgefertigte Berichte bereitgestellt, um Datenmigrationsprojekte analytisch zu begleiten und Fehlerauswertungen zu vereinfachen. Die Berichte werden als Reports angeboten, die mit *SAP BusinessObjects Web Intelligence* erstellt werden. Auf diese Weise können Sie ein Migrationsprojekt begleiten und Probleme mit der Datenqualität und dem Mapping frühzeitig aufdecken.

SAP Information Steward Neben SAP Data Services, das als eigenständige Software zwischen die Quell- und Zielsysteme geschaltet ist, bietet SAP im Rahmen des Daten- und Informationsmanagement-Portfolios von SAP BTP auch weitere nützliche Werkzeuge an, die Sie für die Datenmigration verwenden können. Hervorzuheben ist hier das Werkzeug *SAP Information Steward*. Es stellt die Funktionalität für ein *Profiling* (Erkennen von Gemeinsamkeiten und Strukturen in den Daten) und eine *Deduplikation* (Finden von Dubletten) der Daten sowie für den Datenabgleich vom Quell- bis hin zum Zielsystem (*Data Lineage*) bereit.

Vorteile Dadurch, dass Sie ein standardisiertes ETL-Tool verwenden, werden für die Migration nach SAP S/4HANA keine selbst geschriebenen Wegwerfprogramme, sondern stattdessen Standardschnittstellen wie *IDocs* (Intermediate Documents), *BAPIs* (Business Application Programming Interfaces) und SAP-Funktionsbausteine verwendet. Außerdem kann SAP Data Services beim Befüllen der Quelldateien des SAP S/4HANA Migration Cockpits helfen (siehe Abschnitt 13.3, »Übertragungsoption 2: Daten direkt aus dem SAP-System migrieren«) oder direkt in die Staging-Tabellen schreiben (siehe Abschnitt 13.2, »Übertragungsoption 1: Daten mithilfe von Staging-Tabellen migrieren«). Der Einsatz von SAP Data Services für eine Datenmigration nach SAP S/4HANA hat zusätzlich die folgenden Vorteile:

- direkte Anbindung an ein oder mehrere Quellsysteme über Datenbankschnittstellen (SAP-ERP- und Nicht-SAP-Systeme)
- zusätzliche Einbindung von Daten aus CSV-Dateien, Flat Files und Microsoft Excel
- Normalisierung der Quelldaten aus unterschiedlichen Altsystemen und Dateien in ein einheitliches Format
- Bereinigung der Datensätze bereits auf dem Quellsystem
- Deduplizierung von Daten und das Finden des vollständigen Datensatzes, der die Dubletten zusammenführt und ersetzen wird (Das ist der sogenannte *Golden Record*.)
- Beginn des Mapping-Prozesses und des Validierungsprozesses, bevor das Customizing von SAP S/4HANA vollständig abgeschlossen ist
- einfaches und wiederverwendbares Mapping über Drag-and-drop
- Visualisierung des gesamten Datenflusses vom Quell- zum Zielsystem
- wiederverwendbare Prüfroutinen, um eigenes Coding zu minimieren
- Validierung der Fremddaten gegen SAP-S/4HANA-Prüfroutinen, ohne dafür Datensätze in SAP S/4HANA laden zu müssen
- Möglichkeit von Testläufen ohne Verbuchen der Daten
- Verwendung von SAP-S/4HANA-Standardschnittstellen

16.2 Architektur

Komponenten

Die Rapid-Data-Migration-Lösung vereint die Software SAP Data Services mit speziell dafür entwickeltem Migrations-Content als zu importierendes Projekt. Technisch gesehen besteht die hier verwendete SAP-Datenmigrationslösung aus drei Komponenten:

- der eigentlichen Software
- einem Datenbankserver
- einem Webserver

Der Datenbankserver wird verwendet, um die sogenannten *Repositories* in mehreren getrennten Datenbankinstanzen zu verwalten. Ein Repository enthält dabei z. B. den gesamten Content von SAP Data Services und die Metadaten der Schnittstellen, die als »Daten über Daten« die Struktur der Schnittstelle beschreiben.

Der Webserver ermöglicht den einfachen Zugriff auf die Software über einen Webbrowser, z. B. über die sogenannte *Central Management Console* (CMC) für das Reporting mit der SAP BusinessObjects BI Suite.

Paketinhalt

Neben den Softwarekomponenten beinhaltet die SAP-S/4HANA-Datenmigrationslösung im Paket die folgenden Komponenten:

- Datenmigrationsvorlagen (*Content*), inklusive der Mappings für SAP Data Services (siehe Abschnitt 16.3, »Migrations-Content«)
- *Migration Services* – ein Tool für das Werte-Mapping (siehe Abschnitt 16.7, »Werte-Mapping und Umschlüsselungstabellen«)
- Berichte aus SAP BusinessObjects Web Intelligence für das Monitoring und Reporting (siehe Abschnitt 16.10, »Monitoring«)
- Content für den Abgleich zwischen SAP-Zielsystem und Quellsystem(en), siehe ebenfalls Abschnitt 16.10, »Monitoring«

SAP Best Practices

Diese Bestandteile bietet SAP also als Best-Practices-Paket für SAP S/4HANA unter dem Namen *Rapid Data Migration* an. Die Rapid-Data-Migration-Pakete beinhalten neben betriebswirtschaftlichen Best Practices als vordefiniertem Content und Implementierungs-Best-Practices für die Konfiguration zusätzlich noch Serviceangebote für Datenmigrationsprojekte, die entweder von der SAP-Beratung oder von SAP-Partnern geliefert werden. Es hindert einen Kunden jedoch nichts daran, diesen SAP-Best-Practices-Content selbst und ohne die Hilfe von SAP oder eines SAP-Partners zu nutzen und ihn aus dem *SAP Signavio Process Navigator* ohne weitere Kosten herunterzuladen (siehe ebenfalls Abschnitt 16.3, »Migrations-Content«).

IDocs und BAPIs

Der vordefinierte Migrations-Content für SAP Data Services beinhaltet die Metadaten der SAP-S/4HANA-Zielschnittstelle sowie Validierungen, um das Mapping der Quellseite zu vereinfachen. Die Zahl der unterstützten Business-Objekte beträgt mehr als 50. Theoretisch kann mindestens jedes IDoc, jede asynchrone BAPI oder ein Webservice angesprochen werden. Selbst die Anbindung einfacher RFC-fähiger (Remote Function Call) Funktionsbausteine oder das direkte Schreiben in Staging-Tabellen sind möglich.

[zB]

Beispiele für den Migrations-Content

Beispiele für vorgefertigte Templates sind:

- Geschäftspartner (Business Partner) mit Kunden- und Lieferantenstamm
- Logistikdaten wie Materialstamm, Stücklisten, Verkaufsbelege
- FI-Daten (Finanzwesen) wie Forderungen und Verbindlichkeiten

Für BAPIs ohne ausgelieferte IDoc-Schnittstelle können Sie über Transaktion BDBG auf einfache Weise eine BAPI-/ALE-Schnittstelle im Kundennamensraum anlegen. Mit dieser Voraussetzung lässt sich dann auch der Content in SAP Data Services unbeschränkt erweitern. Das Best-Practices-Paket hält dafür eine Erweiterungsanleitung (*Enhancement Guide*) bereit.

Datenmigrationsplattform

Mit dem Rapid-Data-Migration-Content wird aus dem ETL-Werkzeug SAP Data Services überhaupt erst eine perfekt auf die On-Premise-Version von SAP S/4HANA abgestimmte Datenmigrationsplattform. Die Architektur mit SAP Data Services im Zentrum ist in Abbildung 16.1 dargestellt.

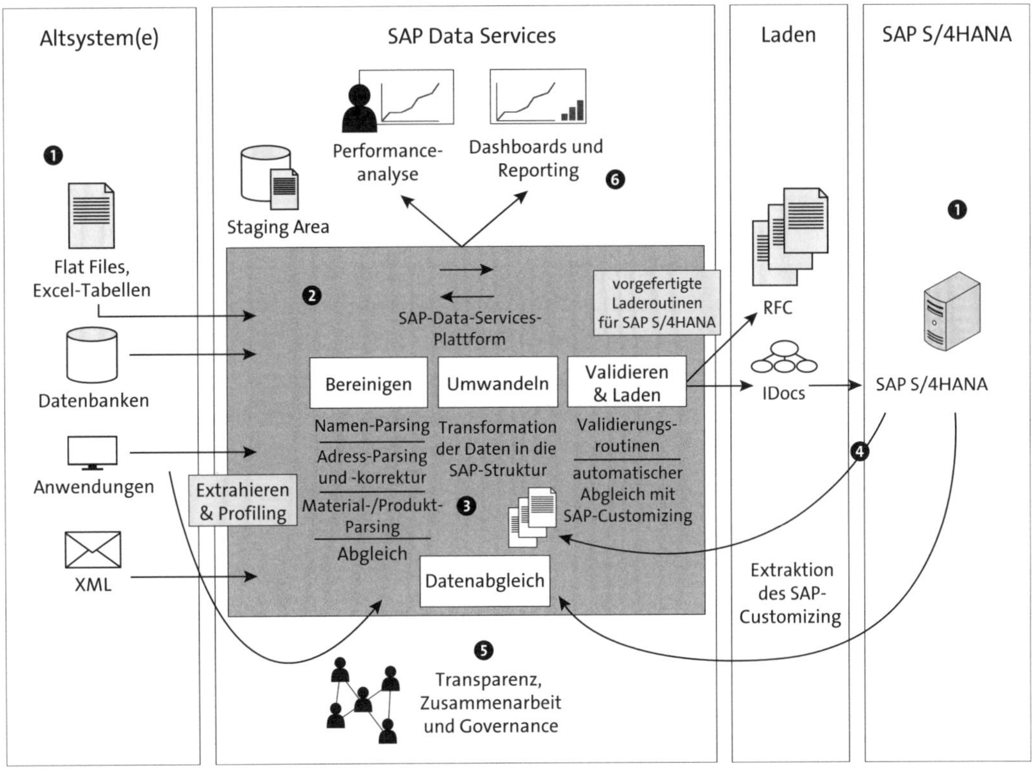

Abbildung 16.1 Architektur der Rapid-Data-Migration-Lösung

Die Plattform selbst läuft auf einer relationalen Datenbank, die auch gleichzeitig als *Staging Area* verwendet wird. SAP Data Services kann sich mittels eines Adapter-Frameworks z. B. über Open Database Connectivity (ODBC), Dateischnittstellen, Mainframe, XML- und Microsoft-Excel-Dateien mit beliebigen Quellsystemen verbinden:

❶ **Quell- und Zielsystem**

Auf der linken Seite in Abbildung 16.1 sehen Sie die Anbindung an ein oder mehrere Altsysteme über verschiedene Schnittstellen und rechts die Anbindung an ein SAP-S/4HANA-System. Im Fall einer Neuimplementierung eines bestehenden SAP-Systems auf SAP S/4HANA ist das Altsystem ein SAP-ERP-System. Es kann sich hier jedoch auch um ein Nicht-SAP-System handeln oder um jede beliebige Zwischenform (etwa um ein System der SAP Business Suite und um mehrere externe Zusatzsysteme, die nun in einem SAP-S/4HANA-System konsolidiert werden sollen).

❷ **Extrahieren und Profiling**

Die Staging Area zwischen Quell- und Zielseite wird von der Datenbank bereitgestellt, auf der SAP Data Services läuft. Diese kann, muss aber nicht die Datenbank SAP HANA sein. Empfohlen wird, je nach Größe der Repositories, eher eine kleinere Landschaft, etwa auf Basis der Datenbank *SAP Adaptive Server Enterprise* (ASE), die auch zusammen mit der SAP-HANA-Datenbank-Lizenzierung verwendet werden kann. In diesem Schritt werden Daten von der Quellseite extrahiert und untersucht. Dieses Untersuchen oder *Profiling* ist ein entscheidender Schritt, da es einen tiefen Einblick in das Altsystem gewährt. Dieser Einblick dient dazu, Muster in den Daten aufzuspüren und wichtige Details zu prüfen, wie z. B., ob alle Postleitzahlen für Österreich vierstellig und numerisch sind. Welche unterschiedlichen Notationen für das Land Deutschland werden im Altsystem verwendet (z. B. Deutschland, Bundesrepublik Deutschland, BRD, DE oder/und Germany)?

❸ **Bereinigen, Umwandeln sowie Validieren und Laden**

Dieser Schritt beinhaltet das Bereinigen der Datensätze, damit diese einem bestimmten Muster gerecht werden, sowie das Umwandeln gemäß bestimmter Regeln und schließlich den Abgleich mit dem Customizing für SAP S/4HANA. Dies kann z. B. das Zusammenführen zweier Felder zu einem einzigen Feld bedeuten, das Aufteilen von Feldern, die Konvertierung von Werten in ein bestimmtes Format (z. B. die Umwandlung von Telefonnummern in das internationale Format, etwa mit »+41« für die Schweiz) sowie die Validierung von Pflichtfeldern und Prüftabellen. Anschließend werden die so bereinigten und geprüften Daten in das SAP-S/4HANA-System geladen.

❹ **Customizing-Extraktion aus SAP S/4HANA**

Da SAP S/4HANA konfigurierbar ist, muss das Customizing (etwa für Buchungskreise, Werke, Materialarten und -gruppen) in die Zwischenschicht SAP Data Services überführt werden. Dies geschieht durch das Replizieren des Customizings in SAP Data Services über ebenfalls vorausgelieferten Content. Auf diese Weise kann bereits in SAP Data Services zu jeder Zeit sichergestellt werden, dass die Datensätze, die Sie laden wollen, mit dem SAP-S/4HANA-System konform sind. Der Vorgang des Delta-Abgleichs kann dabei bei Bedarf mehrfach wiederholt werden, wenn etwa im SAP-S/4HANA-System noch Änderungen am Customizing vorgenommen werden müssen.

❺ **Datenabgleich**

Der Datenabgleich nach dem Laden der Daten vergleicht die tatsächlich in das SAP-S/4HANA-System geladenen Daten mit den Daten, die bei der Migration von SAP Data Services erwartet werden.

❻ **Dashboards und Reporting**

Die involvierten Projektmitarbeiter und Fachbereichsverantwortlichen können den gesamten Prozess jederzeit mithilfe von Dashboards und Berichten verfolgen. Dadurch ist der Status der Datenübernahme stets ersichtlich.

Als voll funktionsfähige Integrations- und Orchestrierungsplattform kann SAP Data Services darüber hinaus nach einer erfolgreichen Datenübernahme auch weiterhin für die Stammdatenintegration aus mehreren Systemen oder für Prozesse zur Sicherung der Datenqualität eingesetzt werden (*Data Governance*).

16.3 Migrations-Content

Jobs

Der in dem Rapid-Data-Migration-Paket verfügbare Datenmigrations-Content enthält sogenannte *Jobs* für SAP Data Services. Pro Business-Objekt wird ein Job ausgeliefert, der im klassischen Fall einem IDoc-Typ entspricht. (Das IDoc kann dann auch eine BAPI aufrufen; siehe weiter unten in diesem Abschnitt.)

[«]

Datenmigrations-Content herunterladen

Wie alle SAP-Best-Practices-Pakete kann der Migrations-Content kostenfrei im SAP Signavio Process Navigator, der über SAP for Me erreichbar ist, heruntergeladen werden. Sie finden den Rapid-Data-Migration-Content dort als eines der Solution Scenarios unter dem folgenden Link: *https://me.sap.com/processnavigator*

[»]

Customer Vendor Integration

Für das klassische Migrationsobjekt des Kundenstamms gibt es eine Neuerung in SAP S/4HANA. Kunde und Lieferant sind durch die sogenannte *Customer Vendor Integration* (CVI) über die Schnittstelle des Geschäftspartners zusammengeführt. Indem Sie immer den neuesten Content für Rapid Data Migration verwenden, können Sie sichergehen, dass stets die korrekten Schnittstellen gerufen werden, und brauchen sich darum nicht zu sorgen. Weiterführende Informationen bekommen Sie in SAP-Hinweis 2417298 (Geschäftspartner mit den Rollen »Kunde« und »Lieferant«).

Sämtliche ausgelieferten und vormodellierten Jobs dienen als Templates für die SAP-Data-Services-Plattform und werden in einem proprietären Dateiformat (***.atl**) zur Verfügung gestellt. (**.atl** ist ein Dateiformat, das für SAP Data Services spezifisch ist.) Darüber hinaus enthält ein solches Paket eine Dokumentation in Form einer Installationsanleitung, die für den Business-Content spezifisch ist. Des Weiteren enthalten sind Mapping-Templates für jedes Business-Objekt (Tabellen für das Mapping auf Papier), eine Erweiterungsanleitung (um eigene Schnittstellen oder kundenspezifische Felder zu ergänzen) sowie eine Geschäftsprozessbeschreibung (ebenfalls für jedes Business-Objekt), um den Aufbau des IDocs bis ins letzte Detail verstehen zu können.

Lokalisierung

Beachten Sie, dass der vordefinierte Content zwar für unterschiedliche Länder lokalisierbar ist, aber nur in englischer Sprache ausgeliefert wird. Aus diesem Grund sind alle Inhalte und Abbildungen des gesamten Contents und der SAP-Data-Services-Plattform in diesem Kapitel in englischer Sprache gehalten.

Import des Contents

Über die Importfunktion in SAP Data Services können Sie die verfügbaren Objekte einfach aus den bereitgestellten **.atl**-Dateien hochladen. Es besteht umgekehrt auch jederzeit die Möglichkeit, eigenes Mapping oder eigene Validierungen auf diese Weise zu sichern und in anderen Projekten wiederzuverwenden. Dieser Export ist auch als regelmäßige Backup-Funktion zu empfehlen.

Im weiteren Verlauf geht es speziell um die Möglichkeit der Datenmigration nach SAP S/4HANA, weshalb wir nicht im Einzelnen auf alle ETL-Funktionen der SAP-Data-Services-Plattform eingehen.

[«]

Separate Lizenz nicht zwingend erforderlich

Die Produktlizenz für SAP Data Services deckt den ETL-Anteil (*Data Integrator*) und den Datenbereinigungsanteil (*Data Quality*) ab. Wenn Sie nicht über eine eigene Softwarelizenz für SAP Data Services verfügen und keine Datenbereinigung benötigen, können Sie jederzeit mit Ihrer SAP-HANA-Datenbanklizenz einen kostenlos verfügbaren Data-Integrator-Lizenzschlüssel (*Keycode*) anfordern.

Weitere Informationen dazu erhalten Sie unter folgendem Link: *http://s-prs.de/v10578176*

Abschließend noch der Link zu einer Anleitung (ebenfalls in englischer Sprache), die beschreibt, wie der benötigte Lizenzschlüssel angefordert werden kann: *http://s-prs.de/v10578177*.

16.3.1 Schnittstellen als Teil des Migrations-Contents

Verwendung der IDocs

Für die Datenmigration nach SAP S/4HANA wird in der Rapid-Data-Migration-Lösung, wie bereits erwähnt, für die meisten Business-Objekte die SAP-Standardschnittstellen-Technologie IDoc zum Senden der Daten an SAP S/4HANA verwendet. Die Struktur der IDocs und deren Felder wurden als Teil des Contents als Metadaten in SAP Data Services repliziert. Auf diese Weise können Sie im *SAP Data Services Designer* die Quellseite, also das Altsystem, auf die SAP-S/4HANA-Zielstruktur mappen.

Ein IDoc ist dabei eine hierarchisch geschachtelte Struktur. Die einzelnen Datensätze eines IDocs heißen *Segmente*. Verbucht wird ein IDoc über einen Funktionsbaustein. Der Unterschied zum direkten Verbuchen besteht in der Verwendung der sogenannten *ALE-Schicht* (Application Link Enabling). Daher wird jedes IDoc immer über den gleichen Funktionsbaustein im SAP-S/4HANA-Zielsystem adressiert. Dabei handelt es sich um den RFC-fähigen Baustein `IDOC_INBOUND_ASYNCHRONOUS`. Um dieses ganze Prozedere kümmert sich jedoch SAP Data Services, und Sie müssen hier nichts tun.

IDoc-Statuswerte

Ein IDoc im SAP-System hat zu jeder Zeit einen definierten Status. Die für die Datenübernahme wichtigsten Statuswerte im IDoc-Eingang sind:

- **Status 64 (Wartestatus)**

  Das IDoc kann an die Anwendung übergeben werden.

- **Status 53 (IDoc erfolgreich verbucht)**

  Der Anwendungsbeleg wurde gebucht.

- **Status 51 (IDoc fehlerhaft)**

  Der Anwendungsbeleg wurde nicht gebucht.

Nachrichtentyp und Basistyp

Man unterscheidet *IDoc-Nachrichtentypen*, die die Semantik eines IDocs angeben, und *IDoc-Basistypen*, die deren Syntax bestimmen. Zum Beispiel ist der IDoc-Nachrichtentyp ORDERS für Bestelldaten zuständig, während die Basistypen ORDERS04 oder ORDERS05 als unterschiedliche Versionen die genaue Syntax der Segmente und aller Felder darin angeben. Das Versionskonzept sieht vor, dass stets Felder und Segmente hinzukommen können – niemals aber Felder wegfallen. Damit umfasst ORDERS05 die gesamte Funktionalität von ORDERS04 plus zusätzliche neue Felder. Es ist sichergestellt, dass ein neueres System sowohl mit einem älteren IDoc umgehen kann (*Aufwärtskompatibilität*) als auch IDocs mit niedrigerer Version an ein älteres System schicken kann (*Abwärtskompatibilität*), das mit jüngeren IDoc-Versionen nicht zurechtkommt.

Die Beziehung zwischen Nachrichten- und Basistyp ist aber nicht immer *1 : n*, wie es zunächst den Anschein hat, sondern *n : m*. Der IDoc-Basistyp ORDERS05 überträgt nämlich zwei logische Nachrichtentypen: Neben der Bestellung vom IDoc-Nachrichtentyp ORDERS gibt es noch den Nachrichtentyp ORDRSP für die Bestellbestätigung – wodurch sich die Bedeutung der IDoc-Nachricht unterscheidet.

IDoc-Typ

Für IDocs gibt es außerdem ein Erweiterungskonzept, wodurch z. B. eine IDoc-Erweiterung ZORDERS05 entstehen kann, die zusätzliche kundenspezifische Felder oder Kundensegmente im sogenannten *IDoc-Typ* vereint.

Tiefer als mit diesem Überblick müssen wir allerdings gar nicht in die IDoc-Technologie eintauchen. SAP Data Services wird mithilfe des Rapid-Data-Migration-Contents für Sie die Arbeit übernehmen und sicherstellen, dass die IDocs mit korrektem IDoc-Kontrollsatz und mit der korrekten Syntax aufgebaut werden.

Transaktion BDBG

Im Laufe der Zeit haben sich IDocs als stabile und konsistente Schnittstellen erwiesen, die mit einem ausgeklügelten Versionskonzept ausgestattet sind. Außerdem sind IDocs sehr verbuchungssicher, da es bei einem Verbuchungsabbruch immer zu einem kompletten Rollback kommt und die IDocs zur erneuten Verarbeitung bereitstehen. Dies sind auch die Gründe, warum SAP mit Transaktion BDBG ein Generierungstool zur Verfügung gestellt hat, das auf Knopfdruck aus einer asynchronen BAPI eine IDoc-Schnittstelle generieren kann.

Asynchrone BAPIs sind jene BAPIs, die Daten in ein System laden können, anstatt eine Operation auszuführen und eine Antwort zu geben. Sie geben lediglich eine Information über den Erfolg oder Misserfolg zurück, ähnlich einem klassischen IDoc. Mit Transaktion BDBG wurde es möglich, die IDoc-Welt erheblich zu erweitern.

Die meisten BAPIs werden bereits mit der sogenannten *BAPI-ALE-Schnittstelle* ausgeliefert. Durch sie werden eine IDoc-Struktur und ein IDoc-Typ aus der BAPI generiert. Dabei ist das IDoc eine Art Hülle um die BAPI herum. Verschickt werden die Daten als IDoc, anstatt eine BAPI direkt remote in einem entfernten System aufzurufen. Das IDoc wird dann im Eingang »ausgepackt« und die BAPI lokal im Zielsystem aufgerufen. Im Wesentlichen ist eine BAPI nämlich ein SAP-Funktionsbaustein mit einem definierten Interface und einer Dokumentation. Der Vorteil besteht hierbei darin, dass wie beim Application Link Enabling (ALE) der Sendeprozess vom Verarbeitungsprozess entkoppelt wird. Andernfalls müsste die Verbindung zwischen den Systemen während der gesamten BAPI-Verarbeitungszeit geöffnet bleiben.

BAPI-ALE-Schnittstelle

16.3.2 Beispiel: Migration von Bankstammdaten

Im weiteren Verlauf beschränken wir uns auf das einfache Beispiel der Übernahme von Bankstammdaten, dem sogenannten Bankenstamm (*Bank Master Data*), in das SAP-S/4HANA-System.

Bankenstamm

Dieses Objekt wird über die BAPI `BAPI_BANK_CREATE` im SAP-S/4HANA-System verbucht. Die BAPI wird jedoch über die BAPI-ALE-Schnittstelle und somit über ein IDoc aufgerufen. Das heißt, in diesem Fall wird SAP Data Services zunächst ein IDoc an das SAP-S/4HANA-System schicken, während die BAPI bei der Verwendung des SAP S/4HANA Migration Cockpits (siehe Kapitel 13, »SAP S/4HANA Migration Cockpit«) direkt lokal im SAP-S/4HANA-System aufgerufen wird.

Dies liegt daran, dass das SAP S/4HANA Migration Cockpit direkt in SAP S/4HANA als Anwendung läuft, während SAP Data Services als »Tool in der Mitte« autark und frühzeitig für das Mapping eingesetzt werden kann, ohne dass die Quell- und Zielsystemanbindung bereits vorhanden sein muss.

In unserem Beispiel beschränken wir uns auf die notwendigen Daten des Bankenstamms und verwenden dazu zwei IDoc-Segmente des generierten IDoc-Typs `BANK_CREATE01` (Nachrichtentyp `BANK_CREATE`). Die technischen SAP-Namen der Segmente sind `E1BANK_CREATE` und `E1BP1011_ADDRESS`.

Im Content von SAP Data Services heißen diese Segmente `BANKHeader_E1BANK_CREATE_Required` und `BANKBankAddress_E1BP1011_ADDRESS_Required`. Die Namen zeigen bereits, dass es sich um einen Kopfsatz und einen Adresssatz handelt.

16

In diesem kleinen Beispiel gibt es im Gegensatz zu den meisten anderen Objekten keine weiteren IDoc-Segmente auf tieferen Ebenen. Solche tiefer geschachtelten Segmente können, je nach IDoc-Typdefinition, mehrfach wiederholt werden, sind allerdings nicht alle obligatorisch.

Aufgrund der verwendeten IDoc-Standardstruktur ist der Content aus SAP Data Services für jedes Business-Objekt analog aufgebaut und besteht stets aus Mapping (`*_Map`), Validierung (`*_Validate`) und Anreicherung der Daten (`*_Enrich`).

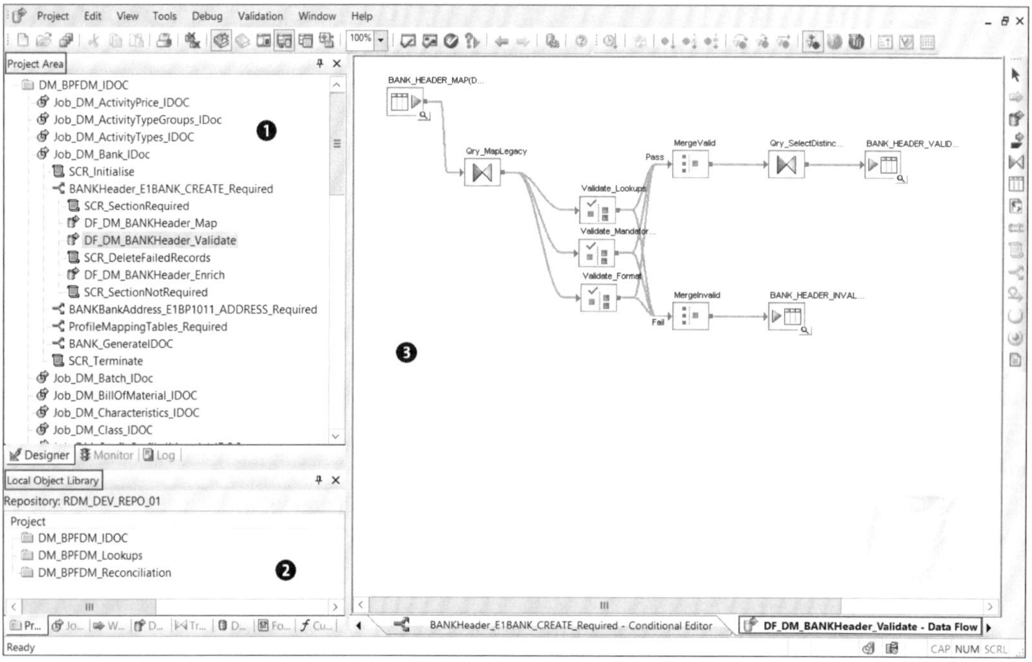

Abbildung 16.2 SAP Data Services Designer

Arbeitsbereich

Die Standardaufteilung der Benutzeroberfläche im SAP Data Services Designer (siehe Abbildung 16.2) umfasst die *Project Area* ❶ und die *Local Object Library* ❷ innerhalb des linken Fensterbereichs. Der ganze Bereich rechts davon ❸ wird neben der *Start Page* von den grafischen Darstellungen der Prozessflüsse eingenommen. Diese bilden den Fluss der Datensätze von oben links nach unten rechts ab. Abbildung 16.2 zeigt den Debitorenjob `Job_DM_Bank_IDoc` mit dem Datenfluss `DF_DM_BANKHeader_Validate` für die Bankkopfdaten. Neue Fenster werden im rechten Anzeigebereich stets in Form von Registerkarten geöffnet.

Projekte

Der eingespielte Content für SAP S/4HANA weist die Struktur auf, die Sie in Abbildung 16.3 sehen. Die Jobs in SAP Data Services werden in Projekten organisiert, wobei ein Job mehreren Projekten zugeordnet sein kann. Ändert man etwas in einem bestimmten Job, wirken sich diese Änderungen auf alle Projekte aus. Im Wesentlichen ist der Projektname demnach nur eine Sammlung von Verweisen auf Jobs in SAP Data Services. Gleiches gilt für alle untergeordneten Objekte, wie z. B. Datenflüsse. Diese können alle mehrfach verwendet werden; Änderungen wirken sich dabei immer auf alle Instanzen aus. Um dies zu umgehen, können Sie jedes Objekt replizieren und die Kopie für Ihre Zwecke weiterverwenden.

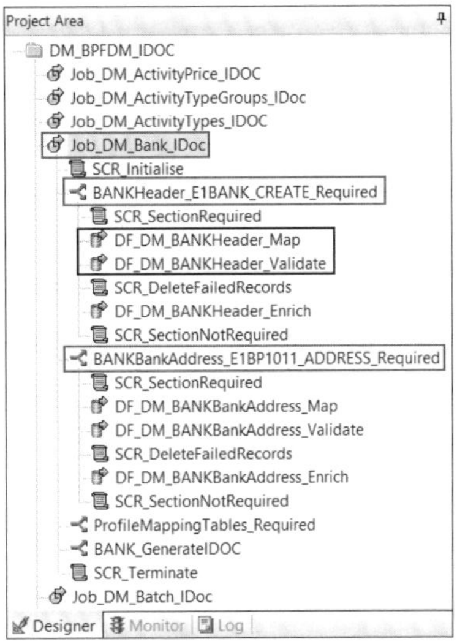

Abbildung 16.3 Struktur eines Projekts mit Job- und IDoc-Segmenten

Wir verwenden in unserem Beispiel das Projekt `DM_BPFDM_IDOC`. Dieses beinhaltet einen Job pro Business-Objekt, da bei der Datenmigration mit Rapid Data Migration – wie bei anderen Techniken auch – stets die Daten eines kompletten Business-Objekts als logische Einheit und nicht pro SAP-Tabelle migriert werden.

Datenflüsse

Wir verwenden nun den Job `Job_DM_Bank_IDoc` für die Übernahme des Bankenstamms. Im Wesentlichen sind für jede Datenmigration zwei Datenflüsse signifikant. Diese müssen pro IDoc-Segment (beispielhaft an dem ersten Segment `E1BANK_CREATE`, dem Header- oder Kopfsegment) wie folgt bearbeitet werden:

- `DF_DM_BANKHeader_Map`

  (Datenfluss für das Mapping, siehe Abschnitt 16.6, »Feld-Mapping«)
- `DF_DM_BANKHeader_Validate`

  (Datenfluss für die Validierungen, siehe Abschnitt 16.8, »Validierung der Daten«)

Im Mapping-Schritt wird das *Feld-Mapping* durchgeführt, während im Validierungsdatenfluss nach einem erfolgten Lauf die Ergebnisse der unterschiedlichen Datenvalidierungen angezeigt werden können.

Zu guter Letzt gibt es noch den Datenfluss `DF_DM_BANKHeader_Enrich`, auf den wir später noch einmal eingehen werden. Für die Durchführung der Datenmigration ist dieser Schritt erst einmal zweitrangig, da hier lediglich nicht gefüllte Felder mit Standardwerten angereichert (*enriched*) werden.

Mapping-Template

Als Vorlage für das Mapping verwenden wir ein Mapping auf Papier. Diese Mapping-Vorlagen werden pro Business-Objekt mit dem Content ausgeliefert, um die Zuweisungen von Feldern und Werten im Tool zu vereinfachen. Außerdem sind sie ein geeignetes Mittel, um schwierige Feldbeziehungen mit Fachbereichsverantwortlichen zu diskutieren.

Die Mapping-Templates können direkt mit Test- oder Produktivdaten gefüllt werden, um ein vereinfachtes Laden zu ermöglichen, ohne das Feld-Mapping durchzuführen. Damit der Umgang mit den Template-Dateien im Microsoft-Excel-Format einfacher wird, erhalten Sie die Templates als Teil des Rapid-Data-Migration-Pakets. Die Templates sind bereits mit Testdaten befüllt.

Abbildung 16.4 zeigt die IDoc-Zielstruktur als Ausschnitt aus dem Mapping-Template für das IDoc `BANK_CREATE01`.

System Required	Enrichment Rule	Look Up Required	Text Description	Field Name	SAP_Table	SAP_Technical_Field_name	Field Length	Additional Instructions and Comments	Segment Name	Lookup Table
E1BANK_CREATE-Header Segment										
*		+	Bank country key(BANK_CTRY)	BANK_CTRY	BNKA	BANKS	3		E1BANK_CREATE	T005
*			Bank Keys(BANK_KEY)	BANK_KEY	BNKA	BANKK	15		E1BANK_CREATE	
E1BP1011_ADDRESS-Transfer structure object 1011: Bank address										
*			Name of bank(BANK_NAME)	BANK_NAME	BNKA	BANKA	60		E1BP1011_ADDRESS	
*			Bank Keys(BANK_KEY)	BANK_KEY	BNKA	BANKK	15		E1BP1011_ADDRESS	
		+	Region (State, Province, County)(REGION)	REGION	BNKA	PROVZ	3		E1BP1011_ADDRESS	T005S
			House number and street(STREET)	STREET	BNKA	STRAS	35		E1BP1011_ADDRESS	
			City(CITY)	CITY	BNKA	ORT01	35		E1BP1011_ADDRESS	
			SWIFT Code for International Payments(SWIFT_CODE)	SWIFT_CODE	BNKA	SWIFT	11		E1BP1011_ADDRESS	
			Bank number(BANK_NO)	BANK_NO	BNKA	BNKLZ	15		E1BP1011_ADDRESS	
			Bank Branch(BANK_BRANCH)	BANK_BRANCH	BNKA	BRNCH	40		E1BP1011_ADDRESS	

Abbildung 16.4 SAP-S/4HANA-Zielseite als Ausschnitt aus dem Mapping-Template

In Tabelle 16.1 skizzieren wir die wichtigsten Spalten der Vorlage mit den Begriffen, die in allen ausgelieferten Mapping-Templates einheitlich verwendet werden. Als Abkürzungen, sowohl in SAP Data Services als auch in allen Templates, dienen dabei folgende Zeichen:

- das Sternchen (*) als Zeichen für Pflichtfelder
- das Dollar-Zeichen ($), um vorhandene Default-Werte kenntlich zu machen (im Fall der Bankstammdaten gibt es keine)
- das Pluszeichen (+) für Felder mit Prüftabellen im SAP-System

Die Felder mit einem Pluszeichen, für die neben dem Feld-Mapping ein eigenes *Werte-Mapping* notwendig wird (d. h. eine *Umschlüsselungstabelle*), werden in Abschnitt 16.7, »Werte-Mapping und Umschlüsselungstabellen«, ausführlich behandelt.

Spalte	Beschreibung
System Required	Bei diesem Feld handelt es sich um ein Pflichtfeld.
Enrichment Rule	Das Feld wird mit einem Standardwert angereichert, wenn es nicht einem Quellfeld zugewiesen wurde.
Look Up Required	Für dieses Feld gibt es eine Prüftabelle (Lookup-Tabelle). Nur Werte aus der Wertehilfe F4 sind zulässig.
Text Description	ausführliche und eindeutige Beschreibung des Felds
Field Name	Feldname im Rapid-Data-Migration-Content
SAP_Table	technischer Name der Tabelle im ABAP Dictionary
SAP_Technical_Field_ name	technischer Name des Felds im ABAP Dictionary
Field Length	Feldlänge im SAP-Zielsystem
Additional Instructions and Comments	Standardvorbelegung für Felder mit Dollar-Zeichen (Default-Werte)
Segment Name	Name des IDoc-Segments
Lookup Table	Prüftabelle für das Feld, das später beim Werte-Mapping Einfluss auf gültige Werte hat

Tabelle 16.1 Die wichtigsten Spalten der SAP-S/4HANA-Zielseite im Mapping-Template

Der Datenmigrations-Content für SAP Data Services verwendet die Schnittstelle IDoc, um allen Business-Objekten in den modellierten Datenflüssen und jeder einzelnen Mapping-Struktur das gleiche Aussehen und die gleiche Funktionalität zu geben. Auf diese Weise sind Sie in der Lage, neue Business-Objekte auch ohne tiefes Anwendungswissen zu nutzen.

16.4 Anbindung der Quellsysteme

Quellsysteme

Nachdem Sie die grundlegende Struktur des ausgelieferten Contents kennengelernt haben, können wir uns dem eigentlichen Datenmigrationsprozess und der Anbindung der Quellseite zuwenden. Als ersten Schritt binden wir das Altsystem an SAP Data Services an, da auf diesem Weg auch die Strukturen und Metadaten bekannt gemacht werden.

Sie können auch mehrere Quellsysteme über verschiedene Schnittstellen an SAP Data Services anbinden. In unserem Beispiel verwenden wir keine Daten von einem externen System, sondern stellen unsere Quelldaten direkt über die im Rapid-Data-Migration-Content mitgelieferten Migrationsvorlagen bereit (siehe Abschnitt 16.6, »Feld-Mapping«).

Hier noch ein kurzer Exkurs zu Kundendaten: Nehmen wir an, Sie hätten eine Tabelle der Altsystemdatenbank mit dem Namen CUSTOMERADDRESS und eine Microsoft-Excel-Datei mit dem Namen **Customer_Header.xls**, die die Bezeichnung der Debitoren aus dem Altsystem enthält. (Daneben ist natürlich auch eine direkte Anbindung an eine Anwendung oder das Laden von flachen Dateien (*Flat Files*) möglich.)

Datenbankanbindung

Um zunächst Tabelle CUSTOMERADDRESS aus dem Altsystem anzubinden, gehen Sie folgendermaßen vor: Wechseln Sie auf die Registerkarte **Datastores** in der Local Object Library, und legen Sie über einen Rechtsklick in den leeren Bereich eine Datenbankverbindung an.

In diesem Beispiel wird die Datenbank DS_LEGACY über eine ODBC-Schnittstelle angebunden. Jede Verbindung erhält einen Unterpunkt namens **Tables**, über den alle oder eine Selektion beliebiger Tabellen des Altsystems ausgewählt werden können. Auf diese Weise werden sogleich die Metadaten wie *Feldnamen* und *Feldlängen* in SAP Data Services bekannt. Des Weiteren können über diese Anbindung sogar die vorhandenen Datensätze in der Tabelle angezeigt werden (siehe Abbildung 16.5).

Dateischnittstelle

Anschließend binden Sie die Microsoft-Excel-Dateien ein, indem Sie mit der rechten Maustaste auf die Registerkarte **Format** klicken und dann den Menüeintrag **New** wählen. Hier können Sie ein bestimmtes Tabellenblatt und einen Bereich innerhalb der Tabelle auswählen. Wenn die Tabelle über Spaltennamen in der ersten Zeile verfügt, können Sie die Metadaten auch direkt aus der Microsoft-Excel-Datei übernehmen. Wählen Sie dazu gemäß Abbildung 16.6 die entsprechende Funktionalität aus, und bestätigen Sie dies über den Button **Import schema**.

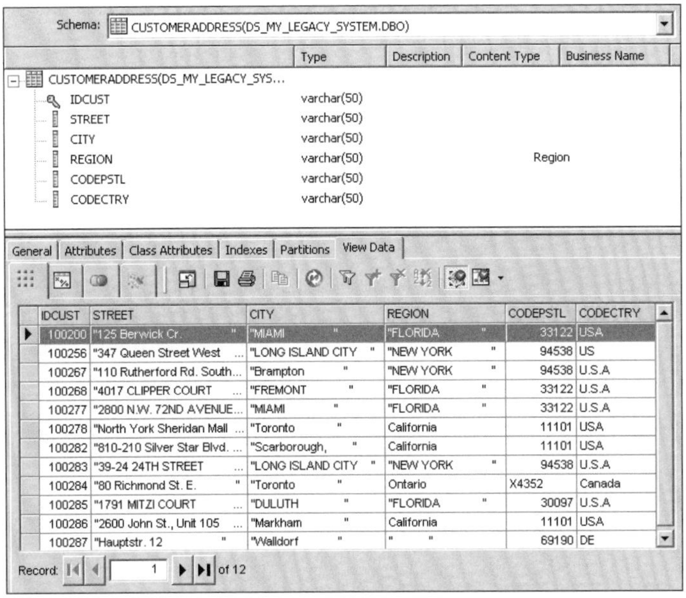

Abbildung 16.5 Anbindung einer Tabelle über ODBC

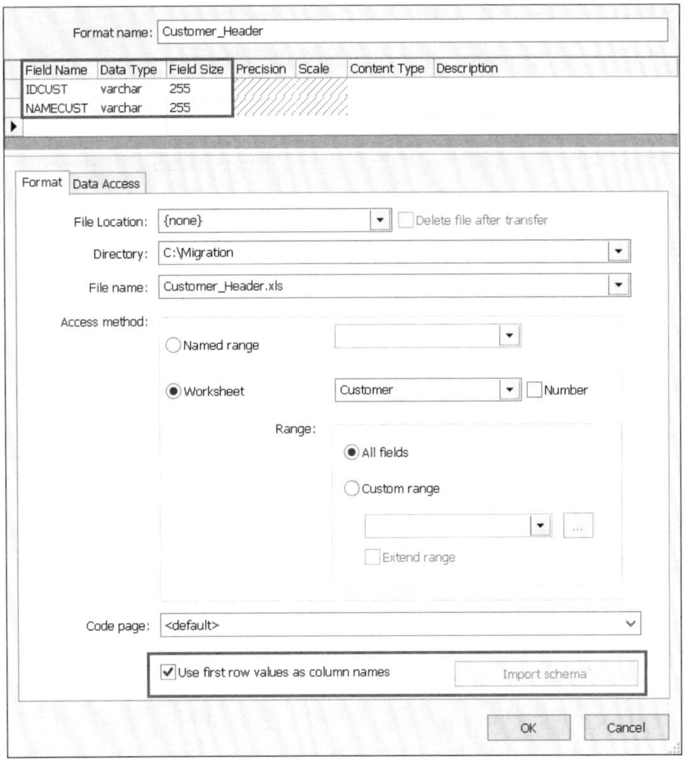

Abbildung 16.6 Microsoft-Excel-Tabellen einbinden

Default-Datenformate, wie z. B. varchar 255, können Sie bei Bedarf manuell anpassen. Wir empfehlen Ihnen auch, für alle rein numerischen Werte den Character-Datentyp zu verwenden, sofern Sie keine mathematischen Operationen mit den Feldwerten ausführen möchten.

Vorschau auf die Daten

Für eingebundene Microsoft-Excel-Dateien ist die gleiche Vorschau auf die Daten möglich wie bei der Anzeige der Tabellendatensätze, sofern SAP Data Services Zugriff auf die Datei hat. Nach einem erfolgten Import in SAP Data Services ist kein großer Unterschied mehr feststellbar, und die beiden Objekte können nahezu gleichwertig verwendet werden. Eine Einschränkung gibt es hierbei allerdings: Während innerhalb von SAP Data Services Datenbanktabellen und flache Dateien sowohl die Quelle als auch das Ziel der Daten sein können, ist die Verwendung von Microsoft-Excel-Dateien auf die Quellseite beschränkt. Das heißt, es kann nicht direkt in eine Microsoft-Excel-Datei geschrieben werden.

Abbildung 16.6 zeigt die Einbindung der mit Customer_Header benannten Microsoft-Excel-Datei **Customer_Header.xls**.

[»]

Formatierung in Microsoft Excel

Da Microsoft Excel ein Tabellenkalkulationsprogramm und keine Textverarbeitungssoftware ist, werden Zellen mit nur numerischem Inhalt automatisch als Zahlen formatiert. Dadurch kann es zu unerwünschten Exponentialschreibweisen sowie zum Verlust von führenden Nullen kommen. Letzteres ist besonders bei deutschen Postleitzahlen ein häufig auftretendes Problem, da sie mit einer Null beginnen können. Sie sollten daher die entsprechenden Spalten als Text formatieren.

16.5 Profiling der Daten

Profiler

Nun haben Sie die Metadaten zweier unterschiedlicher Altsystemquellen (Tabelle und Microsoft Excel) an SAP Data Services angebunden. Mithilfe des in SAP Data Services eingebauten *Profilers* können Sie bereits vor dem Mapping Muster in den Daten ausfindig machen sowie die Qualität der Daten im Altsystem überprüfen. Dazu müssen die Daten entweder in Tabellen oder in Flat Files vorliegen.

Spalten-Profiling

Wählen Sie dazu in der **Local Object Library** Tabelle CUSTOMERADDRESS aus, und klicken Sie mit der rechten Maustaste auf den Tabellennamen. Im geöffneten Kontextmenü wählen Sie die Funktionalität **Submit Column Profile Request**. Im Beispiel aus Abbildung 16.7 wird für jede Spalte ein detaillierter Profiling Request abgesetzt, sobald Sie mit **Submit** bestätigen.

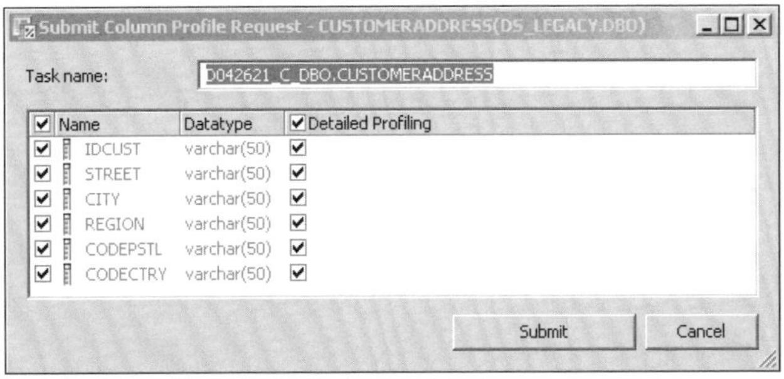

Abbildung 16.7 Spalten-Profiling

Das Ergebnis sehen Sie in Abbildung 16.8. Auf der Registerkarte **View Data** ist es jederzeit möglich, einen erneuten Profiling Request abzusetzen.

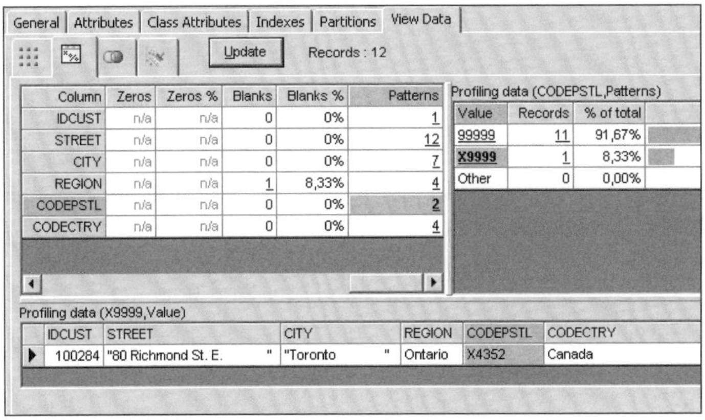

Abbildung 16.8 Ergebnis des Spalten-Profilings

Das Ergebnis des Spalten-Profilings zeigt eine möglicherweise falsche Postleitzahl an. Von den insgesamt zwölf Datensätzen aus unterschiedlichen Ländern gibt es nur einen, der eine nicht rein numerische Postleitzahl hat. Es handelt sich dabei um den *ZIP-Code* eines Debitors aus Kanada mit dem Wert »X4352«, der über dieses Profiling selbst aus einer sehr viel größeren Datenmenge herausgefallen wäre.

Es stellt sich also die Frage, ob eine Postleitzahl in Kanada das Format »X9999« haben darf – d. h. einen Buchstaben, gefolgt von vier Ziffern. Wir werden diese Frage spätestens dann beantworten können, wenn wir die in SAP Data Services eingebauten Validierungen auswerten (siehe Abschnitt 16.8, »Validierung der Daten«).

Neben den in diesem Beispiel verwendeten sogenannten *Patterns* für Muster in den Datensätzen gibt es noch weitere wichtige Analysen beim Spalten-Profiling, z. B.:

16

- **Min**
  kleinster Wert nach lexikografischer Ordnung
- **Max**
  größter Wert nach lexikografischer Ordnung
- **Median**
  Medianwert
- **Min string length**
  kürzester Wert
- **Max string length**
  längster Wert
- **Average string length**
  durchschnittliche Länge
- **Distincts**
  Anzahl der disjunkten Werte
- **Nulls**
  fehlende Werte

So lassen sich also bereits fehlerhafte Werte erkennen, und auch zu lange Werte aus dem Altsystem werden erfahrenen Benutzern über die Funktion **Max string length** sofort ins Auge fallen.

Relationen-Profiling

Zusätzlich können Sie auch komplexere Profiling-Anfragen starten, die Datenbanktabellen miteinander vergleichen und durch die Analyse der Relationen z. B. verlorene Datensätze auffinden (Datensatz ohne Kopf, Kopf ohne Positionen usw.).

Starten Sie dazu das Profiling, ausgehend von der ersten Tabelle, indem Sie mit der rechten Maustaste das Kontextmenü des Tabellennamens öffnen und den Eintrag **Submit Relationship Profile Request With...** auswählen. Dadurch wird der Cursor zu einem Fadenkreuz, mit dem Sie die zweite Tabelle (alternativ zu Tabellen auch flache Dateien) auswählen.

In dem darauffolgenden Dialog können Sie mit **Submit** einen *Relationship Profile Request* absetzen, nachdem Sie die Schlüsselbeziehung zwischen den beiden Tabellen bestätigt oder entsprechend angepasst haben. In diesem Beispiel wird Tabelle `CUSTOMERHEADER` statt über die Microsoft-Excel-Datei ebenfalls direkt aus dem Altsystem angebunden. Der Schlüssel ist dabei die Kundennummer im Altsystem (`IDCUST`, siehe Abbildung 16.9).

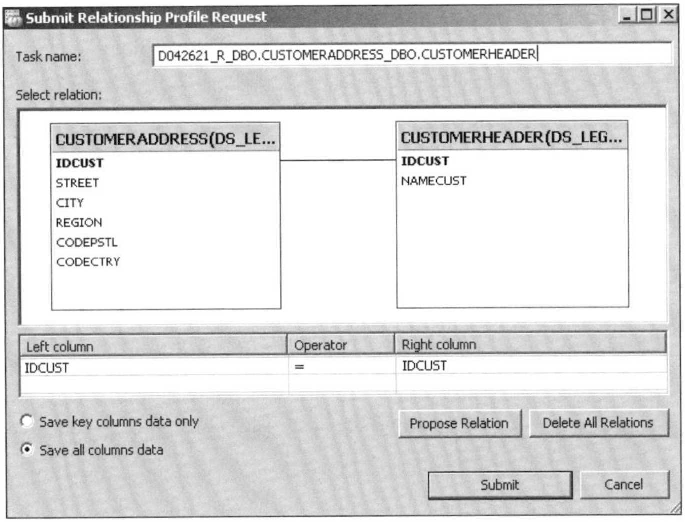

Abbildung 16.9 Relationen-Profiling

Das Ergebnis des Relationen-Profilings sehen Sie in Abbildung 16.10: 8,33 % aller Adressen haben keinen Kopfsatz, und 15,38 % aller Kopfdatensätze haben keine Adresse. In unserem kleinen Beispiel von lediglich zwölf Datensätzen bedeutet dies, dass es eine Adresse gibt, die eine Karteileiche darstellt. Sie ist keinem Debitor zugeordnet und existiert im Altsystem nur noch als Adresse ohne jeglichen Bezug. Andererseits gibt es zwei Kundensätze im Altsystem ohne Adressdaten. Wir wissen, dass diese beiden Datensätze sicherlich nicht in SAP S/4HANA übernommen werden, da bestimmte Adressdaten zu den Pflichtfeldern gehören.

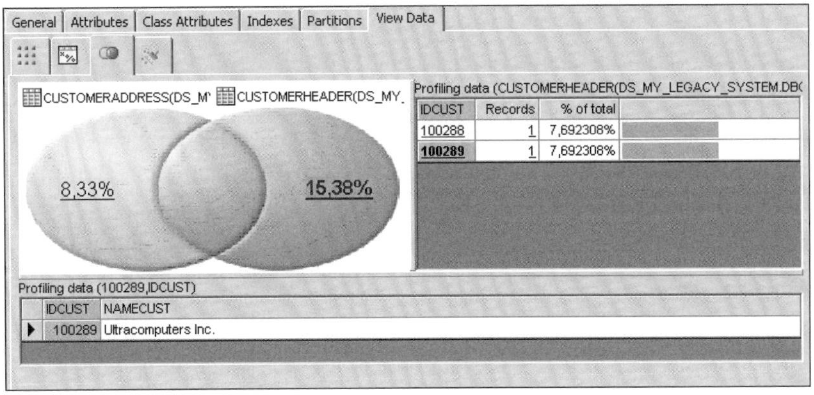

Abbildung 16.10 Ergebnis des Relationen-Profilings

Problematische Datensätze anzeigen

Mit SAP Data Services können Sie nun jedoch noch weitergehen und sich die problematischen Datensätze anzeigen lassen. In dem Beispiel aus Abbildung 16.10 ist das der Datensatz des Kunden mit der Legacy-Kundennummer 100289. Genauso kann man sich die verlorene Adresse anzeigen lassen, die die Anwendung in einer relationalen Datenbank nicht mehr ohne Weiteres finden könnte, eben weil die Kopfdaten fehlen.

Die nächsten Schritte hängen stets vom jeweiligen Einzelfall ab. Doch die Erfahrung lehrt, dass es sich auszahlt, bereits im Altsystem zu entscheiden, ob z. B. die Adresse noch zu übernehmen ist oder nicht, und, wenn nötig, eine Korrektur der Daten vorzunehmen. Denn wenn bereits im Altsystem die Daten entweder nicht mehr aktuell, falsch oder inkonsistent sind, bedeutet das im Folgenden unnötigen Arbeits- und Zeitaufwand.

16.6 Feld-Mapping

Verwendung der Datenmigrationsvorlagen

Kommen wir nun zurück zu den Bankdaten. Um unser Beispiel vergleichbar mit dem Datei-Upload bei der Verwendung des SAP S/4HANA Migration Cockpits zu gestalten, den wir in Kapitel 13, »SAP S/4HANA Migration Cockpit«, beschrieben haben, gehen wir davon aus, dass die Quelldaten bereits bereinigt vorliegen. Zur Vereinfachung arbeiten wir mit lediglich zwei Datensätzen für die Migration der Bankdaten.

Im Gegensatz zur Direktanbindung (siehe Abschnitt 16.4, »Anbindung der Quellsysteme«) wollen wir nun die Datenmigrationsvorlagen verwenden, die speziell für SAP S/4HANA bereitgestellt werden. Diese Microsoft-Excel-Dateien erhalten Sie ebenfalls mit dem Rapid-Data-Migration-Content, und Sie haben ein einzelnes Microsoft-Excel-Sheet für jedes zu migrierende Segment und erhalten ebenfalls Mapping-Hinweise und Regeln sowie Beschreibungen der Pflichtfelder. Beim Benutzen dieser Migrationsvorlagen ist das gesamte Feld-Mapping bereits in SAP Data Services umgesetzt, da es auch mit den von SAP eingesetzten Testdaten bereitgestellt wird. Wenn Sie hingegen eigene Formate (Tabellen oder Dateien) anbinden möchten, müssen Sie die SAP-Felder zunächst zuordnen.

Generell gesprochen handelt es sich beim Feld-Mapping um den zentralen Schritt jeder Datenmigration: Den vorgegebenen Feldern der Zielseite (SAP S/4HANA) werden die verfügbaren Felder der Quellseite zugeordnet. In unserem Fall ist, analog zu den Mapping-Templates, die Zielseite durch die IDoc-Segmente bereits definiert. Die Quellseite wird hingegen durch Ihre Quellstrukturen vorgegeben, in unserem Beispiel durch die erwähnte Microsoft-Excel-Migrationsvorlage.

Schauen wir uns zunächst das Mapping auf Papier für unsere beiden Quellstrukturen an, wie es in Abbildung 16.4 in Abschnitt 16.3, »Migrations-Content«, ausschnittweise gezeigt wurde. Auf der nicht gezeigten linken Seite dieser Tabelle finden Sie stets einen freien Bereich für das Altsystem und rechts die gezeigte Struktur im SAP-S/4HANA-System. Das gleiche Konzept wird in der Microsoft-Excel-Migrationsvorlage für die Quelldaten übernommen. In unserem Beispiel ist die Vorlage bereits mit Testdaten gefüllt worden (siehe Abbildung 16.11).

Mapping auf Papier

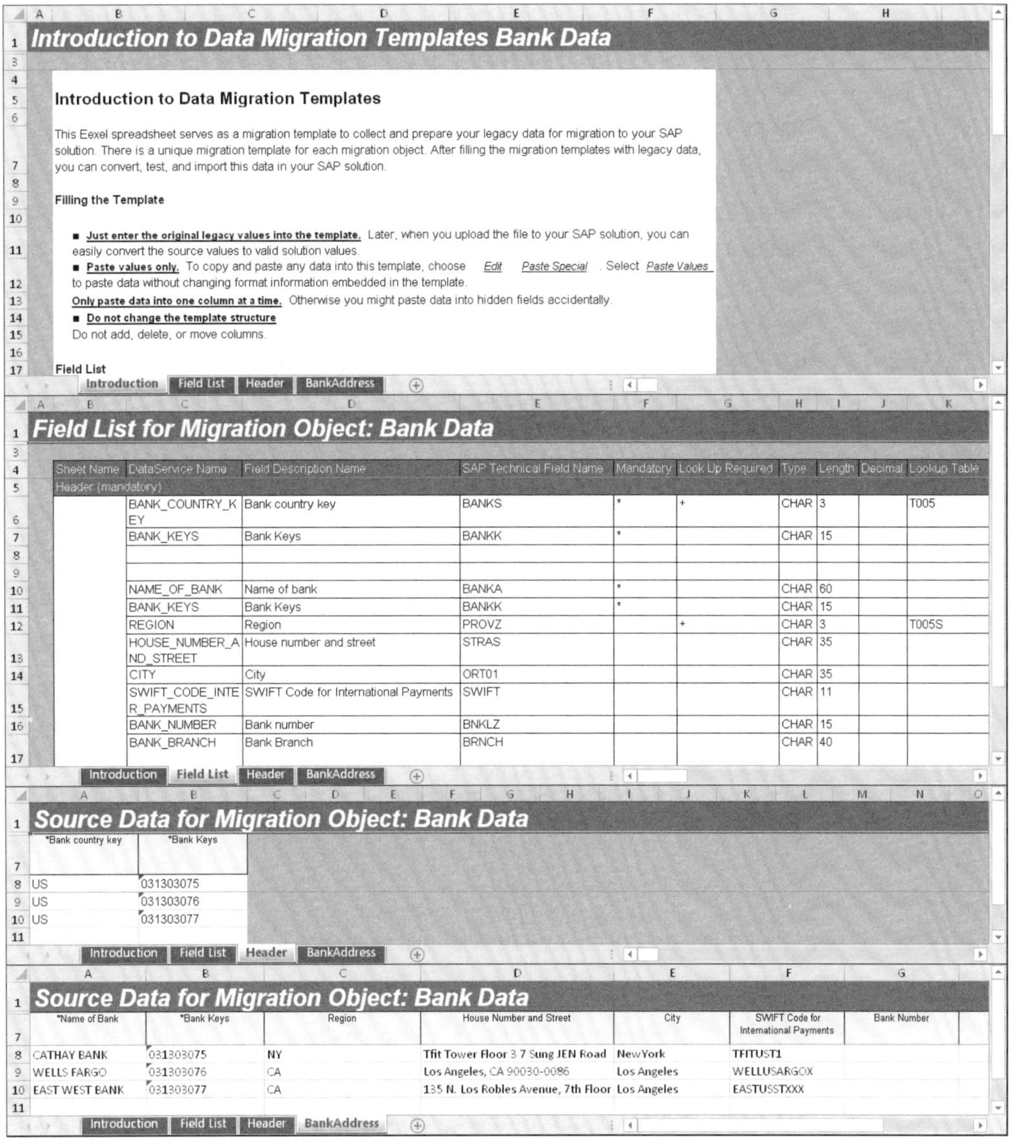

Abbildung 16.11 SAP-S/4HANA-Datenmigrationsvorlage für die Quelldaten

16

Die Abbildung zeigt alle vier Microsoft-Excel-Sheets:

- **Introduction** als Einleitung mit erläuterndem Text
- **Field List** als Feldliste mit Hinweisen auf Pflichtfelder und die Prüftabellen
- **Header** als Kopfsegment, gefüllt mit zwei Testdatensätzen
- **BankAddress** für die Adressdatensätze, gefüllt mit zwei Testdatensätzen in Relation zu den Kopfdatensätzen

Auf den ersten Blick wird ersichtlich, dass alle obligatorischen Felder (*) befüllt wurden und dass es keine Felder gibt, die eine Default-Belegung besitzen ($). Diese Felder müssten trotz der Eigenschaft »Pflichtfeld« nicht gemappt werden, sofern später eine Konstante als globale Variable in SAP Data Services mitgegeben wird.

Mapping im Designer

Normalerweise muss nun das Mapping auf Papier im SAP Data Services Designer umgesetzt werden. Rufen Sie dazu die Mapping-Ansicht auf, indem Sie den Datenfluss `DF_DM_BANKBankAddress_Map` durch einen einfachen Klick auf den Namen in der **Project Area** oder durch einen Doppelklick auf das Symbol im übergeordneten Datenfluss auswählen (siehe Abbildung 16.12). Da wir die Migrationsvorlage verwenden, kann das gesamte ausgelieferte Mapping 1 : 1 übernommen werden.

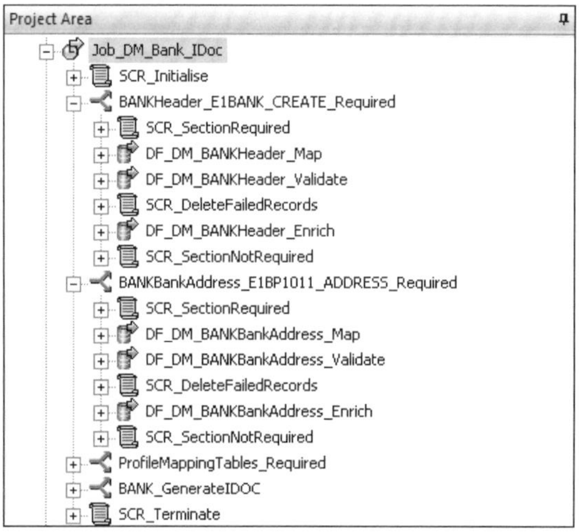

Abbildung 16.12 Auswahl des Mapping-Schritts

Anbindung des Altsystems

Möchten Sie etwas an dem Mapping ändern oder eigene Quellen einfügen, markieren und entfernen Sie einfach den Platzhalter für die Quelldatei und ziehen mittels Drag-and-drop Ihre jeweilige Quelle (Datei oder Tabelle) aus der Local Object Library in den Arbeitsbereich des Datenflusses.

Indem Sie die Quelle mit der Query Qry_BestPractices verbinden, werden die Quellfelder im Arbeitsbereich für ein vereinfachtes Mapping verfügbar. Abbildung 16.13 zeigt den korrekten Datenfluss.

[«]

Inhalte der Objekte anzeigen lassen

Über die kleine Lupe () an den unterschiedlichen Objekten im Datenfluss können Sie sich jederzeit die Inhalte anzeigen lassen. Somit haben Sie die einzelnen oder typischen Datensätze (über das auch hier mögliche Profiling) immer im Blick. Eine Fehlersuche wird dadurch stark vereinfacht.

Benötigen Sie mehr Felder, als im Baseline-Umfang von SAP Best Practices verfügbar sind, können Sie diese in der zweiten Query Qry_AllFields finden. Wir verwenden in unserem Beispiel jedoch die vereinfachte Version, die alle Felder für ein neu mit SAP Best Practices aufgesetztes SAP-S/4HANA-System bereithält.

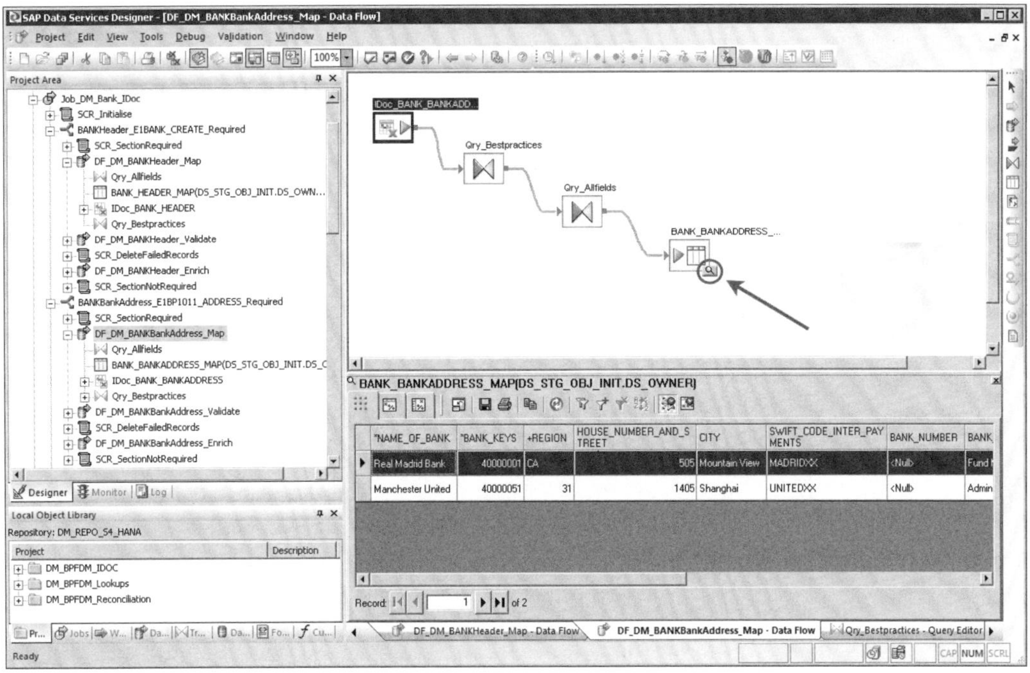

Abbildung 16.13 Anbindung des Altsystems

Es bietet sich an, beim Arbeiten im Datenfluss oder in den Querys interne Validierungen in SAP Data Services durchzuführen. Dabei fallen Mapping-Fehler oder inkonsistente Einstellungen schnell auf. Verwenden Sie den Button (**Validate Current**) zum Überprüfen des lokalen Objekts oder

Interne Validierungen

(**Validate All**) für den Syntax-Check über alle Objekte. Alternativ können Sie **Validation • Validate** aus dem Hauptmenü auswählen.

Generierung des Zuweisungsskripts

Der Bereich unter dem Mapping in der Mapping-Ansicht zeigt das Coding für die Zuweisung in der Skriptsprache an, die zu SAP Data Services gehört. (Diese Skriptsprache hat keinen eigenen Namen.) Für alle Standardfunktionen wird hier das Coding generiert. Sie haben jedoch stets die Möglichkeit, das generierte Skript zu ändern bzw. Ihr eigenes Coding zu ergänzen.

Vorausgelieferte Funktionen nutzen

Nutzen Sie eine der zahlreichen vorausgelieferten Funktionen, und passen Sie das Skript-Coding für Ihre Bedürfnisse lediglich an. So können Sie auf einfache Weise Ihre Umschlüsselungsregeln erstellen, ohne jedes Mal von Neuem beginnen zu müssen.

Eindeutige Schlüsselbeziehung

Haben Sie mehr als eine Quellstruktur, müssen Sie eine eindeutige Schlüsselbeziehung zwischen den Quellen definieren. Sie können diese Schlüsselbeziehung im Skripteditor frei definieren oder sich über die Funktion **Propose Join** das Coding in der `WHERE`-Bedingung generieren lassen. Der vorgeschlagene Join wird aufgrund von Schlüsselbeziehungen oder gleichen Namen in den unterschiedlichen Quellen generiert, wie in Abbildung 16.14 dargestellt.

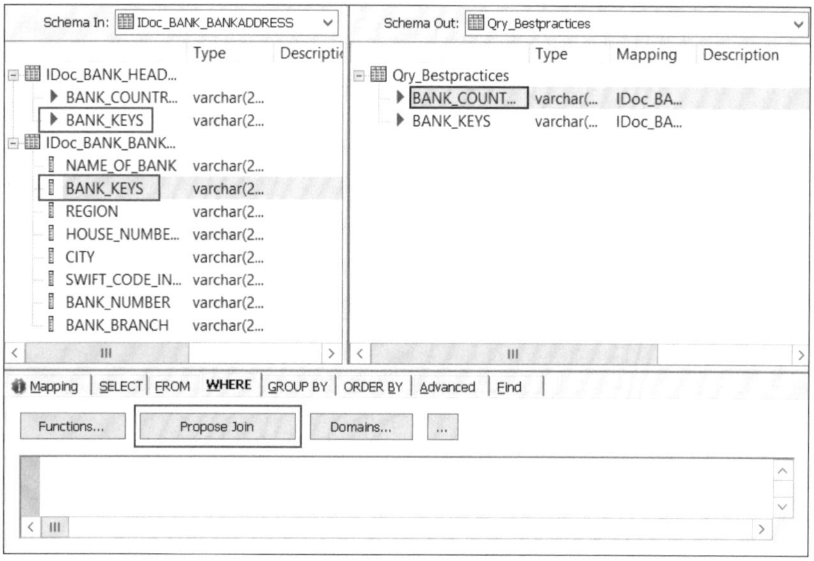

Abbildung 16.14 Schlüsselbeziehung bei mehr als einer Quellstruktur

Mapping übernehmen

Das eigentliche Mapping findet nun gemäß Mapping-Template statt, sofern Sie Anpassungen durchführen müssen. In unserem Fall können wir uns ganz auf die SAP-S/4HANA-Migrationsvorlage verlassen und das Mapping einfach übernehmen. Möchten Sie jedoch eigene Anpassungen vornehmen, können Sie dies auf einfache Weise tun, indem Sie die notwendigen Felder auf der linken Seite markieren und dann per Drag-and-drop auf die rechte Seite ziehen, um sie auf dem entsprechenden Zielfeld loszulassen. Abbildung 16.15 zeigt das Ergebnis.

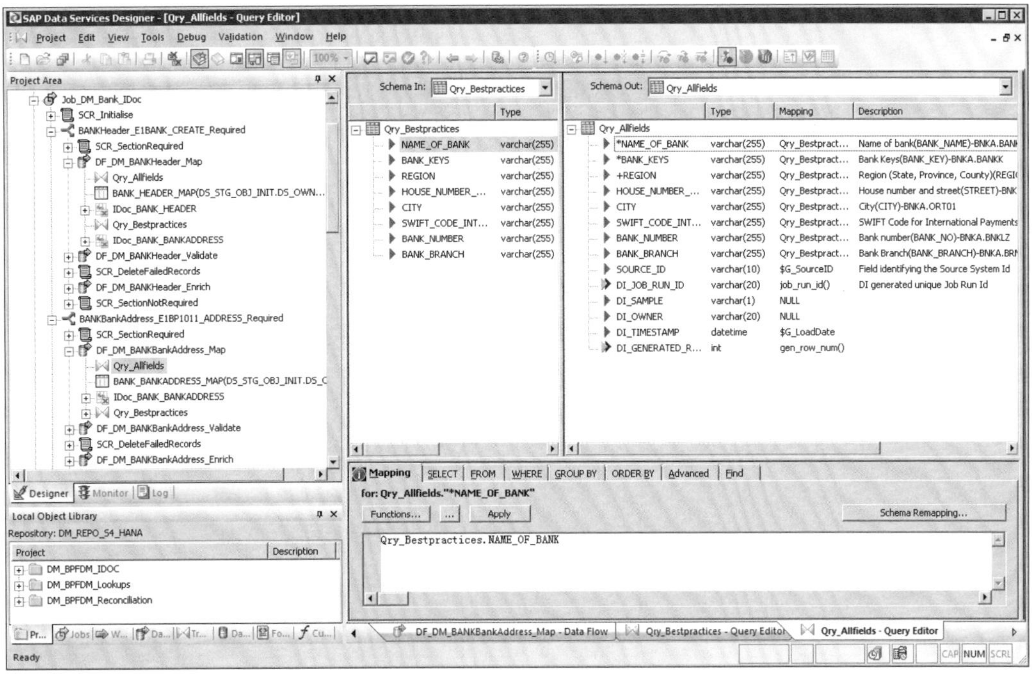

Abbildung 16.15 Mapping mittels Drag-and-drop

Sofern ein Feld bereits zugewiesen war (auch mit dem initialen Wert NULL), werden Sie beim Mapping stets gefragt, ob Sie das Feld neu mappen oder einfügen möchten. Möchten Sie es neu mappen, wählen Sie **Remap Column** im Kontextmenü.

Typkonvertierung

Nachdem Sie das Mapping abgeschlossen und eventuell ein eigenes Coding hinzugefügt haben, wählen Sie erneut die Validierung über den Button (**Validate Current**) bzw. (**Validate All**) oder über **Validation • Validate** aus dem Hauptmenü, um das Mapping zu überprüfen.

Sofern Sie keine Fehlermeldung erhalten, können Sie mit den weiteren Schritten fortfahren. Für gewöhnlich erhalten Sie jedoch Warnungen für alle Felder, die unterschiedliche Datentypen auf Quell- und Zielseite aufweisen. Diese Warnung können Sie zunächst ignorieren, da es automatisch zu einer Typkonvertierung während der Laufzeit kommt. Sofern diese Konvertierung für alle Datensätze funktioniert (z. B. die Umwandlung eines Zahlenfelds in ein Textfeld vom Typ Character), wird der weitere Prozess dadurch nicht beeinträchtigt.

Mapping prüfen

Lassen Sie uns nun noch einmal einen genaueren Blick auf das Mapping werfen und die einzelnen Zuweisungen im ETL-Prozess veranschaulichen. Sie haben es bisher nur mit einem direkten Mapping von Feld auf Feld zu tun, es gibt also noch keine Transformationen oder komplexen Regeln. Vergleichen Sie das Mapping in Abbildung 16.16 mit der Migrationsvorlage aus Abbildung 16.11, erkennen Sie, wie SAP Data Services das Mapping umgesetzt hat.

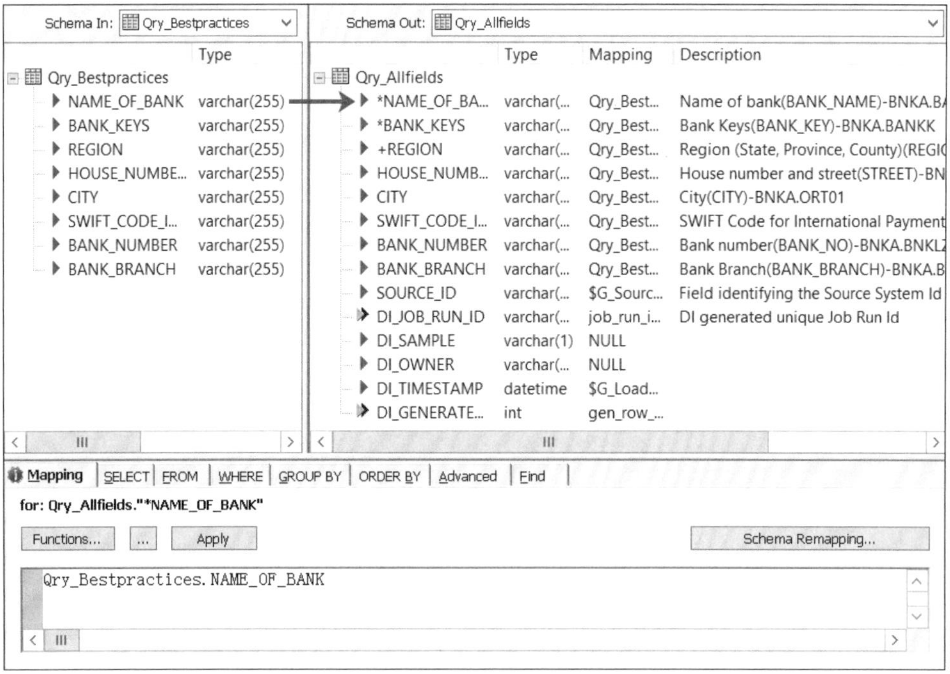

Abbildung 16.16 Feld-Mapping im Detail

Da durch die Migrationsvorlage gleiche Namen auf Quell- und Zielseite verwendet werden, ist die Abbildung des Mappings einfach nachzuvollziehen.

Globale Variable zuweisen

Alternativ zum Feld-Mapping könnten Sie in SAP Data Services auch eine globale Variable oder eine Konstante zuweisen. Abbildung 16.17 zeigt die einfache Zuweisung einer Konstanten, hier mit dem ISO-Code für Deutschland ('DE') als Land.

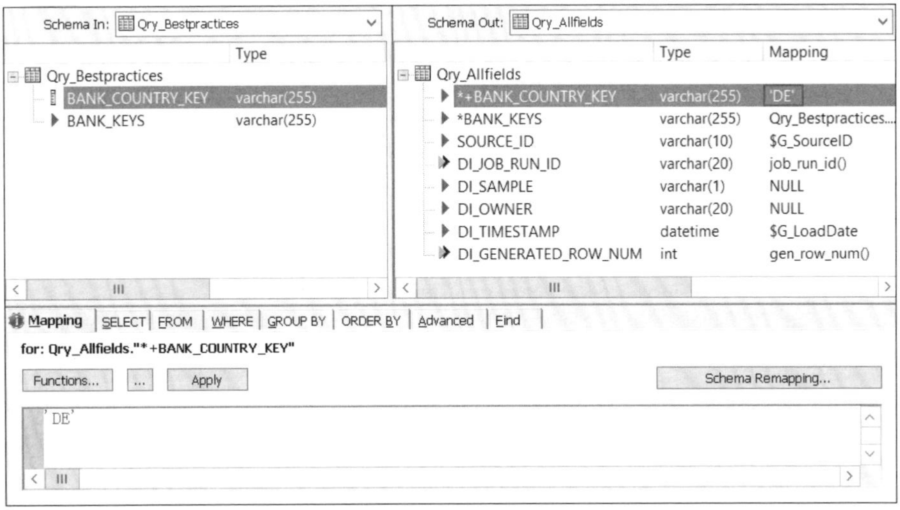

Abbildung 16.17 Mapping für eine Konstante

[«]

Zurücksetzen des Mappings

Möchten Sie ein Feld-Mapping zurücknehmen, das Sie mit Drag-and-drop oder manuell vorgenommen haben, reicht es nicht aus, das generierte oder selbst erstellte Coding zu löschen. Beim Validieren der Daten werden Sie feststellen, dass ein solches leeres Mapping nicht zulässig ist. Stattdessen müssen Sie das Coding in dem Eingabefeld zurücksetzen, indem Sie den Code durch NULL ersetzen.

16.7 Werte-Mapping und Umschlüsselungstabellen

Nachdem Sie das grundlegende Mapping im zentralen Schritt des SAP Data Services Designers abgeschlossen haben, können Sie die noch ausstehenden Umschlüsselungen der Werte, das sogenannte *Werte-Mapping*, für das Land (BANK_COUNTRY_KEY) und die Region (REGION) durchführen. Dabei ist die Region eine mehrstufige Umschlüsselung, da sie auch vom Land abhängt und nur durch die Umschlüsselung von Region *und* Land eindeutig wird.

Migration Services

Für die Wertkonvertierungen verwenden Sie das Werkzeug *Migration Services*. Dieses Tool ist im Content der Rapid-Data-Migration-Lösung verfügbar. Es hat Zugriff auf die Staging Area, in der alle SAP-Prüftabellen aus Ihrem angeschlossenen SAP-S/4HANA-System repliziert sind (siehe Abbildung 16.18). Es dient dazu, den SAP-Werten, wie z. B. dem ISO-Code für das Land, die korrekten Werte aus dem Altsystem zuzuordnen.

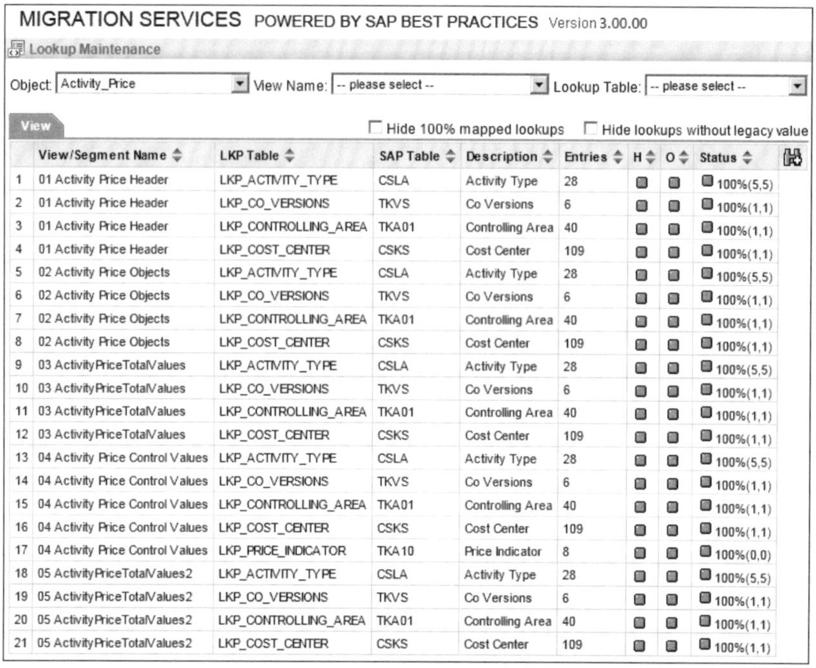
MIGRATION SERVICES POWERED BY SAP BEST PRACTICES Version 3.00.00

Lookup Maintenance

Object: Activity_Price View Name: -- please select -- Lookup Table: -- please select --

View Hide 100% mapped lookups Hide lookups without legacy value

	View/Segment Name	LKP Table	SAP Table	Description	Entries	H	O	Status
1	01 Activity Price Header	LKP_ACTIVITY_TYPE	CSLA	Activity Type	28			100%(5,5)
2	01 Activity Price Header	LKP_CO_VERSIONS	TKVS	Co Versions	6			100%(1,1)
3	01 Activity Price Header	LKP_CONTROLLING_AREA	TKA01	Controlling Area	40			100%(1,1)
4	01 Activity Price Header	LKP_COST_CENTER	CSKS	Cost Center	109			100%(1,1)
5	02 Activity Price Objects	LKP_ACTIVITY_TYPE	CSLA	Activity Type	28			100%(5,5)
6	02 Activity Price Objects	LKP_CO_VERSIONS	TKVS	Co Versions	6			100%(1,1)
7	02 Activity Price Objects	LKP_CONTROLLING_AREA	TKA01	Controlling Area	40			100%(1,1)
8	02 Activity Price Objects	LKP_COST_CENTER	CSKS	Cost Center	109			100%(1,1)
9	03 ActivityPriceTotalValues	LKP_ACTIVITY_TYPE	CSLA	Activity Type	28			100%(5,5)
10	03 ActivityPriceTotalValues	LKP_CO_VERSIONS	TKVS	Co Versions	6			100%(1,1)
11	03 ActivityPriceTotalValues	LKP_CONTROLLING_AREA	TKA01	Controlling Area	40			100%(1,1)
12	03 ActivityPriceTotalValues	LKP_COST_CENTER	CSKS	Cost Center	109			100%(1,1)
13	04 Activity Price Control Values	LKP_ACTIVITY_TYPE	CSLA	Activity Type	28			100%(5,5)
14	04 Activity Price Control Values	LKP_CO_VERSIONS	TKVS	Co Versions	6			100%(1,1)
15	04 Activity Price Control Values	LKP_CONTROLLING_AREA	TKA01	Controlling Area	40			100%(1,1)
16	04 Activity Price Control Values	LKP_COST_CENTER	CSKS	Cost Center	109			100%(1,1)
17	04 Activity Price Control Values	LKP_PRICE_INDICATOR	TKA10	Price Indicator	8			100%(0,0)
18	05 ActivityPriceTotalValues2	LKP_ACTIVITY_TYPE	CSLA	Activity Type	28			100%(5,5)
19	05 ActivityPriceTotalValues2	LKP_CO_VERSIONS	TKVS	Co Versions	6			100%(1,1)
20	05 ActivityPriceTotalValues2	LKP_CONTROLLING_AREA	TKA01	Controlling Area	40			100%(1,1)
21	05 ActivityPriceTotalValues2	LKP_COST_CENTER	CSKS	Cost Center	109			100%(1,1)

Abbildung 16.18 Lookup-Prüftabellen im Werkzeug Migration Services

Dabei können Sie nur die Spalte für die Altsdaten ändern. Diese Seite des SAP-S/4HANA-Systems entspricht dem Customizing in SAP S/4HANA und lässt sich nicht ändern. Es handelt sich also im Wesentlichen um eine Umschlüsselungstabelle, ähnlich der Werte-Mapping-Tabelle, die Sie in Abschnitt 13.2.15, »Pflege der Mapping-Werte«, für das SAP S/4HANA Migration Cockpit kennengelernt haben.

Lookup-Tabelle

Wir empfehlen Ihnen, einen initialen Joblauf durchzuführen, bevor Sie mit dem Werte-Mapping beginnen. Dafür muss das eigentliche Mapping nicht notwendigerweise komplett abgeschlossen sein. Bei diesem ersten Lauf wird eine Initialisierung sowohl der internen Nummernkreise als auch der notwendigen Puffertabellen vorgenommen. Darüber hinaus werden für alle Felder, für die eine Umschlüsselung des Werts vorgesehen ist (*Lookup-Felder*), die Ausprägungen der unterschiedlichen Werte im Altsystem gesammelt. Es handelt sich hier um eine sehr bequeme Möglichkeit, noch nicht versorgte Werte aufzuspüren. Dies liegt daran, dass man im Allgemeinen – auch trotz vorangegangenem Profiling – nicht alle unterschiedlichen Ausprägungen der Werte aus dem Altsystem kennt und daher beim Mapping auch nicht alle vorhandenen Ausprägungen versorgt.

Testjob starten

Um einen Datenmigrationsjob zu starten (in diesem Fall `Job_DM_Bank_IDoc`), klicken Sie mit der rechten Maustaste auf den entsprechenden Knoten im

Bereich **Project Area**. Wählen Sie dann **Execute...**, wie in Abbildung 16.19 gezeigt.

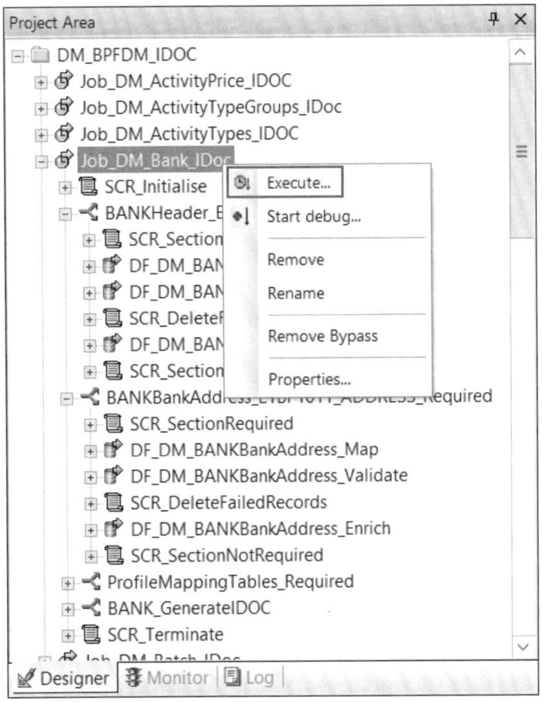

Abbildung 16.19 Jobs in SAP Data Services ausführen

Jobparameter festlegen

SAP Data Services gibt Ihnen in einem Pop-up-Fenster die Möglichkeit, Parameter für den Joblauf festzulegen. Wechseln Sie dazu auf die Registerkarte **Global Variable**. Bei diesem Lauf ist es wichtig, dass Sie den Wert der globalen Variablen `$G_ProfileMapTables` auf `'Y'` für »ja« setzen. Damit werden die Werte des Altsystems beim Lauf gesammelt. Sie haben an dieser Stelle eine komplette Übersicht über die globalen Variablen, die auch später im Enrichment-Schritt für die Vorbelegung der $-Felder verwendet werden (siehe Abbildung 16.20).

Sie können diese Werte entweder beim Joblauf einmalig direkt ändern oder für alle Läufe eines Jobs als Eigenschaft festlegen und speichern, indem Sie mit der rechten Maustaste das Kontextmenü öffnen und **Properties...** wählen. Neben Vorbelegungen werden hier auch der IDoc-Nachrichtentyp und das sogenannte *SAP-Partnersystem* (der technische Name von SAP Data Services als sendendes und von SAP S/4HANA als empfangendes System) bestimmt. Diese Werte werden später von SAP Data Services automatisch in den Kontrollsatz des IDocs geschrieben, bevor dieser an SAP S/4HANA gesendet wird.

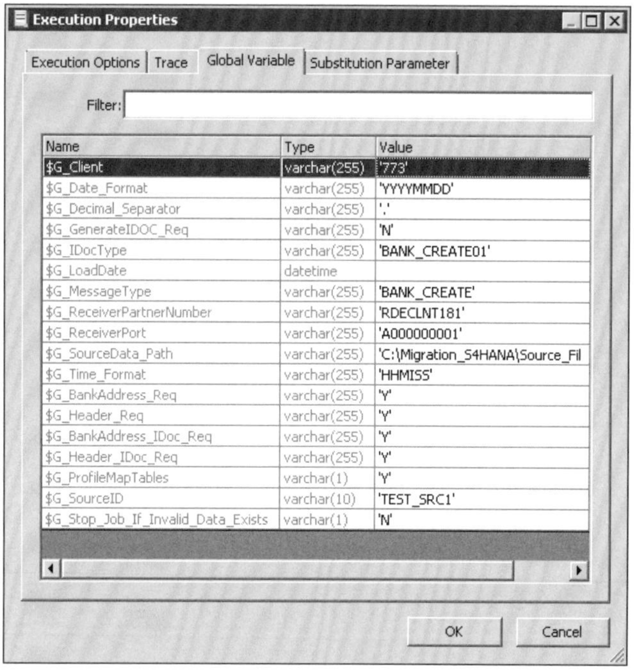

Abbildung 16.20 Globale Variablen für den Joblauf

Das Ergebnis des Joblaufs ist ein Protokoll, das im Idealfall keine Fehlermeldung anzeigt (siehe Abbildung 16.21).

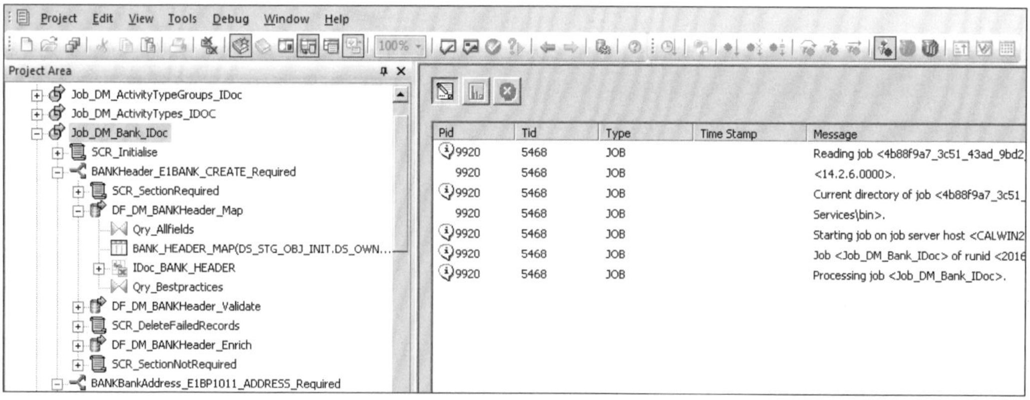

Abbildung 16.21 Infomeldungen während des Joblaufs im Protokoll

Über die Registerkarte **Monitor** können Sie Jobläufe verfolgen und auch stoppen (siehe Abbildung 16.22). Eine grüne Ampel zeigt dabei einen noch laufenden Job an, während eine rote Ampel angibt, dass der Job beendet wurde. Diese Anzeige ist unabhängig vom tatsächlichen Status des Jobs, also unabhängig davon, ob er erfolgreich beendet oder vorzeitig abgebrochen wurde. Im Fall eines Abbruchs sehen Sie einen roten Button im Protokoll, wie in Abbildung 16.23 dargestellt. Über diese Funktionalität können Sie sich die Details des Fehlers anzeigen lassen.

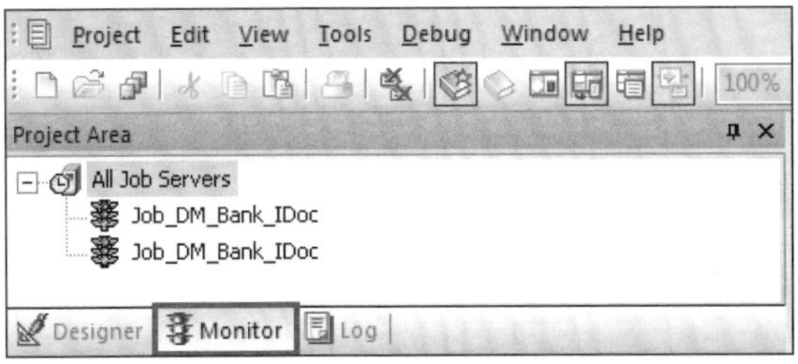

Abbildung 16.22 Jobmonitor in der Project Area

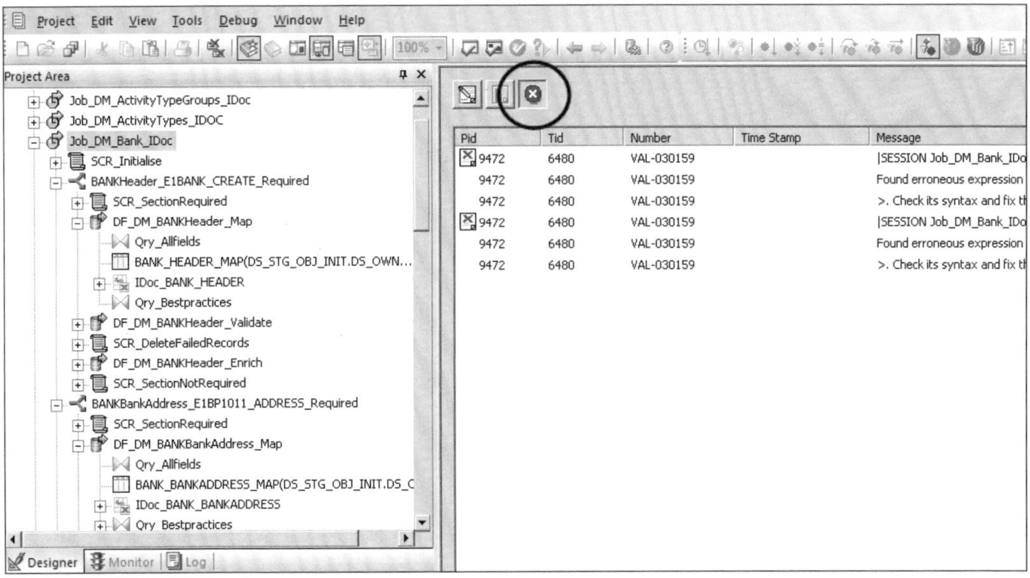

Abbildung 16.23 Abbruch und Fehlermeldungen im Protokoll

Beispiel: Werte-Mapping für das Feld »Land«

Mit diesem ersten Joblauf »lernt« SAP Data Services bereits, welche Feldwerte in den Altdaten überhaupt vorkommen. Sie können diesen Testlauf mit einer Teilmenge der umzusetzenden Daten durchführen oder mit allen bereits verfügbaren Daten. Bedienen wir uns wieder des Länderbeispiels: Beinhaltet Ihr Altsystem die Länder in Klartextnotation, anstatt dafür einen einheitlichen Code zu verwenden, könnten durchaus aufgrund von Uneinheitlichkeiten und Tippfehlern unterschiedliche Ausprägungen für ein Land vorkommen. Im SAP-System wird aus all diesen Feldern ein einzelner Wert, nämlich der korrekte ISO-Code für das Land, wie in Tabelle 16.2 dargestellt.

Wert im Altsystem	ISO-Code im SAP-System
Deutschland	DE
Deutschlnd	DE
BRD	DE
USA	US
U.S.A.	US

Tabelle 16.2 Beispiel für ein Werte-Mapping des Felds »Land«

Feldwerte manuell pflegen

In diesem Beispiel entnehmen wir der Migrationsvorlage aus Abbildung 16.11 die notwendigen Feldwerte für die vorkommenden Länder und Regionen. Diese könnten Sie nun manuell in den Migration Services pflegen. Durch den initialen Joblauf, den Sie durchgeführt haben, nachdem diese Felder bereits gemappt worden waren, stehen sie im Werkzeug nun gesammelt zur Verfügung. Dies macht das Werte-Mapping genauso einfach wie das Feld-Mapping.

In den Migration Services können Sie nun über Drag-and-drop die gesammelten Werte den entsprechenden SAP-Werten zuweisen (siehe Abbildung 16.24) oder über eine Drop-down-Liste auswählen (siehe Abbildung 16.25). Auch eine Suchhilfe steht Ihnen zur Verfügung (siehe Abbildung 16.27).

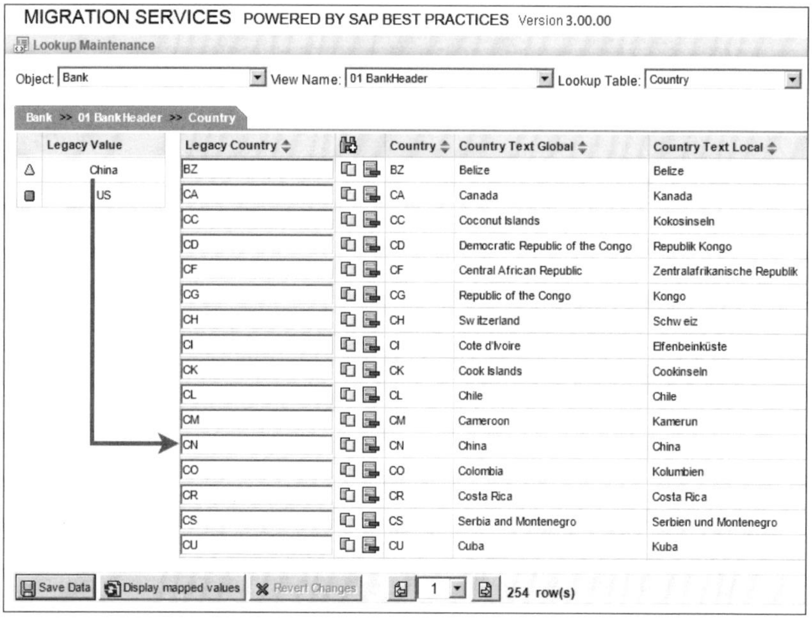

Abbildung 16.24 Werte-Mapping über Drag-and-drop

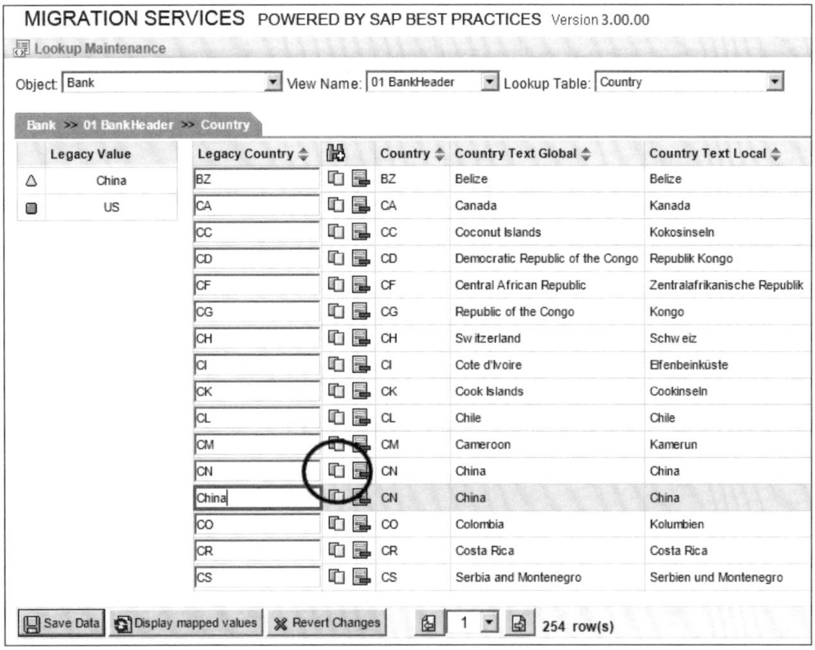

Abbildung 16.25 Unterschiedliche Altwerte über die manuelle Eingabe zuweisen

Der Status des Werte-Mappings in den Migration Services wird an allen Stellen über Ampeln angegeben:

- grünes Quadrat: gemappt
- gelbes Dreieck: noch nicht gemappt
- roter Kreis: doppelt/nicht eindeutig gemappt

Beispiele sehen Sie in Abbildung 16.24 und Abbildung 16.26. Dies zeigt dem Anwender bereits während der Durchführung der Wertkonvertierungen den jeweiligen Fortschritt an. Damit sind die Daten nun bereit für die Validierungen.

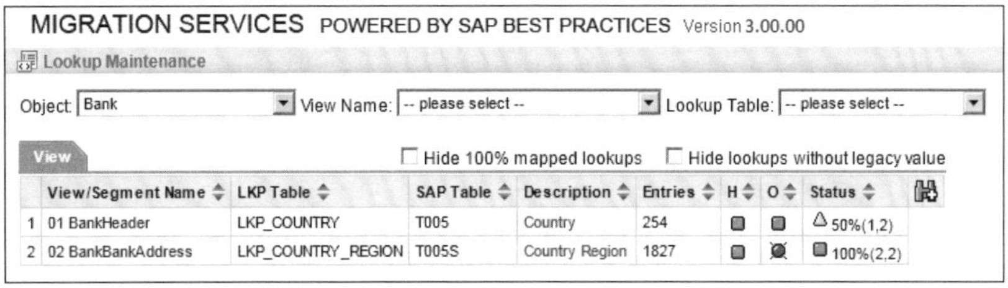

Abbildung 16.26 Status des Werte-Mappings in den Migration Services

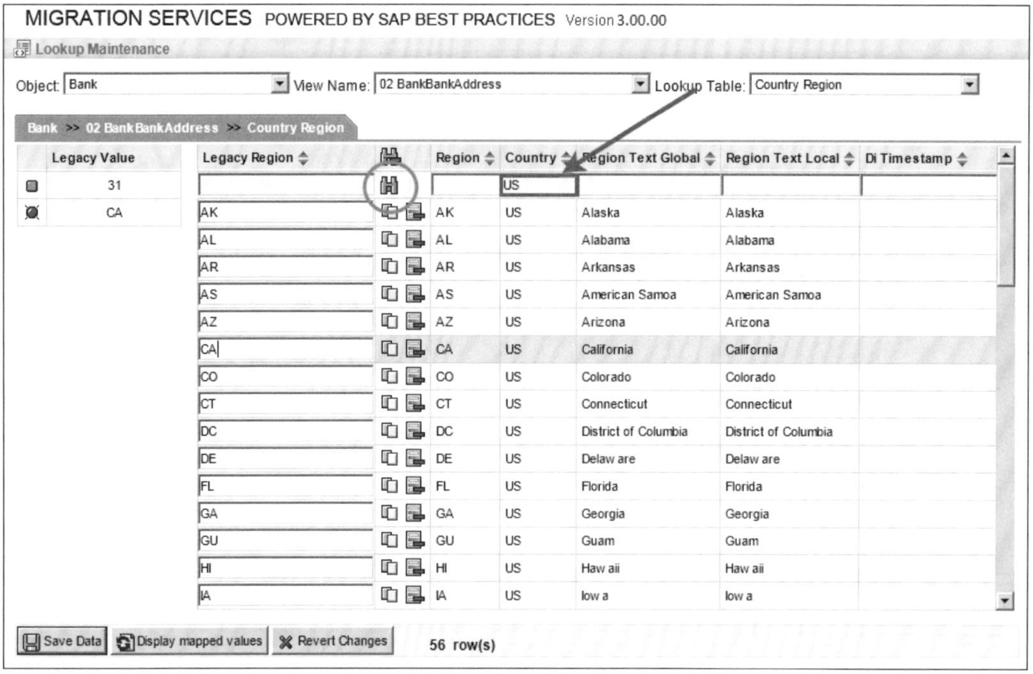

Abbildung 16.27 Suchhilfe für die Werte in den Migration Services

16.8 Validierung der Daten

Nachdem Sie das Werte-Mapping mithilfe der Migration Services erfolgreich durchgeführt haben, können Sie sich der Validierung der Daten im SAP Data Services Designer zuwenden.

Validierungsprüfungen

SAP Data Services lädt keinerlei Datensätze in SAP S/4HANA, die eine der drei folgenden Prüfungen nicht bestanden haben (siehe Abbildung 16.28):

- **Validierung anhand der Prüftabellen (Validate_Lookups)**

  Für alle Felder, die mit einem Plus (+) gekennzeichnet sind, werden die Werte mit den Werten der SAP-Prüftabellen abgeglichen. Dabei bestehen nur die Altwerte die Prüfung, die zuvor in den Migration Services auf einen Lookup-Wert umgeschlüsselt wurden, der im SAP-System erlaubt ist.

- **Validierung der Pflichtfelder (Validate_Mandatory_Columns)**

  Für alle Felder, die mit einem Sternchen (*) gekennzeichnet sind, wird geprüft, dass diese Felder nicht leer sind bzw. nur Leerzeichen enthalten (NOT NULL).

- **Validierung des Formats (Validate_Format)**

  Für alle Felder, die in SAP S/4HANA einer Formatüberprüfung unterliegen, wird diese Validierung durchgeführt, sofern dies vom Datenmigrations-Content vorgesehen ist. Dabei kann es sich um die korrekte Feldlänge in SAP S/4HANA handeln (siehe das Beispiel zur Länge des Materialnummernfelds in Abschnitt 7.2.3, »Simplification List«) oder um die syntaktische Korrektheit einer Postleitzahl.

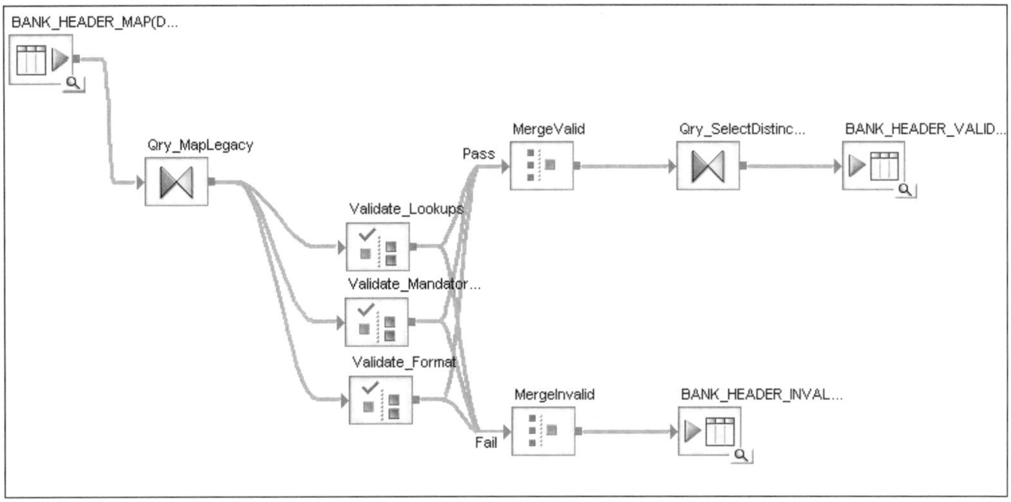

Abbildung 16.28 Datenfluss für die Validierungen in SAP Data Services

Joblauf

Um die Prüfroutinen zu durchlaufen, führen Sie abermals den Job `Job_DM_Bank_IDoc` aus. Auch dieser Lauf wird noch keine IDocs an das SAP-S/4HANA-System schicken. Es handelt sich vielmehr um einen Trockenlauf, den Sie immer wieder durchführen können – so lange, bis Sie mit dem Ergebnis der Validierungen zufrieden sind.

Ablauf der Validierungen

Sämtliche Validierungen finden nicht sukzessive, sondern nebeneinander statt. Das heißt, dass alle Felder sämtliche Prüfungen durchlaufen und dass nicht – wie bei anderen Techniken – nach dem ersten Fehler abgebrochen wird. Außerdem bedeutet dies, dass Datensätze auch bei mehreren Prüfungen auf einmal durchfallen können. Ist z. B. das Land der Bank – `*+BANK_COUNTRY_KEY` (ein Pflichtfeld) – nicht gefüllt, wird dieses Feld gleich doppelt an den Validierungen scheitern. Denn zum einen ist das obligatorische Feld nicht gefüllt (`Validate_Mandatory_Columns`), und zum anderen ist die Forderung, dass der Wert eine Umschlüsselung besitzt (`Validate_Lookups`), nicht erfüllt. Gemäß dem in Abbildung 16.28 dargestellten Datenfluss landet der Wert über den Weg `Fail` gleich doppelt im Bereich **Invalid**.

Über die kleine Lupe () am Endpunkt können Sie sich die fehlerhaften Sätze im SAP Data Services Designer anschauen und die Ursache feststellen (siehe Abbildung 16.29).

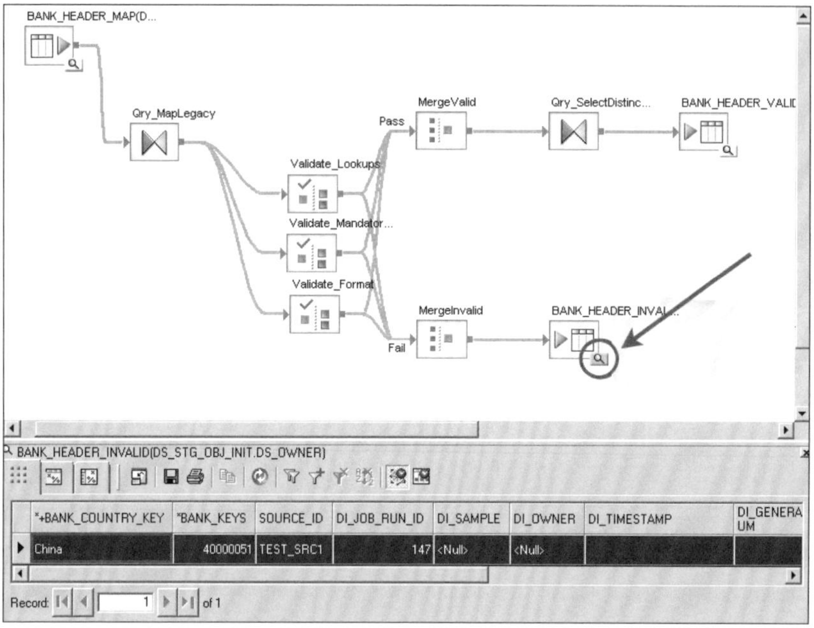

Abbildung 16.29 Fehlerhafte Datensätze nach dem Testlauf

Damit keine doppelten Werte über `Pass` im Bereich **Valid** landen, gibt es für die erfolgreich verprobten Datensätze eine `SELECT-DISTINCT`-Anweisung. Eine Weiterverarbeitung mit der Anreicherung von Standardwerten und das Laden per IDoc ist stets nur für die validen Daten möglich.

[»]

Eingebaute Validierungsfunktionen

Der Rapid-Data-Migration-Content liefert nicht nur Datenflüsse und Mappings, sondern er beinhaltet auch Validierungsfunktionen, wie z. B. eine Funktion für die Postleitzahlenprüfung.

In Abschnitt 16.5, »Profiling der Daten«, fiel uns ein Datensatz einer kanadischen Postleitzahl auf. Er würde der Formatüberprüfung nicht standhalten. Das heißt, »X4352« ist keine gültige Postleitzahl für Kanada. Tatsächlich haben Postleitzahlen in Kanada eine sehr viel komplexere Struktur. Statt des hier vorliegenden Formats »X9999« für *Buchstabe – Zahl – Zahl – Zahl – Zahl* lautet die Syntax dort »X9X 9X9«. Außerdem ist die Postleitzahl nicht fünfstellig, sondern benötigt sechs Stellen. Dies ist ein sehr gutes Beispiel für eine Funktion, die durch SAP Best Practices verfügbar und in SAP Data Services eingebaut ist.

Das Coding für die Validierungsfunktion der Postleitzahl ist in der eigenen Skriptsprache von SAP Data Services geschrieben, die an dieser Stelle auch um beliebige Länder erweiterbar ist. Grundsätzlich orientiert sich das Coding in diesem Fall an der *Backus-Naur-Form* (BNF), einer Metasprache für Grammatiken. Abbildung 16.30 zeigt den Editor und das ausgelieferte Coding zur Postleitzahlenvalidierung.

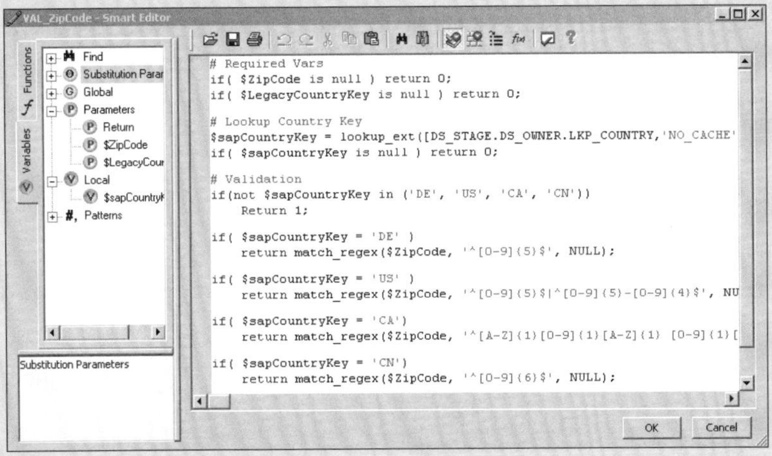

Abbildung 16.30 Funktioneneditor in SAP Data Services

Beachten Sie jedoch an dieser Stelle, dass über diese Validierung nur die reine Syntaxprüfung, nicht aber eine Plausibilitätsprüfung für die Postleitzahl stattfindet. Während die Prüfung einer konkreten Postleitzahl mit dem zugehörigen Ort und der Straße technisch in SAP Data Services einfach durchzuführen ist, indem Sie die Data-Quality-Funktionalität nutzen, müssen für die Plausibilitätsprüfung kostenpflichtige Datenbanken angebunden werden, die von den lokalen Postdienstleistern (z. B. der Deutschen Post) zur Verfügung gestellt und stets aktualisiert werden müssen.

Fehlerbehebung

Wie ist nun bei auftretenden Fehlern weiter vorzugehen? Generell ist es natürlich möglich, die von SAP Data Services ausgesiebten Daten komplett zu verwerfen und nicht zu migrieren. Dann wäre in diesem Fall nichts weiter zu tun. Viel eleganter ist jedoch die Möglichkeit, die nun festgestellten Unstimmigkeiten direkt im Altsystem zu korrigieren. Übrigens verbessern Sie so ganz nebenbei Ihre Datenqualität. Nach der Änderung werden die so bereinigten Datensätze dann beim nächsten Lauf erneut eingelesen und bestehen die Prüfroutinen. Dies ist ein iterativer Vorgang, der so lange zu wiederholen ist, bis nur noch der Ausschuss in SAP Data Services hängen bleibt. Das sind all jene Datensätze, die tatsächlich nicht nach SAP S/4HANA migriert werden sollen.

16.9 Daten importieren

Nachdem Sie nun erfolgreich Datensätze eingelesen, umgesetzt, transformiert und validiert haben, können Sie den nächsten Schritt angehen: das Laden der IDocs in das SAP-S/4HANA-System. Es ist wichtig, zu wissen, dass bei jedem Joblauf die Quelldaten stets aufs Neue aus den Datenquellen extrahiert werden. Das heißt, es wird nicht mit Daten gearbeitet, die in SAP Data Services zwischengespeichert sind, sondern stets mit aktuellen Werten aus der Migrationsvorlage bzw. anderen Quelldateien oder Datenbanken, die Sie aktuell nutzen.

Verbindung zu SAP S/4HANA

Bevor Sie die IDocs in das SAP-S/4HANA-System laden können, müssen Sie in SAP Data Services die Verbindung zu Ihrem SAP-S/4HANA-System anpassen. Der SAP-Datastore `DS_SAP` (**Local Object Library • Datastores**) wird lediglich mit einer Dummy-Verbindung ausgeliefert. Um Ihr eigenes SAP-S/4HANA-System anbinden zu können, benötigen Sie zahlreiche Informationen über das System.

Tabelle 16.3 stellt die dabei im Umfeld von SAP S/4HANA gebräuchlichen Begriffe den Namen gegenüber, die in der Verbindungskonfiguration in SAP Data Services verwendet werden.

SAP S/4HANA	SAP Data Services	Beispiel
Anwendungsserver	Application Server	`myserver01.me.com`
Instanznummer	System Number	`00`
System-ID	–	`PRD`
Mandant	Client Number	`100`
Benutzer	User Name	–
Passwort	Password	–

Tabelle 16.3 Unterschiede bei den Namen für die Konfiguration

Abbildung 16.31 zeigt das Fenster zum Eingeben der SAP-S/4HANA-Systemparameter. Informationen zur Konfiguration können Sie auch dem *Configuration Guide* des Rapid-Data-Migration-Pakets entnehmen.

IDoc-Übertragung über RFC

Damit die IDocs nun beim nächsten Lauf auch tatsächlich geladen werden können, müssen Sie den Standardwert einer entscheidenden globalen Variablen, nämlich `$G_GenerateIDOC_Req`, ändern. Setzt man diesen Wert auf `'Y'`, wird nicht nur ein Testlauf durchgeführt, sondern es werden auch die

IDocs in SAP Data Services aufgebaut und per RFC an das SAP-S/4HANA-System geschickt.

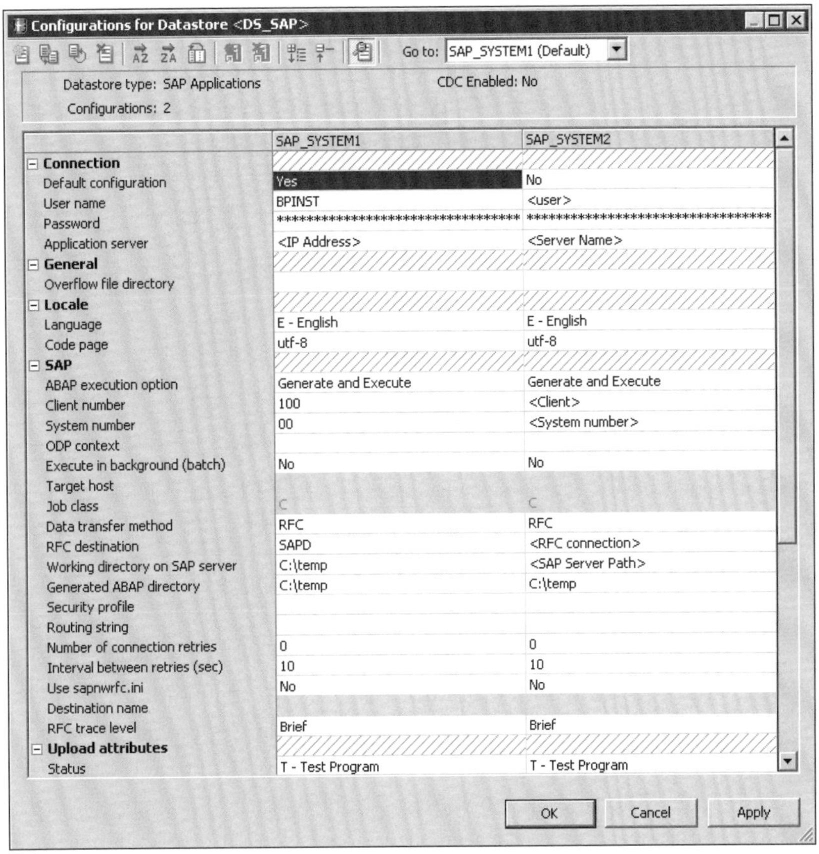

Abbildung 16.31 Beispiel für eine Konfiguration des Datastores DS_SAP

Alternativ können die IDocs jedoch auch in lokalen Dateien abgelegt werden. Dies ist z. B. dann erforderlich, wenn das SAP-S/4HANA-System nicht angebunden werden kann oder noch nicht zur Verfügung steht. Der Transport der Dateien zum SAP-Anwendungsserver muss in diesem Fall über einen separaten FTP-Prozess erfolgen.

Echtlauf bestätigen

Abbildung 16.32 zeigt das Pop-up-Fenster zur Bestätigung des Echtlaufs. Unsere BANK_CREATE-IDocs vom Basistyp BANK_CREATE01 werden an das SAP-S/4HANA-System mit der ID RDE und dem Mandanten 181 geschickt. Die hier gepflegten globalen Variablen werden in den IDoc-Kontrollsatz geschrieben, den »Umschlag« des IDocs.

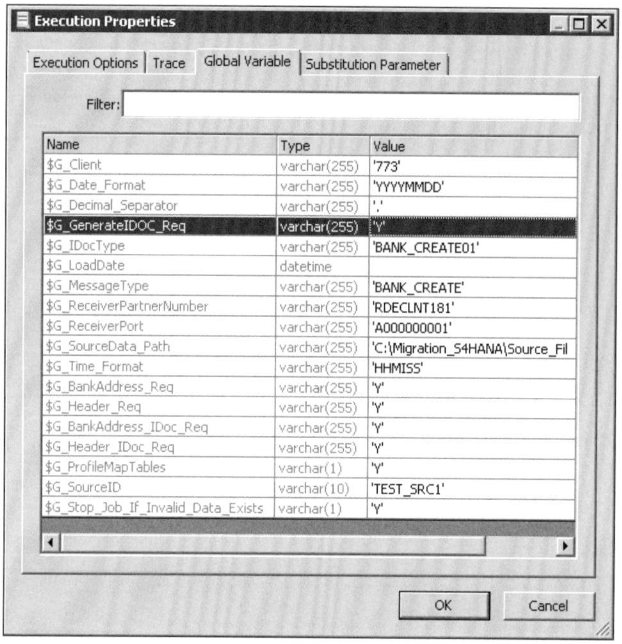

Name	Type	Value
$G_Client	varchar(255)	'773'
$G_Date_Format	varchar(255)	'YYYYMMDD'
$G_Decimal_Separator	varchar(255)	'.'
$G_GenerateIDOC_Req	varchar(255)	'Y'
$G_IDocType	varchar(255)	'BANK_CREATE01'
$G_LoadDate	datetime	
$G_MessageType	varchar(255)	'BANK_CREATE'
$G_ReceiverPartnerNumber	varchar(255)	'RDECLNT181'
$G_ReceiverPort	varchar(255)	'A000000001'
$G_SourceData_Path	varchar(255)	'C:\Migration_S4HANA\Source_Fil
$G_Time_Format	varchar(255)	'HHMISS'
$G_BankAddress_Req	varchar(255)	'Y'
$G_Header_Req	varchar(255)	'Y'
$G_BankAddress_IDoc_Req	varchar(255)	'Y'
$G_Header_IDoc_Req	varchar(255)	'Y'
$G_ProfileMapTables	varchar(1)	'Y'
$G_SourceID	varchar(10)	'TEST_SRC1'
$G_Stop_Job_If_Invalid_Data_Exists	varchar(1)	'Y'

Abbildung 16.32 Globale Variablen zum Versenden der IDocs

Sobald der Job erfolgreich beendet wurde, sind die IDocs an das SAP-S/4HANA-System versendet und – die korrekte Einstellung des sogenannten *IDoc-Eingangs* vorausgesetzt – dort verbucht worden. Die Einstellungen zum IDoc-Customizing in Ihrem System sind im Configuration Guide der Rapid Data Migration detailliert beschrieben, den Sie über den SAP Signavio Process Navigator und den dort erwähnten SAP-Hinweis herunterladen können.

Sie können sich nun am SAP-S/4HANA-System anmelden, dort den IDoc-Monitor nutzen oder gleich in der entsprechenden Anwendung unsere frisch angelegten Banken anzeigen lassen. Dass dies noch sehr viel eleganter funktioniert, und zwar ohne SAP Data Services zu verlassen, zeigt Ihnen der folgende Abschnitt.

16.10 Monitoring

Web-Intelligence-Berichte

Durch die Integration von SAP Data Services mit der SAP BusinessObjects Business Intelligence Suite können Business-Analytics-Berichte auf einfache Art angebunden werden. Der bereitgestellte Datenmigrations-Content enthält vorgefertigte Web-Intelligence-Berichte zum Überwachen des Datenmigrationsprojekts (siehe Abbildung 16.33).

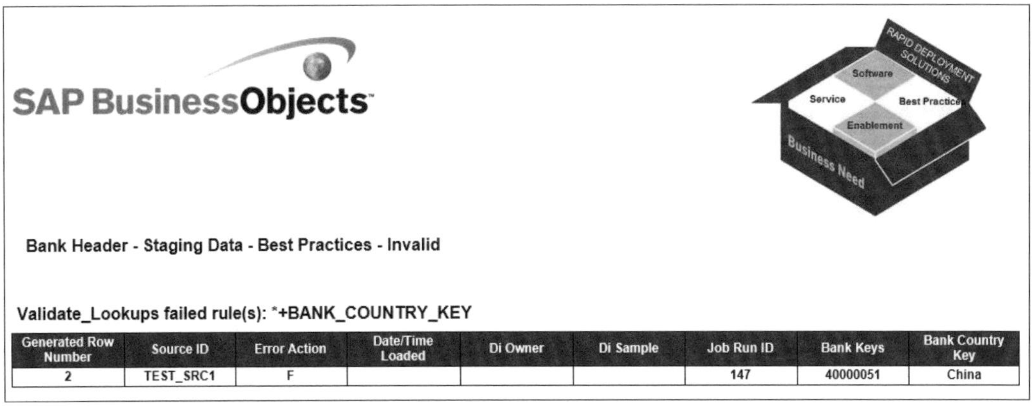

Bank Header - Staging Data - Best Practices - Invalid

Validate_Lookups failed rule(s): *+BANK_COUNTRY_KEY

Generated Row Number	Source ID	Error Action	Date/Time Loaded	Di Owner	Di Sample	Job Run ID	Bank Keys	Bank Country Key
2	TEST_SRC1	F				147	40000051	China

Abbildung 16.33 Web-Intelligence-Bericht zur Anzeige fehlerhafter Datensätze

Diese können entweder als Template verwendet und angepasst oder ohne weitere Anpassung eingesetzt werden.

Business Intelligence Launchpad

Der Zugriff auf die Berichte erfolgt, ähnlich wie beim Migration-Services-Tool, über einen Webbrowser. Mittels *Business Intelligence Launchpad* (BI Launchpad) können selbst Fachabteilungen, die nicht in die Datenmigration oder den Systemaufbau involviert sind, auf die Berichte zugreifen und so eingebunden werden (siehe Abbildung 16.34).

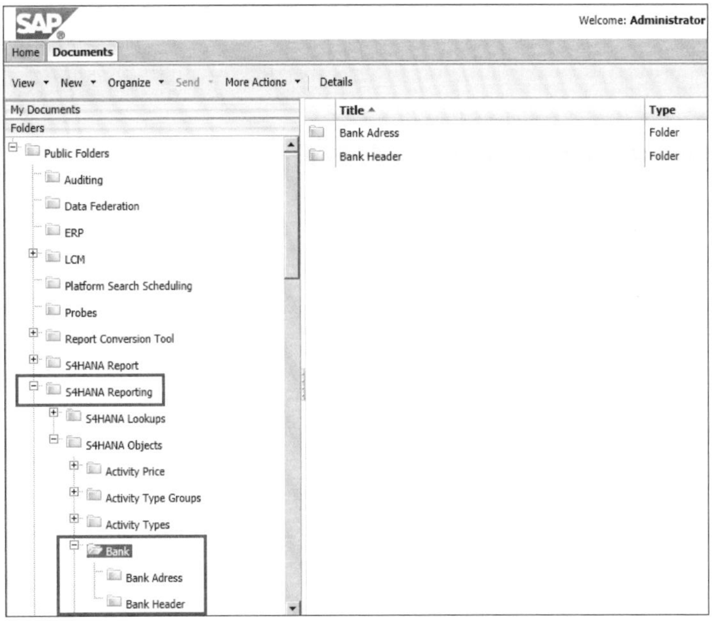

Abbildung 16.34 Business Intelligence Launchpad in der SAP BusinessObjects Business Intelligence Suite

In der Regel ist die Einbindung der Fachabteilungen auch sinnvoll, denn oft sind es die Anwender des Altsystems, die das nötige Know-how zur Verwendung der Datensätze und zur Fehlerbehebung besitzen. Die Web-Intelligence-Berichte lassen sich auswerten, aktualisieren, ohne zusätzliche Software ändern sowie als Report ausdrucken. Sie sollten die Daten des Berichts nach jedem erneuten Joblauf auffrischen.

Neben Berichten stehen Ihnen für Validierungen jedes Business-Objekts und IDoc-Segments auch zahlreiche vorgefertigte Auswertungen für Massendaten-Uploads zur Verfügung. In unserem Beispiel mit den zwei Banken mag das Reporting noch keine große Rolle spielen, und die Möglichkeit, die Datensätze über die Lupe () in den Datenflüssen des SAP Data Services Designers einzusehen, mag absolut ausreichend sein, doch spätestens bei größeren Datenmengen werden Sie die mitgelieferten Berichte zu schätzen wissen.

IDoc-Status

In dem Rapid-Data-Migration-Projekt `DM_BPFDM_Reconciliation`, das mit SAP Best Practices ausgeliefert wird, können Sie den Job `Job_DM_CheckIDocStatus` in SAP Data Services ausführen, um einen IDoc-Monitor aufseiten des Migrationstools zu erhalten. Damit können Sie den Status der IDocs anschauen, ohne sich am SAP-S/4HANA-System anmelden zu müssen. Die Auswertung beinhaltet Informationen, wie Sie sie vielleicht von den IDoc-Monitoren in den SAP-Transaktionen WE02/WE05 oder BD87 her kennen. Die korrekte Verbuchung der IDocs können Sie bequem in SAP Data Services oder mittels eines verfügbaren Web-Intelligence-Berichts überwachen.

Datenabgleich

Stellt sich im IDoc-Monitor heraus, dass die Validierung der Altdaten im Hinblick auf das aus dem SAP-S/4HANA-System replizierte Customizing erfolgreich war und die IDocs tatsächlich fehlerfrei geladen werden konnten, steht das Datenmigrationsteilprojekt für den Bankenstamm fast vor dem Abschluss. Dennoch fragen Sie sich nach dem erfolgreichen Laden vielleicht, ob die Daten auch tatsächlich so im SAP-S/4HANA-System angekommen sind, wie Sie es erwartet haben.

Normalerweise ist dies nur durch ausgiebige Tests festzustellen. Mit dem Content, der Ihnen im Projekt `DM_BPFDM_Reconciliation` zur Verfügung gestellt wird, haben Sie jedoch auch die Möglichkeit, über den Job `Job_DM_Reconcile` einen ersten Abgleich zwischen erwarteten Daten und den im SAP-S/4HANA-System vorhandenen Daten durchzuführen. Dies ist sehr hilfreich, da Abhängigkeiten der Daten, die zuvor nicht berücksichtigt wurden, dazu führen können, dass es bei der Verbuchung im SAP-S/4HANA-System zu einem unerwarteten Resultat kommt. Auch das Ergebnis dieses Joblaufs lässt sich bequem über das Business Intelligence Launchpad abrufen.

16.11 IDoc-Performance-Optimierung

In diesem Abschnitt möchten wir Ihnen noch ein wenig Rüstzeug für den performanten Umgang mit der IDoc-Technologie auf den Weg geben.

Hintergrund-verarbeitung

Die Standardeinstellung in den ALE-Partnervereinbarungen von SAP S/4HANA (Transaktion WE20) ist **Anstoß sofort**, was zu einer quasi synchronen Verarbeitung eines IDocs führt, nachdem es empfangen worden ist. Da dadurch aber für jedes einzelne IDoc ein eigener Workprozess belegt wird, ist diese Vorgehensweise nicht immer zu empfehlen. Bei großen Datenmengen kommt es sehr schnell zu Ressourcenengpässen. Eine Alternative ist die Hintergrundverarbeitung und der Anstoß durch den im Hintergrund laufenden Report RBDAPP01.

Report RBDAPP01

Um für einen IDoc-Massen-Upload, wie er bei einer Datenmigration durchgeführt wird, eine geeignete Performance zu erreichen, ist diese Hintergrundverarbeitung obligatorisch. Nur in diesem Fall können mehrere IDocs als Paket zur Verarbeitung an einen Workprozess übergeben werden und kann dieser Prozess selbst parallelisiert werden. Im Idealfall verwendet man so gleichzeitig mehrere SAP-Workprozesse, die jeweils ein Paket von IDocs verarbeiten. Im Wesentlichen erreicht man dadurch eine Entkopplung des Empfangsprozesses von dem Prozess der Verarbeitung.

Im Fall der sofortigen Verarbeitung wird ein einzelnes IDoc per RFC empfangen und in einem Prozess verarbeitet. Sammelt man jedoch die IDocs im Eingang durch die Einstellung **Anstoß durch Hintergrundprogramm** in Transaktion WE20, kann man die Performance beim Verbuchen der IDocs verbessern. Generell bedeutet dieser Anstoß im Hintergrund jedoch, dass die IDocs erst einmal im Status 64 »hängen« (siehe die IDoc-Statuswerte in Abschnitt 16.3, »Migrations-Content«).

Die IDocs warten auf die Verarbeitung. Diese muss nicht ausschließlich im Hintergrund erfolgen; Sie können die Verarbeitung auch im Dialog starten. Die beste Möglichkeit, um die IDocs zu verarbeiten, besteht darin, den Report RBDAPP01 entweder über Transaktion SM36 als ABAP-Job im Hintergrund einzuplanen oder aber direkt mit Transaktion SE38 im Dialog zu starten (siehe Abbildung 16.35).

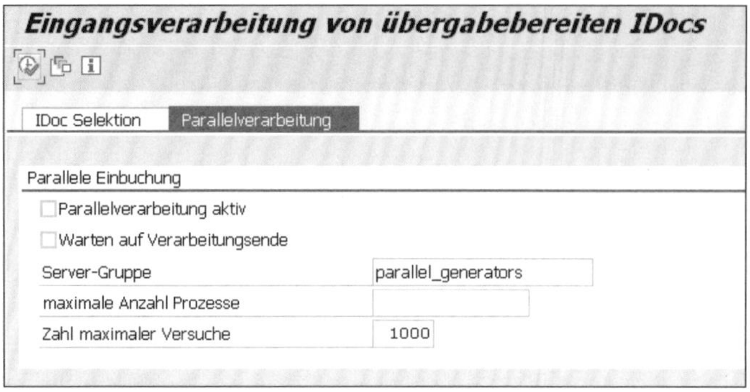

Abbildung 16.35 Parallelverarbeitung im Report RBDAPP01

Report konfigurieren

Wichtige Einstellungen im Selektionsbild des Reports RBDAPP01 sind:

- **Registerkarte »IDoc Selektion«**
  - **Paketgröße**: Die Paketgröße steuert die maximale Anzahl der IDocs, die in einer Logical Unit of Work (LUW) in einem Dialog-Workprozess verarbeitet werden sollen. Eine große Paketgröße hält die Anzahl der notwendigen Prozesse klein, verlangt aber auch nach einem großen Rollbereich. Der Datenbank-Commit erfolgt stets entweder für das gesamte Paket, oder es gibt einen Datenbank-Rollback, und es werden keine Daten des Pakets abgespeichert.
- **Registerkarte »Parallelverarbeitung«**
  - **Parallelverarbeitung aktiv**: Mit diesem Schalter aktivieren Sie die Parallelverarbeitung. Wird dieses Kennzeichen aktiviert, wird auf dem Anwendungsserver ein freier Dialogprozess pro IDoc-Paket für die Eingangsverarbeitung der Anwendung eingesetzt. Das bedeutet, dass die Pakete parallel verarbeitet werden. Wenn viele Pakete ausgewählt wurden, werden alle Dialogprozesse des Servers durch die IDoc-Verarbeitung belegt. Sie sollten daher zusätzlich eine Servergruppe angeben, die die Belegung der Workprozesse steuert (z. B. `parallel_generators`), um eine Überlast des Systems zu vermeiden. Wird das Kennzeichen nicht gesetzt, erfolgt keine parallele Verarbeitung der IDocs. Das heißt, jedes Paket wird sequenziell an die Anwendung übergeben. Insgesamt wird dann nur ein Workprozess auf dem Anwendungsserver belegt.
  - **Server-Gruppe**: Die Servergruppe bestimmt, wie die Ressourcen auf die vorhandenen Workprozesse des Applikationsservers oder der Applikationsserver verteilt werden, d. h., wie viele Workprozesse jeweils zur Verfügung gestellt werden. Die Einstellungen dazu nehmen Sie in Transaktion RZ12 vor (siehe Abbildung 16.36).

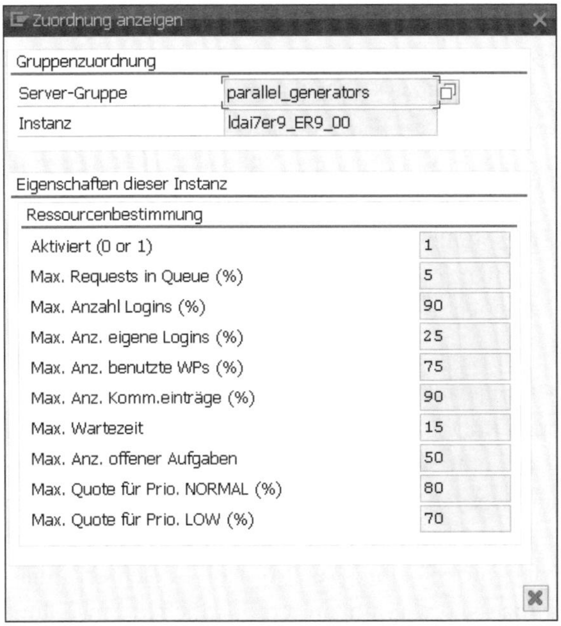

Abbildung 16.36 Servergruppenpflege in Transaktion RZ12

Paketgröße und Anzahl der Workprozesse testen

Es gibt keine generelle Empfehlung für Paketgröße und Anzahl der Workprozesse in einer Servergruppe für die Parallelverarbeitung. Sie sollten daher in jedem Fall versuchen, mithilfe von Testdaten den für Ihren Fall besten Wert zu ermitteln. Beeinflusst wird dieser Wert von unterschiedlichen IDoc-Typen, IDoc-Größen (Anzahl der Segmente) sowie Datenbank- und Serverleistungen. Eine Anzahl von 50 IDocs pro Paket bei großen IDocs und 100 pro Paket bei eher wenigen Segmenten ist dabei aber sicherlich kein schlechter Startwert.

Tipps

Für eine zusätzliche Performance-Optimierung und als Hilfestellung im Migrationsprojekt sind die folgenden Einstellungen des Reports RBDAPP01 wichtig:

- **Registerkarte »IDoc Selektion«**
  - **Ausgabeliste**: Das Kennzeichen **Ausgabeliste** steuert, ob am Ende der IDoc-Verarbeitung eine detaillierte Liste als Protokoll ausgegeben wird. Im Allgemeinen ist diese Ausgabe nicht notwendig, da sämtliche Informationen über die IDoc-Monitor-Transaktionen und auch über das Zurückmelden des IDoc-Status an SAP Data Services abrufbar sind und somit separat zur Verfügung stehen. Vielmehr kann ein Auslassen dieses Schritts, abhängig von der selektierten Datenmenge, zu einem entsprechenden Performance-Gewinn führen.

- **Registerkarte »Parallelverarbeitung«**
  - **Zahl maximaler Versuche**: Hier wird die Zeitspanne (in Sekunden) definiert, in der versucht wird, einen parallelen Prozess mit einem Paket von zu verarbeitenden IDocs zu belegen. Dieser Versuch erfolgt sekündlich. Ist der Versuch nicht erfolgreich, werden nach dieser Zeitspanne sämtliche IDocs des Pakets in einen Fehlerstatus gesetzt. Wenn Sie eine massive Parallelisierung einsetzen und die Paketgröße noch nicht optimiert haben, sollten Sie diesen Wert so groß wie möglich wählen (z. B. »99999«), um einen Abbruch der Verarbeitung zu vermeiden.
  - **Warten auf Verarbeitungsende**: Mit dieser Einstellung legen Sie fest, ob der Lauf des Reports RBDAPP01 endet, sobald alle IDocs verarbeitet sind (*synchron*), oder ob er bereits endet, nachdem alle Pakete der Anwendung übergeben worden sind (*asynchron*). Das Setzen dieses Kennzeichens ist im Hintergrundmodus sinnvoll, um die gesamte Verarbeitungszeit zu protokollieren. Das Protokoll erleichtert Ihnen den Optimierungsprozess, da Sie mit unterschiedlichen Einstellungen testen und anschließend die Verarbeitungszeiten vergleichen können. Für den produktiven Lauf sollte es jedoch wieder entfernt werden, damit die Performance nicht durch diesen wartenden Prozess negativ beeinflusst wird.

Sie sind nun in der Lage, auch für eine Massenübernahme, wie sie für einige Business-Objekte immer wieder notwendig ist, geeignete Einstellungen zur Performance-Optimierung auf der SAP-Zielseite vorzunehmen. Ihrer erfolgreichen Datenmigration nach SAP S/4HANA mit SAP Data Services und dem Rapid-Data-Migration-Content steht damit nichts mehr im Wege.

[»]

Demovideo zu Rapid Data Migration

Eine ausführliche Demo der Datenmigration mittels Rapid Data Migration und weitere Informationen finden Sie unter folgendem Link:
http://s-prs.de/v10578178

Kapitel 17

Vergleich der Datenmigration und Modellierungswerkzeuge

Um Ihnen einen Vergleich der verschiedenen Datenmigrations- und Modellierungswerkzeuge für Datenmigrationsobjekte zu ermöglichen, stellen wir sie in diesem Kapitel gegenüber.

In den vorangehenden Kapiteln dieses Buchs haben Sie einen Überblick über die vorhandenen und von SAP speziell für SAP S/4HANA und SAP S/4HANA Cloud bereitgestellten Datenmigrationswerkzeuge erhalten. In Abschnitt 17.1, »Vergleich der Datenmigrationswerkzeuge«, stellen wir die verschiedenen Datenmigrationswerkzeuge einander gegenüber. Um das Gesamtbild abzurunden, gehen wir in diesem Kontext auch auf die Restriktionen und Einsatzmöglichkeiten der im Bereich der SAP Business Suite vielfach eingesetzten Legacy System Migration Workbench (LSMW) für den Einsatz mit SAP S/4HANA ein. In Abschnitt 17.2, »Vergleich der Modellierungswerkzeuge«, zeigen wir Ihnen die Unterschiede der Werkzeuge im Bereich der Migrationsobjekt-Modellierung auf. In Abschnitt 17.3, »Fazit«, resümieren wir das Kapitel und schließen das Buch in Abschnitt 17.4, »Schlusswort und Ausblick«, mit einem Nachwort und einer Vorausschau ab.

Englische Begriffsverwendung

Da die verfügbaren Informationen zu den einzelnen Migrationswerkzeugen größtenteils nur in englischer Sprache verfügbar sind, verwenden wir in diesem Kapitel die deutschen Begriffe, gefolgt vom englischen Begriff in Klammern. Dies erleichtert Ihnen die spätere Suche im Internet nach weiteren Informationsquellen.

17.1 Vergleich der Datenmigrationswerkzeuge

[»]

SAP S/4HANA versus SAP S/4HANA Cloud

Mit »SAP S/4HANA Cloud« beziehen wir uns nachfolgend auf das Produkt »SAP S/4HANA Cloud Public Edition«. »SAP S/4HANA« bezieht sich auf SAP-S/4HANA-Produkte (on-premise oder SAP S/4HANA Cloud Private Edition).

In diesem Abschnitt geben wir Ihnen eine Orientierung, wann Sie welches Werkzeug optimal einsetzen können. Zuallererst wollen wir aber mit dem Mythos des angeblichen Verbots der Nutzung der LSMW aufräumen.

»Verbotene« Verwendung der LSMW?

Die LSMW ist Bestandteil von SAP NetWeaver und ein Datenmigrationswerkzeug für die klassische SAP Business Suite. Ab SAP S/4HANA 2025 weist SAP auf die eingeschränkte Verwendung mittels eines eingeblendeten Texts im Einstiegsbild der LSMW hin, wie in Abbildung 17.1 zu sehen:

> *»Die Verwendung von LSMW ist eingeschränkt: Weitere Informationen finden Sie im SAP-Hinweis 2287723.«*

In genanntem SAP-Hinweis 2287723 steht, dass es seitens SAP keinen Support mehr für das Werkzeug in SAP S/4HANA gibt. Es ist also nicht generell verboten, die LSMW in SAP S/4HANA zu nutzen.

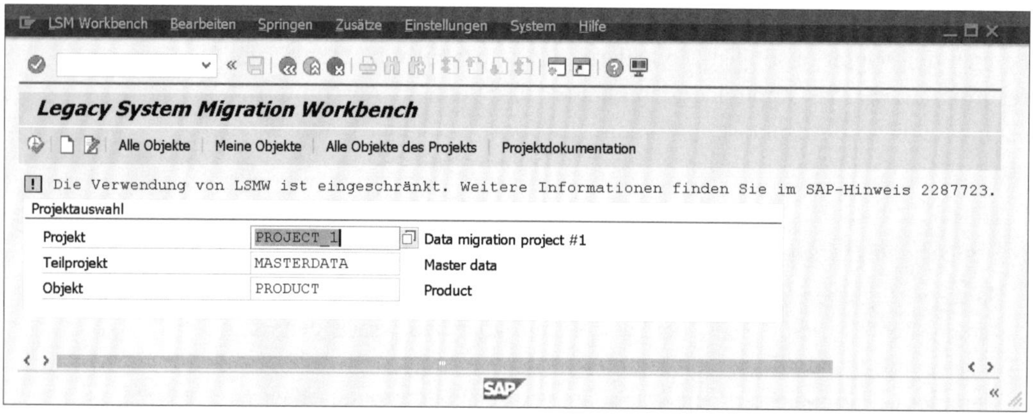

Abbildung 17.1 Einstiegsbild der LSMW mit dem Hinweistext zur eingeschränkten Verwendung

Aufgrund der Änderungen und Vereinfachungen in SAP S/4HANA ist aber nicht mehr unbedingt gewährleistet, dass die für die SAP-ERP-Datenmigration angebotenen Übernahmemethoden (BAPIs, IDocs, Standardprogramme, Transaktionsaufzeichnungen) noch einwandfrei funktionieren. Sie sollten sich vergewissern, dass diese Übernahmemethoden auch für SAP S/4HANA freigegeben sind und den Funktionsumfang von SAP S/4HANA abdecken. Generell sollten Sie sorgfältig testen und die LSMW nur als unterstützendes Werkzeug neben den speziell für SAP S/4HANA entwickelten Migrationswerkzeugen einsetzen.

Vergleich der LSMW mit dem Migration Cockpit

Einen sehr guten Vergleich zwischen der LSMW und dem *SAP S/4HANA Migration Cockpit* finden Sie im SAP Community Blog »Data Migration Demystified: Legacy System Migration Workbench vs. SAP S/4HANA Migration Cockpit« unter folgendem Weblink: *http://s-prs.de/v10578085*.

Weitere vertiefende Informationen zur Datenmigration mit der LSMW im SAP-S/4HANA-Umfeld finden Sie im Buch »Datenmigration in SAP-Systeme« von Frank Finkbohner et al. (1. Auflage, SAP PRESS 2023).

Nachfolgend vergleichen wir die einzelnen SAP-Werkzeuge miteinander. Dabei werden die Werkzeuge mit dem Stand SAP S/4HANA 2023FPS03 und SAP S/4HANA Cloud 2502 miteinander verglichen. Aus Gründen der Übersichtlichkeit verwenden wir in den Vergleichstabellen die folgenden Abkürzungen (siehe Tabelle 17.1).

<table>
<tr><th>Name</th><th>Abkürzung</th></tr>
<tr><td>SAP S/4HANA Migration Cockpit – File/Staging</td><td rowspan="2">MC (F/S)</td></tr>
<tr><td>SAP S/4HANA Migration Cockpit – Staging</td></tr>
<tr><td>SAP S/4HANA Migration Cockpit – Direct Transfer</td><td>MC (DT)</td></tr>
<tr><td>Rapid Data Migration mit SAP Data Services</td><td>RDM</td></tr>
<tr><td>Legacy System Migration Workbench</td><td>LSMW</td></tr>
<tr><td>SAP S/4HANA Migration Object Modeler</td><td>MOM</td></tr>
</table>

Tabelle 17.1 Abkürzungen der Datenmigrationswerkzeuge

Rapid Data Migration mit SAP Data Services

Rapid Data Migration mit SAP Data Services (RDM) ist eine SAP-Lösung, die auf dem SAP-ETL-Werkzeug *SAP Data Services* basiert. Nachfolgend betrachten wir die gesamte Lösung als Werkzeug. Nähere Informationen zu dieser Lösung finden Sie in Kapitel 16, »Rapid Data Migration«.

17.1.1 Kosten

Lizenzkosten für SAP-Werkzeuge

Die Werkzeuge von SAP sind Bestandteil der Produkte SAP S/4HANA und SAP S/4HANA Cloud und unterliegen normalerweise keinen weiteren Lizenzkosten. Selbst für die auf SAP Data Services basierende Lösung Rapid Data Migration fallen keine Lizenzkosten an. Es können aber, abhängig von der SAP-S/4HANA-Lizenz und der zugrunde liegenden SAP-HANA-Datenbanklizenz, Lizenzkosten für SAP Data Services anfallen.

Mögliche Zusatzkosten

Zusätzlich zu den Lizenzkosten können für einige Werkzeuge zudem weitere Kosten für Hardware oder Software entstehen. Je nach SAP-HANA-Datenbanklizenz können z. B. für die Nutzung der Staging-Tabellen auf der SAP BTP weitere Softwarekosten anfallen.

Notwendige Beratungskosten einplanen

Auch die Kosten für eine eventuelle Beratung sollten Sie nicht außer Acht lassen. Datenmigration ist eine komplexe und je nach Migrationsobjekt beratungsintensive Angelegenheit. In Tabelle 17.2 vergleichen wir die verschiedensten Kostenbestandteile pro Werkzeug.

Kosten für	MC	RDM	LSMW
Software	keine	abhängig von der SAP-S/4HANA-Lizenz	keine
Hardware	keine	ja, separate Hardware	keine
Anwendungsberatung	ja, für Mapping komplexer Migrationsobjekte empfohlen	ja, komplexes Produkt	ja, da kein Migrations-Content vorausgeliefert wird
Entwicklung	nein, wenn keine Erweiterung des Standards notwendig ist; ja, wenn Änderungen am Standard vorgenommen werden; nein, für Extraktion (DT); ja, für Extraktion (F/S)	nein, für Mapping; ja, für Extraktion	ja, für Mapping; ja, für Extraktion

Tabelle 17.2 Vergleich der Kosten der Migrationswerkzeuge

Kosten für	MC	RDM	LSMW
Sonstiges	zusätzliche Software-, Hardware- und Lizenzkosten bei Nutzung der Staging-Tabellen in einem Remote-SAP-HANA-Datenbankschema abhängig von der SAP-HANA-Datenbanklizenz möglich		

Tabelle 17.2 Vergleich der Kosten der Migrationswerkzeuge (Forts.)

17.1.2 Verfügbarkeit der Migrationswerkzeuge

Wie Sie in den vorangehenden Kapiteln erfahren haben, ist das SAP S/4HANA Migration Cockpit das einzige in SAP S/4HANA Cloud verfügbare Werkzeug, das eine integrierte geschäftsobjektübergreifende Datenmigration anbietet. Rapid Data Migration ist nicht verfügbar, weil es auf RFC-basierten Protokollen aufsetzt, die für Public-Cloud-Produkte nicht genutzt werden dürfen. Die LSMW ist für Endkunden in der Public Cloud nicht verfügbar. Für einzelne Geschäftsobjekte gibt es zwar auch Apps, um Datensätze hochzuladen, aber eine Integration der Umschlüsselungen über alle Objekte hinweg bietet hier nur das SAP S/4HANA Migration Cockpit. Tabelle 17.3 gibt nachfolgend eine Übersicht über die Verfügbarkeit der einzelnen Werkzeuge.

Werkzeug	SAP S/4HANA	SAP S/4HANA Cloud
MC (F/S)	Web-Dynpro-Transaktion LTMC: seit Version 1610 bis 2021 SAP Fiori »Migrate Your Data« App: seit Version 2020	seit Version 1511
MC (DT)	seit Version 1909 Zugriffe auf die folgenden SAP-Quellsysteme: ■ SAP ERP 6.0 ■ SAP AFS 6.0 ■ SAP EWM ■ SAP APO SPP	seit Version 2402 SAP S/4HANA Cloud basierend auf der Drei-System-Landschaft Zugriff auf Quellsystem SAP ERP 6.0
RDM	ja	nicht verfügbar
LSMW	ja	nicht verfügbar

Tabelle 17.3 Vergleich der Verfügbarkeit der Migrationswerkzeuge

In Abbildung 17.2 sehen Sie die unterschiedlichen Funktionen und die Verfügbarkeit der LSMW und des Migration Cockpits. Wie Sie hier erkennen können, sind z. B. die Simulation und die direkte Extraktion von Daten mit der LSMW nur eingeschränkt oder gar nicht möglich.

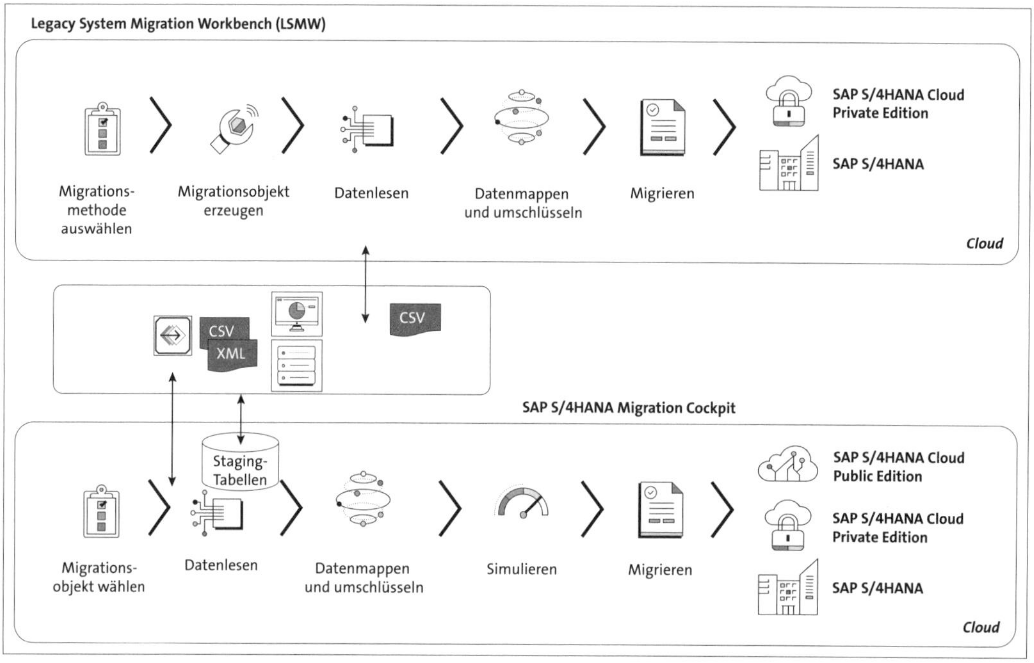

Abbildung 17.2 Vergleich der Funktionalität und der Verfügbarkeit von LSMW und des Migration Cockpits

17.1.3 Abdeckung mit Migrationsobjekten

Anzahl der Migrationsobjekte wächst

Für das SAP S/4HANA Migration Cockpit werden mit jedem SAP-S/4HANA-Cloud-Release, einschließlich der CFD-Releases, neue Migrationsobjekte ausgeliefert, bestehende Objekte korrigiert und an neue SAP Best Practices angepasst. Das heißt, dass die Anzahl der Objekte in SAP S/4HANA Cloud mit dem Umfang des für diese Lösung ausgelieferten SAP-Best-Practices-Contents normalerweise kontinuierlich wächst. Aufgrund geänderter Portfoliostrategien kann es jedoch auch vorkommen, dass Geschäftsfunktionen und Branchen, für die es keinen Markt in SAP S/4HANA Cloud gibt, wieder entfernt werden. Durch die Herauslösung der Industrielösung IS-Oil aus SAP S/4HANA Cloud hat sich die Gesamtzahl der ausgelieferten Migrationsobjekte in Release 2502 gegenüber 2408 reduziert. Neue Migrationsobjekte für den Staging-Ansatz werden in SAP S/4HANA erst mit dem Hauptrelease der On-Premise-Version ausgeliefert. Tabelle 17.4 zeigt Ihnen die Abdeckung der einzelnen Werkzeuge mit vorausgelieferten Migrationsobjekten und gibt Ihnen Hinweise zur Unterstützung kundeneigener Felder und zur Auslieferung von Korrekturen.

Werkzeug	Eigenschaften
MC (F/S) MC (DT)	▪ komplette SAP-Best-Practices-Abdeckung mit Migrationsobjekten (F/S) ▪ SAP S/4HANA: sehr gute Abdeckung der angebotenen Szenarien (DT) ▪ SAP S/4HANA Cloud: sehr eingeschränktes Angebot an Migrationsobjekten (DT) ▪ SAP S/4HANA: Auslieferung neuer Objekte und Anpassungen, existierender Objekte zu jedem Hauptrelease und eingeschränkt zu jedem FPS ▪ SAP S/4HANA Cloud: Auslieferung neuer Objekte und Anpassungen, Korrekturen existierender Objekte zu jedem Haupt- und CFD-Release (F/S) ▪ SAP S/4HANA: Fehlerkorrekturen existierender Objekte werden über separate SAP TCI Notes ausgeliefert.
MC (F/S) MC (DT)	▪ Nutzung kundeneigener Felder (engl. Custom Fields) über Key-User-Erweiterbarkeit (engl. Key-User-Extensibility), kompatible Migrationsobjekte ▪ kundeneigene Erweiterungen bestehender und Anlegen neuer Migrationsobjekte über den SAP S/4HANA Migration Object Modeler in auf SAP S/4HANA basierten Systemen möglich ▪ eingeschränkte Erweiterungen bestehender Objekte in SAP S/4HANA Cloud über die App **Model Your Migration Objects** (F/S) möglich (siehe SAP-Hinweis 299428)
RDM	▪ mittlere Objektabdeckung > 50 Migrationsobjekte ▪ Erweiterbarkeit der Migrationsobjekte möglich ▪ das Anlegen kundeneigener Migrationsobjekte möglich
LSMW	▪ Es gibt keinen von SAP für SAP S/4HANA ausgelieferten Content. ▪ Das Anlegen kundeneigener Migrationsobjekte ist möglich.

Tabelle 17.4 Abdeckung mit Migrationsobjekten und ausgeliefertem Content

17.1.4 Technische Merkmale

Bis auf Rapid Data Migration sind alle anderen Werkzeuge Bestandteil von SAP S/4HANA. In Tabelle 17.5 sehen Sie einen Vergleich einiger technischer Merkmale.

	Migration Cockpit	RDM	LSMW
User Interface	SAP-Fiori-App	externe Anwendung	Backend-Transaktion
Unterstützte Migrationsmethoden	kompatible Funktionsbausteine (DT + F/S) und RAP BO (F/S)	Daten laden über IDoc	SAP-S/4HANA-kompatible IDocs, BAPIs, Standardprogramme, Transaktionsaufzeichnungen (Batch-Input)
Unterstützte Dateiformate	**MC (F/S):** Excel XML (2003) und seit SAP S/4HANA Cloud 2208 und SAP S/4HANA 2022: CSV	Diverse Dateiformate (u. a. Excel, CSV usw.)	CSV
Extraktion der Daten aus Quellsystemen	▪ **MC (F/S)** nicht möglich ▪ **MC (DT)** Aufruf eigener Methoden über RFC- Protokoll	Datenbankextraktion über ODBC	nicht möglich

Tabelle 17.5 Vergleich der technischen Merkmale

17.1.5 Performance

Migrationsmethode bestimmt die Performance

Betrachtet man die Performance einer Datenmigration, ist vor allem die Performance des Datenladens, also der Aufruf der Migrationsmethode ausschlaggebend. Wie viele Datensätze pro Stunde geladen werden, hängt neben der Hardwareausstattung auch vom Typ und der Art des Aufrufs der Migrationsmethode ab. Ein speziell für die Datenmigration geschriebenes Interface ist in der Regel sehr viel schneller und leistungsfähiger als eine Transaktionsaufzeichnung (Batch-Input), ein darauf beruhendes Standardprogramm oder die Nutzung von SAP Build Process Automation zum Migrieren von Daten.

Parallelisierung steigert die Performance

Neben der Migrationsmethode ist auch die Möglichkeit der Parallelisierung ein wichtiger Faktor. Hier ist entscheidend, welche Art von Prozessen das Werkzeug bzw. die Migrationsmethode zum Laden der Daten nutzt. Werden Hintergrundprozesse oder Dialogprozesse genutzt? Die Anzahl der Dialogprozesse können Sie erhöhen, indem Sie zum Zeitpunkt der Datenmigration nur der unbedingt notwendigen Anzahl an Benutzern Zugang zum System gewähren. Gleichzeitig sollten Sie nicht benötigte Standardhintergrundjobs für die Zeit der Datenmigration ausschalten. Je mehr Prozesse zur Verfügung stehen, desto höher kann parallelisiert werden.

Leistungsfähige Netzwerke verringern die Antwortzeiten

Ein leistungsfähiges Netzwerk ist z. B. bei Cloud-Anwendungen, beim Hochladen großer Dateien und Datenbestände und für die Antwortzeiten in der Benutzerführung ausschlaggebend. Je schneller das Netzwerk ist, desto geringer sind die Lade- bzw. die Antwortzeiten.

Im Folgenden beleuchten wir die Performance-Aspekte der einzelnen Werkzeuge.

- MC (F/S)

  Die Parallelisierung von Migrationsobjekten über die Nutzung paralleler Hintergrundprozesse ist generell möglich. In SAP S/4HANA Cloud gibt es pro Instanz eine vorgegebene Anzahl von Hintergrundprozessen; davon nutzt das SAP S/4HANA Migration Cockpit maximal 80 %. Auf einem Q-System stehen theoretisch ca. 8 und in einem P-System ca. 16 Hintergrundprozesse zur Verfügung, sofern diese nicht anderweitig eingeplant sind. Näheres dazu finden Sie auch in den folgenden Knowledge-Base-Artikeln (KBA) 3034738 unter der URL *http://s-prs.de/v10578126* und 3065607 unter dieser URL: *http://s-prs.de/v10578179*.
- MC (DT)

  Die Parallelisierung von Migrationsobjekten ist über die Nutzung paralleler Hintergrundprozesse möglich. Weitere Tipps und Tricks zur Performance finden Sie im Knowledge-Base-Artikel 3056885 unter dieser URL: *http://s-prs.de/v10578180*.
- RDM

  Zusätzlich zur Ladezeit ist hier die Erzeugung der IDocs einzurechnen. Die Parallelisierung ist über Dialog- oder Hintergrundprozesse möglich.
- LSMW

  Die Performance ist stark von der Migrationsmethode abhängig. Eine Transaktionsaufzeichnung ist in der Regel sehr viel langsamer als die Nutzung einer API oder eines IDocs. Zusätzlich zur Ladezeit müssen Sie auch die Erzeugung der IDocs oder der Batch-Input-Mappen einrechnen. Eine Parallelisierung ist je nach Migrationsmethode über Dialog- oder Hintergrundprozesse möglich.

17.1.6 Volumen und Kundensegment

Die einzelnen Werkzeuge sprechen unterschiedliche Kunden und Kundensegmente an. In SAP S/4HANA Cloud kann nur das SAP S/4HANA Migration Cockpit genutzt werden, während in SAP S/4HANA alle Lösungen verfügbar sind. In Tabelle 17.6 stellen wir das Datenvolumen, die angesprochenen Kunden und die Kundensegmente den einzelnen Werkzeugen gegenüber.

<table>
<tr><th>Werkzeug</th><th>Migration Cockpit</th><th>RDM</th><th>LSMW</th></tr>
<tr><td>Volumen</td><td>MC (F/S)
keine Begrenzung beim Laden bzw. beim Befüllen der Staging-Tabellen über ETL-Werkzeuge (Extrahieren, Transformieren, Laden);
technische Begrenzung der maximalen Größe einer Datei beim Hochladen auf 100MB</td><td colspan="2">keine Begrenzung</td></tr>
<tr><td rowspan="2">Kunden</td><td>MC (F/S)
SAP- und Nicht-SAP-Systeme</td><td colspan="2" rowspan="2">SAP- und Nicht-SAP-Systeme</td></tr>
<tr><td>MC (DT)
Kunden mit den folgenden SAP-Systemen:
▪ SAP ERP ab 6.0
▪ SAP AFS ab 6.0
▪ SAP EWM ab 5.1
▪ SAP APO SPP ab 7.14</td></tr>
<tr><td>Kundensegment</td><td>SAP S/4HANA Cloud
Small/Medium
SAP S/4HANA
Small/Medium/Large</td><td colspan="2">Small/Medium/Large</td></tr>
</table>

Tabelle 17.6 Volumen und Kundensegment

17.2 Vergleich der Modellierungswerkzeuge

In diesem Abschnitt möchten wir die verschiedenen Modellierungswerkzeuge der Datenmigrationslösungen miteinander vergleichen. Für das Migration Cockpit ist dies der SAP S/4HANA Migration Object Modeler. Auf die Verwendung des deutschen Begriffs – *Migrationsobjektmodellierer* –

verzichten wir, da der englische Begriff in den gängigen Suchmaschinen bessere Ergebnisse liefert. Da die Lösung Rapid Data Migration (RDM) auf SAP Data Services (DS) basiert, wird hier auf dessen Funktionalität eingegangen.

17.2.1 Funktionalitäten

Die Nutzung des SAP S/4HANA Migration Object Modelers ist vollumfänglich zurzeit nur in SAP S/4HANA möglich. Das Werkzeug steht mit stark eingeschränktem Funktionsumfang auch für SAP S/4HANA Cloud als App **Model Your Migration Objects** zur Verfügung.

Nur freigegebene Funktionalität nutzbar

In einer Cloud-Umgebung sind die Integritätsanforderungen sehr viel höher als in einer On-Premise-Umgebung. Viele Migrationsobjekte nutzen APIs zur Datenmigration, die nicht für die direkte Nutzung durch die Kunden freigeben sind. Diese APIs enthalten oft Funktionalitäten, die es in SAP S/4HANA Cloud (noch) nicht gibt oder die dort nicht mehr genutzt werden. Die Erweiterung eines Migrationsobjekts ist deshalb nur möglich, wenn die Felder, die in der Cloud genutzt werden können, explizit zur Nutzung freigegeben wurden. Da Migrationsobjekte mit dem Anspruch der 100%igen Abdeckung der Cloud-Anforderungen entwickelt werden, gibt es aktuell auch nicht viele Objekte, für die es freigegebene Felder gibt. Hierbei handelt es sich meistens um Felder, die nur von einer kleinen Anzahl von Kunden genutzt werden und die auch nicht unbedingt eine Umsetzungslogik erfordern. Für den ab SAP S/4HANA Cloud 2402 ausgelieferten Direct-Transfer-Ansatz werden Sie nur die Selektionskriterien über die App anpassen können.

[«]

Weitere Infos zur App »Model Your Migration Objects«

Der Knowledge-Base-Artikel 3216716 enthält zusätzliche Informationen zur App und ein Beispiel, wie das Migrationsobjekt **Lieferant** erweitert werden kann: *http://s-prs.de/v10578181*.

SAP-Hinweis 2999428 enthält alle Objekte, die eine Freigabe haben, und listet pro Objekt die jeweiligen einzelnen SAP-Hinweise auf, die die freigegebenen Felder beinhalten.

Aktuell sind nur einzelne Felder für die Migrationsobjekte **Kunde, Lieferant, Lieferant - vorhandenen Satz um neue Organisationsebenen erweitern, Produkt, Produkt – vorhandenen Satz um neue Organisationsebenen erweitern, MM – Bestellung (nur offene Bestellung)** und **SD – Kundenauftrag (nur offene KA)** freigegeben.

Tabelle 17.7 gibt Ihnen einen Überblick. Die Angaben für RDM und LSMW beziehen sich wegen ihrer Verfügbarkeit nur auf SAP S/4HANA.

<table>
<tr><th>Funktionalität</th><th>MOM</th><th>DS/RDM</th><th>LSMW</th></tr>
<tr><td>Erweiterung vorhandener Migrationsobjekte</td><td>File/Staging
SAP S/4HANA: seit Version 1709 komplexere Änderungen möglich.
Es wird die Nutzung einer Kopie anstatt der Änderung eines bestehenden Objekts empfohlen.
SAP S/4HANA Cloud:
nur Zuweisung von freigegebenen Feldern für freigegebene Objekte über Move-Regel möglich;
Direct Transfer:
Selektionskriterien änderbar</td><td>ja</td><td>Es werden keine Migrationsobjekte ausgeliefert.</td></tr>
<tr><td>Erstellung neuer Migrationsobjekte</td><td>File/Staging:
SAP S/4HANA:
Ja; beachten Sie SAP-Hinweis 2590165 bezüglich der Anforderungen an Application Programming Interfaces (APIs).
SAP S/4HANA Cloud:
nein</td><td colspan="2">ja, unter Beachtung der mit SAP S/4HANA kompatiblen Zugriffsmethoden (siehe Abschnitt 17.2.2, »Unterstützte Migrationsmethoden«)</td></tr>
<tr><td>Erweiterung vorhandener Regeln</td><td>File/Staging:
SAP S/4HANA:
möglich; es wird die Erstellung neuer Regeln empfohlen.
SAP S/4HANA Cloud:
nein
Direct Transfer:
SAP S/4HANA:
Festwerte und Werte-Mappings können geändert werden, Quelltext ab Version 2020.
SAP S/4HANA Cloud:
nein</td><td>ja</td><td>Es werden keine Migrationsobjekte und damit auch keine vordefinierten Regeln ausgeliefert.</td></tr>
</table>

Tabelle 17.7 Vergleich der Modellierungswerkzeuge

Funktionalität	MOM	DS/RDM	LSMW
Erstellung neuer Regeln	**File/Staging**: SAP S/4HANA: ja SAP S/4HANA Cloud: nein **Direct Transfer**: Festwerte und Werte-Mappings können erstellt werden, Quelltext ab 2020. SAP S/4HANA Cloud: nein	ja	ja
Programmier-kenntnisse erforderlich	SAP S/4HANA: ABAP für komplexe Regeln; SAP S/4HANA Cloud: nein	SAP Data Services für komplexe Regeln	ABAP für komplexe Regeln
Anpassung des Selektions-kriteriums für das Lesen von Daten aus Quell-systemen	**File/Staging** n/a **Direct Transfer**: SAP S/4HANA: Filter auf Organisationsebene (Buchungskreis, Werk usw.); Standard-Selektionsauswahl auf Feldebene; SAP S/4HANA Cloud: ja	ja	n/a
Analyse von Fehlern	Nachrichten Filtern, Gruppieren, Anzeige der Nachrichtenlangtexte, Navigation zur migrierten Instanz (wenn vom Migrations-objekt unterstützt); Fehleraudit über die Datenmigrationsstatus-App	nein; nur über weitere Werkzeuge/Transaktionen wie z. B. BD87 möglich	
Job Monitoring	ja	nein	nein

Tabelle 17.7 Vergleich der Modellierungswerkzeuge (Forts.)

17.2.2 Unterstützte Migrationsmethoden

Die hier verglichenen Migrationslösungen unterstützen unterschiedliche Migrationsmethoden. Rapid Data Migration ist eine fertige Lösung, die auf dem Produkt SAP Data Services basiert. SAP Data Services unterstützt eine

Vielzahl von Schnittstellen zum Lesen und Schreiben von Daten. Tabelle 17.8 beschreibt nur die Migrationsmethode, die von der Lösung bzw. dem Produkt standardmäßig unterstützt wird.

<table>
<tr><th>Methode</th><th>MC/MOM</th><th>RDM</th><th>LSMW</th></tr>
<tr><td>BAPI</td><td>ja, wenn die Vorgaben aus SAP-Hinweis 2590165 bzgl. externer Commit-Steuerung gelten. Simulierung nur unterstützt, wenn ein Testparameter (z. B. Testrun) existiert.</td><td>ja</td><td>ja, wenn die BAPI eine ALE-Schnittstelle besitzt und IDoc-Typ und eine IDoc-Struktur zugeordnet sind</td></tr>
<tr><td>IDoc</td><td>nein</td><td>ja</td><td>ja</td></tr>
<tr><td>Funktionsbausteine</td><td>ja, mit denselben Einschränkungen wie für BAPIs</td><td>nein</td><td rowspan="2">ja, wenn das Programm und die Zielstrukturen in den SXDA-Tabellen konfiguriert sind (siehe SAP-Hinweis 646002)</td></tr>
<tr><td>spezielle SAP-Migrationsprogramme</td><td>nein</td><td>nein</td></tr>
<tr><td>CDS-Verhaltensdefinition (engl. CDS Behavior Definition) (RAP/BO)</td><td>ja</td><td>nein</td><td>nein</td></tr>
<tr><td>Transaktionsaufzeichnung</td><td>nein</td><td>nein</td><td>nein</td></tr>
</table>

Tabelle 17.8 Unterstützte Migrationsmethoden

17.3 Fazit

Es stellt sich nun die Frage, wann Sie welches dieser Werkzeuge idealerweise verwenden. Darauf gibt es nicht immer eine klare Antwort, denn mehrere Lösungen können auch gleichzeitig nebeneinander genutzt werden. Tabelle 17.9 vergleicht die verschiedenen Migrationswerkzeuge, die in diesem Kapitel vorgestellt wurden.

Werkzeug	Vorteile	Nachteile
MC (F/S)	■ genaue Abdeckung des Lösungsumfangs von SAP Best Practices ■ einfach zu bedienen ■ über den SAP S/4HANA Migration Object Modeler erweiterbare Migrationsvorlagen in SAP S/4HANA ■ Befüllung von Staging-Tabellen, ■ paralleles Laden eines Migrationsobjekts ■ In-App-Erweiterungen für kompatible Migrationsobjekte nutzbar ■ Objekte und Felder werden je nach aktiviertem Scope in SAP S/4HANA ein- bzw. ausgeblendet. ■ Nutzung von CSV-Dateien seit 2208/2022 möglich ■ Fehleranalyse und Job-Monitoring	■ keine Datenextraktion ■ keine Datenbereinigung ■ eingeschränkte technisch bedingte maximale Dateigröße der Migrationsvorlagen ■ Befüllen der XML-Vorlagen ist bei falscher Anwendung fehlerbehaftet. ■ Parallelisierung nur über Hintergrundprozesse
MC (DT)	■ direkte Anbindung von SAP-ERP-, SAP-AFS- und SAP-EWM-Quellsystemen ■ Bearbeitung der Datenselektion ■ Fehleranalyse und Job-Monitoring	■ Als Übertragungsprotokoll wird zurzeit nur RFC unterstützt.
RDM	■ direkte Anbindung beliebiger Quellsysteme ■ Datenbereinigung	■ separate Hardware ■ zusätzliche Lizenz für Datenbereinigung und eventuell Datenbanknutzung
LSMW	■ bekanntes und flexibles Werkzeug ■ Verwendung verschiedenster Migrationsmethoden möglich	■ Migrationsmethoden aus SAP ERP sind unter Umständen nicht nutzbar. ■ keine von SAP vorgefertigten Migrationsobjekte

Tabelle 17.9 Vor- und Nachteile der einzelnen Migrationswerkzeuge

17.4 Schlusswort und Ausblick

Dieses Kapitel schließt unsere Reise nach SAP S/4HANA ab. Es hat Ihnen hoffentlich eine gute Grundlage bereitgestellt, um sich im Übergangsprozess besser zurechtzufinden. Sie haben nun die notwendigen Werkzeuge und Fragen an der Hand, um sich für den Weg zu entscheiden, der für Sie der richtige ist. Neuimplementierung oder Systemkonvertierung, on-premise oder in der Cloud: Für alle Bereiche sind Sie gut gewappnet, um die richtigen Entscheidungen zu treffen.

In der aktuellen Zeit der unterschiedlichsten Krisen sind die verschiedenen Cloud-Lösungen sicherlich ein wichtiger Faktor, da in vielen Branchen ein signifikanter Mangel an Fachpersonal, insbesondere IT-Fachpersonal, herrscht, der die Unternehmen vor große Herausforderungen stellt. Gerade jetzt zeigt sich, wie wichtig die Cloud für den digitalen Arbeitsplatz ist. Eine Auslagerung von Softwarelösungen in die Cloud führt zu einer Reduzierung des eigenen Rechnerparks und des für die Betreuung notwendigen Fachpersonals. Das entschärft Personalengpässe und senkt mittel- und langfristig die Kosten. Der Wandel hin zu digitalen Arbeitsplätzen bringt Cloud-basierte Lösungen vielerorts voran. Cloud Computing bietet zudem die notwendige Flexibilität und Skalierbarkeit, um auch auf unvorhergesehene Situationen reagieren zu können. Weltweit ersetzen viele kleine und mittelständische Unternehmen, die bisher gar kein SAP-System genutzt haben, ihre Altsysteme durch SAP S/4HANA Cloud Public Edition. Viele Kunden, die heute noch SAP-S/4HANA-On-Premise-Lösungen nutzen, stellen sich aktuell die Frage, ob sie auf eine der Cloud-Lösungen umsteigen sollen. Kunden, die noch ein SAP-ERP-System nutzen, müssen sich mit dem Auslaufen der Wartung für dieses Produkt im Jahr 2027 schnellstmöglich die Frage stellen, auf welches SAP-S/4HANA-Produkt sie wechseln wollen. Mit dem Auslaufen der Wartung ab 2027 stellt die Nutzung eines nicht mehr gewarteten Softwaresystems auch ein Sicherheitsrisiko für das Unternehmen da. Eine Konvertierung eines SAP-ERP-Systems in SAP S/4HANA Cloud Private Edition mit regelmäßigen Updates ist daher vorteilhaft. Die Uhr tickt, also zögern Sie nicht zu lange und planen Sie Ihre Umstellungsprojekte so schnell wie möglich.

Ob Sie nun Mitglied eines Projektteams oder Entscheidungsträger sind, der die richtige Strategie finden muss – wir hoffen, dass Ihnen dieses Buch als Leitfaden bei der Beantwortung Ihrer Fragen gedient hat und dass es Sie auch weiterhin als Nachschlagewerk in Ihrem Übergangsprozess unterstützt. Wir wünschen Ihnen viel Erfolg und einen erfolgreichen Umstieg auf SAP S/4HANA.

Das Autorenteam

Frank Densborn ist seit 2004 Experte für Datenmigration bei SAP und Autor zahlreicher SAP-PRESS-Titel auf Deutsch und Englisch. Heute arbeitet er als Enterprise Architect im SAP AppHaus Palo Alto und unterstützt SAP-S/4HANA-Kunden beim Einsatz von künstlicher Intelligenz. Sein Fokus liegt auf der digitalen Transformation und der technischen Innovation mithilfe der SAP Business Technology Platform. Zuvor war er als Produktmanager für die SAP-S/4HANA-Migrationslösung und die Migration in die Cloud verantwortlich. Er brachte die Rapid-Data-Migration-Lösungen ins SAP-Portfolio und arbeitete mehrere Jahre in der Softwareentwicklung für die Legacy System Migration Workbench (LSMW). Dabei betreute er auch Datenmigrationsprojekte bei SAP-Kunden. Frank Densborn studierte Mathematik, Physik und Informatik an der Johannes-Gutenberg-Universität Mainz. Seit über zehn Jahren lebt er mit seiner Familie samt Labrador im Silicon Valley – direkt am Puls der technologischen Innovationen, insbesondere im Bereich künstlicher Intelligenz.

https://www.linkedin.com/in/frankdensborn

Frank Finkbohner ist bei SAP Product Owner für die Entwicklung des vordefinierten SAP-S/4HANA-Cloud-Datenmigrations-Contents für das SAP S/4HANA Migration Cockpit. Er arbeitet seit 1999 für SAP, davon 13 Jahre in der SAP-Beratung, in der in zahlreichen Projekten Kunden u. a. bei der Datenmigration und der Entwicklung und Erweiterung von ABAP-Anwendungen unterstützte. Sein Schwerpunkt lag schon damals im Bereich der Datenmigration. Als Projektmanager von Datenübernahmeprojekten entwickelte er eine eigene Methode zur Strukturierung von Migrationsprojekten in Arbeitspakete (SEAMAP) entwickelt und auch erfolgreich in seinen Kundenprojekten angewendet. 2012 wechselte er in die SAP-Entwicklung als Delivery Manager für Rapid-Deployment-Lösungen. Von 2015 bis Mitte 2025 ist er als Product Owner für die Entwicklung des SAP-S/4HANA-Cloud-Datenmigrations-Contents zuständig. Auch ist er Autor mehrerer SAP-PRESS-Bücher und E-Bites zum Thema Datenmigration. Frank Finkbohner erwarb sein Diplom in Informatik an der Fachhochschule Fulda und ist darüber hinaus Diplom-Wirtschaftsingenieur infolge seines Studiums an der Hochschule Esslingen. Er lebt im Saarland, im Herzen Europas und ist ab 2026 im SAP-Vorruhestandsprogramm.

https://www.linkedin.com/in/frankfinkbohner

Martina Höft arbeitet im Produktmanagement für SAP S/4HANA im Bereich Datenmigration und Datentransformation mit Fokus auf dem SAP S/4HANA Migration Cockpit. Sie arbeitet seit 2011 bei SAP und hatte verschiedene Positionen in Beratung und Produktmanagement inne. Zuvor war Martina Höft langjährig als Senior Consultant für unterschiedliche Beratungshäuser in zahlreichen nationalen und internationalen Projekten tätig. Hierbei lag ihr Fokus auf SAP Customer Relationship Management (SAP CRM) und SAP Sales and Distribution. Martina Höft ist gelernte Bürokauffrau und hat Wirtschaft studiert.

Dr. Petra Klöß arbeitet derzeit als Senior Director in Customer Success für SAP Central Business Configuration mit Schwerpunkt auf Feedback und Qualtrics-Integrationen. Sie ist seit über 24 Jahren bei SAP in den Bereichen Produktmanagement, Marketing, Entwicklung und Training tätig. Sie ist Autorin von SAP-Activate-Inhalten zu Integration und Erweiterbarkeit sowie der fünf goldenen Regeln für die Implementierung von SAP S/4HANA Cloud. Sie hat umfangreiche Erfahrung in der lösungsorientierten Implementierung von Software. Sie hält Vorträge und Schulungen zu Implementierungsmethodiken innerhalb und außerhalb von SAP in den USA und Europa. Sie studierte Chemie an der Universität Mainz und promovierte in Physik an der University of Southampton, UK. Sie lebt seit 2022 in Minnesota, USA.

www.linkedin.com/in/pkloess

Kim Mathäß arbeitet seit 2006 bei SAP, heute als Senior Development Manager in der SAP-S/4HANA-Globalisierung. Zuvor leitete er das Produktmanagement für die SAP S/4HANA Cross Topics, das u. a. für Datenmanagement und Migration für SAP S/4HANA zuständig ist. Er verantwortete die Weiterentwicklung von Werkzeugen und Lösungen für den Übergang zu SAP S/4HANA. Auf nationalen und internationalen Kongressen und Messen hielt er regelmäßig Vorträge zu den Übergangszenarien und der Migration. In seiner vorherigen Beratungsrolle hat Kim Mathäß als Senior Consultant und Business Development Manager zahlreiche Projekte bei internationalen Konzernen und europäischen mittelständischen Unternehmen durchgeführt. Seine Erfahrungen reichen von SAP-Neueinführungen bis hin zu nachträglichen Anpassungen von Systemen und Systemlandschaften. Diese Projekte umfassten u. a. die Bereiche Systemkonsolidierung, Mergers & Acquisitions, Veräußerungen sowie klassische Datenübernahmen von SAP- und Nicht-SAP-Systemen.

Dr. Boris Rubarth arbeitete von 1999 bis Ende 2024 bei SAP, zuletzt als Product Manager im Bereich Software Logistic. Dort war er für den Software Update Manager zuständig und kümmerte sich u. a. um Wissenstransfer in die SAP Community und für Benutzergruppen. Zuvor war er langjährig im Bereich ABAP und Schnittstellen als Schulungsreferent tätig; später leitete er das Product-Management-Team für den SAP NetWeaver Application Server ABAP. Dr. Boris Rubarth hat unzählige Blogs und SAP-Schulungskurse zu SAP-Themen erstellt und ist Autor mehrerer Bücher. Er hält regelmäßig Vorträge zur Systemkonvertierung auf nationalen und internationalen Kongressen und Messen. Dr. Boris Rubarth studierte Physik an den Universitäten Hamburg und Hannover und promovierte in Oldenburg.

https://www.linkedin.com/in/boris-rubarth/

Index

C

D

H

I

J

K

N

O

V

W

X

Z

Der Leitfaden für einen erfolgreichen Cut-over

Der Cut-over ist ein kritischer Moment in SAP-Projekten: Geht hier etwas schief, kann das neue System nicht zur Nutzung freigegeben werden. Dieses Buch liefert einen detaillierten Leitfaden für einen erfolgreichen Systemwechsel. Von der Erstellung des Cut-over-Plans über die Ausgestaltung und Absicherung bis hin zur Durchführung und dem Abschluss des Cut-overs erfahren Sie alles, was Sie wissen müssen. Profitieren Sie von zahlreichen Praxistipps, Beispielplänen und Checklisten.

294 Seiten, gebunden, 89,90 Euro, ISBN 978-3-367-10509-0

www.rheinwerk-verlag.de/6009

Der Schlüssel zum SAP-Lizenzmanagement

Dieses Buch bietet Ihnen praxisnahe Lösungen, um den passenden Lizenzierungsumfang zu wählen und Kosten zu sparen. Erhalten Sie praktische Einblicke in Vermessungsprozesse und Cloud-Monitoring und strategische Empfehlungen für effizientes Lizenzmanagement. Tauchen Sie in die vielschichtige SAP-Lizenzwelt ein, und optimieren Sie Ihre Lizenzstrategie.

603 Seiten, gebunden, 89,90 Euro, ISBN 978-3-367-10213-6

www.rheinwerk-verlag.de/5910

Daten günstig, schnell und ohne Coding migrieren

Dieser detaillierte Leitfaden erklärt verständlich, wie eine erfolgreiche Datenübertragung in neue SAP-Systeme ohne Programmieraufwand gelingt. Das Autorenteam beschreibt ausführlich die Grundlagen, alle notwendigen Vorbereitungen und die verschiedenen Ansätze für die Datenmigration in SAP S/4HANA.

607 Seiten, gebunden, 89,90 Euro, ISBN 978-3-8362-9296-2

www.rheinwerk-verlag.de/5632